JN437815

孟子
맹자

| 유교경전번역총서 편찬위원회 |

위원장 오석원

편집위원 오석원, 이기동, 최일범

교열위원 장재한

집필 및 교열 윤무학, 이명수, 임옥균, 함현찬

1판 1쇄 발행 2006년 4월 30일
1판 3쇄 발행 2008년 7월 10일

지은이 | 유교경전번역총서 편찬위원회
펴낸이 | 서정돈
펴낸곳 | 성균관대학교 출판부
등 록 | 1975년 5월 21일 제 1-0217호
주 소 | 110-745 서울특별시 종로구 명륜동 3가 53
대표전화 | (02) 760-1252~4
팩시밀리 | (02) 762-7452
홈페이지 | http://press.skku.edu

값 38,000원

ISBN 89-7986-674-7 93140
ISBN 89-7986-673-9(세트)

孟子

유교문화연구소 옮김

유교경전번역총서 2

성균관대학교 출 판 부

간행사

경전이란 인류의 지혜의 총화이며, 그것이 인류에게 미친 영향은 아무리 강조해도 지나치지 않을 것입니다. 유교의 사서삼경, 불교의 불경, 기독교의 성경, 이슬람교의 코란이 인류의 역사에 미친 영향을 생각해보면 쉽게 알 수 있을 것입니다. 인류가 경전의 새로운 해석을 통해서 앞날을 개척해 갔던 사실을 우리는 역사에서 많이 볼 수 있습니다.

근대 이전에 동양사회에서 유교의 사서삼경은 사람들에게 생각과 행동의 틀을 제시해 주는 중요한 역할을 하였습니다. 그러나 서양의 사상과 과학·기술이 근대 이후의 동양사회를 지배하면서 유교의 경전들은 무시되거나 심지어 해로운 것으로까지 매도되기에 이르렀습니다. 급변하는 내외적 상황에 의해 재해석될 여지까지 빼앗기고 사장되어 버렸다고 해도 과언이 아닐 것입니다. 다행히 21세기를 맞이한 오늘날 유교경전에 대한 사람들이 인식이 바뀌고, 그 재해석의 필요성을 느끼고 있는 것은 반가운 일입니다.

이러한 시점에서 우리 성균관대학교 유교문화연구소에서 사서삼경의 번역을 새로이 내놓게 되었다는 소식을 접하고 총장으로서 기쁘고, 큰 기대를 갖게 되었습니다. 이번 번역은 조선 말기의 사서삼경 해설을 발굴하여 그것을 중심으로 번역하고 해설한 것이라고 합니다. 이 총서의 간행이 유교문화연구소에서 장기적으로 계획하고 있는『표준 사서삼경』간행의 주춧돌이 될 것이라고 확신합니다.

한편으로 사서삼경 번역본을 우리 성균관대학교에서 순차적으로 간행하게 될 것은 더욱 뜻 깊은 일이라고 할 수 있습니다. 유교적 이상사회를 건설하려고 했던 조선조 최고의 교육기관으로서, 퇴계·율곡을 비롯해서 우리나라의 정신사에서 빼놓을 수 없는 수많은 인재를 양성했던 성균관의 맥을 성균관대학교가 잇고 있기 때문입니다. 아무쪼록 이 총서의 발간을 통해서 조선 말의 유학자들이 사서삼경을 어떤 눈으로 보았는지를 알게 되는 동시에, 현재 우리가 어디에 있는가를 다시금 되새겨 보는 기회가 되기를 바랍니다.

금년 『맹자』가 『논어』에 이어 발간됨을 진심으로 축하드리며, 넉넉하지 못한 살림살이에도 불구하고 의욕적으로 일을 기획하고 추진하신 유교문화연구소 오석원 소장님, 실무를 담당하여 수고한 연구진 여러분께 감사와 격려를 함께 보냅니다.

이천 육년 새해를 맞으며
성균관대학교 총장
서 정 돈

『유교경전번역총서』를 발행하며

유교문화연구소는 2000년 3월 1일 성균관대학교 동아시아학술원 내에 본교의 건학이념인 유교사상을 중심으로 하여 동아시아 문화 전반을 연구함으로써 유교의 현대화를 통하여 인류문화에 이바지 하려는 목적으로 설립되었다. 그동안 유교의 현대화를 위한 구체적인 방안을 모색하고 제반 학문영역과의 학제적 만남을 위해 국내외 학술대회를 지속적으로 개최하여 왔으며, 『유교문화연구』와 『연구총서』 등을 간행하여 유교에 관한 연구업적들을 축적하여 왔다.

그러나 유학사상의 본질을 올바르게 이해하기 위해서는 무엇보다도 먼저 유교경전에 대한 바른 이해가 선행되어야 하며, 이를 위해서는 경전에 대한 번역이 중요함은 재언의 여지가 없을 것이다. 유교의 현대화 작업을 위한 필수적인 사업은 현대인이면 누구나 쉽고 올바르게 읽을 수 있는 표준 유교경전 번역서의 간행이라고 할 수 있겠다. 그러므로 본 연구소에서는 이러한 표준 번역서들을 간행하기 위하여 장기적인 경전번역사업계획을 수립하고 이를 추진하고 있다.

유교의 여러 경전 가운데에서도 특히 『논어』, 『맹자』, 『대학』, 『중용』 등의 사서(四書)가 그 중심을 이루고 있다. 그러므로 경전번역의 첫 단계로 우선 사서에 대한 주자의 해석을 올바르게 이해할 수 있는 바탕을 마련하기 위하여 관본 언해본을 기본으로 한 조선시대의 경전 번역본을 선정하고, 이를 현대어로 다시 바꾸는 제2의 창작 작업 끝에 『논어』에 이어 『맹자』를 간행하였다.

그 동안 사서(四書)에 대한 번역서들이 수없이 많이 나왔으나, 몇몇의 역저들을 제외하고는 대부분 일본어판의 글을 차용하거나 자의적인 해설에 의존한 글들이 대부분을 차지하고 있다. 좀 더 정확하고 완전한 번역이 요청되는 시점에서 무엇보다도 먼저 조선의 선비들이 읽었던 내용으로서 철저히 주자의 주석에 근거한 사서번역을 염두에 두고 이 책을 선정하였던 것이다.

본서의 특징은 주자의 경전해석에 충실한 내용으로 이루어져 있다는 점이다. 유교 경전에 대하여는 다양한 주석이 있으므로 주자의 주석만을 고집할 수 없으며 학자들 간에는 주자학의 한계를 언급하는 경우도 있다. 그러나 주자의 주석을 기본으로 이해하지 않고는 유교경전의 본질에 올바르게 접근할 수 없으며, 주자학을 외면한 경전이해가 자칫 유학의 본질을 더 크게 오도할 수 있는 점도 유의해야 할 것이다.

무엇보다도 본서는 주자의 주석에 근거하여 경전의 난해한 부분들에 대하여 명료하면서도 쉽게 해석하고 있으며, 의해(義解)와 요지(要旨) 등을 통하여 문장의 대의를 올바르게 이해할 수 있는 장점을 갖추고 있어 일반 번역서들과 다른 특징이 있다. 그러므로 사서의 본질을 올바르게 이해하고자 하거나 사서를 가르치고자 하는 사람들이 제일 먼저 읽어야 할 기본이 되는 필독서라고 본다.

물질문명으로 인하여 정신적 도덕이 타락하고 있는 현대의 상황에 비추어 정신문화가 절실히 요구되는 상황에 이 책이 주는 의미는 매우 크다고 하겠다. 오늘날 유학사상에 대한 관심과 전통문화에 대한 이해와 연구의 폭이 점차 확대되어 가고 있는 터에 이 번역이 너무 늦은 감이 있으나, 이제서나마 햇빛을 본 것은 매우 다행스러운 일이라고 할 수 있다.

끝으로 본 사서의 번역을 추진하는데 힘쓴 편집위원 및 집필에 수고하신 여러 선생님들에게 거듭 감사의 뜻을 전하고, 아름다운 책으로 만들어준 성균관대학교 출판부의 노고에 진심으로 감사하는 바이다.

2006년 2월

유교문화연구소 소장

오 석 원

일러두기

1. 이 책은 관본 언해본『맹자』를 기본적인 대본으로 하고,『맹자』의 원문 해석 및 이 책의 내용은 1985년 오성사(旿晟社)에서 영인한『언해사서(諺解四書)』와 2003년 성지학사(聖志學社)에서 영인한『유교경전언해총서(儒教經典諺解叢書)』, 그리고 1965년 성균관대학교(成均館大學校) 대동문화연구원(大東文化研究員)에서 영인한 내각본(內閣本)『맹자』등을 참고하였다.

2. 이 책의 언해와 토는 관본 언해본의 언해와 토를 위주로 하였으며, 율곡 및 퇴계의 언해와 토를 참조하였다.

3. 번역은 원문에 충실하게 하되, 주자의 주를 기본으로 해서 번역하여 조선시대 성리학자들의 유교경전에 대한 입장을 이해하는데 도움이 될 수 있도록 하였다. 특히 이 책은『주자집주』를 따르는 입장에서『사서집성(四書集成)』,『사서석의(四書釋義)』,『왕정사서(汪訂四書)』등을 기본으로 하여 번역하였다.

4. 이 책의 내용은 원문, 언해, 직역, 자해, 의해, 요지의 순으로 구성되어 있다.

5. 원문은 한자의 정확한 쓰임과 유교경전에서 쓰이고 있는 한자의 본음에 대한 이해 및 성독을 위해 전통적으로 사용된 한자음을 각 글자 위에 붙였다.

6. 직역은 원문에 충실하게 하되 현대 한국어의 맞춤법에 근거하여 번

역하였다.

7. 경전강독에 도움이 되도록 하기 위하여 직역 하단에 원문의 난해자(難解字)에 대한 자해를 첨가하였다.

8. 각 편의 장에는 원문의 뜻을 성리학적 입장에서 이해할 수 있는 의해와 각 장의 대의를 알 수 있는 요지를 실었다. 의해와 요지는 오성사(旿晟社)에서 영인한 『언해사서』에 실린 것을 주로 참조하여 현대적 의미로 풀었다.

9. 각 편의 장수(章數)는 아라비아 숫자로 표시하였다.

10. 이 책의 사용 부호는 다음과 같다.

• : 자해에서 새로운 난자어 표시.

◑ : 의해에서 각 장의 새 절에 대한 표시.

目 次

맹자서설(孟子序說)

『사기』「열전」에 말하였다. 맹자는 추나라 사람인데

주 : 조씨가 말하였다. 맹자는 노나라 공족(公族) 맹손의 후예라고 하는데, 『한서』 주에 이르기를, "자는 자거(子車)이다"라고 하였고, 일설에는 자는 자여(子輿)라고 한다.

자사(子思)의 문인(門人)에게 수업하였다.

주 : 자사는 공자의 손자이니, 이름은 급(伋)이다. 『색은(索隱)』에 이르기를, "왕소(王劭)가 문인(門人)의 '인(人)' 자를 잘못 들어간 글자라고 하였다"고 하였으며, 조씨의 주와 공총자의 글에는 또한 모두 이르기를, "맹자가 친히 자사에게 수업하였다"고 하는데, 옳고 그름을 알지 못하겠다.

도가 이미 통하자

주 : 조씨가 말하기를, "맹자가 오경에 통달하였는데 시와 서를 더욱 잘하였다"고 하였다. 정자가 말하기를, "맹자가 말하기를, '벼슬할 만하면 벼슬하고 그만둘 만하면 그만두며, 오래 머무를 만하면 오래 머무르고 빨리 떠날 만하면 빨리 떠나니, 공자는 성인 가운데 때에 맞게 행한 분이다'라고 하니, 그러므로 『주역』을 아는 자도 맹자만한 이가 없다"고 하였다. 또 말하기를, "맹자가 말하기를, '왕자의 자취가 없어짐에 시가 없어졌으니, 시가 없어진 뒤에 『춘추』가 지어졌다'고 하며, 또 말하기를, '『춘추』에 의로운 싸움이 없다'고 하며, 또 말하기를, '『춘추』는 천자가 하는 일이다'라고 하니, 그러므로 『춘추』를 아는 자도 맹자만한 이가 없다"고 하였다. 윤씨가 말하기를, "그렇다면 조씨가 이르기를, '맹자가 시와 서를 잘할 따름이라'고 하니, 어찌 맹자를 아는 자이겠는가?"라고 하였다.

제선왕에게 유세하였는데, 선왕이 쓰지 못하였다. 양나라에 갔으나 양혜왕이 맹자의 말을 받아들이지 아니하였으니, 일의 실정에 어둡고 멀다고 여겨졌기 때문이다.

주 : 『사기』를 살펴보면, 양혜왕 삼십오년 을유에 맹자가 비로소 양나라에 갔고, 그 이십 삼년 후는 곧 제민왕 십년 정미이니, 제나라 사람이 연나라를 칠 때에 맹자가 제나라에 있었다. 그러므로 『고사(古史)』에(『고사』는 蘇子由가 지은 것이다) 이르기를, "맹자가 먼저 제선왕을 섬기고 뒤에 양혜왕과 양양왕과 제민왕을 보았다"고 하였다. 그러나 『맹자』에는 연나라를 친 것이 제선왕 때의 일로 되어 있으니, 『사기』와 『순자』 등의 글과 다 맞지 않고, 『통감』에는 연나라를 친 해가 제선왕 십구년이라고 하였으니, 그렇다면 맹자가 먼저 양나라에 가고 뒤에 제나라에 가서 선왕을 본 것이다. 그러나 『고이(考異)』에도 다른 증거가 없으니, 누가 옳은지 알지 못하겠다.

이때를 당하여 진나라는 상앙(商鞅)을 쓰고 초나라와 위나라는 오기(吳起)를 쓰고 제나라는 손자(孫子)와 전기(田忌)를 써서, 천하가 바야흐로 합종과 연횡에 힘써서 공벌로 어진 일을 삼았다. 맹가가 이에 당우(唐虞)와 삼대(三代)의 덕을 전술하니, 그러므로 가는 데마다 합하지 못하였기 때문에 물러와서 만장의 무리와 더불어 시와 서를 편찬하고, 중니의 뜻을 전술하여 『맹자』 칠 편을 지었다.

주 : 조씨가 말하였다. "『맹자』의 글이 모두 이백 육십 일장이고, 삼만 사천 육백 팔십 오자이다." 한자(韓子)가 말하였다. "맹가의 글이 맹가가 스스로 저작한 것이 아니고, 맹가가 세상을 뜨자 그의 학생 만장과 공손추가 함께 맹가가 말한 것을 기록한 것이다"라고 하였다. 내가 살펴보니 두 말이 같지 않지만, 『사기』가 옳은 것 같다.

1. 양혜왕장구상(梁惠王章句上)

맹 자 견 양 혜 왕　　　왕 왈　수 불 원 천 리 이 래
1-1. 孟子見梁惠王하신대 王曰 叟不遠千里而來하시니
역 장 유 이 리 오 국 호　　　맹 자 대 왈　왕　　하 필 왈 리
亦將有以利吾國乎잇가 孟子對曰 王은 何必曰利잇고
역 유 인 의 이 이 의
亦有仁義而已矣니이다

| 언해 |

孟子ㅣ 梁惠王을 보신대 王이 ᄀᆞᆯᄋᆞ샤ᄃᆡ 叟ㅣ 千里를 멀리 아니 너겨 오시니 ᄯᅩ한 쟝챳 ᄡᅧ 내 國을 利케 홈이 이시리잇가 孟子 對ᄒᆞ야 ᄀᆞᆯᄋᆞ샤ᄃᆡ 王은 엇디 반ᄃᆞ시 利ᄅᆞᆯ 니ᄅᆞ시ᄂᆞ니잇고 ᄯᅩᄒᆞᆫ 仁義ㅣ 이실 ᄯᆞᄅᆞᆷ이니이다

| 직역 |

맹자가 양혜왕을 만나보니 왕이 말하였다. "장로(長老)께서 천리를 멀리 여기지 않고 오셨으니, 장차 내 나라를 이롭게 해주실 수 있겠습니까?" 맹자가 대답하여 말하였다. "왕은 어찌 반드시 이익을 말씀하십니까? 또한 인과 의가 있을 따름입니다."

| 자해 |

梁惠王 : 위나라 제후 앵(罃). 대량(大梁)에 도읍하고 참람하게 왕이라 일컬음. '혜(惠)'는 그의 시호(諡號). • 叟 : 장로, 노인.

| 의해 |

주나라 현왕 삼십 삼년 을유에 맹자가 양나라에 가서 혜왕을 본 것은 그 때에 혜왕이 말을 겸손하게 하고 폐백을 후하게 하여 어진 사람을 불렀기 때문에 드디어 추나라로부터 양나라에 이르러 도를 행하고자 한 것이다. 왕이 물어 말하였다. "추나라로부터 양나라에 오는 길이 천리가 넘는데, 장로께서 천리나 되는 먼 길을 꺼리지 않고 오셨으니 어찌 우연이겠습니까? 또한 장차 깊은 도모와 좋은 계책으로 내 나라를 이롭게 하여 나라를 부유하게 하고 군사를 강하게 할 수 있겠습니까?" 맹자가 대답하여 말했다. "왕이 다스림을 극진히 하고 나라를 흥하게 하는데 뜻이 계신다면 어찌 반드시 이익을 말씀하십니까? 또한 인과 의가 있을 따름입니다. 인이라 함은 마음의 덕이고 사랑하는 이치이며, 의라 함은 마음으로 재단함이고 일의 마땅함입니다. 이것이 천하에 임금이 되는 큰 도인데, 어찌 이러한 큰 것을 말씀하지 않으시고 조그마한 이익을 말씀하십니까?"

1-2. 王曰 何以利吾國고 하시면 大夫曰 何以利吾家오 하며 士庶人이 曰 何以利吾身고 하여 上下交征利면 而國이 危矣리이다 萬乘之國에 弑其君者는 必千乘之家요 千乘之國에 弑其君者는 必百乘之家니 萬取千焉하며 千取百焉이 不爲不多矣언마는 苟爲後義而先利면 不奪하여는 不饜이니이다

| 언해 |

王이 ᄀᆞᆯᄋᆞ샤ᄃᆡ 엇디 ᄡᅧ 내國을 利케 ᄒᆞ려 ᄒᆞ시면 大夫ㅣ ᄀᆞᆯ오ᄃᆡ 엇디 ᄡᅧ 내 家를 利케 ᄒᆞ려뇨 ᄒᆞ며 士와 庶人이 ᄀᆞᆯ오ᄃᆡ 엇디 ᄡᅧ 내 身을 利케 ᄒᆞ려뇨 ᄒᆞ야 上下ㅣ 섯ᄋᆞ 利ㅣ롤 征하면 國이 危ᄒᆞ리이다 萬乘ㅅ國애 그 君을 弑ᄒᆞᄂᆞᆫ 者ᄂᆞᆫ 반ᄃᆞ시 千乘ㅅ家ㅣ오 千乘ㅅ國애 그 君을 弑ᄒᆞᄂᆞᆫ 者ᄂᆞᆫ 반ᄃᆞ시 百乘ㅅ家ㅣ니 萬에 千을 取ᄒᆞ며 千에 百을 取홈이 하디 아니홈이 아니언마ᄂᆞᆫ 진실로 義롤 後ᄒᆞ고 利롤 先ᄒᆞ면 奪티 아니ᄒᆞ야ᄂᆞᆫ 饜티 아니ᄒᆞᄂᆞ니이다

| 직역 |

"왕께서 어떻게 내 나라를 이롭게 할까 하시면, 대부가 말하기를 어떻게 나의 집을 이롭게 할까 하며, 하급 관리와 서민이 말하기를 어떻게 나의 몸을 이롭게 할까 하여, 상하가 서로 이익을 취하면 나라가 위태롭게 될 것입니다. 만승의 나라에서 그 임금을 죽이는 자는 반드시 천승의 집이고, 천승의 나라에서 그 임금을 죽이는 자는 반드시 백승의 집이니, 만에서 천을 취하며 천에서 백을 취하는 것이 많지 않은 것이 아닌데, 진실로 의를 뒤로 하고 이익을 앞세우면 다 빼앗지 않고서는 만족하지 않을 것입니다."

| 자해 |

征 : 취함. • 乘 : 수레의 수. • 饜 : 만족.

| 의해 |

"이익은 진실로 구해서는 안 되는 것입니다. 또한 이익을 구하면 해로움이 있는 것을 아십니까? 임금은 한 나라의 표준입니다. 왕이 스스로 생각하여 말하기를 어떻게 하면 내 나라를 이롭게 할까 한다면 이익이 될 만한 것은 반드시 할 것입니다. 이익을 말하는데 어찌 왕만 그렇겠습니까? 이익의 바람이 한번 일어나면 사람들이 다 본받아서, 대부는 집이 있는 사람이므로 또한 장차 말

하기를 어떻게 하면 내 집을 이롭게 할까 하며 하급 관리와 서민은 몸만 있는 사람이므로 또한 말하기를 어떻게 하면 내 몸을 이롭게 할까 할 것입니다.

이렇게 위에서는 이익을 아래에서 취하고 아래에서는 이익을 위에서 취하여 위와 아래가 서로 이익을 취하면 나라가 날로 위태롭게 될 것입니다. 나라가 위태롭게 된다는 것은 어떤 것입니까? 죽이고 빼앗는 것은 이로움을 따라 일어납니다. 만승인 천자의 나라에서 이익을 취하여 혹 그 임금을 죽이는 자는 반드시 천승인 공경의 집이니, 만승인 자 또한 위태할 것입니다. 천승인 제후의 나라에서 이익을 취하여 혹 그 임금을 죽이는 자는 반드시 백승인 대부의 집이니, 천승인 자 또한 의태할 것입니다.

선왕이 땅을 제정하고 법을 정하여 임금이 만승이면 신하는 천승을 취하고 임금이 천승이면 신하는 백승을 취합니다. 신하가 임금에게서 십 분의 일을 취하는 것이 많지 않은 것이 아니니, 이것은 바로 의에 있는 것이므로 서로가 편안할 것입니다. 그러나 진실로 의를 뒤로하고 이익을 앞세우면 탐하는 욕심이 방자하여 임금을 죽이고 다 빼앗지 아니하면 그 마음이 만족하지 않을 것입니다. 이익을 구하는 화가 반드시 여기에 이를 것입니다."

미 유 인 이 유 기 친 자 야 미 유 의 이 후 기 군 자 야
1–3. 未有仁而遺其親者也며 未有義而後其君者也니이
왕 역 왈 인 의 이 이 의 하 필 왈 리
다 王은 亦曰仁義而已矣시니 何必曰 利잇고

| 언해 |

仁ᄒᆞ고 그 親을 遺ᄒᆞᆯ 者ㅣ 잇디 아니ᄒᆞ며 義ᄒᆞ고 그 君을 後ᄒᆞᆯ 者ㅣ 잇디 아니ᄒᆞ니이다 王은 ᄯᅩᄒᆞᆫ 仁義를 닐ᄋᆞ실 ᄯᆞᄅᆞᆷ이니 엇디

반ᄃᆞ시 利롤 니ᄅᆞ시ᄂᆞ니잇고

| 직역 |

"인하면서도 어버이를 버리는 자가 있지 않으며, 의로우면서도 임금을 뒤로 하는 자가 있지 않습니다. 왕은 또한 인과 의를 말하실 따름이지 어찌 반드시 이익을 말씀하십니까?"

| 의해 |

"인과 의는 지극히 바른 것이니, 진실로 마땅히 행해야 하는 것입니다. 더욱이 인과 의는 또 스스로 이로움이 있습니다. 인은 사랑을 주로 하는데, 사랑은 어버이를 사랑하는 것보다 더 간절함이 없으므로, 인하지 않고서 어버이를 버리는 자는 있지만 사람의 마음이 이미 인하고서 혹 어버이를 버릴 자는 있지 않습니다. 의는 공경을 주로 하는데, 공경은 임금을 높이는 것보다 더 먼저 함이 없으므로 의롭지 않고서 임금을 뒤로 하는 자는 있지만 사람의 마음이 이미 의롭고서 혹 임금을 뒤로 하는 자는 있지 않습니다.

인과 의는 임금과 백성이 진실로 있는 양심에 근원하여 감동해서 응함이 이와 같습니다. 이익을 구하는 해로움은 저와 같고 인과 의의 효험은 이와 같으니, 하늘의 이치와 사람의 욕심에 의해서 다스려지거나 어지러워지는 것과 편안해지거나 위태로워지는 것에 관계가 큽니다. 왕께서 어버이를 사랑하고 임금을 높이는 다스림에 뜻이 계시면 또한 오직 인과 의를 말할 따름인데, 어찌 반드시 이익을 말씀하여 위태롭고 망하는 화를 받으려 하십니까?"

| 요지 |

이 장에서 다만 중요하게 생각하는 것은 인과 의이다. 이익을 물리치고 인의를 말한 것이니, 이는 맹자의 일생 학문이고 일생 경영이므로 머리 편에서 말한 것이다. 전국(戰國) 때에 생민이 도탄

에 들어 왕도를 실천할 사람이 나올 때가 지나고 상황이 할 만한 즈음이기 때문에 나아가 양혜왕과 제선왕을 만나 보았다. 그러나 자신을 굽혀 사람을 좇으면 다만 자신만 잃어버리고 세상을 건지지 못하기 때문에 버리고 가서 마침내 유학의 떳떳함을 지켰다. 그 학문의 순전함과 나아가고 처함에 바른 것과 일생의 인과 의의 본령을 이곳에서 볼 수 있을 것이다. 그러므로 인과 의의 두 글자는 이 장의 큰 뜻일 뿐 아니라 실상 『맹자』 일곱 편의 강령이 된다.

맹 자 견 양 혜 왕 　 왕 　 입 어 소 상 　 고 홍
2-1. 孟子見梁惠王하신대 王이 立於沼上이러시니 顧鴻
안 미 록 왈 　 현 자 　 역 락 차 호 　 맹 자 대 왈 　 현 자 이 후
鴈麋鹿曰 賢者도 亦樂此乎잇가 孟子對曰 賢者而後
낙 차 　 불 현 자 　 수 유 차 　 불 락 야
에 樂此니 不賢者는 雖有此나 不樂也니이다

| 언해 |

孟子ㅣ 梁惠王을 보신대 王이 沼上에 立ᄒᆞ얏더시니 鴻鴈麋鹿을 顧ᄒᆞ고 ᄀᆞᆯᄋᆞ샤ᄃᆡ 賢者도 ᄯᅩᄒᆞᆫ 이ᄅᆞᆯ 樂ᄒᆞᄂᆞ니잇가 孟子ㅣ 對ᄒᆞ야 ᄀᆞᆯᄋᆞ샤ᄃᆡ 賢者ㅣᆫ 後에 이ᄅᆞᆯ 樂ᄒᆞᄂᆞ니 賢티 몯ᄒᆞᆫ 者ᄂᆞᆫ 비록 이ᄅᆞᆯ 두나 樂디 몯ᄒᆞᄂᆞ니이다

| 직역 |

맹자가 양혜왕을 만나보니, 왕이 못 위에 서 있다가 기러기와 사슴을 돌아보고 말하였다. “어진 자도 또한 이를 즐거워합니까?” 맹자가 대답하여 말하였다. “어진 자가 된 뒤에 이것을 즐거워하니, 어질지 못한 자는 비록 이를 가져도 즐거워하지 못합니다.”

| 자해 |

鴻 : 큰 기러기. • 麋 : 큰 사슴.

| 의해 |

맹자가 양나라에 있을 때에 나아가 양혜왕을 만나보았는데, 마침 왕이 못 위에 서 있다가 그 못 가에 있는 기러기와 사슴을 돌아보고 맹자에게 물어 말하였다. "어진 임금도 또한 이 누대와 못과 새와 짐승을 즐거워합니까?"

◑ 맹자가 대답하여 말하였다. "왕은 어진 자가 이것을 즐거워하지 않는다고 생각하십니까? 그러나 반드시 어진 임금이라야 이것을 즐거워할 수 있는 것이고, 만일 어진 임금이 아니면 비록 이런 것이 있더라도 또한 즐거워하지 못하는 것입니다."

시 운 경 시 영 대 경 지 영 지 서 민 공 지 불
2-2. 詩云經始靈臺하여 經之營之하시니 庶民攻之라 不
일 성 지 경 시 물 극 서 민 자 래 왕 재 영 유
日成之로다 經始勿亟하시나 庶民子來로다 王在靈囿하
우 록 유 복 우 록 탁 탁 백 조 학 학
시니 麀鹿攸伏이로다 麀鹿濯濯이어늘 白鳥鶴鶴이로다
왕 재 영 소 오 인 어 약 문 왕 이 민 력 위 대
王在靈沼하시니 於牣魚躍이라하니 文王이 以民力爲臺
위 소 이 민 환 락 지 위 기 대 왈 영 대 위
爲沼하시나 而民이 歡樂之하여 謂其臺曰 靈臺라하고 謂
기 소 왈 영 소 낙 기 유 미 록 어 별 고 지 인 여
其沼曰 靈沼라하여 樂其有麋鹿魚鼈하니 古之人이 與
민 해 락 고 능 락 야
民偕樂故로 能樂也니이다

| 언해 |

詩예 닐오ᄃᆡ 靈臺ᄅᆞᆯ 經ᄒᆞ야 始ᄒᆞ야 經ᄒᆞ며 營ᄒᆞ시니 庶民이 攻ᄒᆞ

논디라 日이 몯ᄒᆞ야셔 成ᄒᆞᄂᆞ다 經ᄒᆞ야 始홈을 亟디 말라 ᄒᆞ시나 庶民이 子ㅣ 來ᄐᆞᆺ ᄒᆞᄂᆞ다 王이 靈囿에 겨시니 麀鹿의 伏ᄒᆞ얀ᄂᆞᆫ 배로다 麀鹿은 濯濯ᄒᆞ거ᄂᆞᆯ 白鳥ᄂᆞᆫ 鶴鶴ᄒᆞ도다 王이 靈沼에 겨시니 於ㅣ라 牣ᄒᆞ야 魚ㅣ 躍ᄒᆞᆫ다 ᄒᆞ니 文王이 民力으로ᄡᅥ 臺ᄅᆞᆯ ᄒᆞ시며 沼ᄅᆞᆯ ᄒᆞ시나 民이 歡樂ᄒᆞ야 그 臺ᄅᆞᆯ 닐어 ᄀᆞᆯ오ᄃᆡ 靈臺라 ᄒᆞ고 그 沼ᄅᆞᆯ 닐어 ᄀᆞᆯ오ᄃᆡ 靈沼ㅣ라 ᄒᆞ야 그 麋鹿과 魚鼈이 이숌을 樂ᄒᆞ니 녯사ᄅᆞᆷ이 民으로 더블어 ᄒᆞᆷᄭᅴ 樂ᄒᆞᆫ 故로 能히 樂ᄒᆞ니이다

| 직역 |

"『시경』에 이르기를, '영대를 짓기 시작하여 경영하시니, 여러 백성이 일하기 때문에 몇 날이 못 되어서 이루었네. 짓기 시작함을 빨리 말라 하시나, 여러 백성이 아들처럼 오는구나. 왕이 영유에 계시니 사슴이 엎드려 있네. 사슴은 살찌고 윤택하며 백조는 희고 희구나. 왕이 영소에 계시니, 아, 가득하게 물고기가 뛰는구나' 라고 하였습니다. 문왕이 백성의 힘으로 영대를 지으며 영소를 지으나, 백성이 기뻐하고 즐거워하여 그 대를 일러 말하기를 영대라 하고 그 소를 일러 말하기를 영소라 하여 사슴과 물고기가 있는 것을 즐거워하였습니다. 옛 사람이 백성과 함께 즐거워했기 때문에 즐거워할 수 있었던 것입니다."

| 자해 |

詩 : 「대아(大雅)・영대(靈臺)」. • 經 : 헤아림. • 營 : 꾀함. • 攻 : 다스림. • 不日 : 날이 마치지 아니함. • 亟 : 빠름. • 子來 : 아들이 아버지의 일에 와서 응함과 같음. • 靈臺 : 주나라 문왕의 누대 이름. • 靈囿 : 영대 아래의 동산. • 靈沼 : 동산 가운데의 연못. • 濯濯 : 살지고 윤택한 모양. • 鶴鶴 : 흰 모양. • 於 : 탄식하여 아름답게 여기는 말. 음은 '오'. • 牣 : 가득함.

| 의해 |

"왕은 저 문왕을 보지 못하십니까? 문왕은 옛적의 어진 임금입니다. 『시경』에서 말하였습니다. '문왕이 영대를 경영하실 때 먼저

집터를 헤아리고 위치의 방향을 정하니, 여러 백성들이 서로 와서 짓고 다스림에 힘을 협동하여 다투어 힘써서 날이 마치기 전에 다 완성이 되었다. 시작할 때에 문왕이 백성에게 폐단이 될까 두려워하여 너무 급히 하지 말라고 경계하였다. 그러나 여러 백성들이 스스로 와서 이 공사에 종사하는 것이 아들이 아버지의 일에 와서 다투어 하고자 함과 같았다. 누대가 이미 완성되자 그 아래에 영유라는 동산이 있고 그 동산 가운데에 영소라는 못을 팠다. 문왕이 영유에 계시니 사슴들이 제자리에서 편안하여 살찌고 윤택한 모양으로 사람에게 익숙하여 조금도 놀라서 움직이는 일이 없고, 흰 새들은 빛이 다 선명하고 깨끗하였다. 또 문왕이 영소에 계시니 그 못 가운데 가득히 있는 물고기들이 뛰고 노는 모양을 보였다. 이것은 그 동산과 못 가운데에 있는 동물들도 다 제자리를 얻지 않음이 없는 것이다.' 시인의 말이 이와 같았습니다.

문왕이 백성의 힘으로 높은 집인 영대와 깊은 못인 영소를 만드는데, 백성들이 아들처럼 힘써서 속히 완성하고 또 즐거워하여 아름다운 이름으로 그 대를 일러 말하기를 영대라고 하고 그 못을 일러 말하기를 영소라고 하여, 신속하게 완성된 것이 마치 신령이 한 것과 같다고 하였습니다. 또 기뻐하고 찬미하여 영대 아래 사슴이 있고 못 가운데 물고기가 있는 것을 즐거워하였습니다. 백성들이 문왕의 즐거움을 이와 같이 즐거워하였으니, 문왕이 그 즐거움을 누린 것이 이와 같았음을 알 수 있습니다. 그러나 문왕이 이같이 즐거워하신 것은 과연 무슨 까닭이겠습니까? 예전 사람은 평일에 백성을 사랑하여, 백성이 좋아하는 것은 함께 모아주고 백성이 미워하는 것은 베풀지 아니하여 같이 즐거워했기 때문에 백성들이 즐거워하는 것이 또한 임금이 즐거워하는 것이었습니다. 문왕이 즐거워할 수 있어서 그렇게 태평무사한 아름다운 이름을 받았으니, 이것이 바로 신이 어진 자가 된 뒤에 이 누대와 못을 즐거워할 수 있다고 말한 것입니다."

탕 서 왈 시 일 갈 상 여 급 녀 해 망
2-3. 湯誓에 曰 時日은 害喪고 予及女로 偕亡이라하니
민 욕 여 지 해 망 수 유 대 지 조 수 기 능 독 락 재
民欲與之偕亡이면 雖有臺池鳥獸나 豈能獨樂哉리잇고

| 언해 |

湯誓애 ᄀᆞᆯ오ᄃᆡ 日은 어늬제 喪홀고 내 널로 밋 ᄒᆞᆷᄭᅴ 亡호리라 ᄒᆞ니 民이 더블어 ᄒᆞᆷᄭᅴ 亡코쟈 ᄒᆞ면 비록 臺池와 鳥獸ㅣ 이시나 엇디 能히 호올로 樂ᄒᆞ리잇고

| 직역 |

"「탕서」에 말하기를, '이 해는 언제 없어지나? 내가 너와 함께 망하리라'고 하니, 백성이 함께 망하고자 하면 비록 누대와 못과 새와 짐승이 있더라도 어떻게 홀로 즐거워할 수 있겠습니까?"

| 자해 |

「湯誓」: 『서경』 「상서」의 편 이름. • 時 : 시(是)와 같음. • 日 : 하나라의 걸(桀). 걸이 스스로 말하기를, "내가 천하를 소유한 것이 하늘에 해가 있는 것과 같으니, 해가 없어져야 내가 망한다"고 하니 백성이 그 포학함을 원망하였기 때문에 그 말을 이끌어 지목한 것. • 害 : 하(何)와 같음. • 女 : 여(汝)와 같음.

| 의해 |

"「탕서」에 말하기를, '이 해는 어느 때나 없어질 것인가? 내가 차라리 너와 함께 망할 것이다'라고 하니, 백성이 걸의 포학함을 원망하여 속히 망함을 바람이 이와 같았습니다. 이 『서경』의 말로 본다면 임금이 되어 홀로 즐거워하고 백성을 구제하지 아니하여 백성의 원망이 그 임금과 더불어 같이 망하고자 함에 이른다면 그 나라는 오래 기다리지 않아도 곧 망할 것입니다. 그런즉 비록

누대와 못과 새와 짐승이 있으나 어찌 그 위에서 홀로 즐거워하겠습니까? 그러므로 말하기를, '어질지 못한 자는 비록 이것이 있다고 하더라도 즐거워하지 못한다'고 하였으니, 왕은 어진이가 되는데 힘써서 그 어질지 아니한 자로 거울을 삼으시지 아니하겠습니까?"

| 요지 |

이 장은 임금이 마땅히 즐거워하는 것을 백성에게 공변되게 할 것을 보였으니, '어진 자가 된 뒤에 이것을 즐거워한다'는 한 구절로 중함을 삼은 것이다. 문왕과 하걸은 하나는 본받고 하나는 경계할 것이니, 중요함이 문왕을 본받는 데 있다.

양 혜 왕 왈 과 인 지 어 국 야 진 심 언 이 의 하
3-1. 梁惠王이 曰 寡人之於國也에 盡心焉耳矣로니 河
내 흉 즉 이 기 민 어 하 동 이 기 속 어 하 내 하 동
內凶則移其民於河東하며 移其粟於河內하고 河東이
흉 역 연 찰 인 국 지 정 무 여 과 인 지 용 심 자
凶커든 亦然하노니 察鄰國之政한댄 無如寡人之用心者
인 국 지 민 불 가 소 과 인 지 민 불 가 다 하
로대 鄰國之民이 不加少하며 寡人之民이 不加多는 何
야
也잇고

| 언해 |

梁惠王이 ᄀᆞᆯᄋᆞ샤ᄃᆡ 寡人이 國에 心을 盡ᄒᆞ노니 河內ㅣ 凶ᄒᆞᆫ則 그 民을 河東에 移ᄒᆞ며 그 粟을 河內예 移ᄒᆞ고 河東이 凶커든 ᄯᅩ 그리 ᄒᆞ노니 鄰國의 政을 察ᄒᆞᆫ딘 寡人의 心을 用ᄒᆞᆷ ᄀᆞᄐᆞᆫ 者ㅣ 업소ᄃᆡ 鄰國의 民이 더 젹디 아니ᄒᆞ며 寡人의 民이 더하디 아니홈은 엇디니잇고

| 직역 |

양혜왕이 말하였다. "과인이 나라에 마음을 다하니, 하내에 흉년이 들면 그 백성을 하동에 옮기고 곡식을 하내에 옮기며, 하동에 흉년이 들면 또 그렇게 합니다. 그런데 이웃 나라의 정치를 살펴보면 과인이 마음을 쓰는 것 같이 하는 자가 없는데도 이웃 나라의 백성이 더 적어지지 아니하며 과인의 백성이 더 많아지지 않는 것은 왜입니까?"

| 자해 |

寡人 : 제후가 스스로를 일컫는 말. 덕이 적다는 뜻.

| 의해 |

양혜왕이 맹자에게 말하였다. "과인이 나라를 다스리는데 백성의 구제를 근심하고 부지런히 하여 마음과 힘을 다합니다. 만일 하내 지방이 흉년으로 곡식이 없을 때에는 그 땅의 장정을 하동에 옮겨서 살게 하고, 하동 지방의 곡식을 하내에 옮겨서 늙고 약한 자로서 옮겨 가지 못하는 자를 구휼합니다. 혹 하동에 흉년이 들면 그 백성과 먹을 것을 옮겨 또한 하내 지방을 구원하는 것과 같이합니다. 그런데 과인이 이웃 나라를 보면 흉년을 당하더라도 가볍게 여겨서 특별히 구제하는 정책을 실시하는 일도 없고, 또 과인이 나라에 마음 쓰는 것과 같이 하는 자가 없으니, 마땅히 백성들이 이웃 나라를 버리고 내게로 돌아와야 할 것입니다. 그런데도 이웃나라의 백성은 마땅히 적어야 할 것인데 더 적어지지 아니하고, 과인의 백성은 마땅히 많아야 할 것인데 더 많아지지 아니하니, 그 무슨 이유입니까?"

맹 자 대 왈 왕 호 전 청 이 전 유 전 연
3-2. 孟子對曰 王이 好戰하실새 請以戰喩호리이다 塡然
고 지 병 인 기 접 기 갑 예 병 이 주 혹 백 보 이
鼓之하여 兵刃旣接이어든 棄甲曳兵而走호대 或百步而
후 지 혹 오 십 보 이 후 지 이 오 십 보 소 백
後에 止하며 或五十步而後에 止하여 以五十步로 笑百
보 즉 하 여 왈 불 가 직 불 백 보 이 시 역 주
步則何如하니잇고 曰 不可하니 直不百步耳언정 是亦走
야 왈 왕 여 지 차 즉 무 망 민 지 다 어 린 국 야
也니이다 曰 王如知此 則無望民之多於鄰國也하소서

| 언해 |

孟子ㅣ 對ᄒᆞ야 ᄀᆞᆯᄋᆞ샤ᄃᆡ 王이 戰을 好ᄒᆞ실ᄊᆡ 請건댄 戰으로ᄡᅧ 喩호리이다 塡然히 鼓ᄒᆞ야 兵刃이 이믜 接ᄒᆞ얏거든 甲을 棄ᄒᆞ며 兵을 曳ᄒᆞ고 走호ᄃᆡ 或百步ᅵᆫ 後에 止ᄒᆞ며 或五十步ᅵᆫ 後에 止ᄒᆞ야 五十步로ᄡᅧ 百步를 笑ᄒᆞᆫ則 엇더ᄒᆞ니잇고 ᄀᆞᆯᄋᆞ샤ᄃᆡ 可티 아니ᄒᆞ니 다ᄆᆞᆫ 百步ㅣ 아닐 ᄲᅳᆫ이언뎡 이ᄯᅩᄒᆞᆫ 走홈이니이다 ᄀᆞᆯᄋᆞ샤ᄃᆡ 王이 만일 이ᄅᆞᆯ 알ᄋᆞ신則 民이 鄰國에 하믈 ᄇᆞ라디 말ᄋᆞ쇼셔

| 직역 |

맹자가 대답하여 말하였다. "왕이 전쟁을 좋아하시니, 청하건대 전쟁으로 비유하겠습니다. 둥둥 북을 울려 칼날이 이미 접하게 되면, 갑옷을 버리고 무기를 끌고 달아나서 혹 백 보 간 뒤에 그치며 혹 오십 보 간 뒤에 그쳐서, 오십 보 간 것으로 백 보 간 것을 비웃는다면 어떻게 여기십니까?" 왕이 말하였다. "그래서는 안 되니, 다만 백 보가 아닐 뿐, 이 또한 달아난 것입니다." 맹자가 말하였다. "왕이 만일 이를 아신다면 백성이 이웃 나라보다 많아지는 것을 바라지 마십시오."

| 자해 |

塡然 : '둥둥'하는 북 소리. • 直 : 다만.

| 의해 |

맹자가 대답하여 말하였다. "왕이 본래 전쟁을 좋아하시니 청컨대 곧 전쟁하는 것으로 비유하여 말씀드리겠습니다. 장차 싸움을 시작할 때에 북을 울리며 나아가 공격하라는 명령을 내리면, 양편의 군사가 서로 나가서 병장기와 칼날이 이미 접하여 승패를 나눕니다. 그 때에 패한 자가 갑옷을 버리고 병장기를 끌고 달아나는데, 혹 백 보를 달아난 뒤에 그친 자도 있으며 혹 오십 보를 달아난 뒤에 그친 자도 있습니다. 그런데 오십 보를 도망한 자가 백 보를 도망한 자를 비웃으면 어떻게 여기십니까?" 왕이 말하였다. "웃는 것은 가당치 않습니다. 전쟁이란 적군을 이기는 것으로 공을 삼는 것이고, 군사란 적군에게 죽는 것으로 용맹을 삼는 것입니다. 저 오십 보를 도망한 자도 다만 백 보에 이르지 않았을 뿐입니다. 백 보도 패하여 달아난 것이고, 오십 보도 또한 패하여 달아난 것입니다." 맹자가 말하였다. "왕이 만일 오십 보 도망갔다고 해서 백 보 도망간 사람을 비웃을 수 없음을 아신다면 백성이 이웃나라보다 많아지는 것을 바라지 마십시오. 왕도를 행하지 못한 것으로 말씀드리면 왕의 정치나 이웃나라의 정치가 별로 다를 것이 없습니다."

불 위 농 시 곡 불 가 승 식 야 촉 고 불 입 오 지
3-3. 不違農時면 穀不可勝食也며 數罟를 不入洿池면
어 별 불 가 승 식 야 부 근 이 시 입 산 림 재 목
魚鼈을 不可勝食也며 斧斤을 以時入山林이면 材木을
불 가 승 용 야 곡 여 어 별 불 가 승 식 재 목 불 가
不可勝用也니 穀與魚鼈을 不可勝食하며 材木을 不可

승용 시 사민양생상사 무감야 양생상사
勝用이면 是는 使民養生喪死에 無憾也니 養生喪死에
무감 왕도지시야
無憾이 王道之始也니이다

| 언해 |

農時를 違티 아니ᄒᆞ면 穀을 可히 이긔여 食디 몯ᄒᆞ며 數罟ᄅᆞᆯ 洿池예 入디 아니ᄒᆞ면 魚鼈을 可히 이긔여 食디 몯ᄒᆞ며 斧斤을 時로ᄡᅥ 山林에 入ᄒᆞ면 材木을 可히 이긔여 用티 몯ᄒᆞ리니 穀과 다ᄆᆞᆺ 魚鼈을 可히 이긔여 食디 몯ᄒᆞ며 材木을 可히 이긔여 用티 몯ᄒᆞ면 이ᄂᆞᆫ 民으로 ᄒᆡ여곰 生을 養ᄒᆞ며 死를 喪ᄒᆞᆷ애 憾이 업게 ᄒᆞᆷ이니 生을 養ᄒᆞ며 死ᄅᆞᆯ 喪ᄒᆞᆷ애 憾이 업ᄉᆞᆷ이 王道의 始니이다

| 직역 |

"농사 때를 어기지 아니하면 곡식을 이루 다 먹지 못하고, 빽빽한 그물을 웅덩이에 들이지 않으면 물고기와 자라를 이루 다 먹지 못하며, 도끼를 때에 맞추어 산림에 들이면 재목을 이루 다 쓰지 못할 것입니다. 곡식과 물고기, 자라를 이루 다 먹지 못하며 재목을 이루 다 쓰지 못하면, 이는 백성으로 하여금 살아있는 사람을 봉양하며 돌아가신 사람을 장례지내는 데 여한이 없게 하는 것이니, 살아있는 사람을 봉양하며 돌아가신 사람을 장례지내는 데 여한이 없게 하는 것이 왕도의 시작입니다."

| 자해 |

數 : 빽빽함. 음은 '촉'. • 罟 : 그물. • 洿 : 우묵하고 낮은 땅에 물이 고인 곳.

| 의해 |

"왕이 백성을 얻고자 하시면, 오직 마음을 왕도에 다 쓰실 뿐입니다. 시험 삼아 왕을 위하여 왕도를 풀어 말씀드리겠습니다. 저 오

곡과 같은 것은 농부에게서 나오는 것입니다. 반드시 백성의 힘을 아껴서 백성이 제 때 힘써야 하는 농사에 그 필요한 때를 빼앗거나 어김이 없게 한다면 백성은 그 힘을 다하여 오곡이 넉넉하고 풍년이 들어 이루 다 먹지 못할 것입니다. 웅덩이와 못은 물고기와 자라가 모이는 곳인데, 세밀한 그물은 작은 고기를 잡는 것이므로 이것을 금하여 쓰지 못하게 하면 그 웅덩이와 못 안에서 자라는 물고기와 자라를 이루 다 먹을 수 없을 것입니다. 산림은 재목이 나는 곳인데 도끼로 벨 때 풀과 나무가 낙엽이 질 때를 기다려서 베면 풀과 나무가 번성하여 재목을 이루 다 쓰지 못할 것입니다. 곡식과 물고기와 자라를 이루 다 먹지 못하고 재목을 이루 다 쓰지 못하면, 이것은 백성으로 하여금 음식과 집을 가져서 산 이를 기르고 제사와 관곽으로 죽은 이를 장사함에 다 그 마음을 이루게 하여 부족한 한이 없게 하는 것입니다. 백성의 일은 산 이를 기르고 죽은 이를 보내는 것보다 중요한 것이 없으니, 이제 다 이에 부족한 한이 없게 하면, 이것이 먼저 백성을 이롭게 하는 큰 강령이 바른 것입니다. 법제를 이로 좇아 세울 것이고 교화를 이로 좇아 일어나게 할 것이니, 이것이 왕도의 시작이 아니겠습니까?"

오모지택 수지이상 오십자 가이의백의
3-4. 五畝之宅에 樹之以桑이면 五十者 可以衣帛矣며
계돈구체지휵 무실기시 칠십자 가이식육의
雞豚狗彘之畜을 無失其時면 七十者 可以食肉矣며
백모지전 물탈기시 수구지가 가이무기의 근
百畝之田을 勿奪其時면 數口之家 可以無飢矣며 謹
상서지교 신지이효제지의 반백자 불부대어도
庠序之敎하여 申之以孝悌之義면 頒白者 不負戴於道
로의 칠십자 의백식육 여민 불기불한
路矣리니 七十者 衣帛食肉하며 黎民이 不飢不寒이오
연이불왕자 미지유야
然而不王者 未之有也니이다

| 언해 |

五畝之宅애 樹호ᄃᆡ 桑으로ᄡᅥ ᄒᆞ면 五十인 者ㅣ 可히 ᄡᅥ 帛을 衣ᄒᆞ며 雞豚狗彘의 畜을 그 時를 失홈이 업ᄉᆞ면 七十인 者ㅣ 可히 ᄡᅥ 肉을 食ᄒᆞ며 百畝ㅅ田을 그 時를 奪티 말면 數口ㅅ집이 可히 ᄡᅥ 飢홈이 업스며 庠序ㅅ敎를 謹ᄒᆞ야 申호ᄃᆡ 孝悌ㅅ義로ᄡᅥ ᄒᆞ면 頒白ᄒᆞᆫ 者ㅣ 道路에 負ᄒᆞ며 戴티 아니ᄒᆞ리니 七十인 者ㅣ 帛을 衣ᄒᆞ며 肉을 食ᄒᆞ며 黎民이 飢티 아니ᄒᆞ며 寒티 아니ᄒᆞ고 그러코 王티 몯ᄒᆞᆯ 者ㅣ 잇디 아니ᄒᆞ니이다

| 직역 |

"오모의 집에 뽕나무를 심으면 나이 오십인 사람이 비단 옷을 입을 수 있으며, 닭과 돼지와 개를 기르는데 번식할 때를 잃지 않으면 나이 칠십인 사람이 고기를 먹을 수 있으며, 백 모의 밭을 경작하는데 농사할 때를 빼앗지 않으면 두어 식구의 집이 굶주리지 않을 수 있으며, 상과 서의 가르침을 삼가 효도와 공손의 의리를 거듭 가르치면 머리가 희끗희끗한 사람이 길에서 등에 지고 머리에 이지 아니할 것입니다. 나이 칠십인 사람이 비단을 입고 고기를 먹으며, 백성이 굶주리지 않고 춥지 않으면서도 왕 노릇을 하지 못할 사람은 있지 않습니다."

| 자해 |

畝 : 이랑. 두둑. 음은 '모', '요', '무'(이하 모로 통일) • 畜 : 기르다. 음은 '휵'. • 時 : 새끼 밸 때. • 庠序 : 학교 이름. • 申 : 거듭함. • 頒 : 노인이 머리가 반은 희고 반은 검은 것. • 黎民 : 머리털이 검은 젊은 장정.

| 의해 |

"그 자세하고 극진한 도리가 어떤 것인지 말씀드리겠습니다. 한 농부에게 밭 다섯 이랑이 달린 집을 주어서 담 아래에 양잠하는 뽕나무를 심는 것을 가르치면, 비단을 생산하여 나이 오십이 되어

비단이 아니면 따뜻할 수 없는 사람이 비단옷을 입어서 따뜻하게 될 것입니다. 닭과 돼지와 개를 기르는데 그 새끼 치는 때를 놓치지 아니하면, 고기를 산출하여 나이 칠십이 되어 고기가 아니면 배부를 수 없는 사람이 고기를 먹어서 배부를 것입니다. 한 농부에게 밭 백 모를 주어서 위에서 때 아닌 일로 그 갈고 김매고 거두는 때를 빼앗지 아니하면, 곡식의 소출이 있어서 두어 식구의 집이 굶주리지 않을 것입니다. 이것이 다 백성을 기르는 도입니다. 백성을 기르는 도가 이미 이루어지면 가르쳐서 교화할 것이니, 시골 학교인 상과 서를 둔 것은 가르쳐 교화하기 위한 것입니다. 삼가 닦아서 준수한 자 및 모든 시골의 백성들을 다 가르치고, 가르치는 가운데 또 효도와 공손을 중요하게 여겨서 친절하고 절실하게 밝히면, 사람들이 사랑과 공경을 알아서 건장한 자는 수고로운 일에 복역하여 마음이 각각 편안하고, 나이가 높고 머리가 반백이 된 자는 혹 길 가운데에서 등에 지고 머리에 이는 일이 없을 것입니다. 칠십이 된 자가 비단옷을 입고 고기를 먹으며, 검은 머리의 백성들이 굶주리지 아니하며 춥지 아니하면, 늙은이와 어린이가 따뜻하고 배불러서 예의를 닦아서 행할 것입니다. 그러면 사람들이 다 나를 추대하여 임금과 스승으로 삼고 모두 내가 가르쳐 기르는 데로 나아올 것이니, 그러하고서도 천하에서 왕이 되지 못할 자가 있지 아니할 것입니다. 이것이 왕도를 이루는 것이니, 임금이 반드시 이와 같이 한 후에 마음을 다한다고 할 것입니다."

구 체 식 인 식 이 부 지 검　　도 유 아 표 이 부 지 발
3-5. 狗彘食人食而不知檢하며 塗有餓莩而不知發하고
인 사 즉 왈　비 아 야　세 야　　시 하 이 어 척 인 이 살
人死則曰 非我也라 歲也라하나니 是何異於刺人而殺
지 왈　비 아 야　병 야　왕 무 죄 세　　사 천 하 지 민
之曰 非我也라 兵也리오 王無罪歲하시면 斯天下之民

지 언
이 至焉하리이다

| 언해 |

狗彘ㅣ 人의 食을 食ᄒᆞ거든 檢ᄒᆞᆯ 주를 아디 몯ᄒᆞ며 塗애 餓莩ㅣ 잇거든 發ᄒᆞᆯ 주를 아디 몯ᄒᆞ고 人이 死ᄒᆞᆫ則 ᄀᆞᆯ오ᄃᆡ 내 아니라 歲라 ᄒᆞᄂᆞ니 이 엇디 人을 刺ᄒᆞ야 殺ᄒᆞ고 ᄀᆞᆯ오ᄃᆡ 내 아니라 兵이라 홈과 다ᄅᆞ리오 王이 歲를 罪홈이 업ᄉᆞ시면 이에 天下ㅅ民이 至ᄒᆞ리이다

| 직역 |

"개와 돼지가 사람이 먹을 것을 먹는데도 단속할 줄 알지 못하고, 길에 굶어죽은 시체가 있는데도 창고를 열줄 알지 못하며, 사람이 죽으면 말하기를 내가 아니라 흉년 때문이라고 하니, 이 어찌 사람을 찔러 죽이고 말하기를 내가 아니라 무기라고 하는 것과 다르겠습니까? 왕이 흉년을 탓하지 않으시면 이에 천하의 백성이 이르러 올 것입니다."

| 자해 |

檢 : 제재함. • 莩 : 굶주려 죽은 사람. 음은 '표'. • 發 : 창고의 곡식을 내어 구제함. • 歲 : 풍년과 흉년.

| 의해 |

"이제 왕이 평일에 왕도를 행하지 아니하여 백성을 기르는데 방법이 없습니다. 백성에게 많이 거두어서 금수를 길러서 도리어 사람이 먹을 것을 빼앗아 개와 돼지에게 먹이면서도 금지할 줄을 알지 못합니다. 이미 백성들이 죽음을 면하지 못하여 도로에 굶주려 죽은 송장이 있는데도 창고의 곡식을 내어 구제하여 건질 줄을 알지 못합니다. 또 백성들의 죽음을 구원하지 않기 때문에

백성들이 죽어서 더 많아지지 않으면 말하기를 내가 마음을 쓰지 않는 것이 아니라 해가 흉년이 든 까닭이라고 합니다. 이것은 무기로 사람을 찔러죽이고 말하기를 내가 죽인 것이 아니라 무기가 죽인 것이라고 하는 것과 무엇이 다르겠습니까? 무기가 무기를 잡은 자의 죄를 대신하며, 흉년이 정치를 잘못한 자의 죄를 대신할 수 있겠습니까? 왕은 진실로 안타깝게 생각하여 자신에 돌이켜 구하시고 죄를 흉년에 돌리지 마십시오. 왕도의 시종을 힘써 행하셔서 오늘날 폐단이 있는 정치를 통쾌하게 개혁해서 그 마음을 다하시면 이 천하의 백성이 다 교화를 바라고 돌아올 것입니다. 어찌 다만 백성이 이웃나라보다 더 많을 뿐이겠습니까?"

| 요지 |

이 장은 임금이 마땅히 왕도에 마음을 다하여 백성의 마음을 수습하는 계책을 세워야 한다는 것을 보였다. 마음을 다한다는 말이 이 장의 주장이 된다. 왕도를 실천하는 자의 정치는 마음으로 하는 것이다.

양혜왕왈 과인 원안승교 맹자대왈 살인
4. 梁惠王曰 寡人이 願安承教하노이다 孟子對曰 殺人
이정여인 유이이호 왈 무이이야 이인여
以梃與刃이 有以異乎잇가 曰 無以異也니이다 以刃與
정 유이이호 왈 무이이야 왈 포유비육
政이 有以異乎잇가 曰 無以異也니이다 曰 庖有肥肉하
구유비마 민유기색 야유아표 차 솔수이
며 廐有肥馬요 民有飢色하며 野有餓莩면 此는 率獸而
식인야 수상식 차인 오지 위민부모
食人也니이다 獸相食을 且人이 惡之하나니 爲民父母라
행정 불면어솔수이식인 오재기위민부모야
行政호대 不免於率獸而食人이면 惡在其爲民父母也

중니왈 시작용자 기무후호 위기상인
리잇고 仲尼曰 始作俑者 其無後乎인져하시니 爲其象人
이용지야 여지하기사사민기이사야
而用之也시니 如之何其使斯民飢而死也리잇고

| 언해 |

梁惠王ㅣ 골아샤ᄃᆡ 寡人이 願컨댄 安ᄒᆞ야 教를 承호려 ᄒᆞ노이다 孟子ㅣ對ᄒᆞ야 골ᄋᆞ샤ᄃᆡ 人을 殺호ᄃᆡ 梃과 다ᄆᆞᆺ 刃으로ᄡᅥ 홈이 ᄡᅥ 달오미 인ᄂᆞ니잇가 골ᄋᆞ샤ᄃᆡ ᄡᅥ 달오미 업ᄉᆞ니이다 刃과 다ᄆᆞᆺ 政으로ᄡᅥ 홈이 ᄡᅥ 달오미 인ᄂᆞ니잇가 골ᄋᆞ샤ᄃᆡ 달오미 업ᄉᆞ니이다 골ᄋᆞ샤ᄃᆡ 庖에 肥肉이 이시며 廐에 肥馬ㅣ 잇고 民이 飢色이 이시며 野에 餓莩ㅣ 이시면 이ᄂᆞᆫ 獸를 率ᄒᆞ야 人을 食홈이니이다 獸ㅣ 서ᄅᆞ 食홈을 ᄯᅩ 人이 惡ᄒᆞᄂᆞ니 民의 父母ㅣ되연ᄂᆞᆫ디라 政을 行호ᄃᆡ 獸를 率ᄒᆞ야 人을 食홈애 免티 몯ᄒᆞ면 어ᄃᆡ 그 民의 父母ㅣ 되옴이 이시리잇고 仲尼ㅣ 골아샤ᄃᆡ 비로소 俑을 作ᄒᆞᆫ 者ㅣ 그 後ㅣ 업ᄉᆞ린뎌 ᄒᆞ시니 그 人을 象ᄒᆞ야 用ᄒᆞ욤을 爲ᄒᆞ애시니 엇디 그 이 民으로 ᄒᆡ여곰 飢ᄒᆞ야 死케 ᄒᆞ리잇고

| 직역 |

양혜왕이 말하였다. “과인이 원하건대 편안히 가르치심을 받들려고 합니다.” 맹자가 대답하여 말하였다. “사람을 죽이는데 몽둥이와 칼날로 하는 것이 다름이 있습니까?” “다름이 없습니다.” “칼날과 정치로 하는 것이 다름이 있습니까?” “다름이 없습니다.” “푸줏간에 살찐 고기가 있고 마굿간에 살찐 말이 있는데도, 백성은 굶주린 얼굴빛이 있고 들에 굶어죽은 시체가 있으면, 이는 짐승을 거느려 사람을 먹게 하는 것입니다. 짐승이 서로 먹는 것도 사람이 미워하는데, 백성의 부모가 되어 정치를 행하면서 짐승을 거느려 사람을 먹게 하는 것을 면하지 못한다면, 백성의 부모가 된다는 것이 어디에 있겠습니까? 공자가 말하기를, ‘처음 용을 만든

자는 그 후손이 없을 것이로다!'라고 하였으니, 사람을 본떠서 썼기 때문입니다. 어찌 이 백성으로 하여금 굶주려 죽게 하겠습니까?"

| 자해 |

梃 : 몽둥이. • 俑 : 나무로 사람의 형상을 만들어 얼굴과 눈과 움직임이 있어서 사람과 흡사한 것.

| 의해 |

양혜왕이 맹자의 말에 감동하여 다시 말하였다. "적은 은혜를 행하는 것이 왕정을 행하는 것만 같지 못하며, 죄를 자신에게 돌려보내는 것이 마땅하고 죄를 흉년에 돌려보내는 것이 마땅하지 않다고 하시니, 선생께서 나를 가르치심이 지극하십니다. 그러나 나라의 정사가 여러 가지이니, 다시 잘 말씀하시면 과인이 원하건대 뜻을 편안히 하여 선생의 가르치심을 받고자 합니다. 부디 말씀을 다하여 숨기지 말도록 하십시오."

맹자가 대답하여 말하였다. "새로 한 정사를 일으키는 것이 한 가지 해로움을 버리는 것만 같지 못하니, 포학한 정사를 없앤 뒤에 인정을 행할 수 있습니다. 이제 시험 삼아 왕께 묻겠습니다. 사람을 죽이는 자가 혹 몽둥이로 하며 혹 칼날로 하는 것이 다름이 있습니까?" 왕이 말하였다. "몽둥이와 칼날이 비록 물건은 다르나 사람을 죽이는데 이르러서는 일반이니, 다를 것이 없습니다."

맹자가 또 물어 말하였다. "그러면 사람을 죽이는 자가 혹 칼날로 하며 혹 포학한 정사로 하는 것이 다름이 있습니까?" 왕이 말하였다. "칼날과 정사가 비록 일은 다르나 또한 사람을 죽는데 이르게 하는 것은 일반이니, 다를 것이 없습니다."

맹자가 말하였다. "왕이 이것을 아신다면 오늘의 정치 가운데 마땅히 고쳐야 할 것이 있습니다. 왕의 푸줏간에는 살진 고기가 있으며 왕의 마굿간에는 살찐 말이 있는데, 이 백성은 굶주린 얼굴빛이 있으며 들에는 굶주려 죽은 사람이 있으니, 이것은 바로 왕께서 백성의 재물을 후히 거두어서 금수를 기르기 때문입니다. 그러므로 짐승은 사람에게 얻어서 살지고 사람은 짐승 때문에 죽는 것입니다. 이것은 짐승을 거느려 사람을 먹는 것이니, 사람을 죽이는 정사가 칼날로 하는 것과 다를 것이 없습니다.

짐승과 짐승이 서로 먹는 것에 대해서 또한 사람이 같은 종류가 서로 잔해함을 미워합니다. 하물며 임금은 백성의 부모입니다. 삶으로 이 백성을 기르는 것인데 백성의 부모가 되어서 정사를 행하면서 짐승을 거느려 사람을 먹는 것을 면하지 못하면, 이것은 백성을 자식처럼 여기는 책임을 가지고서 도리어 백성을 잔해하게 하는 일을 하는 것이니, 어디에 그 백성의 부모 되는 것이 있겠습니까?

공자가 말하기를, '처음 나무로 허수아비를 만든 자는 그 후손이 끊어질 것이로다'라고 하였습니다. 공자가 어찌하여 이것을 미워하였겠습니까? 허수아비로 사람의 형상을 만들어서 장사에 순장하게 했기 때문입니다. 사람의 형상으로 장사하는 것은 참으로 사람을 죽게 하는 것이 아닌데도 공자가 오히려 미워하였는데, 어찌하여 백성에게 긁어모아 짐승을 기르고 이 백성으로 하여금 굶주려 죽게 하겠습니까? 더욱 공자에게 미움을 받을 것입니다. 왕은 급히 돌이켜서 스스로 고치는 것이 좋을 것입니다."

| 요지 |

이 장은 다 포학한 정사를 마땅히 버려야 한다는 뜻을 보인 것이다. 백성의 부모가 된다는 것이 중요하니, 바로 차마 하지 못하는 마음을 두렵게 움직이게 한 것이다. 처음에는 몽둥이와 칼로 서로 형상하여 그 포학한 정사가 병장기와 칼날보다 참혹함을 보이고, 이어서 짐승이 서로 먹는 것으로 형상하여 백성 보기를 개나 말만도 못하게 본다는 것을 보이고, 나중에는 허수아비를 만든 자가 후손이 없다는 것으로 형용하여 실상 백성으로 하여금 굶주

려 죽게 하면 오직 백성의 부모된 이의 부끄러움뿐 아니라 또 화가 자손에게까지 있음을 보여준 것이다. 그 뜻을 편안히 하여 가르침을 받는다는 것을 인하여 이와 같이 간절히 말한 것이다.

양혜왕왈 진국 천하 막강언 수지소지야
5-1. 梁惠王曰 晉國이 天下에 莫强焉은 叟之所知也라
급과인지신 동패어제 장자사언 서상지어
及寡人之身하여 東敗於齊에 長子死焉하고 西喪地於
진칠백리 남욕어초 과인 치지 원비사
秦七百里하고 南辱於楚하니 寡人이 恥之하여 願比死
자 일세지 여지하즉가
者하야 一洒之하노니 如之何則可니잇고

| 언해 |

梁惠王ㅣ ᄀᆞᆯᄋᆞ샤ᄃᆡ 晉國이 天下애 이만 强ᄒᆞᆫ이 업슴은 叟의 아는 배라 寡人의 身에 미처 東으로 齊예 敗홈애 長子ㅣ 死ᄒᆞ고 西로 地를 秦에 喪홈을 七百里롤 ᄒᆞ고 南으로 楚에 辱ᄒᆞ니 寡人이 恥ᄒᆞ야 願컨댄 死者를 爲ᄒᆞ야 ᄒᆞᆫ적 洒호려 ᄒᆞ노니 엇디 ᄒᆞᆫ則 可ᄒᆞ니잇고

| 직역 |

양혜왕이 말하였다. "진나라가 천하에서 이보다 더 강한 나라가 없는 것은 장로가 아는 바입니다. 과인의 몸에 미쳐서 동으로 제나라에 패하여 장자가 죽고, 서로 땅을 진나라에 칠백 리를 잃고, 남으로 초나라에 욕을 보았습니다. 과인이 부끄러워하여 원하건대 죽은 사람을 위하여 한 번 갚고자 하니, 어찌하면 가능하겠습니까?"

| 자해 |

晉國 : 위나라는 본래 진나라 대부 위사(魏斯)가 한씨와 조씨로 더불어 진나라를 나누어 가지고 이름하여 말하기를 세 진나라라고 하였기 때문에 이에 혜왕이 진나라라고 말함. • 比 : 위하여. • 洒 : 치욕을 갚음. 음은 '세'.

| 의해 |

양혜왕이 말하였다. "우리 진나라가 선인이 계실 때에는 토지와 갑병의 웅장함으로써 싸우면 이기고 치면 취하여 천하에 그와 같이 강성한 나라가 없던 것은 장로께서도 본래 아시는 바입니다. 과인의 몸에 이르러서는 동으로 제나라와 싸워 패하여 장자 신(申)이 죽었으니 진나라가 제나라보다 약하고, 서로 진나라에게 하내의 땅 칠백 리를 잃어버렸으니 진나라가 진나라보다 약하고, 남으로 또 초나라에게 곤욕을 당하고도 능히 대항하지 못하니 진나라가 초나라보다 약합니다. 이것은 과인이 선인에게 부끄러움을 끼친 것입니다. 원하건대 우리 선인을 위하여 한 번 그 부끄러움을 갚고자 하는데 어찌하면 이 일을 할 수 있겠습니까?"

맹 자 대 왈 지 방 백 리 이 가 이 왕 왕 여 시 인 정
5-2. 孟子對曰 地方百里而可以王이니이다 王如施仁政
어 민 생 형 벌 박 세 렴 심 경 이 누 장
於民하사 省刑罰하시며 薄稅斂하시면 深耕易耨하고 壯
자 이 가 일 수 기 효 제 충 신 입 이 사 기 부 형 출
者以暇日로 修其孝悌忠信하여 入以事其父兄하며 出
이 사 기 장 상 가 사 제 정 이 달 진 초 지 견 갑 리
以事其長上하리니 可使制梃하여 以撻秦楚之堅甲利
병 의
兵矣리이다

| 언해 |

孟子ㅣ 對ᄒᆞ야 ᄀᆞᆯ아샤ᄃᆡ 地ㅣ 方이 百里라도 可히 ᄡᅥ 王ᄒᆞ리이다 王이 만일 仁政을 民에 施ᄒᆞ샤 刑罰을 省ᄒᆞ시며 稅斂을 薄히 ᄒᆞ시면 기피 耕ᄒᆞ며 易ᄒᆞ야 耨ᄒᆞ고 壯者ㅣ 暇日로ᄡᅥ 그 孝悌와 忠信을 修ᄒᆞ야 入ᄒᆞ야 ᄡᅥ 그 父兄을 事ᄒᆞ며 出ᄒᆞ야 ᄡᅥ 그 長上을 事ᄒᆞ리니 可히 ᄒᆡ여곰 梃을 制ᄒᆞ야 ᄡᅥ 秦楚의 堅ᄒᆞᆫ 甲과 利ᄒᆞᆫ 兵을 撻ᄒᆞ리이다

| 직역 |

맹자가 대답하여 말하였다. "땅이 사방 백리라도 왕을 할 수 있을 것입니다. 왕이 만일 인정을 백성에게 베풀어서 형벌을 생략하시며 세금을 가볍게 하시면 깊이 갈며 김을 잘 매고 젊은 사람이 한가한 날에 효제와 충신을 닦아 들어와서는 부형을 섬기며 나가서는 윗사람을 섬길 것이니, 막대기를 만들어 진나라와 초나라의 굳은 갑옷과 예리한 병장기를 치게 할 수 있을 것입니다."

| 자해 |

易 : 다스리다. 음은 '이'. • 耨 : 김매다.

| 의해 |

맹자가 대답하여 말하였다. "왕은 어찌하여 잃어버리고 패한 이후에 부끄러움을 갚는 것이 어려움을 염려하십니까? 진실로 스스로 강해지는데 뜻이 있다면, 비록 땅이 겨우 백리만 되더라도 천하에서 왕을 할 수 있을 것입니다. 하물며 당당하게 천리나 되는 양나라야 말씀할 것이 있겠습니까?

그러나 이른바 백리로 왕을 할 수 있다는 것은 다른 것이 아닙니다. 천하에서 왕을 하는 것은 민심을 얻는테 있고, 민심을 얻는 것은 인정을 행하는데 있을 뿐입니다. 왕이 만일 과연 인정을 백성에게 베풀어 형벌을 덜어서 백성의 생명을 해롭게 하지 아니하

시고, 세금 거두는 것을 가볍게 하여 백성이 사는 것을 병들게 아니하시면 이것이 다 인정입니다. 이 인정을 행하여 백성으로 하여금 생업을 편안하게 하고 농사를 힘쓰게 하여 봄에는 가는 것을 깊이 하며 여름에는 김매어 다스리게 합니다. 또 백성의 장성한 자로 하여금 한가한 때를 이용하여 효·제·충·신의 의를 닦아 밝혀서, 들어가서는 집의 부형을 섬기고 나가서는 나라의 어른과 윗사람을 섬기도록 합니다. 이렇게 하면 의식이 이미 풍족하고 예의가 또한 일어날 것이니, 하루아침에 일이 있으면 반드시 임금을 높이고 윗사람을 친할 수 있어서, 용맹이 있고 방향을 알아 막대기를 만들어 가지고 진나라와 초나라의 굳은 갑옷과 날카로운 병장기를 치게 할 수 있을 것입니다. 어찌 강하고 큰 것을 염려하겠습니까?"

피 탈 기 민 시 사 부 득 경 누 이 양 기 부 모
5-3. 彼奪其民時하여 使不得耕耨하여 以養其父母하면
부 모 동 아 형 제 처 자 이 산 피 함 닉 기 민
父母凍餓하며 兄弟妻子離散하리니 彼陷溺其民이어든
왕 왕 이 정 지 부 수 여 왕 적 고 왈 인 자
王이 往而征之하시면 夫誰與王敵이리잇고 故曰 仁者는
무 적 왕 청 물 의
無敵이라하니 王請勿疑하소서

| 언해 |

뎨 그 民時를 奪ᄒᆞ야 ᄒᆡ여곰 耕ᄒᆞ며 耨ᄒᆞ야 ᄡᅥ 그 父母를 養티 몯ᄒᆞ게 ᄒᆞ면 父母ㅣ 凍餓ᄒᆞ며 兄弟妻子ㅣ 離散ᄒᆞ리니 뎨 그 民을 陷溺ᄒᆞ거든 王이 往ᄒᆞ야 征ᄒᆞ시면 뉘 王으로 더블어 敵ᄒᆞ리잇고 故로 ᄀᆞᆯ오ᄃᆡ 仁者ᄂᆞᆫ 敵이 업다ᄒᆞ니 王ᄋᆞᆫ 請컨댄 疑티 말ᄋᆞ쇼셔

| 직역 |

"저들이 그 백성의 때를 빼앗아서, 그들로 하여금 갈며 김매어서 그 부모를 기르지 못하게 하면, 부모가 얼고 굶주리며 형제와 처자가 떠나고 흩어질 것입니다. 저들이 그 백성을 빠뜨리거든 왕이 가서 치시면 누가 왕으로 더불어 대적하겠습니까? 그러므로 말하기를 인한 자는 대적이 없다고 하니, 왕은 청컨대 의심하지 마십시오."

| 자해 |

彼 : 적국.

| 의해 |

"진나라와 초나라의 굳은 갑옷과 날카로운 병장기는 당하기가 쉽지 않을 것인데, 이제 막대기를 만들어서 그것을 친다고 한 것은 다름이 아닙니다. 저 진나라와 초나라의 임금이 형벌을 덜고 거두는 것을 가볍게 하지 못하고, 또 그 백성의 때를 빼앗아 농사일에 힘써서 그 부모를 기르지 못하게 하여 그 부모가 얼고 굶주리는데도 의식을 공급할 수 없고, 형제·처자가 떠나고 흩어져서 집을 보전하지 못하게 하는 것은 그 인하지 못함이 극도에 이른 것입니다.

저들의 정사가 인하지 못하여 그 백성을 함정에 빠지게 하며 그 백성을 물에 빠지게 함이 이와 같으면, 백성의 원망이 깊을 것입니다. 왕이 이에 나의 임금을 높이고 윗사람을 친하게 여기는 백성을 거느리고 가서 그 백성을 포학하게 대한 죄를 밝히시면, 저 백성들이 바야흐로 나에게 돌아오는 것을 즐거워 할 것이니, 그 누가 왕과 더불어 대적하겠습니까?

그러므로 옛 말에 인한 자는 대적이 없다고 하였으니, 인한 자에게 대적이 없음을 알면 백리로 천하에서 왕을 한다는 것이 실상 그런 일이 없고 한갓 말만 있는 것이 아님을 아실 것입니다. 왕은 의심하지 마시고 결연히 인한 정사를 행하여 천하에서 왕을 하도록 노력하는 것이 좋을 것입니다. 어찌 부끄러움을 갚는데 그치겠습니까?"

| 요지 |

이 장의 큰 뜻은 백성의 마음을 얻는 것으로 주장을 삼았다. 양혜왕의 뜻은 원한을 갚는데 있고, 맹자는 인정을 행하여 백성을 구원하여 왕업을 일으키는 것을 말하였다. 비록 원한을 갚는 일을 분명하게 말하지 않았지만, 원한을 갚는 훌륭한 계책이 바로 여기에 있었다. 백리로 왕을 한다는 한 구절로 주장을 삼고, 인한 정사를 베푸는 것으로 강령을 삼고, 형벌을 덜고 세금을 가볍게 하는 것으로 조목을 삼고, 한가한 날에 효·제·충·신을 닦는 것으로 정신을 삼았다.

맹 자 견 양 양 왕 출 어 인 왈 ᄆᆞᆼ 지 불 사 인 군
6-1. 孟子見梁襄王하시고 出語人曰 望之不似人君이요
취 지 이 불 견 소 외 언 졸 연 문 왈 천 하 오 호 정
就之而不見所畏焉이러니 卒然問曰 天下惡乎定고하여
오 대 왈 정 우 일 숙 능 일 지 대 왈 불 기
늘 吾對曰 定于一이라호라 孰能一之오하여늘 對曰 不嗜
살 인 자 능 일 지
殺人者 能一之라호라

| 언해 |

孟子ㅣ 梁襄王을 보시고 出ᄒᆞ야 사ᄅᆞᆷᄃᆞ려 닐어 ᄀᆞᆯᄋᆞ샤ᄃᆡ 望홈애 人君ᄀᆞᆮ디 아니ᄒᆞ고 就ᄒᆞ얀 畏ᄒᆞᆫ 바를 보디 몯ᄒᆞ리러니 卒然히 무러 ᄀᆞᆯ오ᄃᆡ 天下ᄂᆞᆫ 어ᄃᆡ 定ᄒᆞᆯ꼬 ᄒᆞ야ᄂᆞᆯ 내 對ᄒᆞ야 ᄀᆞᆯ오ᄃᆡ 一에 定ᄒᆞ리라호라 뉘 能히 一ᄒᆞᆯ꼬 ᄒᆞ야ᄂᆞᆯ 對ᄒᆞ야 ᄀᆞᆯ오ᄃᆡ 人殺ᄒᆞ기를 嗜

티 아니ᄒᆞᄂᆞᆫ 者ㅣ 能히 一ᄒᆞ리라호라

| 직역 |

맹자가 양양왕을 보고 나와서 사람들에게 일러 말하였다. "바라봄에 임금 답지 아니하고, 나아감에 두려운 바를 보지 못하였는데, 갑자기 물어 말하기를, '천하는 어디로 정해질 것인가?'라고 하기에 내가 대답하여 말하기를 '하나로 정해질 것입니다'라고 하였다. '누가 하나로 할 수 있을 것인가?'라고 하기에 대답하여 말하기를, '사람을 죽이는 것을 즐기지 않는 자가 하나로 할 수 있을 것입니다'라고 하였다.

| 자해 |

梁襄王 : 양혜왕(梁惠王)의 아들. 이름은 혁(赫). • 卒然 : 갑자기.

| 의해 |

양혜왕이 죽고 왕의 아들인 양왕이 임금의 자리에 나아갔기 때문에 맹자가 양왕을 만나본 것이다.

성현이 그 나라에 이르러서 임금을 보는 것은 그의 동정을 보고서 자신의 도가 흥하거나 폐할 것을 헤아리는 것이다. 이제 양왕의 용모와 말하는 기운이 다 사람의 뜻에 마땅하지 않아서 장차 떠나가고자 하였으므로 보고 나와서 사람에게 말하였다. "내가 왕을 볼 때에 멀리서 바라보아도 임금다운 풍모가 있지 아니하고, 나아가서 가까이 하여도 두려울만한 위의가 없었다. 또 갑자기 나에게 물어 말하기를, '이제 천하의 열국이 나누어 다투어서 편안한 날이 없으니, 어찌하면 편안히 정함을 얻을 것인가?'라고 하기에, 내가 대답하여 말하기를, '천하의 형세는 나누어지면 다투고 합하면 정해지니, 임금이 천하를 합하여 통일하면 명령이 한 사람으로부터 나와서 감히 명령을 어기는 자가 없을 것입니다. 천하가 이로부터 정해질 것입니다'라고 하였다.

왕이 또 물어 말하기를, '이제 열국의 임금이 형세가 고르고 힘이 같으니, 누가 통일할 수 있겠는가?'라고 하기에 대답하여 말하기를, '반드시 차마 하지 못하는 것으로 마음을 삼고, 살리기를 좋아하는 것으로 덕을 삼아서, 사람을 죽이는 것을 즐기지 않는 자가 통일할 수 있을 것입니다'라고 하였다."

숙 능 여 지 대 왈 천 하 막 불 여 야 왕 지
6-2. 孰能與之오하야늘 對曰 天下莫不與也니 王은 知
부 묘 호 칠 팔 월 지 간 한 즉 묘 고 의 천 유 연
夫苗乎잇가 七八月之間이 旱則苗槁矣라가 天이 油然
작 운 패 연 하 우 즉 묘 발 연 흥 지 의 기 여 시 숙
作雲하여 沛然下雨 則苗浡然興之矣나니 其如是면 孰
능 어 지 금 부 천 하 지 인 목 미 유 불 기 살 인 자 야
能禦之리오 今夫天下之人牧이 未有不嗜殺人者也니
여 유 불 기 살 인 자 즉 천 하 지 민 개 인 령 이 망 지 의
如有不嗜殺人者則天下之民이 皆引領而望之矣리니
성 여 시 야 민 귀 지 유 수 지 취 하 패 연 수 능 어
誠如是也면 民歸之由水之就下하리니 沛然을 誰能禦
지
之리오호라

| 언해 |

뉘 能히 與홀꼬ᄒᆞ야늘 對ᄒᆞ야 ᄀᆞᆯ오ᄃᆡ 天下ㅣ 與티 아니ᄒᆞ리 업스리니 王은 그 苗를 알ᄋᆞ시ᄂᆞ니잇가 七八月ㅅ間이 旱ᄒᆞ면 苗ㅣ 槁ᄒᆞ얏다가 天이 油然히 雲을 作ᄒᆞ야 沛然히 雨를 下ᄒᆞ면 苗ㅣ 浡然히 興ᄒᆞᄂᆞ니 그 이ᄀᆞᄐᆞ면 뉘 能히 禦ᄒᆞ리오 이제 天下에 人牧이 人殺ᄒᆞ기ᄅᆞᆯ 嗜티 아니ᄒᆞᆫ 者ㅣ 잇디 아니ᄒᆞ니 만일 人殺ᄒᆞ기ᄅᆞᆯ 嗜티 아니ᄒᆞᆫ 者ㅣ 이시면 天下엣 民이 다 領을 引ᄒᆞ야 望ᄒᆞ리니 진실로 이ᄀᆞᄐᆞ면 民이 歸홈이 水ㅣ 下에 就홈ᄀᆞᄐᆞ리니 沛然홈을

뉘 能히 禦ᄒᆞ리오호라

| 직역 |

"'누가 동조할까?'라고 하기에 대답하여 말하기를, '천하에 동조하지 않을 사람이 없을 것입니다. 왕은 저 싹을 아십니까? 칠팔월 사이에 가물면 싹이 말랐다가, 하늘이 뭉게뭉게 구름을 지어서 쏴아 하고 비를 내리면, 싹이 쑥쑥 일어나니, 이와 같으면 누가 막을 수 있겠습니까? 지금 천하의 임금이 사람을 죽이는 것을 즐기지 않는 자가 없으니, 만일 사람을 죽이는 것을 즐기지 않는 자가 있으면, 천하의 백성이 다 목을 빼고 바랄 것입니다. 진실로 이와 같으면 백성이 돌아오기를 물이 아래로 나아감과 같이 할 것이니, 콸콸 흘러가는 것을 누가 막을 수 있겠습니까?'라고 하였다."

| 자해 |

人牧 : 백성을 기르는 임금. • 由 : 유(猶)와 같음.

| 의해 |

"왕이 또 물어 말하기를, '이 때를 당하여 임금은 각각 그 백성이 있고 백성은 각각 그 임금이 있으니, 비록 사람을 죽이는 것을 즐기지 아니하는 임금이 있다고 하더라도 누가 그 임금을 버리고 나에게 돌아오겠는가?' 하기에 대답하여 말하였다. '천하의 백성이 더불어 같이할 만한 임금이 있음을 보면 스스로 돌아오지 아니할 자가 없을 것입니다. 왕은 저 곡식의 싹을 아십니까? 칠팔월 사이에 가물면 곡식의 싹이 다 시듭니다. 그때가 바로 비를 가장 바랄 때인데, 하늘이 뭉게뭉게 구름을 지어서 쏴아 하고 비를 내리면, 시들던 곡식의 싹이 쑥쑥 일어나서 빨리 소생됩니다. 곡식의 싹이 이와 같이 일어난다면, 누가 그 곡식의 싹이 자라나는 것을 막을 수 있겠습니까? 그러므로 이 곡식의 싹을 아신다면,

이 백성의 일을 아실 것입니다. 지금 사람을 기르는 직책을 가진 천하의 임금이 다 형벌을 중하게 하고 거두는 것을 무겁게 하며, 성을 다투고 들을 다투어서 백성으로 하여금 죽는데 이르게 하고 구휼하지 아니하니, 이것이 사람을 죽이는 것을 즐기는 것입니다. 이때를 당하여 만일 한 사람이 있어서 사람을 죽이는 것을 즐기지 아니한다고 하면, 천하의 백성이 진심으로 기뻐하고 복종하여 다 목을 빼고 바라서 임금을 삼고자 할 것입니다. 진실로 바람이 이와 같아서 백성이 다 돌아오기를 물이 아래로 내려가는 것과 같을 것이니, 그 콸콸 흘러가는 것과 같은 형세를 누가 그치게 할 수 있겠습니까?' 왕이 나와 더불어 묻고 대답한 것이 이와 같으나, 실행하지 못할 자이니, 어찌하겠는가?"

| 요지 |

이 장은 맹자가 양양왕을 보고 나와서 문답이 이러하다는 것을 사람에게 말한 것이다. 사람을 죽이는 것을 즐기지 않는다는 내용이 극히 소중하다. 맹자가 양양왕을 볼 때에 그 동정을 보고 도를 행할 만한 기틀이 있는가를 살폈다. 그런데 용모와 말투가 가볍고 조급하며, 또 사람을 죽이는 것을 즐길 기상이 있는 것을 보았기 때문에 사람을 죽이는 것을 즐기지 않는다는 것으로 깊이 경계하였다. 나와서 사람들에게 말했던 것을 보면, 양양왕의 단점을 드러낸 것도 아니고, 한가하게 평론한 것도 아니다. 당시에 사람을 죽이는 것을 즐기지 않는 자가 없으므로, 특별히 천하의 임금을 위하여 고한 것이다.

제선왕 문왈 제환진문지사 가득문호 맹
7-1. 齊宣王이 問曰 齊桓晉文之事를 可得聞乎잇가 孟
자대왈 중니지도 무도환문지사자 시이 후세
子對曰 仲尼之徒 無道桓文之事者라 是以로 後世에

無傳焉하니 臣이 未之聞也호니 無以則王乎인져 曰 德이 何如則可以王矣리잇고 曰 保民而王이면 莫之能禦야也리이다

| 언해 |

齊宣王이 묻즈와 ᄀᆞᆯᄋᆞ샤ᄃᆡ 齊桓과 晉文의 事를 可히 시러곰 드르리잇가 孟子ㅣ 對ᄒᆞ야 ᄀᆞᆯᄋᆞ샤ᄃᆡ 仲尼의 徒ㅣ 桓文의 事를 니를者ㅣ 업슨디라 일로ᄡᅥ 後世에 傳ᄒᆞ리 업ᄉᆞ니 臣이 듣디 몯ᄒᆞ얀노니 마디말와뎌 ᄒᆞ시면 王을 홀띤뎌 ᄀᆞᆯᄋᆞ샤ᄃᆡ 德이 엇더ᄒᆞ면 可히ᄡᅥ 王ᄒᆞ리잇고 ᄀᆞᆯ아샤ᄃᆡ 民을 保ᄒᆞ야 王ᄒᆞ면 能히 禦ᄒᆞ리 업ᄉᆞ리이다

| 직역 |

제나라 선왕이 물었다. "제나라 환공과 진나라 문공의 일들을 들려주실 수 있습니까?" 맹자가 대답하였다. "중니의 무리 가운데 환공과 문공의 일을 말한 자가 없었기 때문에 후세에 전해지지 않아서 신이 듣지 못하였습니다. 그만두라고 하지 않으신다면 왕도를 말해 보겠습니다." 왕이 말하였다. "덕이 어떠하면 왕을 할 수 있습니까?" 맹자가 말하였다. "백성을 보전하여 왕을 하면 막을 수 있는 사람이 없을 것입니다."

| 자해 |

齊宣王 : 성은 전(田), 이름은 벽강(辟疆). • 道 : 갈함. • 王 : 왕도(王道).

| 의해 |

제나라 선왕이 물었다. "패업(제후 가운데 으뜸이 됨을 이른다)을 이룬 다섯 사람 가운데 가장 세력이 성한 자는 당시의 제나라 환

공과 진나라 문공, 두 사람입니다. 그 으뜸이 되는 공을 이루는 일에 대해 들려주실 수 있겠습니까?"

맹자가 대답하였다. "신은 본래 공자의 도를 배웠는데, 공자의 무리 가운데는 제나라 환공과 진나라 문공이 패업을 경영하던 일을 말하는 사람이 없어서 후세에 전해지지 않아 신이 듣지 못하였습니다. 만일 왕께서 다스림을 도모하시는데 뜻이 있어서, 반드시 신이 말씀드리는 뜻을 그만두게 하고자 아니하신다면, 천하에서 왕을 하는 도가 있으니, 이것이 신이 들은 바이므로 왕을 위하여 말씀드릴 수 있을 것입니다."

왕이 말하였다. "임금의 덕이 마땅히 어떠하면 천하에서 왕을 하겠습니까?" 맹자가 말하였다. "왕도는 심히 크지만 중요한 것은 다만 백성을 보호하는데 있습니다. 임금의 덕이 진실로 백성을 보호할 수 있으면, 백성의 마음을 얻어서 천하에서 왕을 할 것이니, 그 형세를 막을 수 있는 자가 없을 것입니다."

왈 약과인자 가이보민호재 왈 가
7-2. 曰 若寡人者도 可以保民乎哉잇가 曰 可하나이다
왈 하유 지오 가야 왈 신 둔지호흘 왈
曰 何由로 知吾의 可也잇고 曰 臣이 聞之胡齕호니 曰
왕 좌어당상 유견우이과당하자 왕 견
王이 坐於堂上이어시늘 有牽牛而過堂下者러니 王이 見
지 왈 우 하지 대왈 장이흔종 왕왈
之하시고 曰 牛는 何之오 對曰 將以釁鐘이니이다 王曰
사지 오불인기곡속약무죄이취사지 대왈
舍之하라 吾不忍其觳觫若無罪而就死地하노라 對曰
연즉폐흔종여 왈 하가폐야 디양역지
然則廢釁鐘與잇가 曰 何可廢也리오 以羊易之라하사소
불식 유저
니 不識케이다 有諸잇가

| 언해 |

ᄀᆞᆯᄋᆞ샤ᄃᆡ 寡人ᄀᆞᄐᆞᆫ 者도 可히 ᄡᅥ 民을 保ᄒᆞ리잇가 ᄀᆞᆯᄋᆞ샤ᄃᆡ 可ᄒᆞ니이다 ᄀᆞᆯᄋᆞ샤ᄃᆡ 엇디 말믜암아 내의 可ᄒᆞᆫ 주를 알ᄋᆞ시ᄂᆞ니잇고 ᄀᆞᆯ아샤ᄃᆡ 臣이 胡齕의게 들오니 ᄀᆞᆯ오ᄃᆡ 王이 堂上에 坐ᄒᆞ얏거시ᄂᆞᆯ 牛를 牽ᄒᆞ고 堂下로 過ᄒᆞᄂᆞᆫ 者ㅣ 잇더니 王이 보시고 ᄀᆞᆯᄋᆞ샤ᄃᆡ 牛ᄂᆞᆫ 어듸가ᄂᆞ뇨 對ᄒᆞ야 ᄀᆞᆯ오ᄃᆡ 쟝ᄎᆞᆺ ᄡᅥ 鐘을 釁호려 ᄒᆞᄂᆞ니이다 王이 ᄀᆞᆯᄋᆞ샤ᄃᆡ 舍ᄒᆞ라 내 그 觳觫히 無罪ᄒᆞᆫ 거시 死地에 就ᄒᆞᄂᆞᆫ ᄃᆞᆺ 홈을 ᄎᆞᆷ디 몯ᄒᆞ노라 對ᄒᆞ야 ᄀᆞᆯ오ᄃᆡ 그러면 鐘釁홈을 廢ᄒᆞ리잇가 ᄀᆞᆯᄋᆞ샤ᄃᆡ 엇디 可히 廢ᄒᆞ리오 羊으로ᄡᅥ 易ᄒᆞ라ᄒᆞ샤소니 아디 몯게이다 인ᄂᆞ니잇가

| 직역 |

왕이 말하였다. "과인 같은 사람도 백성을 보호할 수 있습니까?" 맹자가 말하였다. "할 수 있습니다." 왕이 말하였다. "무엇으로 말미암아 내가 할 수 있는 줄을 아십니까?" 맹자가 말하였다. "신이 호흘에게 들으니 다음과 같이 말하였습니다. 왕이 당 위에 앉아 계시는데 소를 끌고 당 아래로 지나가는 자가 있었습니다. 왕이 보시고 말하기를, '소가 어디로 가느냐?'라고 하자, 대답하여 말하기를, '장차 쇠북을 바르려고 합니다'라고 했습니다. 왕이 말하기를, '놓아주어라. 내가 벌벌 떨면서 죄 없이 죽을 땅으로 나가는듯함을 차마 보지 못하겠다'라고 하자, 대답하여 말하기를, '그러면 쇠북을 바르는 것을 폐해야 합니까?'라고 했습니다. 그러자 왕이 말하기를, '어찌 폐할 수 있겠느냐? 양으로 바꾸라'고 하셨다고 합니다. 알지 못하겠습니다만, 그런 일이 있었습니까?"

| 자해 |

釁鐘 : 쇠북을 새로 만들고 짐승의 피를 그 틈에 바르는 것. • 觳觫 : 두려워하는 모양.

| 의해 |

왕이 말하였다. "백성을 보호하는 것이 임금의 큰 덕입니다. 덕이 적은 과인 같은 자도 또한 백성을 보호할 수 있습니까?" 맹자가 대답하여 말하였다. "할 수 있습니다." 왕이 말하였다. "선생께서 어떻게 내가 백성을 보호할만한지 아십니까?" 맹자가 대답하여 말하였다. "신이 일찍이 왕의 신하 호흘에게 들었습니다. 왕이 어느날 당 위에 앉아 계실 때에 소를 끌고 당 아래로 지나가는 자가 있었습니다. 왕이 보시고 물어 말하기를, '소가 어디로 가느냐' 하시니, 그 소를 끌고 가는 자가 대답하여 말하기를, '장차 잡아서 쇠북에 바르려고 합니다'라고 하였습니다. 왕이 말하기를, '그 소를 놓아주어라. 내가 이 소의 두려워하는 모양이 죄가 없이 죽을 땅으로 나아가는 것 같아서 차마 보지 못하겠다'고 하시니, 소를 끌고 가는 자가 대답하여 말하기를, '소를 놓아주라 하시면, 장차 쇠북을 바르는 일을 폐하여야 합니까?'라고 하였습니다. 그러자 왕이 말하기를, '쇠북을 바르는 큰 일을 어찌 폐할 수 있겠느냐? 양으로도 또한 바를 수 있을 터이니, 양으로 바꾸라'고 하셨다 합니다. 이것이 호흘이 신에게 말한 바인데, 알지 못하겠습니다만 과연 이러한 일이 있었습니까?"

왈 유지 왈 시심 족이왕의 백성
7-3. 曰 有之하니이다 曰 是心이 足以王矣리이다 百姓은
개이왕위애야 신 고지왕지불인야 왕
皆以王爲愛也어니와 臣은 固知王之不忍也하노이다 王
왈 연 성유백성자 제국 수편소 오하
曰 然하다 誠有百姓者로다마는 齊國이 雖褊小나 吾何
애일우 즉불인기곡속약무죄 이취사지 고 이
愛一牛리오 卽不忍其觳觫若無罪 而就死地라 故로 以
양역지야
羊易之也호이다

| 언해 |

ᄀᆞᆯᄋᆞ샤ᄃᆡ 잇ᄂᆞ니이다 ᄀᆞᆯᄋᆞ샤ᄃᆡ 이 ᄆᆞᄋᆞᆷ이 足히 ᄡᅧ 王ᄒᆞ리이다 百姓은 다 王으로ᄡᅧ 愛ᄒᆞ다 ᄒᆞ거니와 臣ᄋᆞᆫ 진실로 王의 忍티 몯ᄒᆞ시믈 아ᄂᆞ이다 王이 ᄀᆞᆯᄋᆞ샤ᄃᆡ 然ᄒᆞ다 진실로 百姓인 者ㅣ 잇도다마ᄂᆞᆫ 齊國이 비록 褊ᄒᆞ고 小ᄒᆞ나 내 엇디 ᄒᆞᆫ 牛를 愛ᄒᆞ리오 곧 그 觳觫히 無罪ᄒᆞᆫ거시 死地예 就ᄒᆞᄂᆞᆫ ᄃᆞᆺ 홈을 ᄎᆞᆷ디 몯ᄒᆞᆫ디라 故로 羊으로ᄡᅧ 易호이다

| 직역 |

왕이 말하였다. "있습니다." 맹자가 말하였다. "이 마음으로 충분히 왕을 할 수 있습니다. 백성은 다 왕이 아낀다고 하지만, 신은 진실로 왕이 차마 하지 못했던 것을 압니다." 왕이 말하였다. "진실로 그러한 백성이 있습니다만, 제나라가 비록 좁고 작으나 내가 어찌 소 한 마리를 아끼겠습니까? 그 벌벌 떨면서 죄 없이 죽을 땅으로 가는듯함을 차마 보지 못했기 때문에 양으로 바꾸게 한 것입니다."

| 자해 |

愛 : 인색함.

| 의해 |

왕이 말하였다. "그런 일이 있었습니다." 맹자가 말하였다. "왕도는 백성을 보호하는데 있고, 백성을 보호하는 것은 마음에 있습니다. 이 소를 바꾸라고 하신 마음이 충분히 백성을 보호하여 천하에서 왕을 하실 수 있는 것입니다. 생각해 보면 그 때에 백성들은 알지 못하고 왕께서 그 비용을 따져서 소 한 마리를 아낀 것이라고 말하였습니다. 그러나 신은 왕께서 그 벌벌 떠는 것을 차마 못 보신다는 말씀에서, 참으로 왕께서 그 죽는 것을 불쌍히 여기셔서 차마 하지 못한 것을 압니다. 그러므로 왕이 충분히 천하에

서 왕을 하실 만한 줄을 압니다."

왕이 말하였다. "선생의 말씀이 진실로 그러합니다. 소를 바꾸라고 한 일이 인색하고 아끼는 것 같이 되어서, 진실로 백성들이 그와 같이 비웃는 것이 이상하지 않습니다. 그러나 내 마음은 그런 것이 아닙니다. 제나라가 비록 작다고 하더라도, 내가 어찌 한 마리 소가 이익이라고 아끼는데 이르겠습니까? 그 두려워하면서 죄 없이 죽을 땅으로 나아가는 것을 차마 못 보았기 때문에 양으로 바꾸었습니다."

7-4. 曰 王은 無異於百姓之以王爲愛也하소서 以小易大이니 彼惡知之리잇고 王若隱其無罪 而就死地則牛何擇焉이리잇고 王이 笑曰 是誠何心哉런고 我非愛其財 而易之以羊也언마는 宜乎百姓之謂我愛也로다

| 언해 |

ᄀᆞᆯᄋᆞ샤ᄃᆡ 王은 百姓이 王으로ᄡᅥ 愛ᄒᆞ다 홈을 異히 너기디 말ᄋᆞ쇼셔 小로ᄡᅥ 大ᄅᆞᆯ 易ᄒᆞ야니 뎨 엇디 알리잇고 王이 만일 그 罪업슨 거시 死地예 就홈을 隱히 너기시면 牛羊을 어늬를 擇ᄒᆞ리잇고 王이 笑ᄒᆞ고 ᄀᆞᆯᄋᆞ샤ᄃᆡ 이 진실로 엇딘 ᄆᆞᄋᆞᆷ이런고 내 그 財를 愛ᄒᆞ야 羊으로ᄡᅥ 易ᄒᆞᆫ 주리 아니언마ᄂᆞᆫ 百姓이 나ᄅᆞᆯ 愛타 닐옴이 맛당ᄒᆞ도다

| 직역 |

맹자가 말하였다. "왕은 백성이 왕에 대해 아낀다고 하는 것을 이

상하게 여기지 마십시오. 작은 것으로 큰 것을 바꾸었으니, 저들이 어찌 알겠습니까? 왕이 만일 그 죄 없는 것이 죽을 땅으로 나아감을 불쌍하게 여기셨다면, 소와 양을 어찌 가리셨습니까?" 왕이 웃으면서 말하였다. "그것이 진실로 어떤 마음이었던가? 내가 그 재물을 아껴서 양으로 바꾸라고 한 것이 아니지만, 백성이 나를 아낀다고 말하는 것이 마땅하도다."

| 자해 |

隱 : 불쌍하게 여김.

| 의해 |

맹자가 말하였다. "왕은 백성이 왕에 대해 아끼고 인색하다고 하는 것을 이상하다고 생각하지 마십시오. 작은 양으로 큰 소를 바꾸게 하였으니, 일이 의심할 만하게 되었습니다. 저 백성이 어찌 왕이 그 소가 죄 없이 죽을 곳에 나아가는 것을 차마 못 보아서 그렇게 한 줄을 알겠습니까? 왕이 만일 죄 없이 죽을 곳으로 나아가는 것을 차마 못 보았다면, 소나 양이 다 같이 죄가 없고, 또 죽기를 두려워하는 것도 소나 양이 일반인데, 어찌하여 가려서 양으로 바꾸라고 하셨습니까?" 왕이 스스로 살펴서 알지 못하고 웃으면서 말하였다. "참으로 소나 양을 가릴 것이 없는데, 양으로 소를 바꾸라고 하였으니, 내가 알지 못하겠습니다. 그때에 이 마음이 진실로 그 무슨 마음이었던가? 내가 만일 그 재물을 아끼지 아니하였다면, 어찌하여 양으로 바꾸라고 하였던가? 소에게만 차마 하지 못하고 홀로 양에게는 차마 하였으니, 내가 스스로 행하고도 내가 또한 스스로 어둡습니다. 백성이 날더러 그 재물을 아낀 것이라고 말하는 것이 마땅합니다. 또한 그 날의 마음을 알 수 없습니다."

왈 무상야 시내인술야 견우 미견양야
7-5. 曰 無傷也라 是乃仁術也니 見牛코 未見羊也일새
군자지어금수야 견기생 불인견기사
니이다 君子之於禽獸也에 見其生하고 不忍見其死하며
문기성 불인식기육 시이 군자 원포주
聞其聲하고 不忍食其肉하나니 是以로 君子는 遠庖廚
야
也니이다

| 언해 |

ᄀᆞᆯᄋᆞ샤ᄃᆡ 傷홈이 업ᄉᆞ니라 이 仁ᄒᆞᆫ 述이니 牛를 보고 羊을 보디 몯ᄒᆞᆫᄉᆡ니이다 君子ㅣ 禽獸에 그 生을 보고 ᄎᆞᆷ아 그 死를 보디 몯ᄒᆞ며 그 聲을 듣고 ᄎᆞᆷ아 그 肉을 食디 몯ᄒᆞᄂᆞ니 일로ᄡᅥ 君子ᄂᆞᆫ 庖廚를 멀리ᄒᆞᄂᆞ니이다

| 직역 |

맹자가 말하였다. "해로울 것이 없습니다. 이것이 인을 행하는 방법이니, 소를 보고 양을 보지 못하였기 때문입니다. 군자가 금수에 대해서 그 산 것을 보고 차마 그 죽는 것을 보지 못하며, 그 소리를 듣고 차마 그 고기를 먹지 못하니, 그러므로 군자는 푸줏간을 멀리 하는 것입니다."

| 자해 |

傷 : 해로움.

| 의해 |

왕이 스스로 의문을 풀지 못하므로 맹자가 이에 풀이하여 말하였다. "비록 백성이 모두 왕에 대해 아낀다고 하지만, 또한 해로움이 없을 것입니다. 이것이 인을 행하는 방법으로, 그 차마 못하는 마음을 온전하게 하신 것입니다. 당시에 왕이 소가 두려워하는

것만 보시고 양이 두려워하는 것은 보시지 못하였습니다. 그러므로 소를 보고서는 이 마음이 이미 발하여 막지 못하였고, 양은 보지 못하였으므로 이 이치가 형상되지 않아서 방해되는 바가 없었습니다. 그러므로 보지 않은 양으로 이미 본 소를 바꾸라고 하셨던 것입니다. 그래서 소도 온전함을 얻고 쇠북에 바르는 것도 얻어서, 그 차마 하지 못하는 마음이 이루어지기 어려운 때에 이루어졌습니다. 군자가 금수에 대해서 그 산 것을 보고 차마 그 죽은 것을 보지 못하며, 또 그 죽는 것을 슬퍼하는 소리를 듣고 차마 그 고기를 먹지 못합니다. 그러므로 군자가 비록 제사와 잔치에서 예로 쓰기 때문에 마지못함이 있으나, 반드시 푸줏간을 멀리 합니다. 짐승의 죽음을 보고 또 그 슬피 우는 소리를 듣고서는 차마 먹지 못합니다. 그리하여 미리 이 마음을 길러서 인을 행하는 방법을 넓히는 것이니, 왕이 하신 바가 바로 군자와 맞아서 해로울 것이 없는 것입니다."

왕 열 왈 시 운 타 인 유 심 여 촌 탁 지 부 자
7–6. 王이 說曰 詩云 他人有心을 予忖度之라하니 夫子
지 위 야 부 아 내 행 지 반 이 구 지 부 득 오
之謂也로소이다 夫我乃行之하고 反而求之호대 不得吾
심 부 자 언 지 어 아 심 유 척 척 언
心이라니 夫子言之하시니 於我心에 有戚戚焉하여이다
차 심 지 소 이 합 어 왕 자 하 야
此心之所以合於王者는 何也잇고

| 언해 |

王이 說ᄒᆞ야 ᄀᆞᆯᄋᆞ샤ᄃᆡ 詩에 닐오ᄃᆡ 他人의 心ᄃᆞᆷ을 내 忖度ᄒᆞ다ᄒᆞ니 夫子를 닐옴이로소이다 내 行ᄒᆞ고 反ᄒᆞ야 求호ᄃᆡ 내 心을 得디 몯ᄒᆞ엿더니 夫子ㅣ 닐ᄋᆞ시니 내 ᄆᆞ음애 戚戚홈이 이셔이다 이

ᄆᆞᄋᆞᆷ의 ᄢᅧ 王에 合ᄒᆞᆫ 바ᄂᆞᆫ 엇디니잇고

| 직역 |

왕이 기뻐하여 말하였다. "시에 이르기를, '다른 사람이 마음 쓰는 것을 내가 헤아린다'고 하니, 선생을 이르는 것입니다. 내가 행하고 돌이켜 구해 보았지만 내 마음을 이해하지 못하였는데, 선생이 일러주시니 내 마음에 뭉클함이 있습니다. 이 마음이 왕을 하는데 합하는 것은 왜입니까?"

| 자해 |

詩 : 「소아(小雅) · 교언(巧言)」. • 戚戚 : 마음이 움직이는 모양.

| 의해 |

제나라 선왕이 맹자의 말을 듣고 마음에 깨달음이 있어서 기뻐하여 말하였다. "시에 이르기를, '다른 사람이 마음 쓰는 것을 내가 헤아려 이해한다'고 했는데, 지금의 선생을 이르는 것입니다. 소를 바꾼 일을 내가 스스로 행하고, 돌이켜서 작은 것을 갖고 큰 것을 바꾼 이유를 생각하여도 스스로 이해하지 못하였습니다. 그런데 소는 보고 양은 보지 못했기 때문이라는 말씀을 들으니, 내 마음이 뭉클하게 중심에 움직임이 있으며, 또 그 당시에 차마 하지 못하던 뜻을 분명히 형상할 수 있습니다. 선생이 내 마음을 헤아려주지 않았다면, 내가 어느 날에 내 마음을 이해할 수 있었겠습니까? 그러나 이 마음은 매우 적고 왕도는 매우 큰데, 선생이 말씀하기를 이 마음으로 충분히 왕을 한다고 하니, 내가 알지 못하겠습니다. 이 마음이 왕도에 합한다고 한 것은 그 이유가 어디에 있습니까?"

왈 유복어왕자 왈 오력족이거백균 이부족이거
7-7. 曰 有復於王者 曰 吾力足以擧百鈞 而不足以擧
일우 명족이찰추호지말 이불견여신 즉
一羽하며 明足以察秋毫之末 而不見輿薪이라하면 則
왕허지호 왈 부 금 은족이급금수 이공부지
王許之乎잇가 曰 否라 今에 恩足以及禽獸 而功不至
어백성자 독하여 연즉일우지불거 위불용력
於百姓者는 獨何與잇고 然則一羽之不擧는 爲不用力
언 여신지불견 위불용명언 백성지불견보
焉이며 輿薪之不見은 爲不用明焉이며 百姓之不見保
위불용은언 고 왕지불왕 불위야 비
는 爲不用恩焉이니 故로 王之不王은 不爲也이언정 非
불능야
不能也니이다

| 언해 |

ᄀᆞᆯᄋᆞ샤ᄃᆡ 王ᄭᅴ 復ᄒᆞᆯ 者ㅣ 이셔 ᄀᆞᆯ오ᄃᆡ 내 力이 足히 ᄡᅥ 百鈞을 擧호ᄃᆡ 足히 ᄡᅥ 一羽를 擧티 몯ᄒᆞ며 明이 足히 ᄡᅥ 秋毫의 末을 察호ᄃᆡ 輿薪을 보디 몯ᄒᆞ노라 ᄒᆞ면 王은 許ᄒᆞ시리잇가 ᄀᆞᆯᄋᆞ샤ᄃᆡ 아니라 今에 恩이 足히 ᄡᅥ 禽獸에 미초ᄃᆡ 功이 百姓의게 니ᄅᆞ디 몯ᄒᆞ욤은 호올로 엇데잇고 그러면 一羽의 擧티 몯홈은 力을 用티 아니홈을 爲ᄒᆞ얘며 輿薪의 보디 몯홈은 明을 用티 아니홈을 爲ᄒᆞ얘며 百姓의 保홈을 보디 몯홈은 恩을 用티 아니홈을 爲ᄒᆞ얘니 故로 王의 王티 몯ᄒᆞ욤은 ᄒᆞ디 아니홀 ᄲᅮᆫ이언뎡 能티 몯홈이 아니니이다

| 직역 |

맹자가 말하였다. "왕께 아뢰는 자가 있어 말하기를, '내가 힘이 충분히 백 균을 들 수 있지만 충분히 한 깃을 들지 못하며, 눈 밝음이 충분히 터럭의 끝을 살필 수 있지만 한 수레의 장작을 보지

못한다고 하면, 왕은 인정하시겠습니까?" 왕이 말하였다. "아닙니다." 맹자가 말하였다. "이제 은혜가 충분히 금수에 미치지만 공이 백성에게 이르지 못하는 것은 유독 어째서입니까? 그렇다면 한 깃을 들지 못하는 것은 힘을 쓰지 않기 때문이며, 한 수레의 장작을 보지 못하는 것은 눈 밝음을 쓰지 않기 때문이며, 백성이 보호를 받지 못하는 것은 은혜를 쓰지 않기 때문입니다. 그러므로 왕이 왕을 하지 못하는 것은 하지 않을 뿐이지, 하지 못하는 것이 아닙니다."

| 자해 |

復 : 고함. • 鈞 : 삼십 근. • 秋毫 : 가는 털. • 輿薪 : 수레에 실은 나무. • 許 : 인정함.

| 의해 |

맹자가 제나라 선왕이 그 차마 못하는 마음을 알지 못하므로, 확충하여 백성을 보호하는 것으로 말하였다. "왕께 고하는 자가 있어 말하기를, 내 힘이 충분히 백 균의 무게를 들 수 있다고 하면서 가벼운 새 깃 하나도 들지 못한다고 하며, 눈 밝은 것이 충분히 가을 터럭의 끝을 살필 수 있다고 하면서 수레에 실은 나무를 보지 못한다고 하면, 왕은 인정하시겠습니까?" 왕이 말하였다. "아닙니다. 인정하지 못합니다." 맹자가 말하였다. "왕이 이미 이것을 아셨다면, 이 마음이 왕도에 합하는 것을 아실 것입니다. 사람이 귀하고 동물이 천한 까닭은 사람과 나는 종류가 같고 동물과 나는 종류가 다르기 때문입니다. 그러므로 측은하게 여기는 마음이 움직일 때에 백성에게는 간절하고 동물에는 늦추어지며, 인술을 시행하는 것이 백성에게는 쉽고 동물에게는 어려운 것입니다. 이제 한 소에게 차마 못하니, 그 늦추어지고 어려운 데에 은혜가 충분히 미친 것입니다. 이것은 백 균을 들고 가을 터럭 끝을 살핀 것과 같습니다. 백성에게는 형세가 가깝고 일이 쉬운 것

인데, 백성을 보전하는 공이 도리어 이르지 못하니, 이는 한 새의 깃을 들지 못하고 수레의 나무를 보지 못하는 것과 같습니다. 그 연고가 유독 어떤 것입니까? 그러므로 한 새의 깃을 들지 못하는 것은 힘이 없는 것이 아니라 다만 그 힘을 쓰지 않는 것이며, 수레의 나무를 보지 못하는 것은 눈 밝음이 없는 것이 아니라 다만 그 눈 밝음을 쓰지 않는 것이며, 백성이 보호를 받지 못하는 것은 은혜가 없는 것이 아니라 다만 그 은혜를 쓰지 않는 것입니다. 이미 은혜 쓰기를 즐겨하지 않음으로 인하여 천하에서 왕을 하지 못하시는 것이므로, 왕의 백성을 보호하여 천하에서 왕을 하지 않음은 할 수 있는데 하지 않는 것이고, 하고자 하지만 못하는 것은 아닙니다."

7–8. 曰 不爲者와 與不能者之形이 何以異잇고 曰 挾太山하여 以超北海를 語人曰 我不能이라하면 是는 誠不能也어니와 爲長者折枝를 語人曰 我不能이라하면 是는 不爲也언정 非不能也니 故로 王之不王은 非挾太山以超北海之類也라 王之不王은 是折枝之類也니이다

| 언해 |

ᄀᆞᆯᄋᆞ샤ᄃᆡ ᄒᆞ디 아니ᄒᆞᄂᆞᆫ 者와 다ᄆᆞᆺ 能티 몯ᄒᆞᄂᆞᆫ 者의 形이 엇디 ᄡᅥ 異ᄒᆞ니잇고 ᄀᆞᆯᄋᆞ샤ᄃᆡ 太山을 挾ᄒᆞ야 ᄡᅥ 北海를 超홈을 사ᄅᆞᆷᄃᆞ려 語ᄒᆞ야 ᄀᆞᆯ오ᄃᆡ 내 能티 몯ᄒᆞ노라 ᄒᆞ면 이ᄂᆞᆫ 진실로 能티 몯홈이어니와 長者를 爲ᄒᆞ야 枝折홈을 사ᄅᆞᆷᄃᆞ려 語ᄒᆞ야 ᄀᆞᆯ오ᄃᆡ 내 能티 몯ᄒᆞ노라 ᄒᆞ면 이ᄂᆞᆫ ᄒᆞ디 아닐 ᄲᅮᆫ이언뎡 能티 몯홈이 아니니

故로 王의 王티 몯ᄒᆞᆷ은 太山을 挾ᄒᆞ야 ᄡᅥ 北海를 超ᄒᆞᄂᆞᆫ 類ㅣ 아니라 王의 王티 몯ᄒᆞᆷ은 이 枝를 折ᄒᆞᄂᆞᆫ 類ㅣ니이다

| 직역 |

왕이 말하였다. "하지 않는 것과 하지 못하는 것의 형상이 어떻게 다릅니까?" 맹자가 말하였다. "태산을 끼고서 북해를 건너뛰는 것을 사람에게 말하여 내가 못한다고 하면 이는 진실로 못하는 것입니다. 그러나 어른을 위하여 가지를 꺾는 것을 사람에게 말하여 내가 못한다고 하면 이는 하지 않는 것이지 못하는 것이 아닙니다. 그러므로 왕이 왕을 못하는 것은 태산을 끼고서 북해를 건너뛰는 종류가 아니라 왕이 왕을 못하는 것은 이 가지를 꺾는 종류입니다."

| 자해 |

形 : 형상함. • 超 : 뛰어서 지나감.

| 의해 |

왕이 말하였다. "하지 않는 것과 하지 못하는 것이 진실로 매우 다릅니다. 감히 묻겠는데, 그 형상이 과연 어떻게 다릅니까?" 맹자가 말하였다. "만일 사람에게 무거운 태산을 끼고 넓은 북해를 건너뛰라고 하면 이것은 천하에 반드시 있을 수 없는 일입니다. 사람에게 말하기를 내가 못한다고 하면 이것은 진실로 그 못하는 것에 의심이 없을 것입니다. 어른의 명을 받들어서 나뭇가지를 꺾어오는 일에 이르러서는 당초에 어려움이 없는 일입니다. 사람에게 말하기를 내가 못한다고 하면 이것은 꺾지 않는 것이지 꺾지 못하는 것이 아님이 분명합니다. 내 마음에 근본을 둔 은혜를 써서 종류가 같은 백성에게 미치게 하여 왕도를 이루는데 또한 무슨 어려움이 있겠습니까? 그러므로 왕의 백성을 보호하여 천하에서 왕을 하지 못하시는 것은 태산을 끼고 북해를 건너뛰는 종류가

아니라, 왕의 백성을 보호하여 왕을 하지 못하시는 것은 나뭇가지를 꺾는 종류이니, 그 서로 다른 형상이 이와 같은 것입니다.”

7-9. 老吾老하여 以及人之老하며 幼吾幼하여 以及人之幼면 天下는 可運於掌이니 詩云 刑于寡妻하여 至于兄弟하여 以御于家邦이라하니 言擧斯心하여 加諸彼而已니 故로 推恩이면 足以保四海요 不推恩이면 無以保妻子니 古之人이 所以大過人者는 無他焉이라 善推其所爲而已矣니 今에 恩足以及禽獸而功不至於百姓者는 獨何與니잇고

| 언해 |

내 老를 老ᄒᆞ야 ᄡᅥ 人의 老에 미치며 내 幼를 幼로 ᄒᆞ야 ᄡᅥ 人의 幼에 미치면 天下ᄂᆞᆫ 可히 掌애 運ᄒᆞ리니 詩예 닐오ᄃᆡ 寡妻에 刑ᄒᆞ야 兄弟예 니르러 ᄡᅥ 家邦을 御타 ᄒᆞ니 이 ᄆᆞᄋᆞᆷ을 擧ᄒᆞ야 彼예 더을 ᄯᆞᄅᆞᆷ인 주를 닐ᄋᆞ니 故로 恩을 推ᄒᆞ면 足히 ᄡᅥ 四海ᄅᆞᆯ 保ᄒᆞ고 恩을 推티 몯ᄒᆞ면 ᄡᅥ 妻子를 保티 몯ᄒᆞ리니 녯 사ᄅᆞᆷ이 ᄡᅥ키 人에 過ᄒᆞᆫ 바ᄂᆞᆫ 他ㅣ 업ᄉᆞᆫ디라 그 ᄒᆞᄂᆞᆫ 바ᄅᆞᆯ 善히 推ᄒᆞᆯ ᄯᆞᄅᆞᆷ이니 今에 恩이 足히 ᄡᅥ 禽獸에 미초ᄃᆡ 功이 百姓의게 至티 몯ᄒᆞ욤은 호올로 엇디니잇고

| 직역 |

"나의 노인을 노인으로 대접하여 다른 사람의 노인에게 미치며, 나의 어린이를 어린이로 대접하여 다른 사람의 어린이에게 미치면, 천하는 손바닥 위에서 움직일 수 있을 것입니다. 시에 이르기를 '아내에게 모범이 되어 형제에 이르러 집과 나라를 다스린다'고 하였는데, 이 마음을 들어서 저기에 다할 따름인 것을 이른 것입니다. 그러므로 은혜를 미루면 충분히 사해를 보전할 수 있고, 은혜를 미루지 못하면 처자를 보전하지 못할 것입니다. 옛사람이 크게 다른 사람보다 뛰어났던 것은 다름이 아니라 그 하는 바를 잘 미루었기 때문입니다. 이제 은혜가 충분히 금수에게 미치면서 공이 백성에게 이르지 못하는 것은 유독 어째서입니까?"

| 자해 |

老 : 노인으로 대접함. • 幼 : 어린이로 대접함. • 詩 : 「대아(大雅) · 사제(思齊)」. • 刑 : 본받음. • 寡妻 : 덕이 적은 아내. • 御 : 다스림.

| 의해 |

"왕이 왕도를 행하지 않는 것은 그 은혜를 미루지 않는데 있습니다. 이제 왕도를 행하고자 하시면 오직 은혜를 미루는데 있을 따름입니다. 반드시 먼저 효도와 공손을 다하여, 나의 늙은이를 늙은이로 섬긴 후에 미루어서 다른 사람의 늙은이에게 미쳐서 사람으로 하여금 또한 늙은이를 늙은이로 섬기게 하고, 먼저 사랑과 은혜를 베풀어서 나의 어린이를 어린이로 기른 후에 미루어 사람의 어린이에게 미쳐서 사람으로 하여금 또한 그 어린이를 어린이로 기르게 합니다. 이와 같이 하면 천하의 늙은이와 어린이에게 미치는 것이 내가 늙은이를 늙은이로 섬기고 내가 어린이를 어린이로 기르는 은혜를 넘어섬이 없을 것입니다. 그 은혜가 천하에 미치는 것이 손바닥에서 움직이는 것과 같을 것이니, 무슨 어려움이 있겠습니까? 늙은이와 어린이는 집안에 있는데 천하를 손바

닥에서 움직일 수 있다고 하는 것은 사람은 이 마음이 같고 마음은 이 은혜가 같기 때문입니다. 『시경』에 이르기를 '문왕의 덕이 아내에게 본보기가 되어 형제에게 미쳐서 집과 나라를 어루만져 다스렸다'고 하였습니다. 문왕이 이 마음을 들어서 아내에게 더하면 아내가 바르게 되고, 이 마음을 들어서 형제에게 더하면 형제가 화목하고, 이 마음을 들어서 집과 나라에 더하면 집과 나라가 또한 따라서 다스려졌습니다. 중요한 것은 이 인한 마음을 움직여 쓰는데 지나지 않습니다. 그 아내로부터 형제와 집과 나라에 한 것은 한 마음의 믿음으로 이와 같이 된 것입니다. 그러므로 임금이 된 자가 진실로 이 한 마음의 은혜를 미루어서 내 늙은이를 늙은이로 섬기고 내 어린이를 어린이로 길러서 다른 사람의 늙은이와 어린이에게 미치게 하면, 장차 은혜를 입은 자가 교화되고 덕에 감동한 자가 마음을 붙여서 온 천하를 보존할 수 있을 것입니다. 그런데 혹 차마 하는 마음으로 이치를 해롭게 하여 무덤덤하게 감정이 없어서 마땅히 친하게 대할 자를 친하게 대하지 아니하고 마땅히 인하게 대할 자를 인하게 대하지 아니하면, 무리가 배반하고 친한 이가 떠날 것이니, 처자인들 어떻게 보존할 수 있겠습니까? 요임금과 순임금과 우임금과 탕임금과 문왕과 무왕의 공적이 높고 높아서 후세가 미치지 못하는 것은 어찌 다른 이유가 있겠습니까? 오직 친한 이를 친하게 대우하여 백성에게 인하게 하며, 백성에게 인하게 하여 만물을 사랑하며, 가까운 데로부터 먼데까지 미치게 하며, 쉬운 데로부터 어려운 데까지 미치게 하되, 그 할 바의 은혜를 잘 미루어서 당연한 순서를 잃어버리지 않을 뿐입니다. 이제 은혜가 충분히 금수에게 미치면서도 공이 백성에게 이르지 못하니, 이것은 거꾸로 행하고 거슬러 베풀어서 잘 미루지 못하는 것입니다. 어찌 그 까닭이 없다고 하겠습니까?"

권연후 지경중 도연후 지장단 물개
7-10. 權然後에 知輕重하며 度然後에 知長短이니 物皆
연 심위심 왕청탁지
然이어니와 心爲甚하니 王請度之하소서

| 언해 |

權ᄒᆞᆫ 然後에 輕重을 알며 度ᄒᆞᆫ 然後에 長短을 아ᄂᆞ니 物이 다 그러ᄒᆞ거니와 心이 甚ᄒᆞ니 王은 請컨댄 度ᄒᆞ쇼셔

| 직역 |

"저울로 단 다음에 가볍고 무거움을 알며, 자로 잰 다음에 길고 짧음을 압니다. 만물이 다 그렇지만 마음이 더 심하니, 왕은 청하건대 헤아리십시오."

| 자해 |

權 : 저울로 달다. • 度 : 자로 재다.

| 의해 |

"물건에는 가볍고 무거움이 있으니, 반드시 저울로 단 뒤에 알 수 있고, 수에는 길고 짧음이 있으니, 반드시 자로 잰 뒤에 알 것입니다. 천하의 모든 물건을 저울로 달고 자로 재지 아니함이 없는 것은 다 그렇습니다. 마음이 사물에 응하여 그 가볍고 무거우며 길고 짧은 것을 진실로 그 본연의 이치로 달고 재지 않으면, 행하는 것이 그릇되고 어지러워서 그 과실이 한 가지에 그치지 않습니다. 그러므로 이 마음이 달고 재는 것이 없으면 안 될 것이니, 그 관계가 더욱 깊습니다. 이제 왕의 은혜가 금수에 미치면서도 공이 백성에 이르지 아니하였으니, 청하건대 그 본연의 저울과 자로 헤아리면 백성에게 인하게 하는 것이 마땅히 무겁고 길며,

만물을 사랑하는 것은 가볍고 짧아서 당연한 순서가 있음을 알게 될 것입니다."

억왕 흥갑병 위사신 구원어제후연후
7-11. 抑王은 興甲兵하며 危士臣하여 構怨於諸侯然後
쾌어심여 왕왈부 오하쾌어시 장이구
에야 快於心與잇가 王曰 否라 吾何快於是리오 將以求
오소대욕야
吾所大欲也로이다

| 언해 |

王은 甲兵을 興ᄒᆞ며 士臣을 危케 ᄒᆞ야 怨을 諸侯에 構ᄒᆞᆫ 然後에아 心에 快ᄒᆞ리잇가 王이 ᄀᆞᆯᄋᆞ샤ᄃᆡ 아니라 내 엇디 이예 快ᄒᆞ리오 쟝ᄎᆞᆺ ᄡᅧ 내의 키 欲ᄒᆞᄂᆞᆫ 바ᄅᆞᆯ 求ᄒᆞ노이다

| 직역 |

"왕은 군대를 일으키며 군사와 신하를 위태롭게 하여 제후와 원망을 맺은 다음에야 마음에 유쾌하시겠습니까?" 왕이 말하였다. "아닙니다. 내가 어찌 이를 유쾌하게 여기겠습니까? 장차 내가 크게 하고자 하는 것을 구하려는 것입니다."

| 자해 |

士 : 전사.

| 의해 |

"왕이 백성을 인하게 대하는 마음이 가볍고 또 짧은 것은 반드시 마음에 가리운 바가 있어서 그 본연의 저울과 자를 잃어버린 것입니다. 왕이 헤아리지 않으신다면, 신이 청하건대 왕을 위하여

헤아려 보겠습니다. 왕은 반드시 군대를 일으키며 군사와 신하를 위태롭고 망할 땅으로 몰아가서 열국 제후와 원망을 맺은 다음에야 마음에 유쾌하고 만족하시겠습니까? 그렇지 않다면 어찌하여 소 한 마리의 죽음에 대해서 차마 못하시는 것은 이같이 무겁고 길며, 도리어 만민의 목숨에 대해서 차마 하시는 것은 이같이 가볍고 짧으신 것입니까?"
왕이 말하였다. "아닙니다. 이 세 가지는 유쾌한 일이 아니니, 나 또한 무엇 때문에 이에 유쾌하겠습니까? 내가 부득이 하여 하는 것이니, 장차 싸우면 이기고 치면 취하여 내 마음 가운데 크게 하고자 하는 것을 구하여 얻고자 합니다."

왈 왕지소대욕 가득문여 왕소이불언
7-12. 曰 王之所大欲을 可得聞與잇가 王笑而不言하신
왈 위비감 부족어구여 경난 부족어체여
대 曰 爲肥甘이 不足於口與며 輕煖이 不足於體與잇가
억위채색 부족시어목여 성음 부족청어이여
抑爲采色이 不足視於目與며 聲音이 不足聽於耳與며
편폐 부족사령어전여 왕지제신 개족이공지
便嬖 不足使令於前與잇가 王之諸臣이 皆足以供之하
이왕 기위시재 왈 부 오불위시야
나니 而王은 豈爲是哉시리잇고 曰 否라 吾不爲是也로이
왈 연즉왕지소대욕 가지이 욕벽토지 조
다 曰 然則王之所大欲을 可知已니 欲辟土地하며 朝
진초 이중국이무사이야 이약소위 구약
秦楚하여 莅中國而撫四夷也로소이다 以若所爲로 求若
소욕 유연목이구어야
所欲이면 猶緣木而求魚也니이다

| 언해 |

ᄀᆞᆯᄋᆞ샤ᄃᆡ 王의 키 欲ᄒᆞ시ᄂᆞᆫ 바ᄅᆞᆯ 可히 시러곰 들으리잇가 王이

笑ᄒᆞ고 닐ᄋᆞ디 아니ᄒᆞ신대 ᄀᆞᆯᄋᆞ샤ᄃᆡ 肥와 甘이 口에 足디 몯ᄒᆞ며 輕과 煖이 體예 足디 몯홈을 爲ᄒᆞ애니잇가 采色이 目에 視홈이 足디 몯ᄒᆞ며 聲音이 耳에 聽홈이 足디 몯ᄒᆞ며 便嬖ㅣ 前에 使令홈이 足디 몯홈을 爲ᄒᆞ애니잇가 王의 諸臣이 다 足히 ᄡᅥ 供ᄒᆞᄂᆞ니 王은 엇디 이를 爲ᄒᆞ시리잇고 ᄀᆞᆯᄋᆞ샤ᄃᆡ 아니라 내 이를 爲티 아니ᄒᆞ노이다 ᄀᆞᆯᄋᆞ샤ᄃᆡ 그러면 王의 키 欲ᄒᆞ시ᄂᆞᆫ 바ᄅᆞᆯ 可히 알ᄯᅵ니 土地를 辟ᄒᆞ며 秦楚ᄅᆞᆯ 朝ᄒᆞ야 中國을 莅ᄒᆞ야 四夷ᄅᆞᆯ 撫코쟈 ᄒᆞ시노소이다 이러ᄐᆞ시 ᄒᆞᄂᆞᆫ 바로 ᄡᅥ 이러ᄐᆞ시 欲ᄒᆞᄂᆞᆫ 바ᄅᆞᆯ 求ᄒᆞ면 木을 緣ᄒᆞ야 魚ᄅᆞᆯ 求홈 ᄀᆞᄐᆞ니이다

| 직역 |

맹자가 말하였다. "왕이 크게 하고자 하시는 것을 들을 수 있겠습니까?" 왕이 웃기만 하고 말하지 아니하였다. 맹자가 말하였다. "살진 것과 단 것이 입에 충분하지 못하며, 가벼운 것과 따뜻한 것이 몸에 충분하지 못하기 때문입니까? 채색이 눈에 보이는 것이 충분하지 못하며 음악이 귀에 들리는 것이 충분하지 못하며, 시중드는 사람을 앞에 부리는 것이 충분하지 못하기 때문입니까? 왕의 모든 신하가 다 충분히 제공하니, 왕이 어찌 이것 때문이시겠습니까?" 왕이 말하였다. "아닙니다. 내가 이것 때문이 아닙니다." 맹자가 말하였다. "그러면 왕이 크게 하고자 하시는 것을 알 수 있겠습니다. 토지를 개간하며 진나라와 초나라를 조회하게 하여 중국에 임하여 사해를 어루만지고자 하시는 것입니다. 이렇게 하는 것으로 이렇게 하고자 하는 것을 구한다면, 나무에 올라가 물고기를 구하는 것과 같습니다."

| 자해 |

便嬖 : 곁에 있어서 마음에 들게 하는 사람. • 辟 : 열어 넓힘.

| 의해 |

맹자가 말하였다. "왕이 크게 하고자 하는 것을 신이 들을 수 있겠습니까?" 왕이 다만 웃고 말하지 아니하였다. 맹자는 이미 왕이 하고자 하는 것을 알고 있었다. 그래서 왕의 뜻을 탐지하여 말하였다. "왕이 크게 하고자 하시는 것이 살지고 단맛이 입에 풍족하지 아니하며, 가볍고 따뜻한 옷이 몸에 풍족하지 아니하며, 또한 빛나고 좋은 빛이 눈에 보이는데 풍족하지 못하며, 소리의 아름다움이 귀에 들리는데 풍족하지 못하며, 편하게 하고 마음에 맞게 하는 사람을 앞에서 부리는 것이 풍족하지 못해서입니까? 신이 보는 것으로 말씀드리면, 왕의 모든 신하가 다 받들어 거행하는데 풍족하니, 왕의 욕심이 어찌 이에 있다고 하겠습니까?" 왕이 말하였다. "아닙니다. 이것이 어찌 충분히 큰 욕심이 되겠습니까? 내가 본래 이러한 것을 구하는 것이 아닙니다." 맹자가 말하였다. "그렇다면 왕이 크게 하고자 하는 것을 알 수 있겠습니다. 토지를 개간하여 한 자의 땅이라도 다 나의 소유가 아님이 없고, 저 진나라와 초나라의 조회를 받아서 큰 나라로 하여금 다 나를 위하여 일하게 하여 안으로는 중국에 군림하여 다 거느리고, 밖으로는 사방 오랑캐를 어루만져서 다 나에게 조공하게 하여 통일하고자 하는 것입니다. 참으로 큰 욕심입니다. 다만 욕심이 이미 크므로 구하는 것이 또한 큽니다. 만일 군사를 일으켜 원망을 맺어서 이같이 통일하려는 큰 욕심을 구하시면, 이것은 높은 나무에 올라가서 산 물고기를 구하는 것과 같으니, 결단코 얻을 수 있는 이치가 없는 것입니다."

왕 왈 약 시 기 심 여 왈 태 유 심 언 연 목 구
7-13. 王曰 若是其甚與잇가 曰 殆有甚焉하니 緣木求
어 수 부 득 어 무 후 재 이 약 소 위 구 약 소 욕
魚는 雖不得魚나 無後災어니와 以若所爲求若所欲이면

진심력이위지 후필유재 왈 가득문여
盡心力而爲之라도 後必有災하리이다 曰 可得聞與잇가
왈 추인 여초인전즉왕이위숙승 왈 초인
曰 鄒人이 與楚人戰則王以爲孰勝이니잇고 曰 楚人이
승 왈 연즉소고불가이적대 과고불가이적
勝하리이다 曰 然則小固不可以敵大며 寡固不可以敵
중 약고불가이적강 해내지지 방천리자구
衆이며 弱固不可以敵强이니 海內之地 方千里者九에
제집유기일 이일복팔 하이이어추적초재
齊集有其一하니 以一服八이 何以異於鄒敵楚哉리잇고
개역반기본의
蓋亦反其本矣니이다

| 언해 |

王이 ᄀᆞᆯᄋᆞ샤ᄃᆡ 이러ᄐᆞ시 그 甚ᄒᆞ니잇가 ᄀᆞᆯᄋᆞ샤ᄃᆡ 甚홈이 인ᄂᆞ니 木을 緣ᄒᆞ야 魚ᄅᆞᆯ 求홈은 비록 魚ᄅᆞᆯ 得디 몯ᄒᆞ나 後ㅅ災ㅣ 업스려니와 이러ᄐᆞ시 ᄒᆞᄂᆞᆫ 바로 ᄡᅥ 이러ᄐᆞ시 欲ᄒᆞᄂᆞᆫ 바ᄅᆞᆯ 求ᄒᆞ면 心力을 盡ᄒᆞ야 ᄒᆞ여도 後에 반ᄃᆞ시 災ㅣ 이시리이다 ᄀᆞᆯᄋᆞ샤ᄃᆡ 可히 시러곰 들으리잇가 ᄀᆞᆯᄋᆞ샤ᄃᆡ 鄒人이 楚人으로 더블어 戰ᄒᆞ면 王은 ᄡᅥ 뉘 勝ᄒᆞ리라 ᄒᆞ시리잇고 ᄀᆞᆯᄋᆞ샤ᄃᆡ 楚人이 勝ᄒᆞ리이다 ᄀᆞᆯᄋᆞ샤ᄃᆡ 그러면 小ㅣ 진실로 可히 ᄡᅥ 大ᄅᆞᆯ 敵디 몯ᄒᆞ며 寡ㅣ 진실로 可히 ᄡᅥ 衆을 敵디 몯ᄒᆞ며 弱이 진실로 可히 ᄡᅥ 强을 敵디 몯ᄒᆞᄂᆞ니 海內ㅅ地ㅣ 方이 千里ㄴ者ㅣ 九에 齊ㅣ 集ᄒᆞ야 그 一을 두니 一로ᄡᅥ 八을 服홈이 엇디 ᄡᅥ 鄒ㅣ 楚ᄅᆞᆯ 敵홈애 다ᄅᆞ리잇고 ᄯᅩᄒᆞᆫ 그 本에 反홀띠니이다

| 직역 |

왕이 말하였다. "이같이 심합니까?" 맹자가 말하였다. "더 심한 것이 있습니다. 나무에 올라가서 물고기를 구하는 것은 비록 물고기를 얻지 못하더라도 뒤에 재앙은 없겠지만, 이렇게 하는 것으로 이렇게 하고자 하는 것을 구하면, 마음과 힘을 다하여 하더라

도 뒤에 반드시 재앙이 있을 것입니다." 왕이 말하였다. "들을 수 있겠습니까?" 맹자가 말하였다. "추나라 사람이 초나라 사람과 더불어 싸우면 왕은 누가 이기리라고 생각하십니까?" 왕이 말하였다. "초나라 사람이 이길 것입니다." 맹자가 말하였다. "그렇다면 작은 것이 진실로 큰 것을 대적하지 못하며, 적은 것이 진실로 많은 것을 대적하지 못하며, 약한 것이 진실로 강한 것을 대적하지 못하는 것입니다. 온 중국의 땅에 사방이 천리인 자가 아홉인데, 제나라가 모아서 아홉에 하나를 소유하고 있습니다. 하나로 여덟을 항복하게 하는 것이 어찌 추나라가 초나라를 대적하는 것과 다르겠습니까? 또한 그 근본으로 돌아가야 할 것입니다."

| 자해 |

小大 : 토지. • 寡衆 : 인민. • 强弱 : 병력.

| 의해 |

왕이 말하였다. "큰 욕심이란 것은 구하기 어려운 것이지만, 이같이 심합니까?" 맹자가 말하였다. "큰 욕심을 어찌하지 못하는 것을 나무에 올라가 물고기를 구하는데 비유하면 더 심한 것이 있습니다. 나무에 올라가 물고기를 구하는 것은 비록 물고기를 얻지 못하더라도 또한 뒤에 오는 재앙은 없지만, 만일 이같이 하는 것으로 이같이 하고자 하는 것을 구하면, 비록 마음과 힘을 다하여 하더라도 뒤에 오는 것이 다만 공만 없을 뿐 아니라, 스스로 재앙을 불러서 반드시 면하지 못할 것입니다." 왕이 말하였다. "그 뒤에 온다는 재앙에 대해 들을 수 있겠습니까?" 맹자가 말하였다. "일의 이치가 분명하니, 추나라 사람과 초나라 사람이 전쟁을 한다면 왕은 누가 이길 것으로 생각하십니까?" 왕이 말하였다. "추나라는 초나라의 적수가 못되니, 초나라 사람이 반드시 이길 것입니다." 맹자가 말하였다. "왕이 초나라가 추나라를 이길 줄 아시는 것은 초나라는 본래 병력이 강하고 토지가 크며 인민이

많고, 추나라는 본래 군사가 약하고 땅이 작으며 백성이 많지 않기 때문에 그렇게 말씀하시는 것이 아니겠습니까? 그러므로 천하에 작은 나라가 큰 나라를 대적하지 못하며, 적은 인민이 많은 인민을 대적하지 못하며, 약한 군사가 강한 군사를 대적하지 못하는 것은 필연적인 형세입니다. 이제 중국의 땅을 총계하여 보면 대략 사방이 천리되는 나라가 아홉이 있는데, 제나라의 땅을 모두 합하면 그 사방이 천리이니, 이것은 중국 땅의 구분의 일입니다. 이제 왕이 사방이 천리되는 나라의 하나인 제나라로 중국의 사방 천리되는 여덟을 항복받고자 하시니, 이로써 보면 작고 적고 약한 것은 제나라에 있고, 크고 많고 강한 것은 천하에 있습니다. 그렇다면 추나라가 초나라를 대적하는 것과 무엇이 다르겠습니까? 그러므로 반드시 이기지 못하고 패함에 이를 것입니다. 이것이 신이 말씀 드린 뒤의 재앙이 있다는 것이니, 큰 욕심을 힘으로 구하지 못하는 것이 이와 같습니다. 왕이 만일 반드시 구하여 이루고자 하시면 또한 그 근본으로 돌아가서 왕도를 행하십시오. 그렇게 하면 스스로 크고 작고 많고 적고 강하고 약함에 상관없이 다 스스로 이룰 것입니다."

7-14. 今王이 發政施仁하사 使天下仕者로 皆欲立於王之朝하며 耕者로 皆欲耕於王之野하며 商賈로 皆欲藏於王之市하며 行旅로 皆欲出於王之塗하시면 天下之欲疾其君者 皆欲赴愬於王하리니 其如是면 孰能禦之리잇고

| 언해 |

今에 王이 政을 發ᄒᆞ며 仁을 施ᄒᆞ샤 天下엣 仕ᄒᆞᄂᆞᆫ 者로 ᄒᆞ여곰 다 王의 朝에 立고져 ᄒᆞ며 耕ᄒᆞᄂᆞᆫ 者로 다 王의 野에 耕코져 ᄒᆞ며 商賈로 다 王의 市예 藏코쟈 ᄒᆞ며 行旅로 다 王의 塗에 出코쟈케 ᄒᆞ시면 天下엣 그 君을 疾코쟈 ᄒᆞᆯ 者ㅣ 다 王의게 赴ᄒᆞ야 愬코쟈 ᄒᆞ리니 그 이ᄀᆞᄐᆞ면 뉘 能히 禦ᄒᆞ리잇고

| 직역 |

"지금 왕이 정사를 발하며 인을 베풀어, 천하의 벼슬하는 자로 하여금 다 왕의 조정에 서고자 하게 하며, 논밭을 가는 자로 하여금 다 왕의 들에서 논밭을 갈고자 하게 하며, 장사하는 사람으로 하여금 다 왕의 시장에 저장하고자 하게 하며, 나그네로 하여금 다 왕의 길에 나가고자 하게 하면, 천하에 그 임금을 미워하는 자가 다 왕에게 달려와서 하소연하려고 할 것입니다. 이와 같으면 누가 막을 수 있겠습니까?"

| 자해 |

商 : 길에 다니며 장사하는 사람. • 賈 : 시장에서 장사하는 사람.

| 의해 |

"큰 욕심을 구하는 근본이 또한 어진 정사에 있을 뿐입니다. 지금 왕이 차마하지 못하는 마음을 발하여 정사를 행하여 착함을 베풀어 어진 일을 행하시면, 그 어진 은혜에 감동한 본국의 사람만 은혜를 입어 마음으로 기뻐할 뿐만이 아닙니다. 천하의 벼슬하는 자는 다 왕의 신하가 되어 왕의 조정에 서서 도를 행하고자 할 것이고, 논밭을 가는 자는 다 왕의 농민이 되어 왕의 들에서 논밭을 갈아 농업을 편안하게 여길 것이고, 장사하는 자는 왕의 시장에서는 세금을 받지 않는다는 것을 알아서 다 그 시장에서 장사하고자 할 것이고, 나그네는 왕의 관문에서 살피는 것이 사납지 않다는

것을 알아서 다 그 길에 나오고자 할 것입니다. 천하에 그 임금의 포악함을 미워하는 자가, 왕이 백성을 위로하고 자기 임금의 죄를 묻기를 원해서, 다 왕에게 달려와서 하소연할 것입니다. 그 마음으로 사모하는 것이 이와 같다면 천하 사람들이 돌아오는 것을 누가 막을 수 있겠습니까? 이것이 이른바 백성을 보존하여 왕도를 행하면 막을 수 없다는 것입니다. 이렇게 하면 토지가 확장되고 진나라와 초나라가 와서 조회하며, 중국 내의 나라와 사방 오랑캐가 다 와서 복종할 것입니다. 왕이 크게 하고자 하지 않더라도 스스로 얻게 될 것이니, 어찌 군사를 일으켜 원망을 맺겠습니까?"

왕왈 오혼 불능진어시의 원부자 보오
7−15. 王曰 吾惛하야 不能進於是矣로니 願夫子는 輔吾
지 명이교아 아수불민 청상시지
志하여 明以教我하소서 我雖不敏이나 請嘗試之호리이다
왈 무항산이유항심자 유사위능 약민즉무
曰 無恒産而有恒心者는 惟士爲能이어니와 若民則無
항산 인무항심 구무항심 방벽사치 무
恒産이면 因無恒心이니 苟無恒心이면 放辟邪侈를 無
불위이 급함어죄연후 종이형지 시 망민야
不爲已니 及陷於罪然後에 從而刑之면 是는 罔民也니
언유인인 재위 망민 이가위야
焉有仁人이 在位하여 罔民을 而可爲也리오

| 언해 |

王이 ᄀᆞᆯᄋᆞ샤ᄃᆡ 내 惛ᄒᆞ야 能히 이에 進티 몯ᄒᆞ노니 願컨댄 夫子ᄂᆞᆫ 내 志ᄅᆞᆯ 輔ᄒᆞ야 明히 ᄡᅥ 나ᄅᆞᆯ 敎ᄒᆞ쇼셔 내 비록 敏티 몯ᄒᆞ나 請컨댄 맛부 試호리이다 ᄀᆞᆯᄋᆞ샤ᄃᆡ 恒産이 업서도 恒心을 둔ᄂᆞᆫ 者ᄂᆞᆫ 오직 士ㅣ 能히 ᄒᆞ거니와 만일 民인 則 恒産이 업ᄉᆞ면 因ᄒᆞ야 恒心이 업ᄂᆞ니 진실로 恒心이 업ᄉᆞ면 放辟ᄒᆞ며 邪侈홈을 ᄒᆞ

디 아니홈 업시 ᄒᆞ리니 罪예 陷홈애 밋촌 然後에 조차 刑ᄒᆞ면 이 ᄂᆞᆫ 民을 罔홈이니 엇디 仁人이 位에 이셔 民罔홈을 可히 홈이 이시리오

| 직역 |

왕이 말하였다. "내가 어리석어서 이에 나가지 못하니, 원하건대 선생은 내 뜻을 도와서 밝게 나를 가르쳐 주십시오. 내가 비록 민첩하지 못하나, 청하건대 시험해 보겠습니다." 맹자가 말하였다. "일정한 생업이 없어도 일정한 마음을 갖는 것은 오직 선비가 그렇게 할 수 있지만, 백성과 같은 경우는 일정한 생업이 없으면 그로 인하여 일정한 마음이 없습니다. 진실로 일정한 마음이 없으면 방탕하고 편벽되며 사치를 하지 아니함이 없을 것입니다. 죄에 빠지는데 미친 다음에 좇아 형벌을 가하면 이는 백성을 그물질 하는 것이니, 어찌 인한 사람이 위에 있으면서 백성을 그물질할 수 있겠습니까?"

| 자해 |

惛 : 혼미함. • 恒產 : 항상 의지해서 살아가는 생업. • 恒心 : 사람에게 항상 있는 착한 마음.

| 의해 |

왕이 말하였다. "천하에서 왕 노릇 하는 것이 진실로 이 인한 정사에 지나지 않으나, 내 자질이 어리석어서 갑자기 시행하지 못하겠습니다. 원하건대 선생은 어두운 마음을 열어서 내 뜻을 도와 인도하여 정사를 어떻게 해야 하며 인을 어떻게 행하는지 밝게 가르쳐 주십시오. 내가 비록 민첩하지 못하나 청하건대 시험하여 행하겠습니다." 맹자가 말하였다. "이른바 정사라고 하는 것은 산업을 지어서 백성의 사는 것을 후하게 함을 먼저 해야 합니다. 항상 의지해 사는 생업이 없으면서도 항상 착한 마음이 있는

것은 오직 일찍이 학문을 하여 의리를 아는 선비라야 할 수 있는 것이고, 일반 백성은 항상 의지해 사는 생업이 없으면 항상 착한 마음이 없습니다. 그러므로 항상된 마음이 없으면 방탕하고 편벽되고 간사하고 음란하고 사치하여 하지 않는 것이 없어서 사람이 다 죄를 범할 뿐이니, 죄에 빠진 뒤에 좇아가서 형벌을 더합니다. 이것은 평일에 미리 기름이 없어서 그렇게 되는 것인데, 죄를 주는데 이르러서 이것을 용서하여 불쌍히 여기지 않고 곧 형벌을 더하는 것은 그물로 백성을 얽어서 브지 못하는데서 속여 잡는 것과 다름이 없습니다. 어찌 백성을 보호하는 인한 사람이 위에 있으면서 백성을 속이는 일을 할 수 있겠습니까?"

7-16. 是故로 明君이 制民之産하대 必使仰足以事父母하며 俯足以畜妻子하야 樂歲에 終身飽하고 凶年에 免於死亡하나니 然後에 驅而之善故로 民之從之也 輕하니이다 今也에 制民之産호대 仰不足以事父母하며 俯不足以畜妻子하야 樂歲에 終身苦하고 凶年에 不免於死亡하나니 此惟救死而恐不贍이어니 奚暇에 治禮義哉리오 王欲行之則盍反其本矣니잇고

| 언해 |

이런 故로 明君이 民의 産을 制호ᄃᆡ 반ᄃᆞ시 ᄒᆞ여곰 仰ᄒᆞ얀 足히 ᄡᅥ 父母ᄅᆞᆯ 事ᄒᆞ며 俯ᄒᆞ얀 足히 ᄡᅥ 妻子ᄅᆞᆯ 畜ᄒᆞ야 樂歲예 身이 終

토록 飽ᄒᆞ고 凶年에 死亡에 免케 ᄒᆞᄂᆞ니 그런 後에 驅ᄒᆞ야 善에 之ᄒᆞᄂᆞᆫ 故로 民의 從홈이 輕ᄒᆞ니이다 今에 民의 産을 制호ᄃᆡ 仰ᄒᆞ얀 足히 ᄡᅧ 父母를 事티 몯ᄒᆞ며 俯ᄒᆞ얀 足히 ᄡᅧ 妻子를 畜디 몯ᄒᆞ야 樂歲예 身이 終토록 苦ᄒᆞ고 凶年에 死亡에 免티 몯게 ᄒᆞᄂᆞ니 이ᄂᆞᆫ 오직 死를 救호ᄃᆡ 贍티 몯홀가 恐ᄒᆞ거니 어ᄂᆡ 겨를에 禮義를 治ᄒᆞ리오 王이 行코쟈 ᄒᆞ시면 엇디 그 本에 反티 아니ᄒᆞ시ᄂᆞ니잇고

| 직역 |

"그러므로 밝은 임금이 백성의 생업을 만들어 주는데, 반드시 위로는 충분히 부모를 섬기며 아래로는 충분히 처자를 길러서 풍년에 몸을 마치도록 배부르고 흉년에 죽고 망하는 것을 면하게 합니다. 그런 후에 몰아서 착한 데로 가게 하기 때문에 백성이 좇아가는 것이 쉽습니다. 이제 백성의 생업을 만들어 주는데, 위로는 충분히 부모를 섬기지 못하며 아래로는 충분히 처자를 기르지 못하여 풍년에 몸을 마치도록 괴롭고 흉년에 죽고 망하는 것을 면하지 못하게 합니다. 이는 오직 죽는 것을 구원하는데도 넉넉하지 못할까 두려우니, 어느 겨를에 예의를 다스리겠습니까? 왕이 행하고자 하시면 어찌 그 근본으로 돌아가지 아니하십니까?"

| 자해 |

輕 : 쉬움. • 盍 : 어찌 아니하다. 음은 '합'.

| 의해 |

"밝은 임금은 백성의 일정한 생업이 이와 같이 소중함을 알기 때문에 백성의 생업을 만들어 줍니다. 반드시 경작할 땅을 주어 백성을 살게 하고 인구를 계산하여 밭을 주어서 백성의 일 년 수입으로 항상 위로는 충분히 그 부모를 섬기게 하고 아래로는 충분히 그 처자를 기르게 하여 풍년든 해에는 먹고 쓰는 것이 풍족하

여 몸을 마치도록 배부르고 따뜻하게 하며, 흉년든 해에도 또한 미리 저축함이 있어서 사망을 면하게 해야 합니다. 백성이 사는 것이 이렇게 되면 예와 의를 일으킬 수 있을 것입니다. 그런 후에 가르침을 베풀어서 인도하여 착한 데로 가게 하기 때문에 백성이 의지할 바가 있고 얽매임이 없어서, 그 착함을 좇는 것이 자연히 쉬워서 힘을 허비하지 않을 것입니다. 이른바 백성이 일정한 생업이 있어야 일정한 마음이 있다는 것입니다.
이제 백성의 생업을 만들어 주는데 옛 법을 좇지 않아서, 백성으로 하여금 위로는 부모를 섬기는데 충분하지 못하고 아래로 처자를 기르는데 충분하지 못합니다. 비록 풍년을 당하여도 또한 몸을 마치도록 피곤하며 괴롭고, 한 번 흉년을 만나면 문득 사망을 면하지 못합니다. 이때를 당하여 백성이 죽음을 구원하는데도 충분하지 못할까 두려운데, 어느 겨를에 예와 의를 다스려 착한 일을 하겠습니까? 이른바 백성이 일정한 생업이 없으면 일정한 마음이 없게 된다는 것입니다.
이로 말미암아 보면, 정사를 발하여 인을 베푸는 것이 천하에서 왕 노릇하는 근본이 되고, 백성으로 하여금 일정한 생업이 있게 하는 것이 정사를 발하여 인을 베푸는 근본이 됨을 볼 수 있습니다. 왕이 인한 정사를 행하고자 하시면, 어찌 그 근본으로 돌아가서 백성의 생업을 만들어주지 않으십니까?"

오모지택 수지이상 오십자가이의백의
7-17. 五畝之宅에 樹之以桑이면 五十者可以衣帛矣며
계돈구체지휵 무실기시 칠십자가이식육의 백
雞豚狗彘之畜을 無失其時면 七十者可以食肉矣며 百
모지전 물탈기시 수구지가가이무기의 근상서
畝之田을 勿奪其時면 數口之家可以無飢矣며 謹庠序
지교 신지이효제지의 반백자불부대어도로의
之教하여 申之以孝悌之義면 頒白者不負戴於道路矣

칠 십 자 의 백 식 육 　 여 민 　 불 기 불 한 　 연 이
리니 七十者衣帛食肉하며 黎民이 不飢不寒이요 然而
불 왕 자 　 미 지 유 야
不王者 未之有也니이다

| 언해 |

五畝之宅애 樹호딕 桑으로뻐 ᄒᆞ면 五十인 者ㅣ 可히 뻐 帛을 衣ᄒᆞ며 雞豚狗彘의 畜을 그 時를 失홈이 업ᄉᆞ면 七十인 者ㅣ 可히 뻐 肉을 食ᄒᆞ며 百畝ㅅ田을 그 時를 奪티 말면 數口ㅅ집이 可히 뻐 飢홈이 업스며 庠序ㅅ敎를 謹ᄒᆞ야 申호딕 孝悌ㅅ義로뻐 ᄒᆞ면 頒白ᄒᆞᆫ 者ㅣ 道路에 負ᄒᆞ며 戴티 아니ᄒᆞ리니 七十인 者ㅣ 帛을 衣ᄒᆞ며 肉을 食ᄒᆞ며 黎民이 飢티 아니ᄒᆞ며 寒티 아니ᄒᆞ고 그로코 王티 몯ᄒᆞᆯ 者ㅣ 잇디 아니ᄒᆞ니이다

| 직역 |

"오 모의 집에 뽕나무를 심으면 나이 오십인 자가 비단을 입을 수 있으며, 닭과 새끼 돼지와 개와 돼지를 기르는데 그 때를 잃지 않으면 나이 칠십인 자가 고기를 먹을 수 있습니다. 백 모의 밭에 그 때를 빼앗지 않으면 여덟 식구의 집이 굶주리지 않을 수 있으며, 학교의 가르침을 삼가서 효도와 공손의 의티를 거듭 가르치면 머리가 희끗희끗한 자가 길에서 짐을 지거나 이지 않을 것입니다. 늙은이가 비단을 입고 고기를 먹으며, 젊은 백성이 굶주리지 않고 춥지 않으며, 그렇게 하고서도 왕을 못할 자가 있지 않을 것입니다."

| 의해 |

"백성의 일정한 생업을 만들어 주는 법이 어떠합니까? 한 농부에게 오 모의 집터를 주어서 담 아래에 뽕나무를 심으면, 비단이 나서 오십 된 자가 입어서 따뜻할 것입니다. 닭과 새끼 돼지와 개와

돼지를 길러 새끼 밸 때를 잃지 않으면, 고기가 나서 칠십 된 자가 먹어서 배부를 것입니다. 한 농부에게 백 모의 밭을 주어서 그 농사 때를 빼앗지 않으면, 곡식이 나서 여덟 식구의 집이 굶주리지 않을 수 있을 것입니다. 일정한 생업이 이미 정해지면 일정한 마음이 나는 것입니다. 이에 학교의 가르침을 삼가고 또 효도와 공손의 의리를 거듭 밝히면 백성이 어버이를 사랑하고 어른을 공경할 줄 알아서 머리가 희끗희끗한 자가 길에서 짐을 지거나 이지 않을 것입니다. 일정한 생업이 한 번 만들어지면 늙은이가 비단을 입고 고기를 먹으며 젊은 백성이 굶주리지 않고 춥지 않아서, 가르치고 기르는 것을 겸하여 가르치는 교화가 크게 행해질 것입니다. 그렇게 하고서도 천하에서 왕을 하지 못할 사람이 있지 않을 것입니다. 이른바 백성을 보호하여 왕을 한다는 것이 바로 이것을 말하는 것이니, 구구한 패도의 공적을 어찌 말하겠습니까?"

| 요지 |

이 장은 임금이 마땅히 패도를 내치고 왕도를 행할 것을 말한 것이다. 왕도의 요점은 차마 못하는 마음을 미루어서 차마 못하는 정사를 행하는데 지나지 않을 뿐이다. 제나라 임금이 이 마음이 없는 것은 아니지만, 공적과 이익의 사사로운 욕심에 가려서 넓혀 채워서 인한 정사를 행하지 못하였다. 맹자가 이리저리 밝게 고해준 것이 이와 같이 자세하고 간절한데도 가리고 굳음이 이미 깊어서 마침내 깨닫지 못하였으니, 이것이 탄식할 만한 것이다.

2. 양혜왕장구하(梁惠王章句下)

장 포 견 맹 자 왈 포 현 어 왕 왕 어 포 이 호 악
1−1. 莊暴見孟子 曰 暴見於王호니 王이 語暴以好樂이
포 미 유 이 대 야 왈 호 악 하 여 맹 자
어시늘 暴未有以對也호니 曰 好樂이 何如하니잇고 孟子
왈 왕 지 호 악 심 즉 제 국 기 서 기 호 타 일 현
曰 王之好樂이 甚則齊國은 其庶幾乎인져 他日에 見
어 왕 왈 왕 상 어 장 자 이 호 악 유 저 왕
於王曰 王이 嘗語莊子以好樂하사소니 有諸잇가 王이
변 호 색 왈 과 인 비 능 호 선 왕 지 악 야 직 호 세 속 지
變乎色 曰 寡人이 非能好先王之樂也라 直好世俗之
악 이 왈 왕 지 호 악 심 즉 제 기 서 기 호 금 지
樂耳로이다 曰 王之好樂이 甚則齊其庶幾乎인져 今之
악 유 고 지 악 야
樂由古之樂也니이다

| 언해 |

莊暴ㅣ 孟子롤 보ᄋᆞ와 ᄀᆞᆯ오ᄃᆡ 暴ㅣ 王ᄭᅴ 뵈ᄋᆞ오니 王이 暴ᄃᆞ려 樂好홈으로ᄡᅧ 語ᄒᆞ야시ᄂᆞᆯ 暴ㅣ ᄡᅧ 對티 몯호니 ᄀᆞᆯ오ᄃᆡ 樂好홈이 엇더ᄒᆞ니잇고 孟子ㅣ ᄀᆞᆯᄋᆞ샤ᄃᆡ 王의 樂好ᄒᆞ샴이 甚ᄒᆞ면 齊國은 그 거의 린뎌 다ᄅᆞᆫ 날애 王ᄭᅴ 뵈ᄋᆞ와 ᄀᆞᆯᄋᆞ샤ᄃᆡ 王이 일즉 莊子ᄃᆞ려 樂好홈으로ᄡᅧ 語ᄒᆞ샤소니 인ᄂᆞ니잇가 王이 色을 變ᄒᆞ야 ᄀᆞᆯᄋᆞ샤ᄃᆡ 寡人이 能히 先王의 樂을 好ᄒᆞᄂᆞᆫ거시 아니라 다ᄆᆞᆫ 世俗의 樂을 好ᄒᆞ노이다 ᄀᆞᆯᄋᆞ샤ᄃᆡ 王의 樂好ᄒᆞ샴이 甚ᄒᆞ면 齊ᄂᆞᆫ 그 거의 린뎌 이젯 樂이 뎻 樂ᄀᆞᆮᄐᆞ니이다

| 직역 |

장포가 맹자를 보고 말하였다. “제가 왕을 뵈니 왕이 저에게 음악을 좋아하는 것으로 말씀하셨는데, 제가 대답하지 못하였습니다. 음악을 좋아하는 것이 어떻습니까?” 맹자가 말하였다. “왕이 음악을 좋아하시는 것이 심하면 제나라는 다스려지는데 거의 가까울 것이다.” 후일에 왕을 보고 말하였다. “왕이 일찍이 장포에게 음악을 좋아하는 것으로 말씀하셨다고 하니, 그렇습니까?” 왕이 얼굴빛을 변하며 말하였다. “과인이 선왕의 음악을 좋아하는 것이 아니라, 다만 세속의 음악을 좋아합니다.” 맹자가 말하였다. “왕이 음악을 좋아하는 것이 심하면 제나라는 다스려지는데 거의 가까울 것입니다. 지금의 음악이 옛날의 음악과 같습니다.”

| 자해 |

庶幾 : 다스림에 가까움. • 今樂 : 세속의 음악. • 古樂 : 선왕의 음악.

| 의해 |

장포가 맹자를 보고 말하였다. “제가 저번에 왕을 뵈니 왕이 저에게 말씀하기를 ‘내가 음악을 좋아한다’고 하셨습니다. 저는 임금이 좋아하고 숭상하는 것을 마땅히 삼갈 것이라고 생각하였으나, 가부를 결정하지 못하여 그때에 대답하지 못하였습니다. 임금이 음악을 좋아하는 것이 어떻습니까? 저는 정치에 해로움이 있을까 의심하고 있습니다.” 맹자가 말하였다. “음악을 좋아하는 것이 방해가 되지 않으니, 다만 임금이 좋아하지 않을까 근심한다. 왕이 음악을 좋아하는 것이 진실로 심하면, 이것을 미루어 넓혀서 그 분량을 다하여 제나라는 다스려지는데 가까울 것이다.”

맹자의 마음은 장포가 다시 묻기를 기다려 그 뜻을 밝히고자 하였으나, 장포가 그렇게 하지 못하였다. 그래서 후일에 왕을 보고 말하였다. “왕께서 일찍이 장포에게 음악을 좋아한다고 말씀하셨다는데 그런 일이 있습니까?” 왕이 스스로 부끄러워 붉게 얼굴빛을 변하며 말하였다. "과인이 선왕의 음악을 좋아하는 것이 아니라 세속의 음악을 좋아합니다. 새로운 소리와 상스러운 말투의 곡조로 일시적으로 듣는 것을 취할 따름이니, 어찌 선생께 듣게 하겠습니까?"

맹자가 말하였다. "세속의 음악이 또한 무엇이 해롭겠습니까? 왕이 다만 음악을 좋아하기를 심히 하여 그 분량을 충만하게 하면 제나라는 다스려지는데 가까울 것입니다. 반드시 지금과 옛날의 음악을 따질 것이 없습니다. 옛 음악을 심히 좋아하여도 진실로 충분히 다스릴 것이고, 지금 음악을 심히 좋아하여도 또한 충분히 다스릴 것입니다. 지금 음악이 옛 음악과 같으니, 무엇이 다르겠습니까?"

왈 가득문여 왈 독악락 여인악락 숙락
1-2. 曰 可得聞與잇가 曰 獨樂樂과 與人樂樂이 孰樂이
왈 불약여인 왈 여소악락 여중악락
니잇고 曰 不若與人이니이다 曰 與少樂樂과 與衆樂樂
숙락 왈 불약여중
이 孰樂이니잇고 曰 不若與衆이니이다

| 언해 |

ᄀᆞᆯ아샤ᄃᆡ 可히 시러곰 聞ᄒᆞ리잇가 ᄀᆞᆯᄋᆞ샤ᄃᆡ 호올로 ᄒᆞᄂᆞᆫ 樂의 樂홈과 사ᄅᆞᆷ으로 더블어 ᄒᆞᄂᆞᆫ 樂의 樂홈이 뉘야 樂ᄒᆞ니잇고 ᄀᆞᆯᄋᆞ샤ᄃᆡ 人으로 더블어 ᄒᆞᄂᆞᆫ 이만 ᄀᆞᆮ디 몯ᄒᆞ니이다 ᄀᆞᆯᄋᆞ샤ᄃᆡ 少로 더블어 ᄒᆞᄂᆞᆫ 樂의 樂홈과 衆으로 더블어 ᄒᆞᄂᆞᆫ 樂의 樂홈이 뉘야 樂ᄒᆞ니잇고 ᄀᆞᆯᄋᆞ샤ᄃᆡ 衆으로 더블어 ᄒᆞᄂᆞᆫ 이만 ᄀᆞᆮ디 몯ᄒᆞ니이다

| 직역 |

왕이 말하였다. "들려주실 수 있겠습니까?" 맹자가 말하였다. "홀

로 하는 음악의 즐거움과 사람들과 더불어 하는 음악의 즐거움이 어느 것이 즐겁겠습니까?" 왕이 말하였다. "사람들과 더불어 하는 것만 같지 못합니다." 맹자가 말하였다. "적은 사람들과 더불어 하는 음악의 즐거움과 여러 사람들과 더불어 하는 음악의 즐거움이 어느 것이 즐겁겠습니까?" 왕이 말하였다. "여러 사람들과 더불어 하는 것만 같지 못합니다."

| 의해 |

왕이 말하였다. "이른바 음악을 좋아하기를 심히 하면 제나라가 다스려지는데 가깝다는 말에 대해 들을 수 있겠습니까?" 맹자가 평범한 감정으로 이끌어 말하였다. "홀로 스스로 음악을 하여 즐거워하는 것과 사람들과 더불어 음악을 하여 즐거워하는 것, 이 두 가지 가운데 과연 무엇이 즐겁겠습니까?" 왕이 말하였다. "홀로 즐거워하고 사람들과 더불어 즐거워하지 않으면 감정이 어찌 펴지겠습니까? 사람들과 더불어 즐거워하는 것만 같지 못합니다." 맹자가 말하였다. "두어 사람들과 더불어 음악을 하여 즐거워하는 것과 여러 사람들과 더불어 음악을 하여 즐거워하는 것, 이 두 가지 가운데 또 무엇이 즐겁겠습니까?" 왕이 말하였다. "적은 사람들과 더불어 즐거워하고 여러 사람들이 참여하지 못하면 감정이 또한 시원스럽지 못할 것이니, 진실로 여러 사람들과 더불어 즐거워하는 것만 못할 것입니다."

신 청위왕언악 금왕 고악어차
1-3. 臣이 請爲王言樂호리이다 今王이 鼓樂於此어시든
백성 문왕 종고지성 관약지음 거질수축알
百姓이 聞王의 鐘鼓之聲과 管籥之音하고 擧疾首蹙頞
이상고왈 오왕지호고악 부하사아 지어차극야
而相告曰 吾王之好鼓樂이여 夫何使我로 至於此極也

부 자 불 상 견 형 제 처 자 이 산 금 왕 전 렵
오하여 父子不相見하며 兄弟妻子離散하며 今王이 田獵
어 차 백 성 문 왕 거 마 지 음 견 우 모 지 미
於此어시든 百姓이 聞王의 車馬之音하며 見羽旄之美
거 질 수 축 알 이 상 고 왈 오 왕 지 호 전 렵 부 하 사
하고 擧疾首蹙頞而相告曰 吾王之好田獵이여 夫何使
아 지 어 차 극 야 부 자 불 상 견 형 제 처 자 이
我로 至於此極也오하여 父子不相見하며 兄弟妻子離
산 차 무 타 불 여 민 동 락 야
散하면 此는 無他라 不與民同樂也니이다

| 언해 |

臣이 請컨댄 王을 爲ᄒᆞ야 樂을 言호리이다 이제 王이 樂을 이에 鼓ᄒᆞ거시든 百姓이 王의 鐘鼓의 聲과 管籥의 音을 듣고 다 首를 疾ᄒᆞ며 頞을 蹙ᄒᆞ야 서ᄅᆞ 告ᄒᆞ야 ᄀᆞᆯ오ᄃᆡ 우리 王의 樂鼓홈을 好홈이여 엇디 우리로 ᄒᆞ여곰 이 極에 至케 ᄒᆞᄂᆞᆫ고 ᄒᆞ야 父子ㅣ 서ᄅᆞ 보디 몯ᄒᆞ며 兄弟와 妻子ㅣ 離散ᄒᆞ며 이제 王ㅣ 이에 田獵ᄒᆞ거시든 百姓이 王의 車馬의 音을 聞ᄒᆞ며 羽旄의 美ᄅᆞᆯ 見ᄒᆞ고 다 首를 疾ᄒᆞ며 頞을 蹙ᄒᆞ야 서ᄅᆞ 告ᄒᆞ야 ᄀᆞᆯ오ᄃᆡ 우리 王의 田獵을 好홈이여 엇디 우리로 ᄒᆞ여곰 이 極에 至케 ᄒᆞᄂᆞᆫ고 ᄒᆞ야 父子ㅣ 서ᄅᆞ 보디 몯ᄒᆞ며 兄弟와 妻子ㅣ 離散ᄒᆞ면 이ᄂᆞᆫ 他ㅣ 업ᄉᆞᆫ디라 民으로 더블어 ᄒᆞᆫ가지로 樂디 아니홈이니이다

| 직역 |

"신이 청하건대 왕을 위하여 음악에 대해 말하겠습니다. 이제 왕이 음악을 연주하시면 백성이 왕의 종과 북의 소리와 피리의 소리를 듣고 다 머리를 아파하며 이마를 찌푸려 서로 고하여 말하기를 '우리 왕이 음악을 연주하기를 좋아함이여. 어찌 우리로 하여금 이 극한에 이르게 하는가' 하여 부자가 서로 보지 못하며 형제와 처자가 흩어지며, 이제 왕이 사냥을 하시면 백성이 왕의 수

레와 말의 소리를 들으며 깃발의 아름다움을 보고 다 머리를 아파하며 이마를 찌푸려 서로 고하여 말하기를 '우리 왕이 사냥을 좋아함이여. 어찌 우리로 하여금 이 극한에 이르게 하는가' 하여 부자가 서로 보지 못하며 형제와 처자가 흩어진다면, 이것은 다름이 아니라 백성과 더불어 한 가지로 즐거워하지 않기 때문입니다."

| 자해 |

疾首 : 머리가 아픔. • 蹙頞 : 이마를 찌푸림.

| 의해 |

맹자가 말하였다. "왕이 만일 이것을 아신다면 신이 청하건대 왕을 위하여 음악에 대해 말씀드리겠습니다.

이제 왕이 여기서 음악을 연주하시면 왕의 백성이 왕의 종소리와 북소리와 피리소리를 듣고 다 머리가 아파서 이마를 찌푸리고 사사로이 서로 말하기를 '우리 임금이 음악을 좋아하는 것은 저러하나, 어찌하여 우리로 하여금 제자리를 얻지 못하여 부자가 서로 보지 못하고 형제와 처자가 다 떠나고 흩어져서 곤궁함이 이와 같은데도 조금도 생각하지 않는가'라고 합니다. 왕이 여기서 사냥을 하시면 백성이 왕의 수레와 말 달리는 소리를 들으며 깃발의 아름다움을 보고 다 머리가 아파서 이마를 찌푸리고 사사로이 서로 고하여 말하기를 '우리 임금이 사냥을 좋아하는 것이 저러하나, 어찌하여 우리로 하여금 제자리를 얻지 못하여 부자가 서로 보지 못하고 형제와 처자가 다 떠나고 흩어져서 곤궁함이 이와 같은데도 조금도 생각하지 않는가'라고 합니다. 백성이 임금이 즐거워하는 것을 즐거워하지 않는 것이 이와 같은 까닭은 다른 연고가 아니라, 평일에 홀로 그 자신은 즐거워하지만 백성의 어려움을 돌보지 않아서 백성과 더불어 같이 즐거워하지 않았기 때문입니다. 이것이 음악을 좋아하는 것이 심하지 않은 것입니다."

금 왕 고 악 어 차 백 성 문 왕 종 고 지 성
1-4. 今王이 鼓樂於此어시든 百姓이 聞王의 鐘鼓之聲과
관 약 지 음 거 흔 흔 연 유 희 색 이 상 고 왈 오 왕 서 기
管籥之音하고 擧欣欣然有喜色而相告曰 吾王이 庶幾
무 질 병 여 하 이 능 고 악 야 금 왕 전 렵 어 차
無疾病與아 何以能鼓樂也오하며 今王이 田獵於此어시
백 성 문 왕 거 마 지 음 견 우 모 지 미 거 흔
든 百姓이 聞王의 車馬之音하며 見羽旄之美하고 擧欣
흔 연 유 희 색 이 상 고 왈 오 왕 서 기 무 질 병 여 하 이
欣然有喜色而相告曰 吾王이 庶幾無疾病與아 何以
능 전 렵 야 차 무 타 여 민 동 락 야 금 왕
能田獵也오하면 此는 無他라 與民同樂也니이다 今王이
여 백 성 동 락 즉 왕 의
與百姓同樂則王矣시리이다

| 언해 |

이제 王이 樂을 이예 鼓ᄒᆞ거시든 百姓이 王의 鐘鼓의 聲과 管籥의 音을 듣고 다 欣欣히 喜色을 두어 서ᄅᆞ 告ᄒᆞ야 ᄀᆞᆯ오ᄃᆡ 우리 王이 거의 疾病이 업ᄉᆞ신가 엇디 ᄡᅥ 能히 樂을 鼓ᄒᆞ시ᄂᆞᆫ고 ᄒᆞ며 이제 王이 이예 田獵ᄒᆞ거시든 百姓이 王의 車馬의 音을 聞ᄒᆞ며 羽旄의 美ᄅᆞᆯ 見ᄒᆞ고 다 欣欣히 喜色을 두어 서ᄅᆞ 告ᄒᆞ야 ᄀᆞᆯ오ᄃᆡ 우리 王이 거의 疾病이 업ᄉᆞ신가 엇디 ᄡᅥ 能히 田獵을 ᄒᆞ시ᄂᆞᆫ고 ᄒᆞ면 이ᄂᆞᆫ 他ㅣ 업슨디라 民으로 더블어 ᄒᆞᆫ가지로 樂홈이니이다 이제 王이 百姓으로 더블어 ᄒᆞᆫ가지로 樂ᄒᆞ시면 王ᄒᆞ시리이다

| 직역 |

"이제 왕이 음악을 연주하시면 백성이 왕의 종과 북의 소리와 피리의 소리를 듣고 다 흔쾌히 기쁜 빛을 띠며 서로 고하여 말하기를 '우리 왕이 아마 질병이 없으신가보다. 어떻게 음악을 연주하시는가'라고 하며, 이제 왕이 사냥을 하시면 백성이 왕의 수레와

말의 소리를 들으면서 깃발의 아름다움을 보고 다 흔쾌히 기쁜 빛을 띠며 서로 고하여 말하기를 '우리 왕이 아마 질병이 없으신가보다. 어떻게 사냥을 하시는가'라고 하면, 이는 다름이 아니라 백성과 더불어 한 가지로 즐거워하기 때문입니다. 이제 왕이 백성과 더불어 한 가지로 즐거워하시면 왕을 하실 것입니다."

| 의해 |

"만일 이제 임금이 여기에서 음악을 연주하시면 백성이 왕의 종과 북의 소리와 피리의 소리를 듣고 다 흔쾌히 기쁜 빛이 있어서 서로 고하여 말하기를 '우리 임금이 근래에 다행히 질병이 없으신가보다. 어찌 이같이 음악을 연주하시는가'라고 합니다. 다만 음악을 연주하시는 데만 그런 것이 아니라, 이제 왕이 여기에서 사냥을 하시면 백성이 왕의 수레와 말 달리는 소리를 들으며 깃발이 아름답게 날리는 것을 보고 다 흔쾌히 기쁜 빛이 있어서 서로 고하여 말하기를 '우리 임금이 근래에 다행히 질병이 없으신가보다. 어찌 이같이 사냥을 하시는가'라고 할 것입니다. 백성이 왕이 즐거워하는 것을 즐거워하는 것이 이와 같은 까닭은 다름이 아니라 평일에 인한 정사를 행하여 자기가 즐거워하는 것을 미루어 백성에게 미쳐서 백성과 더불어 즐거움을 같이 하였기 때문이니, 이것이 음악을 좋아하는 것이 심한 것입니다.

음악을 좋아하는 것이 공변되고 사사로움에 백성이 근심하거나 기뻐함이 달려있으니, 왕은 마땅히 백성과 더불어 같이 즐거워해야 합니다. 이제 왕이 음악을 좋아하시면 곧 음악을 좋아하는 마음을 미루어서 인한 정사를 행하여 백성과 더불어 같이하여, 사는 것을 편안히 하고 생업을 즐거워하도록 하십시오. 그렇게 하면 가깝게 있는 백성은 기뻐하고 먼데 있는 백성은 와서 따라서 천하에서 왕을 할 수 있을 것입니다. 음악을 좋아하는 것이 심하면 제나라가 다스려지는데 가깝다는 것을 또한 어찌 의심하겠습니까?"

| 요지 |

이 장은 백성과 더불어 같이 즐거워하는 것으로 주장을 삼았다. 전국 때에 백성이 궁하고 재물이 다하였는데도 임금이 홀로 남면의 즐거움을 누렸다. 맹자는 백성을 구원하는데 간절하였기 때문에 제나라 임금이 음악을 좋아하는 것을 인하여 그 착한 마음을 열어 인도하여 깊이 그 백성과 더불어 같이 즐거워하기를 권하였다. 지금 음악이 옛 음악과 같다 말하였으나, 실상 지금 음악과 옛 음악이 어떻게 같을 수 있겠는가? 다만 백성과 더불어 같이 즐거워하는 뜻이 옛날과 지금의 차이가 없다는 말이다.

제선왕 문왈 문왕지유 방칠십리 유저
2-1. 齊宣王이 問曰 文王之囿 方七十里라하니 有諸잇
맹자대왈 어전 유지 왈 약시기대호
가 孟子對曰 於傳에 有之하니이다 曰 若是其大乎잇가
왈 민 유이위소야 왈 과인지유 방사십리
曰 民이 猶以爲小也니이다 曰 寡人之囿는 方四十里로
민 유이위대 하야 왈 문왕지유 방칠십리
대 民이 猶以爲大는 何也잇고 曰 文王之囿 方七十里
추요자왕언 치토자왕언 여민동지 민
에 芻蕘者往焉하며 雉兎者往焉하여 與民同之하시니 民
이위소불역의호
이 以爲小不亦宜乎잇가

| 언해 |

齊宣王이 묻ᄌᆞ와 ᄀᆞᆯᄋᆞ샤ᄃᆡ 文王의 囿ㅣ 方이 七十里라ᄒᆞ니 인ᄂᆞ니잇가 孟子ㅣ 對ᄒᆞ야 ᄀᆞᆯᄋᆞ샤ᄃᆡ 傳에 인ᄂᆞ니이다 ᄀᆞᆯᄋᆞ샤ᄃᆡ 이러ᄐᆞ시 그 크니잇가 ᄀᆞᆯᄋᆞ샤ᄃᆡ 民이 오히려 ᄡᅧ 小타 ᄒᆞ더니이다 ᄀᆞᆯᄋᆞ샤ᄃᆡ 寡人의 囿ᄂᆞᆫ 方이 四十里로ᄃᆡ 民이 오히려 大타 홈은 엇디니잇고 ᄀᆞᆯᄋᆞ샤ᄃᆡ 文王의 囿ㅣ 方이 七十里예 芻蕘ᄒᆞᄂᆞᆫ 者ㅣ 往

ᄒᆞ며 雉兎ᄒᆞᄂᆞᆫ 者ㅣ 往ᄒᆞ야 民으로 더블어 同ᄒᆞ시니 民이 뻐 小타 홈이 ᄯᅩᄒᆞᆫ 맛당티 아니ᄒᆞ니잇가

| 직역 |

제나라 선왕이 물었다. "문왕의 동산이 사방 칠십 리였다고 하는데 그렇습니까?" 맹자가 대답하였다. "옛 글에 있습니다." 왕이 말하였다. "그렇게 컸습니까?" 맹자가 말하였다. "백성이 오히려 작다고 하였습니다." 왕이 말하였다. "과인의 동산은 사방이 사십 리인데도 백성이 오히려 크다고 하는 것은 어째서입니까?" 맹자가 말하였다. "문왕의 동산 사방 칠십 리에 꼴 베고 나무 하는 자가 들어가며 꿩과 토기를 잡는 자가 들어가서, 백성과 더불어 같이하시니 백성이 작다고 하는 것이 또한 마땅하지 않습니까?"

| 자해 |

囿 : 새와 짐승을 기르는 곳. • 傳 : 옛 글. • 芻蕘 : 풀과 나무.

| 의해 |

제나라 선왕이 물었다. "내가 들으니, 문왕의 동산은 사방이 칠십 리였다고 하는데, 그렇습니까?" 맹자가 대답하였다. "옛 글에 있습니다."

왕이 말하였다. "문왕의 동산이 그렇게 컸습니까?" 맹자가 말하였다. "왕께서는 그렇게 컸느냐고 하시지만, 그때 백성은 오히려 작다고 하였습니다." 왕이 말하였다. "과인의 동산은 사방이 사십 리인데도 백성이 오히려 크다고 하니, 어째서입니까?" 맹자가 말하였다. "문왕의 동산이 비록 사방 칠십 리라고 하지만, 일찍이 이것을 사유로 하지 아니하여, 백성 가운데 꼴 베고 나무 하는 자가 다 그 가운데 가서 취하고, 꿩 잡고 토끼 잡는 자가 다 그 가운데 가서 취하였습니다. 이렇게 칠십 리 동산으로 한 나라 사람과 더불어 같이하여 쓰는 자가 많았으므로, 그 큰 것을 잊었습니다.

백성이 작다고 하는 것이 또한 마땅하지 않습니까?"

신 시지어경 문국지대금연후 감입
2-2. 臣이 始至於境하여 問國之大禁然後에 敢入호니
신 문교관지내 유유방사십리 살기미록자 여
臣은 聞郊關之內에 有囿方四十里에 殺其麋鹿者를 如
살인지죄 즉시방사십리 위정어국중 민
殺人之罪라하니 則是方四十里로 爲阱於國中이니 民이
이위대불역의호
以爲大不亦宜乎잇가

| 언해 |

臣이 비로소 境에 至ᄒᆞ야 國의 大禁을 무른 然後에 敢히 入호니 臣은 드로니 郊關內예 囿ㅣ 方이 四十里ㅣ 이심애 그 麋鹿殺ᄒᆞᆫ 者ᄅᆞᆯ 人殺ᄒᆞᆫ 罪ᄀᆞᆮ티 ᄒᆞᆫ다 ᄒᆞ니 곧 이ᄂᆞᆫ 方이 四十里로 國中에 阱을 삼아심이니 民이 ᄡᅥ 크다 ᄒᆞᆷ이 ᄯᅩᄒᆞᆫ 맛당티 아니ᄒᆞ니잇가

| 직역 |

"신이 처음 국경에 이르러서 나라에서 크게 금하는 것을 물어본 다음에 감히 들어왔습니다. 신은 들으니, 교외와 관문 사이에 있는 동산이 사방 사십 리인데, 그곳의 사슴을 죽이는 자를 사람을 죽인 죄와 같이 처벌한다고 합니다. 이것은 사방 사십 리로 나라 가운데 함정을 판 것이니, 백성이 크다고 하는 것이 또한 마땅하지 않습니까?"

| 자해 |

郊 : 수도 밖 백리. • 阱 : 구덩이를 파서 짐승을 빠지게 하는 곳.

| 의해 |

"왕의 동산은 그렇지 않습니다. 신이 처음 제나라 국경에 이르러서 감히 갑자기 들어오지 못하고, 먼저 나라에서 크게 금하는 것을 물어서 꺼리고 피해야 할 것을 안 다음에 감히 들어왔습니다. 이때에 신이 금하는 것을 물어서 들으니, 교외와 관문 사이에 노는 동산이 있는데, 사방 사십 리에 백성의 출입을 금하고, 만일 백성이 그 동산 가운데 있는 사슴을 죽이는 자가 있으면 곧 사람을 죽인 죄와 같이 처벌하여 백성이 죽는데 이른다고 합니다. 이것은 사방 사십 리로 나라 가운데 함정을 만들어 백성을 죽을 땅에 빠지게 하는 것입니다. 백성이 이 동산 보기를 곧 함정과 같이 여기니, 크다고 하는 것이 또한 마땅하지 않습니까? 왕이 또한 문왕을 본받아서 백성과 더불어 같이 하는 것이 옳습니다."

| 요지 |

이 장은 백성과 더불어 같이한다는 한 구절이 중요하다. 임금이 마땅히 이로움을 공변되게 하여 백성을 구휼하는 것을 보여준 것이다. 위는 제나라 임금이 동산의 크고 작은 것을 인하여 그 백성을 이상하게 여긴 것이고, 아래는 맹자가 동산의 크고 작은 것을 근원하여 그 임금을 이상하게 여긴 것이다. 이것이 다 제나라임금을 유도하는 뜻이다.

제선왕 문왈 교린국 유도호 맹자대왈 유
3-1. 齊宣王이 問曰 交鄰國이 有道乎잇가 孟子對曰 有
유인자 위능이대사소 시고 탕 사갈
하니 惟仁者아 爲能以大事小하나니 是故로 湯이 事葛
문왕 사곤이 유지자 위능이소사
하시고 文王이 事昆夷하시니이다 惟智者아 爲能以小事
대 고 태왕 사훈육 구천 사오
大하나니 故로 太王이 事獯鬻하시고 句踐이 事吳하니이다

| 언해 |

齊宣王이 묻ᄌᆞ와 ᄀᆞᆯᄋᆞ샤ᄃᆡ 鄰國交홈이 道ㅣ 인ᄂᆞ니잇가 孟子ㅣ 對ᄒᆞ야 ᄀᆞᆯᄋᆞ샤ᄃᆡ 인ᄂᆞ니 오직 仁者ㅣ아 能히 大로ᄡᅥ 小를 事ᄒᆞᄂᆞ니 이런 故로 湯이 葛을 事ᄒᆞ시고 文王이 昆夷를 事ᄒᆞ시니이다 오직 智者ㅣ아 能히 小로ᄡᅥ 大를 事ᄒᆞᄂᆞ니 故로 太王이 獯鬻을 事ᄒᆞ시고 句踐이 吳를 事ᄒᆞ니이다

| 직역 |

제나라 선왕이 물었다. "이웃나라를 사귀는데 도가 있습니까?" 맹자가 대답하였다. "있습니다. 오직 인한 자라야 큰 나라로 작은 나라를 섬길 수 있으니, 그러므로 탕이 갈을 섬기시고 문왕이 곤이를 섬기셨습니다. 오직 지혜로운 자라야 작은 나라로 큰 나라를 섬길 수 있으니, 그러므로 태왕이 훈육을 섬기시고 구천이 오나라를 섬겼습니다."

| 자해 |

獯鬻(훈육) : 적인(狄人). • 句踐 : 월나라 임금의 이름.

| 의해 |

제나라 선왕이 물었다. "이웃 나라를 사귀어 화목하게 하는데, 과연 무슨 도리가 있습니까?" 맹자가 대답하였다. "이웃 나라가 나보다 큰 나라도 있고 작은 나라도 있으며, 또 나에게 순하게 하는 나라도 있고 거스르는 나라도 있습니다. 오직 어진 임금은 마음이 너그럽고 크며 측은히 여겨서, 다만 이치만 있는 것을 알고 세력이 있는 것을 알지 못합니다. 그러므로 내 나라가 크더라도 저 작은 이웃나라를 어루만져서, 공손하지 않다고 화를 내어 치지 않았습니다. 옛 사람 가운데 이것을 행한 이는 탕임금과 문왕입니다. 그러므로 탕임금이 갈백을 섬기고 문왕이 곤이를 섬긴 일이 있었으니, 이것이 어진 것으로 작은 나라를 사귄 것이 아니겠

습니까? 오직 지혜 있는 자는 밝고 민첩하여 의리의 당연함과 형세의 적당함을 알기 때문에 작은 나라로 큰 나라를 섬겨서, 침략하고 무시한다고 해서 예를 폐하지 않았습니다. 옛 사람 가운데 이것을 행한 이는 주나라 태왕과 월나라 임금 구천입니다. 그러므로 태왕이 훈육을 섬기고 구천이 오나라를 섬긴 일이 있었으니, 이것이 지혜로 큰 나라를 사귄 것이 아니겠습니까? 이웃나라를 사귀는 도리는 마땅히 이것을 본받아야 할 것입니다."

이대사소자 낙천자야 이소사대자 외천자
3-2. 以大事小者는 樂天者也요 以小事大者는 畏天者
야 낙천자 보천하 외천자 보기국 시
也니 樂天者는 保天下하고 畏天者는 保其國이니이다 詩
운 외천지위 우시보지
云 畏天之威하여 于時保之라하니이다

| 언해 |

大로써 小를 事ᄒᆞᄂᆞᆫ 者ᄂᆞᆫ 天을 樂ᄒᆞᄂᆞᆫ 者ㅣ오 小로써 大를 事ᄒᆞᄂᆞᆫ 者ᄂᆞᆫ 天을 畏ᄒᆞᄂᆞᆫ 者ㅣ니 天을 樂ᄒᆞᄂᆞᆫ 者ᄂᆞᆫ 天下를 保ᄒᆞ고 天을 畏ᄒᆞᄂᆞᆫ 者ᄂᆞᆫ 그 國을 保ᄒᆞᄂᆞ니이다 詩에 닐오ᄃᆡ 天의 威를 畏ᄒᆞ야 이에 保타 ᄒᆞ니이다

| 직역 |

"큰 나라로 작은 나라를 섬기는 자는 하늘을 즐거워하는 자이고, 작은 나라로 큰 나라를 섬기는 자는 하늘을 두려워하는 자입니다. 하늘을 즐거워하는 자는 천하를 보전하고 하늘을 두려워하는 자는 나라를 보전하는 것입니다. 『시경』에 이르기를, '하늘의 위엄을 두려워하여 이에 보전한다'고 하였습니다."

| 자해 |

詩 : 『주송(周頌) · 아장(我將)』. • 時 : 시(是)와 같음.

| 의해 |

"큰 이로 작은 이를 섬기고 작은 이로 큰 이를 섬기는 것이 다 하늘의 이치에 당연한 것입니다. 그러나 큰 이로 작은 이를 섬기는 자는 그 세력이 내게 있는 것을 잊어버리고 성심으로 사람을 사랑하여 자연히 이치에 합하니, 이것은 하늘을 즐거워하는 자입니다. 작은 이로 큰 이를 섬기는 자는 그 세력이 저 사람에게 있는 것을 따라서 분수를 편안하게 여겨 스스로 지켜서 감히 이치를 어기지 아니하니, 이것은 하늘을 두려워하는 자입니다. 하늘을 즐거워하는 자는 그 마음이 하늘과 더불어 하나가 되어서 포함하고 두루 덮어서 한 물건도 용납하지 아니함이 없으니, 그 기상이 충분히 천하를 보전할 만합니다. 하늘을 두려워하는 자는 그 마음이 하늘을 따라 스스로 지켜서 절차를 좇고 법도를 삼가서 한 때라도 감히 소홀함이 없으니, 그 규모가 충분히 나라를 보전할 만합니다. 적국이 비록 강하더라도 그 누가 감히 업신여기겠습니까? 인과 지혜의 효험이 이와 같습니다.

『시경』에 이르기를, '사람이 하늘의 밝은 위엄을 두려워하여 감히 어디에서든지 거스르지 아니하여 이에 하늘의 명을 보전하여 지켜서 잃지 말라'고 하였습니다. 이는 바로 하늘을 두려워하는 자가 그 나라를 보전하는 것을 말합니다. 하늘을 즐거워하는 자가 천하를 보전하는 것도 미루어 알 수 있습니다. 왕이 이웃나라를 사귀고자 하여 인과 지혜의 도로 스스로 처한다면, 큰 나라를 섬기던지 작은 나라를 섬기던지 나라를 보전하던지 천하를 보전하던지, 어느 것 하나라도 좋지 않음이 있겠습니까?"

　　　　왕 왈 대 재　언 의　과 인　유 질　과 인　호 용
3-3. 王曰 大哉라 言矣여 寡人이 有疾호니 寡人은 好勇
　　　　대 왈　왕 청 무 호 소 용　부 무 검 질 시 왈　피
하노이다 對曰 王請無好小勇하소서 夫撫劍疾視曰 彼
오 감 당 아 재　차　필 부 지 용　적 일 인 자 야
惡敢當我哉리오하나니 此는 匹夫之勇이라 敵一人者也
　왕 청 대 지　시 운　왕 혁 사 노　원 정 기 려
니 王請大之하소서 詩云 王赫斯怒하사 爰整其旅하여
이 알 조 려　이 독 주 호　이 대 우 천 하　차　문
以遏徂莒하여 以篤周祜하여 以對于天下라하니 此는 文
왕 지 용 야　문 왕　일 노 이 안 천 하 지 민
王之勇也니 文王이 一怒而安天下之民하시니이다

| 언해 |

王이 ᄀᆞᆯᄋᆞ샤ᄃᆡ 크다 言이여 寡人이 疾이 인ᄂᆞ니 寡人은 勇을 好ᄒᆞ노이다 對ᄒᆞ야 ᄀᆞᆯᄋᆞ샤ᄃᆡ 王은 請컨댄 小勇을 好ᄒᆞ티 말ᄋᆞ쇼셔 劍을 撫ᄒᆞ고 疾視ᄒᆞ야 ᄀᆞᆯ오ᄃᆡ 뎨 엇디 敢히 나를 當ᄒᆞ리오 ᄒᆞᄂᆞ니 이ᄂᆞᆫ 匹夫의 勇이라 一人을 敵ᄒᆞᄂᆞᆫ 者ㅣ니 王은 請컨댄 大히 ᄒᆞ쇼셔 詩예 닐오ᄃᆡ 王이 赫히 이예 怒ᄒᆞ샤 이예 그 旅를 整ᄒᆞ야 ᄡᅥ 徂ᄒᆞᄂᆞᆫ 莒를 遏ᄒᆞ야 ᄡᅥ 周祜를 篤히 ᄒᆞ야 ᄡᅥ 天下를 對타 ᄒᆞ니 이ᄂᆞᆫ 文王의 勇이니 文王이 ᄒᆞᆫ 번 怒ᄒᆞ샤 天下ㅅ民을 安ᄒᆞ시니이다

| 직역 |

왕이 말하였다. "크도다, 말씀이여! 과인에게 병통이 있으니, 과인은 용맹을 좋아합니다." 맹자가 대답하였다. "왕은 청하건대 작은 용맹을 좋아하지 마십시오. 칼을 어루만지며 눈을 부릅뜨고 말하기를 '네가 어찌 감히 나를 당하겠는가?'라고 하니, 이는 필부의 용맹으로 한 사람을 대적하는 자이니, 왕은 청하건대 크게 하십시오. 『시경』에 이르기를 '왕이 발끈 노하여 이에 그 군대를

정돈하여 나가는 군대를 막아 주나라의 복을 돈독하게 하여 천하 사람들에게 대답하였다'고 하니, 이는 문왕의 용맹입니다. 문왕이 한번 노하여 천하의 백성을 편안하게 하셨습니다."

| 자해 |

疾視 : 노한 눈으로 봄. • 詩 : 「대아(大雅) · 황의(皇矣)」. • 赫 : 발끈 노한 모양. • 爰 : 이에. • 旅 : 무리. • 遏 : 그침. • 徂 : 가다. • 莒(려) : 무리. • 祜 : 복. • 對 : 대답함.

| 의해 |

왕이 말하였다. "인과 지혜로 이웃 나라를 사귀는 도가 곧 나라를 보전하고 천하를 보전하니, 크도다, 선생의 이 말씀이여! 그러나 과인의 깊은 병통은 오직 용맹을 좋아하는데 있습니다. 만일 조금이라도 침범을 당하고 업신여김을 당하면 분하고 노함을 이기지 못하기 때문에, 큰 나라도 섬기지 못하고 작은 나라도 어루만지지 못합니다."

◑ 맹자가 대답하였다. "용맹을 좋아하는 것이 해로움이 없으니, 왕은 청하건대 작은 용맹을 좋아하지 마십시오. 작은 용맹은 하루아침의 분노에 격동되어 칼을 잡고 노한 눈으로 사람을 보며 말하기를, '저가 어찌 감히 나를 당하겠는가'라고 합니다. 이것은 필부의 혈기의 용맹이니, 겨우 한 사람을 대적하는 것입니다. 어찌 왕이 좋아할 만한 것이 되겠습니까? 왕이 만일 용맹을 좋아하시거든 청하건대 제왕(帝王)의 큰 용맹을 좋아하셔서, 고요할 때에는 신무(神武)에 의해서도 죽임을 당하지 않고 움직일 때에는 위무(威武)를 분연히 드날려서 혈기로 용맹을 삼지 말고 의리로 용맹을 삼으십시오. 이것이 왕이 마땅히 좋아할 바입니다.

제가 일찍이 문왕의 큰 용맹에 대해 들었습니다. 『시경』에 이르기를 '밀 땅 사람이 왕명을 어기고 완 땅을 침노하여 공 땅으로 가니, 왕이 발끈 분노하여 이에 그 군사를 정돈하여 공 땅으로 가는 밀 땅 사람의 무리를 막아서, 이로써 강함을 억제하고 약함을 붙들어서 주나라의 복을 도탑게 하여 천하로 하여금 큰 나라는 두려워하고 작은 나라는 돌아오게 하여 그 우러러 바라는 마음에 대답하였다'고 하였습니다. 이것이 문왕이 용맹으로 삼은 바이니, 문왕이 발끈 한번 노함에 밀 땅 사람의 한 지방 난리를 억제하여 이로 말미암아서 사방이 편안하여 감히 강한 이가 약한 이를 업신여기지 못하고 많은 무리가 적은 무리를 사납게 대하지 못하여, 드디어 천하의 백성을 편안하게 하였습니다. 그 큰 용맹이 어떻습니까?"

서 왈 천 강 하 민 작 지 군 작 지 사 유 왈
3-4. 書曰 天降下民하사 作之君 作之師하시어든 惟曰
기 조 상 제 총 지 사 방 유 죄 무 죄 유 아 재
其助上帝라 寵之四方이시니 有罪無罪에 惟我在커니
천 하 갈 감 유 월 궐 지 일 인 횡 행 어 천 하 무
天下曷敢有越厥志리오하니 一人이 衡行於天下어늘 武
왕 치 지 차 무 왕 지 용 야 이 무 왕 역 일 노
王이 恥之하시니 此는 武王之勇也니 而武王이 亦一怒
이 안 천 하 지 민 금 왕 역 일 노 이 안 천 하 지 민
而安天下之民하시니이다 今王이 亦一怒而安天下之民
민 유 공 왕 지 호 불 용 야
하시면 民이 惟恐王之好不勇也리이다

| 언해 |

書에 ᄀᆞᆯ오ᄃᆡ 天이 下民을 降ᄒᆞ샤 君을 作ᄒᆞ시며 師를 作ᄒᆞ샨든 오직 ᄀᆞᆯ오ᄃᆡ 그 上帝를 助ᄒᆞ논디라 四方애 寵케 ᄒᆞ시니 罪이시며 罪업슴애 오직 내 잇거니 天下ㅣ 엇디 敢히 그 志를 越ᄒᆞᆷ이 이시리오 ᄒᆞ니 一人이 天下애 衡行ᄒᆞ거ᄂᆞᆯ 武王이 恥ᄒᆞ시니 이ᄂᆞᆫ 武王의 勇이니 武王이 ᄯᅩᄒᆞᆫ ᄒᆞᆫ번 怒ᄒᆞ샤 天下ㅅ民을 安ᄒᆞ시니이다 이

제 王이 쏘훈 훈번 怒흐샤 天下ㅅ民을 安흐시면 民이 오직 王이 勇을 好티 아니흐실까 저허흐리이다

| 직역 |

"『서경』에 말하기를, '하늘이 백성을 내려주어 임금을 만들어주고 스승을 만들어주며 오직 말하기를 상제를 도와 사방에서 은총을 베풀라고 하였다. 죄가 있고 죄가 없고 간에 오직 내가 있으니, 천하가 어찌 감히 그 뜻을 어기겠는가'라고 하였습니다. 한 사람이 천하에 횡행하자 무왕이 부끄러워하시니, 이는 무왕의 용맹입니다. 무왕이 또한 한 번 노하여 천하의 백성을 편안하게 하셨습니다. 이제 왕이 또한 한 번 노하여 천하의 백성을 편안하게 하시면, 백성이 오직 왕이 용맹을 좋아하지 않으실까 걱정할 것입니다."

| 자해 |

書 : 「주서(周書) · 태서(泰書)」. • 衡(횡)行 : 난을 일으킴.

| 의해 |

"또 일찍이 큰 용맹을 무왕에게서 보았습니다. 『서경』에 말하기를, '하늘이 백성을 내시면서 임금을 세워서 다스리게 하고 스승을 세워서 가르치신 것이 또한 오직 말하자면 상제가 미치지 못하는 바를 도와서 이 백성을 편안하게 한 것이다. 그러므로 임금과 스승의 지위로 사방에서 사랑받고 다르게 대우를 받도록 한 것이니, 하늘이 임금과 스승을 세운 뜻이 이와 같다. 이제 내가 이미 하늘의 명을 받아서 임금과 스승이 되었으니, 천하에 죄가 있는 자는 내가 벨 것이고, 죄 없는 자는 내가 편안하게 할 것이다. 천하에 어찌 감히 그 뜻을 어겨서 난을 일으켜 백성을 포학하게 대하는 자가 있겠는가'라고 하였습니다. 이 『서경』의 말로 보면 당시에 가령 한 사람이 횡행하여 난을 천하에 일으키는 자가 있었다면, 무왕이 반드시 자신의 부끄러움으로 삼아서 군사를 일

으켜서 베셨을 것이니, 이것이 무왕의 용맹입니다. 무왕이 또한 한 번 노하여 천하의 백성을 편안하게 하셨으니, 그 큰 용맹이 어떠합니까?

지금 세상을 당하여 포학한 자가 또한 많습니다. 왕이 진실로 문왕과 무왕이 하신 바를 본받아서 큰 의를 들어서 죄 있는 자를 쳐서 분연히 한 번 노하여 천하의 백성을 편안하게 하시면, 장차 천하의 백성이 물과 불에서 구원하여 주기를 바라는 것과 같이하여 오직 왕이 용맹을 좋아하지 않을까 걱정할 것입니다. 이것이 곧 인한 자와 지혜로운 자가 의리를 쓰는 것이니, 어찌 용맹을 병통이라고 하겠습니까? 여기에 이르면 이웃 나라를 사귀는 것은 말할 것도 없습니다."

| 요지 |

이 장은 임금이 작은 분노를 다스릴 수 있으면 작은이를 사랑하고 큰이를 섬겨서 이웃나라를 사귈 수 있고, 큰 용맹을 기를 수 있으면 포학함을 제거하고 백성을 구원하여 천하를 편안하게 할 수 있다는 것을 말하였다.

제선왕 견맹자어설궁 왕왈 현자 역
4-1. 齊宣王이 見孟子於雪宮이러시니 王曰 賢者도 亦
유차락호 맹자대왈 유 인부득즉비기상의
有此樂乎잇가 孟子對曰 有하니 人不得則非其上矣니
부득이비기상자 비야 위민상이불여민동락
이다 不得而非其上者도 非也며 爲民上而不與民同樂
자 역비야
者도 亦非也니이다

| 언해 |

齊宣王이 孟子를 雪宮애 보더시니 王이 ᄀᆞᆯᄋᆞ샤ᄃᆡ 賢者도 ᄯᅩᄒᆞᆫ 이 樂이 인ᄂᆞ니잇가 孟子ㅣ 對ᄒᆞ야 ᄀᆞᆯᄋᆞ샤ᄃᆡ 인ᄂᆞ니 人인 得디 몯ᄒᆞ면 그 上을 외오 너기ᄂᆞ니이다 得디 몯ᄒᆞ야 그 上을 非ᄒᆞᄂᆞᆫ 者도 외며 民의 上이 되어셔 民으로 더블어 ᄒᆞᆫ가지로 樂디 아니ᄒᆞᄂᆞᆫ 者도 ᄯᅩ 외니이다

| 직역 |

제나라 선왕이 맹자를 설궁에서 만나 보았다. 왕이 말하였다. "어진 자도 또한 이 즐거움이 있습니까?" 맹자가 대답하였다. "있으니, 사람이 얻지 못하면 윗사람을 그르게 여기는 것입니다. 얻지 못하여 윗사람을 그르게 여기는 자도 그르며, 백성의 윗사람이 되어서 백성과 더불어 한 가지로 즐기지 않는 자도 또한 그른 것입니다."

| 자해 |

雪宮 : 별궁의 이름.

| 의해 |

제나라 임금이 설궁에 거처를 정하고 맹자를 만나보았다. 왕이 융숭한 대접을 자랑하여 말하였다. "어진 자도 또한 이 편안히 거처하는 즐거움이 있습니까?" 맹자가 대답하였다. "임금이 이로써 어진 이를 대접하면 어진 자도 이 즐거움을 얻을 것입니다. 그러나 특별한 사람만 이 즐거움을 갖는 것이 아니라, 보통 사람도 다 이 즐거움을 갖고자 합니다. 사람이 그 즐거움을 얻지 못하면 반드시 그 윗사람을 원망하는 마음이 있으니, 이 즐거움은 마땅히 보통 사람과 더불어 같이 할 것이고, 어진 자와만 더불어 같이 할 것이 아님을 알아야 합니다.

아랫사람이 되어서 마땅히 아랫사람이 된 분수를 편안하게 여겨

야 하는데, 그 즐거움을 얻지 못했다고 해서 그 윗사람을 그르게 여기는 자도 진실로 그르지만, 임금이 되어서 마땅히 임금된 도리를 다해야 하는데, 홀로 그 자신만 즐겁게 하고 백성과 더불어 즐거움을 같이 아니하는 자도 또한 그른 것입니다."

락 민 지 락 자 민 역 락 기 락 우 민 지 우 자 민
4-2. 樂民之樂者는 民亦樂其樂하고 憂民之憂者는 民
역 우 기 우 락 이 천 하 우 이 천 하 연 이 불 왕
亦憂其憂하나니 樂以天下하며 憂以天下하고 然而不王
자 미 지 유 야
者 未之有也니이다

| 언해 |

民의 樂을 樂ᄒᆞᄂᆞᆫ 者ᄂᆞᆫ 民이 ᄯᅩᄒᆞᆫ 그 樂을 樂ᄒᆞ고 民의 憂ᄅᆞᆯ 憂ᄒᆞᄂᆞᆫ 者ᄂᆞᆫ 民이 ᄯᅩᄒᆞᆫ 그 憂ᄅᆞᆯ 憂ᄒᆞᄂᆞ니 樂을 天下로ᄡᅥ ᄒᆞ며 憂ᄅᆞᆯ 天下로ᄡᅥ ᄒᆞ고 그러코 王티 몯ᄒᆞᆯ 者ㅣ 잇디 아니ᄒᆞ니이다

| 직역 |

"백성의 즐거움을 즐거워하는 자는 백성이 또한 그 즐거움을 즐거워하고 백성의 근심을 근심하는 자는 백성이 또한 그 근심을 근심합니다. 천하로 즐거움을 삼고 천하로 근심을 삼으며, 그렇게 하고서도 왕을 못할 자가 있지 않습니다."

| 의해 |

"백성과 더불어 즐거움을 같이하지 않으면 곧 그르게 여기는 마음이 있을 것이고, 백성과 더불어 즐거움을 같이하면 어찌 감동하는 효험이 없겠습니까? 편안히 거처하고 배부르게 먹는 것은 백성이 즐거워하는 것입니다. 임금이 자기가 즐거워하는 일과 똑같

이 생각하여 그 하고자 하는 바를 줘 모이게 하여 백성이 즐거워하는 것을 즐거워하면, 백성 가운데 그 즐거움을 얻은 자가 감동하지 아니함이 없어서 또한 반드시 임금의 누대와 연못, 새와 짐승을 보고 기뻐하며 종과 북, 피리의 소리를 듣고 기쁜 빛이 있어서 그 임금이 즐거워하는 것을 즐거워할 것입니다. 빈궁하여 고할 데가 없는 것은 백성이 근심하는 것입니다. 임금이 자기가 근심하는 일과 똑같이 생각하여 그 미워하는 것을 베풀지 말아서 백성이 근심하는 것을 근심하면, 백성 가운데 그 근심이 없게 된 자가 감동하지 아니함이 없어서 또한 반드시 임금이 일이 있으면 임금을 위하여 좇고 난이 있으면 임금을 위하여 따라서 그 임금이 근심하는 것을 근심할 것입니다. 백성이 즐거워하는 것을 즐거워하여 백성으로 하여금 또한 그 임금이 즐거워하는 것을 즐거워하도록 하면, 이것이 즐거움을 천하로써 하는 것이고, 백성이 근심하는 것을 근심하여 백성으로 하여금 임금이 근심하는 것을 근심하도록 하면, 이것이 근심을 천하로써 하는 것입니다. 근심하고 즐거워하는 것을 다 내 한 몸을 기준으로 하지 아니하고, 기쁨과 슬픔을 서로 통하여 위와 아래가 간격이 없는 것이 이와 같으면, 곧 천하의 백성이 다 마음을 기울여서 나에게 돌아와 합칠 것이니, 비록 천하에서 왕이 되지 않고자 하더라도 또한 할 수 없을 것입니다."

석자 제경공 문어안자왈 오욕관어전부조무
4-3. 昔者에 齊景公이 問於晏子曰 吾欲觀於轉附朝儛
준해이남 방우랑야 오하수이가이비어
하야 遵海而南하야 放于琅邪하노니 吾何脩而可以比於
선왕관야 안자대왈 선재 문야 천자적제후왈
先王觀也오 晏子對曰 善哉라 問也여 天子適諸侯曰
순수 순수자 순소수야 제후조어천자왈 술직
巡狩니 巡狩者는 巡所守也요 諸侯朝於天子曰 述職

이니 述職者는 述所職也니 無非事者요 春省耕而補不足하며 秋省斂而助不給하나니 夏諺에 曰 吾王이 不遊면 吾何以休며 吾王이 不豫면 吾何以助리오 一遊一豫爲諸侯度라하니이다

(술직자 술소직야 무비사자 춘성경이보부족 추성렴이조불급 하언 왈 오왕 불유 오하이휴 오왕 불예 오하이조 일유일예 위제후도)

| 언해 |

녜 齊景公이 晏子의게 무러 ᄀᆞᆯ오ᄃᆡ 내 轉附와 朝儛에 觀ᄒᆞ야 海를 遵ᄒᆞ야 南ᄒᆞ야 琅邪애 放코쟈 ᄒᆞ노니 내 엇디 脩ᄒᆞ야아 可히 ᄡᅧ 先王의 觀애 比ᄒᆞᆯ꼬 晏子ㅣ 對ᄒᆞ야 ᄀᆞᆯ오ᄃᆡ 善타 問이여 天子ㅣ 諸侯에 適ᄒᆞᆷ을 ᄀᆞᆯ온 巡狩ㅣ니 巡狩ᄂᆞᆫ 守ᄒᆞᆫ 바애 巡ᄒᆞᆷ이오 諸侯ㅣ 天子ᄭᅴ 朝ᄒᆞᆷ을 ᄀᆞᆯ온 述職이니 述職은 職ᄒᆞᆫ 바ᄅᆞᆯ 述ᄒᆞᆷ이니 事ㅣ 아니니 업고 春애 耕을 省ᄒᆞ야 不足을 補ᄒᆞ며 秋애 斂을 省ᄒᆞ야 不給을 助ᄒᆞᄂᆞ니 夏諺애 ᄀᆞᆯ오ᄃᆡ 우리 王이 遊티 아니면 우리 엇디 ᄡᅧ 休ᄒᆞ며 우리 王이 豫티 아니면 우리 엇디 ᄡᅧ 助ᄒᆞ리오 ᄒᆞᆫ 번 遊ᄒᆞ며 ᄒᆞᆫ 번 豫ᄒᆞᆷ이 諸侯의 度ㅣ 된다 ᄒᆞ니이다

| 직역 |

"옛적에 제나라 경공이 안자에게 '내가 전부와 조무를 살피고 바다를 따라 남으로 향하여 낭야에 이르고자 하는데, 내가 어떻게 닦아야 선왕이 살피던 것과 비교할 수 있겠습니까?'라고 물었습니다. 안자는 '좋습니다, 물음이여! 천자가 제후에게 가는 것을 순수라고 말하니, 순수는 지키는 일을 순행하는 것입니다. 제후가 천자께 조회하는 것을 술직이라고 말하니, 술직은 맡은 일을 진술하는 것입니다. 모두 일이 아님이 없습니다. 봄에 밭가는 것을 살펴서 부족함을 보충하며, 가을에 거두는 것을 살펴서 미치

지 못하는 것을 돕습니다. 하나라 속담에 말하기를, 우리 임금이 놀지 않으면 우리가 어떻게 쉬며 우리 임금이 즐거워하지 않으면 우리가 어떻게 도움을 받겠는가? 한 번 놀며 한 번 즐거워하는 것이 제후의 법도가 된다고 하였습니다'라고 대답하였습니다."

| 자해 |

晏子 : 제나라 신하이니, 이름은 영(嬰). • 轉附 · 朝儛 : 산의 이름. • 遵 : 따름. • 放 : '이를 지(至)' 자와 같음. • 琅邪 : 제나라 동남 지경의 고을 이름. • 觀 : 살피는 것. • 述 : 진술. • 省 : 보는 것. • 豫 : 즐김.

| 의해 |

맹자가 왕에게 즐거움을 같이 할 것을 권하면서 듣고 실행하도록 하기 위하여 제나라의 이전 시대의 일을 인용하여 말하였다. "옛적에 제나라 경공이 그 신하인 안자에게 물었습니다. '지방을 살피고 백성을 보는 것이 나라의 큰일입니다. 내 뜻으로는 전부와 조무, 두 산을 보고 다시 바닷가를 따라서 남쪽으로 낭야 고을에 이르고자 하는데, 내가 무엇을 닦아서 선왕이 보던 것과 비교하여 현재와 후세에 훌륭한 일이 되게 할 수 있겠습니까?'

안영이 대답하였습니다. '지방을 살피고 백성을 보는 것을 선왕과 같이 하려는데 뜻이 있으니, 선하다, 우리 임금의 이 물으심이여! 이제 제나라의 선왕으로 말해보겠습니다. 천자는 십이 년 만에 한 번씩 제후의 나라에 가는 것인데, 그 이름이 순수입니다. 순수라고 말하는 것은 제후가 지키는 땅을 순행하여 그 정사를 잘하고 잘못함을 살피는 것입니다. 제후는 육년 만에 한 번씩 천자에게 조회하는 것인데, 그 이름이 술직입니다. 술직이라고 말하는 것은 받은 직분을 스스로 진술하여 그 공을 조정에서 시험하는 것입니다. 천자는 순수로써 행하고 제후는 술직으로써 행하니, 이것이 다 일이 아님이 없습니다. 또 매년 봄과 가을을 당하여 들에 순행하여 봄이면 백성이 밭가는 것을 살펴서 종자가 부족한 자가 있으면 창고의 곡식을 내서 보충해 주고, 가을이면 백성이 추수하는 것을 살펴서 수확이 넉넉하지 못한 자가 있으면 창고의 곡식을 내서 보충해 줍니다. 천자는 수도와 경기 지방을 살피고 제후는 나라 안을 살피니, 부지런히 백성을 위하는 마음이 또 이와 같습니다. 그러므로 하나라 때의 속담에 말하기를, 우리 왕이 행하여 놀지 아니하면 누가 우리의 부족함을 알아서 우리가 은혜를 입으며, 우리 왕이 즐거워하지 아니하면 누가 우리의 부족함을 알아서 우리가 보충을 받겠는가? 우리 임금이 한 번 놀고 한 번 즐거움에 다 은혜가 백성에게 미침이 있어서 사방 제후의 법도가 된다고 하였습니다.' 이것이 선왕의 보는 것입니다."

금야 불연 사행이양식 기자불식
4-4. 今也에는 不然하여 師行而糧食하여 飢者弗食하며
노자불식 견견서참 민내작특 방명학민
勞者弗息하여 睊睊胥讒하여 民乃作慝이어늘 方命虐民
음식약류 유련황망 위제후우
하여 飮食若流하여 流連荒亡하여 爲諸侯憂하나니이다

| 언해 |

이제ᄂᆞᆫ 그러티 아니ᄒᆞ야 師로 行ᄒᆞ야 糧을 食ᄒᆞ야 飢ᄒᆞᆫ 者ㅣ 食디 몯ᄒᆞ며 勞ᄒᆞᆫ 者ㅣ 息디 못ᄒᆞ야 睊睊히 서ᄅᆞ 讒ᄒᆞ야 民이 慝을 作ᄒᆞ거늘 命을 方ᄒᆞ며 民을 虐ᄒᆞ야 飮食을 流홈 ᄀᆞᆮ티ᄒᆞ야 流ᄒᆞ며 連ᄒᆞ며 荒ᄒᆞ며 亡ᄒᆞ야 諸侯의 憂ㅣ 되ᄂᆞ니이다

| 직역 |

"지금은 그렇지 않아서 많은 군사가 가면서 양식을 먹어 굶주린 자가 먹지 못하고 수고하는 자가 쉬지 못하여 곁눈질하면서 서로

참소하여 백성이 원망하고 미워하는데도, 명령을 거스르고 백성을 학대하여 음식을 흐르는 것 같이하여 물을 따라 놀며 물을 거슬러 놀며 사냥하며 술을 마셔서 제후의 근심이 되고 있습니다."

| 자해 |

師 : 이천 오백인. • 糧 : 마른 양식. • 睊睊 : 곁눈질하는 모양. • 慝 : 원망하고 미워함. • 方 : 거스름. • 命 : 왕명.

| 의해 |

"지금 제후가 놀며 보는 것은 선왕과 같지 아니하여 일없이 노는 것입니다. 임금이 행차하면 많은 군대가 따라가는데, 그 군대가 가면서 먹는 양식은 백성이 실제로 제공하는 것입니다. 백성 가운데 굶주린 자가 먹지 못하고 수고하는 자가 쉬지 못하여 곁눈질하면서 노한 눈으로 보며 서로 비방하여 백성이 이에 원망하고 미워함을 이기지 못합니다. 천자의 명령은 본래 제후로 하여금 한 나라의 백성을 어루만지라는 것인데, 이제 천자의 명령을 거슬러서 백성을 포학하게 대하고, 음식의 사치와 허비를 물이 흘러서 다함이 없는 것 같이 합니다. 이같이 하는 자가 혹 물을 따라 놀며 물을 거슬러 놀며 사냥하며 술을 마셔서 이르지 않는 데가 없어서, 그에 소속된 작은 나라와 지방 관원의 근심이 되고 있습니다."

종류하이망반 위지류 종류상이망반 위지
4-5. 從流下而忘反을 謂之流요 從流上而忘反을 謂之
련 종수무염 위지황 락주무염 위지망
連이요 從獸無厭을 謂之荒이요 樂酒無厭을 謂之亡이
선왕 무류련지락 황망지행 유군소행
니 先王은 無流連之樂과 荒亡之行하더시니 惟君所行

야
也니이다

| 언해 |

流를 從ᄒᆞ야 下ᄒᆞ야 反을 忘홈을 流ㅣ라 닐ᄋᆞ고 流롤 從ᄒᆞ야 上ᄒᆞ야 反을 忘홈을 連이라 닐ᄋᆞ고 獸롤 從ᄒᆞ야 厭홈이 업슴을 荒이라 닐ᄋᆞ고 酒롤 樂ᄒᆞ야 厭홈이 업슴을 亡이라 닐ᄋᆞ니 先王은 流連ᄒᆞᄂᆞᆫ 樂과 荒亡ᄒᆞᄂᆞᆫ 行이 업더시니 오직 君의 行ᄒᆞ실 빼니이다

| 직역 |

"물의 흐름을 따라 내려가서 돌아옴을 잊어버리는 것을 '류'라 이르고, 물의 흐름을 따라 올라가서 돌아옴을 잊어버리는 것을 '련'이라 이르고, 짐승을 따라가서 싫어함이 없는 것을 '황'이라 이르고, 술을 즐겨하여 싫어함이 없는 것을 '망'이라 이릅니다. 선왕은 물을 따라 놀며 물을 거슬러 노는 즐거움과 사냥하며 술을 마시는 행동이 없으셨으니, 오직 임금이 행하실 바입니다."

| 자해 |

亡 : 때를 폐하고 일을 잊음.

| 의해 |

"물을 따라 내려가서 방탕히 놀고 돌아옴을 잊어버리는 것을 '류'라고 말하고, 물을 따라 올라가서 오래 놀고 돌아옴을 잊어버리는 것을 '련'이라고 말하고, 짐승을 따라 사냥하기를 싫어하지 아니하여 때를 폐하는데 이르는 것을 '황'이라고 말하고, 술을 즐겨하고 싫어하지 아니하여 일을 잊어버리는 데 이르는 것을 '망'이라고 말하니, 이것이 지금의 폐단입니다.

선왕이 노닐면서 보는 것은 순수가 아니면 곧 술직하는 것이고, 봄에 밭가는 것을 살피는 일이 아니면 곧 가을에 거두는 것을 살

피는 일이었습니다. 물을 따라 놀며 물을 거슬러 노는 즐거움과 사냥하며 술을 마시는 행동이 지금과 같지 않았습니다. 이 두 가지는 오직 임금이 행할 바이니, 임금이 선왕의 법을 행하면 또한 선왕의 아름다움이 될 것이지만, 그렇지 않으면 지금의 폐단이 될 것이니, 임금은 마땅히 스스로 힘쓰십시오.' 안자의 말이 이와 같았습니다."

경공 열 대계어국 출사어교 어시
4−6. 景公이 說하여 大戒於國하고 出舍於郊하여 於是에
시흥발 보부족 소태사왈 위아 작군신상
始興發하여 補不足하고 召大師曰 爲我하여 作君臣相
열지악 개치소각소시야 기시왈 축군하우
說之樂하라하니 蓋徵招角招是也라 其詩曰 畜君何尤
축군자 호군야
리오하니 畜君者는 好君也니이다

| 언해 |

景公이 說ᄒᆞ야 키 國애 戒ᄒᆞ고 郊애 出舍ᄒᆞ야 이예 비로소 興發ᄒᆞ야 不足을 補ᄒᆞ고 大師ᄅᆞᆯ 召ᄒᆞ야 ᄀᆞᆯ오ᄃᆡ 我ᄅᆞᆯ 爲ᄒᆞ야 君과 臣이 서ᄅᆞ 說ᄒᆞᄂᆞᆫ 樂을 作ᄒᆞ라 ᄒᆞ니 徵招와 角招ㅣ 이라 그 詩예 ᄀᆞᆯ오ᄃᆡ 君을 畜ᄒᆞᆷ이 므슴 尤ㅣ리오 ᄒᆞ니 君을 畜ᄒᆞᄂᆞᆫ 者ᄂᆞᆫ 君을 好ᄒᆞᆷ이니이다

| 직역 |

"경공이 기뻐하여 크게 나라에 고하고 들에 나가 머물러 이에 비로소 창고를 열어 부족한 것을 도와주고 태사를 불러 말하기를, '나를 위하여 임금과 신하가 서로 기뻐하는 음악을 지으라'고 하니, 치소와 각소가 그것입니다. 그 시에 말하기를, '임금을 그치

게 하는 것이 무슨 허물이겠는가'라고 하니, 임금을 그치게 하는 것은 임금을 좋아하는 것입니다."

| 자해 |

太師 : 음악을 맡은 관원. • 君臣 : 임금과 안자. • 招 : 순임금의 음악. • 畜 : 그침.

| 의해 |

"경공이 안자의 말에 감동하여 기뻐하며 흔쾌하게 지금의 폐단은 반드시 버려야 하고 선왕의 법은 반드시 행해야 한다고 하여 전부와 조무를 보는 것을 행하지 아니하였습니다. 이에 크게 나라에 반포하여 새롭게 고쳐서 정치할 뜻을 고하고, 들에 나가 거쳐하여 깊은 궁중에 편안하게 있지 못한다는 뜻을 보이며, 또 백성의 일을 살피기 편리하도록 하였습니다. 이에 비로소 창고에 있는 곡식을 내서 백성의 부족한 것을 도와주고, 음악을 맡은 관원을 불러 명하여 말하기를, '군신의 뜻이 서로 맞는 것이 자고로 어려운 일인데, 이제 내가 안영을 얻어 그 말을 듣는 것을 기뻐하고 안영은 나를 얻어 그 뜻을 행하는 것을 기뻐하니, 네가 군신이 서로 기뻐하는 뜻을 음악으로 연주하여 한 때의 성대한 일을 기록하라'고 하니, 그 지은 음악이 곧 치소와 각소라고 하는 것입니다. 각의 소리는 백성에게 속한 것이고 치의 소리는 일에 속한 것이니, 군신이 다 백성을 위하고 일을 함으로써 서로 기뻐하기 때문에, 그 지은 뜻이 또한 백성을 위하고 일을 위하는 음악입니다. 순임금의 소가 나라에 있어서 그 이름을 아름답게 여기는 것이 이와 같았습니다. 그 악장 시에 말하기를, '임금을 그치게 하는 것이 무슨 허물이겠는가'라고 하니, 안자가 임금의 하고자 하는 것을 그치게 하고도 죄를 받지 않았다는 것입니다. 신이 가만히 이 시를 생각해 보니, 충신의 마음은 오직 그 임금의 욕심이 있을까 두려워하는 것입니다. 임금을 그치게 하는 것은 임금의 뜻을

거스르는 것 같으나, 실상은 그 임금을 사랑하는 것입니다. 이미 임금을 사랑하는 마음에서 나온 것이니, 어찌 허물할 것이겠습니까? 왕이 진실로 신의 말을 들어서 경공과 안자가 서로 칭함과 같이한다면, 백성과 더불어 같이 즐길 것이니, 백성 가운데 어찌 윗사람을 비방하는 자가 있겠습니까?"

| 요지 |

임금과 백성이 귀하고 천함은 비록 같지 않지만 그 마음은 다르지 않기 때문에 맹자가 깊고 간절하게 말하였는데, 제나라 왕이 쓰지 못하였으니 안타깝다.

제 선 왕 문 왈 인 개 위 아 훼 명 당 훼 저
5-1. 齊宣王이 問曰 人皆謂我毁明堂이라하나니 毁諸아
이 호 맹 자 대 왈 부 명 당 자 왕 자 지 ᄃᆞᆼ 야 왕 욕 행
已乎잇가 孟子對曰 夫明堂者는 王者之堂也니 王欲行
왕 정 즉 물 훼 지 의
王政則勿毁之矣소서

| 언해 |

齊宣王이 묻ᄌᆞ와 ᄀᆞᆯᄋᆞ샤ᄃᆡ 사ᄅᆞᆷ이 다 날ᄃᆞ려 닐오ᄃᆡ 明堂을 毁ᄒᆞᆯ 꺼시라 ᄒᆞᄂᆞ니 毁ᄒᆞ리잇가 말리잇가 孟子ㅣ 對ᄒᆞ야 ᄀᆞᆯᄋᆞ샤ᄃᆡ 明堂은 王者의 堂이니 王이 王政을 行코져 ᄒᆞ신 則 毁티 말ᄋᆞ쇼셔

| 직역 |

제나라 선왕이 물었다. "여러 사람의 말이 다 나더러 이르기를 명당을 마땅히 헐어야 한다고 하니, 과연 마땅히 헐어야 할 것입니까, 아니면 헐지 말아야 할 것입니까?" 맹자가 대답하였다. "명당은 왕자가 사용하는 집이니, 왕이 왕정을 행하고자 하면 헐지 마

십시오."

| 의해 |

제나라 선왕이 물었다. "명당이 제나라에 있은 지 오래입니다. 천자는 다시 순수하지 아니하고 제후는 또 마땅히 거처하지 못할 것이라 하여 여러 사람의 말이 다 나더러 이르기를 명당을 마땅히 헐어야 한다고 하니, 과연 마땅히 헐어야 할 것입니까, 아니면 헐지 말아야 할 것입니까?"

◑ 맹자가 헐지 말라고 아니하고, 다만 왕정을 행하라고 권하기 위하여 대답하였다. "명당은 왕자가 지방을 살피는 일이 있을 때에 거처하여 정령을 내는 집이니, 왕이 왕정을 행하고자 하면 이 명당에 거처하여 천자의 제도를 행하는 것이 가능하니, 헐지 마십시오."

5-2. 王曰 王政을 可得聞與잇가 對曰 昔者文王之治岐也에 耕者를 九一하며 仕者를 世祿하며 關市를 譏而不征하며 澤梁을 無禁하며 罪人을 不孥하더시니 老而無妻曰鰥이요 老而無夫曰寡요 老而無子曰獨이요 幼而無父曰孤니 此四者는 天下之窮民而無告者어늘 文王이 發政施仁하사대 必先斯四者하시니 詩云 哿矣富人이어니와 哀此煢獨이라하니이다

| 언해 |

王이 ᄀᆞᆯᄋᆞ샤ᄃᆡ 王政을 可히 시러곰 들으리잇가 對ᄒᆞ야 ᄀᆞᆯᄋᆞ샤ᄃᆡ 녜 文王이 岐를 治ᄒᆞ심애 耕者를 九애 一을 ᄒᆞ며 仕者를 世로 祿ᄒᆞ며 關과 市를 譏ᄒᆞ고 征티 아니ᄒᆞ며 澤과 梁을 禁흠이 업ᄉᆞ며 罪人을 孥티 아니ᄒᆞ더시니 老ᄒᆞ고 妻업슨 이ᄅᆞᆯ ᄀᆞᆯ온 鰥이오 老ᄒᆞ고 夫업슨 이ᄅᆞᆯ ᄀᆞᆯ온 寡ㅣ오 老ᄒᆞ고 子업슨 이ᄅᆞᆯ ᄀᆞᆯ온 獨이오 幼ᄒᆞ고 父업슨 이ᄅᆞᆯ ᄀᆞᆯ온 孤ㅣ니 이 四者ᄂᆞᆫ 天下의 窮民이오 告ᄒᆞᆯ ᄃᆡ 업슨 者ㅣ어ᄂᆞᆯ 文王이 政을 發ᄒᆞ며 仁을 施ᄒᆞ샤ᄃᆡ 반ᄃᆞ시 이 四者애 몬져 ᄒᆞ시니 詩예 닐오ᄃᆡ 哿ᄒᆞᆫ 이ᄂᆞᆫ 富人이어니와 이 煢獨이 哀홉다 ᄒᆞ니이다

| 직역 |

왕이 말하였다. “왕정에 대해 들을 수 있겠습니까?” 맹자가 대답하였다. “옛적에 문왕이 기 땅을 다스릴 때에 밭가는 자에게 구분의 일을 받으며, 벼슬하는 자에게 대대로 봉록을 주며, 관문과 시장에서 살피기만 하고 세금을 받지 않으며, 저수지와 어량에 들어가는 것을 금지하지 않으며, 죄인을 처자까지 처벌하지 않으셨습니다. 늙고 아내 없는 이를 ‘홀아비’라고 말하고, 늙고 지아비 없는 이를 ‘과부’라고 말하고, 늙고 자식 없는 이를 ‘무의탁자’라고 말하고, 어리고 부모 없는 이를 ‘고아’라고 말합니다. 네 가지 사람들은 천하의 곤궁한 백성이고 고할 데 없는 자인데, 문왕이 정사를 발하며 인을 베풀 때 반드시 이 네 가지 사람들을 먼저 하셨습니다. 『시경』에 이르기를 ‘부자는 괜찮지만 이 외롭고 고독한 사람이 슬프다’라고 하였습니다.”

| 자해 |

世祿 : 대대로 봉록을 줌. • 譏 : 살핌. • 征 : 세금을 받음. • 澤 : 저수지. • 梁 : 물이 통하여 고기 잡는 곳. • 孥 : 처자. • 詩 : 「소아(小雅) · 정월(正月)」 • 哿 : 가(可)와 같음. • 煢 : 피곤하고 파리한 모양. 음은 ‘경’.

| 의해 |

왕이 말하였다. "왕정에 대해서 들려주실 수 있겠습니까?" 맹자가 대답하였다. "옛적에 문왕이 일찍이 왕이라 일컫지 아니하였으나, 행하는 바는 곧 왕정이었습니다. 기 땅을 다스리면서 밭가는 자에 대해서는 모두 구분의 일을 세금으로 받고, 벼슬하는 자에 대해서는 그 공덕을 생각하여 대대로 그 자손에게 봉록을 주고, 관문과 시장에서는 다만 살피기만 하고 세금을 받지 아니하며, 저수지와 어량에서 고기 잡는 이익을 같이 나누어 백성이 취하는 것을 금하지 않고, 죄인에 대해서는 형벌을 그 자신에만 미치고 처자에게 미치지 않았습니다. 이것은 사농공상을 다 이와 같이 길렀다는 것입니다. 늙어서 아내 없는 사람을 홀아비라고 말하고, 늙어서 지아비 없는 사람을 과부라고 말하고, 늙어서 자식 없는 사람을 무의탁자라고 말하고, 어려서 아비 없는 사람을 고아라고 말합니다. 백성 가운데 이 네 사람은 천하에 지극히 곤궁하여 호소할 곳이 없는 자입니다. 문왕이 정사를 발하고 인을 베풀어 이상의 여러 가지 일을 다 일시에 발령하여 두루 하지 아니한 바가 없었지만, 이 네 곤궁한 백성에게 더욱 뜻을 두어 반드시 먼저 하셨으니, 『시경』에 이르기를 '부유한 사람은 괜찮지만, 이 외롭고 고독한 사람이 슬프다'라고 하였습니다. 문왕이 반드시 이 네 곤궁한 백성에게 먼저 하신 것은 바로 불쌍한 까닭이었습니다. 이른바 왕정이 대개 이와 같습니다."

왕 왈 선 재 언 호 왈 왕 여 선 지 즉 하 위 불 행
5-3. 王曰 善哉라 言乎여 曰 王如善之則何爲不行이니
왕 왈 과 인 유 질 과 인 호 화 대 왈
잇고 王曰 寡人이 有疾호니 寡人은 好貨하노이다 對曰
석 자 공 류 호 화 시 운 내 적 내 창 내 과
昔者에 公劉 好貨하더시니 詩云 乃積乃倉이어늘 乃裹

餱糧(후량)을 于橐于囊(우탁우낭)이오아 思戢用光(사집용광)하여 弓矢斯張(궁시사장)하며 干戈戚揚(간과척양)으로 爰方啓行(원방계행)이라하니 故(고)로 居者有積倉(거자유적창)하며 行者有裹糧也然後(행자유과량야연후)에야 可以爰方啓行(가이원방계행)이니 王如好貨(왕여호화)어시든 與百姓同之(여백성동지)하시면 於王(어왕)에 何有(하유)리잇고

| 언해 |

王이 ᄀᆞᆯᄋᆞ샤ᄃᆡ 善타 言이여 ᄀᆞᆯᄋᆞ샤ᄃᆡ 王이 만일에 善히 너기시면 엇디 行티 아니 ᄒᆞ시ᄂᆞ니잇고 王이 ᄀᆞᆯᄋᆞ샤ᄃᆡ 寡人이 疾이 인노니 寡人은 貨ᄅᆞᆯ 好ᄒᆞ노이다 對ᄒᆞ야 ᄀᆞᆯᄋᆞ샤ᄃᆡ 녜 公劉ㅣ 貨ᄅᆞᆯ 好ᄒᆞ더시니 詩에 닐오ᄃᆡ 積ᄒᆞ며 倉ᄒᆞ거ᄂᆞᆯ 餱糧을 裹홈을 橐애 ᄒᆞ며 囊애 ᄒᆞ고 戢ᄒᆞ야 ᄡᅥ 光홈을 思ᄒᆞ야 弓矢ᄅᆞᆯ 이예 張ᄒᆞ며 干과 戈와 戚과 揚으로 이예 보야흐로 行을 啓타 ᄒᆞ니 故로 居者ㅣ 積倉이 이시며 行者ㅣ 裹糧이 이신 然後에아 可히 ᄡᅥ 이예 보야흐로 行을 啓홀띠니 王이 만일에 貨ᄅᆞᆯ 好ᄒᆞ거시든 百姓으로 더블어 同ᄒᆞ시면 王홈애 므스 거시 이시리잇고

| 직역 |

왕이 말하였다. “좋습니다, 이 말씀이여!” 맹자가 말하였다. “왕이 좋게 여기시면 어찌 행하지 않습니까?” 왕이 말하였다. “과인이 병통이 있으니, 과인은 재물을 좋아합니다.” 맹자가 대답하였다. “옛적에 공류가 재물을 좋아하였습니다. 『시경』에 이르기를 ‘들에 쌓아두며 창고에 쌓아두거늘, 마른 양식을 전대와 자루에 싸고, 백성을 모아 나라를 빛냄을 생각하여 활과 화살을 이에 베풀며, 방패와 창과 작은 도끼와 큰 도끼로 이에 바야흐로 가는 길을 열었다’라고 하였습니다. 그러므로 거처하는 자가 들에 쌓아두고 창

고에 쌓아두며, 길을 가는 자가 마른 양식을 싼 이후에야 이에 바야흐로 가는 길을 여는 것입니다. 왕이 만일 재물을 좋아하시거든 백성과 더불어 같이 하시면 왕을 하는데 무슨 어려움이 있겠습니까?"

| 자해 |

公劉 : 후직의 증손. • 詩 : 「대아(大雅) · 공유(公劉)」 • 積 : 노적. • 餱 : 마른 양식. • 橐 : 전대. • 囊 : 자루.

| 의해 |

제나라 선왕이 듣고 탄식하면서 아름답게 여겨 말하였다. "좋습니다. 선생님의 왕정에 대한 말씀이여! 참으로 선왕이 백성을 사랑하여 왕이 된 도입니다." 맹자가 말하였다. "좋은 일을 듣고 행하는 것이 귀합니다. 왕이 만일 좋게 여기시면 어찌하여 행하지 않으십니까?" 왕이 말하였다. "과인이 깊은 병통이 있으니, 과인은 재물을 좋아하여 백성에게 취하는 것이 제한이 없음을 면하지 못하므로 이 왕정을 행하지 못하겠습니다." 맹자가 곡진하게 인증하여 말하였다. "재물을 좋아하는 것이 왕정을 행하는데 무슨 방해가 되겠습니까? 옛적에 공류는 왕정을 행한 임금이었지만, 또한 일찍이 재물을 좋아하였습니다. 『시경』에 이르기를 '공류가 서융의 사이에 처하여 백성을 부유하게 하는 정사를 힘써 행하니, 그 백성이 이에 밖에는 노적이 있고 집에는 창고가 있으며, 마른 양식을 전대와 자루 가운데 싸서 도읍을 옮길 계획을 하여 인민을 모아 화합하여 국가를 빛내고 드러낼 것을 생각하고, 활과 화살을 베풀며 방패와 창과 작은 도끼와 큰 도끼를 갖추어서 바야흐로 갈 길을 열어서 도읍을 빈 땅으로 옮겼다'라고 하였습니다. 『시경』의 말로 보면 공류가 도읍을 옮길 때를 당하여 반드시 백성으로 하여금 거처하는 자는 다 노적과 창고가 있고 길을 가는 자는 다 싼 양식이 있어서 부유하고 풍족함이 이와 같았습니

다. 그런 후에 바야흐로 가는 길을 열어서 나라를 세우고 사업을 일으켰습니다. 공류가 재물을 좋아하는 것이 자신을 미루어 인민에게 미치지 아니함이 없었습니다. 왕이 만일 재물을 좋아하시면 또한 공류와 같이 백성과 더불어 같이하여 백성으로 하여금 다 부유하고 풍족하고자 하는 소원을 이루게 하신다면 천하에서 왕을 하는데 무슨 어려움이 있겠습니까? 재물을 좋아하는 것이 진실로 병통이 될 것이 없습니다."

왕 왈 과 인 유 질 과 인 호 색 대 왈
5-4. 王曰 寡人이 有疾호니 寡人은 好色하노이다 對曰
석 자 태 왕 호 색 애 궐 비 시 운 고 공 단
昔者에 大王이 好色하사 愛厥妃하더시니 詩云 古公亶
보 내 조 주 마 솔 서 수 호 지 우 기 하 원 급 강
父 來朝走馬하사 率西水滸하여 至于岐下하여 爰及姜
녀 율 래 서 우 당 시 시 야 내 무 원 녀 외 무
女로 聿來胥宇라하니 當是時也하여 內無怨女하며 外無
광 부 왕 여 호 색 여 백 성 동 지 어 왕
曠夫하니 王如好色이어시든 與百姓同之하시면 於王에
하 유
何有리잇고

| 언해 |

王이 ᄀᆞᆯᄋᆞ샤ᄃᆡ 寡人이 疾이 인ᄂᆞ니 寡人ᄋᆞᆫ 色을 好ᄒᆞ노이다 對ᄒᆞ야 ᄀᆞᆯᄋᆞ샤ᄃᆡ 녜 太王이 色을 好ᄒᆞ샤 그 妃를 愛ᄒᆞ더시니 詩예 닐오ᄃᆡ 古公亶父ㅣ 朝애 來ᄒᆞ야 馬를 走ᄒᆞ샤 西水ㅅ滸를 率ᄒᆞ야 岐下애 니르러 이예 姜女로 믿 來ᄒᆞ야 宇ᄒᆞᇙᄃᆡᄅᆞᆯ 胥타 ᄒᆞ니 이 時를 當ᄒᆞ야 內예 怨女ㅣ 업스며 外예 曠夫ㅣ 업스니 王이 만일에 色을 好ᄒᆞ거시든 百姓으로 더블어 同ᄒᆞ시면 王ᄒᆞᆫ애 므스거시 이시리잇고

| 직역 |

왕이 말하였다. "과인이 병통이 있으니, 과인은 색을 좋아합니다." 맹자가 대답하였다. "옛적에 태왕이 색을 좋아하여 그 왕비를 사랑하였습니다. 『시경』에 이르기를 '고공단보가 아침에 와서 말을 달려 서쪽 물 가를 따라 기산 아래에 이르러 이에 강녀와 더불어 거처할 곳을 보았다'라고 하였습니다. 이때를 당하여 안으로 원망하는 여자가 없으며 밖으로 아내 없는 남자가 없었습니다. 왕이 만일 색을 좋아하시거든 백성과 더불어 같이 하시면 왕을 하는데 무슨 어려움이 있겠습니까?"

| 자해 |

大王 : 공유의 구세손. • 詩 : 「대아(大雅) · 면(綿)」. • 古公 : 태왕(大王)의 본래 칭호. • 亶父 : 태왕의 이름. • 岐下 : 기산(岐山) 아래. • 姜女 : 태왕의 비. • 胥 : '볼 상(相)' 자와 같음.

| 의해 |

왕이 말하였다. "과인이 특별히 재물만 좋아할 뿐이 아니라, 또 색을 좋아하는 병이 있어서 마음이 고혹하고 용도가 사치하여 이 왕정을 행하지 못하겠습니다." 맹자가 대답하였다. "색을 좋아하는 것이 또한 방해가 되지 않습니다. 옛적에 태왕은 왕정을 행한 임금이지만, 또한 일찍이 색을 좋아하여 그 비를 총애하셨습니다. 『시경』에 이르기를 '고공단보가 적인(狄人)의 침노함을 인하여 부득이 수도를 옮겨서 난을 피할 때, 이에 아침에 와서 말을 달려 서쪽 물가를 따라서 기산 아래 이르러 이에 그 비 강녀로 더불어 와서 살 데를 가려 거처하였다'고 하였습니다. 이때를 당하여 태왕의 백성이 안에는 지아비가 없어 원망하는 여자가 없으며 밖에는 지어미 없는 남자가 없었습니다. 이것은 태왕이 색을 좋아하는 마음을 미루어서 백성에게 미친 것입니다. 왕이 만일 색을 좋아하면 또한 태왕과 같이하여 백성과 더불어 같이하여 원망

하는 여자와 남자가 없게 하면 천하에서 왕을 하는데 무슨 어려움이 있겠습니까? 색을 좋아하는 것이 또한 족히 병통이 될 것이 없습니다. 왕은 왕정을 힘써 행하는 것이 좋을 것입니다. 공류와 태왕이 백성과 같이 하던 마음을 미루어서 곧 문왕이 기 땅을 다스리던 정사를 행하십시오. 왕정을 행하면 명당에 앉아서 제후에게 조회를 받을 것입니다. 어찌 헐겠습니까?"

| 요지 |

이 장은 이 편 머리 장으로부터 여기에 이르기까지 대의가 다 같다. 종과 북, 동산, 관광의 즐거움과 자못 용맹을 좋아하고 재물을 좋아하고 색을 좋아하는 마음이 다 천리에 있는 것이고, 인정에 없을 수 없는 것이다. 그러나 하늘의 이치와 사람의 욕심이 행해지는 것은 같지만 정이 다르다. 이치를 좇아서 천하에 공변되게 하는 자는 성현이 그 성품을 다하는 것과 같고, 욕심을 부려서 자신에게만 사사로이 하는 자는 보통 사람이 하늘의 이치를 멸하는 것과 같다. 두 가지 사이가 터럭만큼도 사이가 없지만, 그 시비와 득실의 거리가 멀다. 그러므로 맹자가 그 때 임금의 물음을 인하여 기미를 분석한 것이 다 사람의 욕심을 각고 하늘의 이치를 보전한 것이다. 그 법이 성긴 것 같으나 실상은 주밀하고, 그 일이 쉬운 것 같으나 실상은 어렵다.

맹자위제선왕왈 왕지신 유탁기처자어기우이지
6. 孟子謂齊宣王曰 王之臣이 有託其妻子於其友而之
초유자 비기반야 즉동뇌기처자 즉여지하
楚遊者가 比其反也하여 則凍餒其妻子어든 則如之何
왕왈 기지 왈 사사불능치사 즉여지하
잇고 王曰 棄之니이다 曰 士師不能治士어든 則如之何
왕왈 이지 왈 사경지내불치 즉여지하
잇고 王曰 已之니이다 曰 四境之內不治어든 則如之何

잇고 王이 顧左右而言他(고좌우이언타)하시다

| 언해 |

孟子ㅣ 齊宣王ᄭᅴ 닐어 ᄀᆞᆯᄋᆞ샤ᄃᆡ 王의 臣이 그 妻子를 그 友의게 託ᄒᆞ고 楚애가 놀 者ㅣ 그 反홈애 믿처 곧 그 妻子를 凍餒케 ᄒᆞ엿거든 곧 엇디 ᄒᆞ리잇고 王이 ᄀᆞᆯᄋᆞ샤ᄃᆡ 棄홀띠니이다 ᄀᆞᆯᄋᆞ샤ᄃᆡ 士師ㅣ 能히 士ᄅᆞᆯ 治티 몯ᄒᆞ거든 곧 엇디 ᄒᆞ리잇고 王이 ᄀᆞᆯᄋᆞ샤ᄃᆡ 已홀띠니이다 ᄀᆞᆯᄋᆞ샤ᄃᆡ 四境內ㅣ 治티 몯ᄒᆞ거든 곧 엇디 ᄒᆞ리잇고 王이 左右를 顧ᄒᆞ고 他를 言ᄒᆞ시다

| 직역 |

맹자가 제나라 선왕에게 말하였다. "왕의 신하 가운데 그 처자를 친구에게 부탁하고 초나라에 가서 노닌 자가 있는데, 돌아옴에 미쳐서 곧 그 처자를 얼고 굶주리게 했다면 어찌 해야 합니까?" 왕이 말하였다. "버릴 것입니다." 맹자가 말하였다. "재판관의 우두머리가 재판관을 다스리지 못하면 어찌 해야 합니까?" 왕이 말하였다. "그만두게 할 것입니다." 맹자가 말하였다. "국경의 안이 다스려지지 못하면 어찌 해야 합니까?" 왕이 좌우를 돌아보며 다른 말을 하였다.

| 자해 |

比 : 미침. • 棄 : 끊음. • 士師 : 옥관(獄官). • 已 : 파직함.

| 의해 |

제나라 선왕이 그 나라를 잘 다스리지 못하므로 맹자가 두 가지 일을 들어서 말하였다. "왕의 신하 가운데 처자의 의식을 벗에게 부탁하고 초나라에 가서 노는 자가 있었습니다. 그가 초나라로부터 돌아오기에 미쳐서 벗이 그 처자를 얼고 굶주리게 하여 구제

하지 않았다면, 왕의 신하가 장차 그 벗에게 어떻게 하겠습니까?" 왕이 말하였다. "부탁을 받고 저버렸으니, 사귈만한 벗이 아닙니다. 의리로 헤아리면 마땅히 끊어 버리고 더불어 벗하지 않을 것입니다."

맹자가 말하였다. "사사는 옥관의 어른이 된 자입니다. 그 아래에 여러 관원이 있으니, 다 사사가 마땅히 다스릴 바입니다. 만일 사사가 그 소속의 관원을 다스리지 못하여 형벌이 적당하지 못하게 하면, 임금된 자가 그 사사를 어떻게 하겠습니까?" 왕이 말하였다. "벼슬을 지키는 자가 그 직책을 다하지 못하면, 이는 직분을 잃어버린 관원입니다. 법으로 의론하면 마땅히 파직하여 쓰지 말아야 할 것입니다."

맹자가 계속해서 왕에게 말하였다. "그러면 한 나라의 임금이 되어서 정사를 폐하고 해이하며 인민이 곤궁하여 사방 국경의 안이 다스려지지 못하면, 이것이 부탁을 저버린 벗과 직책을 잃어버린 신하와 무엇이 다르겠습니까? 장차 어떻게 해야 하겠습니까?" 제나라 왕이 이에 좌우를 돌아보고 그 부끄러움을 풀기 위하여 다른 일을 말하여 그 말씀을 어지럽게 하였으니, 그와 더불어 무슨 일을 할 수 있었겠는가?

| 요지 |

이 장은 임금이 마땅히 어려운 일을 스스로 책망해야 한다는 것을 보여준 것이다. 위에서는 제나라 왕이 다른 사람을 책망하는데 밝은 것을 말하였고, 아래에서는 제나라 왕이 스스로 처신하는데 어두운 것을 말하였다.

맹 자 견 제 선 왕 왈 소 위 고 국 자 비 위 유 교 목 지 위

7-1. 孟子見齊宣王 曰 所謂故國者는 非謂有喬木之謂

야 유세신지위야 왕무친신의 석자소진

也라 有世臣之謂也니 王無親臣矣셔소이다 昔者所進을

금일 부지기망야

今日에 不知其亡也온여

| 언해 |

孟子ㅣ 齊宣王을 보ᄋᆞ와 ᄀᆞᆯᄋᆞ샤ᄃᆡ 닐온 밧 故國은 喬木이 잇다 닐옴을 닐은 줄이 아니라 世臣이 이숌을 닐옴이니 王이 親臣도 업ᄉᆞ샤소이다 녜 進ᄒᆞᆫ 바를 今日애 그 亡홈을 아디 몯ᄒᆞ고녀

| 직역 |

맹자가 제나라 선왕을 보고 말하였다. "이른바 옛 나라는 큰 나무가 있는 것을 말하는 것이 아니라 대대로 벼슬하는 신하가 있는 것을 말합니다. 왕은 가까운 신하도 없습니다. 이전에 벼슬에 나온 사람에 대해서 금일에 그가 도망한 것도 알지 못하고 있습니다."

| 자해 |

世臣 : 여러 대에 걸쳐 공훈이 있고 오래된 신하. • 親臣 : 임금이 친하고 믿는 신하.

| 의해 |

맹자가 제나라 선왕을 보고 말하였다. "임금이 왕통을 서로 이어서 오랜 해를 지난 것을 옛 나라라고 이르니, 큰 나무와 대대로 벼슬하는 신하가 마땅히 다 있을 것입니다. 그러나 이 옛 나라라는 이름은 큰 나무가 있는 것을 말하는 것이 아니라, 여러 대에 걸쳐 공이 있는 오랜 신하가 있는 것을 말하는 것입니다. 여러 대에 걸쳐 공이 있는 오랜 신하라는 것은 대대로 충성해서 아름답고 슬픈 일을 더불어 같이하니, 종묘와 사직과 백성이 실상 그에 힘입는 것입니다. 그러므로 옛 나라가 소중히 여기는 바이고, 임

금에게 하루라도 없을 수 없는 것입니다. 그러나 이전의 대대로 벼슬하는 신하는 오늘의 친하고 믿은 신하인데, 지금 왕은 신하를 경멸하여 친하고 믿는 신하가 없어서 이전에 친하고 사랑하던 사람이 오늘 도망하여도 알지 못합니다. 친한 신하도 오히려 없는데 어찌 대대로 벼슬하는 신하가 있겠습니까? 그러니 제나라가 어찌 옛 나라가 되겠습니까?"

왕왈 오하이식기부재이사지 왈 국군 진현
7-2. 王曰 吾何以識其不才而舍之잇고 曰 國君이 進賢
여부득이 장사비 유존 소 유척 가
호대 如不得已니 將使卑로 踰尊하며 疏로 踰戚이니 可
불신여 좌우개왈 현 미가야 제대부개
不愼與잇가 左右皆曰 賢이라도 未可也하며 諸大夫皆
왈 현 미가야 국인 개왈 현연후 찰지
曰 賢이라도 未可也하고 國人이 皆曰 賢然後에 察之하
견현언연후 용지 좌우개왈 불가 물청
여 見賢焉然後에 用之하며 左右皆曰 不可라도 勿聽하
제대부개왈불가 물청 국인 개왈 불가
며 諸大夫皆曰 不可라도 勿聽하고 國人이 皆曰 不可
연후 찰지 견불가언연후 거지
然後에 察之하여 見不可焉然後에 去之하며

| 언해 |

ᄀᆞᆯᄋᆞ샤ᄃᆡ 國君이 賢을 進호ᄃᆡ 시러곰 마디 몯흠 ᄀᆞᆮ티 ᄒᆞᄂᆞ니 쟝ᄎᆞᆺ ᄒᆡ여곰 卑로 尊을 踰ᄒᆞ며 疏로 戚을 踰케 ᄒᆞᄂᆞ니 可히 愼티 아니ᄒᆞ리잇가 左右ㅣ 다 ᄀᆞᆯ오ᄃᆡ 賢타 ᄒᆞ야도 可티 아니ᄒᆞ며 諸 태우ㅣ 다 ᄀᆞᆯ오ᄃᆡ 賢타 ᄒᆞ야도 可티 아니ᄒᆞ고 國人이 다 ᄀᆞᆯ오ᄃᆡ 賢타 ᄒᆞᆫ 然後에 察ᄒᆞ야 賢을 본 然後에 用ᄒᆞ며 左右ㅣ 다 ᄀᆞᆯ오ᄃᆡ 可티 아니타 ᄒᆞ야도 聽티 말며 諸 태우ㅣ 다 ᄀᆞᆯ오ᄃᆡ 可티 아니타 ᄒᆞ

야도 聽티 말고 國人이 다 골오뒤 可티 아니타 훈 然後에 察호야 可티 아니홈을 본 然後에 去호며

| 직역 |

왕이 말하였다. "내가 어떻게 재주 있는 사람이 아닌 줄을 알아서 버리겠습니까?" 맹자가 말하였다. "임금이 어진 이를 나오게 하되 마지 못하는 것 같이 합니다. 장차 그로 하여금 낮은 이로서 높은 이를 넘으며 성긴 이로서 친한 이를 넘게 할 것이니, 삼가지 않을 수 있겠습니까? 좌우가 다 말하기를 어질다고 하여도 옳다고 하지 않으며, 여러 대부가 다 말하기를 어질다고 하여도 옳다고 하지 않으며, 나라 사람이 다 말하기를 어질다고 한 이후에 살펴서 어진 것을 본 이후에 써야 합니다. 좌우가 다 말하기를 옳지 않다고 하여도 듣지 말며, 여러 대부가 다 말하기를 옳지 않다고 하여도 듣지 말며, 나라 사람이 다 말하기를 옳지 않다고 한 이후에 살펴서 옳지 않음을 본 이후에 버려야 합니다."

| 자해 |

左右 : 가까운 신하.

| 의해 |

왕이 말하였다. "도망하여 간 자는 다 재주가 없는 사람입니다. 당초에 알지 못하고 잘못 썼기 때문에 이제 그 간 것을 개의치 않는 것입니다. 이제로부터 이후에 내가 어떻게 미리 그 사람이 재주 없는 것을 알아서 놓아두며 다 재주가 있는 사람을 써서 후일에 가벼이 버리지 않을 수 있겠습니까?"

◑ 맹자가 말하였다. "임금이 사람을 쓴 뒤에 다시 후회하는 것은 처음에 삼가는 것만 같지 못합니다. 그러므로 임금이 어진 이를 나오게 하여 쓸 때에는 선택할 즈음에 살피고 또 살펴서, 나의 처음 마음은 본래 쓰고자 않았으나 형세로 인하여 쓰지 않을 수 없

는 것과 같이 합니다. 이와 같이 근신하는 것은 과연 왜입니까? 옛날에 어질다고 하여 높은 벼슬을 맡겼다가 어질지 못하면 형편상 이후에는 반드시 낮은 벼슬의 어진 자를 구하여 바꿀 것입니다. 이것은 낮은 이로 하여금 높은 이를 넘게 하는 것입니다. 또 옛날에 어질다고 하여 친근하게 심복을 삼았다가 어질지 못하면 형편상 이후에는 반드시 소원한 사람 가운데 어진 자를 구하여 바꿀 것입니다. 이것은 소원한 이로 하여금 친근한 이를 넘게 하는 것입니다. 높고 낮음이 등급이 있고 성기고 가까움이 차례가 있는 것은 조정의 체통인데, 낮은 이로 하여금 높은 이를 넘게 하며 소원한 이로 친근한 이를 넘게 하면 체통이 어지럽게 될 것입니다. 높이고 친근히 하는 것을 지금으로부터 어찌 삼가지 않겠습니까?

◑ 삼가는 것을 마땅히 어떻게 해야 하겠습니까? 인재를 쓰고 놓는 것은 한 사람의 생각을 따라서는 안 되고 마땅히 여러 사람의 공론을 참작해야 합니다. 어떤 사람이 여기에 있는데, 좌우가 다 말하기를 어질다고 할지라도 뇌물에 의한 것일까 두려워서 믿지 못하며, 여러 대부가 다 말하기를 어질다고 할지라도 붕당의 관계가 있을까 두려워서 믿지 못하고, 온 나라 사람의 공론이 다 말하기를 어질다고 한 이후에 따라 살펴서, 말을 인하여 그 마음을 살피고 자취를 상고하여 그 실상을 살펴서 과연 친히 그 어진 것을 보고 알기를 깊이 하여 의심이 없은 이후에 따라 써서 높고 친한 반열에 두고 맡기는 것을 중하게 하여 바꾸지 않아야 합니다. 만일 좌우가 다 말하기를 써서는 안 된다고 할지라도 일부러 배척하는가 두려워하여 듣지 말며, 여러 대부가 다 말하기를 써서는 안 된다고 할지라도 사사로운 훼방에서 나왔는가 두려워하여 듣지 말고, 온 나라 사람이 다 말하기를 안 된다고 한 이후에 따라 살펴서, 과연 참으로 어질지 못함을 본 이후에 버려야 합니다. 이와 같이 마지 못하는 듯이 하면, 어질지 못한 자가 반드시 나오지 못할 것이고, 나오는 자는 다 어질 것이니, 어찌 재주가 없는

것을 알지 못하여 잘못 쓰는 일이 있겠습니까?"

좌 우 개 왈 가 살 물 청 제 대 부 개 왈 가 살
7-3. 左右皆曰可殺이라도 勿聽하며 諸大夫皆曰 可殺이
물 청 국 인 개 왈 가 살 연 후 찰 지 견 가
라도 勿聽하고 國人이 皆曰可殺然後에 察之하여 見可
살 언 연 후 살 지 고 왈 국 인 살 지 야
殺焉然後에 殺之니 故로 曰 國人이 殺之也라하니이다
여 차 연 후 가 이 위 민 부 모
如此然後에 可以爲民父母니이다

| 언해 |

左右ㅣ 다 ᄀᆞᆯ오ᄃᆡ 可히 殺ᄒᆞᆯ 꺼시라 ᄒᆞ야도 聽티 말며 諸 태우ㅣ 다 ᄀᆞᆯ오ᄃᆡ 可히 殺ᄒᆞᆯ 꺼시라 ᄒᆞ야도 聽티 말고 國人이 다 ᄀᆞᆯ오ᄃᆡ 可히 殺ᄒᆞᆯ 꺼시라 ᄒᆞᆫ 然後에 察ᄒᆞ야 可히 殺ᄒᆞ얌 즉ᄒᆞᆷ을 본 然後에 殺ᄒᆞᆯ띠니 故로 ᄀᆞᆯ오ᄃᆡ 國人이 殺ᄒᆞᆫ다 ᄒᆞᄂᆞ이다 이ᄀᆞᆮᄐᆞᆫ 然後에 可히 ᄡᅥ 民의 父母ㅣ 되ᄂᆞ니이다

| 직역 |

"좌우가 다 말하기를 죽여야 한다고 하여도 듣지 말고, 모든 대부가 다 말하기를 죽여야 한다고 하여도 듣지 말며, 나라 사람이 다 말하기를 죽여야 한다고 한 이후에 살펴서 죽일 만한 것을 본 이후에 죽여야 합니다. 그러므로 말하기를 나라 사람이 죽인다고 하였습니다. 이와 같이 한 이후에 백성의 부모가 될 수 있습니다."

| 의해 |

"이 부득이하게 여기는 마음은 오직 어진 이를 쓰는데 마땅히 이같이 할 뿐 아니라, 형벌을 쓰는데도 또한 그렇게 해야 합니다.

좌우가 다 말하기를 죽여야 한다고 하여도 사사로운 분노가 있기 때문인가 두려워하여 듣지 말고, 여러 대부가 다 말하기를 죽여야 한다고 하여도 사사로운 원망이 있기 때문인가 두려워하여 듣지 말며, 나라 사람이 다 말하기를 죽여야 한다고 말하면 혹 죄에 마땅하지만, 그러나 이것을 살펴서 반드시 참으로 죽일 만한 것을 본 이후에 죽여야 합니다. 그렇게 하면 죽인 것이 한 사람의 사사로운 뜻에서 나온 것이 아니고 여러 사람의 공론에서 나왔기 때문에 임금이 죽인 것이 아니고 온 나라 사람이 죽인 것이라고 말하는 것입니다. 형벌을 쓰는 것도 오히려 이와 같이 삼가야 하니, 사람 쓰는 것을 더욱 삼가야 한다는 것을 알 수 있습니다. 임금이 사람을 쓰고 버리는 것과 형벌을 주고 죽이는 것을 다 중론에 좇아 결단한 이후에, 백성이 좋아하는 것을 좋아하고 미워하는 것을 미워하여, 곧 부모가 자녀가 하고자 하는 것에 맞춰주어 그 감정을 어기지 않는 것과 같이하면, 어찌 백성의 부모가 되지 않겠습니까? 사람 쓰는 것을 공정하게 하면 민심을 얻고, 민심을 얻으면 나라의 근본이 견고하니, 이것이 옛 나라를 보전하는 방법입니다. 대대로 벼슬하는 신하가 옛 나라에 관계되는 것이 어찌 옅고 적다고 할 수 있겠습니까?"

| 요지 |

이 장은 제나라 선왕이 인재를 쓰고 물리치는 것을 가볍게 하기 때문에, 옛 나라는 대대로 벼슬하는 신하를 두어야 하고, 미리 친한 신하를 기르는 것은 다만 쓰고 버리고 형벌을 주고 죽이는 것을 삼가는 데 있다고 말한 것이다.

제선왕 문왈 탕 방걸 무왕 벌주

8. 齊宣王이 問曰 湯이 放桀하시고 武王이 伐紂라하니

유저 맹자대왈 어전 유지 왈 신시기군
有諸잇가 孟子對曰 於傳에 有之하니이다 曰 臣弑其君
가호 왈 적인자 위지적 적의자 위지잔
이 可乎잇가 曰 賊仁者를 謂之賊이요 賊義者를 謂之殘
잔적지인 위지일부 문주일부주의 미문시
이요 殘賊之人을 謂之一夫니 聞誅一夫紂矣요 未聞弑
군야
君也케이다

| 언해 |

齊宣王이 묻ᄌᆞ와 ᄀᆞᆯᄋᆞ샤ᄃᆡ 湯이 桀을 放ᄒᆞ시고 武王이 紂를 伐ᄒᆞ시다 ᄒᆞ니 읻ᄂᆞ니잇가 孟子ㅣ 對ᄒᆞ야 ᄀᆞᆯᄋᆞ샤ᄃᆡ 傳애 읻ᄂᆞ니이다 ᄀᆞᆯᄋᆞ샤ᄃᆡ 臣이 그 君을 弑홈이 可ᄒᆞ니잇가 ᄀᆞᆯᄋᆞ샤ᄃᆡ 仁을 賊ᄒᆞᄂᆞᆫ 者를 賊이라 닐ᄋᆞ고 義를 賊ᄒᆞᄂᆞᆫ 者를 殘이라 닐ᄋᆞ고 殘賊ᄒᆞᆫ 人을 一夫ㅣ라 닐ᄋᆞᄂᆞ니 一夫紂를 誅ᄒᆞ다 홈을 듣고 君을 弑ᄒᆞ다 홈을 듣디 몯게이다

| 직역 |

제나라 선왕이 물었다. "탕이 걸을 내치시고 무왕이 주를 쳤다고 하니, 그런 일이 있었습니까?" 맹자가 대답하였다. "경전에 있습니다." 왕이 말하였다. "신하가 임금을 시해하는 것이 옳습니까?" 맹자가 말하였다. "인을 해롭게 하는 자를 해치는 자라고 말하고, 의를 해롭게 하는 자를 손상시키는 자라고 말하고, 손상시키고 해치는 자를 한 남자라고 이르니, 한 남자인 주를 베었다는 것은 들었지만, 임금을 죽였다고 한 것은 듣지 못하였습니다."

| 자해 |

放 : 내침. • 賊 : 해침. • 殘 : 손상시킴.

| 의해 |

제나라 선왕이 물었다. "내가 들으니 탕이 걸을 남소에 내치고, 무왕이 주를 목야에서 쳤다고 하니, 과연 그런 일이 있었습니까?"
맹자가 대답하였다. "하나는 「탕서」에 기재되어 있고, 하나는 「무성」에 기재되어 있으니, 다 『서전』에 있습니다."
왕이 말하였다. "걸과 주는 임금이고 탕과 무왕은 신하인데, 신하가 임금을 시해하는 것이 옳습니까?"
맹자가 말하였다. "신하가 어찌 임금을 시해할 수 있겠습니까? 하늘이 임금을 세우고 백성이 임금을 추대한 이유를 살펴보면 인의의 도를 다하기 위한 것입니다. 인을 해롭게 하는 자는 흉포하고 포학하여 마음에 천리가 없으니, 이를 해치는 자라고 말하고, 의를 해롭게 하는 자는 거꾸로 되고 어지러워 일마다 윤리를 상하게 하니, 이를 손상시키는 자라고 말합니다. 손상시키고 해치는 자는 천명과 인심이 떠나니, 이른바 한 남자이고 천하의 임금이라고 이르지 못할 것입니다. 무왕이 천명에 응하고 인심을 따라 한 남자인 주를 베었다는 말은 들었지만, 임금을 시해했다는 말은 듣지 못하였습니다. 과연 이것을 임금이라 하여 시해했다고 할 수 있겠습니까? 무왕이 임금을 죽인 것이 아니라는 것을 안다면, 곧 탕의 일도 알 것입니다."

| 요지 |

제나라 선왕이 탕과 무왕의 일로 물은 것은 천자를 업신여기는 마음이 있는 것이었다. 맹자가 시해라는 말 대신 베었다는 말을 쓴 것은 크게 강상(綱常)을 붙들어 세우려는 뜻이었고, 또한 반드시 탕과 무왕이 있은 후에 내치고 치는 일이 있을 수 있다는 것을 보여준 것이다.

맹 자 견 제 선 왕 왈 위 거 실 즉 필 사 공 사 구 대 목
9–1. 孟子見齊宣王 曰 爲巨室則必使工師로 求大木하
공 사 득 대 목 즉 왕 희 이 위 능 승 기 임 야
시리니 工師 得大木則王이 喜하여 以爲能勝其任也라하
장 인 착 이 소 지 즉 왕 노 이 위 불 승 기 임 의
시고 匠人이 斲而小之則王이 怒하여 以爲不勝其任矣
부 인 유 이 학 지 장 이 욕 행 지 왕 왈 고
라하시리니 夫人이 幼而學之는 壯而欲行之니 王曰 姑
사 여 소 학 이 종 아 즉 하 여
舍女의 所學하고 而從我라하시면 則何如하니잇고

| 언해 |

孟子ㅣ 齊宣王을 보ᄋᆞ와 ᄀᆞᆯᄋᆞ샤ᄃᆡ 巨室을 ᄒᆞᆫ 則 반ᄃᆞ시 工師로 ᄒᆞ여곰 大木을 求ᄒᆞ시리니 工師ㅣ 大木을 得ᄒᆞ면 王이 喜ᄒᆞ야 ᄡᅥ 能히 그 任을 勝ᄒᆞᆫ다 ᄒᆞ시고 匠人이 斲ᄒᆞ야 小케 ᄒᆞ면 王이 怒ᄒᆞ야 ᄡᅥ 그 任을 勝티 몯ᄒᆞᆫ다 ᄒᆞ시리니 人이 幼ᄒᆞ야 學홈ᄋᆞᆫ 壯ᄒᆞ야 行코쟈 홈이니 王이 ᄀᆞᆯᄋᆞ샤ᄃᆡ 아직 너의 學ᄒᆞᆫ 바를 舍ᄒᆞ고 我를 從ᄒᆞ라 ᄒᆞ시면 엇더ᄒᆞ니잇고

| 직역 |

맹자가 제나라 선왕을 보고 말하였다. "큰 집을 지으려면 반드시 목수장으로 하여금 큰 나무를 구하게 하실 것입니다. 목수장이 큰 나무를 얻으면 왕이 기뻐하여 임무를 잘 감당한다고 하시고, 목수가 깎아서 작게 만들면 왕이 노하여 임무를 잘 감당하지 못한다고 하실 것입니다. 사람이 어려서 배우는 것은 장성하여 행하고자 하는 것인데, 왕이 말하기를 '우선 네가 배운 것을 놓아두고 나를 따르라'고 하시면 어떻습니까?"

| 자해 |

巨室 : 큰 집. • 工師 : 기술자의 어른. • 匠人 : 여러 기술자.

| 의해 |

맹자가 제나라 선왕이 어진 이에게 맡겨서 나라를 다스리는 것을 도모하지 않는 것을 보고 일깨워 말하였다. "집을 지을 때에는 반드시 나무가 필요합니다. 왕이 만일 큰 집을 짓고자 하시면, 반드시 목수장으로 하여금 큰 재목을 구하게 하실 것입니다. 목수장이 큰 재목을 얻으면 왕이 반드시 기뻐하여 큰 집 짓는 임무를 잘 감당한다고 하시고, 목수가 만일 이것을 잘못 깎아서 작게 만들면 왕이 반드시 노하여 능히 큰 집 짓는 임무를 잘 감당하지 못한다고 하실 것입니다. 목재를 맡기는데 크게 하고자 하는 것이 이와 같습니다. 어진 사람이 어려서 인의의 큰 도를 배우는 것은 장성하여 임금을 만나서 배운 바를 행하여 임금의 뜻을 이루어주고 백성에게 혜택을 주고자 하는 것입니다. 이제 왕은 말하기를 '우선 네가 배운 인의를 버리고 내가 꾀하는 공명과 이익을 따르라' 고 하십니다. 이는 어진 사람이 배운 것은 큰데 왕이 도리어 이것을 작게 하고자 하는 것입니다. 목재를 맡기는 데는 큰 것을 원하고, 어진 이에게 맡기는 데는 작은 것을 원하니, 저는 알지 못하겠습니다. 왕은 과연 무엇을 바라고 이같이 하시는 것입니까?"

금 유 박 옥 어 차　　수 만 일　　필 사 옥 인 조 탁 지
9-2. 今有璞玉於此하면 雖萬鎰이라도 必使玉人彫琢之
지 어 치 국 가　　즉 왈 고 사 여　소 학　이
하시리니 至於治國家하여는 則曰 姑舍女의 所學하고 而
종 아　　즉 하 이 이 어 교 옥 인 조 탁 옥 재
從我라하시면 則何以異於教玉人彫琢玉哉잇고

| 언해 |

이제 璞玉이 이예 이시면 비록 萬鎰이라도 반ᄃᆞ시 玉人으로 ᄒᆞ여곰 彫琢게 ᄒᆞ시리니 國家를 治홈애 니르러ᄂᆞᆫ 곧 ᄀᆞᆯᄋᆞ샤ᄃᆡ 아직

너의 學호 바롤 舍호고 나롤 조ᄎᆞ라 ᄒᆞ시면 곧 엇디 ᄡᅧ 玉人을 教ᄒᆞ야 玉을 彫琢홈애 달ᄋᆞ니잇고

| 직역 |

"지금 다듬지 않은 옥이 여기에 있으면, 값이 비록 이십만 냥이라도 반드시 옥공으로 하여금 쪼아 다듬게 하실 것입니다. 그런데 국가를 다스리는데 이르러서는 곧 말하기를 '우선 네가 배운 것을 놓아두고 나를 따르라'고 하시면, 어찌 옥공을 가르쳐서 옥을 쪼아 다듬는 것과 다르겠습니까?"

| 자해 |

璞 : 옥이 돌 가운데 있는 것. • 鎰 : 이십 량. • 玉人 : 옥공.

| 의해 |

"어진 이에게 맡기는 것은 나라를 다스리는 방법인데, 왕이 어진 이에게 맡기지 않으니, 이는 나라를 사랑하지 않는 것입니다. 지금 다듬지 않은 옥이 여기에 있으면, 그 값이 비록 이십만 냥이라도 왕이 감히 스스로 다듬지 못하고 반드시 옥공으로 하여금 쪼아 다듬게 할 것입니다. 이는 자기가 하지 못하고 옥공이 할 수 있는 줄을 안 것이니, 왕이 옥을 매우 아끼기 때문입니다. 저 국가의 중요함이 어찌 이십만 냥일 뿐이며, 어진 이가 나라를 다스리는 것이 어찌 옥공이 옥을 다스리는 것과 같을 뿐이겠습니까? 바로 자신의 생각을 버리고 맡겨야 할 것인데, 국가를 다스리는 데에는 곧 말하기를 '우선 너의 배운 바를 놓아두고 나의 하는 바를 따르라'고 합니다. 내 한 몸의 사사로움을 따르고 어진 이로 하여금 그 뜻을 펴서 다스리지 못하게 하니, 어찌 옥공을 가르쳐서 옥을 쪼아 다듬게 하는 것과 다르겠습니까? 이는 나라를 사랑하는 것이 옥을 사랑하는 것만 같지 못하기 때문입니다. 왕이 진실로 어진 이에게 위임하시면, 제나라는 거의 다스려질 것입니다."

| 요지 |

이 장은 임금이 마땅히 어진 이에게 맡겨서 나라를 다스려야 한다는 것을 보였다. 위아래의 두 대문을 서로 연결해서 보아야 한다. 위의 대문은 어진 이에게 맡기는 것이 목수에게 맡기는 것과 같지 못함을 비유하였고, 아래의 대문은 나라를 사랑하는 것이 옥을 사랑하는 것과 같지 못함을 비유하였다.

제인 벌연승지 선왕 문왈 혹위 과인물
10-1. 齊人이 伐燕勝之어늘 宣王이 問曰 或謂 寡人勿
취 혹위 과인취지 이만승지국 벌만
取라하며 或謂 寡人取之라하나니 以萬乘之國으로 伐萬
승지국 오순이거지 인력 부지어차 불
乘之國호대 五旬而擧之하니 人力으로 不至於此니 不
취 필유천앙 취지하여
取하면 必有天殃이니 取之何如하니잇고

| 언해 |

齊人이 燕을 伐ᄒᆞ야 勝ᄒᆞ여ᄂᆞᆯ 宣王이 묻ᄌᆞ와 ᄀᆞᆯᄋᆞ샤ᄃᆡ 或 寡人ᄃᆞ려 닐오ᄃᆡ 取티 말라ᄒᆞ며 或 寡人ᄃᆞ려 닐오ᄃᆡ 取ᄒᆞ라 ᄒᆞᄂᆞ니 萬乘ㅅ國으로 ᄡᅧ 萬乘ㅅ國을 伐호ᄃᆡ 五旬에 擧ᄒᆞ니 人力으로 이예 至티 몯ᄒᆞᆯ꺼시니 取티 아니ᄒᆞ면 반ᄃᆞ시 天殃이 이시리니 取호ᄃᆡ 엇더ᄒᆞ니잇고

| 직역 |

제나라 사람이 연나라를 쳐서 이겼다. 선왕이 물었다. "어떤 사람은 과인에게 취하지 말라고 말하고, 어떤 사람은 과인에게 취하라고 말합니다. 만승의 나라로 만승의 나라를 쳐서 오십 일 만에 이겼으니, 사람의 힘으로는 이에 이르지 못했을 것입니다. 취하

지 않으면 반드시 하늘의 재앙이 있을 것이니, 취하는 것이 어떻겠습니까?"

| 의해 |

제나라 사람이 연나라의 내란을 틈타 연나라를 쳐서 크게 이겼다. 선왕이 연나라를 가지고자 하는 마음이 있어서 이에 하늘의 뜻을 빙자하여 물었다. "어떤 사람은 과인에게 이르기를 이익을 탐해서는 안 된다고 하여 과인을 권하여 취하지 말라고 하며, 어떤 사람은 과인에게 이르기를 시기를 잃어서는 안 된다고 하여 과인을 권하여 취하라고 합니다. 내가 스스로 생각하여 헤아려 보니, 제나라와 연나라는 다 만승의 나라입니다. 만승의 나라로 만승의 나라를 치면, 형세가 같고 힘이 대적할 만하여 쉽게 이기지 못할 것입니다. 그런데 이제 겨우 오십 일이 되어서 성공을 얻었으니, 사람의 힘으로 갑자기 이에 이르지 못할 것입니다. 어떤 사람은 말하기를 하늘의 뜻이 연나라를 망하게 하여 제나라를 유익하게 하는 것이라고 하였습니다. 하늘이 주시는 것을 취하지 않으면 이는 하늘의 뜻을 거스르는 것입니다. 하늘의 뜻을 거스르는 자는 반드시 하늘의 재앙이 있습니다. 이제 이것을 취하고자 하는데, 선생께서는 어떻게 생각하십니까?"

맹 자 대 왈 취 지 이 연 민 열 즉 취 지 고 지 인
10-2. 孟子對曰 取之而燕民이 悅則取之하소서 古之人
유 행 지 자 무 왕 시 야 취 지 이 연 민 불
이 有行之者하니 武王이 是也니이다 取之而燕民이 不
열 즉 물 취 고 지 인 유 행 지 자 문 왕 시 야
悅則勿取하소서 古之人이 有行之者하니 文王이 是也니
이 만 승 지 국 벌 만 승 지 국 단 사 호 장
이다 以萬乘之國으로 伐萬乘之國이어늘 簞食壺漿으로

以迎王師(이영왕사)는 豈有他哉(기유타재)리오 避水火也(피수화야)니 如水(여수) 益深(익심)하며 如火(여화) 益熱(익열)이면 亦運而已矣(역운이이의)니이다

| 언해 |

孟子ㅣ 對ᄒᆞ야 ᄀᆞᆯᄋᆞ샤ᄃᆡ 取홈애 燕民이 悅ᄒᆞᆫ 則 取ᄒᆞ쇼셔 녯 사ᄅᆞᆷ이 行ᄒᆞᆫ 者ㅣ 이시니 武王이 이니이다 取홈애 燕民이 悅티 아닌 則 取티 말ᄋᆞ쇼셔 녯 사ᄅᆞᆷ이 行ᄒᆞᆫ 者ㅣ 이시니 文王이 이니이다 萬乘ㅅ國으로ᄡᅥ 萬乘ㅅ國을 伐ᄒᆞ거늘 簞食와 壺漿으로ᄡᅥ 王師를 迎홈은 엇디 他ㅣ 이시리오 水火를 避홈이니 水ㅣ 더욱 深ᄐᆞᆺ ᄒᆞ며 火ㅣ 더욱 熱ᄐᆞᆺ ᄒᆞ면 ᄯᅩᄒᆞᆫ 運ᄒᆞᆯ ᄯᆞᄅᆞᆷ이니이다

| 직역 |

맹자가 대답하였다. "취해서 연나라 백성이 기뻐하면 취하십시오. 옛 사람 가운데 행한 자가 있으니, 무왕입니다. 취해서 연나라 백성이 기뻐하지 않으면 취하지 마십시오. 옛 사람 가운데 행한 자가 있으니, 문왕입니다. 만승의 나라로 만승의 나라를 치는데, 그릇에 담은 밥과 병에 담은 간장으로 왕의 군대를 맞은 것은 어찌 다른 까닭이겠습니까? 물과 불을 피한 것이니, 물이 더욱 깊을 것 같으며 불이 더욱 뜨거울 것 같으면 또한 옮겨갈 따름입니다."

| 자해 |

簞 : 대그릇. • 食 : 밥. • 運 : 백성이 다른 나라로 옮겨 감.

| 의해 |

맹자가 대답하였다. "하늘이 보고 듣는 것은 우리 백성이 보고 듣는 것으로부터 한다고 하니, 백성의 마음이 향하고 배반함을 보

아서 하늘의 뜻이 따르고 어기는 것을 알 수 있습니다. 만일 취해서 연나라 백성이 기뻐하여 돌아와 합하면 이는 하늘이 왕에게 주신 것이니 취하십시오. 옛 사람 가운데 행한 자가 있으니, 무왕입니다. 무왕이 맹진에 이르렀는데 제후 가운데 미리 약속하지 않고 모인 자가 팔백이었으니, 이것은 인심이 다 이미 주나라에 돌아온 것입니다. 그러므로 상나라를 치고 천하를 소유하였습니다. 취해서 연나라 백성이 기뻐하지 않아 오히려 옛 임금을 생각하면, 이는 하늘이 왕에게 주지 않는 것이니, 취하지 마십시오. 옛 사람 가운데 행한 자가 있으니, 문왕입니다. 문왕이 천하의 삼분의 이를 소유하였지만, 인심이 오히려 상나라를 잊어버리지 않았기 때문에 끝내 상나라를 섬겼습니다. 연나라를 취하거나 취하지 않을 것을 백성의 마음에 비추어 결정하면 됩니다.

천명을 알고자 하면 진실로 마땅히 인심을 보아야 하고, 인심을 얻고자 하면 또 마땅히 인한 정사를 베풀어야 합니다. 이제 만승의 나라인 제나라가 만승의 나라인 연나라를 쳤는데, 연나라 백성이 이에 그릇에 담은 밥과 병에 담은 간장으로 왕의 군사를 맞아서 음식을 제공한 것이 어찌 다른 까닭이 있겠습니까? 특별히 연나라의 정사가 포학하여 백성이 물과 불 가운데 있는 것과 같기 때문에, 피하여 저 나라에서 구원하여 주기를 바란 것입니다. 왕이 마땅히 백성의 마음을 따라서 인한 정사로 건져주는 것이 옳은데, 만일 물이 더욱 깊고 불이 더욱 뜨거움과 같이 포학함이 연나라보다 더 심하면, 곧 백성이 또 장차 옮겨가서 다른 사람에게 구원을 바랄 것이니, 왕이 어찌 억지로 취하겠습니까?"

| 요지 |

이 장은 나라를 취함에 마땅히 백성의 마음을 따라야 함을 보인 것이다. 제나라 왕의 뜻은 취하는데 있기 때문에 하늘의 마음을 칭탁하였는데 애매하여 알기가 어렵고, 맹자의 뜻은 취하지 말라는데 있기 때문에 인심에 따라 결단하여 뚜렷이 증거할 수 있다.

제인 벌연취지 제후장모구연 선왕
11-1. 齊人이 伐燕取之한대 諸侯將謀救燕이러니 宣王이
왈 제후다모벌과인자 하이대지 맹자대왈 신
曰 諸侯多謀伐寡人者하니 何以待之잇고 孟子對曰 臣
문칠십리 위정어천하자 탕 시야 미문이
은 聞七十里로 爲政於天下者는 湯이 是也니 未聞以
천리 외인자야
千里로 畏人者也케이다

| 언해 |

齊人이 燕을 伐ᄒᆞ아 取ᄒᆞᆫ대 諸侯ㅣ 쟝ᄎᆞᆺ 燕救홈을 謀ᄒᆞ더니 宣王이 ᄀᆞᆯᄋᆞ샤ᄃᆡ 諸侯ㅣ 寡人 伐홈을 謀ᄒᆞᆯ 者ㅣ 하니 엇디 ᄡᅧ 待ᄒᆞ리잇고 孟子ㅣ 對ᄒᆞ야 ᄀᆞᆯᄋᆞ샤ᄃᆡ 臣ᄋᆞᆫ 들오니 七十里로ᄡᅥ 天下에 政을 ᄒᆞᆫ 者ᄂᆞᆫ 湯이 이니 千里로ᄡᅥ 人을 畏ᄒᆞᆫ 者를 듣디 몯게이다

| 직역 |

제나라 사람이 연나라를 쳐서 취하니, 제후가 장차 연나라를 구원하려고 꾀하였다. 선왕이 말하였다. "제후 가운데 과인을 치려고 꾀하는 자가 많으니, 어찌 대응해야 하겠습니까?" 맹자가 대답하였다. "신은 칠십 리로 천하에 정사를 한 자에 대해서는 들었으니, 탕이 그런 사람입니다. 천리로 다른 사람을 두려워하는 자에 대해서는 듣지 못하였습니다."

| 의해 |

제나라 사람이 연나라를 쳐서 이긴 것을 틈타서 드디어 취하니, 여러 나라 제후가 장차 군사를 합하여 제나라를 쳐서 연나라를 구원하려고 꾀하자, 선왕이 두려워하여 말하였다. "제후 가운데 과인이 연나라를 취한 것을 허물로 삼아 치기를 꾀하는 자가 많습니다. 형편이 이에 이르렀는데, 장차 어떻게 대비하여 미리 기

다려서 군사를 발하기 전에 그치게 하겠습니까?" 맹자가 대답하였다. "신이 들으니, 옛적에 왕자가 칠십 리의 작은 나라로 포학한 자를 쳐서 백성을 구하고 천하에 정사를 베풀어 더불어 대적할 자가 없는 것은 탕이었습니다. 천리의 큰 나라로 다른 사람이 나를 칠까 두려워한다는 말은 듣지 못하였습니다. 왕은 어찌 스스로 돌이키지 아니하십니까?"

11-2. 書에 曰 湯이 一征을 自葛로 始하신대 天下信之하여 東面而征에 西夷怨하며 南面而征에 北狄이 怨하여 曰 奚爲後我오하여 民이 望之호대 若大旱之望雲霓也하야 歸市者不止하며 耕者不變이어늘 誅其君而弔其民하신대 若時雨降이라 民이 大悅하니 書에 曰 徯我后하다소니 后來하시니 其蘇라하니이다

| 언해 |

書애 ᄀᆞᆯ오ᄃᆡ 湯이 ᄒᆞᆫ번 征을 葛로브터 始ᄒᆞ신대 天下ㅣ 信ᄒᆞ야 東으로 面ᄒᆞ야 征ᄒᆞ심애 西夷ㅣ 怨ᄒᆞ며 南으로 面ᄒᆞ야 征ᄒᆞ심애 北狄이 怨ᄒᆞ야 ᄀᆞᆯ오ᄃᆡ 엇디 우리를 後에 ᄒᆞ샤ᄂᆞᆫ고 ᄒᆞ야 民이 望호ᄃᆡ 大旱애 雲霓望홈 ᄀᆞᆮ티 ᄒᆞ야 市애 歸ᄒᆞᄂᆞᆫ 者ㅣ 止티 아니ᄒᆞ며 耕ᄒᆞᄂᆞᆫ 者ㅣ 變티 아니ᄒᆞ거늘 그 君을 誅ᄒᆞ고 그 民을 弔ᄒᆞ신대 時雨ㅣ 降홈 ᄀᆞᆮᄐᆞᆫ디라 民이 키 悅ᄒᆞ니 書애 ᄀᆞᆯ오ᄃᆡ 우리 后를 徯ᄒᆞ다소니 后ㅣ 來ᄒᆞ시니 그 蘇콰라 ᄒᆞ니이다

| 직역 |

"『서경』에 말하기를 '탕이 한 번 치는 것을 갈로부터 시작하시니, 천하가 믿어서 동으로 향하여 치심에 서이가 원망하며, 남으로 향하여 치심에 북적이 원망하여 말하기를 어찌 우리를 뒤에 하는가 하였다'고 하였습니다. 백성이 바라기를 큰 가뭄에 구름과 무지개를 바람과 같이하여, 시장에 가는 자가 그치지 아니하며 밭가는 자가 변하지 아니하였습니다. 그 임금을 베고 그 백성을 위로하니, 때에 맞는 비가 내리는 것과 같아서 백성이 크게 기뻐하였습니다. 『서경』에 이르기를 '우리 임금을 기다리더니, 임금이 오시니 살아났다'고 하였습니다."

| 자해 |

書 : 「중훼지고(仲虺之誥)」. 지금의 글과 조금 다름. • 一征 : 처음 침.

| 의해 |

"탕이 천하에 정사를 한 것으로써 말하면, 『서경』에 말하기를 '갈백이 무도함에 탕이 처음으로 치기를 갈로부터 시작하니, 천하 사람들이 이미 그 뜻이 백성을 구하는데 있다고 믿어서, 동쪽을 향하여 치면 서이의 사람이 원망하며, 남쪽을 향하여 치면 북적의 사람이 원망하여 다 말하기를 동서남북이 한 가지로 물과 불 가운데 있는데 어찌하여 먼저 와서 우리나라를 치지 아니하는가라고 하였다'고 합니다. 이 『서경』의 말로 보면, 탕이 아직 치지 아니한 나라의 백성은 그가 오기를 바라고, 또 오지 않을까 걱정하여 큰 가뭄에 구름과 무지개를 바라는 것 같이 하고, 탕이 이미 이르러서는 군사가 가면서 요란하지 아니하여 백성이 편안히 안도하고 있어서 시장에 가는 자가 그치지 아니하고 들에서 밭가는 자가 요동하지 않았습니다. 죄 있는 임금을 베고 죄 없는 백성을 위문하여 임금의 은택이 두루 미치는 것이 마치 때에 맞는 비가 큰 가뭄에 내린 것과 같아서, 구름과 무지개를 바라던 것 같이 하

던 백성을 위로하니, 백성이 크게 기뻐하였습니다. 『서경』에 또 말하기를 '우리 임금을 기다렸는데 임금이 오시니 다시 살 것이다'라고 하였으니, 그 지극히 기뻐함이 어떻겠습니까?"

금 연학기민 왕왕이정지 민 이위
11-3. 今에 燕虐其民이어늘 王往而征之하시니 民이 以爲
장증기어수화지중야 단사호장 이영왕사
將拯已於水火之中也라하여 簞食壺漿으로 以迎王師어
약살기부형 계루기자제 훼기종묘 천
늘 若殺其父兄하며 係累其子弟하며 毁其宗廟하며 遷
기중기 여지하기가야 천하 고외제지강야
其重器하면 如之何其可也리오 天下 固畏齊之强也니
금우배지이불행인정 시 동천하지병야
今又倍地而不行仁政이면 是는 動天下之兵也니이다
왕속출령 반기모예 지기중기 모어연
王速出令하사 反其旄倪하시며 止其重器하시고 謀於燕
중 치군이후 거지즉유가급지야
衆하여 置君而後에 去之則猶可及止也리이다

| 언해 |

이제 燕이 그 民을 虐ᄒᆞ거늘 王이 往ᄒᆞ야 征ᄒᆞ시니 民이 ᄡᅥ 쟝ᄎᆞ 己를 水火ㅅ가온대 拯ᄒᆞ리라 ᄒᆞ야 簞食와 壺漿으로ᄡᅥ 王師를 迎ᄒᆞ거늘 만일에 그 父兄을 殺ᄒᆞ며 그 子弟를 係累ᄒᆞ며 그 宗廟를 毁ᄒᆞ며 그 重器를 遷ᄒᆞ면 엇디 그 可ᄒᆞ리오 天下ㅣ 진실로 齊의 强을 畏ᄒᆞᄂᆞ니 이제 ᄯᅩ 地를 倍ᄒᆞ고 仁政을 行티 아니ᄒᆞ면 이ᄂᆞᆫ 天下ㅅ兵을 動홈이니이다 王이 ᄲᆞᆯ리 令을 出ᄒᆞ샤 그 旄와 倪를 反ᄒᆞ시며 그 重器를 止ᄒᆞ시고 燕衆에 謀ᄒᆞ야 君을 置ᄒᆞᆫ 後에 去ᄒᆞ시면 오히려 可히 밋처 止ᄒᆞ리이다

| 직역 |

"이제 연나라가 그 백성을 포학하게 하자 왕이 가서 치시니, 백성이 장차 자기를 물과 불 가운데에서 구해줄 것이라고 생각하여 그릇에 담은 밥과 병에 담은 간장으로 왕의 군사를 맞이하였습니다. 그런데 만일 그 부형을 죽이며 그 자제를 결박하며 그 종묘를 헐며 그 중요한 그릇을 옮기면 어찌 옳겠습니까? 천하가 진실로 제나라의 강함을 두려워하는데, 이제 또 땅을 배로 늘리고 어진 정사를 행하지 않으면, 이는 천하의 군사를 움직이도록 하는 것입니다. 왕이 빨리 명령을 내려 늙은이와 어린이를 돌려보내시고, 중요한 그릇을 옮기는 것을 그치시며, 연나라 무리와 꾀하여 임금을 둔 후에 떠나시면 오히려 군사의 움직임을 그치게 할 수 있을 것입니다."

| 자해 |

拯 : 구해줌. • 係累 : 결박함. • 重器 : 보기(寶器). • 反 : 돌려보냄. • 旄 : 노인. • 倪 : 어린이.

| 의해 |

"이제 연나라가 무도하여 그 백성에게 포학하게 하여 갈백과 다름이 없고, 왕이 군사를 일으켜 가서 쳐서 그 죄를 바로 잡은 것이 또한 갈을 친 것과 다름이 없습니다. 그러므로 연나라 백성이 다 자기들을 물과 불 가운데에서 구해주리라고 생각하여 그릇에 담은 밥과 병에 담은 간장으로 왕의 군사가 오는 것을 맞아 또한 구름과 무지개를 바라는 것과 다름이 없었습니다. 왕이 만일 탕이 갈을 친 것과 같이 하신다면, 연나라 사람이 기뻐하여 천하에 정사를 펼 것입니다. 만일 그 부형을 죽이고 그 자제를 결박하며, 그 종묘를 헐고 그 귀중한 그릇을 옮기면, 이는 그 임금을 베고 백성을 위로함에 시장에 가는 자가 그치지 않고 밭가는 자가 변하지 않던 것과는 크게 다르니, 어찌 옳겠습니까? 제나라의 강함

은 천하가 진실로 두려워하고 꺼리는 바입니다. 다만 틈을 탈 기회가 없었을 뿐인데, 이제 연나라를 취하여 그 땅을 갑절이나 더하고 어진 정사를 행하지 않으면, 틈이 있어서 다른 사람이 말할 수 있게 됩니다. 천하의 군사가 이어 따라 일어날 것이니, 이는 제나라가 실제로 천하의 군사를 움직이게 한 것입니다. 천리로 다른 사람을 두려워하는 것을 면하지 못할 것입니다.
천하의 군사가 이미 움직였으니, 지금 헤아려 보건대, 왕은 마땅히 속히 명령을 내려서 나라 사람을 달래어 잡아온 늙은이와 어린이를 돌려보내고, 귀중한 그릇을 옮겨오기를 그치며, 연나라 신하와 백성과 도모하여 어질고 마땅히 세울 사람을 가려서 연나라 임금을 삼은 후에 군사를 이끌고 물러나서 토지와 인민과 재물을 하나도 취하지 않는다는 뜻을 보이십시오. 그러면 연나라에 일이 없어서 제후가 연나라를 구한다고 말하지 못할 것이니, 군사가 움직이기 전에 그칠 것입니다. 제후를 대하는 계책이 이와 같을 따름이니, 그렇지 않으면 왕이 장차 제후에게 어찌 하시겠습니까?"

| 요지 |

맹자가 제나라와 양나라 임금을 섬길 때에, 도덕을 의론하면 반드시 요임금과 순임금을 일컫고, 정벌을 의론하면 반드시 탕임금과 무왕을 일컬었다. 백성을 다스리는데 요순을 본받지 않으면 이는 포학함이 되고, 군사를 움직임에 탕임금과 무왕를 본받지 아니하면 이는 어지러움이 된다. 어찌 내 임금은 할 수 없다고 하여 배운 바를 놓아두고 저를 따르겠는가?

추 여 노 홍 목 공 문 왈 오 유 사 사 자 삼 십 삼
12-1. 鄒與魯鬨이러니 穆公이 問曰 吾有司死者 三十三

人이로대 而民은 莫之死也하니 誅之則不可勝誅요 不誅則疾視其長上之死而不救하니 如之何則可也잇고

| 언해 |

鄒ㅣ 魯로 더블어 鬨ᄒᆞ더니 穆公이 묻ᄌᆞ와 ᄀᆞᆯᄋᆞ샤ᄃᆡ 내 有司ㅣ 死ᄒᆞᆫ 者ㅣ 三十三人이로ᄃᆡ 民ᄋᆞᆫ 死티 아니ᄒᆞ니 誅ᄒᆞᆫ 則 可히 이긔여 誅티 몯ᄒᆞ고 誅티 아니ᄒᆞᆫ 則 그 長上의 死를 疾視ᄒᆞ고 救티 아니ᄒᆞ니 엇디 ᄒᆞ면 可ᄒᆞ리잇고

| 직역 |

추나라가 노나라와 싸웠는데, 목공이 물었다. "나의 유사 가운데 죽은 자가 서른 세 명인데, 백성은 죽지 않았습니다. 벤다고 하면 이루 다 벨 수 없고, 베지 않으면 윗사람을 밉게 보고 죽어도 구해주지 않으니, 어찌하면 좋겠습니까?"

| 자해 |

鬨 : 싸우는 소리. • 穆公 : 추나라 임금. • 長上 : 유사.

| 의해 |

추나라가 노나라와 싸워서 노나라에게 패하게 되자 목공이 물었다. "우리 군사가 노나라에 패하여 내 유사로서 싸우다가 죽은 자가 서른 세 명인데, 백성은 죽은 자가 없습니다. 장차 이것을 베고자 하면 많은 사람을 다 베지 못할 것이고, 만일 베지 않으면 그 윗사람을 밉게 보아 죽는 것을 보고도 구해주지 않아 패역이 심할 것입니다. 그 죄를 바로 잡지 않으면 유사에게 사례할 것이 없으니, 이것을 어찌해야 좋겠습니까?"

맹 자 대 왈 흉 년 기 세 군 지 민 노 약 전 호 구
12-2. 孟子對曰 凶年饑歲에 君之民이 老弱은 轉乎溝
학 장 자 산 이 지 사 방 자 기 천 인 의 이 군 지 창 름
壑하고 壯者는 散而之四方者 幾千人矣요 而君之倉廩
실 부 고 충 유 사 막 이 고 시 상 만 이 잔
이 實하며 府庫充이어늘 有司莫以告하니 是는 上慢而殘
하 야 증 자 왈 계 지 계 지 출 호 이 자 반 호 이 자 야
下也니 曾子曰 戒之戒之하라 出乎爾者 反乎爾者也라
부 민 금 이 후 득 반 지 야 군 무 우 언
하시니 夫民이 今而後에 得反之也로소니 君無尤焉하소
군 행 인 정 사 민 친 기 상 사 기 장 의
서 君行仁政하시면 斯民이 親其上하여 死其長矣리이다

| 언해 |

孟子ㅣ 對ᄒᆞ야 ᄀᆞᆯᄋᆞ샤ᄃᆡ 凶年과 饑歲예 君의 民이 老弱은 溝壑에 轉ᄒᆞ고 壯者ᄂᆞᆫ 散ᄒᆞ야 四方애 之ᄒᆞᆫ 者ㅣ 몃 千人고 君의 倉廩이 實ᄒᆞ며 府庫ㅣ 充ᄒᆞ얏거늘 有司ㅣ ᄡᅥ 告티 아니ᄒᆞ니 이ᄂᆞᆫ 上이 慢ᄒᆞ야 下를 殘홈이니 曾子ㅣ ᄀᆞᆯᄋᆞ샤ᄃᆡ 戒ᄒᆞ며 戒ᄒᆞ라 네게 出ᄒᆞᆫ 者ㅣ 네게 反ᄒᆞᆫ다 ᄒᆞ시니 民이 이젠 後에 시러곰 反ᄒᆞ도소니 君ᄋᆞᆫ 尤티 마ᄅᆞ쇼셔 君이 仁政을 行ᄒᆞ시면 이 民이 그 上을 親ᄒᆞ야 그 長애 死ᄒᆞ리이다

| 직역 |

맹자가 대답하였다. "흉년과 기근이 든 해에 임금의 백성이 늙고 약한 자는 웅덩이와 골짜기에 구르고, 젊은이는 흩어져 사방으로 간 자가 몇 천 명입니까? 그런데도 임금의 곡식 창고가 가득 차고 물건 창고가 충만하였는데, 유사가 고하지 않았으니 이는 위에서 태만하여 아래를 잔학하게 대한 것입니다. 증자가 말하기를 '경계하며 경계하라. 네게서 나온 것이 네게로 돌아간다'고 하셨습니다. 백성이 이제 이후에 되돌려 줄 수 있게 된 것이니, 임금

은 허물하지 마십시오. 임금이 인정을 행하시면 이 백성이 그 윗사람과 친하여 윗사람을 위해 죽을 것입니다."

| 자해 |

轉 : 굶주려서 죽음. • 上 : 임금과 유사.

| 의해 |

맹자가 대답하였다. "백성이 그 윗사람을 밉게 보는 것은 그 이유가 있습니다. 흉년과 기근을 당하여 임금의 백성이 늙고 약한 자는 다 굶주려서 굴러 개천과 골짜기 가운데서 죽고, 그 장년은 흩어져 사방으로 가서 얻어먹는 자가 몇 천 명이 되어 백성의 곤고함이 이와 같습니다. 어찌 임금과 유사가 마땅히 불쌍히 여길 바가 아니겠습니까? 그런데 임금의 곡식 창고에는 곡식이 많이 있고, 물건 창고에는 재물이 가득한데도 유사는 마침내 한 사람도 임금에게 구제할 방책을 말하여 재물을 흩고 곡식을 발하여 진휼함이 없었습니다. 이는 임금과 유사가 다 위에 있으면서 게을러 구하지 아니하고, 아래 있는 백성을 잔학하게 한 것입니다. 증자가 말하기를 '사람이 세상에서 마땅히 경계하고 경계해야 한다. 네게서 나온 것이 이와 같으면 네게로 돌아가는 것도 곧 이와 같다'고 하였습니다. 베풀고 갚는 것이 어김이 없으니, 유사가 평일에 백성을 밉게 보고 죽어도 구해주지 않았기 때문에 백성이 또한 유사를 밉게 보고 죽어도 구해주지 않은 것입니다. 지금 이후에야 유사에게서 나온 것을 백성이 도로 갚는 것이니, 한 번 베풀고 한 번 갚는 것은 이치의 당연함입니다. 허물을 백성에게 돌려보내지 마십시오.

◑ 이로 보면 백성이 유사를 구하지 않은 것은 유사가 백성을 구휼하지 않았기 때문이고, 유사가 백성 구휼할 줄 알지 못한 것은 임금이 어진 정사를 행하지 않았기 때문입니다. 임금이 만일 스스로 돌이켜 백성을 사랑하는 어진 정사를 행하면 유사가 임금의

마음을 본받아 다 그 백성을 사랑하고, 백성이 또한 유사를 사랑할 것입니다. 한 번 어려운 때를 당하면 윗사람을 친하게 여기고 어른을 위해 죽어서, 곧 자제가 그 부형을 호위하는 것과 같을 것입니다. 어찌 밉게 보고 구하지 않을 자가 있겠습니까?"

| 요지 |

이 장은 임금이 마땅히 인한 정사를 행하여 백성을 구휼할 것을 보였다. 처음 대문은 목공이 죄를 백성에게 돌려보내고자 한 것이고, 가운데 대문은 백성이 원망하는 까닭을 보인 것이고, 끝 대문은 백성을 얻는 도를 보인 것이다. 목공은 전적으로 백성을 책망하였고, 맹자는 유사를 책망하고 임금을 책망하여 인한 정사를 행하게 하였으니, 이것이 근본을 의론한 것이다.

등 문 공 문 왈 등 소 국 야 간 어 제 초 사 제
13. 滕文公이 問曰 滕은 小國也라 間於齊楚하니 事齊
호 사 초 호 맹 자 대 왈 시 모 비 오 소 능 급 야
乎잇가 事楚乎잇가 孟子對曰 是謀는 非吾의 所能及也
무 이 즉 유 일 언 착 사 지 야 축 사 성 야
로소이다 無已則有一焉하니 鑿斯池也하며 築斯城也하
여 민 수 지 효 사 이 민 불 거 즉 시 가 위 야
여 與民守之하여 效死而民弗去 則是可爲也니이다

| 언해 |

滕文公이 묻ᄌᆞ와 ᄀᆞᆯᄋᆞ샤ᄃᆡ 滕은 小國이라 齊楚애 間ᄒᆞ여시니 齊를 事ᄒᆞ리잇가 楚를 事ᄒᆞ리잇가 孟子ㅣ 對ᄒᆞ야 ᄀᆞᆯᄋᆞ샤ᄃᆡ 이 謀ᄂᆞᆫ 나의 能히 及ᄒᆞᆯ 빼 아니로소이다 마디 말와뎌 ᄒᆞ시면 一이 이시니 이 池를 鑿ᄒᆞ며 이 城을 築ᄒᆞ야 民으로 더블어 守ᄒᆞ야 死를 效호ᄃᆡ 民이 去티 아니 ᄒᆞᆫ 則 이 可히 ᄒᆞ얌즉 ᄒᆞ니이다

| 직역 |

등나라 문공이 물었다. "등나라는 작은 나라입니다. 제나라와 초나라 사이에 있으니, 제나라를 섬겨야 합니까, 초나라를 섬겨야 합니까?" 맹자가 대답하였다. "이 꾀는 제가 미칠 수 있는 것이 아닙니다. 그만두라고 하지 않으신다면, 한 가지가 있습니다. 못을 파고 성을 쌓아서 백성과 더불어 지켜서 죽기에 이르도록 백성이 떠나가지 않는다면 해볼 만합니다."

| 자해 |

效 : '이를 치(致)' 자와 같음.

| 의해 |

등나라 문공이 물었다. "등나라는 작은 나라입니다. 제나라와 초나라 사이에 있어서 두 큰 나라 틈에 있으니, 장차 둘을 다 섬기지 않으면 형세가 외로워서 스스로 면하기 어렵고, 아울러 섬기고자 하면 또한 힘이 약하여 할 수 없습니다. 이제 더욱 강한 자를 택하여 섬겨서 스스로 안정하는 계책을 마련하려면, 장차 제나라를 섬겨야 하겠습니까, 또는 초나라를 섬겨야 하겠습니까? 선생께서는 나를 위하여 이것을 결정해 주십시오."

◑ 맹자가 대답하였다. "다른 사람에게 의지하여 구차히 편안한 것은 모두 믿을 것이 못됩니다. 제나라를 섬길 것인가, 초나라를 섬길 것인가 하는 꾀는 저의 지혜와 생각으로 미칠 수 있는 바가 아닙니다. 그러나 말씀드리는 것을 그만두게 하고자 않으신다면 한 가지 도리가 있습니다. 등나라가 비록 작으나 못이 있으니 더 파서 깊게 하고, 성이 있으니 더 쌓아서 높게 하여 지리가 이미 믿을 만하거든, 이에 그 백성을 거느리고 함께 지켜야 할 것입니다. 설혹 변고가 있을지라도 임금이 반드시 죽기에 이르러도 나라를 지켜서 그 의를 다하고, 민심이 굳게 맺어서 비록 위태로울지라도 또한 버리고 가지 않으면, 이는 곧 인화와 지리를 겸하여 스스로

강하여 보존하기를 도모하는 것이니, 이치상 해볼 만합니다."

| 요지 |

이 장은 나라를 세운 자는 스스로 강하게 하는 것이 귀중함을 보인 것이다. 문공은 강함을 섬겨서 나라를 보전하고자 하니, 이것은 다른 사람에게 있는 형세를 의지하는 것이다. 맹자는 스스로 강하여 나라를 보전하고자 하니, 이것은 내게 있는 이치를 믿는 것이다. 백성과 더불어 지킨다는 구절이 가장 중요하다.

등 문 공 문 왈 제 인 장 축 설 오 심 공
14－1. 滕文公이 問曰 齊人이 將築薛하니 吾甚恐하노니
여 지 하 즉 가 맹 자 대 왈 석 자 태 왕 거 빈
如之何則可잇고 孟子對曰 昔者에 大王이 居邠하실새
적 인 침 지 거 지 기 산 지 하 거 언
狄人이 侵之어늘 去하시고 之岐山之下하사 居焉하시니
비 택 이 취 지 부 득 이 야
非擇而取之라 不得已也시니이다

| 언해 |

滕文公이 묻ᄌᆞ와 ᄀᆞᆯᄋᆞ샤ᄃᆡ 齊人이 쟝ᄎᆞᆺ 薛애 築ᄒᆞ니 내 甚히 恐ᄒᆞ노니 엇디 ᄒᆞ면 可ᄒᆞ니잇고 孟子ㅣ 對ᄒᆞ야 ᄀᆞᆯᄋᆞ샤ᄃᆡ 녜 大王이 邠애 居ᄒᆞ실ᄊᆡ 狄人이 侵ᄒᆞ거늘 去ᄒᆞ시고 岐山ㅅ下애 之ᄒᆞ샤 居ᄒᆞ시니 擇ᄒᆞ야 取ᄒᆞ신 줄이 아니라 말옴을 得디 몯ᄒᆞ심이니이다

| 직역 |

등나라 문공이 물었다. "제나라 사람이 장차 설에 성을 쌓으려고 하니, 내가 심히 두렵습니다. 어찌하면 좋겠습니까?" 맹자가 대답하였다. "옛적에 태왕이 빈에 거할 때 적인이 침략하자 버리고

기산 아래에 가서 거하니, 가려서 취한 것이 아니라 마지못해 한 것입니다."

| 자해 |

邠 : 땅 이름.

| 의해 |

등나라 문공이 물었다. "등나라가 설나라와 더불어 제나라의 서편 지경에 같이 처하였는데, 이제 제나라 사람이 설나라를 얻어 장차 성을 쌓아 등나라를 핍박하니, 등나라 형세가 더욱 외롭고 제나라의 침범이 더욱 가까운 듯합니다. 내가 면하지 못할까 심히 두려우니, 어찌하면 좋겠습니까?"

◑ 맹자가 대답하였다. "적국과 외환은 예로부터 있는 것입니다. 옛적에 태왕이 빈에 거할 때, 적인이 매양 침범하여 어지럽게 하는데 방어하지 못하여 이에 버리고 기산 아래로 가서 도읍을 세우고 거하였습니다. 이는 기산이 왕업을 일으킬만한 좋은 땅이라고 하여 가려 취한 것이 아니라, 적인의 난에 핍박을 받아 부득이 나라를 옮겨 보존한 것입니다."

구위선 후세자손 필유왕자의 군자창
14-2. 苟爲善이면 後世子孫이 必有王者矣리니 君子創
업수통 위가계야 약부성공즉천야 군여피
業垂統하여 爲可繼也라 若夫成功則天也니 君如彼에
하재 강위선이이의
何哉리오 彊爲善而已矣니이다

| 언해 |

진실로 善을 ᄒᆞ면 後世예 子孫이 반ᄃᆞ시 王ᄒᆞᆯ 者ㅣ 이시리니 君

子ㅣ 業을 創ᄒᆞ며 統을 垂ᄒᆞ야 可히 繼케 ᄒᆞᆯ ᄲᅮᆫ이라 만일 功을 成ᄒᆞᆷ인 則 天이니 君이 뎌에 엇디리오 善ᄒᆞ욤을 彊ᄒᆞᆯ ᄯᆞᄅᆞᆷ이니이다

| 직역 |

"진실로 착한 일을 하면 후세 자손이 반드시 왕을 할 자가 있을 것이니, 군자는 사업을 창건하여 계통을 내려주어 잇게 할 뿐입니다. 공을 이루는 것은 하늘에 달려 있으니, 임금이 저에 대해 어찌 하시겠습니까? 힘써 선을 행할 따름입니다."

| 의해 |

"뒤에 와서 주나라가 왕업을 일으킨 것은 태왕이 착한 일을 했기 때문입니다. 진실로 덕을 닦고 인을 행하여 태왕 같이 착한 일을 하면, 곧 그 자신이 왕이 되지 못할지라도 후세 자손이 반드시 왕을 할 자가 있어서 주나라와 같이 될 것입니다. 그러나 착한 일을 하여 보답을 얻는 것은 이치상 자연스러운 것이고, 덕을 닦아서 보답을 바라는 것은 군자의 본심이 아닙니다. 군자가 모든 일에 사업을 앞에서 만들어 놓고 그 실마리를 뒤에 드리워서, 오직 마땅히 할 바를 해서 후세 자손으로 하여금 이어서 행하게 합니다. 왕업의 공을 이루는 것은 하늘의 도움이니, 어찌 반드시 기약할 수 있겠습니까? 이제 제나라가 강하고 등나라가 약하니, 형세가 진실로 대적하지 못할 것입니다. 임금의 힘으로 저 제나라에 대해서 어찌 하시겠습니까? 마땅히 착한 일 하는 것을 힘써서 태왕의 하시던 바를 본받아서 할 바를 다하여 후세에 끼칠 따름입니다. 착한 일을 행하여 인심을 굳게 하는 것은 나라를 보전하는 가장 긴요한 방책이니, 반드시 기대하기 어려운 일에 요행을 바라지 않으시는 것이 좋을 것입니다."

| 요지 |

이 장은 임금이 다만 마땅히 할 바에 힘을 다할 것이고, 반드시

기약하기 어려운 바에 요행을 바라지 말 것을 말한 것이다.

등 문 공 문 왈 등 소 국 야 갈 력 이 사 대

15-1. 滕文公이 問曰 滕은 小國也라 竭力하여 以事大

국 즉 부 득 면 언 여 지 하 즉 가 맹 자 대

國이라도 則不得免焉이로소니 如之何則可잇고 孟子對

왈 석 자 태 왕 거 빈 적 인 침 지 사 지 이

曰 昔者에 大王이 居邠하실새 狄人이 侵之어늘 事之以

피 폐 부 득 면 언 사 지 이 견 마 부 득 면 언

皮幣라도 不得免焉하며 事之以犬馬라도 不得免焉하며

사 지 이 주 옥 부 득 면 언 내 촉 기 기 로 이 고 지 왈

事之以珠玉이라도 不得免焉하여 乃屬其耆老而告之曰

적 인 지 소 욕 자 오 토 지 야 오 문 ㅈ 야 군 자

狄人之所欲者는 吾土地也니 吾는 聞之也호니 君子는

불 이 기 소 이 양 인 자 해 인 이 삼 자 하 환 호

不以其所以養人者로 害人이라호니 二三子는 何患乎

무 군 아 장 거 지 거 빈 유 량 산

無君이리오 我將去之호리라하시고 去邠하시고 踰梁山하

읍 우 기 산 지 하 거 언 빈 인 왈 인 인 야

사 邑于岐山之下하사 居焉하신대 邠人이 曰 仁人也라

불 가 실 야 종 지 자 여 귀 시

不可失也라하고 從之者如歸市하더라

| 언해 |

滕文公이 묻ᄌᆞ와 ᄀᆞᆯᄋᆞ샤ᄃᆡ 滕ᄋᆞᆫ 小國이라 力을 竭ᄒᆞ야 ᄡᅧ 大國을 事ᄒᆞ야도 곧 시러곰 免티 몯ᄒᆞ리로소니 엇디 ᄒᆞᆫ則 可ᄒᆞ니잇고 孟子ㅣ 對ᄒᆞ야 ᄀᆞᆯᄋᆞ샤ᄃᆡ 녜 大王이 邠애 居ᄒᆞ실ᄊᆡ 狄人이 侵ᄒᆞ거늘 皮幣로ᄡᅧ 事ᄒᆞ야도 시러곰 免티 몯ᄒᆞ며 犬馬로ᄡᅧ 事ᄒᆞ야도 시러곰 免티 몯ᄒᆞ며 珠玉으로ᄡᅧ 事ᄒᆞ야도 시러곰 免티 몯ᄒᆞ야 그 耆老를 屬ᄒᆞ야 告ᄒᆞ야 ᄀᆞᆯᄋᆞ샤ᄃᆡ 狄人의 欲ᄒᆞᄂᆞᆫ 바ᄂᆞᆫ 우리 土地니 나ᄂᆞᆫ 들오니 君子ᄂᆞᆫ 그 ᄡᅧ 人養ᄒᆞᄂᆞᆫ 바로ᄡᅧ 人을 害티 아니ᄒᆞᆫ다

호니 二三子ᄂᆞᆫ 엇디 君 업슴을 患ᄒᆞ리오 내 장ᄎᆞᆺ 去호리라 ᄒᆞ시고 邠을 去ᄒᆞ시고 梁山을 踰ᄒᆞ샤 岐山ㅅ下의 邑ᄒᆞ샤 居ᄒᆞ신대 邠人이 ᄀᆞᆯ오ᄃᆡ 仁人이라 可히 失티 몯홀 꺼시라 ᄒᆞ고 從ᄒᆞᄂᆞᆫ 者ㅣ 市예 歸ᄐᆞᆺ ᄒᆞ더라

| 직역 |

등나라 문공이 물었다. "등나라는 작은 나라입니다. 힘을 다하여 큰 나라를 섬겨도 면하지 못할 것이니, 어찌하면 좋겠습니까?" 맹자가 대답하였다. "옛적에 태왕이 빈에 거할 때 적인이 침범하자, 가죽과 폐백으로 섬겨도 면하지 못하고 개와 말로 섬겨도 면하지 못하며 주옥으로써 섬겨도 면하지 못하여, 그 노인들을 모아 고하였습니다. '적인이 욕심내는 것은 우리 토지입니다. 나는 들으니, 군자는 사람을 기르는 것을 가지고 사람을 해치지 않는다고 하였습니다. 그대들은 어찌 임금이 없는 것을 근심하겠습니까? 내가 장차 떠날 것입니다.' 그리하여 빈을 버리고 양산을 넘어서 기산 아래에 도읍하여 거하니, 빈 땅 사람이 말하기를 '어진사람이니, 잃을 수 없다'라고 하고 좇는 자가 시장에 가는 것과 같았습니다."

| 자해 |

屬 : 모으는 것.

| 의해 |

등나라 문공이 물었다. "등나라는 작은 나라입니다. 힘을 다하여 큰 나라인 제나라와 초나라를 섬기나, 곧 그 침범하는 것을 면할 수 없으니, 어찌하면 좋겠습니까?" 이는 문공이 옮겨가든지 지키든지 하는 외에 스스로 안전한 계책을 구하고자 한 것이다. 맹자가 대답하였다. "옛적에 태왕이 빈에 거할 때, 적인이 때로 침범하였습니다. 처음에 재물과 비단을 욕심내는 것인가 생각하여 가죽과 폐백으로 섬겼으나 면할 수 없었고, 이어서 기이한 짐승을

욕심내는 것인가 생각하여 개와 말로 섬겼으나 면할 수 없었고, 또 보배를 욕심내는 것인가 생각하여 주옥으로 섬겼으나 면할 수 없었습니다. 태왕이 이에 늙은이를 모아 고하였습니다. '적인이 욕심내는 것은 가죽과 폐백, 개와 말, 주옥이 아니고 토지입니다. 토지는 본래 산물을 내어 사람을 기르는 것인데, 만일 땅을 다투어서 싸운다면 사람을 죽여서 들에 가득할 것이니, 도리어 사람을 해롭게 하는 것입니다. 내가 들으니, 군자는 백성을 사랑하는 것으로 마음을 삼고, 차마 사람을 기르는 것으로 사람을 해롭게 하지 않는다고 합니다. 내가 어찌 홀로 이 일을 차마 하겠습니까? 여러 사람은 어찌 임금이 없는 것을 근심하겠습니까? 내가 장차 이것을 버리고 가서 난에 죽지 않을 것이니, 곧 여러분들은 다 임금이 있을 것입니다.' 이에 빈을 버리고 양산을 넘어서 도읍을 기산 아래에 정하고 거처하니, 빈 땅 사람이 다 말하기를 '우리 임금이 평일에 우리 백성을 사랑하여 기름에 은덕이 사람에게 깊이 미쳤다. 이는 어진 사람이니, 잃어서는 안 될 것이다'라고 하였습니다. 이에 좇아서 기산 아래로 옮기기를 시장에 가는 것과 같이 하였습니다. 옛 사람도 난에 핍박을 받아 나라를 옮겨서 보전함을 도모한 것이 이와 같습니다."

혹 왈 세 수 야 비 신 지 소 능 위 야 효 사 물 거
15-2. 或曰 世守也라 非身之所能爲也니 效死勿去라하
군 청 택 어 사 이 자
나니 君請擇於斯二者하소서

| 언해 |

或 ᄀᆞᆯ오ᄃᆡ 世로 守ᄒᆞᄂᆞᆫ 거시라 身의 能히 ᄒᆞᆯ 빼 아니니 死를 效ᄒᆞ야 去티 말 꺼시라 ᄒᆞᄂᆞ니 君ᄋᆞᆫ 請컨댄 이 二者애 擇ᄒᆞ쇼셔

| 직역 |

"어떤 사람은 말하기를 '대대로 지키는 것이라서 자신이 할 수 있는 바가 아니니, 죽음에 이르러도 버리지 말아야 한다'고 합니다. 임금은 청하건대 이 두 가지 가운데서 택하십시오."

| 의해 |

"어떤 사람은 또 말하기를 '토지는 선인에게 받아서 자손에게 전하여 대대로 지킨 것이니, 내 자신이 마음대로 할 수 있는 것이 아니다. 설혹 환난이 있을지라도 다만 마땅히 죽음을 무릅쓰고 지켜서 나라가 있으면 함께 있고 나라가 망하면 함께 망할 것이며, 이것을 버리고 다른 데로 가서는 안 된다'라고 합니다. 이는 바른 것을 지켜서 나라를 위해 죽는 것이 또 이와 같은 것입니다. 옮기는 것은 권도이고, 지키는 것은 의입니다. 임금은 청하건대 자기의 힘을 헤아리고 형세의 편한 것을 보아서 이 두 가지 가운데서 하나를 가려 행하십시오. 태왕과 같이 하시면 피하실 것이고, 못하시면 삼가 떳떳한 법을 지키는 것이 옳습니다. 이밖에는 제가 미칠 수 있는 것이 아닙니다."

| 요지 |

이 장에서 맹자가 문공에게 처음에 죽음에 이르는 것으로 고한 것은 예의 바른 것이고, 그가 심히 두려워하자 태왕의 일로 고한 것은 마지못한 것이다. 그러나 태왕과 같은 덕이 없는 데도 떠나면 백성이 혹 좇지 않아서 드디어 망하는 데 이를 것이니, 죽기로 지키는 것만 같지 못하다. 그러므로 이 두 가지를 가려서 하라고 말한 것이다.

16-1. 魯平公이 將出할새 嬖人臧倉者請曰 他日에 君이 出則必命有司所之러시니 今에 乘輿已駕矣로대 有司未知所之하니 敢請하노이다 公曰 將見孟子호리라 曰 何哉잇고 君所爲輕身하여 以先於匹夫者는 以爲賢乎잇가 禮義는 由賢者出이어늘 而孟子之後喪이 踰前喪하니 君無見焉하소서 公曰 諾다

(노평공 장출 폐인장창자청왈 타일 군 출즉필명유사소지 금 승여이가의 유사 미지소지 감청 공왈 장견맹자 왈 하 재 군소위경신 이선어필부자 이위현호 예의 유현자출 이맹자지후상 유전상 군무견언 공왈 낙)

| 언해 |

魯平公이 쟝찻 出홀씨 嬖人臧倉者ㅣ 請ᄒᆞ야 ᄀᆞᆯ오ᄃᆡ 他日애 君이 出ᄒᆞ신 則 반ᄃᆞ시 有司의게 之ᄒᆞ시ᄂᆞᆫ 바를 命ᄒᆞ더시니 이제 乘輿ㅣ 이믜 駕ᄒᆞ야쇼ᄃᆡ 有司ㅣ 之ᄒᆞ실 빠를 아디 몯ᄒᆞ니 敢히 請ᄒᆞ노이다 公이 ᄀᆞᆯᄋᆞ샤ᄃᆡ 쟝찻 孟子를 見호리라 ᄀᆞᆯ오ᄃᆡ 엇디니잇고 君이 身을 輕ᄒᆞ야 ᄡᅧ 匹夫의 先ᄒᆞᄂᆞᆫ 바ᄂᆞᆫ ᄡᅧ 賢타 ᄒᆞ시ᄂᆞ니잇가 禮義ᄂᆞᆫ 賢者로 말ᄆᆡ암아 나거늘 孟子의 後喪이 前喪에 踰ᄒᆞ니 君은 見티 마ᄅᆞ쇼셔 公이 ᄀᆞᆯᄋᆞ샤ᄃᆡ 諾다

| 직역 |

노나라 평공이 장차 나가려고 할 때, 총애하는 장창이라는 자가 청하여 말하였다. "이전에 임금이 나가시면 반드시 유사에게 가시는 곳을 명하셨는데, 이제 수레가 이미 멍에를 하였는데도 유사가 가는 곳을 알지 못하니, 감히 청하고자 합니다." 공이 말하였다. "장차 맹자를 만나 보려고 한다." 장창이 말하였다. "어째서입니까? 임금이 몸을 가볍게 하여 필부에게 먼저 가는 것은 어질다고 해서입니까? 예의는 어진 자로 말미암아 나오는 것인데, 맹

자의 뒤의 장례가 앞의 장례를 넘어섰으니, 임금은 만나 보지 마십시오." 평공이 말하였다. "좋다."

| 자해 |

맹자가 전에 부친상을 당하고 후에 모친상을 당하였는데, 모친에게 후하게 하고 부친에게 박하게 했다는 뜻.

| 의해 |

악정자가 노나라에 벼슬을 할 때에 맹자가 어질다고 평공에게 말하였다. 맹자가 노나라에 이르니, 평공이 장차 가서 보려 하자, 왕이 총애하는 장창이라는 자가 알고 짐짓 청하여 말하였다. "임금이 한 번 나가고 한 번 들어오는 것이 결코 가벼운 일이 아닙니다. 전일에 임금이 나가시면 곧 반드시 유사에게 가시는 곳을 명하셨는데, 이제 수레가 이미 멍에를 하였는데도 유사가 가시는 곳을 알지 못하니, 감히 청하겠습니다." 평공이 말하였다. "장차 맹자를 가서 볼 것이다." 장창이 막아 말하였다. "임금은 천승 나라의 임금이고, 맹자는 한 필부입니다. 임금이 귀한 몸을 가볍게 하여 먼저 천한 필부에게 예를 더하시는 것은 맹자가 어질다고 생각하시는 것이 아니겠습니까? 어진 사람이 인사를 조절하고 인정을 제재하여 후하고 박한 것이 한결같게 하는 것이 다 예의입니다. 예의는 어진 자로 말미암아 나오는 것인데, 맹자가 뒤에 모친상을 당하여 이전의 부친상의 예보다 지나치게 후하게 하였습니다. 모친에게 후하고 부친에게 박한 것은 이른바 예의를 알지 못하는 것이니, 어질지 못한 것입니다. 임금 어찌 몸을 가볍게 하여 가서 보시겠습니까?" 평공이 말하였다. "그렇다." 드디어 가서 보지 않았다.

악 정 자 입 현 왈 군 해 위 불 견 맹 가 야 왈 혹
16-2. 樂正子入見 曰 君이 奚爲不見孟軻也잇고 曰 或
고 과 인 왈 맹 자 지 후 상 유 전 상 시 이 불
이 告寡人曰 孟子之後喪이 踰前喪이라할새 是以로 不
왕 견 야 왈 하 재 군 소 위 유 자 전 이 사 후 이
往見也호라 曰 何哉잇고 君所謂踰者는 前以士요 後以
대 부 전 이 삼 정 이 후 이 오 정 여 왈 부 위 관 곽 의
大夫며 前以三鼎而後以五鼎與잇가 曰 否라 謂棺槨衣
금 지 미 야 왈 비 소 위 유 야 빈 부 부 동 야
衾之美也니라 曰 非所謂踰也라 貧富不同也니이다

| 언해 |

樂正子ㅣ 入ᄒᆞ야 見ᄒᆞ야 ᄀᆞᆯ오ᄃᆡ 君이 엇디 孟軻를 보디 아니ᄒᆞ시니잇고 ᄀᆞᆯᄋᆞ샤ᄃᆡ 或이 寡人의게 告ᄒᆞ야 ᄀᆞᆯ오ᄃᆡ 孟子의 後喪이 前喪에 踰타 ᄒᆞᆯᄊᆡ 일로ᄡᅧ 往見티 아니호라 ᄀᆞᆯ오ᄃᆡ 엇디니 잇고 君의 닐온밧 踰ᄂᆞᆫ 前은 士로ᄡᅵ오 後ᄂᆞᆫ 태우로ᄡᅧ 前은 三鼎으로ᄡᅵ오 後ᄂᆞᆫ 五鼎으로ᄡᅵ니잇가 ᄀᆞᆯᄋᆞ샤ᄃᆡ 아니라 棺槨과 衣衾의 美를 닐옴이니라 ᄀᆞᆯ오ᄃᆡ 닐온밧 踰ㅣ 아니라 貧과 富ㅣ 同티 아닐ᄊᆡ니이다

| 직역 |

악정자가 들어가서 뵙고 말하였다. "임금은 어찌하여 맹가를 보지 않으셨습니까?" 왕이 말하였다. "어떤 사람이 과인에게 고하여 말하기를 '맹자의 뒤의 장례가 앞의 장례를 넘어섰다'고 하기에 가서 보지 아니하였다." 악정자가 말하였다. "임금의 이른바 넘어섰다는 것은 무슨 말씀이십니까? 앞에는 하급 관리로 하고 뒤에는 대부로 한 것을 말하며, 앞에는 세 솥으로 하고 뒤에는 다섯 솥으로 한 것을 말하는 것입니까?" 왕이 말하였다. "아니다. 내관과 외관, 옷과 이불의 아름다움을 말하는 것이다." 악정자가 말하였다. "이른바 넘어선 것이 아니라, 가난함과 부유함이 같지 않았기 때문입니다."

| 자해 |

樂正子 : 맹자의 제자. • 三鼎 : 사의 제례. • 五鼎 : 대부의 제례.

| 의해 |

악정자가 이에 들어가 평공을 뵙고 말하였다. "임금이 저번에 맹자를 보고자 하시더니, 이제 어찌하여 중지하고 맹자를 보시지 않으십니까? 공이 말하였다. "처음에 내가 맹자를 보고자 한 것은 어질다고 했기 때문이었다. 이제 어떤 사람이 과인에게 고하여 말하기를 '맹자의 뒤의 장례가 앞의 장례를 넘어섰다'고 하였다. 부모는 일체인데, 이제 어미에게는 후하게 하고 아비에게는 박하게 하니, 예의의 중도를 어긴 것이다. 어질다고 할 수 없으니, 이 때문에 가서 보지 않았다." 악정자가 말하였다. "임금께서 이른바 넘어섰다고 하는 것은 무슨 말씀이십니까? 앞에는 하급 관리의 예로 제사했기 때문에 세 솥이니 박하고, 뒤에는 대부의 예로 제사했기 때문에 다섯 솥이니 후하다는 것입니까? 하급 관리가 되고 대부가 되면 그에 따라 상례가 각각 일정한 제도가 있으니, 어진 자라도 진실로 어찌하지 못할 것입니다." 왕이 말하였다. "그런 말이 아니라, 과인은 그 내관과 외관, 옷과 이불의 아름다움을 말하는 것이다. 사람마다 스스로 극진히 할 것이고, 하급 관리와 대부를 가릴 것이 아니지만, 맹자의 뒤의 장례의 아름다움이 앞의 장례를 넘어선 것을 말하는 것이다." 악정자가 말하였다. "이것은 넘어선다고 일러서 비방할 것이 아닙니다. 부친상을 당했을 때에는 하급 관리가 되어 가난했으니 가난하면 재물이 없고, 모친상을 당했을 때에는 대부가 되어 부유했으니, 부유하면 천하의 어떤 일로도 그 어버이를 검소하게 하지 못할 것입니다. 장례 도구의 후함과 박함은 집의 유무에 맞게 하니, 이것이 다 예의의 당연한 데서 나온 것입니다. 어진 자가 아니면 그 마땅함을 얻지 못할 것입니다. 임금이 어찌 의심하십니까?"

16-3. 樂正子見孟子 曰 克이 告於君호니 君이 爲來見也러시니 嬖人有臧倉者 沮君이라 君이 是以로 不果來也하시니이다 曰 行或使之며 止或尼之나 行止는 非人의 所能也라 吾之不遇魯侯는 天也니 臧氏之子焉能使予로 不遇哉리오

| 언해 |

樂正子ㅣ 孟子를 보ᄋᆞ와 ᄀᆞᆯ오ᄃᆡ 克이 君ᄭᅴ 告호니 君이 爲ᄒᆞ야 來見호려 ᄒᆞ더시니 嬖人有臧倉者ㅣ 君을 沮ᄒᆞᆫ디라 君이 일로ᄡᅥ 果히 來티 아니ᄒᆞ시니이다 ᄀᆞᆯᄋᆞ샤ᄃᆡ 行ᄒᆞ욤도 或使ᄒᆞ며 止ᄒᆞ욤도 或尼ᄒᆞ나 行止ᄂᆞᆫ 人의 能ᄒᆞᆯ 배 아니라 나의 魯侯를 遇티 몯홈은 天이니 臧氏의 子ㅣ 엇디 能히 날로 ᄒᆞ여곰 遇티 몯게 ᄒᆞ리오

| 직역 |

악정자가 맹자를 뵙고 말하였다. "제가 임금께 고하니, 임금이 와서 보려고 하셨는데, 임금이 총애하는 장창이란 자가 임금을 막았기 때문에 임금이 이 때문에 과연 오지 않으셨습니다." 맹자가 말하였다. "행함에도 혹 행하게 하는 자가 있으며, 그침에도 혹 그치게 하는 자가 있으나, 행하고 그치는 것은 사람이 할 수 있는 것이 아니다. 내가 노나라 임금을 만나지 못한 것은 하늘이니, 장씨의 아들이 어찌 나로 하여금 만나지 못하게 할 수 있겠는가?"

| 자해 |

克 : 악정자의 이름.

| 의해 |

악정자가 맹자를 보고 말하였다. "제가 전에 선생님의 어진 것을 임금께 고하여 임금이 이미 선생님을 와서 보려 하셨습니다. 그런데 임금이 총애하는 장창이라는 자가 있어서 훼방하는 말로 임금을 막으니, 이로써 과연 오시지 않으셨습니다. 소인의 해로움이 바로 이와 같습니다." 맹자가 말하였다. "사람이 임금을 만나서 도를 행함에 혹 사람이 도와주어 하게 하는 자도 있으며, 만나지 못하고 그침에 혹 사람이 막아서 그치게 하는 자도 있다. 그러나 사람이 행하고 그치는 것은 실로 사람이 하게하며 그치게 하는 것이 아니고 하늘이 하게하는 것이다. 이제 내가 노나라 임금을 만나서 우리의 도를 행하지 못하는 것은 운수가 쇠하여 하늘이 천하를 다스리고자 하지 않기 때문이다. 저 장씨의 아들은 임금이 총애하는 한 사람에 불과하니, 어찌 나로 하여금 만나지 못하게 할 수 있겠는가? 나와 자네는 이것을 편하게 여겨야 할 뿐이니, 장창에게 또 무엇을 책할 것인가?"

| 요지 |

이 장은 성현의 나가고 처함이 시운과 관계되니, 천명이 하는 바이고 인력이 미칠 수 있는 바가 아님을 말한 것이다.

3. 공손추장구상(公孫丑章句上)

공 손 추 문 왈 부 자 당 로 어 제 관 중 안 자 지 공
1-1. 公孫丑問曰 夫子 當路於齊하시면 管仲晏子之功
가 부 허 호
을 可復許乎잇가

| 언해 |

公孫丑ㅣ 묻ᄌᆞ와 ᄀᆞᆯ오ᄃᆡ 夫子ㅣ 齊예 路애 當ᄒᆞ시면 管仲과 晏子의 功을 可히 다시 許ᄒᆞ시리잇가

| 직역 |

공손추가 물었다. "선생님께서 제나라에서 정부의 중요한 지위를 담당하신다면 관중과 안자의 공적을 다시 기대할 수 있겠습니까?"

| 자해 |

公孫丑 : 맹자의 제자. 제나라 사람. • 當路 : 요지에 거함. • 管仲 : 제나라 대부. 이름은 이오(夷吾). 환공을 도와서 제후(諸侯) 가운데 으뜸이 되게 함. • 許 : 기약함.

| 의해 |

공손추가 물어 말하였다. "선생님께서 진실로 세상에 등용되는 것에 뜻이 있으므로, 만일 오늘날 중요한 일을 담당하여 제나라 정사를 맡는다면 오늘날에도 관중과 안자의 공업 같은 것을 다시 기약할 수 있겠습니까?"

맹 자 왈 자 성 제 인 야 지 관 중 안 자 이 이 의
1-2. 孟子曰 子誠齊人也로다 知管仲晏子而已矣온여
혹 문 호 증 서 왈 오 자 여 자 로 숙 현 증 서 축 연 왈
或이 問乎曾西曰 吾子 與子路孰賢고 曾西 蹴然曰
오 선 자 지 소 외 야 왈 연 즉 오 자 여 관 중 숙 현 증
吾先子之所畏也니라 曰 然則吾子 與管仲孰賢고 曾
서 발 연 불 열 왈 이 하 증 비 여 어 관 중 관 중 득 군 여
西 艴然不悅 曰 爾何曾比予於管仲고 管仲이 得君如
피 기 전 야 행 호 국 정 여 피 기 구 야 공 렬 여 피
彼其專也며 行乎國政이 如彼其久也로되 功烈이 如彼
기 비 야 이 하 증 비 여 어 시 왈 관 중 증 서
其卑也하니 爾何曾比予於是오하니라 曰 管仲은 曾西
지 소 불 위 야 이 자 위 아 원 지 호
之所不爲也어늘 而子 爲我願之乎아

| 언해 |

孟子ㅣ ᄀᆞᆯᄋᆞ샤ᄃᆡ 子ㅣ 진실로 齊ㅅ사ᄅᆞᆷ이로다 管仲과 晏子를 알 ᄯᆞᄅᆞᆷ이온여 或이 曾西ᄃᆞ려 무러 ᄀᆞᆯ오ᄃᆡ 吾子ㅣ 子路로 ᄃᆞ려 뉘 賢ᄒᆞᆫ고 曾西ㅣ 蹴然ᄒᆞ야 ᄀᆞᆯ오ᄃᆡ 우리 先子의 畏ᄒᆞ시던 배니라 ᄀᆞᆯ오ᄃᆡ 그러ᄒᆞᆫ 則 吾子ㅣ 管仲으로 ᄃᆞ려 뉘 賢ᄒᆞ뇨 曾西ㅣ 艴然히 悅티 아니ᄒᆞ야 ᄀᆞᆯ오ᄃᆡ 네 엇디 곧 나를 管仲애 比ᄒᆞᄂᆞ뇨 管仲이 君을 得홈이 뎌러ᄐᆞ시 그 專ᄒᆞ며 國政을 行홈이 뎌러ᄐᆞ시 그 久ᄒᆞᄃᆡ 功烈이 뎌러ᄐᆞ시 그 卑ᄒᆞ니 네 엇디 곧 나를 이에 比ᄒᆞᄂᆞ뇨 ᄒᆞ니라 ᄀᆞᆯᄋᆞ샤ᄃᆡ 管仲은 曾西의 ᄒᆞ디 아니ᄒᆞᄂᆞᆫ 배어늘 子ㅣ 나를 爲ᄒᆞ야 願ᄒᆞᄂᆞ냐

| 직역 |

맹자가 말하였다. "그대는 진실로 제나라 사람이로다. 관중과 안자를 알뿐이로구나. 혹자가 증서에게 묻기를, '그대가 자로와 더불어 누가 더 어진가?'라고 하니, 증서가 불안해하면서 말하기를,

'자로는 우리 돌아가신 할아버지께서 두려워하신 바이다'라고 하였다. '그렇다면 그대는 관중과 더불어 누가 더 어진가?'라고 하니, 증서가 발끈하여 기뻐하지 않고 말하기를, '네 어찌 곧 나를 관중에게 비교하는가? 관중은 군주의 신임을 얻기를 저와 같이 독차지하였으며, 국정을 시행하기를 저와 같이 오래 하였는데도 효과가 저와 같이 낮으니, 네 어찌 곧 나를 그 사람에게 비교하는가?'라고 하였다. 관중은 증서도 원하지 않았는데, 그대는 나를 위해서 원한단 말인가?"

| 자해 |

曾西 : 증자의 손자. • 蹴 : 불안해하는 모양. • 先子 : 증자. • 艴(발) : 노한 빛. • 曾 : 즉(則)[곧]의 뜻. • 烈 : '빛(光)'과 같음. • 如彼其專 · 如彼其久 : 환공(桓公)이 홀로 관중(管仲)에게 맡기기를 40여 년이나 한 것을 의미함. • 願 : 바라는 것.

| 의해 |

큰 도가 밝지 못한지 오래 되었으므로 공적과 이익에 대한 말이 사람의 마음에 깊이 들어갔다. 그러므로 비록 맹자의 제자이지만, 오히려 감히 맹자가 관중과 안자와 같은 정도가 될 것도 바라지 못하였다. 이것은 맹자가 관중과 안자를 낮게 여기어 그들이 한 일을 하지 않았음을 모르는 것이다. 그러므로 맹자가 "제나라 사람 가운데 아는 사람이라곤 관중과 안자뿐이니, 자네도 참으로 제나라 사람이다"라고 한 것이다. 다만 관중과 안자가 있는 것을 알 뿐이므로, 이밖에 학술과 공업이 관중이나 안자보다 아주 수준이 높은 자가 있음을 전혀 모르는 것이다.

"관중과 안자의 공에 대해서 공자의 무리에서는 말하지 않는다. 예전에 어떤 사람이 증서에게 '성인의 문하에 자로가 있는데, 자네가 스스로 생각해 보아서 자로와 더불어 누가 더 어진가?'라고 묻자, 증서는 자신을 너무 높은 사람에게 비유하므로 불안한 기

색을 띠면서 '자로의 재주와 학문은 우리 돌아가신 할아버지도 공경하고 두려워하셨는데, 어찌 내가 감히 비할 수 있겠는가?'라고 하였다. 그 사람이 또 '자네가 자로와는 감히 견주지 못하니, 그렇다면 관중과 비교하면 누가 어진가?'라고 묻자, 증서는 너무 낮은 사람과 자신을 비유하므로 기색을 바꾸며 노여워하면서 '네가 어찌 나를 관중에 비유하는가? 관중의 일을 말해 보자. 예로부터 성현의 공업을 크게 이루지 못한 자는 혹 임금의 신임을 완전히 얻지 못할까, 혹 정사를 맡기는 일을 오래 동안 하지 않을까 걱정한다. 관중이 환공 같은 임금을 만남에 나라의 정사를 잡게 하고 오로지 믿기를 지극히 하였다. 그 오로지 믿어 준 것이 그와 같으며 정사를 행한 것이 40여 년에 이르니, 신임을 얻어 정사를 돌본 것이 이처럼 오래되었으므로 당연히 그 공명이 멀리 미치고 또 커야 한다. 그런데도 환공을 인도하여 왕도를 행하지 못하고 패도를 행하여 공열이 보잘 것 없이 낮고 더러움이 저와 같았다. 관중의 인품이 이와 같은데 그대가 어찌 나를 관중에게 비유하는가?'라고 거듭 말한 것은 자신을 관중에게 비유한 것을 매우 심하게 부끄러워한 것이다.
증서의 말을 보면 관중의 공열을 증서가 깨끗하게 여기지 않았음을 알 수 있다. 증서는 나와 도가 같으니, 증서가 하지 않는 것을 자네가 어찌 내가 하기를 바라는가?"

1-3. 曰 管仲은 以其君霸하고 晏子는 以其君顯하니 管仲晏子는 猶不足爲與잇가 曰 以齊로 王이 由反手也니라 曰 若是則弟子之惑이 滋甚케이다 且以文王之德으로 百年而後崩하사대 猶未洽於天下어시늘 武王周公이

(왈 관중 이기군패 안자 이기군현 관중안자 유부족위여 왈 이제 왕 유반수야 왈 약시즉제자지혹 자심 차이문왕지덕 백년이후붕 유미흡어천하 무왕주공)

계 지 연 후　　대 행　　금 언 왕 약 이 연　　즉 문 왕
繼之然後에 大行하니 今言王若易然하시니 則文王은
부 족 법 여
不足法與잇가

| 언해 |

ᄀᆞᆯ오ᄃᆡ 管仲은 그 君으로ᄡᅥ 霸케 ᄒᆞ고 晏子ᄂᆞᆫ 그 君으로ᄡᅥ 顯케 ᄒᆞ니 管仲과 晏子ᄂᆞᆫ 오히려 足히 ᄒᆞ염즉디 아니ᄒᆞ니잇가 ᄀᆞᆯᄋᆞ샤ᄃᆡ 齊로ᄡᅥ 王ᄒᆞᆷ이 手를 反ᄒᆞᆷ ᄀᆞᆮᄐᆞ니라 ᄀᆞᆯ오ᄃᆡ 이러ᄐᆞᆺᄒᆞᆫ 則 弟子의 惑이 더욱 甚케이다 ᄯᅩ 文王의 德으로ᄡᅥ 百年인 後에 崩ᄒᆞ샤ᄃᆡ 오히려 天下에 洽디 몯ᄒᆞ거시ᄂᆞᆯ 武王과 周公이 繼ᄒᆞ신 然後에 키 行ᄒᆞ니 이제 王을 이러ᄐᆞ시 쉽다 닐ᄋᆞ시니 곧 文王은 足히 法디 아니ᄒᆞ리잇가

| 직역 |

공손추가 말하였다. “관중은 그 군주를 패자가 되게 하였고, 안자는 그 군주를 이름이 드러나게 하였으니, 관중과 안자도 오히려 해봄직 하지 않습니까?” 맹자가 말하였다. “제나라를 가지고 왕노릇 하는 것은 손을 뒤집는 것과 같이 쉬운 것이다.” 공손추가 말하였다. “그렇다면 제자의 의혹이 더욱 심해집니다. 문왕의 덕을 가지고 백년 뒤에 죽었는데도 아직 천하에 교화가 충분하지 못하여, 무왕과 주공이 계속한 뒤에야 크게 행해졌습니다. 그런데 지금 왕 노릇 하는 것을 쉬운 것처럼 말씀하시니, 그렇다면 문왕은 본받을 만한 분이 못됩니까?”

| 자해 |

顯 : 이름을 드러냄. • 由 : ‘유(猶)’와 같음. • 反手 : 쉬움을 말함. • 滋 : 더함.

| 의해 |

공손추가 맹자의 말을 이해하지 못하고 말하였다. "관중은 환공을 도와 제후들을 모두 합하고 천하를 크게 바르게 해서 그 임금을 제후들 중의 으뜸이 되게 하였으며, 안자는 경공을 도와 덕을 펴고, 형벌을 너그럽게 해서 그 임금의 이름을 드러나게 했습니다. 그 공이 성대하니 오히려 해볼 만하지 않겠습니까?"

이에 대해 맹자는 다음과 같이 말하였다. "만일 내가 제나라에 가서 임금의 신임을 얻어 도를 행한다면 제나라 임금을 도와서 천하에 왕도를 펼치는 일을 이루는 것은 손을 뒤집는 것처럼 쉬울 것이다. 어찌 다만 제후들 중에 으뜸이 되게 하고 이름을 드러내는 공만 세울 뿐이겠는가?"

공손추는 맹자가 '관중이나 안자가 한 업적을 따를 게 없다'는 말을 의심하고 있었는데, 이제 또 '천하에 왕도정치를 펴는 것을 손을 뒤집는 것 같다'고 하자 더욱 의심이 커졌다. "관중이나 안자를 의론할 것 없이 문왕의 덕이 지극히 성대합니다. 또 백 년을 장수한 뒤에 죽었으니 오래 동안 덕을 베풀었지만 천하를 삼분해서 그 중 2/3를 차지하고 있었으므로, 그 덕이 오히려 천하에 충분히 베풀어지지 않았다고 할 수 있습니다. 무왕에 이르러 상나라를 이겨 크게 천하를 정하고 주공이 성왕을 도와 예와 악을 지은 후에 교화가 크게 행해져서 사해에 가득히 넘치게 되었습니다. 문왕도 오히려 몸소 천하에 왕도정치를 펴지 못한 것이 이와 같으니 왕업이란 매우 어려운 것입니다. 그런데도 천하에 왕도정치를 펼치는 것을 말하면서 쉽기가 손을 뒤집는 것 같다고 하셨으니, 문왕의 덕은 충분히 본받을 만한 것이 없습니까?"

왈 문왕 하가당야 유탕 지어무정

1-4. 曰 文王은 何可當也시리오 由湯으로 至於武丁히

현 성 지 군 육 칠 작 천 하 귀 은 구 의 구 즉
賢聖之君이 六七이 作하여 天下 歸殷이 久矣니 久則
난 변 야 무 정 조 제 후 유 천 하 유 운 지 장 야
難變也라 武丁이 朝諸侯有天下호대 猶運之掌也하시니
주 지 거 무 정 미 구 야 기 고 가 유 속 류 풍 선 정
紂之去武丁이 未久也라 其故家遺俗과 流風善政이
유 유 존 자 우 유 미 자 미 중 왕 자 비 간 기 자 교 격 개
猶有存者하며 又有微子微仲王子比干箕子膠鬲이 皆
현 인 야 상 여 보 상 지 고 구 이 후 실 지 야 척 지
賢人也라 相與輔相之故로 久而後에 失之也하니 尺地
막 비 기 유 야 일 민 막 비 기 신 야 연 이 문 왕
도 莫非其有也며 一民도 莫非其臣也어늘 然而文王이
유 방 백 리 기 시 이 난 야
猶方百里起하시니 是以難也니라

| 언해 |

ᄀᆞᆯᄋᆞ샤ᄃᆡ 文王은 엇디 可히 當ᄒᆞ시리오 湯으로 말ᄆᆡ암아 武丁에 니르히 賢聖ㅅ君이 六七이 作ᄒᆞ야 天下ㅣ 殷에 歸홈이 오라니 오라면 變홈이 難ᄒᆞ니라 武丁이 諸侯를 朝ᄒᆞ야 天下를 두ᄃᆡ 掌애 運홈 ᄀᆞ티 ᄒᆞ시니 紂ㅣ 武丁애 去홈이 오라디 아니ᄒᆞᆫ디라 그 故家의 遺俗과 流風과 善政이 오히려 存ᄒᆞᆫ 者ㅣ 이시며 ᄯᅩ 微子와 微仲과 王子ㅣ언 比干과 箕子와 膠鬲이 다 賢人이라 서르 ᄃᆞ려 輔相ᄒᆞᆫ 故로 오란 後에 失ᄒᆞ니 尺地도 그 둠이 아니니 업스며 一民도 그 臣이 아니니 업거늘 그러나 文王이 方百里로 말ᄆᆡ암아 起ᄒᆞ시니 일로ᄡᅥ 難ᄒᆞ니라

| 직역 |

맹자가 말했다. "문왕을 어찌 당할 수 있겠는가? 탕왕으로부터 무정에 이르기까지 어질고 성스러운 군주가 6, 7명이 나와서 천하가 은나라에 돌아간 지가 오래되었으니, 오래되면 변하기 어렵다. 무정이 제후들에게 조회 받고 천하를 소유하면서 마치 이것을 손

바닥에 움직이듯이 하였으니, 주왕은 무정과의 거리가 오래지 않다. 그 고가와 남은 풍속과 유풍과 선정이 아직도 남은 것이 있었으며, 또 미자・미중과 왕자 비간과 기자・교격이 있었는데, 이들은 다 현인이었다. 이들이 서로 더불어 그를 보좌하였으므로 오랜 뒤에야 나라를 잃었으니, 한 자 되는 땅도 그의 소유 아님이 없었으며, 한 백성도 그의 신하 아닌 이가 없었다. 그런데도 문왕은 사방 백리를 가지고 일어나셨으니, 이 때문에 어려웠던 것이다."

| 자해 |

當 : 대적함. • 作 : 일어남. • 故家 : 옛 신하의 집. • 猶 : '유(有)'자와 같음.

| 의해 |

공손추의 말에 맹자가 스스로 문왕의 덕을 대적할 수 없음을 말한 것이다. "왕업을 이룸에 있어 미치지 못하는 까닭은 덕이 부족해서가 아니라 때를 만나지 못했기 때문이다. 상나라의 왕업이 성탕에서 시작해서 탕으로부터 태갑과 태무, 조을, 반경, 무정에 이르기까지 어질고 성스러운 임금이 6~7이 되었다. 그 여러 세대의 덕택이 깊게 백성의 마음을 흡족하게 해서 천하가 은나라로 돌아온 것이 오래되었다. 오래되면 사람의 마음이 굳게 맺혀서 변하여 다른 데로 가기가 어렵다. 그 덕이 사람에게 있는 것이 이와 같고, 또 무정은 어질어서 사람을 쓰고 정사를 닦아서 비록 나라 운수가 중간에 쇠한 때를 당하였지만 한번 떨쳐 일어나 빛나게 중흥하여 마침에 제후에게 조회 받고 천하를 보존해서 탕의 옛 업적을 회복하기를 손바닥 뒤집듯 쉽게 할 수 있었다. 주에서부터 무정에게까지는 칠대가 된다. 따라서 그 세대가 오래되지 않았기 때문에 그 아래는 여러 세대 공신의 옛집 및 옛 백성에게 순후한 풍속을 끼칠 수 있었고, 그 위로는 덕화와 잘 된 정사의 옛일이 오히려 남아 있어서 그 나머지 은택이 없어지지 않은 것이 이와 같았다. 또 동성인 미자와 미중, 왕자인 비간과 기자, 이

성으로는 교격이 있었는데, 이 다섯 신하는 다 어진 사람이었다. 서로 더불어 마음을 같이해서 바르게 구원하여 도우니, 많은 선비를 유지한 것이 또 이와 같았다. 그러므로 주가 비록 도는 없었지만 나라가 급히 망하지 아니하고 반드시 날이 오래 되기를 기다린 후에 잃어 버렸다. 하물며 주의 때에 한 척 되는 땅이라도 상나라에 두지 않은 것이 없고, 한 백성이라도 상나라의 신하가 아님이 없었으니 이것은 의연한 일통(一統)의 형세였다. 그러나 문왕은 오히려 사방 백리의 땅을 가지고 일어났으니 문왕이 만난 시세는 모두 어려운 때였다. 그러므로 왕업을 이루기가 또한 어려웠으니, 그러한 덕을 어찌 감히 대적할 수 있겠는가?"

제인 유언왈 수유지혜 불여승세 수유자기
1–5. 齊人이 有言曰 雖有智慧나 不如乘勢며 雖有鎡基
불여대시 금시즉이연야
나 不如待時라하니 今時則易然也니라

| 언해 |

齊人이 言을 두어 ᄀᆞᆯ오ᄃᆡ 비록 智慧이시나 勢를 乘홈만 ᄀᆞᆮ디 몯ᄒᆞ며 비록 鎡基ㅣ 이시나 時를 待홈만 ᄀᆞᆮ디 몯ᄒᆞ다 ᄒᆞ니 이제 時ㄴ則 易ᄒᆞ니라

| 직역 |

"제나라 사람의 말에 이르기를, '비록 지혜가 있으나 시세를 타는 것만 못하며, 비록 농기구가 있으나 때를 기다리는 것만 못하다' 하였으니, 지금 때는 그렇게 하기가 쉽다."

| 자해 |

鎡基 : 농기구. • 時 : 밭 갈고 곡식 심는 때.

| 의해 |

"문왕이 하기 어려웠던 것을 알면 지금 쉬운 것을 알 수 있다. 너는 제나라 사람이므로 제나라 사람의 말을 들었을 것이다. 제나라 사람의 말에 '일을 할 때에는 지혜로써 해야 한다. 그러나 비록 지혜가 있더라도 시세의 편함을 타고 일을 해서 공을 세우는 사람만 같지 못하다. 그렇지 않으면 지혜를 베풀 데가 없을 것이다. 농사를 짓는 자는 자기의 힘으로 농사를 짓지만, 비록 자기의 노력이 있다 하더라도 천시가 이르기를 기다려 힘써 농사를 지어 얻는 사람만 같지 못하다. 그렇지 않으면 자기가 쓸 것이 없다'는 말이 있다. 시세가 왕 천하 하는데 도움이 될 것인가를 보아야 하는데, 지금의 시세는 왕업을 일으키기 쉬운 때이다. 그러므로 손을 뒤집는 것과 같다고 한 것이다."

하 후 은 주 지 성　지 미 유 고 천 리 자 야　이 제 유
1-6. 夏后殷周之盛에 地未有過千里者也하니 而齊有
기 지 의　계 명 구 폐　상 문 이 달 호 사 경　이 제 유 기
其地矣며 雞鳴狗吠가 相聞而達乎四境하니 而齊有其
민 의　지 불 개 벽 의　민 불 개 취 의　행 인 정 이 왕
民矣니 地不改辟矣며 民不改聚矣라도 行仁政而王이
막 지 능 어 야
면 莫之能禦也리라

| 언해 |

夏后殷周ㅅ盛에 地ㅣ 千里예 過호 者ㅣ 잇디 아니ᄒᆞ니 齊ㅣ 그 地를 두며 雞의 鳴과 狗의 吠ㅣ 서ᄅᆞ 聞ᄒᆞ야 四境에 達ᄒᆞ니 齊ㅣ 그 民을 두니 地ㅣ 고텨 辟디 아니ᄒᆞ며 民이 고텨 聚티 아니ᄒᆞ야

도 仁政을 行ᄒᆞ야 王ᄒᆞ면 能히 禦ᄒᆞ리 업스리라

| 직역 |

"하후와 은·주의 전성기에 땅이 천리를 넘은 자가 있지 않았는데, 지금 제나라는 그만한 땅을 소유하고 있으며, 닭 울음과 개 짖는 소리가 서로 들려서 사방 국경에 도달하고 있으니, 제나라가 그만한 백성을 가지고 있다. 땅을 다시 더 개간하지 않으며 백성을 더 모으지 않더라도 인정을 행하고서 왕 노릇 한다면 이것을 막을 자가 없을 것이다."

| 자해 |

辟 : 개간함. '벽(闢)'자와 같음.

| 의해 |

무엇으로 그 형세가 쉬움을 보았는가에 대해 설명한 것이다. "하후씨와 은나라와 주나라가 성할 때에 왕기의 땅이 천리를 넘지 않았는데 제나라는 땅이 사방 천리이므로 그 땅을 보존할 수 있었고, 백성이 조밀해서 닭 우는 소리와 개 짖는 소리가 곳곳마다 서로 들려서 서울부터 국경에까지 도달하였다. 제나라는 백성을 보호했기 때문에 넓은 땅을 차지할 수 있었으며, 더 이상 개척할 필요가 없었다. 또한 백성이 많았기 때문에 더 이상 백성을 모을 필요도 없었다. 땅이 넓고 백성이 많으므로 은택을 널리 베풀었으니, 한 척 되는 땅과 한 명의 백성이라도 모두 상나라의 소유였는데, 문왕이 사방 백리의 땅을 가지고 일어난 것을 보면 서로 같지 않다. 따라서 인정을 행해서 천하에 왕 노릇 하면 이것을 막을 수 있는 자가 없는 것이다."

차 왕 자 지 부 작 미 유 소 어 차 시 자 야 민 지 초
1-7. 且王者之不作이 未有疏於此時者也하며 民之憔
췌 어 학 정 미 유 심 어 차 시 자 야 기 자 이 위 식
悴於虐政이 未有甚於此時者也하니 飢者에 易爲食이
갈 자 이 위 음 공 자 왈 덕 지 유 행 속 어 치 우
며 渴者에 易爲飮이니라 孔子曰 德之流行이 速於置郵
이 전 명 당 금 지 시 만 승 지 국 행 인 정
而傳命이라하시니 當今之時하여 萬乘之國이 行仁政이
민 지 열 지 유 해 도 현 야 고 사 반 고 지 인 공
면 民之悅之 猶解倒懸也리니 故로 事半古之人이오 功
필 배 지 유 차 시 위 연
必倍之는 惟此時 爲然하니라

| 언해 |

ᄯᅩ 王者의 作디 아니ᄒᆞᆷ이 이 時만 疏ᄒᆞᆫ이 잇디 아니ᄒᆞ며 民의 虐政에 憔悴ᄒᆞᆷ이 이 時만 甚ᄒᆞᆫ이 잇디 아니ᄒᆞ니 飢者애 食되옴이 쉬오며 渴者애 飮되옴이 쉬오니라 孔子ㅣ ᄀᆞᆯᄋᆞ샤ᄃᆡ 德의 流行ᄒᆞᆷ이 置郵로 命傳ᄒᆞᆷ 두곤 速다 ᄒᆞ시니 이젯 時ᄅᆞᆯ 當ᄒᆞ야 萬乘ㅅ國이 仁政을 行ᄒᆞ면 民의 悅ᄒᆞᆷ이 倒懸을 解ᄒᆞᆷ ᄀᆞᄐᆞ리니 故로 事ㅣ 녯 사ᄅᆞᆷ애 半만 ᄒᆞ고 功이 반ᄃᆞ시 倍ᄒᆞᆷ은 오직 이 時ㅣ 그러ᄒᆞ니라

| 직역 |

"또 왕업을 이룬 자가 나타나지 않은 것이 지금보다 더 드물었던 적이 있지 않았으며, 백성들이 학정에 시달린 것이 지금보다 더 심한 적이 있지 않았다. 굶주린 자에게는 밥이 되기가 쉽고, 목마른 자에게는 음료가 되기가 쉬운 것이다. 공자가 말하기를, '덕의 유행이 파발마로 명을 전달하는 것보다 빠르다'고 하였으니, 지금을 당하여 만승의 나라가 인정을 행한다면 백성들의 기뻐하는 것이 거꾸로 매달린 것을 풀어준 것과 같을 것이다. 그러므로 일은 옛사람의 반만 하고서 효과는 반드시 옛사람의 배가 되는 것은

오직 지금만이 그러할 것이다."

| 자해 |

置 : 역(驛). • 郵 : 역마. • 倒懸 : 곤궁하고 괴로움을 비유한 것.

| 의해 |

"주나라는 문왕 · 무왕으로부터 지금에 이르기까지 칠백여 년 동안 성군이 세상을 다스리지 않았다. 따라서 왕자가 일어나지 않은 것이 이때보다 더 성근 적이 없었고, 또한 왕자가 일어나지 않았기 때문에 제후가 서로 다투어서 병기를 만들고 많은 세금을 거두는 것이 끊이지 않았다. 포악한 정치로 인해 백성이 파리해진 것이 이때보다 더 심했던 적이 없었으니, 이는 상나라에 성군이 이어서 일어나고 착한 정사가 있을 때에 비할게 아니다. 따라서 이러한 때에 인정(仁政)이 한 번 행해지면 깊은 은혜와 두터운 덕택을 기다리지 않더라도 백성이 감화되어 마음이 돌아올 것이다. 이러한 상황은 비유하면 주린 자에게 먹을 것이 되기 쉽고 목마른 자에게 마실 것이 되기가 쉬운 것과 같으니, 왕업을 이루는 것이 무엇이 어렵겠는가? 때가 쉬움이 또한 이와 같은 것이다. 시세가 진실로 인을 행하기 쉬운데 하물며 인정을 행하는 것이 본래 빠른데 있어서 이겠는가? 공자가 일찍이 말하기를, '임금의 덕이 몸에서 나와 백성에게 전해지는데, 그것이 행해지는 것이 역말로 명령을 전하는 것 보다 빠르다'고 하였다. 여기에 성실하면 저기에서의 움직임이 빠르기를 기다리지 않아도 스스로 빠르며, 행하게 함을 기다리지 아니하고 스스로 이르니, 덕을 행하는 것이 본래 빠르기가 이와 같은데, 하물며 또 시세가 할 만함에 있어서 이겠는가? 이제 지극히 쉬운 때를 당하여 만승나라의 형세를 가지고 나로 하여금 제나라의 중요한 벼슬을 담당하여 임금을 도와 인정의 덕을 행하여 폭정과 학대를 바꾸게 한다면, 장차 백성이 기뻐하는 것이 거꾸로 매달린 괴로움을 선뜻 풀어주는 것

같을 것이다. 이와 같다면 배고플 때 먹고 목마를 때 마시는 것 같을 뿐만이 아니다. 그렇기 때문에 행한 일이 옛 사람의 반만 되고 반드시 백 년 정도 오래 하지 않더라도, 그 공을 이루는 것은 옛 사람에게 비교하면 배가 되어서 삼분의 이를 소유하는데 그치지 않을 것이다. 지금의 시세가 쉬운 것과 덕을 행함이 빠른 것이 그러하니, 제나라를 가지고 왕 노릇 하는 것이 손 뒤집듯이 쉽다는 것이 어찌 헛된 말이겠는가?"

| 요지 |

이 장은 제나라를 가지고 왕 노릇 하는 것이 손바닥 뒤집는 것처럼 쉽다는 것으로 주장을 삼았으니, 나라를 다스리는데 마땅히 왕도로 해야 하며, 패도로 해서는 안 된다는 것을 보여주고 있다. 손을 뒤집는다는 구절 이상은 관중과 안자를 낮추고 왕도를 이르기 쉬운 것을 말하였고, 아래는 왕도에 이르기 쉬운 것은 제나라의 시세가 할 만한 때이므로 그렇다고 말한 것이다. 그러나 덕이 근본이 되니 반드시 덕이 있어야 시세를 의론할 수 있다.

공 손 추 문 왈 부 자 가 제 지 경 상 득 행 도 언
2-1. 公孫丑問曰 夫子 加齊之卿相하사 得行道焉하시면
수 유 차 패 왕 불 이 의 여 차 즉 동 심 부 호
雖由此覇王이라도 不異矣리니 如此則動心가 否乎잇가
맹 자 왈 부 아 사 십 부 동 심
孟子曰 否라 我는 四十이라 不動心호라

| 언해 |

公孫丑ㅣ 묻ᄌᆞ와 ᄀᆞᆯ오ᄃᆡ 夫子ㅣ 齊ㅅ卿相에 加ᄒᆞ샤 시러곰 道ᄅᆞᆯ 行ᄒᆞ시면 비록 일로 말미암아 覇ᄒᆞ며 王ᄒᆞ야도 異티 아니ᄒᆞ리니 이러틋 ᄒᆞᆫ 則 心을 動ᄒᆞ실가 아니ᄒᆞ시리잇가 孟子ㅣ ᄀᆞᆯ아샤ᄃᆡ 아

니라 나는 四十이라 心을 動티 아니호라

| 직역 |

공손추가 물었다. "선생님께서 제(齊)나라의 경상(卿相) 지위에 오르시어 도를 행할 수 있게 되신다면, 비록 이로 말미암아 패업을 이루거나 왕업을 이룬다 하더라도 이상하지 않을 것입니다. 이와 같다면 마음이 동요되시겠습니까? 않으시겠습니까?" 맹자가 말하였다. "아니다. 나는 40세여서 마음을 동요하지 않는다."

| 의해 |

공손추는 맹자가 만일 제나라 경상의 지위에 올라 도를 행하면 이 지위로 말미암아 공을 세우고 업을 세워 작게는 제후들 중의 패자가 되고 크게는 왕천하 하는 것이 능한 일이므로 크게 이상할 것이 없지만, 그러나 책임의 중대함이 이와 같으므로, 이 때문에 마음이 동요될 것인가 궁금하여 질문하였다. 이에 맹자는 마음이 동요되지 않을 것이라고 대답한 것이다. 맹자는 나이 40에 이르면서 도가 밝아 의심할 것이 없고, 덕이 올바로 서서 두려워할 것이 없으므로 마음이 이미 동요되지 않았다. 그러므로 이제 비록 성대한 위치에 올라 큰 도를 행하더라도 또한 자연스럽게 행할 따름이므로 마음에 동요가 없는 것이다.

왈 약시즉부자 과맹분 원의 왈 시 불
2-2. 曰 若是則夫子 過孟賁이 遠矣샤소이다 曰 是 不
난 고자 선아부동심 왈 부동심 유도호
難하니 告子도 先我不動心하니라 曰 不動心이 有道乎
왈 유 북궁유지양용야 불부요 불목
잇가 曰 有하니라 北宮黝之養勇也는 不膚撓하며 不目
도 사이일호 좌어인 약달지어시조 불
逃하여 思以一毫나 挫於人이어든 若撻之於市朝하여 不

수어갈관박 역불수어만승지군 시자만승지
受於褐寬博하며 亦不受於萬乘之君하여 視刺萬乘之
군 약자갈부 무엄제후 악성 지 필
君호대 若刺褐夫하여 無嚴諸侯하여 惡聲이 至커든 必
반지
反之하니라

| 언해 |

ᄀᆞᆯ오ᄃᆡ 이러ᄐᆞᆺ ᄒᆞ면 夫子ㅣ 孟賁애 過ᄒᆞ샴이 遠ᄒᆞ샤소이다 ᄀᆞᆯᄋᆞ샤ᄃᆡ 이 難티 아니ᄒᆞ니 告子도 날로 몬져 心을 動티 아니ᄒᆞ니라 ᄀᆞᆯ오ᄃᆡ 心을 動티 아니 홈이 道ㅣ 인ᄂᆞ니잇가 ᄀᆞᆯᄋᆞ샤ᄃᆡ 인ᄂᆞ니라 北宮黝의 勇을 養홈은 膚로 撓티 아니ᄒᆞ며 目으로 逃티 아니ᄒᆞ야 思호ᄃᆡ ᄡᅧ 一毫ㅣ나 人에 挫ᄒᆞ거ᄃᆞᆫ 市朝애 撻홈 ᄀᆞᆮ티 ᄒᆞ야 褐寬博의게 受티 아니ᄒᆞ며 ᄯᅩᄒᆞᆫ 萬乘ㅅ君에 受티 아니ᄒᆞ야 萬乘ㅅ君을 刺홈을 視호ᄃᆡ 褐夫刺홈 ᄀᆞᆮ티 ᄒᆞ야 嚴ᄒᆞᆫ 諸侯ㅣ 업서 惡聲이 니르거든 반ᄃᆞ시 反ᄒᆞ니라

| 직역 |

"이와 같다면 선생님께서는 맹분보다 크게 뛰어나십니다." "이것은 어렵지 않으니, 고자도 나보다 먼저 마음을 동요하지 않았다." "마음을 동요하지 않는데 방법이 있습니까?" "있다. 북궁유가 용기를 기르는 방법은 피부가 찔려도 움직이지 않으며 눈동자를 피하지 않아서, 털끝만큼이라도 남에게 좌절을 당하면 마치 시장이나 조정에서 종아리를 맞는 것처럼 생각하여, 보통 사람에게도 모욕을 받지 않으며 또한 만승의 군주에게도 모욕을 받지 않아, 만승의 군주를 찌르는 것 보기를 마치 보통 사람을 찔러 죽이는 것처럼 생각하여, 제후를 두려워함이 없어서 험담하는 소리가 이르면 반드시 보복하는 것이었다."

| 자해 |

孟賁 : 용사(勇士). • 告子 : 이름이 불해(不害)임. • 北宮黝 : 북궁(北宮)은 성(姓)이고, 유(黝)는 이름임. • 膚撓 : 기부(肌膚-살)가 찔림을 당하여 흔들리고 움츠러드는 것. • 目逃 : 눈이 찔림을 당하여 눈동자를 굴려 도피하는 것. • 挫 : '욕(辱)'과 같음. • 褐 : 모포(毛布). 털로 짠 베. • 寬博 : 헐렁하고 큰 옷. 천한 자의 의복. • 不受 : 좌절(挫折)을 받지 않음. • 刺 : 찔러 죽임. • 嚴 : 두려워하고 꺼림.

| 의해 |

공손추는 큰 임무를 맡았을 때 마음이 동요되지 아니함이 그와 같다면 맹자의 용맹은 맹분보다 훨씬 뛰어나다고 생각했다. 맹분의 힘은 겨우 하나의 무거운 물건을 들 뿐이지만 맹자의 마음은 능히 한 세상의 무거움을 멜 수 있다고 여긴 것이다. 그러자 맹자는 사람이 만일 마음을 굳게 지켜 동요되지 아니하는 것은 또한 어렵지 않으니 곧 고자와 같은 사람도 나이 40에 이르지 않고도 맹자보다 먼저 마음이 동요되지 않았다는 것을 예로 들어 마음을 동요되지 않게 하는 것이 어렵지 않음을 설명한 것이다.

마음이 동요되지 않게 하는 방법에 대한 공손추의 질문과 이에 대한 맹자의 대답이다. 하나의 마음은 천하의 일에 응한다. 따라서 오직 그 주장이 있어야만 이에 동요되지 않을 수 있다. 이것이 바로 방법이 있다는 것이다.

"북궁유가 용맹을 기르는 방법은 자기의 살이 찔려도 흔들리거나 움츠러들지 않고, 눈이 찔려도 눈동자를 굴려 도피하지 않는 것이다. 따라서 다만 남에게 찔리지 않을 뿐만 아니라 그 마음을 미루면, 털끝만큼이라도 사람에게 욕을 당하면 저자와 조정에서 종아리를 맞아서 큰 욕을 당하는 것과 같이 여겨서 반드시 갚았다. 북궁유가 욕을 당하지 않으려는 마음은 오직 천한 자에게만 욕을 당하지 않겠다고 해서 반드시 갚으려 했을 뿐만이 아니라, 또한 만승의 임금 같이 귀한 자에게도 욕을 당하지 않겠다고 하여 반드시 갚고자 하였다. 따라서 만승의 임금을 찌르기를 보통 사람을 찌르는 것과 같이 하였으므로 천하에 두려워하거나 꺼리는 제후가 없었다. 또한 다만 욕을 당하지 않기 위해 반드시 찔러서 갚으려 했을 뿐만 아니라, 험담하는 소리가 들려와도 반드시 악한 소리로써 갚았으니, 하물며 욕을 당하는 것이 악한 소리보다 더함에 있어서이겠는가? 이와 같이 하는 것은 반드시 이기는 것으로써 주장을 삼아서 마음을 움직이지 아니하는 자이다."

2-3. 孟施舍之所養勇也(맹시사지소양용야)는 曰(왈) 視不勝(시불승)호대 猶勝也(유승야)로니 量敵而後進(양적이후진)하며 慮勝而後會(여승이후회)하면 是(시)는 畏三軍者也(외삼군자야)니 舍(사) 豈能爲必勝哉(기능위필승재)리오 能無懼而已矣(능무구이이의)라하니라

| 언해 |

孟ᄉ舍의 勇을 養ᄒᆞᄂᆞᆫ 바ᄂᆞᆫ ᄀᆞᆯ오ᄃᆡ 不勝을 視호ᄃᆡ 勝홈 ᄀᆞᆮ티 ᄒᆞ노니 敵을 量ᄒᆞᆫ 後에 進ᄒᆞ며 勝을 慮ᄒᆞᆫ 後에 會ᄒᆞ면 이ᄂᆞᆫ 三軍을 畏ᄒᆞᄂᆞᆫ 者ㅣ니 舍ㅣ 엇디 能히 반ᄃᆞ시 勝ᄒᆞ리오 能히 懼홈이 업슬 ᄯᆞᄅᆞᆷ이라 ᄒᆞ니라

| 직역 |

"맹시사가 용기를 기르는 방법은 '이기지 못하는 것을 이기는 것처럼 보는 것이니, 적을 헤아린 뒤에 전진하며 승리를 생각한 뒤에 교전한다면 이것은 적의 삼군을 두려워하는 자이다. 내 어찌 반드시 이기는 것만을 할 수 있겠는가? 두려워하지 않을 수 있을 뿐이다'라고 말한 것이었다."

| 자해 |

孟施舍 : 맹(孟)은 성(姓), 시(施)는 발어사(發語辭), 사(舍)는 이름. • 會 : 모여 싸우는 것.

| 의해 |

"맹시사는 용맹을 기르는 것에 대해 '사람이 감히 싸움을 귀하게 여기니, 내가 사람을 이길 수 있는 것에 대해서는 말하지 말라. 혹 이기지 못할 것 같더라도 내가 감히 싸우는 마음을 가지고 보면 이길 수 있는 것과 같아 용기 있게 앞으로 나아가는 것이다. 만일 대적할 상대가 적음을 헤아린 뒤에 나가고 몸이 충분히 이길 것을 생각한 뒤에 싸운다면, 혹 많은 삼군이 있으면 저가 반드시 감히 나가 싸우지 못할 것이다. 이는 삼군의 무리를 두려워하는 자이다. 이기고 지는 것은 싸움에 항상 있는 일이니, 나라고 해서 어찌 반드시 이길 수만 있겠는가? 다만 용기 있게 앞으로 나아가 두려움이 없게 할 수 있을 뿐이다. 오직 두려움이 없기 때문에 살고 죽고 이롭고 해로움이 마음을 흔들지 못해서 이기지 못할 것을 보더라도 이길 것 같이 한다'고 하였으니, 이는 두려움이 없는 것을 주장으로 삼아 마음을 움직이지 않는 자이다."

맹 시 사 사 증 자 북 궁 유 사 자 하 부 이 자
2-4. 孟施舍는 似曾子하고 北宮黝는 似子夏하니 夫二子
지 용 미 지 기 숙 현 연 이 맹 시 사 수 약 야
之勇이 未知其孰賢이어니와 然而孟施舍는 守約也니라

| 언해 |

孟ㅅ舍ᄂᆞᆫ 曾子ᄀᆞᆮ고 北宮黝ᄂᆞᆫ 子夏ᄀᆞᆮᄐᆞ니 二子의 勇이 그 뉘 賢홈을 아디 몯ᄒᆞ거니와 그러나 孟ㅅ舍ᄂᆞᆫ 守ㅣ 約ᄒᆞ니라

| 직역 |

"맹시사는 증자와 유사하고 북궁유는 자하와 유사하니, 이 두 사람의 용기에 대해서는 누가 더 나은지 모르겠으나, 그러나 맹시사의 지킴이 긴요하다."

| 자해 |

賢 : 승(勝)[나음]과 같음. • 約 : 긴요함.

| 의해 |

"증자와 자하의 기상에 나가서 비교해 보면, 맹시사는 증자에 비할 것이 못되지만 그 기상은 증자와 같다. 맹시사가 반드시 이기기를 취하는 것은 증자가 돌이켜 자신의 몸에서 구하는 것과 같다. 북궁유는 자하에 비할 것이 못되지만 그 기상은 자하와 같다. 북궁유가 힘쓰는 것은 사람을 대적함에 있는데, 이는 자하가 성인을 두텁게 믿는 것과 같다. 두 사람의 용맹이 모두 혈기에서 나왔으므로 누가 나은지는 알 수 없다. 옳고 그른 등급은 진실로 의론할 것이 아니지만, 다만 두 사람이 지키는 바를 가지고 비교하면 북궁유의 마음은 반드시 이기는 것을 주장하여 동요하지 않았으나, 사람이 혹 힘으로 이기면 동요됨을 면치 못할 것이다. 그러나 맹시사는 몸을 지키는데 전일하여 두려움이 없었다. 싸움을 이기고 두려움이 없어서 마음이 동요되지 않음은 진실로 있을 수 있는 일이다. 그런데 싸움을 비록 이기지 못하지만 자신은 두려움이 없어서 그 마음이 처음부터 동하지 아니하니, 이것은 맹시사가 지킨 바가 북궁유에게 비하면 그 긴요함을 얻은 것이 된다."

석자 증자위자양왈 자 호용호 오상문대용
2-5. 昔者에 曾子謂子襄曰 子 好勇乎아 吾嘗聞大勇
어부자의 자반이불축 수갈관박 오불췌
於夫子矣로니 自反而不縮이면 雖褐寬博이라도 吾不惴
언 자반이축 수천만인 오왕의
焉이어니와 自反而縮이면 雖千萬人이라도 吾往矣라하시
맹시사지수 기 우불여증자지수약야
니라 孟施舍之守는 氣라 又不如曾子之守約也니라

| 언해 |

녜 曾子ㅣ 子襄ᄃᆞ려 닐어 ᄀᆞᆯᄋᆞ샤ᄃᆡ 子ㅣ 勇을 好ᄒᆞᄂᆞ냐 내 일즉 大勇을 夫子ᄭᅴ 듣ᄌᆞ오니 ᄉᆞᄉᆞ로 反ᄒᆞ야 縮디 아니ᄒᆞ면 비록 褐寬博이라도 내 惴케 몯ᄒᆞ려니와 ᄉᆞᄉᆞ로 反ᄒᆞ야 縮ᄒᆞ면 비록 千萬人이라도 내 往ᄒᆞ리라 ᄒᆞ시니라 孟ㅅ舍의 守ᄂᆞᆫ 氣라 ᄯᅩ 曾子의 守ㅣ 約홈만 ᄀᆞᆮ디 몯ᄒᆞᄂᆞ니라

| 직역 |

"옛날에 증자가 자양에게 이르기를, '그대는 용기를 좋아하는가? 내가 일찍이 선생님에게 큰 용기에 대해 들었다. 스스로 돌이켜 보아서 바르지 못하면 비록 보통 사람이라도 내가 두려워하게 하지 못하지만, 스스로 돌이켜 보아서 바르면 비록 천만 명이 있더라도 내가 가서 대적할 수 있다고 하셨다'라고 하였다. 맹시사가 지킨 것은 기이니, 또한 증자가 지킨 것이 긴요한 것만 못하다."

| 자해 |

子襄 : 증자(曾子)의 제자. • 夫子 : 공자. • 縮 : 곧음. • 惴 : 두려워함. • 往 : 가서 대적함.

| 의해 |

"북궁유와 맹시사가 마음이 동요되지 않은 것은 다 혈기의 용맹이

지, 선비의 의리의 용맹이 아니다. 이전에 증자가 자양에게 '자네는 용맹을 좋아하는가? 반드시 큰 용맹을 좋아해야 옳으니, 내가 일찍이 큰 용맹을 공자에게서 들었다. 공자는 '천하의 기운은 이치를 주장으로 삼기 때문에 사람이 믿고서 항상 펴고 굴하지 아니하는 것이 이것이다. 진실로 스스로 그 몸에 돌이켜 곧지 아니해서 이치가 굽으면 기운이 펴지지 못하여 비록 보통 사람같이 천한 이라도 내가 두렵게 할 수 없지만, 스스로 몸에 돌이켜 곧아서 이치가 곧으면 기운이 저절로 장하여 비록 천만인의 무리라도 반드시 펼 것이니 나아가 대적할 수 있다'고 하였으니, 이것이 이른바 큰 용맹이다. 자네가 마땅히 좋아해야 할 것이 이것이다'라고 하였다. 이것을 보면 증자가 마음을 동요하지 않은 것은 이치와 의에 곧음으로써 주장을 삼는 것임을 알 수 있다.
맹시사의 기상을 의론하면 비록 증자와 같아서 북궁유보다 긴요함을 지키지만 맹시사의 지키는 바는 한 몸의 혈기에 지나지 않는다. 이는 일찍이 마음에 돌이켜 스스로 그 곧은 것과 곧지 못한 것을 살피지 못했기 때문이니, 증자가 스스로 돌이켜서 곧은 것으로써 용맹을 삼은 것을 보면 그 지킨 바에 긴요함은 맹시사가 비할 것이 아니다. 몸에 돌이켜 이치를 좇는 것이 증자가 마음을 동요하지 않은 도이다."

2-6. 曰 敢問夫子之不動心과 與告子之不動心을 可得聞與잇가 告子曰 不得於言이어든 勿求於心하며 不得於心이어든 勿求於氣라하니 不得於心이어든 勿求於氣는 可커니와 不得於言이어든 勿求於心은 不可하니 夫

志는 氣之帥也오 氣는 體之充也니 夫志 至焉이요 氣次焉니 故로 曰 持其志오도 無暴其氣라하니라

| 언해 |

ᄀᆞᆯ오ᄃᆡ 敢히 묻ᄌᆞᆸ노이다 夫子의 心을 動티 아니ᄒᆞ심과 다ᄆᆞᆺ 告子의 心을 動티 아니홈을 可히 시러곰 드르리잇가 告子ㅣ ᄀᆞᆯ오ᄃᆡ 言에 得디 몯ᄒᆞ거든 心에 求티 말며 心에 得디 몯ᄒᆞ거든 氣예 求티 말라 ᄒᆞ니 心에 得디 몯ᄒᆞ거든 氣예 求티 말옴ᄋᆞᆫ 可커니와 言에 得디 몯ᄒᆞ거든 心에 求티 말옴ᄋᆞᆫ 可티 아니ᄒᆞ니 志ᄂᆞᆫ 氣의 帥ㅣ오 氣ᄂᆞᆫ 體에 充홈이니 志에 至ᄒᆞ고 氣ㅣ 次ᄒᆞ니 故로 ᄀᆞᆯ오ᄃᆡ 그 志ᄅᆞᆯ 持ᄒᆞ고도 그 氣ᄅᆞᆯ 暴티 말라ᄒᆞ니라

| 직역 |

"감히 묻겠습니다. 선생님께서 마음을 동요하지 않는 것과 고자가 마음을 동요하지 않는 것에 대해서 들을 수 있겠습니까?" 맹자가 말하였다. "고자가 말하기를, '말에서 납득이 되지 않으면 마음에서 구하려고 하지 말며 마음에서 납득이 되지 않으면 기에서 구하려고 하지 말라'고 하였는데, 마음에서 납득이 되지 않으면 기에서 구하려고 하지 말라는 것은 그런대로 괜찮지만, 말에서 납득이 되지 않으면 마음에서 구하려고 하지 말라는 것은 안 된다. 의지는 기의 장수이고, 기는 몸에 가득 차 있는 것이니, 의지가 최고이고, 기는 그 다음이다. 그러므로 말하기를, '그 의지를 잘 간직하면서도 그 기(氣)를 해롭게 하지 말라'고 한 것이다."

| 자해 |

可 : 그런대로 괜찮지만 미진한 바가 있다는 말.

| 의해 |

북궁유와 맹시사를 알면 고자를 알 수 있고, 증자를 알면 맹자를 알 수 있다. 그런데도 공손추는 오히려 깨닫지 못하고 또 맹자가 사십에 마음이 동요되지 않은 것과 고자가 맹자보다 먼저 마음이 동요되지 않은 그 도에 대해서 듣기를 바란 것이다. "고자가 마음이 동요되지 않은 것을 보려면 마땅히 그 말을 보아야 한다. 고자는 일찍이 '말에서 통달하지 못한 것이 있으면 이는 말에서 얻지 못했기 때문이니, 만일 이로 인하여 마음에 돌이켜 구하면 마음이 흔들리는 것이 된다. 따라서 마땅히 그 말을 놓아두고 마음에서 구하지 말아야 한다. 마음에 편안하지 못한 것이 있으면 이는 마음에서 얻지 못했기 때문이다. 그렇다고 해서 기운에서 도움을 구하면 마음이 부리는 것이 된다. 따라서 마땅히 마음을 힘써 제어하고 기운에서 구하지 말라'고 하였다. 마음은 근본이고 기운은 끝이다. 이미 근본과 끝에 나눔이 있으니 그 차등은 자연 완급의 분수가 있다. 그런데도 고자는 마음에서 얻지 못하면 기운에서 구하지 말라 하니, 이는 또한 마음이 기운보다 중요함을 아는 것이다. 근본에 급하고 그 끝에 느슨한 것이니, 오히려 그런대로 괜찮다. 말은 밖이고 마음은 안이니, 밖에서 그 말을 통달하지 못하는 것은 모두 안으로 그 이치에 밝지 못하기 때문이다. 말에서 얻지 못하면 마음에서 구하지 말라고 했으니, 말의 이치를 마침내 통달하지 못하고 마음도 또한 쓸데없는 곳에 두었기 때문이다. 이미 밖에서 잃고 그 안까지 버리는 것이니 진실로 옳지 않지만, 옳은 것도 불가한 것은 어째서이겠는가? 뜻이란 일신을 주재해서 기운을 부리는 것이다. 진실로 기운의 장수가 되고 기운이란 것은 일신에 충만하여 뜻의 명을 들으니 또한 뜻의 병사와 같다. 뜻을 장수라고 했다면 이는 기운의 본체를 세운 것이니 진실로 지극한 것이 된다. 그러나 기운이 충만하다고 하면 이는 뜻이 작용을 통달하는 것이니, 곧 지극함에 버금간다. 비록 근본과 끝, 느슨함과 급함이 있으나 실상은 편벽되게 폐하지 못할 것이다. 그

러므로 사람이 뜻을 마땅히 공경히 가져서 나의 정하고 밝은 본체를 잃지 않아야 항상 기운의 장수가 되게 할 수 있다. 그런데 기운 역시 마땅히 순하게 길러서 충만한 작용을 이지러지지 않게 해야 항상 뜻에 도움이 되게 할 수 있다. 근본에 급하고 또한 끝에 느슨하지 않은 연후에 편벽되지 않은 학문이 되고 선(善)을 다하고 도(道)가 될 것이다. 그런데도 고자는 마음에서 얻지 못했으면 기운에서 구하지 말라고 하였으니 어찌 옳겠는가?"

기 왈 지 지 언 기 차 언 우 왈 지 기 지
2-7. 旣曰 志 至焉이요 氣 次焉이라 하시고 又曰 持其志
무 포 기 기 하 야 왈 지 일 즉 동 기 기 일 즉
오도 無暴其氣는 何也잇고 曰 志壹則動氣하고 氣壹則
동 지 야 금 부 궤 자 추 자 시 기 야 이 반 동 기 심
動志也니 今夫蹶者趨者 是氣也而反動其心이니라

| 언해 |

임의ᄀᆞᆯᄋᆞ샤ᄃᆡ 志ㅣ至ᄒᆞ고 氣ㅣ次ㅣ라 ᄒᆞ시고 ᄯᅩ ᄀᆞᆯᄋᆞ샤ᄃᆡ 그 志ᄅᆞᆯ 持ᄒᆞ고도 그 氣를 暴티 말라 ᄒᆞ심은 엇디 니잇고 ᄀᆞᆯᄋᆞ샤ᄃᆡ 志ㅣ壹ᄒᆞ면 氣ᄅᆞᆯ 動ᄒᆞ고 氣ㅣ壹ᄒᆞ면 志ᄅᆞᆯ 動ᄒᆞᄂᆞ니 이제 蹶者와 趨者ㅣ이 氣로ᄃᆡ 도로혀 그 心을 動ᄒᆞᄂᆞ니라

| 직역 |

"이미 의지가 최고이고 기가 그 다음이라고 하셨고, 또 그 의지를 잘 간직하고도 그 기를 해롭게 하지 말라고 하신 것은 무슨 말씀입니까?" "의지가 한결같으면 기를 움직이고 기가 한결같으면 의지를 움직이는 것이니, 지금 넘어지는 것과 달리는 것은 기이지만, 도리어 그 마음을 움직이게 된다."

| 자해 |

壹 : 전일(專一)함. • 蹶 : 넘어짐. • 趨 : 달림.

| 의해 |

공손추는 오히려 뜻이 지극하고 기운이 버금간다는 말을 이해하지 못하고 다시 맹자에게 물었다. "뜻이 중하고 기운이 가볍기 때문에 전일하게 그 뜻을 갖는 것이 괜찮은데, 또 겸하여 말하기를, '그 뜻을 간직하고도 그 기운을 해롭게 하지 말라'고 하시니, 이는 기운도 또한 마땅히 중히 여겨야 한다는 말입니다. 과연 어찌된 말씀입니까?" 맹자가 말했다. "뜻과 기운은 본래 서로 관계된 것이다. 뜻이 향하는 바가 전일하면 진실로 기운을 동요시켜 편안할 수 없다. 기운에 있는 것이 전일하면 또한 충분히 뜻을 동요시켜 편안할 수 없다. 이제 어떤 사람이 뜻밖에 갑자기 넘어진 자와 갑자기 일이 있어 달음박질 하는 것은 기운이 그 안정을 잃어버렸기 때문이다. 하지만 도리어 그 마음이 동요되어 편안할 수 없으니, 이것이 기운이 전일하면 뜻이 동요된다는 증거이다. 그러므로 뜻을 반드시 간직하고, 기운도 또 마땅히 해롭게 하지 않아야 한다."

감 문 부 자 오 호 장 왈 아 지 언 아
2-8. 敢問夫子는 惡乎長이시니잇고 曰 我는 知言하며 我
선 양 오 호 연 지 기 감 문 하 위 호 연 지 기 왈
는 善養吾 浩然之氣하노라 敢問何謂浩然之氣잇고 曰
난 언 야 기 위 기 야 지 대 지 강 이 직 양 이 무 해 즉
難言也니라 其爲氣也 至大至剛하니 以直養而無害則
색 우 천 지 지 간 기 위 기 야 배 의 여 도 무 시
塞于天地之間이니라 其爲氣也 配義與道하니 無是면
뇌 야
餒也니라

| 언해 |

敢히 묻좁노이다 夫子는 어느 거시 長이시니잇고 ᄀᆞᆯᄋᆞ샤ᄃᆡ 나는 言을 知ᄒᆞ며 나는 나의 浩然ᄒᆞᆫ 氣를 善히 養ᄒᆞ노라 敢히 묻좁노이다 엇디 닐온 浩然ᄒᆞᆫ 氣니잇고 ᄀᆞᆯᄋᆞ샤ᄃᆡ 言홈이 難ᄒᆞ니라 그 氣로 오미 지극이 大ᄒᆞ며 지극이 剛ᄒᆞᄂᆞ니 直으로ᄡᅥ 養ᄒᆞ고 害홈이 업스면 天地ㅅ間애 塞ᄒᆞᄂᆞ니라 그 氣로 오미 義와 다ᄆᆺ 道를 配ᄒᆞ니 이 업스면 餒ᄒᆞᄂᆞ니라

| 직역 |

"감히 묻겠습니다. 선생님께서는 어디에 장점이 있으십니까?" 맹자가 말하였다. "나는 말을 알며, 나는 나의 호연지기를 잘 기른다." "감히 묻겠습니다. 무엇을 호연지기라고 합니까?" 맹자가 말하였다. "말하기 어렵다. 그 기가 지극히 크고 지극히 강하니, 정직함으로써 잘 기르고 해침이 없으면, 이 호연지기가 천지의 사이에 꽉 차게 된다. 그 기가 의와 도에 짝하니, 이것이 없으면 굶주리게 된다."

| 자해 |

知言 : 마음을 다하고 성(性)을 알아서 모든 천하의 말에 그 이치를 궁구하고 지극히 하여, 그 시비득실(是非得失)의 소이연을 앎. • 浩然 : 성대히 유행하는 모양. • 氣 : '몸에 충만 되어 있다'는 것. • 難言 : 그 마음에 홀로 터득하여 형상과 소리의 징험이 없으니, 언어로써 형용하기가 쉽지 않음. • 至大 : 애당초 한량이 없는 것. • 至剛 : 굽히고 흔들릴 수 없는 것. • 配 : 배합되어서 도움이 있다는 뜻. • 義 : 인심(人心)의 재제(裁制). • 道 : 천리의 자연. • 餒 : 굶주리고 결핍되어 기(氣)가 몸에 충만하지 못함.

| 의해 |

위의 문장은 모두 고자가 억지로 제어하여 마음을 동요하지 않은 것인데, 맹자가 마음을 동요하지 않는 것은 억지로 제어하기를 기다리지 않고 자연히 동요하지 않는 것이므로 맹자는 과연 무엇

을 잘하여 그러할 수 있는 것인지 궁금하여 공손추가 질문한 것이다. 고자가 말에서 얻지 못하거든 마음에서 구하지 말라고 한 것은 말을 알지 못하는 것인데, 맹자는 말을 알아서 그 옳고 그르고 얻고 잃는 까닭을 알았고, 고자가 마음에서 얻지 못하거든 기운에서 구하지 말라고 한 것은 기를 기르지 못했기 때문인데, 맹자는 호연한 기상을 잘 길러서 본연의 성대한 본체와 행하는 작용을 회복하였다. 말을 알면 그 일을 만남에 참으로 보는 것이 있어서 의혹하지 않을 수 있고 기운을 기르면 일에 임하여 담당하는 것이 있어서 두려워 할만한 것이 없다. 이것이 맹자와 고자가 다르고 마음을 동요하지 않는 모습이다.

호연지기의 형상이 어떠한가 하는 공손추의 질문에 맹자는 말로 형용하기 어렵다고 하였다.

"이른바 호연지기란 지극히 성대하여 그 역량이 처음부터 한량이 없고 또 지극히 강하고 굳세어 호연지기를 가지고 하려는 일은 어떤 방법으로든 그치게 할 수 없어서 굽히거나 흔들 수 없다. 사람이 스스로 돌이켜 항상 곧으면 그 자연스러움을 따르고, 곧은 것으로서 기르고 조작해서 해롭게 함이 없으면 그 굳고 큰 것이 위로는 하늘, 아래로는 땅, 가운데로는 사람과 사물이 모두 운용하는데 미치게 되어 하늘과 땅 사이에 가득하게 될 것이니, 이는 평범한 기운 등으로 비유할 수 없다.

호연함이 이미 이와 같으니 만일 곧음으로 길러서 해침이 없으면 그 기운은 충분히 도(道)와 의(義)와 짝하게 된다. 그런데 도와 의가 사람의 마음에 갖추어져 있지만 스스로 행하지 못하기 때문에 오직 호연한 기운을 길러 이루면, 도와 의에 있어서 마땅히 할 것을 보면 분연히 반드시 하고 의심내고 꺼릴 것이 없으므로 둘이 서로 짝하여 둘이 서로를 이룬다. 만일 이 호연한 기운이 없으면 몸에 채우지 못함이 있어서 주린 사람이 먹지 못하여 기운이 없고, 일을 당하여도 두려움이 많게 되니, 도와 의를 짝하여 무엇이든 행할 수가 없게 된다. 이것을 가지고 보면 그 호연한 것을 볼 수 있다."

시 집 의 소 생 자 비 의 습 이 취 지 야 행 유 불 겸 어
2–9. 是集義所生者라 非義 襲而取之也니 行有不慊於
심 즉 뇌 의 아 고 왈 고 자 미 상 지 의 이 기 외
心則餒矣니 我故로 曰 告子 未嘗知義라하노니 以其外
지 야
之也일새니라

| 언해 |

이 義를 集ᄒᆞ야 生ᄒᆞᆫ 배라 義ㅣ 襲ᄒᆞ야 取홈이 아니니 行홈애 心애 慊티 몯홈이 이시면 餒ᄒᆞᄂᆞ니 내 故로 ᄀᆞᆯ오ᄃᆡ 告子ㅣ 일즉 義를 아디 몯ᄒᆞᆫ다 ᄒᆞ노니 그 外라 홈오로 뻴ᄉᆡ니라

| 직역 |

"이 호연지기는 의리를 많이 축적하여 생겨나는 것이다. 의가 하루아침에 갑자기 엄습하여 취해지는 것은 아니니, 행하고서 마음에 흡족하게 여기지 않는 바가 있으면 호연지기가 굶주리게 된다. 내가 그러므로 '고자가 일찍이 의를 알지 못한다'고 말한 것이니, 이는 의를 밖이라고 하기 때문이다."

| 자해 |

集義 : 적선(積善)이란 말과 같으니, 일마다 모두 의(義)에 합하고자 하는 것. • 襲 : 엄습하여 취하는 것. • 慊 : 흡족함.

| 의해 |

"기운이 길러지면 이치가 진실로 기운을 바탕으로 삼아 행하나 기운이란 사실 이치를 의지해서 생겨나는 것이므로 처음 기를 때에

호연한 기운은 날과 달로 쌓이고 쌓인다. 한 가지 일이 의에 합하면 이것을 쌓아서 일마다 의에 합하게 하면 스스로 돌이켜 봄에 항상 곧아서 이 마음이 우러러 보아도 부끄럽지 아니하고 구부려도 부끄럽지 아니하여 인력으로 배포할 것이 없이 자연히 발생하여 강하고 클 것이다. 그리고 이것은 조석 사이에 한두 가지 일이 우연히 의에 합하면 문득 엄습하여 강하고 굽히지 않은 모습을 지어서 억지로 취하여 오는 것이 아니다. 행한 한두 가지가 우연히 의에 합하면 그 의에 합하지 아니한 것이 많기 때문에 다만 행한 것이 의에 합하지 않아서 마음에 들이켜 봄에 만족하지 못함이 있다. 따라서 무너지고 상하여 기운이 몸에 차지 못하고 굶주리게 되는 것이다. 그러므로 의가 엄습하여 취할 수 없는 것이다. 의를 모아서 마음이 만족하면 호연한 기운이 날 것이지만, 행함이 의에 합하지 못하여 마음이 만족스럽지 못하면 이 기운이 굶주리게 된다. 이것은 마음에 만족하고 만족하지 않은 것이 한결같이 의를 얻고 잃음에 매여 있기 때문이다. 그러므로 의란 내 마음에 본래 있는 이치라는 것을 알 수 있는 것이다. 안에 있고 밖에 있지 않은 것이 분명하기 때문에, 나는 고자가 일찍이 의를 몰랐다고 한 것이다. 의를 밖에 있는 것으로 여기는데, 의가 밖에 있는 것이라면 의를 모아 두지 못하게 되니, 그렇다면 호연한 기운이 말미암아 나올 곳이 없게 된다."

필유사언이물정 심물망 물조장야
2-10. 必有事焉而勿正하여 心勿忘하며 勿助長也하여
무약송인연 송인 유민기묘지부장이알지자
無若宋人然이어다 宋人이 有閔其苗之不長而揠之者
망망연귀 위기인왈 금일 병의 여 조묘
러니 芒芒然歸하여 謂其人曰 今日에 病矣와라 予 助苗
장의 기자 추이왕시지 묘즉고의 천
長矣와라하거늘 其子 趨而往視之하니 苗則槁矣러라 天

하지부조묘장자 과의 이위무익이사지자 불운
下之不助苗長者 寡矣니 以爲無益而舍之者는 不耘
묘자야 조지장자 알묘자야 비도무익 이우
苗者也요 助之長者는 揠苗者也니 非徒無益이라 而又
해지
害之니라

| 언해 |

반ᄃᆞ시 일사ᄆᆞᆯ 두고 正티 마라 心에 닛디 말며 長을 助티 마라 宋人ᄀᆞ티 마ᄅᆞᆯ띠어다 宋人이 그 苗의 長티 아니홈을 閔ᄒᆞ야 揠ᄒᆞᆫ 者ㅣ 잇더니 芒芒히 歸ᄒᆞ야 그 人ᄃᆞ려 닐어 ᄀᆞᆯ오ᄃᆡ 今日에 病콰라 내 苗의 長을 助ᄒᆞ과라 ᄒᆞ야ᄂᆞᆯ 그 子ㅣ 趨ᄒᆞ야 가 視ᄒᆞ니 苗ㅣ 곧 槁ᄒᆞ엿더라 天下에 苗의 長을 助티 아니ᄒᆞᆯ 者ㅣ 寡ᄒᆞ니 ᄡᅧ 益이 업다 ᄒᆞ야 舍ᄒᆞᄂᆞᆫ 者ᄂᆞᆫ 苗ᄅᆞᆯ 耘티 아니ᄒᆞᄂᆞᆫ 者ㅣ오 長을 助ᄒᆞᄂᆞᆫ 者ᄂᆞᆫ 苗ᄅᆞᆯ 揠ᄒᆞᄂᆞᆫ 者ㅣ니 ᄒᆞᆫ갓 益이 업ᄉᆞᆯ ᄲᅮᆫ이 아니라 ᄯᅩ 害ᄒᆞᄂᆞ니라

| 직역 |

"반드시 호연지기를 기르는데 종사하고, 효과를 미리 기대하지 말아서 마음에 잊지도 말며 억지로 조장하지도 말아서, 송나라 사람과 같이 하지 말아야 한다. 송나라 사람 중에 벼 싹이 자라지 못함을 안타깝게 여겨 뽑아놓은 자가 있었다. 그는 아무 것도 모르고 돌아와서 집안사람들에게 말하기를, '오늘 나는 매우 피곤하다. 내가 벼 싹이 자라도록 도왔다'고 하자, 그 아들이 달려가서 보았더니, 벼 싹은 말라 있었다. 천하에 벼 싹이 자라도록 억지로 조장하지 않는 자가 적으니, 유익함이 없다 해서 버려두는 자는 비유하면 벼 싹을 김매지 않는 자이고, 억지로 조장하는 자는 벼 싹을 뽑아놓는 자이다. 이는 유익함이 없을 뿐만 아니라, 도리어 해치는 것이다."

| 자해 |

正 : 미리 기약함. • 閔 : 근심함. • 餒 : 뽑음. • 芒芒 : 무지(無知)한 모양. • 其人 : 집안 사람. • 病 : 피곤함.

| 의해 |

"기는 의를 모아서 난 것이 아니고, 의가 엄습해서 취한 것도 아니다. 그러므로 기를 기르는 자는 마땅히 의를 모으는 것을 일삼아 항상 마음에 만족하기를 구하고, 스스로 돌이켜 곧게 해야 한다. 그리고 기의 효험을 미리 기대하지 말아야 하니 오래면 마땅히 저절로 충만해진다. 혹 충만하지 못한 것은 이 의를 모으는 공이 지극하지 못하기 때문이니, 마땅히 그 일을 잊지 말고 다만 마음을 한결같이 하여 의를 모아야 하지만, 억지로 기가 자라도록 돕지는 말아야 한다. 이것이 의를 모으고 기를 기르는 절차와 법도이며, 이것을 일삼아 잊지 않는 것이 모두 의를 모으는 것이니, 이른바 곧음으로 기른다는 것이 이것이다. 미리 기대하지 말고 돕지 말라는 것은 다 의가 엄습한 것이 아니니, 이른바 해롭게 함이 없다는 것이 이것이다. 그러나 사람이 많이 잊어버리는 것이 해로움이 된다는 것은 알면서도 미리 기대하고 돕는 해로움이 그것보다 더욱 심함을 알지 못하니, 기운을 기르는 자는 송나라 사람이 했던 것처럼 하지 말아야 하는 것이다. 기를 기르는 사람 중에 송나라 사람이 싹이 자라는 것을 돕는 것처럼 하지 않는 사람이 적다. 그러므로 의를 모으는 것이 기에 유익함이 없다하여 놓아 버리고 일삼지 아니하는 자는 싹을 김매지 않는 것과 같으나 크게 해가 되지는 않는데, 기가 충만치 못하다고 해서 억지로 자라는 것을 돕는 자는 싹을 뽑는 자와 같으니 다만 기에 유익함이 없을 뿐만이 아니라 도리어 기에 해가 된다. 자라는 것을 돕는 해로움을 안다면 의가 엄습하여 취한 것이 아님을 알 것이고, 의가 엄습하여 취한 것이 아님을 알면 마땅히 의를 모으는 것을 일삼을 줄을 알 것이다. 의를 모으는 것을 일삼되 잊어버리지도 말고

돕지도 말라는 말은 내가 호연한 기운을 잘 기르는 것을 이것으로써 하기 때문이고, 고자가 마음에 얻지 못하거든 기운에 구하지 말라는 것은 또한 사납게 돌아보지 아니할 따름이니, 어찌 충분히 이것을 말하겠는가?"

하 위 지 언 왈 피 사 지 기 소 폐 음 사
2-11. 何謂知言이니잇고 曰 詖辭에 知其所蔽하며 淫辭
지 기 소 함 사 사 지 기 소 리 둔 사 지 기 소
에 知其所陷하며 邪辭에 知其所離하며 遁辭에 知其所
궁 생 어 기 심 해 어 기 정 발 어 기 정 해 어
窮이니 生於其心하여 害於其政하며 發於其政하여 害於
기 사 성 인 부 기 필 종 오 언 의
其事하나니 聖人이 復起샤도 必從吾言矣시리라

| 언해 |

엇디 닐온 言을 知홈이니잇고 ᄀᆞᆯᄋᆞ샤ᄃᆡ 詖ᄒᆞᆫ 辭애 그 蔽ᄒᆞᆫ 바ᄅᆞᆯ 알며 淫ᄒᆞᆫ 辭애 그 陷ᄒᆞᆫ 바ᄅᆞᆯ 알며 邪ᄒᆞᆫ 辭애 그 離ᄒᆞᆫ 바ᄅᆞᆯ 알며 遁ᄒᆞᆫ 辭애 그 窮ᄒᆞᆫ 바ᄅᆞᆯ 알디니 그 心에 生ᄒᆞ야 그 政에 害ᄒᆞ며 그 政에 發ᄒᆞ야 그 事애 害ᄒᆞᄂᆞ니 聖人이 다시 起ᄒᆞ샤도 반ᄃᆞ시 내 말을 조ᄎᆞ시리라

| 직역 |

"무엇을 지언이라 합니까?" 맹자가 말하였다. "편벽된 말에 그 가려진 바를 알며, 방탕한 말에 빠져 있는 바를 알며, 부정한 말에 어긋난 바를 알며, 도피하는 말에 논리가 궁함을 알 수 있으니, 마음에서 생겨나 정사에 해를 끼치며, 정사에서 발로되어 일에 해를 끼치니, 성인이 다시 나오셔도 반드시 내 말을 따르실 것이다."

| 자해 |

詖 : 편벽됨. • 淫 : 방탕함. • 邪 : 부정함. • 遁 : 도피. • 蔽 : 가리우고 막힘. • 陷 : 잠기고 빠짐. • 離 : 배반. • 窮 : 곤하고 굽힘.

| 의해 |

공손추가 '말을 안다'는 것에 대해 묻자 맹자가 대답하였다. "말은 마음의 소리이다. 그러므로 마음이 이치에 밝은 연후에 말이 병통이 없다. 만일 이치가 평정하지 못하면 말이 편벽되고 기울어져서 다만 한편만 말하므로 이것을 일러 편벽된 말이라고 한다. 나는 이와 같은 말에서 그 마음이 이치에 가리고 막힌 바가 있어서 다만 한편만 보게 됨을 알았다. 편벽됨이 지나쳐 방탕한데 이르러 말하기를 두루 하고 가리고 넓고 넘치면 이것은 방탕한 말이 된다. 나는 이러한 말에서 그 마음에 가림이 더욱 들어갈수록 더욱 깊어서 빠지는 것이 몸이 물에 빠짐에 다만 물만 보고 언덕은 보지 못한 것과 같음을 알았다. 음란함이 지나치면 전혀 바른 말은 없고 그 괴벽한 말을 다 하게 되는데 이것이 부정한 말이다. 나는 이러한 말에서 그 마음이 다른 길로 빠지고 미혹되어 반대로 흘러 돌아오지 아니하여 완전히 바른 길을 떠난 것을 알았다. 간사함이 지나치면 먼저는 저러하던 것이 홀연히 이렇게 변하니 이것을 일러 도피하는 말이라고 한다. 나는 그 마음이 이미 바른 길을 떠나 곤궁하고 통하지 못해서 저리로 갈 수 없음에 단지 이리로 도망쳐 왔다는 것을 알았다. 그러나 가리고 빠지고 떠나고 궁한 과실이 이미 그 마음에서 나왔으니, 다만 말에서 드러난 것이 편벽되고 방탕하고 부정하고 도피하는 병통이 있을 뿐만 아니라 반드시 또 그 정사에 해가 되어 실시함에 있어 대강이 다 옳지 않다. 이미 그 정사에 드러나 대강이 옳지 않으므로 근본이 무너지고 지엽이 그에 따라 모든 조목이 틀려서 그 일에 해가 된다. 이 기틀은 반드시 서로 인하여 이르기 때문에 비록 성인이 다시 살아온다고 하더라도 또한 반드시 나의 '마음에서 나서 정사에 해

롭다'는 말을 바꾸지 않을 것이다. 내가 이른바 '말을 안다'는 것은 이와 같다. 고자가 말에서 얻지 못하거든 마음에 구하지 말라는 말 또한 어둡게 깨닫지 못할 따름이니, 이것은 말할 것이 못된다. 이것이 내가 마음을 움직이지 않는 것이 고자와 다른 까닭이다."

2-12. 宰我子貢은 善爲說辭하고 冉牛閔子顔淵은 善言德行이러니 孔子兼之하사대 曰 我於辭命則不能也로라 하시니 然則夫子는 旣聖矣乎신저

(재아자공 선위설사 염우민자안연 선언 덕행 공자겸지 왈 아어사명즉불능야 연즉부자 기성의호)

| 언해 |

宰我와 子貢은 善히 說辭를 ᄒᆞ고 冉牛와 閔子와 顔淵은 善히 德行을 言ᄒᆞ더니 孔子ㅣ 兼ᄒᆞ샤ᄃᆡ ᄀᆞᆯᄋᆞ샤ᄃᆡ 내 辭命애ᄂᆞᆫ 곧 能티 몯ᄒᆞ노라 ᄒᆞ시니 그러면 夫子ᄂᆞᆫ 임의 聖이신뎌

| 직역 |

"재아와 자공은 말을 잘 하였고, 염우, 민자, 안연은 덕행을 잘 말하였는데, 공자는 이것을 겸하였으면서도 말하기를, '나는 사명에 있어서는 능하지 못하다'고 하였으니, 그렇다면 선생님께서는 이미 성인이시겠습니다."

| 자해 |

說辭 : 언어(言語). • 德行 : 마음에 얻어서 행사에 나타나는 것. • 夫子 : 맹자를 가리킴.

| 의해 |

공손추가 맹자의 '말을 알고 기운을 기른다는 말'을 의심하여 물었다. "공자의 제자 중에 재아 자공 같은 사람은 이치에 의거해서 말했으므로 말을 잘하였고, 염우와 민자와 안연 같은 사람은 몸에 덕행이 있었기 때문에 말이 친절하여 맛이 있었습니다. 이 사람들은 각각 장점이 있었는데에도 서로 겸하지 못하였는데, 공자는 이 두 가지를 다 겸하였지만 공자는 오히려 스스로 사명에 능하지 못하다고 하였습니다. 지금 선생님께서 말을 안다고 하였으니, 이는 언어가 있는 것이고, 또 기를 잘 길렀으니 이는 덕행이 있는 것입니다. 그러면 선생님께서 어찌 성인이 아니시겠습니까?"

왈 오 시하언야 석자 자공 문어공자왈
2-13. 曰 惡라 是何言也오 昔者에 子貢이 問於孔子曰
부자 성의호 공자왈 성즉오불능 아
夫子는 聖矣乎신저 孔子曰 聖則吾不能이어니와 我는
학불염이교불권야 자공 왈 학불염 지야
學不厭而教不倦也로라 子貢이 曰 學不厭은 智也요
교불권 인야 인차지 부자 기성의
教不倦은 仁也니 仁且智하시니 夫子는 旣聖矣신저하니
부성 공자 불거 시하언야
夫聖은 孔子도 不居하시니 是何言也오

| 언해 |

ᄀᆞᆯᄋᆞ샤ᄃᆡ 惡ㅣ라 이 엇딘 말오 녜 子貢이 孔子ᄭᅴ 묻ᄌᆞ와 ᄀᆞᆯ오ᄃᆡ 夫子ᄂᆞᆫ 聖이신뎌 孔子ㅣ ᄀᆞᆯᄋᆞ샤ᄃᆡ 聖은 곧 내 能티 몯ᄒᆞ거니와 나ᄂᆞᆫ 學을 厭티 아니 ᄒᆞ며 教를 倦티 아니ᄒᆞ노라 子貢이 ᄀᆞᆯ오ᄃᆡ 學을 厭티 아니 홈은 智ㅣ오 教를 倦티 아니홈ᄋᆞᆫ 仁이니 仁ᄒᆞ시고 ᄯᅩ 智ᄒᆞ시니 夫子ᄂᆞᆫ 임의 聖이신뎌ᄒᆞ니 聖ᄋᆞᆫ 孔子도 居티 아니 ᄒᆞ시니 이 엇딘 말오

| 직역 |

맹자가 말하였다. “아! 이 웬 말인가? 옛적에 자공이 공자에게 묻기를, ‘선생님께서는 성인이십니다’라고 하자, 공자가 ‘성인은 내가 능하지 못하지만 나는 배우기를 싫어하지 않고 가르치기를 게을리 하지 않았다’라고 하였다. 자공이 말하기를, ‘배우기를 싫어하지 않는 것은 지이고, 가르치기를 게을리 하지 않는 것은 인이니, 인이고 또 지이시니, 선생님은 이미 성인이십니다’라고 하였다. 성인은 공자도 자처하지 않았으니, 이 웬 말인가?”

| 자해 |

惡 : 놀라고 탄식하는 말. • 夫子 : 공자를 가리킴.

| 의해 |

맹자가 감히 성인임을 스스로 자처하지 못하고 공손추의 말에 놀라 탄식해서 말하였다. “예전에 자공이 공자에게 ‘선생님께서는 지와 행이 다 극진하시니 성인이십니다’라고 하자, 공자가 말하기를, ‘성인은 내가 능하지 못하지만 나는 다만 성인의 도로써 몸에 배우기를 싫어 아니하고 또 성인의 도로써 사람을 가르치되 게을리하지 아니한다’고 하였다. 이에 자공이 다음과 같이 말하였다. ‘배우기를 싫어하지 않으니 글을 상고하지 아니함이 없고, 사물이 이르지 아니함이 없을 것이니 이는 하늘이 낳으신 총명함입니다. 깊이 의리의 무궁한 것을 아시니 막힘없이 통하여 깊이 나아감을 마지 아니하시니 이른바 지혜입니다. 가르치기를 게을리 아니하시니 서 있음에 반드시 갖추시고, 이룸에 홀로 이루지 아니하시어 사물과 내가 간격이 있는 것을 보지 못하니 남과 더불어 하나와 같은 존재이니 이른바 인(仁)입니다. 인은 성인의 체(體)요, 지(智)는 성인의 용(用)이니, 인(仁)이고 또 지(智)이시니 선생께서는 참으로 성인이십니다.’ 자공과 공자의 문답이 이와 같았으므로, 성인은 공자도 오히려 감히 자처하지 않은 것인데, 내가 어찌

감히 스스로 성인이라고 하겠는가?"

석자 절문지 자하자유자장 개유성인지
2-14. 昔者에 竊聞之호니 子夏子游子張은 皆有聖人之
일체 염우민자안연 즉구체이미 감문소
一體하고 冉牛閔子顏淵은 則具體而微라하니 敢問所
안 왈 고사시
安하노이다 曰 姑舍是하라

| 언해 |

녜 그으기 듣ᄌᆞ오니 子夏와 子游와 子張ᄋᆞᆫ 다 聖人의 一體ᄅᆞᆯ 두고 冉牛와 閔子와 顏淵ᄋᆞᆫ 곧 體를 具호ᄃᆡ 微타 ᄒᆞ니 敢히 安ᄒᆞ실 빠ᄅᆞᆯ 묻ᄌᆞᆸ노이다 ᄀᆞᆯᄋᆞ샤ᄃᆡ 아직 이를 舍ᄒᆞ라

| 직역 |

"옛적에 제가 들으니, '자하·자유·자장은 모두 성인의 일부분만을 가지고 있었고, 염우·민자·안연은 전체를 갖추고 있었으나 미약하다'고 하였습니다. 감히 선생님께서 편안히 자처하시는 바를 묻겠습니다." 맹자가 말하였다. "우선 이들을 버려두라."

| 자해 |

一體 : 일지(一肢)와 같다. • 具體而微 : 전체를 소유하였지만, 다만 광대(廣大)하지 못함. • 安 : 편안히 처함.

| 의해 |

이 일절(一節)은 모두 공손추(公孫丑)의 질문이다. 맹자가 감히 성인으로서 자처하지 못하는 것을 보고 공손추가 다시 질문하였다. "공자의 도는 크고 화하여 전체가 혼연하였습니다. 그러므로

당시 문하에 있는 무리 중에 자하와 자유와 자장 같은 사람은 다 성인의 일체(一體)가 있었습니다. 자하와 자우는 그 문학을 얻고, 자장은 그 위의를 얻고, 염우와 민자와 안연 같은 사람은 기질이 편벽되지 아니하고 이치와 의리가 완전히 갖추어져서 성인의 전체를 가질 수 있었지만, 다만 성현이 크고 화하여 한량이 없는 것만 같지 못하고 좀 적었을 뿐이었습니다. 선생님께서 스스로 감히 공자에 견주지 못하므로, 공자의 제자인 이 두어 사람 중에 어떤 사람에 해당되십니까?" 맹자가 말하였다. "뜻 세우기를 크게 하고자 하고 법 취함을 높이 하고자 하니, 두어 사람이 비록 어질지만 우선은 이들을 버려두라. 나는 즐겨 이에 자처하지 않는다." 이것은 이 두어 사람으로써 스스로 한정하고자 아니한 것이지 그들을 폄한 것은 아니다.

왈 백이이윤 하여 왈 부동도 비기
2-15. 曰 伯夷伊尹은 何如하니잇고 曰 不同道하니 非其
군불사 비기민불사 치즉진 난즉퇴 백
君不事하며 非其民不使하여 治則進하고 亂則退는 伯
이야 하사비군 하사비민 치역진
夷也요 何事非君이며 何使非民이리오하여 治亦進하며
란역진 이윤야 가이사즉사 가이지즉지
亂亦進은 伊尹也요 可以仕則仕하며 可以止則止하며
가이구즉구 가이속즉속 공자야 개고성인
可以久則久하며 可以速則速은 孔子也시니 皆古聖人
야 오미능유행언 내소원즉학공자야
也라 吾未能有行焉이어니와 乃所願則學孔子也로라

| 언해 |

ᄀᆞᆯ오ᄃᆡ 伯夷와 伊尹은 엇더ᄒᆞ니잇고 ᄀᆞᆯᄋᆞ샤ᄃᆡ 道ㅣ 同티 아니ᄒᆞ니 그 君이 아니어든 事티 아니ᄒᆞ며 그 民이 아이너든 使티 아니

ᄒᆞ야 治ᄒᆞ면 進ᄒᆞ고 亂ᄒᆞ면 退ᄒᆞᄂᆞᆫ 이ᄂᆞᆫ 伯夷ㅣ오 어ᄂᆡ를 事ᄒᆞ면 君이 아니며 어ᄂᆡ를 使ᄒᆞ면 民이 아니리오 ᄒᆞ야 治ᄒᆞ야도 ᄯᅩᄒᆞᆫ 進ᄒᆞ며 亂ᄒᆞ야도 ᄯᅩᄒᆞᆫ 進ᄒᆞᄂᆞᆫ 이ᄂᆞᆫ 伊尹이오 可히 ᄡᅥ 仕ᄒᆞ얌즉 ᄒᆞ면 仕ᄒᆞ며 可히 ᄡᅥ 止ᄒᆞ얌즉 ᄒᆞ면 止ᄒᆞ며 可히 ᄡᅥ 久ᄒᆞ얌즉 ᄒᆞ면 久ᄒᆞ며 可히 ᄡᅥ 速ᄒᆞ얌즉 ᄒᆞ면 速ᄒᆞᄂᆞᆫ 이ᄂᆞᆫ 孔子ㅣ시니 다 녯 聖人이라 내 能히 行티 몯ᄒᆞ거니와 願ᄒᆞᄂᆞᆫ 배 則 孔子를 學ᄒᆞ노라

| 직역 |

"백이와 이윤은 어떻습니까?" "도가 같지 않으니, 섬길 만한 군주가 아니면 섬기지 않으며, 부릴 만한 백성이 아니면 부리지 않아서 세상이 다스려지면 나아가고 어지러워지면 물러간 것은 백이였고, '어느 분을 섬긴들 내 군주가 아니며, 어느 사람을 부린들 내 백성이 아니겠는가' 하여, 다스려져도 나아가고 혼란해도 나아간 것은 이윤이었고, 벼슬할 만하면 벼슬하고 그만둘 만하면 그만두며, 오래 머무를 만하면 오래 머무르고 빨리 떠날 만하면 빨리 떠난 것은 공자이니, 모두 옛 성인이시다. 내가 행하지 못하지만 내가 원하는 것은 공자를 배우는 것이다."

| 자해 |

伯夷 : 고죽국(孤竹國) 군주의 큰아들. 형제가 나라를 양보하고 주왕(紂王)을 피하여 숨어살다가 문왕(文王)의 덕(德)을 듣고 문왕(文王)에게 귀의했었는데, 무왕(武王)이 주왕(紂王)을 정벌하자, 주(周)나라를 떠나 굶어 죽었음. • 伊尹 : 유신(有莘)의 처사(處士)이니, 탕왕(湯王)이 초빙하여 등용해서 걸왕(桀王)에게 나아가게 하였으나, 걸왕(桀王)이 등용하지 못하자 다시 탕왕(湯王)에게 돌아와, 이와 같이 하기를 다섯 번 하고는 마침내 탕왕(湯王)을 도와 걸왕(桀王)을 정벌하였음. 이들 세 성인(聖人)의 일은 이 편의 끝과 「만장하(萬章下)」에 자세히 보임.

| 의해 |

맹자가 앞의 몇 사람과 같은 입장을 자처하지 아니하자 이에 공

손추가 다시 백이와 이윤 같은 이는 자처할 것인가 아닌가에 대해 질문하였다. 맹자가 말했다. "백이나 이윤이 행한 일은 나와는 도가 같지 않다. 섬기지 못할 임금이면 섬기지 아니하고, 부리지 못할 백성이면 부리지 아니해서, 세상이 다스려지면 나가 벼슬하고 세상이 어지러우면 물러나 숨은 사람은 백이였다. 누구를 섬긴들 내 임금이 아니겠는가 하면서 임금의 신임을 얻으면 반드시 벼슬을 하고, 누구를 부린들 내 백성이 아니겠는가 하면서 백성을 얻으면 반드시 부려서 세상이 다스려져도 나아가 벼슬하고, 세상이 어지러워도 또한 나아가 벼슬한 사람은 이윤이었다. 그러나 공자는 벼슬할 만하면 벼슬하고, 그칠 만하면 물러나 그치고, 오래 머물 만하면 오래 머물고, 속히 갈 만하면 속히 가는 사람이었으니, 이 세 사람이 다 옛날의 성인이라고 할 수 있다. 나는 일을 함에 있어 이 세 사람을 잊지 못하였지만, 나의 마음엔 공자의 나가고 물러남에 있어 고집함이 없었기 때문에 공자의 이 마땅함을 배우기를 원한다."

2-16. 伯夷伊尹(백이이윤)이 於孔子(어공자)에 若是班乎(약시반호)잇가 曰(왈) 否(부)라 自(자)有生民以來(유생민이래)로 未有孔子也(미유공자야)시니라 曰(왈) 然則有同與(연즉유동여)잇가 曰(왈) 有(유)하니 得百里之地而君之(득백리지지이군지)면 皆能以朝諸侯有天下(개능이조제후유천하)어니와 行一不義(행일불의)하며 殺一不辜而得天下(살일불고이득천하)는 皆不爲也(개불위야)리니 是則同(시즉동)하니라

| 언해 |

伯夷와 伊尹이 孔子끠 이러트시 班ᄒᆞ니잇가 ᄀᆞᆯᄋᆞ샤ᄃᆡ 아니라 生

民이 이심으로브터 뼈 오모로 孔子만 ᄒᆞ시니 잇디 아니ᄒᆞ니라 ᄀᆞᆯ오ᄃᆡ 그러ᄒᆞ면 同홈이 인ᄂᆞ니잇가 ᄀᆞᆯᄋᆞ샤ᄃᆡ 이시니 百里ㅅ地를 得ᄒᆞ야 君ᄒᆞ면 다 能히 뼈 諸侯를 朝케 ᄒᆞ야 天下를 두려니와 ᄒᆞᆫ 不義를 行ᄒᆞ며 ᄒᆞᆫ 不辜를 殺ᄒᆞ야 天下를 得홈ᄋᆞᆫ 다 ᄒᆞ디 아니ᄒᆞ리니 인則 同ᄒᆞ니라

| 직역 |

"백이와 이윤이 공자에 대해서 이와 같이 동등하십니까?" "아니다. 생민이 있은 이래로 공자 같은 분이 있지 않다." "그렇다면 같은 점이 있습니까?" "있으니, 백리 되는 땅을 얻어서 임금 노릇을 하면 모두 제후들에게 조회 받고 천하를 소유할 수 있지만, 한 가지 일이라도 불의를 행하며, 한 사람이라도 죄 없는 이를 죽이고 천하를 얻는 것은 모두 하지 않을 것이니, 이것은 같은 점이다."

| 자해 |

班 : 등급이 똑같은 모양. • 有 : 같음이 있음을 뜻함.

| 의해 |

공손추가 말하였다. "백이와 이윤이 모두 공자와 등급이 같습니까?" 맹자가 말하였다. "등급이 같지는 않다. 다만 백이와 이윤뿐 아니라 백성이 생겨난 이후로 성인이 비록 많지만 그 도덕과 사업이 성대한 사람을 찾아본다면 공자와 같은 사람은 있지 아니하였다."

◑ 공손추가 말하였다. "공자가 비록 생민이래로 유일한 성인이지만 백이 · 이윤과 함께 모두 성인이라 하는데, 그렇다면 서로 같은 점이 있습니까?" 맹자가 말하였다. "백이 · 이윤 · 공자가 같은 점이 있다. 가령 백리의 땅을 얻어서 임금이 되면 세 성인이 다 제후의 조회를 받고 천하를 통일하여 소유할 수 있을 것이다. 그 덕의 성함은 자연히 하늘이 주고 사람이 돌아오는 바가 된다. 만

일 한 가지 일이라도 의롭지 못한 일을 행하며, 한 사람이라도 죄 없는 이를 죽이고서 천하(天下)를 얻을지라도 세 성인은 다 즐겨 하지 아니할 것이다. 그 마음의 바름은 부귀를 가지고 움직일 수 없다. 이것이 바로 그 근본과 절목의 큰 것이며, 성인이 성인된 이유이니 이것이 그 서로 같은 곳이다."

왈 감 문 기 소 이 이 　 왈 재 아 자 공 유 약 　 지
2-17. 曰 敢問其所以異하노이다 曰 宰我子貢有若은 智
족 이 지 성 인 　 와 부 지 아 기 소 호 　 재 아 왈 이 여 관
足以知聖人이니 汙不至阿其所好니라 宰我曰 以予觀
어 부 자 　 현 어 요 순 　 원 의
於夫子컨대 賢於堯舜이 遠矣샷다

| 언해 |

ᄀᆞᆯ오ᄃᆡ 敢히 그 ᄡᅧ 다ᄅᆞᆫ 바ᄅᆞᆯ 묻ᄌᆞᆸ노이다 ᄀᆞᆯᄋᆞ샤ᄃᆡ 宰我와 子貢과 有若ᄋᆞᆫ 智ㅣ 足히 ᄡᅧ 聖人을 알리니 汙ᄒᆞ야도 그 好ᄒᆞᄂᆞᆫ 바애 阿홈애ᄂᆞᆫ 至티 아니ᄒᆞ리니라 宰我ㅣ ᄀᆞᆯ오ᄃᆡ 내 夫子ᄅᆞᆯ 觀ᄒᆞ옴으로ᄡᅧ ᄒᆞ건댄 堯舜두곤 賢홈이 遠ᄒᆞ샷다

| 직역 |

"감히 그 다른 점을 묻겠습니다." 맹자가 말하였다. "재아와 자공과 유약은 지혜가 충분히 성인을 알 만하니, 이들이 가령 지혜가 낮다 하더라도 좋아하는 사람에게 아첨하는 데는 이르지 않았을 것이다. 그런데 재아가 말하기를, '나로서 선생님을 관찰하건대 요순보다 훨씬 나으시다'라고 하였다."

| 자해 |

汙 : 낮은 것. 아래. 음은 '와'.

| 의해 |

공손추가 물었다. "공자의 다른 점은 무엇입니까?" 맹자가 말하였다. "성인이란 쉽게 알 수 없지만 재아와 자공과 유약의 말을 보면 알 수 있다. 재아·자공·유약은 지식이 높고 밝아 성인을 알 수 있는데, 가령 그 지식이 낮아서 높고 밝지 못할지라도 또한 반드시 좋아하는 바에 아첨하여 공연히 칭찬하지는 않으니 그 말을 믿을 만한 것이 분명하다. 재아는 다음과 같이 말하였다. '예로부터 성인이라 하면 먼저 요순을 일컫지만, 내가 공자를 보건대 어진 것이 요순보다 훨씬 낫다. 요순은 도로써 천하를 다스려서 한 때에 공업을 이룬 것이 한정이 있지단, 공자는 육경을 손질하고 그 도를 미루어 후학을 가르쳐 만세에 도학을 밝힌 것이 무궁하니 그 어진 것이 어떠한가? 요순과 같은 성인보다 공자가 또한 어지니, 하물며 백이와 이윤이 등급이 같을 수 있겠는가?' 재아의 말을 보면 공자가 백이나 이윤과 다르다는 것을 알 수 있다."

자공 왈 견기례이지기정 문기악이지기
2-18. 子貢이 曰 見其禮而知其政하며 聞其樂而知其
덕 유백세지후 등백세지왕 막지능위야
德이니 由百世之後하여 等百世之王컨댄 莫之能違也니
자생민이래 미유부자야
自生民以來로 未有夫子也시니라

| 언해 |

子貢이 ᄀᆞᆯ오ᄃᆡ 그 禮ᄅᆞᆯ 보고 그 政을 알며 그 樂을 듣고 그 德을 알띠니 百世ㅅ後로 말미암아 百世ㅅ王을 等컨댄 能히 違ᄒᆞ리 업스니 生民으로브터 ᄡᅧ 옴으로 夫子만 ᄒᆞ시니 잇디 아니ᄒᆞ시니라

| 직역 |

“자공이 말하기를, ‘예를 보면 그 나라의 정사를 알 수 있고, 음악을 들으면 그 군주의 덕을 알 수 있으니, 백세의 뒤에서 백세의 왕들을 등급지어 보건대 이에서 벗어날 자가 없으니, 생민이 있은 이래로 공자 같은 분은 있지 않았다’고 하였다.”

| 의해 |

“자공이 말하였다. ‘예전 성인의 정사는 이미 지나간 일이지만 예(禮)는 정사를 꾸민 것이니, 오늘날에 끼친 예를 보면 그 당시의 정사를 알 수 있다. 예에 번거롭고 간략함이 있음을 보면 정사의 바탕과 문채를 알 수 있다. 예전 성인의 덕이 멀지만 음악은 덕을 형상화한 것이니, 오늘날에 끼친 음악을 들으면 그 당시의 덕을 알 수 있다. 음악에 아름답고 착함이 있음을 보면 덕이 본성을 따른 것과[요순은 본성대로 하였다], 본성을 돌이킨 것을 알 수 있다[탕왕과 무왕은 본성을 돌이켰다]. 이 법을 가지고 전대를 의론해 보면, 백세가 지난 뒤에 백세 이전에 전해져 온 임금을 등급지어 보건대, 그 덕과 정사의 착하고 착하지 못함은 그 실정을 모두 숨길 수 없다. 다만 생민 이래로 왕이 많지만 공자와 같이 한 몸으로 제왕의 정사를 갖추고 한 마음으로 성신의 덕을 겸한 사람이 없으니, 만세에 공자에게 미칠 만한 사람이 없다. 그러므로 백왕의 성인보다도 공자가 훨씬 뛰어난데, 하물며 백이와 이윤이 등급이 같을 수 있겠는가?’ 자공의 말을 보면 공자가 이들과 다르다는 것을 또한 알 수 있다.”

유 약 왈 기 유 민 재 기 린 지 어 주 수 봉 황
2-19. 有若이 曰 豈惟民哉리오 麒麟之於走獸와 鳳凰
지 어 비 조 태 산 지 어 구 질 하 해 지 어 행 료 류 야
之於飛鳥와 太山之於丘垤과 河海之於行潦에 類也며

성인지어민 역류야 출어기류 발호기췌
聖人之於民에 亦類也시니 出於其類하며 拔乎其萃나
자생민이래 미유성어공자야
自生民以來로 未有盛於孔子也시니라

| 언해 |

有若이 ᄀᆞᆯ오ᄃᆡ 엇디 오직 民ᄲᅮᆫ이리오 麒麟이 走獸에와 鳳凰이 飛鳥에와 太山이 丘垤에와 河海ㅣ 行潦에 類ㅣ며 聖人이 民애 ᄯᅩᄒᆞᆫ 類ㅣ시니 그 類에 出ᄒᆞ며 그 萃에 拔ᄒᆞ나 生民으로브터 ᄡᅥ옴으로 孔子만 盛ᄒᆞ시니 잇디 아니ᄒᆞ시니라

| 직역 |

"유약이 말하기를, '어찌 다만 사람뿐이겠는가. 달리는 짐승 중의 기린과 나는 새 중의 봉황새와 언덕 · 개미둑 중의 태산과 길바닥에 고인 장마물 중의 하해에 다 같은 유이며, 일반백성 중의 성인도 이와 같은 것이다. 종류 중에서 빼어나며, 모인 것에서 높이 솟아났으나 생민이 있은 이래로 공자보다 더 훌륭하신 분은 있지 않다'라고 하였다."

| 자해 |

麒麟 : 동물 중의 으뜸. • 鳳凰 : 새 중의 으뜸. • 垤 : 개미 둑. • 行潦 : 길 위의 근원이 없는 물. • 出 : 높이 솟아남. • 拔 : 특별히 일어남. • 萃 : 모음.

| 의해 |

"유약이 말하였다. '천지사이에 어찌 백성만 그러하겠는가? 상서가 달리는 짐승 중의 기린 같은 것과, 신령하기가 나는 새 중의 봉황 같은 것과, 높기가 언덕 · 개미둑 중의 태산 같은 것과, 크기가 길바닥에 고인 장마물 중의 하해 같은 것과 비록 같지 아니함이 있지만, 기린도 달리는 짐승이고, 봉황도 나는 새며, 태산도 높

은 것이요, 하해도 흐르는 것이니, 다 같은 종류이다. 성인은 백성과 비록 같지 아니함이 있지만 성인도 사람이니 또한 같은 종류에 속한다. 다만 종류는 같지만 성인은 성품을 다해서 높이 인류 위에 있으니, 이미 그 종류 위에 있다면 여러 사람이 미칠 수 있는 것이 아니다. 여럿이 모인 밖에 뛰어나니 성인이 여러 사람 보다 다른 것이 이와 같다. 그러나 공자는 더욱 여러 성인과 다르니, 생민 이래로부터 성인이 또한 많았지만, 성하기가 공자같이 더욱 뛰어난 자가 있지 않았다. 공자는 여러 성인보다 훌륭하니 어찌 백이와 이윤이 등급을 같이 하겠는가?' 유약의 말을 보면 공자의 다른 점을 또 알 수 있다. 따라서 생민 이래에 있지 않다고 하였으니, 이 말이 어찌 유약 한 사람의 사사로운 말이겠는가? 이것이 내가 배우기를 원하는 바이다. 이러한 것으로 내가 마음을 동요하지 않을 수 있었음을 알아야 한다."

| 요지 |

이 장은 마음을 동요하지 않는다는 것을 주로 삼는다. 그 마음을 동요하지 않는 것은 말을 알고 기를 기르는 것에 말미암는다. 말을 알고 기를 기르는 것은 공자를 배우기를 원하는 곳으로 귀결된다. 앞에 '내가 일찍이 큰 용맹에 대해 선생님께 들었다'는 곳에 이미 배우기를 원하는 근본이 있고, 뒤에 요순과 백왕을 말한 것이 또한 재상의 큰 임무로서 서로 응한다.

맹 자 왈 이 력 가 인 자 패 패 필 유 대 국 이 덕 행
3-1. 孟子曰 以力假仁者는 覇니 覇必有大國요 以德行
인 자 왕 왕 부 대 대 탕 이 칠 십 리 문 왕
仁者는 王이니 王不待大라 湯이 以七十里하시고 文王
이 백 리
이 以百里하시니라

| 언해 |

孟子ㅣ 글으샤딕 力으로써 仁을 假ᄒᆞᄂᆞᆫ 者ᄂᆞᆫ 霸ᄒᆞᄂᆞ니 霸ᄂᆞᆫ 반ᄃᆞ시 大國을 두고 德으로써 仁을 行ᄒᆞᄂᆞᆫ 者ᄂᆞᆫ 王ᄒᆞᄂᆞ니 王은 大를 待티 아니ᄒᆞ논디라 湯이 七十里로써 ᄒᆞ시고 文王이 百里로써 ᄒᆞ시니라

| 직역 |

맹자가 말하였다. "힘으로써 인의 행위를 빌린 자는 패자이니 패자는 반드시 큰 나라를 소유하여야 하고, 덕으로써 인을 행한 자는 왕자이니 왕자는 큰 나라를 필요로 하지 않는다. 탕왕은 70리를 가지고 하셨고, 문왕은 100리를 가지고 하셨다."

| 자해 |

力 : 토지(土地)와 갑병(甲兵)의 힘. • 假仁 : 본래 인(仁)한 마음이 없으면서 그 일을 빌려 공(功)으로 삼은 것. • 霸 : 제환공(齊桓公)과 진문공(晉文公) 같은 사람.

| 의해 |

"왕도와 패도를 일컬어 온 지 오래 되었지만, 그 실상을 분별하지 않을 수 없다. 토지와 군사의 힘으로 세상을 구원하고 백성을 편안하게 하는데, 거짓으로 인을 칭탁해서 사사롭게 하는 것을 패도라고 한다. 패도를 하는 자는 반드시 큰 나라를 가져야 사람을 제어하고 그 사업을 이룰 수 있다. 단일 큰 나라가 없으면 힘이 작아 인을 빌지 못할 것이다. 몸소 행하고 마음으로 얻은 덕으로써 밖으로 발하여 사람을 구원하고 만물을 이롭게 하는 인을 행하는 것을 왕도라고 한다. 왕도를 하는 자는 당초에 큰 나라를 기다리지 않는데, 이는 그 하는 바가 온전히 덕에 있어서 힘을 기다리지 아니하고, 정성스러운 마음이 자신에게 있으므로 천하가 믿어서 비록 큰 나라가 없더라도 또한 충분히 할 수 있으니, 탕임금

과 문왕 같은 이가 다 왕도를 행한 자이다. 탕임금은 70리로써 일어나고 문왕은 100리로써 일어났으니, 그 큰 것을 기다리지 아니함을 볼 수 있다."

이력복인자 비심복야 력불섬야 이덕복인
3-2. 以力服人者는 非心服也라 力不贍也요 以德服人
자 중심 열이성복야 여칠십자지복공자야 시
者는 中心이 悅而誠服也니 如七十子之服孔子也라 詩
운 자서자동 자남자북 무사불복 차지
云 自西自東하며 自南自北이 無思不服이라하니 此之
위야
謂也니라

| 언해 |

力으로써 人을 服ᄒᆞᄂᆞᆫ 者ᄂᆞᆫ 心애 服ᄒᆞᄂᆞᆫ 줄이 아니라 力이 贍티 몯홈이오 德으로써 人을 服ᄒᆞᄂᆞᆫ 者ᄂᆞᆫ 中心이 悅ᄒᆞ야 誠으로 服홈이니 七十子의 孔子ᄅᆞᆯ 服홈 ᄀᆞᄐᆞᆫ디라 詩에 닐오ᄃᆡ 西로브터 ᄒᆞ며 東으로브터 ᄒᆞ며 南으로브터 ᄒᆞ며 北으로브터 思ᄒᆞ야 服디 아니리 업다 ᄒᆞ니 이를 닐옴이니라

| 직역 |

"힘으로써 사람을 복종케 하는 자는 마음에 복종함이 아니라 힘이 넉넉하지 못함이요, 덕으로써 사람을 복종케 하는 자는 중심이 기뻐하야 성으로 복종함이니, 70 제자가 공자에게 복종함과 같은 지라. 시에 이르되, '서로부터며 동으로부터며 남으로부터며 북으로부터 사하야 복종하지 아니할 이 없다'하니 이를 이름이니라."

| 자해 |

贍 : 족함. • 詩 : 「대아(大雅) · 문왕유성(文王有聲)」.

| 의해 |

"힘으로 인을 비는 패도와 덕으로 인을 행하는 왕도는 다 사람을 복종하게 한다. 그러나 힘으로 사람의 복종을 얻는 자는 복종하는 사람이 참 마음으로 사랑해서 복종하는 것이 아니고, 강하고 큰데 핍박되고 힘이 충분히 더불어 대적하지 못하기 때문에 마지못해 복종하는 것이다. 덕으로 사람의 복종을 얻는 자는 그 복종이 밖에만 있을 뿐이 아니라 충심으로 사랑해서 지성으로 복종하는 것이다. 공자 같은 이는 지위가 없었기 때문에, 당초에 세력과 지위가 없었지만, 칠십 제자가 다 마음으로 복종하고 털끝만큼도 억지로 복종하지 않았다. 지성으로 복종함이 이와 같았기 때문에 『시경』에 이르기를, '왕도를 행한 덕화가 퍼져 동서남북으로부터 복종하지 아니함이 없다'라고 하였으니, 마음으로 복종하는 것이다. 이것은 덕으로 사람을 복종하게 함을 말하는 것이니, 왕도는 큰 것을 기다리지 않음을 알 수 있다."

| 요지 |

이 장은 왕도와 패도의 분별을 정하여 나라를 소유한 자에게 가릴 바를 알게 한 것이다. 윗 문단은 패자와 왕자의 마음이 성실하고 거짓됨이 있음을 말한 것이고, 아래 문단은 사람의 응함이 또한 성실하고 거짓됨이 있음을 말하여 덕으로 인을 행한다는 두 구절을 중요시 한 것이다.

맹 자 왈 인 즉 영 불 인 즉 욕 금 오 욕 이
4-1. 孟子曰 仁則榮하고 不仁則辱하나니 今에 惡辱而
거 불 인 시 유 오 습 이 거 하 야
居不仁이 是猶惡濕而居下也니라

| 언해 |

孟子ㅣ ᄀᆞᆯᄋᆞ샤ᄃᆡ 仁ᄒᆞ면 榮ᄒᆞ고 仁티 아니ᄒᆞ면 辱ᄒᆞᄂᆞ니 이제 辱을 惡호ᄃᆡ 不仁에 居홈이 이ᄂᆞᆫ 濕을 惡호ᄃᆡ 下에 居홈 ᄀᆞᆮᄐᆞ니라

| 직역 |

맹자가 말하였다. "인하면 영화롭고, 인하지 않으면 치욕을 받나니, 지금 치욕을 싫어하면서도 인하지 않은데 처하는 것은, 이는 마치 젖는 것을 싫어하면서도 낮은 데에 거처하는 것과 같다."

| 의해 |

"영화를 좋아하고 치욕을 싫어하는 것은 사람의 일상적인 감정이다. 그러나 모두 뚜렷한 이유가 있어 그러함을 모른다. 오직 임금이 덕을 닦고 착함을 행하여 인하면 몸이 높고 나라가 드러나서 영화를 기약하지 않아도 스스로 영화로울 것이다. 만일 교만하고 사치하며 음란하고 편안해서 인하지 않으면 몸이 위태롭고 나라가 어지러워서 치욕을 기약하지 않아도 스스로 치욕이 된다. 인하지 않음으로 치욕을 얻은 것인데, 이제 이미 치욕을 미워하면서도 도리어 인하지 않은데 거하니, 반드시 치욕을 면하지 못 할 것이다. 이것이 젖는 것을 싫어하면서 도리어 아래에 거처하여 반드시 젖는 것을 면하지 못하는 것과 같다."

4-2. 如惡之(여오지)인댄 莫如貴德而尊士(막여귀덕이존사)니 賢者在位(현자재위)하며 能者在職(능자재직)하여 國家閒暇(국가한가)어든 及是時(급시시)하여 明其政刑(명기정형)이면 雖大國(수대국)이라도 必畏之矣(필외지의)리라

| 언해 |

만일에 惡홀딘댄 德을 貴ᄒᆞ며 士를 尊홈만 ᄀᆞᄐᆞ니 업스니 賢者ㅣ 位예 이시며 能者ㅣ 職에 이셔 國家ㅣ 閒暇ᄒᆞ거든 이 時를 及ᄒᆞ야 그 政刑을 明ᄒᆞ면 비록 大國이라도 반ᄃᆞ시 畏ᄒᆞ리라

| 직역 |

"만일 치욕을 싫어한다면 덕을 귀하게 여기고 선비를 높이는 것만 못하니, 현명한 사람이 지위에 있으며 재능이 있는 사람이 직책에 있어서 국가가 한가하거든, 이때에 미쳐 그 정사와 형벌을 밝힌다면 비록 강대국이라도 반드시 그 나라를 두려워할 것이다."

| 의해 |

"임금이 진실로 치욕을 미워할 줄을 안다면 인하지 않은 것을 버리고 인을 하는 것만 같지 못하다. 이에 덕을 귀하게 여겨 덕이 있는 선비를 높이고 나타내서, 선비 중의 어진 자는 덕을 이룬 자이니 그로 하여금 보필하는 자리에 있게 하고, 선비 중의 능한 자는 재주가 있는 자이니 그로 하여금 오래도록 직책에 있게 하면, 다스리는 사람을 얻어서 다스리는 도를 도모할 수 있을 것이다. 바깥 근심이 점차 없어져 국가가 한가하면 바로 무엇인가를 할 수 있을 때이다. 이때에 미쳐서 어진 사람, 능한 사람과 함께 정사를 닦아 밝혀 그 크고 작은 기강을 세워 질서가 있어서 어지럽지 않게 하며, 그 형벌을 닦아 밝혀 다섯 가지 벌을 다 공평하게 해서 굳세게 인을 행하면 나라의 근본이 굳고 나라의 형세가 장대해져서 비록 강하고 큰 나라라도 또한 반드시 두려워하면서 복종할 것이니, 그 영화로움이 어떠하겠는가?"

시운 태천지미음우 철피상두 주무유호
4-3. 詩云 迨天之未陰雨하여 徹彼桑土하여 綢繆牖戶
금차하민 혹감모여 공자왈 위차시자 기
면 今此下民이 或敢侮予아하여늘 孔子曰 爲此詩者 其
지도호 능치기국가 수감모지
知道乎인저 能治其國家면 誰敢侮之리오하시니라

| 언해 |

詩예 닐오ᄃᆡ 天의 陰雨티 아니ᄒᆞᆫ 저글 미처뎌 桑土ᄅᆞᆯ 徹ᄒᆞ야 牖戶ᄅᆞᆯ 綢繆ᄒᆞ면 이제 이 下民이 或 敢히 나ᄅᆞᆯ 侮ᄒᆞ랴 ᄒᆞ야ᄂᆞᆯ 孔子ㅣ ᄀᆞᆯᄋᆞ샤ᄃᆡ 이 詩ᄅᆞᆯ ᄒᆞᆫ 者ㅣ 그 道ᄅᆞᆯ 안뎌 能히 그 國家ᄅᆞᆯ 治ᄒᆞ면 뉘 敢히 侮ᄒᆞ리오 ᄒᆞ시니라

| 직역 |

"『시경』에 이르기를, '하늘이 그늘지고 비오지 않았을 때에 미쳐 저 뽕나무 뿌리를 거두어다가 창문을 튼튼하게 얽어 놓으면 지금 이 아래에 있는 사람들이 혹시라도 감히 나를 업신여기겠는가'라고 하였다. 공자가 말하기를, '이 시를 지은 자는 도를 알 것이다. 자기 국가를 다스릴 수 있다면 누가 감히 업신여기겠는가'라고 하였다."

| 자해 |

詩 : 「빈풍(豳風)·치효(鴟鴞)」. 주공(周公)이 지은 것. • 迨 : 미침. • 徹 : 취함. • 桑土 : 뽕나무 뿌리의 껍질. • 綢繆 : 칭칭 감아 집을 완전하게 만드는 것. • 牖戶 : 둥지에 공기가 통하고 새가 출입하는 곳. • 予 : 새가 자신을 말한 것.

| 의해 |

"『시경』에 이르기를, '하늘이 그늘지고 비오지 아니할 때에 미쳐서 뽕나무 뿌리의 껍질을 취하여 둥지의 지게문을 보수하여 굳게

해서 삼가지 못한 근심을 피하면 아래 있는 백성이 혹 감히 치거나 쏘아서 나를 없신여길 자가 없을 것이다'라고 하였다. 이것은 주공이 새의 말을 빌어서 때에 미쳐 다스림을 도모하는 뜻을 밝힌 것이다. 공자는 이 시를 읽고 다음과 같이 칭찬하였다. '이 시를 지은 자는 그 근심을 생각해서 미리 막는 도를 알 것이다. 사람의 임금된 자가 때에 미쳐서 다스리는 사람에게 맡기고, 다스리는 법을 삼가서 그 국가를 다스리는 것을 새가 때에 미쳐 둥지를 보수하는 것 같이하면 틈을 탈 수 없을 것이니, 누가 감히 업신여기겠는가?' 이 시와 공자의 말을 보면 이른바 인하면 영화롭다는 말을 더욱 믿을 수 있을 것이다."

금 국가 한가 급시시 반락태오 시

4-4. 今에 國家 閒暇어든 及是時하여 般樂怠敖하나니 是

자구화야 화복 무불자기구지자

는 自求禍也니라 禍福이 無不自己求之者니라

| 언해 |

이제 國家ㅣ 閒暇ᄒᆞ거든 이 時ᄅᆞᆯ 미처 般樂ᄒᆞ며 怠敖ᄒᆞᄂᆞ니 이ᄂᆞᆫ ᄉᆞᄉᆞ로 禍ᄅᆞᆯ 求ᄒᆞᆷ이니라 禍와 福이 己로브터 求티 아니 ᄒᆞᆫ 者ㅣ 업ᄉᆞ니라

| 직역 |

"지금 국가가 한가하거든 이때에 미쳐 즐기고 태만하며 오만한 짓을 하니, 이것은 스스로 화를 불러오는 짓이다. 화와 복이 자기로부터 불러오지 않는 것이 없다."

| 의해 |

"나라를 다스리는 자가 인재를 미리 거두어 써서 그 나라를 실하게 하지 않고, 국가가 한가한 겨를이 있으면 그 때에 미쳐 욕심을 즐기고, 게을러서 편안함을 도모하여 정사가 거칠어도 묻지 않고 형벌이 사나워도 근심하지 않으니, 그 인하지 않음이 이와 같으면 나라 일이 날로 그르고 나라 형세가 날로 위축되어서 업신여기는 자가 이를 것이다. 이것이 바로 스스로 화를 불러오는 것이다. 인의 영화로움이 복이니, 자신이 때에 미쳐 다스림을 도모하는 자가 이룰 것이다. 인하지 않아서 받는 치욕은 화이니 몸이 한가함에 게으른 자가 취하는 것이다. 그러므로 화와 복은 자신이 불러오지 아니한 것이 없음을 볼 수 있다."

4-5. 詩云(시운) 永言配命(영언배명)이 自求多福(자구다복)이라하며 太甲(태갑)에 曰(왈) 天作孽(천작얼)은 猶可違(유가위)어니와 自作孽(자작얼)은 不可活(불가활)이라하니 此之謂也(차지위야)니라

| 언해 |

詩예 닐오ᄃᆡ 기리 言ᄒᆞ야 命을 配ᄒᆞ욤이 스스로 多福을 求ᄒᆞᆷ이라 ᄒᆞ며 太甲애 ᄀᆞᆯ오ᄃᆡ 天의 作ᄒᆞᆫ 孽은 오히려 可히 違ᄒᆞ려니와 스스로 作ᄒᆞᆫ 孽은 可히 活티 몯ᄒᆞ리라 ᄒᆞ니 이ᄅᆞᆯ 닐옴이니라

| 직역 |

"『시경』에 이르기를, '길이 천명에 배합하기를 생각하는 것이 스스로 많은 복을 불러오는 것이다'라고 하였으며, 「태갑」에 이르기를, '하늘이 지은 재앙은 오히려 피할 수 있으나, 스스로 지은 재

앙은 살 길이 없다'라고 하였으니, 이것을 말한 것이다."

| 자해 |

詩 : 「대아(大雅) · 문왕(文王)」. • 永 : 긴 것. • 言 : 염(念)과 같음. • 配 : 합함. • 命 : 천명(天命). 이것은 복(福)을 자기로부터 구함을 말한 것. • 太甲 : 『상서(商書)』의 편명(篇名). • 孼 : 화(禍). • 違 : 피함. • 活 : 삶이니, 『서경(書經)』에는 환자(逭字)로 되어 있으니, 환(逭)은 완(緩)[늦춤]과 같음. 이것은 화(禍)를 자기로부터 구함을 말한 것.

| 의해 |

"『시경』에 이를기를, '사람이 길이 말해서 천리(天理)에 합하면 성대하고 큰 복을 자신으로부터 이룬다'고 하였고, 「태갑」에 이르기를, '자신은 죄가 없는데 하늘이 내린 재앙은 오히려 덕을 닦아서 피할 수 있지만, 스스로 불선을 행하여 재앙에 빠진 것은 결코 살아남지 못한다'고 하였다. 『시』의 말은 곧 복을 자기 몸으로부터 불러옴을 이르는 것이고, 「태갑」의 말은 곧 화를 자기 몸으로 인하여 불러옴을 이른다. 그러므로 사람의 임금된 자는 이것을 살피지 않을 수 없다."

| 요지 |

이 장은 당시의 임금을 권면하여 인에 힘쓰게 한 것이다. 첫 문단은 인하고 인하지 않은 것이 영화와 치욕의 원인임을 의론한 것이고, 둘째 문단과 셋째 문단은 인하면 영화로운 실상을 말한 것이고, 넷째 문단은 인하지 않으면 치욕을 받는 실상을 말한 것이며, 끝의 두 문단은 그 뜻을 맺고 말을 이끌어 밝힌 것이다.

맹 자 왈 존 현 사 능 준 걸 재 위 즉 천 하 지 사 개
5-1. 孟子曰 尊賢使能하여 俊傑이 在位則天下之士 皆
열 이 원 립 어 기 조 의
悅而願立於其朝矣리라

| 언해 |

孟子ㅣ ᄀᆞᆯᄋᆞ샤ᄃᆡ 賢을 尊ᄒᆞ며 能을 使ᄒᆞ야 俊傑이 位예 이신 則 天下읫 士ㅣ 다 悅ᄒᆞ야 그 朝애 立홈을 願ᄒᆞ리라

| 직역 |

맹자가 말하였다. "현명한 자를 높이고 재능이 있는 자를 부려서 준걸들이 지위에 있으면 천하의 선비가 모두 기뻐하여 그 조정에서 벼슬하기를 원할 것이다."

| 자해 |

俊傑 : 재주와 덕(德)이 보통 사람보다 특이한 자.

| 의해 |

"천하에 왕 노릇 하는 사람의 정사는 사람의 마음을 얻는 데 그 요점이 있다. 현명하고 재능이 있는 선비는 나라가 그의 힘을 입어서 다스리는 데 도움을 주어야 한다. 반드시 그 현명하고 덕이 있는 자를 높이고 그 재능이 있고 재주 있는 자를 부려서 재주와 덕이 출중한 준걸로 하여금 지위에 있게 하면, 다만 내 나라의 선비가 기뻐할 뿐만 아니라 곧 천하의 선비가 다 내가 사람을 쓰는 데 도가 있는 것을 기뻐하여 그 조정에 서기를 원할 것이다."

시 전이부정 법이부전즉천하지상 개열
5-2. 市에 廛而不征하며 法而不廛則天下之商이 皆悅
이원장어기시의
而願藏於其市矣리라

| 언해 |

市예 廛ᄒᆞ고 征티 아니ᄒᆞ며 法으로 ᄒᆞ고 廛티 아닌 則 天下읫 商이 다 悅ᄒᆞ야 그 市예 藏홈을 願ᄒᆞ리라

| 직역 |

"시장에서 자릿세만 받고 세금을 징수하지 않으며, 법대로 처리하기만 하고 자릿세도 받지 않으면 천하의 장사꾼들이 모두 기뻐하여 그 시장에 물건을 보관하기를 원할 것이다."

| 자해 |

廛 : 시장의 집.

| 의해 |

"사 계급 아래에 있으면서 물화(物貨)의 유무를 통하는 자는 장사이다. 시장에는 장사꾼을 다스리는 정사가 있다. 혹 말단의 이익을 좇는 자가 많으면 그 저자의 자릿세를 받아 억제하는 것은 그 이익이 후하기 때문이지만, 다시 그 물건의 세를 받지 아니하고, 만일 말단의 이익을 좇는 자가 적으면 다만 저자 관원이 법으로만 다스릴 뿐, 그 자릿세를 걷지 않으면 나라의 장사로서 기뻐할 뿐 아니라 곧 천하의 장사가 다 나의 장사에게 후하게 하는 인정을 기뻐해서 물건을 그 저자에 보관하기를 원할 것이다."

관 기 이 부 정 즉 천 하 지 려 개 열 이 원 출 어 기 로

5-3. 關에 譏而不征則天下之旅가 皆悅而願出於其路

의

矣리라

| 언해 |

關애 譏ᄒᆞ고 征티 아니ᄒᆞᆫ 則 天下읫 旅ㅣ 다 悅ᄒᆞ야 그 路애 出홈을 願ᄒᆞ리라

| 직역 |

"관문에서 살피기만 하고 세금을 징수하지 않으면 천하의 나그네들이 모두 기뻐하여 그 길로 나가기를 원할 것이다."

| 의해 |

"가고 오는 자는 나그네이다. 여러 길이 모인 땅에 관문을 세워서 경계를 정하고, 다니는 나그네가 공문이 있으면 지나가게 하되 다만 공문을 가지고 그 내력을 살펴 도적을 막고, 그 가고 오는 재물의 세를 받지 않으면 다만 나라의 나그네만 기뻐할 뿐 아니라 곧 천하의 나그네가 다 내가 먼 곳의 사람을 편안하게 해 주는 도가 있음을 기뻐해서 그 길로 나가기를 원할 것이다."

경 자 조 이 불 세 즉 천 하 지 농 개 열 이 원 경 어 기

5-4. 耕者를 助而不稅則天下之農이 皆悅而願耕於其

야 의

野矣리라

| 언해 |

耕者를 助ᄒᆞ고 稅티 아니ᄒᆞᆫ 則 天下읫 農이 다 悅ᄒᆞ야 그 野에 耕홈을 願ᄒᆞ리라

| 직역 |

"농사짓는 자들이 공전을 도와서 경작하게만 하고 세금을 내지 않게 하면 천하의 농민들이 모두 기뻐하여 그 들에서 경작하기를 원할 것이다."

| 의해 |

"밭가는 것을 업으로 삼는 자는 농민이다. 밭가는 자에게 정전법을 적용해 세금을 열에 하나를 받되, 다만 여덟 집이 힘을 같이 내어 나라 밭을 도와서 갈게 하고 다시 사적으로 나누어준 밭에 세금을 받지 아니하면, 다만 내 나라 농민만 기뻐할 뿐이 아니라 곧 천하의 농민이 모두 세금을 적게 거두는 인정을 기뻐해서 그 들에 밭 갈기를 원할 것이다."

전 무 부 리 지 포 즉 천 하 지 민 개 열 이 원 위 지 맹 의

5-5. 廛無夫里之布則天下之民이 皆悅而願爲之氓矣리라

| 언해 |

廛에 夫와 里의 布ㅣ 업슨 則 天下읫 民이 다 悅ᄒᆞ야 氓되옴을 願ᄒᆞ리라

| 직역 |

"전(廛)에 부(夫)와 리(里)에서 내는 베를 없애면 천하의 백성들

이 모두 기뻐하여 그의 백성이 되기를 원할 것이다."

| 자해 |

夫里布 : 『주례』에 백성 중에 직업이 없는 자는 일부 백 모의 세를 벌금으로 받고 집에 뽕나무와 삼을 심지 아니하는 자는 일리 이십오 가의 세를 벌금으로 받았음. • 氓 : 백성.

| 의해 |

"전(廛)에 거하는 백성은 각각 떳떳한 업이 있어서 놀고 입고, 놀고 먹는 자가 아니므로 일부(一夫) 백 모의 세를 내지 아니한다. 거하는 전은 물화를 쌓아두는 곳이지, 원래 뽕나무와 삼을 심는 곳이 아니므로 일리 이십오 가의 세를 내게 하지 않는다. 그런데 전국시대에 모두가 부와 리의 세를 내니 이것은 선왕의 법이 아니다. 그러므로 천하의 백성이 기뻐해서 백성 되기를 원할 것이다."

신 능 행 차 오 자 즉 린 국 지 민 앙 지 약 부 모 의
5-6. 信能行此五者則鄰國之民이 仰之若父母矣리니
솔 기 자 제 공 기 부 모 자 생 민 이 래 미 유 능 제 자
率其子弟하여 攻其父母는 自生民以來로 未有能濟者
야 여 차 즉 무 적 어 천 하 무 적 어 천 하 자 천 리
也니 如此則無敵於天下하리니 無敵於天下者는 天吏
야 연 이 불 왕 자 미 지 유 야
也니 然而不王者는 未之有也니라

| 언해 |

진실로 能히 이 五者를 行ᄒᆞᆫ 則 鄰國읫 民이 仰홈을 父母ᄀᆞ티 ᄒᆞ리니 그 子弟를 率ᄒᆞ야 그 父母를 攻홈은 生民으로브터 ᄡᅥ 오모로 能히 濟ᄒᆞᆯ 者ㅣ 잇디 아니ᄒᆞ니 이러ᄐᆞᆺ ᄒᆞᆫ 則 天下애 敵이 업스리니 天下애 敵이 업슨 者ᄂᆞᆫ 天吏니 그러코 王티 몯ᄒᆞᆯ 者ㅣ 잇디

아니ᄒᆞ니라

| 직역 |

“진실로 이 다섯 가지를 시행할 수 있다면, 이웃나라 백성들이 그를 우러러보기를 부모처럼 할 것이다. 그 자제를 거느리고서 그 부모를 공격하는 것은 생민이 있은 이래로 성공할 수 있는 자가 없었으니, 이와 같으면 천하에 대적할 자가 없을 것이다. 천하에 대적할 자가 없으면 천리(天吏)이니, 이렇게 하고서도 왕 노릇하지 못한 자는 있지 않다.”

| 자해 |

天吏 : 천명(天命)을 받들어 행함. 폐하고 흥하며 보존시키고 멸망시킴을 오직 하늘의 명령대로 하여 감히 따르지 않을 수 없는 것이니, 탕왕(湯王)과 무왕(武王) 같은 분들임.

| 의해 |

“이 다섯 가지 정사가 천하의 인심을 얻는 것이 이와 같으니, 지금 세상에 임금이 진실한 마음으로 진실한 정사를 행하여 이 다섯 가지를 다 시행할 수 있다면 이웃나라 백성의 하급 관리와 농민과 장사와 나그네가 다 우러러 사랑하기를 부모 같이 할 것이다. 우러러 부모처럼 여기면 백성은 곧 자신의 자제가 되는 것이므로 이웃나라 임금이 백성을 거느려서 나를 치더라도 그 자제들을 거느리고 그 부모를 치는 것이니 생민이래로부터 자제를 거느리고 부모를 치고서도 그 일을 이룰 수 있는 자는 없었다. 따라서 천하에 대적할 사람이 없을 것이니 천하에 대적할 만한 사람이 없는 자는 곧 천리(天吏)이다. 사납고 어지러운 나라를 하늘의 명을 받들어 치면 동서남북 어디를 향한들 항복받지 못하겠는가? 그렇게 하고도 천하에 왕 노릇 하지 못하는 자는 없으며, 그렇지 않으면 내 나라의 백성도 또한 원수가 될 것이다. 하물며 이웃나

라와 천하에 있어서이겠는가?"

| 요지 |

이 장은 인한 정사로 충분히 천하에 왕 노릇 할 수 있음을 보인 것이다. 당시의 임금이 진실로 이 인정을 급히 바랄 수 없었다. 따라서 인정을 행할 수 있으면 도적이 도리어 부자(父子)가 되고 인정을 행하지 않으면 내 백성이 도리어 도적과 원수가 될 것이다.

맹 자 왈 인 개 유 불 인 인 지 심 선 왕 유 불 인
6-1. 孟子曰 人皆有不忍人之心하니라 先王이 有不忍
인 지 심 사 유 불 인 인 지 정 의 이 불 인 인 지 심
人之心하사 斯有不忍人之政矣시니 以不忍人之心으로
행 불 인 인 지 정 치 천 하 가 운 어 장 상
行不忍人之政이면 治天下는 可運於掌上이니라

| 언해 |

孟子ㅣ ᄀᆞᆯᄋᆞ샤ᄃᆡ 人이 다 人을 忍티 몯ᄒᆞᄂᆞᆫ 心을 둔ᄂᆞ니라 先王이 人을 忍티 몯ᄒᆞᄂᆞᆫ 心을 두샤 이에 人을 忍티 몯ᄒᆞᄂᆞᆫ 政을 두시니 人을 忍티 몯ᄒᆞᄂᆞᆫ 心으로ᄡᅥ 人을 忍티 몯ᄒᆞᄂᆞᆫ 政을 行ᄒᆞ면 天下治홈은 可히 掌上애 運ᄒᆞ리니라

| 직역 |

맹자가 말하였다. "사람들은 모두 사람에게 차마 하지 못하는 마음을 가지고 있다. 선왕이 사람에게 차마 하지 못하는 마음을 가지고, 사람에게 차마 하지 못하는 정사를 시행하셨으니, 사람에게 차마 하지 못하는 마음으로 사람에게 차마 하지 못하는 정사를 행한다면, 천하를 다스리는 것은 손바닥 위에 놓고 움직일 수 있을 것이다."

| 의해 |

"천지의 큰 덕은 만물을 내는 것이다. 사람은 천지가 만물을 내는 마음을 얻어서 마음을 삼는다. 그러므로 사람에게 차마 하지 못하는 마음을 얻어 마음을 삼기 때문에 사람에게 차마 하지 못하는 마음을 사람마다 다 가지고 있으니, 성인과 범인이 다를 것이 없다.

사람이 다 차마 하지 못하는 마음이 있지만 사욕이 사이에 끼어서 쓰지 못한다. 오직 선왕은 전체가 두루 흘러서 감동함을 따라 응하여 사람으로서 차마 하지 못하는 마음이 있으면 곧 사람으로서 차마 하지 못하는 정사가 있을 것이다. 그러면 이 마음을 채우고 넓히기를 기다리지 아니하더라도 사욕을 다시 막고 억제할 것이 없을 것이다. 차마 하지 못하는 마음을 가지고 차마 하지 못하는 정사를 행하면 곧 늙은 자가 비단을 입고, 고기를 먹을 수 있다. 젊은 백성이 주리지 않고 춥지 않으면, 천하가 비록 크더라도 이 마음으로 다스려 오히려 남을 것이니, 그 다스림이 손바닥위에 놓고 움직이는 것 같을 것이므로 어려움이 없을 것이다. 이것이 이른바 사람마다 있는 마음을 온전히 하는 것이다."

6-2. 所以謂人皆有不忍人之心者(소이위인개유불인인지심자)는 今人(금인)이 乍見孺子(사견유자)將入於井(장입어정)하고 皆有怵惕惻隱之心(개유출척측은지심)하나니 非所以內交(비소이납교)於孺子之父母也(어유자지부모야)며 非所以要譽於鄉黨朋友也(비소이요예어향당붕우야)며 非惡其聲而然也(비오기성이연야)니라

| 언해 |

뻐 닐오딕 人이 다 人을 忍티 몯ᄒᆞᄂᆞᆫ 心을 둣다 홈ᄋᆞᆫ 이제 사ᄅᆞᆷ이 믄득 孺子ㅣ 쟝ᄎᆞᆺ 井애 入홈을 보고 다 怵惕ᄒᆞ며 惻隱ᄒᆞᄂᆞᆫ 心을 둔ᄂᆞ니 뻐 交를 孺子의 父母의게 納ᄒᆞᄂᆞᆫ 배 아니며 뻐 譽를 鄉黨과 朋友에 要ᄒᆞᄂᆞᆫ 배 아니며 그 聲을 惡ᄒᆞ야 그러홈이 아니니라

| 직역 |

"사람들이 모두 사람에게 차마 하지 못하는 마음을 가지고 있다고 말하는 까닭은, 지금에 사람들이 갑자기 어린아이가 장차 우물로 들어가려는 것을 보고는 모두 깜짝 놀라고 측은해하는 마음을 가지니, 이것은 어린아이의 부모와 교분을 맺으려고 해서도 아니며, 향당과 붕우들에게 명예를 구해서도 아니며, 잔인하다는 명성을 싫어해서 그러한 것도 아니다."

| 자해 |

乍 : '문득 홀(忽)'과 같음. • 怵惕 : 놀라 움직이는 모양. • 惻 : 서글퍼하기를 간절히 함. • 隱 : 아파하기를 깊이 하는 것. • 內 : 맺음. 음은 '납'. • 要 : 구함. • 聲 : 일컬음.

| 의해 |

"이른바 사람이 모두 차마하지 못하는 마음이 있다는 것을 어떻게 증명할 수 있을까? 평상시에는 증명하기 어렵지만 어렵고 변을 당할 때엔 증명하기 쉽다. 한가할 때에는 보기 어렵지만 급할 때에는 보기 쉽다. 선왕과 지금 사람을 막론하고 갑자기 어린 아이가 기어서 우물로 들어가려는 것을 보면 모두 놀라고 측은해하는 마음을 가지니, 이 마음이 생겨날 때에 이것을 가지고 아름다운 칭찬을 향당과 붕우에게 구하기 위한 것이 아니며, 또한 사람을 구하지 않았다는 비난을 피하기 위한 것도 아니다. 창졸간에 조금도 꾸밈이 없이 자연히 동한 마음이니 이것이 참 마음이다.

이른바 사람마다 사람으로서 차마 하지 못하는 마음이 있는 것이다."

6-3. 由是觀之컨댄 無惻隱之心이면 非人也며 無羞惡之心이면 非人也며 無辭讓之心이면 非人也며 無是非之心이면 非人也니라

| 언해 |

일로 말ᄆᆡ암아 보건댄 惻隱ᄒᆞᄂᆞᆫ 心이 업스면 人이 아니며 羞惡ᄒᆞᄂᆞᆫ 心이 업스면 人이 아니며 辭讓ᄒᆞᄂᆞᆫ 心이 업스면 人이 아니며 是非ᄒᆞᄂᆞᆫ 心이 업스면 人이 아니니라

| 직역 |

"이로 말미암아 본다면 측은지심이 없으면 사람이 아니며, 수오지심이 없으면 사람이 아니며, 사양지심이 없으면 사람이 아니며, 시비지심이 없으면 사람이 아니다."

| 자해 |

羞 : 자기의 불선(不善)을 부끄러워함. • 惡 : 남의 불선(不善)을 증오함. • 辭 : 자기에게 오는 것을 마다하고 가지지 않음. • 讓 : 자기에게 오는 것을 미루어서 남에게 줌. • 是 : 선(善)을 알아서 옳게 여김. • 非 : 악(惡)을 알아서 그르게 여김.

| 의해 |

"갑자기 측은한 마음이 나옴을 보건대, 측은해하는 마음이 없으면 사람이 아님을 알 수 있다. 사람이면 반드시 측은한 마음이

있으니, 측은함이 있으면 반드시 수오와 사양과 시비가 있을 것이다. 만일 수오하는 마음이 없으면 사람이 아니며, 사람이면 반드시 수오하는 마음이 있을 것이다. 만일 사양하는 마음이 없으면 사람이 아니니, 사람이면 반드시 사양하는 마음이 있을 것이다. 시비를 가리는 마음이 없으면 사람이 아니니 사람이면 반드시 시비를 가리는 마음이 있을 것이다."

측은지심 인지단야 수오지심 의지단야
6-4. 惻隱之心은 仁之端也요 羞惡之心은 義之端也요
사양지심 예지단야 시비지심 지지단야
辭讓之心은 禮之端也요 是非之心은 智之端也니라

| 언해 |

惻隱ᄒᆞᄂᆞᆫ 心은 仁의 端이오 羞惡ᄒᆞᄂᆞᆫ 心은 義의 端이오 辭讓ᄒᆞᄂᆞᆫ 心은 禮의 端이오 是非ᄒᆞᄂᆞᆫ 心은 智의 端이니라

| 직역 |

"측은지심은 인의 단서요, 수오지심은 의의 단서요, 사양지심은 예의 단서요, 시비지심은 지의 단서이다."

| 자해 |

端 : 실마리.

| 의해 |

측은(惻隱)·수오(羞惡)·사양(辭讓)·시비(是非)는 정(情)이고, 인(仁)·의(義)·예(禮)·지(智)는 성(性)이고, 심(心)은 성(性)과 정(情)을 통합한 것이다.

"네 가지 마음이 반드시 사람에게 있는데, 이 마음은 다 정(情)이다. 정은 성(性)에 근본을 두고 있는데, 성이 가운데 쌓이면 정이 밖으로 발한다. 그 발함에 자연한 것을 가지고 그 가운데에 본래 그러한 것을 볼 수 있다. 성 가운데 인이 있으니 순연한 자애의 이치가 발하여 나와서 측은함이 있게 된다. 그러므로 측은한 마음은 이 인의 단서가 밖으로 드러난 것이다. 성 가운데 의가 있으니 절대로 바꾸지 못할 이치가 발하여 나와서 바야흐로 수오함이 있게 된다. 그러므로 수오의 마음은 이 의의 단서가 밖으로 드러난 것이다. 성 가운데 예가 있으니 절대로 어지럽지 아니한 이치가 발하여 나와 바야흐로 사양함이 있게 된다. 그러므로 사양의 마음은 이 예의 단서가 밖으로 드러난 것이다. 성 가운데 지가 있으니 환히 어둡지 아니한 이치가 발하여 나와 바야흐로 시비를 가림이 있게 된다. 시비를 가리는 마음은 이 지의 단서가 밖으로 드러난 것이다. 이 인·의·예·지의 성이 있지 아니하면, 또 어찌 측은·수오·사양·시비의 정이 있겠는가?"

인 지 유 시 사 단 야　유 기 유 사 체 야　유 시 사 단 이
6-5. 人之有是四端也은 猶其有四體也니 有是四端而
자 위 불 능 자　자 적 자 야　위 기 군 불 능 자　적 기 군 자
自謂不能者는 自賊者也요 謂其君不能者는 賊其君者
야
也니라

| 언해 |

人의 이 四端을 둠이 그 四體를 둠 ᄀᆞᄐᆞ니 이 四端을 두ᄃᆡ 스스로 能히 몯홀로다 닐ᄋᆞᄂᆞᆫ 者ᄂᆞᆫ 스스로 賊ᄒᆞᄂᆞᆫ 者ㅣ오 그 君을 能티 몯ᄒᆞ리라 닐ᄋᆞᄂᆞᆫ 者ᄂᆞᆫ 그 君을 賊ᄒᆞᄂᆞᆫ 者ㅣ니라

| 직역 |

“사람이 이 사단을 가지고 있는 것은 사지를 가지고 있는 것과 같으니, 이 사단을 가지고 있으면서도 스스로 인의를 행할 수 없다고 말하는 자는 자신을 해치는 자이고, 자기 군주가 인의를 행할 수 없다고 말하는 자는 군주를 해치는 자이다.”

| 자해 |

四體 : 사지(四肢).

| 의해 |

“네 가지의 마음이 진실로 인과 의와 예와 지의 단서가 되지만, 이 사단이 본래 없다가 잠깐 있는 것이 아니다. 사람의 마음에 반드시 이 사단이 있는데 이것은 사람의 몸에 반드시 사지가 있는 것과 같다. 이 사단을 두고 스스로 이르기를 온전히 하지 못한다고 하는 사람은 이것을 달게 여겨서 스스로 해롭게 하는 자이다. 그 임금이 온전히 하지 못할 것이라고 하는 사람은 그 임금이 선왕과 같이 훌륭하게 될 것을 기대하지 아니하고 그 임금을 착하지 못한 곳에 두는 것이니 그 임금을 해롭게 하는 자이다. 어찌 스스로 해롭게 하고 임금을 해롭게 하는 것을 달갑게 여길 수 있겠는가?”

범유사단어아자 지개확이충지의 약화지시
6-6. 凡有四端於我者를 知皆擴而充之矣면 若火之始
연 천지시달 구능충지 족이보사해 구불
然하며 泉之始達이니 苟能充之면 足以保四海요 苟不
충지 부족이사부모
充之면 不足以事父母니라

| 언해 |

믈 읫 四端이 내게 인는 者를 知ᄒᆞ야 다 擴ᄒᆞ야 充ᄒᆞ면 火ㅣ 비로소 然ᄒᆞ며 泉이 비로소 達홈 ᄀᆞᆮᄐᆞ리니 진실로 能히 充ᄒᆞ면 足히 ᄡᅧ 四海를 保ᄒᆞ고 진실로 充티 몯ᄒᆞ면 足히 ᄡᅧ 父母도 事티 몯ᄒᆞᄂᆞ니라

| 직역 |

"사단이 나에게 있는 것을 다 넓혀서 채울 줄 알면, 마치 불이 처음 타오르며 샘물이 처음 나오는 것과 같을 것이니, 만일 이것을 채울 수 있다면 충분히 사해를 보호할 수 있고, 만일 채우지 못한다면 부모도 섬길 수 없을 것이다."

| 자해 |

擴 : 미루어 넓힘. • 充 : 가득함.

| 의해 |

"사람이 모두 사단이 있는데 다만 사욕에 가려져 살펴 확충하지 못할 뿐이다. 자신에게 있는 사단을 돌이켜 구하여 그것이 자신에게 있음을 알면 때와 장소에 따라 발현한다. 이 사단을 취하여 한 가지 일로 말미암아 일마다 미루어 넓히는 노력을 더해서 본연한 양이 충만하면, 장차 이 도가 점점 자라서 스스로 마지아니함을 볼 것이다. 비유하자면 불이 타올라 성할 때에는 끌 수가 없고, 샘이 비로소 나서 흐르는 것을 막을 수 없는 것 같으니 이것이 확충하는 기틀을 아는 것이다. 진실로 이 마지 아니하는 기틀을 가지고 채워서 그 양에 가득하게 하면 인이 사랑하지 않는 것이 없고, 의가 마땅하지 않은 것이 없으며, 예가 공경하지 않는 것이 없고, 지가 밝지 않은 것이 없어서 사해의 큰 것이라도 보전하기 어려운 것이 없을 것이다. 채우지 못하면 비록 부모가 집에 있을지라도 충분히 섬기지 못할 것이니, 확충을 어찌 그만 둘 수

있겠는가? 이 마음이 있는 자는 선왕처럼 힘쓰는 것이 옳다.”

| 요지 |

이 장은 당시에 잔인한 임금을 위해서 말한 것이다. 첫 문단은 인한 마음을 사람이 한결 같이 갖추고 있음을 말한 것이다. 둘째 문단은 성인이 그 양을 채울 수 있음을 말한 것이고, 가운데 세째 문단은 사람이 모두 사람으로서 차마 하지 못하는 마음이 있음을 거듭 말한 것이다. 끝의 두 문단은 사람이 마땅히 선왕을 본받아서 사람으로서 차마 하지 못하는 마음을 채울 것을 거듭 말한 것이니, 주된 뜻은 확충함에 있다. 한갓 차마 하지 못하는 마음이라고 말하지 않고 반드시 사람 인(人) 한 글자를 덧붙였으니, 같은 종류와 더욱 서로 친함을 보인 것이다.

사단에 신(信)을 말하지 않은 것은 이미 정성스러운 마음이 있어서 사단을 말하면 신은 그 가운데 있기 때문이다. 사단의 신은 오행 중의 토(土)와 같아서 일정한 방위도 없고 이루어진 이름도 없고 전일한 기운도 없지만, 수와 화와 금과 목이 이것을 기다려서 나지 않은 것이 없다. 그러므로 토(土)는 사행에 없는 곳이 없고, 사시(四時)에도 모두 있는데, 그 이치가 또한 이와 같다.

맹 자 왈 시 인 개 불 인 어 함 인 재 시 인 유
7-1. 孟子曰 矢人이 豈不仁於函人哉리오마는 矢人은 惟
공 불 상 인 함 인 유 공 상 인 무 장 역 연
恐不傷人하고 函人은 惟恐傷人하나니 巫匠도 亦然하니
고 술 불 가 불 신 야
故로 術不可不愼也니라

| 언해 |

孟子ㅣ 골ᄋᆞ샤ᄃᆡ 矢人이 엇디 函人에셔 仁티 아니리오마ᄂᆞᆫ 矢人ᄋᆞᆫ 오직 人을 傷케 몯홀까 恐ᄒᆞ고 函人ᄋᆞᆫ 오직 人을 傷홀까 恐ᄒᆞᄂᆞ니 巫와 匠도 ᄯᅩᄒᆞᆫ 그러ᄒᆞ니 故로 術은 可히 愼티 아니티 몯홀꺼시니라

| 직역 |

맹자가 말하였다. "화살 만드는 사람이 어찌 갑옷 만드는 사람보다 인하지 못하겠는가마는, 화살 만드는 사람은 행여 사람을 상하지 못할까 두려워하고, 갑옷 만드는 사람은 행여 사람을 상할까 두려워하니, 무당과 관 만드는 목수도 또한 그러하다. 그러므로 직업을 선택함에 삼가지 않으면 안 되는 것이다."

| 자해 |

函 : 갑옷. • 巫 : 사람들을 위해서 기도하고 축원하여 사람이 사는 것을 이롭게 여기는 자. • 匠 : 관곽(棺槨)을 만들어 사람이 죽는 것을 이롭게 여기는 자.

| 의해 |

"사람마다 차마 하지 못하는 마음이 있으니, 화살 만드는 사람의 본심이 어찌 갑옷 만드는 사람보다 인하지 않겠는가? 그러나 살을 만들고 갑옷을 만드는 마음에 나아가 말하면, 살 만드는 사람은 오직 그 살이 날카롭지 않아서 사람을 해치지 못할까를 두려워하고, 갑옷 만드는 사람은 오직 그 갑옷이 견고하지 않아서 사람을 상하게 하는데 이를까 두려워한다. 그렇다고 살 만드는 사람의 마음이 갑옷 만드는 사람보다 인하지 않아서 그러하겠는가? 다만 살 만드는 사람과 갑옷 만드는 사람만 그럴 뿐이 아니다. 무당이 사람 살기를 이롭게 여기는 것과 관 만드는 목수가 사람 죽는 것을 이롭게 여기는 것도 또한 그러하다. 그렇다면 관 만드는

목수의 마음이 과연 무당보다 인하지 않아서 그러하겠는가? 이는 처음에 본심이 다른 것이 아니라 그가 하는 직업이 그 마음을 다르게 만들기 때문이다. 그러므로 사람은 직업을 삼가고 살펴야 하는 것이다."

7-2. 孔子曰(공자왈) 里仁(이인)이 爲美(위미)하니 擇不處仁(택불처인)이면 焉得智(언득지)리오 하시니 夫仁(부인)은 天之尊爵也(천지존작야)며 人之安宅也(인지안택야)어늘 莫之禦(막지어)而不仁(이불인)하니 是(시)는 不智也(부지야)니라

| 언해 |

孔子ㅣ ᄀᆞᆯᄋᆞ샤ᄃᆡ 里ㅣ 仁홈이 美ᄒᆞ니 擇호ᄃᆡ 仁에 處티 아니ᄒᆞ면 엇디 시러곰 智라 ᄒᆞ리오 ᄒᆞ시니 仁은 天의 尊爵이며 人의 安宅이어ᄂᆞᆯ 禦ᄒᆞ리 업시 仁티 아니ᄒᆞ니 이ᄂᆞᆫ 智티 아니홈이니라

| 직역 |

"공자가 말하기를, '마을에 인후한 풍속이 있는 것이 아름다우니, 사람이 거처할 곳을 가리되 인에 거처하지 않는다면 어떻게 지혜로울 수 있겠는가'라고 하였으니, 인은 하늘의 높은 벼슬이며, 사람의 편안한 집이다. 그러나 이것을 막는 이가 없는 데도 인하지 못하니, 이것은 지혜롭지 못한 것이다."

| 의해 |

"직업을 삼가는 것은 바로 가릴 바를 삼가야 된다. 공자가 말하기를, '마을에 인후한 풍속이 있는 곳을 가려서 사는 것도 오히려 아름답다. 만일 사람이 자기의 몸 둘 곳을 선택함에 있어 인에다

하지 않으면 본심의 밝음을 이미 잃은 것이므로 이것은 지혜롭지 못하다'라고 하였다. 공자의 이 말은 '인이란 하늘에서 준 것으로, 천지가 만물을 내는 마음이 가장 먼저가 되므로 네 가지 덕을 통합하고 만 가지 착한 것을 갖추어서 진실로 귀함에 으뜸이 되니 하늘의 높은 벼슬이다. 그것이 사람에게 있는 것으로 말하면 천리(天理)의 자연한 편안함이고, 인욕에 빠지는 위태함이 없어서 날마다 쓰는 떳떳한 곳에 떠날 수 없는 것이 되니 사람의 편안한 집이다. 인이 사람에게 관계되고 간절함이 크므로 막을 것이 없는데 스스로 인에 거처하지 아니하여 지극히 높은 것을 버리고 그 지극히 편한 것을 놓으니, 이것은 시비의 마음이 밝지 않아 지혜롭지 못한 것이다'라는 뜻이다. 공자의 뜻은 대개 이와 같다."

불인부지 무례무의 인역야 인역이치위역
7-3. 不仁不智라 無禮無義면 人役也니 人役而恥爲役
유궁인이치위궁 시인이치위시야 여치
하는디 由弓人而恥爲弓하며 矢人而恥爲矢也니라 如恥
지 막여위인
之인댄 莫如爲仁이니라

| 언해 |

仁티 아니ᄒᆞ야 智티 아니ᄒᆞᆫ디라 禮업스며 義ㅣ 업스면 人의 役이니 人의 役이오 役ᄒᆞᆷ을 恥ᄒᆞ논디 弓人이오 弓ᄒᆞᆷ을 恥ᄒᆞ며 矢人이오 矢ᄒᆞᆷ을 恥ᄒᆞᆷ ᄀᆞᆮᄐᆞ니라 만일에 恥ᄒᆞᆯ띤댄 仁을 ᄒᆞᆷ ᄀᆞᆮᄐᆞᆫ 이 업스니라

| 직역 |

"인하지 못하여서 지혜롭지 못하다. 그리하여 예가 없고 의가 없

으면 사람에게 사역을 당하니, 사람에게 사역되어 사역하는 것을 부끄러워함은, 마치 활 만드는 사람이 활 만드는 일을 부끄러워하며, 화살 만드는 사람이 화살 만드는 일을 부끄러워하는 것과 같은 것이다. 만일 이것을 부끄러워한다면 인을 행하는 것만 못하다."

| 자해 |

由 : 유(猶)와 같다.

| 의해 |

"지혜롭지 못해서 직업을 선택하는데 어두운 것은 진실로 따르는 것이 인하지 않기 때문이다. 인하지 않으면 물욕에 날마다 가려지고 본심이 날마다 어두워서 더욱 지혜롭지 못하게 된다. 지혜롭지 못하면 예와 의가 있음을 알지 못해서 움직임에 반드시 예에 지나치고 행함에 반드시 의에 어그러져서 결국 예도 없고 의도 없어지게 된다. 네 가지가 다 없으면 덕이 사람을 이기지 못하고, 덕이 있고 힘이 있는 자가 나를 이겨서 내가 부려지게 된다. 이는 남에게 부림을 당하는 것인데, 도리어 부림을 당하는 것을 부끄러워한다면, 화살 만드는 사람과 활 만드는 사람이 작은 재주를 써서 사람이 쓰는 것에 이바지 하면서 스스로 활 만드는 일을 부끄러워하고 스스로 화살 만드는 일을 부끄러워하는 것과 같으니, 어찌 부끄러움을 면할 수 있겠는가?

남에게 부림을 당하면서 부끄러워하지 않으면 그만이지만, 만일 부끄러워해서 남에게 부림을 당하는 것을 면하고자 한다면, 그 인하지 아니한 것을 돌이켜서 인을 하여 높은 벼슬과 편안한 집에 거처함만 같지 못하다. 이는 직업을 고르는 지혜이며, 예와 의가 겸하여 내게 있으니, 어찌 남의 부림을 면하지 못하겠는가?"

인자 여사 사자 정기이후 발 발이
7-4. 仁者는 如射하니 射者는 正己而後에 發하여 發而
부중 불원승기자 반구저기이이의
不中이라도 不怨勝己者요 反求諸己而已矣니라

| 언해 |

仁者ᄂᆞᆫ 射ᄒᆞᆷ이 ᄀᆞᆮᄐᆞ니 射者ᄂᆞᆫ 己를 正ᄒᆞᆫ 後에 發ᄒᆞ야 發ᄒᆞ야 中티 몯ᄒᆞ아도 己勝ᄒᆞᆫ 者를 怨티 아니ᄒᆞ고 反ᄒᆞ야 己예 求ᄒᆞᆯ ᄯᆞᄅᆞᆷ이니라

| 직역 |

"인한 자는 활쏘기 하는 것과 같으니, 활을 쏘는 자는 자신을 바로잡은 뒤에야 발사하여, 발사한 것이 맞지 않더라도 자신을 이긴 자를 원망하지 않고 돌이켜서 자신에게서 찾을 뿐이다."

| 자해 |

中 : 맞춤.

| 의해 |

"인한 자가 인을 행하는 것은 활을 쏘는 것과 같다. 활을 쏘는 자가 활을 쏠 때 얼른 화살을 쏘지 않고 반드시 안으로 자신의 뜻을 바르게 하고 밖으로 자신의 몸을 곧게 하여 지극히 살피고 굳게 한 다음에 화살을 쏜다. 만일 쏘고서 과녁을 맞추지 못하더라도 남을 원망하지 않고 오직 돌이켜 자신에게서 그 원인을 구하여, '내 뜻이 혹 바르지 않은가? 내 몸이 혹 곧지 않은가?' 해서 바르게 하고 곧게 함을 구할 따름이다. 인을 행하는 것이 자신으로 말미암는 것이 이와 같으니 스스로 힘써야 한다."

| 요지 |

이 장은 직업을 삼가지 않을 수 없다는 것이 중요하다. 첫 문단은 직업을 고르는 기준이 인에 있음을 말한 것이고, 다음 문단은 성인의 말을 이끌어서 거듭 밝힌 것이며, 셋째 문단은 인을 선택하지 못한 사람을 위하여 경계한 것이고, 끝 문단은 인을 행하는 것이 돌이켜 자신에게서 구하는 것임을 말했다.

맹 자 왈 자 로 인 고 지 이 유 과 즉 희 우
8-1. 孟子曰 子路는 人이 告之以有過則喜하더라 禹는
문 선 언 즉 배 대 순 유 대 언 선 여 인 동
聞善言則拜러시다 大舜은 有大焉하시니 善與人同하사
사 기 종 인 낙 취 어 인 이 위 선
舍己從人하시며 樂取於人하여 以爲善이러시다

| 언해 |

孟子ㅣ ᄀᆞᆯᄋᆞ샤ᄃᆡ 子路ᄂᆞᆫ 人이 過이심으로ᄡᅧ 告ᄒᆞ면 喜ᄒᆞ더라 禹ᄂᆞᆫ 善言을 聞ᄒᆞᆫ 즉 拜ᄒᆞ더시다 大舜ᄋᆞᆫ 大ᄒᆞᆷ이 이시니 善을 人으로 ᄃᆞ려 同ᄒᆞ샤 己를 舍ᄒᆞ시고 人을 從ᄒᆞ시며 人에 取ᄒᆞ야 ᄡᅧ 善ᄒᆞᆷ을 樂ᄒᆞ더시다

| 직역 |

맹자가 말하였다. "자로는 사람들이 그에게 허물이 있다고 말해주면 기뻐하였다. 우임금은 착한 말을 들으면 절하셨다. 위대한 순임금은 이보다도 더 위대함이 있었으니, 선을 남과 함께 하여, 자신을 버리고 남을 따르며, 남에게서 취하여 선을 하는 것을 좋아하였다."

| 의해 |

『서경(書經)』「대우모(大禹謨)」에 "우왕(禹王)이 창언(昌言)[선언(善言)]에 절하였다"고 하였다.

"일찍이 이전 성현을 보면 자로 같은 이는 어진 자이므로 스스로 닦는데 용맹하여 오직 자신에게 있는 착하지 아니함을 몰라서 고치지 못할까 두려워하다가, 남이 허물이 있다고 알려주면 허물을 듣고 고칠 수 있게 됨을 기뻐하였다. 하나라 임금 우는 성인이다. 그 마음에 오직 사람의 착한 말이 들리지 않으면 막혀서 행하지 못할까 두려워했기 때문에, 한번 사람의 착한 말을 들으면 지성으로 몸을 굽혀서 절하고 받은 것이다.

자로와 우임금이 착한 말을 즐거워한 것에는 미치기 어려울 것이다. 우나라 임금 순은 흉금과 도량이 이미 더 큰 것이 있었으니, 착한 것은 본래 공변된 이치이다. 순임금이 천하의 착함으로써 큰 천하에 모두 공변되게 하여 더불어 한결같이 하고 감히 스스로 착하다고 하지 않고 마음을 비워서 다른 사람을 좇은 것은 대개 착한 것이 자신에게 있는 것을 알지 못한 것이다. 다른 사람의 착한 것을 보면 지성으로 즐겨 취하여 자신이 행하니, 대개 착한 것이 다른 사람에게 있는 것을 알지 못한 것이다. 어느 것이 내게 있는 것이 되며 어느 것이 다른 사람에게 있는 것이 되는지를 모르는 것이 이른바 나와 남이 하나 되는 것이니, 착한 것을 남과 한결같이 한 것이 이와 같았다."

자경가도어 이지위제 무비취어인자 취
8-2. 自耕稼陶漁로 以至爲帝히 無非取於人者러시다 取
저인이위선 시여인위선자야 고 군자 막대호
諸人以爲善이 是與人爲善者也니 故로 君子는 莫大乎
여인위선
與人爲善이니라

| 언해 |

耕稼와 陶漁홈으로브터 뻐 帝되심애 니르히 人에 取홈이 아니니 업더시다 人애 取ᄒᆞ야 뻐 善을 홈이 이 人의 善ᄒᆞ욤을 與홈이니 故로 君子는 人의 善ᄒᆞ욤을 與홈만 크니 업스니라

| 직역 |

“밭 갈고 곡식을 심으며 질그릇 굽고 고기 잡을 때로부터 임금이 됨에 이르기까지 남에게서 취한 것 아님이 없으셨다. 남에게서 취하여 선을 행한 것은, 남이 선을 하도록 도와주는 것이다. 그러므로 군자는 남이 선을 하도록 도와주는 것보다 더 훌륭함이 없는 것이다.”

| 자해 |

與 : 허(許)[허여]와 같으며, 조(助)[돕다]와 같음. 저 사람의 선을 취하여 내 몸에 행한다면, 저 사람은 더욱 선을 힘써 할 테니, 이는 선행을 하도록 도와주는 것임.

| 의해 |

순임금이 미천할 때에 역산(歷山)에서 밭을 갈고, 하빈(河濱)에서 질그릇을 굽고, 뇌택(雷澤)에서 고기를 잡았다.

“순임금이 선을 즐긴 것이 다만 한 때뿐이 아니다. 밭 갈고 질그릇 굽고 고기 잡을 때로부터 천자가 되기까지 남에게서 취한 것 아님이 없었으니, 평생에 사람됨이 이러하였다.

순임금이 남에게서 취하여 선을 행함에 또한 남과 나를 혼연히 잊었다. 일찍이 남이 선을 행하는 것을 도와주는 뜻이 있는 것은 아닌데, 지금에서 그 마음을 생각해보면 남에게 취하여 선을 행하면 남은 장차 내가 취하여 감으로 인하여 더욱 선을 행할 것이다. 이것이 바로 사람이 선을 행하도록 도와주는 것이다. 내가 취함으로써 사람들이 모두 선을 행하도록 권면하는 것이 곧 성인의

자신을 이루고 남을 이루는 일이다. 그러므로 군자의 선이 이보다 더 큰 것이 없고, 순임금이 자로와 대우보다 큰 까닭이니, 사람이 나가서 스스로 힘쓸 바를 알아야 한다."

| 요지 |

이 장은 성인과 현인이 즐겨 선을 행하는 정성이 당초에 피차의 차이가 없기 때문에, 그 사람에게 있는 것은 내 몸에 넉넉하게 함이 있을 것이고, 내 몸에 있는 것은 사람에게 미쳐줌이 있음을 말한 것이다.

맹자왈 백이 비기군불사 비기우불우
9-1. 孟子曰 伯夷는 非其君不事하며 非其友不友하며
불립어악인지조 불여악인언 입어악인지
不立於惡人之朝하여 不與惡人言하더니 立於惡人之
조 여악인언 여이조의조관 좌어도탄
朝하야 與惡人言호대 如以朝衣朝冠으로 坐於塗炭하며
추오악지심 사여향인립 기관불정 망망
推惡惡之心하여 思與鄕人立에 其冠不正이어든 望望
연거지 약장매언 시고 제후 수유선기사명
然去之하여 若將浼焉하니 是故로 諸侯 雖有善其辭命
이지자 불수야 불수야자 시역불설취이
而至者라도 不受也하니 不受也者는 是亦不屑就已니라

| 언해 |

孟子ㅣ ᄀᆞᆯᄋᆞ샤ᄃᆡ 伯夷ᄂᆞᆫ 그 君이 아니어든 事티 아니ᄒᆞ며 그 友ㅣ 아니어든 友티 아니ᄒᆞ며 惡人의 朝애 立디 아니ᄒᆞ야 惡人으로 ᄃᆞ려 言티 아니ᄒᆞ더니 惡人의 朝애 立ᄒᆞ야 惡人으로 ᄃᆞ려 言호ᄃᆡ 朝衣와 朝冠으로ᄡᅧ 塗炭애 坐ᄐᆞᆺ ᄒᆞ며 惡을 惡ᄒᆞᄂᆞᆫ 心을 推ᄒᆞ야 思호ᄃᆡ 鄕人으로 ᄃᆞ려 立홈애 그 冠이 正티 아니ᄒᆞ거든 望望히

去ᄒᆞ야 장ᄎᆞᆺ 浼ᄒᆞᆯ ᄃᆞᆺᄒᆞ니 이런 故로 諸侯ㅣ 비록 그 辭命을 善히 ᄒᆞ야 至ᄒᆞᆯ 者ㅣ 이셔도 受티 아니ᄒᆞ니 受티 아니홈은 이 ᄯᅩᄒᆞᆫ 就홈을 屑히 아니 너김이니라

| 직역 |

맹자가 말하였다. "백이는 섬길 만한 군주가 아니면 섬기지 않으며, 벗할 만한 사람이 아니면 벗하지 않으며, 악한 사람의 조정에 서지 않으며, 악한 사람과 더불어 말씀하지 않더니, 악한 사람의 조정에 서며 악한 사람과 더불어 말하는 것을, 다치 조복을 입고 조관을 쓰고서 진흙과 숯 구덩이에 앉은 듯이 여겼으며, 악을 미워하는 마음을 미루어서 생각하기를 마을 사람과 더불어 서있을 때에 그 관이 바르지 못하면 뒤돌아보지 않고 떠나가 마치 장차 자신을 더럽힐 듯이 여겼다. 이 때문에 제후들이 비록 그 말을 잘 하여 찾아오는 자가 있더라도 받아들이지 않았으니, 받아들이지 않은 것은 또한 나아감을 달갑게 여기지 않은 것이다."

| 자해 |

塗 : 진흙. • 鄕人 : 시골 마을의 평범한 사람. • 望望 : 떠나가고 뒤를 돌아보지 않는 모양. • 浼 : 더럽힘. • 屑 : 깨끗함. 『설문(說文)』에는 '동작을 절절히[급급함] 하는 것'이라 하였음. • 不屑就 : 나아감을 깨끗하게 여겨 이에 급급해 하지 않음.

| 의해 |

"옛날 백이는 임금을 가려서 섬겨 벼슬할만한 임금이 아니면 섬기지 아니하고, 벗을 가려서 벗하여 벗할만한 벗이 아니면 벗하지 않았다. 그 악을 미워하여 섬기지 않았을 뿐만 아니라 그 조정에도 또한 서지 않았으며, 벗하지 않았을 뿐만 아니라 또한 더불어 말하지 않았다. 그리하여 만일 악한 사람의 조정에 서서 악한 사람과 더불어 말하는 것을 조회하는 옷을 입고 조회하는 관을 쓰고 높고 귀한 자리에 있으면서 진흙과 숯 구덩이에 앉은 듯이 여

겨 잠깐이라도 편안해하지 않았다. 그 악을 미워하는 마음이 이와 같으니, 시험 삼아 그 악한 것을 미워하는 마음을 말미암아 미루면 악한 사람에게만 그러할 뿐이 아니다. 그 마음에 생각하기를 마을 사람과 더불어 같이 서 있을 때에 그 사람의 관이 바르지 않으면 조금 예를 잃어버린 것이고 대단히 끊을 행실이 있는 것이 아님에도, 또한 뒤돌아보지 않고 떠나가 장차 자신을 더럽힐 것 같이했다. 오직 더럽힐까 두려워 한 까닭에 마을 사람에게만 그럴 뿐이 아니라 천하의 제후가 비록 말을 잘해서 와서 맞이하는 자가 조금도 실례함이 없더라도 또한 반드시 그 맞이하는 예를 받지 않았으니, 받지 않은 것은 대개 지금 제후가 다 섬길만한 임금이 아니고 다 악한 사람의 조정이었기 때문이다. 이것이 또한 제후에게 나아가는 것을 달갑게 여기지 않은 것이다."

유 하 혜 불 수 오 군 불 비 소 관 진 불 은 현
9-2. 柳下惠는 不羞汙君하며 不卑小官하여 進不隱賢하
필 이 기 도 유 일 이 불 원 액 궁 이 불 민 고
여 必以其道하며 遺佚而不怨하며 阨窮而不憫하더니 故
왈 이 위 이 아 위 아 수 단 석 라 정 어 아 측 이
로 曰 爾爲爾요 我爲我니 雖袒裼裸裎於我側이나 爾
언 능 매 아 재 고 유 유 연 여 지 해 이 부 자 실 언
焉能浼我哉리오하니 故로 由由然與之偕而不自失焉하
원 이 지 지 이 지 원 이 지 지 이 지 자 시 역 불 설 거
야 援而止之而止하니 援而止之而止者는 是亦不屑去
이
已니라

| 언해 |

柳下惠ᄂᆞᆫ 汙君을 羞티 아니ᄒᆞ며 小官을 卑티 아니ᄒᆞ야 進홈애 賢을 隱티 아니ᄒᆞ야 반ᄃᆞ시 그 道로ᄡᅥ ᄒᆞ며 遺佚ᄒᆞ야도 怨티 아니

ᄒᆞ며 阨窮ᄒᆞ야도 憫티 아니ᄒᆞ더니 故로 ᄀᆞᆯ오ᄃᆡ 네 네오 내 내니 비록 내 側에셔 袒裼ᄒᆞ며 裸裎ᄒᆞᆫ들 네 엇디 能히 나ᄅᆞᆯ 浼ᄒᆞ리오 ᄒᆞ니 故로 由由히 더브러 偕호ᄃᆡ ᄉᆞᄉᆞ로 失티 아니ᄒᆞ야 援ᄒᆞ 止ᄒᆞ거든 止ᄒᆞ니 援ᄒᆞ야 止ᄒᆞ거든 止홈ᄋᆞᆫ 이 ᄯᅩᄒᆞᆫ 去홈을 屑히 아니 너기미니라

| 직역 |

"유하혜는 더러운 군주를 섬기는 것을 부끄러워하지 않으며, 작은 벼슬을 낮게 여기지 않아, 나아가서는 어진 것을 숨기지 않아 반드시 그 도리를 다하였으며, 벼슬길에서 누락되어도 원망하지 않으며 곤액을 당하여도 근심하지 않았다. 그러므로 그는 말하기를, '너는 너이고 나는 나이니, 네가 비록 내 곁에서 옷을 걷고 몸을 드러낸들 네가 어찌 나를 더럽힐 수 있겠는가?'라고 하였다. 그러므로 유유하게 그와 더불어 함께 있으면서도 스스로 올바름을 잃지 않아, 떠나려고 하다가도 잡아당겨 멈추게 하면 멈추었으니, 잡아당겨 멈추게 하면 멈춘 것은 이 또한 떠나가는 것을 달갑게 여기지 않은 것이다."

| 자해 |

柳下惠 : 노(魯)나라 대부(大夫) 전금(展禽). 유하(柳下)에 거주하였고 시호는 혜(惠). • 不隱賢 : 도(道)를 굽히지 않은 것. • 遺佚 : 추방하여 버리는 것. • 阨 : 곤함. • 憫 : 근심함. • 袒裼 : 팔을 노출시키는 것. • 裸裎 : 몸을 노출시키는 것. • 由由 : 자득한 모양. • 偕 : 함께 거처함. • 不自失 : 올바름을 잃지 않는 것.

| 의해 |

"유하혜는 더러운 임금이라 하더라도 부끄러워하지 않고 섬기고, 낮은 벼슬을 낮게 여기지 않고 일을 하였다. 그는 나가서 낮은 벼슬을 하면서 더러운 임금을 섬기더라도 기꺼이 하고, 구차하게 몸에 있는 어진 재주를 숨기지 아니하고 반드시 그 바른 도로 행

하여, 비록 도가 합하지 않아 마침내 벼슬자리에서 누락되더라도 남을 원망하지 않았고, 몸이 곤하고 궁하더라도 근심하지 않았다. 그러므로 '천하의 사람이 너는 너이고 나는 나이니 비록 내 곁에서 팔을 드러내고 몸을 노출시키더라도 네가 스스로 예가 없는 것이다. 어찌 나를 더럽힐 수 있겠는가?'라고 한 것이다. 오직 사람 보기를 다 내 몸을 더럽히지 못할 것이라고 여겼기 때문에, 사귀어 놀기를 가리지 아니하고 항상 유유히 여러 사람과 더불어 함께 처하여 스스로 그 바른 것을 잃지 아니하여 비록 가고자할 때에 혹 만류하는 자가 있으면 바로 그쳤다. 만류함에 그치는 것은 대개 내 몸이 스스로 바르니, 더럽히지 못할 것이라고 여겨서이다. 이것은 가는 것을 달갑게 여기지 않은 것이다."

맹자왈 백이 애 유하혜 불공 애여불
9-3. 孟子曰 伯夷는 隘하고 柳下惠는 不恭하니 隘與不
공 군자 불유야
恭은 君子 不由也니라

| 언해 |

孟子ㅣ ᄀᆞᆯᄋᆞ샤ᄃᆡ 伯夷ᄂᆞᆫ 隘ᄒᆞ고 柳下惠ᄂᆞᆫ 恭티 아니ᄒᆞ니 隘와 다못 恭티 아니홈은 君子ㅣ 由티 아니ᄒᆞᄂᆞ니라

| 직역 |

맹자가 말하였다. "백이는 좁고 유하혜는 공손하지 아니하니, 좁음과 공손하지 아니함은 군자가 따르지 않는다."

| 자해 |

隘 : 협착(狹窄)한 것. • 不恭 : 간략하고 거단함.

| 의해 |

맹자가 먼저 두 사람의 행실을 말하고 평론한 것이다. "백이의 행실은 비록 높고 조촐하나 다른 사람의 더러운 것이 몸에 미칠까 두려워해서 천하 사람을 볼 때에 하나도 더불어 처할 만한 자가 없었으니 외롭고 깨끗해서 만물을 끊어서 좁음을 면하지 못한 것이다. 유하혜의 행실은 비록 너그럽고 온화하나 경솔하게 사람을 접해서 천하의 사람을 볼 때에 하나도 충분히 더불어 비교할 것이 없었으니 사람을 구경하고 세상을 가볍게 여겨 공손하지 못함을 면하지 못한 것이다. 성인의 도는 이와 같이 않으니, 군자가 어찌 따르겠는가?"

| 요지 |

이 장은 '군자가 따르지 않는다'는 한 구절이 중요하다. 이것은 맹자가 공자를 배우기를 원하는 뜻을 밝힌 것이다. 좁음과 공손하지 않음을 폄하하는 말로 알아서는 안 된다.

4. 공손추장구하(公孫丑章句下)

맹 자 왈 천 시 불 여 지 리 ㅈ 리 불 여 인 화 삼 리
1-1. 孟子曰 天時不如地利요 地利不如人和니라 三里
지 성 칠 리 지 곽 환 이 공 지 이 불 승 부 환 이 공
之城과 七里之郭을 環而攻之而不勝하나니 夫環而攻
지 필 유 득 천 시 자 의 연 이 불 승 자 시 천 시 불
之에 必有得天時者矣언마는 然而不勝者는 是天時不
여 지 리 야 성 비 불 고 야 지 비 불 심 야 병 혁
如地利也니라 城非不高也며 池非不深也며 兵革이
비 불 견 리 야 미 속 비 불 다 야 위 이 거 지
非不堅利也며 米粟이 非不多也로대 委而去之하나니
시 지 리 불 여 인 화 야
是地利不如人和也니라

| 언해 |

孟子ㅣ ᄀᆞᆯᄋᆞ샤ᄃᆡ 天時ㅣ 地利ᄀᆞᆮ디 몯ᄒᆞ고 地利ㅣ 人和ᄀᆞᆮ디 몯ᄒᆞ니라 三里ㅅ城과 七里ㅅ郭을 環ᄒᆞ야 攻호ᄃᆡ 勝티 몯ᄒᆞᄂᆞ니 環ᄒᆞ야 攻홈애 반ᄃᆞ시 天時를 得홈이 잇건마ᄂᆞᆫ 그러나 勝티 몯홈ᄋᆞᆫ 이 天時ㅣ 地利ᄀᆞᆮ디 몯홈이니라 城이 高티 아니티 아니ᄒᆞ며 池ㅣ 深티 아니티 아니ᄒᆞ며 兵革이 堅利티 아니티 아니ᄒᆞ며 米粟이 多티 아니티 아니호ᄃᆡ 委ᄒᆞ고 去ᄒᆞᄂᆞ니 이 地利ㅣ 人和ᄀᆞᆮ디 몯홈이니라

| 직역 |

맹자가 말하였다. "천시가 지리만 못하고, 지리가 인화만 못하다. 3리 되는 성과 7리 되는 곽을 포위 공격하여도 이기지 못하는 경

우가 있다. 포위 공격하면 반드시 천시를 얻을 때가 있겠지만, 그런데도 이기지 못하는 것은, 이는 천시가 지리만 못한 것이다. 성이 높지 않은 것도 아니며, 못이 깊지 않은 것도 아니며, 병기와 갑옷이 견고하고 예리하지 않은 것도 아니며, 쌀과 곡식이 많지 않은 것도 아니지만 이것을 버리고 떠나가니, 이는 지리가 인화만 못한 것이다."

| 자해 |

天時 : 시일(時日)의 지간(支干)[간지(干支)]에 대한 고허(孤虛)와 왕상(王相) 같은 등속을 말한 것. • 地利 : 지형의 험(險)함과 성지(城池)의 견고함. • 人和 : 인심(人心)의 화(和)함을 얻음. • 郭 : 외성(外城). • 環 : 포위. • 革 : 갑옷. • 粟 : 곡식. • 委 : 버림.

| 의해 |

"나라를 지키고 군사를 쓰는데 중요한 것이 세 가지 있으니, 천시와 지리와 인화가 그것이다. 지금 군사를 쓰는 자는 오직 천시와 지리만 힘을 쓰는데, 천시의 좋은 것을 얻은 자는 비록 적국을 이길 수 있지만, 이는 어쩌다 그런 것이므로, 지리가 견고해서 그 형세를 의지하는 것만 같지 못하다. 지리가 견고함을 얻은 자는 비록 이기는 것을 얻을 수는 있지만, 형상이 있는 험한 것이니, 이것은 사람의 마음이 화합하여 형상이 없는 험한 것을 더욱 믿는 것만 같지 못하다.

어찌하여 천시가 지리만 같지 못한가? 3리 되는 성과 7리 되는 곽이 비록 작더라도 군사로 포위하여 쳐도 이길 수 없지만, 포위하고 공격하기를 오래하면 그 동안에 반드시 천시의 좋은 것을 당할 때도 있을 것이다. 그런데도 결국 이기지 못하는 것은 천시가 오히려 헛되어 성곽의 험하고 막힌 것이 웅거할만한 것만 같지 못하니, 이는 천시가 지리만 같지 못한 것이다.

어찌하여 지리가 인화만 같지 못한가? 성이 높아서 범하기가 어렵고, 못이 깊어서 건너기가 어려우며, 병기와 갑옷을 쓰는 것과 이 성과 못을 호위할 자가 굳고 이로워서 사람을 대적하지 못할 것이 아니고, 쌀과 곡식을 쌓은 것이 이 성과 못을 보전할 자가 많아서 오랫동안 유지할 수 없는 것이 아니지만, 백성의 마음을 얻지 못하여 서로 더불어 버리고 가면 지킬 수 없다. 이는 지리가 인화만 같지 못한 것이다."

고 왈 역민 불이봉강지계 고국 불
1-2. 故로 曰 域民호대 不以封疆之界하며 固國호대 不
이산계지험 위천하 불이병혁지리 득도자
以山谿之險하며 威天下호대 不以兵革之利니 得道者
다조 실도자 과조 과조지지 친척
는 多助하고 失道者는 寡助라 寡助之至에는 親戚이
반지 다조지지 천하순지 이천하지소순
畔之하고 多助之至에는 天下順之니라 以天下之所順
공친척지소반 고 군자 유부전 전필
으로 攻親戚之所畔이라 故로 君子 有不戰이언정 戰必
승의
勝矣니라

| 언해 |

故로 ᄀᆞᆯ오ᄃᆡ 民을 域호ᄃᆡ 封疆ㅅ界로ᄡᅥ 아니ᄒᆞ며 國을 固호ᄃᆡ 山谿ㅅ險으로ᄡᅥ 아니ᄒᆞ며 天下를 威호ᄃᆡ 兵革ㅅ利로ᄡᅥ 아니ᄒᆞᄂᆞ니 道ᄅᆞᆯ 得ᄒᆞᆫ 者ᄂᆞᆫ 助ㅣ 하고 道ᄅᆞᆯ 失ᄒᆞᆫ 者ᄂᆞᆫ 助ㅣ 젹은디라 助ㅣ 져금이 至ᄒᆞ얀 親戚이 畔ᄒᆞ고 助ㅣ 함이 至ᄒᆞ얀 天下ㅣ 順ᄒᆞᄂᆞ니라 天下의 順ᄒᆞᆫ 바로ᄡᅥ 親戚의 畔ᄒᆞᆫ 바ᄅᆞᆯ 攻ᄒᆞᄂᆞᆫ디라 故로 君子ㅣ 戰티 아님이 이실 ᄲᅳᆫ이언뎡 戰ᄒᆞ면 반ᄃᆞ시 勝ᄒᆞᄂᆞ니라

| 직역 |

“그러므로 옛말에 이르기를, ‘백성을 구분하되 국경의 경계로써 하지 않으며, 국가를 견고히 하되 산과 강의 험고함으로써 하지 않으며, 천하를 두렵게 하되 병기와 갑옷의 예리함으로써 하지 않는다’고 한 것이다. 도를 얻은 자는 도와주는 이가 많고, 도를 잃은 자는 도와주는 이가 적다. 도와주는 이가 지극히 적음에 친척이 배반하고, 도와주는 이가 지극히 많음에 천하가 순종하는 것이다. 천하가 순종하는 바로써 친척이 배반하는 바를 공격한다. 그러므로 군자는 싸우지 않을지언정 싸우면 반드시 승리하는 것이다.”

| 자해 |

域 : 한계.

| 의해 |

“이상에서 보면 사람의 화합이 무엇보다 중요하다. 그러므로 백성을 구분하되 국경의 경계로써 하지 않으며, 국가를 견고하게 하되 산과 강의 험고함으로써 하지 않으며, 천하를 두렵게 하되 병기와 갑옷의 예리함으로써 하지 않는다고 한 것이다. 다만 인심이 어떠한가를 볼 것이니, 어진 마음으로 어진 정사를 행하여 인화의 도를 얻은 자는 도움이 많고, 어진 마음으로 어진 정사를 행하지 아니하여 인화의 도를 잃은 자는 도움이 적다. 돕는 이가 적은 임금은 이미 인심을 잃었으니, 그 지극함에는 친척도 배반하는데, 하물며 멀리 있는 사람이겠는가? 돕는 이가 많은 임금은 이미 인심을 얻기를 지극히 하여 천하가 다 순종하는데, 하물며 가까운 사람이겠는가?

천하가 다 순종하는 내가 친척도 배반하는 저를 공격한다. 그러므로 저들의 백성이 다 나의 자제가 되니, 누가 나와 더불어 대적하려 하겠는가? 그러므로 도를 얻은 군자는 싸우지 않으면 그만

이지만 싸우면 반드시 이기니 또 어찌 천시와 지리를 믿겠는가?"

| 요지 |

이 장은 임금이 백성의 마음을 얻는 것을 근본으로 삼음을 보인 것이다. 당시에 군사를 쓰는 자는 천시와 지리를 힘쓰고 인화를 중히 여기지 않았기 때문에, '군사를 씀에 인심을 얻는 것이 귀하고, 인심을 얻는 것은 도를 얻는 데 있다. 인심을 얻음으로써 도를 얻으면, 곧 지리의 험한 것을 사람이 지키고, 천시의 좋은 것을 사람이 타서, 싸우면 반드시 이기겠지만, 그렇지 않으면 비록 천시와 지리가 있어도 무슨 유익함이 있겠는가?'라고 한 것이다.

맹자 장조왕 왕 사인래왈 과인 여취
2-1. 孟子 將朝王이러시니 王이 使人來曰 寡人이 如就
견자야 유한질 불가이풍 조장시조
見者也러니 有寒疾이라 不可以風일새 朝將視朝호리
불식 가사과인 득견호 대왈 불행이
니 不識케이다 可使寡人으로 得見乎잇가 對曰 不幸而
유질 불능조조
有疾이라 不能造朝로소이다

| 언해 |

孟子ㅣ 쟝ᄎᆞᆺ 王ᄭᅴ 朝호려 ᄒᆞ더시니 王이 人을 브려와 ᄀᆞᆯᄋᆞ샤ᄃᆡ 寡人이 就ᄒᆞ야 見ᄒᆞ염즉 ᄒᆞ다니 寒疾이 인ᄂᆞᆫ디라 可히 ᄡᅥ 風티 몯ᄒᆞᆯ ᄭᅥ실ᄉᆡ 朝애 쟝ᄎᆞᆺ 朝ᄅᆞᆯ 視호리니 아디 몯거이다 可히 寡人으로 ᄒᆡ여곰 시러곰 見케 ᄒᆞ리잇가 對ᄒᆞ야 ᄀᆞᆯᄋᆞ샤ᄃᆡ 幸티 몯ᄒᆞ야 疾이 인ᄂᆞᆫ디라 能히 朝애 造티 몯ᄒᆞ리로소이다

| 직역 |

맹자가 장차 왕에게 조회하려고 하였는데, 왕이 사람을 시켜 보내와 말하였다. "과인이 나아가 뵈려고 하였는데, 감기가 있어서 바람을 쐴 수 없습니다. 아침에 장차 조회를 볼 것인데, 알지 못하겠습니다 다만, 과인으로 하여금 장차 뵈올 수 있게 해주시겠습니까?" 맹자가 대답하였다. "불행히도 병이 있어서 조회에 나갈 수 없습니다."

| 자해 |

王 : 제(齊)나라 임금.

| 의해 |

맹자가 제나라에 있을 때 손님과 스승의 신분으로 있었기 때문에 녹을 받고 벼슬하는 사람과는 다른 입장이었다. 따라서 제나라 임금의 처지로는 가서 만나봐야 할 입장이지, 불러서 만나 볼 수 있는 입장이 아니었다. 맹자의 처지는 스스로 제나라 임금을 가서 볼 수는 있었지만 불러서 볼 수 있는 처지가 못 되었다. 하루는 맹자가 제왕에게 조회하려 하는데, 왕은 이 사실을 모르고 사람을 시켜 핑계를 대면서 말하였다. "처음에는 가서 뵈려고 했었는데, 공교롭게도 감기 기운이 있어서 바람을 쐴 수 없으므로 가지 못하고, 내일 아침에는 장차 신하의 조회를 보려고 하는데, 모르겠습니다만 선생께서 즐겨 한번 오셔서 과인으로 하여금 만나 볼 수 있게 하실 수 있습니까?" 이에 맹자 또한 핑계를 대면서 답하였다. "저도 불행히 또한 병이 있어서 내일 조회에 가지 못하겠습니다." 그 자중하는 뜻이 은근히 병을 칭탁하는 가운데에 붙어 있다.

명일 출조어동곽씨 공손추왈석자 사
2-2. 明日에 出弔於東郭氏러시니 公孫丑曰 昔者에 辭
이병 금일조혹자불가호 왈석자질 금일
以病하시고 今日弔或者不可乎인져 曰 昔者疾이 今日
유 여지하부조
愈어니 如之何不弔리오

| 언해 |

明日애 東郭氏의게 出ᄒᆞ야 弔ᄒᆞ더시니 公孫丑ㅣ ᄀᆞᆯ오ᄃᆡ 昔者애 病으로ᄡᅥ 辭ᄒᆞ시고 今日에 弔ᄒᆞ샴이 或者컨댄 可티 아니ᄒᆞᆫ뎌 ᄀᆞᆯᄋᆞ샤ᄃᆡ 昔者ㅅ疾이 今日에 愈ᄒᆞ거니 엇디 弔티 아니ᄒᆞ리오

| 직역 |

다음 날 밖으로 나가 동곽씨에게 조문하려 하시니, 공손추가 말하였다. "어제 병으로 사양하시고 오늘 조문함이 어쩌면 불가할 듯합니다." 맹자가 말하였다. "어제 병이 오늘 나았으니, 어찌 조문하지 않겠는가?"

| 자해 |

東郭氏 : 제(齊)나라 대부(大夫)의 집안. • 昔 : 어제. • 或 : 의문사.

| 의해 |

맹자가 그 이튿날 동곽씨에게 가서 조문하고 제나라 왕으로 하여금 병이 아님을 알게 하여 깨우치게 하였다. 공손추는 그 뜻을 알지 못하고 의심하여 말했다. "어제는 병이 있어서 조회할 수 없다고 하고, 오늘 갑자기 조문을 가니, 어제 병 때문에 조회할 수 없다고 한 것은 거짓으로 핑계 댄 것이 분명하니 이것은 옳지 않습니다." 맹자가 말했다. "어제 병이 있다가 오늘은 나았으니 조문가는 것이 옳다." 이것은 대개 본래의 마음으로 고하지 않은 것이다.

왕 사인문질 의래 맹중자대왈 석자
2-3. 王이 使人問疾하시고 醫來어늘 孟仲子對曰 昔者
유왕명 유채신지우 불능조조 금
에 有王命이어시늘 有采薪之憂라 不能造朝러시니 今
병소유 추조어조 아 불식 능지
病小愈어시늘 趨造於朝하더시니 我는 不識케라 能至
부호 사수인 요어로 왈 청필무귀이조어
否乎아하고 使數人으로 要於路 曰 請必無歸而造於
조
朝하소서

| 언해 |

王이 人을 브려 疾을 問ᄒᆞ시고 醫ㅣ 來커늘 孟仲子ㅣ 對ᄒᆞ야 ᄀᆞᆯ오ᄃᆡ 昔者애 王命이 잇거시늘 薪을 采ᄒᆞᄂᆞᆫ 憂ㅣ 인ᄂᆞᆫ디라 能히 朝애 造티 몯ᄒᆞ얏더시니 이제 病이 져기 愈ᄒᆞ거시늘 朝애 趨ᄒᆞ야 造ᄒᆞ더시니 나ᄂᆞᆫ 아디 몯게라 能히 至ᄒᆞ신가 否ᄒᆞ신가 ᄒᆞ고 數人으로 ᄒᆡ여곰 路애 要ᄒᆞ야 ᄀᆞᆯ오ᄃᆡ 請컨댄 반ᄃᆞ시 歸티 말고 朝애 造ᄒᆞ쇼셔

| 직역 |

왕이 사람을 시켜 병을 묻고 의원이 오자, 맹중자가 대답하였다. "어제에 왕명이 계셨으나 약간 병이 있어 조회에 나가지 못하시더니, 오늘 병이 조금 나으셨으므로 조정에 달려 나가셨습니다. 제가 알지 못하겠습니다. 도착하셨는지요?" 몇 사람으로 하여금 길목에서 지키게 하다가 말하게 하였다. "반드시 돌아오지 말고 조정에 나아가소서."

| 자해 |

孟仲子 : 조씨(趙氏)는 '맹자의 종형제(從兄弟)로서 맹자에게 공부한 자이다'라고 하였음. • 采薪之憂 : 병들어 나무를 할 수 없음을 말한 것이니, 겸사

(謙辭).

| 의해 |

왕이 맹자가 병이 아닌 줄 모르고 사람을 시켜 문안을 하게 하고, 또 의원을 보냈다. 이에 맹중자가 말하였다. "맹자가 왕의 명이 있었으나, 마침 병이 있어서 조회에 나가지 못했는데, 이제는 병이 조금 나아 조회에 나갔는데, 지금쯤 조회에 이르렀는지 모르겠다." 그리고는 두어 사람으로 하여금 맹자를 도중에 기다리고 있다가, 만나거든 돌아오지 말고 조회에 가도록 하여 자기의 말이 거짓이 되지 않게 하였다.

부 득 이 이 지 경 추 씨 숙 언 경 자 왈 내
2-4. 不得已而之景丑氏하여 宿焉이러시니 景子曰 內
즉 부 자 외 즉 군 신 인 지 대 륜 야 부 자 주 은
則父子요 外則君臣이 人之大倫也니 父子는 主恩하고
군 신 주 경 추 견 왕 지 경 자 야 미 견 소 이 경 왕 야
君臣은 主敬하니 丑見王之敬子也요 未見所以敬王也
왈 오 시 하 언 야 제 인 무 이 인 의 여 왕 언
케이다 曰 惡라 是何言也오 齊人이 無以仁義與王言
자 기 이 인 의 위 불 미 야 기 심 왈 시 하 족 여
者는 豈以仁義로 爲不美也리오 其心에 曰 是何足與
언 인 의 야 운 이 즉 불 경 막 대 호 시 아 비 요 순 지
言仁義也云爾則不敬이 莫大乎是하니 我는 非堯舜之
도 불 감 이 진 어 왕 전 고 제 인 막 여 아 경
道어든 不敢以陳於王前하노니 故로 齊人이 莫如我敬
왕 야
王也니라

| 언해 |

시러곰 마디 몯ᄒᆞ샤 景丑氏의게 가 宿ᄒᆞ더시니 景子ㅣ ᄀᆞᆯ오ᄃᆡ 內

ㄴ則 父子ㅣ오 外ㄴ則 君臣이 人의 큰 倫이니 父子ᄂᆞᆫ 恩을 主ᄒᆞ고 君臣ᄋᆞᆫ 敬을 主ᄒᆞ니 丑ㅣ 王의 子敬홈을 見ᄒᆞ고 ᄡᅧ 王을 敬ᄒᆞᄂᆞᆫ 바ᄅᆞᆯ 見티 몯거이다 ᄀᆞᆯᄋᆞ샤ᄃᆡ 惡ㅣ라 이 엇딘 ᄆᆞᆯ오 齊人이 仁義로ᄡᅧ 王ᄭᅴ 더브러 니ᄅᆞᆯ 者ㅣ 업슴ᄋᆞᆫ 엇디 仁義로ᄡᅧ 美티 아니타 ᄒᆞ리오 그 心에 ᄀᆞᆯ오ᄃᆡ 이 엇디 足히 더브러 仁義ᄅᆞᆯ 言ᄒᆞ리오 ᄒᆞᆫ則 敬티 아니홈이 이만 크니 업스니 나ᄂᆞᆫ 堯舜의 道ㅣ 아니어든 敢히 ᄡᅧ 王前에 陳티 아니ᄒᆞ노니 故로 齊人이 나의 王敬홈만 ᄀᆞᄐᆞ니 업ᄉᆞ니라

| 직역 |

부득이 경추씨에게 가서 유숙하였다. 경자가 말하였다. "안으로는 부자 사이와 밖으로는 군신 사이가 인간의 큰 윤리입니다. 부자 사이에는 은혜를 주로 하고 군신 사이에는 공경을 주로 하니, 저는 왕께서 선생을 공경하는 것은 보았고, 선생께서 왕을 공경하시는 것은 보지 못하였습니다." 맹자가 말하였다. "아! 이 웬 말인가? 제나라 사람 중에 인의를 가지고 왕과 더불어 말하는 이가 없는 것은 어찌 인의를 아름답지 않다고 여겨서이겠는가? 그 마음에 '이와 더불어 어찌 인의를 말할 수 있겠는가'라고 해서일 것이니, 그렇다면 이것은 불경이 이보다 더 큼이 없는 것이다. 나는 요순의 도가 아니면 감히 왕의 앞에서 말씀드리지 않으니, 그러므로 제나라 사람들 가운데 내가 왕을 공경하는 것처럼 하는 이가 없는 것이다."

| 자해 |

景丑氏 : 제(齊)나라 대부(大夫)의 집안. • 景子 : 경추(景丑). • 惡 : 탄식하는 말.

| 의해 |

제나라 왕이 문병을 하고 의원을 보낸 일은 제나라 왕으로 하여

금 깨닫게 할 기회였는데, 맹중자가 이와 같이 미봉하여 맹자의 본래 의도가 분명하게 되지 못하고, 또 조회에 나갈 만한 이유도 없었으므로 맹자는 마지못해 경추씨에게 가서 머물렀다. 자기의 근본 뜻을 제나라 왕에게 전해 듣도록 한 것인데, 경추도 맹자의 뜻을 알지 못하고 말하였다. "가정에는 아버지와 아들이 있고 밖으로 조정에는 임금과 신하가 있으니, 이 두 가지는 사람의 큰 윤리입니다. 아버지와 아들의 사이는 정으로 친하고 아버지는 사랑하고 아들은 효도하는 것이니, 이는 은혜를 주로 하는 것이고, 임금과 신하는 명분이 엄하기 때문에 임금은 착하고 신하는 공손해야 하니, 공경을 주로 하는 것입니다. 그런데 제가 보기에는 제나라 왕이 선생을 공경하는 것은 보았지만 선생이 왕을 공경하는 것은 보지 못하였으니, 그 임금과 신하의 큰 윤리에 잘못된 것입니다." 이에 맹자가 놀라 탄식하며 경추를 다음과 같이 일깨워주었다. "아! 나더러 왕을 공경하지 않는다고 하니, 이 말이 무슨 말인가? 자네는 내가 왕을 공경하는 것을 모르는구나. 저 제나라 사람들은 다만 왕을 받들고 순종하는 것만 공손한 것으로 알고, 인의로써 왕에게 말하는 자가 없는 것은 어찌 인의를 아름답게 여기지 않아서이겠는가? 그 마음으로 '이 임금은 다만 공적과 이익만 알기 때문에 인과 의를 더불어 말할 수 없다'고 여기는 것이니, 이는 범상하고 용렬하다고 그 임금을 가볍고 소홀이 여기는 것이다. 그러므로 공경하지 않음이 이보다 더 큰 것이 없다. 내가 평소에 배운 것은 오직 요순의 도이다. 왕에게 말씀한 것이 또한 다 요순의 도이고, 요순의 인의의 도가 아니면 감히 왕 앞에서 진술하지 않았으니, 이것은 예전의 성군이 되도록 왕에게 바란 것이다. 그러므로 제나라 사람에 나처럼 왕을 공경하는 자가 없는데, 어찌하여 왕을 공경하지 않는다는 말을 나에게 할 수 있겠는가?"

경자왈 부 비차지위야 예 왈 부소
2-5. 景子曰 否라 非此之謂也라 禮에 曰 父召어시든
무낙 군명소 불사가 고장조야
無諾하며 君命召어시든 不俟駕라하니 固將朝也라가
문왕명이수불과 의여부례 약불상사연
聞王命而遂不果하시니 宜與夫禮로 若不相似然하이다

| 언해 |

景子ㅣ ᄀᆞᆯ오ᄃᆡ 아니라 이를 닐옴이 아니라 禮예 ᄀᆞᆯ오ᄃᆡ 父ㅣ 召ᄒᆞ거시든 諾이 업ᄉᆞ며 君ㅣ 命ᄒᆞ야 召ᄒᆞ거시든 駕를 俟티 말라 ᄒᆞ니 진실로 쟝ᄎᆞᆺ 朝호려 ᄒᆞ다가 王命을 聞ᄒᆞ고 드듸여 果티 아니ᄒᆞ시니 맛당이 禮로 더브러 서르 ᄀᆞᆮ디 아니ᄒᆞᆫ 듯ᄒᆞ이다

| 직역 |

경자가 말하였다. "아닙니다. 이것을 말한 것이 아닙니다. 예에 이르기를, '아버지가 부르시면 느리게 대답하지 않으며, 군주가 명으로 부르시면 말에 멍에하기를 기다리지 않는다'고 하였으니, 진실로 장차 조회를 하시려다가 왕명을 듣고서 마침내 결행하지 않으셨으니, 예와 서로 같지 않은 듯합니다."

| 의해 |

경자가 말하였다. "선생이 왕을 공경하지 않았다는 것은 왕과 더불어 인과 의로써 말하지 않는다는 것이 아닙니다. 『예기』에 '아들이 아버지가 부르는 것을 들으면 빨리 대답할 것이지 느리게 대답하지 말며, 신하는 임금이 명하여 부르는 것을 들으면 수레에 멍에하기를 기다리지 않고 행한다'고 했으니, 임금의 명에 급히 가는 것이 예에 당연한 것입니다. 선생은 장차 조회하려다가 임금이 부르는 명을 듣고도 조회에 나가지 않았으니, 선생의 태도는 『예기』의 설과 다른 듯합니다. 따라서 저는 이것이 선생이

왕을 공경하지 않는 것이라고 생각한 것입니다.”

왈 기 위 시 여 증 자 왈 진 초 지 부 불 가 급 야
2-6. 曰 豈謂是與리오 曾子曰 晉楚之富는 不可及也나
피 이 기 부 아 이 오 인 피 이 기 작 아 이 오
彼以其富어든 我以吾仁이요 彼以其爵이어든 我以吾
의 오 하 겸 호 재 부 기 불 의 이 증 자 언 지
義니 吾何慊乎哉리오하시니 夫豈不義를 而曾子言之
시 혹 일 도 야 천 하 유 달 존 삼 작 일
시리오 是或一道也니라 天下에 有達尊이 三이니 爵一
치 일 덕 일 조 정 막 여 작 향 당 막 여 치
齒一德一이니 朝廷엔 莫如爵이요 鄕黨엔 莫如齒요
보 세 장 민 막 여 덕 오 득 유 기 일 이 만 기 이 재
輔世長民엔 莫如德이니 惡得有其一하여 以慢其二哉
리오

| 언해 |

ᄀᆞᆯᄋᆞ샤ᄃᆡ 엇디 이를 닐ᄋᆞ리오 曾子ㅣ ᄀᆞᆯᄋᆞ샤ᄃᆡ 晉과 楚의 富ᄂᆞᆫ 可히 及디 몯ᄒᆞ나 뎨 그 富로ᄡᅥ ᄒᆞ거든 내 내 仁으로ᄡᅥ ᄒᆞ고 뎨 그 爵으로ᄡᅥ ᄒᆞ거든 내 내 義로ᄡᅥ 홀띠니 내 엇디 慊ᄒᆞ리오 ᄒᆞ시니 엇디 不義를 曾子ㅣ 닐ᄋᆞ시리오 이 或 ᄒᆞᆫ 道ㅣ니라 天下에 達ᄒᆞᆫ 尊이 三이 인ᄂᆞ니 爵이 一이오 齒ㅣ 一이오 德이 一이니 朝廷앤 爵만 ᄀᆞᆮᄐᆞᆫ이 업고 鄕黨앤 齒만 ᄀᆞᆮᄐᆞᆫ이 업고 世를 輔ᄒᆞ며 民에 長홈앤 德만 ᄀᆞᆮᄐᆞᆫ이 업ᄉᆞ니 엇디 시러곰 그 一을 두어 ᄡᅥ 그 二를 慢ᄒᆞ리오

| 직역 |

맹자가 말하였다. “어찌 이것을 말한 것이겠는가? 증자께서 말씀

하시기를, '진나라와 초나라의 부유함은 내가 따를 수 없지만, 저들이 그 부유함을 가지고 나를 대하면 나는 내 인으로써 대하며, 저들이 그 관작을 가지고 대하면 나는 내 의를 가지고 대할 것이니, 내 어찌 부족할 것이 있겠는가?'라고 하셨으니, 이 어찌 불의를 증자께서 말씀하셨겠는가? 이것도 혹 한 방법일 것이다. 천하에 어디에서나 높은 것이 세 가지가 있으니, 관작이 하나이고, 나이가 하나이고, 덕이 하나이다. 조정에서는 관작만한 것이 없고, 향당에서는 나이만한 것이 없고, 세상을 돕고 백성을 자라게 하는 데는 덕 만한 것이 없으니, 어찌 그 한 가지를 소유하고서 둘을 가진 사람을 업신여길 수 있겠는가?"

| 자해 |

慊 : 부족하게 여김. 혹은 겸(嗛)으로 쓰니, 자서(字書)[자전(字典)]에 '입에 물건을 머금은 것이다'라고 하였음. 겸(慊)은 또한 단지 마음에 머금은 뜻이니, 쾌(快)함도 되고 만족함도 되며, 한(恨)함도 되고 부족하게 여김도 되는 것은 그 일에 따라 머금은 바가 같지 않음이 있는 것임.

| 의해 |

맹자가 말하였다. "내가 왕이 부르는데 가지 않은 것을 자네는 공경이 아니라고 말하지만, 내가 왕이 부르는데 응하지 않은 데에는 별도의 이유가 있다. 어찌 자네가 '예와 서로 같지 않다'고 하는 말과 같겠는가? 또한 나도 임금을 부르지 못할 것이고, 왕도 마땅히 나를 부르지 못할 것이다. 증자가 말하기를, '진나라나 초나라와 같은 큰 나라의 부유함은 진실로 미치지 못할 것이지만, 저들이 그 부유함으로써 한다면 나는 나의 지극히 족한 인으로써 할 것이다. 인은 모든 착한 것을 거느리니, 부유할 뿐만이 아니다. 저들이 그 작위로써 한다면 나는 나의 지극히 귀한 의로써 할 것이다. 의는 만물 중에서 뛰어나니, 귀할 뿐만이 아니다. 내가 저들보다 무엇이 부족하겠는가?' 증자의 말이 이와 같으니, 세상

사람은 다만 부와 작위만 알았고, 증자는 홀로 인과 의를 그 위에 폈다. 증자가 어찌 의에 합당하지 않은 것을 말하였겠는가? 이것이 혹 일종의 도리가 있는 것이다. 천하에서 공통적으로 존경하는 것이 세 가지가 있으니, 작위가 높은 것이 하나이고, 나이가 많은 것이 둘이며, 덕이 온전한 것이 셋이다. 조정에 있어서는 귀한 것으로써 천한 데 임하여 명분을 넘지 못할 것이니, 숭상하는 바가 작위만 같음이 없어서 작위가 높은 것이 된다. 향당에 있어서는 젊은이로서 어른을 섬김에 선후를 문란하게 하지 못할 것이니, 숭상하는 바가 나이만 같음이 없으므로 나이가 높은 것이 된다. 한 세상을 도와서 다스려 편안함을 이루고 만민의 어른이 되어 교화를 이루는 것은 오직 덕이 있는 자라야 할 수 있으니, 숭상하는 바가 덕만 같음이 없으므로 덕이 높은 것이 된다. 덕은 증자가 말한 인과 의이니, 이것은 부유함과 작위보다 부족하지 않다. 따라서 조정에 있는 자가 그 작위가 비록 높으나 높은 것 중의 하나에 지나지 못하니, 그 작위 하나만 가지고 어찌 나이와 덕이 높은 사람에게 거만하게 할 수 있겠는가?"

고 장대유위지군 필유소불소지신 욕유
2-7. 故로 將大有爲之君은 必有所不召之臣이라 欲有
모언즉취지 기존덕락도불여시 부족여유위
謀焉則就之하나니 其尊德樂道不如是면 不足與有爲
야 고 탕지어이윤 학언이후 신지고 불
也니라 故로 湯之於伊尹에 學焉而後에 臣之故로 不
로이왕 환공지어관중 학언이후 신지고
勞而王하시고 桓公之於管仲에 學焉而後에 臣之故로
불로이패
不勞而霸하니라

| 언해 |

故로 장찻 키 ᄒᆞ욤이 이실 君은 반ᄃᆞ시 召티 몯홀 빠 臣을 둔ᄂᆞ니라 謀코져ᄒᆞ면 就ᄒᆞᄂᆞ니 그 德을 尊ᄒᆞ며 道를 樂홈이 이ᄀᆞᆮ디 아니면 足히 더브러 ᄒᆞ욤이 잇디 몯홀꺼시니라 故로 湯이 伊尹의게 學ᄒᆞᆫ 後에 臣ᄒᆞ신 故로 勞티 아니ᄒᆞ야 王ᄒᆞ시고 桓公이 管仲의게 學ᄒᆞᆫ 後에 臣ᄒᆞᆫ 故로 勞티 아니ᄒᆞ야 覇ᄒᆞ니라

| 직역 |

"그러므로 장차 크게 훌륭한 일을 할 수 있는 군주는 반드시 함부로 부르지 못하는 신하가 있었다. 그리하여 상의하고자 하는 일이 있으면 찾아갔으니, 덕을 높이고 도를 즐거워함이 이와 같지 않으면, 더불어 훌륭한 일을 할 수 없는 것이다. 그러므로 탕왕은 이윤에게 배운 뒤에 그를 신하로 삼았기 때문에 수고롭지 않고 왕 노릇을 하셨고, 환공은 관중에게 배운 뒤에 그를 신하로 삼았기 때문에 수고롭지 않고 패자가 된 것이다."

| 자해 |

大有爲之君 : 크게 작위(作爲)함이 있는 비상(非常)한 군주.

| 의해 |

"한 가지 높은 것을 가진 사람이 두 가지 높은 것을 가진 사람에게 거만하게 굴 수 없기 때문에 장래에 크게 일을 할 임금은 반드시 예를 높여 부르지 못할 신하가 있어서 사직과 백성의 일에 하는 일이 있으면 나가서 보고 묻는다. 임금이 신하를 중히 여기는 것은 바로 신하가 도로써 자중하여 불러서 만나지 못하는 것이다. 그러나 신하가 되어 임금이 이같이 공경하고 예로 대접하게 하는 것이 어찌 제 스스로 높고 큰 체하는 것이겠는가? 꾀할 일이 있으면 임금이 나가는 것이 이른바 덕을 높이고 도를 즐거워하는 것이다. 임금이 반드시 이같이 덕을 높이고 도를 즐거워하

면 더불어 할 만한 것이 있을 수 있다. 그러나 만일 그 덕을 높이고 도를 즐거워하기를 이같이 하지 않으면 스스로 세력을 가지고 교만하고 반드시 신하가 아첨하기를 구해서 꾀를 쓰지 않고 말을 좇지 않아 더불어 할 만한 것이 없다. 이것이 장래에 큰일을 할 임금이 신하를 부르지 않고, 도로써 자중하는 신하가 또한 임금에게 불려가지 않는 까닭이다.

따라서 옛날에 큰일을 한 임금 중에 은나라 탕왕 같은 이는 이윤을 먼저 스승으로 섬겨 배운 후에 맡겨서 정승을 삼아 덕을 높이고 도를 즐거워했기 때문에 수고하지 않고 왕업을 이루어서 크게 한 것이 있었다. 제나라 환공 같은 이는 관중을 먼저 스승으로 섬겨 배운 후에 맡겨서 정승을 삼아 덕을 높이고 도를 즐거워하였기 때문에 수고하지 않고 패업을 이루어서 크게 한 것이 있다."

금 천 하 지 추 덕 제 막 능 상 상 무 타 호 신 기
2-8. 今天下 地醜德齊하여 莫能相尙은 無他라 好臣其
소 교 이 불 호 신 기 소 수 교 탕 지 어 이 윤 환 공 지 어
所教而不好臣其所受教니라 湯之於伊尹과 桓公之於
관 중 즉 불 감 소 관 중 차 유 불 가 소 이 황 불
管仲에 則不敢召하니 管仲도 且猶不可召온 而況不
위 관 중 자 호
爲管仲者乎아

| 언해 |

이제 天下ㅣ 地ㅣ 醜ᄒᆞ고 德이 齊ᄒᆞ야 能히 서ᄅᆞ 尙ᄒᆞ리 업슴은 他ㅣ 업ᄉᆞᆫ디라 그 敎ᄒᆞᆯ 빠 臣홈을 好ᄒᆞ고 그 敎를 受ᄒᆞᆯ 빠 臣홈을 好티 아니홈이니라 湯이 伊尹의게와 桓公이 管仲의게 곧 敢히 召티 몯ᄒᆞ니 管仲도 ᄯᅩ 오히려 可히 召티 몯ᄒᆞ곤 ᄒᆞ믈며 管仲을 ᄒᆞ디 아니ᄒᆞᄂᆞᆫ 者아

| 직역 |

"지금 천하가 국토가 비슷하고 정치 상황도 비슷해서 서로 뛰어나지 못함은 다름이 아니다. 자기가 가르칠 수 있는 사람을 신하로 삼기를 좋아하고 자기가 가르침을 받을 수 있는 사람을 신하로 삼기를 좋아하지 않기 때문이다. 탕왕이 이윤을, 환공이 관중을 감히 부르지 못하였다. 관중도 오히려 부를 수 없었으니, 하물며 관중이 되려고 하지 않는 나에 있어서랴!"

| 자해 |

醜 : 같음. • 尙 : 뛰어남. • 所敎 : 자기 말을 듣고 따라서 사역(使役)시킬 수 있는 사람. • 所受敎 : 자기가 따라서 배울 수 있는 사람. • 不爲管仲 : 맹자가 자신을 이른 것.

| 의해 |

"지금 천하의 제후가 토지가 서로 같고 덕과 교화가 서로 비슷하여 왕업이나 패업을 이루어서 당시의 모든 제후를 초월하지 못하는 것은 다른 까닭이 있어서가 아니다. 다 나를 받들어 내가 가르칠 사람을 신하로 삼기를 좋아하고, 저 도로 자중하여 내가 가르침을 받을 사람은 신하로 삼기를 좋아하지 않으니, 이것이 땅이 같고 덕이 비슷하여 크게 되지 못하는 까닭이다.

탕은 이윤에게, 제나라 환공은 관중에게 다 배운 후에 이윤과 관중을 신하로 삼았는데, 감히 불러서 보지 못하였다. 이윤은 천자를 돕는 자이므로 부르지 못하는 것이 당연하나 관중과 같은 어진이도 오히려 부를 수 없는데, 하물며 그 덕과 그 도가 관중을 낮게 보아서 깨끗이 여기지 않는 자에게 있어서이겠는가? 자네가 어찌하여 신하가 임금이 부르는데 응하는 예로써 나를 구속하고자 하는가?"

| 요지 |

이 장은 임금이 신하를 부르지 못하는 것에 중함이 있다. 위의 세 문장은 제나라 왕이 병을 핑계로 부름에 그 병이 아님을 경계한 것이고, 뒤의 일곱 문장은 제나라 신하가 부르는데 응하지 않았다고 의론함에 부를 수 없는 것에 대해 밝힌 것이다. 모두 병을 핑계로 부르는데 가지 아니할 뜻을 제왕에게 알리지 못하므로, 부를 수 없는 뜻을 제나라 신하에게 자세히 밝혀준 것이다. 맹자가 도로써 스스로 무겁게 한 것이 바르 이 공경이고, 임금에게 거만한 것이 아니라 덕을 높이고 도를 즐거워함으로 임금에게 바란 것은 바로 그 임금을 크게 하려고 일러준 것이다. 제나라 왕이 병을 핑계대어서 부른 것은 바로 그 가르침을 받을 사람을 신하삼기 좋아하지 않아 부르지 못할 신하가 없는 것이다. 어찌 요순이 되고 탕과 환공이 되기를 바랄 수 있겠는가?

진 진 문 왈 전 일 어 제 왕 궤 겸 금 일 백 이 불 수
3-1. 陳臻이 問曰 前日於齊에 王이 餽兼金一百而不受
어 송 궤 칠 십 일 이 수 어 설 궤 오 십 일 이
하시고 於宋에 餽七十鎰而受하시고 於薛에 餽五十鎰而
수 전 일 지 불 수 시 즉 금 일 지 수 비 야 금 일 지
受하시니 前日之不受가 是則今日之受非也요 今日之
수 시 즉 전 일 지 불 수 비 야 부 자 필 거 일 어 차 의
受가 是則前日之不受非也니 夫子必居一於此矣시리
맹 자 왈 개 시 야
이다 孟子曰 皆是也니라

| 언해 |

陳臻이 묻ᄌᆞ와 ᄀᆞᆯ오ᄃᆡ 前日에 齊예 王이 兼金一百을 餽ᄒᆞ야ᄂᆞᆯ 受티 아니ᄒᆞ시고 宋에 七十鎰ᄋᆞᆯ 餽ᄒᆞ야ᄂᆞᆯ 受ᄒᆞ시고 薛에 五十鎰ᄋᆞᆯ 餽ᄒᆞ야ᄂᆞᆯ 受ᄒᆞ시니 前日의 受티 아니ᄒᆞ심이 是ᄒᆞ면 今日의 受ᄒᆞ

심이 非ᄒᆞ고 今日의 受ᄒᆞ심이 是ᄒᆞ면 前日의 受티 아니ᄒᆞ심이 非ᄒᆞ니 夫子ㅣ 반ᄃᆞ시 이에 一에 居ᄒᆞ시리이다 孟子ㅣ ᄀᆞᄅᆞ샤ᄃᆡ 다 是ᄒᆞ니라

| 직역 |

진진이 물었다. "전일에 제나라에서 왕이 겸금 일백일을 주자 받지 않으셨고, 송나라에서는 칠십일을 주자 받으셨고, 설나라에서는 오십일을 주자 받으셨으니, 전일에 받지 않은 것이 옳다면 오늘날 받은 것이 잘못일 것이고, 오늘날 받은 것이 옳다면 전일에 받지 않은 것이 잘못일 것이니, 선생님께서는 반드시 이 중 하나에 해당하실 것입니다." 맹자가 말하였다. "다 옳다."

| 자해 |

陳臻 : 맹자의 제자. • 兼金 : 좋은 금(金)이니, 그 값이 보통 것보다 갑절이 됨. • 一百 : 일백일(一百鎰).

| 의해 |

진진이 물었다. "사양하고 받는 것은 군자의 큰 절도입니다. 지난날 제나라에서 왕이 좋은 금 일백일을 주자 받지 않으시고, 지금 송나라에서 금 칠십 일을 주자 받으셨으며, 또 설나라에서 금 오십 일을 주자 받으셨습니다. 제나라나 송나라, 설나라에서 주는 금은 한 가지인데 받고 받지 아니함이 다르니, 전일에 제나라에서 받지 않은 것이 옳으면 오늘 송나라와 설나라에서 받은 것이 그르고, 만일 오늘 송나라와 설나라에서 받은 것이 옳으면 전일 제나라에서 받지 않은 것이 그르니, 선생께서는 반드시 어디든지 그른 것이 하나는 있게 될 것입니다."

◑ 맹자가 말하였다. "사양하고 받는 것이 어찌 일정함이 있겠는가? 오직 의에 돌아갈 뿐이다. 내가 받고 받지 않은 것이 모두 의리에 적당하니, 다 옳고 그른 것이 없다. 진실로 사양하고 받는

자취에 집착하여 나를 의론해서는 안 된다.”

당재송야 여장유원행 행자 필이신
3-2. 當在宋也하여 予將有遠行이라니 行者는 必以贐
사왈 궤신 여하위불수 당재설야
이라 辭曰 餽贐이어니 予何爲不受리오 當在薛也하여
여유계심 사왈 문계고 위병궤지 여하위
予有戒心이라니 辭曰 聞戒故로 爲兵餽之어니 予何爲
불수 약어제즉미유처야 무처이궤지 시화
不受리오 若於齊則未有處也호니 無處而餽之는 是貨
지야 언유군자이가이화취호
之也니 焉有君子而可以貨取乎리오

| 언해 |

宋애 이숌애 當ᄒᆞ야 내 쟝ᄎᆞᆺ 遠行이 잇다니 行者ᄂᆞᆫ 반ᄃᆞ시 ᄡᅧ 贐ᄒᆞᄂᆞᆫ디라 辭ᄒᆞ야 ᄀᆞᆯ오ᄃᆡ 贐으로 餽ᄒᆞ노라 ᄒᆞ거니 내 엇디 受티 아니ᄒᆞ리오 薛에 이숌애 當ᄒᆞ야 내 戒心이 잇다니 辭ᄒᆞ야 ᄀᆞᆯ오ᄃᆡ 戒를 聞ᄒᆞᆫ 故로 兵을 爲ᄒᆞ야 餽ᄒᆞ노라 ᄒᆞ거니 내 엇디 受티 아니ᄒᆞ리오 만일 齊에ᄂᆞᆫ 處홈이 잇디 아니호니 處홈이 업시셔 餽홈은 이 貨홈이니 엇디 君子ㅣ오 可히 貨로ᄡᅧ 取홈이 이시리오

| 직역 |

“송나라에 있을 때에는 내가 장차 멀리 가게 되었는데, 멀리 가는 자에게는 반드시 노자를 주는 것이다. 말하기를 ‘노자를 준다’고 하였으니, 내가 어찌 받지 않을 수 있겠는가? 설나라에 있을 때에는 내가 경계하는 마음을 품고 있었는데, 말하기를 ‘선생님이 경계하고 계시다는 말씀을 들었기 때문에 군사를 위하여 준다’고 하였으니, 내가 어찌 받지 않을 수 있겠는가? 제나라에 있을 때에는 해당되는 것이 없었다. 해당되는 것이 없이 준다면 이것은

재물로 매수하는 것이니, 어찌 군자로서 재물로 매수될 자가 있겠는가?"

| 자해 |

贐 : 여행자를 전송하는 예(禮). • 戒心 : 당시(當時) 사람 중에 맹자(孟子)를 해치고자 하는 자가 있었으므로 맹자(孟子)가 병(兵)을 설치하여 경계하고 대비하였음. • 未有處也 : 원행(遠行)하거나 경계하는 마음을 둔 일이 없었다는 말. • 取 : 치(致)[농락을 당함]와 같음.

| 의해 |

"내가 송나라에 있다가 장차 다른 나라로 가려했는데, 예에 멀리 가는 자는 반드시 노자가 있어서 그것을 가지고 경비에 충당해야 한다. 그러므로 송나라 임금이 나에게 노자로 준다고 하면서 금을 예로써 줌에 의(義)에 받을 만하므로 받은 것이다. 이것이 송나라에서 받은 까닭이다.

설나라에 있을 때에는 경계하고 방비하는 마음이 있었다. 그러므로 설나라 임금이 내가 경계하는 마음이 있다는 소식을 듣고 방비하는 군사를 마련하도록 주었으니, 이것 역시 의에 또한 받을 만한 일이었다. 이것이 설나라에서 받은 까닭이다.

제나라에서는 멀리 가거나 경계하는 마음이 없었다. 그럼에도 재물을 주고받는다면 이것은 재물을 가지고 사귀는 것이다. 평범한 사람은 이에 마음이 동하여 재물을 취할 것이니, 어찌 의를 지키는 군자가 재물을 취할 수 있겠는가? 이것이 내가 받지 않은 까닭이다. 받고 받지 아니함을 한결같이 의에 마땅한지 마땅하지 않은지로 보아야 하니, 그렇기 때문에 다 옳다고 한 것이다."

| 요지 |

이 장은 군자가 사양하고 받는 것이 한결같이 이치에 마땅함을 보여준 것이다. 위 문단은 진진이 사양하고 받는 자취에 나아가서 그 그른 것을 의심한 것이고, 아래 문단은 맹자가 사양하고 받

는 의를 자세히 말하여 그 옳은 것을 밝힌 것이다.

맹 자 지 평 륙 위 기 대 부 왈 자 지 지 극 지 사 일
4-1. 孟子之平陸하사 謂其大夫曰 子之持戟之士가 一
일 이 삼 실 오 즉 거 지 부 호 왈 부 대 삼 연 즉
日而三失伍則去之아 否乎아 曰 不待三이니이다 然則
자 지 실 오 야 역 다 의 흉 년 기 세 자 지 민 노 리
子之失伍也亦多矣로다 凶年饑歲에 子之民이 老羸는
전 어 구 학 장 자 산 이 지 사 방 자 기 천 인 의
轉於溝壑하고 壯者는 散而之四方者가 幾千人矣오
왈 차 비 거 심 지 소 득 위 야
曰 此非距心之所得爲也니이다

| 언해 |

孟子ㅣ 平陸애 之ᄒᆞ샤 그 태우ᄃᆞ려 닐어 ᄀᆞᆯᄋᆞ샤ᄃᆡ 子의 戟을 持ᄒᆞ얀ᄂᆞᆫ 士ㅣ 一日에 세 번 伍ᄅᆞᆯ 失ᄒᆞ면 去ᄒᆞᆯ까 아닐까 ᄀᆞᆯ오ᄃᆡ 三을 待티 아니리이다 그러ᄒᆞᆫ 則 子의 伍를 失ᄒᆞᆷ이 ᄯᅩ 하도다 凶年과 饑歲예 子의 民이 老와 羸ᄂᆞᆫ 溝壑애 轉ᄒᆞ고 壯者ᄂᆞᆫ 散ᄒᆞ야 四方애 간 者ㅣ 몃 千人고 ᄀᆞᆯ오ᄃᆡ 이ᄂᆞᆫ 距心의 시러곰 ᄒᆞᆯ 빼 아니니이다

| 직역 |

맹자가 평륙에 가서 그 대부(大夫)에게 말하였다. "그대의 창을 잡은 전사가 하루에 세 번 대오를 이탈한다면 버리겠는가? 그대로 두겠는가?" "세 번을 기다리지 않겠습니다." 맹자가 말하였다. "그렇다면 그대가 대오를 이탈함이 또한 많다. 흉년에 그대의 백성 중에 노약자들은 구렁에 전전하고, 장성한 자들은 흩어져 사방으로 가는 자가 몇 천 명이나 되는가?" 그가 대답하였다. "그것은 제가 할 수 있는 바가 아닙니다."

| 자해 |

平陸 : 제(齊)나라의 하읍(下邑). • 大夫 : 읍재(邑宰). • 戟 : 가지가 있는 병기(兵器). • 士 : 전사(戰士). • 伍 : 항렬(行列). • 去之 : 죽이는 것. • 距心 : 제나라 대부(大夫)의 이름.

| 의해 |

맹자가 제나라에 있을 때 하루는 평륙 땅에 가서 그 백성들이 생활이 곤란함을 보고 그 대부 공거심에게 말하였다. "모든 일에는 각각 직분이 있으니, 자네의 창을 가진 군사가 행진하여 나갈 때 하루에 세 번이나 대오를 잃는다면 병법으로써 죽이겠는가, 않겠는가?" 공거심은 대답하였다. "군사가 한번이라도 대오를 이탈하고 차례를 잃으면 병법에 의해 반드시 죽이는 것입니다. 어찌 세 번이나 되기를 기다리겠습니까?"
맹자가 이 말을 듣고 꾸짖으며 말하였다. "군사의 행렬은 군사의 대오이고 신하의 직분으로 지키는 것은 신하의 대오이다. 따라서 그대가 대오를 잃은 일이 또한 많다. 그대의 직분은 백성을 기르는데 있는데, 이제 흉년을 당하여 그대의 백성이 나이 들고 파리하여 병든 자는 개천과 구렁에 굴러서 죽고 장정은 사방으로 흩어져서 먹을 것을 구하는 자가 수천 명이나 된다. 백성이 이렇게 유리되는 것은 그대가 직분을 잃었기 때문이다. 따라서 이 나라의 법에 어찌해야 할 것인가?" 공거심이 말하였다. "백성이 죽고 흩어지는 것을 제가 모르는 것은 아니지만, 단지 나라 창고의 곡식을 감히 마음대로 내지 못하고, 백성의 세금을 감히 마음대로 감할 수 없습니다. 이 일은 모두 제가 마음대로 할 수 있는 것이 아닙니다."

4-2. 曰 今有受人之牛羊而爲之牧之者 則必爲之求牧與芻矣리니 求牧與芻而不得 則反諸其人乎아 抑亦立而視其死與아 曰 此則距心之罪也로소이다 他日에 見於王曰 王之爲都者를 臣知五人焉이로니 知其罪者는 惟孔距心이러이다하고 爲王誦之하신대 王曰 此則寡人之罪也로소이다

| 언해 |

ᄀᆞᆯᄋᆞ샤ᄃᆡ 今애 人의 牛羊을 受ᄒᆞ야 爲ᄒᆞ야 牧ᄒᆞᇙ 者ㅣ 이시면 반ᄃᆞ시 爲ᄒᆞ야 牧과 다ᄆᆞᆺ 芻를 求ᄒᆞ리니 牧과 다ᄆᆞᆺ 芻를 求ᄒᆞ야 得디 몯ᄒᆞ면 그 人의게 反ᄒᆞ랴 ᄯᅩᄒᆞᆫ 立ᄒᆞ야셔 그 死홈을 보랴 ᄀᆞᆯ오ᄃᆡ 인 則 距心의 罪로소이다 他日에 王ᄭᅴ 見ᄒᆞ야 ᄀᆞᆯᄋᆞ샤ᄃᆡ 王의 都ᄅᆞᆯ ᄒᆞᄂᆞᆫ 者를 臣이 五人을 아노니 그 罪ᄅᆞᆯ 아ᄂᆞᆫ 者ᄂᆞᆫ 오직 孔距心이러이다 ᄒᆞ고 王을 爲ᄒᆞ야 誦ᄒᆞ신대 王이 ᄀᆞᆯᄋᆞ샤ᄃᆡ 인 즉 寡人의 罪로소이다

| 직역 |

맹자가 말하였다. "지금에 남의 소와 양을 받아다가 그를 위하여 기르는 자가 있으면, 반드시 그를 위하여 목장과 꼴을 구할 것이니, 목장과 꼴을 구하다가 얻지 못하면 그 주인에게 되돌려 주어야 하겠는가? 아니면 또한 서서 그 죽어 가는 것을 보아야 하겠는가?" 그가 말하였다. "이는 저의 잘못입니다." 후일에 왕을 만나서 말하였다. "왕의 도읍을 다스리는 자를 신이 다섯 사람을 알고 있는데, 그 죄를 알고 있는 자는 오직 공거심뿐입니다." 왕을 위

하여 그 말을 들려주자, 왕이 "이것은 과인의 책임입니다"라고 하였다.

| 자해 |

牧之 : 기름. • 牧 : 기르는 땅(牧地). • 芻 : 풀. • 爲都 : 읍(邑)을 다스리는 것. 읍(邑)에 선군(先君)의 사당이 있는 곳을 도(都)라 함. • 孔 : 제나라 대부(大夫)의 성(姓). • 爲王誦之 : 왕(王)을 풍자(諷刺)하여 깨우치려고 한 것.

| 의해 |

맹자가 이에 비유해서 일깨워 말하였다. "자네는 마음대로 할 바가 아니라는 말로 핑계를 대지 말라. 이제 남의 소와 양을 받아서 기르는 자가 반드시 그 소와 양을 기를 땅과 꼴을 구하여 기를 것이고, 만일 먹이는 땅과 꼴을 얻지 못하면 소와 양을 도로 그 주인에게 보낼 것인가? 또는 서서 그 소와 양이 죽는 것을 볼 것인가? 나는 반드시 그 주인에게로 도로 보내고, 마땅히 서서 그 죽는 것을 보지 않을 것이다. 그러면 자네가 임금을 위하여 백성을 기름에 이미 임금에게 청하여 창고의 곡식으로 백성을 진휼하지 못하고 또 가지도 않고 앉아서 백성이 죽는 것을 보고 있으니, 그 죄가 어디로 돌아가겠는가?" 거심이 이에 깨달아 말하였다. "백성을 기름에 미리 기를 바를 구하지 못하고 또 능히 가지도 못하니 이것은 저의 죄가 용납되지 못할 것입니다."

맹자가 이로 인해 왕을 일깨우기 위해 평륙에서 제나라로 돌아와 왕을 만나서 말하였다. "왕의 대부 중 고을을 다스리는 자를 내가 다섯 사람을 아는데, 그 직분을 잃은 죄를 아는 자는 오직 공거심 한 사람뿐입니다." 자기가 공거심을 꾸짖은 말과 공거심이 자책한 말을 일일이 왕에게 들려주었다. 그러자 왕이 이에 자임하여 말하였다. "정사를 발하여 어진 일을 베풀지 못해서 백성으로 하여금 이산하게 해서 생활을 안전하게 하지 못하고 신하도 그 직분을 다하지 못한 것은 다 과인이 정사를 잃은 죄입니다. 어찌 감히 선생의 가르침을 받아들지 않겠습니까?"

| 요지 |

이 장은 임금과 신하가 마땅히 각각 그 직분을 다 할 것을 보인 것이다. 앞의 세 대문은 공거심을 일깨워준 것이고, 뒤의 한 대문은 임금을 일깨운 것이다. 맹자의 한마디에 제나라 임금과 신하가 다 그 죄를 알았으니, 진실로 충분히 나라를 일으킬 수 있었다. 그런데도 제나라가 마침내 좋은 나라가 되지 못하였으니, 기뻐해도 그 단서를 찾지 못하고 좇아도 고치지 못한 까닭이다.

맹 자 위 지 와 왈 자 지 사 령 구 이 청 사 사 사 야 위
5-1. 孟子謂蚳鼃曰 子之辭靈丘而請士師가 似也는 爲
기 가 이 언 야 금 기 수 월 의 미 가 이 언 여 지 와
其可以言也니 今旣數月矣로대 未可以言與아 蚳鼃
간 어 왕 이 불 용 치 위 신 이 거 제 인 왈 소 이
諫於王而不用어늘 致爲臣而去한대 齊人이 曰 所以
위 지 와 즉 선 의 소 이 자 위 즉 오 부 지 야
爲蚳鼃則善矣어니와 所以自爲則吾不知也케라

| 언해 |

孟子ㅣ 蚳鼃ᄃᆞ려 닐어 ᄀᆞᆯᄋᆞ샤ᄃᆡ 子ㅣ 靈丘ᄅᆞᆯ 辭ᄒᆞ고 士師ᄅᆞᆯ 請ᄒᆞᆷ이 似ᄒᆞᆷ은 그 可히 ᄡᅥ 言ᄒᆞᆷ을 爲ᄒᆞ예니 今에 이믜 數月이로ᄃᆡ 可히 ᄡᅥ 言티 몯ᄒᆞ리로소냐 蚳鼃ㅣ 王ᄭᅴ 諫ᄒᆞ야 用티 아니ᄒᆞ야ᄂᆞᆯ 臣되옴을 致ᄒᆞ고 去ᄒᆞᆫ대 齊人이 ᄀᆞᆯ오ᄃᆡ ᄡᅥ 蚳鼃ᄅᆞᆯ 爲ᄒᆞᄂᆞᆫ 밴 則 善ᄒᆞ거니와 ᄡᅥ ᄉᆞᄉᆞ로 爲ᄒᆞᄂᆞᆫ 밴 則 내 아디 몯게라

| 직역 |

맹자가 지와에게 말했다. "그대가 영구의 읍재를 사양하고 사사

가 되기를 청한 것이 그럴듯한 것은 사사가 말을 할 수 있기 때문이다. 그런데 이제 이미 몇 개월이 지났는데 아직도 말할 수 없단 말인가?" 지와가 왕에게 간했으나 쓰여지지 않아, 신하 직분을 내놓고 떠나가자 제나라 사람들이 말하였다. "지와를 위해서 한 것은 좋으나, 맹자 자신이 하는 것은 내가 이해할 수 없다."

| 자해 |

蚔鼃 : 제(齊)나라 대부(大夫). • 靈丘 : 제(齊)나라 하읍(下邑). • 似也 : 그가 한 바가 이치가 있는데 가까움. • 可以言 : 사사(士師)가 왕(王)을 가까이 모셔서 형벌이 도(道)에 맞지 않는 것을 간(諫)할 수 있음을 말한 것. • 致 : 환(還)[되돌려줌]과 같음.

| 의해 |

맹자가 지와에게 말하였다. "신하의 직분은 오직 임금이 부리는 대로 하는 것인데, 자네가 영구의 읍재를 사양하고 사사가 되기를 청한 것은 그럴 듯한 일이다. 사사가 되어서 형벌을 맡고 또 왕에게 가까우니, 왕의 형벌이 적중치 않으면 자기의 책임을 삼아서 왕에게 간하는 것이다. 자네가 사사가 되면 마땅히 왕에게 간하는 말이 있을 줄 알았다. 그런데 이제 자네가 이미 사사가 된 지 수 개월이 되었으므로 왕이 한 형벌의 잘하고 잘못한 것을 익히 들었을 터인데 간하지 않으니, 이는 자네의 처음 뜻과 서로 다르다."

그러자 자와가 맹자의 말에 감동하여 형벌의 적당하지 못한 것을 왕에게 간하였지만, 왕이 쓰지 않자 마침내 그 신하된 벼슬을 돌려주고 갔다. 비록 지와가 자신의 거취를 분명히 하였으나, 실상은 맹자가 한 번 격동시킨 힘이었다.

제나라 사람이 말하였다. "맹자가 지와로 하여금 당연히 말할 때는 반드시 말하게 하고 당연히 갈 때는 반드시 가게 하니, 지와를 위하여 거취를 분명히 하도록 한 것이다. 그러나 자기는 제나라에 있으면서 도가 이미 행해지지도 않는데 떠나기를 결단치 아니하니, 스스로 처신하는 것은 잘하는지 모르겠다. 어찌하여 다른 사람의 거취는 분명하게 하고 자기의 거취는 어둡게 하는가?"

공 도 자 이 고 왈 오 문 지 야 유 관 수 자 부
5-2. 公都子以告한대 曰 吾聞之也호니 有官守者 不
득 기 직 즉 거 유 언 책 자 부 득 기 언 즉 거 아 무
得其職則去하고 有言責者 不得其言則去라하니 我無
관 수 아 무 언 책 야 즉 오 진 퇴 기 불 작 작 연 유 여 유
官守하며 我無言責也則吾進退가 豈不綽綽然有餘裕
재
哉리오

| 언해 |

公都子ㅣ ᄡᅥ 告ᄒᆞᆫ대 ᄀᆞᆯᄋᆞ샤ᄃᆡ 내 聞호니 官守ᄅᆞᆯ 둔ᄂᆞᆫ 者ㅣ 그 職을 得디 몯ᄒᆞ면 去ᄒᆞ고 言責을 둔ᄂᆞᆫ 者ㅣ 그 言을 得디 몯ᄒᆞ면 去ᄒᆞᆫ다 ᄒᆞ니 내 官守ㅣ 업스며 내 言責이 업슨 則 내 進ᄒᆞ며 退홈이 엇디 綽綽히 餘裕ㅣ 잇디 아니ᄒᆞ리오

| 직역 |

공도자가 이것을 아뢰자, 맹자가 말하였다. "내가 들으니, '관직이 있는 자가 그 직책을 수행할 수 없으면 떠나고, 언론의 책임을 지고 있는 자가 그 말을 할 수 없으면 떠난다'고 하였다. 나는 관직이 없으며 나는 언론의 책임이 없으니, 그렇다면 나의 진퇴가 어찌 작작하게 여유가 있지 않겠는가?"

| 자해 |

公都子 : 맹자의 제자. • 官守 : 벼슬로써 맡음을 삼는 것. • 言責 : 말로써 책임을 삼는 것. • 綽綽 : 너그러운 모양. • 裕 : 여유가 있는 뜻.

| 의해 |

공도자가 제나라 사람의 말을 맹자에게 고하자 맹자가 말하였다. "나는 들으니 남의 신하가 정사를 나누어 다스림에 벼슬의 지킴이 있는 자는 그 직분을 다하되 만일 임금이 제어하여 그 직분을 다하지 못하면 가는 것이다. 신하가 간하는 것을 전해 맡아서 말의 책임을 가진 자가 그 말을 다하되 만일 임금이 막고 듣지 않아 그 말을 다하지 못하면 가는 것이다. 이 두 경우에 있어 다 가지 않으면 벼슬에 있어서 공연히 먹기만 하는 것이다. 이것이 사람의 신하가 나아가고 물러나는데 떳떳한 이치인데, 나로 말하면 제나라에서 비록 삼경 가운데 있으나 봉록을 받지 않았다. 벼슬도 없고 말의 책임도 없으니, 나의 진퇴는 어디든지 거리낄 것이 없다. 어찌 작작하게 여유가 있지 않겠는가?"

| 요지 |

이 장은 거취에 각각 그 도가 있음을 보인 것이다. 위의 두 대문은 지와가 맹자의 일깨움에 감동하여 갈 데에 간 것이고, 아래 두 대문은 맹자가 제나라 사람의 비웃음을 인하여 머무를만한 데에 머무름을 밝힌 것이다.

맹자 위경어제 출조어등 왕 사합대부
6. 孟子 爲卿於齊하사 出弔於滕하실새 王이 使蓋大夫
왕환 위보행 왕환 조모현 반제
王驩으로 爲輔行이러시니 王驩이 朝暮見이어늘 反齊
등지로 미상여지언행사야 공손추왈 제경
滕之路토록 未嘗與之言行事也하시다 公孫丑曰 齊卿
지위 불위소의 제등지로 불위근의 반지이미
之位 不爲小矣며 齊滕之路 不爲近矣로대 反之而未
상여언행사 하야 왈 부기혹치지 여하언
嘗與言行事는 何也잇고 曰 夫旣或治之어니 予何言

재
哉리오

| 언해 |

孟子ㅣ 齊애 卿이 되샤 滕애 出ᄒᆞ야 弔ᄒᆞ실ᄊᆡ 王이 蓋ㅅ태우 王驩으로 ᄒᆞ여곰 輔行을 사맛더시니 王驩이 朝暮에 뵈거ᄂᆞᆯ 齊滕ㅅ路ᄅᆞᆯ 反토록 일쯕 더브러 行事ᄅᆞᆯ 言티 아니ᄒᆞ시다 公孫丑ㅣ ᄀᆞᆯ오ᄃᆡ 齊卿의 位ㅣ 小티 아니ᄒᆞ며 齊滕ㅅ路ㅣ 近티 아니호ᄃᆡ 反호ᄃᆡ 일즉 더브러 行事ᄅᆞᆯ 言티 아니ᄒᆞ샴은 엇더니잇고 ᄀᆞᆯᄋᆞ샤ᄃᆡ 이믜 或治ᄒᆞ얏거니 내 므슴 마ᄅᆞᆯ ᄒᆞ리오

| 직역 |

맹자가 제나라에서 경이 되어 등나라에 가서 조문할 적에 왕이 합 땅의 대부인 왕환으로 하여금 수행을 하게 하였다. 그리하여 왕환이 아침저녁으로 뵈었는데, 맹자는 제나라와 등나라의 길을 왕복하도록 일찍이 그와 더불어 행사를 말하지 않았다. 공손추가 말하였다. "제경의 지위가 작지 않으며, 제나라와 등나라의 길이 가깝지 않은 데도 왕복하도록 일찍이 그와 더불어 행사를 말씀하지 않음은 어째서입니까?" 맹자가 말하였다. "이미 잘 처리하였으니, 내가 어찌 말할 것이 있겠는가?"

| 자해 |

蓋 : 제(齊)나라 하읍(下邑). 음은 '합' • 王驩 : 왕(王)이 총애하는 신하. • 輔行 : 부사(副使). • 反 : 갔다가 돌아오는 것. • 行事 : 사신(使臣)가는 일. • 齊卿 : 왕환(王驩)이 아마도 경(卿)을 대리하여 갔으므로 제경(齊卿)이라고 말한 것. • 夫既或治之 : 유사(有司)가 이미 다스림을 말한 것.

| 의해 |

맹자가 제나라에 경이 되어 왕을 위해 등나라에 나가 조문하게

되었는데, 왕이 합 대부 왕환을 부사로 삼아 맹자를 도와 수행하게 하였다. 그런데 왕환이 아침과 저녁으로 맹자를 보았는데 제나라에서부터 등나라를 갔다 오기까지 도중에 왕환과 조문하러 가는 일에 대해 전혀 말이 없었다. 이는 왕환이 더불어 말할 만한 사람이 되지 못했기 때문이었다.

공손추가 알지 못하고 물었다. “사람이 혹 형세가 서로 막히던지 또는 주선하기를 오래하지 않으면 말을 다하지 못할 것입니다. 이제 왕환은 제나라 경의 벼슬을 대신 행하였으니, 그 지위가 작지 않으며, 제나라와 등나라 사이의 길이 가깝지도 않은데, 갔다가 돌아오기까지 전혀 사신의 일을 말하지 않은 것은 어째서입니까?” 맹자가 말하였다. “사신의 일을 잘못하면 말할 것이지만, 맡은 일을 이미 잘하였으니, 내가 또 무슨 말을 하겠는가?”

| 요지 |

이 장은 군자가 소인을 대접하는 도를 보인 것이다. 윗 문장은 맹자가 왕환을 대접함에 엄한 것을 보인 것이고, 아래 문장은 질문자가 의심함에 따라 부드럽게 대답하여 겉으로는 충후한 뜻을 두고 속으로는 도의의 방한(防限)을 유지한 것이니, 완전히 공자가 양화를 대접한 법과 같다.

맹 자 자 제 장 어 로 반 어 제 지 어 영
7-1. 孟子自齊葬於魯하시고 反於齊하실새 止於嬴이러
충 우 청 왈 전 일 부 지 우 지 불 초 사 우 돈 장
시니 充虞請曰 前日에 不知虞之不肖하사 使虞敦匠
사 엄 우 불 감 청 금 원 절 유 청 야
事어시늘 嚴하여 虞不敢請호니 今願竊有請也하노니
목 약 이 미 연
木若以美然하더이다

| 언해 |

孟子ㅣ 齊로브터 魯에 葬ᄒᆞ시고 齊예 反ᄒᆞ실ᄉᆡ 嬴에 止ᄒᆞ엿더시니 充虞ㅣ 請ᄒᆞ야 ᄀᆞᆯ오ᄃᆡ 前日에 虞의 不肖홈을 아디 몯ᄒᆞ샤 虞로 ᄒᆞ여곰 匠事를 敦ᄒᆞ야시ᄂᆞᆯ 嚴ᄒᆞ야 虞ㅣ 敢히 請티 몯호니 今에 願컨댄 그으기 請홈이 인ᄂᆞ니 木이 너모 美ᄒᆞᆫᄃᆞᆺ ᄒᆞ더이다

| 직역 |

맹자가 제나라로부터 노나라에 가서 장례를 지내고 제나라로 돌아올 적에 영 땅에 머물렀다. 충우가 청하여 말하였다. "지난날에 저의 불초함을 알지 못하시어 저로 하여금 목수 일을 맡게 하셨는데, 하도 급하여 제가 감히 묻지 못했습니다. 지금에 가만히 묻기를 원하오니, 관목이 너무 아름다운 듯하였습니다."

| 자해 |

嬴 : 제(齊)나라 남쪽에 있는 읍(邑). • 充虞 : 맹자의 제자이니, 일찍이 관(棺) 만드는 일을 감독하여 다스린 자. • 嚴 : 급함. • 木 : 관목(棺木). • 以 : 이(已)와 통하니, 이미(以美)는 너무 아름다운 것.

| 의해 |

맹자가 제나라에서 벼슬하다가 모친상을 당하여 노나라에서 장사지내고 장사가 끝난 후에 제나라로 돌아오다가 영땅에서 머무르자, 충우가 질문하였다. "선생님께서 전일에 모친의 상을 당하였을 때, 제가 일을 다스리는 재주가 없는 것을 알지 못하고 목수일을 맡게 하셨습니다. 그 때는 일이 급하고 선생님께서 크게 애통해 하시기에 제가 의심이 있으면서도 감히 묻지 못했었습니다. 이제는 질문하고 의심나는 것을 풀고자 하니, 전일에 쓴 관의 나무가 너무 좋은 듯한데, 상을 치르는 것은 반드시 이와 같이 너무 후하게 할 것이 아닐 듯합니다."

왈 고 자 관 곽 무 도 중 고 관 칠 촌
7-2. 曰 古者에 棺槨이 無度하더니 中古에 棺이 七寸이
곽 칭 지 자 천 자 달 어 서 인 비 직 위 관 미 야
요 槨을 稱之하여 自天子達於庶人하니 非直爲觀美也
연 후 진 어 인 심 부 득 불 가 이 위 열
라 然後에 盡於人心이니라 不得이란 不可以爲悅이며
무 재 불 가 이 위 열 득 지 위 유 재 고 지 인
無財란 不可以爲悅이니 得之爲有財하여는 古之人이
개 용 지 오 하 위 독 불 연 차 비 화 자 무 사
皆用之하니 吾何爲獨不然이리오 且比化者하여 無使
토 친 부 어 인 심 독 무 교 호 오 문 지 야 군 자
土親膚면 於人心에 獨無恔乎아 吾聞之也호니 君子는
불 이 천 하 검 기 친
不以天下儉其親이니라

| 언해 |

ᄀᆞᆯᄋᆞ샤ᄃᆡ 녜 棺과 槨이 度ㅣ 업더니 中古애 棺이 七寸이오 槨을 稱케 ᄒᆞ야 天子로브터 庶人에 達ᄒᆞ니 ᄒᆞᆫ갓 觀에 美홈을 ᄒᆞᄂᆞᆫ 줄이 아니라 그런 後에 人心에 盡홀ᄊᆡ니라 得디 몯ᄒᆞ야란 可히 ᄡᅥ 悅티 몯홀 꺼시며 財ㅣ 업서란 可히 ᄡᅥ 悅티 몯홀꺼시니 得ᄒᆞ고 財ㅣ 이셔ᄂᆞᆫ 녯 사ᄅᆞᆷ이 다 用ᄒᆞ니 내 엇디 호올로 그리 아니ᄒᆞ리오 ᄯᅩ 化者ᄅᆞᆯ 比ᄒᆞ야 土로 ᄒᆞ여곰 膚에 親티 아니케 ᄒᆞ면 人心애 호올로 恔홈이 업ᄉᆞ냐 나ᄂᆞᆫ 聞호니 君子ᄂᆞᆫ 天下ᄅᆞᄡᅥ 그 親에 儉히 아닌ᄂᆞ니라

| 직역 |

맹자가 말하였다. "옛적에는 관곽이 일정한 한도가 없었는데, 중고 시대에 관은 칠촌이고 곽도 이에 걸맞게 하여, 천자로부터 서인에까지 이르렀으니, 이것은 다만 보기에 아름답게 하기 위해서가 아니라, 이렇게 한 뒤에야 사람의 마음에 흡족하기 때문이었

다. 법제상 할 수 없으면 마음에 기쁠 수 없으며, 재력이 없으면 기쁠 수 없는 것이다. 법제로도 할 수 있고 또 재력이 있으면 옛사람들이 모두 썼으니, 내가 어찌하여 홀로 그렇게 하지 않겠는가? 또 죽은 자를 위하여 흙으로 하여금 시신 살갗에 가까이 닿지 않게 한다면, 사람의 마음에 홀로 만족하지 않겠는가? 내가 들으니 '군자는 천하를 위하여 그 어버이에게 검박하게 하지 않는다'고 하였다."

| 자해 |

度 : 후박(厚薄)의 치수. • 中古 : 주공(周公)이 예(禮)를 만든 때. • 椁稱之 : 관(棺)과 서로 걸맞게 하는 것. • 不得 : 법제(法制)에 할 수 없는 것. • 得之爲有財 : 법제(法制)에 할 수 있고 또 재력(財力)이 있는 것. 어떤 사람은 '위(爲)' 자는 마땅히 '이(而)' 자가 되어야 한다'고 하였음. • 比 : 위(爲)[위함]와 같음. • 化者 : 죽은 자. • 恔 : 만족함.

| 의해 |

맹자가 말하였다. "초상과 장사에서 후함을 좇는 것은 전해져 온 지가 오래 되었다. 옛날에는 관곽의 두껍고 얇은 것이 한도가 없었는데, 중고 시대에 예를 제작함에 관은 비로소 칠촌을 쓰고 곽도 또한 거기에 걸맞게 해서 천자로부터 서인에 달하기까지 다 그 예를 썼다. 옛사람의 제도가 반드시 후함을 좇는 것이 이같은 것은 다만 사람이 보기에 아름다운 것만 위함이 아니다. 이와 같이 한 후에 견고하고 두터워서 오래가므로 인자(仁者)의 마음이 조금 다하였다고 할 수 있다.

친상에 거함에 예제에 막혀서 할 수 없었으며, 분수가 후하게 하는 것을 용납하지 못하여 그 마음을 다하지 못하니 진실로 기뻐할 수 없다. 만일 가난하고 궁핍하여 재물이 없으면 후하게 할 수가 없어서 그 마음을 다하지 못하니 또한 가히 기뻐할 수 없다. 분수를 이미 얻고 또 재물이 있으면 이는 사람의 아들이 되어 마음을 다 할 때이다. 옛사람도 모두 후하게 하는 것을 좇았으니,

어찌 나만 홀로 그렇지 않을 수 있겠는가? 관곽을 아름답게 한 것이 또한 옛사람의 도를 행한 것이다.
또 죽은 사람 섬기기를 살아있는 사람같이 하는 것은 부모와 자식이 일체이기 때문이다. 관의 나무가 견고하고 두꺼워서 오래도록 죽은 자를 위하여 흙이 그 살에 직접 닫지 않게 하면 자식의 입장에서 기쁘고 유한(遺恨)이 없게 될 것이다. 그렇게 되지 않게 한 다음에야 사람의 마음을 다 하였다고 할 수 있다.
만일 그 마음을 다 해야 할 곳에 스스로 다하지 못하면, 이것은 천하를 위하여 관곽을 허비하는 것을 아까워하여 어버이에게 박하게 하는 것이다. 군자는 천하의 재물로써 그 어버이에게 검박하게 하지 않는 것이다. 마지막 보내드리는 예를 삼가야 마땅히 마음을 다한 것이다. 내가 전일에 관곽의 목재를 아름다운 것으로 쓴 것이 바로 사람의 아들 된 마음을 다하여 감히 검박하게 하는 것으로써 도를 삼지 않은 것이니 자네는 무엇을 의심하는가?"

| 요지 |

이 장은 사람의 아들로서 마땅히 그 마음을 다 할 것을 보인 것이다. 이 장에서는 '이렇게 한 뒤에야 사람의 마음에 흡족하다'는 한 구절이 가장 중요하다. 선왕이 후하게 하는 것을 금하지 않았으니, 사람의 자식이 후함을 쓰는 것이 그 마음을 다하는 것이다. 천하로써 그 어버이에게 검박하지 않으면 곧 마음을 다한 것이다.

심 동 이 기 사 문 왈 연 가 벌 여 맹 자 왈 가
8-1. 沈同이 以其私問曰 燕可伐與잇가 孟子曰 可하니
자 쾌 부 득 여 인 연 자 지 부 득 수 연 어 자 쾌
라 子噲도 不得與人燕이며 子之도 不得受燕於子噲니
유 사 어 차 이 자 열 지 불 고 어 왕 이 사 여 지 오 자
有仕於此어든 而子悅之하여 不告於王而私與之吾子

지록작 부사야역무왕명 이사수지어자즉가호
之祿爵이어든 夫士也亦無王命 而私受之於子則可乎
하이이어시
아 何以異於是리오

| 언해 |

沈同이 그 私로뻐 묻ᄌᆞ와 ᄀᆞᆯ오ᄃᆡ 燕을 可히 伐ᄒᆞ얌즉 ᄒᆞ니잇가 孟子ㅣ ᄀᆞᆯᄋᆞ샤ᄃᆡ 可ᄒᆞ니라 子噲도 시러곰 人을 燕올 與티 몯홀꺼시며 子之도 시러곰 燕올 子噲의게 受티 몯홀 꺼시니 이에 仕ᄒᆞ리 잇거든 子ㅣ 悅ᄒᆞ야 王ᄭᅴ 告티 아니ᄒᆞ고 ᄉᆞᄉᆞ로 吾子의 祿爵을 與ᄒᆞ거든 士ㅣ ᄯᅩᄒᆞᆫ 王命이 업시 ᄉᆞᄉᆞ로 子의게 受ᄒᆞᆫ 則 可ᄒᆞ냐 엇디 뻐 이에 다ᄅᆞ리오

| 직역 |

심동이 사적으로 묻었다. “연나라를 정벌해도 됩니까?” 맹자가 말하였다. “된다. 자쾌도 남에게 연나라를 줄 수 없으며, 자지도 연나라를 자쾌에게 받을 수 없는 것이다. 여기에 벼슬하는 자가 있는데, 자네가 그를 좋아하여 왕에게 아뢰지 않고 사사로이 그대의 작록을 그에게 주거든, 그 선비 또한 왕명이 없이 사사로이 그대에게서 받는다면 되겠는가? 어찌 이와 다르겠는가?”

| 자해 |

沈同 : 제(齊)나라 신하. • 以其私問 : 왕명(王命)이 아닌 것. • 子噲 · 子之 : 전편(前篇)[양혜왕하(梁惠王下)]에 보임.

| 의해 |

심동이 사사로운 뜻으로 맹자에게 물었다. “연나라를 쳐도 됩니까?” 맹자가 말하였다. “된다. 제후의 토지와 인민은 천자에게 받은 것이고 앞의 임금으로부터 전해져온 것이므로, 자쾌가 임금이

되어서 왕조의 작위와 토지를 들어 사사롭게 연나라를 다른 사람에게 주지 못할 것이다. 자지도 정승이 되어 천자의 명을 듣지 않고 사사로이 연나라를 자쾌에게서 받을 수 없는 것이다. 비유하면 벼슬을 구하는 자가 여기 있는데, 자네가 그 사람을 좋아하여 임금에게 고하지 않고 사사롭게 자네가 가진 봉록과 벼슬을 주며, 벼슬을 구하는 사람도 또한 임금의 명이 없이 사사롭게 자네가 주는 봉록과 벼슬을 받으면 그것이 옳겠는가? 그른 것이 분명하다. 저 사람이 천자의 토지를 사사롭게 서로 주고받은 것이 어찌 이와 다르겠는가? 연나라 임금과 신하는 진실로 왕법에 반드시 칠만하니, 이것이 쳐도 된다는 것이다."

제인 벌연 혹 문왈 권제벌연
8-2. 齊人이 伐燕이어늘 或이 問曰 勸齊伐燕이라하니
유저 왈 미야 심동 문연가벌여 오응
有諸잇가 曰 未也라 沈同이 問燕可伐與아하여늘 吾應
지왈 가 피연이벌지야 피여왈 숙가이벌지
之曰 可라호니 彼然而伐之也로다 彼如曰 孰可以伐之
즉장응지왈 위천리즉가이벌지 금유살
오하면 則將應之曰 爲天吏則可以伐之라호리라 今有殺
인자 혹 문지왈 인가살여 즉장응지왈 가
人者어든 或이 問之曰 人可殺與아하면 則將應之曰 可
피여왈 숙가이살지 즉장응지왈 위사
라호리니 彼如曰 孰可以殺之오하면 則將應之曰 爲士
사즉가이살지 금 이연벌연 하위권지
師則可以殺之라호리라 今에 以燕伐燕이어니 何爲勸之
재
哉리오

| 언해 |

齊人이 燕ᄋᆞᆯ 伐ᄒᆞ야ᄂᆞᆯ 或이 묻ᄌᆞ와 ᄀᆞᆯ오ᄃᆡ 齊ᄅᆞᆯ 勸ᄒᆞ야 燕ᄋᆞᆯ 伐

ᄐᆞ 하니 인ᄂᆞ니잇가 ᄀᆞᆯᄋᆞ샤ᄃᆡ 아니라 沈同이 燕을 可히 伐ᄒᆞ얌즉ᄒᆞ냐 묻거늘 내 應ᄒᆞ야 ᄀᆞᆯ오ᄃᆡ 可타 호니 뎌 그리 너겨 伐ᄒᆞ도다 뎌 만일에 ᄀᆞᆯ오ᄃᆡ 뉘 可히 ᄡᅥ 伐ᄒᆞ료고 ᄒᆞ면 곧 쟝ᄎᆞᆺ 應ᄒᆞ야 ᄀᆞᆯ오ᄃᆡ 天吏된 則 可히 ᄡᅥ 伐ᄒᆞ리라 호리라 今에 사ᄅᆞᆷ 殺ᄒᆞᆫ 者ㅣ 잇거든 或이 무러 ᄀᆞᆯ오ᄃᆡ 사ᄅᆞᆷ을 可히 殺ᄒᆞᆯ 것가 ᄒᆞ면 곧 쟝ᄎᆞᆺ 應ᄒᆞ야 ᄀᆞᆯ오ᄃᆡ 可타 호리니 뎌 만일에 ᄀᆞᆯ오ᄃᆡ 뉘 可히 ᄡᅥ 殺ᄒᆞ료고 ᄒᆞ면 곧 쟝ᄎᆞᆺ 應ᄒᆞ야 ᄀᆞᆯ오ᄃᆡ 士師ㅣ 된 則 可히 ᄡᅥ 殺ᄒᆞ리라 호리라 今에 燕으로ᄡᅥ 燕을 伐ᄒᆞ거니 엇디 勸ᄒᆞ리오

| 직역 |

제나라 사람이 연나라를 정벌하자, 어떤 사람이 물었다. "제나라에게 연나라를 치도록 권하셨다고 하니, 그런 일이 있었습니까?" 맹자가 말하였다. "아니다. 심동이 '연나라를 정벌해도 됩니까?' 하고 묻기에 내 대답하기를 '된다'고 하였더니, 저 사람이 내 말을 옳게 여겨 정벌한 것이다. 저 사람이 만일 '누가 정벌할 수 있겠습니까?'하고 물었더라면, 나는 장차 대답하기를, '천리(天吏)가 되면 정벌할 수 있다'고 하였을 것이다. 지금 살인한 자가 있는데, 어떤 사람이 '그 사람을 죽여도 됩니까?'하고 물으면, 나는 장차 대답하기를 '된다'고 할 것이다. 저 사람이 만일 '누가 그를 죽일 수 있겠습니까?'하고 물으면, 나는 장차 대답하기를 '사사가 되면 죽일 수 있다'고 할 것이다. 지금은 연나라로써 연나라를 정벌하는 것이니, 내 어찌하여 권하였겠는가?"

| 자해 |

天吏 : 해석이 상편(上篇)[공손추상(公孫丑上)]에 보임. • 以燕伐燕 : 제(齊)나라의 무도(無道)함이 연(燕)나라와 다름이 없으니, 이는 연(燕)나라로써 연(燕)나라를 정벌하는 것과 같다고 말한 것.

| 의해 |

제나라 사람이 맹자의 말을 빌어 연나라를 치자 어떤 사람이 맹자에게 물었다. "제나라를 권하여 연나라를 치게 했다는 말이 사실입니까?" 맹자가 해명하였다. "내가 권하지 않았는데 나더러 권했다고 하는 것도 이유가 있다. 심동이 와서 '연나라를 쳐도 됩니까?'하고 묻기에 '된다'고 했더니 그가 내 말을 곧이곧대로 듣고 마침내 친 것이다. 저 사람이 만일 '누가 칠 수 있는가?'라고 물었다면, 나는 곧 '오직 도가 있는 임금이 하늘의 명을 받들고, 죄를 칠만한 천리가 된 자라야 칠 수 있을 것이다'라고 대답했을 것이다. 진실로 천리가 아니면 이는 포학한 것으로 포학한 것을 바꾸는 것이니 또한 옳지 않다. 비유하면 이제 만일 사람을 죽인 자가 있는데, 어떤 사람이 '이 사람 죽인 자를 죽여도 됩니까?'하고 물으면, 곧 '된다'고 할지라도, 또 '누가 그 사람을 죽일만한가?'하고 물으면 곧 '법을 담당한 관원이라야 죽일 수 있다'고 대답할 것이다. 만일 법을 담당한 관원이 아니라면 마음대로 죽인 죄를 면하지 못할 것이다. 이제 연나라가 비록 칠만한 나라이긴 하지만, 제나라는 연나라를 칠 입장이 못 되니, 제나라로써 연나라를 치면 이는 연나라로써 연나라를 치는 것이다. 이로써 보면 내가 어찌 권한 것이겠는가?"

| 요지 |

이 장은 하늘이 치는 것을 사사로이 할 수 없는 것임을 보여준 것이다. 윗 문단은 연나라가 칠 만한 죄가 있음을 보여준 것이고, 아래 문단은 제나라가 연나라를 칠 수 있는 나라가 아님을 보여준 것이다. 사사로울 사(私) 자와 하늘 천(天) 자가 이 한 장의 단안이 된다.

연 인 반 왕 왈 오 심 참 어 맹 자 진 가
9-1. 燕人이 畔이어늘 王曰 吾甚慙於孟子하노라 陳賈
왈 왕 무 환 언 왕 자 이 위 여 주 공 숙 인 차 지
曰 王無患焉하소서 王이 自以爲與周公孰仁且智잇고
왕 왈 오 시 하 언 야 왈 주 공 사 관 숙 감 은
王曰 惡라 是何言也오 曰 周公이 使管叔監殷이어시
관 숙 이 은 반 지 이 사 지 시 불 인 야 부 지
늘 管叔이 以殷畔하니 知而使之면 是不仁也요 不知
이 사 지 시 부 지 야 인 지 주 공 미 지 진 야
而使之면 是不智也니 仁智는 周公도 未之盡也시니
이 황 어 왕 호 가 청 견 이 해 지
而況於王乎잇가 賈請見而解之호리이다

| 언해 |

燕人이 畔ᄒᆞ야늘 王이 ᄀᆞᆯᄋᆞ샤ᄃᆡ 내 甚히 孟子ᄭᅴ 慙ᄒᆞ노라 陳賈ㅣ ᄀᆞᆯ오ᄃᆡ 王은 患티 말ᄋᆞ쇼셔 王이 스ᄉᆞ로 ᄡᅥ 周公으로 더브러 뉘 仁코 ᄯᅩ 智호라 ᄒᆞ시ᄂᆞ니잇고 王이 ᄀᆞᆯᄋᆞ샤ᄃᆡ 惡ㅣ라 이 엇던 말오 ᄀᆞᆯ오ᄃᆡ 周公이 管叔으로 ᄒᆞ여곰 殷을 監ᄒᆞ야시ᄂᆞᆯ 管叔이 殷으로ᄡᅥ 畔ᄒᆞ니 알고 使ᄒᆞ면 이 仁티 몯홈이오 아디 몯ᄒᆞ고 使ᄒᆞ면 이 智티 몯홈이니 仁과 智ᄂᆞᆫ 周公도 盡티 몯ᄒᆞ시니 ᄒᆞ믈며 王애시니잇가 賈ㅣ 請컨댄 見ᄒᆞ야 解호리이다

| 직역 |

연나라 사람이 배반하자, 왕이 말하였다. "나는 맹자에게 매우 부끄럽다." 진가가 말하였다. "왕은 염려하지 마십시오. 왕께서 스스로 생각하시기에 주공과 더불어 누가 더 인하고 또 지혜롭다고 여기십니까?" 왕이 말하였다. "아! 이 웬 말인가?" 진가가 말하였다. "주공이 관숙으로 하여금 은나라를 감독하게 하였는데, 관숙이 은나라를 가지고 배반하였습니다. 주공이 이것을 알고 시켰다면 이는 불인한 것이고, 알지 못하고 시켰다면 이는 지혜롭지 못

한 것입니다. 인과 지는 주공도 다하지 못하셨으니, 하물며 왕에게 있어서이겠습니까? 제가 맹자를 뵙고 해명해 드리겠습니다."

| 자해 |

陳賈 : 제(齊)나라 대부(大夫). • 管叔 : 이름은 선(鮮)이니, 무왕(武王)의 아우이고, 주공(周公)의 형. 무왕(武王)이 은나라를 이기고 주왕(紂王)을 죽이고는 주왕(紂王)의 아들 무경(武庚)을 세운 다음, 관숙(管叔)으로 하여금 아우인 채숙(蔡叔) · 곽숙(霍叔)과 함께 그 나라를 감독하게 했었는데, 무왕(武王)이 죽고 성왕(成王)이 어려 주공(周公)이 섭정하자, 관숙(管叔)이 무경(武庚)과 함께 배반하니, 주공(周公)이 토벌하여 죽였음.

| 의해 |

제나라가 연나라를 취한 후에 연나라 사람이 태자 평을 세워서 왕으로 삼고 이에 제나라를 배반하자 왕이 말하였다. "내가 처음에 연나라를 취하려고 하였더니, 맹자가 나에게 '백성의 마음을 따르라'고 권하였고, 또 연나라를 칠 때에 제후가 연나라를 구원하려고 하자 맹자가 또 나에게 '연나라에 임금을 세우고 떠나라'고 권하였다. 내가 일찍이 그 말을 듣지 않았는데 이제 그 말이 다 증험이 되니, 내가 심히 부끄러워서 맹자를 볼 수 없다." 이는 또한 그 부끄러워하는 마음이 있어서 스스로 그단두지 못함이 있는 것이다.

진가는 비루한 사람이므로 왕의 뜻에 맞추어 말하였다. "왕은 부끄러운 것을 풀 수 없다고 근심하지 마십시오. 왕은 스스로 주공과 비교해서 누가 인하며 누가 지혜롭다고 생각하십니까?" 이에 왕은 진가가 자기를 너무 높은 주공에게 비기는 까닭에 놀라 탄식하였다. "아! 이것이 무슨 말인가? 내 어찌 감히 주공을 바라겠는가?" 그러자 진가가 말하였다. "옛적에 무왕이 은나라를 이기고 주의 아들 무경을 세워서 은나라 후사를 잇게 하고, 주공이 관숙으로 하여금 은나라를 감시하여 지키게 했습니다. 성왕이 처음으로 임금이 됨에 관숙이 드디어 무경과 함께 꾀하고 은나라를 가지고 주나라를 배반하였으니, 주나라를 배반한 자는 관숙이고 관숙을 부린 자는 주공입니다. 만일 주공이 미리 배반하려고 하는 것을 알고도 부렸으면 이는 관숙을 죽을 곳에 넣은 것이므로 인하지 못함이 심한 것입니다. 만일 배반하려는 것을 모르고 잘못 부렸다면, 이는 먼저 앞의 일을 내다보는 밝음이 없는 것이니, 이는 지혜가 없는 것이 심한 것입니다. 그러므로 인하지 못한 것이 아니면 곧 지혜롭지 않은 것이 되니, 인과 지는 주공도 겸하여 다하지 못했는데, 하물며 왕이시겠습니까? 맹자를 보고 왕을 위하여 해명할 것이니, 무엇이 부끄럽겠습니까?"

견 맹 자 문 왈 주 공 하 인 야 왈 고 성 인 야
9-2. 見孟子問曰 周公은 何人也잇고 曰 古聖人也시니
왈 사 관 숙 감 은 관 숙 이 은 반 야 유
라 曰 使管叔監殷이어시늘 管叔이 以殷畔也라하니 有
저 왈 연 왈 주 공 지 기 장 반 이 사 지 여
諸잇가 曰 然하다 曰 周公이 知其將畔而使之與잇가
왈 부 지 야 연 즉 성 인 차 유 과 여 왈 주 공
曰 不知也시니라 然則聖人도 且有過與잇가 曰 周公
제 야 관 숙 형 야 주 공 지 과 불 역 의 호
은 弟也요 管叔은 兄也니 周公之過가 不亦宜乎아

| 언해 |

孟子를 보ᄋᆞ와 묻ᄌᆞ와 ᄀᆞᆯ오ᄃᆡ 周公은 엇던 사ᄅᆞᆷ이니잇고 ᄀᆞᆯᄋᆞ샤ᄃᆡ 녯 聖人이시니라 ᄀᆞᆯ오ᄃᆡ 管叔으로 ᄒᆞ여곰 殷을 監ᄒᆞ야시늘 管叔이 殷으로ᄡᅥ 畔타ᄒᆞ니 인ᄂᆞ니잇가 ᄀᆞᆯᄋᆞ샤ᄃᆡ 然ᄒᆞ다 ᄀᆞᆯ오ᄃᆡ 周公이 그 쟝ᄎᆺ 畔ᄒᆞᆯ 주를 알오 使ᄒᆞ시니잇가 ᄀᆞᆯᄋᆞ샤ᄃᆡ 아디 몯ᄒᆞ시니라 그런 則 聖人도 ᄯᅩ 過ㅣ 인ᄂᆞ니잇가 周公은 弟오 管叔은 兄이니 周公의 過ㅣ ᄯᅩᄒᆞᆫ 宜티 아니ᄒᆞ냐

| 직역 |

진가가 맹자를 뵙고 물었다. "주공은 어떤 사람입니까?" 맹자가 대답하였다. "옛 성인이시다." "관숙으로 하여금 은나라를 감독하게 하였는데, 관숙이 은나라를 가지고 배반했다 하니, 그러한 일이 있었습니까?" "그렇다." "주공이 장차 배반할 것을 아시면서 시켰습니까?" "알지 못하셨다." "그렇다면 성인도 과실이 있는 것입니까?" "주공은 아우이고, 관숙은 형이니, 주공의 과실이 당연하지 않은가!"

| 의해 |

진가가 맹자를 뵙고 물었다. "주공은 어떠한 사람입니까?" 맹자가 말하였다. "주공은 옛날의 성인이다." 이에 진가가 말하였다. "관숙으로 하여금 은나라를 감시하게 하였더니 관숙이 은나라로써 배반하였다 하니, 그런 일이 있습니까?" 맹자가 말하였다. "있다." 진가가 다시 물었다. "그가 장차 배반할 것을 알면서도 부렸습니까?" 맹자가 말하였다. "몰랐다. 만일 알았다면 부리지 않았을 것이다." 그러자 진가가 다시 물었다. "주공은 성인이니 마땅히 사람을 알아보는 밝음이 있었을 것인데, 성인도 또한 알지 못하고 사람을 잘못 부리는 과실이 있습니까?" 맹자가 말하였다. "다른 사람으로 대접하면 미리 그 악한 것을 헤아리고 버려서 마땅히 사람을 잘못 부리는 과실이 없었을 것이지만, 주공은 아우이고 관숙은 형이므로 주공이 형을 사랑하는 마음으로 믿고 맡긴 것이다. 실로 중간에 변고가 이에 이를 줄을 헤아리지 못한 것이니, 그런 즉 주공의 과실이 또한 천리와 인정의 지극한데서 마땅히 있을 수 있는 일이다. 어찌 후세 사람이 비판할 수 있겠는가?"

차고지군자 과즉개지 금지군자 과즉순
9-3. 且古之君子는 過則改之러니 今之君子는 過則順
지 고지군자 기과야 여일월지식 민개견
之로다 古之君子는 其過也 如日月之食이라 民皆見
지 급기경야 민개앙지 금지군자 개
之하고 及其更也하여는 民皆仰之러니 今之君子는 豈
도순지 우종이위지사
徒順之리오 又從而爲之辭로다

| 언해 |

ᄯᅩ 녯 君子ᄂᆞᆫ 過ㅣ어든 곧 改ᄒᆞ더니 이젯 君子ᄂᆞᆫ 그 過ㅣ어든 곧 順ᄒᆞᄂᆞᆺ다 녯 君子ᄂᆞᆫ 그 過ㅣ 日月의 食홈 ᄀᆞᄐᆞᆫ디라 民이 다 見ᄒᆞ고 그 更홈애 미처ᄂᆞᆫ 民이 다 仰ᄒᆞ더니 이젯 君子ᄂᆞᆫ 엇디 ᄒᆞᆫ갓 順홀 ᄲᅮᆫ이리오 ᄯᅩ 조차 辭ᄅᆞᆯ ᄒᆞᄂᆞᆺ도다

| 직역 |

"또 옛날의 군자나 대신들은 허물이 있으면 고쳤는데, 지금의 군자들은 허물이 있으면 그것을 이루는구나! 옛날의 군자들은 그 허물이 해와 달의 일식·월식과 같아서 백성들이 다 그것을 보았고, 허물을 고침에 미쳐서는 백성들이 다 우러러보았다. 지금의 군자들은 어찌 다만 이룰 뿐이겠는가. 또 따라서 변명을 하는구나!"

| 자해 |

順 : '수(遂)'와 같음. •更 : 고침. •辭 : 변명하는 것.

| 의해 |

"사람이 허물에 대처하는 것이 또한 옛날과 지금이 다른 것이 있다. 옛날의 군자는 허물이 있으면 자기가 고치고, 알고서는 다시 행하지 아니하였다. 지금의 군자는 허물이 있으면 자기가 따라서 그대로 가고, 스스로 고치기를 꺼려서 그 허물을 이룬다. 옛날의

군자는 그 허물을 덮거나 가리지 아니하여 일식, 월식과 같아 그 밝은 빛이 감추어져 백성이 다보고, 고침에 미쳐서는 또 허물이 없는데로 회복되어 해와 달이 다시 밝음과 같아서 백성이 우러러 보았다. 지금의 군자는 다만 따를 뿐만이 아니라, 또 계속해서 말로 그 허물을 꾸민다. 허물은 한 가지이지만 고금에 서로 미치지 못함이 이와 같으니, 살피지 않을 수 있겠는가?"

| 요지 |

이 장은 옛날과 지금 허물에 대처하는 것이 다름을 지적하여 허물을 꾸미는 그릇됨을 경계한 것이다. 위의 두 대문은 제나라 임금을 위하여 부끄러움을 풀 것을 요구한 것이고, 아래의 두 대문은 성인의 허물을 가볍게 의론함으로 인하여 허물에 대처하는 도리를 모르는 것을 책망한 것이다.

맹 자 치 위 신 이 귀　　왕 취 견 맹 자 왈　전 일
10-1. 孟子致爲臣而歸하실새 王就見孟子曰 前日에
원 견 이 불 가 득　　득 시　　동 조 심 희　　금 우
願見而不可得이라가 得侍하여는 同朝甚喜러니 今又
기 과 인 이 귀　　불 식　　가 이 계 차 이 득 견 호
棄寡人而歸하시니 不識케이다 可以繼此而得見乎잇가
대 왈　불 감 청 이　　고 소 원 야
對曰 不敢請耳언정 固所願也니이다

| 언해 |

孟子ㅣ 臣되옴을 致ᄒᆞ고 歸ᄒᆞ실ᄉᆡ 王이 孟子ᄭᅴ 就ᄒᆞ야 見ᄒᆞ야 ᄀᆞᆯᄋᆞ샤ᄃᆡ 前日에 見홈을 願호ᄃᆡ 可히 得디 몯ᄒᆞ얏다가 侍홈을 得ᄒᆞ야ᄂᆞᆫ 同朝ㅣ 甚히 喜ᄒᆞ더니 이제 ᄯᅩ 寡人을 棄ᄒᆞ고 歸ᄒᆞ시니 아디 몯게이다 可히 ᄡᅥ 此로 繼ᄒᆞ야 시러곰 見ᄒᆞ리잇가 對ᄒᆞ야 ᄀᆞᆯ

ᄋᆞ샤ᄃᆡ 敢히 請티 몯ᄒᆞᆯ 쁜이언뎡 진실로 願ᄒᆞᄂᆞᆫ 배니이다

| 직역 |

맹자가 신하의 자리를 내놓고 떠날 적에 왕이 맹자를 찾아보고 말하였다. "지난날에 뵙기를 원했으나 뵐 수 없었는데, 모시게 되자 조정에 함께 있는 사람들이 매우 기뻐했습니다. 그런데 이제 또다시 과인을 버리고 돌아가시니, 알지 못하겠습니다만, 이 뒤로 계속하여 선생님을 뵐 수 있겠습니까?" 맹자가 대답하였다. "감히 청하지는 못할지언정, 진실로 원하는 바입니다."

| 의해 |

맹자가 제나라에 벼슬하여 경이 되었는데, 비록 녹은 받지 아니하였지만 또한 신하의 위치에 있었으므로 오래 있어도 도가 행해지지 않자 이에 신하의 자리를 돌려주고 돌아가려고 할 때였다. 왕이 맹자를 만나보고 말하였다. "전일에 선생이 내 나라에 오지 않았을 때는 과인이 한 번 보기를 원하여도 그럴 수 없었는데, 내 나라에 오게 됨에 과인이 선생을 모실 수 있게 되어 다만 과인만 기쁜 것이 아니라 우리 조정의 신하가 모두 매우 기뻐하였습니다. 이제 또 과인을 버리고 떠나가려하니, 모르겠습니다만 선생이 즐겨 끊지 않아 이번 이별한 후에 다시 와서 과인으로 하여금 다시 볼 수 있게 해 주시겠습니까?" 맹자가 대답하여 말하였다. "다른 날에 제나라에 올지는 미리 기약할 수는 없으니 감히 왕께 청할 수는 없겠지만, 계속 이어서 볼 수 있는 것이 저의 소원입니다." 여기에서 도를 행하는 것이 군자의 본마음이고, 도를 굽히는 것은 군자의 큰 경계가 됨을 볼 수 있다.

타일 왕 위시자왈 아욕중국이수맹자실
10-2. 他日에 王이 謂時子曰 我欲中國而授孟子室하
양제자이만종 사제대부국인 개유소긍식
고 養弟子以萬鍾하여 使諸大夫國人으로 皆有所矜式
자합위아언지 시자인진자이이고맹자
하노니 子盍爲我言之리오 時子因陳子而以告孟子어
진자이시자지언 고맹자
늘 陳子以時子之言으로 告孟子한대

| 언해 |

他日에 王이 時子ᄃᆞ려 닐어 ᄀᆞᆯᄋᆞ샤ᄃᆡ 내 國에 中ᄒᆞ야 孟子ᄅᆞᆯ 室을 授ᄒᆞ고 弟子ᄅᆞᆯ 養호ᄃᆡ 萬鍾으로ᄡᅥ ᄒᆞ야 모든 태우와 國人으로 ᄒᆞ여곰 다 矜ᄒᆞ야 式ᄒᆞᆯ 빼 잇게 ᄒᆞ고쟈 ᄒᆞ노니 子ㅣ 엇디 나ᄅᆞᆯ 爲ᄒᆞ야 言티 아니ᄒᆞ리오 時子ㅣ 陳子ᄅᆞᆯ 因ᄒᆞ야 ᄡᅥ 孟子ᄭᅴ 告ᄒᆞ라 ᄒᆞ야ᄂᆞᆯ 陳子ㅣ 時子의 言으로ᄡᅥ 孟子ᄭᅴ 告ᄒᆞᆫ대

| 직역 |

후일에 왕이 시자를 보고 말하였다. "내가 수도 중심지에 맹자에게 집을 지어주고 제자들을 만종의 봉록으로 길러, 여러 대부들과 국민들로 하여금 모두 공경하고 본받는 바가 있게 하려고 하니, 자네는 어찌 나를 위하여 말해주지 않는가?" 시자가 진자를 통하여 맹자에게 고하게 하자, 진자가 시자의 말을 맹자에게 고하였다.

| 자해 |

時子 : 제(齊)나라의 신하. • 中國 : 나라의 한 가운데[서울]에 해당. • 萬鍾 : 녹봉의 수(數). • 鍾 : 양(量)의 이름이니, 6곡(斛) 4두(斗)가 들어감. • 矜 : 공경함. • 式 : 본받는 것. • 盍 : 어찌 아니함[何不]. 음은 '합'.

| 의해 |

맹자가 비록 가려고 하면서도 차마 곧바로 가지 못하여 다른 날에 이르도록 제나라에 머물고 있었다. 그러자 왕이 시자에게 말하였다. "내가 맹자를 경과 정승의 지위로 대접하되 오히려 기꺼이 머무르려하지 않으니 필시 나의 존경함이 극진하지 못해서일 것이다. 내가 제나라의 한가운데에 맹자가 거할 집을 주고, 예로 나라사람들이 다 높여서 스승을 삼아 공경하고 본받는 바가 있게 하려고 하는데, 그대는 어찌하여 나를 위해 맹자를 만류하여 가지 못하게 하지 않는가?"

시자가 왕명을 받들고 진자에게 부탁하여 맹자에게 말을 전해달라고 하자 진진이 마침내 시자의 말을 맹자에게 전달하였다.

맹 자 왈 연 부 시 자 오 지 기 불 가 야 여 사
10-3. 孟子曰 然하다 夫時子惡知其不可也리오 如使
여 욕 부 사 십 만 이 수 만 시 위 욕 부 호 계 손
予欲富인댄 辭十萬而受萬이 是爲欲富乎아 季孫이
왈 이 재 자 숙 의 사 기 위 정 불 용 즉 역 이 의
曰 異哉라 子叔疑여 使己爲政호대 不用則亦已矣어늘
우 사 기 자 제 위 경 인 역 숙 불 욕 부 귀 이 독
又使其子弟爲卿하니 人亦孰不欲富貴리오마는 而獨
어 부 귀 지 중 유 사 롱 단 언
於富貴之中에 有私龍斷焉이라하니라

| 언해 |

孟子ㅣ ᄀᆞᆯᄋᆞ샤ᄃᆡ 然ᄒᆞ다 時子ㅣ 엇디 그 피티 아니ᄒᆞᆫ 줄을 알리오 만일에 날로 ᄒᆞ여곰 富코져 ᄒᆞᆯ띤댄 十萬을 辭ᄒᆞ고 萬을 受ᄒᆞᆷ이 이 富코져 ᄒᆞᆷ가 季孫이 ᄀᆞᆯ오ᄃᆡ 異ᄒᆞ다 子叔疑여 己로 ᄒᆞ여곰 政을 호ᄃᆡ 用티 아닌則 ᄯᅩᄒᆞᆫ 말ᄭᅥ시어ᄂᆞᆯ ᄯᅩ 그 子弟로 ᄒᆞ여곰 卿을 ᄒᆞ니 人이 ᄯᅩᄒᆞᆫ 뉘 富貴코져 아니ᄒᆞ리오마ᄂᆞᆫ 호올로 富貴ㅅ中

에 ᄉᆞᆺ 龍斷을 둣다ᄒᆞ니라

| 직역 |

맹자가 말하였다. "그러하겠다. 저 시자가 어찌 그 불가함을 알겠는가? 가령 내가 부자가 되고 싶었다면, 십만 종을 사양하고 만 종을 받는 이것이 부자가 되고자 하는 것이겠는가? 계손씨가 말하기를, '괴이하다, 자숙의여! 자기가 정사를 하다가 쓰이지 않으면 그만두어야 할 것인데, 또 그 자제로 하여금 경을 삼게 하였으니, 사람들이 누구인들 부귀하고자 하지 않겠는가마는, 홀로 부귀 가운데에도 사사롭게 농단하는 이가 있다'고 하였다."

| 자해 |

季孫・子叔疑 : 어느 때 사람인지 알 수 없음. •龍(롱)斷 : 강롱(岡壟)[언덕]이 딱 끊겨 높은 곳.

| 의해 |

이것은 맹자(孟子)가 계손씨(季孫氏)의 말을 인용한 것이다.

도가 이미 행해지지 않는데 봉록과 기르는 것으로써 말하는 것은 이욕으로 꾀는 것이다. 그러므로 맹자가 좋은 말로 거절하면서 말하였다. "자네가 말하던 시자의 말이 이러하던가? 시자가 어찌 내가 제나라에 머무르지 못하는 뜻을 알겠는가? 제나라 왕이 나를 대우하기를 이와 같이 하여 다시 머무르게 하니, 이는 나를 부유하게 하려고 하는 것이다. 만일 나로 하여금 부유하게 하려고 한다면, 내가 전에 경이 되었을 때 일찍이 십만 종의 녹을 사양하고 받지 않았는데, 이제 만종을 받으면 이는 많은 것을 사양하고 적은 것을 받는 것이니, 부유하기를 바라는 자가 진실로 이와 같겠는가? 하물며 내가 본래 부유하기를 바라지 아니하는 자임에 있어서이겠는가?

또 내가 이미 경 벼슬을 사양하고 다시 만종을 받고 제나라에 머무르면, 이는 저기에서 얻지 못하고 여기에서 얻기를 구하는 것이니, 이는 자숙의라고 하는 사람과 다를 것이 없다. 옛날에 계손이 일찍이 자숙의를 비웃으면서 '이상하다. 자숙의의 사람됨이여! 자기가 벼슬을 얻어서 정사를 하다가 임금이 쓰지 않으면, 또한 그만 두어야 하는데, 또 백 가지 계교를 다해서 그 아들과 아우로 하여금 경 벼슬을 하게 해서 자기를 대신하여 정사를 마음대로 하게 하니, 이는 그 뜻이 부귀를 탐하는 것에 불과하다. 사람의 마음에 누가 부귀를 원하지 않겠는가마는 자숙의는 홀로 부귀를 얻지 못하면 얻기 위해 근심하고, 부귀를 얻어서는 잃을까 근심하는 생각이 있어서, 이리저리 경영하고 꾀하는 것이 사사롭게 농단하는 것이니, 또한 이상하지 않은가?'라고 말하였다."

고 지 위 시 자 이 기 소 유 역 기 소 무 자 유 사 자

10-4. 古之爲市者以其所有로 易其所無者어든 有司者

치 지 이 유 천 장 부 언 필 구 룡 단 이 등 지 이

治之耳러니 有賤丈夫焉하니 必求龍斷而登之하여 以

좌 우 망 이 망 시 리 인 개 이 위 천 고 종 이 정 지

左右望而罔市利어늘 人皆以爲賤故로 從而征之하니

정 상 자 차 천 장 부 시 의

征商이 自此賤丈夫始矣니라

| 언해 |

녯 市ᄒᆞᄂᆞᆫ 者ㅣ 그 둔ᄂᆞᆫ 바로ᄡᅥ 그 업ᄉᆞᆫ 바ᄅᆞᆯ 易ᄒᆞ거든 有司者ㅣ 治ᄒᆞᆯ ᄲᅮᆫ이러니 賤ᄒᆞᆫ 丈夫ㅣ 이시니 반ᄃᆞ시 龍斷을 求ᄒᆞ야 登ᄒᆞ야 ᄡᅥ 左右ᄅᆞᆯ 望ᄒᆞ야 市利ᄅᆞᆯ 罔ᄒᆞ거ᄂᆞᆯ 人이 다 ᄡᅥ 賤히 녀긴 故로 조차 征ᄒᆞ니 商을 征ᄒᆞᆷ이 이 賤ᄒᆞᆫ 丈夫로브터 始ᄒᆞ니라

| 직역 |

"옛날에 시장에서 교역하는 자들이 자기가 가지고 있는 물건을 가지고 없는 물건과 바꾸면, 유사는 세금을 거두지 않고 분쟁을 다스릴 뿐이었다. 그런데 천한 장부 한 사람이 있어, 반드시 농단을 찾아 올라가서 좌우로 바라보면서 시장의 이익을 망라하자, 사람들이 모두 천하게 여겼다. 그러므로 따라서 그에게 세금을 징수하였으니, 장사꾼에게 세금을 징수한 것은 이 천한 장부로부터 비롯되었다."

| 자해 |

罔 : 망라하여 취함.

| 의해 |

"이른바 농단이란 무엇인가? 옛날 시장에서 교역을 하는 자들이 각각 그 있는 것을 가지고 그 없는 것을 바꾸면, 관원은 다만 다투고 송사하는 것을 다스릴 뿐이고, 처음에 장사하는 자에게 세금을 받지 않았다. 그런데 천한 장부가 있어서 반드시 끊어진 높은 언덕[龍斷]에 올라서 좌우를 돌아보며 온 시장의 이익을 망라하여 모두 취하려고 생각하였다. 그러자 사람들이 그가 이익을 혼자 취하는 것을 미워하여 천하다고 여겼다. 그러므로 그에게 세금을 받았는데, 후세에 이것으로 인해 장사하는 사람에게 세금을 받으니, 장사에게 세금을 받는 것이 이 천한 장부로부터 비롯된 것이다. 이것이 계손이 말하는 농단이니, 자숙의가 부귀를 자기가 얻지 못하면 그 아들과 아우가 얻기를 구해서 비웃은 말이다. 농단이라는 것을 어찌 할 수 있겠는가?"

| 요지 |

제나라 임금이 맹자를 대접한 것이 불가한 것이 아니고, 맹자가 또한 나라 사람을 위하여 기꺼이 남아 있고자 한 것이지만, 다만

제나라 임금이 실상 맹자를 높이려고 한 것이 아니고, 이익을 가지고 유혹하려고 한 것이므로 맹자가 거절하고 받지 않은 것이다. 하지만 시자와 진자가 그 그른 것을 깨닫지 못하므로 맹자가 계손의 말을 이끌어서 깨닫게 한 것이다.

맹자거제 숙어주 유욕위왕류행자 좌
11. 孟子去齊하실새 宿於晝러시니 有欲爲王留行者 坐
이언 불응 은궤이와 객 불열왈 제
而言어늘 不應하시고 隱几而臥하신대 客이 不悅曰 弟
자제숙이후감언 부자와이불청 청물부
子齊宿而後敢言이어늘 夫子臥而不聽하시니 請勿復
감견의 왈 좌 아명어자 석자 노
敢見矣로리이다 曰 坐하라 我明語子호리라 昔者에 魯
목공 무인호자사지측 즉불능안자사 설류신
繆公이 無人乎子思之側 則不能安子思하고 泄柳申
상 무인호목공지측 즉불능안기신 자위장
詳이 無人乎繆公之側 則不能安其身이러니라 子爲長
자려이불급자사 자절장자호 장자절자호
者慮而不及子思하니 子絶長者乎아 長者絶子乎아

| 언해 |

孟子ㅣ 齊ᄅᆞᆯ 去ᄒᆞ실ᄉᆡ 晝에 宿ᄒᆞ더시니 王을 爲ᄒᆞ야 行을 留코쟈 ᄒᆞᆫ 者ㅣ 이셔 坐ᄒᆞ야 言ᄒᆞ거ᄂᆞᆯ 應티 아니ᄒᆞ시고 几ᄅᆞᆯ 隱ᄒᆞ고 臥ᄒᆞ신대 客이 悅티 아니ᄒᆞ야 ᄀᆞᆯ오ᄃᆡ 弟子ㅣ 齊宿ᄒᆞᆫ 後에 敢히 言ᄒᆞ거ᄂᆞᆯ 夫子ㅣ 臥ᄒᆞ고 聽티 아니ᄒᆞ시니 請컨댄 다시 敢히 見티 마로리이다 ᄀᆞᆯᄋᆞ샤ᄃᆡ 坐ᄒᆞ라 내 明히 子ᄃᆞ려 語호리라 昔에 魯繆公이 子思의 側에 人을 업시ᄒᆞᆫ 則 能히 子思ᄅᆞᆯ 安케 몯ᄒᆞ고 泄柳와 申詳이 繆公의 側에 人이 업슨 則 能히 그 身을 安티 몯ᄒᆞ더니라 子ㅣ 長者ᄅᆞᆯ 爲ᄒᆞ야 慮호ᄃᆡ 子思의게 밋디 몯ᄒᆞ니 子ㅣ 長者

롤 絶ᄒᆞᄂᆞ냐 長者ㅣ 子롤 絶ᄒᆞᄂᆞ냐

| 직역 |

맹자가 제나라를 떠날 적에 주 땅에 유숙하였다. 왕을 위하여 맹자의 발걸음을 만류하고자 하는 자가 있어 앉아서 말하였으나, 맹자가 응대하지 않고 안석에 기대어 누웠다. 객이 기뻐하지 않으며 말하였다. "제가 하룻밤 전부터 재계하고 감히 말씀드렸는데, 선생님께서 누우시고 들어주지 않으시니, 다시는 감히 뵙지 말아야겠습니다." 맹자가 말하였다. "앉아라! 내가 그대에게 분명하게 말해 주겠다. 옛적에 노나라 목공은 자사의 곁에 자기의 성의를 전달할 사람이 없으면 자사가 떠나가실까 염려하여 자사를 편안히 하지 못하였고, 설류와 신상은 목공의 곁에 보좌할 만한 사람이 없으면 그 몸을 편안히 하지 못하였다. 그대가 어른을 위하여 생각해 주되 자사에게 미치지 못하니, 자네가 어른을 끊은 것인가? 어른이 자네를 끊은 것인가?"

| 자해 |

晝 : 제(齊)나라 서남쪽에 있는 서울과 가까운 읍(邑). • 隱 : 의지함. • 齊宿 : 재계(齊戒)하고 하룻밤을 지낸 것. • 長者 : 맹자 자신을 칭한 것.

| 의해 |

맹자가 제나라를 버리고 갈 때 주 땅에 머물렀으니, 또한 차마 급히 가지 못한 것이다.

그 때에 자기의 마음으로 제나라 왕을 위하여 맹자가 가는 것을 만류하려는 자가 있어서 앉아서 그 만류하려는 뜻을 말하였다. 그 사람이 어진 사람을 사랑하는 뜻은 있으나 어진사람을 대접하는 예를 알지 못하기 때문에, 맹자가 그 말에 대답하지 않고 안석에 의지하여 비스듬히 누워 듣지 않는 척 하였다.

손님이 기뻐하지 않으며 말하였다. "내가 선생이 가는 것을 감히 경솔하게 머물게 할 수 없기 때문에 목욕재계하고 하루 밤을 지난 후에 감히 말을 꺼냈는데, 선생은 누워서 듣지 않으니, 사람을 이같이 거절하시니 이제 하직하고 다시 감히 만나지 않을 것입니다." 그러자 맹자가 말하였다. "앉아라. 자네는 내가 안석에 기대어 있으면서 대답하지 않는 뜻을 모른다. 내가 분명하게 말해 주겠다. 대체로 어진 사람의 거취는 구차하게 하지 않을 뿐이다. 옛날에 노나라 목공이 자사를 높이고 예로 대접하여 항상 사람으로 하여금 자사의 곁에서 안부를 묻게 하여 어진 사람 공경하는 정성을 통하였으니, 이것이 자사를 편안하게 한 것이다. 만일 자사의 곁에 사람을 없애고 그 정성스러운 뜻을 통달치 못했다면 자사를 편안히 머무르게 하지 못했을 것이다. 설류와 신상이 노나라에 있을 때에 어진 이를 천거하는 사람이 노나라 목공의 곁에 있어서 설류와 신상 두 사람의 어진 것이 임금을 바른 도로써 인도하는 뜻을 칭찬하여 이 두 사람의 몸을 편안하게 해주었다. 만일 노나라 목공의 곁에 사람이 없어서 임금으로 하여금 이 두 사람을 만류하게 하지 않으면 이 두 사람이 반드시 떠나갔을 것이다. 어진 자를 반드시 임금이 공경하는 예로써 머무르게 하는 것이 이와 같았다.

노나라 목공이 자사를 대접함에 친히 사람으로 하여금 그 곁에서 모시게 하였다. 그런데 자네가 나를 머무르게 하는 것이 제나라 왕의 성의에서 나와서 나를 예로써 대접한 것이라면 내가 어찌 감히 머무르지 않겠는가? 그러나 지금 제나라 왕이 자네를 보내서 온 것이 아니고, 자네의 생각으로 제나라 왕을 위하여 나를 머무르게 하려는 것이다. 자네가 어른을 위하여 생각하는 것이 노나라 목공이 자사를 머무르게 한 일에도 미치지 못하니, 이는 자사만큼도 나를 대접하지 않는 것으로 어른을 박대하는 것이다. 자네도 시험하여 생각해 보라. 나를 머무르게 하는 것이 실상은 나를 가볍게 여기는 것이니, 이것이 어찌 자네가 먼저 어른을 끊는 것이 아닌가? 그런데도 도리어 어른이 먼저 자네를 끊는다고 하는가? 또한 내가 안석에 기대어 있으면서 대답하지 않는 뜻을 알 수 있을 것이다."

| 요지 |

이 장은 군자를 가볍게 머무르게 할 수 없고, 군자를 머무르게 하는 자는 반드시 임금의 마음을 깨우쳐서 임금의 명으로써 머무르게 한 후에 옳음을 보인 것이다.

12-1. 孟子去齊하실새 尹士語人曰 不識王之不可以爲湯武 則是不明也요 識其不可오 然且至則是干澤也니 千里而見王하야 不遇故로 去호대 三宿而後出晝하니 是何濡滯也오 士則茲不悅하노라 高子以告한대 曰 夫尹士惡知予哉리오 千里而見王은 是予所欲也니 不遇故로 去 豈予所欲哉리오 予不得已也로라

| 언해 |

孟子ㅣ 齊ᄅᆞᆯ 去ᄒᆞ실ᄊᆡ 尹士ㅣ 人ᄃᆞ려 語ᄒᆞ야 ᄀᆞᆯ오ᄃᆡ 王이 可히 ᄡᅥ 湯武ㅣ 되디 몯ᄒᆞᆯ 줄을 아디 몯ᄒᆞᆫ 則 이 明티 몯홈이오 그 可티 몯ᄒᆞᆫ 줄 알고 그리호ᄃᆡ ᄯᅩ 至ᄒᆞᆫ 則 이 澤을 干홈이니 千里예 王을 見ᄒᆞ야 遇티 몯ᄒᆞᆫ 故로 去호ᄃᆡ 세 번 宿ᄒᆞᆫ 後에 晝에 出ᄒᆞ니 이 엇디 濡滯ᄒᆞᄂᆞ뇨 士ᄂᆞᆫ 이예 悅티 아니ᄒᆞ노라 高子ㅣ ᄡᅥ 告ᄒᆞᆫ대 ᄀᆞᆯᄋᆞ샤ᄃᆡ 尹士ㅣ 엇디 날ᄅᆞᆯ 알리오 千里에 王을 見홈은 이 내의 欲ᄒᆞᄂᆞᆫ 배니 遇티 몯ᄒᆞᆫ 故로 去홈이 엇디 내의 欲ᄒᆞᄂᆞᆫ 배리오

내 시러곰 마디 몯ᄒᆞ노라

| 직역 |

맹자가 제나라를 떠나자, 윤사가 사람들에게 말하였다. "왕이 탕왕이나 무왕 같은 성군이 될 수 없음을 모르고 왔다면 이것은 지혜가 밝지 못한 것이고, 불가능한 줄 알고서도 왔다면 이것은 은혜를 구한 것이다. 천리 먼 길을 왕을 만나보러 왔다가 뜻이 맞지 않으므로 떠나가면서, 사흘을 유숙한 뒤에 주 땅을 출발하니, 이 어찌 이리도 오랫동안 체류한단 말인가? 나는 이것을 기뻐하지 않는다." 고자가 이 말을 고하자, 맹자가 말하였다. "윤사가 어찌 나를 알겠는가? 천리 먼 길에 왕을 만나보러 온 것은 내가 하고자 한 것이니, 뜻이 맞지 않으므로 떠나가는 것이 어찌 내가 원하는 바이겠는가? 내가 부득이해서였다."

| 자해 |

尹士 : 제(齊)나라 사람. • 干 : 요구함. • 澤 : 은택(恩澤). • 濡滯 : 오랫동안 체류함. • 高子 : 제(齊)나라 사람이니, 맹자의 제자.

| 의해 |

맹자가 제나라를 버리고 갈 때 더디 가자, 윤사가 사사롭게 사람에게 말하였다. "거취는 선비의 큰 절개이다. 제나라 왕이 은나라 탕왕과 주나라 무왕과 같은 성군이 아닌 것은 사람이 다 알 것이다. 만일 맹자가 제나라 왕이 은나라 탕왕이나 주나라 무왕 같은 성군이 될 수 없는 줄을 모르고 반드시 도와서 공업을 세우려고 했다면, 이는 임금을 가리는 지혜가 없는 것이니 이는 밝지 못한 것이다. 만일 가능하지 않은 줄을 알고도 제나라에 왔다면, 이는 뜻이 봉록을 탐하고 왕의 은혜를 간구한 것이다. 천리를 멀다하지 않고 와서 제나라 왕을 보는 것은 뜻이 서로 맞고 합하는데 있는 것인데, 그 뜻이 마땅하지 않아 가는 것이므로 마땅히 빠르게

가야할 것인데도 사흘 밤을 주 땅에서 지낸 후에 제나라 국경을 나가니, 어찌 그리 지체한 것인가? 맹자가 평일에 하는 바는 내가 기뻐 복종하는 바이지만, 이번에 하는 일체는 내 마음에 기뻐 복종하지 않는 바이다."

고자가 윤사와 서로 한 말을 가지고 맹자에게 고하였다.

맹자가 말하였다. "윤사가 어찌 내 마음을 알겠는가? 천리 밖에서 왕을 보러 온 것은 도를 행하고 세상을 건지기 위해서였는데, 이는 나의 본마음에 하고자 하는 것이다. 그러나 합하지 못하여 가는 것이 어찌 내 본마음에 원하는 것이겠는가? 도를 행하지 못하면 위와 같이 구차하게 할 수 없다고 생각한 것이니, 내가 여기에 마지못한 바가 있다."

여 삼 숙 이 출 주 어 여 심 유 이 위 속 왕
12-2. 予三宿而出晝호대 於予心에 猶以爲速하노니 王
서 기 개 지 왕 여 개 저 즉 필 반 여 부 출 주 이
庶幾改之니 王如改諸시면 則必反予시리라 夫出晝而
왕 불 여 추 야 여 연 후 호 연 유 귀 지 여 수 연
王不予追也하실새 予然後浩然有歸志호니 予雖然이
기 사 왕 재 왕 유 족 용 위 선 왕 여 용 여
나 豈舍王哉리오 王由足用爲善하시리니 王如用予시
즉 기 도 제 민 안 천 하 지 민 거 안 왕 서
면 則豈徒齊民安이리오 天下之民이 擧安하리니 王庶
기 개 지 여 일 망 지
幾改之를 予日望之하노라

| 언해 |

내 세 번 宿ᄒᆞ고 晝에 出호ᄃᆡ 내 心애 오히려 ᄡᅥ 速히 너기노니 王이 거의 改ᄒᆞ시리니 王이 만일에 改ᄒᆞ시면 곧 반ᄃᆞ시 나ᄅᆞᆯ 反ᄒᆞ시리라 晝애 出호ᄃᆡ 王이 나ᄅᆞᆯ 追티 아니ᄒᆞ실ᄊᆡ 내 그런 後에

浩然히 歸志를 두니 내 비록 그러나 엇디 王을 舍ᄒᆞ리오 王이 오히려 足히 ᄡᅧ 善을 ᄒᆞ시리니 王이 만일에 나를 用ᄒᆞ시면 곧 엇디 ᄒᆞᆫ갓 齊民이 安홀 ᄲᅮᆫ이리오 天下앳 民이 다 安ᄒᆞ리니 王이 거의 改ᄒᆞ샴을 내 日로 望ᄒᆞ노라

| 직역 |

"내가 사흘을 유숙한 뒤에 주 땅을 출발했지만, 내 마음에는 오히려 빠르다고 여겼다. 나는 왕이 부디 고치시기를 바랐으니, 왕이 만일 고치셨다면 반드시 나의 발길을 돌리게 하셨을 것이다. 주 땅을 나가는데도 왕이 나를 만류하기 위하여 쫓아오지 않으시기에, 내가 그런 뒤에야 확실히 돌아갈 뜻을 굳혔다. 내가 그러나 어찌 왕을 버리겠는가. 왕은 그래도 충분히 선을 행할 수 있을 것이다. 왕이 만일 나를 등용하신다면, 어찌 다만 제나라 백성만이 편안할 뿐이겠는가. 천하의 백성이 모두 편안할 것이다. 왕이 부디 고치시기를 나는 날마다 바란다."

| 자해 |

改之 : 반드시 어느 한 일을 가리켜서 말한 것이나 이제 상고할 수가 없음. • 浩然 : 물의 흐름이 그칠 수 없음과 같은 것.

| 의해 |

"내가 부득이 해서 가는 것이니, 사흘 밤을 자고 주 땅을 나가는 것을 윤사는 지체하였다고 하나, 내 마음엔 오히려 빠르다고 여긴다. 왕이 나로 하여금 가게 한 것은 진실로 왕의 허물이다. 그러나 사람이 누가 허물이 없겠는가? 허물은 고치지 못할 것이 없다. 왕이 만일 고쳤다면 왕도를 행할 수 있었을 것이며, 나의 말을 믿을 수 있었을 것이다. 따라서 반드시 나를 가지 못하게 돌이켜 돌아오도록 할 수도 있다. 사흘 밤을 자고 주 땅을 나가는 마음이 곧 천리 밖에서 제나라로 온 마음이니, 어찌 급하게 제나라

국경을 나가겠는가?
오직 주 땅을 나가도 왕이 나를 좇아 부르지 않았다. 그러므로 왕의 마음이 마침내 깨닫지 못한 줄을 알았다. 나는 그런 후에야 확실히 돌아갈 뜻이 있어 아주 가기로 결단하였다. 그러나 돌아갈 뜻은 결단하였지만, 어찌 끝까지 제나라 왕을 놓고 잊을 수 있겠는가? 왕의 천부적인 재질은 충분히 선(善)을 할 수 있다. 그러므로 왕으로 하여금 과연 선(善)을 하는데 뜻이 있어서 나를 써서 돕게 하면 백성을 보전하여 왕천하 할 것이다. 어찌 한갓 제나라 백성을 보전하여 편안하게 하겠는가? 천하의 백성을 모두 편안하게 해서 은나라 탕왕과 주나라 무왕의 공적을 이룰 수 있을 것이다. 그러므로 왕이 그 허물을 고쳐서 가는 것을 돌이키기를 날로 간절히 바란 것이니, 어찌 마침내 놓을 수 있겠는가?"

여 기 약 시 소 장 부 연 재 간 어 기 군 이 불 수 즉 노
12-3. 予豈若是小丈夫然哉라 諫於其君而不受則怒하
행 행 연 현 어 기 면 거 즉 궁 일 지 력 이 후 숙 재
여 悻悻然見於其面하여 去則窮日之力而後에 宿哉리
윤 사 문 지 왈 사 성 소 인 야
오 尹士聞之 曰 士는 誠小人也로다

| 언해 |

내 엇디 이 小丈夫ᄀᆞᆮᄐᆞᆫ디라 그 君의게 諫ᄒᆞ야 受티 아니ᄒᆞᆫ 則 怒ᄒᆞ야 悻悻히 그 面에 見ᄒᆞ야 去ᄒᆞᆫ 則 日의 力을 窮ᄒᆞᆫ 後에 宿ᄒᆞ리오 尹士ㅣ 聞ᄒᆞ고 ᄀᆞᆯ오ᄃᆡ 士ᄂᆞᆫ 딘실로 小人이로다

| 직역 |

"내가 어찌 이 소장부와 같이 군주에게 간하다가 받아주지 않으면 노하여 씩씩거리며 그 얼굴빛에 노기를 나타내어, 떠나면 하루

종일 있는 힘을 다하여 간 뒤에 유숙하는 것처럼 하겠는가?" 윤사가 이 말을 듣고 말하였다. "나는 진실로 소인이다."

| 자해 |

悻悻 : 노(怒)하는 뜻. • 窮 : 다함.

| 의해 |

"나는 백성을 염려하고 옛 임금에게 정이 깊었다. 그러므로 어찌 작은 장부가 그 임금에게 간하다가 임금이 듣지 아니하면 마음에 분하고 노여운 뜻을 품고 얼굴에 나타내고 떠나가서 종일 달려가는 힘을 다한 후에 잠자는 것처럼, 임금을 사랑하며 나라를 사랑하는 마음이 아주 없겠는가?"

윤사가 이 말을 듣고 스스로 실언한 것을 깨달았다. 그러므로 윤사가 말하였다. "나는 진실로 작은 사람이다. 다만 거취하는 것을 명백하게 할 것만 생각했지, 어찌 도를 행하고 세상을 구제하는 것과 임금을 사랑하고 백성을 윤택하게 하는 생각이 간절하여 놓지 못하는 것을 알았겠는가? 군자가 하는 바는 참으로 이와 같다."

| 요지 |

이 장은 군자가 도를 행하는 마음은 가든지 머물든지 모두 지극한 뜻이 있음을 보여준 것이다. 위에서는 윤사가 맹자가 오래 머무른다고 비웃었으므로 맹자가 또한 머물게 된 이유를 변론하였고, 아래에서는 맹자의 말로 인해 윤사가 그 실언함을 깨달은 것을 말한 것이다.

맹 자 거 제 충 우 로 문 왈 부 자 약 유 불 예 색 연
13-1. 孟子去齊하실새 充虞路問曰 夫子若有不豫色然
전 일 우 문 저 부 자 왈 군 자 불 원 천
하시이다 前日에 虞聞諸夫子호니 曰 君子는 不怨天하
불 우 인
며 不尤人이라호이다

| 언해 |

孟子ㅣ 齊ᄅᆞᆯ 去ᄒᆞ실ᄊᆡ 充虞ㅣ 路에 묻ᄌᆞ와 ᄀᆞᆯ오ᄃᆡ 夫子ㅣ 豫티 아니ᄒᆞᆫ 色이 겨신ᄃᆞᆺ ᄒᆞ이다 前日에 虞ㅣ 夫子ᄭᅴ 듣ᄌᆞ오니 ᄀᆞᆯᄋᆞ샤ᄃᆡ 君子ᄂᆞᆫ 天을 怨티 아니ᄒᆞ며 人을 尤티 아니ᄒᆞᆫ다 호이다

| 직역 |

맹자가 제나라를 떠날 적에 충우가 도중에 물었다. "선생님께서 기쁘지 않은 기색이 있는 듯합니다. 지난날 제가 선생님께 들으니, '군자는 하늘을 원망하지 않으며, 사람을 허물하지 않는다'고 하셨습니다."

| 자해 |

路問 : 노중(路中)에서 물은 것. • 豫 : 기뻐함. • 尤 : 허물함.

| 의해 |

맹자가 뜻이 맞지 않아 제나라를 버리고 갈 때 충우가 도중에 물었다. "주 땅을 나온 후로부터 기쁘지 않은 빛이 있는 것 같습니다. 예전에 제가 선생님께 듣기로는 '사람이 궁하고 통하고 얻고 잃는 것은 하늘에 달려 있는 것이므로, 군자는 하늘에서 얻지 못하여도 하늘을 원망하지 아니하며, 쓰고 놓고 주고 빼앗는 것은 사람에게 달려 있으므로 군자는 남과 합하지 못하여도 남을 허물하지 않는다'고 하셨습니다. 이 말을 가지고 보면 또한 어디를 가

도 기쁘지 않은 것이 없을 것인데, 선생님께서는 어찌하여 그런지 알 수 없습니다.”

왈 피일시 차일시야 오백년 필유왕자
13-2. 曰 彼一時며 此一時也니라 五百年에 必有王者
흥 기간 필유명세자 유주이래 칠백유
興하나니 其間에 必有名世者니라 由周而來로 七百有
여세의 이기수즉과의 이게시고지즉가의 부
餘世矣니 以其數則過矣요 以其時考之則可矣니라 夫
천 미욕평치천하야 여욕평치천하 당금지
天이 未欲平治天下也시니 如欲平治天下인댄 當今之
세 사아 기수야 오하위불예재
世하여 舍我오 其誰也리오 吾何爲不豫哉리오

| 언해 |

ᄀᆞᆯᄋᆞ샤ᄃᆡ 뎨 一時며 이 一時니라 五百年에 반ᄃᆞ시 王者ㅣ 興ᄒᆞ리 인ᄂᆞ니 그 間에 반ᄃᆞ시 世예 名ᄒᆞᄂᆞᆫ 者ㅣ 인ᄂᆞ니라 周로브터 옴오로 七百이오 ᄯᅩ 餘世니 그 數로ᄡᅥ 則 過ᄒᆞ고 그 時로ᄡᅥ 考ᄒᆞᆫ 則 可ᄒᆞ니라 天이 天下ᄅᆞᆯ 平治코쟈티 아니ᄒᆞ시니 만일에 天下ᄅᆞᆯ 平治코쟈 ᄒᆞᆯ띤댄 이젯 世ᄅᆞᆯ 當ᄒᆞ야 나ᄅᆞᆯ 舍ᄒᆞ고 그 뉘리오 내 엇디 豫티 아니ᄒᆞ리오

| 직역 |

맹자가 말하였다. “그 때는 그 때이고, 지금은 지금이다. 5백 년에 반드시 왕자가 나오니, 그 사이에 반드시 세상에 유명한 자가 있다. 주나라로부터 이래로 7백여 년이 되었으니, 년수를 가지고 보면 지났고, 시기로 살펴보면 지금 가능하다. 하늘이 천하를 다스리고자 하지 않는 것이다. 만일 천하를 다스리고자 한다면, 지금 세상을 당하여 나 말고 그 누가 있겠는가? 내가 어찌하여 기

빼하지 않겠는가."

| 자해 |

彼 : 지난날. • 此 : 금일(今日). • 五百年 : 요순(堯舜)으로부터 탕왕(湯王)에 이르기까지와 탕왕(湯王)으로부터 문왕(文王)・무왕(武王)에 이르기까지 모두 5백여 년 만에 성인(聖人)이 나왔음. • 名世 : 그 사람의 덕업과 명망이 한 세대에 이름날 만한 자가 그[왕자(王者)]를 보좌함을 이르니, 고요(皐陶)와 직(稷)과 설(契), 이윤(伊尹)과 내주(萊朱), 태공망(太公望)과 산의생(散宜生) 같은 등속. • 周 : 문왕(文王)・무왕(武王)의 사이. • 數 : 5백 년의 시기. • 時 : 난(亂)이 지극하면 다스려질 것을 생각하여, 일을 할 수 있는 때.

| 의해 |

맹자가 말하였다. "지난날은 심상히 일이 없는 때이고, 지금은 내가 도를 행하고 그칠 때이다. 그러므로 저때의 말로 지금 처한 바를 비교할 수 없다.

이때가 어느 때인가? 예로부터 밝은 임금과 어진 신하가 서로 만나는 데에는 반드시 일정한 기간이 있어서 바꿀 수 없다. 지나간 세상을 낱낱이 보면 대략 오백년이면 천운이 모여 반드시 왕 노릇 할 자가 천명을 받고 일어난다. 그러나 왕 노릇 할 사람이 홀로 다스리지 못하는 것이고, 그사이에 반드시 덕업과 명망이 한 세상에 이름이 날만한 자가 있어서 나와 돕는다. 이것은 예로부터 그러한 것이니, 어찌 지금이라고 해서 그렇지 않겠는가?

주나라 문왕과 무왕 이후로부터 지금까지 왕 노릇 할 자가 일어나지 아니한지가 칠백여 년이 되었다. 오백 년의 년수로 계산하면 이미 그 차례가 지나갔고, 지금의 때로써 상고하면 어지러움이 극하여 다스림을 생각할 때이다. 왕 노릇 할 사람이 마땅히 일어나며 세상에 이름 날 사람이 무언가 할 만한 때이다. 이러한 때에 왕 노릇 할 자를 만나 도와서 세상에 이름날 사업을 세우지 못하니, 이것이 기쁘지 아니한 것이다.

세상이 다스려지고 어지러워짐은 모두 하늘이 하는 것이다. 이때를 당하여 내가 임금을 만나지 못한 것은 하늘이 천하를 평화롭게 다스리려고 하지 않았기 때문이다. 만일 하늘의 뜻이 한 번 바뀌어서 천하를 평화롭게 다스리려고 한다면, 지금 세상에 이름을 일컬을 만한 재주를 품은 자가 나를 빼고 누구이겠는가? 하늘의 뜻을 알 수 없으니, 평화롭게 다스리는 것은 진실로 때가 있을 것이다. 그 재주가 또 나에게 있으니, 크게 나의 도를 행함이 오히려 때가 있을 것이다. 나는 만나는 바를 따라서 안심하고 기다릴 것이므로, 비록 기쁘지 아니한 것 같지만 사실 어찌하여 기쁘지 않겠는가?"

| 요지 |

이 장은 때로써 따져보면 일을 할 만한 때인데, 하지 못하는 것을 맹자가 근심하고 있음을 보인 것이다. 맹자가 원망하고 허물한다고 충우가 말하자, 맹자가 원망하고 허물하지 아니함을 일깨운 것이다. 몸을 닦는 학문은 반드시 세상을 잊어버리는 것이 아니다. 기뻐하지 않는 것은 세상을 근심하는 마음에서 나왔으니 원망하고 허물한다고 할 수 없다.

맹 자 거 제 거 휴 공 손 추 문 왈 사 이 불 수 록
14. 孟子去齊居休러시니 公孫丑問曰 仕而不受祿이
고 지 도 호 왈 비 야 어 숭 오 득 견 왕 퇴 이
古之道乎잇가 曰 非也라 於崇에 吾得見王하고 退而
유 거 지 불 욕 변 고 불 수 야 계 이 유 사 명
有去志호니 不欲變故로 不受也호라 繼而有師命이라
불 가 이 청 구 어 제 비 아 지 야
不可以請이언정 久於齊는 非我志也니라

| 언해 |

孟子ㅣ 齊를 去ᄒᆞ시고 休에 居ᄒᆞ얏더시니 公孫丑ㅣ 묻ᄌᆞ와 ᄀᆞᆯ오ᄃᆡ 仕ᄒᆞ고 祿을 受티 아니홈이 녯 道ㅣ잇가 ᄀᆞᆯᄋᆞ샤ᄃᆡ 아니라 崇에 내 시러곰 王을 見ᄒᆞ고 退ᄒᆞ야 去ᄒᆞᆯ 志를 두니 變코쟈티 아니ᄒᆞᆫ 故로 受티 아니호라 繼ᄒᆞ야 師命이 인ᄂᆞᆫ디라 可히 ᄡᅧ 請티 몯ᄒᆞᆯ ᄲᅮᆫ이언뎡 齊예 久홈은 내 志ㅣ 안이니라

| 직역 |

맹자가 제나라를 떠나 휴 땅에 머물렀는데, 공손추가 물었다. "벼슬하면서 봉록을 받지 않는 것이 옛 도입니까?" 맹자가 말하였다. "아니다. 숭 땅에서 내가 왕을 만나 뵙고 물러 나와 떠날 마음을 두었으니, 이 마음을 변하고자 하지 않았으므로, 봉록을 받지 않은 것이다. 뒤이어 군대의 출동 명령이 있었다. 그리하여 떠나갈 것을 청할 수 없었을 뿐이었지, 제나라에 오랫동안 머무르는 것은 나의 뜻이 아니었다."

| 자해 |

休 : 지명(地名). • 崇 : 지명(地名). • 師命 : 사려(師旅)를 출동하는 명령.

| 의해 |

맹자가 제나라를 버리고 휴 땅에 거하고 있었는데, 공손추가 물었다. "벼슬에 거하면 마땅히 봉록을 먹는 것인데, 이제 선생께서 이미 제나라에서 벼슬하면서도 봉록을 받지 않으셨으니, 옛날의 도가 그러한 것이 있습니까?"

맹자가 말하였다. "옛 도가 아니라 내가 받지 아니한 까닭은 처음에 제나라에 이르지 아니하여 숭 땅에서 왕을 보고 곧 나를 쓰지 못할 줄 알았기 때문에 물러와서 갈 뜻이 있었고, 이 뜻을 굽히고 싶지 않아 그 봉록을 받지 않은 것이다.

내가 갈 뜻이 변하지 않았으면 마땅히 속히 가야 하는데, 속히 떠

나지 못한 것은 무슨 까닭인가? 내가 제나라 왕을 본 후에 즉시 이어서 제나라에서 군사의 명이 있어서 상하가 계엄[戒嚴, 군사를 동하는 때에 사람의 교통을 살피고 수상한 행인을 정찰하는 것]을 하는 까닭에 가겠다고 청하지 못한 것이다. 사세가 부득불 제나라에 오래 머물게 된 것이니, 실상은 나의 뜻이 아니다. 내가 끝내 봉록을 받지 아니한 까닭이 이와 같다."

| 요지 |

이 장은 모두 맹자가 봉록을 받지 않은 뜻을 밝힌 것이다. 처음 문장은 공손추가 제나라에서 봉록을 받지 않은 것에 대해 의심한 것이고, 다음 문장은 봉록을 받지 않은 이유를 밝힌 것이며, 끝 문장은 속히 가지 않은 이유를 말한 것이다.

5. 등문공장구상(滕文公章句上)

등문공 위세자 장지초 과송이견맹자
1-1. 滕文公이 爲世子에 將之楚할새 過宋而見孟子하신
맹자도성선 언필칭요순 세자자초반
대 孟子道性善하사대 言必稱堯舜이러시다 世子自楚反
부견맹자 맹자왈 세자 의오언호 부
하야 復見孟子하신대 孟子曰 世子는 疑吾言乎잇가 夫
도 일이이의
道는 一而已矣니이다

| 언해 |

滕文公이 世子ㅣ 되어실 째 쟝ᄎᆞᆺ 楚애 갈ᄊᆡ 宋ᄋᆡ 過ᄒᆞ다가 孟子ᄅᆞᆯ 보신대 孟子ㅣ 性이 善ᄒᆞᆷ을 道ᄒᆞ샤ᄃᆡ 말마다 반ᄃᆞ시 堯舜을 稱ᄒᆞ더시다 世子ㅣ 楚로브터 反ᄒᆞ야 다시 孟子ᄅᆞᆯ 보신대 孟子ㅣ ᄀᆞᆯᄋᆞ샤ᄃᆡ 世子ᄂᆞᆫ 내 말을 의심ᄒᆞ시ᄂᆞ니잇가 道ᄂᆞᆫ ᄒᆞᆫ나ᄒᆞᆯ ᄯᆞᄅᆞᆷ이니이다

| 직역 |

등나라 문공이 세자로 있을 때에 장차 초나라로 가기 위하여 송나라를 지나다가 맹자를 만나 뵈었다. 맹자가 성의 선함을 말하면서, 말마다 반드시 요순을 칭하였다. 세자가 초나라에서 돌아와 다시 맹자를 뵙자, 맹자가 말하였다. “세자는 제 말을 의심하십니까? 도는 하나일 뿐입니다.”

| 자해 |

世子 : 태자(太子). • 道 : 말함. • 性 : 사람이 하늘에게서 받고 태어난 이(理).

| 의해 |

등나라 문공이 세자가 되었을 때, 정공의 사신으로 장차 초나라에 가려고 하였다. 그때 맹자는 송나라에 있었는데, 문공이 맹자의 어짊을 사모하여 송나라를 지나다가 맹자를 만났다.

맹자는 등나라 세자를 보고 근본부터 열어주고자 하였다. 그러므로 세자와 더불어 이야기 한 것이 대략 이와 같았던 것이다. 사람이 태어나면 곧 성(性)이 있는데, 이것은 하늘이 사람에게 명(命)한 바른 이(理)이다. 성은 본래 선(善)한 것으로 악(惡)이 없다. 따라서 성의 선함을 말할 때에는 반드시 요순을 일컬을 것이니, 곧 그 일로써 실증을 한 것은 서로 발명(發明)한 것이다. 요순이 비록 성인이지만 또한 성의 흔연하고 지극히 선한 것을 좇아 확충하여 그 극진한데 나간 것에 불과하다. 성이 선한 것을 알면 누구나 반드시 요순과 같이 될 수 있고, 또 요순이 될 수 있다는 것을 알면 성이 본래 선하다는 것을 더욱 알게 될 것이다.

세자가 초나라에서 돌아와 다시 맹자를 만났는데, 맹자가 말하였다. "세자는 내 말 중에 성이 선하다는 것과 누구나 요순이 될 수 있다는 것을 의심하십니까? 제가 말하는 성은 곧 도(道)입니다. 도가 사람에게 있는데, 이것은 하나의 하늘에서 나오고 한 마음에 갖추어져 있으니 하나일 따름입니다. 요순도 이 도이고 우리도 또한 이 도입니다. 도는 두 가지가 없습니다. 따라서 제가 지금 다만 세자가 요순과 같이 되기를 바라니, 어찌 다른 말이 있겠습니까?"

성간 위제경공왈 피장부야 아장부야 오
1-2. 成覸이 謂齊景公曰 彼丈夫也며 我丈夫也니 吾

하외피재 안연 왈 순하인야 여하인야
何畏彼哉리오하며 顏淵이 曰 舜何人也며 予何人也오

유 위 자 역 약 시 공 명 의 왈 문 왕 아 사 야
有爲者亦若是라하며 公明儀曰 文王은 我師也라하시
주 공 기 기 아 재 금 등 절 장 보 단
니 周公이 豈欺我哉시리오하니이다 今滕을 絶長補短
장 오 십 리 야 유 가 이 위 선 국 서 왈 약 약
이며 將五十里也나 猶可以爲善國이니 書에 曰 若藥
불 명 현 궐 질 불 추
이 不瞑眩이면 厥疾이 不瘳라하니이다

| 언해 |

成覸이 齊景公ᄭᅴ 닐어 ᄀᆞᆯ오ᄃᆡ 뎌도 丈夫ㅣ며 나도 丈夫ㅣ니 내 엇디 뎌를 畏ᄒᆞ리오 ᄒᆞ며 顔淵이 ᄀᆞᆯ오ᄃᆡ 舜은 엇던 人이며 나ᄂᆞᆫ 엇던 人고 하옴을 둗ᄂᆞᆫ 者ㅣ ᄯᅩ 이ᄀᆞᆮ다 ᄒᆞ며 公明儀ㅣ ᄀᆞᆯ오ᄃᆡ 文王ᄋᆞᆫ 내 師ㅣ라 ᄒᆞ시니 周公이 엇디 나ᄅᆞᆯ 欺ᄒᆞ시리오 ᄒᆞ니이다 今에 滕을 長을 絶ᄒᆞ야 短을 補ᄒᆞ면 쟝ᄎᆞᆺ 五十里나 오히려 可히 ᄡᅥ 善ᄒᆞᆫ 國이 되리니 書에 ᄀᆞᆯ오ᄃᆡ 藥이 瞑眩티 아니ᄒᆞ면 그 疾이 瘳티 몯홈이 ᄀᆞᆮ다 ᄒᆞ니이다

| 직역 |

"성간이 제나라 경공에게 이르기를, '저 성현도 장부이며 저도 장부이니, 제가 어찌 저들을 두려워하겠습니까?'라고 하였으며, 안연이 말하기를, '순임금은 어떠한 분이며 나는 어떠한 사람인가? 훌륭한 일을 하는 자는 또한 이 순임금과 같다'고 하였으며, 공명의가 말하기를, '문왕은 내 스승이라고 하였으니, 주공이 어찌 나를 속였겠는가?'라고 하였습니다. 이제 등나라를 긴 곳을 잘라 짧은 곳을 보충하면, 거의 50리가 되는 작은 나라이나, 오히려 선한 나라가 될 수 있습니다. 『서경』에 말하기를, '만일 약이 독하여 정신이 어지럽지 않으면 그 병이 낫지 않는다'고 하였습니다."

| 자해 |

成覸 : 사람의 성명(姓名). • 彼 : 성현(聖賢). • 公明儀 : 공명(公明)은 성이고, 의(儀)는 이름인데, 노(魯)나라의 현인(賢人). • 文王我師 : 주공(周公)의 말. • 絶 : '끊을 절(截)'과 같음. • 書 : 「상서(商書) · 열명(說命)」. • 瞑眩 : 어지러운 것.

| 의해 |

"도(道)가 하나일 따름이란 말은 나의 사사로운 말이 아닙니다. 옛 사람의 말에도 있었던 것입니다. 예전에 성간이 제나라 경공에게 '저 성현도 진실로 장부이고 저도 또한 장부입니다. 저 성현과 제가 근본적으로 다름이 없으니, 제가 성현이 되지 못할 것이 없습니다. 무엇이 부족해서 저 성현을 두려워하겠습니까?'라고 하였습니다. 안연이 말하기를, '사람은 하나일 따름이다. 순은 과연 어떠한 사람이기에 어찌 나와 다름이 있으며, 나는 또 어떠한 사람이기에 어찌 순보다 부족함이 있겠는가? 다만 분발하여 하는 자가 또한 순과 같아질 것이다'라고 하였습니다. 공명의가 말하기를, '옛날 주공이 이르기를, 문왕은 내 스승이니, 배워서 이를 수 있다고 하였으니, 이것을 가지고 생각해보면 진실로 문왕을 배워서 이를 수 있다고 말한 주공의 말이 어찌 나를 속인 것이겠는가?'라고 하였습니다. 세 사람의 말이 이와 같으니 모두 옛 성현이 근본적으로 두 가지 도가 없음을 볼 수 있습니다. 따라서 세자는 또한 힘써 행할 따름입니다. 또 어찌 도를 행하기 어렵다고 의심할 것이 있겠습니까?

그러나 성현을 스승으로 삼으려고 한다면 오직 뜻을 분발하지 못함을 근심할 것이지, 나라의 형세가 강하고 약하고 크고 작은 것을 의론할 것이 아닙니다. 이제 모든 등나라의 땅 중에서 긴 곳을 끊어서 짧은 곳을 보충하면 오십 리의 땅이 생길 것입니다. 등나라가 비록 작으나 오히려 정사를 세우고 쇠한 것을 일으켜 다스려지고 편안한 나라를 만들 수 있습니다. 그러면 그러한 나라를 어떻게 만들어야 합니까? 반드시 용맹하게 분발하여 구습을 따르는 폐단을 이기고 몸을 닦고 정사를 세워 도를 일으키고 다스림을 이룬 후에 가능해 집니다. 『서경』에서 말하기를, '만일 약이 독하여 정신이 어지럽지 않으면 그 병이 낫지 않는다'고 하니, 임금이 만약 비근한 것을 편안히 여겨 평범하고 게으르면, 착한 일을 하고 악한 일을 버리지 못하며, 또한 충분히 선한 나라가 되지 못할 것입니다. 세자는 제 말을 따라 힘써야 할 것입니다."

| 요지 |

이 장은 전체가 성선을 가지고 주장하였다. 앞의 두 대문은 세자가 맹자를 만나보는 것을 인하여 성선으로 열어 세 사람의 말로 실증하였고, 뒤의 세 대문은 세자가 다시 찾아와 만나본 것을 인하여 자세히 성선을 밝혀 그 뜻을 가다듬게 한 것이다.

등 정 공 홍 세 자 위 연 우 왈 석 자 맹 자 상 여
2-1. 滕定公이 薨커늘 世子謂然友曰 昔者에 孟子嘗與
아 언 어 송 어 심 종 불 망 금 야 불 행 지
我言於宋이어시늘 於心終不忘이라니 今也不幸하야 至
어 대 고 오 욕 사 자 문 어 맹 자 연 후 행 사
於大故호니 吾欲使子로 問於孟子然後에 行事하노라

| 언해 |

滕定公이 薨커ᄂᆞᆯ 世子ㅣ 然友ᄃᆞ려 닐어 ᄀᆞᆯᄋᆞ샤ᄃᆡ 昔에 孟子ㅣ 일즉 날로 더브러 宋에 言ᄒᆞ야시ᄂᆞᆯ ᄆᆞ음에 ᄆᆞᄎᆞᆷ내 닛디 몯ᄒᆞ얏다니 이제 幸티 몯ᄒᆞ야 大故에 닐으니 내 子로 ᄒᆞ여곰 孟子ᄭᅴ 묻ᄌᆞ온 後에 事ᄅᆞᆯ 行코쟈 ᄒᆞ노라

| 직역 |

등나라 정공이 죽자, 세자가 연우에게 말하였다. "지난번에 맹자가 일찍이 나와 송나라에서 말씀하였는데, 내 마음에 끝내 잊혀지지 않는다. 이제 불행하여 대고를 당하였으니, 내가 자네로 하여금 맹자에게 물은 뒤에 장례하는 일을 행하고자 한다."

| 자해 |

定公 : 문공(文公)의 아버지. • 然友 : 세자(世子)의 사부(師傅). • 大故 : 대상(大喪). • 事 : 상례(喪禮).

| 의해 |

등나라 세자가 맹자를 본 후에 그 아버지 정공이 죽자 세자가 그의 스승 연우에게 말하였다. "지난날에 맹자가 일찍이 나와 더불어 송나라에서 말할 때에 그 성품이 착한 것과 요순을 들어 말씀한 것이 아직 마음에 있어서 마침내 잊지 못하고 있었습니다. 그런데 이제 불행히 선인의 대고를 당함에 이르렀으니, 내가 그대로 하여금 장례하는 일에 대해 맹자에게 물은 뒤에 상사를 거행하여 예에 어그러짐을 면하려고 합니다."

연우지추 문어맹자 맹자왈 불역선호

2-2. 然友之鄒하여 問於孟子한대 孟子曰 不亦善乎아

친상 고소자진야 증자왈 생사지이례 사장

親喪은 固所自盡也니 曾子曰 生事之以禮하며 死葬

지이례 제지이례 가위효의 제후지례

之以禮하며 祭之以禮면 可謂孝矣라하시니 諸侯之禮

오미지학야 수연 오상문지의 삼년

는 吾未之學也어니와 雖然이나 吾嘗聞之矣로니 三年

지상 제소지복 전죽지식 자천자달어서인

之喪에 齊疏之服과 飦粥之食은 自天子達於庶人하야

삼 대 공 지
三代共之하니라

| 언해 |

然友ㅣ 鄒에 가 孟子끠 묻ᄌᆞ온대 孟子ㅣ ᄀᆞᆯᄋᆞ샤ᄃᆡ 또ᄒᆞᆫ 善티 아니ᄒᆞ냐 親의 喪은 진실로 스스로 盡홀 빼니 曾子ㅣ ᄀᆞᆯᄋᆞ샤ᄃᆡ 生올 事호ᄃᆡ 禮로써 ᄒᆞ며 死롤 葬호ᄃᆡ 禮로써 ᄒᆞ며 祭호ᄃᆡ 禮로써 ᄒᆞ면 可히 孝ㅣ라 니롤꺼시라 ᄒᆞ시니 諸侯의 禮는 내 學디 몯ᄒᆞ얏거니와 비록 그러나 내 일즉 드런노니 三年ㅅ喪애 齊疏ㅅ服과 飦粥ㅅ食은 天子로브터 庶人에 達ᄒᆞ야 三代ㅣ 共ᄒᆞ니라

| 직역 |

연우가 추 땅에 가서 맹자에게 묻자, 맹자가 말하였다. "좋지 않은가! 친상은 진실로 자신이 다해야 하는 것이다. 증자께서 말씀하시기를, '살아서 섬기기를 예로써 하며, 죽어서 장례하기를 예로써 하며, 제사하기를 예로써 하면 효라고 이를 수 있다'고 하셨으니, 제후의 예는 내가 아직 배우지 않았지만, 그러나 내가 일찍이 들었으니, 삼년상에 거친 상복을 입으며 미음과 죽을 먹는 것은 천자로부터 서인에 이르기까지 삼대가 공통이었다."

| 자해 |

齊 : 상복의 아랫단을 꿰맨 것. 꿰매지 않은 것을 참최(斬衰)라 하고, 꿰맨 것을 자최(齊衰)라고 함. • 疏 : 거침이니, 거친 삼베. • 飦 : 미음. 상례(喪禮)에 부모가 죽은 지 3일이 되어야 비로소 죽을 먹고, 장례(葬禮)를 지내고서야 거친 밥을 먹었음.

| 의해 |

맹자가 돌아와서 추나라에 있을 때 연우가 추나라에 가서 맹자에게 묻자 맹자가 말하였다. "상례가 이미 무너진 때를 당하여 홀로

이것을 물으니 또한 좋지 않은가! 부모의 상사에 그 애통하고 절박한 정은 진실로 자식 된 마음에 스스로 극진히 해야 하는 것이다. 힘써 억지로 할 것을 기다릴 것이 없다. 마땅히 세자는 여기에 스스로 마지못할 것이 있어 반드시 물어서 그 마음을 다 하고자 하지만, 그 마음을 다하는 것은 그 예를 다하는데 있다. 증자는 말하였다. '사람의 자식이 부모를 살아서 섬김에 예로써 하고, 죽어서 장사함에 예로써 하고, 제사함에 예로써 하여, 예가 극진하면 마음이 극진해서 효도가 될 수 있다.' 이는 증자가 사람의 자식으로서 마땅히 다 해야 할 예가 이와 같다는 것을 범론한 것이다. 이제 세자는 제후이다. 그런데 안타깝게도, 제후의 상례와 제도가 쇠잔하고 이지러져서 내가 그 자세함을 배우지 못하였다. 비록 그렇지만 예의 큰 법 가운데 한 번 정해져 바꿀 수 없는 것을 내가 일찍이 들었다. 사람의 자식이 부모에게 삼년의 상이 있으면, 삼년 동안은 아름다운 옷이 마음에 편치 못하다. 따라서 옷은 자최의 옷을 입고, 맛있는 것을 먹어도 달지 아니하므로 죽을 먹는다. 이것은 위로는 천자로부터 아래로는 서인에 이르기까지 귀하고 천한 이가 공통적으로 행하여, 하나라 상나라 주나라 삼대 이래로 고침이 없었으니, 세자는 이 예를 거행하여야 할 따름이다."

연우반명 정위삼년지상 부형백관 개
2-3. 然友反命하야 定爲三年之喪한대 父兄百官이 皆
불욕왈 오종국노선군 막지행 오선군 역
不欲曰 吾宗國魯先君도 莫之行하시고 吾先君도 亦
막지행야 지어자지신이반지 불가 차지
莫之行也하시니 至於子之身而反之 不可하이다 且志
왈 상제 종선조 왈 오유소수지야
에 曰 喪祭는 從先祖라하니 曰 吾有所受之也니이다

| 언해 |

然友ㅣ 命을 反ᄒᆞ야 三年ㅅ喪을 定ᄒᆞ야 ᄒᆞᆫ대 父兄과 百官이 다 欲디 아니ᄒᆞ야 ᄀᆞᆯ오ᄃᆡ 우리 宗國ㅅ魯先君도 行티 아니ᄒᆞ시고 우리 先君도 ᄯᅩᄒᆞᆫ 行티 아니ᄒᆞ시니 子의 身애 니르러 反ᄒᆞ욤이 可티 아니ᄒᆞ이다 ᄯᅩ 志에 ᄀᆞᆯ오ᄃᆡ 喪祭ᄂᆞᆫ 先祖를 從ᄒᆞᆫ다 ᄒᆞ니 ᄀᆞᆯ오ᄃᆡ 우리 受ᄒᆞᆫ 배이심이니이다

| 직역 |

연우가 복명하여 3년 상을 하기로 정하자, 부형과 백관이 모두 하고자 하지 않으면서 말하였다. "우리의 종주국인 노나라 선군께서도 이것을 행하지 않으셨고, 우리 선군께서도 또한 행하지 않으셨으니, 그대의 몸에 이르러 이것을 뒤집는 것은 불가합니다. 또 옛 기록에 이르기를 '상례와 제례는 선조를 따르라'고 하였으니, 이것은 우리들이 전수 받은 바가 있기 때문입니다."

| 자해 |

父兄 : 동성(同姓)의 늙은 신하들. 등(滕)나라와 노(魯)나라는 모두 문왕(文王)의 후손인데, 노나라의 조상인 주공(周公)이 맏이가 되므로 형제간에 그를 종주로 삼기 때문에 등나라가 노나라를 종주국이라 한 것임.

| 의해 |

연우가 돌아가 세자에게 복명(復命)[반명(反命)]하자, 세자는 맹자의 말을 반드시 행할 것이라고 하여 마침내 삼년상을 정하였다. 그러자 옛날의 예가 오래 동안 실행되지 않았으므로, 동성의 부형과 이성의 백관이 모두 하려고 하지 않으며 말하였다. "이제 예를 실행하는 나라를 말한다면 노나라와 같은 나라가 없다. 노나라는 우리 등나라의 종주국이다. 그런데 노나라의 선군도 삼년의 상을 행하지 않았고, 우리 등나라의 선군도 또한 행하지 않았다. 그런데 이제 자식의 몸에 이르러 다 뒤집으니, 이는 노나라의

선군과 우리 선군을 어기는 일이다. 당연히 옳지 않다. 또 옛 기록에 '상제(喪祭)의 예는 마땅히 선조를 좇아야 한다'고 하였으니, 이것을 기록한 뜻은 선조가 행한 예는 전하여 받은 것이 있으니 고칠 수 없다는 것이다. 그런데 자식으로서 좇지 않음은 어째서인가?"

위 연 우 왈 오 타 일 미 상 학 문 호 치 마 시 검
2-4. 謂然友曰 吾他日에 未嘗學問이요 好馳馬試劍하
금 야 부 형 백 관 불 아 족 야 공 기 불 능 진 어
다니 今也에 父兄百官이 不我足也하니 恐其不能盡於
대 사 자 위 아 문 맹 자 연 우 부 지 추 문 맹
大事하노니 子爲我問孟子하라 然友復之鄒하여 問孟
자 맹 자 왈 연 불 가 이 타 구 자 야 공 자 왈 군
子한대 孟子曰 然하다 不可以他求者也라 孔子曰 君
홍 청 어 총 재 철 죽 면 심 묵 즉 위
薨커시든 聽於冢宰하나니 歠粥하고 面深墨하여 卽位
이 곡 백 관 유 사 막 감 불 애 선 지 야 상 유 호 자
而哭이어든 百官有司莫敢不哀는 先之也라 上有好者
하 필 유 심 언 자 의 군 자 지 덕 풍 야 소 인 지 덕
면 下必有甚焉者矣니 君子之德은 風也요 小人之德은
초 야 초 상 지 풍 필 언 시 재 세 자
草也니 草尙之風이면 必偃이라하시니 是在世子하니라

| 언해 |

然友ᄃᆞ려 닐어 ᄀᆞᆯᄋᆞ샤ᄃᆡ 내 他日애 일쯕 學問을 아니ᄒᆞ고 馬ᄅᆞᆯ 馳ᄒᆞ며 劍을 試ᄒᆞ욤을 好ᄒᆞ다니 이제 父兄과 百官이 나ᄅᆞᆯ 足히 너기디 아니ᄒᆞ니 그 能히 大事애 盡티 몯ᄒᆞᆯ까 恐ᄒᆞ노니 子ㅣ 나ᄅᆞᆯ 爲ᄒᆞ야 孟子ᄭᅴ 묻ᄌᆞ오라 然友ㅣ 다시 鄒에 가 孟子ᄭᅴ 묻ᄌᆞ온대 孟子ㅣ ᄀᆞᆯᄋᆞ샤ᄃᆡ 然ᄒᆞ다 可히 뻐 다ᄅᆞᆫᄃᆡ 求티 몯ᄒᆞᆯ 꺼시라 孔子ㅣ ᄀᆞᆯᄋᆞ샤ᄃᆡ 君이 薨커시든 冢宰의게 聽ᄒᆞᄂᆞ니 粥을 歠ᄒᆞ고 面

이 기피 墨ᄒᆞ야 位예 卽ᄒᆞ야 哭ᄒᆞ거든 百官이며 有司ㅣ 敢히 哀티 아니리 업숨은 先홀씨라 上애 好홀 者ㅣ 이시면 下애 반ᄃᆞ시 甚ᄒᆞᆫ 者ㅣ 인ᄂᆞ니 君子의 德ᄋᆞᆫ 風이오 小人의 德ᄋᆞᆫ 草ㅣ니 草애 風이 더으면 반ᄃᆞ시 偃ᄒᆞᆫ다 ᄒᆞ시니 이 世子ᄭᅴ 인ᄂᆞ니라

| 직역 |

연우에게 말하였다. "내가 지난날에 일찍이 학문을 하지 않았고, 말달리기와 칼 쓰기를 좋아하였는데, 지금에 부형과 백관들이 나를 만족하게 여기지 않으니, 대사에 예를 다하지 못할까 염려스럽다. 자네는 나를 위하여 맹자에게 다시 물어보라." 연우가 다시 추 땅에 가서 맹자에게 묻자, 맹자가 말하였다. "그러하겠다. 다른 것을 가지고 찾을 것이 없다. 공자가 말하기를 '임금이 죽으면 세자는 모든 정사를 총재에게 위임하여 백관들이 명령을 총재에게 듣는다. 세자가 죽을 먹고 얼굴이 짙은 흑색이 되어 자리에 나아가 곡을 하면 백관과 유사들이 감히 슬퍼하지 않음이 없는 것은 윗사람이 솔선수범하였기 때문이다. 위에서 무엇을 좋아하면 아래에서는 반드시 그보다 더 심한 것이다. 군자의 덕은 비유하면 바람이고, 소인의 덕은 풀이니, 풀 위에 바람이 가해지면 반드시 그리로 쏠린다'고 하였으니, 이것은 세자에게 달려 있는 것이다."

| 자해 |

不我足 : 내가 하는 일을 그들이 만족하게 여기지 않음. • 然 : 긍정함. 나를 만족하게 여기지 않는다는 말을 옳게 여긴 것. • 不可以他求 : 마땅히 자신에게 요구해야 함. • 冢宰 : 육경(六卿)의 우두머리. • 歠 : 마심. • 深墨 : 심한 흑색. • 卽 : 나아감. • 尙 : 가(加)함이니, 『논어(論語)』「안연(顔淵)」에는 상(上)으로 되어 있다. 옛날 글자에서 통용되었음. • 偃 : 엎드림.

| 의해 |

세자가 군신이 좇지 아니함을 보고 연우에게 말하였다. "내가 지

난 날 배우기를 부지런히 하지 않고 듣기를 좋아하지 않으며, 다만 말달리기와 칼 쓰기를 좋아하였으므로 소행이 충분히 사람에게 믿음을 취하지 못하였다. 그러므로 이제 상례를 행하려고 하지만 부형과 백관이 다 나를 만족히 여기지 않아, 여러 의론에 막혀 마음을 상례의 큰일에 다하지 못할까 두렵다. 그러니 그대는 나를 위해 다시 맹자에게 가서 어찌하면 스스로 그 마음을 다하여 부형과 백관으로 하여금 다른 말이 없게 할 것인가를 물어 보라." 연우가 다시 추나라에 가서 맹자에게 묻자 맹자가 말하였다. "상례가 폐하여 무너진 지 오래된 때를 당하여, 하루아침에 옛날의 예를 행하려고 하니, 진실로 부형과 백관이 만족하게 여기지 않는 경우가 있을 것이다. 그러나 세자를 위하여 말한다면, 다만 마땅히 몸소 구해서 단호하게 행할 것이지, 달리 남에게서 구할 것이 아니다. 공자가 말하였다. '임금이 죽으면 세자는 명령을 하지 않고 모든 정사를 총재(冢宰)에게 위임하여 백관(百官)들이 명을 총재에게 듣게 한다. 그리고 세자는 스스로 죽을 먹고 얼굴에 슬픈 빛이 있어 깊이 검어진 상태르 상차에 나아가 조석으로 곡하고, 오직 스스로 그 슬픔을 다할 따름이다. 그러면 백관과 유사가 감히 슬퍼하지 않을 수 없는데, 이는 먼저 위에서 슬퍼함이 있어서 그 양심을 감발했기 때문이다. 위에 있는 사람이 뜻에 좋아 하는 것이 있으면 아래 있는 사람이 보고 감동하여 본받게 되는데, 이럴 경우 반드시 위에 있는 사람보다 더 심한 경우가 있다. 군자의 덕은 위에 있어 사람을 감동시키는 것으로 주장을 하니 비유하면 바람과 같고, 소인의 덕은 아래 있어 사람에게 응함을 주장하니, 비유하면 풀과 같다. 풀 위에 바람이 더해지면 풀은 반드시 눕고, 소인을 군자의 덕으로 감동시키면 반드시 응한다.' 이제 세자는 위에 있는 군자이다. 즐겨 스스로 그 슬픔을 극진히 하면 부형과 백관이 감히 슬퍼하지 않을 수 없을 것이다. 이것은 세자에게 달려 있을 따름이니, 어찌 다른데서 구할 수 있겠는가?"

연우반명 세자왈 연 시성재아
2-5. 然友反命한대 世子曰 然하다 是誠在我라하시고
오월거려 미유명계 백관족인 가위왈 지
五月居廬하여 未有命戒어시늘 百官族人이 可謂曰 知
급지장 사방 래관지 안색지척
라하며 及至葬하여 四方이 來觀之하더니 顔色之戚과
곡읍지애 조자대열
哭泣之哀에 弔者大悅하더라

| 언해 |

然友ㅣ 命을 反ᄒᆞᆫ대 世子ㅣ ᄀᆞᆯᄋᆞ샤ᄃᆡ 然ᄒᆞ다 이 진실로 내게 인ᄂᆞ니라 ᄒᆞ시고 五月ᄅᆞᆯ 廬애 居ᄒᆞ야 命戒ᄅᆞᆯ 두디 아니ᄒᆞ거시늘 百官과 族人이 다 닐어 ᄀᆞᆯ오ᄃᆡ 안다 ᄒᆞ며 葬홈애 니르러 四方이 來ᄒᆞ야 觀ᄒᆞ더니 顔色의 戚홈과 哭泣의 哀홈애 弔ᄒᆞᄂᆞᆫ 者ㅣ 키 悅ᄒᆞ더라

| 직역 |

연우가 복명하자, 세자가 말하기를, "그렇다. 이것은 진실로 나에게 달려 있다"고 하고, 5개월 동안 여막에 거처하여 명령과 경계를 내리지 않았다. 이에 백관과 종족들이 다 말하기를 "예를 안다"고 하였으며, 장례 때에 이르러 사방에서 와 구경하였는데, 얼굴빛의 슬퍼함과 울기를 슬퍼함에 조문하는 자들이 크게 흡족해하였다.

| 자해 |

五月居廬 : 제후는 5개월 만에 장례 하니, 장례 전에는 중문(中門)의 밖 여막에 거처하며 거상(居喪) 중에는 말하지 않으므로, 명령과 교계(敎戒)를 내리지 않는 것임. • 可謂曰知 : 아마도 궐문(闕文)이나 오자(誤字)가 있는 듯함. 혹자는 '모두들 세자(世子)가 예(禮)를 안다고 말하였다'고 함.

| 의해 |

연우가 복명하자 세자가 맹자의 "다른 데서 구할 것이 아니라, 이것은 세자에게 달려 있는 것이다"라는 말을 옳게 여겨 말하였다. "선생님의 말이 옳으니, 이것은 내가 스스로 극진히 하는데 달려 있는 것이지, 다른 데서 구할 수 있는 것이 아니다." 이에 단연코 삼년의 상을 행하였다. 아직 장사 치르기 전에 오 개월 동안을 스스로 여막에 거하면서 양암(諒闇)의 예를 행하고, 명령과 고계(古戒)가 있지 아니하여 말하지 않는 예를 행하니, 부형과 백관이 감동하고 깨달아 "세자가 예를 안다"고 하였다. 장사할 때에 이르러 사방에서 와서 볼 때, 세자의 얼굴빛이 수척한 것이 한결 같이 깊이 검은 색이고, 곡하고 흐느낌에 애통해하는 것이 한결같았다. 이에 제후와 빈객 중에 와서 조상하는 자가 다 세자가 예를 극진히 하는 것을 보고 크게 기뻐하고 흡족해 하였다. 스스로 극진히 하면 사람이 응하는 것이 정말로 이른바 '위에서 좋아 하는 것이 있으면 아래는 반드시 그보다 더 심한 경우가 있다'는 말대로 된다. 천리(天理)가 사람 마음에 있어서 진실로 없어질 수 없으니, 사람의 성품이 다 착함을 또한 볼 수 있다.

| 요지 |

이 장의 요지는 어버이 상사는 진실로 스스로 극진히 한다는 한 글귀에 있다. 삼년상은 옛날이나 지금이나 귀하고 천한 이가 각각 스스로 다함을 요구한다. 따라서 세자도 또한 스스로 다 하지 않을 수 없음을 알 수 있다. '다른데서 구할 수 없다'는 것과 세자가 '진실로 내게 달려있다'고 한 것은 마땅히 스스로 다 해야 하는 것이지, 다른데서 구할 수 없다는 것을 믿은 것이다. '5개월 동안 여막에 거처하여 명령과 경계를 내리지 않았다'는 말은 과연 임금이 죽음에 총재에게 듣는 예를 스스로 다한 것이다. '얼굴빛의 슬퍼함'과 '울기를 슬퍼함'은 과연 죽을 마시고 얼굴빛이 깊이 검고, 자리에 나아가 곡하는 예를 스스로 다한 것이다. '모두들 세자가

예를 안다'고 말한 것과 '조문하는 자들이 크게 흡족해하였다'는 것은 스스로 극진히 한 자가 감동하게 한 것이니, 여기에서 사람의 본성이 본래 착하다는 것과 모든 사람이 다 요순과 같이 될 수 있다는 것을 볼 수 있다.

등문공 문위국 맹자왈 민사 불가완야
3-1. 滕文公이 問爲國하신대 孟子曰 民事는 不可緩也
시운 주이우모 소이삭도 극기승옥
니 詩云 晝爾于茅요 宵爾索綯하여 亟其乘屋이오사
기시파백곡
其始播百穀이라하니이다

| 언해 |

滕文公이 國ᄒᆞ욤을 問ᄒᆞ신대 孟子ㅣ ᄀᆞᆯᄋᆞ샤ᄃᆡ 民의 事ᄂᆞᆫ 可히 緩티 몯ᄒᆞᆯ 꺼시니 詩예 ᄀᆞᆯ오ᄃᆡ 晝에 네 茅를 于ᄒᆞ고 宵에 네 索을 綯ᄒᆞ야 ᄲᆞᆯ리 그 屋애 乘ᄒᆞ고사 그 비로소 百穀을 播ᄒᆞ리라 ᄒᆞ니이다

| 직역 |

등나라 문공이 나라 다스리는 것에 대해 묻자, 맹자가 말하였다. "농사는 느슨히 할 수가 없습니다. 『시경』에 이르기를, '낮이면 가서 띠풀을 베어 오고 밤이면 새끼 꼬아서, 빨리 그 지붕에 올라가 지붕을 이어야 다음 해에 비로소 백곡을 파종할 수 있다'고 하였습니다."

| 자해 |

問爲國 : 문공(文公)이 예(禮)로써 맹자를 초빙하였으므로 맹자가 등(滕)나라에 이르름에 문공(文公)이 물은 것임. • 民事 : 농사. • 詩 : 「빈풍(豳風) · 칠

월(七月)」. • 于 : 가서 취함. • 綯 : 꼬는 것. • 亟 : 급함. • 乘 : 오름. • 播 : 폄.

| 의해 |

등나라 문공이 나라 다스리는 도를 묻자, 맹자가 말하였다. "나라는 백성을 근본으로 삼고 백성은 먹는 것을 하늘로 삼습니다. 백성의 일은 나라를 소유한 자가 마땅히 급히 해야지, 늦게 할 수 있는 일이 아닙니다. 따라서 반드시 경계를 긋고 장소를 구별하며 나누어 주는 법을 정하고 세금 거두는 법을 세워서 백성으로 하여금 농사짓는 이랑에 힘을 다하게 하여야 옳습니다. 『시경』에 '이 겨울 달 농사 마치는 때를 당하여 마땅히 낮에는 가서 띠풀을 취하여 오고, 밤에는 새끼를 꼬아 빨리 그 지붕에 올라가 지붕을 이어야 하니, 오는 봄에 장차 다시 백곡을 파종하기 시작해서 이것을 할 겨를이 없기 때문이다'라고 하였습니다. 백성이 스스로 농사일을 급한 일로 삼는 것을 보면, 임금이 이것을 가지고 급한 일로 삼지 않을 수 있겠습니까?"

민 지 위 도 야 유 항 산 자 유 항 심 무 항 산 자
3-2. 民之爲道也 有恒產者는 有恒心이요 無恒產者는
무 항 심 구 무 항 심 방 벽 사 치 무 불 위 이 급
無恒心이니 苟無恒心이면 放辟邪侈를 無不爲已니 及
함 호 죄 연 후 종 이 형 지 시 망 민 야 언 유 인 인
陷乎罪然後에 從而刑之면 是는 罔民也니 焉有仁人
재 위 망 민 이 가 위 야 시 고 현 군 필
이 在位하여 罔民을 而可爲也리오 是故로 賢君이 必
공 검 예 하 취 어 민 유 제 양 호 왈 위 부
恭儉하여 禮下하며 取於民이 有制니이다 陽虎曰 爲富
불 인 의 위 인 불 부 의
면 不仁矣요 爲仁이면 不富矣라하니이다

| 언해 |

民의 道ㅣ 恒產둔는 者는 恒心이 잇고 恒產이 업슨 者는 恒心이 업ᄂᆞ니 진실로 恒心이 업스면 放辟ᄒᆞ며 邪侈를 ᄒᆞ디 아님이 업ᄂᆞ니 罪예 陷홈애 미촌 然後에 從ᄒᆞ야 刑ᄒᆞ면 이는 民을 罔홈이니 엇디 仁ᄒᆞᆫ 사ᄅᆞᆷ이 位예 이셔 民罔홈을 可히 홈이 이시리오 이런 故로 賢君이 반ᄃᆞ시 恭儉ᄒᆞ며 儉ᄒᆞ야 下ᄅᆞᆯ 禮ᄒᆞ며 民에 取홈이 制ㅣ 인ᄂᆞ니이다 陽虎ㅣ ᄀᆞᆯ오ᄃᆡ 富ᄅᆞᆯ ᄒᆞ면 仁티 몯ᄒᆞ고 仁을 ᄒᆞ면 富티 몯ᄒᆞᆫ다 ᄒᆞ니이다

| 직역 |

"백성들이 살아가는 방법은 떳떳한 직업이 있는 자는 떳떳한 마음을 갖고, 떳떳한 직업이 없는 자는 떳떳한 마음이 없는 것이니, 만일 떳떳한 마음이 없으면 방탕과 사치를 하지 않음이 없을 것입니다. 급기야 죄에 빠진 후에 따라서 그들을 형벌한다면, 이는 백성을 그물질하는 것입니다. 인한 사람이 지위에 있고서 백성을 그물질하는 일을 하는 것이 어디에 있겠습니까. 이러므로 현명한 군주는 반드시 공손하고 검소하여 아랫사람을 예우하며, 백성들에게 취함에 제한이 있는 것입니다. 양호가 말하기를, '부자 되는 일을 하면 인하지 못하고, 인을 하면 부자가 못 된다'고 하였습니다."

| 자해 |

恭儉 : 공손하면 예(禮)로 아랫사람을 접할 수 있고, 검소하면 백성들에게 취하는 것을 제한할 수 있음. • 陽虎 : 양화(陽貨)이니, 노(魯)나라 계씨(季氏)의 가신(家臣).

| 의해 |

"또 농사에서 마땅히 급하게 할 것은 무엇입니까? 백성의 도는 입고 먹기 위한 떳떳한 직업이 있으면 거기에 의지하여 착한 일을

할 수가 있어서 이 고유한 떳떳한 마음을 가질 것입니다. 만일 떳떳한 직업이 없으면 곧 떳떳한 마음이 없으니, 진실로 떳떳한 마음이 없으면, 방탕하고 사벽하고 사특하고 망령되고 사치스런 악한 일을 하게 될 것입니다. 급기야 죄에 빠진 다음에 좇아 형벌하면 이는 평소에 떳떳한 직업을 지어서 백성을 기르지 못하여 백성으로 하여금 추위와 굶주림에 핍박되어 법을 범하게 하는 것입니다. 따라서 이것은 그물을 쳐 놓고 백성을 몰아 그 가운데에 들어가게 하는 것이니, 어찌 어진 사람이 지위에 있으면서 백성을 그물질 하는 일을 할 수 있겠습니까? 떳떳한 직업이 없는 것의 중요함이 이와 같으니, 농사일을 늦게 할 수 있는 것이겠습니까? 오직 백성은 그물질 할 수 없는 것입니다. 이런 까닭에 백성에게 인심(仁心)을 두는 어진 임금은 반드시 겸손하고 공손하여 몸소 절약하고 검소하게 하여 스스로를 받듭니다. 오직 공손하므로 충성과 믿음과 중한 봉록으로 신하 대접하기를 예로써 할 것이고, 오직 검소하므로 백성의 떳떳한 직업을 지어서 백성에게 취함에 제도가 있을 것입니다. 이와 같지 않으면 백성을 속여 인한 사람이 되지 못할 것입니다.

양호가 반드시 인을 알지는 못하였습니다. 그러나 그의 말이 또한 경계가 됩니다. 양호가 말하기를, '부를 추구하면 반드시 많이 취하고 백성을 병들게 하여 곧 인을 행할 수 없을 것이다. 인을 행하면 반드시 위의 것을 덜어서 아래에 더하니, 곧 부를 이루지 못할 것이다. 그러므로 천리와 인욕이 아울러 서지 못함을 볼 수 있다'고 하였습니다. 나라를 다스리는 자가 아랫사람에게 예우하는 것과 백성에게 취하는 것이 제한이 있지 않으면, 백성을 속이는 것을 달게 여겨 부유함을 추구하고 인하지 않은 자와 같게 될 것입니다."

3-3. 夏后氏는 五十而貢하고 殷人은 七十而助하고 周人은 百畝而徹하니 其實은 皆什一也니 徹者는 徹也요 助者는 藉也니이다

| 언해 |

夏后氏ᄂᆞᆫ 五十에 貢ᄒᆞ고 殷人ᄋᆞᆫ 七十에 助ᄒᆞ고 周人ᄋᆞᆫ 百畝에 徹ᄒᆞ니 그 實ᄋᆞᆫ 다 什에 一을 홈이니 徹ᄋᆞᆫ 徹홈이오 助ᄂᆞᆫ 藉홈이니이다

| 직역 |

"하후씨는 50모에 공법을 썼고, 은나라 사람은 70모에 조법을 썼고, 주나라 사람은 백 모에 철법을 썼습니다. 그 실제는 모두 10분의 1이니, 철은 통한다는 뜻이고, 조는 빌린다는 뜻입니다."

| 자해 |

貢・助 : 백성들에게 떳떳한 직업을 제정해주는 것과 그 취하는 제도를 말함. 하(夏)나라 때에는 한 가장(家長)이 토지 50모를 받고, 가장(家長)마다 5모의 수입을 계산하여 바치게 했었는데, 상(商)나라 사람이 처음으로 정전(井田)의 제도를 만들어, 6백(百) 30모의 토지를 가지고 구획하여 아홉 구역으로 만들었으니, 한 구역은 70모였다. 한가운데는 공전(公田)이 되고, 그 밖은 여덟 집에 각기 한 구역을 주어, 단지 그 힘을 빌어서 공전(公田)을 도와 경작하게 하고, 다시는 그 사전(私田)에 세를 내지 않게 함. 주(周)나라 때에는 한 가장(家長)이 토지 백 모를 받아서 향수(鄕遂)에서는 공법(貢法)을 써 십부(十夫)에 구(溝)가 있었고, 도비(都鄙)에서는 조법(助法)을 써 여덟 집이 정(井)을 함께 하여, 경작하게 되면 노동력을 합하여 일하고, 수확하게 되면 이랑 수를 계산하여 분배하였음. 그러므로 철(徹)이라고 이른 것임. 그 실제는 모두 10분(分)의 1이라는 것은 공법(貢法)은 진실로 10분의 1을 떳떳한 수로 삼았고, 오직 조법(助法)은 바로 9분의 1 세법이나, 상(商)나라 제도는

상고할 수 없으며, 주(周)나라 제도는 공전(公田) 백 모 중에 20모를 여막으로 만들었으니, 일부(一夫)가 경작하는 공전(公田)은 실로 계산하면 10모이다. 사전(私田) 백 모를 통계하면 11분(分)의 1을 취하는 것이 되니, 이는 또 10분의 1보다 가벼운 것이다. 상(商)나라 제도 역시 마땅히 이와 같아서 14모를 여막으로 삼아 일부(一夫)가 실제로 공전(公田) 7모를 경작했을 것이니, 그렇다면 이 역시 10분의 1에 불과하다. • 徹 : 통한다는 뜻이며 고르게 한다는 뜻. • 藉 : 빌린다는 뜻.

| 의해 |

"이제 삼대에 백성의 떳떳한 직업을 제정하고 취하는 법을 말하면, 하나라 제도는 한 가장이 밭 오십 모를 받고 그 세금을 취하는 제도는 공법을 행하였고, 은나라 제도는 한 가장이 밭 칠십 모를 받고 그 세금을 취하는 제도는 조법을 행하였으며, 주나라 제도는 한 가장이 밭 백 모를 받고 그 세금을 취하는 제도는 철법을 행하였으니, 공법과 조법과 철법이 이름은 비록 같지 아니하나 그 실상은 같습니다. 공법은 오 모의 수입을 오십 모에서 취하고, 조법은 칠 모의 수입을 칠십 모에서 취하는 것이며, 철법은 이것을 겸한 것이니 모두 10분의 1을 취하는 것으로, 과중하지 않습니다. 대저 아래에서 위에 바침에 바치는 뜻을 알기 쉽습니다. 철법은 무엇입니까? 밭갈 때는 백성의 힘을 합하여 경작하고, 거둘 때는 이랑을 세어서 평균하게 나누는 것이니, 그 뜻을 '철(徹)'에서 취한 것입니다. 조법이라고 하는 것은 무엇입니까? 그 사전의 세를 받지 않고 다만 여덟 집의 힘을 빌어 공전을 도와서 가는 것이니, 그 뜻을 '자(藉)'에서 취한 것입니다. 백성에게 취하는 것이 제도가 있어서 삼대의 인한 정사가 이와 같았습니다."

용 자 왈 치 지 막 선 어 조 막 불 선 어 공 공 자
3-4. 龍子曰 治地는 莫善於助요 莫不善於貢이니 貢者
교 수 세 지 중 이 위 상 낙 세 립 미 랑 려
는 校數歲之中하여 以爲常하나니 樂歲에 粒米狼戾하
다 취 지 이 불 위 학 즉 과 취 지 흉 년 분 기
야 多取之而不爲虐이라도 則寡取之하고 凶年에 糞其
전 이 부 족 즉 필 취 영 언 위 민 부 모 사 민
田而不足이어늘 則必取盈焉하나니 爲民父母 使民으
혜 혜 연 장 종 세 근 동 부 득 이 양 기 부 모 우 칭
로 盻盻然將終歲勤動하야 不得以養其父母하고 又稱
대 이 익 지 사 로 치 전 호 구 학 오 재 기 위 민 부
貸而益之하야 使老稚로 轉乎溝壑이면 惡在其爲民父
모 야
母也리오하니이다

| 언해 |

龍子ㅣ ᄀᆞᆯ오ᄃᆡ 地를 治ᄒᆞ욤ᄋᆞᆫ 助만 善ᄒᆞᆫ이 업고 貢만 善티 아니 ᄒᆞᆫ이 업ᄉᆞ니 貢ᄋᆞᆫ 數歲ㅅ中을 校ᄒᆞ야 ᄡᅥ 常을 삼ᄂᆞ니 樂歲예 粒米ㅣ 狼戾ᄒᆞ야 多取ᄒᆞ야도 虐ᄒᆞ욤이 아니라도 곧 寡取ᄒᆞ고 凶年에 그 田을 糞ᄒᆞ야도 足디 몯ᄒᆞ거늘 곧 반ᄃᆞ시 盈을 取ᄒᆞᄂᆞ니 民의 父母ㅣ 되얀ᄂᆞᆫ디라 民으로 ᄒᆞ야곰 盻盻히 쟝ᄎᆞᆺ 歲ㅣ 終토록 勤動ᄒᆞ야 시러곰 ᄡᅥ 그 父母ᄅᆞᆯ 養티 몯ᄒᆞ게 ᄒᆞ고 ᄯᅩ 貸를 稱ᄒᆞ야 益ᄒᆞ야 老稚로 ᄒᆞ여곰 溝壑애 轉케 ᄒᆞ면 어ᄃᆡ 그 民의 父母ㅣ 되얀ᄂᆞᆫ 주리 이시리오

| 직역 |

"용자가 말하기를, '토지를 다스리는 것은 조법보다 좋은 것이 없고, 공법보다 나쁜 것이 없으니, 공법이란 몇 년의 중간치를 비교하여 일정한 수를 내게 하는 것이다. 풍년에는 곡식이 낭자하여, 많이 취하여도 포악함이 되지 않을지라도 적게 취하고, 흉년에는

그 토지에 비료를 주기에도 부족한데도 반드시 일정액을 가득히 채운다. 백성의 부모가 되어서 백성으로 하여금 한스럽게 보아 장차 일년 내내 부지런히 노동하여 그 부모를 봉양할 수 없게 하고, 또 빚을 내어 보태어서 세금을 내게 하여, 늙은이와 어린아이로 하여금 구덩이나 골짜기에서 죽어 굴러다니게 한다면, 백성의 부모된 것이 어디에 있겠는가?'라고 하였습니다."

| 자해 |

龍子 : 옛 현인(賢人). • 狼戾 : 낭자(狼藉)와 같으니, 많음을 말함. • 糞 : 북돋움. • 盈 : 가득함. • 盻 : 한스럽게 보는 것. • 勤動 : 노고(勞苦). • 稱 : 諨. • 貸 : 빌리는 것이니, 남에게 물건을 취하고 이식(利息)을 내어 상환하는 것. • 益之 : 일정액을 가득히 취하는 수를 충족하는 것. • 稚 : 어린 자식.

| 의해 |

"삼대의 법이 모두 10분의 1을 취함이 이와 같습니다. 이에 용자는 말하였습니다. '예로부터 땅을 다스리고 백성에게 취하는 법이 조법보다 더 좋은 것이 없고 공법보다 더 나쁜 것이 없다. 어떻게 공법의 나쁜 점을 알 수 있겠는가? 공법이란 것은 두어해 풍년과 흉년에 수확한 것을 비교해서 그 많고 적음에 적중한 수를 참작하여 백성에게 취하는 일정한 제도인데, 그 유폐가 마침내 말할 수 없는 것이 있다. 풍년에는 곡식이 넉넉하고 많아서 낭자하고 어지러워서 땅에 다 버리니, 비록 많이 취하더라도 포악함이 되지 않는데 일정한 수효에 거리껴서 적게 취하고, 흉년에는 얻은 것이 적어서 가진 밭이 텅 비어 허비하지 않더라도 오히려 넉넉하지 못하니, 비록 박하게 세금을 받더라도 괜찮은데 일정한 수에 거리껴서 반드시 채우기를 취한다. 풍년에 적게 취하는 것이 충분히 은혜가 되지 못하고, 흉년에는 많이 취하여 백성이 견디고 살 수 없다. 임금이 백성의 부모가 되어서 백성으로 하여금 한스럽게 장차 한 해를 마치도록 수고롭게 하여 얻은 것을 다 관가

에 바쳐서 그 부모를 봉양하지 못하고, 오히려 또 일정한 수를 채울 것을 취하는 수효가 오히려 부족하여 또 이자를 주고 빚을 내어 보태어 백성으로 하여금 공과 사의 사이에서 핍박되어 우러러 섬기고 구부려 기름에 하나도 도움 될 만한 것이 없어서 늙은이와 어린이가 구덩이나 골짜기에서 죽어 굴러다니게 한다면 어찌 부모 됨이 있겠는가? 공법의 좋지 아니함이 이와 같으니, 만일 조법이라면 공전에서 얻은 것 중에 많고 적음을 따라서 취하니, 어찌 이러한 폐가 있겠는가?' 용자의 이 말에서 조법이 마땅히 행할만한 것임을 볼 수 있습니다."

부세록 등 고행지의 시운 우아공전
3-5. 夫世祿은 滕이 固行之矣니이다 詩云 雨我公田하
수급아사 유조 위유공전 유차관지
여 遂及我私라하니 惟助에 爲有公田하니 由此觀之컨
수주 역조야
댄 雖周나 亦助也로소이다

| 언해 |

世祿ᄋᆞᆫ 滕이 본ᄃᆡ 行ᄒᆞᄂᆞ니이다 詩예 닐오ᄃᆡ 우리 公田애 雨ᄒᆞ야 드듸여 우리 私애 及ᄒᆞ라 ᄒᆞ니 오직 助애 公田이 이시니 일로 말ᄆᆡ아마 觀컨댄 비록 周ㅣ나 ᄯᅩᄒᆞᆫ 助를 ᄒᆞ도소이다

| 직역 |

"대대로 주는 봉록은 등나라가 진실로 시행하고 있습니다. 『시경』에 이르기를, '우리 공전에 비를 내려 마침내 우리 사전에 미친다'고 하였으니, 오직 조법에 공전이 있는 것입니다. 이로 말미암아 관찰한다면 주나라도 또한 조법을 쓴 것입니다."

| 자해 |

世祿 : 토지를 주어서 그로 하여금 그 공전(公田)의 수입을 먹게 하는 것이니, 실로 조법(助法)과는 서로 표리(表裏)가 된다. • 詩 : 「소아(小雅) · 대전(大田)」. • 雨 : 비가 내림.

| 의해 |

“또 조법으로 백성을 기르고 대대로 주는 봉록으로써 선비를 대접하니, 다 왕정에서 반드시 행해야 할 것입니다. 대대로 주는 봉록은 등나라가 이미 행하였으니, 대대로 주는 봉록과 조법은 원래 서로 표리가 됩니다. 따라서 비록 대대로 주는 봉록은 행하여 졌지만 조법이 행하여 지지 않았으니, 오히려 왕정의 본의에서 나오지 않은 것입니다. 그러므로 이제 그 이미 행한데 나아가 그 행하지 못한 것을 행한다면, 이미 행한 것도 또한 인하여 더 행함이 있을 것입니다.

등나라가 조법을 행하지 아니함은 그 제도가 주나라 법이 아니기 때문이 아닙니다. 조법은 다만 은나라만 행했을 뿐이 아닙니다. 「소아 · 대전」의 시를 상고하면, ‘원컨대 하늘이 비를 내리어 우리 공전에 물대고, 마침내 사전에 미치라’고 하였습니다. 공법에는 이른바 공전이란 것이 없고 오직 조법에만 공전이 있으니, 조법은 상나라 제도입니다. 시는 주나라의 시이니, 시의 말로 보면 비록 주나라가 철법이긴 하지만, 또한 어찌 이 조법이 아니겠습니까? 조법은 마땅히 대대로 주는 봉록을 이어서 행해야 합니다.”

설위상서학교 이교지 상자 양야 교
3-6. 設爲庠序學校하여 以教之하니 庠者는 養也요 校
자 교야 서자 사야 하왈교 은왈서 주
者는 教也요 序者는 射也라 夏曰 校요 殷曰 序요 周

왈 상 학즉삼대공지 개소이명인륜야 인륜
曰 庠이요 學則三代共之하니 皆所以明人倫也라 人倫
명어상 소민 친어하
이 明於上이면 小民이 親於下니이다

| 언해 |

設ᄒᆞ야 庠이며 序ㅣ며 學이며 校를 ᄒᆞ야 ᄡᅥ 敎ᄒᆞ니 庠은 養홈이오 校ᄂᆞᆫ 敎홈이오 序ᄂᆞᆫ 射홈이라 夏ᄂᆞᆫ ᄀᆞᆯ오ᄃᆡ 校ㅣ라ᄒᆞ고 殷ᄋᆞᆫ ᄀᆞᆯ오ᄃᆡ 序ㅣ라ᄒᆞ고 周ᄂᆞᆫ ᄀᆞᆯ오ᄃᆡ 庠이라ᄒᆞ고 學인則 三代ㅣ 共ᄒᆞ니 다 ᄡᅥ 人倫을 明ᄒᆞᄂᆞᆫ 배라 人倫이 上애 明ᄒᆞ면 小民이 下애 親ᄒᆞᄂᆞ니이다

| 직역 |

"상·서·학·교를 설치하여 백성들을 가르쳤으니, 상은 봉양한다는 뜻이고, 교는 가르친다는 뜻이고, 서는 활쏘기를 익힌다는 뜻입니다. 하나라에서는 교라 하였고, 은나라에서는 서라 하였고, 주나라에서는 상이라 하였으며, 학은 삼대가 이름을 함께 하였으니, 이는 모두 인륜을 밝히는 것이었습니다. 인륜이 위에서 밝으면 소민들이 아래에서 친해집니다."

| 자해 |

庠序 : 상(庠)은 노인을 봉양하는 것으로 의의를 삼고, 교(校)는 백성을 가르치는 것으로 의의를 삼고, 서(序)는 활쏘기를 익히는 것으로 의의를 삼았으니, 모두 향학(鄕學)임. • 學 : 국학(國學). • 共之 : 다른 명칭이 없는 것. • 倫 : 차례이니, 부자(父子)간에는 친함이 있고, 군신(君臣)간에는 의리가 있고, 부부(夫婦)간에는 분별이 있고, 장유(長幼)간에는 질서가 있고, 붕우(朋友)간에는 신의가 있는 것이니, 이는 사람의 큰 윤리임.

| 의해 |

"조법이 과연 행해져 백성을 기름이 있으면, 떳떳한 마음을 회복

하고 교화가 일어날 수 있을 것입니다. 따라서 반드시 상·서·학·교를 설치하여 가르치니, 상이라 이름 한 것은 늙은이를 봉양하는 뜻을 취하여 백성으로 하여금 나이 많은 이를 높일 줄을 알게 하는 것입니다. 교라 이름 한 것은 백성을 가르치는 뜻을 취하여 백성으로 하여금 육덕[知·仁·淸·義·忠·和]과 육예[禮·樂·射·御·書·數]를 알게 하는 것입니다. 서라 이름 한 것은 활쏘기를 익히는 뜻을 취하여 백성으로 하여금 어진 것을 차례하고 덕을 보는 것을 알게 한 것입니다. 하나라에서는 교라 하였고, 은나라에서는 서라 하였고, 주나라에서는 상이라 하였으니, 이는 향학으로서 이름이 다른 것이었습니다. 천자와 제후 나라의 학에 이르러서는 삼대(三代)가 이름을 함께 하여 학이라 하였으니, 종합하면 향학과 국학이 명의는 비록 다르나 그 교를 세우는 뜻을 근본하면 다 사람의 큰 윤리를 밝혀서 오상으로 하여금 차례가 있게 한 것입니다. 사람이 사람이 된 까닭은 그 인륜이 있기 때문입니다. 진실로 위에 있는 자가 학을 세우고 가르침을 세워서 인륜이 위에서 밝고 백성이 그 가르침에 복종하면, 각각 윤리가 가운데서 편안하고 서로 아래에서 친하고 공손하여 정의가 혹 어그러지고 떠남이 없을 것입니다. 이것이 백성을 가르치는 법입니다."

유왕자기 필래취법 시위왕자사야
3-7. 有王者起면 必來取法하리니 是爲王者師也니이다

시운 주수구방 기명유신 문왕지위야
詩云 周雖舊邦이나 其命維新이라하니 文王之謂也니

자력행지 역이신자지국
子力行之하시면 亦以新子之國하시리이다

| 언해 |

王者ㅣ 起ᄒᆞ리 이시면 반ᄃᆞ시 와 取ᄒᆞ야 法ᄒᆞ리니 이 王者의 師ㅣ 되옴이니이다 詩예 닐오ᄃᆡ 周ㅣ 비록 녯나라히나 그 命이 새롭다 ᄒᆞ니 文王을 닐옴이니 子ㅣ 힘뻐 行ᄒᆞ시면 ᄯᅩᄒᆞᆫ ᄡᅧ 子의 國을 新ᄒᆞ시리이다

| 직역 |

"왕자가 나오면 반드시 와서 본보기를 취할 것이니, 이는 왕자의 스승이 되는 것입니다. 『시경』에 이르기를, '주나라가 비록 오래된 나라이나, 그 명은 새롭다'고 하였으니, 이는 문왕을 이른 것입니다. 그대가 힘써 행한다면 또한 그대의 나라를 새롭게 할 수 있을 것입니다."

| 자해 |

詩 : 「대아(大雅) · 문왕(文王)」. • 子 : 문공(文公)을 가리킴.

| 의해 |

"조법이 행해지고 학교가 겸하여 설치되면, 이는 왕도에 있어 대대로 이어서 바꾸지 못할 것입니다. 내가 우와 탕과 문왕과 무왕을 스승으로 삼아 이같이 들어 행하면, 왕천하 하는 임금이 일어남에 반드시 와서 내게 본보기를 취하여 또한 이와 같이 행하려 할 것입니다. 이는 뒤에 왕자의 스승이 되어서 백성을 무궁토록 인하게 할 것이니, 돌아보건대 행함이 어떠한가에 달려 있습니다. 하물며 왕업을 일으키는 기업(基業)은 반드시 이것을 바탕으로 삼지 않음이 없습니다. 『시경』에 이르기를, '주나라가 비로소 후직을 봉함으로부터 비록 옛 나라가 되었으나 그 천명을 받음은 오늘날부터 비로소 하였다'고 하니, 『시경』에서 말한 것은 문왕을 이릅니다. 문왕은 왕정을 행하여 천명을 받아 왕업을 일으켜 그 나라를 새롭게 한 것입니다. 문공이 만일 분발하여 힘써 행한다

면, 천명이 날마다 모이고 옛 사업이 날마다 더해져 또한 문공의 나라를 새롭게 하는 것이 문왕과 같음이 있을 것이니, 나라를 다스리는 도가 무엇이 이것을 지나겠습니까?"

사 필 전 문 정 지 맹 자 왈 자 지 군 장 행
3-8. 使畢戰으로 問井地하신대 孟子曰 子之君이 將行
인 정 선 택 이 사 자 자 필 면 지 부 인 정
仁政하여 選擇而使子하시니 子必勉之이다 夫仁政은
필 자 경 계 시 경 계 부 정 정 지 불 균 곡 록 불
必自經界始니 經界不正이면 井地不均하며 穀祿이 不
평 시 고 포 군 오 리 필 만 기 경 계 경 계
平하리니 是故로 暴君汙吏는 必慢其經界하나니 經界
기 정 분 전 제 록 가 좌 이 정 야
旣正이면 分田制祿은 可坐而定也니라

| 언해 |

畢戰으로 ᄒᆞ여곰 井地를 무르신대 孟子ㅣ ᄀᆞᆯᄋᆞ샤ᄃᆡ 子의 君이 쟝ᄎᆞᆺ 仁政을 行호려ᄒᆞ야 選擇ᄒᆞ야 子를 使ᄒᆞ시니 子ㅣ 반ᄃᆞ시 勉ᄒᆞᆯ띠어다 仁政은 반ᄃᆞ시 界를 經ᄒᆞᆷ오로브터 始ᄒᆞᄂᆞ니 界를 經ᄒᆞ욤이 正티 아니ᄒᆞ면 井地ㅣ 均티 아니ᄒᆞ며 穀祿이 平티 아니ᄒᆞ리니 이런 故로 暴君과 汙吏ᄂᆞᆫ 반ᄃᆞ시 그 界를 經ᄒᆞ욤을 慢ᄒᆞᄂᆞ니 界를 經ᄒᆞ욤이 이믜 正ᄒᆞ면 田을 分ᄒᆞ며 祿을 制ᄒᆞ욤은 可히 坐ᄒᆞ야셔 定ᄒᆞᆯ띠니라

| 직역 |

필전(畢戰)으로 하여금 정전법을 묻게 하자, 맹자가 대답하였다. "그대의 군주가 장차 인정을 행하고자 하여 선택하여 자네를 시키셨으니, 자네는 반드시 힘쓸지어다. 인정은 반드시 토지의 경계를 다스리는 것으로부터 시작되는 것이니, 경계를 다스리는 것이

바르지 못하면 정지가 균등하지 못하며, 곡록이 공평하지 못하게 된다. 이러므로 폭군과 오리들은 반드시 그 경계를 다스리는 일을 태만히 하니, 경계를 다스리는 것이 이미 바르게 되면 토지를 나누어주고 곡록을 제정해주는 일은 가만히 앉아서도 정해질 수 있는 것이다."

| 자해 |

畢戰 : 등(滕)나라의 신하. • 井地 : 정전(井田). • 經界 : 땅을 다스리고 토지를 나누어서 도랑과 길과 봉식(封植)을 구분하는 경계를 구획함.

| 의해 |

등나라 문공이 맹자의 말로 인해 필전으로 하여금 정전에 대해 물어서 행하려 하자, 맹자가 말하였다. "선왕이 천하를 인하게 하던 정사 중에 정전보다 더 큰 것이 없다. 이제 자네의 임금이 장차 정전의 인정을 행하려 하면서 여러 신하 가운데서 자네를 뽑아서 부리니, 중요한 임무이며 전일한 책임이다. 자네는 반드시 힘써 해야 한다. 정전이 인정의 중요함이 되는데, 반드시 그 경계를 경영해서 획을 그음으로부터 시작된다. 수도를 통하면서는 도랑과 붓도랑이 있고, 논두렁 밭두렁을 바르게 하면 경계와 길이 있고, 지경과 밭두둑을 세우면 봉토와 장승이 있고 심은 나무가 있어서 획을 그은 듯 분명하게 하는 것을 먼저 힘써야 할 것이다. 만일 경계가 바르지 않으면 공전과 사전의 밭이 일정한 구분이 없어서 사납고 강한 자가 아래에서 겸하고 아울러서 마침내 정전이 고르지 않게 된다. 세금은 밭에서 나니, 밭에 일정한 분수가 없으면, 세금에 일정한 법이 없어서 탐포하는 자가 많아지므로, 위에서 취하여 곡록이 또한 공평하지 않게 된다. 이런 까닭에 포악한 임금과 더러운 아전이 반드시 그 경계를 소홀히 해서 어지럽게 하여 몸소 사사로운 일을 편히 하고 아래의 이익을 빼앗게 된다. 만일 경계가 바르면 사납고 강한 자와 탐포한 자가 용납되

지 않으니, 백성의 밭을 나누고 나라의 녹을 지음에 앉아서 정할 수 있을 것이며, 나머지 힘을 수고롭게 함이 없을 것이다. 이것이 인정이 반드시 경계를 바로잡는 것으로부터 시작되어야 하는 까닭이다.”

부 등 양 지 편 소 장 위 군 자 언 장 위 야 인
3-9. 夫滕이 壤地褊小하나 將爲君子焉이며 將爲野人
언 무 군 자 막 치 야 인 무 야 인 막 양 군 자
焉이니 無君子면 莫治野人이요 無野人이면 莫養君子
청 야 구 일 이 조 국 중 십 일 사 자 부
니라 請野에 九一而助하고 國中에 什一하여 使自賦하
경 이 하 필 유 규 전 규 전 오 십 모 여 부
라 卿以下는 必有圭田하니 圭田은 五十畝니라 餘夫는
이 십 오 모
二十五畝니라

| 언해 |

滕이 壤地ㅣ 褊小ᄒᆞ나 장ᄎᆞᆺ 君子ㅣ 되며 장ᄎᆞᆺ 野人이 되리니 君子ㅣ 업ᄉᆞ면 野人을 治티 몯ᄒᆞ고 野人이 업ᄉᆞ면 君子를 養티 몯ᄒᆞᄂᆞ니라 請컨댄 野애 九에 一을 ᄒᆞ야 助ᄒᆞ고 國中에 什애 一을 ᄒᆞ야 ᄒᆞ여곰 스ᄉᆞ로 賦케 ᄒᆞ라 卿으로 ᄡᅧ 下ᄂᆞᆫ 반ᄃᆞ시 圭田이 인ᄂᆞ니 圭田은 五十畝ㅣ니라 餘夫ᄂᆞᆫ 二十五畝ㅣ니라

| 직역 |

“등나라는 국토가 좁고 작으나, 장차 군자가 될 사람이 있으며, 장차 야인이 될 사람이 있을 것이니, 군자가 없으면 야인을 다스리지 못하고, 야인이 없으면 군자를 봉양할 수 없다. 청하건대, 들에서는 9분의 1 세법을 써서 조법을 시행하고, 국중에서는 10분의 1 세법을 써서 스스로 세금을 바치게 하도록 하라. 경 이하

는 반드시 규전이 있으니, 규전은 50모이다. 기타의 남자에게는 25모를 준다."

| 자해 |

野 : 교외의 도(都)·비(鄙)의 땅. • 九一而助 : 공전(公田)을 만들어 조법(助法)을 시행하는 것. • 國中 : 교문(郊門)의 안에 있는 향(鄕)·수(遂)의 땅이니, 토지(土地)를 정전(井田)으로 만들어 주지 않고, 다만 구혁(溝洫)을 만들어서 10분의 1을 스스로 바치게 하니, 이는 공법(貢法)을 쓴 것임. • 圭 : 깨끗함이니, 제사를 받드는 것. • 餘夫 : 일부(一夫)는 위로 부모(父母)가 있고, 아래로 처자(妻子)가 있어서, 다섯 식구와 여덟 식구를 비율로 삼아 토지 백모(百畝)를 받으니, 만일 아우가 있으면 이는 기타의 남자임. 나이 16세에 별도로 토지 25모를 받고, 그가 장성하여 아내가 있기를 기다린 뒤에 다시 백모(百畝)의 토지를 받았음.

| 의해 |

"등나라는 국토가 좁고 작아 겨우 오십 리이다. 그러나 비록 작은 나라이지만, 또한 지위에 있으면서 군자가 될 만한 사람이 있고, 또한 지위가 없어서 소인이 될 만한 사람이 있다. 만일 군자가 없으면 정사와 가르침을 베풀어 야인을 다스리지 못할 것이므로 봉록을 짓지 않을 수 없고, 야인이 없으면 세금을 바쳐 군자를 봉양할 수 없으므로 밭을 나누지 않을 수 없다.

밭을 나누고 봉록을 짓는 법은 반드시 땅으로 인해 그 마땅함을 제정한다. 교외의 평원·광야 같은 것은 획을 그어 정전을 제정하여 정전 아홉 구역을 만들어 그 가운데 하나는 공전이 되고 여덟 집이 도와 갈아서 그 수입을 거두어 군자의 봉록으로 삼아 조법을 시행한다. 국중에 이르러서는 산림과 언덕과 산록을 쌓아 안에 있으므로 정전으로 일정하게 나누어 획을 긋지 못할 경우에는 다만 긴 부분을 자르고 짧은 부분을 보충해서 계산하여 대략 밭 백 모가 되면 한 가장에게 주어서 스스로 그 십분의 일을 위에 세금으로 바쳐 나라의 쓰임에 채우게 하였다. 주나라의 철법이 바로 이와 같았으므로, 군자를 기르고 야인을 다스린 것이다.
다만 이뿐 아니라, 군자가 대대로 봉록을 받는 떳떳한 법 이외에 또 경 이하로부터 사에 이르기까지 다 규전을 두어서 제사를 받들게 하였다. 규전은 오십 모이다. 제사하는 경비로써 그 녹봉에서 용도를 나누게 하지 않으니, 대대로 받는 봉록의 부족한 바를 보충해준 것이다.
한 지아비 여덟 식구 밖에 그 집 가운데 아들과 아우 중에 오히려 남은 힘이 있는 자를 일러 기타의 남자라고 한다. 그에게는 별도로 밭 이십오 모를 주어서 의식을 의지하게 하니, 분전에 미치지 못한 바를 도와주는 것이다. 이것은 모두 정전으로부터 통하는 것이다."

3-10. 死徙(사사)에 無出鄕(무출향)이니 鄕田同井(향전동정)이 出入(출입)에 相友(상우)하며 守望(수망)에 相助(상조)하며 疾病(질병)에 相扶持(상부지)하면 則百姓(즉백성)이 親睦(친목)하리라

| 언해 |

死ᄒᆞ며 徙ᄒᆞ욤애 鄕애 出티 말올띠니 鄕田애 井을 同ᄒᆞᆫ이 出入에 서ᄅᆞ 友ᄒᆞ며 守望애 서ᄅᆞ 助ᄒᆞ며 疾病애 서ᄅᆞ 扶持ᄒᆞ면 곧 百姓이 親睦ᄒᆞ리라

| 직역 |

"죽거나 이사함에 고을을 벗어남이 없으니, 고을 밭에 정전을 함께 한 자들이 나가고 들어 올 때에 서로 짝하며, 지키고 망볼 때에 서로 도우며, 질병이 있을 때에 서로 붙들어 주고 잡아 준다면

백성들이 친목하게 될 것이다."

| 자해 |

死 : 장례. • 徙 : 거주지를 이사함. • 同井 : 여덟 집. • 友 : '짝할 반(伴)'과 같음. • 守望 : 도둑을 막는 것.

| 의해 |

"정전의 법이 다만 민생을 두터이 할뿐만 아니라 또 백성의 풍속을 착하게 한다. 정전이 이미 행해짐에 백성이 대대로 산업이 있어서 한 고을의 백성이 죽어서 장사지내는 자와 옮겨서 사는 곳을 바꾸는 자가 다 이 고을 안에서 벗어나지 않는다. 정전을 함께 하는 줄 알기 때문에 한 번 나가고 한 번 들어옴에 서로 짝하고 서로 사양하며, 가까이 지키고 멀리 바라서 피차에 서로 돕는 것은 추위와 어려움을 방비하는 것이 주밀한 것이다. 질병이 있음에 서로 더불어 그 파리하고 약한 이를 붙들어 주는 것은 그 곤궁하고 급함을 구원하는 것이니, 곧 백성이 친하고 공손하고 화목함을 볼 수 있다."

방 리 이 정 정 구 백 모 기 중 위 공 전
3-11. 方里而井이니 井이 九百畝니 其中이 爲公田이라
팔 가 개 사 백 모 동 양 공 전 공 사 필 연 후 감
八家皆私百畝하여 同養公田하여 公事를 畢然後에 敢
치 사 사 소 이 별 야 인 야 차 기 대 략 야 약 부 윤 택
治私事니 所以別野人也니라 此其大略也니 若夫潤澤
지 즉 재 군 여 자 의
之則在君與子矣니라

| 언해 |

方으로 里ㅣ 井이니 井이 九百畝ㅣ니 그 中이 公田이라 八家ㅣ

다 百畝를 私ᄒᆞ야 ᄒᆞᆫ가지로 公田을 養ᄒᆞ야 公事를 畢ᄒᆞᆫ 然後에 敢히 私事를 治홀띠니 ᄡᅧ 野人을 別ᄒᆞᄂᆞᆫ 배니라 이 그 大略이니 만일에 潤澤홈인 則 君과 다뭇 子의게 인ᄂᆞ니라

| 직역 |

"방 1리가 정이니, 정은 9백 모이니, 그 가운데가 공전이다. 여덟 집에서 모두 백 모를 사전으로 받아서 함께 공전을 가꾸어, 공전의 일을 끝마친 다음에 감히 사전의 일을 다스리니, 이는 야인을 구별한 것이다. 이것이 그 대략이니, 이것을 윤택하게 하는 것으로 말하면, 군주와 자네에게 달려 있다."

| 자해 |

潤澤 : 때에 따라 마땅하게 만들어서 인정(人情)에 합하고, 토속(土俗)에 마땅하여 선왕(先王)의 뜻을 잃지 않게 함을 말함.

| 의해 |

"정전의 좋은 것은 마땅히 행할 것이 이와 같다. 시험하여 그 형체로써 자세히 해보면, 항상 땅의 사방 일리에 획을 그어 아홉 구역을 만들어 형상이 우물 정자와 같게 하고, 한 정의 밭은 한결같이 구백 모이다. 그리고 그 가운데의 백 모가 공전이 되는데, 군자의 봉록이 된다. 밖의 여덟 집은 다 각각 백 모를 사사로이 하여 스스로 넉넉하게 하고, 이 여덟 집 백성은 똑 같이 힘을 내서 공전을 가꾸어, 반드시 혹 갈고 혹 김매고 혹 거두어서 공전의 일을 마친 후에 감히 사전의 일을 다스린다. 공적인 일을 먼저하고 사적인 일을 뒤에 하여, 이같이 차례가 있어서 문란하지 아니한 것은 어째서인가? 야인을 분별하여 군자에게 비기지 못하고, 노력하여 사람을 먹이는 것이 그 분수의 마땅한 것임을 알게 하니, 주나라가 조법을 행한 것이 이와 같았다.

그러나 정전의 법이 폐하여진지 오래 되었으니, 내가 가운데와

밖의 구분을 정하고 공사의 등급을 분변하고 군자와 야인의 분수를 구별한 것은 다만 그 대략이다. 돌아보건대 시세의 변하고 옮김이 같지 아니하고 지방의 살찌고 파리함이 한결같지 아니하여, 혹 옛날에는 마땅하였지만 지금에는 마땅하지 아니하며, 혹 여기에는 이로운데 저기에는 이롭지 못한 것이 있다. 변화하여 인정에 합하고 토속에 마땅하고 선왕의 법에 거리끼지 않으며 또 그 뜻을 잃지 않아 윤택하게 하여 행하는 것은 위로 임금에게 있고 아래로 자네에게 있으니, 내가 말로 다 할 수 있는 것이 아니다."

| 요지 |

상례(喪禮)와 경계(經界) 두 장에서 맹자의 학문이 그 큰 것을 알았음을 볼 수 있다. 이 때문에 비록 예법이 무너진 뒤를 당하여 제도와 절문(節文)을 다시 상고할 수 없었으나, 소략한 것을 인하여 상세한 것을 다하였으며, 옛 것을 미루어 새 것을 만들어서 이미 지나간 자취에 급급하지 않으면서도 선왕의 뜻에 부합하였으니, 참으로 아성(亞聖)의 재주라고 이를 만하다.

유 위 신 농 지 언 자 허 행 자 초 지 등 종 문 이 고
4-1. 有爲神農之言者許行이 自楚之滕하여 踵門而告
문 공 왈 원 방 지 인 문 군 행 인 정 원 수 일 전 이
文公曰 遠方之人이 聞君의 行仁政하고 願受一廛而
위 맹 문 공 여 지 처 기 도 수 십 인 개
爲氓하노이다 文公이 與之處하시니 其徒數十人이 皆
의 갈 곤 구 직 석 이 위 식
衣褐하고 捆屨織席하여 以爲食하더라

| 언해 |

神農의 言ᄒᆞ는 者 許行이 楚로브터 滕에 가 門애 踵ᄒᆞ야 文公ᄭᅴ

告ᄒᆞ야 ᄀᆞᆯ오ᄃᆡ 遠方엣 人이 君의 仁政行ᄒᆞ욤을 聞ᄒᆞ고 願컨댄 一廛을 受ᄒᆞ야 氓이 되려 ᄒᆞ노이다 文公이 處를 與ᄒᆞ시니 그 徒 數十人이 다 褐을 衣ᄒᆞ고 屨를 捆ᄒᆞ며 席을 織ᄒᆞ야 ᄡᅥ 食을 ᄒᆞ더라

| 직역 |

신농씨의 말을 하는 허행이 초나라에서 등나라로 가서 궁궐의 문에 이르러 문공에게 아뢰였다. "먼 지방 사람이 군주께서 인정을 행하신다는 말을 듣고, 한 자리를 받아 백성이 되기를 원합니다." 문공이 그에게 거처할 곳을 주니, 그 무리 수십 명이 모두 갈옷을 입고는 신을 두드려 만들고 자리를 짜서, 그것을 팔아 양식을 마련하였다.

| 자해 |

神農 : 염제(炎帝)신농씨(神農氏)이니, 처음으로 쟁기 자루와 보습을 만들어서 백성들에게 가색(稼穡)을 가르친 자. • 爲其言 : 사마천(司馬遷)의 이른바 '농가자류(農家者流)'라는 것임. • 許行 : 허(許)는 성이고, 행(行)은 명. • 踵門 : 발이 문에 이른 것. • 仁政 : 위 장(章)에서 말한 정지(井地)의 법. • 廛 : 백성이 거주하는 곳. • 氓 : 야인(野人)의 칭호. • 褐 : 모포(毛布)이니, 천한 자의 의복. • 捆 : 두드림이니, 견고히 하고자 하는 것. • 以爲食 : 팔아서 양식을 공급하는 것.

| 의해 |

등나라 문공이 맹자의 말로 인해 삼대 정전의 법을 행하고자 하니, 당시에 신농씨의 말을 거짓 칭탁하고 부정한 말을 만들어 무리를 미혹시키는 자인 허행이 초나라로부터 등나라에 가서 문공의 문에 이르러서 말하였다. "나는 먼 지방의 사람입니다. 임금이 밭을 나누고 봉록을 지어서 인정을 행한다는 말을 들었으니, 원하건대 한 터의 살 곳을 받아서 야인의 항렬에 붙어서 임금의 백성이 되려고 합니다." 이에 문공이 교화를 사모하여 왔다고 하여 마침내 거처할 곳을 주었다. 그들을 보니 무리 수십 인이 있는데,

입은 것이 다 모포이고, 서로 더불어 신을 삼고 자리를 짜서 먹을 것을 공급하니, 사람이 반드시 스스로 자신의 힘으로 먹는 것이 옳다고 한 것이다. 이에서 또한 그 뜻을 볼 수가 있다.

진 량 지 도 진 상 여 기 제 신 부 뢰 사 이 자 송 지
4-2. 陳良之徒陳相이 與其弟辛으로 負耒耜而自宋之
등 왈 문 군 행 성 인 지 정 시 역 성 인 야
滕하여 曰 聞君의 行聖人之政호니 是亦聖人也시니
원 위 성 인 맹 진 상 견 허 행 이 대 열 진 기
願爲聖人氓하노이다 陳相이 見許行而大悅하여 盡棄
기 학 이 학 언 진 상 견 맹 자 도 허 행 지 언 왈
其學而學焉이러니 陳相이 見孟子하여 道許行之言曰
등 군 즉 성 현 군 야 수 연 미 문 도 야 현 자
滕君則誠賢君也어니와 雖然이나 未聞道也로다 賢者
여 민 병 경 이 식 옹 손 이 치 금 야 등 유 창
는 與民並耕而食하며 饔飧而治하나니 今也에 滕有倉
름 부 고 즉 시 려 민 이 이 자 양 야 오 득 현
廩府庫하니 則是厲民而以自養也니 惡得賢이리오

| 언해 |

陳良의 徒 陳相이 그 弟ㅣ 辛으로 더브러 耒耜를 負ᄒᆞ고 宋으로브터 滕에 가 ᄀᆞᆯ오ᄃᆡ 君의 聖人의 政 行ᄒᆞ욤을 聞호니 이 ᄯᅩ한 聖人이시니 願컨댄 聖人의 氓이 되려 ᄒᆞ노이다 陳相이 許行을 見ᄒᆞ고 키 悅ᄒᆞ야 그 學을 다 棄ᄒᆞ고 學ᄒᆞ더니 陳相이 孟子를 보ᄋᆞ와 許行의 言을 닐어 ᄀᆞᆯ오ᄃᆡ 滕君인 則 진실로 賢君이어니와 비록 그러나 道를 聞티 몯ᄒᆞ야ᄯᅩ다 賢者ᄂᆞᆫ 民으로 더브러 ᄀᆞᆯ와 耕ᄒᆞ야 食ᄒᆞ며 饔飧ᄒᆞ고 治ᄒᆞᄂᆞ니 이제 滕이 倉廩과 府庫를 두니 곧 이 民을 厲ᄒᆞ야 ᄡᅥ ᄉᆞᄉᆞ로 養홈이니 엇디 시러곰 賢ᄒᆞ리오

| 직역 |

진량의 문도인 진상이 그 아우 신과 함께 쟁기와 보습을 지고 송나라에서 등나라로 가서 말하였다. "군주께서 성인의 정사를 행하신다는 말을 들었으니, 이 또한 성인이시니, 성인의 백성이 되기를 원합니다." 진상이 허행을 보고 크게 기뻐하여, 배운 것을 다 버리고 그에게 배우더니, 진상이 맹자를 보고서 허행의 말을 전하였다. "등나라 군주는 진실로 현명한 군주이지만, 그러나 아직 도는 듣지 못하였습니다. 현명한 사람은 백성들과 더불어 함께 밭 갈고서 먹으며, 밥을 짓고서 정치를 합니다. 지금 등나라에는 곡식 창고와 물건 창고가 있으니, 이는 백성을 괴롭혀서 자기를 봉양하는 것입니다. 어찌 현명할 수 있겠습니까?"

| 자해 |

陳良 : 초(楚)나라의 유자(儒者). • 耜 : 땅을 일구는 것. • 耒 : 땅을 일구는 농기구의 자루. • 饔飧 : 익은 밥. 옹(饔)은 아침밥이고, 손(飧)은 저녁밥. • 厲 : 해침.

| 의해 |

또 초나라 선비 진량의 무리 진상이란 자가 자기의 아우 신과 더불어 몸소 쟁기와 보습을 짊어지고 송나라로부터 등나라에 가서 말하였다. "듣자하니 임금이 삼대 성인의 정사를 행하신다하니, 이 또한 오늘날의 성인입니다. 원하건대 성인의 백성이 되어서 인안 정치의 은택을 입고자 합니다." 이들은 본래 진상에게 배워서 국경을 나와 그 쟁기와 보습을 놓지 않은 것이니, 허행이 다만 그 부정한 말을 팔려고 온 것과는 다르다.

어찌하여 부정한 말이 쉽게 사람을 미혹시키는 것인가? 진상이 한번 허행을 보고 크게 기뻐하여 진량에게 배운 것을 다 버리고 허행을 배웠다. 진상이 이미 그 도를 배우고 이에 맹자를 만나 허행의 말을 칭찬하고 진술하여 말하였다. "등나라 임금이 옛 것을 회복하는데 뜻이 있어서 인정을 행하니 진실로 어진 임금입니다. 비록 그렇지만 옛 성인이 천하를 다스리는 큰 도를 듣지 못하였습니다. 어진 임금은 평소에 반드시 백성과 더불어 아울러 밭을 갈아서 몸소 먹는 것을 제공하고, 스스로 밥을 지어먹으면서 백성의 일을 다스렸습니다. 그리하여 스스로 편안하지 아니하고 천하를 위하여 수고로움을 맡으니, 이것이 어진 임금의 도입니다. 지금 등나라에 곡식 창고와 물건 창고가 있는데, 이는 백성에게서 취한 것들입니다. 따라서 이것은 백성을 병들게 하면서 스스로를 편하게 기르는 것이니, 어찌 어진 일이 되겠습니까?" 허행의 이 말은 맹자가 군자와 야인을 분별하는 법을 음해하고자 하는 것이었다.

맹 자 왈 허 자 필 종 속 이 후 식 호 왈 연
4-3. 孟子曰 許子는 必種粟而後에 食乎아 曰 然하다
허 자 필 직 포 이 후 의 호 왈 부 허 자 의 갈
許子는 必織布而後에 衣乎아 曰 否라 許子는 衣褐이
허 자 관 호 왈 관 왈 해 관 왈 관 소
니라 許子는 冠乎아 曰 冠이니라 曰 奚冠고 曰 冠素니
왈 자 직 지 여 왈 부 이 속 역 지 왈 허 자
라 曰 自織之與아 曰 否라 以粟易之니라 曰 許子는
해 위 부 자 직 왈 해 어 경 왈 허 자 이 부 증 찬
奚爲不自織고 曰 害於耕이니라 曰 許子는 以釜甑爨
이 철 경 호 왈 연 자 위 지 여 왈 부 이 속
하며 以鐵耕乎아 曰 然하다 自爲之與아 曰 否라 以粟
역 지
易之니라

| 언해 |

孟子ㅣ ᄀᆞᆯᄋᆞ샤ᄃᆡ 許子ᄂᆞᆫ 반ᄃᆞ시 粟을 種ᄒᆞᆫ 後에 食ᄒᆞᄂᆞ냐 ᄀᆞᆯ오ᄃᆡ

然ᄒᆞ다 許子ᄂᆞᆫ 반ᄃᆞ시 布를 織ᄒᆞᆫ 後에 衣ᄒᆞᄂᆞ냐 ᄀᆞᆯ오ᄃᆡ 아니라 許子ᄂᆞᆫ 褐ᄅᆞᆯ 衣ᄒᆞᄂᆞ니라 許子ᄂᆞᆫ 冠ᄒᆞᄂᆞ냐 ᄀᆞᆯ오ᄃᆡ 冠ᄒᆞᄂᆞ니라 ᄀᆞᆯᄋᆞ샤ᄃᆡ 므슴 冠고 ᄀᆞᆯ오ᄃᆡ 素로 冠ᄒᆞᄂᆞ니라 ᄀᆞᆯᄋᆞ샤ᄃᆡ 스스로 織ᄒᆞᄂᆞ냐 ᄀᆞᆯ오ᄃᆡ 아니라 粟으로ᄡᅥ 易ᄒᆞᄂᆞ니라 ᄀᆞᆯᄋᆞ샤ᄃᆡ 許子ᄂᆞᆫ 엇디 스스로 織디 아니ᄒᆞᄂᆞ뇨 ᄀᆞᆯ오ᄃᆡ 耕애 害홈이니라 ᄀᆞᆯᄋᆞ샤ᄃᆡ 許子ᄂᆞᆫ 釜ㅣ며 甑으로ᄡᅥ 爨ᄒᆞ며 鐵로ᄡᅥ 耕ᄒᆞᄂᆞ냐 ᄀᆞᆯ오ᄃᆡ 然ᄒᆞ다 스스로 ᄒᆞᄂᆞ냐 ᄀᆞᆯ오ᄃᆡ 否ㅣ라 粟으로ᄡᅥ 易ᄒᆞᄂᆞ니라

| 직역 |

맹자가 물었다. "허자는 반드시 곡식을 심은 뒤에 먹는가?" "그렇습니다." "허자는 반드시 베를 짠 뒤에 입는가?" "아닙니다. 허자는 갈옷을 입습니다." "허자는 관을 쓰는가?" "관을 씁니다." "무슨 관을 쓰는가?" "흰 비단으로 관을 만듭니다." "스스로 그것을 짜는가?" "아닙니다. 곡식을 주고 바꿔옵니다." "허자는 어찌하여 스스로 짜지 않는가?" "농사일에 방해가 되기 때문입니다." "허자는 가마솥과 시루로 밥을 지으며, 쇠붙이로 밭을 가는가?" "그렇습니다." "자기가 스스로 만드는가?" "아닙니다. 곡식을 주고 바꿔옵니다."

| 자해 |

釜 : 삶는 것. • 甑 : 밥 짓는 것. • 爨 : 불 때는 것. • 鐵 : 보습의 일종.

| 의해 |

맹자가 곧 임금이 백성과 함께 밭 갈지 못한다는 것을 말하지 않고, 먼저 그 몸에 겸하기 어려운 것에 나아가 힐문하였다. "허자는 반드시 곡식을 심은 후에 먹는가?" 진상이 대답하였다. "그렇습니다." 허자가 먹는 것은 진실로 스스로 심은 곡식에서 나온 것이라고 하니, 이것은 결코 그렇다고 할 줄 알고, 아래 구절의 논란을 일으키기 위한 질문이었다. 또 힐문하여 말하였다. "밥이

있으면 반드시 옷이 있으니, 허자는 반드시 베를 짠 후에 입는가?" 대답하였다. "아닙니다. 허자는 갈포를 입는 사람입니다." 진상이 본래 갈포를 입는 것으로써 맹자의 논박을 피하려 한 것이지만, 그러나 어찌 몸에 붙이는 것이 모두 이 갈포이겠으며 갈포는 또한 어찌 짜는 것을 기다리지 아니하겠는가? 요컨대 또한 피할 수 없는 말이다. 맹자가 그만 두고 또 힐문하였다. "옷이 있으면 반드시 관이 있으니, 허자는 관을 쓰는가?" 대답하였다. "관을 씁니다." 또 힐문하여 말하였다. "관이 각각 다른 제도가 있으니, 허자는 과연 무슨 관을 쓰는가?" "흰 비단으로 관을 만듭니다." 흰 것으로 관을 만드는 것은 이에 베로 하는 것이다. 따라서 또 힐문하여 말하였다. "갈포와 관은 다 스스로 짜는 것인가?" 이에 이르러서는 진상이 피할 곳이 없으므로, 대답하여 말하였다. "아닙니다. 곡식으로써 바꿉니다"라고 하니, 이미 맹자가 물리칠 거리가 된 것이다. 또 힐문하여 말하였다. "그렇다면 허자는 갈과 관을 어찌하여 스스로 짜지 아니하는가?" 대답하여 말하였다. "허자가 오로지 힘쓰는 일은 밭가는 일입니다. 만일 스스로 짜면 밭 가는데 해로움을 면하지 못합니다." 이는 밭가는 것이 이미 짜는 것을 겸하기 어려운 것이다. 맹자는 더욱 말을 많이 하여 분변하고자 했으므로 또 말하였다. "허자는 불 때는 것을 또한 가마와 시루로써 하며, 그 밭가는 것도 또한 쇠로써 하는가?" 대답하였다. "그릇으로써 쓰기를 이롭게 함은 다 남과 같습니다." 말하였다. "가마와 시루와 쇠를 또한 스스로 만드는가?" 대답하여 말하였다. "허자가 스스로 만드는 것이 아니라, 그 심은 곡식으로써 바꿉니다." 허자 역시 반드시 바꾸는 것이 이와 같음을 볼 수 있다.

이 속 역 계 기 자 불 위 려 도 야 도 야 역 이 기 계 기 역
4-4. 以粟易械器者 不爲厲陶冶니 陶冶亦以其械器易
속 자 기 위 려 농 부 재 차 허 자 하 불 위 도 야
粟者 豈爲厲農夫哉리오 且許子는 何不爲陶冶하여
사 개 취 저 기 궁 중 이 용 지 하 위 분 분 연 여 백 공 교 역
舍皆取諸其宮中而用之하고 何爲紛紛然與百工交易
하 허 자 지 불 탄 번 왈 백 공 지 사 고 불 가 경 차 위
고 何許子之不憚煩고 曰 百工之事는 固不可耕且爲
야
也니라

| 언해 |

粟으로ᄡᅥ 械器를 易ᄒᆞᄂᆞᆫ 者ㅣ 陶冶를 厲홈이 아니니 陶冶ㅣ ᄯᅩᄒᆞᆫ 그 械器로ᄡᅥ 粟을 易ᄒᆞᄂᆞᆫ 者ㅣ 엇디 農夫를 厲홈이리오 ᄯᅩ 許子ᄂᆞᆫ 엇디 陶冶를 ᄒᆞ야 다ᄆᆞᆫ 다 그 宮中에 取ᄒᆞ야 用티 아니ᄒᆞ고 엇디 紛紛히 百工으로 더브러 交易ᄒᆞᄂᆞᆫ고 엇디 許子ᄂᆞᆫ 煩을 憚티 아니ᄒᆞᄂᆞᆫ고 ᄀᆞᆯ오ᄃᆡ 百工의 일은 진실르 可히 耕ᄒᆞ고 ᄯᅩ ᄒᆞ디 몯 ᄒᆞᆯ꺼시니라

| 직역 |

"곡식을 가지고 그릇이나 연장을 바꾸는 것은 옹기장이나 대장장이를 해치는 것이 되지 아니하니, 옹기장이나 대장장이 또한 그 그릇이나 연장을 가지고 곡식과 바꾸는 것이 어찌 농부를 해치는 것이 되겠는가. 또 허자는 어찌 옹기장이나 대장장이 노릇을 하여 다만 모두 그 집안에서 취하여 쓰지 아니하고, 분분하게 백공(百工)들과 교역하는가. 어찌하여 허자는 번거로움을 꺼리지 않는가?" "백공의 일은 진실로 밭을 갈면서 또한 할 수는 없는 것입니다."

| 자해 |

械器 : 가마솥과 시루의 일종. • 陶 : 시루를 만드는 자. • 冶 : 가마솥과 쇠붙이를 만드는 자. • 舍 : 다만. 혹은 읽기를 위 구(句)로 붙여 읽으니, 사(舍)는 질그릇을 굽고 풀무질 하는 곳을 뜻함.

| 의해 |

맹자가 말을 이어서 대강 분변하고 그로 인해 힐문하여 말하였다. "농사하여 곡식을 거두는 것과 질그릇을 굽고 풀무질을 하여 그릇이나 연장을 만드는 것이 한 가지 일이니, 각각 그 쓰는데 적합한 것이다. 자기의 곡식을 가지고 그릇이나 연장을 바꾸는 것은 옹기장이나 대장장이에게 없는 것을 보충해 주어 도리어 도와주는 것이지, 옹기장이나 대장장이를 병들게 하는 것은 아니다. 저 옹기장이나 대장장이가 또한 그 그릇이나 연장을 가지고 농부의 곡식을 바꾸는 것은 농부에게 없는 것을 보충해 주어 도리어 도와주는 것이지, 어찌 농부를 병들게 하는 것이겠는가? 서로 바꾸는 것이 진실로 서로 병들게 하지 않음이 이와 같다. 내가 또 묻는데, 허자는 스스로 질그릇을 만들고 풀무질을 하여 모든 그릇과 연장을 다 스스로 그 집에서 취하여 그 집에서 쓰면 다소간 편할텐데, 어찌하여 분분히 가서 백공과 더불어 서로 바꾸는가? 허자가 번거롭고 수고로움을 꺼리지 아니함이 어찌 이와 같은가?" 진상이 대답하여 말하였다. "허자는 밭을 가는 자입니다. 백공의 일을 진실로 몸소 밭을 갈면서 또 겸하여 할 수는 없습니다." 진상의 말은 스스로 아울러 밭을 간다는 말에 어그러짐을 깨닫지 못한 것이다.

연 즉 치 천 하 독 가 경 차 위 여 유 대 인 지 사

4-5. 然則治天下는 獨可耕且爲與아 有大人之事하며

유 소 인 지 사 차 일 인 지 신 이 백 공 지 소 위 비 여
有小人之事하니 且一人之身而百工之所爲備하니 如
필 자 위 이 후 용 지 시 솔 천 하 이 로 야 고
必自爲而後에 用之면 是는 率天下而路也니라 故로
왈 혹 로 심 혹 로 력 노 심 자 치 인 노 력
曰 或勞心하며 或勞力이니 勞心者는 治人하고 勞力
자 치 어 인 치 어 인 자 사 인 치 인 자
者는 治於人이라하니 治於人者는 食人하고 治人者는
사 어 인 천 하 지 통 의 야
食於人이 天下之通義也니라

| 언해 |

그런 則 天下治ᄒᆞ욤은 호올로 可히 耕ᄒᆞ고 ᄯᅩ ᄒᆞ랴 大人의 事ㅣ 이시며 小人의 事ㅣ 이시니 ᄯᅩ 一人의 身에 百工의 ᄒᆞᄂᆞᆫ 배 備ᄒᆞ야시니 만일에 반ᄃᆞ시 스스로 ᄒᆞᆫ 후에 用ᄒᆞ면 이ᄂᆞᆫ 天下ᄅᆞᆯ 率ᄒᆞ야 路홈이니라 故로 ᄀᆞᆯ오ᄃᆡ 或 心을 勞ᄒᆞ며 或 力을 勞ᄒᆞᄂᆞ니 心을 勞ᄒᆞᄂᆞᆫ 者ᄂᆞᆫ 人을 治ᄒᆞ고 力을 勞ᄒᆞᄂᆞᆫ 者ᄂᆞᆫ 人의게 治히인다 ᄒᆞ니 人의게 治ᄒᆞ이ᄂᆞᆫ 者ᄂᆞᆫ 人을 食ᄒᆞ고 人을 治ᄒᆞᄂᆞᆫ 者ᄂᆞᆫ 人의게 食ᄒᆞ임이 天下앳 通ᄒᆞᆫ 義니라

| 직역 |

"그렇다면 천하를 다스리는 것은 홀로 밭을 갈면서 또 할 수 있단 말인가? 대인의 일이 있고 소인의 일이 있다. 또 한 사람의 몸에 백공의 하는 일이 구비되어 있으니, 만일 반드시 자기가 만든 뒤에야 쓴다면, 이는 천하 사람을 거느리고서 길로 분주히 왕래하게 하는 것이다. 그러므로 옛 말에 이르기를, '어떤 사람은 마음을 수고롭게 하며, 어떤 사람은 힘을 수고롭게 하니, 마음을 수고롭게 하는 자는 남을 다스리고, 힘을 수고롭게 하는 자는 남에게 다스려진다'고 하였다. 남에게 다스려지는 자는 남을 먹여주고, 남을 다스리는 자는 남에게 얻어먹는 것이 천하의 공통된 의리이다."

| 자해 |

路 : 도로에 분주하여 휴식할 때가 없음. • 治於人 : 남에게 다스림을 받는 것. • 食人 : 부세(賦稅)를 내어서 공상(公上)에 공급하는 것. • 食於人 : 남에게 얻어먹는 것.

| 의해 |

맹자가 곧 그 말에 대답하여 분변해서 말하였다. "백공은 각각 자신의 할 일이 있으니, 농사를 짓는 자는 밭가는 일 이외의 것을 할 여력이 없다. 그러므로 천자로부터 아래에 이르기까지 천하의 일을 다스리는 것이 날마다 수많은 기틀이 있는데, 백공의 일과 비교할 때 어떠하기에 도리어 홀로 밭을 갈면서 또 다른 일을 해야 한다고 하는가? 천하를 다스리는 것은 대인의 일이고, 밭을 가는 것은 소인의 일이다. 대인은 스스로 대인의 일이 있고, 소인은 스스로 소인의 일이 있어서, 분명히 두 가지 일이 있으니 겸할 수가 없다. 또 한사람의 몸에 백공이 하는 것이 갖추어져 있으니, 만일 있고 없는 것으로 서로 통하고 저것과 이것이 서로 돕지 않고 반드시 일일이 스스로 한 후에 쓰려하면, 이는 천하의 사람을 거느려 이미 이것도 경영하고 또 저것도 경영하여 도로에 분주하여 휴식할 때가 없게 하는 것이다. 이것이 또한 일을 하는 사람이 모두 하나도 겸하지 못하는 까닭이다. 대인이 천하를 다스림에 소인의 일을 겸하지 못할 것은 분명한데, 하물며 위와 아래의 일을 실제로 서로 겸할 수 있겠는가? 그러므로 옛 말에 말하였다. '혹 군자가 되어서 마음을 수고롭게 하는 자도 있고, 혹 소인이 되어서 힘을 수고롭게 하는 자도 있다. 마음을 수고롭게 하는 것은 정사이고, 가르침을 내어서 사람을 다스린다. 만일 힘을 수고롭게 한다면 들에 있는 분수를 편안히 하여 사람에게 다스림을 받을 따름이다.' 사람에게 다스림을 받는 자는 힘을 다하여 공전을 다스려 세금을 내어 윗사람을 먹인다. 만일 사람을 다스리는 자라면 그 세금이 들어오는 것을 거두어 사람에 의해 먹게 될 따름

이다. 이에 나아가서 보면, 사람을 먹이는 자가 임금을 병들게 하는 것이 아니고, 사람에게 얻어먹는 자가 백성을 병들게 하는 것이 아니다. 이는 천하고금에 공통되게 행하는 대의이다. 곧 다스리는 일과 밭가는 일은 오직 형세가 겸하기 어려울 뿐만이 아니다. 또한 의리로 따져보아도 반드시 겸할 것이 아니다. 허행은 함부로 등나라 임금을 의론할 것이 아니다."

당 요 지 시 천 하 유 미 평 홍 수 횡 류 범
4-6. 當堯之時하여 天下猶未平하여 洪水橫流하여 氾
람 어 천 하 초 목 창 무 금 수 번 식 오 곡 부 등
濫於天下하여 草木暢茂하며 禽獸繁殖이라 五穀不登
금 수 핍 인 수 제 조 적 지 도 교 어 중 국 요
하며 禽獸偪人하여 獸蹄鳥跡之道 交於中國이어늘 堯
독 우 지 거 순 이 부 치 언 순 사 익 장 화
獨憂之하셔 擧舜而敷治焉이어시늘 舜이 使益掌火하신
익 렬 산 택 이 분 지 금 수 도 닉 우 소 구 하
대 益이 烈山澤而焚之하니 禽獸逃匿이어늘 禹疏九河
약 제 탑 이 주 저 해 결 여 한 배 회 사 이 주
하며 瀹濟漯而注諸海하시며 決汝漢하며 排淮泗而注
지 강 연 후 중 국 가 득 이 식 야 당 시 시 야
之江하시니 然後에 中國이 可得而食也하니 當是時也
우 팔 년 어 외 삼 과 기 문 이 불 입 수 욕 경
하여 禹八年於外에 三過其門而不入하시니 雖欲耕이
득 호
나 得乎아

| 언해 |

堯ㅅ時를 當ᄒᆞ야 天下ㅣ 오히려 平티 몯ᄒᆞ야 洪水ㅣ 橫히 流ᄒᆞ야 天下애 氾濫ᄒᆞ야 草木이 暢茂ᄒᆞ며 禽獸ㅣ 繁殖ᄒᆞᆫ디라 五穀이 登티 몯ᄒᆞ며 禽獸ㅣ 人에 偪ᄒᆞ야 獸의 蹄며 鳥의 跡의 道ㅣ 中國에

交ᄒᆞ얏거ᄂᆞᆯ 堯ㅣ 호올로 憂ᄒᆞ샤 舜을 擧ᄒᆞ야 治ᄅᆞᆯ 敷케 ᄒᆞ여시ᄂᆞᆯ 舜이 益으로 ᄒᆞ여곰 火ᄅᆞᆯ 掌ᄒᆞ신대 益이 山과 澤을 烈ᄒᆞ야 焚ᄒᆞ니 禽獸ㅣ 逃匿ᄒᆞ거ᄂᆞᆯ 禹ㅣ 九河ᄅᆞᆯ 疏ᄒᆞ며 濟와 漯을 瀹ᄒᆞ야 海예 注ᄒᆞ시며 汝와 漢을 決ᄒᆞ며 淮와 泗ᄅᆞᆯ 排ᄒᆞ야 江애 注ᄒᆞ시니 그런 後에 中國이 可히 시러곰 食ᄒᆞ니 이 時ᄅᆞᆯ 當ᄒᆞ야 禹ㅣ 外예 八年이매 세적 그 門을 過호ᄃᆡ 入디 아니ᄒᆞ시니 비록 耕코쟈 ᄒᆞ나 得ᄒᆞ랴

| 직역 |

"요의 때를 당하여 천하가 아직도 평정되지 못해서, 홍수가 멋대로 흘러 천하에 범람하여, 초목이 번창하고 무성하며 금수가 번식하였다. 오곡이 성숙하지 못하며 금수가 사람을 핍박하여, 짐승의 발자국과 새 발자국의 길이 중국에 교차하자, 요가 홀로 이를 걱정하여 순을 등용하여 다스림을 펴게 하였다. 순이 익으로 하여금 불을 맡게 하였는데, 익이 산택에 불을 질러 태우자, 금수가 도망하여 숨었다. 우왕이 아홉 하천을 소통하고 제수와 탑수를 소통하게 하여 바다로 주입하며, 여수와 한수를 트고 회수와 사수를 배수하여 강으로 주입하니, 그런 뒤에 중국에서 곡식을 먹을 수가 있었다. 이때를 당하여 우왕이 8년 동안 밖에 있으면서 세 번이나 집의 문 앞을 지나면서도 들어가지 못하였으니, 비록 밭 갈고자 하나 될 수 있었겠는가?"

| 자해 |

天下猶未平 : 홍황(洪荒)의 시대에 백성들의 해로움이 많았는데, 성인(聖人)이 차례로 나와서 점차 제거하고 다스렸으나, 이때에 이르기까지도 아직 다 평정되지 못한 것. • 洪 : 큼. • 橫流 : 그 길을 따르지 않고 흩어져 넘쳐서 멋대로 흐르는 것. • 氾濫 : 횡류(橫流)하는 모양. • 暢茂 : 장성(長盛)함. • 繁殖 : 많음. • 五穀 : 벼 · 기장 · 피 · 보리 · 콩. • 登 : 성숙(成熟)함. • 道 : 길. 짐승의 발자국과 새 발자국이 중국(中國)에 교차했다는 것은 금수(禽獸)가 많음을 말함. • 敷 : 폄. • 益 : 순(舜)의 신하 이름. • 烈 : 불이 성함. •

疏 : 통함이며 분산함. • 九河 : 도해(徒駭) · 태사(太史) · 마협(馬頰) · 복부(覆釜) · 호소(胡蘇) · 간(簡) · 결(潔) · 구반(鉤盤) · 격진(鬲津). • 瀹 : 소통한다는 뜻. • 濟漯 : 두 개의 물 이름. • 決排 : 모두 그 막힘을 제거하는 것. • 汝漢淮泗 : 네 개의 물 이름. 『서경(書經)』「우공(禹貢)」과 지금의 물길을 근거해 보면, 오직 한수(漢水)만이 양자강(揚子江)으로 들어갈 뿐이고, 여수(汝水)와 사수(泗水)는 회수(淮水)로 들어가고, 회수(淮水)는 따로 바다로 들어가니, 여기에서 네 물이 다 강(江)으로 들어간다고 말한 것은 기록한 자의 오류(誤謬)임.

| 의해 |

"천하를 다스림에 밭 갈고 또 다른 일을 할 수 있을 것 같으면, 옛날의 성인이 마땅히 먼저 하였을 것이다. 옛날의 성스러운 임금과 어진 신하를 역력히 셀 수 있으니, 백성과 함께 밭 갈아서 먹고 밥을 짓고 다스리는 자를 어찌 듣지 못하였겠는가? 요임금 때를 당하여 천하가 다 평정되지 못하고 생민의 해가 다 제거되지 못하였다. 그러므로 그 때 홍수가 멋대로 흘러 천하에 범람하니, 물이 성한 까닭에 초목이 무성하고 초목이 무성한 까닭에 금수가 번식하였다. 금수와 초목은 다 오곡을 방해하는 것이다. 따라서 오곡이 익지 아니하니 사람이 적어지고 금수가 사람을 핍박하여 짐승의 굽과 새의 발자국이 중국에 교차하였다. 천하가 평정되지 못함이 이와 같자, 요임금이 천자가 되어 홀로 근심하였다. 그러나 홀로 다스리지 못하여 순을 등용하여 정승을 삼아 벼슬을 명하여 나누어 맡겨 다스림을 폈다. 이때 초목이 도로를 막아 금수가 바야흐로 그 가운데 깃들고 숨어 있어서 비록 치수하는 공을 베풀고자 하나 할 수 없었다. 순임금이 그 이 형세를 분명하게 보고 이에 먼저 익으로 하여금 불을 주관하는 관원으로 삼아 불을 맡게 하니, 익이 산림과 숲과 못에 난 초목을 모두 불살라 금수로 하여금 의지할 바를 잃어 다 분주히 멀리 도망하여 다른 곳으로 숨게 하였다. 우임금이 이에 일을 물과 흙으로 돌렸다. 황하의 물은 천하에서 큰 것인데, 우가 곧 연주의 경계에서 큰 바다로 흐름

을 소통하게 하여 아홉 하천을 만들어 그 형세를 나누고 또 제수와 탑수를 소통하게 하여 아홉 하천과 같이 다 바다로 주입시키니, 북쪽의 지류가 돌아갈 곳이 있고, 남으로 여수와 한수를 터놓고 회수와 사수를 배수하여 그 막힌 곳을 소통시켜 모두 강으로 주입시키니, 남쪽의 지류가 돌아갈 곳이 있게 되었다. 그리하여 천하의 큰 물이 다만 이 두 가지가 있게 되었는데, 이제 그 흐름을 인도하여 강과 바다 가운데로 주입시킨 다음에 하늘과 땅이 편한 데로 나아가, 중국의 백성이 밥을 먹고 서로 살고 서로 길러서 근심을 면할 수 있게 되었다. 이때를 당하여 우가 치수의 책임을 맡아 밖에서 일을 부지런히 한 지 8년 동안 세 번 자기 집 문을 지나가면서도 오히려 들어가 그 집사람을 보지 못하였다. 그 백성 구원하기를 급하게 한 것이 이와 같으니, 비록 밭을 갈고자 하였더라도 그럴 수 있었겠는가?"

후직 교민가색 수예오곡 오곡 숙이
4-7. 后稷이 敎民稼穡하여 樹藝五穀한대 五穀이 熟而
민인 육 인지유도야 포식난의 일거이무
民人이 育하니 人之有道也에 飽食煖衣하여 逸居而無
교 즉근어금수 성인 유우지 사설위사도
敎면 則近於禽獸일새 聖人이 有憂之하셔 使契爲司徒
교이인륜 부자유친 군신유의 부부
하여 敎以人倫하시니 父子有親이며 君臣有義며 夫婦
유별 장유유서 붕우유신 방훈 왈 노
有別이며 長幼有序며 朋友有信이니라 放勳이 曰 勞
지래지 광지직지 보지익지 사자득지
之來之하며 匡之直之하며 輔之翼之하여 使自得之하
우종이진덕지 성인지우민 여차
고 又從而振德之라하시니 聖人之憂民이 如此하시니
이가경호
而暇耕乎아

| 언해 |

后稷이 民을 稼穡을 教ᄒᆞ야 五穀을 樹ᄒᆞ며 藝ᄒᆞᆫ대 五穀이 熟ᄒᆞ야 民人이 育ᄒᆞ니 人이 道ㅣ 이숌애 食을 飽히 ᄒᆞ며 衣를 煖히 ᄒᆞ야 편히 居ᄒᆞ고 教홈이 업ᄉᆞ면 곧 禽獸에 近ᄒᆞ릴ᄉᆡ 聖人이 憂홈을 두샤 契로 ᄒᆞ여곰 司徒를 삼아 教호ᄃᆡ 人倫으로ᄡᅥ ᄒᆞ시니 父子ㅣ 親이 이시며 君臣이 義ㅣ 이시미며 夫婦ㅣ 別이 이시미며 長幼ㅣ 序ㅣ 이시미며 朋友ㅣ 信이 이시미니라 放勳이 ᄀᆞᆯᄋᆞ샤ᄃᆡ 勞ᄒᆞ며 來ᄒᆞ며 匡ᄒᆞ며 直ᄒᆞ며 輔ᄒᆞ며 翼ᄒᆞ야 ᄒᆞ여곰 스스로 得게 ᄒᆞ고 ᄯᅩ 조초 振ᄒᆞ야 德ᄒᆞ라 ᄒᆞ시니 聖人의 民을 憂ᄒᆞ샴이 이러틋 ᄒᆞ시니 暇ᄒᆞ야 耕ᄒᆞ랴

| 직역 |

"후직이 백성들에게 농사를 가르쳐서 오곡을 심고 가꾸게 하였는데, 오곡이 성숙함에 인민이 잘 길러졌다. 인간에게는 도리가 있는데, 배불리 먹고 따뜻하게 옷을 입고서 편안히 거처하기만 하고 가르침이 없으면 금수에 가까워진다. 이 때문에 성인이 이를 근심하여, 설을 사도를 삼아 인륜을 가르치게 하셨다. 부모와 자식 사이에는 친함이 있으며, 임금과 신하 사이에는 의리가 있으며, 남편과 아내 사이에는 분별이 있으며, 어른과 어린이 사이에는 차례가 있으며, 친구 사이에는 믿음이 있는 것이다. 요임금이 말하기를 '위로하고 오게 하며, 바로잡아주고 펴주며, 도와주고 도와주어 스스로 본성을 얻게 하고, 또 따라서 진작하고 은혜를 베풀어준다'고 하였다. 성인이 백성을 걱정함이 이와 같으니, 어느 겨를에 밭을 갈겠는가?"

| 자해 |

后稷 : 관명(官名)이니, 기(棄)가 담당함. 그러나 백성을 가르쳤다고 말했으니, 또한 백성들과 함께 밭을 간 것은 아님. • 樹 : 심음. • 藝 : 번식함. • 契 : 순(舜)의 신하 이름. • 司徒 : 관명. • 人之有道 : 사람은 모두 병이(秉

彝)의 성(性)을 가지고 있음을 말한 것. • 放勳 : 본래 사신(史臣)이 요(堯)를 칭찬한 말인데, 맹자가 인하여 요(堯)의 호로 삼은 것. • 德 : '은혜 혜(惠)'와 같음.

| 의해 |

"물과 흙이 이미 다스려짐에 백성의 일을 일으킬 수 있게 되었다. 이에 기로 하여금 후직의 벼슬을 맡아 백성에게 농사짓는 법을 가르쳐 오곡을 심고 기르게 하였다. 심고 기름에 도가 있어 오곡이 성숙하여 백성이 이에 쌀을 먹고 살고 길러서, 먹는데 어려운 근심을 면하게 되었다. 그러나 사람의 떳떳한 도리는 진실로 스스로 있는 것이므로, 다만 배불리 먹고 따뜻하게 입으면서 가르침이 없으면, 도리를 따를 줄 몰라 천성을 멸하고 인륜을 어지럽혀 금수에 가깝게 된다. 성인이 이것을 근심하여 급급히 설로 하여금 사도의 벼슬을 삼아 백성에게 인륜을 가르치게 하였다. 부모는 사랑하고 자식은 효도하여 친함이 있고, 임금은 명령을 하고 신하는 공손하여 의가 있고, 남편은 밖에 있고 아내는 안에 있어서 분별이 있고, 어른은 먼저하고 어린이는 뒤에 하여 차례가 있으며, 친구의 사귐에는 믿음이 있다. 이 다섯 가지는 사람의 큰 차례이며, 또한 진실로 있는 도이다. 따라서 이것을 각각 극진히 하는 것은 위에서 가르치는데 달려 있다. 그러므르 요임금이 또 설에게 고하여 말하기를, '백성이 인륜에 힘써 수고를 하는 자는 포상하고 권하여 위로하고, 백성이 인륜에 돌아와 향하거든 달래서 오게 하고, 백성이 마음 쓸 때에 인륜을 저버려서 부정한 행동을 하면 약속하여 바른 이치로 돌아가게 하고, 백성이 행한 바가 인륜에 지나쳐서 굽은 행동을 하면 바로잡아서 곧은 도로 돌아가게 한다. 위로하고 오게 하고 바로잡고 곧게 하는 것이 바로 도와서 세우고 보호하여 넉넉히 노닐고 잠기고 젖어서 스스로 그 고유한 성품을 얻게 함이다. 이미 스스로 그 성품을 얻어도 오히려 그 시작함에 부지런하고 마침에 게으를까 염려하여, 또 계속해서

끌어 일으키고 깨쳐서 그 얻은 바를 따라서 은혜를 더하여, 함부로 하고 게을러서 혹시라도 잘못되지 않게 한다'고 하였다. 요와 순 같은 성인이 마음을 수고롭게 하여 백성을 근심한 것이 이같이 부지런하고 또 급하니, 어느 겨를에 밭가는 일을 하겠는가?"

요 이 부 득 순 위 기 우 순 이 부 득 우 고
4-8. 堯以不得舜으로 爲己憂하시고 舜이 以不得禹皐
요 위 기 우 부 이 백 모 ᄌᆞ 불 이 위 기 우 자 농
陶로 爲己憂하시니 夫以百畝之不易로 爲己憂者는 農
부 야
夫也니라

| 언해 |

堯ㅣ 舜을 得디 몯ᄒᆞ욤으로ᄡᅥ 己의 憂ᄅᆞᆯ 삼으시고 舜이 禹와 皐陶ᄅᆞᆯ 得디 몯ᄒᆞ욤으로ᄡᅥ 己의 憂ᄅᆞᆯ 삼으시니 百畝의 易티 몯ᄒᆞ욤으로ᄡᅥ 己의 憂ᄅᆞᆯ 삼ᄂᆞᆫ 者ᄂᆞᆫ 農夫ㅣ니라

| 직역 |

"요는 순을 얻지 못한 것을 자기의 근심으로 삼으셨고, 순은 우와 고요를 얻지 못한 것을 자기의 근심으로 삼으셨으니, 백 모가 다스려지지 못한 것을 자기의 근심으로 삼는 자는 농부이다."

| 자해 |

易 : 다스림. 음은 '이'.

| 의해 |

"요순이 이와 같으니, 이는 요가 당일에 일일이 근심한 것이 아니라, 오직 순을 얻지 못한 것을 자신의 근심으로 삼은 것이다. 순

을 얻지 못하면 벼슬을 명하여 다스림을 펴지 못할 것이므로 요의 근심이 컸던 것이다. 순임금이 당일에 또한 일일이 근심한 것이 아니라, 오직 우와 고요를 얻지 못한 것을 자신의 근심으로 삼은 것이다. 우와 고요를 얻지 못하면 일을 나누어 처리하여 다스림을 이루지 못할 것이므로 순의 근심이 컸던 것이다. 순을 얻고 우와 고요를 얻는 것을 먼저 힘썼으니, 이것은 임금과 정승의 도이다. 백 모를 다스리지 못함을 자신의 근심으로 삼는 것은 농부와 소인의 일이니, 어찌 요순이 근심할 것이겠는가?"

분인이재 위지혜 교인이선 위지충 위
4-9. 分人以財를 謂之惠요 教人以善을 謂之忠이요 爲
천하득인자 위지인 시고 이천하여인 이
天下得人者를 謂之仁이니 是故로 以天下與人은 易하
위천하득인 난
고 爲天下得人은 難하니라

| 언해 |

人을 財로ᄡᅥ 分ᄒᆞ욤을 惠라 닐ᄋᆞ고 人을 善으로ᄡᅥ 教ᄒᆞ욤을 忠이라 닐ᄋᆞ고 天下ᄅᆞᆯ 爲ᄒᆞ야 人을 得ᄒᆞᄂᆞᆫ 者ᄅᆞᆯ 仁이라 닐ᄋᆞᄂᆞ니 이런 故로 天下로ᄡᅥ 人을 與홈은 易ᄒᆞ고 天下ᄅᆞᆯ 爲ᄒᆞ야 人을 得ᄒᆞ욤은 難ᄒᆞ니라

| 직역 |

"남에게 재물을 나누어주는 것을 은혜라 이르고, 남에게 선을 가르쳐 주는 것을 충이라 이르고, 천하 사람들을 위하여 인재를 얻는 것을 인이라 이른다. 그러므로 천하를 남에게 주기는 쉽고, 천하를 위하여 인재를 얻기는 어렵다."

| 의해 |

"사람에게 재물을 나누어 주는 것은 은혜라 말할 수 있고, 사람에게 착한 것을 가르치는 것은 충이라 이를 수 있다. 그러나 인은 아니다. 오직 천하를 위하여 사람을 얻어서 은혜가 광대한데 미치고 교화가 사해에 두루 시행 되어야 비로소 인이라 이를 수 있다. 사람을 얻는 것과 관계되는 것이 이처럼 크다. 그러니 사람을 얻는 것이 어찌 쉽겠는가? 이런 까닭에 천하를 사람에게 주는 것은 다만 놓고 놓지 못함일 뿐이니, 이것은 어려울 것이 없다. 천하를 위하여 사람을 얻어 인으로써 천하를 덮고자 한다면 반드시 택하기를 지극히 마땅하게 하고, 물건주기를 지극히 공정하게 한 후에 천하를 부탁할 수 있다. 만일 털끝만큼이라도 틀리면 많은 해가 될 것이니, 어찌 흡족히 좋아서 어그러짐이 없겠는가? 이것이 심히 어려운 일이니, 요순이 간절히 우와 고요를 얻지 못한 것을 가지고 자신의 근심으로 삼았으니, 참으로 지극히 중대한 근심이다. 사람 얻는 것이 어렵지 않다면 요순이 또 무슨 근심을 했겠는가?"

공 자 왈 대 재 요 지 위 군 유 천 위 대
4-10. 孔子曰 大哉라 堯之爲君이여 惟天이 爲大어늘
유 요 칙 지 탕 탕 호 민 무 능 명 언 군 재 순
惟堯則之하시니 蕩蕩乎民無能名焉이로다 君哉라 舜
야 외 외 호 유 천 하 이 불 여 언 요 순 지 치 천
也여 巍巍乎有天下而不與焉이라하시니 堯舜之治天
하 기 무 소 용 심 재 역 불 용 어 경 이
下 豈無所用心哉시리오마는 亦不用於耕耳시니라

| 언해 |

孔子ㅣ 골ᄋᆞ샤ᄃᆡ 大타 堯의 君되옴이여 오직 天이 大ᄒᆞ거늘 오직

堯ㅣ 則ᄒᆞ시니 蕩蕩홉다 民이 能히 名티 몯ᄒᆞᄂᆞᆺ도다 君답다 舜이여 巍巍홉다 天下ᄅᆞᆯ 두샤되 與티 아니타 ᄒᆞ시니 堯舜의 天下ᄅᆞᆯ 治ᄒᆞ심이 엇디 그 心을 쓰실 빼 업ᄉᆞ리오마ᄂᆞᆫ ᄯᅩᄒᆞᆫ 耕에 用티 아니ᄒᆞ시니라

| 직역 |

"공자가 말하기를, '위대하다, 요의 임금노릇 하심이여! 오직 하늘이 위대한데 요임금이 이것을 본받으셨으니, 넓고 넓어서 백성들이 덕을 형용할 수가 없도다. 임금답다, 순이여! 높고 높아서 천하를 소유하고도 관여하지 않았다'고 하였다. 요순이 천하를 다스림에 어찌 그 마음을 쓴 바가 없었겠는가마는 또한 밭가는 데에는 쓰지 않았다."

| 자해 |

則 : 법(法). • 蕩蕩 : 넓고 큰 모양. • 君哉 : 군주의 도리를 다함을 말한 것. • 巍巍 : 높고 큰 모양. • 不與 : 불상관(不相關)이라는 말과 같으니, 그 지위로써 낙(樂)을 삼지 않음을 말한 것.

| 의해 |

"공자가 말하였다. '위대하다. 요의 임금노릇 하심이여! 오직 하늘이 위대한데 요가 실상 본받으셨으니, 넓고 넓다, 그 덕이여! 백성이 이름을 지을 수 없으니, 이는 하늘과 더불어 하나 된 자이다. 임금답다, 순이여! 높고 높아서 필부로서 천하를 소유하고도 지위로 즐거움을 삼지 아니하고 상관이 없는 것 같이 하셨으니, 이는 임금의 도를 다한 자이다.' 공자가 요순을 일컬음이 이와 같았다. 요순이 천하를 다스린 것이 넓고 넓으며 높고 높아서 그 큰 공적이 이러하니, 어찌 그 마음을 쓰는 바가 없이 여기에 이르렀겠는가? 백성의 해가 제거되지 못하고, 백성이 사는 것이 이루어지지 못하고, 백성의 성품이 회복되지 못했기 때문에 사람을 얻

어서 맡길 것을 생각했으니, 이것이 다 마음을 쓴 것이지만, 또한 급급하게 밭가는 데는 쓰지 않았다. 따라서 밭을 갈면서 다스린 사람이 옛 성군과 현신 중에 누가 한 사람이나 있겠는가? 허행의 그릇됨이 심하다."

오문용하변이자 미문변어이자야 진량
4-11. 吾聞用夏變夷者요 未聞變於夷者也케라 陳良은
초산야 열주공중니지도 북학어중국 북
楚產也니 悅周公仲尼之道하여 北學於中國이어늘 北
방지학자미능혹지선야 피소위호걸지사야 자
方之學者未能或之先也하니 彼所謂豪傑之士也라 子
지형제 사지수십년 사사이수배지
之兄弟가 事之數十年이라가 師死而遂倍之온여

| 언해 |

내 夏ᄅᆞᆯ 用ᄒᆞ야 夷ᄅᆞᆯ 變ᄒᆞᆯ 者를 듣고 夷의게 變ᄒᆞ인 者를 듣디 몯게라 陳良은 楚ㅅ産이니 周公과 仲尼의 道ᄅᆞᆯ 悅ᄒᆞ야 北으로 中國에 學ᄒᆞ거늘 北方읫 學ᄒᆞᄂᆞᆫ 者ㅣ 能히 或先티 몯ᄒᆞ니 뎨 닐온 밧 豪傑읫 士이라 子의 兄弟ㅣ 數十年을 事ᄒᆞ다가 師ㅣ 死커ᄂᆞᆯ 드듸여 倍ᄒᆞ곤여

| 직역 |

"나는 중화의 법을 써서 오랑캐의 도를 변화시켰다는 말은 들었지만, 오랑캐에게 변화 당했다는 말은 듣지 못하였다. 진량은 초나라 태생인데, 주공·중니의 도를 좋아하여 북쪽으로 중국에 가서 공부하자 북방의 학자들이 혹시라도 그보다 앞선 자가 없었으니, 저는 이른바 호걸스러운 선비라는 것이다. 그대의 형제가 그를 섬기기를 수십 년 동안 하다가 스승이 죽자, 마침내 배반하는구나!"

| 자해 |

夏 : 제하(諸夏)[중화(中華)]의 예의(禮義)의 가르침. • 變夷 : 만이(蠻夷)의 사람을 변화시키는 것. • 變於夷 : 도리어 만이(蠻夷)의 사람에게 변화를 당하는 것. • 産 : 출생. • 先 : 뛰어남. • 豪傑 : 재주와 덕(德)이 출중한 칭호이니, 능히 스스로 유속(流俗)에서 빼어남을 말한 것. • 倍 : 배(背)와 같음. 진량(陳良)은 중화(中華)의 법을 써서 오랑캐를 변화시켰는데, 진상(陳相)은 오랑캐에게 변화 당함을 말한 것.

| 의해 |

이 이하는 진상(陳相)이 스승을 저버리고 허행(許行)을 배운 것을 꾸짖은 것이다.

"자네가 허행을 칭찬하는데, 또한 내가 들은 것과 다르다. 나는 중화의 가르침을 써서 오랑캐의 풍속을 변화시켰다는 말은 들었지만, 중화의 가르침을 배우고서 도리어 오랑캐에게 변화 당했다는 말은 듣지 못하였다. 자네의 스승 진량은 초나라에서 태어나고 성장한 사람이다. 주공과 중니의 도를 즐거워하여 마침내 초나라로부터 북쪽으로 가서 중국에서 배웠는데, 중국 북방의 선비가 본래 주공과 공자를 배우는 자 중에 혹시라도 그보다 앞선 사람이 없었다. 초나라에서 태어났지만 초나라에 국한되지 아니하였으니, 저 이른바 흐르는 풍속에서 빼어난 호걸스러운 선비이다. 중화의 가르침을 써서 오랑캐를 변화시킨 것이 이와 같으니, 마땅히 평생 스승으로 섬기는 것이 옳다. 자네의 형제가 섬기기를 이미 수십 년을 하여 주공과 공자의 바른 도를 들은 지가 이미 오래인데, 스승이 죽음에 하루아침에 배반하여 그 배운 것을 모두 버리니, 이것이 어찌된 마음인가?"

석자 공자몰 삼년지외 문인 치임
4-12. 昔者에 孔子沒커시늘 三年之外에 門人이 治任

將歸할새 入揖於子貢하고 相嚮而哭하여 皆失聲然後애 歸어늘 子貢은 反築室於場하여 獨居三年然後에 歸하니라 他日에 子夏子張子游 以有若似聖人이라하여 欲以所事孔子로 事之하여 彊曾子한댄 曾子曰 不可하니 江漢以濯之며 秋陽以暴之라 皜皜乎不可尙이已라하시니라

| 언해 |

녜 孔子ㅣ 沒커시늘 三年ㅅ外예 門人이 任을 治ᄒᆞ야 쟝ᄎᆞᆺ 歸홀ᄉᆡ 入ᄒᆞ야 子貢의게 揖ᄒᆞ고 서로 嚮ᄒᆞ야 哭ᄒᆞ야 다 聲을 失ᄒᆞᆫ 後에 歸ᄒᆞ거늘 子貢은 反ᄒᆞ야 場애 室을 築ᄒᆞ야 호올로 三年을 居ᄒᆞᆫ 後에 歸ᄒᆞ니라 他日에 子夏와 子張과 子游ㅣ 有若으로ᄡᅧ 聖人ᄀᆞᆮ다 ᄒᆞ야 孔子事ᄒᆞ던 바로ᄡᅧ 事코져 ᄒᆞ야 曾子ᄭᅴ 彊ᄒᆞᆫ대 曾子ㅣ ᄀᆞᆯᄋᆞ샤ᄃᆡ 可티 아니ᄒᆞ니 江漢으로ᄡᅧ 濯ᄒᆞ며 秋陽으로ᄡᅧ 暴ᄒᆞᆫ디라 皜皜홉다 可히 尙티 몯ᄒᆞ리라 ᄒᆞ시니라

| 직역 |

"옛적에 공자가 별세하자, 3년이 지난 다음 문인들이 짐을 챙겨 장차 돌아갈 적에, 들어가서 자공에게 읍하고 서로 향하여 통곡하여 모두 목이 쉰 뒤에 돌아갔다. 자공은 다시 돌아와 묘 마당에 집을 짓고서 홀로 3년을 거처한 뒤에 돌아갔었다. 후일에 자하·자장·자유가 유약이 공자와 유사하다 하여, 공자를 섬기던 바의 예로써 그를 섬기고자 해서 증자에게 강요하자, 증자가 말하기를, '불가하니, 장강과 한수의 물로 씻는 것과 같으며, 가을볕으로 쪼이는 것과 같아서 희고 희어서 더할 수 없다'고 하였다."

| 자해 |

三年 : 옛날에 스승을 위하여 심상(心喪) 3년을 입었으니, 아버지를 잃은 것과 똑같이 하지만, 복(服)이 없었음. • 任 : 짐. • 場 : 무덤 가의 단(壇)과 마당. • 有若似聖人 : 유약(有若)의 언행(言行)과 기상(氣象)이 공자(孔子)와 같음이 있었던 것. • 所事孔子 : 공자를 섬기던 바의 예(禮). • 江漢以濯之 : 장강과 한수는 물이 많으니, 씻기를 깨끗이 함을 말한 것. • 秋陽以暴之 : 가을 햇볕은 건조하고 따가우니, 햇볕을 쬐어 말림을 말한 것. • 皜皜 : 결백한 모양. • 尙 : 더함.

| 의해 |

"자네가 또한 공자 제자들이 스승을 높이던 일을 아는가? 옛적에 공자가 돌아가시자 문인 중에 노나라에 있는 자들은 모두 심상 삼년을 입었다. 삼년 뒤에 각각 행장을 꾸리고 다 장차 헤어져 돌아갈 때, 자공이 상사를 주관하였으므로 들어가 읍하고 사양하여 피차에 서로 향하여 곡하되 모두 목소리를 잃을 지경에 이른 뒤에 돌아갔다. 문인이 그 스승을 좇아 사모하는 것이 이와 같았다. 자공은 오히려 차마 갑자기 가지 못하여 또 다시 무덤 곁으로 돌아와서 집을 무덤 마당 위에 세우고 홀로 삼년을 거처한 다음에 돌아갔다. 자공이 그 스승을 좇아 사모한 것이 또 이와 같았다. 후일에 이르러서 자하·자장·자유가 유약의 언행과 기상이 성인과 같음이 있다고 하여, 평소 공자를 섬기던 예로써 섬겨 그 사모하는 뜻을 붙이려고 증자에게 억지로 권하여 똑 같이 섬기려하자 증자가 말하였다. '불가하다. 스승에 대해서는 원래 도덕을 의논하고 형상이 같은 것은 의론하지 않는다. 우리 선생님의 도덕이 밝게 나타나 지극함은 장강과 한수의 물로 씻은 것과 같고, 광휘의 극진함은 가을볕으로 쪼여서 깨끗하고 순수하여 희고 희어서 더할 수가 없는 것과 같으니, 어찌 유약이 비슷할 수 있겠는가? 그를 선생님으로 섬기면 도리어 선생님을 낮추는 것이다.' 증자가 그 스승을 높여서 차마 배반하지 못함이 다시 이와 같았으니, 자네 형제가 진량을 이와 같이 보면 어떠하겠는가?"

금 야 남 만 격 설 지 인 비 선 왕 지 도 자 배
4-13. 今也에 南蠻鴃舌之人이 非先王之道어늘 子倍
자 지 사 이 학 지 역 이 어 증 자 의
子之師而學之하니 亦異於曾子矣로다

| 언해 |

이제 南蠻ㅅ鴃舌읫 사름이 先王의 道ㅣ 아니어늘 子ㅣ 子의 師를 倍ᄒᆞ고 學ᄒᆞ니 ᄯᅩᄒᆞᆫ 曾子애셔 다ᄅᆞ도다

| 직역 |

"지금에 남만의 왜가리소리 하는 사람의 말이 선왕의 도가 아닌데, 그대는 그대의 스승을 배반하고 이를 배우니, 또한 증자와 다르도다."

| 자해 |

鴃 : 박로(博勞)이니, 소리가 나쁜 새. 남만(南蠻)의 소리가 이와 유사하니, 허행(許行)을 가리킨 것. 음은 '격'.

| 의해 |

"유약이 비록 성인에 미치지 못하나, 오히려 성인과 같은 점이 있었다. 그러나 증자는 오히려 기꺼이 그 스승 섬기던 예로써 가벼이 섬기려 하지 않았다. 이제 허행은 남만의 왜가리소리 하는 사람이고, 배운 것이 선왕이 전한 도가 아니니, 자네의 스승과는 서로 반대가 된다. 그런데 자네가 자네의 스승을 배반하고 이를 배우니, 또한 증자가 그 스승을 높인 것과는 다르다."

오문출어유곡 천우교목자 미문하교목이
4-14. 吾聞出於幽谷하여 遷于喬木者요 未聞下喬木而
입어유곡자 노송 왈 융적시응 형서시징
入於幽谷者케라 魯頌에 曰 戎狄是膺하니 荊舒是懲이
주공 방차응지 자시지학 역위불
라하니 周公이 方且膺之어시늘 子是之學하니 亦爲不
선변의
善變矣로다

| 언해 |

내 幽谷애 出ᄒᆞ야 喬木애 遷ᄒᆞᄂᆞᆫ 者를 듣고 喬木애 下ᄒᆞ야 幽谷애 入ᄒᆞᄂᆞᆫ 者를 듣디 몯게라 魯頌에 ᄀᆞᆯ오ᄃᆡ 戎狄을 이 膺ᄒᆞ니 荊과 舒ㅣ 이에 懲타 ᄒᆞ니 周公이 보야흐로 ᄯᅩ 膺ᄒᆞ거시늘 子ㅣ 이ᄅᆞᆯ 學ᄒᆞ니 ᄯᅩᄒᆞᆫ 善히 變티 몯홈이로다

| 직역 |

"나는 그윽한 골짜기에서 나와 높은 나무로 옮겨간다는 말은 들었지만, 높은 나무에서 내려와 그윽한 골짜기로 들어간다는 말은 듣지 못하였다. 「노송」에 이르기를, '융과 적을 이에 치니, 형과 서가 이에 징계되었다'고 하였다. 주공도 바야흐로 이들을 응징하셨는데, 그대는 이것을 배우니, 또한 잘 변화하지 못하는 것이다."

| 자해 |

魯頌 : 「비궁(閟宮)」. • 膺 : 침. • 荊 : 초(楚)나라의 본래 칭호. • 舒 : 국명(國名)이니, 초(楚)나라와 가까운 나라. • 懲 : 다스림. 지금 살펴보면 이 시(詩)는 희공(僖公)의 송(頌)인데, 맹자(孟子)가 주공(周公)이라고 말하였으니, 또한 장(章)을 잘라 뜻만을 취한 것임.

| 의해 |

「소아(小雅)·벌목(伐木)」의 시(詩)에 이르기를, '나무 베기를 땅땅 하거늘 새 울음은 앵앵(嚶嚶) 하도다. 그윽한 골짜기에서 나와 높은 나무로 옮겨가네'라고 하였다.

"군자가 학술을 택하는 것은 새가 깃들이는 곳을 택하는 것과 같다. 나는 그윽한 골짜기에서 나와서 높은 나무로 옮기는 자가 있다는 말은 들었지만, 도리어 높은 나무에서 내려와 그윽한 골짜기로 들어가는 자가 있다는 말은 듣지 못하였다.

「노송」에 이르기를, '융과 적을 치니 형과 서가 이에 징계되었다'고 하였다. 이 덕과 바른 도에 위배되었으니, 주공이 만일 있었다면 바야흐로 또 이들을 응징하였을 것이다. 그런데 자네가 이것을 좇아서 배우니, 이른바 높은 나무에서 내려와 그윽한 골짜기로 들어가는 것이다. 이적에게 변화된 것이니, 참으로 잘 변하지 못한 것이다."

종 허 자 지 도 즉 시 가 불 이 국 중 무 위
4-15. 從許子之道 則市賈不貳하여 國中이 無僞하여
수 사 오 척 지 동 적 시 막 지 혹 기 포 백 장 단
雖使五尺之童으로 適市라도 莫之或欺니 布帛長短이
동 즉 가 상 약 마 루 사 서 경 중 동 즉 가 상 약 오
同則賈相若하며 麻縷絲絮輕重이 同則賈相若하며 五
곡 다 과 동 즉 가 상 약 구 대 소 동 즉 가 상 약
穀多寡同則賈相若하며 屨大小同則賈相若이니라

| 언해 |

許子의 道ᄅᆞᆯ 從ᄒᆞ면 市賈ㅣ 貳티 아니ᄒᆞ야 國中이 僞ㅣ 엄서 비록 五尺으로 ᄒᆞ여곰 市예 適ᄒᆞ야도 或도 欺ᄒᆞ리 업ᄉᆞ리니 布와 帛이 長이며 短이 同ᄒᆞ면 賈이 서르 ᄀᆞᆮᄐᆞ며 麻와 縷와 絲와 絮ㅣ

輕이며 重이 同ᄒᆞ면 賈이 서르 ᄀᆞᄐᆞ며 五穀이 多ㅣ며 寡ㅣ 同ᄒᆞ면 賈이 서르 ᄀᆞᄐᆞ며 屨ㅣ 大며 小ㅣ 同ᄒᆞ면 賈ㅣ 서르 ᄀᆞᄐᆞ니라

| 직역 |

진상이 말했다. "허행의 도를 따르면 시장의 물건 값이 두 가지가 아니어서 온 나라 안에 거짓이 없어, 비록 5척의 동자로 하여금 시장에 가게 하더라도 혹시라도 그를 속이는 자가 없을 것입니다. 포백의 길고 짧음이 같으면 값이 서로 같으며, 삼과 실, 생사와 솜의 가볍고 무거움이 같으면 값이 서로 같으며, 오곡의 많고 적음이 같으면 값이 서로 같으며, 신의 크고 작음이 같으면 값이 서로 같을 것입니다."

| 자해 |

五尺之童 : 어려서 무지(無知)함을 말한 것.

| 의해 |

진상이 다시 핑계하여 말하였다. "아울러 밭가는 것은 할 수 없지만, 또한 허자를 좇을 만한 것이 있습니다. 허자의 순박한 도를 좇아서 시장을 다스리면, 법이 다 통일되어서 시장의 물건 값이 두 가지가 아니어, 서로 바꿈이 적당함을 얻어 나라 가운데 사람이 서로 속이지 아니하여, 비록 오척의 아이가 시장에 가더라도 또한 값을 더하거나 감하여 속이는 자가 없을 것입니다. 베와 비단이 길고 짧음이 같으면 값도 서로 같고, 삼과 실, 생사와 솜이 가볍고 무거움이 같으면 값도 서로 같고, 신의 크고 작음이 같으면 값도 곧 서로 같을 것입니다. 시장의 물건 값이 이처럼 한결같이 같으므로 속이는 일을 베풀 곳이 없어서 순박한 풍속이 돌아올 수 있습니다. 이것이 허자의 도의 착함을 좇을 수 있는 것입니다."

왈 부물지부제 물지정야 혹상배사 혹
4-16. 曰 夫物之不齊는 物之情也니 或相倍蓰하며 或
상십백 혹상천만 자비이동지 시 란
相什伯하며 或相千萬이어늘 子比而同之하니 是는 亂
천하야 거구소구동가 인기위지재 종허자
天下也로다 巨屨小屨同賈면 人豈爲之哉리오 從許子
지도 상솔이위위자야 오능치국가
之道면 相率而爲僞者也니 惡能治國家리오

| 언해 |

ᄀᆞᆯᄋᆞ샤ᄃᆡ 物의 齊티 아니홈은 物의 情이니 或 서로 倍ᄒᆞ며 蓰ᄒᆞ며 或 서로 什ᄒᆞ며 伯ᄒᆞ며 或 서로 千ᄒᆞ며 萬ᄒᆞ거늘 子ㅣ 比ᄒᆞ야 同케 ᄒᆞ니 이는 天下를 亂홈이로다 巨ᄒᆞᆫ 屨와 小ᄒᆞᆫ 屨ㅣ 賈ㅣ 同ᄒᆞ면 人이 엇디 ᄒᆞ리오 許子의 道를 從ᄒᆞ면 서로 率ᄒᆞ야 僞를 홈이니 엇디 能히 國家를 治ᄒᆞ리오

| 직역 |

"물건이 똑같지 않은 것은 물건의 실정이니, 값의 차이가 혹은 서로 배가 되고 5배가 되며, 혹은 서로 10배가 되고 백배가 되며, 혹은 서로 천 배가 되고 만 배가 된다. 그대는 이것을 나란히 하여 똑같이 하려 하니, 이는 천하를 어지럽히는 짓이다. 만일 큰 신과 작은 신이 값이 같다면, 사람들이 어찌 큰 신을 만들겠는가. 허자의 도를 따른다면 서로 이끌고서 거짓을 행할 것이니, 어떻게 국가를 다스릴 수 있겠는가?"

| 자해 |

倍 : 2배. • 蓰 : 5배. • 什伯千萬 : 모두 배수(倍數). • 比 : 나란히 하는 것.

| 의해 |

맹자가 말하였다. "만물이 좋고 나쁜 것이 바탕이 다르고, 정밀하

고 거친 것이 들어간 공력이 다르니, 그 가지런하지 못한 것은 물건의 실정이다. 극히 가지런하지 못하기 때문에 그 값의 차이가 혹은 서로 배가 되고 5배가 되며, 혹 서로 열 배, 백 배가 되며, 심하면 혹 서로 천 배나 만 배가 된다. 자네가 그 정밀하고 거칠며 좋고 나쁜 것을 의논하지 않고 다 견주어 같게 하려고 한다면, 물건이 그 공평함을 잃어서 다투는 단서가 일어날 것이다. 이는 천하를 어지럽히는 도이다. 물건이 정밀하고 거침이 있는 것은 신이 크고 작은 것이 있는 것과 같다. 가령 큰 신과 작은 신이 값이 같으면 사람이 어찌 그 큰 것을 만들며, 정밀한 것과 거친 것이 값이 같으면 사람이 또 어찌 정밀한 것을 만들겠는가? 허자가 물가를 일정하게 하는 도를 좇으면, 이는 천하를 거느려서 탐하고 다투어서 서로 속여 이에 사람을 가르쳐서 거짓을 행하게 하는 것이다. 거짓을 행하는 것을 제거하고자 하다가 마침내 거짓을 행하는 것을 더하게 하는 것이고, 다투는 것을 쉬게 하려고 하다가 도리어 다투는 것을 열어주는 것이다. 어찌 국가를 다스릴 수 있겠는가?"

| 요지 |

이 장은 맹자가 이단을 물리쳐서 정도를 호위함을 보인 것이다. 앞의 세 문단은 허행과 진상이 맹자의 법을 무너트리려고 한 것이고, 끝의 세 문단은 허자가 한 몸으로 겸할 수 없다는 말에 나아가서 다스리면서 밭갈 수 없음을 밝혀 이미 백성과 함께 밭을 간다는 말을 꺾어 거꾸러뜨렸다.

묵 자 이 지 인 서 벽 이 구 견 맹 자 맹 자 왈 오 고 원
5-1. 墨者夷之 因徐辟而求見孟子한대 孟子曰 吾固願
견 금 오 상 병 병 유 아 차 왕 견 이
見이라니 今吾尙病이라 病愈어든 我且往見호리니 夷
자 불 래
子는 不來니라

| 언해 |

墨ᄒᆞ는 者 夷之ㅣ 徐辟을 因ᄒᆞ야 孟子보ᄋᆞ옴을 求ᄒᆞᆫ대 孟子ㅣ ᄀᆞᆯᄋᆞ샤ᄃᆡ 내 본ᄃᆡ 見코쟈 願ᄒᆞ다니 이제 내 오히려 病혼디라 病이 愈커든 내 ᄯᅩ 往ᄒᆞ야 見호리니 夷子는 來티 아니홀띠니라

| 직역 |

묵자인 이지(夷之)가 서벽을 통하여 맹자를 뵙기를 요구하자, 맹자가 말하였다. "내가 진실로 만나보기를 원하지만, 지금은 아직 내가 병중에 있다. 병이 낫거든 내가 장차 가서 만나볼 것이니, 이자는 올 것이 없다."

| 자해 |

墨者 : 묵적(墨翟)의 도(道)를 배운 자. • 夷之 : 이(夷)는 성이고, 지(之)는 이름. • 徐辟 : 맹자의 제자.

| 의해 |

묵적의 도를 행하는 자인 이지가 서벽을 통해서 맹자를 만나려하자 맹자가 말했다. "이지가 온다하니, 내가 진실로 보기를 원하지만, 다만 내가 아직 병이 있다. 병이 낫기를 기다려서 내가 가서 볼 터이니, 이자는 굳이 올 것이 없다" 이는 대개 보기를 구하는 마음을 굳게 하여 가르침을 베풀려고 한 것이다.

타 일 우 구 견 맹 자 맹 자 왈 오 금 즉 가 이 견 의
5-2. 他日에 又求見孟子한대 孟子曰 吾今則可以見矣
부 직 즉 도 불 견 다 차 직 지 오 문 이
어니와 不直則道不見하나니 我且直之호니라 吾聞夷
자 묵 자 묵 지 치 상 야 이 박 위. 기 도 야 이 자
子는 墨者라호니 墨之治喪也는 以薄爲其道也라 夷子

사이역천하 기이위비시이불귀야 연이이
思以易天下하나니 豈以爲非是而不貴也리오 然而夷
자장기친 후 즉시이소천사친야
子葬其親이 厚하니 則是以所賤事親也르다

| 언해 |

他日애 또 孟子보ᄋᆞ옴을 求ᄒᆞᆫ대 孟子ㅣ ᄀᆞᆯᄋᆞ샤ᄃᆡ 내 이제면 可히 뻐 見ᄒᆞ려니와 直디 아니면 道ㅣ 見티 아니ᄒᆞᄂᆞ니 내 또 直호니라 나는 들오니 夷子는 墨者ㅣ라 호니 墨의 喪을 治ᄒᆞ욤은 薄으로뻐 그 道를 삼는디라 夷子ㅣ 思호ᄃᆡ 뻐 天下롤 易호려 ᄒᆞᄂᆞ니 엇디 뻐 是티 아니타 ᄒᆞ야 貴히 아니 너기리오 그러나 夷子ㅣ 그 親을 葬ᄒᆞ욤이 厚ᄒᆞ니 곧 이 賤ᄒᆞ는 바로뻐 親을 事홈이로다

| 직역 |

후일에 또다시 맹자를 뵙기를 요구하자, 맹자가 말하였다. "내가 지금에는 그를 만나 볼 수 있지만, 의견을 다 펴지 않으면 도가 나타나지 못하니, 내가 우선 펴서 말하겠다. 내가 들으니, 이지는 묵가라 하는데, 묵가가 상을 다스리는 것은 박장을 그 도로 삼는다. 이지는 이 도로써 온 천하의 풍속을 바꿀 것을 생각하니, 어찌 그 도가 옳지 않다고 여겨서 귀하게 여기지 않겠는가? 그런데도 이자는 그 어버이를 장례하기를 후하게 하였으니, 이는 천하게 여기는 것으로써 어버이를 섬긴 것이다."

| 자해 |

直 : 말을 다하여 서로 질정(質正)하는 것.

| 의해 |

후일에 또 맹자를 만나기를 구하였는데, 맹자가 만나기를 구하는 정성으로 인해 말하였다. "이지가 보기를 구하는 것이 두 번에 이

르니 이제는 만날 수 있다. 그런데 다만 이지가 온 뜻은 우리의 도를 위함이다. 우리 도가 묵가의 도와는 같지 않으니, 만일 말을 다하여 서로 바르지 않으면 우리 유자의 도가 밝아지지 못한다. 내가 또 보지 않고 먼저 바르게 할 것이다. 내가 들으니 이지는 묵자에게 배운 자라고 한다. 묵자는 친상을 다스릴 적에 관곽의 종류를 대개 박한 것으로써 도를 삼았다. 이지가 이미 그 가르침을 따르니, 장차 묵가의 도로 천하의 풍속을 바꿀 것을 생각할 것이니, 어찌 도리어 그 박하게 장사하는 도가 옳지 않다고 여겨 숭상하지 않겠는가? 이미 박한 것을 귀하다고 하면 반드시 후한 것을 천하다고 할 것이다. 그러나 이지가 그 어버이를 장사할 때에는 후한 것을 따랐으니, 이는 묵자가 천하게 여기는 도를 가지고 그 어버이를 섬긴 것이다. 그 도를 배우고 그 가르침을 따르지 않으니, 이것은 무슨 연고인가? 박한 도가 본래 귀한 것이 아니고, 후한 도가 본래 천한 것이 아니라고 생각한 것이 아닌가?"

서자이고이자 이자왈 유자지도 고지인
5-3. 徐子以告夷子한대 夷子曰 儒者之道에 古之人이
약보적자 차언 하위야 지즉이위애무차등
若保赤子라하니 此言은 何謂也오 之則以爲愛無差等
시유친시 서자이고맹자 맹자왈 부
이요 施由親始라하노라 徐子以告孟子한대 孟子曰 夫
이자 신이위인지친기형지자 위약친기린지적자
夷子는 信以爲人之親其兄之子 爲若親其隣之赤子
호 피유취이야 적자포복장입정 비적자지죄
乎아 彼有取爾也니 赤子匍匐將入井이 非赤子之罪
야 차천지생물야 사지일본 이이자 이본
也라 且天之生物也 使之一本이어늘 而夷子는 二本
고야
故也로다

| 언해 |

徐子ㅣ 뻐 夷子ᄃᆞ려 告ᄒᆞᆫ대 夷子ㅣ ᄀᆞᆯ오ᄃᆡ 儒者의 道애 녯 사ᄅᆞᆷ이 赤子保홈 ᄀᆞᆮ티 ᄒᆞ다 ᄒᆞ니 이 言ᄋᆞᆫ 엇디 닐옴고 之ᄂᆞᆫ 뻐 ᄒᆞ요ᄃᆡ 愛홈은 差等이 업고 施홈은 親으로브터 始홀 꺼시라 ᄒᆞ노라 徐子ㅣ 뻐 孟子ᄭᅴ 告ᄒᆞᆫ대 孟子ㅣ ᄀᆞᆯᄋᆞ샤ᄃᆡ 夷子ᄂᆞᆫ 진실로 뻐 ᄒᆞ요ᄃᆡ 人의 그 兄의 子를 親히 홈이 그 隣읫 赤子ᄅᆞᆯ 親히 홈 ᄀᆞᆮ다 ᄒᆞᄂᆞ냐 뎌ᄂᆞᆫ 取홈이 인ᄂᆞ니 赤子의 匍匐ᄒᆞ야 쟝ᄎᆞᆺ 井에 入홈이 赤子의 罪아니라 ᄯᅩ 天의 物生ᄒᆞ욤이 ᄒᆞ여곰 一本이어늘 夷子ᄂᆞᆫ 二本인 故ㅣ로다

| 직역 |

서벽이 이 말을 이지에게 전하자, 이지가 말하였다. "유자의 도에 '옛사람이 갓난아이를 보호하듯이 한다'고 하였으니, 이 말은 무슨 말인가? 나는 생각하기를 사랑에는 차등이 없고, 베푸는 것은 어버이로부터 시작한다고 여긴다." 서벽이 이 말을 맹자에게 아뢰자, 맹자가 말하였다. "이지는 진실로 생각하기를 사람들이 그 형의 아들을 친히 하는 것이 그 이웃집의 갓난아이를 친히 하는 것과 같다고 여기는가? 저 『서경』의 말은 뜻을 딴 데서 취함이 있으니, 갓난아이가 엉금엉금 기어서 장차 우물로 빠져들어 가는 것이 갓난아이의 죄가 아니라고 말한 것이다. 또 하늘이 만물을 낸 것은 그로 하여금 근본이 하나이게 하였는데, 이지는 근본이 둘이기 때문이다."

| 자해 |

若保赤子 : 『서경(書經)』 「주서(周書) · 강고(康誥)」에 있는 글

| 의해 |

서벽이 맹자의 말을 이지에게 고하자 이지가 맹자의 뜻을 알아듣고 두 가지로 변론하려고 하였다. "만일 내가 어버이에게 후하게

함이 옳다하면, 이는 묵가의 도의 박한 것과는 어그러질 것이고, 만일 묵가의 도의 박한 것을 옳다하면 이는 내가 홀로 어버이에게 후하게 한 것에 대해 또 이를 말이 없을 것이다." 이에 두 가지로 구원하는 말을 하였다. "선생이 나의 겸하여 사랑하는 것을 옳지 않다하나, 유자의 도에도 또한 우리 도와 서로 같은 것이 있다. 「강고」의 말에 '옛 사람이 백성을 보호하는 것이 갓난아기를 보호하는 것과 같다'고 하니, 이 말이 무엇을 이르는 것인가? 내 생각으로는 백성을 위하는 것이 갓난아이와 같지 않은데 그 보호함은 같으니, 이는 친한 이를 사랑하는 것과 백성을 사랑하는 것이 본래 차등이 없는 것이다. 이것이 또한 유자의 도에서 겸하여 사랑하는 것이 아닌가? 다만 말하기를, 갓난아이를 보호하는 것과 같다고 하니, 반드시 먼저 갓난아이를 보호한 후에 갓난아이를 보호하는 것과 같이함이 있을 것이다. 그 베푸는 차서가 반드시 친한 이로 말미암아 시작해서 여기에 마땅히 조금 후함을 따를 것이니, 이것이 내가 어버이를 후하게 장사한 바이다. 어찌 천한 것으로 어버이를 섬기겠는가?" 서벽이 이지의 말을 맹자에게 고하자 맹자가 또 『서경』의 뜻을 해석하여 물리쳐 말하였다. "이지는 「강고」의 말을 보기를, 사람이 그 형의 아들을 사랑하는 것이 그 이웃의 갓난아이를 사랑하는 것과 같아서 도무지 분별이 없다고 하는가? 저 『서경』의 말은 대개 뜻을 취한 것이 있어서 이른 것이다. 『서경』의 말은 백성이 죄를 범하는 것은 알지 못한데서 나온 것이다. 고의로 범한 죄가 아닌 것은, 갓난아이가 기어서 장차 우물에 들어가는 것처럼 알지 못한데서 나와서 갓난아이의 죄가 아닌 것과 같다는 말이다. 그러므로 백성을 보호하는 것을 마땅히 갓난아이를 보호하는 것과 같이해서 그 법을 범한 것을 슬피 여기고 불쌍히 여겨 기뻐하지 말라한 것이지, 그 형의 아들을 사랑하는 것을 참으로 그 이웃의 갓난아이를 사랑하는 것과 같이해서 한결같이 차등이 없음을 이른 것이 아니다. 유자의 도가 또한 겸하여 사랑한다고 한 것이 그릇된 것이 아닌가? 이지가

『서경』의 말을 인용한 것이 이미 그 뜻을 잃었고, 또 하늘이 만물을 냄에 다만 한 부모가 있고 다시 둘이 없다. 원래 하나의 근본을 좇아 나왔으므로 어버이를 사랑하는 마음이 천성에 근본하니, 다른 사람과 같이 못한다. 이지의 말과 같으면 이는 그 어버이를 대접하기를 길가는 사람과 같이 하고, 길가는 사람을 대접하기를 그 어버이와 같이 하는 것이다. 그 어버이를 친히 하는 것은 한 근본인데, 길가는 사람을 친히 하는 것이 또한 그 어버이와 같다면 이것은 두 근본이다. 사랑에 차등이 없는 것은 근본이 두개인 까닭이다. 어찌 사람의 이치이겠는가?"

5-4. 蓋上世에 嘗有不葬其親者러니 其親이 死커늘 則擧而委之於壑하고 他日過之할새 狐狸食之하며 蠅蚋姑嘬之어늘 其顙有泚하여 睨而不視하니 夫泚也는 非爲人泚라 中心이 達於面目이니 蓋歸하여 反虆梩而掩之하니 掩之誠是也면 則孝子仁人之掩其親이 亦必有道矣니라

| 언해 |

上世예 일즉 그 親을 葬티 아니ᄒᆞᆫ 者ㅣ 잇더니 그 親이 死커늘 곧 擧ᄒᆞ야 壑애 委ᄒᆞ고 他日에 過ᄒᆞᆯ씨 狐와 狸ㅣ 食ᄒᆞ며 蠅과 蚋ㅣ 嘬ᄒᆞ거늘 그 顙애 泚ㅣ 이셔 睨ᄒᆞ고 視티 몯ᄒᆞ니 泚ᄒᆞ욤은 人을 爲ᄒᆞ야 泚ᄒᆞᆷ인 줄이 아니라 中心이 面目애 達ᄒᆞᆷ이니 歸ᄒᆞ야 虆와 梩ᄅᆞᆯ 反ᄒᆞ야 掩ᄒᆞ니 掩ᄒᆞ욤이 진실로 是ᄒᆞ면 곧 孝子와 仁人의

그 親을 掩홈이 또 반드시 道ㅣ 인ᄂᆞ니라

| 직역 |

"상고시대에 일찍이 그 어버이를 장례하지 않은 자가 있었는데, 그 어버이가 죽자, 들어다가 골짜기에 버렸었다. 후일에 그 곳을 지날 적에 여우와 살쾡이가 파먹으며 파리와 등에가 모여서 빨아 먹자, 그 이마에 땀이 흥건히 젖어서 곁눈질하여 보고 차마 똑바로 보지 못하였으니, 땀이 흥건히 젖은 것은 남들이 보기 때문에 땀에 젖은 것이 아니라, 속마음이 면목에 도달한 것이다. 그는 집으로 돌아와서 삼태기와 들것에 흙을 담아 뒤집어 쏟아서 시신을 가렸으니, 시신을 가리는 것이 진실르 옳다면, 효자와 인한 사람이 그 어버이를 가리는 데는 또한 반드시 도리가 있을 것이다."

| 자해 |

上世 : 태고(太古). • 委 : 버림. • 壑 : 산의 물이 달려가는 곳. • 蚋 : 모기의 등속. • 姑 : 어조사. 혹은 누고(螻蛄)라고 함. • 嘬 : 모여서 함께 파먹는 것. • 顙 이마. • 泚 : 자연(泚然)히 땀이 나오는 모양. • 睨 : 곁눈으로 보는 것. • 視 : 똑바로 보는 것. • 反 : 뒤집는 것. • 虆 : 흙을 담는 그릇. • 梩 : 흙수레.

| 의해 |

"이지는 진실로 근본을 둘로 하지만 그 후하게 장사하는 마음이 어떠한 마음인지 또한 스스로 아는가? 상고시대에 예제가 아직 갖추어지지 않았을 때, 일찍이 그 어버이를 장사지내지 아니한 자가 있었는데, 그 어버이가 죽자 시신을 들어다가 골짜기에 버렸다. 후일에 그 곳을 지나다가 여우와 살쾡이가 그 고기를 먹고 파리와 등에가 그 살을 빠는 것을 보았다. 이에 그 이마에 땀이 나서 곁눈질하여 보고 차마 똑바로 보지 못하였는데, 땀이 난 것은 다른 사람이 볼까 해서 가리고 꾸며서 그런 것이 아니다. 지극한 애통이 마음속으로부터 얼굴과 눈에 도달하여 스스로 감출 수

없었기 때문이다. 한 근본의 어버이가 아니면 어찌 이와 같겠는가? 이때를 당하여 이미 그 전일에 버린 것이 잘못임을 뉘우치고 또 후일에 보전할 계교를 생각한 것이다. 그래서 돌아가서 삼태기와 들것을 가져와 흙으로 덮어 가리니, 그 가리는 것이 진실로 옳으면 반드시 이 같이 한 후에 천리를 헤아려 마땅하고 인심에 나아가 편안할 것이다. 중고시대 이후로 어버이를 장사지내는 예가 일어나서 효자와 인한 사람이 그 어버이를 장사할 때에 또한 반드시 당연하여 그만 두지 못할 도리가 있게 되었다. 박한 것으로 귀함을 삼은 것이 아니라, 사람이 반드시 한 근본에서 나오니 도는 반드시 후한데 나온다. 이지가 그 어버이를 후하게 장사한 것이 바로 천성의 자연스러움이다. 한 근본의 진정이 스스로 보이는 바인데, 반드시 그 사랑에 차등이 없다는 말을 주장하는 것은 어째서인가? 곧 그 학문에 가리어서 그러한 것이다."

서 자 이 고 이 자　　이 자 무 연 위 간 왈　명 지 의

5-5. 徐子以告夷子한대 夷子憮然爲間曰 命之矣샤다

| 언해 |

徐子ㅣ 뼈 夷子ᄃᆞ려 告ᄒᆞᆫ대 夷子ㅣ 憮然히 爲間ᄒᆞ야 ᄀᆞᆯ오ᄃᆡ 之ᄅᆞᆯ 命ᄒᆞ샤다

| 직역 |

서벽이 이 말을 이지에게 전하니, 이지가 망연자실하여 한동안 있다가 말하였다. "나를 가르쳐 주셨다."

| 자해 |

憮然 : 망연자실(茫然自失)하는 모양. • 爲間 : 한동안의 시간. • 命 : 교(敎)

와 같으니, 맹자가 이미 나를 가르쳤다고 말한 것.

| 의해 |

서벽이 맹자의 말을 이지에게 전하자 이지가 듣고 곧 스스로 묵가의 도의 그른 것과 유가의 도의 바른 것을 깨닫고 편안하지 못하여 망연자실한 모양으로 잠깐 있다가 말하였다. "내가 비록 친히 맹자를 뵙지 못하였지만, 인과 효가 한 근본의 의론이니, 맹자가 이미 나를 가르쳤다." 그 본심이 다시 움직여 그름을 깨닫고 돌이켜서 바른 데로 돌아온 것이 이와 같았다.

| 요지 |

이 장은 겸애를 물리치고 정도를 호위한 것이다. 앞의 두 문단은 이지가 묵자에게서 도망하여 유가로 돌아올 기미가 있는 것을 보여주었다. '진실로 보기를 원한다'고 한 구절부터 구절 끝에 이르기까지는 병을 칭탁하여 정성을 본 것이고, 그 이하는 자세히 물리쳐서 그 깨달음을 열어준 것이다. 모든 문장에서 일본(一本) 두 글자가 중요하니, 사람은 근본으로 나고 사랑은 근본으로 선다. 근본이 하나이면 사랑에 차등이 없지 못하는 것은 이 인심이 자연히 그만두지 못할 것이다. 이지가 비록 묵자의 가르침에 젖었으나 그 어버이를 후히 장사한 것은 바로 양심이 한 근본에서 움직인 것인데 스스로 알지 못한 것이다. 맹자가 이것을 따라서 저것을 북돋아 움직여 천리와 인정을 말한 것이 통렬하니, 이지가 맹자의 말을 듣고 깨달은 것이 마땅하다.

6. 등문공장구하(滕文公章句下)

진대왈 불견제후 의약소연 금일견지

1−1. 陳代曰 不見諸侯 宜若小然하이다 今一見之하시면

대즉이왕 소즉이패 차지 왈 왕척이직심

大則以王이요 小則以覇니 且志에 曰 枉尺而直尋이라

의약가위야

하니 宜若可爲也로소이다

| 언해 |

陳代ㅣ ᄀᆞᆯ오ᄃᆡ 諸侯ᄅᆞᆯ 見티 아니ᄒᆞ심이 맛당히 小ㆍ긴듯 ᄒᆞ이다 이제 ᄒᆞᆫ번 見ᄒᆞ시면 大ᄒᆞ면 ᄡᅥ 王ᄒᆞ고 小ᄒᆞ면 ᄡᅥ 覇ᄒᆞ리니 ᄯᅩ 志예 ᄀᆞᆯ오ᄃᆡ 尺을 枉ᄒᆞ야 尋을 直ᄒᆞ다 ᄒᆞ니 맛당히 可히 ᄒᆞ염즉 ᄒᆞ도소이다

| 직역 |

진대가 말하였다. "제후를 만나보지 않는 것은 작은 일인 것 같습니다. 이제 한 번 만나보시면 크게는 왕자를 이루고, 작게는 패자를 이룰 것입니다. 또 옛 기록에 '한 자를 굽혀 한 길을 편다'고 하였으니, 마땅히 할 만한 일일 듯합니다."

| 자해 |

陳代 : 맹자의 제자. • 小 : 작은 일. • 枉 : 굽힘. • 直 : 폄. • 尋 : 여덟 자[8尺].

| 의해 |

전국시대에 오직 맹자만 도를 안고 자중하였는데, 진대가 의심하여 다음과 같이 물었다. “사군자(士君子)가 즐겨 제후를 가서 보지 아니하는 것은 진실로 몸을 지키는 떳떳한 법이나, 그러나 저의 소견으로는 마땅히 작은 일인 것 같습니다. 오늘 만일 한번 가서 보시고 그 도를 행하시면, 크게는 이윤도 되고 주공도 되어 그 임금으로 하여금 천하에 왕자(王者)를 이루게 하고, 작게는 관중도 되고 안영도 되어 그 임금으로 하여금 제후의 패자(覇者)가 되게 할 수 있을 것입니다. 뜻을 얻고 공을 세우는 것은 이때에 있는 것입니다. 또 옛 기록에 말하기를, ‘한 자를 굽혀 한 길을 편다’고 하였는데, 이는 굽히는 것은 적고 펴는 것은 큰 것입니다. 이 말을 가지고 보면 제후를 가서 만나보는 조그마한 굽힘으로써 패자도 되고 왕자도 되는 크게 폄을 이룰 것이니, 마땅히 할 만한 것 같습니다. 반드시 지나치게 고집할 것이 아닙니다.”

맹 자 왈 석 제 경 공 전 초 우 인 이 정 부
1-2. 孟子曰 昔에 齊景公이 田할새 招虞人以旌한대 不
지 장 살 지 지 사 불 망 재 구 학 용 사 불
至어늘 將殺之러니 志士는 不忘在溝壑이요 勇士는 不
망 상 기 원 공 자 해 취 언 취 비 기 초 불 왕 야
忘喪其元이라하시니 孔子는 奚取焉고 取非其招不往也
여 부 대 기 초 이 왕 하 재
시니 如不待其招而往엔 何哉오

| 언해 |

孟子ㅣ ᄀᆞᆯᄋᆞ샤ᄃᆡ 녯 齊景公이 田ᄒᆞᆯᄊᆡ 虞人을 招호ᄃᆡ 旌으로ᄡᅥ ᄒᆞᆫ대 至티 아니ᄒᆞ거늘 쟝ᄎᆞᆺ 殺호려 ᄒᆞ더니 志士ᄂᆞᆫ 溝壑애 이숌을 忘티 아니ᄒᆞ고 勇士ᄂᆞᆫ 그 元喪ᄒᆞ욤을 忘티 아니ᄒᆞᆫ다 ᄒᆞ시니 孔子

ᄂᆞᆫ 므스거슬 取ᄒᆞ신고 그 招ㅣ 아니어든 往티 아니홈을 取ᄒᆞ시니 그 招를 待티 아니ᄒᆞ고 往ᄒᆞ욤앤 엇디오

| 직역 |

맹자가 말하였다. "옛날에 제나라 경공이 사냥할 적에 동산지기를 깃발로 부르자, 오지 않으니, 장차 그를 죽이려 했었다. 공자가 그를 칭찬하기를, '뜻있는 선비는 시신이 도랑에 버려질 것을 잊지 않고, 용맹한 선비는 자기 머리를 잃을 것을 잊지 않는다'고 하였으니, 공자는 어찌하여 그를 취하였는가? 자기의 신분에 맞는 부름이 아니면 가지 않은 것을 취한 것이다. 그런데 만일 부름을 기다리지 않고 간다면 어떠하겠는가?"

| 자해 |

田 : 사냥. • 虞人 : 원유(苑囿)[동산]를 지키는 관리. • 旃 : 대부(大夫)를 부를 때 사용하는 깃발. 우인(虞人)을 부를 때에는 가죽으로 만든 피관(皮冠)을 사용함. • 元 : 머리.

| 의해 |

맹자가 말하였다. "내가 임금을 얻어 도를 행하려하지 않는 것은 아니다. 다만 의로 헤아려 마땅히 가지 않는 것이다. 옛날 제나라 경공이 사냥할 때 동산지기를 부를 일이 있어 사람으로 하여금 깃발로 부르자 동산지기가 오지 않으니 공이 장차 죽이려고 했었다. 공자가 이 이야기를 듣고 아름답게 여겨 말하였다. '뜻이 있는 선비는 궁한데서도 굳센 자이므로 항상 자신이 버려져 골짜기에 있더라도 한스럽게 여기지 않겠다고 생각하고, 용맹이 있는 선비는 삶을 가볍게 여기는 자이므로 항상 그 머리를 잃어버려도 돌아보지 않겠다고 생각한다. 동산지기는 뜻이 있는 선비이며, 용맹이 있는 선비라고 할 수 있다.' 공자는 동산지기에게서 무엇을 취하여 이와 같이 말하였는가? 이것은 동산지기가 자신을 가

죽 관으로 부르지 않자 죽음을 무릅쓰고 가지 않은 것이다. 하물며 군자가 도를 지키는 것은 동산지기가 벼슬을 지키는 것에 비할 것이 아니다. 만일 부르는 것을 기다리지 않고 스스로 가서 보면 이는 그 지키는 바를 잃어버리는 것이니, 과연 무엇이라고 이르겠는가? 군자의 의가 동산지기 아래에 있지 않다."

차부왕척이직심자 이리언야 여이리즉왕심
1-3. 且夫枉尺而直尋者는 以利言也니 如以利則枉尋
직척이리 역가위여
直尺而利라도 亦可爲與아

| 언해 |

쏘 尺을 枉ᄒᆞ야 尋을 直ᄒᆞ다 ᄒᆞᆷ은 利로ᄡᅧ 닐옴이니 만일에 利로ᄡᅧ ᄒᆞ면 尋을 枉ᄒᆞ고 尺을 直ᄒᆞ야 利ᄒᆞ야도 쏘ᄒᆞᆫ 可히 ᄒᆞ랴

| 직역 |

"또 한 자를 굽혀서 한 길을 편다는 것은 이익으로써 말한 것이다. 만일 이익으로써 한다면, 한 길을 굽혀서 한 자를 펴 이익이 있을지라도 또한 하겠는가?"

| 의해 |

"군자가 나가고 처하는 데 오직 의가 있음을 알 따름이다. 또 이른바 한 자를 굽혀 한 길을 편다고 하는 것은 잃은 바는 적고 얻은 바는 많다는 말이니, 이는 이익을 도모함을 말한 것이다. 만일 이익으로써 말하여 유심히 살펴보면, 비록 한 길을 굽혀 한 자를 펴서 잃은 것은 많고 얻은 것은 적어서 사소한 이익을 취함에 이르더라도 또한 장차 이치와 의를 돌아보지 않고 하겠는가? 내가

반드시 안 되는 바가 있음을 알겠다."

석자 조간자사왕량 여폐해승 종일이불
1-4. 昔者에 趙簡子使王良으로 與嬖奚乘한대 終日而不
획일금 폐해반명왈 천하지천공야 혹 이고
獲一禽하고 嬖奚反命曰 天下之賤工也러이다 或이 以告
왕량 양 왈 청부지 강이후가 일조
王良한대 良이 曰 請復之호리라 彊而後可라하여늘 一朝
이획십금 폐해반명왈 천하지량공야 간자왈
而獲十禽하고 嬖奚反命曰 天下之良工也러이다 簡子曰
아사장여녀승 위왕량 양 불가왈 오위
我使掌與女乘호리라하고 謂王良한대 良이 不可曰 吾爲
지범아치구 종일불획일 위지궤우 일조이
之範我馳驅호니 終日不獲一하고 爲之詭遇호니 一朝而
획십 시운 불실기치 사시여파 아 불관
獲十하니 詩云 不失其馳어늘 舍矢如破라하니 我는 不貫
여소인승 청사 어자차수여사자비 비
與小人乘호니 請辭라하니라 御者且羞與射者比하여 比
이득금수 수약구릉 불위야 여왕도이종피
而得禽獸 雖若丘陵이라도 弗爲也하니 如枉道而從彼엔
하야 차자과의 왕기자미유능직인자야
何也오 且子過矣로다 枉己者未有能直人者也니라

| 언해 |

녜 趙簡子ㅣ 王良으로 하여곰 嬖奚로 더브러 乘ᄒᆞᆫ대 日이 終토록 ᄒᆞᆫ 禽을 獲디 몯ᄒᆞ고 嬖奚ㅣ 命을 反ᄒᆞ야 ᄀᆞᆯ오ᄃᆡ 天下읫 賤工이러이다 或이 ᄡᅧ 王良ᄃᆞ려 告ᄒᆞᆫ대 良이 ᄀᆞᆯ오ᄃᆡ 請컨댄 다시 호리라 彊ᄒᆞᆫ 後에 可ㅣ라 ᄒᆞ야ᄂᆞᆯ ᄒᆞᆫ 아ᄎᆞᄆᆡ 열 禽을 獲ᄒᆞ고 嬖奚ㅣ 命을 反ᄒᆞ야 ᄀᆞᆯ오ᄃᆡ 天下읫 良工이러이다 簡子ㅣ ᄀᆞᆯ오ᄃᆡ 내 ᄒᆞ여곰 너를 더브러 乘홈을 掌케 호리라 ᄒᆞ고 王良ᄃᆞ려 닐온대 良이 可티 아니타 하야 ᄀᆞᆯ오ᄃᆡ 내 爲ᄒᆞ야 내 馳驅ᄅᆞᆯ 範으로 호니 日이 終

토록 흔나흘 獲디 몯ᄒᆞ고 爲ᄒᆞ야 詭로 遇호니 ᄒᆞᆫ 아ᄎᆞᆷ의 열흘 獲ᄒᆞ니 詩예 닐오ᄃᆡ 그 馳를 失티 아니ᄒᆞ거ᄂᆞᆯ 矢舍홈을 破ᄐᆞᆺᄒᆞ다 ᄒᆞ니 나ᄂᆞᆫ 小人으로 더브러 乘홈을 貫티 몯호니 請컨댄 辭ᄒᆞ여지라 ᄒᆞ니라 御者ㅣ 또 射者로 더브러 比홈을 羞ᄒᆞ야 比ᄒᆞ야 禽獸를 得홈이 비록 丘陵ᄀᆞᆮᄐᆞᆯ 띠라도 ᄒᆞ디 아니ᄒᆞ니 道를 枉ᄒᆞ야 彼를 從홈앤 엇데오 또 子ㅣ 過ᄒᆞ도다 己를 枉ᄒᆞᆫ 者ㅣ 能히 人을 直ᄒᆞ리 잇디 아니ᄒᆞ니라

| 직역 |

"옛적에 조간자가 왕량으로 하여금 총대하는 신하인 해와 함께 수레를 타고 사냥하게 하였는데, 종일토록 한 마리의 짐승도 잡지 못하자, 총애하는 신하인 해가 복명하기를 '천하에 값어치 없는 말몰이꾼이었습니다'라고 하였다. 어떤 사람이 이 말을 왕량에게 전하자, 왕량이 다시 하자고 청하였으나 승낙하지 않다가 강요한 뒤에야 승낙하였다. 이번에는 하루아침에 열 마리의 짐승을 잡자, 총애하는 신하인 해가 복명하기를 '천하에 훌륭한 말몰이꾼이었습니다'라고 하였다. 간자는 '내가 그로 하여금 너와 함께 수레를 타게 하도록 하겠다'고 하고는 왕량에게 이 말을 일렀다. 왕량이 허락하지 않으면서 말하기를, '제가 그를 위해서 말 모는 것을 법대로 하였더니, 종일토록 한 마리의 짐승도 잡지 못하였고, 이번에는 그를 위하여 부정한 방법으로 짐승을 만나게 하였더니, 하루아침에 열 마리의 짐승을 잡았습니다. 『시경』에 '말몰이꾼이 말 모는 법을 잃지 않거늘 사수가 화살을 쏨에 깨뜨리는 것과 같이 명중한다'고 하였습니다. 저는 저런 소인과 함께 수레 타는 것을 익히지 못하였으니, 사양하겠습니다'라고 하였다. 말 모는 사람도 활을 쏘는 사수에게 아부하는 것을 부끄러워해서, 아부하여 금수를 잡기를 비록 구릉과 같이 할 수 있더라도 하지 않았으니, 선비가 만일 도를 굽혀 저를 따른다면 어찌 되겠는가. 또한 자네가 잘못이다. 자기 몸을 굽힌 자가 남을 곧게 펴는 경우는 없는

것이다."

| 자해 |

趙簡子 : 진(晉)나라 대부(大夫)인 조앙(趙鞅). • 王良 : 말몰이를 잘하는 자. • 嬖奚 : 간자(簡子)의 총애하는 신하. • 一朝 : 새벽부터 아침밥을 먹을 때까지. • 掌 : 전적으로 맡는 것. • 範 : 법도(法度). • 詭遇 : 부정하게 말을 몰아 짐승과 만나게 하는 것. • 詩 : 「소아(小雅) · 거공(車攻)」. • 貫 : 익힘. • 比 : 아당(阿黨)함. • 若丘陵 : 많음을 말한 것.

| 의해 |

"옛날에 조간자가 왕량으로 하여금 그 총애하는 신하인 해와 함께 수레를 몰아 사냥할 때 종일이 되도록 한 마리의 짐승도 얻지 못하자 총애하는 신하인 해가 간자에게 복명하여 말하기를, '왕량은 천하의 값어치 없는 말몰이꾼입니다'라고 하였다. 어떤 사람이 왕량에게 이 말을 전하므로 왕량이 다시 하기를 청하여 해에게 강요한 후에 승낙을 받았다. 이에 하루 아침 사이에 열 마리의 짐승을 잡으니, 해가 또 복명하여 말하기를, '왕량은 천하의 훌륭한 말몰이꾼입니다'라고 하였다. 간자가 말하기를, '이미 훌륭한 말몰이꾼이라면 내가 전적으로 맡겨서 너와 함께 말타게 하리라' 하고 사람으로 하여금 이로써 왕량에게 명하자 왕량이 거절하면서 말하였다. '말 모는 것이 스스로 법도가 있고, 쏘는 것이 스스로 재주와 힘이 있습니다. 처음에 제가 해와 함께 말을 탈적에 제가 말 모는 법도를 좇아서 달리고 몰았더니, 저 해가 좌로 하고 우로 하여 맞혀 쏘지 못함으로 종일이 되도록 하나를 얻지 못하였습니다. 이어서 제가 법도를 폐하고 속이는 방법으로 금수와 서로 만나게 하니, 그제야 저 해가 겨우 맞혀서 쏠 줄 알아서 하루아침에 열을 얻었습니다. 『시경』에 '말몰이꾼이 말 모는 법을 잃지 않거늘, 사수가 화살을 쏨에 깨뜨리는 것과 같이 명중한다'고 했습니다. 쏘는 자와 말 모는 자가 한 법으로 서로 이루는 것이 군자의 일인데, 해와 같이 법도를 폐하고 요행으로 맞히는 것은 소인의

일입니다. 제가 평소에 다만 법도가 있음을 알고, 소인과 함께 수레를 모는 것은 익히지 않았으니, 그와 함께 수레를 타라고 하는 명령을 사양하겠습니다.'

왕량은 말몰이꾼에 불과한데도 쏘는 자에게 뜻을 굽혀서 아첨하는 것을 부끄러워하였다. 그 마음을 미루어 보면, 만일 아첨하여 짐승 얻기를 하루아침에 열 마리를 얻는 것은 물론이고 비록 언덕같이 많더라도 또한 즐거워하지 않은 것이다. 한 자를 굽혀 한 길을 펴는 일을 하지 아니함이 이와 같다. 만일 사군자의 몸으로 그 스스로 지키는 도를 굽혀서 저 제후를 좇아서 보는 것은 과연 무엇을 위함인가? 나는 생각하건대 왕자와 패자를 이룰 수 있다 하더라도 구름 같은 짐승에 불과하다. 따라서 부끄러움을 면하지 못할 것이니, 이는 지난 번 왕량이 꾸짖은 것이다. 한 자를 굽혀서 한 길을 편다 하더라도 또한 해서는 안 되는 것이 분명하다. 또 자네의 한 자를 굽혀 한 길을 편다는 말은 그르다. 군자의 한 몸은 곧 천하의 표준이다. 반드시 몸을 바르게 하여야 바야흐로 사람을 바르게 할 것이다. 만일 몸을 굽혀서 사람을 좇으면 몸이 먼저 곧지 아니하니 결코 사람을 곧게 하여 그 도를 펴지 못할 것이다. 따라서 한 길을 굽히더라도 또한 한 자도 펴지 못할 것이니, 왕업과 패업을 어찌 이루겠는가? 제후를 보지 않는 것이 어찌 작은 절개이겠는가?"

| 요지 |

이 장은 맹자의 몸을 지키는 의를 보여준 것이다. 첫 문단은 진대가 맹자에게 몸을 굽혀서 제후를 보게 하려고 한 것이고, 그 이하 문단은 맹자가 몸을 굽힐 수 없는 것과 몸을 굽히고서 도를 행할 수 없음을 말했다.

경춘 왈 공손연장의 기불성대장부재 일

2-1. 景春이 曰 公孫衍張儀는 豈不誠大丈夫哉리오 一

노이제후구 안거이천하식

怒而諸侯懼하고 安居而天下熄하니라

| 언해 |

景春이 ᄀᆞᆯ오ᄃᆡ 公孫衍과 張儀ᄂᆞᆫ 엇디 진실로 大丈夫ㅣ 아니리오 ᄒᆞᆫ번 怒ᄒᆞ욤애 諸侯ㅣ 懼ᄒᆞ고 安居ᄒᆞ욤애 天下ㅣ 熄ᄒᆞ니라

| 직역 |

경춘이 말하였다. "공손연과 장의는 어찌 진실로 대장부가 아니겠습니까? 한 번 노함에 제후들이 두려워하고, 편안히 거처함에 천하가 잠잠합니다."

| 자해 |

景春 : 사람의 성명(姓名). • 公孫衍·張儀 : 모두 위(魏)나라 사람.

| 의해 |

경춘이 말하였다. "제가 보니, 지금의 선비 가운데 공손연과 장의가 어찌 진실로 대장부가 아니겠습니까? 지금 제후가 다투어 싸움에 한 번 노하면 대국의 군사를 움직이니 제후들 중에 약하고 작은 자가 다 두려워하고, 만일 편안히 거처하면 열국의 난을 풀어서 천하에 전쟁이 쉽니다. 한 사람의 기뻐하고 노여워함에 천하의 편안하고 위태함이 달렸으니, 대장부란 마땅히 이와 같지 아니하겠습니까?"

맹 자 왈 시 언 득 위 대 장 부 호 　 자 미 학 례 호 　 장
2-2. 孟子曰 是焉得爲大丈夫乎리오 子未學禮乎아 丈
부 지 관 야 　 부 명 지 　 여 자 지 가 야 　 모 명 지
夫之冠也에 父命之하고 女子之嫁也에 母命之하나니
왕 　 송 지 문 　 계 지 왈 왕 지 여 가 　 필 경 필 계
往에 送之門할새 戒之曰 往之女家하여 必敬必戒하여
무 위 부 자 　 이 순 위 정 자 　 첩 부 지 도 야
無違夫子라하나니 以順爲正者는 妾婦之道也니라

| 언해 |

孟子ㅣ ᄀᆞᆯᄋᆞ샤ᄃᆡ 이 엇디 시러곰 大丈夫ㅣ 되리오 子ㅣ 禮를 學디 아니ᄒᆞ얀나냐 丈夫의 冠ᄒᆞ욤애 父ㅣ 命ᄒᆞ고 女子의 嫁ᄒᆞ욤애 母ㅣ 命ᄒᆞᄂᆞ니 往ᄒᆞᆯ쩨 門에 送ᄒᆞᆯᄊᆡ 戒ᄒᆞ야 ᄀᆞᆯ오ᄃᆡ 네 家의 往ᄒᆞ야 반ᄃᆞ시 敬ᄒᆞ며 반ᄃᆞ시 戒ᄒᆞ야 夫子ᄅᆞᆯ 違티 말라ᄒᆞᄂᆞ니 順으로ᄡᅥ 正을 삼ᄂᆞᆫ 者ᄂᆞᆫ 妾婦의 道ㅣ니라

| 직역 |

맹자가 말하였다. "이 어찌 대장부라 할 수 있겠는가. 그대는 예를 배우지 않았는가? 장부가 관례할 때에 아버지가 명하고, 여자가 시집갈 때에 어머니가 명한다. 시집감에 문에서 전송할 적에 경계하기를, '네 집에 가서 반드시 공경하고 반드시 경계하여 남편을 어기지 말라'고 하니, 순종을 정도로 삼는 것은 아녀자의 도이다."

| 자해 |

冠 : 머리에 관(冠)을 더하는 관례(冠禮). • 女家 : 남편의 집. 부인(婦人)은 남편의 집을 안으로 하기 때문에, 시집가는 것을 돌아간다고 하는 것임. • 夫子 : 남편.

| 의해 |

맹자가 말하였다. "한번 노하고 편안히 거처하는 행위가 어찌 대장부가 되겠는가? 자네는 예를 배우지 않았는가? 예에 이르기를, '장부가 관례할 때에 아버지가 훈계하여 성인이 된 도로써 요구하고, 여자가 시집갈 때에 어머니가 명하여 순종하는 의로써 보인다. 시집갈 때에 어머니가 문에서 보낼 때 명하여 경계하기를, 너의 집에 가서 반드시 공경하고 삼가며 반드시 경계하고 조심하여 네 남편의 명을 어기지 말라'고 하였다. 예의 말이 이와 같으니, 순종함으로써 바름을 삼는 것은 첩부의 도에 당연한 바이기 때문이다. 이제 공손연과 장의란 자는 제후가 적국을 노여워하면 그 하고자함을 따라 공벌함으로써 달래고, 제후가 군사를 싫어하면 그 하고자함을 따라 군사를 파함으로써 달래서 아첨하거나, 구차하게 용납해서 권세를 절취하니, 첩부의 도에 지나지 못한다. 장부도 또 하지 않는데, 하물며 대장부가 하겠는가?"

거천하지광거 입천하지정위 행천하지대
2-3. 居天下之廣居하며 立天下之正位하며 行天下之大
도 득지 여민유지 부득지 독행기
道하여 得志하여늘 與民由之하고 不得志하여늘 獨行其
도 부귀불능음 빈천불능이 위무불능굴
道하여 富貴不能淫하며 貧賤不能移하며 威武不能屈이
차지위대장부
此之謂大丈夫니라

| 언해 |

天下앳 廣ᄒᆞᆫ 居애 居ᄒᆞ며 天下앳 正ᄒᆞᆫ 位예 立ᄒᆞ며 天下앳 大ᄒᆞᆫ 道애 行ᄒᆞ야 志를 得ᄒᆞ얀 民으로 더브러 由ᄒᆞ고 志를 得디 몯ᄒᆞ얀 호올로 그 道ᄅᆞᆯ 行ᄒᆞ야 富貴ㅣ 能히 淫티 몯ᄒᆞ며 貧賤이 能히

移티 몯ᄒᆞ며 威武ㅣ 能히 屈티 몯홈이 이 닐온 大丈夫ㅣ니라

| 직역 |

"천하의 넓은 집에 거처하며, 천하의 바른 자리에 서며, 천하의 큰 도를 행하여, 뜻을 얻으면 백성과 함께 도를 행하고, 뜻을 얻지 못하면 홀로 그 도를 행하여, 부귀가 마음을 방탕하게 하지 못하며, 빈천이 절개를 변하게 하지 못하며, 위무가 지조를 굽게 하지 못하는 것, 이를 대장부라 이르는 것이다."

| 자해 |

廣居 : 인(仁). • 正位 : 예(禮). • 大道 : 의(義). • 與民由之 : 그 얻은 바를 백성에게 미룸. • 獨行其道 : 그 얻은 바를 자기 몸에 지키는 것. • 淫 : 마음을 방탕하게 함. • 移 : 절개를 변함. • 屈 : 지조를 꺾는 것.

| 의해 |

"오직 여기에 한 사람이 있는데, 마음에 인을 두어 크게 공정하여 천지만물과 더불어 한 몸이 되니, 그 거한 바가 참으로 천하에 넓은 집이다. 몸가짐을 예로써 하여 크게 알맞게 하고 지극히 옳아서 털끝만큼의 편견이 없으니, 그 선 바가 반드시 천하의 바른 자리이다. 일을 마름질하고 제어함을 의로써 하여 떳떳함을 잡고 이치를 좇아서 경과 권과 일정함과 변함으로 하여금 다 마땅하게 하니, 그 행한 바가 다 천하의 큰 도이다. 뜻을 얻어서 현달하면 백성과 더불어 똑같이 이 도를 행할 것이니, 나아가 이 인과 의와 예를 사람에게 미치게 할 것이다. 뜻을 얻지 못하여 궁하면 홀로 그 도를 행할 것이니, 물러가 이 인과 의와 예를 몸에 지켜야 한다. 이런 까닭에 혹 부귀하더라도 부귀가 꾀어서 그 마음을 방탕하게 하지 못하고 혹 빈천하더라도 빈천이 흔들어서 그 뜻을 변하게 하지 못한다. 혹 위엄과 무력이 있는 사람을 만남에 위엄과 무력이 협박하여 그 절개를 굽게 하지 못한다. 저

공손연과 장의가 아첨하고 몸을 굽힘으로 일시에 뜻을 얻은 것을 보면 참으로 아녀자가 하는 것이라고 할만하다. 이른바 대장부란 저기 있지 아니하고 여기 있는데 자네는 어찌 부질없이 일컫는가?"

| 요지 |

이 장은 첫 문단은 경춘이 장의와 공손연이 대장부라고 지나치게 칭찬한 것이고, 둘째 문단은 맹자가 장의와 공손연이 대장부가 되지 못한다고 물리친 것이며, 끝 문단은 대장부되는 바를 자세히 말하여 깨우쳐준 것이다.

주 소 문 왈 고 지 군 자 사 호 맹 자 왈 사 전
3-1. 周霄問曰 古之君子仕乎잇가 孟子曰 仕니라 傳에
왈 공 자 삼 월 무 군 즉 황 황 여 야 출 강 필 재 지
曰 孔子三月無君 則皇皇如也하셔 出疆에 必載質라하
공 명 의 왈 고 지 인 삼 월 무 군 즉 조
고 公明儀曰 古之人이 三月無君則弔라하니라

| 언해 |

周霄ㅣ 묻ᄌᆞ와 ᄀᆞᆯ오ᄃᆡ 녯 君子ㅣ 仕ᄒᆞ더니잇가 孟子ㅣ ᄀᆞᆯᄋᆞ샤ᄃᆡ 仕ᄒᆞ니라 傳에 ᄀᆞᆯ오ᄃᆡ 孔子ㅣ 三月을 君이 업스뎐 皇皇ᄐᆞᆺ ᄒᆞ샤 疆애 出ᄒᆞ심애 반ᄃᆞ시 質ᄅᆞᆯ 載ᄒᆞ시다 ᄒᆞ고 公明儀 ᄀᆞᆯ오ᄃᆡ 녯 사ᄅᆞᆷ이 三月을 君이 업스면 弔ᄒᆞ다 ᄒᆞ니라

| 직역 |

주소가 물었다. "옛 군자가 벼슬을 하였습니까?" 맹자가 대답하였다. "벼슬을 하였다. 전에 이르기를, '공자는 3개월 동안 섬길 군주가 없으면 급급한 듯이 하여 국경을 나갈 적에 반드시 폐백을

싣고 갔다'고 하였고, 공명의가 말하기를, '옛사람은 3개월 동안 군주가 없으면 위문했다'고 하였다."

| 자해 |

周霄 : 위(魏)나라 사람. • 無君 : 벼슬하여 임금을 섬길 수 없음을 이른 것. • 皇皇 : 구하는 것이 있지만 얻지 못하는 뜻과 같음. • 出疆 : 지위를 잃고 나라를 떠남을 이른 것. • 質 : 손에 잡고 남을 만나보는 예물이니, 예컨대 사(士)는 꿩을 예물로 삼는 것과 같음.

| 의해 |

맹자가 제후를 보지 아니하자 주소가 풍자하여 말하였다. "옛날의 군자가 또한 지위를 얻어 벼슬하고자 했습니까?" 맹자가 말하였다. "군자는 뜻이 도를 행하는데 있으니, 어찌 벼슬을 하지 않겠는가? 전에 말하기를, '공자가 만일 석 달을 지위를 잃어 임금이 없으면 급급하게 편안하지 아니하고, 그 지위를 잃어서 국경 밖으로 나가 다른 나라에 가려면 반드시 폐백을 싣고 가서 그 임금 만나보는 예를 행하려 하였다'고 하였으니, 다 임금을 얻어서 벼슬하고자 한 것이다. 또 공명의는 말하기를, '옛날 사람이 석 달 동안 임금이 없으면 마음 가운데 근심하여 즐거워하지 않는다'고 하였으니, 여기에서 보면 군자가 벼슬함을 알 수 있다."

삼 월 무 군 즉 조 불 이 급 호 왈 사 지 실 위 야 유 제
3-2. 三月無君則弔不以急乎잇가 曰 士之失位也 猶諸
후 지 실 국 가 야 예 왈 제 후 경 조 이 공 자 성
侯之失國家也니 禮에 曰 諸侯耕助하여 以供粢盛하고
부 인 잠 소 이 위 의 복 희 생 불 성 자
夫人이 蠶繅하여 以爲衣服이라하니 犧牲이 不成하며 粢
성 불 결 의 복 불 비 불 감 이 제 유 사 무
盛이 不潔하며 衣服이 不備하면 不敢以祭하고 惟士 無

전 즉 역 부 제 생 살 기 명 의 복 불 비 불 감 이
田則亦不祭하나니 牲殺器皿衣服이 不備하여 不敢以
제 즉 불 감 이 연 역 부 족 조 호
祭則不敢以宴이니 亦不足弔乎아

| 언해 |

三月을 君이 업스면 弔ᄒᆞ옴이 너무 急디 아니ᄒᆞ니잇가 ᄀᆞᆯᄋᆞ샤ᄃᆡ 士의 位ᄅᆞᆯ 失ᄒᆞ옴이 諸侯의 國家ᄅᆞᆯ 失ᄒᆞ옴 ᄀᆞᄐᆞ니 禮예 ᄀᆞᆯ오ᄃᆡ 諸侯ㅣ 耕助ᄒᆞ야 ᄡᅥ 粢盛을 供ᄒᆞ고 夫人이 蠶繅ᄒᆞ야 ᄡᅥ 衣服을 ᄒᆞ다 ᄒᆞ니 犧牲이 成티 몯ᄒᆞ며 粢盛이 潔티 몯ᄒᆞ며 衣服이 備티 몯ᄒᆞ면 敢히 ᄡᅥ 祭티 몯ᄒᆞ고 士ㅣ 田이 업스면 ᄯᅩᄒᆞᆫ 祭티 몯ᄒᆞᄂᆞ니 牲殺와 器皿과 衣服이 備티 몯ᄒᆞ야 敢히 ᄡᅥ 祭티 몯ᄒᆞ면 敢히 ᄡᅥ 宴티 몯ᄒᆞ리니 ᄯᅩᄒᆞᆫ 足히 弔티 아니ᄒᆞ랴

| 직역 |

"3개월 동안 군주가 없으면 위문하는 것은 너무 급하지 않습니까?" 맹자가 말하였다. "사가 지위를 잃은 것은 제후가 나라를 잃은 것과 같다. 예에 이르기를, '제후가 밭을 갈면 백성들이 도와서 제사 음식에 제공하게 하고, 부인은 누에를 치고 실을 켜서 의복을 만든다. 희생이 이루어지지 못하며 제사 음식이 정결하지 못하며 의복이 구비되지 못하면 감히 제사 지내지 못하고, 사가 제전이 없으면 또한 제사를 지내지 못한다'고 하였다. 고기와 그릇과 의복이 갖추어지지 못하여 감히 제사를 지내지 못하면 감히 잔치를 하지 못하니, 또한 위문할 만하지 않은가?"

| 자해 |

以 : 이(已)와 통하니, '너무'라는 뜻. • 粢 : 서(黍)와 직(稷). • 盛 : 그릇에 담겨져 있는 것. • 牲殺 : 희생을 반드시 특별히 죽임. • 皿 : 그릇을 덮는 것.

| 의해 |

주소가 말하였다. "석 달 동안 임금이 없는 것은 오래가 아닌데, 마침내 위문하는 것은 벼슬하는 것에 너무 급급한 것이 아니겠습니까?"

예(禮)에 이르기를, '제후(諸侯)가 자전(藉田) 백 모(百畝)를 만들어 면류관을 쓰고 푸른 끈을 매고서 몸소 쟁기자루를 잡고 밭을 갈면, 서인(庶人)들이 도와 밭일을 끝내어 곡식을 수확해서 어름(御廩)에 보관하여 종묘(宗廟)의 자성(粢盛)에 바친다. 세부(世婦)로 하여금 공상잠실(公桑蠶室)에서 누에를 치게 하여 고치를 받들어 군주(君主)에게 보이고 마침내 부인(夫人)에게 올리면, 부인(夫人)이 부위(副褘)[예복(禮服)]를 입고 받아서 세 번 손으로 동이에 담아 실을 켜고는 삼궁(三宮)의 부인(夫人)과 세부(世婦)에게 나누어주어 실을 켜서 보불문장(黼黻文章)을 만들게 하여 이것을 입고서 선왕(先王)과 선공(先公)에게 제사한다'고 하였다. 또 이르기를, '사(士)가 제전(祭田)이 있으면 제사하고 제전(祭田)이 없으면 천(薦)[간략히 올림]한다'고 하였다.

◑ 맹자가 말하였다. "벼슬하는 것이 매우 중요하니, 사가 지위가 있다가 지위를 잃는 것은 곧 제후가 국가가 있다가 국가를 잃어버린 것과 같다. 옛 사람은 제사를 가장 중히 여겼으니, 제사는 반드시 전록(田祿)이 있어야 한다. 예에서 말하였다. '제후가 몸소 밭을 갈아서 백성으로 하여금 돕게 하여 그 밭의 곡식을 거두어 나라의 창고에 보관했다가 종묘에서 제사하는 음식으로 쓰고, 제후의 부인은 이에 친히 양잠하여 실을 켜서 부인들로 하여금 천을 만들어 제사지내는 옷을 제공한다.' 예의 말이 이와 같으니, 제후가 나라를 잃으면 친히 밭을 갈고 양잠하는 예를 행하지 못하여 희생이 살찌지 못하며 제사 음식이 깨끗함을 이루지 못하고 의복이 또 구비함을 이루지 못하여 감히 사직과 종묘의 제사를 받들지 못한다. 따라서 비록 조상을 존경할 마음이 있으나 어찌 스스로 다 하겠는가? 예에 또 말하기를, '오직 사는 전록이 없으

면 또한 제사하지 못한다'고 하니, 사는 반드시 지위가 있어야 비로소 공전에서 들어오는 바를 얻어 제사의 자료를 삼는 것이다. 만일 지위를 잃으면 전록이 없어서 고기와 그릇과 의복이 갖추어지지 못하여 감히 제사하지 못하니, 그 어버이에게 효도하는 마음을 이루지 못하여 감히 스스로 편안하지 못할 것이다. 평상시에 제사하다가 하루아침에 지위를 잃으면 제사지낼 수 없다. 일년에 사계절의 제사가 있으니, 만일 지위를 잃은 것이 석 달이면 한번 제사를 폐하게 된다. 그러므로 이로써 위문하는 것이다. 임금이 없는 것은 위문할 것이 없을 것 같으나, 임금이 없기 때문에 그 어버이에게 효도하고 조상에게 제사할 수 없으니, 또한 충분히 위문할 만하지 않겠는가? 이것이 옛 사람이 급하게 여기지 않을 수 없었던 까닭이다."

출강 필재지 하야 왈 사지사야 유농부지

3–3. 出疆에 必載質는 何也잇고 曰 士之仕也 猶農夫之

경야 농부기위출강 사기뢰사재 왈 진국

耕也니 農夫豈爲出疆하여 舍其耒耜哉리오 曰 晉國이

역사국야 미상문사여차기급 사여차기급야

亦仕國也로대 未嘗聞仕如此其急호니 仕如此其急也

군자지난사 하야 왈 장부생이원위지유실

인댄 君子之難仕는 何也잇고 曰 丈夫生而願爲之有室

녀자생이원위지유가 부모지심 인개유지

하며 女子生而願爲之有家는 父母之心이라 人皆有之

부대부모지명 매작지언 찬혈극상규

언마는 不待父母之命과 媒妁之言하고 鑽穴隙相窺하며

유장상종 즉부모국인 개천지 고지인

踰墻相從하면 則父母國人이 皆賤之하나니 古之人이

미상불욕사야 우오불유기도 불유기도이

未嘗不欲仕也언마는 又惡不由其道하니 不由其道而

왕자 여찬혈극지류야

往者는 與鑽穴隙之類也니라

| 언해 |

疆애 出홈애 반ᄃᆞ시 質를 載홈은 엇디잇고 ᄀᆞᆯᄋᆞ샤ᄃᆡ 士의 仕ᄒᆞ욤이 農夫의 耕홈 ᄀᆞᄐᆞ니 農夫ㅣ 엇디 疆애 出홈을 爲ᄒᆞ야 그 耒耜를 舍ᄒᆞ리오 ᄀᆞᆯ오ᄃᆡ 晉國이 ᄯᅩᄒᆞᆫ 仕ᄒᆞᄂᆞᆫ 國이로ᄃᆡ 일즉 仕홈이 이러ᄐᆞ시 그 急홈을 듣디 몯호니 仕ㅣ 이러ᄐᆞ시 急홀띤댄 君子의 仕ᄒᆞ욤을 難히 너곰은 엇디니잇고 ᄀᆞᆯᄋᆞ샤ᄃᆡ 丈夫ㅣ 生홈애 爲ᄒᆞ야 室둠을 願ᄒᆞ며 女子ㅣ 生홈애 爲ᄒᆞ야 家둠을 願홈ᄋᆞᆫ 父母의 心이라 人이 다 둣건마ᄂᆞᆫ 父母의 命과 媒妁의 言을 待티 아니ᄒᆞ고 穴隙을 鑽ᄒᆞ야 서르 窺ᄒᆞ며 墻을 踰ᄒᆞ야 서르 從ᄒᆞ면 곧 父母와 國人이 다 賤히 너기ᄂᆞ니 녯사ᄅᆞᆷ이 일즉 仕코져 아니티 아니컨마ᄂᆞᆫ ᄯᅩ 그 道ᄅᆞᆯ 말ᄆᆡ암디 아니홈을 惡ᄒᆞ니 그 道ᄅᆞᆯ 말ᄆᆡ암디 아니ᄒᆞ야 往ᄒᆞᄂᆞᆫ 者ᄂᆞᆫ 穴隙을 鑽ᄒᆞᄂᆞ니로 더브러 類ㅣ니라

| 직역 |

"국경을 나갈 적에 반드시 폐백을 싣고 가는 것은 무슨 까닭입니까?" 맹자가 말하였다. "사가 벼슬하는 것은 농부가 밭을 가는 것과 같으니, 농부가 어찌 국경을 나가면서 쟁기와 보습을 놓고 가겠는가?" 주소가 말하였다. "진나라가 또한 벼슬하는 나라이나, 벼슬하기를 이와 같이 급히 하였다는 말은 들어보지 못했습니다. 벼슬하기를 이와 같이 급히 한다면, 군자가 벼슬하기를 어렵게 여기는 것은 어찌해서입니까?" "장부가 태어나면 그를 위하여 아내가 있기를 원하며, 여자가 태어나면 그를 위하여 가장이 있기를 원하는 것은 부모의 마음이어서 사람마다 다 갖고 있다. 그러나 부모의 명령과 중매쟁이의 말을 기다리지 않고, 구멍을 뚫고 서로 엿보며 담을 넘어 서로 따라다니면 부모와 국인들이 모두 천하게 여기는 것이다. 옛사람들이 일찍이 벼슬을 하고자 하지 않은 것은 아니었으나, 또한 도를 따르지 않는 것을 미워하였으니, 도를 따르지 않고 찾아가는 것은 구멍을 뚫고 만나는 것과 같다."

| 자해 |

仕國 : 군자(君子)가 가서 벼슬하는 나라. • 室 · 家 : 남자(男子)는 여자(女子)를 실(室)[아내]로 삼고, 여자는 남자를 가(家)[시가(媤家)]로 삼는 것임. • 妁 : 중매.

| 의해 |

주소가 또 물었다. "3개월 동안 임금이 없으면 제사지내지 못하니, 진실로 위문할 수 있겠지만, 국경을 나갈 때에 처음으로 지위를 잃었는데도 반드시 폐백을 싣고 가는 것은 어찌해서 입니까? 또 급하다는 평가를 면하지 못할 것입니다."

◑ 맹자가 말하였다. "벼슬하여 도를 행하는 것은 사의 일이니, 밭을 갈아서 먹는 것을 꾀하는 농부의 일과 같다. 농부는 밭을 갈 때에 반드시 쟁기와 보습으로 한다. 어찌 국경에 나갈 때에 그 쟁기와 보습을 놓고 가겠는가? 따라서 사는 반드시 벼슬하며 벼슬하면 폐백으로 하니, 사가 국경을 나갈 때에 어찌 폐백을 싣지 않겠는가?" 주소가 사가 벼슬하기를 원한다는 말을 듣고 마침내 풍자하여 말하였다. "우리 진나라도 또한 군자가 나와서 벼슬하는 나라이지만, 임금이 없으면 위문하고 국경에 나감에 폐백을 실어서 벼슬을 구하는 것을 이와 같이 급히 한다는 말은 듣지 못하였습니다. 만일 벼슬하기를 이와 같이 급히 하면, 마땅히 벼슬하기를 쉽게 할 것인데, 군자가 이에 제후를 보지 않아 벼슬하기 어려운 것은 어째서입니까?" 맹자가 말하였다. "벼슬을 할 때에는 진실로 벼슬하는 도가 있다. 비유하면 장부가 태어남에 여자를 두어서 아내를 삼고자 하며, 여자가 태어남에 남자를 두어서 남편을 삼고자 하는 것은 부모의 마음이니, 사람마다 다 있는 마음이다. 그러나 만일 부모가 혼인하라는 명과 중매의 통혼하는 말을 기다리지 않고 구멍을 뚫어 서로 사사로이 엿보며, 담을 넘어서 서로 사사로이 통하면, 곧 안으로 부모와 밖으로 나라 사람이 다 천하게 여기고 미워하는데, 그 까닭은 구차하게 합했기 때문이

다. 옛 사람이 군신의 의를 폐할 수 없는 것을 알아서 벼슬하려 하지 않은 것은 아니지만, 그 거취에 의가 없고 진퇴에 예가 없어서 그 도의 바름을 따르지 않는 것을 미워하였다. 그 도를 따르지 않고 몸을 굽히고 사람을 좇아서 제후를 만나보는 자는 구멍을 뚫는 종류와 같으니, 사람들이 천하게 여기는 것을 면할 수 있겠는가? 그러므로 군자가 벼슬하기 어려운 것이다."

| 요지 |

이 장은 모두 군자가 도를 굽혀서 벼슬하지 않음을 보인 것이다. 앞의 다섯 대문은 묻는 것에 따라 군자가 벼슬을 급히 여기는 정을 자세히 말하였고, 끝 대문은 묻는 것에 따라 군자가 벼슬하기 어려운 연고를 밝혔다. 벼슬하기를 급히 하는 것은 도를 행하려는 마음이고, 벼슬하기를 어렵게 여기는 것은 도를 지키는 절개이니, 실상은 아울러 행하여 어기지 말아야 할 것이다.

팽 갱 문 왈 후 거 수 십 승 종 자 수 백 인 이 전
4-1. 彭更이 問曰 後車數十乘과 從者數百人으로 以傳
식 어 제 후 불 이 태 호 맹 자 왈 비 기 도 즉 일 단 사
食於諸侯 不以泰乎잇가 孟子曰 非其道則一簞食라도
불 가 수 어 인 여 기 도 즉 순 수 요 지 천 하 불
不可受於人어니와 如其道則舜이 受堯之天下하사대 不
이 위 태 자 이 위 태 호
以爲泰하시니 子以爲泰乎아

| 언해 |

彭更이 묻ᄌᆞ와 ᄀᆞᆯ오ᄃᆡ 後車數十乘과 從者數百人으로ᄡᅥ 諸侯에 傳食ᄒᆞ욤이 너무 泰티 아니ᄒᆞ니잇가 孟子ㅣ ᄀᆞᆯᄋᆞ샤ᄃᆡ 그 道ㅣ 아니면 ᄒᆞᆫ 簞ㅅ食ㅣ라도 可히 人의게 受티 몯ᄒᆞ려니와 만일에 그 道

ㅣ면 舜이 堯의 天下를 受ᄒᆞ샤ᄃᆡ ᄡᅧ 泰히 아니 녀기시니 子ㅣ ᄡᅧ 泰히 녀기ᄂᆞ냐

| 직역 |

팽갱이 물었다. "뒤에 따르는 수레가 수십 대이며, 종자 수백 명을 거느리고 제후에게 밥을 얻어먹는 것이 너무 지나치지 않습니까? 맹자가 말하였다. "그 도에 맞지 않는다면 한 그릇의 밥이라도 남에게 받아서는 안 되지만, 만일 그 도에 맞는다면 순임금은 요임금의 천하를 받으면서도 지나치다고 여기지 않았는데, 그대는 이것을 지나치다고 여기는가?"

| 자해 |

彭更 : 맹자의 제자. '更'의 음은 '갱'. • 泰 : 많음.

| 의해 |

팽갱이 물었다. "이제 일개의 선비로서 따라 행하는 뒤의 수레가 수십 승이고, 따라 좇는 자가 수백 인이 있고, 여러 제후의 나라에서 밥을 얻어먹는 것이 분수에 넘고 지나치게 사치스럽지 않습니까?" 맹자가 말하였다. "군자가 이 세상에 사양하고 받는 것은 다만 도(道)에 있어서 어떠한가를 볼 뿐이다. 그 도에 있어서 얻을 만한 것이 아니면 한 그릇 밥의 적은 것이라도 또한 함부로 사람에게 받지 않을 것이고, 만일 그 도에 있어서 얻을 만한 것이면, 순이 요의 천하를 받는 것도 크게 여기지 않았다. 자네가 밥을 얻어먹는 것을 크게 여기는 마음에 의거하면, 장차 순임금이 큰 천하를 받는 것을 크게 여기겠구나."

4-2. 曰 否라 士無事而食이 不可也니이다 曰 子不通功易事하야 以羨補不足이면 則農有餘粟하며 女有餘布어니와 子如通之면 則梓匠輪輿 皆得食於子하리니 於此有人焉하니 入則孝하고 出則悌하여 守先王之道하여 以待後之學者호대 而不得食於子하나니 子何尊梓匠輪輿 而輕爲仁義者哉오

| 언해 |

ᄀᆞᆯ오ᄃᆡ 아니라 士ㅣ 事ㅣ 업시셔 食홈이 可티 아니ᄒᆞ니이다 ᄀᆞᆯᄋᆞ샤ᄃᆡ 子ㅣ 功을 通ᄒᆞ며 事ᄅᆞᆯ 易ᄒᆞ야 羨으로ᄡᅥ 不足을 補티 아니ᄒᆞ면 農이 나ᄆᆞᆫ 粟이 이시며 女ㅣ 나ᄆᆞᆫ 布ㅣ 이시려니와 子ㅣ 만일에 通ᄒᆞ면 梓와 匠과 輪과 輿ㅣ 다 시러곰 子의게 食ᄒᆞ리니 이예 사ᄅᆞᆷ이 이시니 入ᄒᆞ면 孝ᄒᆞ고 出ᄒᆞ면 悌ᄒᆞ야 先王의 道ᄅᆞᆯ 守ᄒᆞ야 ᄡᅥ 後ㅅ學者ᄅᆞᆯ 待호ᄃᆡ 시러곰 子의게 食디 몯ᄒᆞᄂᆞ니 子ㅣ 엇디 梓와 匠과 輪과 輿ᄅᆞᆯ 尊ᄒᆞ고 仁義ᄒᆞᄂᆞᆫ 者ᄅᆞᆯ 輕히 너기ᄂᆞ뇨

| 직역 |

"아닙니다. 선비가 일없이 밥을 얻어먹는 것이 불가하다는 것입니다." 맹자가 말하였다. "그대가 공을 통하고 일을 서로 바꾸어 남는 것으로써 부족한 것을 도와주지 않는다면, 농사꾼은 남아서 버리는 곡식이 있으며, 여자들은 남아서 버리는 삼베가 있을 것이다. 그러나 그대가 만일 이를 통하면 목수와 수레 만드는 사람이 모두 그대에게 밥을 얻어먹을 것이다. 여기에 어떤 사람이 있는데, 들어오면 부모에게 효도하고 나가면 어른에게 공손하며,

선왕의 도를 지켜 후세의 학자를 기다리더라도 그대에게 밥을 얻어먹지 못할 것이다. 그대는 어찌하여 목수와 수레 만드는 사람은 높이면서 인의를 행하는 사람은 가벼이 여기는가?"

| 자해 |

通功易事 : 남의 일을 통하여 서로 일을 교역(交易)함. • 羨 : 남음. • 有餘 : 무역(貿易)[매매]하는 바가 없어 무용(無用)한 데에 쌓여 있음. • 梓人·匠人 : 목공(木工). • 輪人·輿人 : 수레를 만드는 공인(工人).

| 의해 |

팽갱이 말하였다. "아닙니다. 제가 순임금을 크다고 하는 것이 아니고, 다만 선비가 나라에서 일 하는 바가 없이 편안히 그 밥을 먹는 것이 옳지 않다고 하는 것입니다."

◑ 맹자가 말하였다. "선비가 과연 일 없이 먹지 못하겠지만, 선비의 공이 진실로 큰 것을 알지 못하는구나. 사람이 각각 하는 공과 맡은 일이 있으니, 자네가 사람의 공을 통하고 그 일을 서로 바꾸어서 남은 것으로 부족한 것을 채워서 둘이 서로 건져주지 않으면, 농사를 하는 남자는 다만 스스로 남은 곡식이 있고, 삼베를 짜는 여자는 다만 스스로 남은 포백이 있어서 다 쓸데없는 데 쌓아 둘 것이다. 자네가 만일 일을 바꾸고 공을 통하면 목수와 수레 만드는 사람이 다 그 일로써 자네에게 얻어먹을 것이다. 지금 세상에 가르침을 담당하는 사람이 있어서 들어가서는 효도를 다하고 나가서는 공경을 다하여, 선왕이 전한 인의의 도를 굳게 지켜 뒤에 오는 인의를 배울 사람을 기다려 스승이 되고, 본받을 것이 있어서 도에 들어가게 하면, 이것이 그 이전 성인을 잇고 뒤의 배우는 자를 열어주는 것이다. 우리 도에 공이 큰데도 도리어 공이 없다 하여 자네에게 먹을 것을 얻지 못할 것이니, 자네는 어찌하여 목수와 수레 만드는 사람은 높이고 인의를 행하는 자는 가볍게 여기는가?"

4-3. 曰(왈) 梓(재)匠(장)輪(륜)輿(여)는 其(기)志(지)將(장)以(이)求(구)食(식)也(야)어니와 君(군)子(자)之(지)爲(위)道(도)也(야)도 其(기)志(지)亦(역)將(장)以(이)求(구)食(식)與(여)잇가 曰(왈) 子(자)何(하)以(이)其(기)志(지)爲(위)哉(재)오 其(기)有(유)功(공)於(어)子(자)에 可(가)食(사)而(이)食(사)之(지)矣(의)니 且(차)子(자)는 食(사)志(지)乎(호)아 食(사)功(공)乎(호)아 曰(왈) 食(사)志(지)니이다

| 언해 |

ᄀᆞᆯ오ᄃᆡ 梓와 匠과 輪과 輿ᄂᆞᆫ 그 志ㅣ 쟝ᄎᆞᆺ ᄡᅧ 食을 求커니와 君子의 道ᄒᆞ욤도 그 志ㅣ ᄯᅩᄒᆞᆫ 쟝ᄎᆞᆺ ᄡᅧ 食을 求ᄒᆞᄂᆞ니잇가 ᄀᆞᆯᄋᆞ샤ᄃᆡ 子ㅣ 엇디 그 志로ᄡᅧ 하료 그 子의게 功이 이숌애 可히 食ᄒᆞ얌즉거든 食ᄒᆞᄂᆞ니 ᄯᅩ 子ᄂᆞᆫ 志롤 食ᄒᆞᄂᆞ냐 功을 食ᄒᆞᄂᆞ냐 ᄀᆞᆯ오ᄃᆡ 志롤 食홀띠니이다

| 직역 |

팽갱이 말하였다. "목수와 수레 만드는 사람은 그 뜻이 장차 밥을 구하려는 것이지만, 군자가 도를 행함도 그 뜻이 장차 밥을 구하려고 해서입니까?" 맹자가 말하였다. "자네가 어찌 그 뜻을 따지는가? 자네에게 공이 있어 밥을 먹일 만하면 밥을 먹이는 것이다. 또 자네는 뜻을 위주로 하여 밥을 먹이는가? 공을 위주로 하여 밥을 먹이는가?" "뜻을 위주로 하여 밥을 먹입니다."

| 의해 |

팽갱이 말하였다. "목수와 수레 만드는 사람은 재주를 가지고 사람을 섬겨서 그 뜻이 장차 그 일로 먹을 것을 구하려는 것이지만, 군자가 인의의 도를 행하는 것도 그 뜻이 또한 장차 이로써 먹기를 구하는 것입니까?" 맹자가 말하였다. "자네가 어찌 군자의 뜻

으로써 말하는가? 인의의 공이 자네에게 있어서 이치에 먹일만하면 그 공에 맞게 하여 먹일 따름이다. 또 자네가 평일에 사람을 먹이는데 뜻이 있다고 해서 먹였는가? 아니면 공이 있다고 해서 먹였는가?" 팽갱이 말하였다. "뜻이 있다고 해서 먹였으니, 마땅히 그 사람이 마음으로 구하는 바를 따른 것입니다."

4-4. 曰 有人於此하니 毁瓦畫墁이요 其志將以求食也則子食之乎아 曰 否라 曰 然則子非食志也라 食功也로다

| 언해 |

ᄀᆞᆯᄋᆞ샤ᄃᆡ 사ᄅᆞᆷ이 이예이시니 瓦ᄅᆞᆯ 毁ᄒᆞ며 墁을 畫ᄒᆞ고 그 志ㅣ 쟝ᄎᆞᆺ ᄡᅥ 食을 求ᄒᆞ면 子ㅣ 食ᄒᆞ랴 ᄀᆞᆯ오ᄃᆡ 아니라 ᄀᆞᆯᄋᆞ샤ᄃᆡ 그러면 子ㅣ 志ᄅᆞᆯ 食홈이 아니라 功을 食홈이로다

| 직역 |

맹자가 말하였다. "여기에 사람이 있는데, 기와를 부수고 담장에 그어 대기를 함부로 해놓고서도 그 뜻이 장차 밥을 구하고자 하는 것이라면 자네는 그에게 밥을 먹이겠는가?" 팽갱이 말하였다. "아닙니다." 맹자가 말하였다. "그러면 그대는 뜻을 위주로 하여 밥을 먹이는 것이 아니라, 공을 위주로 하여 밥을 먹이는 것이다."

| 자해 |

墁 : 장벽(牆壁)의 꾸밈. • 毁瓦畫墁 : 공은 없고 해만 있음을 말한 것.

| 의해 |

맹자가 또 힐문하여 말하였다. "자네가 진실로 뜻이 있다고 해서 먹인다고 하면, 가령 사람이 여기 있는데 자네의 기와를 헐고 자네의 담장에 함부로 그려놓아 공이 없고 해가 있더라도, 다만 그 뜻이 또한 장차 먹을 것을 구한다고 하면 곧 자네가 먹이겠는가?" 팽갱이 말하였다. "먹이지 않을 것입니다." 맹자가 말하였다. "그렇다면 자네는 뜻이 있다고 해서 먹이는 것이 아니고, 공이 있다고 해서 먹이는 것이다. 먹이는 것을 반드시 공이 있는 자에게 한다고 하면 선비는 이 도에 공이 있는데, 일이 없이 먹는다고 하니 인의를 행하는 자를 또한 가볍게 여기는 것이 아니겠는가?"

| 요지 |

이 장은 첫 대문은 음식을 얻어먹는 도가 크지 아니함을 밝힌 것이고, 아래의 네 대문은 선비가 큰 공이 있어서 마땅히 먹는 것을 변명한 것이며, 도가 있으면 나태하지 않음을 보인 것이다.

만장 문왈 송 소국야 금 장행왕정
5-1. 萬章이 問曰 宋은 小國也라 今에 將行王政하나니
제초오이벌지 즉여지하
齊楚惡而伐之 則如之何니잇고

| 언해 |

萬章이 묻ᄌᆞ와 ᄀᆞᆯ오ᄃᆡ 宋은 져근 나라히라 이제 쟝ᄎᆞᆺ 王政을 行호려 ᄒᆞᄂᆞ니 齊楚ㅣ 惡ᄒᆞ야 伐ᄒᆞ면 엇디 ᄒᆞ리잇고

| 직역 |

만장이 물었다. "송나라는 작은 나라입니다. 이제 장차 왕정을 행

하려 하니, 제나라와 초나라가 그를 미워하여 정벌하면 어찌합니까?"

| 자해 |

萬章 : 맹자의 제자. 송왕(宋王) 언(偃)이 일찍이 등(滕)나라를 멸하고 설(薛)나라를 정벌하였으며, 제(齊)·초(楚)·위(魏)의 군대를 패퇴(敗退)시켜 천하(天下)에 패자(霸者)가 되고자 하였다고 하니, 아마도 바로 이때인 듯함.

| 의해 |

만장이 물었다. "송은 작은 나라입니다. 이제 장차 포학함을 치고 백성을 편안히 하여 왕정을 행하려 하니, 제나라와 초나라가 자기에게 이롭지 못함을 꺼려서 이에 미워하여 와서 치면 곧 어찌해야 비로소 왕정을 행하고 사람에게 제재를 받지 않겠습니까?"

맹자왈 탕 거박 여갈위린 갈백
5-2. 孟子曰 湯이 居亳하실새 與葛爲鄰이러시니 葛伯이
방이불사 탕 사인문지왈 하위불사 왈 무이
放而不祀어늘 湯이 使人問之曰 何爲不祀오 曰 無以
공희생야 탕 사유지우양 갈백 식지
供犧牲也로이다 湯이 使遺之牛羊하신대 葛伯이 食之하
우불이사 탕 우사인문지왈 하위불사 왈
고 又不以祀어늘 湯이 又使人問之曰 何爲不祀오 曰
무이공자성야 탕 사박중 왕위지경
無以供粢盛也로이다 湯이 使亳衆으로 往爲之耕이어시
노약 궤사 갈백 솔기민 요기유주식서
늘 老弱이 饋食러니 葛伯이 帥其民하야 要其有酒食黍
도자 탈지 불수자 살지 유동자 이서
稻者하여 奪之호대 不授者를 殺之하더니 有童子가 以黍
육향 살이탈지 서 왈 갈백 구향
肉餉이어늘 殺而奪之하니 書에 曰 葛伯이 仇餉이라하니
차지위야
此之謂也니라

| 언해 |

孟子ㅣ ᄀᆞᆯᄋᆞ샤ᄃᆡ 湯이 亳에 居ᄒᆞ실ᄊᆡ 葛로 더브러 鄰이 되얏더시니 葛伯이 放ᄒᆞ야 祀티 아니ᄒᆞ거늘 湯이 人으로 ᄒᆞ여곰 問ᄒᆞ야 ᄀᆞᆯᄋᆞ샤ᄃᆡ 엇디 祀티 아니ᄒᆞᄂᆞ뇨 ᄀᆞᆯ오ᄃᆡ ᄡᅥ 犧牲을 供ᄒᆞᆯ ᄭᅥ시 업소이다 湯이 ᄒᆞ여곰 牛羊을 遺ᄒᆞ신대 葛伯이 食ᄒᆞ고 ᄯᅩ ᄡᅥ 祀티 아니ᄒᆞ거늘 湯이 ᄯᅩ 人으로 ᄒᆞ여곰 問ᄒᆞ야 ᄀᆞᆯᄋᆞ샤ᄃᆡ 엇디 祀티 아니ᄒᆞ나뇨 ᄀᆞᆯ오ᄃᆡ ᄡᅥ 粢盛을 供ᄒᆞᆯ ᄭᅥ시 업소이다 湯이 亳앳 衆으로 ᄒᆞ여곰 往ᄒᆞ야 爲ᄒᆞ야 耕ᄒᆞ라 ᄒᆞ거시늘 老弱이 食를 饋ᄒᆞ더니 葛伯이 그 民을 帥ᄒᆞ야 그 酒食와 黍稻둔ᄂᆞᆫ 者를 要ᄒᆞ야 奪호ᄃᆡ 授티 아니ᄒᆞᄂᆞᆫ 者를 殺ᄒᆞ더니 童子ㅣ 黍ㅣ며 肉으로ᄡᅥ 餉ᄒᆞ리 잇거늘 殺ᄒᆞ고 奪ᄒᆞ니 書에 ᄀᆞᆯ오ᄃᆡ 葛伯이 餉ᄒᆞᄂᆞ 니ᄂᆞᆯ 仇타 ᄒᆞ니 이ᄅᆞᆯ 닐ᄋᆞ니라

| 직역 |

맹자가 말하였다. "탕왕이 박읍에 거처할 때에 갈나라와 이웃하였는데, 갈백이 방탕하여 제사를 지내지 않자, 탕왕이 사람을 시켜 묻기를, '어찌하여 제사를 지내지 않는가?'라고 하니, 대답하기를 '바칠 희생이 없기 때문입니다'라고 하였다. 탕왕이 사람으로 하여금 소와 양을 보내주게 하였는데, 갈백은 이것을 먹고 또 제사를 지내지 않았다. 탕왕이 또 사람을 시켜 묻기를 '어찌하여 제사를 지내지 않는가?'라고 하니 '제사 음식을 바칠 것이 없기 때문입니다'라고 하였다. 탕왕이 박읍의 백성들로 하여금 갈나라에 가서 밭을 갈아주게 하니, 노약자들이 밥을 내다 먹였다. 이에 갈백이 그의 백성을 거느리고 가서 술과 밥과 기장밥·쌀밥을 내온 자들을 강요하여 빼앗다가 주지 않는 자는 죽였다. 어떤 동자가 기장밥과 고기를 가지고 와서 밥을 먹이자, 그를 죽이고 빼앗았다. 『서경』에 이르기를, '갈백이 밥을 먹이는 자를 원수로 여겼다'고 하였으니, 이것을 말한 것이다."

| 자해 |

葛 : 나라 이름. • 伯 : 작위(爵位). • 放而不祀 : 방종(放縱)하고 무도(無道)하여 선조(先祖)에게 제사하지 않는 것. • 亳衆 : 탕왕(湯王)의 백성. • 其民 : 갈(葛)나라의 백성. • 授 : 줌. • 餉 : 먹임. • 書 : 『상서(商書)』「중회지고(仲虺之誥)」. • 仇餉 : 밥을 먹이는 자와 원수가 됨.

| 의해 |

맹자가 말하였다. "자네는 송나라가 작다고 하여 왕정을 행하기 어렵다고 여기는가? 시험 삼아 탕임금을 보라. 탕은 송나라의 선조 나라이다. 탕이 제후가 되어 박 땅 고을에 거할 때, 갈나라와 더불어 이웃하였다. 갈백이 방자하고 도가 없어서 선조에게 제사하지 않자 탕이 사람으로 하여금 물어 말하기를, '선조에게 제사 지내는 것은 큰 법도인데 어찌하여 제사하지 않는가?'라고 하자, 갈백이 핑계대어 말하기를, '희생을 바칠 것이 없다'라고 하였다. 탕이 이에 사람으로 하여금 소와 양을 주어서 희생을 바치게 하였다. 그러나 갈백이 소와 양을 잡아먹고 또 제사하지 않자 탕이 또 사람으로 하여금 물어 말하기를, '어찌하여 제사하지 않는가?'라고 하자, 갈백이 또 핑계대어 말하기를, '자성을 바칠 것이 없다'라고 하였다. 탕이 이에 박 땅 백성으로 하여금 갈나라에 가서 밭을 갈게 하였는데, 박 땅의 늙은이와 아이들이 밥을 가지고 밭가는 자를 먹이니, 갈백이 그 대신 밭가는 수고로움을 생각하지 않고 갈 땅 백성을 거느리고 그 먹이는 술과 밥과 기장과 베를 빼앗았는데, 주지 않는 자를 죽였다. 당시에 어떤 동자가 기장과 고기로써 밭가는 자를 먹이자 그를 죽이고 빼앗으니, 『서경』에서 말하기를, '갈백이 밭가는 자를 먹이는 자를 원수로 보았다'고 하니, 바로 이 동자를 죽이고 그 기장과 고기를 빼앗음을 이르는 것이다."

위 기 살 시 동 자 이 정 지　　사 해 지 내 개 왈 비 부
5-3. 爲其殺是童子而征之하신대 四海之內皆曰 非富
천 하 야　위 필 부 필 부　복 수 야
天下也라 爲匹夫匹婦하여 復讎也라하니라

| 언해 |

그 이 童子殺ᄒᆞ욤을 爲ᄒᆞ야 征ᄒᆞ신대 四海ㅅ內ㅣ 다 ᄀᆞᆯ오ᄃᆡ 天下를 富히 너기신 주리 아니라 匹夫와 匹婦를 爲ᄒᆞ야 讎를 復ᄒᆞ시다 ᄒᆞ니라

| 직역 |

"이 동자를 죽였기 때문에 갈나라를 정벌하자, 사해의 안이 모두 말하기를, '천하를 탐내서가 아니라, 필부와 필부를 위하여 복수해 주시려는 것이다'."

| 의해 |

"포학함이 동자까지 죽이는데 이르자 탕이 그 동자를 죽인 것을 이유로 정벌하자, 사해의 안이 다 탕왕을 믿고 '탕의 마음이 천하의 부유함을 탐내서가 아니라, 필부와 필부를 위하여 그 죄가 없이 죽임을 당한 원수를 갚은 것이다'라고 말하였다."

탕　시 정　자 갈　재　십 일 정 이 무 적 어 천 하
5-4. 湯이 始征을 自葛로 載하샤 十一征而無敵於天下
동 면 이 정　서 이 원　남 면 이 정　북 적　원
하니 東面而征에 西夷怨하며 南面而征에 北狄이 怨하
왈　해 위 후 아　민 지 망 지　약 대 한 지 망 우 야
여 曰 奚爲後我오하여 民之望之 若大旱之望雨也하여

귀 시 자 불 지 운 자 불 변 주 기 군 조 기 민
歸市者弗止하며 芸者不變이어늘 誅其君弔其民하신대
여 시 우 강 민 대 열 서 왈 혜 아 후
如時雨降이라 民이 大悅하니 書에 曰 徯我后하노소니
후 래 기 무 벌
后來하시면 其無罰아하니라

| 언해 |

湯이 비로소 征ᄒᆞ샴을 葛로브터 載ᄒᆞ샤 十一征ᄒᆞ심애 天下애 敵이 업ᄉᆞ니 東으로 面ᄒᆞ야 征ᄒᆞ심애 西夷ㅣ 怨ᄒᆞ며 南으로 面ᄒᆞ야 征ᄒᆞ심애 北狄이 怨ᄒᆞ야 ᄀᆞᆯ오ᄃᆡ 엇디 우리ᄅᆞᆯ 後에 ᄒᆞ시ᄂᆞᆫ고 ᄒᆞ야 民의 望홈이 大旱애 雨ᄅᆞᆯ 望홈 ᄀᆞᆮ티ᄒᆞ야 市예 歸ᄒᆞᄂᆞᆫ 者ㅣ 止티 아니ᄒᆞ며 芸ᄒᆞᄂᆞᆫ 者ㅣ 變티 아니ᄒᆞ거늘 그 君을 誅ᄒᆞ고 그 民을 弔ᄒᆞ신대 時雨ㅣ 降홈 ᄀᆞᄐᆞᆫ디라 民이 키 悅ᄒᆞ니 書에 ᄀᆞᆯ오ᄃᆡ 우리 后를 徯ᄒᆞ노소니 后ㅣ 來ᄒᆞ시면 그 罰이 업ᄉᆞ랴 ᄒᆞ니라

| 직역 |

"탕왕이 첫 번째 정벌을 갈나라로부터 시작하여 11개국을 정벌하셨는데, 천하에 대적한 이가 없었다. 동쪽을 향하여 정벌하면 서쪽의 오랑캐가 원망하며 남쪽을 향하여 정벌하면 북쪽의 오랑캐가 원망하여 말하기를, '어찌하여 우리나라를 뒤에 정벌하시는가?'라고 하여, 백성들이 탕왕의 정벌을 바라기를 큰 가뭄에 비를 바라듯이 하여, 시장에 돌아가는 자들이 발길을 멈추지 않았으며, 김매는 자들이 동요하지 않았다. 탕왕이 그 군주를 베고 백성들을 위문하자, 단비가 내린 듯이 백성들이 크게 기뻐하였다. 『서경』에 이르기를, '우리 임금님을 기다리니, 우리 임금님이 오시면 형벌이 없으시겠지!'라고 하였다."

| 자해 |

載 : 시작. • 十一征 : 정벌한 나라가 11개국임.

| 의해 |

"『서』에 말하였다. '탕이 비로소 침을 갈나라로부터 시작하여 이로부터 11개국을 침에 천하에 대적한 이가 없었다. 동으로 향하여 침에 서이가 원망하고, 남으로 향하여 침에 북적이 원망하였다. 원망하는 자가 말하기를, '어찌하여 그 치는 것이 유독 우리를 뒤에 하는가?'라고 하였다.' 『서경』의 말로 보면 탕임금의 군사가 이르지 않자 그 백성의 바라는 것이 큰 가뭄에 비 바라는 것과 같아 오직 속히 이르지 않을까 두려워하고, 이미 이름에 미쳐서는 장사하는 사람은 시장에서 편안하여 시장에 돌아가는 자가 또한 그치지 아니하고, 농민은 들에서 편안하여 김매는 자가 또한 변하지 않았다. 죄 있는 임금을 베고 죄 없는 백성을 위문하니, 그 때를 당하여 큰 비가 내리는 것과 같아서 백성의 바람을 위로하니 백성이 다 기뻐하였다. 『서경』에 또 말하기를, '우리 임금을 기다렸더니, 우리 임금이 오시면 거의 포학한 정사의 벌이 없으시겠지!'라고 하였으니, 그 크게 기뻐함이 이와 같았다. 그러므로 왕정을 천하에 행한 것이다."

유유불위신 동정 유궐사녀 비궐
5-5. 有攸不爲臣이어늘 東征하셔 綏厥士女하신대 匪厥
현황 소아주왕견휴 유신부우대읍주 기
玄黃하야 紹我周王見休하여 惟臣附于大邑周하니 其
군자 실현황우비 이영기군자 기소인 단
君子는 實玄黃于匪하여 以迎其君子하고 其小人은 簞
사호장 이영기소인 구민어수화지중 취
食壺漿으로 以迎其小人하니 救民於水火之中하여 取
기잔이이의
其殘而已矣니라

| 언해 |

臣이 되디 아니ᄒᆞᄂᆞᆫ 배 잇거ᄂᆞᆯ 東으로 征ᄒᆞ샤 그 士女ᄅᆞᆯ 綏ᄒᆞ신대 그 玄黃을 匪ᄒᆞ야 우리 周王을 紹ᄒᆞ야 休ᄅᆞᆯ 보와 大邑周에 臣附ᄒᆞ니 그 君子ᄂᆞᆫ 玄黃을 匪예 實ᄒᆞ야 ᄡᅥ 그 君子ᄅᆞᆯ 迎ᄒᆞ고 그 小人은 簞食와 壺漿으로ᄡᅥ 그 小人을 迎ᄒᆞ니 民을 水火ㅅ中에 救ᄒᆞ야 그 殘을 取ᄒᆞᆯ ᄯᆞᄅᆞᆷ이니라

| 직역 |

"『서경』에 '신하로 복종하지 않는 자가 있자, 동쪽을 정벌하여 남자와 여자들을 편안하게 하시자, 남자와 여자들이 검은 비단과 황색 비단을 광주리에 담아 가지고 와서 우리 주왕을 섬겨 아름다움을 받아서 큰 도읍인 주나라에 신하로 복종한다고 말했다'고 하였다. 군자들은 검은 비단과 황색 비단을 광주리에 담아가지고 와서 군자를 맞이하고, 소인들은 그릇에 밥을 담고 병에 음료를 담아서 소인들을 맞이하였으니, 이는 백성을 물과 불의 가운데에서 구원하여 잔학한 자를 취할 뿐이었기 때문이다.

| 자해 |

匪 : '비(篚)[광주리]'와 같음. • 玄黃 : 폐백. • 紹 : 이음이니, 섬긴다는 말과 같음. 남자와 여자들이 광주리에 검고 누런 폐백을 담아가지고 와서 무왕(武王)을 맞이하여 섬긴 것을 말함. • 休 : 아름다움. 무왕(武王)이 하늘의 아름다운 명(命)을 따름에 섬기는 자가 모두 아름다움을 받는다는 말임. • 臣附 : 돌아와 복종하는 것. • 君子 : 지위에 있는 사람. • 小人 : 세민(細民).

| 의해 |

『서경』「주서(周書) · 무성(武成)」편을 살펴보면 무왕(武王)의 말이 기재되어 있는데, 맹자(孟子)가 그 글을 요약하기를 이와 같이 한 것이다. 그러나 그 내용이 지금의 『서경(書經)』 글과 같지 않으니, 지금 우선 이 글에 의하여 해석한다.

"탕임금 뒤에 주나라 무왕이 있으니, 또 무왕에 대해서 보면 『서

경』에 다음과 같이 말하였다. '상나라 주를 도와서 포학한 일을 하고 주나라 신하가 되지 아니한 자가 있자, 무왕이 그 남자와 여자들을 해롭게 함을 인하여 이에 동으로 쳐서 그 남자와 여자들을 편안하게 하니, 그 남자와 여자들이 이에 검은 비단과 황색 비단을 광주리에 담아가지고 가서 말하기를, '예전에는 은나라를 섬겼더니, 이제 이어서 우리 주나라 임금을 섬긴다. 아름다움을 바라보고 다 마음으로 기뻐하고 성심으로 항복하여 신하의 예절을 행하기를 생각하지 않는 사람이 없어서 큰 고을 주나라에 돌아와 복종한다'고 하였다.' 『서경』에 말한 바로 보면 무왕이 동으로 침에 백성의 마음이 사랑하고 친하여 상나라의 벼슬에 있는 군자는 검은 비단과 황색 비단을 광주리에 담아 주나라의 군자를 맞이하고, 상나라의 아래에 있는 소인은 대그릇의 밥과 병의 장으로써 주나라의 소인을 맞았으니, 백성이 무왕을 기뻐함이 이와 같음은 과연 무엇을 위함인가? 상나라 주왕이 포학하여 백성이 다 물과 불에 빠졌는데, 무왕의 동으로 치는 군사가 은나라 백성을 물과 불 가운데서 구원하고, 그 백성을 잔해하는 자를 취하여 베고, 죄 없는 사람에게 멋대로 형벌을 가함이 없었기 때문이다."

태서 왈 아무 유양 침우지강 즉취우
5-6. 太誓에 曰 我武를 惟揚하야 侵于之疆하여 則取于
잔 살벌용장 우탕 유광 불행왕정
殘하여 殺伐用張하니 于湯에 有光이라하니라 不行王政
운이 구행왕정 사해지내 개거수이망지
云爾언정 苟行王政이면 四海之內 皆擧首而望之하여
욕이위군 제초수대 하외언
欲以爲君하리니 齊楚雖大나 何畏焉이리오

| 언해 |

太誓에 골오ᄃᆡ 우리 武를 揚ᄒᆞ야 疆을 侵ᄒᆞ야 곧 殘을 取ᄒᆞ야 殺伐이 ᄡᅧ 張ᄒᆞ니 湯애 光이 잇다 ᄒᆞ니라 王政을 行티 아닐ᄯᅵ언뎡 진실로 王政을 行ᄒᆞ면 四海ㅅ內ㅣ 다 首를 擧ᄒᆞ야 望ᄒᆞ야 ᄡᅧ 君을 삼고쟈 ᄒᆞ리니 齊와 楚ㅣ 비록 크나 엇디 畏ᄒᆞ리오

| 직역 |

「태서」에 이르기를, '우리의 위엄을 떨쳐 저들의 국경을 침범하여 잔학한 자를 취하여 죽이고 정벌하는 공이 크게 베풀어지니, 탕왕보다 더욱 빛이 있다'고 하였다. 왕정을 행하지 않을지언정 만일 왕정을 행한다면 사해의 안이 모두 머리를 들고 오기를 바라서 군주를 삼고자 할 것이니, 제나라와 초나라가 비록 크나 어찌 두려워할 것이 있겠는가?"

| 자해 |

「태서(太誓)」: 『서경(書經)』 「주서(周書)」의 편 이름인데, 지금의 『서경』의 글과 조금 다름.

| 의해 |

"그러나 백성을 잔해하는 자를 취하였다고 한 것은 과연 무엇을 가지고 볼 수 있겠는가? 『서경』 「태서」에서 말하였다. '우리 무왕이 위무를 드날려 주왕의 국경을 침범하여 곧 그 죄를 밝히고 쳐서 그 백성을 잔해하는 자를 취하여 베어 죽이고 치는 공이 지대하니, 탕임금이 걸을 내쳐서 포학함을 제거하고 백성을 구원한 것에 비하면 더욱 빛이 있다.' 무왕이 잔해한 자를 취함이 이와 같으니, 이것은 무왕이 왕정을 천하에 행한 것이다.

탕임금과 무왕을 보면 이제 송나라에서 행할 것을 알 수 있다. 오직 이 왕정을 행하지 않았을 뿐이지, 진실로 탕임금이 필부와 필부를 위하여 원수를 갚음과 같이하며, 무왕이 백성을 물과 불 가

운데서 구하여 잔해하는 자를 취하여 베는 것과 같이하여 왕자의 정사를 행하면 사해의 안이 다 머리를 들고 바라서 송나라로 임금을 삼고자 하여 '어찌 나를 뒤로 하는가'라고 하는 원망과 검은 비단과 황색 비단으로 맞음이 있을 것이다. 따라서 저 제나라와 초나라가 비록 크지만, 반드시 그 자제를 거느려서 그 부모를 치지 못할 것이다. 무엇이 두려워 그 미워서 칠까하는 염려를 하겠는가?"

| 요지 |

이 장은 맹자가 왕정에 대하여 대적이 없음을 극진히 말한 것이다. 첫 대문은 만장이 송나라가 왕정을 행하면 사람에게 제재를 받을까 의심한 것이다. 가운데 다섯 대문은 탕임금과 무왕이 왕정을 행하여 천하에 대적이 없었음을 말한 것이다. 탕이 왕정을 행한 것은 백성을 위문한데 있고, 무왕이 왕정을 행한 것은 다만 잔해한 자를 취함에 있다. 이는 사해 안이 다 바라서 임금을 삼고자 하는 실증을 보인 것이다.

맹 자 위 대 불 승 왈 자 욕 자 지 왕 지 선 여 아 명 고 자
6−1. 孟子謂戴不勝曰 子欲子之王之善與아 我明告子
유 초 대 부 어 차 욕 기 자 지 제 어 야 즉 사 제 인 부
호리라 有楚大夫於此하니 欲其子之齊語也則使齊人傅
저 사 초 인 부 저 왈 사 제 인 부 지 왈 일 제 인
諸아 使楚人傅諸아 曰 使齊人傅之니라 曰 一齊人이
부 지 중 초 인 휴 지 수 일 달 이 구 기 제 야 불
傅之어든 衆楚人이 咻之면 雖日撻而求其齊也라도 不
가 득 의 인 이 치 지 장 악 지 간 수 년 수 일 달 이
可得矣어니와 引而置之莊嶽之間數年이면 雖日撻而
구 기 초 역 불 가 득 의
求其楚라도 亦不可得矣리라

| 언해 |

孟子ㅣ 戴不勝드려 닐어 ᄀᆞᆯᄋᆞ샤ᄃᆡ 子ㅣ 子의 王을 善콰댜 ᄒᆞᄂᆞ냐 내 明히 子의게 告호리라 楚ㅅ태우ㅣ 이예 이시니 그 子를 齊ㅅ語를 ᄒᆞ과댜 ᄒᆞ면 齊人으로 ᄒᆞ여곰 傅ᄒᆞ랴 楚人으로 ᄒᆞ여곰 傅ᄒᆞ랴 ᄀᆞᆯ오ᄃᆡ 齊人으로 ᄒᆞ여곰 傅홀띠니라 ᄀᆞᆯᄋᆞ샤ᄃᆡ ᄒᆞᆫ 齊人이 傅ᄒᆞ거든 모든 楚人이 咻ᄒᆞ면 비록 日로 撻ᄒᆞ야 그 齊를 求ᄒᆞ야도 可히 得디 몯ᄒᆞ려니와 引ᄒᆞ야 莊嶽ㅅ間에 置홈을 數年이면 비록 日로 撻ᄒᆞ야 그 楚를 求ᄒᆞ야도 ᄯᅩᄒᆞᆫ 可히 得디 몯ᄒᆞ리라

| 직역 |

맹자가 대불승에게 말하였다. "그대는 그대의 왕이 착해지기를 바라는가? 내가 분명히 그대에게 말하겠다. 여기에 초나라 대부가 있는데, 그의 아들이 제나라 말을 하기를 원한다면, 제나라 사람으로 하여금 그를 가르치게 하겠는가? 아니면 초나라 사람으로 하여금 그를 가르치게 하겠는가?" 대불승이 대답했다. "제나라 사람으로 하여금 가르치게 할 것입니다." 맹자가 말하였다. "한 제나라 사람이 그를 가르치는데 여러 초나라 사람들이 떠들어댄다면, 비록 날마다 종아리를 치면서 제나라 말을 하기를 요구하더라도 할 수 없을 것이다. 그러나 그를 끌어다가 제나라 장악의 사이에 수년 동안 둔다면 비록 날마다 종아리를 치면서 초나라 말을 하기를 요구한다 하더라도 또한 할 수 없을 것이다."

| 자해 |

戴不勝 : 송(宋)나라 신하. • 齊語 : 제(齊)나라 사람의 말. • 傅 : 가르침. • 咻 : 떠드는 것. • 齊 : 제(齊)나라 말. • 莊嶽 : 제(齊)나라 거리의 이름. • 楚 : 초(楚)나라 말.

| 의해 |

맹자가 대불승에게 일러 말하였다. "내가 자네가 임금을 섬기는

것을 보았다. 그 임금을 인(仁)하게 하고자 한다면, 마땅히 도로써 착하게 해야 한다. 내가 분명히 자네에게 왕을 착하게 하는 도를 말해주겠다. 신하가 그 임금을 착하게 하려고 하는 것은 아버지가 그 아들을 착하게 하려고 하는 것과 같다. 비유하면 초나라 대부가 여기 있어 그 아들로 하여금 제나라 말을 배우게 하려고 한다면, 제나라 사람을 스승으로 삼겠는가? 아니면 초나라 사람을 스승으로 삼겠는가?" 대불승이 말하였다. "제나라 말을 배우려고 한다면, 반드시 제나라 사람을 스승으로 삼을 것입니다." 맹자가 말하였다. "제나라 사람을 스승으로 삼는 것이 진실로 옳으나, 한 명의 제나라 사람을 스승으로 삼음에 여러 초나라 사람이 곁에서 떠들어 댄다면, 듣는 바가 전일하지 못하여 습관을 변화시키기 어려우니, 비록 날마다 종아리를 쳐서 그 아들에게 제나라 말을 하기를 구하여도 하지 못할 것이다. 그러나 만일 그 아들을 이끌어서 제나라 장악 사이에 두어서 수년이 되면 더불어 거하는 자가 다 제나라 사람이고, 익히 듣는 것이 다 제나라 말이니, 많이 듣고 익히 보아서 오래 됨에 제나라에 동화될 것이다. 그렇게 되면 비록 날마다 종아리를 쳐서 초나라 말을 하기를 구하여도 또한 하지 못할 것이다. 말을 배우는 것도 이와 같은데, 하물며 임금을 착하게 하는 것에 있어서이겠는가?"

자 위 설 거 주 　선 사 야 　　사 지 거 어 왕 소
6-2. 子謂薛居州를 善士也라하여 使之居於王所하나니
재 어 왕 소 자 　장 유 비 존 　개 설 거 주 야 　왕 수 여 위 불
在於王所者 長幼卑尊이 皆薛居州也면 王誰與爲不
선 　재 왕 소 자 장 유 비 존 　가 비 설 거 주 야 　왕 수 여
善이며 在王所者 長幼卑尊이 皆非薛居州也면 王誰與
위 선 　일 설 거 주 독 여 송 왕 　하
爲善이리오 一薛居州獨如宋王에 何리오

| 언해 |

子ㅣ 薛居州를 닐오듸 善ᄒᆞᆫ 士ㅣ라 ᄒᆞ야 ᄒᆞ여곰 王所애 居케 ᄒᆞᄂᆞ니 王所애 인ᄂᆞᆫ 者ㅣ 長과 幼와 卑와 尊이 다 薛居州ㅣ면 王이 눌로 더브러 不善을 ᄒᆞ며 王所애 인ᄂᆞᆫ 者ㅣ 長과 幼와 卑와 尊이 다 薛居州ㅣ 아니면 王이 눌로 더브러 善을 ᄒᆞ리오 ᄒᆞᆫ 薛居州ㅣ 호올로 宋王애 엇디ᄒᆞ리오

| 직역 |

"그대는 설거주를 착한 선비라 하여 그로 하여금 왕의 처소에 거처하게 하였는데, 왕의 처소에 있는 자가 어른과 어린이, 낮고 높은 사람이 모두 설거주와 같은 사람이라면 왕이 누구와 더불어 착하지 않은 짓을 할 것이며, 왕의 처소에 있는 자가 어른과 어린이, 낮고 높은 사람이 모두 설거주와 같은 사람이 아니라면 왕이 누구와 더불어 착한 일을 하겠는가? 한 명의 설거주가 홀로 송왕에게 어찌하겠는가?"

| 자해 |

薛居州 : 송(宋)나라 신하.

| 의해 |

"자네가 설거주를 이르기를, '마음을 세우고 행실을 닦음이 진실로 착한 선비다. 따라서 반드시 착함으로 그 임금을 인도할 것이다'라고 하여 왕의 처소에 거하게 하였으니, 임금을 섬기는 의를 얻었다고 할 수 있다. 그러나 다만 왕의 처소의 한 사람 뿐 아니라, 진실로 왕의 처소에 있는 자로 하여금 어른과 어린이, 낮은 이와 높은 이의 착함이 다 설거주와 같게 하면, 바른 사람이 조정에 가득하여 듣는 것이 다 착한 말이고, 보는 것이 다 착한 행실이니, 왕이 비록 착하지 않은 일을 하고자 하더라도 그 누구와 더불어 하겠는가? 왕의 처소에 있는 자가 어른과 어린이, 낮은 이

와 높은 이가 다 설거주가 아니면 참소와 아첨이 아울러 나와서 착한 말이 귀에 들어가지 못하고 착한 행실이 눈에 보이지 못하니, 왕이 비록 착한 일을 하고자 하더라도 또한 누구와 더불어 하겠는가? 따라서 자네가 천거한 설거주가 비록 착하나 특별히 한 사람의 설거주일 뿐이다. 그러니 스승이 되는 자는 하나이고 지껄이는 자가 여럿이면, 여러 부정함이 바른 것을 해롭게 하여 외로운 충성을 더불어 할 사람이 없으니, 홀로 그 송나라 임금에게 어찌 하겠는가? 자네가 그 착한 동료를 넓게 이끌어, 마음이 같은 사람이 나와서 임금을 착하게 하는 도를 이루는 것이 가하다."

| 요지 |

이 장은 신하가 임금을 바르게 함에 마땅히 착한 동료를 넓게 나오게 해야 한다는 것을 보였다. 윗 문단은 비유한 것이고, 아래 문단은 바로 말한 것이니, 모두 그 임금을 착하게 함이 넓게 어진 이를 나오게 하는데 있음을 말한 것이다.

공 손 추 문 왈 불 견 제 후 하 의 맹 자 왈 고 자 불
7-1. 公孫丑問曰 不見諸侯何義잇고 孟子曰 古者에 不
위 신 불 견 단 간 목 유 원 이 피 지 설
爲臣하여는 不見하더니라 段干木은 踰垣而辟之하고 泄
류 폐 문 이 불 납 시 개 이 심 박 사 가 이 견
柳는 閉門而不內하니 是皆已甚하니 迫이어든 斯可以見
의
矣니라

| 언해 |

公孫丑ㅣ 묻ᄌᆞ와 ᄀᆞᆯ오ᄃᆡ 諸侯ᄅᆞᆯ 보디 아니ᄒᆞ심이 엇뎐 義잇고 孟子ㅣ ᄀᆞᆯᄋᆞ샤ᄃᆡ 녜 臣이 되디 아니ᄒᆞ야ᄂᆞᆫ 見티 아니ᄒᆞ더니라 段干

木은 垣을 踰ᄒᆞ야 辟ᄒᆞ고 泄柳는 門을 閉ᄒᆞ고 納디 아니ᄒᆞ니 이 다 너무 甚ᄒᆞ니 迫ᄒᆞ거든 이예 可히 ᄡᅧ 볼ᄶᅥ시니라

| 직역 |

공손추가 물었다. “제후를 만나보지 않는 것은 무슨 의입니까?” 맹자가 말하였다. “옛적에 신하가 되지 않았으면 군주를 만나보지 않았다. 단간목은 담장을 넘어 피하였고, 설류는 문을 닫고 받아들이지 않았으니, 이는 모두 너무 심하다. 만나보려는 정성이 절실하면 만나볼 수 있는 것이다.”

| 자해 |

不爲臣 : 그 나라에 벼슬하지 않음. • 段干木 : 위(魏)나라 문후(文侯) 때 사람. • 泄柳 : 노(魯)나라 목공(繆公) 때 사람. • 內 : ‘받아들일 납(納)’과 같음. 음은 ‘납’. • 已甚 : 너무 심함. • 迫 : 만나보려고 하기를 절실하게 함.

| 의해 |

공손추가 물었다. “군자가 도를 행하는 것으로 마음을 삼으니, 반드시 임금을 얻어 벼슬하고자 하는 것인데, 지금 선생님께서 즐겨 제후를 가서 보지 않는 것은 무슨 뜻입니까?” 맹자가 말하였다. “선비는 벼슬하지 않은 자이다. 일찍이 제후의 신하가 되지 않았으니, 제후를 가서 보지 않는 것은 스스로를 중하게 하는 도이다. 옛날 위나라 문후 때에 단간목이란 자가 있었는데, 신하가 되지 아니한 자였다. 문후가 가서 만나보려고 하자 곧 담을 넘어서 피하였다. 노나라 목공 때에 또 설류라는 자가 있었는데, 역시 신하가 되지 아니한 자였다. 노나라 목공이 가서 만나보려고 하자 곧 문을 모두 닫고 들이지 않았다. 이는 다 보지 않는 절개를 지킨 것이지만, 지나치게 심함을 면할 수 없다. 보지 않는 것은 다만 내가 가서 보지 않을 뿐이지, 만일 임금이 와서 보기를 구하면 성의가 간절한 것이니 나가 볼만하다. 그러나 만일 간절하지

않으면 보지 않는 것인데, 볼만한 데에도 오히려 보지 않은 것은 두 사람의 높은 절개이지만 또한 지나친 것이다."

양 화 욕 현 공 자 이 오 무 례 대 부 유 사 어 사 부
7-2. 陽貨欲見孔子而惡無禮하여 大夫有賜於士어든 不
득 수 어 기 가 즉 왕 배 기 문 양 화 감 공 자 지 무 야 이
得受於其家면 則往拜其門일새 陽貨瞯孔子之亡也 而
궤 공 자 증 돈 공 자 역 감 기 무 야 이 왕 배 지 당
饋孔子蒸豚한대 孔子亦瞯其亡也而往拜之하시니 當
시 시 양 화 선 기 득 불 견
是時하여 陽貨先이면 豈得不見이시리오

| 언해 |

陽貨ㅣ 孔子를 뵈과뎌 ᄒᆞᄃᆡ 禮ㅣ 업다 ᄒᆞᆷ을 惡ᄒᆞ야 태우ㅣ 士의게 賜ᄒᆞᆷ이 잇거든 시러곰 그 家의셔 受티 몯ᄒᆞ면 往ᄒᆞ야 그 門에 拜ᄒᆞᆯ 꺼실ᄉᆡ 陽貨ㅣ 孔子의 亡ᄒᆞᆷ을 瞯ᄒᆞ야 孔子ᄭᅴ 蒸豚을 饋ᄒᆞᆫ대 孔子ㅣ ᄯᅩ 그 亡ᄒᆞᆷ을 瞯ᄒᆞ야 往ᄒᆞ야 拜ᄒᆞ시니 이 時예 當ᄒᆞ야 陽貨ㅣ 先ᄒᆞ면 엇디 시러곰 見티 아니ᄒᆞ시리오

| 직역 |

"양화는 공자가 자기를 찾아와 보게 하려고 하였으나 무례하다는 비난을 싫어하였다. 대부가 사(士)에게 물건을 하사할 경우, 사가 자기 집에서 그 물건을 직접 받지 못하였으면 대부의 문에 가서 절하는 예가 있었다. 양화가 이것을 구실로 삼아 공자가 집에 없을 때를 엿보아 공자에게 삶은 돼지고기를 보내주자, 공자도 또한 그가 집에 없을 때를 엿보아 찾아가서 절하였다. 이 때를 당하여 양화가 먼저 예를 베풀었다면, 공자가 어찌 만나보지 않았겠는가?"

| 의해 |

"예와 의의 중정을 얻은 자는 오직 공자이다. 옛날에 노나라 양화가 공자를 불러서 자기를 와서 보게 하려고 하였는데, 사람이 자기를 예가 없다고 할 것을 꺼렸다. 예에 의하면 대부가 사에게 주는 것이 있으면, 사가 그 집에서 절하고 받지 못하면 곧 대부의 문에 가서 절을 해야 했다. 양화는 대부이고 공자는 사이다. 그리하여 양화는 공자가 우연히 나가서 밖에 있을 때를 엿보아 삶은 돼지를 공자에게 보내고 공자로 하여금 와서 답례하게 하려고 하였다. 공자가 양화를 보려고 하지 않아 또한 그가 없는 때를 보아서 가서 절하였다. 이때를 당하여 양화가 먼저 와서 보았으면 공자가 어찌 가서 보지 않았겠는가? 먼저 와서 보지 않았으면 또한 가서 보지 않는 것이니, 공자가 그 마땅함을 얻은 것이다."

증자왈 협견첨소 병우하규 자로왈 미동이
7–3. 曾子曰 脅肩諂笑 病于夏畦라하며 子路曰 未同而
언 관기색 난난연 비유지소지야 유시
言을 觀其色컨댄 赧赧然이라 非由之所知也라하니 由是
관지 즉군자지소양 가지이의
觀之 則君子之所養을 可知已矣니라

| 언해 |

曾子ㅣ ᄀᆞᆯᄋᆞ샤ᄃᆡ 肩을 脅ᄒᆞ며 諂히 笑홈이 夏畦두곤 病되다 ᄒᆞ며 子路ㅣ ᄀᆞᆯ오ᄃᆡ 同티 몯ᄒᆞ고 言홈을 그 色을 보건댄 赧赧ᄒᆞᆫ디라 由의 알 배 아니라 ᄒᆞ니 일로 말ᄆᆡ아마 보면 君子의 養ᄒᆞᄂᆞᆫ 바ᄅᆞᆯ 可히 알띠니라

| 직역 |

"증자가 말하기를, '어깨를 굽신거리고 아첨하며 웃는 것이 여름

에 밭에서 일하는 자보다 더 수고롭다'고 하였으며, 자로가 말하기를, '뜻이 같지 않은데 억지로 영합하여 말하는 자는 그 얼굴빛을 보면 무안하여 붉어진다. 이는 내 알 바가 아니다'라고 하였다. 이로 말미암아 관찰한다면 군자가 기르는 바를 알 수 있다."

| 자해 |

脅肩 : 몸을 기울이는 것이니, 굽신거림. • 諂笑 : 억지로 웃는 것이니, 협견이나 첨소는 모두 소인(小人)들이 몸을 기울이고 아첨하는 태도. • 病 : 수고로움. • 夏畦 : 여름철에 밭이랑을 다스리는 사람. • 未同而言 : 남과 뜻이 같지 않은데도 억지로 말하는 것. • 赧赧 : 부끄러워 얼굴빛이 붉어지는 모양. • 由 : 자로(子路)의 이름. • 非由之所知 : 심히 그를 미워한 말임.

| 의해 |

"만일 마땅히 보지 않아야 하는데 가볍게 본다면, 성인 문하의 높은 제자가 비웃지 않겠는가? 증자와 자로는 공자의 학문을 배운 자이다. 증자가 일찍이 말하였다. '몸을 굽신거리고 웃기를 억지로 하여 그 몸을 수고롭게 하여 사람에게 아첨하는 것은, 그 수고로움과 괴로움이 여름에 밭을 다스리는 자보다 더하다.' 자로가 말하였다. '사람과 더불어 일찍이 깊이 사귀지 못하여 뜻이 서로 합하지 못하였는데 억지로 더불어 말을 하는 것은 그 총애와 혜택을 받고자 함이니, 말은 하지만 그 얼굴빛을 보면 곧 마음이 부끄럽고 얼굴이 붉어져서 용납할 데가 없는 것 같으니, 이와 같은 사람은 내가 알 바가 아니다.' 이 두 사람의 말을 말미암아 보면 이미 아첨을 미워하였으니 반드시 예로써 스스로 막을 것이고, 이미 억지로 합하는 것을 미워하였으니 반드시 의로써 스스로 제재할 것이다. 군자가 평일에 함양한 기개와 절개가 다 광명정대하여 곧은 도로 아첨하지 않았음을 알 수 있다. 이는 다 공자의 예를 지키는 가르침을 얻은 것이다. 그 제후의 신하가 되지 않았으면 반드시 보지 않는 절개를 높게 한 것이다. 어찌 묻기를 기다리겠는가? 이것이 제후를 보지 않는 의라고 한 것이다."

| 요지 |

이 장은 성인의 예와 의의 중정을 말한 것이다. 지나친 자는 박절한데 상하여 넓지 못하고, 미치지 못한 자는 낮고 천한데 빠져서 부끄러울 것이다.

대 영 지 왈 십 일 거 관 시 지 정 금 자 미 능
8-1. 戴盈之曰 什一과 去關市之征을 今玆未能이란대
청 경 지 이 대 래 년 연 후 이 하 여
請輕之하여 以待來年然後에 已호대 何如하니잇고

| 언해 |

戴盈之ㅣ ᄀᆞᆯ오ᄃᆡ 什에 一을 ᄒᆞᆷ과 關市옛 征을 去ᄒᆞᆷ을 이제 이ᄅᆞᆯ 能히 몯ᄒᆞ란ᄃᆡ 請컨댄 輕히 ᄒᆞ야 ᄡᅥ 來年을 기ᄃᆞ린 然後에 마로ᄃᆡ 엇더ᄒᆞ니잇고

| 직역 |

대영지가 말하였다. "10분의 1의 세제와 관문과 시장의 세금을 철폐하는 것을 금년에는 할 수 없으니, 청하건대 세금을 경감하고 내년을 기다린 뒤에 그만 두려고 합니다. 이것이 어떻습니까?"

| 자해 |

戴盈之 : 송(宋)나라 대부(大夫). • 什一 : 정전법(井田法). • 關市之征 : 상인에 대한 세금. • 已 : 그만둠.

| 의해 |

대영지가 말하였다. "열의 하나를 세금으로 받는 것과 관문과 시장을 살피기만하고 세금을 받지 않는 것은 옛날의 인(仁)한 정사입니다. 내가 이제 농민에게 열에 하나를 세금으로 받는 법을 행

하고 상민에게 관문과 시장에서 세금 받는 것을 그치고자 합니다. 다만 습관이 이미 오래 되어 지금 시세에 오히려 급하게 고치지 못할 것이 있습니다. 청하건대 먼저 가볍게 하여 상민을 곤란하게 아니하고, 내년을 기다린 후에 무겁게 걷는 것과 관문과 시장의 세금 받는 것을 다 그치면 어떻겠습니까?"

맹 자 왈 금 유 인 일 양 기 린 지 계 자 혹 고 지
8-2. 孟子曰 今有人이 日攘其鄰之雞者어든 或이 告之
왈 시 비 군 자 지 도 왈 청 손 지 월 양 일 계
曰 是非君子之道라한대 曰 請損之하여 月攘一雞하야
이 대 래 년 연 후 이 여 지 기 비 의 사 속 이 의
以待來年然後에 已로다 如知其非義인댄 斯速已矣니
하 대 래 년
何待來年이리오

| 언해 |

孟子ㅣ ᄀᆞᆯᄋᆞ샤ᄃᆡ 이제 人이 날로 그 鄰ㅅ雞를 攘ᄒᆞ리 잇거든 或이 告ᄒᆞ야 ᄀᆞᆯ오ᄃᆡ 이 君子의 道ㅣ 아니라 ᄒᆞᆫ대 ᄀᆞᆯ오ᄃᆡ 請컨댄 損ᄒᆞ야 ᄃᆞᆯ로 一雞를 攘ᄒᆞ야 ᄡᅥ 來年을 기ᄃᆞ린 然後애 已ᄒᆞᆷ이로다 만일에 그 義아닌 줄을 알띤댄 이에 ᄲᆞᆯ리 마를띠니 엇디 來年을 기ᄃᆞ리리오

| 직역 |

맹자가 말하였다. "지금 어떤 사람이 날마다 이웃집의 닭을 훔쳤는데, 어떤 사람이 그에게 '이는 군자의 도리가 아니다'라고 하자, 대답하기를 '그 수를 줄여서 달마다 닭 한 마리를 훔쳐 먹다가 내년을 기다린 뒤에 그만두겠다'고 하였다. 만일 의가 아님을 안다면 속히 그만두어야 할 것이니, 어찌 내년을 기다리겠는가?"

| 자해 |

攘 : 사물이 스스로 옴에 취하는 것. • 損 : 감해줌.

| 의해 |

맹자가 말하였다. "이것은 닭을 취하는 사람의 말과 같다. 어떤 사람이 있어 날마다 그 이웃집 닭을 훔치자 어떤 사람 고하여 말하기를, '제 소유가 아닌 것을 취하는 것은 군자가 할 바가 아니다'라고 하자, 닭을 훔치는 자가 말하기를, '청하건대 지금부터 날마다 훔치는 것을 고쳐서 한 달에 한 번 씩 훔치다가 내년을 기다린 후에 그치고 훔치지 않겠다'고 하였다. 날마다 훔치는 것이 의가 아니면 달마다 훔치는 것이 어찌 의이며, 내년에 그칠 수 있다면 금년에는 그치지 못하겠는가? 자네가 금년에 가볍게 취하고 내년에 폐단을 고치고자 하는 것이 어찌 이와 다르겠는가?
자네가 무거운 세금 후하게 거두는 관세를 버리고자함은 또한 의가 아니라고 여기는 것이니, 그 의가 아님을 알지 못하면 오히려 이상할 것이 없지만, 만일 이미 그 의가 아님을 알았으면 반드시 속히 그쳐야 하는데, 어찌 내년을 기다리겠는가? 의가 아닌 것을 오히려 마음에 편안히 여겨 때를 기다리는가? 원하건대 자네는 닭을 훔치는 것처럼 하지 않는 것이 옳다."

| 요지 |

이 장은 폐단을 개혁함에 뜻을 결단할 것을 보인 것이니, 비의(非義) 두 글자로 단안을 지은 것이다. 첫 문단은 대영지가 폐단을 알고도 속히 고칠 줄을 모르는 것이고, 둘째 문단은 맹자가 비유하여 일깨운 것이다. 밝게 가르쳐서 폐단을 고치는데 용감하게 한 것이다.

공 도 자 왈 외 인 개 칭 부 자 호 변 감 문 하 야
9-1. 公都子曰 外人이 皆稱夫子好辯하나니 敢問何也잇
맹 자 왈 여 기 호 변 재 여 부 득 이 야 천 하 지 생
고 孟子曰 予豈好辯哉리오 予不得已也로라 天下之生
구 의 일 치 일 란
이 久矣라 一治一亂이니라

| 언해 |

公都子ㅣ ᄀᆞᆯ오ᄃᆡ 外ㅅ人이 다 夫子를 辯을 好ᄒᆞ신다 稱ᄒᆞᄂᆞ니 敢히 묻ᄌᆞᆸ노이다 엇뎨니잇고 孟子ㅣ ᄀᆞᆯᄋᆞ샤ᄃᆡ 내 엇디 辯을 好ᄒᆞ리오 내 시러곰 마디 몯ᄒᆞ예로라 天下앳 生이 오란디라 ᄒᆞᆫ번 治ᄒᆞ고 ᄒᆞᆫ번 亂ᄒᆞᄂᆞ니라

| 직역 |

공도자가 물었다. "바깥사람들이 모두 선생님더러 변론하기를 좋아한다고 칭하니, 감히 묻겠습니다. 어째서입니까?" 맹자가 말하였다. "내가 어찌 변론하기를 좋아하겠는가? 내가 부득이 해서이다. 천하에 인간이 살아온 지가 오래 되었는데, 한 번 다스려지고 한 번 혼란하였다."

| 자해 |

生 : 생민(生民).

| 의해 |

공도자가 물었다. "바깥사람들이 다 선생님께서 변론하기를 좋아해서 남보다 낫기를 구한다고 하니, 감히 묻겠습니다. 변론을 좋아하는 것은 무슨 까닭입니까?" 맹자가 말하였다. "내가 어찌 변론하기를 좋아하겠는가? 말을 안 하면 편안하지 못함이 있어서 마지못해 말하는 것이다. 어째서 말을 마지 못하는가? 천하에 백

성이 살아온 지 오래 되었다. 그 사이에 수많은 변화가 하늘에 있어서, 혹 성하여 다스려 지기도 하고, 쇠하여 어지럽기도 했는데, 사리가 사람에게 있어서 혹 얻으면 다스려지고 잃으면 어지러워져 고리가 끝이 없는 것과 같다. 그런데 이것은 이치의 떳떳함이다. 그리 이상할 것이 없지만, 성인이 이 세상에 태어난 것이 귀한 까닭은 또한 이치로써 기운을 제어해서 거의 잃어버린 것을 구원하고 쇠한 것을 붙들며 어지러움을 돌이켜서 다스림으로 돌아오게 하기 때문이다."

당요지시 수역행 범람어중국 사룡
9-2. 當堯之時하여 水逆行하여 氾濫於中國하여 蛇龍이
거지 민무소정 하자 위소 상자 위영
居之하니 民無所定하여 下者는 爲巢하고 上者는 爲營
굴 서 왈 강수경여 강수자 홍수야
窟하니 書에 曰 洚水警余라하니 洚水者는 洪水也니라

| 언해 |

堯ㅅ時를 當ᄒᆞ야 水ㅣ 거스리 行ᄒᆞ야 中國에 氾濫ᄒᆞ야 蛇와 龍이 居ᄒᆞ니 民이 定홀 빠 업서 下ᄒᆞᆫ 者ᄂᆞᆫ 巢롤 ᄒᆞ고 上ᄒᆞᆫ 者ᄂᆞᆫ 營窟을 ᄒᆞ니 書에 ᄀᆞᆯ오ᄃᆡ 洚水ㅣ 나롤 警ᄒᆞ다 ᄒᆞ니 洚水ᄂᆞᆫ 洪水ㅣ니라

| 직역 |

"요임금의 때를 당하여 물이 역류하여 중국에 범람하여 뱀과 용이 거하니, 사람들이 안정할 곳이 없어, 낮은 지역에 사는 자들은 둥지를 만들었고, 높은 지역에 사는 자들은 굴을 파고 살았다. 『서경』에 '강수가 나를 경계하였다'고 하였으니, 강수란 홍수이다."

| 자해 |

水逆行 : 하류(下流)가 막혔기 때문에 물이 거꾸로 흘러 사방으로 넘치는 것. • 下 : 낮은 지역. • 上 : 높은 지역. • 營窟 : 굴속에서 거처하는 것. • 書 : 「우서(虞書) · 대우모(大禹謨)」. • 洚水 : 아득하여 끝이 없는 물. • 警 : 경계함.

| 의해 |

"또 백성이 생긴 이래로 한번 다스려지고 한번 어지러운 것으로 말하면, 요 임금은 일찍이 홍수 때문에 근심했었는데, 요가 임금의 자리에 있을 때 그 물이 막혀 거슬러 흘러 중국에 범람하자, 용과 뱀이 백성의 땅에 거하고, 백성은 물의 환란을 피하여 살 곳을 정한 바 없었다. 그 땅이 낮은 자는 나무 위에 시렁을 매고 거하여 새둥지처럼 하고, 그 높은 언덕 위에 있는 자는 언덕을 파고 굴을 만들어 거처하여 짐승이 굴에 있는 것과 같이 하였다. 『서경』에 순임금이 말하기를 '강수가 나를 경계하였다'고 하니, 이른바 강수는 바로 요임금 때의 홍수를 이른다. 이것은 기화(氣化)가 열리지 못하고 사람의 일이 베풀어지지 않아 천하가 한 번 어지러워진 것이다."

사우치지 우굴지이주지해 구사룡이
9-3. 使禹治之어시늘 禹掘地而注之海하시고 驅蛇龍而
방지저 수유지중행 강회하한 시야 험
放之菹하신대 水由地中行하니 江淮河漢이 是也라 險
조기원 조수지해인자소연후 인득평토이거지
阻旣遠하며 鳥獸之害人者消然後에 人得平土而居之
하니라

| 언해 |

禹로 ᄒᆞ여곰 治ᄒᆞ라 ᄒᆞ여시늘 禹ㅣ 地ᄅᆞᆯ 掘ᄒᆞ야 海예 注ᄒᆞ시고

蛇와 龍을 驅ᄒᆞ야 菹에 放ᄒᆞ신대 水ㅣ 地中을 말ᄆᆡ아마 行ᄒᆞ니 江과 淮와 河와 漢이 이라 險阻ㅣ 임의 遠ᄒᆞ며 鳥獸의 人을 害홈이 消ᄒᆞᆫ 然後에 사ᄅᆞᆷ이 平土를 得ᄒᆞ야 居ᄒᆞ니라

| 직역 |

"우왕으로 하여금 홍수를 다스리게 하니, 우왕이 땅을 파서 바다로 주입시키고 뱀과 용을 몰아내어 수초가 우거진 곳으로 추방하자, 물이 낮은 곳을 따라 행하게 되었으니, 장강·회수·황하·한수가 그것이다. 험하여 막힌 것이 이미 멀어지며, 사람을 해치는 새와 짐승들이 사라진 뒤에야 사람들이 평지를 얻어 살게 되었다."

| 자해 |

掘地 : 옹색(壅塞)[막힘]을 제거하는 것. • 菹 : 못에 풀이 자라는 것. • 地中 : 두 벼랑의 사이. • 險阻 : 물이 범람함. • 遠 : 멀리 가는 것. • 消 : 제거됨.

| 의해 |

"홍수가 범람함에 뱀과 용이 거하니, 물은 뱀과 용이 모여 사는 곳이다. 두 가지가 서로 인하여 해가 됨에 요임금이 홍수의 해됨을 근심하여 순을 들어 씀에 순이 우로 하여금 다스리게 하였다. 우가 이에 땅을 파서 막힌 곳을 터놓아 바다로 흐르게 하여 수해를 제거하고 뱀과 용을 몰아서 수초가 우거진 곳으로 추방하자, 이에 물이 땅 가운데로 행하여 다시 땅위로 범람하지 않으니, 지금의 장강과 회수와 황하와 한수가 다 그곳이다. 물이 다시 재앙이 되지 않아 해치는 새가 이미 멀어지고, 뱀과 용이 멀리 도망하여 새와 짐승 중에 사람을 해치는 것이 다 제거된 다음에 중국의 사람이 평지를 얻어 거처하여 이로 말미암아 즐겁게 살았다. 이것은 사람의 일로써 기화(氣化)를 만회하여 천하가 한 번 다스려진 것이다."

요순 기몰 성인지도쇠 포군 대작
9-4. 堯舜이 既沒하시니 聖人之道衰하여 暴君이 代作하
괴궁실이위오지 민무소안식 기전이위원
여 壞宮室以爲汙池하여 民無所安息하며 棄田以爲園
유 사민부득의식 사설포행 우작 원유
囿하여 使民不得衣食하고 邪說暴行이 又作하여 園囿
오지패택 다이금수지 급주지신 천하우대
汙池沛澤이 多而禽獸至하니 及紂之身하여 天下又大
란
亂하니라

| 언해 |

堯舜이 임의 沒ᄒᆞ시니 聖人의 道ㅣ 衰ᄒᆞ야 暴君이 代로 作ᄒᆞ야 宮室을 壞ᄒᆞ야 ᄡᅥ 汙池을 삼아 民이 安息ᄒᆞᆯ ᄲᅢ 업스며 田을 棄ᄒᆞ야 ᄡᅥ 園囿를 삼아 民으로 ᄒᆞ여곰 衣食홈을 得디 몯게ᄒᆞ고 邪說와 暴行이 ᄯᅩ 作ᄒᆞ야 園囿와 汙池와 沛澤이 하 禽獸ㅣ 至ᄒᆞ니 紂의 身에 믿처 天下ㅣ ᄯᅩ 키 亂ᄒᆞ니라

| 직역 |

"요순이 이미 별세하시니, 성인의 도가 쇠하여 폭군이 대대로 나와서 백성들의 궁실을 파괴하여 웅덩이와 못을 만들어서 백성들이 편안히 쉴 곳이 없었고, 농지를 버려 동산을 만들어서 백성들이 옷과 음식을 얻을 수 없었으며, 부정한 말과 포학한 행동이 또 일어나 동산과 연못과 습지가 많아져 금수가 이르렀는데, 주왕의 몸에 미쳐 천하가 또 다시 크게 어지러워졌다."

| 자해 |

暴君 : 하(夏)나라의 태강(太康)·공갑(孔甲)·이계(履癸)와 상(商)나라의 무을(武乙) 등을 가리킴. • 宮室 : 백성들이 사는 집. • 沛 : 초목(草木)이 자라는 곳. • 澤 : 물이 모이는 곳.

| 의해 |

"요임금과 순임금 때에 천하가 다스려 졌으나, 또 능히 항상 다스려지지 못하였다. 그리하여 요순이 이미 별세하자 성인의 바른 도가 쇠하여 하나라와 상나라 사이를 지나서 사나운 임금이 대를 이어 백성의 궁실을 헐고, 웅덩이와 못을 파서 백성으로 하여금 편안히 거할 곳이 없게 하고, 백성의 밭을 버려 동산을 만들어 백성으로 하여금 의식을 얻지 못하게 하였다. 뒤에 이르러서는 백성을 해롭게 하는 부정한 말과 백성을 해롭게 하는 사나운 행실이 또 만들어져 동산과 연못과 습지가 더욱 많아지자, 새와 짐승이 또 그 의지할 바를 얻어서 해가 되더니, 상나라 주의 몸에 미쳐서는 더욱 무도하여 천하가 또 크게 어지러워졌다. 이것은 진실로 인사(人事)를 잃어버린 것이고, 또한 기화(氣化)가 쇠한 것이다."

9-5. 周公이 相武王하셔 誅紂하시고 伐奄三年에 討其君하시고 驅飛廉於海隅而戮之하시니 滅國者五十이요 驅虎豹犀象而遠之하신대 天下大悅하니 書에 曰 丕顯哉라 文王謨여 丕承哉라 武王烈이여 佑啓我後人하사대 咸以正無缺이라하니라

| 언해 |

周公이 武王을 相ᄒᆞ샤 紂를 誅ᄒᆞ시고 奄을 伐ᄒᆞ신 三年애 그 君을 討ᄒᆞ시고 飛廉을 海隅에 驅ᄒᆞ야 戮ᄒᆞ시니 國을 滅ᄒᆞᆫ 者ㅣ 五十이오 虎와 豹와 犀와 象을 모라 遠히 ᄒᆞ신대 天下ㅣ 키 悅ᄒᆞ니 書에

골오ᄃᆡ 顯ᄒᆞ다 文王의 謨ㅣ여 키 承ᄒᆞ다 武王의 烈이여 우리 後人을 佑ᄒᆞ야 啓ᄒᆞ샤ᄃᆡ 다 正으로ᄡᅥ ᄒᆞ샤 缺홈이 업다 ᄒᆞ니라

| 직역 |

"주공이 무왕을 도와 주왕을 베고, 엄나라를 정벌한 지 3년 만에 그 군주를 토벌하고, 비렴을 바다 모퉁이로 몰아내어 죽이니, 나라를 멸망시킨 것이 50개국이었고, 범과 표범, 코뿔소와 코끼리를 몰아내어 멀리 쫓으니, 천하가 크게 기뻐하였다. 『서경』에 이르기를, '크게 드러나셨다. 문왕의 가르침이여! 크게 계승하셨다, 무왕의 공렬이여! 우리 후인들을 도와 계도해 주시되 모두 정도로써 하고 결함이 없게 하셨다'고 하였다."

| 자해 |

奄 : 동방(東方)의 나라이니, 주왕(紂王)을 도와 포학한 짓을 하게 한 자. • 飛廉 : 주(紂)의 총애하는 신하. • 五十 : 50개국. 은 주(紂)의 당(黨)으로서 백성을 못살게 한 국가. • 書 : 「주서(周書) · 군아(君牙)」. • 丕 : 큼. • 顯 : 밝음. • 謨 : 가르침. • 承 : 계승. • 烈 : 빛남. • 佑 : 도움. • 啓 : 열어줌. • 缺 : 무너짐.

| 의해 |

"주공이 무왕을 도와 사나움을 제거하고 백성을 구제할 때, 이에 주왕을 베고, 엄나라가 동방에 있어서 나라가 크고 무도함으로 특별히 친지 삼 년 만에 엄나라 임금을 토벌하고, 비렴은 주왕의 아첨하는 신하이므로 바다 모퉁이로 몰아서 죽이고, 주왕과 함께 어지러움을 지은 자 오십 국을 멸하였다. 그리고 주왕의 동산에 있는 범과 표범, 코뿔소와 코끼리를 몰아서 멀리하니, 사람과 물건의 해로움이 이미 제거되어 천하가 혼란이 지극함에 다스림을 생각하는 마음을 이에 이루어 다 크게 기뻐하였다. 이는 주공이 무왕을 도와서 천하를 편안하게 한 공이다. 『서경』에 말하기를, '크게 드러나셨다. 문왕의 가르침이여! 크게 계승하셨다, 무왕의

공렬이여! 우리 후인들을 도와 계도해 주시되 모두 정대한 도가 아님이 없어서, 혹 조금이라도 이지러짐이 없다'고 하였다. 문왕과 무왕의 꾀와 빛난 것이 모두 주공이 도와서 어지러움을 뒤집어 다스려 이룬 것이니, 이것이 또 한 번 다스려진 것이다."

9-6. 世衰道微(세쇠도미)하여 邪說暴行(사설포행)이 有作(유작)하여 臣弑其君者(신시기군자) 有之(유지)하며 子弑其父者有之(자시기부자유지)하니라

| 언해 |

世ㅣ 衰ᄒᆞ며 道ㅣ 微ᄒᆞ야 邪說와 暴行이 ᄯᅩ 作ᄒᆞ야 臣이 그 君을 弑ᄒᆞᄂᆞᆫ 者ㅣ 이시며 子ㅣ 그 父를 弑ᄒᆞᄂᆞᆫ 者ㅣ 이시니라

| 직역 |

"세상이 쇠퇴하고 도가 미약해져서 부정한 말과 포학한 행동이 일어나 신하로서 군주를 시해하는 자가 있으며, 자식으로서 아버지를 시해하는 자가 있었다."

| 자해 |

有作 : 유작(有作)의 유(有)자는 고대에는 '또 우(又)' 자와 통용됨.

| 의해 |

"주나라 세상의 다스림이 쇠퇴하여 떨치지 못함에 문왕 무왕의 도가 점점 미약해져서 밝아지지 못하였다. 이에 부정한 말과 포악한 행동이 때를 타고 일어나니, 신하로서 그 임금을 죽인 자가 있으며, 아들로서 그 아비를 죽인 자가 있게 되었다. 이것은 사나운

행실이 더욱 심한 것이니, 또 한 번 어지러워진 것이다."

공 자 구 작 춘 추 춘 추 천 자 지 사 야 시
9-7. 孔子懼하셔 作春秋하시니 春秋는 天子之事也라 是
고 공 자 왈 지 아 자 기 유 춘 추 호 죄 아 자 기 유
故로 孔子曰 知我者도 其惟春秋乎며 罪我者도 其惟
춘 추 호
春秋乎인져하시니라

| 언해 |

孔子ㅣ 懼ᄒᆞ샤 春秋를 作ᄒᆞ시니 春秋ᄂᆞᆫ 天子의 事ㅣ라 이런 故로 孔子ㅣ ᄀᆞᆯᄋᆞ샤ᄃᆡ 我를 知ᄒᆞᆯ 者도 그 春秋ㅣ며 我를 罪ᄒᆞᆯ 者도 그 春秋ㅣᆫ뎌 ᄒᆞ시니라

| 직역 |

"공자가 이를 두려워하여 『춘추』를 지으니, 『춘추』는 천자가 하는 일이다. 이 때문에 공자가 말하기를, '나를 알아주는 자도 오직 『춘추』 때문일 것이며, 나를 꾸짖는 것도 오직 『춘추』 때문일 것이다'라고 하였다."

| 의해 |

"공자가 세상의 도리에 마음을 두어 바른 도리가 없어질까 두려워하여 『춘추』를 지었다. 이 『춘추』는 노나라 역사의 글을 빌어서 왕자의 법을 부친 것이니, 그 쓸 것은 쓰고 깎을 것은 깎아서 먼저와 뒤의 차례를 펴고 위와 아래의 명분을 바르게 하여 덕이 있는 자는 반드시 칭찬하고 죄가 있는 자는 반드시 평론하였는데, 그 대체가 다 천자의 일을 받들어 행한 것이다. 오직 『춘추』는 천자의 일이므로 공자가 말하기를, '『춘추』를 지은 것은 내가 마지

못해서 지은 것이다. 세상에서 마음으로 나를 알 자도 오직 『춘추』 때문일 것이고, 세상에서 자취로 나를 꾸짖을 자도 그 또한 오직 『춘추』 때문일 것이다'라고 하였다. 나를 안다고 한 것은 그 한 마디 말 사이에 왕자의 법을 바르게 하여 군신과 부자의 윤리와 기강으로 하여금 세상에 크게 밝아지게 함을 이른다. 나를 꾸짖는다고 한 것은 그 필부의 천함으로써 천자의 권력을 빌어 출척(黜陟)과 상벌의 일을 은미한 말에 부친 것을 이른다. 그러나 나를 알고 나를 꾸짖는다고 한 것이 비록 같지 않지만, 『춘추』의 옳다고 하고 그르다고 하며, 칭찬하고 꾸짖는 법이 사람의 마음에 밝지 아니함이 없어서, 만세에 전하여 난신과 적자로 하여금 다 두려워할 바를 알게 하였다. 이것이 한 번 다스려짐이니, 이 한번 다스려짐은 순전히 사람의 일이다."

성왕 부작 제후방자 처사횡의 양주
9-8. 聖王이 不作하여 諸侯放恣하며 處士橫議하여 楊朱
묵적지언 영천하 천하지언 불귀양즉귀묵
墨翟之言이 盈天下하여 天下之言이 不歸楊則歸墨하
양씨 위아 시 무군야 묵씨 겸애 시
니 楊氏는 爲我하니 是는 無君也요 墨氏는 兼愛하니 是
무부야 무부무군 시금수야 공명의왈 포
는 無父也니 無父無君은 是禽獸也니라 公明儀曰 庖
유비육 구유비마 민유기색 야유아표
有肥肉하며 廏有肥馬어든 民有飢色하며 野有餓莩면
차 솔수이식인야 양묵지도불식 공자지
此는 率獸而食人也라하니 楊墨之道不息하면 孔子之
도부저 시 사설 무민 충색인의야 인
道不著하리니 是는 邪說이 誣民하여 充塞仁義也니 仁
의충색즉솔수식인 인장상식
義充塞則率獸食人하다가 人將相食하리라

| 언해 |

聖王이 作디 아니ᄒᆞ야 諸侯ㅣ 放恣ᄒᆞ며 處士ㅣ 議를 橫히 ᄒᆞ야 楊朱와 墨翟의 言이 天下애 盈ᄒᆞ야 天下읫 言이 楊애 歸티 아니ᄒᆞ면 墨애 歸ᄒᆞ니 楊氏ᄂᆞᆫ 我를 爲ᄒᆞ니 이ᄂᆞᆫ 君이 업슴이오 墨氏ᄂᆞᆫ 愛를 兼ᄒᆞ니 이ᄂᆞᆫ 父ㅣ 업슴이니 父ㅣ 업스며 君이 업슴은 이 禽獸ㅣ니라 公明儀ㅣ ᄀᆞᆯ오ᄃᆡ 庖애 肥肉이 이시며 廏애 肥馬ㅣ 잇거든 民이 飢色이 이시며 野애 餓莩ㅣ 이시면 이ᄂᆞᆫ 獸를 率ᄒᆞ야 人을 食홈이라 ᄒᆞ니 楊墨의 道ㅣ 息디 아니ᄒᆞ면 孔子의 道ㅣ 著티 몯ᄒᆞ리니 이ᄂᆞᆫ 邪說이 民을 誣ᄒᆞ야 仁義를 充塞홈이니 仁義ㅣ 充塞ᄒᆞ면 獸를 率ᄒᆞ야 人을 食ᄒᆞ다가 人이 쟝ᄎᆞᆺ 서르 食ᄒᆞ리라

| 직역 |

"성왕이 나오지 아니하여 제후가 방자하며 초야의 선비들이 멋대로 의논하여 양주 · 묵적의 말이 천하에 가득하여, 천하의 말이 양주에게 돌아가지 않으면 묵적에게 돌아간다. 양씨는 자신만을 위하니, 이는 군주가 없는 것이고, 묵씨는 똑같이 사랑하니, 이는 아버지가 없는 것이니, 아버지가 없고 군주가 없으면 이는 금수이다. 공명의가 말하기를 '임금의 푸주간에 살진 고기가 있고 마구간에 살찐 말이 있는데도, 백성들에게 굶주린 기색이 있으며 들에는 굶어 죽은 시체가 있다면, 이는 짐승을 내몰아 사람을 잡아먹게 하는 것이다'라고 하였다. 양주 · 묵적의 도가 쉬지 아니하면 공자의 도가 나타나지 못할 것이다. 이는 간사한 말이 백성을 속여서 인과 의를 막음이니, 인과 의가 막히면 짐승을 내몰아 사람을 잡아먹게 하다가 사람이 장차 서로 먹게 될 것이다."

| 의해 |

"공자가 이미 돌아가시고 성왕이 오랫동안 나오지 않아, 기강을 엄숙하게하고 세상의 가르침을 유지할 수 없게 되었다. 그리하여 열국의 제후들이 힘으로 싸우고 서로 다투어서 법도를 벗어나 방

자하니, 이에 이단의 사람들이 각각 그 한 학파의 학문으로 아래에서 멋대로 의론하게 되었다. 양주와 묵적은 멋대로 의론하는 것이 더욱 심한 자이니, 그 말이 천하에 가득하여 천하에서 학술을 말하는 자가 양주에게 돌아가지 않으면 묵적에게 돌아가게 되었다. 그 잘못된 학설이 사람을 미혹함이 이와 같았다. 저 양주는 다만 몸을 사랑할 줄만 알고 다시 몸을 바르게 하는 의가 있는 줄을 모르니, 이는 임금이 없는 것이고, 묵적은 사랑에 차등이 없어서 그 어버이 보기를 길에 다니는 사람과 다름이 없게 하니, 이는 아버지가 없는 것이다. 사람이 사람된 까닭은 그 군신과 부자의 큰 윤리가 있기 때문이다. 그런데 지금 양주와 묵적은 아버지도 없고 임금도 없으니, 곧 인도가 멸한 것이다. 이 또한 금수와 같을 따름이다. 양주와 묵적의 가르침이 이와 같으므로, 바로 잘못된 학설이라고 한 것이다. 이것을 가지고 사람을 거느리면 그 해로움이 마땅히 어떠하겠는가? 옛날 공명의가 말하기를, '푸줏간에 살찐 고기가 있으며, 마구에 살찐 말이 있고, 백성으로 하여금 주린 빛이 있고, 들에 굶어 죽은 시체가 있게 하면, 이것은 짐승을 거느려 사람을 먹게 하는 것이다'라고 하였다. 지금 양주와 묵적의 해로움은 이보다 더 심하다. 양주와 묵적의 나만을 위하며 겸하여 사랑하는 도가 성하여 그치지 않으면, 공자의 인의의 도가 가려져 나타나지 못할 것이다. 이는 부정한 말이 백성을 미혹시켜 인과 의가 마침내 막히게 된 것이니, 인과 의가 막히면 곧 사람이 다 아버지도 없고 임금도 없어서 금수가 되어 큰 환란이 장차 일어나게 될 것이다. 이것은 또한 짐승을 거느리고 사람을 먹게 하다가, 사람이 또 장차 서로 먹게 하는 것이다. 이것이 기화가 쇠하고 인사를 잃어버려 천하가 한 번 어지러워진 것이다."

오위차구 한선성지도 거양묵 방음사
9-9. 吾爲此懼하여 閑先聖之道하여 距楊墨하며 放淫辭
사설자부득작 작어기심 해어기사
하야 邪說者不得作케하노니 作於其心하야 害於其事하
작어기사 해어기정 성인 부기 불역
며 作於其事하여 害於其政하노니 聖人이 復起셔도 不易
오언의
吾言矣시리라

| 언해 |

내 이ᄅᆞᆯ 爲ᄒᆞ야 懼ᄒᆞ야 先聖의 道를 閑ᄒᆞ야 楊墨을 距ᄒᆞ며 淫辭를 放ᄒᆞ야 邪說ᄒᆞᆯ 者ㅣ 시러곰 作디 몯게 ᄒᆞ노니 그 心애 作ᄒᆞ야 그 事애 害ᄒᆞ며 그 事애 作ᄒᆞ야 그 政에 害ᄒᆞᄂᆞ니 聖人이 다시 起ᄒᆞ샤도 내 言을 易디 아니ᄒᆞ시리라

| 직역 |

"내가 이 때문에 두려워하여 이전 성인의 도를 보호하여 양주와 묵적을 막으며, 방탕한 말을 추방하여 부정한 말이 나오지 못하게 하는 것이다. 부정한 말은 그 마음에서 나와 그 일에 해를 끼치며, 일에서 나와 정사에 해를 끼치니, 성인이 다시 나오셔도 내 말을 바꾸지 않으실 것이다."

| 자해 |

閑 : 보호함. •放 : 몰아서 멀리 내쫓는 것. •作 : 일어남. •事 : 행하는 바. •政 : 대체(大體).

| 의해 |

"세상의 변함이 한결같이 이에 이름에, 내가 이로써 깊이 천하를 위하여 근심하게 되었다. 이에 앞선 성인인 공자의 인의의 도를 보호하여 세상에 크게 밝혀 이단에 막히지 않게 하고, 양주와 묵

적의 학문을 깊이 막고 통쾌히 끊으며 그 방탕한 말을 몰아 물리쳐 천하의 사람으로 하여금 분명히 그 그른 것을 알게 하여 저 부정한 말을 하는 자가 일어나서 백성을 속이지 못하게 하는 것이니, 이것이 내가 도를 보호하는 마음이다. 부정한 말과 잘못된 학설이 일어나는 것이 실상은 마음에 근본한 것이다. 그 마음에서 일어나면 곧 일상생활이 다 바른데 어긋나서 그 일에 해롭다. 그 일에 해로우면 곧 세상의 도리와 기강이 함께 그 떳떳함을 반대로 하여 그 정사에 해가 된다. 따라서 단서는 매우 작지만 화가 심히 큰 것은 그 이치가 반드시 그러한 것이다. 성인이 다시 일어나더라도 나의 이른바 마음에서 일어나 일에 해롭고, 일에서 일어나 정사에 해롭다는 말은 바꾸지 아니할 것이다. 만일 막고 물리치지 않으면 천하를 무엇을 따라 다스리겠는가? 이것이 곧 인사(人事)를 다하지 않을 수 없는 까닭이다."

석 자 우 억 홍 수 이 천 하 평 주 공 겸 이 적
9-10. 昔者에 禹抑洪水 而天下平하고 周公이 兼夷狄
구 맹 수 이 백 성 녕 공 자 성 춘 추 이 난 신 적 자 구
驅猛獸 而百姓이 寧하고 孔子成春秋 而亂臣賊子懼
시 운 융 적 시 응 형 서 시 징 즉 막 아 감 승
하니라 詩云 戎狄是膺하니 荊舒是懲하여 則莫我敢承이
무 부 무 군 시 주 공 소 응 야
라하니 無父無君은 是周公所膺也니라

| 언해 |

녯 禹ㅣ 洪水ᄅᆞᆯ 抑ᄒᆞ심애 天下ㅣ 平ᄒᆞ고 周公이 夷狄을 兼ᄒᆞ며 猛獸ᄅᆞᆯ 驅ᄒᆞ심애 百姓이 寧ᄒᆞ고 孔子ㅣ 春秋를 成ᄒᆞ심애 亂臣과 賊子ㅣ 懼ᄒᆞ니라 詩에 ᄀᆞᆯ오ᄃᆡ 戎狄을 이 膺ᄒᆞ니 荊과 舒ㅣ 이 懲ᄒᆞ야 곧 나ᄅᆞᆯ 敢히 承티 몯ᄒᆞᆫ다 ᄒᆞ니 父ㅣ 업ᄉᆞ며 君이 업ᄉᆞᆫ 이ᄂᆞᆫ

이 周公의 膺ᄒᆞ신 배니라

| 직역 |

"옛적에 우왕이 홍수를 억제하자 천하가 평화롭게 되었고, 주공이 이적을 겸병하고 맹수를 몰아내자 백성들이 편안하였고, 공자가 『춘추』를 완성하자 난신적자들이 두려워하였다. 『시경』에 이르기를, '융과 적을 이에 치니, 형과 서가 이에 징계되어 나를 감히 대적할 자가 없다'고 하였다. 아버지가 없고 군주가 없는 것은 주공도 징계한 바이다."

| 자해 |

抑 : 그침. • 兼 : 겸병. • 承 : 대적함.

| 의해 |

"모두 합해서 보면, 옛날 우임금이 홍수를 그치게 함에 사람이 평지를 얻어서 거하여 천하가 평화롭게 되었으니, 천하가 우임금이 아니었으면 평화롭지 못하였을 것이다. 주공이 이적을 겸병하고 사나운 짐승을 쫓음에 사람과 물건의 해로움이 제거되어 백성이 편안하니, 백성은 주공이 아니었으면 편안하지 못하였을 것이다. 공자가 『춘추』를 지어 큰 의를 밝히고, 본받고, 경계함을 드리움에 난신과 적자가 두려워하였으니, 공자가 아니었으면 난신과 적자를 바르게 하지 못하였을 것이다. 이는 천하의 어지러움을 다스림에 세 성인의 공을 힘입은 것이고, 세 성인의 근심이 당시에 마지못한 것이 이와 같았던 것이다.

『시경』에 이르기를, '융과 적을 이에 치니, 형과 서가 이에 징계되어 나를 감히 대적할 자가 없다'고 하였다. 이 시는 주공이 오랑캐와 중국의 경계를 바르게 하는데 그 엄함이 이와 같았음을 이른 것이다. 지금 양주와 묵적의 아버지도 없고 임금도 없는 것이 이적과 더불어 다름이 없으니, 바로 이 주공이 반드시 칠 바이다.

세상에 책임이 있는 자가 어찌 앉아서 그 해로움을 보고 그치게 하지 않을 수 있겠는가?"

9-11. 我亦欲正人心하여 息邪說하며 距詖行하며 放淫辭하여 以承三聖者로니 豈好辯哉리오 予不得已也니라 能言距楊墨者는 聖人之徒也니라

| 언해 |

내 또ᄒᆞᆫ 人心을 正ᄒᆞ야 邪說을 息게 ᄒᆞ며 詖行을 距ᄒᆞ며 淫辭를 放ᄒᆞ야 ᄡᅧ 三聖을 承코쟈 ᄒᆞ노니 엇디 辯을 好ᄒᆞ리오 내 시러곰 마디 몯ᄒᆞ예니라 能히 楊墨距ᄒᆞ욤을 言ᄒᆞᄂᆞᆫ 者ᄂᆞᆫ 聖人의 徒ㅣ니라

| 직역 |

"내가 또한 인심을 바로잡아 부정한 말을 종식시키며 편벽된 행실을 막으며 방탕한 말을 추방하여 세 성인을 계승하려고 하는 것이니, 어찌 변론을 좋아하겠는가. 내가 부득이해서이다. 양주와 묵적을 막을 것을 말하는 자는 성인의 무리이다."

| 자해 |

詖淫 : 해석이 공손추상(公孫丑上)편에 보임. • 辭 : 말을 상세히 하는 것. • 承 : 계승. • 三聖 : 우왕(禹王) · 주공(周公) · 공자(孔子) 등을 가리킴.

| 의해 |

"그런 까닭에 내가 지금 또한 인과 의의 도를 밝혀서 잘못된 데

빠진 인심을 바르게 하고자 하며, 인심을 바르게 하여 반드시 양주와 묵적의 부정한 말을 그치게 하여 그 나만을 위하고 겸하여 사랑한다는 말이 행해지지 못하게 하고자 하며, 치우치고 부정한 행실을 막아 끊고, 그 방탕한 말을 물리쳐서, 세 성인이 어지러움을 돌이켜 바른 데로 돌아오게 한 공을 잇고자 한다..그런즉 내가 반복하여 양주·묵적과 더불어 변론하는 것이 어찌 좋아서 하는 것이겠는가? 진실로 아버지도 없고 임금도 없는 가르침이 인심의 인의를 해롭게 하여 그 흐르는 화가 그치지 못함을 두려워하기 때문이다. 따라서 근심하기를 깊이 하고 말하기를 간절히 하는 것은 마지못할 바가 있어서 그러한 것이다. 저 양주와 묵적의 해로움을 알지 못하고 천하를 다스리는데 마음이 없는 자가 어찌 알 수 있겠는가?
그러나 세 성인의 도는 사람마다 이을 것이고, 양주와 묵적의 말을 막는 것은 사람마다 말할 것이다. 지금부터 뒤에 도를 아는 자가 있기를 기다리지 않고 양주와 묵적의 해로움을 멸하게 한 다음에 성인의 일을 이을 수 있다. 다만 말로써 양주와 묵적을 거절하는 자도 그 취향의 바른 것이 반드시 우임금과 주공과 공자의 유풍을 들어서 일어난 자이니, 이도 또한 성인의 무리이다. 사람으로서 어찌 성인의 무리가 되어 천하 사람의 의지가 되지 않을 수 있겠는가?" 여기에서 그 스스로 중임을 맡은 것과 사람에게 간절하게 바라는 것을 볼 수 있다.

| 요지 |

이 장에서는 배우는 자가 옳고 그른 근원에 털끝만큼이라도 틀림이 있으면, 해로움이 백성에게 흐르고 화가 후세에 미치기 때문에, 맹자가 부정한 말을 변론하여 스스로 '세 성인의 공을 잇는다'고 했으니, 당시 맹자를 지목하여 변론을 좋아한다고 한 것은 평범한 사람의 마음으로 성현의 마음을 헤아린 것이다.

광 장 왈 진중자 기불성렴사재 거어릉
10-1. 匡章이 曰 陳仲子는 豈不誠廉士哉리오 居於陵할
삼일불식 이무문 목무견야 정상유리
새 三日不食하여 耳無聞하며 目無見也러니 井上有李
조식실자 과반의 포복왕장식지 삼인연후
螬食實者 過半矣어늘 匍匐往將食之하여 三咽然後에
이유문 목유견
야 耳有聞하며 目有見하니라

| 언해 |

匡章이 ᄀᆞᆯ오ᄃᆡ 陳仲子ᄂᆞᆫ 엇디 진실로 廉士ㅣ 아니리오 於陵에 居ᄒᆞᆯᄊᆡ 三日을 食디 몯ᄒᆞ야 耳ㅣ 聞홈이 업ᄉᆞ며 目이 見홈이 업더니 井上애 李ㅣ 螬ㅣ 實을 食ᄒᆞᆫ 者ㅣ 半이 過ᄒᆞᆫ디 잇거ᄂᆞᆯ 匍匐ᄒᆞ야 가 將ᄒᆞ야 食ᄒᆞ야 세 번 咽ᄒᆞᆫ 然後에야 耳ㅣ 聞홈이 이시며 目이 見홈이 이시니라

| 직역 |

광장이 말하였다. "진중자는 어찌 참으로 청렴한 선비가 아니겠습니까? 오릉에 거처할 적에 3일 동안 먹지 못하여 귀에는 들리는 것이 없으며 눈에는 보이는 것이 없었는데, 우물가에 오얏을 굼벵이가 반이 넘게 파먹은 것을 기어가서 먹어 세 번 삼킨 뒤에야 귀에 들리는 것이 있었고 눈에 보이는 것이 있었습니다."

| 자해 |

匡章·陳仲子 : 모두 제(齊)나라 사람. • 廉 : 분변(分辨)이 있어 구차히 취하지 않는 것. • 於陵 : 지명(地名). • 螬 : 굼벵이 벌레. • 匍匐 : 힘이 없어 걸어갈 수 없음. • 咽 : 삼킴.

| 의해 |

광장이 말하였다. "청렴은 아름다운 절개입니다. 진중자 같은 자

가 어찌 진실로 청렴한 선비가 아니겠습니까? 사람이 몸에 간절한 것 가운데 주거와 음식만한 것이 없는데, 중자는 오릉 땅에 거할 때 일찍이 삼일을 먹지 못하여 귀에 들리는 것이 없고, 눈에 보이는 것이 없었습니다. 그 빈곤이 이와 같았는데에도 또한 사람에게 먹을 것을 구하지 않고, 마침 우물 위에 오얏이 있어서 벌래가 그 열매를 먹은 것이 이미 반이 지난 것을 중자가 기어가서 먹어 세 번 삼킨 다음에 귀에 들리는 것이 있고 눈에 보이는 것이 있어서 생명을 보존하였습니다. 지극히 청렴한 사람이 아니면 누가 그렇게 하겠습니까?"

맹 자 왈 어 제 국 지 사 오 필 이 중 자 위 거 벽 언
10-2. 孟子曰 於齊國之士에 吾必以仲子로 爲巨擘焉
수 연 중 자 오 능 렴 충 중 자 지 조
이어니와 雖然이나 仲子는 惡能廉이리오 充仲子之操면
즉 인 이 후 가 자 야
則蚓而後可者也니라

| 언해 |

孟子ㅣ ᄀᆞᆯᄋᆞ샤ᄃᆡ 齊國ㅅ士애 내 반ᄃᆞ시 仲子로ᄡᅥ 巨擘을 삼으려니와 비록 그러나 仲子ᄂᆞᆫ 엇디 能히 廉ᄒᆞ리오 仲子의 操ᄅᆞᆯ 充ᄒᆞ면 곧 蚓인 後에 可ᄒᆞ니라

| 직역 |

맹자가 말하였다. "제나라 선비 가운데 내가 반드시 중자를 으뜸으로 여긴다. 그러나 중자가 어찌 청렴할 수 있겠는가? 중자의 지조를 그대로 채우려면 지렁이가 된 뒤에야 가능할 것이다."

| 자해 |

巨擘 : 큰 손가락. 제나라 사람 가운데 중자가 있음은 여러 손가락 가운데 큰 손가락이 있음과 같다는 말. • 充 : 미루어 채우는 것. • 操 : 지키는 지조. • 蚓 : 지렁이.

| 의해 |

맹자가 말하였다. "제나라 선비가 많이 부귀를 탐하여 빠지는데, 중자의 청렴함이 이와 같으니, 내가 반드시 그를 제나라 선비 중에 으뜸이라 하겠다. 비록 그러나 중자의 의론에 의거하면, 또한 어찌 그 청렴을 이룰 수 있겠는가? 만일 중자의 이와 같은 지조를 채워 극진히 하려면, 지렁이와 같은 다음에 그 지조를 이룰 수 있을 것이니, 그 일의 형세가 과연 가능하겠는가? 가능하지 않겠는가?"

부 인 상 식 고 양 하 음 황 천 중 자 소 거
10-3. 夫蚓은 上食槁壤하고 下飮黃泉하나니 仲子所居
지 실 백 이 지 소 축 여 억 역 도 척 지 소 축 여 소 식 지
之室은 伯夷之所築與아 抑亦盜跖之所築與아 所食之
속 백 이 지 소 수 여 억 역 도 척 지 소 수 여 시 미 가 지
粟은 伯夷之所樹與아 抑亦盜跖之所樹與아 是未可知
야
也로다

| 언해 |

蚓ᄋᆞᆫ 上ᄋᆞ로 槁壤을 食ᄒᆞ고 下로 黃泉을 飮ᄒᆞᄂᆞ니 仲子의 居ᄒᆞᆫ 밧 室ᄋᆞᆫ 伯夷의 築ᄒᆞᆫ 바가 ᄯᅩᄒᆞᆫ 盜跖의 築ᄒᆞᆫ 바가 食ᄒᆞᄂᆞᆫ 밧 粟은 伯夷의 樹ᄒᆞᆫ 바가 ᄯᅩᄒᆞᆫ 盜跖의 樹ᄒᆞᆫ 바가 이 可히 아디 몯ᄒᆞ리로다

| 직역 |

"지렁이는 위로 마른 흙을 먹고 아래로 누런 물을 마시니, 중자가 거처하는 집은 백이가 건축한 것인가? 아니면 도척이 건축한 것인가? 먹는 곡식은 백이가 심은 것인가? 아니면 도척이 심은 것인가? 이것을 알 수 없구나!"

| 자해 |

槁壤 : 마른 흙. • 黃泉 : 흐린 물. • 抑 : 발어사(發語辭).

| 의해 |

"내가 '중자의 지조를 채우려면 반드시 지렁이와 같은 다음에야 가능하다'라고 한 것은, 지렁이란 위로 먹는 것은 오직 마른 흙덩이고, 아래로 마시는 것은 오직 흐린 물이므로, 하나도 세상에서 구하는 것이 없기 때문이다. 그러나 중자는 거하는 것은 반드시 집으로 하고 먹는 것은 반드시 곡식으로 하여, 사람의 세상에 의지하는 것이 있을 것이다. 이미 집에 거처함을 면하지 못한다면, 반드시 집을 건축한 자가 있을 것이다. 지금 중자가 거처하는 집은 백이 같이 청렴한 자가 건축한 것인가? 아니면 도척 같이 탐하는 자가 건축한 것인가? 이미 곡식 먹는 것을 면하지 못했다면, 반드시 곡식을 심은 자가 있을 것이다. 지금 중자가 먹는 곡식은 백이 같이 청렴한 자가 심은 것인가? 아니면 도척 같이 탐하는 자가 심은 것인가? 만일 의로우면 곧 백이와 같을 것이고, 만일 의롭지 않으면 곧 도척과 같을 것이니, 이것은 모두 알 수 없는 것이다."

왈 시하상재 피신직구 처벽로 이역
10-4. 曰 是何傷哉리오 彼身織屨하고 妻辟纑하여 以易
지 야
之也니라

| 언해 |

ᄀᆞᆯ오ᄃᆡ 이 엇디 傷ᄒᆞ리오 뎌 몸소 屨ᄅᆞᆯ 織ᄒᆞ고 妻ㅣ 纑ᄅᆞᆯ 辟ᄒᆞ야 ᄡᅥ 易ᄒᆞᄂᆞ니라

| 직역 |

광장이 말하였다. "이 어찌 나쁠 것이 있겠습니까? 그는 자신이 신을 짜고 아내가 길쌈하고 삼을 마전하여 곡식을 바꾸어 먹습니다."

| 자해 |

辟 : 紡績(방적) 길쌈. • 纑 : 삼을 마전하는 것.

| 의해 |

광장이 말하였다. "그 집에 거처하고 곡식을 먹는 것이 또한 무엇이 그 청렴에 해로움이 되겠습니까? 저 중자는 몸소 신을 삼고 그 아내는 길쌈하여 바꾸어 먹습니다. 이것은 다 스스로 그 힘으로 먹는 것이지, 의롭지 않은 것을 남에게서 취한 것이 아닙니다. 반드시 백이에게서 나왔다고 말하지는 못하겠지만, 도척에게 나오지 않은 것도 또한 심히 명백합니다."

왈 중자 제지세가야 형대합록 만종

10-5. 曰 仲子는 齊之世家也라 兄戴蓋祿이 萬鍾이러니

이형지록 위불의지록이불식야 이형지실

以兄之祿으로 爲不義之祿而不食也하며 以兄之室로

위불의지실이불거야 피형리모 처어오릉

爲不義之室而不居也하고 辟兄離母하야 處於於陵이러

타일 귀즉유궤기형생아자 기빈축왈 오용시

니 他日에 歸則有饋其兄生鵝者어늘 己頻顣曰 惡用是

얼얼자위재 타일 기모살시아야 여지식지

鶂鶂者爲哉리오 他日에 其母殺是鵝也하여 與之食之

기형 자외지왈 시얼얼지육야 출이와지
러니 其兄이 自外至曰 是鶂鶂之肉也라한대 出而哇之하니라

| 언해 |

ᄀᆞᆯᄋᆞ샤ᄃᆡ 仲子ᄂᆞᆫ 齊ㅅ世家ㅣ라 兄戴ㅣ 蓋ㅅ祿이 萬鍾이러니 兄의 祿으로ᄡᅥ 不義엣 祿이라ᄒᆞ야 食디 아니ᄒᆞ며 兄의 室로ᄡᅥ 不義엣 室이라ᄒᆞ야 居티 아니ᄒᆞ고 兄을 辟ᄒᆞ며 母ᄅᆞᆯ 離ᄒᆞ야 於陵에 處ᄒᆞ얏더니 他日애 歸ᄒᆞᆫ 則 그 兄을 生鵝를 饋ᄒᆞᆫ 者ㅣ 잇거ᄂᆞᆯ 己ㅣ 頻顣ᄒᆞ야 ᄀᆞᆯ오ᄃᆡ 엇디 이 鶂鶂ᄒᆞᄂᆞᆫ 거ᄉᆞᆯ 用ᄒᆞ리오 他日에 그 母ㅣ 이 鵝ᄅᆞᆯ 殺ᄒᆞ야 與ᄒᆞ야ᄂᆞᆯ 食ᄒᆞ더니 그 兄이 外로브터 至ᄒᆞ야 ᄀᆞᆯ오ᄃᆡ 이 鶂鶂의 肉이라ᄒᆞᆫ대 出ᄒᆞ야 哇ᄒᆞ니라

| 직역 |

맹자가 말하였다. "중자는 제나라에 대대로 벼슬하던 집안이다. 형 대가 합 땅에서 받는 녹이 만종이었는데, 형의 녹을 불의한 녹이라 하여 먹지 않았으며, 형의 집을 불의한 집이라 하여 거처하지 않고, 형을 피하고 어머니를 떠나 오릉에 거처하였다. 후일에 집에 돌아가니, 그 형에게 산 거위를 선물한 자가 있었다. 그는 이마를 찌푸리며 말하기를, '꽥꽥거리는 것을 어디에 쓰겠는가?'라고 하였다. 후일에 그 어머니가 이 거위를 잡아주어 먹고 있었는데, 형이 밖으로부터 돌아와 '이것은 꽥꽥거리는 것의 고기이다'라고 말하자, 그는 밖으로 나가 그것을 토하였다."

| 자해 |

世家 : 대대로 경(卿)의 벼슬을 하는 집. • 兄 : 이름이 대(戴)였는데, 합(蓋) 땅을 채읍(采邑)[식읍(食邑)]으로 삼으니, 그 수입이 만종(萬鍾)이었음. • 歸 : 오릉(於陵)으로부터 돌아온 것. • 己 : 중자(仲子) 자신. • 鶂鶂 : 거위의 소리. • 頻顣而言 : 형이 선물을 받은 것을 불의(不義)하다고 여긴 것. • 哇 : 토함.

| 의해 |

맹자가 말하였다. "자네는 자신의 힘으로 스스로 먹는 것을 마침내 청렴하다고 하는가? 중자의 처지가 또한 반드시 그러할 수밖에 없음을 모르는구나. 중자는 제나라 대대로 벼슬하던 집안이다. 그 형 대는 합 땅의 식읍에서 받는 봉록이 만종이니, 이것은 왕조로부터 받은 떳떳한 봉록이고, 불의로 얻은 것이 아니다. 그런데도 중자는 형의 봉록이 의롭지 못한 봉록이라 하여 먹지 않고, 형이 거처하는 집이 의롭지 못한 집이라 하여 거처하지 않고, 형을 피하고 어머니를 떠나서 처자를 이끌고 오릉 땅에 거처하였다. 이것은 본성과 친함에 이미 박한 것이다. 또 후일에 오릉으로부터 돌아왔는데, 우연히 그 형에게 산 거위를 준 자가 있었으니, 이것은 교제하는 떳떳한 예이다. 그런데도 중자는 찡그리면서 말하기를, '이것은 의롭지 못한 물건이다. 어찌 꽥꽥거리는 것을 쓰겠는가?'라고 하였다. 또 다른 날에 오자 그 어머니가 이 거위를 잡아서 먹게 하자 중자가 그것을 먹고 있었다. 그 형이 마침 밖으로부터 이르러 비웃어 말하기를, '이것은 지난 번 받았던 꽥꽥거리던 것의 고기이다'라고 하자, 중자가 이에 나가서 그것을 토하였다."

이 모 즉 불 식 이 처 즉 식 지 이 형 지 실 즉 불
10-6. 以母則不食하고 以妻則食之하며 以兄之室則弗
거 이 오 릉 즉 거 지 시 상 위 능 충 기 류 야 호 약
居하고 以於陵則居之하니 是尙爲能充其類也乎아 若
중 자 자 인 이 후 충 기 조 자 야
仲子者는 蚓而後充其操者也니라

| 언해 |

母로뻰 則 食디 아니ᄒᆞ고 妻로뻰 則 食ᄒᆞ며 兄의 室로뻰 則 居티

아니ᄒᆞ고 於陵으로뻰 則 居ᄒᆞ니 이 오히려 能히 그 類를 充ᄒᆞ욤이랴 仲子ᄀᆞᄐᆞᆫ 者ᄂᆞᆫ 蚓인 後에아 그 操ᄅᆞᆯ 充ᄒᆞᆫ 者ㅣ니라

| 직역 |

"어머니가 하면 먹지 않고 아내가 하면 먹으며, 형의 집에는 거처하지 않고 오릉에는 거처하였으니, 이러고도 오히려 그 지조를 채움이 될 수 있겠는가. 중자와 같은 자는 지렁이가 된 뒤에야 그 지조를 채울 수 있을 것이다."

| 의해 |

"어머니가 해준 밥을 의롭지 않다고 하여 먹지 않으면 먹을 수 있는 것이 없는데도 아내가 바꾼 곡식은 먹고, 형의 집이 의롭지 못하다고 해서 거처하지 않으면 거처할 수 있는 곳이 없는데도 오릉에서는 또 거처하였다. 어찌 그 먹지 않고 거처하지 않는 종류를 채울 수 있겠는가? 그 종류를 채우지 못하면 그 지조를 채우지 못할 것이다. 중자 같은 자는 반드시 그 집과 먹는 것을 아울러 다 폐하고, 지렁이처럼 구하는 것 없이 스스로 만족한 후에 그 지조를 채울 수 있을 것이다. 사람이 어찌 지렁이가 될 수 있으며, 또한 어찌 중자의 청렴함과 같은데 이를 수 있겠는가?"

| 요지 |

하늘이 내린 것과 땅이 기르는 것 중에 오직 사람이 크다. 사람이 큰 까닭은 인륜이 있기 때문이다. 중자가 형을 피하고 어머니를 떠나 친척도 없고 군신·상하도 없으니, 이는 인륜이 없는 것이다. 어찌 인륜이 없으면서 청렴한 사람이 될 수 있겠는가?

7. 이루장구상(離婁章句上)

맹 자 왈 이 루 지 명 공 수 자 지 교 불 이 규 구 불
1-1. 孟子曰 離婁之明과 公輸子之巧로도 不以規矩면 不
능 성 방 원 사 광 지 총 불 이 육 률 불 능 정 오
能成方圓이요 師曠之聰으로도 不以六律이면 不能正五
음 요 순 지 도 불 이 인 정 불 능 평 치 천 하
音이요 堯舜之道로도 不以仁政이면 不能平治天下니라

| 언해 |

孟子ㅣ ᄀᆞᆯᄋᆞ샤ᄃᆡ 離婁의 明과 公輸子의 巧로도 規와 矩로ᄡᅥ 아니ᄒᆞ면 能히 方과 圓을 成티 몯ᄒᆞ고 師曠의 聰으로도 六律로ᄡᅥ 아니ᄒᆞ면 能히 五音을 正티 몯ᄒᆞ고 堯舜의 道로도 仁政으로ᄡᅥ 아니ᄒᆞ면 能히 天下ᄅᆞᆯ 平治티 몯ᄒᆞᄂᆞ니라

| 직역 |

맹자가 말하였다. "이루의 눈 밝음과 공수자의 정교함으로도 걸음쇠와 자를 쓰지 않으면 네모나 동그라미를 만들 수 없고, 사광의 귀 밝음으로도 육률을 쓰지 않으면 다섯 가지 음을 바로잡을 수 없으며, 요·순의 도로도 인한 정사를 쓰지 않으면 천하를 편안하게 다스릴 수 없다."

| 자해 |

離婁 : 옛날 눈이 밝았던 사람. • 公輸子 : 이름은 반(班). 노나라의 유명한 기술자. • 規矩 : 걸음쇠와 자. • 師廣 : 진나라의 유명한 악사. • 六律 : 십이율(十二律) 가운데 양률(陽律)인 태주(太簇)·고선(姑洗)·황종(黃鐘)·유빈(賓)·이칙(夷則)·무역(無射). • 五音 : 궁(宮)·상(商)·각(角)·치(徵)·우(羽).

| 의해 |

맹자가 말하였다. "천하의 일을 하는 데는 반드시 여러 도구가 있은 뒤에 효과를 거둘 수 있다. 예를 들어 그릇을 만들 때 이루처럼 눈이 밝은 사람이나 공수자처럼 기술자가 훌륭한 그릇을 만들 수 있을 듯하지만, 그들 또한 걸음쇠나 자와 같은 도구가 없다면 불가능하다. 또한 음악을 만들 때에도 사광처럼 귀가 밝은 사람이 다섯 가지 음을 바르게 할 수 있을 듯하지만, 그 또한 육률을 쓰지 않으면 불가능하다. 이처럼 사소한 일에서도 도구가 필요한데 하물며 천하를 다스리는 데 있어서랴. 요임금과 순임금이 천하를 사랑하는 지극한 도를 가지고 있더라도 인한 정사로 하지 않았다면 백성의 생업을 이루고 천성을 회복시켜서 천하를 화평하게 다스리지 못했을 것이다. 하물며 요순에 미치지 못하는 사람에 있어서랴."

금 유 인 심 인 문 이 민 불 피 기 택 불 가 법 어 후 세
1-2. 今有仁心仁聞 而民不被其澤하여 不可法於後世
자 불 행 선 왕 지 도 야 고 왈 도 선 부 족 이 위
者는 不行先王之道也일새니라 故로 曰 徒善이 不足以爲
정 도 법 불 능 이 자 행 시 운 불 건 불 망
政이요 徒法이 不能以自行이라하니라 詩云 不愆不忘은
솔 유 구 장 준 선 왕 지 법 이 과 자 미 지 유 야
率由舊章이라하니 遵先王之法而過者는 未之有也니라

| 언해 |

이제 仁心과 仁聞이 이쇼ᄃᆡ 民이 그 澤을 被티 몯ᄒᆞ야 可히 後世예 法ᄒᆞ얌즉디 몯홈은 先王의 道ᄅᆞᆯ 行티 아닐ᄊᆡ니라 故로 ᄀᆞᆯ오ᄃᆡ ᄒᆞᆫ갓 善이 足히 ᄡᅥ 政을 하디 몯ᄒᆞ고 ᄒᆞᆫ갓 法이 能히 ᄡᅥ 스스로 行티 몯ᄒᆞᆫ다 ᄒᆞ니라 詩예 닐오ᄃᆡ 愆티 아니ᄒᆞ며 忘티 아니홈은

舊章을 率ᄒᆞ야 由홈이라ᄒᆞ니 先王의 法을 遵ᄒᆞ고 過ᄒᆞᆫ 者ㅣ 잇디 아니ᄒᆞ니라

| 직역 |

"이제 인한 마음과 인한 소문이 있으면서도 백성이 그 혜택을 입지 못하여 후세에 본보기가 되지 못하는 것은 선왕의 도를 행하지 않았기 때문이다. 따라서 말하기를, '한갓 착한 것으로만 정사를 하지 못하고, 한갓 법으로만 스스로 행할 수 없다'고 하는 것이다. 『시경』에 이르기를, '허물하지 아니하며 잊어버리지 아니함은 예전 법을 따르기 때문이다'라고 하니, 선왕의 법을 따르고서 잘못된 경우는 아직 없었다."

| 자해 |

仁心 : 사람을 사랑하는 마음. • 仁聞 : 사람을 사랑한다는 명성. • 先王之道 : 인정(仁政)을 가리킴. • 徒 : 한갓. • 詩 : 「대아(大雅) · 가락(假樂)」. • 愆 : 허물. • 率 : 따름. • 章 : 전법(典法).

| 의해 |

"요임금과 순임금의 은택이 백성에게 미치고 후세의 모범이 된 것은 그 인한 마음으로 인한 정사를 베풀었기 때문이다. 지금 세상의 임금을 보면, 남에게 차마하지 못하는 인한 마음이 있고, 남에게 차마하지 못하는 인한 소문이 드러나지만, 백성들이 그 은택을 입지 못하고, 후세에 모범이 되지 못하는 것은 선왕의 인한 정사의 도를 행하지 않았기 때문이다. 따라서 군주가 한갓 착한 뜻만 가지고 법을 운용한다면 실제로 은혜가 베풀어질 수 없어서 천하를 다스릴 수 없으며, 한갓 이루어진 법만 가지고 마음으로 주장함이 없으면 임금의 은혜를 펼 수 없다. 요컨대 인한 정사는 인한 마음에 근본해야 하고, 인한 마음은 인한 정사에 도달하여야 한다."

성인 기갈목력언 계지이규구준승
1-3. 聖人이 既竭目力焉하시고 繼之以規矩準繩하시니
이위방원평직 불가승용야 기갈이력언 계
以爲方員平直에 不可勝用也며 既竭耳力焉하시고 繼
지이육률 정오음 불가승용야 기갈심사언
之以六律하시니 正五音에 不可勝用也며 既竭心思焉
계지이불인인지정 이인부천하의
하시고 繼之以不忍人之政하시니 而仁覆天下矣시니라
고 왈 위고 필인구릉 위하 필인천택
故로 曰 爲高호대 必因丘陵하며 爲下호대 必因川澤이
위정 불인선왕지도 가위지호
라하니 爲政호대 不因先王之道면 可謂智乎아

| 언해 |

聖人이 임의 目力을 竭ᄒᆞ시고 繼호ᄃᆡ 規와 矩와 準과 繩으로ᄡᅥ ᄒᆞ시니 ᄡᅥ 方과 員과 平과 直을 ᄒᆞ욤애 可히 이긔여 用티 몯ᄒᆞ며 임의 耳力을 竭ᄒᆞ시고 繼호ᄃᆡ 六律로ᄡᅥ ᄒᆞ시니 五音을 正ᄒᆞ욤애 可히 이긔여 用티 몯ᄒᆞ며 임의 心思ᄅᆞᆯ 竭ᄒᆞ시고 繼호ᄃᆡ 人을 忍티 몯ᄒᆞᄂᆞᆫ 政으로ᄡᅥ ᄒᆞ시니 仁이 天下애 覆ᄒᆞ시니라 故로 ᄀᆞᆯ오ᄃᆡ 高ᄅᆞᆯ 호ᄃᆡ 반ᄃᆞ시 丘陵을 因ᄒᆞ며 下ᄅᆞᆯ 호ᄃᆡ 반ᄃᆞ시 川澤을 因ᄒᆞᆫ다 ᄒᆞ니 政을 호ᄃᆡ 先王의 道ᄅᆞᆯ 因티 아니ᄒᆞ면 可히 智라 닐ᄋᆞ랴

| 직역 |

"성인이 이미 시력을 다하고, 이어서 걸음쇠와 자, 수준기와 먹줄을 쓰니 네모와 동그라미, 수평과 직선을 만드는데 이루 다 쓸 수 없으며, 이미 청력을 다하고 이어서 육률을 쓰니 다섯 가지 음을 바로잡는데 이루 다 쓸 수 없으며, 이미 마음과 생각을 다하고 남에게 차마하지 못하는 마음을 쓰니 인(仁)이 천하를 덮게 되었다. 따라서 '높을 것을 만들 때는 반드시 구릉을 이용하고, 낮은 것을 만들 때는 반드시 연못을 이용한다'고 하는 것이니, 정치를 하면

서 선왕의 도를 따르지 않는다면 지혜롭다고 할 수 있겠는가?"

| 자해 |

準 : 수준기. • 繩 : 먹줄. • 覆 : 입힘[被]. 음은 '부'.

| 의해 |

"선왕은 곧 예전의 성인이다. 성인이 그릇을 만들 때 이미 눈으로 네모와 동그라미, 수평과 직선을 살피는바가 이미 지극하지만, 시력만으로 그것을 만들 수 없었다. 따라서 걸음쇠와 자, 수준기와 먹줄의 법도를 만들었으니 후세에 그릇을 만드는 사람들이 모두 그 법을 따른다. 또한 성인이 음악을 만들 때 귀로 다섯 가지 음의 이치를 살피는 바가 지극하지만, 청력만으로 소리를 바르게 할 수 없었다. 따라서 육률의 법도를 만들어 다섯 가지 음을 바르게 하였으니, 후세에 소리를 살피고자 하는 사람은 모두 그 법을 따른다. 또한 성인이 백성을 어질게 함에 이미 마음과 생각을 다하여 천하를 어질게 하는 데 지극하지만, 마음과 생각만으로 인정을 베풀 수 없었다. 따라서 사람을 차마하지 못하는 정사를 하면서 가르치고 기르는 법도를 만들어 행하였으니, 당시에는 물론이고 후세에 이에 의거하여 그 은택을 입지 않은 경우가 없었다. 성인의 법도가 지극히 선하고 폐단이 없음이 이와 같으니, 정치를 행하는 자는 마땅히 이에 의거해야 한다. 높은 것을 만들 때는 반드시 구릉을 이용하고, 낮은 것을 만들 때는 연못을 이용한다. 대개 구릉과 연못은 높고 낮음의 형상이 이루어진 것이므로 이것을 이용한다면 편리한 것이다. 나아가서 선왕의 도는 이와 같은 것을 이용한 정사의 법이다. 만일 정치를 하면서 선왕의 도에 근거하지 않으면 한갓 마음과 생각을 다할 뿐이고 다스리는 공을 이룰 수 없을 것이다. 안타깝도다! 선왕의 도를 따르지 않음이여!"

시이유인자 의재고위 불인이재고위 시
1-4. 是以惟仁者아 宜在高位니 不仁而在高位면 是는
파기악어중야
播其惡於衆也니라

| 언해 |

이러모로써 오직 仁者ㅣ아 高位예 이숌이 맛당ᄒᆞ니 仁티 아니ᄒᆞ고 高位예 이시면 이ᄂᆞᆫ 그 惡을 衆애 播홈이니라

| 직역 |

"이 때문에 오직 인한 사람이 높은 자리에 있어야 하는 것이니, 인한 사람이 아니면서 높은 자리에 있게 되면, 이것은 대중에게 악을 뿌리는 것이다."

| 자해 |

仁者 : 인한 마음과 인한 소문을 소유하고 선왕의 도를 행하는 사람.

| 의해 |

"정사를 베풀 때는 반드시 선왕을 따라야 한다. 천하의 군주가 인한 정사를 행하여 백성을 풍요롭게 하고 후세에 모범이 되어 백성의 부모로서 부끄럽지 않다면 그 지위에 있는 것이 마땅하지만, 만일 인한 정사를 행하지 못하고 높은 지위에 있다면 반드시 선왕의 법을 무너뜨릴 것이다. 이렇게 되면 악을 대중에게 뿌려서 천하가 모두 그 화를 입을 것이다."

1-5. 上無道揆也하며 下無法守也하여 朝不信道하며 工不信度하여 君子犯義요 小人이 犯刑이면 國之所存者幸也니라

| 언해 |

上이 道로 揆홈이 업스며 下ㅣ 法으로 守홈이 업서 朝ㅣ 道를 信티 아니ᄒᆞ며 工이 度를 信티 아니ᄒᆞ야 君子ㅣ 義를 犯ᄒᆞ고 小人이 刑을 犯ᄒᆞ면 國이 存ᄒᆞᆫ 배 幸이니라

| 직역 |

"위에서 도로 헤아림이 없고 아래에서 법으로 지킴이 없으며, 조정에서는 도를 믿지 않고, 관리가 법을 믿지 않으며, 군자가 의를 범하고 소인이 형벌을 범하면, 오래 유지되는 나라는 드물다."

| 자해 |

道 : 의리(義理). • 揆 : 헤아림. • 法 : 제도. • 道揆 : 의리로써 사물을 헤아려서 마땅하게 하는 것. • 法守 : 법도로써 스스로 지키는 것. • 工 : 관리. • 度 : 법.

| 의해 |

"무엇으로써 인하지 않은 자가 높은 지위에 있을 때의 화를 볼 수 있을까? 대개 인군은 백관과 만민을 통솔하는 자이다. 도가 있는 임금이 위에 있으면서 그 행한 바가 모두 모범을 드리울 만하면, 아래에서 백관이 각각 직책을 받들고 법을 지킬 것이다. 만일 임금 된 자가 도리로써 사물을 헤아리지 않는다면, 신하 또한 법도로써 스스로 지키지 아니할 것이다. 대개 도로써 헤아림이 없으

면 조정에서 도를 믿지 않고, 법으로써 지킴이 없으면 백관이 법을 믿지 않는다. 조정에서 도를 믿지 않으면 위에 있는 군자가 뜻을 방자하고 망령되게 행하여 명교와 의리를 범하면서 거리낌이 없고, 관원이 법을 믿지 않으면 아래에 있는 소인이 간악하고 간특함을 지어서 형법을 범할 것이다. 이러한 형세는 모두 서로 연관되어 있어서, 위에서 한번 인하지 않으면 신하와 백성 또한 그렇게 될 것이니, 이른바 악을 대중에게 뿌린다는 것이 이와 같다. 따라서 이러한 나라는 반드시 망할 것이니, 망하지 않는 것은 요행일 따름이다."

1-6. 故로 曰 城郭不完하며 兵甲不多非國之災也며 田野不辟하며 貨財不聚非國之害也라 上無禮하며 下無學이면 賊民이 興하여 喪無日矣라하니라

| 언해 |

故로 ᄀᆞᆯ오ᄃᆡ 城郭이 完티 아니ᄒᆞ며 兵甲이 多티 아니홈이 國의 災ㅣ 아니며 田野ㅣ 辟디 아니ᄒᆞ며 貨財ㅣ 聚티 아니홈이 國의 害ㅣ 아니라 上이 禮업스면 下ㅣ 學이 업스면 賊民이 興ᄒᆞ야 喪홈이 日이 업스리라 ᄒᆞ니라

| 직역 |

"따라서 말하기를, '성곽이 완전하지 못하고 병사나 무기가 많지 못한 것이 나라의 재앙이 아니고, 밭과 들이 개간되지 못하고 재화가 모이지 않는 것이 나라의 재앙이 아니다. 위에서 예가 없고 아래에서 배움이 없으면 나라를 해치는 백성이 나와서 망하는 데

며칠 걸리지 않는다'고 하는 것이다."

| 자해 |

辟 : 열 벽(闢).

| 의해 |

"인하지 못한 화가 이와 같다. 성곽이 완전하지 못하고, 병사나 무기가 많지 못하면 비록 강한 나라는 되지 못하지만, 근본을 해치는 것은 아니므로 나라의 재앙이 아니며, 밭과 들이 개간되지 못하고 재화가 모이지 않으면 비록 부유한 나라는 되지 못하지만, 원기(元氣)를 상하게 하는 것은 아니므로 나라의 재앙이 아니다. 만일 도로 헤아리지 않으면, 위에서 예를 알지 못하여 백성을 가르침이 없게 되고, 아래에서 배움을 알지 못하여 혼란스럽게 될 것이니, 양심이 없는 백성이 이로부터 일어나서 나라가 머지않아 망하게 될 것이니, 이것이 큰 재앙이다."

시 왈 천 지 방 궤 무 연 예 예 예 예 유 답 답
1-7. 詩曰 天之方蹶시니 無然泄泄라하니 泄泄는 猶沓沓
야 사 군 무 의 진 퇴 무 례 언 즉 비 선 왕 지 도
也니라 事君無義하며 進退無禮하고 言則非先王之道
자 유 답 답 야 고 왈 책 난 어 군 위 지 공 진
者 猶沓沓也니라 故로 曰 責難於君을 謂之恭이요 陳
선 폐 사 위 지 경 오 군 불 능 위 지 적
善閉邪를 謂之敬이요 吾君不能을 謂之賊이라하니라

| 언해 |

詩예 ᄀᆞᆯ오ᄃᆡ 天이 보야ᄒᆞ로 蹶ᄒᆞ시ᄂᆞ니 泄泄티 말올띠라 ᄒᆞ니 泄泄ᄂᆞᆫ 沓沓이라홈 ᄀᆞᄐᆞ니라 君을 事홈애 義업스며 進ᄒᆞ며 退ᄒᆞ욤애 禮업고 言ᄒᆞᆫ 則 先王의 道ᄅᆞᆯ 非ᄒᆞᄂᆞᆫ 者ㅣ 沓沓홈 ᄀᆞᄐᆞ니라 故

로 갈오듸 難으로 君끠 責홈을 恭이라 닐ᄋᆞ고 善을 陳ᄒᆞ야 邪를 閉홈을 敬이라 닐ᄋᆞ고 내 君이 能티 몯ᄒᆞ리라 홈을 賊이라 닐ᄋᆞ다 ᄒᆞ니라

| 직역 |

"『시경』에 이르기를, '하늘이 바야흐로 무너트리려 하니 그처럼 예예(泄泄)하지 말라'고 하니, '예예'는 '답답(沓沓)'과 같은 뜻이다. 임금을 섬김에 의가 없고, 나아가며 물러감에 예가 없으며, 말하면 선왕의 도를 비판하는 사람은 '답답'한 사람이다. 따라서 말하기를, '어려운 일을 군주에게 요구하는 것을 공손이라 이르고, 선한 것을 베풀고 사악함을 막는 것을 공경이라 하며, 우리 임금이 무능하다고 하는 것을 도적이라 이른다'고 한다."

| 자해 |

詩 : 「대아(大雅) · 판(板)」. • 蹶(궤) : 전복시킴. • 泄泄(예예) : 게으르고 느린 모양. • 非 : 비방함. • 賊 : 해침.

| 의해 |

"임금 된 자는 이로써 스스로 책망해야 할 뿐만 아니라 신하 또한 이렇게 하여 그 임금을 도와야 한다. 『시경』에 이르기를, '하늘이 바야흐로 주나라를 뒤엎고자 하니, 진정으로 위와 아래가 서로 경계할 때라. 여러 신하는 급히 바르게 구원하지 않을 수 없을 것이다'라고 하니, 그와 같은 지위에 있는 사람들을 경계함이 이와 같다.

『시경』에서 이른바 '예예'는 세속 말에 이른바 '답답'과 같으니, 글자는 다르지만 뜻은 같다.

'예예'가 '답답'과 같다는 것을 구체적으로 설명하면 다음과 같다. 신하가 임금을 섬김에 마땅히 다할 의가 있는데, 만일 임금을 도와서 정사를 발하고 인을 베풀지 아니한다면, 이는 임금을 섬김

에 의가 없는 것이다. 몸을 가짐에 마땅히 좇을 예가 있는데, 만일 나가서 힘을 베풀어 반열에 나아가지 못하고 또 그치지 못한다면, 이것은 나아가고 물러감에 예가 없는 것이다. 또한 선왕의 인한 정사의 도리를 그르다 비방하면서 행할 수 없는 것이라고 한다면, 이것은 임금의 뜻만을 따라서 기쁘게 하여 충성을 다하는 정성이 없는 것이다. 이러한 것이 시의 이른바 '예예'요, '답답'의 뜻이다.

'예예' 하고 답답함이 이와 같다면 임금이 어찌 이러한 신하를 쓸 수 있겠는가? 따라서 신하는 먼저 큰 뜻을 세워서 제왕의 도를 믿어야 하며, 그것을 반드시 행해야 한다. 지극히 하기 어려운 일을 임금에게 요구하여, 그 인한 마음으로 인한 정사를 행하도록 해야 하며, 그 임금을 요와 순임금처럼 되기를 바라는 것이니, 이것을 '공손'이라 이른다. 신하가 착한 도를 열어 베풀어서 어떠한 것이 인한 마음이 되고 어떠한 것이 인한 정사가 된다고 하여, 그 임금으로 하여금 바른 이치의 있는 바를 알아서 간사하고 편벽된 생각에 막혀서 망령되게 행동하지 않게 하니, 이것을 '공경'이라 이른다. 만일 그 임금을 헤아리기를 더불어 착함을 행할 수 없다고 하여 말하지 않고, 공리로써 인도하지 않으며, 인의로써 돕지 않는다면, 이것은 공손하지 않은 것이고 공경하지 않는 것이다. 이러한 신하를 일러 '그 임금을 해롭게 하는 자'라고 한다. 나라를 다스리는 자는 마땅히 인한 마음과 인한 소문으로써 선왕의 인한 정사를 행해야 할 것이니, 임금과 신하가 마음이 같지 않으면 또한 성과가 없을 것이다. '시운 천지방궤'로부터 여기까지는 신하를 책망한 것이다."

| 요지 |

이 장은 모두 다스림을 일삼는 것이 선왕의 인한 정사를 실행함에 달려 있음을 말한 것이다. '이루의' 이하 세 구절은 법을 놓고 다스림이 되지 못함을 말한 것이고, '허물하지 아니하며' 이하 세

구절은 다스리는 법은 마땅히 좇는 바에 있음을 말한 것이며, '오직 인한 사람이' 이하 삼절은 그 임금이 마땅히 인한 정사를 행할 것을 요구하는 것이고, '하늘이 바야흐로 무너트리려 하니' 이하 네 구절은 그 신하가 마땅히 인한 정사로써 임금을 도와야 함을 요구한 것인데, 여기서 신하에게 요구한 것은 실상 임금에게 요구한 것이다.

맹자왈 규구 방원지지야 성인 인륜지지야
2-1. 孟子曰 規矩는 方員之至也요 聖人은 人倫之至也
욕위군 진군도 욕위신 진신도 이자
니라 欲爲君인댄 盡君道요 欲爲臣인댄 盡臣道니 二者
개법요순이이의 불이순지소이사요 사군
를 皆法堯舜而已矣니 不以舜之所以事堯로 事君이면
불경기군자야 불이요지소ㅇ치민 치민 적
不敬其君者也요 不以堯之所以治民으로 治民이면 賊
기민자야
其民者也니라

| 언해 |

孟子ㅣ ᄀᆞᆯᄋᆞ샤ᄃᆡ 規矩ᄂᆞᆫ 方員의 至오 聖人ᄋᆞᆫ 人倫의 至니라 君이 되고쟈 홀띤댄 君의 道를 盡ᄒᆞ고 臣이 되고쟈 홀띤댄 臣의 道를 盡홀띠니 二者ᄅᆞᆯ 다 堯舜을 法홀 ᄯᆞ름이니 舜의 ᄡᅥ 堯事ᄒᆞ던 바로ᄡᅥ 君을 事티 아니ᄒᆞ면 그 君을 敬티 아니ᄒᆞᄂᆞᆫ 者ㅣ오 堯의 ᄡᅥ 治民ᄒᆞ던 바로ᄡᅥ 民을 治티 아니ᄒᆞ면 그 民을 賊ᄒᆞᄂᆞᆫ 者ㅣ니라

| 직역 |

맹자가 말하였다. "걸음쇠와 자는 동그라미와 네모의 표준이며, 성인은 인륜의 표준이다. 임금이 되고자 한다면 임금의 도를 다하고, 신하가 되고자 한다면 신하의 도를 다할 것이니, 두 가지를

모두 요와 순을 본받을 따름이다. 순이 요임금을 섬기던 것으로써 임금을 섬기지 않는다면 그 임금을 공경하지 않는 사람이고, 요임금이 백성 다스리던 것으로써 백성을 다스리지 않는다면 그 백성을 해치는 사람이다."

| 자해 |

至 : 지극함.

| 의해 |

맹자가 당시 요순을 본받아서 백성을 인하게 하고자 말하였다. "천하의 사물이 중정하여 바꿀 수 없는 법이 있으니, 그릇을 만드는 자는 동그라미의 법을 걸음쇠에서 취하고, 네모의 법을 자에서 취하는 것과 같다. 자와 걸음쇠는 네모와 동그라미의 표준으로 더하거나 덜 수 없는 것이다. 천하의 네모와 동그라미를 만드는 자가 이것을 도외시 할 수 있겠는가? 가령 다섯 가지 인륜은 사람마다 갖고 있지만, 간혹 잘 헤아리지 못하고 실천하지 못하는 경우가 있다. 성인은 인륜의 지극함으로 더하거나 덜지 못할 것이니, 천하의 인륜을 다하는 자가 이것을 도외시 할 수 있겠는가?

인륜은 군신보다 큰 것이 없고 성인은 요순보다 왕성함이 없으니, 임금이 되고자 하면 임금의 도를 다할 것이고, 신하가 되고자 하면 신하의 도를 다해야 한다. 두 가지는 모두 요순을 본받을 따름이니, 대개 요·순의 임금 되고 신하됨은 도의 지극한 것이다. 순이 요임금을 섬기던 바로써 임금을 섬기지 않으면, 이것은 용렬한 임금으로써 대하는 것이고 그 임금을 공경치 않는 사람이니, 마땅히 순을 본받아야 한다. 또한 요임금이 백성을 다스리던 바로써 백성을 다스리지 않으면, 이것은 잔인한 백성으로써 대하는 것이고 그 백성을 해롭게 하는 사람이니, 마땅히 요임금을 본받아야 한다."

공자왈 도이 인여불인이이의 포기민
2-2. 孔子曰 道二니 仁與不仁而已矣라하시니라 暴其民
심즉신시국망 불심즉신위국삭 명지왈
이 甚則身弑國亡하고 不甚則身危國削하나니 名之曰
유려 수효자자손 백세 불능개야 시운
幽厲면 雖孝子慈孫이라도 百世에 不能改也니라 詩云
은감불원 재하후지세 차지위야
殷鑒不遠이라 在夏后之世라하니 此之謂也니라

| 언해 |

孔子ㅣ ᄀᆞᆯᄋᆞ샤ᄃᆡ 道ㅣ 二니 仁과 다ᄆᆺ 仁티 아닐 ᄯᆞᄅᆞᆷ이라 ᄒᆞ시니라 그 民을 暴홈이 甚ᄒᆞᆫ 則 身이 弑ᄒᆞ며 國이 亡ᄒᆞ고 甚티 아니ᄒᆞᆫ 則 身이 危ᄒᆞ며 國이 削ᄒᆞᄂᆞ니 名ᄒᆞ야 ᄀᆞᆯ오ᄃᆡ 幽厲ㅣ라 ᄒᆞ면 비록 孝子ㅣ며 慈孫이라도 百世예 能히 改티 몯ᄒᆞᄂᆞ니라 詩예 닐오ᄃᆡ 殷의 鑒이 遠티 아니혼디라 夏后ㅅ世예 잇다ᄒᆞ니 이를 닐옴이니라

| 직역 |

"공자가 말하였다. '길이 두 갈래이니, 인과 불인일 따름이다.' 백성을 난폭하게 다룸이 심하면 자신은 시해 당하고 나라는 멸망하며, 심하지 않다면 자신은 위태롭고 나라는 줄어들게 된다. 이름하여 유(幽)나 여(厲)처럼 되면, 비록 효자와 자손(慈孫)이라 하더라도 백세토록 고칠 수 없다. 『시경』에 이르기를, '은나라의 본보기가 멀지 않으니, 하후(夏后)의 세대에 있다'라 한 것은 이를 두고 한 말이다."

| 자해 |

幽 : 어두움. 유왕의 시호. • 厲 : 사나움. 여왕의 시호. • 詩 : 「대아(大雅) · 탕(蕩)」.

| 의해 |

"공자의 말에 따르면, 요순을 제외하고는 특별한 군신의 도가 없으니, 요순을 본받지 않으면 곧 불인한 데로 귀결되는 것이다. 어찌 중간을 취할 수 있겠는가?
임금 된 자가 요순을 본받지 않아서 불인한 데에 이르면, 그 화를 어찌 말로 표현할 수 있겠는가? 불인하여 그 백성을 심히 사납게 한다면 자신은 죽임을 당하고 나라는 망할 것이며, 심하지 아니하면 자신은 위태롭고 나라는 줄어들 것이다. 단지 자신만 그 화를 받을 뿐이 아니라 자신이 죽은 뒤에 그 사나운 행실 때문에 악한 시호를 받게 되고 이름하여 '유'라고 하고 '여'라 한다면 비록 훌륭한 자손이 있어 그 조상을 높이고자 하더라도 공론을 어기며 그 악한 시호를 바꾸지 못할 것이니, 백 세대가 지나더라도 고칠 수 없는 것이다.
그러므로 그 뒤에 난 자가 볼 바를 알 수 없겠는가? 『시경』에 이르기를 '은나라가 보고 경계할 것이 멀지 않다. 하나라의 세상에 있다"라고 하니, 이것이 바로 지금 사람이 '유'와 '여'로 보는 것을 가리킨다. 그러한 불인함을 보고 요와 순의 인을 본받는 것이 임금의 도를 다하는 것이다."

| 요지 |

이 장은 다스리는 자가 인으로 하지 않을 수 없음을 보인 것이다. 앞머리의 두 구절은 사람으로 하여금 요순의 인을 본받게 한 것이고, 끝의 두 구절은 사람으로 하여금 '유'와 '여'의 불인함을 보게 한 것이다. 그러나 '유'와 '여'의 불인함을 본다면 다만 요순의 인을 보아서 본받아야 한다는 것이다. 중간에 공자의 말을 인용하여 요순에서 벗어나면 곧 '유'와 '여'처럼 되어 중간에 설 곳이 없음을 드러낸 것이다. 위에서는 군신을 겸하여 말하고 뒤에서는 단지 임금을 말한 것은 그 책임이 일차적으로 임금에게 있다는 뜻이다. 그러나 임금 된 자가 불인함에 이른다면 신하된 자 또한

그 책임을 벗어날 수 없다.

3. 孟子曰 三代之得天下也는 以仁이요 其失天下也는 以不仁이니라 國之所以廢興存亡者도 亦然하니라 天子不仁이면 不保四海하고 諸侯不仁이면 不保社稷하고 卿大夫不仁이면 不保宗廟하고 士庶人이 不仁이면 不保四體니라 今에 惡死亡而樂不仁하나니 是猶惡醉而强酒니라

| 언해 |

孟子ㅣ ᄀᆞᆯᄋᆞ샤ᄃᆡ 三代의 天下를 得홈은 仁으로ᄡᅵ오 그 天下를 失홈은 仁티 아니홈으로ᄡᅵ니라 國의 ᄡᅧ 廢ᄒᆞ며 興ᄒᆞ며 存ᄒᆞ며 亡ᄒᆞᄂᆞᆫ 배 ᄯᅩ 그러ᄒᆞ니라 天子ㅣ 仁티 아니ᄒᆞ면 四海를 保티 몯ᄒᆞ고 諸侯ㅣ 仁티 아니ᄒᆞ면 社稷을 保티 몯ᄒᆞ고 卿태위 仁티 아니ᄒᆞ면 宗廟를 保티 몯ᄒᆞ고 士庶人이 仁티 아니ᄒᆞ면 四體를 保티 몯ᄒᆞᄂᆞ니라 이제 死亡을 惡호ᄃᆡ 不仁을 樂ᄒᆞᄂᆞ니 이ᄂᆞᆫ 醉를 惡호ᄃᆡ 酒를 强홈 ᄀᆞᄐᆞ니라

| 직역 |

맹자가 말하였다. "삼대가 천하를 얻은 것은 인 때문이고, 그 천하를 잃은 것은 불인 때문이다. 나라가 폐하고 흥하며 존재하고 망하는 것 또한 그러하다. 천자가 불인하면 사해를 보존하지 못하고, 제후가 불인하면 사직을 보존하지 못하며, 경대부가 불인

하면 종묘를 보존하지 못하고, 선비나 일반 백성이 불인하면 자기 몸을 보존하지 못한다. 지금 죽거나 망하는 것을 싫어하면서 불인을 좋아하는데, 이것은 취하기를 싫어하면서 억지로 술을 마시는 것과 같다."

| 자해 |

三代 : 하(夏) · 은(殷) · 주(周). • 國 : 제후의 나라.

| 의해 |

맹자가 당시의 불인한 자를 경계하여 말하였다. "내가 일찍이 두루 삼대를 살펴보니, 그 천하를 얻은 것은 우와 탕과 문왕과 무왕의 인함에 기인하였고, 그 천하를 잃은 것은 걸과 주와 유왕과 여왕의 불인에 기인하였다. 얻고 잃음이 인하고 불인함에 달려 있다.

다만 천하뿐 아니라 나라의 폐하고 흥하며 얻고 망하는 것이 모두 인과 불인으로 말미암는 것이다.

천자는 사해를 가진 자인데 불인하면 수많은 백성의 마음이 떠나서 그 사해를 보전하지 못할 것이고, 제후는 사직을 가진 자인데 불인하면 몸이 위태하고 나라가 깎이어 그 사직을 보전하지 못할 것이며, 경대부는 종묘를 가진 자인데 불인하면 종묘를 뒤엎고 제사를 없애서 그 종묘를 보전하지 못할 것이고, 선비와 일반 사람은 신체만 가진 자인데, 불인하면 몸이 형법에 걸려서 그 신체를 보전하지 못할 것이다. 불인함으로부터 화를 얻음이 이와 같다.

보전할 수 없다는 것은 모두 죽고 망하는 화이다. 죽고 망함은 심히 싫어하는 것이지만 죽고 망하는 바는 불인함에 말미암는다. 만일 죽고 망함을 싫어하면서 불인함을 즐겨한다면 이것은 마치 취하기를 싫어하면서 억지로 술을 마시는 것과 같으니, 비록 죽고 망함을 모면하고자 하더라도 가능한 일이겠는가?"

| 요지 |

이 장은 앞 장의 '인'과 '불인'의 뜻을 이어서 말한 것이다. 비록 천자로부터 서인에 이르기까지 모두 언급하였지만, 나라를 주제로 삼아 당시 임금의 주위를 환기시킨 것은 전적으로 '죽거나 망하는 것을 싫어한다'는 문장에 있고, 그 싫어하는 바에 근거하여 인에 힘쓰기를 권한 것이다.

4. 孟子曰(맹자왈) 愛人不親(애인불친)이어든 反其仁(반기인)하고 治人不治(치인불치)어든 反其智(반기지)하고 禮人不答(예인부답)이어든 反其敬(반기경)이니라 行有不得者(행유부득자)어든 皆反求諸己(개반구저기)니 其身(기신)이 正而天下歸之(정이천하귀지)니라 詩云(시운) 永言配命(영언배명)이 自求多福(자구다복)이라하니라

| 언해 |

孟子ㅣ 골ᄋᆞ샤ᄃᆡ 人을 愛호ᄃᆡ 親티 아니ᄒᆞ거든 그 仁을 反ᄒᆞ고 人을 治호ᄃᆡ 治티 아니ᄒᆞ거든 그 智를 反ᄒᆞ고 人을 禮호ᄃᆡ 答디 아니ᄒᆞ거든 그 敬을 反홀띠니라 行홈애 得디 몯ᄒᆞᆫ 者ㅣ 잇거든 다 己예 反求홀띠니 그 身이 正홈애 天下ㅣ 歸ᄒᆞᄂᆞ니라 詩예 닐오ᄃᆡ 기리 言ᄒᆞ야 命을 配홈이 스스로 多福을 求홈이라 ᄒᆞ니라

| 직역 |

맹자가 말하였다. "사람을 사랑해도 친해지지 않으면 그 사랑을 돌이켜보고, 사람을 다스려도 다스려지지 않으면 그 지혜를 돌이켜보며, 사람을 예로써 대해도 반응이 없으면 그 공경을 돌이켜보아야 한다. 행함에 뜻대로 되지 않는 것이 있으면 모두 자신을

돌이켜보아야 하니, 그 자신이 바르면 천하가 돌아올 것이다. 『시경』에 말하기를, '길이 천명에 부응하는 것이 스스로 많은 복을 구하는 방법이다'라고 하였다."

| 자해 |

不得 : 뜻대로 되지 않음. 여기서는 친해지지 않고 다스려지지 않고 반응이 없는 것을 뜻함.

| 의해 |

맹자가 당시의 임금에게 자신을 돌이켜 보기를 권하여 말하였다. "사람을 제어하는 도는 자신의 최선을 다하는 데 있다. 인한 사람을 사랑하는데 간절하니, 그 은택을 입은 자와는 마땅히 친해질 것인데, 혹시 그 사람이 나를 친하게 여기지 않는다면 반드시 나의 인이 지극하지 못하기 때문이다. 마땅히 스스로 그 인을 돌이켜 생각하여 서고자 하면 홀로 서지 아니하고 도달하고자 하면 반드시 함께 도달해야 할 것이다. 지혜로운 사람은 사람을 다스리는데 밝으니, 그 부림을 받은 자가 마땅히 순종할 것인데, 혹시 그 사람이 순종하지 않는다면 반드시 나의 지혜가 미치지 못하기 때문이다. 마땅히 스스로 돌이켜 생각하여 지혜가 밝지 않음이 없도록 하고 처함에 마땅하지 않음이 없도록 해야 할 것이다. 예를 가진 자는 사람을 공경하니 그러한 대우를 받은 자가 마땅히 보답할 것인데, 혹시 그 사람이 나에게 응답하지 않는다면 반드시 나의 공경이 지극하지 못하기 때문이다. 마땅히 스스로 그 공경을 돌이켜 생각하여 밖으로 그 공손함을 다하고 안으로 그 정성을 쌓아야 할 것이다.

일을 처리하고 사람을 대하고 사물을 주고받음에 혹 막히고 거리낌이 있어서 뜻을 얻지 못한다면 모두 자신에게 돌이켜 구하여야 한다. 이와 같이 한다면 스스로 닦음이 주밀하고 그 몸이 바르게 되어, 보고 듣고 말하고 움직임과 좋아하고 미워하고 취하고 놓는 것이 모두 천리에 마땅하고 인심에 합하지 않는 것이 없을 것이다. 온 천하의 사람들이 순종하고 되돌아올 것이니, 어찌 다만 한 집과 한 나라의 사람이 나를 친하고 내게 다스려지고 나를 대접할 따름이겠는가?

『시경』에 말하였다. '사람이 항상 천리에 합하는 말을 한다면 하늘이 많은 복을 내리는데, 이것은 모두 스스로 구한 것이다.' 따라서 천하 사람들이 돌아오는 것이 모두 자신의 바름에서 비롯되는 것이니, 어찌 요행으로 이룬 것이겠는가? 사람을 제어하는 책임이 있는 자는 그 몸에 돌이켜 스스로 힘써야 한다."

| 요지 |

이 장은 당시 임금 가운데 남을 책망하기 좋아하면서 자책하는 것을 잊는 자를 위한 것이다. 첫 구절은 널리 그 이치를 말한 것이고, 다음 구절의 '행함(行)'과 '모두(皆)'라는 글자는 바로 돌이켜 구하는 공부를 보인 것이다. 공부가 극진하게 된다면 스스로 몸을 바르게 하는 변화가 있을 것이니, 이로부터 『시경』을 인용하여 증험한 것이다. 『시경』에서는 '스스로(自)'라는 글자를 중시하여 앞의 '자신(己)'이라는 글자와 조응시킨 것이다.

맹자왈 인유항언 개왈 천하국가 천하
5. 孟子曰 人有恒言호대 皆曰 天下國家라하나니 天下
지본 재국 국지본 재가 가지본 재신
之本은 在國하고 國之本은 在家하고 家之本은 在身하니라

| 언해 |

孟子ㅣ ᄀᆞᆯᄋᆞ샤ᄃᆡ 人이 덛덛ᄒᆞᆫ 言을 두ᄃᆡ 다 ᄀᆞᆯ오ᄃᆡ 天下와 國家

ㅣ라 ᄒᆞ나니 天下의 本은 國에 잇고 國의 本은 家에 잇고 家의 本은 身에 인ᄂᆞ니라

| 직역 |

맹자가 말하였다. "사람이 항상 말하기를, '천하, 나라, 집'이라고 하니, 천하의 근본은 나라에 있고, 나라의 근본은 집에 있고, 집의 근본은 몸에 있는 것이다."

| 자해 |

恒 : 항상(恒常).

| 의해 |

맹자가 근본을 아는 것에 관해 말하였다. "천하의 이치가 항상 말과 관련되어 있으니 살피지 않을 수 없다. 사람이 항상 말하기를 천하와 나라와 집이라 하지만, 그 차례를 알아서 근본을 궁구하지 못한다. 내가 일찍이 그 말을 미루어 생각해 보니, 그 천하를 말하고 곧 이어서 나라를 말한 것은 먼 것이 가까운 데로 말미암는다는 것으로, 천하의 근본이 나라에 있다는 뜻이며, 그 나라를 말하고 곧 이어서 집을 말한 것은 바깥이 안으로 말미암는다는 것으로, 나라의 근본이 집에 있다는 뜻이다. 집이 어찌 홀로 근본하는 바가 없겠는가? 집의 근본은 몸에 달려 있으니 사람이 몸을 닦아서 천하와 나라의 근본을 세우지 않을 수 있겠는가?"

| 요지 |

이 장은 앞 장의 몸이 바르면 천하가 돌아온다는 뜻을 이은 것이다. 집의 근본이 몸에 있다는 한 구절이 중요하다. 몸은 집을 말미암아 나라에 미치고 천하에 미치는 근본이다.

맹자왈 위정 불난 부득죄어거실 거실지
6. 孟子曰 爲政이 不難하니 不得罪於巨室이니 巨室之
소모 일국 모지 일국지소모 천하모지
所慕를 一國이 慕之하고 一國之所慕를 天下慕之하나니
고 패연덕교 일호사해
故로 沛然德敎가 溢乎四海하나니라

| 언해 |

孟子ㅣ 골ᄋᆞ샤ᄃᆡ 政을 하욤이 難티 아니ᄒᆞ니 巨室에 罪를 得디 아니홀띠니 巨室의 慕ᄒᆞᄂᆞᆫ 바ᄂᆞᆯ 一國이 慕ᄒᆞ고 一國의 慕ᄒᆞᄂᆞᆫ 바ᄅᆞᆯ 天下ㅣ 慕ᄒᆞᄂᆞ니 故로 沛然ᄒᆞᆫ 德敎ㅣ 四海예 溢ᄒᆞᄂᆞ니라

| 직역 |

맹자가 말하였다. "정치를 하는 것이 어렵지 않으니, 큰 가문에 죄를 짓지 않는 것이다. 큰 가문에서 사모하는 것을 한 나라가 사모하고, 한 나라가 사모하는 것을 천하가 사모한다. 따라서 성대한 덕의 교화가 천하에 넘칠 수 있다."

| 자해 |

巨室 : 대신의 가문. • 得罪 : 바르지 못해서 원망과 노여움을 받음. • 慕 : 기뻐하는 마음과 정성으로 복종함. • 沛然 : 성대한 모양. • 溢 : 충만함

| 의해 |

당시의 제후들이 덕의 교화가 널리 베풀어지지 못함을 근심하면서도 그 근본적 이유를 알지 못하였다. 이에 맹자가 말하였다. "인군이 정치를 하는 데 덕의 교화를 베푸는 것이 아주 중요한 일이지만, 내가 보기에 그리 어려운 일이 아니다. 집의 근본은 다만 자신을 바르게 하여 모든 행동을 중정한 도에 합치되도록 하여 비리를 범하여 큰 가문에 죄를 짓지 않는 데 있을 뿐이다. 자신이

큰 가문에 죄를 짓지 않으면 큰 가문이 모두 기뻐하고 따르며 사모할 것이다. 큰 가문은 한 나라의 인정(人情)의 기준이니, 큰 가문이 사모하는 바는 곧 모든 사람이 기뻐하고 따르며 사모하는 것이다. 한 나라는 또한 천하가 향하는 기준이니, 한 나라의 사모하는 바는 곧 온 천하의 나라가 진심으로 기뻐하고 따르며 사모하지 않을 수 없는 것이다. 저 사람이 마음으로 나를 사모하면 나의 정사를 그에게 베풀기 쉽기 때문에 덕의 교화가 사해에 넘쳐서 먼 곳이라도 이르지 않음이 없을 것이다. 누가 그 덕의 교화를 막을 수 있겠으며, 정사를 함에 또한 무엇이 어렵겠는가? 인군이 자신을 반성하는 것이 좋다."

| 요지 |

이 장에서는 큰 가문에 죄를 짓지 않아야 한다는 한 구절이 중요하다. 덕의 교화가 넘쳐나면 곧 정사를 베풀기 어렵지 않다는 뜻이다. 큰 가문은 선조의 대신이니, 정으로 말하자면 가장 친하고 지위로 말하면 가장 높아서 힘으로써 복종시키기 어렵다. 따라서 큰 가문에 죄를 짓지 않는다는 것은 자신을 닦아서 행동이 이치에 합당하게 함으로써 원망이나 노여움을 사지 않는다는 것이지, 별도의 방법을 강구하는 것이 아니다.

맹 자 왈 천 하 유 도 소 덕 역 대 덕 소 현 역
7-1. 孟子曰 天下有道엔 小德이 役大德하며 小賢이 役
대 현 천 하 무 도 소 역 대 약 역 강 사 이 자
大賢하고 天下無道엔 小役大하며 弱役强하나니 斯二者
천 야 순 천 자 존 역 천 자 망 제 경
는 天也니 順天者는 存하고 逆天者는 亡하나니라 齊景
공 왈 기 불 능 령 우 불 수 명 시 절 물 야
公이 曰 旣不能令하고 又不受命이면 是는 絶物也라하

체출이녀어오 금야 소국 사대국이치수
고 涕出而女於吳하니라 今也에 小國이 師大國而恥受
명언 시유제자이치수명어선사야
命焉하나니 是猶弟子而恥受命於先師也니라

| 언해 |

孟子ㅣ ᄀᆞᆯᄋᆞ샤ᄃᆡ 天下ㅣ 道ㅣ 이숌앤 小德이 大德에 役ᄒᆞ이며 小賢이 大賢에 役ᄒᆞ이고 天下ㅣ 道ㅣ 업숨앤 小ㅣ 大예 役ᄒᆞ이며 弱이 强애 役ᄒᆞ이ᄂᆞ니 이 二者ᄂᆞᆫ 天이니 天을 順ᄒᆞᄂᆞᆫ 者ᄂᆞᆫ 存ᄒᆞ고 天을 逆ᄒᆞᄂᆞᆫ 者ᄂᆞᆫ 亡ᄒᆞᄂᆞ니라 齊景公이 ᄀᆞᆯᄋᆞ샤ᄃᆡ 임의 能히 令티 몯ᄒᆞ고 ᄯᅩ 命을 受티 아나ᄒᆞ면 이ᄂᆞᆫ 物을 絶홈이라ᄒᆞ고 涕를 出ᄒᆞ고 吳애 女ᄒᆞ니라 이제 小國이 大國을 師호ᄃᆡ 命受홈을 恥ᄒᆞᄂᆞ니 이 弟子ㅣ오 先師의게 命受홈을 恥홈 ᄀᆞᄐᆞ니라

| 직역 |

맹자가 말하였다. "천하에 도가 있을 때는 작은 덕을 가진 사람이 큰 덕을 가진 사람에게 부림을 당하고, 작은 현자가 큰 현자에게 부림을 당하며, 천하에 도가 없을 때는 작은 자가 큰 자에게 부림을 당하고, 약한 자가 강한 자에게 부림을 당한다. 이 두 가지는 천리이니, 천리에 따르는 자는 보존되고, 천리에 어긋나는 자는 망한다. 제나라 경공이 말하기를, '이미 명령을 내리지 못하고 또한 명령을 받지 않는다면, 이것은 남과의 관계를 끊는 것이다'라고 하고, 눈물을 흘리면서 오나라로 딸을 시집보냈다. 지금 작은 나라가 큰 나라를 본받으면서 명령을 받는 것을 부끄럽게 여긴다면, 이것은 제자로서 선생에게 명령을 받는 것을 부끄럽게 여기는 것과 같다."

| 자해 |

天 : 필연적 이치. • 令 : 명령하여 사람을 부림. • 受命 : 다른 사람에게 명령

을 받음. • 物 : '사람 인(人)' 자의 뜻. • 女 : 시집보냄. • 吳 : 오랑캐 나라의 하나.

| 의해 |

맹자가 당시 제후에게 인에 힘쓸 것을 권하여 말하였다. "옛날부터 천하에 도가 있을 때는 사람들이 모두 덕을 닦아서 지위에 걸맞았다. 예를 들어 제후는 덕이 작은 자이니 천자의 큰 덕에 부림을 받고, 제후는 인이 작은 자이니 천자의 큰 인에 부림을 받아서, 그 서로 섬기고 부리는 것을 오직 덕으로 하였다. 천하에 도가 없을 때는 사람들이 덕을 닦지 않고 다만 힘으로 주고받았다. 예를 들어 작은 나라의 제후는 큰 나라의 제후에게 부림을 받고, 힘이 약한 제후는 힘이 강한 제후에게 부림을 받았다. 도가 있을 때에는 덕이 미치지 못하면 남에게 부림을 받게 되고, 도가 없을 때는 힘이 미치지 못하면 남에게 부림을 받는다. 이 두 가지는 모두 당연한 이치이고, 부득이한 형세이자 하늘의 이치이다. 만일 덕을 헤아리고 힘을 헤아려서 이치에 따라서 큰 덕과 큰 인에 부림을 받고, 형세에 따라서 큰 나라와 강한 나라에 따른다면, 도가 있을 때는 반드시 돌보아줄 것이고, 도가 없을 때는 반드시 업신여김을 모면하여 나라를 보존할 수 있을 것이다. 그렇지 않고 이치와 형세를 거스른다면, 도가 있을 때는 반드시 깎이게 될 것이고, 도가 없을 때는 반드시 빼앗기게 되어 나라가 망하게 될 것이다. 천리에 따르면 진실로 유지될 수 있는데도 천리를 거슬러 명을 세우고자 하는 것은 스스로 강하다고 생각하기 때문이다. 저 제나라는 본래 강하고 큰 나라이나 경공에 이르러 스스로 정치에 강하지 못하여 강하고 큰 나라의 부림을 받게 된 것이다. 제나라 경공이 말하기를, '나라를 강대하게 하여 명령을 내려 남을 부리지 못하고, 또한 몸을 굽혀 스스로 낮추어서 남의 명을 듣지 않는다면, 이것은 남과 더불어 어긋나고 화합하지 못하는 것이다'라고 하고, 눈물을 흘리면서 딸을 오나라에 시집보냈으니, 강하고 큰

오나라를 제나라가 감당할 수 없기 때문이었다.

제나라는 본래 큰 나라인데도 덕을 닦아서 스스로 강하지 못하여 마침내 오나라의 부림을 받았는데, 하물며 작은 나라에 있어서랴. 가령 작은 나라가 스스로 덕을 닦지 않고 큰 나라의 편하고 즐기고 게으르고 오만한 것을 본받으면서도 큰 나라의 명을 받는 것을 부끄러워하는 것은 제자로서 스승에게 명을 받는 것을 부끄러워하는 것과 같으니, 부림을 받지 않으려 해도 가능한 일이겠는가?"

7-2. 如恥之(여치지)인댄 莫若師文王(막약사문왕)이니 師文王(사문왕)이면 大國(대국)은 五年(오년)이요 小國(소국)은 七年(칠년)에 必爲政於天下(필위정어천하)矣(의)리라 詩云(시운) 商之孫子(상지손자) 其麗不億(기려불억)이언마는 上帝旣命(상제기명)이라 侯于周服(후우주복)이로다 侯服于周(후복우주)하니 天命靡常(천명미상)이라 殷士膚敏(은사부민)이 祼將于京(관장우경)이라하여늘 孔子曰(공자왈) 仁不可爲衆也(인불가위중야)니 夫國君(부국군)이 好仁(호인)이면 天下無敵(천하무적)이라하시니라 今也(금야)에 欲無敵於天下而不以仁(욕무적어천하이불이인)하나니 是猶執熱而不以濯也(시유집열이불이탁야)니 詩云(시운) 誰能執熱(수능집열)하여 逝不以濯(서불이탁)이리오하니라

| 언해 |

만일에 恥홀띤댄 文王을 師홈만 ᄀᆞᄐᆞ니 업스니 文王을 師ᄒᆞ면 大國은 五年이오 小國은 七年에 반ᄃᆞ시 政을 天下애 ᄒᆞ리라 詩예 닐오ᄃᆡ 商의 孫子ㅣ 그 麗ㅣ 億ᄲᅮᆫ이 아니언마는 上帝 임의 命혼

디라 周에 服ᄒᆞᄂᆞᆺ다 周에 服ᄒᆞ니 天命이 常티 아닌디라 殷士의 膚ᄒᆞ며 敏ᄒᆞᆫ 이 京에 祼ᄒᆞ야 將ᄒᆞ다 ᄒᆞ야ᄂᆞᆯ 孔子ㅣ ᄀᆞᆯᄋᆞ샤ᄃᆡ 仁에 可히 衆이 되오디 몯ᄒᆞᄂᆞ니 國君이 仁을 好ᄒᆞ면 天下애 敵이 업스리라 ᄒᆞ시니라 이제 天下애 敵이 업과뎌 호ᄃᆡ 仁으로ᄡᅥ 아니 ᄒᆞᄂᆞ니 이 熱을 執ᄒᆞ야 ᄡᅥ 濯디 아니홈 ᄀᆞᄐᆞ니 詩예 닐오ᄃᆡ 뉘 能히 熱을 執ᄒᆞ야 ᄡᅥ 濯디 아니리오 ᄒᆞ니라

| 직역 |

"만일에 부끄러워한다면, 문왕을 본받는 것만 못하니, 문왕을 본받는다면 큰 나라는 5년, 작은 나라는 7년이면 반드시 천하에 정치를 행할 수 있을 것이다. 『시경』에 이르기를, '은나라 자손의 수가 많지 않은 것은 아니지만, 상제가 이미 명령을 내린지라, 주나라에 복종하는구나. 주나라에 복종하니, 천명은 일정한 것이 아니다. 은나라 선비로서 통달한 자들이 서울에서 제사를 돕는다'라고 하였다. 공자가 말하였다. '인자는 무리가 많다고 될 수 없으니, 나라의 임금이 인을 좋아하면 천하에 대적할 자가 없다.' 이제 천하에 대적할 자가 없기를 바라면서도 인으로써 하지 않는다면, 이것은 뜨거운 것을 쥐고서 물로 씻지 않는 것과 같다. 『시경』에 이르기를, '누가 뜨거운 것을 쥐고서 씻지 않을 수 있겠는가?'라고 하였다."

| 자해 |

詩 : 「대아(大雅) · 문왕(文王)」. • 麗 : 수(數). • 億 : 십만. • 侯 : 어조사. 유(維)와 같음. • 殷士 : 은나라 자손의 신하. • 膚 : 큼. • 敏 : 통달함. • 祼 : 종묘제사에 울창의 술을 땅에 부어서 강신하는 것. 음은 '관'. • 將 : 도움. • 詩 : 「대아(大雅) · 상유(桑柔)」. • 逝 : 어조사. • 濯 : 물로 손을 씻음.

| 의해 |

"만일 부끄러워한다면 큰 나라를 본받는 것을 돌이켜 문왕을 본받아 그 덕을 닦는 것이 좋다. 문왕을 본받아 그 덕을 닦으면 덕이

지극하여 천명을 돌이킬 수 있을 것이다. 큰 나라는 그 형세가 조금 쉬워서 대략 5년이면 될 것이고, 작은 나라는 그 형세가 조금 어려우나 대략 7년이면 반드시 인심이 떨쳐 일어나고 나라의 형세가 떨쳐서, 작은 것이 크게 되고 약한 것이 강하게 되어, 큰 나라가 도리어 나의 부림을 받게 되어 천하를 다스릴 수 있게 될 것이다.

문왕의 일은 어떠한가? 『시경』에서 말하였다. '은나라의 자손이 그 수가 억에 그치지 않지만, 상제가 이미 주나라에 명령하였기 때문에 그 자손이 우리 주나라를 믿고 따른다. 주나라를 믿고 따르는 것은 하늘의 명이 일정함이 없어서 덕이 있는 데로 돌아오는 까닭이다. 따라서 그 자손만이 믿고 따르는 것이 아니라 은나라 선비 가운데 용모가 준수하고 재능이 민첩한 자가 모두 신을 모시고 술을 올리는 예를 갖고 우리 주나라 서울에 와서 제사를 돕는다.' 공자가 이 시를 읽고 탄식하여 말하였다. '우리 주나라는 지극히 인하고, 은나라 자손은 지극히 많지만 인한 사람을 만나서 모두 귀순할 마음만 있을 뿐이므로 많은 무리가 의미가 없게 되었다. 나라의 임금이 진실로 덕을 닦아서 인을 행하기를 좋아하면, 장차 천하가 높이고 친하게 여겨서 더불어 대적할 사람이 없을 것이다. 이것은 이치와 형세의 필연적인 것이니, 다시 무엇을 의심하겠는가?' 시와 공자의 말로 미루어 본다면, 문왕이 오직 인한 이유로 천하에 정사를 베풀 수 있었음을 볼 수 있다. 천하에 정사를 베풀고자 하는 자로서 문왕의 인을 본받지 않을 수 없을 것이다.

가령 큰 나라의 부림을 받는 것을 부끄러워하고 천하에 대적할 자가 없고자 하면서도 문왕을 본받아 인을 좋아하지 않는다면, 이것은 뜨거운 물건을 쥐고서 찬물에 손을 씻지 아니하는 것과 같다. 『시경』에 말하기를, '그 누가 뜨거운 물건을 쥐고서 씻지 않겠는가?'라고 하니, 천하에 대적할 자가 없고자 한다면 인으로써 하지 않을 수 있겠는가? 또한 사람의 일을 다 하고 하늘의 명을 기다려야 하니, 어진 덕에 힘써야 할 것이다."

| 요지 |

이 장은 큰 나라의 명령을 받는 것을 부끄러워하는 것에 대한 언급이다. 앞 구절에는 단락이 있으니, 위는 천리를 따라서 잇기를 도모하는 것을 말한 것이고, 아래는 하늘을 돌이켜서 명을 세우는 것을 말한 것이다. 스스로 강하지 못하다면 경공이 오나라를 섬기는 것처럼 될 것이고, 스스로 강하다면 문왕이 천명을 얻는 것처럼 될 것이니, 참으로 문왕을 본받지 않을 수 없는 것이다.

맹 자 왈 불 인 자 가 여 언 재 안 기 위 이 리 기 재
8-1. 孟子曰 不仁者는 可與言哉아 安其危而利其菑하
낙 기 소 이 망 자 불 인 이 가 여 언 즉 하 망 국
여 樂其所以亡者하나니 不仁而可與言이면 則何亡國
패 가 지 유 유 유 자 가 왈 창 랑 지 수 청 혜 가 이 탁
敗家之有리오 有孺子歌曰 滄浪之水淸兮어든 可以濯
아 영 창 랑 지 수 탁 혜 가 이 탁 아 족 공
我纓이요 滄浪之水濁兮어든 可以濯我足이라하여늘 孔
자 왈 소 자 청 지 청 사 탁 영 탁 사 탁 족 의
子曰 小子아 聽之하라 淸斯濯纓이요 濁斯濯足矣로소니
자 취 지 야
自取之也라하시니라

| 언해 |

孟子ㅣ ᄀᆞᆯᄋᆞ샤ᄃᆡ 仁티 아니ᄒᆞᆫ 者ᄂᆞᆫ 可히 더블어 言ᄒᆞ랴 그 危ᄅᆞᆯ 安히 너기며 그 菑ᄅᆞᆯ 利히 너겨 그 뻐 亡ᄒᆞᆯ 빠ᄅᆞᆯ 樂ᄒᆞᄂᆞ니 仁티 아닌이오 可히 더블어 言ᄒᆞᆯ 꺼시면 곧 엇디 國을 亡ᄒᆞ며 家ᄅᆞᆯ 敗ᄒᆞᆷ이 이시리오 孺子ㅣ 이셔 歌ᄒᆞ야 ᄀᆞᆯ오ᄃᆡ 滄浪ㅅ水ㅣ 淸ᄒᆞ거든 可히 뻐 내 纓을 濯ᄒᆞ고 滄浪ㅅ水ㅣ 濁ᄒᆞ거든 可히 뻐 내 足이을

濯홀띠라 ᄒᆞ야늘 孔子ㅣ ᄀᆞᆯᄋᆞ샤ᄃᆡ 小子아 聽ᄒᆞ라 淸홈애 이예 纓을 濯ᄒᆞ고 濁홈애 이예 足을 濯ᄒᆞ노소니 스스로 取홈이라 ᄒᆞ시니라

| 직역 |

맹자가 말하였다. "인하지 않은 자와 더불어 말할 수 있는가? 그 위기를 편안히 여기고, 재앙을 이롭게 여기며, 멸망을 즐긴다. 인하지 않은데도 더불어 말할 수 있다면, 어찌 망한 나라와 무너진 집안이 있을 수 있겠는가? 어떤 아이가 노래하기를, '창랑의 물이 맑으면 내 갓 끈을 씻고, 창랑의 물이 흐리면 내 발을 씻는다'라고 하니, 공자가 말하기를, '제자들아, 들어 보거라. 맑으면 갓 끈을 씻고, 흐리면 발을 씻는다고 하니 이것은 스스로 선택하는 것이다'라고 하였다."

| 자해 |

菑 : 재(災)와 같음. • 滄浪 : 물 이름. • 纓 : 갓 끈.

| 의해 |

맹자가 당시 인하지 않은 자를 경계하여 말하였다. "임금이 그 국가를 길이 다스리고 평안함을 보전하고자 한다면 말을 듣는 것보다 중요한 것이 없다. 가령 인하지 않은 자는 사사로운 욕심에 가려 본심을 잃어버렸으니, 어떻게 충성의 말로써 고할 수 있겠는가? 다만 그 엎어지고 거꾸러지는 위태로움을 편안히 여기고, 재앙을 이롭게 여기며, 멸망을 즐길 만하다고 여겨 방자하게 행동하니, 비록 충성의 말로써 고하더라도 받아들이지 못하고 결국 패망함에 이르게 된다. 말하지 못하는 화가 이와 같다. 더불어 말할 수 있다면 어찌 망한 나라와 무너진 집안이 있겠는가?

말이 있어도 듣지 않고 패망을 달게 여기니, 인하지 않은 자가 그 어찌 그 허물을 바로잡을 수 있겠는가? 어떤 아이가 아무런 의도

없이 노래하였다. '창랑의 물이 맑으면 나의 갓끈을 씻고, 창랑의 물이 흐리면 나의 발을 씻는다.'
공자가 그 노래를 듣고 제자에게 말하였다. '제자들아! 들어보라. 이 아이의 노래에 지극한 이치가 담겨 있다. 모두 같은 물이고 모두 씻는 것인데, 물이 맑으면 갓 끈을 씻고 흐리면 발을 씻는다. 귀하고 천하게 쓰는 구분은 쓰는 사람에게 달려 있는 것이 아니고, 모두 물의 맑고 흐린 것이 스스로 취한 것이다. 너희가 알지 않으면 안 된다'고 하였다."

부인필자모연후 인 모지 가필자훼이후
8-2. 夫人必自侮然後에 人이 侮之하며 家必自毁而後
인 훼지 국필자벌이후 인 벌지
에 人이 毁之하며 國必自伐而後에 人이 伐之하나니라
태갑 왈 천작얼 유가위 자작열 불가활
太甲에 曰 天作孽은 猶可違어니와 自作孽은 不可活이
차지위야
라하니 此之謂也니라

| 언해 |

人이 반ᄃᆞ시 스스로 侮ᄒᆞᆫ 然後에 人이 侮ᄒᆞ며 家ㅣ 반ᄃᆞ시 스스로 毁ᄒᆞᆫ 後에 人이 毁ᄒᆞ며 國이 반ᄃᆞ시 스스로 伐ᄒᆞᆫ 後에 人이 伐ᄒᆞᄂᆞ니라 太甲애 ᄀᆞᆯ오ᄃᆡ 天이 作ᄒᆞᆫ 孽은 오히려 可히 違ᄒᆞ려니와 스스로 作ᄒᆞᆫ 孽은 可히 活티 몯ᄒᆞ리라 ᄒᆞ니 이ᄅᆞᆯ 닐음이니라

| 직역 |

"사람은 반드시 스스로 업신여긴 다음에 남이 업신여기고, 집안은 반드시 스스로 헐뜯은 다음에 남이 헐뜯으며, 나라는 반드시 스스로 친 다음에 남이 치는 것이다. 「태갑」에 이르기를, '하늘이

만든 재앙은 오히려 피할 수 있지만, 스스로 만든 재앙은 피할 수 없다'고 한 것은 이를 두고 한 말이다."

| 의해 |

"공자의 말에 따르면, 천하의 어떤 일이 자신으로부터 비롯되지 않은 것이 있겠는가? 사람은 반드시 스스로를 업신여긴 후에 남이 따라서 업신여긴다는 것은 업신여기는 일 자체는 비록 남이 하지만, 실상은 그 몸을 닦지 못한 데서 비롯된다는 뜻이다. 집안은 반드시 스스로를 헐뜯은 다음에 남이 따라서 헐뜯는다는 것은 헐뜯는 일 자체는 비록 남이 하지만 실상은 그 집안이 가지런하지 못한 데서 비롯된다는 뜻이다. 나라는 반드시 스스로를 친 다음에 남이 따라서 친다는 것은 치는 일 자체는 비록 남이 하지만 실상은 그 나라를 다스리지 못한 데서 비롯된다는 뜻이다. 재앙이 아무런 이유 없이 비롯되는 것이 아니라 오직 그 사람으로부터 말미암는 것이 이와 같다. 진실로 망한 나라와 무너진 집안은 인하지 않은 자로부터 비롯되지 않은 경우가 없다.
『상서』「태갑」에 말하였다. "하늘이 내리는 재앙은 덕을 닦으면 빌 수 있고 피할 수 있지만, 자신이 저지른 죄로 벌을 받는 재앙은 불의로부터 비롯된 것이라서 도망하거나 모면할 수 없다." 이것이 바로 스스로 업신여기고 스스로 헐뜯으며 스스로 치는 것을 가리키는 말이다. 슬프다! 비록 위태롭고 어지러운 세상이라도 일찍이 충성의 말이 없지 않으니, 나라와 집을 가진 자는 인하지 않은 자의 화를 따르지 말아야 한다."

| 요지 |

이 장에서는 '스스로 취한 것'이라는 말이 중요하다. 앞에서는 인하지 않은 자가 반드시 패망의 화가 있음을 말하고, 뒤에서는 그것이 스스로 취한 데서 비롯됨을 밝힌 것이니, '스스로 취한 것'의 뜻은 앞에도 이미 포함되어있다. 가운데 두 구절은 아이의 노래와

공자의 탄식을 이끌어서 밝혔고, 네 번째 구절에서는 '스스로 취한 것'의 실상을 자세히 설명하고 끝에서 다시 『상서』를 인용하여 증명하였다. 이것은 모두 당시의 미혹함을 일깨우기 위함이다.

맹 자 왈 걸 주 지 실 천 하 야 실 기 민 야 실 기 민 자
9-1. 孟子曰 桀紂之失天下也는 失其民也니 失其民者
실 기 심 야 득 천 하 유 도 득 기 민 사 득 천 하
는 失其心也라 得天下有道하니 得其民이면 斯得天下
의 득 기 민 유 도 득 기 심 사 득 민 의 득
矣리라 得其民이 有道하니 得其心이면 斯得民矣리라 得
기 심 유 도 소 욕 여 지 취 지 소 오 물 시 이 야
其心이 有道하니 所欲을 與之聚之요 所惡를 勿施爾也
니라

| 언해 |

孟子ㅣ ᄀᆞᆯᄋᆞ샤ᄃᆡ 桀紂의 天下ᄅᆞᆯ 失ᄒᆞ욤은 그 民을 失홈이니 그 民을 失홈은 그 心을 失홀ᄊᆡ라 天下ᄅᆞᆯ 得홈이 道ㅣ 인ᄂᆞ니 그 民을 得ᄒᆞ면 이예 天下ᄅᆞᆯ 得ᄒᆞ리라 그 民을 得홈이 道ㅣ 인ᄂᆞ니 그 心을 得ᄒᆞ면 이예 民을 得ᄒᆞ리라 그 心을 得홈이 道ㅣ 인ᄂᆞ니 欲ᄒᆞᄂᆞᆫ 바ᄅᆞᆯ 與ᄒᆞ야 聚ᄒᆞ고 惡ᄒᆞᄂᆞᆫ 바ᄅᆞᆯ 施티 말올띠니라

| 직역 |

맹자가 말하였다. "걸과 주가 천하를 잃은 것은 그 백성을 잃었기 때문이니, 그 백성을 잃었다는 것은 그 마음을 잃었다는 것이다. 천하를 얻는 데 도가 있으니, 그 백성을 얻으면 천하를 얻을 수 있다. 그 백성을 얻는 데 도가 있으니, 그 마음을 얻으면 백성을 얻을 수 있다. 그 마음을 얻는 데 도가 있으니, 원하는 바를 주어 모이게 하고, 싫어하는 바를 베풀지 말아야 한다."

| 의해 |

맹자가 당시의 백성을 어질게 하도록 힘써야 함을 권하여 말하였다. "천하를 얻고 잃게 되는 데는 여러 이유가 있는데, 마땅히 그 잃게 되는 근본을 살펴야 한다. 걸과 주가 천하를 잃은 것은 백성들이 흩어져 백성을 잃은 데서 비롯되었고, 그 백성을 잃게 된 것은 인정이 원망하고 노하여 그 마음을 잃은 데서 비롯되었다. 이로부터 본다면 천하를 얻는 데 도가 있으니, 오직 그 백성을 얻으면 사람이 있고 땅이 있어서 천하를 얻게 된다. 백성을 얻는 데 도가 있으니 오직 그 마음을 얻으면 가까운 데 있는 사람은 기뻐하고 먼 데 있는 사람은 오게 되어 백성을 얻게 된다. 마음을 얻는 데 도가 있으니, 백성이 마음으로 하고자 하는 바는 모두 주고, 싫어하는 바가 있으면 베풀지 말아야 한다. 내가 백성을 진정으로 사랑하는 마음과 정사가 있으면 백성이 그 생업을 이루어 나와 가깝게 되는 것을 즐거워할 것이다. 마음을 얻는 도가 이와 같으니, 백성을 얻고 천하를 얻는 것도 이것을 벗어나지 않는다."

민 지 귀 인 야 유 수 지 취 하 수 지 주 광 야 고
9-2. 民之歸仁也 猶水之就下며 獸之走壙也니라 故로
위 연 구 어 자 달 야 위 총 구 작 자 전 야 위 탕 무 구
爲淵毆魚者는 獺也요 爲叢毆爵者는 鸇也오 爲湯武毆
민 자 걸 여 주 야 금 천 하 지 군 유 호 인 자 즉 제
民者는 桀與紂也니라 今天下之君이 有好仁者면 則諸
후 개 위 지 구 의 수 욕 무 왕 불 가 득 이
侯皆爲之毆矣리니 雖欲無王이나 不可得已니라

| 언해 |

民의 仁에 歸홈이 水ㅣ 下애 就ᄒᆞ며 獸ㅣ 壙애 走홈 ᄀᆞᄐᆞ니라 故로 淵을 爲ᄒᆞ야 魚ᄅᆞᆯ 毆ᄒᆞᄂᆞᆫ 者ᄂᆞᆫ 獺이오 叢을 爲ᄒᆞ야 爵을 毆ᄒᆞ

ᄂᆞᆫ 者ᄂᆞᆫ 鸇이오 湯武를 爲ᄒᆞ야 民을 敺ᄒᆞᄂᆞᆫ 者ᄂᆞᆫ 桀과 다ᄆᆞᆺ 紂ㅣ니라 이제 天下엣 君이 仁을 好ᄒᆞᇙ 者ㅣ 이시면 諸侯ㅣ 다 爲ᄒᆞ야 敺ᄒᆞ리니 비록 王티 말오져 ᄒᆞ나 可히 得디 몯ᄒᆞᆯ이니라

| 직역 |

"백성이 인으로 돌아가는 것은 마치 물이 아래로 흐르고 짐승이 들로 달아나는 것과 같다. 따라서 연못을 위해서 물고기를 몰아 주는 것은 수달이고, 숲을 위해서 참새를 몰아 주는 것은 새매이며, 탕왕과 무왕을 위하여 백성을 몰아 주는 것은 걸과 주이다. 이제 천하의 임금 가운데 인을 좋아하는 사람이 있다면 제후들이 모두 그를 위해 (백성을) 몰아 줄 것이니, 비록 왕을 바라지 않더라도 어쩔 수 없을 것이다."

| 의해 |

"어떤 일을 할 때 바라는 것을 주어 모이게 하고 싫어하는 것을 베풀지 않는 것이 인이 된다. 백성이 바라는 것을 따르면 백성의 성품이 인으로 돌아오는 것이 마치 물이 아래로 흐르는 것과 같은 것은 그 성품의 향하는 바가 아래에 있기 때문이고, 짐승이 넓은 들로 달아나는 것과 같은 것은 그 성품의 가는 바가 넓은 들에 있기 때문이다. 이처럼 그 형세를 막을 수 없는 것이니, 천하에 아래로 흐르지 않는 물이 없고, 넓은 들로 달아나지 않는 짐승이 없다. 어찌 인으로 돌아오지 않는 백성이 있겠는가?
백성이 인으로 돌아가는 간절함이 이와 같은데, 하물며 인하지 않은 자가 뒤에서 핍박하는 경우에 있어서이겠는가? 예를 들어 물고기가 본래 깊은 물로 가려고 하는데, 수달을 두려워하기 때문에 더욱 깊은 물로 피하려고 하니, 깊은 물을 위해서 물고기를 몰아주는 것이 수달이다. 또한 참새는 본래 무성한 수풀로 가려고 하는데, 새매를 두려워하기 때문에 더욱 무성한 수풀로 피하려고 하니, 무성한 수풀을 위해서 참새를 몰아주는 것은 새매이

다. 마찬가지로 백성은 본래 탕왕이나 무왕 같은 성군에게 돌아가려고 하는데, 걸과 주를 두려워하기 때문에 더욱 탕왕이나 무왕에게 피하려고 하니, 탕왕과 무왕을 위하여 백성을 몰아주는 것은 걸과 주이다. 심하다! 인(仁)이 인하지 않음을 이김이여! 이제 천하의 임금 가운데 인을 좋아 하는 자가 나와 백성이 바라는 바를 주어 모이게 하고, 싫어하는 바를 베풀지 않음을 탕왕과 무왕처럼 한다면, 제후 가운데 인하지 않은 자가 백성을 몰아줄 것이다. 백성이 돌아온다면 천하를 얻을 것이니, 비록 왕 노릇을 하지 않으려 해도 어쩔 수 없을 것이다."

9-3. 今之欲王者(금지욕왕자)는 猶七年之病(유칠년지병)에 求三年之艾也(구삼년지애야)니 苟爲不畜(구위불축)이면 終身不得(종신부득)하리니 苟不志於仁(구부지어인)이면 終身憂辱(종신우욕)하야 以陷於死亡(이함어사망)하리라 詩云(시운) 其何能淑(기하능숙)이리오 載胥及溺(재서급닉)이라하니 此之謂也(차지위야)니라

| 언해 |

이제 王코져 ᄒᆞᄂᆞᆫ 者ᄂᆞᆫ 七年ㅅ病에 三年ㅅ艾를 求홈 ᄀᆞᄐᆞ니 진실로 畜디 아니ᄒᆞ면 身이 終토록 得디 몯ᄒᆞ리니 진실로 仁에 志티 아니ᄒᆞ면 身이 終토록 憂ᄒᆞ며 辱ᄒᆞ야 ᄡᅥ 死亡에 陷ᄒᆞ리라 詩예 닐오ᄃᆡ 그 엇디 能히 淑ᄒᆞ리오 곧 서ᄅᆞ 溺에 及ᄒᆞᆫ다 ᄒᆞ니 이ᄅᆞᆯ 닐옴이니라

| 직역 |

"지금 왕 노릇 하기를 바라는 자는 마치 7년 된 병에 3년 묵은 쑥

을 구하는 것과 같으니, 진실로 비축하지 않는다면 종신토록 얻지 못할 것이다. 진실로 인에 뜻을 두지 않는다면 종신토록 근심하고 치욕스럽게 되어 사망에 이를 것이다. 『시경』에 이르기를, '그 어찌 착할 수 있으리오, 곧 서로 빠지게 된다'라고 한 것은 이를 두고 한 말이다."

| 자해 |

艾 : 쑥. 종기를 뜰 때 사용하는 것으로 오래된 것일수록 좋음. • 詩 : 「대아(大雅) · 상유(桑柔)」. • 淑 : 착함. • 載 : '즉(卽)'과 같음. • 胥 : 상(相)과 같음.

| 의해 |

"인을 좋아한다면 반드시 왕업을 이룰 수 있다. 다만 지금의 왕 노릇을 하려는 자는 평소 부국강병에 힘써 사나운 정사를 베풀어 백성의 마음을 잃고 나라가 우환에 시달리고 있으니, 급히 인한 정사를 행하여 백성의 마음을 얻은 뒤에 그동안 누적된 폐단을 돌이킬 수 있을 것이다. 7년 된 병은 그 뿌리가 깊으니, 3년 된 쑥을 구하여 다스린 뒤에 오래된 고질병을 낫게 하는 것과 같다. 3년 된 쑥을 평일에 비축해두지 않았다면, 지금부터 비축하는 것도 좋다. 만일 지금부터라도 이것을 비축하지 않는다면 종신토록 구하지 못하고 마침내 병사함을 모면할 수 없을 것이다. 진실로 지금부터라도 인에 뜻을 두지 않는다면 백성의 마음이 날로 떠나고 나라의 형세가 날로 어려워져서 종신토록 근심하고 욕되어서 사망에 이르게 될 것이니, 그 누가 왕 노릇을 할 수 있겠는가? 『시경』에 말하였다. '그 어찌 스스로 착할 수 있으리오, 오직 서로 더불어 빠지게 될 따름이다." 이것은 바로 인하지 않은 임금이 종신토록 근심하고 욕되어서 사망에 이르는 것을 뜻하니, 어찌 다만 왕 노릇을 못하는 것으로 그치겠는가? 나라를 소유한 자는 마땅히 조심스럽게 살펴서 인에 뜻을 두어야 할 것이다."

| 요지 |

이 장은 모두 임금을 가르쳐서 인을 행하여 천하에서 왕 노릇하는 것을 도모하게 하는 뜻이니, 천하를 얻는 것을 주제로 삼고, 어질 인(仁) 자를 강령으로 삼았다. 백성을 어질게 하는 요체는 다만 그 바라는 바를 주며 그 싫어하는 바를 베풀지 말라는 두 마디에 있다. 이와 같이 한다면 인을 좋아한다고 할 만하며, 인하지 않은 자가 모두 백성을 몰아서 돌아오게 할 것이니, 천하에서 왕 노릇하는 것을 그 누가 막겠는가? 위의 세 절은 민심이 향하고 배반하는 기틀이 인에 관계됨을 나타낸 것이고, '이제 천하의 임금 가운데'의 절은 한번 인을 좋아하면 백성을 얻어서 천하에 왕이 되기 쉬움을 보임으로써 당시 제후들이 인을 행하도록 고무시킨 것이며, 끝의 두 절은 인을 좋아하기를 마땅히 속히 할 것을 거듭 밝히고 위태롭다는 말로써 격동시킨 것이다.

맹자왈 자포자 불가여유언야 자기자 불가
10. 孟子曰 自暴者는 不可與有言也요 自棄者는 不可
여유위야 언비례의 위지자포야 오신불능거인
與有爲也니 言非禮義를 謂之自暴也요 吾身不能居仁
유의 위지자기야 인 인지안택야 의 인지
由義를 謂之自棄也니라 仁은 人之安宅也요 義는 人之
정로야 광안택이불거 사정로이불유 애
正路也라 曠安宅而弗居하며 舍正路而不由하나니 哀
재
哉라

| 언해 |

孟子ㅣ ᄀᆞᆯᄋᆞ샤ᄃᆡ 스ᄉᆞ로 暴ᄒᆞᄂᆞᆫ 者ᄂᆞᆫ 可히 더블어 言홈을 두디 몯홀꺼시오 스ᄉᆞ로 棄ᄒᆞᄂᆞᆫ 者ᄂᆞᆫ 可히 더블어 ᄒᆞ욤을 두디 몯홀꺼시니 言홈애 禮義ᄅᆞᆯ 非ᄒᆞᄂᆞᆫ 이ᄅᆞᆯ 自暴ㅣ라 닐ᄋᆞ고 내 몸이 能히

仁에 居ᄒᆞ며 義롤 由티 몯ᄒᆞ리로다 ᄒᆞᄂᆞᆫ 이롤 自棄라 닐ᄋᆞᄂᆞ니라 仁ᄋᆞᆫ 人의 安ᄒᆞᆫ 宅이오 義ᄂᆞᆫ 人의 正ᄒᆞᆫ 路ㅣ라 安宅을 曠ᄒᆞ고 居티 아니ᄒᆞ며 正路롤 舍ᄒᆞ고 由티 아니ᄒᆞᄂᆞ니 哀홉라

| 직역 |

맹자가 말하였다. "스스로 해롭게 하는 자와는 더불어 말할 수 없고, 스스로 버리는 자와는 더불어 행할 수 없으니, '말할 때 예의를 비방하는 것'을 일러 '스스로 해롭게 하는 자'라고 하고, '나는 인에 거하고 의를 행할 수 없다'고 하는 것을 일러 '스스로 버리는 자'라고 한다. 인은 사람의 편안한 집이고, 의는 사람의 바른 길이다. 편안한 집을 비워 두고 거하지 않으며, 바른 길을 버리고 행하지 않으니, 안타깝다."

| 자해 |

暴 : 해침. • 非 : 비방함. • 曠 : 빔. • 由 : 행함.

| 의해 |

맹자가 말하였다. "사람의 성품은 근본적으로 착하니, 마땅히 스스로 힘써서 그 도를 다하기를 도모해야 한다. 다만 이것은 도에 대하여 서로 말을 함으로써 명백해지지만, 자신의 몸을 스스로 해롭게 하는 자와는 말로써 서로 지도하지 못할 것이다. 또한 사람이 도에 대하여 서로 행함으로써 이루어지는 것이지만, 자신의 몸을 스스로 버리는 자와는 서로 권하지 못할 것이다. 무엇을 일러 '스스로 해롭게 한다'고 하는가? 지극히 아름다운 예의를 아름답게 여길 줄 모르고 말끝마다 비방하면서 '나의 성품에는 근본적으로 예의가 없다'고 말하는 것이다. 무엇을 일러 '스스로 버린다'고 하는가? 인과 의가 몸에 있지만 '나는 몸이 그렇게 행할 수 없다'고 말하는 것이다.

자신이 스스로 몸을 해롭게 하고 몸을 버려서 인의를 끊어버리는

자가 어찌 그것이 진실로 사람에게 긴절한 것을 알 수 있겠는가? 인은 사람에게 공통적인 하늘의 이치이다. 그 가운데 처하여 터럭만큼도 인욕의 기울거나 위태함이 없는 것이 인생의 지극히 바른 길이다.

편안한 집은 사람이 마땅히 거처할 바인데 비워두고 거처하지 않고, 바른 길은 사람이 마땅히 행할 바인데 버려두고 행하지 않으니, 막히고 가리움이 깊어서 양심을 잃어버린 것이다. 슬프다! 나는 스스로 해롭게 하고 스스로 버리는 자의 종말이 어떻게 될 것인지 모르겠다."

| 요지 |

이 장은 모두 인의를 해롭게 하고 버리는 자를 경계하는 것으로, 두 개의 스스로 '자(自)'라는 글자가 중요하다. 『집주』에서 말한 도는 '본래 고유한 것인데 사람이 스스로 잃었다'고 하는 것이다. 사람의 편안한 집과 사람의 바른 길은 사람이 스스로 가진 것을 보인 것인데, 잃어버린 것이 슬픈 일이다. '인의(仁義)' 두 글자는 이 장의 골자이니, 전후 두 구절은 사람이 도를 스스로 끊음을 개탄한 것이고, 가운데 한 구절은 도가 본래 고유한 것을 말함으로써 아래의 스스로 끊는 뜻을 일으킨 것이다.

맹 자 왈　도 재 이 이 구 저 원　　사 재 이 이 구 저 난
11. 孟子曰 道在爾而求諸遠하며 事在易而求諸難하나
인 인　　친 기 친　　장 기 장　　이 천 하 평
니 人人이 親其親하며 長其長이면 而天下平하리라

| 언해 |

孟子ㅣ ᄀᆞᆯᄋᆞ샤ᄃᆡ 道ㅣ 邇예 잇거늘 遠에 求ᄒᆞ며 事ㅣ 易예 잇거

놀 難애 求ᄒᆞᄂᆞ니 人人이 그 親을 親ᄒᆞ며 그 長을 長ᄒᆞ면 天下ㅣ 平ᄒᆞ리라

| 직역 |

맹자가 말하였다. "도가 가까운 데 있는데도 먼 데서 찾으며, 일이 쉬운 데 있는데도 어려운 데에서 찾는다. 사람마다 자기 어버이를 친히 하며, 자기 어른을 어른으로 모시면 천하가 평화로울 것이다."

| 자해 |

爾 : 가까움. '이(邇)'와 같음.

| 의해 |

맹자가 말하였다. "성품을 거느리는 것을 도라 이르며, 그것은 나에게 근본적으로 있는 것이다. 이처럼 지극히 가까운 데 있는데도 사람들은 먼 데에서 찾는다. 도를 행하는 것을 일[事]이라 이르며, 그것은 내가 행할 수 있는 것이다. 이처럼 본래 쉬운 데 있는 데도 사람들은 어려운 데에서 찾는다. 이것이 사람들의 잘못이다. 도가 친한 이와 어른의 사이에 벗어나지 않으며, 친히 하고 어른으로 섬기는 것이 곧 그 일인 줄 알지 못하기 때문이다. 사람마다 그 친한 이를 친히 하고 그 어른을 어른으로 섬기면 집안이 모두 효도하고 공손하며 풍속이 인의에 부합해서 천하가 화평할 것이다. 천하의 형세가 먼 것 같고 천하를 화평하게 하는 일이 어려운 듯하지만, 그 요체는 친한 이를 친히 하고 어른을 어른으로 섬기는 것에서 벗어나지 않으니, 참으로 도가 가깝고 일이 쉬운 것이다. 그렇다면 이것을 버리고 다른 데에서 구한다면 멀고 어렵기 때문에 도리어 그것을 잃어버리지 않겠는가?"

| 요지 |

이 장은 도술(道術)로 천하를 바꾸고자 하는 어질고 지혜 있는 무리를 위해서 나온 것이지, 임금을 이처럼 인도한다는 뜻이 아니다. 앞의 두 구절은 사람이 도에 어두워 구함이 지나침을 개탄한 것이고, 뒤의 두 구절은 도가 있는 바를 보임으로써 반드시 지나치게 구하지 않도록 한 것이다.

맹 자 왈 거 하 위 이 불 획 어 상 민 불 가 득 이 치 야
12-1. 孟子曰 居下位而不獲於上이면 民不可得而治也
획 어 상 유 도 불 신 어 우 불 획 어 상 의
리라 獲於上이 有道하니 不信於友면 弗獲於上矣리라
신 어 우 유 도 사 친 불 열 불 신 어 우 의 열 친
信於友有道하니 事親弗悅이면 弗信於友矣리라 悅親이
유 도 반 신 불 성 불 열 어 친 의 성 신 유 도
有道하니 反身不誠이면 不悅於親矣리라 誠身이 有道하
불 명 호 선 불 성 기 신 의
니 不明乎善이면 不誠其身矣리라

| 언해 |

孟子ㅣ ᄀᆞᆯᄋᆞ샤ᄃᆡ 下位예 居ᄒᆞ야 上애 獲디 몯ᄒᆞ면 民을 可히 시러곰 治티 몯ᄒᆞ리라 上애 獲홈이 道ㅣ 인ᄂᆞ니 友에 信티 몯ᄒᆞ면 上애 獲디 몯ᄒᆞ리라 友에 信홈이 道ㅣ 인ᄂᆞ니 親을 事홈애 悅케 몯ᄒᆞ면 友에 信티 몯ᄒᆞ리라 親을 悅케 홈이 道ㅣ 인ᄂᆞ니 身에 反ᄒᆞ야 誠티 몯ᄒᆞ면 親에 悅티 몯ᄒᆞ리라 身을 誠ᄒᆞ욤이 道ㅣ 인ᄂᆞ니 善을 明티 몯ᄒᆞ면 그 身을 誠티 몯ᄒᆞ리라

| 직역 |

맹자가 말하였다. "아래 지위에 있으면서 윗사람에게 (뜻을) 얻지 못하면 백성을 다스릴 수 없다. 윗사람에게 (뜻을) 얻는 데 도가

있으니, 벗에게 신임을 받지 못하면 윗사람에게 (뜻을) 얻을 수 없다. 벗에게 신임을 받는 데 도가 있으니, 어버이를 섬기는데 기뻐하지 않는다면 벗에게 신임을 받을 수 없다. 어버이를 기쁘게 하는 데 도가 있으니, 자신을 반성해서 성실하지 못하다면 어버이를 기쁘게 할 수 없다. 자신을 성실하게 하는 데 도가 있으니, 선에 밝지 않다면 자신을 성실하게 할 수 없다."

| 자해 |

誠 : 성실함.

| 의해 |

맹자가 사람들에게 성실함을 생각하기를 권하여 말하였다. "아래 지위에 있으면서 그 백성을 다스리고자 한다면, 그 도가 윗사람에게 신임을 얻는 데 있다. 만일 윗사람에게 신임을 얻지 못하면 그 지위를 안정시켜 그 뜻을 행할 수 없어서 백성을 다스릴 수 없다. 윗사람에게 신임을 얻는 데 도가 있으니, 반드시 내 벗에게 신임을 받는 데 있다. 만일 벗에게 신임을 받지 못한다면 명예가 나타나지 않으니, 윗사람이 무엇에 근거하여 알 수 있겠는가? 결국 윗사람에게 신임을 얻지 못 할 것이다. 벗에게 신임을 받는 데 도가 있으니, 반드시 큰 절개에 결점이 없어야만 한다. 만일 부모를 섬김에 그 뜻을 기쁘게 하지 못한다면 소행이 미덥지 못하기 때문이며 그렇다면 벗에게 신임을 받지 못한다. 부모를 기쁘게 하는 데 도가 있으니, 반드시 성심에서 비롯되어야 한다. 자기 몸에 돌이켜서 성실하지 못하고 외면으로 거짓 효도로 섬기는 체하고 이면으로는 효도하는 마음이 없으면 부모를 기쁘게 할 수 없다. 윗사람에게 신임을 얻는 것과 벗에게 신임을 얻는 것과 부모를 기쁘게 하는 것을 미루어 보면, 요체는 오직 몸을 성실하게 하는 데 있다. 그러나 몸을 성실하게 하는 데 도가 있으니, 반드시 참으로 착한 것을 행할 줄 안 연후에 은미한 사이라도 조금만큼

도 스스로 속이는 뜻이 없는 것이다. 만일 일에 나아가서 그 이치를 궁구하여 내가 아는 것을 미루어 극진히 하지 못하면, 그 마음이 충실하지 못하여 몸이 문득 성실하지 못할 것이다. 오직 착한 것을 밝혀서 몸을 성실히 한다면 부모를 섬기는 것이 실제 효도가 되고, 벗을 사귀는 것이 실제 믿음이 되며, 임금을 섬기는 것이 실제 충성이 되고, 백성을 다스리는 것이 실제 정사가 되니, 한 가지 성실이 확립됨으로써 만 가지 착함이 따르게 된다."

시고 성자 천지도야 사성자 인지도야
12-2. 是故로 誠者는 天之道也요 思誠者는 人之道也니
지성이부동자 미지유야 불성 미유능동자야
라 至誠而不動者 未之有也니 不誠이면 未有能動者也니라

| 언해 |

이런 故로 誠은 天의 道ㅣ오 誠을 思ᄒᆞ욤은 人의 道ㅣ니라 지극히 誠ᄒᆞ고 動티 몯ᄒᆞᆯ 者ㅣ 잇디 아니ᄒᆞ니 誠티 몯ᄒᆞ면 能히 動ᄒᆞᆯ 者ㅣ 잇디 아니ᄒᆞ니라

| 직역 |

"이 때문에 성실은 하늘의 도이며, 성실을 생각하는 것은 사람의 도이다. 지극히 성실하여 감동시키지 못할 것이 없으며, 성실하지 않으면 감동할 수 있는 것이 없다."

| 의해 |

"착한 것을 밝힘으로써 몸을 성실하게 하는 긴절함이 이와 같다. 따라서 성실이라고 하는 것은 실제의 이치이다. 이러한 이치가

내게 있어서 본래 성실하지 아니함이 없는 것은 하늘이 명하여 내릴 때 나에게 실어준 본연의 도이기 때문이다. 다만 하늘에 있어서는 근본적으로 성실하지 아니한 이치가 없지만, 사람에게 있어서는 간혹 성실하지 아니한 마음이 있으니, 이 경우엔 공부로써 그 성실한 것을 회복할 것을 생각하여 이 하늘의 도를 온전하게 하는 것이 사람의 마땅히 할 바의 도이다. 따라서 몸을 성실하게 하는 공부를 힘쓰지 않을 수 없다.
성실할 것을 생각하는 공부로부터, 생각하고 생각하는 것이 모두 성실한 곳에 이르는 것을 지성이라고 한다. 성실한 것이 지극한 곳에 이르면 스스로 상대를 감동시킬 수 있으니, 이로써 부모를 섬기면 부모가 기뻐하고, 이로써 벗을 사귀면 벗이 믿고, 이로써 임금을 섬기면 임금이 신용하고, 이로써 백성을 다스리면 백성이 복종하여 감동하지 않은 자가 없을 것이다. 만일 성실하지 아니하면 감동할 자가 없으니 사람이 성실함에 힘쓰지 않을 수 있겠는가?"

| 요지 |

이 장은 몸을 성실히 하는 것을 주장한 것이니, 착한 것을 밝히는 것은 몸을 성실히 하는 안의 일이다. 앞 구절은 상대를 감동시키는 것이 반드시 몸을 성실하게 하는 데 근본함을 보인 것이고, 다음 구절은 그 몸이 마땅히 성실해야 함을 보인 것이며, 끝 구절은 몸을 성실히 하면 상대를 감동시킬 수 있음을 보임으로써 앞 구절의 뜻을 매듭지은 것이다.

맹 자 왈 백 이 피 주 거 북 해 지 빈 문 문 왕
13-1. 孟子曰 伯夷辟紂하여 居北海之濱이러니 聞文王
작 흥 왈 합 귀 호 래 오 문 서 백 선 양 로 자
作興하고 曰 盍歸乎來리오 吾聞西伯은 善養老者라하고

태공 피주 거동해지빈 문문왕작흥 왈
太公이 辟紂하여 居東海之濱이러니 聞文王作興하고 曰
합귀호래 오문서백 선양로자
盍歸乎來리오 吾聞西伯은 善養老者라하니라

| 언해 |

孟子ㅣ 갈ᄋᆞ샤ᄃᆡ 伯夷ㅣ 紂를 辟ᄒᆞ야 北海ㅅ濱애 居ᄒᆞ얏더니 文王의 作興홈을 듣고 ᄀᆞᆯ오ᄃᆡ 엇디 도라오디 아니ᄒᆞ리오 나는 西伯은 老者를 善養ᄒᆞᆫ다 드로라 ᄒᆞ고 太公이 紂를 辟ᄒᆞ야 東海ㅅ濱에 居ᄒᆞ얏더니 文王의 作興홈을 듣고 ᄀᆞᆯ오ᄃᆡ 엇디 도라오디 아니ᄒᆞ리오 나는 西伯은 老者를 善養ᄒᆞᆫ다 드로라 ᄒᆞ니라

| 직역 |

맹자가 말하였다. "백이가 주왕을 피하여 북해의 가에 거처하였는데, 문왕이 일어났다는 소식을 듣고 말하기를, '어찌 돌아가지 않으리오, 내가 듣기에 서백은 늙은이를 잘 봉양한다고'고 하였으며, 태공이 주왕을 피하여 동해의 가에 거처하였는데, 문왕이 일어났다는 소식을 듣고서 말하기를, '어찌 돌아가지 않으리오, 내가 듣기에 서백은 늙은이를 잘 봉양한다'고 하였다."

| 자해 |

作興 : 일어남. • 盍 : 어찌 아니함. • 西伯 : 문왕을 가리킴. 은나라가 주나라를 서방 제후의 우두머리로 삼았기에 붙여진 칭호. • 太公 : 성은 강(姜), 씨는 여(呂), 이름은 상(尙).

| 의해 |

맹자가 말하였다. "지금 천하가 하나로 안정되지 못한 것은 행한 바가 그 올바른 정사를 얻지 못하였기 때문이다. 예컨대 옛날에 은나라 주가 천하에 포학한 정사를 행하여 나라의 원로를 버렸다. 백이는 주의 난을 피하여 북해 물가에 숨어 있었으니, 어진 임금

이 아니면 섬기지 않았기 때문이다. 문왕이 일어나서 서백이 되었다는 소식을 듣고 '어찌 돌아가지 않으리오, 내가 들으니, 서백은 정사를 발하고 인을 베풀어서 늙은이를 잘 기른다 하니 돌아갈 것이다'라고 하였다. 또한 태공은 주의 난을 피하여 동해 물가에 숨어 있었으니, 때가 아니면 나아가지 않았기 때문이다. 문왕이 일어나서 서백이 되었다는 소식을 듣고 말하기를 '어찌 돌아가지 않으리오, 내가 들으니, 서백은 정사를 발하고 인을 베풀어서 늙은이를 잘 기른다 하니 돌아갈 것이다'라고 하였다. 이들은 모두 그 잘 기르는 데에 나아간 것이지, 벼슬을 추구한 것은 아니다."

이 로 자 천 하 지 대 로 야 이 귀 지 시 천 하 지
13-2. 二老者는 天下之大老也而歸之하니 是는 天下之
부 귀 지 야 천 하 지 부 귀 지 기 자 언 왕 제 후
父歸之也라 天下之父歸之어니 其子焉往이리오 諸侯
유 행 문 왕 지 정 자 칠 년 지 내 필 위 정 어 천 하 의
有行文王之政者면 七年之內에 必爲政於天下矣리라

| 언해 |

二老는 天下읫 大老ㅣ로ᄃᆡ 歸ᄒᆞ니 이ᄂᆞᆫ 天下읫 父ㅣ 歸ᄒᆞᆷ이라 天下읫 父ㅣ 歸ᄒᆞ거니 그 子ㅣ 어ᄃᆡ가리오 諸侯ㅣ 文王의 政을 行ᄒᆞᆯ 者ㅣ 이시면 七年ㅅ內예 반ᄃᆞ시 天下애 政을 ᄒᆞ리라

| 직역 |

"두 늙은이는 천하의 큰 늙은이인데 돌아왔으니, 이것은 천하의 아버지가 돌아온 것이다. 천하의 아버지가 돌아왔으니, 그 아들이 어디로 가겠는가? 제후 가운데 문왕의 정사를 행하는 자가 있다면 7년 이내에 반드시 천하에 정사를 할 수 있을 것이다."

| 자해 |

二老 : 백이(伯夷)와 태공(太公).

| 의해 |

“백이와 태공은 연륜과 덕이 모두 높은 천하의 큰 늙은이이다. 이미 큰 늙은이로서 천하의 인망에 관계가 있어서 천하 사람의 아버지가 되고 천하의 사람들은 모두 그 아들이 된 것과 같았다. 이러한 두 늙은이가 문왕에게로 돌아왔으니, 이는 천하의 아버지 된 사람이 돌아온 것과 같다. 천하의 아버지 된 사람이 돌아왔으니, 그 아들로서 어찌 그 아버지를 배반하고 다른 데로 갈 수 있겠는가? 따라서 두 늙은이가 돌아오자 천하 사람이 돌아오지 않을 수 없었다.

문왕이 왕정을 행하여 천하 사람이 돌아온 것이 이와 같았으니, 당시 제후가 문왕이 기땅을 다스리던 바로써 나라를 다스리는 것처럼, 천지와 향리에 뽕나무를 심고 육축을 기르는 가르침과 홀아버지와 과부와 아버지 없는 어린아이와 아들 없는 늙은이의 기르는 것을 모두 들어서 행하면, 반드시 백이와 태공 같은 원로들이 먼저 돌아와서 백성의 귀감이 되고, 천하가 모두 마음을 돌이킬 것이니, 7년 안에 반드시 사해를 통일하여 천하에 정사를 베풀 수 있었을 것이다. 왕을 도모하는 뜻을 가진 자가 무엇을 꺼려서 문왕을 본받지 않을 수 있겠는가?”

| 요지 |

이 장은 당시 제후에게 문왕을 본받아 인한 정치를 행할 것을 권면한 뜻이다. 위에 두 구절은 문왕이 인한 정치를 행하여 나라의 원로를 얻어서 천하의 마음을 얻었음을 보인 것이고, 끝 구절은 제후가 문왕의 정사를 행할 것을 거듭 권면한 것이다. 오로지 양로(養老)가 중요하다는 뜻이 아니니, 양로는 다만 왕정 가운데 한 가지 일일뿐이다.

맹 자 왈 구 야 위 계 씨 재 무 능 개 어 기 덕 이
14–1. 孟子曰 求也爲季氏宰하여 無能改於其德이요 而
부 속 배 타 일 공 자 왈 구 비 아 도 야 소
賦粟이 倍他日한대 孔子曰 求는 非我徒也리로소니 小
자 명 고 이 공 지 가 야
子아 鳴鼓而攻之可也라하시니라

| 언해 |

孟子ㅣ 골ᄋᆞ샤ᄃᆡ 求ㅣ 季氏의 宰되여셔 能히 그 德에 改케 홈이 업고 粟을 賦홈이 他日에셔 倍ᄒᆞᆫ대 孔子ㅣ 골ᄋᆞ샤ᄃᆡ 求는 우리 徒ㅣ 아니로소니 小子아 鼓를 鳴ᄒᆞ야 攻ᄒᆞ욤이 可타 ᄒᆞ시니라

| 직역 |

맹자가 말하였다. "염구가 계씨의 가신이 되어 그의 덕을 바꾸지 못하고, 세금을 거두는 것이 이전에 비해 배가 되자, 공자가 말하기를, '염구는 내 제자가 아니다. 제자들아, 북을 울리며 성토해도 좋다'고 하였다."

| 자해 |

求 : 염구(冉求). • 季氏 : 노나라의 경대부. • 宰 : 가신(家臣). • 賦 : 거둠. • 小子 : 제자.

| 의해 |

맹자가 당시 군사를 강하게 하는 자의 죄를 거론하여 말하였다. "옛적에 공자의 제자 염구가 계씨의 가신이 되어 그 악한 덕을 고치지 못하고 도리어 법을 베풀고 과세를 재촉하여 거두어들인 곡식이 이전보다 배가 되었다. 공자가 말하기를, '염구가 악한 사람에게 아부하고 백성을 해롭게 함이 이와 같으니, 우리의 무리가 아니다. 너희들은 북을 울려서 그 죄를 성토해도 좋다'고 하였다."

유 차 관 지 군 불 행 인 정 이 부 지 개 기 어 공 자
14-2. 由此觀之컨댄 君不行仁政而富之면 皆棄於孔子
자 야 황 어 위 지 강 전 쟁 지 이 전 살 인 영 야
者也니 況於爲之强戰하여 爭地以戰에 殺人盈野하며
쟁 성 이 전 살 인 영 성 차 소 위 솔 토 지 이 식 인 육
爭城以戰에 殺人盈城이온여 此所謂率土地而食人肉
죄 불 용 어 사 고 선 전 자 복 상 형 련 제
이라 罪不容於死니라 故로 善戰者는 服上刑하고 連諸
후 자 차 지 벽 초 래 임 토 지 자 차 지
侯者次之하고 辟草萊任土地者次之니라

| 언해 |

일로 말ᄆᆡ암아 보건댄 君이 仁政을 行티 아니ᄒᆞ거든 富케 ᄒᆞ면 다 孔子끠 棄히일 者ㅣ니 ᄒᆞ믈며 爲ᄒᆞ야 强히 戰ᄒᆞ야 地를 爭ᄒᆞ야ᄡᅧ 戰홈애 人을 殺ᄒᆞ야 野에 盈ᄒᆞ며 城을 爭ᄒᆞ여ᄡᅧ 戰홈애 人을 殺ᄒᆞ야 城에 盈홈이ᄯᆞᆫ여 이 닐온밧 土地를 率ᄒᆞ야 人肉을 食홈이라 罪ㅣ 死홈애 容티 몯ᄒᆞ리라 故로 善히 戰ᄒᆞᄂᆞᆫ 者ᄂᆞᆫ 上刑을 服ᄒᆞ고 諸侯를 連ᄒᆞᄂᆞᆫ 者ㅣ 次ᄒᆞ고 草萊를 辟ᄒᆞ야 土地를 任ᄒᆞᄂᆞᆫ 者ㅣ 次ᄒᆞ니라

| 직역 |

"이로부터 본다면, 군주가 인정을 행하지 않는데 그 군주를 부유하게 하면 모두 공자에게 버림을 받을 자이다. 하물며 그를 위해 힘써 싸워서 땅을 다투고 사람을 죽인 것이 들에 가득하며, 성을 다투어 사람을 죽인 것이 성에 가득한 경우에 있어서이겠는가? 이것은 이른바 토지 때문에 사람 고기를 먹는다는 것이니, 죄가 죽어도 용납될 수 없는 것이다. 따라서 전쟁을 잘하는 자는 극형에 해당하고, 제후들과 연합하는 자는 다음 형에 해당되며, 황무지를 개간하여 토지를 맡기는 자는 그 다음 형에 해당된다."

| 자해 |

辟 : 개간함. • 任土地 : 백성에게 땅을 나누어 경작의 책임을 맡김.

| 의해 |

"공자가 염구를 꾸짖은 말을 통해 보면, 임금이 인한 정치를 행하여 백성을 여유롭게 하지 않는데, 신하 된 자가 도리어 임금을 위하여 백성에게 세금을 거두어들여 부유하게 하는 것은 모두 명교(名教)의 죄인이며, 따라서 공자가 그를 버리고 끊은 것이다. 그 임금을 부유하게 하는 자는 백성의 재물만 빼앗고 사람을 죽이는 데 이르지 아니하였는데 공자가 이처럼 미워하였으니, 하물며 임금을 위하여 힘써 싸우는 사람에 있어서이겠는가? 힘써 싸우는 자는 땅을 다투고, 싸우면 반드시 사람을 죽여 성에 가득하게 하여, 그 백성의 간과 뇌를 땅에 바르게 할 것이니, 이것이 이른바 토지 때문에 사람의 고기를 먹는 것이다. 그 큰 죄가 비록 죽음에 이르러도 오히려 부족하기 때문에 용서하지 못할 것이다.
힘써 싸우는 죄가 이와 같이 크기 때문에, 싸우기를 잘 하는 자는 마땅히 최상의 극한 형벌을 내려서 그 임금과 백성을 괴롭히고 해롭게 한 죄를 바로잡을 것이고, 종횡으로 제후를 연합하여 군사를 일으킴으로써 백성을 칼날에 이르게 하는 자는 그 다음 형벌을 내릴 것이며, 정전법을 어지럽히고 황무지를 개간하여 백성에게 땅을 나누어주고 경작시켜서 세금을 거두는 계교를 부려 백성의 기름과 피를 뽑는 자는 또 그 다음 형벌을 내려야 할 것이다. 천하에서 왕 노릇 할 자가 일어난다면 반드시 법에 의지하여 이처럼 할 것이다. 그런데 지금 제후는 이러한 자를 백성의 도적이라 하지 않고, 도리어 어진 신하라고 하니 어찌된 일인가? 재난이 서로 잇따르는 것은 이상한 일이 아니다."

| 요지 |

이 장은 군사를 강하게 하는 것으로써 주제를 삼았다. 위의 두 구

절은 나라를 부유하게 하는 죄를 말함으로써 군사를 강하게 하는 죄를 심하게 비판한 것이고, 아래 한 구절은 제후를 연합하고 황무지를 개간한 자의 형벌을 말함으로써 싸움을 잘 하는 자의 죄를 심하게 비판한 것이다. 공자의 말을 인증한 것은 다만 아래 구절을 일으키기 위한 것이니, '하물며 황(況)' 자를 보면 알 수 있다. 최상의 형벌을 받을 것이라고 한 것은 그 죄가 죽어도 용서받을 수 없다는 뜻이다. 요체는 임금이 어진 정사를 행하지 않는다는 한 구절에 있으니, 임금을 도와서 큰 일을 도모하고자 한다면 어찌 임금을 도와서 어진 정사를 행하지 않을 수 있겠는가?

맹 자 왈 존 호 인 자 막 량 어 모 자 모 자 불 능 엄 기
15. 孟子曰 存乎人者莫良於眸子하니 眸子不能掩其
악 흉 중 정 즉 모 자 료 언 흉 중 부 정 즉 모
惡하나니 胸中이 正則眸子 瞭焉하고 胸中이 不正則眸
자 모 언 청 기 언 야 관 기 모 자 인 언 수 재
子眊焉이니라 聽其言也요 觀其眸子면 人焉廋哉리오

| 언해 |

孟子ㅣ ᄀᆞᆯᄋᆞ샤ᄃᆡ 人의게 存ᄒᆞᆫ 거시 眸子만 良ᄒᆞ니 업스니 眸子ㅣ 能히 그 惡을 掩티 몯ᄒᆞᄂᆞ니 胸中이 正ᄒᆞ면 眸子ㅣ 瞭ᄒᆞ고 胸中이 正티 아니ᄒᆞ면 眸子ㅣ 眊ᄒᆞ니라 그 言을 聽ᄒᆞ고 그 眸子를 觀ᄒᆞ면 人이 엇디 廋ᄒᆞ리오

| 직역 |

맹자가 말하였다. "사람에게 있는 것 가운데 눈동자보다 선량한 것이 없으니, 눈동자는 그 악을 가리지 못한다. 마음이 바르면 눈동자가 맑고, 마음이 바르지 못하면 눈동자가 흐리다. 그 말을 들으며 그 눈동자를 본다면 사람들이 어찌 속일 수 있겠는가?"

| 자해 |

良 : 선함. • 眸子 : 눈동자. • 瞭 : 맑음. • 眊 : 몽롱함. • 廋 : 숨김.

| 의해 |

맹자가 말하였다. "사람의 한 몸에 오관과 백체가 있지만, 눈동자처럼 좋은 것이 없다. 사람이 착하고 악한 것은 마음에서 생기는 것이고, 마음의 정신은 눈으로 나타난다. 따라서 눈동자는 그 마음의 악한 것을 가리지 못하여 가슴 가운데 있는 것이 바르면 마음에 가려진 바가 없어서 정신이 맑고 밝아서 눈동자가 밝게 된다. 만일 가슴 가운데 있는 바가 바르지 않다면 마음에 가려진 바가 있어서 정신이 흩어지고 어두워서 눈동자가 혼미하여 악한 것을 가리지 못하게 된다. 이것이 눈동자가 좋다는 뜻이다.

흔히 '말을 알지 못하면 사람을 알지 못한다'고 하는데, 어찌 한갓 그 말만 들을 따름이겠는가? 말을 듣고 나서는 그 마음의 소리를 살피고 또한 반드시 그 눈동자를 보아서 그 눈의 정신을 징험해야 한다. 만일 그 말이 착하고 눈동자가 밝으면 그 사람이 바른 것을 알 수 있고, 말하는 것은 비록 착하더라도 눈동자가 흐리다면 그 사람의 간사한 것을 알 수 있으니, 사람이 어찌 숨길 수 있겠는가? 이것이 사람을 보는 한 법이다."

| 요지 |

이 장은 사람을 평가할 때를 위해서 제기된 것이다. '사람에게 보존되어 있는 것'이라는 구절은 시작하는 말이고, '눈동자는 그 악을 가리지 못한다'는 구절은 정말 그보다 더 좋은 것이 없다는 뜻이며, '마음이 바르면' 이하 네 구절은 가릴 수 없다는 뜻이다. 장남헌(張南軒)의 이른바 '사람을 보는 자는 마땅히 몸을 단속한다'는 의미의 중요성을 알 수 있다.

맹 자 왈 공 자 불 모 인 검 자 불 탈 인 모

16. 孟子曰 恭者는 不侮人하고 儉者는 不奪人하나니 侮

탈 인 지 군 유 공 불 순 언 오 득 위 공 검 공 검

奪人之君은 惟恐不順焉이어니 惡得爲恭儉이리오 恭儉

기 가 이 성 음 소 모 위 재

은 豈可以聲音笑貌爲哉리오

| 언해 |

孟子ㅣ ᄀᆞᆯᄋᆞ샤ᄃᆡ 恭ᄒᆞᆫ 者ᄂᆞᆫ 人을 侮티 아니ᄒᆞ고 儉ᄒᆞᆫ 者ᄂᆞᆫ 人을 奪티 아니ᄒᆞᄂᆞ니 人을 侮ᄒᆞ야 奪ᄒᆞᄂᆞᆫ 君은 오직 順티 아니홀까 恐ᄒᆞ거니 엇디 시러곰 恭ᄒᆞ며 儉ᄒᆞ리오 恭과 儉은 엇디 可히 聲音과 笑貌로ᄡᅥ ᄒᆞ리오

| 직역 |

맹자가 말하였다. "공손한 사람은 남을 업신여기지 않고, 검소한 사람은 남을 약탈하지 않는다. 남을 업신여기고 약탈하는 군주는 오직 남들이 순종하지 않을까 염려하니, 어찌 공손하거나 검소할 수 있겠는가? 공손함과 검소함을 어찌 음성이나 웃는 모습으로써 할 수 있겠는가?"

| 의해 |

맹자가 공손하고 검소한 실상을 들어서 당시 임금이 그렇지 못한 것을 밝혀 말하였다. "공손한 것과 검소한 것은 임금의 아름다운 덕이다. 지금 임금이 공손하고 검소함으로써 자처하는 자가 있지만, 내가 보건대, 실상으로 공손한 자는 마음을 겸손하고 사양하는 데 두어서 사람을 업신여기지 않고, 실상으로 검소한 자는 마음을 준절하고 간략히 하는 데 두어서 사람의 것을 빼앗지 않는다. 그러나 지금 사람을 업신여기고 빼앗는 임금은 그 마음이 교만하고 사치하여 오직 사람이 자기가 업신여기고 빼앗는 것에 대

해 순종하지 않을까 두려워하니, 어찌 공손하고 검소하다고 이름할 수 있겠는가? 그렇다면 이른바 공손하고 검소하다는 평가를 어찌 음성과 웃는 모양으로써 할 수 있겠는가?"

| 요지 |

이 장은 음성과 웃는 모양으로써 공손하고 검소한 이름을 도적질하는 자에 대해 언급한 것이다. 위의 두 구절은 바르게 말하고, 아래 세 구절은 뒤집어서 말하고, 끝 구절은 바로 위 구절의 뜻을 부연 설명한 것이다.

순 우 곤 왈 남 녀 수 수 불 친 예 여 맹 자 왈
17-1. 淳于髡이 曰 男女授受不親이 禮與잇가 孟子曰
예 야 왈 수 닉 즉 원 지 이 수 호 왈 수 닉 불 원
禮也니라 曰 嫂溺則援之以手乎잇가 曰 嫂溺不援이면
시 시 랑 야 남 녀 수 수 불 친 예 야 수 닉 원
是는 豺狼也니 男女授受不親은 禮也요 嫂溺이어든 援
지 이 수 자 권 야
之以手者는 權也니라

| 언해 |

淳于髡이 ᄀᆞᆯ오ᄃᆡ 男과 女ㅣ 授ᄒᆞ며 受ᄒᆞ욤을 親히 아니홈이 禮잇가 孟子ㅣ ᄀᆞᆯᄋᆞ샤ᄃᆡ 禮니라 ᄀᆞᆯ오ᄃᆡ 嫂ㅣ 溺ᄒᆞ건드 援호ᄃᆡ 手로뻐 ᄒᆞ리잇가 ᄀᆞᆯᄋᆞ샤ᄃᆡ 嫂ㅣ 溺ᄒᆞ거든 援티 아니면 이ᄂᆞᆫ 豺狼이니 男과 女ㅣ 授ᄒᆞ며 受ᄒᆞ욤을 親히 아니홈은 禮오 嫂ㅣ 溺ᄒᆞ거든 援호ᄃᆡ 手로뻐 홈은 權이니라

| 직역 |

순우곤이 말하였다. "남녀가 직접 주고받지 않는 것이 예입니까?"

맹자가 말하였다. “예이다.” 순우곤이 말하였다. “형수가 물에 빠진다면 손으로 구해야 합니까?” 맹자가 말하였다. “형수가 물에 빠졌을 때 구하지 않는다면 이것은 승냥이다. 남녀가 직접 주고받지 않는 것은 예이며, 형수가 물에 빠졌을 때 손으로 구하는 것은 권도이다.”

| 자해 |

淳于髡 : 순우는 성, 곤은 이름. 제나라의 변사. • 權 : 저울 추.

| 의해 |

순우곤이 맹자가 제후를 만나보지 않는 것으로 인하여 물었다. “남녀가 서로 직접 손으로 주고받기를 하지 않는 것이 과연 옛날의 예입니까?” 맹자가 말하였다. “이것은 혐의를 분별하고 적게 하는 것을 밝힌 것으로 예이다.” 순우곤이 말하였다. “가령 형수가 물에 빠져서 허우적댄다면 시동생 된 자가 직접 손으로써 잡아 구원할까요, 아니면 주고받는 예에 어긋나므로 구원하지 않을까요?” 맹자가 말하였다. “형수가 물에 빠졌을 때 구원하지 않는다면 잔인한 마음으로 의리를 해치는 것으로, 이것은 승냥이나 이리와 같은 짐승이다. 남자와 여자가 물에 빠졌을 때 손으로써 구원하는 것은 권도이니, 그 어려움을 구제하기 위한 것이다. 권도는 진실로 예에 어긋나는 것이 아니다.”

왈 금천하닉의 부자지불원 하야 왈
17-2. 曰 今天下溺矣어늘 夫子之不援은 何也잇고 曰
천하닉 원지이도 수닉 원지이수 자욕
天下溺이어든 援之以道요 嫂溺이어든 援之以手니 子欲
수원천하호
手援天下乎아

| 언해 |

ᄀᆞᆯ오ᄃᆡ 이제 天下ㅣ 溺ᄒᆞ얏거ᄂᆞᆯ 夫子의 援티 아니ᄒᆞ심은 엇디잇고 ᄀᆞᆯᄋᆞ샤ᄃᆡ 天下ㅣ 溺ᄒᆞ거든 援호ᄃᆡ 道로ᄡᅥ ᄒᆞ고 嫂ㅣ 溺ᄒᆞ거든 援호ᄃᆡ 手로ᄡᅥ ᄒᆞᄂᆞ니 子ㅣ 手로 天下ᄅᆞᆯ 援코져 ᄒᆞᄂᆞ냐

| 직역 |

순우곤이 말하였다. "지금 천하가 물에 빠졌는데 선생님이 구하지 않는 것은 무엇 때문입니까?" 맹자가 말하였다. "천하가 물에 빠지면 도로써 구하는 것이고, 형수가 물에 빠지면 손으로 구하는 것인데, 그대는 손으로 천하를 구하고자 하는가?"

| 의해 |

순우곤은 맹자가 권도를 좇는다고 말했기 때문에 맹자에게 말하였다. "지금 천하의 백성이 어려움을 당하여 물에 빠진 것과 같아서 형수가 물에 빠진 것에 비교할 수 없습니다. 성현은 천하 보기를 마치 한 집처럼 하니, 도만 지키면서 스스로 편안하지 못할 것입니다. 그런데 선생은 제후를 만나보지 않는 의를 지키면서, 어찌 권도를 좇아서 구원하지 않습니까? 떳떳한 것을 지키기만 하고 변함을 알지 못하는 것이 아닙니까?"

◑ 맹자가 말하였다. "형수가 빠진 것을 구원하는 일과 천하가 빠진 것을 구원하는 일은 그 방법이 같지 않다. 옛 사람이 세상을 구원하는 바는 도로써 하는 것으로, 형수를 구할 때 한갓 손으로써 하는 것에 비교할 수 없다. 도는 반드시 스스로를 중요하게 여긴 다음에 사람을 건지는 것이다. 만일 도를 굽혀서 남에게 합하기를 바란다면 그 도가 이미 스스로 어긋난 것이다. 천하를 어찌 한 손으로 구원할 수 있겠는가? 자네는 내가 한갓 손으로써 큰 천하를 구원하기를 바라는가? 자네가 도를 지키는 것을 알지 못하는데, 어찌 도를 행하는 것을 말할 수 있겠는가?"

| 요지 |

이 장은 세상을 건지는 자가 반드시 도를 굽혀서는 안 됨을 보인 것이다. 위 구절은 일을 빌어서 형수를 구원함에 권도가 통용됨을 보인 것이고, 아래 구절은 천하를 구원함에 권도가 통용되지 못함을 보인 것이다. 권도는 가볍고 무거움을 저울질하여 적중한 것을 취함을 가리킨다. 형수를 구원할 때는 혐의를 피하는 것은 가볍고 빠지는 것을 구원하는 것이 무거우며, 나아가고 처할 때에는 도를 지키는 것이 무겁고 성공하는 것이 가벼우니, 맹자가 어찌 권도라고 이를 수 있겠는가?

18. 公孫丑曰 君子之不教子는 何也잇고 孟子曰 勢不行也니라 教者는 必以正이니 以正不行이어든 繼之以怒하고 繼之以怒則反夷矣니 夫子教我以正하사대 夫子도 未出於正也라하면 則是父子相夷也니 父子相夷則惡矣니라 古者에 易子而教之하니라 父子之間은 不責善이니 責善則離하나니 離則不祥이 莫大焉이니라

| 언해 |

公孫丑ㅣ ᄀᆞᆯ오ᄃᆡ 君子의 子를 教티 아니ᄒᆞ욤ᄋᆞᆫ 엇디잇고 孟子ㅣ ᄀᆞᆯᄋᆞ샤ᄃᆡ 勢ㅣ 行디 몯홈이니라 教ᄒᆞ욤ᄋᆞᆫ 반ᄃᆞ시 正으로ᄡᅧ ᄒᆞᄂᆞ니 正으로ᄡᅧ호ᄃᆡ 行티 아니ᄒᆞ거든 繼호ᄃᆡ 怒로ᄡᅧ ᄒᆞ고 繼호ᄃᆡ 怒로ᄡᅧ ᄒᆞ면 도ᄅᆞ혀 夷ᄒᆞᄂᆞ니 夫子ㅣ 나ᄅᆞᆯ 教ᄒᆞ심을 正으로ᄡᅧ ᄒᆞ샤ᄃᆡ 夫子도 正에 出티 몯ᄒᆞ다 ᄒᆞ면 이 父子ㅣ 서르 夷홈이니 父子

ㅣ 서르 夷ᄒᆞ면 惡ᄒᆞᄂᆞ니라 녜 子를 易ᄒᆞ야 敎ᄒᆞᄂᆞ니라 父子ㅅᄉᆞ이ᄂᆞᆫ 善으로 責디 아니ᄒᆞᄂᆞ니 善으로 責ᄒᆞ면 離ᄒᆞᄂᆞ니 離ᄒᆞ면 祥티 아니홈이 이만큼이 업ᄉᆞ니라

| 직역 |

공손추가 말하였다. "군자가 자기 자식을 가르치지 않는 것은 무슨 까닭입니까?" 맹자가 말하였다. "상황이 좋지 않기 때문이다. 가르치는 자는 반드시 올바름으로써 하는 것인데, 올바름이 행해지지 않는다면 노여움이 뒤따르고, 노여움이 뒤따르면 도리어 자식을 상하게 한다. '아버지가 나를 올바름으로 가르치면서 아버지도 올바름으로 나아가지 않는다'고 한다면 이것은 부자가 서로 상하는 것이니 부자가 서로 상한다면 나쁜 것이다. 옛날에는 자식을 서로 바꾸어 가르쳤다. 부자 사이는 선을 요구하지 않으니, 선을 요구하면 헤어지게 되고, 헤어지게 된다면 상서롭지 못함이 이보다 큰 것이 없다."

| 자해 |

夷 : 상함.

| 의해 |

공손추가 말하였다. "아버지는 마땅히 아들 가르치기를 지극히 할 것인데, 제가 듣기에 군자는 자기 아들을 친히 가르치지 않는다고 하니 어찌 된 일입니까?"

◑ 맹자가 말하였다. "가르치지 못할 이치가 있어서가 아니라 상황이 좋지 않기 때문이다. 아버지가 친히 가르치고자 한다면 반드시 몸을 세우고 몸을 행하는 사이에 모두 바른 도로써 가르칠 것이다. 만일 바른 도로써 가르치는데도 그 아들이 따라 행하지 않는다면 그 가르치는 뜻을 거스르는 것이다. 이에 아버지가 반드시 노하여 꾸짖을 것이다. 노한다면 도리어 그 아들의 감정을

상하게 한다. 아버지가 그 아들의 감정을 상하게 하면 그 아들의 마음에 그 아버지를 책하여 말하기를, '아버지께서 나를 바른 도로써 가르치지만, 아버지 자신도 반드시 바른 도에서 나왔다고 할 수 없다'고 하여 이미 가르치는 것을 따르지 않고 또한 뒷말을 한다면, 이는 아들이 그 아버지의 감정을 상하게 하는 것이다. 아버지와 아들이 서로 감정을 상하게 하면 하늘이 부여한 은혜가 상하여 악한 데 빠질 것이다. 따라서 상황이 좋지 않다고 하는 것이다.

아버지가 친히 그 아들을 가르치면 은혜를 상하는 데 이르고 가르치지 않으면 아들을 해롭게 하는 데 이르니, 옛 사람이 이런 것을 보아 자기 아들이 있으면 다른 사람과 바꾸어서 가르친 것이다.

이와 같이 하는 것은 바로 착함을 요구하는 것은 친구의 도리이기 때문이다. 아버지와 아들 사이에는 은혜로써 서로 화합하는 것이 중요하며, 서로 착함을 요구하지 않는다. 착함으로 요구한다면 정의(情宜)가 어그러진다. 가정 안에는 조화하고 따르는 것이 중요하니, 서로 어그러지면 상서롭지 아니함이 이보다 더 큰 것이 없다. 따라서 군자가 아들을 바꾸어 가르치는 것은 아버지와 아들의 도를 완전하게 하기 위한 것이다."

| 요지 |

이 장은 모두 군자가 그 아들을 잘 성취시키는 법을 보인 것이다. '상황이 좋지 않기 때문이다'라는 한 구절은 그 친히 가르치지 않는 것이 마음에 가르치고자 않으려는 것이 아니고, 또 마땅히 가르치지 못할 이치가 있어서도 아니며 부득이한 상황임을 보인 것이다. '가르치는 자는 반드시 올바름으로써 하는 것'이라는 한 단락은 바로 그 부득이한 상황을 보인 것이고, '자식을 서로 바꾸어 가르쳤다'는 한 구절은 부득이한 상황을 통해서 말한 것이며, 끝 구절은 바꾸어 가르치는 이유를 거듭 밝힌 것이다. 이것은 모두

천하의 보통 사람을 위하여 말한 것이지, 지혜를 갖춘 아들을 가리켜 말한 것은 아니다.

맹 자 왈 사 숙 위 대 사 친 위 대 수 숙 위 대
19-1. 孟子曰 事孰爲大오 事親이 爲大하니라 守孰爲大
수 신 위 대 불 실 기 신 이 능 사 기 친 자 오 문
요 守身이 爲大하니라 不失其身而能事其親者를 吾聞
지 의 실 기 신 이 능 사 기 친 자 오 미 지 문 야 숙 불
之矣요 失其身而能事其親者를 吾未之聞也로라 孰不
위 사 사 친 사 지 본 야 숙 불 위 수 수
爲事리오마는 事親이 事之本也요 孰不爲守리요마는 守
신 수 지 본 야
身이 守之本也니라

| 언해 |

孟子ㅣ ᄀᆞᆯᄋᆞ샤ᄃᆡ 事홈이 므서시 大ᄒᆞ뇨 親事홈이 大ᄒᆞ니라 守홈이 므서시 大ᄒᆞ뇨 身守홈이 大ᄒᆞ니라 그 身을 失티 아니ᄒᆞ고 能히 그 親事ᄒᆞᄂᆞᆫ 者ᄅᆞᆯ 내 듣고 그 身을 失ᄒᆞ고 能히 그 親事ᄒᆞᄂᆞᆫ 者ᄅᆞᆯ 내 듣디 몯ᄒᆞ얀노라 므서시 事ㅣ 아니리오마ᄂᆞᆫ 親事홈이 事의 本이오 므서시 守ㅣ 아니리오마ᄂᆞᆫ 身守이 守의 本이니라

| 직역 |

맹자가 말하였다. "섬기는 일 중에 무엇이 중요한가? 어버이를 섬기는 일이 중요하다. 지키는 일 중에 무엇이 중요한가? 몸을 지키는 일이 중요하다. 그 몸을 잃지 않고 그 어버이를 섬길 수 있는 사람을 나는 들어보았지만, 그 몸을 잃고서도 그 어버이를 섬길 수 있었다는 사람은 나는 아직 들어보지 못하였다. 무엇인들 섬기는 일이 아니겠는가만 어버이를 섬기는 것이 섬김의 근본이요, 무엇인들 지키는 일이 아니겠는가만 몸을 지키는 것이 지킴

의 근본이다."

| 자해 |

守身 : 몸을 추스려 불의에 빠지지 않도록 함.

| 의해 |

맹자가 말하였다. "사람의 분수에 속한 바가 있어서 공경하여 받드는 것을 섬긴다고 한다. 섬기는 것 가운데 무엇이 큰가 하면 부모를 섬기는 것이 크다. 백 가지 따르는 것을 모아 두 사람을 받드는 것이니 조그마한 연고가 아니다. 책망에 속한 바가 있어서 삼가 몸을 가지는 것을 지킨다고 한다. 지키는 것이 무엇이 큰가 하면 몸을 지키는 것이 크다. 만 가지 착한 것을 합하여 한 몸에 돌려보내는 것이니 크게 도모하기 위한 것이다. 어버이는 내 몸이 비롯된 것이고 내 몸은 어버이가 낳으신 바이니, 어버이를 섬기는 것은 내 몸을 지키는 데 의지한다. 진실로 도로써 스스로 지켜서 그 몸을 잃지 않는다면 온전히 받아서 온전히 돌아갈 수 있다. 혹 어버이로 하여금 도를 깨치게 하는 자도 있으며, 혹 이름을 날려 어버이를 드러내는 자도 있는데, 내가 듣기에 그 어버이를 섬길 수 있는 것이 그 큰 것을 다하는 것이다. 만일 그 몸을 잃어서 지키지 못하면 자기 몸을 상하고 어버이를 욕되게 하는 것이니, 자기 몸을 잃고서 어버이를 섬긴다는 자에 대해 내가 듣지 못하였다. 이것은 두 가지 큰 것을 모두 잃어버리고 남은 것이 없는 것이다.

부모를 섬기는 것이 어찌하여 큰 일이 되는가? 임금을 섬기고 어른을 섬기는 일 또한 섬기는 것이 되지 않는 것은 아니지만, 효도를 두텁게 하는 것이 백 가지 행실의 근원이 되기 때문에 어버이를 섬기는 것이 섬기는 것의 근본이다. 몸을 지키는 것이 어찌하여 큰 일이 되는가? 나라를 지키고 벼슬을 지키는 일 또한 지키는 것이 되지 않는 것은 아니지만 몸소 닦는 것이 만 가지 화합의 뿌리가 되기 때문에 몸을 지키는 것이 지키는 것의 근본이다. 오직 그 근본이 되기 때문에 큰 것이 됨을 알 수 있다.”

19-2. 曾子養曾晳호대 必有酒肉이러시니 將徹할새 必請所與하시며 問有餘어든 必曰 有라하더시다 曾晳이 死커늘 曾元이 養曾子호대 必有酒肉하더니 將徹할새 不請所與하며 問有餘어시든 曰 亡矣라하니 將以復進也라 此所謂養口體者也니 若曾子則可謂養志也니라 事親을 若曾子者可也니라

| 언해 |

曾子ㅣ 曾晳을 養호ᄃᆡ 반ᄃᆞ시 酒肉을 둣더시니 쟝ᄎᆞᆺ 徹홀ᄊᆡ 반ᄃᆞ시 與홀 빠를 請ᄒᆞ시며 나ᄆᆞᆫ이 이숌을 묻거든 반ᄃᆞ시 ᄀᆞᆯᄋᆞ샤ᄃᆡ 잇다 ᄒᆞ더시다 曾晳이 死커늘 曾元이 曾子를 養호ᄃᆡ 반ᄃᆞ시 酒肉을 둣더니 쟝ᄎᆞᆺ 徹홀ᄊᆡ 與ᄒᆞ실 빠를 請티 아니ᄒᆞ며 나ᄆᆞᆫ이 이숌을 묻거시든 ᄀᆞᆯ오ᄃᆡ 업다ᄒᆞ니 쟝ᄎᆞᆺ ᄡᅥ 다시 進호려 홈이라 이 닐온밧 口體를 養ᄒᆞᄂᆞᆫ 者ㅣ니 曾子ᄀᆞᄐᆞᆫ 이ᄂᆞᆫ 可히 志를 養ᄒᆞ다 닐을지니라 親을 事홈을 曾子ᄀᆞᄐᆞᆫ 者ㅣ 可ᄒᆞ니라

| 직역 |

“증자가 증석을 봉양할 때 반드시 술과 고기를 준비하였는데, 상을 물리려고 할 때 반드시 ‘누구에게 줄까요?’라고 여쭈었으며, ‘남은 것이 있느냐?’고 물으시면 반드시 ‘있습니다’라고 하였다.

증석이 죽고, 증원이 증자를 봉양할 때 반드시 술과 고기를 준비하였는데, 상을 물리려고 할 때 '누구에게 줄까요'라고 여쭙지 않았고, '남은 것이 있느냐?'라고 물으면 반드시 '없습니다'라고 대답하였는데, 다음에 다시 올리기 위한 것이었다. 이것은 이른바 '입과 몸을 봉양한다'는 것이며, 증자처럼 하는 것은 '뜻을 봉양한다'고 말할 수 있다. 어버이를 섬기는 것은 증자처럼 하는 것이 좋다."

| 자해 |

曾晳 : 이름은 점(點). 증자의 아버지. • 曾元 : 증자의 아들.

| 의해 |

"어버이를 섬기고 몸을 지키는 것이 이와 같이 크다면, 몸을 지켜서 어버이를 섬기는 도를 어떻게 할 것인가? 증자의 일을 보아서 해야 한다. 증자가 그 어버이 증석을 봉양할 때에 식사할 때마다 술과 고기를 올리고 상을 물릴 때에는 반드시 누구에게 줄 것인가를 여쭙고, 혹 그 어버이가 남은 것이 있느냐고 물으시면 있다고 대답하였다. 이것은 그 어버이의 뜻이 다시 사람에게 주고자 함을 어기지 않은 것이다. 증석이 돌아가시고 증원이 증자를 봉양할 때에 식사할 때마다 반드시 술과 고기를 올리고 상을 물릴 때에는 누구에게 줄 것인가를 묻지 않고 혹 어버이가 남은 것이 있느냐 물으면 없다고 하였다. 이것은 남은 것을 다시 그 어버이에게 올리기 위한 것이고, 다른 사람에게 주기 위한 것이 아니다. 이른바 달고 맛있는 것으로 어버이의 입과 몸을 봉양한다는 것이다. 증자가 누구에게 줄 것인가를 여쭌 것은 그 어버이의 뜻이 나타나기 전에 말씀한 것이고, 또한 반드시 대답하기를 있다고 한 것은 그 어버이의 뜻이 이미 나타난 후에 따른 것이니, 어버이의 뜻을 봉양하여 차마 상하게 하지 않은 것이라고 이를 수 있다. 오직 증자가 몸을 지킬 수 있었기에 어버이 섬기기를 이와 같이 할

수 있었으니, 어찌 특별히 봉양하는 한 가지 일에만 그러했겠는가?

뜻을 기르는 것이 어버이를 공경함의 지극한 것이고, 어버이를 사랑함의 깊은 것이니, 참으로 지극히 정미한 것이다. 어버이 섬기기를 증자가 뜻을 봉양한 것처럼 한다면 아들 된 도리에 흠이 없어서 효도라 이를 수 있다. 증자가 어버이를 섬긴 도리의 극진함이 이와 같았다면, 그가 몸을 지킨 것을 알 수 있다. 어버이를 섬기는 데 증자로써 모범을 삼지 않을 수 있겠는가?"

| 요지 |

이 장은 모두 사람으로 하여금 몸을 지켜서 어버이를 섬기게 하는 뜻이니, 반드시 그 몸을 지켜야만 그 어버이를 섬길 수 있다. 증자는 그 몸을 지킬 수 있었기 때문에 뜻을 봉양한 일을 들어서 모범을 삼은 것이다. 뜻을 기를 수 있었다면 평일에 결코 그 몸이 불의에 빠져서 어버이의 뜻을 상하게 하지 않음은 말할 나위가 없을 것이다. 비록 뒤의 두 구절은 어버이를 섬기는 것만 말하였지만, 몸을 지킨 것은 그 가운데 있다.

맹 자 왈 인 부 족 여 적 야 정 부 족 여 간 야 유 대 인
20. 孟子曰 人不足與適也며 政不足與間也라 唯大人
위 능 격 군 심 지 비 군 인 막 불 인 군 의
이아 爲能格君心之非니 君仁이면 莫不仁이요 君義면
막 불 의 군 정 막 부 정 일 정 군 이 국 정 의
莫不義요 君正이면 莫不正이니 一正君而國이 定矣니라

| 언해 |

孟子ㅣ ᄀᆞᆯᄋᆞ샤ᄃᆡ 人을 足히 더브러 適디 아닐꺼시며 政을 足히 더브러 間티 아닐꺼시라 오직 大人이아 能히 君心의 非ᄅᆞᆯ 格ᄒᆞᄂᆞ

니 君이 仁ᄒᆞ면 仁티 아니리 업고 君이 義ᄒᆞ면 義티 아니리 업고 君이 正ᄒᆞ면 正티 아니리 업ᄂᆞ니 ᄒᆞᆫ번 君을 正ᄒᆞᆷ애 國이 定ᄒᆞᄂᆞ니라

| 직역 |

맹자가 말하였다. "사람을 허물할 수 없으며, 정사를 흠잡을 수 없다. 오직 대인이라야 군주의 잘못됨을 바로잡을 수 있다. 군주가 인하면 인하지 않음이 없고, 군주가 의로우면 의롭지 않음이 없으며, 군주가 바르면 바르지 않음이 없으니, 한번 군주를 바로잡으면 나라가 안정된다."

| 자해 |

適 : 허물. • 間 : 그름. • 格 : 바르게 함. • '간(間)' 자(字) 앞에 '여(與)' 자가 있어야 한다.

| 의해 |

맹자가 임금을 바르게 하는 중요성에 대해 말하였다. "지금 나라를 다스리는 것을 의론하는 자들은 모두 사람을 쓰고 정사를 행하는 것으로써 급한 일을 삼아서 충성스럽고 지혜로운 선비가 임금 보기를 이 두 가지에 근거하여 한 번 과실이 있으면 곧 허물하고 그르다고 한다. 허물하는 것은 물론 옳지만 사람을 함께 허물할 것이 아니며, 그르다고 하는 것은 옳지만 정사를 그르다고 할 것이 아니다. 임금이 사람을 쓰고 정사를 행함에 그른 것은 모두 그 마음의 그른 데로부터 비롯되었기 때문이다. 오직 덕이 성한 대인은 몸이 바르지 아니함이 없으므로 임금을 섬김에 지성으로써 감동하고 깨우쳐서 열고 인도하여 임금의 그른 마음이 가만히 사라지고 잠잠히 없어짐을 스스로 알지 못하고서도 인의의 바른 곳으로 돌아가게 한다. 임금의 마음이 인하면 사람을 쓰고 정사를 행하는 것이 모두 사사로움이 없어서 인하지 않음이 없고, 임

금의 마음이 의로우면 사람을 쓰고 정사를 행하는 것이 모두 마땅한 것을 얻어서 의롭지 않음이 없다. 임금의 마음이 인의로 바르다면 사람을 쓰고 정사를 행함이 모두 인하고 의로워서 바른 데로 돌아가지 아니함이 없다. 대인이 한번 인의로써 그 임금을 바르게 한다면 사람을 얻어서 천하를 다스리고 정사를 닦아서 천하가 화평하여 나라가 스스로 다스려질 것이니. 어찌 번거롭게 그른 일을 일마다 고치며 그른 사람을 따라서 사람마다 버릴 수 있겠는가?"

| 요지 |

이 장은 대신이 임금을 섬길 때에 그 근본을 바르게 하는 것이 중요함을 말한 것이다. 위의 두 구절은 임금을 섬김에 반드시 그 말단을 바르게 할 것이 아님을 말한 것이고, 아래 구절은 대인이 근본을 바르게 하는 공을 들어서 말한 것이다. 사람을 허물하고 정사를 그르다 함이 충성이 아니라고 할 수 없지만, 다만 그 말단만 구하는 것이고, 근본에 힘쓰는 것이 아니다. 따라서 허물하고 그르다고 하지 않고 오직 '대인' 구절을 중시하였다. 사람을 잘못 쓰고 정사를 잘못 행하는 일이 모두 임금 마음의 그른 데로부터 비롯된 것이다. 임금의 마음을 바르게 못한다면 근본이 바르지 못하니, 말단이 어찌 바를 수 있겠는가?

맹 자 왈 유 불 우 지 예 유 구 전 지 훼
21. 孟子曰 有不虞之譽하며 有求全之毁하니라

| 언해 |

孟子ㅣ ᄀᆞᆯᄋᆞ샤ᄃᆡ 虞티 아니턴 譽ㅣ 이시며 全을 求ᄒᆞ던 毁ㅣ 인ᄂᆞ니라

| 직역 |

맹자가 말하였다. "기대하지 않은 기림이 있을 수 있고, 온전함을 추구하다 훼방을 받을 수 있다."

| 자해 |

虞 : 헤아림.

| 의해 |

맹자가 말하였다. "옳고 그른 것이 진실로 여러 사람의 의론에 달려 있지만, 훼방하고 기리는 경우에 반드시 근거가 있는 것은 아니다. 물론 행실을 닦으면 기림을 얻고 행실을 잃으면 훼방을 얻는다는 것은 당연한 이치이다. 그런데 아무런 근거 없이 기림을 얻는 경우가 있으니, 그 사람의 뜻 가운데 처음부터 그 기리는 것을 얻을 줄 기대하지 못한 경우이다. 이것이 이른바 '기대하지 않은 기림'이다. 근거가 없이 훼방을 얻는 것은 그 사람이 평소 자기의 온전함을 추구하였지만 도리어 훼방을 받는 경우이다. 이것이 이른바 '온전하기를 추구하다 얻은 훼방'이다. 이것은 몸을 닦는 자는 스스로를 다해야 하고, 사람을 보는 자는 실상을 근거로 책망해야 한다는 뜻이다.

| 요지 |

이 장은 훼방하고 기림이 실상을 잃는 경우를 언급한 것이다. 기대하고 추구하는 것은 모두 나와 관련된 것이다. '기대하지 않은'이라는 것은 재주와 덕을 닦지 못하여 까닭이 없다는 뜻이고, '온전함을 추구하다'라고 하는 것은 행함이 스스로 온전한 것을 구하여 스스로 생각하여도 결점이 없다는 뜻이다. 훼방하고 기림의 진실하지 못한 것이 이와 같으니, 몸을 닦는 데 스스로 다해야 할 것이고, 사람을 보는 데 실상으로 책망해야 할 것이다.

맹 자 왈 인 지 이 기 언 야 무 책 이 의
22. 孟子曰 人之易其言也는 無責耳矣니라

| 언해 |

孟子ㅣ 굴ᄋᆞ샤ᄃᆡ 人의 그 言을 易히 홈은 責이 업슴이니라

| 직역 |

맹자가 말하였다. "사람이 말을 함부로 하는 것은 꾸짖음을 받지 않았기 때문이다."

| 의해 |

맹자가 사람에게 마땅히 말을 삼가할 것을 경계하여 말하였다. "사람이 그 말을 가볍게 하고 쉽게 하는 것은 이전에 실언한 데 대해 책망을 받지 않았기 때문이다. 만일 실언을 해서 남에게 책망을 받았다면 전에 징계한 바가 있어 후에 스스로 경계할 것이니, 어찌 이와 같이 말을 쉽게 할 수 있겠는가?"

| 요지 |

이 장은 맹자가 말을 쉽게 하는 자를 미워하여 책망한 것이니, 바로 사람으로 하여금 그 책망이 있음을 염려하여 말을 쉽게 하지 않도록 한 것이다.

맹 자 왈 인 지 환 재 호 위 인 사
23. 孟子曰 人之患이 在好爲人師니라

| 언해 |

孟子ㅣ 굴ᄋᆞ샤ᄃᆡ 人의 患이 人의 師되욤을 好홈애 인ᄂᆞ니라

| 직역 |

맹자가 말하였다. "사람의 병폐는 스승 되기를 좋아하는 데 있다."

| 의해 |

맹자가 말하였다. "학문이 스스로 충분하다고 하는 것보다 더 큰 병폐가 없다. 사람이 남의 스승이 되는 경우는 그 학문이 여유가 있어서 남에게 미칠 수 있을 때이다. 만일 조금 아는 것이 있다고 자부심을 갖고 남의 스승이 될 마음이 있으면, 이것은 그 학문이 스스로 충분한 체 하는 것으로, 스스로 힘쓰는 바가 아니다. 따라서 사람의 큰 근심은 남의 스승 되기를 좋아하는 데 있다."

| 요지 |

이 장은 사람의 자만심을 경계한 것이다. 사람의 스승이 되는 것을 의론한 것이 아니라, 사람이 스승 되기를 좋아하면 자만하는 마음이 있어서 다시 더 나아감이 없게 되기 때문에 사람의 근심이 된다고 한 것이다.

악정자종어자오 지제 악정자견맹자
24. 樂正子從於子敖하여 之齊러니 樂正子見孟子한대
맹자왈 자역래견아호 왈 선생 하위출차언야
孟子曰 子亦來見我乎아 曰 先生은 何爲出此言也시
왈 자래기일의 왈 석자 왈 석자즉아출
니잇고 曰 子來幾日矣오 曰 昔者니이다 曰 昔者則我出
차언야 불역의호 왈 사관 미정 왈 자문
此言也 不亦宜乎아 曰 舍館을 未定이라이다 曰 子聞
지야 사관 정연후 구견장자호 왈 극 유죄
之也아 舍館을 定然後에 求見長者乎아 曰 克이 有罪
호이다

| 언해 |

樂正子ㅣ 子敖의게 從ᄒᆞ야 齊예 갓더니 樂正子ㅣ 孟子를 뵈ᄋᆞ온대 孟子ㅣ ᄀᆞᆯᄋᆞ샤ᄃᆡ 子ㅣ ᄯᅩ 나를 와 見ᄒᆞᄂᆞ냐 ᄀᆞᆯ오ᄃᆡ 先生은 엇디 이 言을 出ᄒᆞ시ᄂᆞ니잇고 ᄀᆞᆯᄋᆞ샤ᄃᆡ 子ㅣ 來ᄒᆞ얀디 몃날오 ᄀᆞᆯ오ᄃᆡ 昔者ㅣ니이다 ᄀᆞᆯᄋᆞ샤ᄃᆡ 昔者ㅣ면 내 이 言을 出홈이 ᄯᅩ 맛당티 아니냐 ᄀᆞᆯ오ᄃᆡ 舍홀 館을 定티 몯ᄒᆞ얏다이다 ᄀᆞᆯᄋᆞ샤ᄃᆡ 子ㅣ 드런ᄂᆞ냐 舍홀 館을 定ᄒᆞᆫ 후에 長者見홈을 求ᄒᆞᄂᆞ냐 ᄀᆞᆯ오ᄃᆡ 克이 罪이쇼이다

| 직역 |

악정자가 자오를 따라 제나라에 갔다. 악정자가 맹자를 뵙자, 맹자가 말하였다. “자네 또한 나를 보러 왔는가?” 악정자가 말하였다. “선생님은 어째서 이런 말씀을 하십니까?” 맹자가 말하였다. “자네 온 지 며칠 되었나?” 악정자가 말하였다. “좀 지났습니다” 맹자가 말하였다. “좀 지났다면 내가 이런 말을 하는 것이 마땅하지 않은가?” 악정자가 말하였다. “숙소를 정하지 못해서였습니다.” 맹자가 말하였다. “자네가 듣기에, 숙소를 정한 후에 어른을 찾아본다고 하던가?” 악정자가 말하였다. “제가 잘못했습니다.”

| 자해 |

子敖 : 왕환(王驩)의 자(字). • 昔者 : 전일(前日). • 館 : 객사.

| 의해 |

맹자 제자인 악정자가 우연히 제나라 신하 자오를 좇아 제나라에 갔다. 이때 맹자가 제나라에 있어서 악정자가 맹자를 뵙고자 찾아왔다. 맹자가 말하였다. “나는 자네가 제나라에 와서 나를 보지 않을 줄 알았더니 자네 또한 나를 보러왔는가?” 악정자가 영문을 모르고 놀라 물었다. “선생님은 어째서 그런 말씀을 하십니까?” 맹자가 책망하여 말하였다. “자네가 제나라에 온 지 며칠 되었는

가?" 악정자가 대답하여 말하였다. "좀 되었습니다." 그가 온 지 오래 되지 않았다는 뜻이다. 맹자가 또 책망하여 말하였다. "좀 되었다면 이미 오래 된 것이니 내가 이런 말을 하는 것이 당연하지 않은가?" 악정자가 말하였다. "숙소를 정하지 못하였기 때문입니다." 맹자가 또 책망하여 말하였다. "자네가 듣기에는 제자 된 자가 먼 곳에서 와서 반드시 숙소를 정한 뒤에 어른을 찾아본다고 하던가? 어찌 숙소를 정하는 것은 급하고 어른을 찾아보는 것은 그렇게 더딘가?"
악정자가 자신의 잘못을 깨닫고 말하였다. "숙소를 정하는 것을 급히 여기고 스승을 뵙는 것을 더디게 한 것은 제 잘못입니다." 그가 책망을 받는 데 용감한 것이 이와 같았다.

| 요지 |

이 장은 배우는 자가 마땅히 삼가 따를 바를 보인 뜻이다. 맹자가 악정자를 책망한 것은 이전에 이미 사람답지 못한 자오를 따라온 데 이유가 있으니, 곧바로 와서 찾아본다 하더라도 죄를 풀 수가 없거든, 하물며 어른을 일찍이 찾아보지 않는 데 있어서이겠는가?

맹 자 위 악 정 자 왈 자 지 종 어 자 오 래 도 포 철 야
25. 孟子謂樂正子曰 子之從於子敖來는 徒餔啜也로다
아 불 의 자 학 고 지 도 이 이 포 철 야
我不意子 學古之道而以餔啜也호라

| 언해 |

孟子ㅣ 樂正子ᄃᆞ려 닐어 ᄀᆞᄅᆞ샤ᄃᆡ 子의 子敖의게 從ᄒᆞ야 來홈은 ᄒᆞᆫ갓 餔啜홈이로다 내 子ㅣ 녯 道를 學ᄒᆞ고 餔啜로ᄡᅥ ᄒᆞᇙ 주를 너기디 아니호라

| 직역 |

맹자가 악정자에게 말하였다. "자네가 자오를 따라 온 것은 한갓 먹고 마시기 위해서이다. 나는 자네가 옛 도를 배워서 먹고 마시는 데 쓰리라고 생각하지 못하였네."

| 자해 |

徒 : 한갓. 다만. • 餔 : 먹음. • 啜 : 마심.

| 의해 |

악정자가 자오를 좇아옴이 그른 것을 깨닫지 못하자, 맹자가 꾸짖어 말하였다. "군자는 몸을 지키고 도를 중요하게 여기는 것이 중요한데, 자네가 자오를 좇아온 것이 어찌 그 자오의 사람됨이 신중해서 유익하다고 생각했기 때문이겠는가? 다만 먹고 마시는 것을 헤아렸기 때문이다. 먹고 마시는 것은 도를 꾀하는 일이 아니다. 나는 자네가 평소에 이전의 도를 배우고, 먹고 마시는 것을 헤아려 함부로 사람을 좇지 않는다고 생각하였다. 얻은 것은 적고 잃은 것은 많으니, 자네의 죄가 더해짐을 아는가?"

| 요지 |

이 장은 자오를 좇아옴이 그른 것을 분명하게 책망한 것이다. 그러나 자오를 좇지 않아야 한다고 드러내어 지적하지 않고, 다만 한갓 '먹고 마시는 일'로써 말하였으니, 여기서 '한갓 도(徒)' 자가 중요하다. '먹고 마시는 것을 위함이 아니냐'는 것은 이미 옛 도를 배웠다면 식견이 마땅히 높고 밝아야 하고, 지취가 마땅히 멀고 커야 하는데, 이와 같이 할 줄 몰랐다는 뜻이니, 참으로 스스로 부끄럽게 하고 뉘우치게 하기 위한 것이다.

맹 자 왈 불 효 유 삼 무 후 위 대 순 불 고 이
26. 孟子曰 不孝有三하니 無後爲大하니라 舜이 不告而
취 위 무 후 야 군 자 이 위 유 고 야
娶는 爲無後也시니 君子 以爲猶告也라하니라

| 언해 |

孟子ㅣ ᄀᆞᆯᄋᆞ샤ᄃᆡ 不孝ㅣ 三이 이시니 後업ᄉᆞᆷ이 큰이라 舜이 告티 아니ᄒᆞ고 娶ᄒᆞ심ᄋᆞᆫ 後ㅣ 업ᄉᆞᆷ을 爲홈이시니 君子ㅣ ᄡᅧ 告홈과 ᄀᆞᆮ다ᄒᆞ니라

| 직역 |

맹자가 말하였다. "불효가 세 가지 있으니, 후손이 없는 것이 가장 크다. 순임금이 부모에게 알리지 않고 장가든 것은 후손이 없을까 염려해서이니, 군자는 '아뢴 것과 같다'고 여긴다."

| 의해 |

맹자가 말하였다. "예에 의하면, 자식의 불효가 세 가지가 있는데, 세 가지의 불효는 아부하여 부모를 불의에 빠지게 하는 것, 집안이 가난하고 어버이가 늙었는데도 벼슬에 나아가지 않는 것, 장가들지 않아 아들이 없어서 선조의 제사를 끊게 하는 것이다. 세 가지 중에 후손이 없는 것이 가장 큰 불효이다. 후손이 없으면 선조가 서로 전한 갈래가 끊어지고 부모의 제사에 주인이 없는 것이니, 그 불효가 이보다 더 큰 것이 있겠는가?
후손이 없는 것이 큰 불효가 됨을 알면 순임금의 효도를 살펴보아야 한다. 순임금이 당시 부모께 고하지 않고 요임금의 두 딸을 취했는데, 그 마음은 만일 부모에게 고하면 장가를 들지 못해서 자손이 없을까 두려워한 것이다. 부모에게 고하고 장가가는 것이 효도이지만, 부모에게 고하지 않고 장가가서 그 선조의 제사를

끊어지지 않도록 하는 것도 한 가지 효도이다. 군자가 말하기를 '권도가 바른 도에서 떠나지 않는다면, 순이 그 부모에게 고하지 않은 것도 고한 것과 같다'고 하였으니, 순은 참으로 부모를 섬기는 도를 다한 것이다."

| 요지 |

이 장은 모두 순임금을 위하여 말한 것이다. 위 구절은 아래 구절을 끌어 일으킨 것으로, 사실 순임금이 곡진하게 효를 온전히 하였기 때문에 큰 효가 되는 것이지, 일의 이치를 평범하게 의론하여 순임금의 예를 든 것이 아니다.

맹 자 왈 인 지 실 사 친 시 야 의 지 실 종 형
27. 孟子曰 仁之實은 事親이 是也요 義之實은 從兄이
시 야 지 지 실 지 사 이 자 불 거 시 야 예 지 실
是也니라 智之實은 知斯二者하야 弗去是也요 禮之實
절 문 사 이 자 시 야 악 지 실 낙 사 이 자 낙 즉 생 의
은 節文斯二者是也요 樂之實은 樂斯二者니 樂則生矣
생 즉 오 가 이 야 오 가 이 즉 부 지 족 지 도 지 수
니 生則惡可已也리오 惡可已則不知足之蹈之하며 手
지 무 지
之舞之니라

| 언해 |

孟子ㅣ ᄀᆞᆯᄋᆞ샤ᄃᆡ 仁의 實은 親을 事홈이 이오 義의 實은 兄을 從홈이 이니라 智의 實은 이 二者ᄅᆞᆯ 아라 去티 아니홈이 이오 禮의 實은 이 二者ᄅᆞᆯ 節文홈이 이오 樂의 實은 이 二者ᄅᆞᆯ 樂홈이니 樂ᄒᆞ면 生ᄒᆞᄂᆞ니 生ᄒᆞ면 엇디 可히 已ᄒᆞ리오 엇디 可히 已ᄒᆞ리오ᄒᆞ면 足의 蹈ᄒᆞ며 手의 舞홈을 아디 몯ᄒᆞᄂᆞ니라

| 직역 |

맹자가 말하였다. "인의 실상은 어버이를 섬기는 것이고, 의의 실상은 형을 따르는 것이며, 지의 실상은 이 두 가지를 알아서 버리지 않는 것이고, 예의 실상은 이 두 가지를 알맞게 조절하는 것이며, 악의 실상은 이 두 가지를 즐거워하는 것이다. 즐거워한다면 생겨나니, 생겨나면 어찌 그만둘 수 있겠는가? 그만둘 수 없다면 자기도 모르게 발로 뛰고 손으로 춤을 추게 될 것이다."

| 자해 |

節文 : 품절(品節)과 문장(文章).

| 의해 |

맹자가 말하였다. "도는 인의보다 더 큰 것이 없지만, 그것이 일상생활에 나타나는 바가 진실로 근본과 실상이 있어야 한다. 반드시 먼저 뿌리를 구한 뒤에 그 끝과 지엽이 사업 사이에 발현됨이 있어야만 그 실상이 된다. 인의 실상은 다른 것이 아니라 어버이를 섬기는 것이다. 내 마음의 참된 사랑이 어버이 섬기는 것보다 더 간절한 것이 없으니, 백성에게 어질게 하고 만물을 사랑하는 것은 모두 이로부터 미루어 넓혀서 나온다. 의의 실상 또한 다른 것이 아니라 형을 좇는 것이니, 내 마음의 참된 공경이 형을 좇는 것보다 우선하는 것이 없으니, 어른을 어른으로 대하고 귀한 이를 귀하게 여기며, 어진 이를 높이는 것이 모두 이로부터 미루어 넓혀서 나온다.

어버이를 섬기고 형을 좇는 두 가지 일은 참된 천성이므로 저절로 발현된다. 이것은 다만 인의의 실상이 될 뿐만 아니라, 지혜의 실상도 오직 이 두 가지를 제대로 알아서 지키고 버리지 아니하여 그 양지(良知)를 잃지 않는 것이며, 성품 가운데 지혜가 이미 온전하여 두루 천하를 아는 바도 이로부터 비롯되는 것이다. 예의 실상 또한 이 두 가지를 품절하는 데 지나지 않으며 이 두 가지를 조절하여 의식과 법도를 높이며 낮춤에 정당하게 하여 그 양능(良能)을 삼가는 것이며, 성품 가운데의 예가 이미 온전하여 천하를 품절하고 문채 나게 하는 것도 이로부터 비롯되는 것이다. 악의 실상 또한 이 두 가지에 기인하여 화순하고 종용하여 즐겨 행하여 힘쓰는 바 없어도 효도하고 공손하다면 천성의 참 즐거움이 나에게 있는 것이다. 이미 즐거움에 이른다면 마음 가운데 다만 어버이를 받들어 따를 줄 알고 어른을 공경할 줄 알아서 한결같이 효도와 공경할 뜻이 참으로 가득히 스스로 생겨난다. 이미 그러한 뜻이 생겨나서 창달하게 되면 어버이를 따르고 어른을 공경하는 마음을 비록 그만두고자 하더라도 어찌 그만둘 수 있겠는가? 그만둘 수 없다면 말을 빌지 않더라도 마음과 뜻이 자연히 드러나고 혈맥이 자연히 유창하여 손으로 춤추는 것이 모두 효도와 공손이고, 발로 뛰는 것이 모두 효도와 공손이 된다. 그런 줄 알지 못하고서도 자연히 그러하게 되니, 악의 실상이 바로 여기에 있다. 진정 천하의 도가 어버이를 섬기고 형을 좇는 외에 있지 않음을 알아야 할 것이니, 사람이 또한 이 두 가지 실상에 그 도를 힘써 다해야 한다."

| 요지 |

이 장은 맹자가 사람에게 효도와 공손의 도를 다하라고 가르친 것이니, 인과 의와 예와 지와 악은 모두 성도(聖道)의 명목이다. 그러나 그 근본의 절실한 곳이 모두 어버이를 섬기고 형을 좇는 사이를 넘지 아니하니, 효도와 공손이 중요함을 알 수 있다.

맹 자 왈 천 하 대 열 이 장 귀 기 시 천 하 열 이 귀 기
28. 孟子曰 天下大悅而將歸己어든 視天下悅而歸己호

유 초 개 야 유 순 위 연 부 득 호 친 불 가
대 猶草芥也는 惟舜이 爲然하시니 不得乎親이란 不可
이 위 인 불 순 호 친 불 가 이 위 자 순 진 사
以爲人이요 不順乎親이란 不可以爲子러시다 舜이 盡事
친 지 도 이 고 수 지 예 고 수 지 예 이 천 하 화 고 수
親之道而瞽瞍底豫하니 瞽瞍底豫而天下化하며 瞽瞍
지 예 이 천 하 지 위 부 자 자 정 차 지 위 대 효
底豫 而天下之爲父子者定하니 此之謂大孝니라

| 언해 |

孟子ㅣ ᄀᆞᆯᄋᆞ샤ᄃᆡ 天下ㅣ 키 悅ᄒᆞ야 쟝ᄎᆞᆺ 己예 歸ᄒᆞ거든 天下ㅣ 悅ᄒᆞ야 己예 歸ᄒᆞ욤을 視호ᄃᆡ 草芥ᄀᆞ티 ᄒᆞᆷᄋᆞᆫ 오직 舜이 그러ᄒᆞ시니 親에 得디 몯ᄒᆞ야란 可히 ᄡᅧ 人이 되디 몯ᄒᆞ리라 ᄒᆞ시고 親에 順티 몯ᄒᆞ야란 可히 ᄡᅧ 子ㅣ 되디 몯ᄒᆞ리라 ᄒᆞ더시다 舜이 親事ᄒᆞᄂᆞᆫ 道ᄅᆞᆯ 盡ᄒᆞ심애 瞽瞍ㅣ 豫예 底ᄒᆞ니 瞽瞍ㅣ 豫예 底ᄒᆞ욤애 天下ㅣ 化ᄒᆞ며 瞽瞍ㅣ 豫예 底ᄒᆞ욤애 天下읫 父子되온 者ㅣ 定ᄒᆞ니 이를 닐온 大孝ㅣ니라

| 직역 |

맹자가 말하였다. "천하가 크게 기뻐하여 장차 자신에게 돌아오려 함에, 천하가 기뻐하여 자신에게 돌아옴을 마치 초개와 같이 여긴 것은 오직 순임금이 그러하였으니, 어버이에게 뜻을 얻지 못하면 사람이 될 수 없고, 어버이에게 순종하지 못한다면 자식이 될 수 없다고 생각한 것이다. 순임금이 어버이를 섬기는 도를 다함에 고수가 기뻐하게 되고, 고수가 기뻐함에 천하가 교화되며, 고수가 기뻐함에 천하의 부자관계가 안정되었으니, 이를 일러 큰 효도라고 한다."

| 자해 |

得 : 그 마음의 기쁨을 얻음. • 瞽叟 : 순임금의 아버지 이름. • 底 : 이르름.

음은 '지'. • 豫 : 즐거워함.

| 의해 |

맹자가 말하였다. "세상 사람은 일의 형편에 따라 감정을 드러내고, 성인은 성분(性分)을 따라 표준을 세운다. 천하 사람이 크게 기뻐하여 장차 내게로 돌아온다는 것은 나를 임금으로 추대하고자 하는 것이다. 이것은 부귀의 극진함이니, 누가 바라지 않겠는가? 그러나 이 천하가 기뻐서 내게 돌아오는 것을 보기를 초개처럼 가볍게 보아 조금도 마음이 동요하지 않았던 것은 오직 순임금이 그러하였다. 순임금이 천륜(天倫)의 변고를 만나서 뜻을 곡진히 하고 얼굴을 부드럽게 하고자 하였지만 어버이의 기쁜 마음을 얻지 못하였다. 이에 순임금은 '사람의 도가 이지러짐이 있으면 사람이라고 할 수가 없고, 뜻을 받들어 어버이를 받드는 도를 다하지 못하면 자식의 도가 부족하여 자식이 될 수가 없으니, 어떻게 어버이의 마음을 따를 수 있겠는가?'라고 생각한 것이다. 이것은 조심조심하여 스스로 죄를 지고 악한 것을 자신에게 돌려보내는 데 겨를이 없다는 뜻이니, 무슨 다른 마음이 있겠는가?

순임금이 죄를 지고 악한 것을 자신에게 돌려보내는 마음이 이와 같으니, 얼굴을 부드럽게 하고 뜻을 온화하게 함을 지극하게 한 것이며 어버이 섬기는 도를 다한 것이다. 다만 어버이의 마음을 얻을 뿐 아니라 어버이의 마음을 따라 고수처럼 완악한 사람도 마침내 즐거움에 이르러 순임금으로 더불어 한 마음이 된 것이다. 그래서 천하의 자식 된 자로서 섬기지 못할 부모가 없음을 알아서 힘써 효도를 하지 않음이 없었으며, 천하에 아버지 된 자로서 자식의 효도를 인하여 즐거움에 이르러서 사랑하지 않음이 없었다. 이처럼 순은 한 몸과 한 집으로써 효도할 뿐만 아니라 곧 천하 후세를 합쳐서 효도를 한 것이니, 이른바 큰 효도이다. 이것이 천하의 임금이 되었지만 오히려 그것을 초개와 같이 가볍게 여겼다는 것이다."

| 요지 |

이 장은 순임금의 효도를 드러내어 자식 된 도리의 법을 세운 것이다. 앞 구절은 순임금의 마음이 오직 어버이에게 효도를 행하는 데 있음을 말한 것이고, 다음 구절은 순임금의 효도가 천하 사람들과 함께 그 효도를 이룬 것을 기린 것이니, 이것이 큰 효도가 된 이유이다.

8. 이루장구하(離婁章句下)

맹 자 왈 순 생 어 저 풍 천 어 부 하 졸 어 명 조
1. 孟子曰 舜은 生於諸馮하사 遷於負夏하사 卒於鳴條
동 이 지 인 야 문 왕 생 어 기 즈 졸 어 필
하시니 東夷之人也시니라 文王은 生於岐周하사 卒於畢
영 서 이 지 인 야 지 지 상 거 야 천 유 여 리
郢하시니 西夷之人也시니라 地之相去也 千有餘里며
세 지 상 후 야 천 유 여 세 득 지 행 호 중 국 약 합 부
世之相後也 千有餘歲로대 得志行乎中國하산 若合符
절 선 성 후 성 기 규 일 야
節하니라 先聖後聖이 其揆一也니라

| 언해 |

孟子ㅣ ᄀᆞᆯᄋᆞ샤ᄃᆡ 舜은 諸馮에 生ᄒᆞ샤 負夏애 遷ᄒᆞ사 鳴條애 졸ᄒᆞ시니 동이ㅅ人이시니라 文王은 岐周에 생ᄒᆞ샤 畢郢에 卒ᄒᆞ시니 西夷ㅅ人이시니라 地의 서ᄅᆞ 去ᄒᆞ욤이 千이오ᄯᅩ나ᄆᆞᆫ里며 世의 서ᄅᆞ 後ᄒᆞ욤이 千이오ᄯᅩ나ᄆᆞᆫ 歲로ᄃᆡ 志ᄅᆞᆯ 得ᄒᆞ야 中國에 行ᄒᆞ샨 符節ᄋᆞᆯ 合ᄒᆞ욤ᄀᆞᆮᄐᆞ니라 先聖과 後聖이 그 揆ᄒᆞ욤애 ᄒᆞᆫ가지니라

| 직역 |

맹자가 말하였다. "순임금은 저풍에서 태어나 부하로 옮겼다가 명조에서 돌아가셨으니, 동이 사람이다. 문왕은 기주에서 태어나 필영에서 돌아가셨으니, 서이 사람이다. 땅의 거리가 천여 리이며, 세대의 선후가 천여 년이지만 뜻을 얻어 중국에 행함에 있어서는 부절을 합한 것 같았다. 앞 성인과 뒤 성인의 그 법도가 한 가지였다."

| 자해 |

諸馮・負夏・鳴條 : 모두 지명으로 동방 이복(夷服)의 땅에 있음. 『주례』에 의하면, 천자의 직할구역인 왕기(王畿)로부터 500리 씩으로 구분하여 구복(九服)을 둠. 이른바 후복(侯服), 전복(甸服), 남복(男服), 채복(采服), 위복(衛服), 만복(蠻服), 이복(夷服), 진복(鎭服), 번복(藩服)을 가리킴. • 岐周 : 기산(岐山) 아래 주나라의 옛 도읍. • 畢郢 : 풍호(豊鎬)에 가까운 땅으로 문왕의 묘가 있음. • 符節 : 옥으로 만들어 글자를 새기고 가운데를 나누어서 가졌다가 일이 있을 때 좌우를 합쳐서 신표로 삼는 것. • 若合符節 : 서로 같음. • 揆 : '헤아릴 탁(度)'의 뜻.

| 의해 |

맹자가 말하였다. "세상은 도에 달려 있고, 도는 성인에 달려 있다. 일찍이 순임금을 살펴보니, 저풍에서 나서 부하로 옮겼다가 명도에서 돌아가셨으니 동이 사람이다. 또한 문왕을 살펴보니, 기주에서 나서 필영에서 돌아가셨으니 서이 사람이다. 순임금과 문왕이 동으로부터 서에 이르기까지 거리가 천여 리로 멀지 않은 것이 아니며, 우나라로부터 주나라에 이르기까지 시대의 차이가 천여 년으로 오래 되지 않은 것이 아니므로, 마땅히 그 행한 바의 도가 다름이 있을 것이다. 그러나 순임금은 뜻을 얻어 천자가 되고 문왕은 뜻을 얻어 방백이 되어 중국에 행하는 마음은 부절이 합쳐지듯 한결같아서 시간과 공간의 차이에 구애되지 않았다. 순임금과 문왕으로 본다면, 옛날과 지금의 성인이 혹 먼저하고 혹 뒤에 하여 때가 다르고 땅이 다름이 단지 순임금과 문왕 정도가 아니다. 그러나 성인과 성인이 그 마음이 이어지고 사리를 헤아리는 것은 한 가지이다. 어느 성인이 부절을 합치듯 같지 않음이 있겠는가?"

| 요지 |

이 장은 성인 마음의 근원이 서로 같음을 보인 것으로, 순임금과 문왕을 들어서 또 다른 성인의 본보기로 삼았다. 핵심 내용은 끝

구절에 있으니 위의 세 구절은 순임금과 문왕의 도가 같음을 말한 것이고, 아래 구절은 여러 성인의 도가 모두 같음을 말한 것이다.

자산 청정국지정 이기승여 제인어진유
2. 子産이 聽鄭國之政할새 以其乘輿로 濟人於溱洧한대
맹자왈 혜이부지위정 세십일월 도강 성
孟子曰 惠而不知爲政이로다 歲十一月에 徒杠이 成하
십이월 여량 성 민미병섭야 군자평기
며 十二月에 輿梁이 成하면 民未病涉也니라 君子平其
정 행벽인 가야 언득인인이제지 고 위
政이면 行辟人이 可也니 焉得人人而濟之리오 故로 爲
정자 매인이열지 일역부족의
政者가 每人而悅之면 日亦不足矣리라

| 언해 |

子産이 鄭國ㅅ政을 聽홀ᄉᆡ 그 乘輿로ᄡᅥ 人ᄋᆞᆯ 溱洧에 濟ᄒᆞᆫ대 孟子ㅣ ᄀᆞᆯᄋᆞ샤ᄃᆡ 惠ᄒᆞ고 政ᄒᆞᆷ을 아디 몯ᄒᆞ도다 歲十一月에 徒杠이 成ᄒᆞ며 十二月에 輿梁이 成ᄒᆞ면 民이 涉ᄒᆞ욤을 病티아니 ᄒᆞᄂᆞ니라 君子ㅣ그 政을 平히ᄒᆞ면 行ᄒᆞᆷ애 人을 辟ᄒᆞᆷ이 可ᄒᆞ니 엇디시러곰 人人마다 濟ᄒᆞ리오 故로 政을 ᄒᆞᄂᆞᆫ者ㅣ 每人마다 悅케호려ᄒᆞ면 日도 ᄯᅩᄒᆞᆫ 足디몯 ᄒᆞ리라

| 직역 |

자산이 정나라의 정사를 담당할 적에, 자신이 타는 수레로 진수와 유수에서 사람들을 건네주었다. 맹자가 말하였다. "은혜롭지만 정치를 할 줄 모른다. 해마다 11월에 사람이 건널 수 있는 다리를 만들고, 12월에 수레가 건널 수 있는 다리를 만든다면, 백성들이 건너는 것을 걱정하지 않을 것이다. 군자가 정사를 공평하게 하면 출행할 때 사람들을 물리치는 것도 가능한데, 어찌 사

람들을 모두 건네줄 수 있겠는가? 따라서 위정자가 각각의 사람을 기쁘게 하려면 날짜도 부족할 것이다."

| 자해 |

子産 : 정나라의 대부 공손교(公孫僑). • 溱, 洧 : 모두 물 이름. • 惠 : 사사로운 은혜로 사소한 일을 가리킴. • 政 : 공평정대한 체(體)가 있고 기강과 법도를 베푸는 일. • 徒杠 : 사람이 걸어서 건너는 다리. • 輿梁 : 수레가 건널 수 있는 다리. • 十一月 : 주나라 11월로 하나라 9월에 해당됨. • 辟 : 벽제(辟除)함.

| 의해 |

일찍이 자산이 정나라 정치를 담당할 때 할 수 없던 일이 없었는데, 당시 어떤 사람이 강을 걸어서 건너려고 하자 자기가 타는 수레로 그 사람을 실어서 건네주었다. 맹자가 이 일을 들어서 비웃어 말하였다. "다스림은 대체를 아는 것이 중요하다. 자신의 수레로 남을 건네주는 것도 은혜는 은혜라고 할 수 있다. 그러나 안타깝도다! 정사를 베푸는 도를 알지 못하는 것이다. 자신의 수레로 남을 건네주는 일은 누구라도 할 수 있다. 십일월에는 농사일을 거의 마쳤으므로 백성의 힘을 이용하여 걸어서 건너는 다리를 완성할 수 있다. 십이월에 이르러서는 농사일을 마무리하였으므로 백성의 힘을 이용하여 수레가 건널 수 있는 다리도 완성할 수 있다. 다리가 없으면 새로 만들고, 무너진 것은 수축하되 때에 알맞게 일을 헤아리고, 힘을 부리되 백성을 편하게 하면, 백성이 물을 건너는 데 근심이 없을 것이다. 어찌 자신의 수레로 사람을 건네줄 필요가 있겠는가? 물을 건너는 것을 근심하지 않는 일로 미루어 나가면 정사를 하는 군자가 국가를 위하여 선왕의 정사를 본받아 기강을 바르게 하고 법도를 밝혀서 적고 큰 것을 힘씀에 다스려지지 않을 수 없을 것이니, 은혜가 넓게 미치는 것을 볼 수 있다. 나가고 들어갈 때에 비록 사람들을 물리쳐서 낮은 이로 하여금 높은 이를 피하게 하더라도 이것은 진실로 분수의 당연한

것이다. 어찌 사사로운 은혜를 베풀어 많은 사람을 건네줄 수 있을 것인가? 따라서 정사를 베푸는 자는 다만 중요한 것을 잡고 큰 것을 힘써서 풍속에 따라 백성에게 마땅하게 하면, 죽여도 원망하지 않고 이롭게 하여도 공으로 여기지 않아서, 편안히 앉아서 평화로운 세상을 이루고도 남음이 있을 것이다. 만일 대체를 알지 못하고 모든 사람들을 기쁘게 하여 자신을 기리게 하고자 한다면 날이 또한 부족할 것이니, 어찌 정사를 베푸는 도라고 할 수 있겠는가?"

| 요지 |

이 장은 정사를 베푸는 자가 대체를 가지는 것이 중요하고 작은 은혜를 행하는 것이 중요하지 않음을 보인 것이니, 은혜로우면서도 정사를 베푸는 일을 알지 못한다는 것이 그 요지이다. '가능하다' 이상은 왕정의 마땅히 행할 것을 의론한 것이고, '어찌' 이하는 사사로운 은혜가 유익할 수 없음을 말한 것이니, 모두 은혜로우면서도 정사를 베풀 줄 모른다는 뜻을 밝힌 것이다.

맹 자 고 제 선 왕 왈 군 지 시 신 여 수 족 즉 신 시 군
3-1. 孟子告齊宣王曰 君之視臣이 如手足則臣視君을
여 복 심 군 지 시 신 여 견 마 즉 신 시 군 여 국 인
如腹心하고 君之視臣이 如犬馬則臣視君을 如國人하
군 지 시 신 여 토 개 즉 신 시 군 여 구 수
고 君之視臣이 如土芥則臣視君을 如寇讎니이다

| 언해 |

孟子ㅣ 齊宣王ᄭᅴ 告ᄒᆞ야 ᄀᆞᆯᄋᆞ샤ᄃᆡ 君의 臣보미 手足ᄀᆞᆮ티ᄒᆞ면 臣이 君보ᄆᆞᆯ 腹心ᄀᆞᆮ티ᄒᆞ고 君의 臣보미 犬馬ᄀᆞᆮ티ᄒᆞ면 臣이 君보ᄆᆞᆯ 國人ᄀᆞᆮ티ᄒᆞ고 君의 臣보미 土芥ᄀᆞᆮ티ᄒᆞ면 臣이 君보ᄆᆞᆯ 寇讎ᄀᆞᆮ티ᄒᆞᄂᆞ

니이다

| 직역 |

맹자가 제나라 선왕에게 말하였다. "임금이 신하 보기를 손이나 발처럼 하면 신하가 임금 보기를 배나 심장처럼 하고, 임금이 신하 보기를 개나 말처럼 하면 신하가 임금 보기를 보통 사람처럼 하며, 임금이 신하 보기를 진흙이나 지푸라기처럼 하면 신하가 임금 보기를 원수와 같이 합니다."

| 자해 |

國人 : 길거리의 보통 사람. 원망도 없고 덕도 없음을 뜻함.

| 의해 |

맹자가 제나라 선왕에게 말하였다. "왕께서는 임금과 신하가 서로 대우하는 것을 아십니까? 임금과 신하가 서로 다르지만 근본은 한 몸과 같습니다. 만일 임금이 신하보기를 손이나 발처럼 하여 믿어서 쓰고 사랑하여 상할까 두려워하면, 신하도 임금보기를 배나 심장처럼 하여 지극히 높이 받들며, 친하여 밝은 임금과 어진 신하가 덕이 한 가지가 되어 그 왕성한 것이 이와 같을 것입니다. 그렇지 않고 임금이 신하보기를 개와 말처럼 하여 사랑과 공경을 더하지 않는다면, 신하가 임금보기를 길거리의 보통사람처럼 하여 정이 날마다 성기게 될 것입니다. 나아가 임금이 신하보기를 진흙이나 지푸라기처럼 하여 천하게 여기고 미워하여 포학함을 더하면, 신하가 임금보기를 원수처럼 하여 피하고 멀리 아니할까 두려워할 것이니, 아랫사람이 윗사람을 대우하는 것도 윗사람의 대우함에 달려 있는 것입니다."

왕 왈 예 위 구 군 유 복 하 여 사 가 위 복 의
3-2. 王曰 禮에 爲舊君有服하니 何如라아 斯可爲服矣
왈 간 행 언 청 고 택 하 어 민 유 고 이 거
니잇고 曰 諫行言聽하여 膏澤이 下於民이요 有故而去
즉 군 사 인 도 지 출 강 우 선 어 기 소 왕 거 삼 년
則君이 使人導之出疆하고 又先於其所往하며 去三年
불 반 연 후 수 기 전 리 차 지 위 삼 유 례 언 여
不反然後에 收其田里하나니 此之謂三有禮焉이니 如
차 즉 위 지 복 의
此則爲之服矣니이다

| 언해 |

王이 ᄀᆞᆯᄋᆞ샤ᄃᆡ 禮예 舊君을 爲ᄒᆞ야 服이시니 엇디ᄒᆞ여아 이에 可히 爲ᄒᆞ야 服ᄒᆞ리잇고 ᄀᆞᆯᄋᆞ샤ᄃᆡ 諫홈애 行ᄒᆞ며 言홈애 聽ᄒᆞ야 膏澤이 民의게 下ᄒᆞ고 故ㅣ이셔 去ᄒᆞ면 君이 人으로ᄒᆞ여곰 導ᄒᆞ야 疆애 出ᄒᆞ고 ᄯᅩ 그 往ᄒᆞᄂᆞᆫ바애 先ᄒᆞ며 去ᄒᆞᆫ 三年애 反티아닌 然後에 그 田과 里ᄅᆞᆯ 收ᄒᆞᄂᆞ니 이ᄅᆞᆯ 닐온 세 가짓 禮이심이니 이러ᄐᆞᆺ ᄒᆞ면 爲ᄒᆞ야 服ᄒᆞᄂᆞ니이다

| 직역 |

왕이 말하였다. “예에 의하면, 옛 임금을 위하여 상복을 입는데, 어떻게 해야 이 상복을 입는 것입니까?” 맹자가 말하였다. “간한 말이 행해지고 말이 받아들여져 은택이 백성에게 내리고, 이유가 있어서 떠나면 임금이 사람으로 하여금 인도하여 국경을 나가게 하며, 또한 그 가는 곳에 먼저 기별을 해주고, 떠난 지 3년이 지나도 돌아오지 않은 후에 그 토지와 주택을 거두니, 이것을 이른바 세 가지 예가 있다고 하는 것입니다. 이렇게 한다면 그를 위하여 상복을 입게 됩니다.”

| 자해 |

舊君有服 : 『의례』에 따르면, 도로써 임금을 버리고 끊지 않은 자는 자최(齊衰) 3개월의 복을 입음.

| 의해 |

왕이 맹자의 "신하가 임금보기를 원수처럼 한다"는 말을 의심하여 말하였다. "신하가 현재 임금 대우하기를 이와 같이 하면 예전 임금에게는 은혜와 정이 이미 끊어진 것인데, 예에는 오히려 예전 임금을 위하여 상복을 입는 경우가 있습니다. 잘 모르겠지만, 예전 임금은 신하를 어떻게 보았기에 그 신하가 복을 입습니까?" 맹자가 말하였다. "예에 옛 임금을 위하여 상복을 입는 경우가 있으니, 신하가 그 나라에 있을 때 임금에게 간하면 그 말대로 행하고, 말하면 그 말대로 들어서 그 간한 것과 말한 것이 시행되어 은택이 백성에 미쳤습니다. 혹시 다른 연고가 있어서 마땅히 떠나야 할 의리가 있을 때는 임금이 사람을 시켜 인도하여 국경에까지 보호하는 도를 다 하고, 그 신하가 가는 나라의 임금에게 먼저 연락하여 봉록과 벼슬을 얻을 수 있도록 하고, 떠난 지 삼년이 되어도 돌아오지 아니한 뒤에야 그 신하에게 주었던 토지와 주택을 거두어 간절하게 잊어버리지 않는 뜻을 보입니다. 처음에 인도하여 국경까지 보호하는 것이 한 가지이고, 그 다음에 그 신하가 가는 나라의 임금에게 먼저 주선해 주는 것이 두 가지이고, 그 다음에 그 신하가 삼년이 되도록 돌아오지 아니한 뒤에야 그 신하에게 주었던 토지와 주택을 거두는 것이 세 가지입니다. 이것이 이른바 '세 가지 예가 있다'는 것이니, 그 나라에 있을 때 이미 도를 행하고 또 나라를 버리고 가더라도 예로써 대접하기를 이와 같이 한다면, 손이나 발처럼 보던 정의가 오래되어도 없어지지 않기 때문에 신하가 예전 임금에게 배나 심장의 갚음을 잊지 않고 상복을 입는 것입니다."

금 야 위 신 간 즉 불 행 언 즉 불 청 고 택
3-3. 今也앤 爲臣이라 諫則不行하며 言則不聽하여 膏澤
불 하 어 민 유 고 이 거 즉 군 박 집 지 우 극 지
이 不下於民이요 有故而去則君이 搏執之하고 又極之
어 기 소 왕 거 지 일 수 수 기 전 리 차 지 위 구
於其所往하며 去之日에 遂收其田里하나니 此之謂寇
수 구 수 하 복 지 유
讐니 寇讐에 何服之有리오

| 언해 |

今앤 臣이 되연ᄂᆞ디라 諫ᄒᆞ면 行티아니ᄒᆞ며 言ᄒᆞ면 聽티아니ᄒᆞ야 膏澤이 民의게 下티아니ᄒᆞ고 故ㅣ이셔 去ᄒᆞ면 君이 搏執之ᄒᆞ고ᄯᅩ 그 往ᄒᆞᄂᆞᆫ바애 極ᄒᆞ며 去ᄒᆞᆫ 日에 드듸여 그 田과 里를 收ᄒᆞᄂᆞ니 이ᄅᆞᆯ 닐온 寇讐ㅣ니 寇讐에 므슴 服이 이시리오

| 직역 |

"지금은 신하가 되어 간하면 행하지 않고, 말하면 듣지 아니하여 은택이 백성에게 내리지 않으며, 이유가 있어서 떠나면 임금이 구속하고, 또한 그 떠나가는 곳을 궁하게 하며, 떠나는 날에 마침내 그 토지와 주택을 거두니, 이것을 일러 원수라 합니다. 원수에게 무슨 상복을 입겠습니까?"

| 자해 |

極 : 궁하게 함.

| 의해 |

"지금은 신하 된 자를 임금이 대접하기를 그렇게 하지 않고, 간하면 임금이 행하지 않으며, 말하면 임금이 듣지 않아서 위와 아래가 서로 친하지 못하고 경륜을 펴지 못하며 은택이 백성에게 미치지 못하니, 이것은 신하가 되어 도를 행하지 못한 것입니다. 마

땅히 떠날 것인데 차마 떠나지 못하고 반드시 무슨 연고가 있은 뒤에 떠나는 것이 신하의 후한 뜻인데, 임금이 그 신하를 속박하고 붙잡아서 국경을 벗어나지 못하게 하고, 그 신하가 가는 나라에서 궁하게 하여 봉록과 벼슬을 얻지 못하게 하며, 떠나는 날에 즉시 주었던 토지와 주택을 거두어 다시 돌아올 마음을 끊어버리니, 이것이 이른바 '신하의 원수'입니다. 원수라면 군신의 의가 끊어졌는데 무슨 복을 입겠습니까? 참으로 신하와 임금이 일체임을 볼 수 있습니다."

| 요지 |

이 장은 임금이 신하에게 마땅히 예로 대접해야 한다는 뜻을 보인 것이니, 앞에서는 임금과 신하의 베풀고 갚음의 다름을 말하였고, 뒤에서는 그 의심을 인하여 옛 신하의 상복 입는 예의 다름을 말하였다. 모두 제나라 임금을 움직여 마땅히 그 신하를 후하게 대접하게 하기 위함이니, 스스로 충신이라고 의론한 것이 아니다.

맹 자 왈 무 죄 이 살 사 즉 대 부 가 이 거 무 죄 이 륙 민
4. 孟子曰 無罪而殺士 則大夫可以去요 無罪而戮民
즉 사 가 이 사
則士可以徙니라

| 언해 |

孟子ㅣ ᄀᆞᆯᄋᆞ샤ᄃᆡ 罪업시셔 士를 殺ᄒᆞ면 태우ㅣ 可하뻐 去홀개시오 罪업시셔 民을 戮ᄒᆞ면 士ㅣ 可히 뻐 徙ㅣ 홀꺼시니라

| 직역 |

맹자가 말하였다. "죄 없이 선비를 죽이면 대부가 떠날 수 있고, 죄 없이 백성을 죽이면 선비가 옮겨 갈 수 있다."

| 의해 |

맹자가 말하였다. "화가 미칠 때는 먼저 기미가 있으니, 선비가 근본적으로 죄가 없는데도 임금이 한 때의 노여움을 참지 못하고 죽이면, 이것은 곧 대부를 죽일 조짐이다. 대부는 이 때 마땅히 떠나야 한다. 백성이 근본적으로 죄가 없는데도 임금이 한 때의 법을 남용하여 죽이면, 이것은 선비를 죽일 조짐이다. 선비는 이 때 마땅히 다른 곳으로 옮겨가야 한다. 이러한 때를 놓치고 떠나지 않으면 차후에는 떠나고자 하여도 떠날 수 없을 것이다."

| 요지 |

이 장은 사람이 마땅히 기미를 보아서 떠나야 하며, 화가 이미 임박하면 떠날 수 없음을 보인 것이다.

맹 자 왈 군 인 막 불 인 군 의 막 불 의
5. 孟子曰 君仁이면 莫不仁이요 君義면 莫不義니라

| 언해 |

孟子ㅣ ᄀᆞᆯᄋᆞ샤ᄃᆡ 君이 仁ᄒᆞ면 仁티아니리 업고 君이 義ᄒᆞ면 義티 아니리 업스니라

| 직역 |

맹자가 말하였다. "임금이 인하면 인하지 않을 사람이 없고, 임금이 의로우면 의롭지 않을 사람이 없다."

| 의해 |

맹자가 말하였다. "임금은 아랫사람을 인도하는 사람이다. 임금이 마음을 두고 일을 처리함이 모두 인하면, 백관과 만민이 인하지 않을 수 없고, 임금이 마음을 두고 일을 처리함이 모두 이로우면 백관과 만민이 의롭지 않을 수 없어서, 명령하지 않아도 행할 자가 있을 것이다. 임금 된 자가 어찌 몸을 바르게 하는 것으로써 먼저 할 일로 삼지 않을 수 있겠는가?"

| 요지 |

이 장은 두 번 나온 것이지만, 상편은 신하가 마땅히 임금을 바르게 할 것을 주장한 것이고, 여기서는 임금을 경계한 것이니 그 뜻이 조금 다르다.

맹 자 왈 비 례 지 례 비 의 지 의 대 인 불 위
6. 孟子曰 非禮之禮와 非義之義를 大人不爲니라

| 언해 |

孟子ㅣ 골ᄋᆞ샤ᄃᆡ 禮아닌 禮와 義아닌 義를 大人이 ᄒᆞ디아니 ᄒᆞᄂᆞ니라

| 직역 |

맹자가 말하였다. "예가 아닌 예와 의가 아닌 의를 대인은 하지 않는다."

| 의해 |

맹자가 말하였다. "도는 옳은 데 이르는 것으로 귀결점을 삼고, 학문은 그른 것을 분석하는 것으로 중요한 것을 삼으니, 예가 중

정한 데 부합되지 않는다면 예가 아닌데, 그 이름을 예라 하면 이것이 예가 아닌 예이다. 의가 변화하는 것을 얻지 못하면 곧 의가 아닌데, 그 이름을 의라 하면 이것이 의가 아닌 의이다. 대인은 평소 살피기를 극히 정밀하고 밝게 하며 본받아 행하기를 순수하게 하고 숙달하게 하여, 일에 따라 이치에 순응하고 때에 따라 마땅한 데 처하여 예의 중정함을 온전히 본받고 의의 변화를 한마음으로 따르니, 이것이 어찌 예가 아닌 예와 의가 아닌 의가 되겠는가? 이것이 고금의 예와 의의 법칙을 세운 까닭이다."

| 요지 |

이 장은 예와 의가 지극히 옳아서 그릇이 없는 것을 분변하여 그 행하는 바를 삼갈 것을 바란 것이다.

맹 자 왈 중 야 양 부 중 재 야 양 부 재 고 인 락 유
7. 孟子曰 中也養不中하며 才也養不才라 故로 人樂有
현 부 형 야 여 중 야 기 부 중 재 야 기 부 재 즉 현
賢父兄也니라 如中也棄不中하며 才也棄不才면 則賢
불 초 지 상 거 기 간 불 능 이 촌
不肖之相去 其間이 不能以寸이니라

| 언해 |

孟子ㅣ 갈ᄋᆞ샤ᄃᆡ 中이 不中을 養ᄒᆞ며 才ㅣ 不才를 養ᄒᆞᄂᆞ디라 故로 人이 賢ᄒᆞᆫ 父兄이 ᄋᆞᆷ을 樂ᄒᆞᄂᆞ니 만일 中이 不中을 棄ᄒᆞ며 才ㅣ不才를 棄ᄒᆞ면 곧 賢과 不肖의 서르 去홈이 그 間이 能히 ᄡᅥ 寸도 몯ᄒᆞ니라

| 직역 |

맹자가 말하였다. "적중한 사람이 적중하지 못한 사람을 기르며

재주 있는 사람이 재주 없는 사람을 길러준다. 따라서 사람이 어진 부모와 형이 있는 것을 즐거워한다. 적중한 사람이 적중하지 못한 사람을 버리고, 재주 있는 사람이 재주 없는 사람을 버린다면 어진 이와 불초한 사람의 차이가 한 치도 못되는 것이다."

| 자해 |

中 : 지나치거나 모자람이 없는 것. • 才 : 재주를 가진 사람. • 養 : 함육하고 훈도하여 스스로 화함을 기다림. • 賢 : 적중하고 재주 있는 사람.

| 의해 |

맹자가 말하였다. "사람의 기질이 같지 않아서 적중하고 재주 있는 사람이 적고, 그렇지 못한 사람이 많다. 나의 적중한 것으로 자제의 적중하지 못한 것을 기르되, 지나친 것은 억제하고 미치지 못한 것은 이끌어서 조용히 점차 변화하는 것을 기다린다. 나의 재주 있는 것으로 자제의 재주가 없는 것을 기르되, 어두운 것은 열어주고 게으른 것은 경계시켜 너그럽고 넉넉히 하여 그 행함을 기다린다. 따라서 사람마다 어진 부형이 있어서 이룰 수 있음을 즐거워하는 것이다. 만일 아침저녁으로 책망하여 급박하게 구하다가 그 가르치기 어려운 것을 보고 갑자기 그만둔다면 이것은 버리는 것이다. 적중한 이가 적중하지 못한 이를 버리고, 재주 있는 이가 재주 없는 이를 버린다면, 이것은 가르치는데 방법이 없고 기르는데 술법이 없는 것이다. 자제들도 변화하지 못한다면 나의 어진 것도 적중하지 못하고 재주가 없는 것이니, 자제 가운데 적중하지 못하고 재주가 없어서 불초한 자와의 차이가 얼마 되지 않는다. 자제된 자는 진실로 마땅히 부형의 가르침을 본받아야 하며, 부형도 잘 가르치는 도를 다하지 않으면 안 된다."

| 요지 |

이 장은 요점이 부형을 책망하는 데 있으니, 자제가 불초한 것을

부형이 기르지 않으면 어질지 못한 것이기 때문에 서로의 차이가 얼마 되지 않음을 밝힌 것이다.

맹 자 왈 인 유 불 위 야 이 후 가 이 유 위
8. 孟子曰 人有不爲也而後에 可以有爲니라

| 언해 |

孟子ㅣ ᄀᆞᆯᄋᆞ샤ᄃᆡ 人이 ᄒᆞ디아니 ᄒᆞᆷ이 이신 後에 可히 ᄡᅥ ᄒᆞ욤이 인ᄂᆞ니라

| 직역 |

맹자가 말하였다. "사람이 하지 않는 것이 있은 뒤에야 할 수 있는 일이 있다."

| 의해 |

맹자가 말하였다. "천하의 일 가운데 마땅히 할 것도 있고 마땅히 하지 않아야 할 것도 있다. 사람이 반드시 살피고 가리어서 마땅히 하지 않아야 할 것을 제대로 보고, 뜻을 세우기를 확고히 하여 단연코 하지 않는 바가 있으면, 이것이 얼마나 큰 역량이겠는가? 이러한 역량으로써 마땅히 할 것을 하면 큰 공업을 이룰 수 있을 것이니, 어찌 구차함이 있겠는가?"

| 요지 |

이 장은 알아서 가리는 것을 주장한 것이지, 지킴이 있은 뒤에 할 수 있는 일이 있다는 뜻이 아니다. 불인한 일을 하지 않으면 인을 행할 수 있으며, 불의한 일을 하지 않으면 의를 행할 수 있다.

맹자왈 언인지불선 당여후환 하
9. 孟子曰 言人之不善하다가 當如後患에 何오

| 언해 |

孟子ㅣ ᄀᆞᆯᄋᆞ샤ᄃᆡ 人의 不善을 言ᄒᆞ다가 맛당이 後患에 엇디ᄒᆞ료

| 직역 |

맹자가 말하였다. "남의 선하지 못함을 말하다가 후환을 어떻게 감당할 것인가?"

| 의해 |

맹자가 말하였다. "남의 악함을 숨기는 것은 충후한 도이자 해로움을 멀리하는 도이다. 만일 남의 착하지 못함을 말하기를 좋아하면, 남이 반드시 원망하고 분하여 나를 해치려고 할 것이니, 그 후환을 어찌하리오. 경계하지 않을 수 없는 것이다."

| 요지 |

이 장은 맹자가 남의 악한 것을 말하는 자를 경계한 것이니, 특별히 후환을 빌어서 두렵게 한 것이다.

맹자왈 중니 불위이심자
10. 孟子曰 仲尼는 不爲已甚者러시다

| 언해 |

孟子ㅣ ᄀᆞᆯᄋᆞ샤ᄃᆡ 仲尼ᄂᆞᆫ 已甚홈을 ᄒᆞ디 아니 ᄒᆞ더시다

| 직역 |

맹자가 말하였다. “공자는 너무 심한 것을 하지 않았다.”

| 의해 |

맹자가 말하였다. “성인은 공자를 넘어서는 이가 없으니, 마땅히 시속에 어긋나는 행실이 있어서 너무 심한 것을 했을 것 같지만, 공자의 평생을 보면 그 행한 바가 모두 본분의 지극한 이치이고, 사람이 알기 쉽고 행하기 쉬운 것에 불과하였다. 당초부터 너무 심한 것을 하지 않았으니, 성인은 천지를 기준으로 삼아 널리 응하고 곡진하고 적당한 데 지나지 않았으니, 모두 하늘의 법칙이다.”

| 요지 |

이 장은 지극히 성스러움을 들어서 법칙을 보인 것이니, 아주 높은 이를 위하여 말한 것이다.

맹 자 왈 대 인 자 언 불 필 신 행 불 필 과 유 의
11. 孟子曰 大人者는 言不必信이며 行不必果요 惟義
소 재
所在니라

| 언해 |

孟子ㅣ ᄀᆞᆯᄋᆞ샤ᄃᆡ 大人은 言을 信ᄒᆞᆷ을 必티아니ᄒᆞ며 行을 果ᄒᆞᆷ을 必티 아니ᄒᆞ고 오직 義의 인난 바로 ᄒᆞᄂᆞ니라

| 직역 |

맹자가 말하였다. “대인은 말함에 믿어줄 것을 꼭 기대하지 않고,

행함에 과단을 꼭 기대하지 않으며, 오직 의에 합당한 바로써 한다."

| 자해 |

必 : 기필(期必).

| 의해 |

맹자가 말하였다. "사람의 말은 진실로 믿음이 중요하고, 행함은 진실로 과단이 중요하다. 다만 의리를 헤아리지 않고 믿음과 과단에 뜻을 둔다면, 믿음에 믿음이 아닌 바가 있고, 과단에 과단이 아닌 바가 있을 것이다. 오직 대인은 이치에 지극히 정밀하고 마음에 편벽된 주관이 없어서, 말함에 먼저 믿음을 꼭 기대하여 '내가 반드시 이와 같이 말하리라' 하지 않으며, 행함에 먼저 과단을 꼭 기대하여 '내가 반드시 이와 같이 행하리라' 하지 않는다. 다만 의로움을 생각하여 의에 마땅히 할 말을 좇아 말한다면, 믿음을 꼭 기대하지 않아도 저절로 믿음을 주지 않음이 없을 것이다. 다만 의로움을 생각하여 의에 마땅히 행할 바를 좇아 행한다면, 과단을 꼭 기대하지 않아도 스스로 과단하지 않음이 없을 것이다. 이처럼 일을 따라서 이치에 순조롭고 때를 따라서 마땅함을 행하니, 대인의 말과 행함이 천하의 법칙이 되는 것이다."

| 요지 |

이 장은 대인의 의에 정밀한 학문을 보인 것이다. 믿음과 과단, 그 자체는 병통이 없지만, 그 병통은 꼭 기대하는데 있다. 대인이 어찌 일찍이 믿음과 과단이 없겠는가? 다만 믿음과 과단을 먼저 꼭 기대하지 않고, 오직 의에 있는 바로써 한다면 믿음과 과단은 꼭 기대하지 않아도 저절로 믿음과 과단이 없을 수 없다.

맹 자 왈 대 인 자 불 실 기 적 자 지 심 자 야
12. 孟子曰 大人者는 不失其赤子之心者也니라

| 언해 |

孟子ㅣ ᄀᆞᆯᄋᆞ샤ᄃᆡ 大人은 그 赤子의 心을 失티아니ᄒᆞᆫ 者ㅣ니라

| 직역 |

맹자가 말하였다. "대인은 갓난아이 때의 마음을 잃지 않는다."

| 의해 |

맹자가 말하였다. "대인과 갓난아이는 실로 커다란 차이가 있다. 그러나 대인이 대인이 된 까닭은 바로 갓난아이 때의 마음을 잃지 않은 것이다. 갓난아이의 마음은 아는 것도 없고 할 수 있는 것도 없고 순일하여 거짓이 없으며, 대인의 마음은 알지 못하는 것이 없고 능하지 못한 것이 없고 순일하여 거짓이 없다. 이처럼 갓난아이로부터 대인의 경지에 이르는 것은 다만 깨닫고 확충한 공이 있기 때문이다. 그러나 조금도 꾸미고 교사한 흔적이 없다는 점에서는 같으니, 만일 이러한 마음을 잃어서 조그마한 술수를 부리거나 조그마한 이해에 얽매인다면 대인의 마음이 아니다."

| 요지 |

이 장은 대인의 마음은 만 가지 변화에 통달하고 갓난아이의 마음은 순일하여 허위가 없음을 밝힌 것이다. 그러나 대인이 대인 된 이유는 바로 물욕에 이끌리지 않아서 순일하여 거짓이 없는 마음을 온전히 한 것일 뿐이다.

13. 孟子曰(맹자왈) 養生者(양생자)는 不足以當大事(부족이당대사)요 惟送死(유송사)야 可以(가이) 當大事(당대사)니라

| 언해 |

孟子ㅣ 골ᄋᆞ샤ᄃᆡ 生을 養홈이 足히 ᄡᅥ 大事애 當티 몯ᄒᆞ고 오직 死를 送홈이아 可히 ᄡᅥ 大事애 當홀이니라

| 직역 |

맹자가 말하였다. "산 사람을 봉양하는 것은 큰일에 해당되지 못하며, 오직 죽은 사람을 보내는 것이 큰일에 해당한다."

| 의해 |

맹자가 말하였다. "자식이 어버이를 섬김에 마땅히 처음부터 끝까지 도를 다해야 한다. 그러나 산 사람을 봉양하는 것은 사람의 일정한 도이니, 오늘에 미흡한 것은 내일 보충할 수가 있어서 큰일에 해당되지 않는다. 오직 죽은 사람을 보내는 것은 사람의 변하는 도로서 어버이를 섬김에 마치는 곳이니, 혹 미진함이 있으면 후회하여도 미칠 수 없으므로 이것이 진실로 큰일에 해당된다. 사람의 자식 된 자는 반드시 공경하고 정성스럽게 하는 도를 알아야 한다."

| 요지 |

이 장은 산 사람을 봉양하는 일을 가볍게 여기는 뜻이 아니라, 다만 마침을 삼가 중시하는 뜻을 밝힌 것이다.

14. 孟子曰 君子深造之以道는 欲其自得之也니 自得之則居之安하고 居之安則資之深하고 資之深則取之左右에 逢其原이니 故로 君子는 欲其自得之也니라

| 언해 |

孟子ㅣ ᄀᆞᆯᄋᆞ샤ᄃᆡ 君子ㅣ기피 造홈을 道로 ᄡᅧ ᄒᆞ욤은 그 自得고쟈 홈이니 自得ᄒᆞ면 居홈이 安ᄒᆞ고 居홈이 安ᄒᆞ면 資홈이 深ᄒᆞ고 資홈이 深ᄒᆞ면 左右에 取ᄒᆞ욤애 그 原을 逢ᄒᆞᄂᆞ니 故로 君子ᄂᆞᆫ 그 自得고쟈 ᄒᆞᄂᆞ니라

| 직역 |

맹자가 말하였다. "군자가 도로써 깊이 나아가는 것은 스스로 얻기 위함이니, 스스로 얻으면 거처함이 편안하고, 거처함이 편안하면 이용함이 깊으며, 이용함이 깊으면 좌우에서 취함에 그 근원을 만난다. 따라서 군자는 스스로 얻고자 하는 것이다."

| 자해 |

造 : 나아감. '예(詣)'와 같음. • 道 : 나아가는 방법. • 資 : 이용함. '자(藉)'와 같음. • 左右 : 몸의 양쪽, 지극히 가까운 여러 곳. • 逢 : 간남. 치(値)와 같음. • 原 : 근본, 물이 나오는 곳.

| 의해 |

맹자가 말하였다. "이치가 본래 내 성품에 갖추어져 있지만, 나아가는 데에는 공부가 필요하다. 나아가기를 깊이 아니한 자는 혹 하기도 하고 혹 말기도 하여 밖에 힘쓰고, 그 도로써 아니하는 자는 혹 억지로 더듬고 혹 힘으로 찾아서 아침과 저녁 사이에 효험

을 보고자 하니, 이것은 모두 잠잠히 기록하고 마음으로 통하여 자연히 얻는 지경에 이르지 못할 것이다. 군자가 반드시 그 힘을 많이 쓰면서도 그 공을 급히 하지 아니하고, 그 방법을 좇아서 순서를 뛰어넘지 않으려면 과연 어떻게 해야 할까? 바로 그 견지하고 따름에 재촉하는 바가 없고 진실로 힘을 쌓기를 오래하면 이치가 자연히 내게 얻어질 것이다. 이치를 억지로 구하고자 하는 자는 마음이 흡족하지 못해서 편안하게 거처하지 못하고, 자연히 얻고자 하는 자는 마음이 만 가지로 변함에도 흔들리지 않고 이치와 더불어 하나가 되어 외물이 빼앗지 못하여 편안하게 거처할 수 있다. 편안하게 거처하지 못한 자는 이치가 수시로 들락거려서 쓸 수 없게 되고, 오직 편안하게 거처하는 자는 여러 가지 이치가 다 모여서 비록 일에 응하고 물을 접하지 않아도 자연스럽게 될 것이다. 배움이 자득함에 이르면 그 묘함이 이와 같으므로 군자의 배움은 반드시 자득하고자 한다. 자득하고자 한다면 깊이 나아가기를 어찌 도로써 하지 않을 수 있겠는가?"

| 요지 |

이 장은 군자가 자연히 얻는 학문을 말한 것이다. 깊이 나아가기를 도로써 한다는 것은 스스로 얻는 공부이고, 거처하기를 편안히 하고 이용하기를 깊이 하여 근원을 만난다는 것은 스스로 얻는 가운데의 묘한 곳이니, 모두 같이 있어서 절차와 선후는 없는 것이다.

맹자왈 박학이상설지 장이반설약야

15. 孟子曰 博學而詳說之는 將以反說約也니

| 언해 |

孟子ㅣ 골ᄋᆞ샤ᄃᆡ 너비 學ᄒᆞ고 ᄌᆞ세 說ᄒᆞ욤ᄋᆞᆫ 쟝ᄎᆞᆺ ᄡᅥ 反ᄒᆞ야 約애 說호려니라

| 직역 |

맹자가 말하였다. "널리 배우고 자세히 말하는 것은 장차 돌이켜 간략하게 말하기 위함이다."

| 의해 |

맹자가 말하였다. "학문을 하는 방법은 넓고 간략한 두 가지에 불과하다. 많이 듣고 많이 보고 많이 알아서 학문이 넓어지면 배운 바의 이치를 일일이 강론하고 연구하며 분석하여 자세하고 분명하게 말하는 것이 어찌 한갓 많은 것을 자랑하기 위함이겠으며, 자세히 말하는 것이 어찌 한갓 아름다움을 다투기 위함이겠는가? 융회하고 관통하여 돌이켜 지극히 간략한 곳까지 말함에 이르러 중요한 것을 알게 하기 위함이다. 천하 사물의 이치를 융회하지 못할 때에는 한 가지를 연구하면 한 가지만 알게 되지만, 융회할 때는 천하 이치가 문득 하나가 된다. 배움이 간략한 데 이른 뒤에야 허다히 넓은 것을 비로소 받아서 쓸 수 있으니, 넓지 못하면 간략함을 베풀 바가 없을 것이다. 따라서 널리 배우고 자세히 말하는 것을 어찌 그만둘 수 있겠는가?"

| 요지 |

이 장은 앞장의 뜻을 이어서 말한 것으로, 배움은 한갓 넓히기 위함이 아니며, 또한 지름길로 간략하게 할 수 없다는 뜻이다.

맹 자 왈 이 선 복 인 자 미 유 능 복 인 자 야 이 선 양
16. 孟子曰 以善服人者는 未有能服人者也니 以善養
인 연 후 능 복 천 하 천 하 불 심 복 이 왕 자 미 지 유
人然後에 能服天下하나니 天下不心服 而王者未之有
야
也니라

| 언해 |

孟子ㅣ 갈ᄋᆞ샤ᄃᆡ 善으로ᄡᅥ 人을 服ᄒᆞᄂᆞᆫ 者ᄂᆞᆫ 能히 人을 服ᄒᆞᄂᆞᆫ 者ㅣ 잇디 아니ᄒᆞ니 善으로ᄡᅥ 人을 養ᄒᆞᆫ 然後에 能히天下ᄅᆞᆯ 服ᄒᆞᄂᆞ니 天下ㅣ心服디아니ᄒᆞ고 王 ᄒᆞᇙ 者ㅣ 잇디 아니ᄒᆞ니라

| 직역 |

맹자가 말하였다. "착한 것으로써 사람을 복종시키려는 자는 사람을 복종시키는 경우가 없었다. 착한 것으로써 남을 기른 뒤에야 천하를 복종시킬 수 있다. 천하가 심복하지 않는데 왕 노릇 할 수 있는 경우는 아직까지 없었다."

| 의해 |

맹자가 당시 임금을 위하여 말하였다. "나라를 가진 자는 모두 마땅히 착한 것으로써 하겠지만, 착한 것이 모두 같은 것은 아니다. 자기의 착한 것으로써 남을 이기어 굴복시키면 이것은 진심으로 착한 것이 아니다. 이처럼 남이 마음으로 기뻐하여 복종하도록 하기도 어려운데 하물며 천하를 복종시킬 수 있겠는가? 오직 자기의 착한 것으로써 남을 길러서 착한 데로 돌아오게 하면 남을 복종시키는 것에 뜻을 두지 않더라도 자연히 천하를 복종시킬 수 있다. 따라서 천하 사람의 마음이 돌아와서 천하에서 왕 노릇 하는 업을 이룰 수 있다. 천하가 마음속으로 복종하여 사모하고 돌아오지 않는데도 천하에서 왕 노릇 하는 업을 이룬 자는 아직까

지 없었다. 이것이 왕도와 패도의 분기점이다."

| 요지 |

이 장은 당시 제후가 진실한 마음으로 착한 것으로써 해야 함을 권면한 것이다. 앞의 두 구절은 공변되고 사사로운 데 감응됨이 다름을 말한 것이고, 뒤 구절은 인심을 얻지 못하면 왕도에 이를 수 없음을 단언한 것이다.

맹자왈 언무실불상 불상지실 폐현자당지

17. 孟子曰 言無實不祥하니 不祥之實은 蔽賢者當之니라

| 언해 |

孟子ㅣ 갈ᄋᆞ샤ᄃᆡ 言이 實不祥이 업ᄉᆞ니 不祥의 實은 賢을 蔽ᄒᆞᄂᆞᆫ 者ㅣ 當ᄒᆞᄂᆞ니라

| 직역 |

맹자가 말하였다. "말에 실상이 있으면서 상서롭지 못한 경우는 없으니, 상서롭지 못한 실상은 어진 이를 가리는 것이 이에 해당된다."

| 의해 |

맹자가 말하였다. "사람의 말에 실상이 있으면서 상서롭지 못한 경우는 없다. 상서롭지 않은 실상은 오직 현자를 참소하고 막아서 현자의 말을 가리는 것이다. 현자를 가리는 것은 큰 화와 무거운 죄가 되는 것이니, 사람의 말을 듣는 자는 마땅히 물리침이 있

어야 한다.”

| 요지 |

이 장은 현자를 시기하여 나라를 병들게 하는 자를 거론한 것이다. 앞 구절은 사람의 책망을 너그럽게 한 것이 아니라 뒤 구절을 이끌어 낸 것이다.

| 참고 |

‘말에 실상이 없는 것은 상서롭지 못하니, 현자를 가리는 것이 상서롭지 못한 실상이 된다’고 해석하기도 한다. 의심하건대 중간에 빠진 구절이 있는 듯하다.

18. 徐子曰 仲尼亟稱於水曰 水哉水哉여하시니 何取於水也시니잇고 孟子曰 原泉이 混混하여 不舍晝夜하여 盈科而後에 進하여 放乎四海하나니 有本者如是라 是之取爾시니라 苟爲無本이면 七八月之間에 雨集하야 溝澮皆盈이나 其涸也는 可立而待也니 故로 聲聞過情을 君子恥之니라

| 언해 |

徐子ㅣ ᄀᆞᆯᄋᆞ샤ᄃᆡ 仲尼ㅣ ᄌᆞ조 水에 稱ᄒᆞ야 ᄀᆞᆯᄋᆞ샤ᄃᆡ 水여 水여ᄒᆞ시니 므서슬 水에 取ᄒᆞ시니잇고 孟子ㅣ ᄀᆞᆯᄋᆞ샤ᄃᆡ 原泉이 混混ᄒᆞ야 晝夜를 舍티 아니ᄒᆞ야 科에 盈ᄒᆞᆫ 後에 進ᄒᆞ야 四海에 放ᄒᆞᄂᆞ니

本이 읻는 者ㅣ 이ᄀᆞᄐᆞ디라 이를 取ᄒᆞ시니라 진실로 本이 업스면 七八月ㅅ間에 雨ㅣ 集ᄒᆞ야 溝와澮ㅣ 다 盈ᄒᆞ나 그 涸ᄒᆞ욤ᄋᆞᆫ 可히 셔셔 기들올꺼시니 故로 聲聞이 情에 過ᄒᆞ욤을 君子ㅣ恥ᄒᆞᄂᆞ니라

| 직역 |

서자가 말하였다. "공자가 자주 물을 칭하여 말하기를, '물이여! 물이여!' 하였으니, 물에서 무엇을 취한 것입니까?" 맹자가 말하였다. "근원이 있는 샘물이 용솟음쳐서 밤낮을 그치지 않아서 구덩이를 채운 뒤에 나아가 사해에 이르니, 근원이 있는 것이 이와 같기 때문에 이것을 취한 것이다. 진실로 근원이 없다면 칠팔월 사이에 비가 집중되는 경우 개천과 도랑이 모두 가득하지만, 그것이 마르는 것은 서서 기다릴 수 있다. 따라서 명성이 실상보다 지나친 것을 군자는 부끄러워한다."

| 자해 |

亟 : '자주 삭(數)' 자의 뜻. 음은 '기'. • 水哉 : 감탄하고 아름답게 여기는 말. • 源泉 : 근원이 있는 물. • 混混 : 솟아나오는 모양. • 不舍晝夜 : 항상 나와서 마르지 않음. • 盈 : 가득함. • 科 : 구덩이. • 放 : 도달함. • 集 : 모임. • 澮 : 밭 사이의 물길. • 涸 : 마름. 음은 '학'. • 聲聞 : 명예. • 情 : 실상. • 恥 : 그 실상이 없어서 장차 계속되지 못함을 부끄러워함.

| 의해 |

서자가 말하였다. "일찍이 듣건대, 공자가 물을 칭하여 '물이여! 물이여!' 하여 여러 번 찬양하고 탄식하셨는데, 알지 못하겠습니다. 공자가 물의 성질에서 무슨 뜻을 취한 것입니까?" 맹자가 말하였다. "자네가 물에서 취할 것을 알고자 한다면 어찌 근원이 있는 샘을 보지 않는가? 근원이 있는 샘의 형세는 퐁퐁 솟아나와 밤낮을 쉬지 않고 구덩이에 가득하고, 구덩이에 가득하면 다른 구덩이로 옮겨 흘러서 나아가서는 사해에 도달하게 된다. 이것은 무엇 때문인가? 근원이 있기 때문이다. 공자께서 자주 물을 칭찬

한 것은 이러한 뜻을 취한 것이니, 근원이 있는 물이 근본이 있는 마음과 부합된다는 뜻이다.

진실로 근원이 없는 물은 근원이 있는 샘과 다르니, 칠팔월 사이에 소낙비가 모이면 개천과 도랑에 모두 가득하더라도 비가 그치면 마르게 되는 것은 서서 기다릴 수 있다. 이처럼 근원이 있는 샘이 사해에 도달하는 것과 다르다. 근원이 없는 물이 이와 같으니, 공자가 어찌 이런 물을 취하였겠는가? 근원이 없는 물은 마치 사람이 배움에 실상은 없고 명예만 추구하는 것과 같다. 명예가 실상에 지나치면 군자는 반드시 깊이 부끄러워하니, 근원이 없는 물이 쉽게 모였다가 쉽게 마르는 것과 같기 때문이다. 따라서 군자는 근본에 힘쓰는 것이다. 저와 같이 명예만 추구하고자 순서를 뛰어넘는 자와는 분명히 구별해야 한다."

| 요지 |

이 장은 공자가 물을 칭한 미묘한 뜻을 설명한 것이다. 맹자가 특히 이것을 취한 것은 서자의 질문에 답하기 위한 것이다. 공자는 일찍이 '문(聞)'과 '달(達)'로써 자장(子張)에게 고한 적이 있다. 여기서 '달'은 근본이 있는 것이고, '문'은 근본이 없는 것이다. 따라서 배우는 자가 어찌 근본에 힘쓰지 않을 수 있겠는가?

맹 자 왈 인 지 소 이 이 어 금 수 자 기 희 서 민 거
19. 孟子曰 人之所以異於禽獸者幾希하니 庶民은 去
지 군 자 존 지 순 명 어 서 물 찰 어 인 륜
之하고 君子는 存之니라 舜은 明於庶物하시며 察於人倫
유 인 의 행 비 행 인 의 야
하시니 由仁義行이라 非行仁義也시니라

| 언해 |

孟子ㅣ 골으샤더 人의 써 禽獸에 異혼밧 者ㅣ 幾希ᄒᆞ니 庶民은 去ᄒᆞ고 君子ᄂᆞᆫ 存ᄒᆞᄂᆞ니라 舜은 庶物에 明ᄒᆞ시며 人倫에 察ᄒᆞ시니 仁義로 由ᄒᆞ야 行ᄒᆞ신디라 仁義ᄅᆞᆯ 行ᄒᆞ시ᄂᆞᆫ 줄이 아니 시니라

| 직역 |

맹자가 말하였다. "사람이 금수와 다른 점은 많지 않은데, 서민은 그것을 버리고 군자는 그것을 보존한다. 순은 여러 사물의 이치에 밝으며 인륜을 살폈으니 인의로 말미암아 행한 것이지, 인의를 일부러 행한 것은 아니다."

| 자해 |

幾希 : 적음. • 庶 : '무리 중(衆)' 자와 같음. • 物 : 사물(事物). • 明 : 그 이치를 앎. • 察 : 그 이치를 자세히 살핌.

| 의해 |

맹자가 말하였다. "사람과 금수가 모두 천지에 나서 다를 것이 없다. 다만 사람은 홀로 형상과 기운의 바른 것을 얻어 성품을 온전히 함이 있다. 이것이 금수와 다른 점이니, 진실로 사람이 마땅히 보존해야 하는 것이며, 버려서는 안 되는 것이다. 그러나 서민은 금수와 다른 것을 알지 못하고, 마침내 지키지 못하고 버리니, 금수와의 차이가 많지 않게 된다. 오직 군자는 금수와 다른 것이 성품을 온전히 하는데 있음을 알고 조심스럽게 그 성품을 보전하여 사람이 된 도리를 다한다.

돌이켜보면, 상고시대에 자연히 마음을 보존하여 군자의 도통을 연 것은 순임금이다. 이치가 만 가지 다른 것으로 흩어져 모든 물건과 인륜이 되었다. 순임금은 모든 물건의 이치에 밝아서, 생각하고 찾는 것을 기다리지 않고, 인륜의 도를 살피고 연구하는 것을 기다리지 않았다. 이것이 이른바 '나면서부터 아는 것'으로서,

이치가 한 마음에 통일되어 인의가 된 것이다. 순임금은 인의가 이미 마음에 근본하여 행하는 바가 모두 이로부터 나온 것이지, 인의를 아름답게 여긴 후에 일부러 행한 것이 아니다."

| 요지 |

이 장은 아래 네 장과 함께 도통의 전함을 말한 것이다. 첫 장은 성품으로서의 이치를 보존하는 군자를 말한 것이고, 아래 장은 순임금이 성품으로서의 이치를 자연히 보존한 것을 말한 것이다. 모두 성품 성(性) 자로 일관한 것이니, 중점은 순임금에 있다.

20. 孟子曰 禹는 惡旨酒而好善言이러시다 湯은 執中하시며 立賢無方이러시다 文王은 視民如傷하시며 望道而未之見이러시다 武王은 不泄邇하시며 不忘遠이러시다 周公은 思兼三王하사 以施四事하사대 其有不合者어든 仰而思之하사 夜以繼日하사 幸而得之어시든 坐以待旦러시다

| 언해 |

孟子ㅣ ᄀᆞᆯᄋᆞ샤ᄃᆡ 禹ᄂᆞᆫ 旨酒ᄅᆞᆯ 惡ᄒᆞ시고 善言을 好ᄒᆞ더시다 湯은 中을 執ᄒᆞ시며 賢을 立ᄒᆞ샤ᄃᆡ 方업시 ᄒᆞ더시다 文王은 民을 視ᄒᆞ샤ᄃᆡ 傷ᄒᆞᆫ건ᄀᆞᆮ티ᄒᆞ시며 道ᄅᆞᆯ 望ᄒᆞ샤ᄃᆡ 見티 몯ᄒᆞᆫᄃᆞ시 ᄒᆞ더시다 武王은 邇ᄅᆞᆯ 泄티 아니ᄒᆞ시며 遠을 忘티 아니ᄒᆞ더시다 周公은 三王兼ᄒᆞᆷ을 思ᄒᆞ샤 ᄡᅥ 四事ᄅᆞᆯ 施ᄒᆞ샤ᄃᆡ 그 合디 아님이 잇거든 仰

ᄒᆞ야 思ᄒᆞ야 夜로ᄡᅥ 日ᄋᆞᆯ 繼ᄒᆞ샤 幸혀 得ᄒᆞ야시든 坐ᄒᆞ야 ᄡᅥ 아ᄎᆞᆷ을 기들오더시다

| 직역 |

맹자가 말하였다. "우임금은 맛있는 술을 싫어하고 착한 말을 좋아하였다. 탕임금은 중도를 잡고 어진 이를 세움에 일정한 한정이 없었다. 문왕은 백성 보기를 다칠 듯이 하고, 도를 바라보기를 아직 보지 못한 듯이 하였다. 무왕은 가까운 사람을 지나치게 가까이 하지 않고 먼 사람을 잊지 않았다. 주공은 삼대의 성왕을 겸하여 네 가지 일을 시행할 것을 생각하되 부합하지 않는 것이 있으면 우러러 생각하여 밤낮으로 계속하여 다행히 얻음이 있으면 앉아서 날이 새기를 기다렸다."

| 자해 |

旨酒 : 맛있는 술. 『전국책(戰國策)』에 이르기를, '의적(儀狄)이 술을 만들자, 우임금이 마시고 달게 여겨 말하기를, '후세에 반드시 술 때문에 나라를 망칠 자가 있을 것이다'라고 하고, 마침내 의적을 멀리하고 술을 끊었다'고 함. • 好善言 : 『서경』에서 이르기를, '우임금이 창언(昌言)에 절하였다'고 함. • 執 : 지키고 잃지 않음. • 中 : 지나치거나 모자람이 없음. • 方 : 종류. '류(類)' 자와 같은 뜻. • 立賢無方 : 오직 어질면 등용하고 종류를 따지지 않음. • 泄 : 친압함 . • 三王 : 삼대의 성왕. 곧 하나라의 우, 은나라 탕, 주나라 문왕과 무왕. • 四事 : 네 임금이 하던 일.

| 의해 |

맹자가 앞 장을 이어서 말하였다. "순임금의 뒤를 이은 것은 우임금이다. 우임금의 한 두 가지 일로써 말하자면, 맛있는 술을 싫어한 것은 오직 욕심이 지나칠까 두려워했기 때문이고, 착한 말을 좋아한 것은 혹시라도 이치를 빠뜨릴까 두려워했기 때문이다. 이것이 바로 우임금이 근심하고 부지런하며 조심하고 힘쓴 마음이다. 우임금 뒤를 이은 것은 탕임금이다. 탕임금의 한두 가지 일로

써 말하자면, 정사를 베풀 때 오직 중도를 잡아 지나침과 모자람이 없도록 한 것은 만 가지 일을 어기지 않기 위함이었다. 사람을 씀에 오직 어진 사람이면 위에 세워서 그 출신을 따지지 않은 것은 천자의 지위가 어려움을 생각하여 사람으로 더불어 같이 다스리며, 오직 천하의 어진 사람의 마음을 잃을까 두려워하였기 때문이다. 이것이 바로 탕임금이 근심하고 부지런하며 조심하고 힘쓴 마음이다. 우임금과 탕임금의 뒤를 이은 것은 문왕과 무왕이다. 문왕의 한두 가지 일로써 말하자면, 사람을 다스림에 은혜롭게 하고 보호하여 백성이 이미 편안하였는데도, 오히려 보기를 상한 것이 있는 것처럼 하고, 몸을 닦음에 계속해서 빛나고 공경하여 머무는 도가 이미 지극하였는데도, 바라기를 오히려 보지 못한 것처럼 하여, 백성을 깊이 사랑하고, 도를 간절히 구하였다. 이것이 바로 문왕이 근심하고 부지런하며 조심하고 힘쓴 마음이다. 무왕의 한두 가지 일로써 말하자면, 가까운 사람은 사람이 지나치게 가까이하기 쉬운 것인데 홀로 지나치게 가까이하지 않아서 가까이 모시는 사람을 대함에도 반드시 씩씩하게 하고, 기거함에도 삼가서 소홀히 하지 않았으니 삼가기를 지극히 한 것이다. 또한 먼 사람은 사람이 잊기 쉬운 것인데 홀로 잊지 않아서 덕은 지극히 먼 데까지 미치고, 기미(幾微)는 숨어있는 것까지 살폈으니 생각이 주밀한 것이다. 이것이 바로 무왕이 근심하고 부지런하며 조심하고 힘쓴 마음이다. 문왕과 무왕을 이은 것은 주공이다. 주공의 일은 어떠하였는가? 주공은 하나라와 은나라를 보고, 문왕과 무왕을 보아서, 생각이 삼대의 임금을 겸하고, 네 조정에서 행한 일을 베풀면서, 혹시라도 그 일이 시대가 달라서 옛날에는 마땅하였지만 지금에는 어그러져서 합당하지 않은 것이 있으면, 우러러 생각하여 밤낮으로 얻기를 구하여, 다행히 그 이치의 합당함을 얻으면 앉아서 아침을 기다려 시급하게 모든 일에 행하였다. 이것이 바로 주공이 근심하고 부지런하며 조심하고 힘쓴 마음이다. 삼대의 성왕으로부터 주공에 이르기까지 일은 한 가지가 아니지만, 마음은 한 가지이다. 이것이 이치가 보존되고 도통이 끊어지지 않은 이유이다."

| 요지 |

이 장은 여러 성인의 마음이 도통을 전함에 있고, 일에 있지 않음을 보인 것이다. 그러나 마음은 볼 수 없고, 일은 볼 수 있기 때문에 각각 그 한 두 가지 일을 들어서 그 마음을 둔 뜻을 보인 것이다. 주자의 주에 보이는 '근심하고 부지런하며 조심하고 힘썼다'는 말이 바로 여러 성인이 마음을 보인 것이다.

맹 자 왈 왕 자 지 적 식 이 시 망 시 망 연 후 춘
21. 孟子曰 王者之迹이 熄而詩亡하니 詩亡然後에 春
추 작 진 지 승 초 지 도 올 노 지 춘 추 일 야
秋作하니라 晉之乘과 楚之檮杌과 魯之春秋一也니라
기 사 즉 제 환 진 문 기 문 즉 사 공 자 왈 기 의 즉 구 절
其事則齊桓晉文이요 其文則史니 孔子曰 其義則丘竊
취 지 의
取之矣로라하시니라

| 언해 |

孟子ㅣ ᄀᆞᆯᄋᆞ샤ᄃᆡ 王者의 迹이 熄홈애 詩ㅣ 亡ᄒᆞ니 詩ㅣ 亡ᄒᆞᆫ 然後애 春秋ㅣ作ᄒᆞ니라 晉의 乘과 楚의 檮杌와 魯의 春秋ㅣ ᄒᆞᆫ 가지니라 그 事ᄂᆞᆫ 齊桓과 晉文이오 그 文ᄋᆞᆫ 史ㅣ니 孔子ㅣ ᄀᆞᆯᄋᆞ샤ᄃᆡ 그 義ᄂᆞᆫ 丘ㅣ 그윽이 取호라 ᄒᆞ시니라

| 직역 |

맹자가 말하였다. "왕자의 자취가 없어짐에 시가 없어졌으니, 시가 없어진 뒤에 『춘추』가 지어졌다. 진나라의 승, 초나라의 도올,

노나라의 춘추가 한가지이다. 그 일은 제나라 환공과 진나라의 문공의 일이며, 그 글은 사관이 쓴 것이다. 공자가 말하기를, '그 의는 내가 가만히 취한 것이다'라고 하였다."

| 자해 |

乘 : 조씨는 전부(田賦)와 승마(乘馬)의 일에서 비롯된 뜻이라 하고, 어떤 사람은 당시의 행사를 취해서 기재하였기 때문에 이름붙인 것이라 하는데, 어느 것이 옳은지 알 수 없음. • 檮杌 : 악한 짐승의 이름. 옛날에는 흉한 사람의 호칭으로 사용하여 악한 것을 기록하여 경계로 삼는다는 뜻을 취한 것임. • 春秋 : 일을 기록하는 자는 반드시 첫머리에 해를 기록하는데, 해에는 춘하추동이 있기 때문에 이것으로 기록한 바의 이름을 삼은 것임. • 史 : 사관. • 竊取 : 겸손한 표현으로 '가만히 취함'의 뜻.

| 의해 |

맹자가 윗 장을 이어 공자의 일을 서술하여 말하였다. "주나라가 성할 때에 예악과 정벌의 일이 천자로부터 비롯되었기 때문에 아시(雅詩)가 조정에서 지어져 천하를 가르쳤다. 주나라가 동쪽으로 옮김에 왕자의 자취가 없어져 예악과 정벌의 일이 천자로부터 비롯되지 못하였기 때문에 아시가 조정에서 지어지지 못하였다. 시가 없어진다면 상하의 명분이 어긋나고, 세상 도가 어지럽혀져 사람의 마음이 변함을 이루 다 말할 수 없다. 공자가 이를 근심하여 『춘추』를 지어서 천하의 간사한 것과 바른 것을 구분함으로써 모든 왕의 큰 모범이 되었다. 그러나 『춘추』는 공자가 모두 창작한 것이 아니다. 당시 여러 나라에 모두 역사 기록이 있었다. 진나라의 승과 초나라의 도올과 노나라의 춘추가 이름은 같지 않지만 역사 기록이라는 점에서는 마찬가지였다. 『춘추』는 본래 노나라의 역사 기록이다. 『춘추』 또한 역사 기록이므로 그 내용은 제환공과 진문공이 정벌하고 모여서 맹세한 일이고, 그 글은 사관이 연월을 기록한 말이다. 그 가운데 신상필벌(信賞必罰)의 대의가 분명하지 못하여 권선징악에는 미흡한 점이 있었다. 공자가

말하기를, '그 대의는 내가 일찍이 가만히 취하여 재단하여 정한 것이다'라고 하였다. 노나라의 역사 기록이 『춘추』이므로 그 글이 왕자의 자취에 관계가 없다. 그러나 결단하여 정함은 성인의 마음으로부터 나와서, 쓸 데는 더 쓰고 깎을 데는 깍아서 천하의 공과 죄를 살펴서 한 임금의 상주고 벌줌을 정하여, 이미 잃어버린 권세를 거두어 천자에게 돌려보내고, 왕자의 자취가 비록 없어졌으나 없어지지 않도록 하고, 시가 비록 없어졌지만 없어지지 않게 하였으니, 『춘추』는 진실로 모든 왕의 큰 법이다. 이것이 바로 공자가 근심하고 부지런하며 조심하고 힘쓴 마음이다. 그 이치를 보조하여 도통을 전함을 이은 바가 여기에 있다."

| 요지 |

이 장은 공자가 『춘추』를 지어 여러 성인의 도통을 이음을 기록한 것으로, 끝 구절의 의(義) 자가 중요하다. 첫 구절은 『춘추』가 지어진 것을 말한 것이고, 다음 구절은 『춘추』가 공자의 필삭을 거치지 않았다면 다른 나라의 역사 기록과 같음을 말한 것이며, 끝 구절은 그 재단함이 성인의 마음에서 비롯되어 대의를 밝혀서 아시(雅詩)를 잇고 왕자의 자취를 보존하였음을 말한 것이다.

맹자왈 군자지택 오세이참 소인지택 오
22. 孟子曰 君子之澤도 五世而斬이요 小人之澤도 五
세이참 여미득위공자도야 여사숙저인야
世而斬니라 予未得爲孔子徒也나 予私淑諸人也로라

| 언해 |

孟子ㅣ ᄀᆞᆯᄋᆞ샤ᄃᆡ 君子의 澤도 五世예 斬ᄒᆞ고 小人의 澤도 五世예 斬ᄒᆞᄂᆞ니라 내시러곰 孔子의 徒ㅣ 되디 몯 ᄒᆞ나 나ᄂᆞᆫ 人의게 그

읔이 淑호라

| 직역 |

맹자가 말하였다. "군자의 은택도 오세에 끊어지고, 소인의 은택도 오세면 끊어진다. 나는 공자의 문도가 되지 못하였지만, 나는 사람들을 통하여 그윽이 착하게 되었다."

| 자해 |

澤 : 유풍(遺風). 여운(餘韻). • 世 : 부모와 자식이 서로 이어지는 동안. 혹은 30년. • 斬 : 끊어짐. • 私 : '그윽할 절(竊)' 자와 같음. • 淑 : 착함.

| 의해 |

맹자가 말하였다. "사람의 공덕과 사업이 당시로부터 후세까지 끼친 것을 은택이라고 한다. 위에 있는 군자가 끼친 덕택이 대략 오세가 된 뒤에 끊어져 상하의 구별이 없으니, 오세 이내라면 모두 그 끼친 덕택에 참여한 자이다. 나는 시대에 늦게 나서 공자에게 친히 학업을 받지 못하여 공자의 무리가 되지 못했다. 그러나 다행히 그 남은 덕택이 사람들에게 있어서, 내가 그윽히 취하여 착할 수 있었다. 내가 이미 성인이 끼친 덕택을 입었으니, 어찌 이 마음을 보존하여 공자 배우기를 원하는 마음으로 예전 군자와 같아지기를 바라지 않을 수 있겠는가?" 이것이 바로 맹자가 근심하고 부지런하며 조심하고 힘쓴 마음으로써 공자를 이어서 사람이 금수와 다른 바의 성품을 보존한 것이다.

| 요지 |

이 장은 위의 세 장에서 순임금과 우임금을 서술해서 말하고 주공과 공자에게 이른 것을 매듭지은 것이다. 그 말이 비록 겸손하지만 자임한 바의 무거움을 알 수 있다.

맹자왈 가이취 가이무취 취 상렴 가이

23. 孟子曰 可以取며 可以無取에 取면 傷廉이요 可以

여 가이무여 여 상혜 가이사 가이무사

與며 可以無與에 與면 傷惠요 可以死며 可以無死에

사 상용

死면 傷勇이니라

| 언해 |

孟子ㅣ ᄀᆞᆯᄋᆞ샤ᄃᆡ 可히 ᄡᅥ 取ᄒᆞ안 즉 ᄒᆞ며 可히 ᄡᅥ 取티마람 즉 ᄒᆞᆫᄃᆡ 取ᄒᆞ면 廉을 傷ᄒᆞ고 可히 ᄡᅥ 與티마람 즉 ᄒᆞᆫᄃᆡ 與ᄒᆞ면 惠ᄅᆞᆯ 傷ᄒᆞ고 可히 ᄡᅥ 死ᄒᆞ암 즉 ᄒᆞ며 可히 ᄡᅥ 死티마람즉 ᄒᆞᆫᄃᆡ 死ᄒᆞ면 勇을 傷ᄒᆞ리니라

| 직역 |

맹자가 말하였다. "받을 수도 있고 받지 않을 수도 있을 때 받으면 청렴을 상하게 되고, 줄 수도 있고 주지 않을 수도 있을 때 주면 은혜를 상하게 되며, 죽을 수도 있고 죽지 않을 수도 있을 때 죽으면 용맹을 상하게 된다."

| 의해 |

맹자가 말하였다. "천하의 일 가운데는 이렇게 해도 좋고 저렇게 해도 좋은 경우가 있으니, 경솔한 뜻으로 망령되게 해서는 안 된다. 구차하게 취하지 않는 것을 청렴이라 한다. 남이 예물을 줄 때 받기 전에 받을 만 하다가도 재차 생각해서 받지 않을 만한데도 받으면 이것은 구차하게 받는 것으로 도리어 청렴한 것을 해치는 것이다. 이것은 중도에 미치지 못한 과실로서 진실로 옳지 못한 것이다. 남에게 물품을 주는 것을 은혜라 한다. 남에게 물품을 줄 때 주기 전에 줄 만하다가 재차 생각해서 주지 않을 만한데도 준다면 이것은 정당하지 않은 은혜로서 도리어 은혜를 해치는

것이다. 죽는 것을 두려워하지 않는 것을 용맹이라 한다. 바야흐로 이해가 충돌될 때 죽을 만하다가도 재차 생각해서 죽지 않을 수 있는데도 죽는다면 이것은 정당하지 않은 용맹으로서 도리어 용맹을 해치는 것이다. 이것은 중도에 지나친 과실로서 또한 옳지 못한 것이다. 이상은 이치의 바른 것을 가려서 중도를 지키지 못한 것이다."

| 요지 |

이 장은 의(義)에 정밀한 학문을 보인 것이다. 여섯 번의 '할 수 있다'는 말은 의심하는 뜻이고, 세 번의 '상한다'는 말은 결단하는 뜻이다. 청렴을 상한다는 것은 보통 사람 가운데 미치지 못한 자를 경계하는 것이고, 은혜를 상하고 용맹을 상한다는 것은 어진 사람 가운데 지나친 자를 경계한 것이다.

방몽 학사어예 진예지도 사천하 유
24-1. 逢蒙이 學射於羿하여 盡羿之道하고 思天下에 惟
예위유기 어시 살예 맹자왈 시역예유죄
羿爲愈己라하여 於是에 殺羿한대 孟子曰 是亦羿有罪
언 공명의왈 의약무죄언 왈박호운이
焉이니라 公明儀曰 宜若無罪焉하이다 曰薄乎云爾언정
오득무죄
惡得無罪리오

| 언해 |

逢蒙이 射를 羿의게 學ᄒᆞ야 羿의 道를 盡ᄒᆞ고 思호ᄃᆡ 天下애 오직 羿ㅣ 근두곤 더은이라ᄒᆞ야 이예 羿를 殺ᄒᆞᆫ대 孟子ㅣ ᄀᆞᆯᄋᆞ샤ᄃᆡ 이 ᄯᅩ 羿ㅣ 罪인ᄂᆞ니라 公明儀ㅣ ᄀᆞᆯᄋᆞ샤ᄃᆡ 맛당이 罪업ᄉᆞᆫ듯히 이다 ᄀᆞᆯᄋᆞ샤ᄃᆡ 薄다 ᄒᆞᆯ ᄲᅮᆫ이던뎡 엇디시러곰 罪업ᄉᆞ리오

| 직역 |

방몽이 활 쏘는 것을 예에게 배워서 예의 도를 다하고 생각하기를, '천하에 오직 예만이 자기보다 낫다'고 하여 이에 예를 죽였다. 맹자가 말하였다. "이 또한 예에게 죄가 있다. 공명의는 '마땅히 죄가 없는 듯하다'고 하였지만, 비록 작다고 할지언정 어찌 죄가 없다고 할 수 있겠는가?"

| 자해 |

羿 : 유궁후예(有窮后羿). • 逄蒙 : 유궁후예의 가속(家屬). • 유궁후예가 활 쏘기를 잘하여 하나라 임금을 시해하였는데, 그 또한 가속인 방몽에게 시해되었음. • 愈 : 나음. • 薄 : 죄가 조금 가볍다는 뜻.

| 의해 |

옛날 방몽이 유궁후예에게 활 쏘는 법을 다 배우고 생각하기를, 천하에 오직 예가 자기보다 낫다고 하여, 그를 죽였다. 맹자가 말하였다. "방몽이 예를 죽인 것은 진실로 죄가 크지만, 내개 보기에는 예 또한 죄가 있다." 옛날 노나라의 어진 사람인 공명의가 말하기를, "예가 방몽에게 죽었으니, 죄는 방몽에게 있고, 예는 죄가 없는 듯하다"고 하였다. 맹자가 이 말을 비평하여 말하기를, "공명의의 말에 죄가 없는 듯하다고 한 것은 예의 죄가 방몽보다 조금 가볍다는 것이지 어찌 예에게 죄가 없다는 뜻이겠는가?"라고 하였다.

정인 사자탁유자 침위 우사유공지사
24-2. 鄭人이 使子濯孺子로 侵衛어늘 衛使庾公之斯로
추지 자탁유자왈 금일 아질작 불가이집궁
追之러니 子濯孺子曰 今日에 我疾作이라 不可以執弓
오사의부 문기복왈 추아자 수야
이로소니 吾死矣夫인저하고 問其僕曰 追我者는 誰也오

기복 왈 유공지사야 왈 오생의 기복
其僕이 曰 庾公之斯也로소이다 曰 吾生矣로다 其僕이
왈 유공지사 위지선사자야 부자왈 오생 하
曰 庾公之斯는 衛之善射者也어늘 夫子曰 吾生은 何
위야 왈 유공지사 학사어윤공지타 윤공지
謂也잇고 曰 庾公之斯는 學射於尹公之他하고 尹公之
타 학사어아 부윤공지타 단인야 기취우필
他는 學射於我하니 夫尹公之他는 端人也라 其取友必
단의 유공지사지왈 부자 하위부집궁 왈 금
端矣리라 庾公之斯至曰 夫子는 何爲不執弓고 曰 今
일 아질작 불가이집궁 왈 소인 학사어
日애 我疾作이라 不可以執弓이로다 曰 小人은 學射於
윤공지타 윤공지타 학사어부자 아불인이
尹公之他하고 尹公之他는 學射於夫子하니 我不忍以
부자지도 반해부자 수연 금일지사 군
夫子之道로 反害夫子하노라 雖然이나 今日之事는 君
사야 아불감폐 추시고륜 거기금 발승
事也라 我不敢廢라하고 抽矢扣輪하여 去其金하고 發乘
시이후 반
矢而後에 反하니라

| 언해 |

鄭人이 子濯孺子로ᄒᆞ여곰 衛ᄅᆞᆯ 侵ᄒᆞ거늘 衛ㅣ 庾公斯로 ᄒᆞ여곰 追ᄒᆞ더니 子濯孺子ㅣ ᄀᆞᆯᄋᆞ샤ᄃᆡ 今日에 내 疾이 作ᄒᆞᆫ디라 可히 ᄡᅧ 弓을 執디몯 ᄒᆞ리로소니 내 死ᄒᆞ린뎌ᄒᆞ고 그 僕ᄃᆞ려 問ᄒᆞ야 ᄀᆞᆯ오ᄃᆡ 나ᄅᆞᆯ 追ᄒᆞᄂᆞᆫ 者ᄂᆞᆫ 누고 그 僕이 ᄀᆞᆯ오ᄃᆡ 庾公斯ㅣ로소이다 ᄀᆞᆯ오ᄃᆡ 내 生ᄒᆞ리로다 그 僕이 ᄀᆞᆯ오ᄃᆡ 庾公斯ᄂᆞᆫ 衛예 善射ᄒᆞᄂᆞᆫ 者ㅣ이늘 夫子ㅣ ᄀᆞᆯᄋᆞ샤ᄃᆡ 내 生 ᄒᆞ리라 홈ᄋᆞᆫ 엇디닐옴이잇고 ᄀᆞᆯ오ᄃᆡ 庾公斯ᄂᆞᆫ 射ᄅᆞᆯ 尹公他의게 ᄒᆞ學고 尹公他ᄂᆞᆫ 射ᄅᆞᆯ 내게 學ᄒᆞ니 尹公他ᄂᆞᆫ 端ᄒᆞᆫ 人이라 그 友ᄅᆞᆯ 取홈이 반ᄃᆞ시 端ᄒᆞ리라 庾公斯ㅣ 至ᄒᆞ야 ᄀᆞᆯ오ᄃᆡ 夫子ᄂᆞᆫ 엇디 弓을 執디 아니ᄒᆞᄂᆞ뇨 ᄀᆞᆯ오ᄃᆡ 今日에 내 疾이 作ᄒᆞᆫ디라 可히ᄡᅧ 弓을 執디 몯ᄒᆞ리로다 ᄀᆞᆯ오ᄃᆡ 小人ᄋᆞᆫ 射ᄅᆞᆯ

尹公他의게 學ᄒᆞ고 尹公他ᄂᆞᆫ 射ᄅᆞᆯ 夫子의게 學ᄒᆞ니 내 ᄎᆞ마 夫子의 道로ᄡᅥ 도로혀 夫子ᄅᆞᆯ 害티 몯ᄒᆞ노라 비록 그러나 今日의 事ᄂᆞᆫ 君事ㅣ라 내 敢히 廢티 몯ᄒᆞ리라 ᄒᆞ고 矢ᄅᆞᆯ 抽ᄒᆞ야 輪에 扣ᄒᆞ야 그 金을 去ᄒᆞ고 乘矢ᄅᆞᆯ 發ᄒᆞᆫ 後에 反ᄒᆞ니라

| 직역 |

"정나라 사람이 자탁유자를 시켜 위나라를 침범하자, 위나라에서 유공지사를 시켜 뒤쫓았다. 자탁유자가 말하기를, '오늘 나는 병이 나서 활을 잡을 수 없으니, 나는 죽었구나!'라고 하고, 마부에게 '나를 뒤쫓는 자가 누구인가?'하고 물었다. 마부가 말하기를, '유공지사입니다'라고 하였다. 자탁유자가 말하기를, '나는 살았구나!'라고 하였다. 마부가 말하기를, '유공지사는 위나라에서 활을 잘 쏘는 자입니다. 선생께서 나는 살았구나 하는 것은 무슨 뜻입니까?'라고 하였다. 자탁유사가 말하기를, '유공지사는 윤공지타에게 활쏘기를 배우고, 윤공지타는 나에게 활쏘기를 배웠다. 윤공지타는 단정한 사람이다. 그가 벗을 취할 때 반드시 단정한 사람이었을 것이다'라고 하였다. 유공지사가 이르러 말하기를, '선생은 어째서 활을 잡지 않습니까?'라고 하였다. 자탁유사가 말하기를, '오늘 나는 병이 나서 활을 잡을 수 없습니다'라고 하였다. 유공지사가 말하기를, '저는 윤공지타에게 활쏘기를 배우고, 윤공지타는 선생에게 활쏘기를 배웠으니, 내가 차마 선생의 도로써 도리어 선생을 해칠 수 없습니다. 비록 그렇지만 오늘 일은 임금의 일이라 내 감히 그만둘 수 없습니다'라고 하고, 살을 뽑아서 바퀴에 두드려 그 쇠를 버리고 네 발을 쏜 뒤에 돌아갔다."

| 자해 |

之 : 어조사. • 僕 : 수레를 모는 사람. • 尹公之他 : 위나라 사람. • 端 : 단정함. • 夫子 : 자탁유자. • 小人 : 유공지사의 자칭. • 金 : 살촉. • 乘矢 : 네 개의 화살.

| 의해 |

"무엇으로써 유궁후예에게 죄가 있음을 볼 수 있는가? 시험하건대 자탁유자의 일로써 볼 수 있다. 예전에 정나라가 장수 자탁유자를 시켜 위나라를 침공하였는데 형세가 이롭지 못하자 도망하였다. 이에 위나라가 장수 유공지사를 시켜 추격하였다. 자탁유자가 말하였다. '오늘은 불행히 내가 병이 나서 활을 잡을 수 없으니 어떻게 추격병을 막을 수 있겠는가? 죽을 수밖에 없겠구나! 나를 추격하는 자는 누구인가?' 시종이 말하였다. '유공지사입니다.' 이에 자탁유자가 기뻐하면서 말하였다. '이제 나는 살았도다!' 시종이 말하였다. '유공지사는 위나라에서 활을 잘 쏘는 자입니다. 더욱이 장군께서 병이 나셨는데도 내가 살았다고 하시는 것은 무슨 말씀입니까?' 자탁유자가 말하였다. '유공지사는 활 쏘는 것을 윤공지타에게 배웠는데, 윤공지타는 나에게 배운 사람이다. 윤공지타는 평소 마음과 행실이 단정한 사람이다. 단정한 사람은 단정한 사람과 상종하니, 그 사람의 벗도 또한 단정할 것임을 알 수 있다. 어찌 단정한 사람으로서 근본을 배반하고 공로만을 취하겠는가? 이것으로써 내가 살 수 있다고 생각한 것이다.' 유공지사가 자탁유자를 좇아와서 물었다. '선생은 어째서 활을 잡지 않습니까?' 자탁유자가 말하였다. '오늘은 내가 병이 나서 활을 잡을 수 없습니다.' 유공지사가 말하였다. '저는 활 쏘는 것을 윤공지타에게 배웠고, 윤공지타는 선생에게 배웠으니, 제가 활을 잘 쏘는 것은 곧 선생께서 주신 도입니다. 내 차마 선생의 도로써 선생을 해칠 수 없지만, 오늘 선생을 좇아온 일은 우리 임금의 명령이라 감히 사사로운 은혜로써 공의를 폐할 수 없습니다.' 이에 화살을 빼어 수레바퀴에 두드려, 그 살촉을 빼서 사람을 상하지 않게 하고 빈 살로 네 발을 쏘고 돌아갔다. 정의를 곡진히 하고 의리를 온전히 한 것이 이와 같다. 만일 유궁후예가 자탁유자와 같았다면 어찌 방몽에게 죽는 화를 당하였겠는가?" 맹자는 이러한 까닭에 유궁후예에게도 죄가 있다고 하는 것이다.

| 요지 |

이 장은 벗을 취함에 삼가지 않을 수 없음을 보인 것이다. 요체는 '단정한 사람'과 '벗을 취한다'는 말에 있다.

맹 자 왈 서 자 몽 불 결 즉 인 개 엄 비 이 과 지 수 유
25. 孟子曰 西子蒙不潔 則人皆掩鼻而過之니라 雖有
악 인 제 계 목 욕 즉 가 이 사 상 제
惡人이나 齊戒沐浴 則可以祀上帝니라

| 언해 |

孟子ㅣ ᄀᆞᆯᄋᆞ샤ᄃᆡ 西子ㅣ 潔티 아닌거슬 蒙ᄒᆞ면 사ᄅᆞᆷ이 다 鼻ᄅᆞᆯ 掩ᄒᆞ고 過ᄒᆞ리니라 비록 惡人이나 齊戒ᄒᆞ야 沐浴ᄒᆞ면 可히 ᄡᅧ 上帝ᄅᆞᆯ 祀ᄒᆞ리니라

| 직역 |

맹자가 말하였다. "서시(西施)가 불결한 것을 뒤집어쓰고 있다면 사람들이 모두 코를 막고 지나갈 것이다. 비록 악인이더라도 목욕재계를 한다면 상제에게 제사지낼 수 있다."

| 자해 |

西子 : 춘추시대 월(越)나라의 미녀인 서시(西施). • 蒙 : '무릅쓸 모(冒)' 자와 같음. • 不潔 : 더러운 물건. • 掩鼻 : 그 냄새를 싫어함. • 惡人 : 모양이 추한 사람.

| 의해 |

맹자가 말하였다. "착하고 악한 것에 비록 일정한 바탕이 있지만, 그 변화하는 기틀도 사람이 스스로 처하는 데 달려 있다. 서시와 같은 이는 바탕이 아름답지만 가령 더러운 물건을 뒤집어 쓰고

있다면 남들이 모두 코를 가리고 지나갈 것이다. 이것은 스스로 그 아름다운 천부적인 자질을 잃어버리고 남들이 싫어하는 것을 취했기 때문이다. 사람이 본래 착함을 가졌더라도 하루 아침에 그 착함을 잃어버린다면 이것과 다를 바 없는 것이다. 비록 악한 사람의 바탕이 본래 추한 것이지만, 목욕재계하고 지극히 정성스럽고 깨끗이 한다면 상제에게 제사를 드릴 수 있으니 또한 무엇을 의심하겠는가? 사람이 비록 악함이 있을지라도 하루 아침에 스스로 새롭게 하면 어찌 이와 다르겠는가? 이처럼 착하고 악한 것이 옮기고 변하는 것이 오직 한 생각하는 사이에 달려 있으니, 사람이 어찌 스스로 포기하고 힘쓰지 않을 수 있겠는가?"

| 요지 |

이 장은 바탕이 아름다운 이도 완전히 믿을 것이 없고, 악한 이도 단지 포기할 수 없음을 말한 것이다. 사람은 마땅히 스스로 닦아서 악한 것을 고쳐서 착한 데로 옮겨 가야 한다.

맹 자 왈 천 하 지 언 성 야 즉 고 이 이 의 고 자 이
26. 孟子曰 天下之言性也는 則故而已矣니 故者는 以
리 위 본 소 오 어 지 자 위 기 착 야 여 지 자 약 우
利爲本이니라 所惡於智者는 爲其鑿也니 如智者若禹
지 행 수 야 즉 무 오 어 지 의 우 지 행 수 야 행 기 소
之行水也면 則無惡於智矣리라 禹之行水也는 行其所
무 사 야 여 지 자 역 행 기 소 무 사 즉 지 역 대 의
無事也시니 如智者亦行其所無事면 則智亦大矣리라
천 지 고 야 성 진 지 원 야 구 구 기 고 천 세 지 일 지
天之高也와 星辰之遠也나 苟求其故면 千歲之日至를
가 좌 이 치 야
可坐而致也니라

| 언해 |

孟子ㅣ ᄀᆞᄅᆞ샤ᄃᆡ 天下의 性을 言홈ᄋᆞᆫ 곧 故로 ᄒᆞᆯ ᄯᆞᄅᆞᆷ이니 故ᄂᆞᆫ 利로ᄡᅧ 本을 삼ᄂᆞ니라 智者에 惡ᄒᆞᄂᆞᆫ바ᄂᆞᆫ 그 鑿홈을 爲ᄒᆡ니 만일에 智者ㅣ 禹의 水行홈ᄀᆞᆮ티ᄒᆞ면 智에 惡홈이 업ᄉᆞ리라 禹의 水行ᄒᆞ심은 그 일삼아 홈이 업슨바ᄅᆞᆯ 行ᄒᆞ시니 만일에 智者ㅣ ᄯᅩᄒᆞᆫ 그 일 삼아 홈이 업슨바ᄅᆞᆯ 行ᄒᆞ면 智 ᄯᅩᄒᆞᆫ 大ᄒᆞ리니라 天의 高홈과 星辰의 遠홈이나 진실로 그 故ᄅᆞᆯ 求ᄒᆞ면 千歲의 日至ᄅᆞᆯ 可히 坐ᄒᆞ야 致ᄒᆞᆯ 꺼시니라

| 직역 |

맹자가 말하였다. "천하의 성을 말함은 이미 그러한 자취로써 할 따름이니, 이미 그러한 자취는 순리를 근본으로 삼는다. 지혜를 미워하는 것은 그 천착 때문이다. 만일 지혜로운 사람이 우임금이 물길을 다스리듯 한다면 지혜를 미워함이 없을 것이다. 우임금이 물길을 다스린 것은 억지로 일삼은 바가 없는 것이니, 만일 지혜로운 사람이 억지로 일삼는 바가 없다면 그 지혜가 또한 위대하게 될 것이다. 하늘이 높이 있고 성신(星辰)이 멀리 있지만 진실로 이미 그러한 자취를 찾는다면 천년 후의 동지도 앉아서 알 수 있을 것이다."

| 자해 |

性 : 사람과 물건이 얻어서 생겨난 바의 이치. • 故 : 이미 그러한 자취. • 利 : 순함. 자연스러운 형세를 가리킴.

| 의해 |

맹자가 말하였다. "배움은 성품을 밝히는 것보다 큰 것이 없지만, 성품은 형상이 없기 때문에 말하기 어려운 것이다. 그러나 형상이 없음을 좇아서 감발하여 형상이 보이면 이미 그러한 자취가 있어서 말할 수 있으니 이것을 일러 '고(故)'라고 한다. 천하에서

성품을 말하는 것은 다만 '이미 그러한 자취'에 의거해서 말할 따름이다. 그러나 이미 그러한 자취는 같지만 거슬림으로써 자취가 되기도 하고, 순함으로써 자취가 되기도 한다. 거슬림으로써 악한 것은 변한 것이고, 순하여 선한 것은 본래 그러한 것이다. 따라서 이른바 '이미 그러한 자취'는 그 성품에서 따라 발하여 자연히 순조롭고 사람이 일부러 만들지 않은 것이 근본이 되니, 순조로움에 근본하여 '이미 그러한 자취'를 말하는 것이 성품의 '이미 그러한 자취'가 된다. 결국 '이미 그러한 자취'를 따르고 성품으로 증험하여야만 성품을 볼 수 있다. 이것이 천하의 성품을 말함에 반드시 '이(利)'로써 해야 한다는 것이다. '이미 그러한 자취'에 거슬린 것으로써는 성품을 말할 수 없다. '이미 그러한 자취'는 오직 순조로움으로써 근본을 삼으니, 내 성품 가운데 지혜의 덕이 있기 때문에 자연스럽게 나오는 것이고, 작은 지혜를 미워하는 이유는 천착에만 힘쓰고 순조롭지 않기 때문이다. 만일 지혜로운 사람이 일을 처리할 때 우임금의 치수사업처럼 한다면 지혜의 도가 자연에 돌아갈 수 있다. 우임금의 치수사업에 비록 파고 터놓은 수고로움이 있지만, 모두 땅의 형세에 통하고 물의 형세에 따라서 이끈 것이니, 처음부터 언덕을 쌓고 막거나 사사로운 뜻으로 조작하거나 일삼는 바가 없었다. 이것이 밝은 덕을 기리고 신명한 우임금이라 일컫고, 천고의 큰 지혜가 된 까닭이다. 만일 지혜로운 사람이 날마다 쓰는 사물 사이에도 자연스러운 이치를 좇아서 일삼는 바가 없도록 한다면 지혜가 커질 것이고, 진실로 천착하는 바가 없을 것이다. 우임금의 치수사업을 보고서 지혜는 진실로 천착해서는 안 된다는 것을 알 수 있다. 천하의 이치는 자연스러운 '이미 그러한 자취'라는 것에 벗어나지 않으니, 책력을 정리하는 것으로써 징험할 수 있다. 하늘이 위에 있어서 지극히 높고, 별들이 하늘에 달려 있어서 아래에서 보면 지극히 멀어서 엿보고 측량할 수 없을 듯하지만, 하늘의 운행에 일정한 경(經)과 위(緯)의 도수가 있고 성신의 배열에 일정한 위치가 있으니, 이른바 '이미 그러한 자취'의 자연스러운 것이다. 진실로 하늘과 성신의 '이미 그러한 자취'를 구하면, 비록 지금으로부터 천년 이전의 오랜 것이라도 그 해와 달과 날과 때가 모두 갑자(甲子)가 되고, 일월과 오성이 모두 자방(子方)에 모이는 것을 일동지(日冬至)라 이르며 책력을 만드는 근본이 됨을 앉아서 알 수 있을 것이다. 더욱이 사물은 고원한 것이 아니므로 '고(故)'에 근거하면 어찌 그 이치를 얻지 못하겠는가? 이처럼 자연스럽게 할 것이지 천착할 것이 아니다. 천착하지 않으면 자연의 순조로운 '이미 그러한 자취'가 되고, 천착하지 않는 지혜가 성품의 지혜가 된다. 따라서 '천하의 성품을 말하는 것은 이미 그러한 자취로써 할 따름이다'라고 한다."

| 요지 |

이 장은 사람으로 하여금 성품을 따라 지혜를 발하게 하기 위한 것이다. 작은 지혜의 천착함은 그 근원이 성품을 알지 못하는 데 있다. 따라서 첫 구절에서 성품을 아는 것으로써 가르치고, 다음 구절에서 지혜는 마땅히 천착해서는 안 됨을 말한 것이고, 끝 구절에서 지혜는 반드시 천착해서는 안 됨을 말한 것이다. 지혜를 반드시 천착하지 않음은 바로 마땅히 천착해서는 안 된다는 뜻을 거듭 밝힌 것이다. 전체 문장의 뜻은 '순조로움'이라는 말에 있으니, 일삼는 바 없이 행함이 곧 '순조로움'이고, 천착하는 것은 곧 '순조로움'이 아니다. 진실로 '이미 그러한 자취'를 구하는 것은 곧 '순조로움'의 이미 그러한 자취를 구하는 것이다. 성품은 본래 자연스러운 것이고, 지혜는 성품을 말미암아 나온 것이니, 마땅히 그 자연스러움을 따라야 한다. 그렇지 않으면 성품을 해롭게 하는 것으로 지혜가 아니다.

공 행 자 유 자 지 상 우 사 왕 조 입 문
27-1. 公行子有子之喪이어늘 右師往吊할새 入門커늘
유 진 이 여 우 사 언 자 유 취 우 사 지 위 이 여 우 사 언 자
有進而與右師言者하며 有就右師之位 而與右師言者러니

| 언해 |

公行子ㅣ 子의 喪이 잇거늘 右師ㅣ가 弔ᄒᆞᆯ씨 門에 入ᄒᆞ거늘 進ᄒᆞ야 右師로 더블어 言ᄒᆞᆫ 者ㅣ이시며 右師의 位예 就ᄒᆞ야 右師로 더블어 言ᄒᆞᆫ 者ㅣ 잇더니

| 직역 |

공행자가 아들의 상을 당하자, 우사(右師)가 조문하러 가서 문에 들어옴에 나가서 우사와 말하는 자도 있고, 우사의 자리에 가서 우사와 말하는 자도 있었다.

| 자해 |

公行子 : 제나라 대부. • 右師 : 제나라의 대부이며 실권자인 왕환(王驩).

| 의해 |

공행자가 아들의 상을 당하자, 맹자가 제나라 경대부와 함께 왕명을 받들고 가서 조문하였다. 이 때 우사 왕환도 조문하였는데, 우사보다 먼저 온 자 가운데 우사가 자리를 정하기 전에 자기 자리를 내어주며 말하는 자도 있고, 우사가 자리를 정한 뒤에 그 자리에 나가서 말하는 자도 있었다.

맹 자 불 여 우 사 언 우 사 불 열 왈 제 군 자 개 여
27-2. 孟子不與右師言하신대 右師不悅曰 諸君子皆與
환 언 맹 자 독 불 여 환 언 시 간 환 야
驩言이어늘 孟子獨不與驩言하시니 是는 簡驩也로이다
맹 자 문 지 왈 예 조 정 불 력 위 이 상 여 언
孟子聞之하시고 曰 禮에 朝廷에 不歷位而相與言하며
불 유 계 이 상 읍 야 아 욕 행 례 자 오 이 아 위 간
不踰階而相揖也하나니 我欲行禮어늘 子敖以我爲簡하
불 역 이 호
니 不亦異乎아

| 언해 |

孟子ㅣ右師로 더블어 言티 아니ᄒᆞ신대 右師ㅣ悅티 아니ᄒᆞ야 ᄀᆞᆯ오ᄃᆡ 諸君子ㅣ다 驩으로 더블어 言ᄒᆞ거ᄂᆞᆯ 孟子ㅣ호올로 驩으로 더블어 言티 아니ᄒᆞ니 이ᄂᆞᆫ 驩을 簡ᄒᆞᆷ이로다 孟子ㅣ聞ᄒᆞ시고 ᄀᆞᆯᄋᆞ샤ᄃᆡ 禮예 朝廷애 位ᄅᆞᆯ 歷ᄒᆞ야 설ᄋᆞ 더블어 言티 아니ᄒᆞ며 階ᄅᆞᆯ 踰ᄒᆞ야 설ᄋᆞ 揖디 아니 ᄒᆞᄂᆞ니 나ᄂᆞᆫ 禮ᄅᆞᆯ 行코쟈 ᄒᆞ거ᄂᆞᆯ 子敖ㅣ날로 ᄡᅥ 簡타 ᄒᆞ니 ᄯᅩᄒᆞᆫ 異티 아니ᄒᆞ냐

| 직역 |

맹자가 우사와 말을 나누지 않자, 우사가 기뻐하지 않으며 말하였다. "여러 군자들은 모두 나와 말하는데, 맹선생께서 홀로 저와 말을 나누지 않으니, 이것은 나를 가볍게 보는 것입니다." 맹자가 듣고 말하였다. "예에 의하면, 조정에서는 자리를 지나 서로 말하지 아니하며 계급을 넘어 서로 읍하지 않는다. 나는 예를 행하고자 하는데, 자오[왕환]가 나에게 가볍게 여긴다고 하니 또한 이상하지 않느냐?"

| 자해 |

簡 : 소략함. • 驩 : 우사(右師)의 이름. • 歷 : 다시 건넘. • 位 : 다른 사람의

자리. • 子敖 : 우사의 자(字).

| 의해 |

맹자는 우사가 자리를 잡기 전부터 자리를 잡을 때까지 말을 건네지 않으니, 우사가 불쾌하게 생각하며 말하였다. "모든 군자는 모두 저와 더불어 말하는데, 맹선생께서 홀로 저에게 말하지 않으니, 이는 일부러 저를 가볍게 대하는 것인 듯합니다." 맹자가 말하였다. "사람이 같이 있으면 진실로 교제하는 정이 있지만, 임금의 명을 수행할 때는 조정의 예가 있다. 예로써 말하자면, 경대부가 조정에 있어서 절하고 서는 데에 각각 일정한 위치가 있고, 반열에 각각 일정한 계급이 있어서 위치를 벗어나 피차 서로 말하지 못하는 것이며, 계급을 넘어서 피차 서로 읍하지 못하는 것이다. 지금 임금의 명을 받들고 조문하러 왔으니 임금의 명이 있는 곳은 곧 조정에 있을 때와 같은 것이다. 내가 위치를 벗어나지 아니하고 계급을 넘지 않는 예를 행하는데, 그대가 나에게 가볍게 여긴다고 하는 것은 이상하지 않은가? 이것은 내가 알지 못하는 바이다."

| 요지 |

이 장은 소인을 대함에 미워하지 않으면서 엄한 것을 보인 것이다. 맹자가 우사와 더불어 말하지 않은 것은 무리에 아첨하지 않고, 자신을 위하여 예를 지킨 것이고, 우사가 불쾌하게 생각하자 계속해서 물리친 것은 조정을 위하여 예를 밝힌 것이니, 요체는 예(禮) 자에 있다.

맹자왈 군자소이이어인자 이기존심야 군
28-1. 孟子曰 君子所以異於人者는 以其存心也니 君

자　이인존심　이례존심　인자　애인　유
子는 以仁存心하며 以禮存心이니라 仁者는 愛人하고 有
례자　경인　애인자　인항애지　경인자
禮者는 敬人하나니 愛人者는 人恒愛之하고 敬人者는
인항경지
人恒敬之니라

| 언해 |

孟子ㅣ ᄀᆞᆯᄋᆞ샤ᄃᆡ 君子의 ᄡᅥ 人애 異ᄒᆞᆫ받者ᄂᆞᆫ 그 心을 存ᄒᆞᆷ으로ᄡᅥ니 君子ᄂᆞᆫ 仁으로ᄡᅥ 心을 存ᄒᆞ며 禮로ᄡᅥ 心을 存ᄒᆞᄂᆞ니라 仁ᄒᆞᆫ 者ᄂᆞᆫ 人을 愛ᄒᆞ고 禮인ᄂᆞᆫ 者ᄂᆞᆫ人을 敬ᄒᆞᄂᆞ니 人을 愛ᄒᆞᄂᆞᆫ 者ᄂᆞᆫ 人이 덛덛이 愛ᄒᆞ고 人을 敬ᄒᆞ는 者ᄂᆞᆫ 人이 덛덛이 敬ᄒᆞᄂᆞ니라

| 직역 |

맹자가 말하였다. "군자가 남과 다른 바는 그 마음을 보존하는 것이다. 군자는 인으로써 마음을 보존하며 예로써 마음을 보존한다. 인자는 남을 사랑하고, 예를 가진 사람은 남을 공경한다. 남을 사랑하는 자는 남이 항상 사랑해 주고, 남을 공경하는 자는 남이 항상 공경해 준다."

| 의해 |

맹자가 말하였다. "같은 사람이면서 군자는 보통사람과 다른 점이 있다. 군자가 남과 다른 점은 마음을 보존하는 것이다. 무엇으로써 마음을 보존하는가? 군자는 측은한 인(仁)으로써 마음을 보존하고, 사양하는 예로써 마음을 보존하니, 마음이 곧 인과 예이고, 인과 예가 곧 마음이어서 잠시라도 떠남이 없다. 이것은 다른 사람이 할 수 없는 것이고, 오직 군자만이 할 수 있는 것이다. 군자가 인과 예로써 마음을 보존하였을 때 어떠한가? 인과 예라 하는 것은 한갓 마음에 쌓여 있는 것이 아니다. 인한 자는 반드시 남을 사랑하고, 예가 있는 자는 반드시 남을 공경하니, 마음에 따

라 남에게 베푸는 것이 이와 같다. 베푸는 것을 보면 그 마음을 보존하는 것을 알 수 있다. 남을 사랑하는 자는 남이 또한 항상 사랑하고, 남을 공경하는 자는 남이 또한 항상 공경하니, 사물에 따라서 증험됨이 이와 같으니, 감동하는 바를 보면 마음을 보존함을 알 수 있다."

28-2. 有人於此하니 其待我以橫逆 則君子必自反也하여 我必不仁이며 必無禮也로다 此物이 奚宜至哉오하나니라 其自反而仁矣며 自反而有禮矣로대 其橫逆이 由是也어든 君子必自反也하여 我必不忠이로다하나니라 自反而忠矣로대 其橫逆由是也어든 君子曰 此亦妄人也已矣로다하나니 如此則與禽獸奚擇哉리오 於禽獸에 又何難焉이리오

(유인어차 기대아이횡역 즉군자필자반야 아필불인 필무례야 차물 해의지재 기자반이인의 자반이유례의 기횡역 유시야 군자필자반야 아필불충 자반이충의 기횡역유시야 군자왈 차역망인야이의 여차즉여금수해택재 어금수 우하난언)

| 언해 |

人이 이예이시니 그 나를 待ᄒᆞᄃᆡ 橫逆으로ᄡᅥ ᄒᆞ면 君子ㅣ 반ᄃᆞ시 스스로 反ᄒᆞ야 내 반ᄃᆞ시 仁티 몯ᄒᆞ며 반ᄃᆞ시 禮업두다 이 物이 엇디 맛당이 至ᄒᆞᄂᆞ뇨 ᄒᆞᄂᆞ니라 그 스스로 反홈애 仁ᄒᆞ며 스스로 反홈애 禮이쇼ᄃᆡ 그 橫逆ᄒᆞ욤이 이ᄀᆞᆮ거든 君子ㅣ 반ᄃᆞ시 스스로 反ᄒᆞ야 내 반ᄃᆞ시 忠티 몯ᄒᆞ두다 ᄒᆞᄂᆞ니라 스스로 反홈애 忠호ᄃᆡ 그 橫逆ᄒᆞ욤이 이ᄀᆞᆮ거든 君子ㅣ ᄀᆞᆯ오ᄃᆡ 이 ᄯᅩᄒᆞᆫ 妄人일 ᄯᆞᄅᆞᆷ이로다 ᄒᆞᄂᆞ니 이 ᄀᆞᄐᆞ면 禽獸로 더블어 엇디 擇ᄒᆞ리오 禽獸에 ᄯᅩ 엇

디 難ᄒᆞ리오

| 직역 |

"가령 어떤 사람이 자신을 대하기를 거슬림으로써 하면 군자는 반드시 스스로 반성하여, '내가 반드시 인하지 못하고 예가 없는가 보다. 어찌 이러한 일이 일어날 수 있는가'라고 한다. 스스로 반성하여 인하며, 스스로 반성하여 예가 있는데도 거슬림이 이와 같으면, 군자는 반드시 스스로 반성하여 '내가 반드시 성실하지 못한가보다'라고 한다. 스스로 반성하여 성실한데도 거슬림이 이와 같으면 군자는 말하기를, '이 또한 망녕된 사람일 따름이다. 이와 같다면 금수와 어떻게 구별되겠으며, 금수에게 또한 무엇을 따질 수 있겠는가?'라고 한다."

| 자해 |

橫逆 : 난폭하며 이치에 따르지 않음. • 物 : 일(事). • 由 : '같을 유(猶)' 자와 같음. • 忠 : 몸을 다함. • 奚擇 : 어떻게 구별하리오. • 又何難焉 : 더불어 따질 수 없다는 뜻.

| 의해 |

"인과 예가 비록 사람을 감동시키지만, 의외의 사태가 일어날 수 있다. 내가 남을 사랑하고 공경하면 남 또한 나를 사랑하고 공경하는 것이 당연한 것이다. 그러나 만일 어떤 사람이 나를 포악하게 대하고 나를 사랑하지 않고 공경하지 않는다면, 군자는 반드시 내 몸에 돌이켜보고 스스로 꾸짖어 말하기를, '내가 반드시 인하지 못하여 남을 사랑하지 않고, 내가 반드시 예가 없어서 남을 공경하지 못한 것이구나. 그렇지 않다면 내게 이렇게 포악한 일이 어찌 일어날 수 있겠는가'라고 한다. 스스로 돌이켜 보아도 인하여 남을 사랑하였고, 스스로 돌이켜 보아도 예가 있어서 남을 공경하였는데 나를 포악하게 대함이 여전하다면, 또한 반드시 스

스로 내 몸을 돌이켜 보아 '내가 인과 예에 조금이라도 미진한 점이 있어서 남을 사랑하고 공경함에 진심을 다하지 못한 것이 있구나'라고 생각한다. 그런데 다시 스스로 내 몸을 돌이켜 보아 진심을 다하였는데도 포악한 일이 여전하다면, 군자는 '사람이 사람이 되는 이유는 인과 예가 있는 것인데, 이 사람은 사욕에 가리어 본심을 잃어버렸으니, 망령된 사람일 따름이다. 이와 같다면 이름은 비록 사람이지만 실상은 금수와 무슨 차이가 있겠는가? 내가 바야흐로 금수의 무리에 빠지고 깨닫지 못한 것을 가엾게 여기는데, 어찌 그 포악한 일을 마음에 두겠는가? 나는 다만 인과 예만 다할 따름이니, 어찌 인과 예가 효험이 없다고 여겨서 포기할 수 있겠는가?'라고 한다."

시고 군자유종신지우 무일조지환야 내
28-3. 是故로 君子有終身之憂요 無一朝之患也니 乃
약소우즉유지 순 인야 아역인야 순 위
若所憂則有之하니 舜도 人也며 我亦人也로대 舜은 爲
법어천하 가전어후세 아 유미면위향인
法於天下하셔 可傳於後世어시늘 我는 由未免爲鄕人
야 시즉가우야 우지여하 여순이이의 약
也하니 是則可憂也라 憂之如何요 如舜而已矣니라 若
부군자소환즉무의 비인무위야 비례무행야
夫君子所患則亡矣니라 非仁無爲也며 非禮無行也라
여유일조지환 즉군자불환의
如有一朝之患이라도 則君子不患矣니라

| 언해 |

이런 故로 君子ㅣ 終身ㅅ 憂ㅣ 잇고 一朝ㅅ 患이 업ᄂᆞ니 憂ᄒᆞᄂᆞ바ᄂᆞᆫ 이시니 舜도 人也이며 나도 ᄯᅩᄒᆞᆫ 人이로ᄃᆡ 舜은 天下애 法이 도외샤 可히 後世예 傳ᄒᆞ거시ᄂᆞᆯ 나ᄂᆞᆫ 오히려 鄕人되옴을 免티 몯

ᄒᆞ야시니 이는 可히 憂ᄒᆞ얌 즉 ᄒᆞ니라 憂호ᄃᆡ 엇디ᄒᆞ료 舜ᄀᆞᄐᆞ려 홀 ᄯᆞᄅᆞᆷ이니라 만일에 君子의 患ᄒᆞᄂᆞᆫ바ᄂᆞᆫ 업ᄉᆞ니 仁이 아니어든 ᄒᆞ디 아니ᄒᆞ며 禮아니어든 行티 아니 ᄒᆞᄂᆞᆫ디라 만일에 一朝ㅅ 患이 이실띠라도 곧 君子ㅣ患티 아니 ᄒᆞᄂᆞ니라

| 직역 |

"이런 이유 때문에 군자에게는 평생의 근심은 있어도 하루아침의 걱정은 없는 것이다. 예컨대 근심하는 것은 있으니, 순도 사람이며 나도 사람인데 순임금은 천하에 모범이 되어 후세에 전할 만한데 나는 아직도 시골 사람을 면하지 못하였으니, 이는 근심할 만하다. 근심하면 어떻게 할 것인가? 순임금처럼 할 뿐이다. 예컨대 걱정하는 것은 없으니, 인이 아니면 하지 않으며, 예가 아니면 하지 않는다. 만일 하루아침의 걱정이 있다고 하여도 군자는 걱정하지 않는다."

| 자해 |

由 : '오히려 유(猶)' 자와 같음. • 鄕人 : 시골의 보통 사람.

| 의해 |

"따라서 세 번 스스로 돌이킴으로 말미암아 보면 군자는 몸이 마치도록 풀지 못할 근심이 있음을 알 수 있고, 거슬림을 헤아리지 않음으로 말미암아 보면 군자는 하루아침에 별안간 이르는 걱정이 없는 것을 알 수 있다. 군자가 참으로 근심할 만한 것이 있으니 그것은 무엇인가? 사람의 도를 극진히 한 사람은 순임금보다 나은 이가 없는데, 순임금도 사람이고, 나 또한 사람이다. 순임금은 변고가 많은 가정에서 거처하여 마음을 인과 예에 극진히 하여 위로 완고한 부모를 감화시키고, 아래로 거만한 아우를 감화시켜 인륜의 지극한 모범이 되어 천하 후세에 전하는데, 나는 인과 예를 극진하게 하지 못하여 남의 거슬림을 감화시키지 못하고

시골 사람에서 벗어나지 못한다. 이것이 바로 근심할 만한 것이다. 근심한다면 장차 어떻게 할 것인가? 반드시 순임금처럼 인과 예를 다하여 남의 거슬림을 감화시키도록 노력할 따름이다. 하루라도 순임금과 같지 못하면 하루의 근심이 없어지지 않을 것이니, 어찌 몸을 마치도록 근심하지 않을 수 있겠는가? 그러나 군자가 근심할 것은 없으니, 인을 마음에 두어 인이 아니면 행하지 않고, 예를 마음에 두어 예가 아니면 행하지 않는다면, 남을 사랑함에 남도 나를 사랑하고, 남을 공경함에 남도 나를 공경할 것이다. 이것이 근심할 바가 없는 이유이다. 만일 하루아침에 의외의 환난이 있더라도 그 거슬림이 오는 것으로 말미암아 자신을 반성하는데 도움이 될 것이니, 군자는 근심하지 않는다. 이른바 하루아침의 걱정이 없다고 하는 것은 내 몸의 일을 다하고 남을 원망하지 않는다는 뜻이다. 이것이 군자가 마음을 보존하는 것이 남과 다른 바이다."

| 요지 |

이 장은 군자가 마음을 보존하는 것이 구차하지 않음을 보인 것이다. 첫 구절은 군자가 마음을 보존하는 것이 다름을 말하여 전체 문장을 포괄한 것이고, 가운데 다섯 구절은 마음을 보존하는 실상을 자세히 말하여 평상적인 것으로부터 변한 것까지 말하여 모두 인과 예를 마음에 보존해서 잊어버리지 않음을 보인 것이며, 끝 구절은 마음을 보존하는 뜻을 매듭지은 것이다.

29-1. 禹稷(우직)이 當平世(당평세)하여 三過其門而不入(삼과기문이불입)하신대 孔子(공자) 賢之(현지)하시니라 顏子當難世(안자당난세)하여 居於陋巷(거어루항)하셔 一簞食(일단사)와 一瓢飮(일표음)을 人不堪其憂(인불감기우)어늘 顏子不改其樂(안자불개기락)하신대 孔子(공자)

현지　　　　맹자왈　우직안회동도
賢之하시니라 孟子曰 禹稷顔回同道하니라

| 언해 |

禹와 稷이 平훈 世롤 當훙야 세 번 그 門을 過훙샤딗 不入훙신대 孔子ㅣ 賢히 너기시니라 顔子ㅣ 難훈 世롤 當훙야 陋巷애 居훙샤 훈 簞ㅅ 食와 훈 瓢ㅅ 飮을 人이 그 憂롤 堪티 몯훙 거늘 顔子ㅣ 그 樂을 改티 아니 훙신대 孔子ㅣ 賢히 너기시니라 孟子ㅣ 줄익샤딗 禹稷과 顔回ㅣ 道ㅣ 同훙니라

| 직역 |

우와 직이 치세를 만나 세 번 그 문을 지나면서도 들어가지 않았으니, 공자가 현명하다고 생각하였다. 안자가 난세를 만나 누추한 골목에서 살면서 한 그릇의 밥과 한 바가지의 마실 것으로 지내, 다른 사람은 그 근심을 견디지 못하는데 안자는 그 즐거움을 바꾸지 않았으니, 공자가 현명하다고 생각하였다. 맹자가 말하였다. "우와 직과 안회는 그 도가 같다."

| 의해 |

옛적에 요순의 치세에 우와 직이 물을 다스리고 농사를 가르칠 때, 자기 집 문 앞을 세 번 지나면서도 들어가지 않았는데, 공자가 현명하다고 칭한 것은 그들이 백성의 일에 수고하였기 때문이다. 안자는 어지러운 세상을 만나 누추한 골목에 살면서 한 그릇의 밥과 한 바가지의 마실 것으로써 지냈다. 다른 사람은 그 근심을 견디지 못할 것인데 안자는 그 즐거운 바를 바꾸지 않음에, 공자가 현명하다고 생각한 것은 안자가 몸을 닦는 데 독실하였기 때문이다. 맹자가 단정적으로 말하였다. "우와 직은 나가서 백성을 구제하였고, 안회는 물러나 몸을 닦았다. 두 가지의 일이 같지

않은 듯하지만, 공자가 모두 현명하다고 한 것이 어찌 범상한 것이겠는가? 그 뜻은 실상 우와 직과 안자의 도가 같다는 것이다."

우 사천하유닉자 유기닉지야 직
29-2. 禹는 思天下有溺者어든 由己溺之也하시며 稷은
사천하유기자 유기기지야 시이 여시기급
思天下有飢者어든 由己飢之也하니 是以로 如是其急
야 우직안자역지즉개연
也시니라 禹稷顔子易地則皆然이리라

| 언해 |

禹ᄂᆞᆫ 思ᄒᆞ샤ᄃᆡ 天下애 溺ᄒᆞᆫ 者ㅣ잇거든 己ㅣ 溺홈 ᄀᆞᆮ티 ᄒᆞ시며 稷은 思호ᄃᆡ 天下애 飢ᄒᆞᆫ者ㅣ잇거든 己ㅣ 飢홈ᄀᆞᆮ티 ᄒᆞ니 일로ᄡᅧ 이러ᄐᆞ시 그 急히 ᄒᆞ시니라 禹稷과 顔子ㅣ地ᄅᆞᆯ 易ᄒᆞ면 다 그러ᄒᆞ리라

| 직역 |

"우는 천하에 물에 빠진 자가 있으면 마치 자신이 그를 빠지게 한 것처럼 생각하고, 직은 천하에 굶주린 자가 있으면 마치 자신이 굶주리게 한 것처럼 생각하였다. 따라서 이처럼 급하게 여긴 것이다. 우와 직과 안자가 입장을 바꾸더라도 모두 그렇게 하였을 것이다."

| 자해 |

由 : '유(猶)'와 같음.

| 의해 |

"어째서 그러한가? 우는 사공(司空)의 벼슬로 치수를 담당하면

서, 천하에 물에 빠진 자가 있으면 자신이 빠트린 것처럼 생각하였으니, 실상 자신이 책임을 진 것이다. 직은 농관(農官)의 벼슬로 농사의 가르침을 담당하면서 천하에 주린 자가 있으면 자신이 주리게 한 것처럼 생각하였으니, 실상 자신이 책임을 진 것이다. 오직 자신이 그 책임을 감당하기를 이처럼 급하게 한 것이다. 안자는 이러한 책임이 없기 때문에, 누추한 골목 가운데에 처할 수 있었다. 이처럼 우와 직과 안자가 나가고 처함이 같지 않고, 근심하고 즐겨함이 또한 다른 것은 처지가 그러하였기 때문이다. 만일 우와 직이 안자의 처지가 되었더라면 안자가 즐거워한 것을 즐거워하였을 것이고, 안자가 우와 직의 처지가 되었더라면 우와 직이 근심한 것을 근심하였을 것이다. 따라서 도가 같지 않은 점이 무엇인가? 공자가 모두 현명하다고 칭한 것은 바로 그 처지에 따라 각각 도를 다한 것을 거론한 것이다."

금유동실지인 투자 구지 수피발영관

29-3. 今有同室之人이 鬪者어든 救之하대 雖被髮纓冠

이구지 가야 향린 유투자 피발영관이

而救之라도 可也니라 鄕隣에 有鬪者어든 被髮纓冠而

왕구지즉혹야 수폐호 가야

往救之則惑也니 雖閉戶라도 可也니라

| 언해 |

今에 同室엣 人이 鬪ᄒᆞᆫ 者ㅣ잇거든 救호ᄃᆡ 비록 髮을 被ᄒᆞ며 冠을 纓ᄒᆞ고 救ᄒᆞ야도 可ᄒᆞ니라 鄕隣에 鬪者ㅣ잇거든 髮을 被ᄒᆞ며 冠을 纓ᄒᆞ고 가 救ᄒᆞ면 惑이니 비록 戶ᄅᆞᆯ 閉ᄒᆞ야셔도 可ᄒᆞ니라

| 직역 |

"가령 한 방에서 싸우는 사람이 있다면, 이를 달릴 때 비록 머리

를 풀어헤치고 갓끈만 매고 말리더라도 좋다. 그러나 마을이나 이웃에서 싸우는 사람이 있다면 머리를 풀어헤치고 갓끈만 매고서 말리는 것은 미혹된 것이니, 문을 걸어 잠그더라도 좋다."

| 자해 |

被髮纓冠 : 머리를 묶을 겨를이 없이 갓끈을 맨 것으로, 급하다는 뜻.

| 의해 |

"비유하자면, 가령 내가 있는 집안에서 싸우는 사람이 있으면 비록 머리카락을 풀어 헤친 채로 갓을 쓰고 가서 급히 말리는 것이 의리의 당연한 것이므로 급하게 하는 것을 피하지 않을 것이다. 한 집안 사람은 나와 친한 사람인데, 만일 싸우고 있는데 말리지 않는다면 친한 이를 멀리하는 것이 된다. 우와 직이 평안한 세상을 만나 백성의 위에 있으니 백성과 한 집안이므로 마땅히 백성 위하기를 급하게 한 것이다. 만일 백성을 위하기를 급하게 하지 않는다면, 이것은 위에 있어서 백성을 사랑하지 않는 것이니, 어찌 옳다고 할 수 있겠는가? 따라서 자기 집 문을 세 번 지나치면서도 들어가지 않았음을 어찌 의심하겠는가? 이웃사람들 가운데 싸우는 사람이 있을 때 자기가 머리카락 풀어 헤친 채 갓을 쓰고 가서 말리는 것은 미혹하여 의리에 밝지 못한 것이므로, 비록 문을 닫고 가만히 있어도 될 것이다. 이웃사람은 나와 먼 사람인데, 만일 가서 말리면 이는 먼 사람을 친하게 하는 것이 된다. 안자는 위태롭고 어지러운 세상을 만나 곤궁하고 세상에 뜻을 얻지 못하였으니 세상이 이웃사람과 마찬가지였으므로, 홀로 처하여 자신이 즐거운 것을 바꾸지 않은 것이다. 만일 자신이 즐거운 것을 바꾸었다면, 그것은 세상에 아부하는 것으로 어진 자의 일이 아니다. 어찌 누추한 골목 가운데 처했음을 의심하겠는가?"

| 요지 |

이 장의 주제는 안자가 우와 직과 같다는 데 있다. 첫 구절은 일을 서술한 것이고, 다음 구절은 이것에 근본하여 추론한 것이다. 맹자가 그들의 도가 같다고 한 것은 바로 공자가 모두 현명하게 여긴 마음을 미루어 단언한 것이다.

공도자왈 광장 통국 개칭불효언 부자
30-1. 公都子曰 匡章을 通國이 皆稱不孝焉이어늘 夫子
여지유 우종이례모지 감문하야
與之遊하시고 又從而禮貌之하시니 敢問何也잇고

| 언해 |

公都子ㅣ 골ᄋᆞ샤ᄃᆡ 匡章을 通國이 다 不孝ㅣ라 稱ᄒᆞ거늘 夫子ㅣ 더블어 遊ᄒᆞ시고 ᄯᅩ 조초禮貌ᄒᆞ시니 敢히 묻ᄌᆞᆸ노이다 엇디니잇고

| 직역 |

공도자가 말하였다. "광장을 온 나라 사람들이 모두 불효자라고 일컫는데, 선생님께서는 그와 교류하고 또한 예우하시니, 감히 묻겠습니다. 무슨 까닭입니까?"

| 자해 |

匡章 : 제나라 사람. • 通國 : 온 나라 사람. • 禮貌 : 공경함.

| 의해 |

공도자가 말하였다. "광장의 사람됨을 제나라의 모든 사람이 불효자라고 일컫습니다. 온 나라 사람의 말은 의론의 공변된 것이고, 불효의 죄는 큰 것이니, 마땅히 절교해야 되는데, 선생님께서

더불어 교류하고 공경하시니, 광장에게서 불효 이외에 별도로 취할 만한 것이 있습니까? 또한 군자가 사람을 취함이 효에 달려 있는 것이 아닙니까? 감히 묻건대 무엇 때문입니까?"

맹 자 왈 세 속 소 위 불 효 자 오 타 기 사 지 불
30-2. 孟子曰 世俗所謂不孝者 五니 惰其四肢하여 不
고 부 모 지 양 일 불 효 야 박 혁 호 음 주 불 고 부 모
顧父母之養이 一不孝也요 博奕好飮酒하여 不顧父母
지 양 이 불 효 야 호 화 재 사 처 자 불 고 부 모
之養이 二不孝也요 好貨財하며 私妻子하여 不顧父母
지 양 삼 불 효 야 종 이 목 지 욕 이 위 부 모 륙 사
之養이 三不孝也요 從耳目之欲하여 以爲父母戮이 四
불 효 야 호 용 투 한 이 위 부 모 오 불 효 야 장 자 유
不孝也요 好勇鬪狠하여 以危父母五不孝也니 章子有
일 어 시 호
一於是乎아

| 언해 |

孟子ㅣ ᄀᆞᆯᄋᆞ샤ᄃᆡ 世俗애 닐온밧 不孝ㅣ 五ㅣ니 그 四肢를 惰ᄒᆞ야 父母養홈을 顧티 아니홈이 ᄒᆞᆫ 不孝ㅣ오 博ᄒᆞ며 奕ᄒᆞ며 酒飮홈을 好ᄒᆞ야 父母養홈을 顧티 아니홈이 두 不孝也ㅣ오 貨財를 好ᄒᆞ며 妻子를 私ᄒᆞ야 父母養홈을 顧티 아니홈이 세 不孝ㅣ오 耳目의 欲을 從ᄒᆞ야 ᄡᅥ 父母의 戮이 되게 홈이 네 不孝ㅣ오 勇을 好ᄒᆞ야 鬪ᄒᆞ며 狠ᄒᆞ야 ᄡᅥ 父母를 危케 홈이 다ᄉᆞᆺ 不孝ㅣ니 章子ㅣ 이예 一이나 둔ᄂᆞ냐

| 직역 |

맹자가 말하였다. "세속에 이른바 불효가 다섯 가지이다. 그 사지를 게을리 하여 부모의 봉양을 돌보지 않는 것이 첫 번째 불효이

고, 장기와 바둑을 두고 음주를 좋아하여 부모의 봉양을 돌보지 않는 것이 두 번째 불효이며, 재물을 좋아하고 아내와 아들을 사사로이 하여 부모의 봉양을 돌보지 않는 것이 세 번째 불효이고, 귀와 눈의 욕망을 좇아서 부모를 욕되게 하는 것이 네 번째 불효이며, 용맹을 좋아하고 싸우며 사나워서 부모를 위태롭게 하는 것이 다섯 번째 불효이다. 광장이 이 가운데 하나라도 관계되는가?"

| 자해 |

戮 : 부끄럽고 욕됨. • 狠 : 사나움.

| 의해 |

맹자가 말하였다. "어찌 온 나라 사람의 말을 가지고 광장을 불효자라고 칭할 수 있겠는가? 세속에 이른바 불효에는 다섯 가지가 있다. 사지를 게을리 하여 아들의 직분을 버리고 부모를 봉양하지 않는 것이 한 가지 불효이고, 장기와 바둑을 두고 술 마시기를 좋아하여 방탕하게 놀면서 부모를 봉양하지 않는 것이 두 가지 불효이며, 재물을 탐하고 아내와 아들만 귀히 여기며, 맛있는 음식을 아끼고 부모의 좌우를 배반하면서 부모를 봉양하지 않는 것이 세 가지 불효이고, 귀에 좋은 소리와 눈에 아름다운 빛을 좇아서 음란하고 방탕하여 부모를 욕되게 하는 것이 네 가지 불효이며, 용맹을 좋아하여 싸우고 사나워서 조그마한 분노를 참지 못하여 부모에게 위태로움이 미치게 하는 것이 다섯 가지 불효이다. 이상의 다섯 가지 가운데 하나라도 해당된다면 마땅히 절교할 것이지만, 광장이 한 가지라도 해당되는가? 어찌 온 나라 사람의 말만 따르겠는가?"

부장자 자부책선이불상우야 책선 붕우

30-3. 夫章子는 子父責善而不相遇也니라 責善은 朋友

지도야 부자책선 적은지대자 부장자 기불

之道也니 父子責善이 賊恩之大者니라 夫章子는 豈不

욕유부처자모지속재 위득죄어부 부득근

欲有夫妻子母之屬哉리오마는 爲得罪於父하여 不得近

출처병자 종신불양언 기설심 이위불

이라 出妻屛子하여 終身不養焉하니 其設心에 以爲不

약시 시즉죄지대자 시즉장자이의

若是면 是則罪之大者라하니 是則章子已矣니라

| 언해 |

夫章子ᄂᆞᆫ 子와 父ㅣ 善으로 責ᄒᆞ다가 서르 遇티몯ᄒᆞ니라 善으로 責ᄒᆞ옴은 朋友의 道ㅣ니 父子ㅣ 善으로 責홈이 恩을 賊홈의 큰 者ㅣ니라 章子ᄂᆞᆫ 엇디 夫妻ㅣ며 子母의 屬을 두고자 아니 ᄒᆞ리오마ᄂᆞᆫ 父에 罪ᄅᆞᆯ 得ᄒᆞ야 시러곰 近티 몯홈을 爲혼디라 妻ᄅᆞᆯ 出ᄒᆞ며 子ᄅᆞᆯ 屛ᄒᆞ야 身이 終토록 養ᄒᆞ이디 몯ᄒᆞ니 그 心設ᄒᆞ옴에 뻐 이 ᄀᆞᆮ티 아니ᄒᆞ면 이ᄂᆞᆫ 罪의 큰 者ㅣ라ᄒᆞ니 이ᄂᆞᆫ 章子ㅣㄴ ᄯᆞᄅᆞᆷ이니라

| 직역 |

"광장은 아버지와 아들 사이에 선을 요구하다가 뜻이 맞지 않았다. 선을 요구하는 것은 붕우의 도이니, 아버지와 아들 사이에 선을 요구하는 것은 은혜를 크게 해치는 것이다. 광장이 어찌 남편과 아내, 자녀와 어머니 사이의 관계를 바라지 않았겠는가만, 아버지에게 죄를 얻어서 가깝게 할 수 없었다. 이 때문에 아내를 내쫓고 자녀를 물리쳐서 종신토록 아내와 자녀의 봉양을 받지 않았으니, 마음속으로 이와 같이 하지 않으면 이것은 큰 죄라고 여긴 것이니, 이런 사람이 광장일 따름이다."

| 자해 |

遇 : 합치됨. • 賊 : 해롭게 하는 것.

| 의해 |

"광장에게 불효한 일이 없는데도 남들이 불효라고 하는 데는 이유가 있다. 광장은 아버지와 아들 사이에 착한 것으로 요구하다가 뜻이 합치되지 못해서 아버지와 멀어지게 되었기 때문에 불효라고 칭하는 것이다. 착함으로 요구하는 것은 원래 붕우의 도이다. 붕우 관계는 의로써 합한 것이므로 책망하다가 듣지 않으면 절교도 가능하다. 그러나 아버지와 아들 사이는 천티로써 합한 것이므로, 가르치고자 하면 아들을 서로 바꾸어 가르치고, 간하고자 하면 아버지의 기색을 살피는 것이다. 만일 착한 것으로 요구하다가 아버지와 아들 사이가 소원해지면 온정을 크게 해치게 된다. 따라서 착함으로 요구하는 것은 아버지와 아들 사이에 행할 수 없는 것인데, 광장은 이를 알지 못하였으니 어찌 죄가 없다고 하겠는가? 광장은 착한 것으로 요구하다가 뜻이 합치되지 못한 뒤에도 자기의 죄를 알지 못한 것은 아니다. 사람에게는 남편과 아내가 있고 자식과 어머니가 있는 것이니, 광장 또한 이러한 관계를 유지하려는 마음이 어찌 없었겠는가? 다만 아버지에게 죄를 얻어서 아버지를 봉양할 수 없었기 때문에 아내를 내쫓고 아들을 물리쳐서 평생 아내와 아들의 봉양을 받지 않았을 뿐이다. 그 마음속으로 이처럼 아내를 내쫓고 아들을 물리치지 않으면, 아버지를 봉양하지 못하는 죄가 더욱 크게 된다고 생각하였기 때문이다. 광장의 처음 마음은 아버지가 착한 것을 하게 하려고 한 것이지만, 말투와 얼굴빛이 좀 지나쳐서 아버지의 노여움을 사고, 나중에 자기 아내와 아들의 봉양을 편히 여기지 않으며 깊이 스스로를 허물하고 책망하였던 것이다. 다른 사람도 마땅히 그 뜻을 불쌍히 여기고 그 죄를 적게 여길 터인데 자네가 무엇을 의심하는가?"

| 요지 |

이 장은 대중이 미워하더라도 반드시 자세히 살펴야 한다는 뜻을 밝혔으니, 성현이 사람을 평가함에 마음을 의론하고 행적을 의론하지 않는다는 것이다. 광장의 죄를 세상의 의론 밖에서 의론하고, 광장의 마음을 스스로 꾸짖는 가운데에서 궁구하여 절교할 만한 의리가 없음을 보인 것이다.

31－1. 曾子居武城하실새 有越寇러니 或曰 寇至하나니 盍去諸리오 曰 無寓人於我室하여 毁傷其薪木하라 寇退則曰 修我牆屋하라 我將反하리라 寇退커늘 曾子反하신대 左右曰 待先生이 如此其忠且敬也어늘 寇至則先去하여 以爲民望하시고 寇退則反하시니 殆於不可로소이다 沈猶行이 曰 是는 非汝所知也라 昔에 沈猶有負芻之禍어늘 從先生者七十人이 未有與焉이라하니라

| 언해 |

曾子ㅣ武城애 居ᄒᆞ실ᄊᆡ 越ㅅ寇ㅣ 잇더니 或이 ᄀᆞᆯ오ᄃᆡ 寇ㅣ至ᄒᆞᄂᆞ니 엇디 去티아니ᄒᆞ리오 ᄀᆞᆯᄋᆞ샤ᄃᆡ 人을 내 室애 寓ᄒᆞ야 그 薪木을 毁傷티말라 寇ㅣ退ᄒᆞ거늘 곧 ᄀᆞᆯᄋᆞ샤ᄃᆡ 내 牆屋을 脩ᄒᆞ라 내 쟝ᄎᆞᆺ 反호리라 寇ㅣ退커늘 曾子ㅣ反ᄒᆞ신대 左右ㅣ ᄀᆞᆯᄋᆞᄃᆡ 先生을 待홈이 이러ᄐᆞ시 그 忠ᄒᆞ고 ᄯᅩ 敬ᄒᆞ거늘 寇ㅣ至ᄒᆞ면 몬져 去ᄒᆞ샤 ᄡᅥ 民의 望이 되시고 寇ㅣ退ᄒᆞ면 反ᄒᆞ시니 不可에 거의로소이다

沈猶行이 골오딕 이는 네 알빼아니라 녜 沈猶ㅣ負芻ㅅ禍ㅣ잇거놀 先生을 從혼者 七十人이 與후니 잇디아니타 후니라

| 직역 |

증자가 무성에 거처할 때 월나라 도적이 침입하였다. 어떤 사람이 말하였다. "도적이 이르렀는데 어째서 떠나지 않습니까?" 증자가 말하였다. "내 집에 사람을 붙여서 섶과 나무를 해치지 않도록 하라." 도적이 물러가자 증자가 말하였다. "내 집의 담장과 지붕을 수선하라. 내가 장차 돌아갈 것이다." 도적이 물러가고 증자가 돌아오자 좌우에서 말하였다. "선생을 대하기를 이처럼 성실하게 하고 또한 공경하는데, 도적이 이르면 먼저 떠나 백성들이 바라보도록 하시고, 도적이 물러가자 돌아오시니 옳지 않은 듯합니다." 심유행이 말하였다. "이는 너희가 알 바 아니다. 옛적에 심유에게 부추의 화가 있을 때, 선생을 따르는 자 70명이 한 사람도 이에 참여하지 않았다."

| 자해 |

武城 : 노나라의 고을 이름. • 盍 : 어찌 아니하다. 음은 '합'. • 左右 : 증자의 문인. • 爲民望 : 백성들이 바라보고 본받게 함. • 沈猶行 : 증자의 제자.

| 의해 |

옛날 증자가 무성에 거처하면서 가르침을 베풀었는데, 마침 월나라 사람이 들어와서 도적질을 하였다. 어떤 사람이 증자에게 말하였다. "도적이 이르니 어찌 피하지 않으십니까?" 증자가 피하면서 집을 지키는 사람에게 말하였다. "자네가 다른 사람을 내 집에 붙여서 집 가운데의 나무를 상하지 않도록 하게." 또한 도적이 물러갔다는 소식을 듣고 집을 지키는 사람에게 말하였다. "자네가 내 집의 담과 집을 수리하게. 곧 돌아가겠다." 도적이 물러간 후에 증자가 돌아오자, 문인 가운데 증자의 뜻을 이해하지 못한 사

람이 사사로이 의론하여 말하였다. "무성의 대부가 선생을 대접하기를 진실하게 하고, 공경하여 예와 의가 융숭한 것은 장차 의지하려는 뜻이 있는 것인데, 도적이 오니 먼저 떠나가서 백성이 본받게 하고, 도적이 물러간 후 돌아와 환란이 있는 때를 당하여 상관이 없는 것처럼 하여, 자신에 대한 대접을 오히려 박절하게 갚았으니 옳지 않은 듯하다." 심유행이 홀로 증자의 뜻을 알아서 말하였다. "선생이 떠난 것은 깊은 뜻이 있으니, 이것은 너의 알 바가 아니다. 옛날 심유씨에게 부추의 화가 있을 때, 선생을 좇은 자가 70명이어서 도적을 막을 수 없던 것도 아니었지만, 거느리고 떠나서 환란에 참여하지 않았다. 이 일을 본다면, 오늘 무성에서 하신 것도 알 수 있으니, 이는 증자가 환란에 참여하지 않고자 한 것이다."

자사거어위 유제구 혹왈 구지
31-2. 子思居於衛하실새 有齊寇러니 或曰 寇至하나니
합거저 자사왈 여급 거 군수여수 맹
盍去諸리오 子思曰 如伋이 去면 君誰與守리오하니라 孟
자왈 증자자사동도 증자 사야 부형야 자사
子曰 曾子子思同道하니 曾子는 師也며 父兄也요 子思
신야 미야 증자자사역지즉개연
는 臣也며 微也니 曾子子思易地則皆然이리라

| 언해 |

子思ㅣ 衛예 居ᄒᆞ실ᄉᆡ 齊ㅅ寇ㅣ 잇더니 或이 ᄀᆞᆯ오ᄃᆡ 寇ㅣ 至ᄒᆞᄂᆞ니 엇디去티아니ᄒᆞ리오 子思ㅣ ᄀᆞᆯ아샤ᄃᆡ 만일에 伋이 去ᄒᆞ면 君이 눌로 더블어 守ㅣ리오ᄒᆞ니라 孟子ㅣ ᄀᆞᆯᄋᆞ샤ᄃᆡ 曾子와 子思ㅣ道ㅣᄒᆞᆫ 가지니 曾子ᄂᆞᆫ 師ㅣ며 父兄이오 子思ᄂᆞᆫ 臣이며 微ᄒᆞᆫ이니 曾子 와 子思ㅣ地ᄅᆞᆯ 易ᄒᆞ면 다 그러ᄒᆞ리라

| 직역 |

자사가 위나라에 있을 때, 제나라 도적이 침입하였다. 어떤 사람이 말하였다. "도적이 이르렀는데 어찌 떠나지 않으십니까?" 자사가 말하였다. "만일 내가 떠나면 임금이 누구와 더불어 지키겠는가?" 맹자가 말하였다. "증자와 자사의 도는 같다. 증자는 스승이며 부형이고, 자사는 신하이며 미천하였으니, 증자와 자사가 입장을 바꾸었다면 모두 그러하였을 것이다."

| 자해 |

微 : 미천함.

| 의해 |

자사가 위나라에서 벼슬할 때, 제나라 사람이 들어와 도적질을 하였다. 어떤 사람이 자사에게 말하였다. "도적이 들어왔는데 어찌 피하지 않으십니까?" 자사가 말하였다. "지금 나라에 환란이 있는데, 임금과 함께 나라를 지킬 자는 나이다. 만일 내가 버리고 가면 몸을 보존할 수는 있겠지만, 임금은 누구와 함께 이 나라의 인민과 사직을 지킬 수 있겠는가?" 자사는 이처럼 환난을 지켰다. 맹자가 단정적으로 말하였다. "증자가 떠나고 자사가 떠나지 않은 사실은 비록 같지 않지만, 실상 그 도는 같은 것이다. 증자는 무성에서 도학을 가르친 스승이다. 스승의 높음은 부형과 같다. 자제가 부형을 호위한다는 말은 들었지만, 부형이 자제를 위하여 죽었다는 말은 듣지 못하였다. 자사는 위나라에서 벼슬한 신하이다. 신하의 분수는 심히 미천한 것이니, 위태한 일을 보면 생명을 아끼지 않는 것이 임금을 섬기는 의리이다. 어찌 신하로서 임금의 환란을 급하게 여기지 않을 수 있겠는가? 이처럼 증자와 자사의 처지는 다르다. 만일 증자와 자사가 처지를 바꾸었다면, 증자도 의리를 지키고 몸을 잊어버릴 수 있었을 것이고, 자사도 도를 중시하고 해로움을 멀리할 수 있었을 것이다. 따라서 내가 '도가

같다'고 한 것이다."

| 요지 |

이 장의 첫 두 구절은 증자와 자사가 환란을 당한 것은 같지만, 각각의 처지가 같지 않음을 말한 것이다. 스승과 신하의 두 가지 의리를 말한 것은 바로 도가 같음을 설명한 것이다.

저자왈 왕 사인간부자 과유이어인호
32. 儲子曰 王이 使人瞯夫子하시나니 果有異於人乎잇
맹자왈 하이이어인재 요순 여인동이
가 孟子曰 何以異於人哉리오 堯舜도 與人同耳시니라

| 언해 |

儲子ㅣ 골오ᄃᆡ 王이 人으로 ᄒᆞ여곰 夫子를 瞯ᄒᆞ시ᄂᆞ니 과연 人에 異ᄒᆞ욤이 인ᄂᆞ니잇가 孟子ㅣ 골ᄋᆞ샤ᄃᆡ 엇디 ᄡᅥ 人에 異ᄒᆞ리오 堯舜도人으로 더블어 同ᄒᆞ시니라

| 직역 |

저자가 말하였다. "왕이 사람을 시켜 선생님을 엿보게 하는데, 과연 다른 사람과 다른 점이 있습니까?" 맹자가 말하였다. "어찌 다른 사람과 다르겠는가? 요순도 다른 사람과 같았을 뿐이다."

| 자해 |

儲子 : 제나라 사람. • 瞯 : 엿봄.

| 의해 |

저자가 말하였다. "선생님은 왕께서 사모하시는 바인데, 세상을

놀래고 풍속에 뛰어난 일이 있는가 의심하는 것입니다. 접해서 직접 보는 것이 한가히 있는 때 살피는 것만 같지 못하기 때문에, 사람을 시켜 사사로이 선생님의 동정과 말하실 때와 가만히 계신 때를 엿보게 하니, 과연 선생님께서 다른 사람과 다른 점이 있습니까?" 맹자가 말하였다. "내 어찌 남과 다르겠는가? 나뿐만 아니라 요순과 같은 분도 보통 사람과 더불어 성품과 형상이 같으니, 내 어찌 남과 다르겠는가?"

| 요지 |

이 장은 왕이 사람을 시켜 맹자를 엿본 의도가 그 도를 너무 높게 본 데 있음을 밝힌 것이다. 맹자가 평소 입을 열면 문득 요순을 거론하였으니, 세상을 놀래고 시속을 놀래는 행실이 있는가 의심하여 사람을 시켜 은미한 곳을 엿본 것이요, 그것이 참인가 거짓인가를 확인하고자 한 것은 아니다.

제인 유일처일첩이처실자 기량인 출즉
33-1. 齊人이 有一妻一妾而處室者러니 其良人이 出則
필염주육이후 반 기처문소여음식자 즉진부
必饜酒肉而後에 反이어늘 其妻問所與飮食者 則盡富
귀야 기처고기첩왈 량인 출즉필염주육이후
貴也러라 其妻告其妾曰 良人이 出則必饜酒肉而後에
반 문기여음식자 진부귀야 이미상유현
反할새 問其與飮食者하니 盡富貴也로대 而未嘗有顯
자래 오장간량인지소지야 조기 이
者來하니 吾將瞯良人之所之也호리리하고 蚤起하여 施
종량인지소지 변국중 무여립담자 졸지
從良人之所之하니 徧國中호대 無與立談者러니 卒之
동곽번간지제자 걸기여 부족 우고이지
東郭墦間之祭者하여 乞其餘하고 不足이어든 又顧而之

타 차기위염족지도야 기처귀고기첩왈 량인
他하니 此其爲饜足之道也러라 其妻歸告其妾曰 良人
자 소앙망이종신야 금약차 여기첩 산
者는 所仰望而終身也어늘 今若此라하고 與其妾으로 訕
기량인이상읍어중정 이량인 미지지야
其良人而相泣於中庭이어늘 而良人이 未之知也하여
시시종외래 교기처첩
施施從外來하여 驕其妻妾하더라

| 언해 |

齊ㅅ人이 一妻와 一妾으로 室에 處ᄒᆞᆫ 者ㅣ 잇더니 그 良人이 出ᄒᆞ면 반ᄃᆞ시 酒와 肉을 饜ᄒᆞᆫ 後에 反ᄒᆞ거ᄂᆞᆯ 그 妻ㅣ 더블어 飮食ᄒᆞᄂᆞᆫ밧 者ᄅᆞᆯ 무르면 다 富貴러라 그 妻ㅣ 그 妾ᄃᆞ려 告ᄒᆞ야 ᄀᆞᆯ오ᄃᆡ 良人이 出ᄒᆞ면 반ᄃᆞ시 酒와 肉을 饜ᄒᆞᆫ 後에 反ᄒᆞᆯᄊᆡ 그 더블어 飮食ᄒᆞᄂᆞᆫ 者ᄅᆞᆯ 무르니 다 富貴로ᄃᆡ 일쪽 顯ᄒᆞᆫ 者ㅣ 來ᄒᆞ리 잇디 아니ᄒᆞ니 내 장ᄎᆞᆺ 良人의 之ᄒᆞᄂᆞᆫ바ᄅᆞᆯ 瞯호리라 ᄒᆞ고 일니러 良人이 가ᄂᆞᆫ바ᄅᆞᆯ 施ᄒᆞ야 從ᄒᆞ니 國中에 徧호ᄃᆡ 더블어 셔셔 말ᄒᆞ리업더니 ᄆᆞᄎᆞᆷ애 東郭ㅅ 墦間의 祭ᄒᆞᄂᆞᆫᄃᆡ 가 그 餘ᄅᆞᆯ 乞ᄒᆞ고 足디 아니커든 ᄯᅩ 顧 ᄒᆞ야 他의 之ᄒᆞ니 이 그 饜足ᄒᆞᄂᆞᆫ 道ㅣ 러라 그 妻ㅣ 歸ᄒᆞ야 그 妾ᄃᆞ려 告ᄒᆞ야 ᄀᆞᆯ오ᄃᆡ 良人ᄋᆞᆫ 仰望ᄒᆞ야 身을 終ᄒᆞᄂᆞᆫ 배어ᄂᆞᆯ 이제 이러ᄐᆞᆺᄒᆞᄃᆞᄒᆞ고 그 妾으로 더블어 그 良人을 訕ᄒᆞ고 서ᄅᆞ 中庭에셔 泣ᄒᆞ거ᄂᆞᆯ 良人이 아디 몯 ᄒᆞ야 施施히 外ᄅᆞᆯ 조차 來ᄒᆞ야 그 妻妾을 驕ᄒᆞ더라

| 직역 |

제나라 사람 가운데 한 아내와 한 첩을 두고 사는 사람이 있었다. 그 남편이 나가면 반드시 술과 고기를 배불리 먹은 뒤 돌아오곤 하였다. 그의 아내가 누구와 함께 음식을 먹었는가라고 물어보면 모두 부귀한 사람이었다. 그의 아내가 첩에게 말하였다. “남편이

나가면 반드시 술과 고기를 배불리 먹은 뒤 돌아오는데, 누구와 함께 음식을 먹었는가 물어보면 모두 부귀한 사람이라고 하지만, 아직까지 현달한 사람이 찾아온 적이 없다. 내 장차 남편이 가는 곳을 엿보겠다." 일찍 일어나 남편이 가는 곳을 미행하였는데, 온 도시를 돌아다니는데 더불어 서서 말하는 사람도 없었고, 끝내 동쪽 성곽의 무덤 사이의 제사하는 데 가서 그 남은 것을 빌어먹고, 부족하면 또 돌아서 다른 곳으로 갔으니, 이것이 그가 배불리 먹는 방법이었다. 그 아내가 돌아와서 첩에게 말하였다. "남편은 우러러 바라보면서 일생을 마쳐야 할 사람인데, 지금 이 모양이다." 첩과 함께 남편을 원망하면서 뜰 가운데서 울고 있었는데, 남편은 그것을 알지 못하고 의기양양하게 돌아와서는 아내와 첩에게 교만하게 굴었다.

| 자해 |

良人 : 지아비. • 饜 : 배부름. • 顯者 : 부귀한 사람. • 施 : 몰래 감. 음은 '이'. • 墦 : 무덤. • 顧 : 바라봄. • 訕 : 원망하며 꾸짖음. 음은 '산'. • 施施 : 기뻐하며 득의한 모양.

| 의해 |

제나라에 한 아내와 한 첩으로 더불어 한 집에 살던 남자가 있었다. 이 남자는 외출할 때마다 반드시 술과 고기를 배부르게 먹은 후에 돌아왔는데, 그 아내가 누구와 같이 마시고 먹었는가를 물으면 모두 부귀한 사람이라고 대답하였다. 그 아내가 의심하여 첩에게 말하였다. "우리 남편이 나가면 반드시 술과 고기를 배부르게 먹은 후에 돌아오는데, 누구와 같이 마시고 먹었는가를 물으면 모두 부귀한 사람이라고 대답한다. 그런데 부귀한 사람이라면 세상에 이름이 널리 알려진 사람일 것이고, 이처럼 계속 같이 마시고 먹었다면 왕래가 있어야 마땅한데 우리 남편이 나가는 것만 보았고, 찾아오는 사람은 볼 수 없으니, 무슨 까닭인지 모르겠

다. 내가 한 번 남편이 어디에 가는지 엿보아야 하겠다." 이에 일찍 일어나서 남편이 나가는 때를 타서 몰래 가는 곳을 따라가 보았다. 남편은 온 도시 가운데를 돌아다녀도 함께 만나서 말하는 사람이 없었다. 이에 남편이 부귀한 사람과 교제하지 않았음을 알 수 있었지만, 남편이 배부르게 먹는 음식의 출처를 알 수 없었다. 그런데 남편이 마침내 동쪽 성곽의 무덤 사이에서 제사를 지내는 사람에게 가서 남은 음식을 빌어먹고, 부족하면 다른 곳으로 가서 먹는 것이었다. 이것이 바로 남편이 배부르게 먹는 방법이었다. 이에 아내가 집에 돌아와서 첩에게 말하였다. "남편은 평생을 우러러보고 의탁하여 평생을 같이 하는 사람인데, 이제 그 행실이 이와 같으니 수치스러운 일이다. 우러러보면 무엇하겠는가?" 이에 첩과 함께 남편을 원망하고 꾸짖으며 뜰에서 울었다. 그런데 남편은 집에 돌아와서는 득의양양하면서 아내와 첩에게 교만을 부렸다. 제나라 사람이 다른 사람을 따르면서도 자신의 지조를 잃어버리는 것이 이와 같다.

유 군 자 관 지　즉 인 지 소 이 구 부 귀 리 달 자 기
33-2. 由君子觀之컨댄 則人之所以求富貴利達者 其
처 첩　불 수 야 이 불 상 읍 자　기 희 의
妻妾이 不羞也而不相泣者 幾希矣니라

| 언해 |

君子로 말ᄆᆡ암아 觀컨댄 곧 人의 ᄡᅧ 富貴利達을 求 ᄒᆞᄂᆞᆫ밧 者ㅣ 그 妻와 妾이 羞티 아니ᄒᆞ야 서로 泣디아니ᄒᆞᆫ者ㅣ 져그니라

| 직역 |

"군자의 입장에서 본다면, 지금 사람 가운데 부귀와 영달을 구하

는 자들은 그 아내와 첩이 그것을 보면 부끄러워하여 서로 울지 않을 자가 별로 없을 것이다."

| 의해 |

"지금 세상에서 부유하고 귀한 사람들은 득의양양하면서도 도무지 욕이 되는 줄을 알지 못한다. 보통 사람이 이들을 보면 또한 즐거움이라고 하겠지만, 도가 있는 군자로서 본다면, 부유함과 귀함을 구하는 감정과 태도가 참으로 말할 수가 없을 지경이다. 다만 그 아내와 첩이 이러한 상태를 보지 못한 것일 뿐이다. 만일 그 아내와 첩이 본다면 부끄러워서 함께 울지 않는 경우가 적을 것이다. 어느 경우라도 제나라 사람처럼 되지 않기가 쉽지 않다. 따라서 군자는 사람의 맛있는 음식이나 화려한 의상을 바라지 않고, 오직 이익과 의리의 경계를 엄격히 하고 지극히 굳세고 지극히 큰 기운을 기르는 것이다.

| 요지 |

이 장은 맹자가 제나라 사람을 빌어서 부유함과 귀함을 구하는 자의 추한 태도를 형용한 것이다. 가령 부귀를 구하는 자가 왜곡된 도로써 어둔 밤에 애걸하고는 낮에는 사람에게 교만을 부린다면, 제나라 사람과 더불어 무엇이 다르겠는가?

9. 만장장구상(萬章章句上)

1-1. 萬章(만장)이 問曰(문왈) 舜(순)이 往于田(왕우전)하사 號泣于旻天(호읍우민천)하시니 何爲其號泣也(하위기호읍야)잇고 孟子曰(맹자왈) 怨慕也(원모야)시니라

| 언해 |

萬章이 묻ᄌᆞ와 ᄀᆞᆯ오ᄃᆡ 舜이 田에 往ᄒᆞ샤 旻天에 號ᄒᆞ야 泣ᄒᆞ시니 엇디 그 號ᄒᆞ야 泣ᄒᆞ시니 잇고 孟子ㅣ ᄀᆞᆯᄋᆞ샤ᄃᆡ 怨ᄒᆞ야 慕ᄒᆞ시니라

| 직역 |

만장이 물었다. "순임금이 밭에 가서 하늘을 부르짖으며 우셨으니, 어찌하여 그처럼 부르짖으며 우셨습니까?" 맹자가 대답하였다. "원망하고 사모하셨기 때문이다."

| 자해 |

往于田 : 순임금이 역산(歷山)에서 밭을 갈 때. • 旻天 : 어진 것으로 덮고, 아래에 있는 만물을 가엾게 여기는 것을 이름. • 號泣于旻天 : 하늘을 부르고 우는 것. • 泣 : 소리 없이 우는 것. • 怨慕 : 스스로 원망하고 사모함.

| 의해 |

만장이 물었다. "제가 듣건대 순임금이 역산에서 밭을 간 것은 어버이를 섬기려고 해서입니다. 매번 밭에 가서 갑자기 부르짖으면서 우시며 어진 하늘을 부르셨다고 하는데, 알지 못하겠습니다.

순임금이 부모와 무슨 까닭이 있어서 부르짖으면서 우셨습니까?" 맹자가 말하였다. "인정상 억울한 데가 있어서 부르짖으면서 그것을 이루지 못하면, 원망하고 생각을 품은 것이 있어서, 그 생각이 놓이지 못하면 사모하는 것이다. 순임금이 그 때에 부모에게 얻지 못한 게 있어서 원망하고 사모한 것이 간절하기 때문에, 이로써 하늘에 대해 부르짖고 울면서 금하지 못하는 마음을 밝힌 것이다."

만장 왈 부모애지 희이불망 부모오
1-2. 萬章이 曰 父母愛之어시든 喜而不忘하고 父母惡
지 노이불원 연즉순 원호 왈 장식
之어시든 勞而不怨이니 然則舜은 怨乎잇가 曰 長息이
문어공명고왈 순 왕우전즉오기득문명의 호
問於公明高曰 舜이 往于田則吾旣得聞命矣어니와 號
읍우민천 우부모즉오부지야 공명고왈 시
泣于旻天과 于父母則吾不知也로이다 公明高曰 是는
비이소지야 부공명고 이효자지심 위불약
非爾所知也라하니 夫公明高는 以孝子之心이 爲不若
시괄 아 갈력경전 공위자직이이의 부모
是恝이라 我는 竭力耕田하여 共爲子職而已矣니 父母
지불아애 어아하재
之不我愛는 於我何哉오하니라

| 언해 |

萬章이 ᄀᆞᆯ오ᄃᆡ 父母ㅣ 愛ᄒᆞ거시든 喜ᄒᆞ야 忘티 아니ᄒᆞ고 父母ㅣ 惡ᄒᆞ거시든 勞ᄒᆞ고 怨티 아니ᄒᆞᆯ 꺼시니 그러면 舜은 怨ᄒᆞ시니 잇가 ᄀᆞᆯᄋᆞ샤ᄃᆡ 長息이 公明高의게 무러 ᄀᆞᆯ오ᄃᆡ 舜이 田에 往ᄒᆞ심은 내 이믜 시러곰 命을 듣ᄌᆞ왓거니와 旻天과 父母ᄭᅴ 號ᄒᆞ야 泣ᄒᆞ심은 내 아디 몯ᄒᆞ노이다 公明高ㅣ ᄀᆞᆯ오ᄃᆡ 이는 네의 알 빼아니라ᄒᆞ니

公明高ㄴ 뻐 孝子의 心이 이러ᄐᆞ시 恝티 몯홀꺼시라 나는 力을 竭ᄒᆞ야 田을 耕ᄒᆞ야 子職을 共홀ᄯᆞ룸이니 父母ㅣ날 愛티 아니ᄒᆞ심은 내게 므스거신고 ᄒᆞ니라

| 직역 |

만장이 말하였다. "부모가 사랑하면 기뻐하여 잊지 말고, 부모가 미워하면 더욱 노력하고 원망하지 말아야 할 것인데, 순임금은 원망하신 것입니까?" 맹자가 말하였다. "장식이 공명고에게 묻기를, '순이 밭에 간 이유는 제가 이미 가르침을 받았거니와, 어진 하늘과 부모에게 부르짖고 운 것은 제가 알지 못하겠습니다'라고 하자, 공명고가 말하기를, '이것은 네가 알 바 아니다'라고 하였다. 저 공명고는 생각하기를, '효자의 마음은 이처럼 편할 수 없다. 나는 힘을 다해 밭을 갈아 자식 된 직분을 받들 따름이니, 부모께서 나를 사랑하지 않음은 나에게 무슨 죄가 있어서인가'라고 여긴 것이다."

| 자해 |

長息 : 공명고(公明高)의 제자. • 公明高 : 증자(曾子)의 제자. • 于父母 : 『서경』에 보이는 말로, 부모를 부르며 우는 것. • 恝 : 근심이 없는 모양. 음은 '괄'. • 於我何哉 : 스스로를 책망함.

| 의해 |

만장이 맹자의 '원망하고 사모한다'는 말을 깨닫지 못하고 말하였다. "그러면 이것이 어버이를 원망하신 것입니까? 제가 듣건대, 사람의 자식 된 자가 부모가 사랑하면 부모에게 사랑을 받음을 기뻐하여 잊지 않고, 부모가 미워하면 비록 수고스러움에 이르더라도 원망하지 말아야 할 것인데, 순임금이 부르짖고 우신 것은 오히려 부모를 원망하신 마음이 있었던 것입니까?" 맹자가 말하였다. "아니다. 옛날에 장식이 공명고에게 묻기를, '순임금이 밭에

가셔서 몸소 밭을 갈아서 어버이를 봉양하였다는 것은 이미 가르침을 들었지만, 부르짖으며 우시면서 하늘을 부르고, 또 부모를 부르신 것은 어떤 마음이셨는지는 알지 못하겠습니다'고 하니, 공명고가 말하기를 '순임금이 부르짖으시고 우신 것은 성인의 지극한 효성의 고심함이 있는 것이니, 네가 알 수 있는 것이 아니다'라고 하였으니, 지금 내가 공명고의 이 말을 미루어 생각해 보건대, 효자의 마음이 매번 어버이에게 사랑을 얻으려고 하다가 얻지 못하면 이처럼 덤덤할 수 없는 것이니, 마음속으로 '내가 힘을 다하여 밭을 갈아서 자식 된 직분으로 받들 따름이다. 스스로 밭을 가는 이외에 어찌 일정한 받듦이 있겠는가? 이제 부모가 나를 사랑하지 않으시는 것은 반드시 자식의 직분을 다하지 못하여 죄가 있기 때문일 것이다. 다만 알지 못하겠다. 내가 자식의 직분을 다하지 못함에 무슨 죄가 있어서 이러하신 것일까?'라고 생각하는 것이다. 이처럼 그 까닭을 알지 못했기 때문에 하늘을 부르며 부르짖어 우신 것이다. 공명고의 뜻이 이와 같으니, 이른바 원망하고 사모하는 뜻은 자신의 몸을 원망하고 책망함을 이기지 못하여서 어버이를 생각하고 사모한 것이니, 어찌 어버이를 원망한 것이라 말하겠는가!"

제 사 기 자 구 남 이 녀　백 관 우 양 창 름　비　이
1-3. 帝使其子九男二女로 百官牛羊倉廩을 備하여 以
사 순 어 견 모 지 중　천 하 지 사 다 취 지 자　제 장
事舜於畎畝之中하시니 天下之士多就之者어늘 帝將
서 천 하 이 천 지 언　위 불 순 어 부 모　여 궁 인 무
胥天下而遷之焉이러시니 爲不順於父母라 如窮人無
소 귀
所歸러시다

| 언해 |

帝ㅣ그 子 九男과 二女로 ᄒᆞ여곰 百官과 牛羊과 倉廩을 備ᄒᆞ야 뻐 舜을 畎畝ㅅ가온대 事ᄒᆞ시니 天下 읫 士ㅣ 就ᄒᆞᄂᆞᆫ者ㅣ하거늘 帝ㅣ장ᄎᆞᆺ 天下를 胥ᄒᆞ야 遷호려 ᄒᆞ더시니 父母ᄭᅴ 順티 몯 ᄒᆞ욤을 爲ᄒᆞ신디라 窮人이 歸ᄒᆞᆯ빠 업슴이 ᄀᆞᄐᆞ더시다

| 직역 |

"요임금이 자신의 아들 아홉 명과 두 딸로 하여금 백관과 소와 양과 창고를 갖추어 순을 논밭의 가운데에서 섬기니, 천하의 선비가 순에게 나아가는 자가 많았다. 요임금이 장차 천하의 민심을 살펴 제위를 물려주려 하자 순은 부모에게 순종하지 못하기 때문에, 곤궁한 사람이 돌아갈 곳이 없는 것처럼 하였다."

| 자해 |

帝 : 요(堯)임금. • 胥 : 봄. • 遷之 : 옮겨 줌.

| 의해 |

"순임금이 원망하고 사모하신 것이 어찌 다만 역산에서 몸소 밭갈 때에만 그러했겠는가? 당시 천하 사람이 모두 순을 천거하자, 요임금은 아홉 아들로 하여금 밖에서 섬기게 하고, 두 딸로 하여금 안에서 아내가 되게 하며, 관리들이 소와 양과 창고로 받들어 순을 밭두둑 가운데에서 섬기게 하자, 천하의 선비 가운데 순의 덕화를 사모하여 돌아오는 자들이 많았다. 이에 요임금이 순의 덕이 천자의 자리를 전할 만한 줄 알고 장차 천하를 옮겨 주려고 하였으니, 그 대우가 지극히 융숭하였다. 보통 사람의 정으로 말하자면 그 즐거움이 이루다 말할 수 없었겠지만, 순은 다만 부모에게 순종하지 못했기 때문에 마음이 마치 곤궁한 사람이 의지할 데가 없는 것처럼 하여 원망하고 사모함의 박절함을 이길 수 없었다."

천 하 지 사 열 지 　 인 지 소 욕 야 　 이 부 족 이 해 우
1-4. 天下之士悅之는 人之所欲也어늘 而不足以解憂하
호 색 　 인 지 소 욕 　 처 제 지 이 녀 　 이 부 족
시며 好色은 人之所欲이어늘 妻帝之二女하사대 而不足
이 해 우 　 부 　 인 지 소 욕 　 부 유 천 하 　 이
以解憂하시며 富는 人之所欲이어늘 富有天下하사대 而
부 족 이 해 우 　 귀 　 인 지 소 욕 　 귀 위 천 자
不足以解憂하시며 貴는 人之所欲이어늘 貴爲天子하사
이 부 족 이 해 우 　 인 열 지 　 호 색 　 부 귀 　 무 족
대 而不足以解憂하시니 人悅之와 好色과 富貴에 無足
이 해 우 자 　 유 순 어 부 모 　 가 이 해 우
以解憂者요 惟順於父母라야 可以解憂러시다

| 언해 |

天下읫 士ㅣ悅ᄒᆞ욤은 사ᄅᆞᆷ의 欲ᄒᆞᄂᆞᆫ 배어ᄂᆞᆯ 足히 ᄡᅥ 憂를 解티 몯 ᄒᆞ시며 됴ᄒᆞᆫ 色은 사ᄅᆞᆷ의 欲ᄒᆞᄂᆞᆫ 배어ᄂᆞᆯ 帝의 二女를 妻ᄒᆞ샤ᄃᆡ 足히ᄡᅥ 憂를 解티 몯ᄒᆞ시며 富ᄂᆞᆫ 사ᄅᆞᆷ의 欲ᄒᆞᄂᆞᆫ 배어ᄂᆞᆯ 富론 天下를 두샤ᄃᆡ 足히 ᄡᅥ 憂를 解티 몯ᄒᆞ시며 貴ᄂᆞᆫ 사ᄅᆞᆷ의 欲ᄒᆞᄂᆞᆫ 배어ᄂᆞᆯ 貴론 天子ㅣ 되샤ᄃᆡ 足히 ᄡᅥ 憂를 解티 몯ᄒᆞ시니 사ᄅᆞᆷ이 悅홈과 됴ᄒᆞᆫ 色과 富와 貴예 足히ᄡᅥ 憂를 解ᄒᆞᆯ ᄭᅥ시 업고 오직 父母ᄭᅴ 順ᄒᆞ야아 可히 ᄡᅥ 憂를 解ᄒᆞ리서시다

| 직역 |

"천하의 선비가 좋아하는 것은 사람들이 원하는 것인데 근심을 풀 수 없었고, 아름다운 여자는 사람들이 원하는 것인데 요임금의 두 딸을 아내로 삼고서도 근심을 풀지 못하였으며, 부유함은 사람들이 원하는 것인데 부유함이 천하를 가졌음에도 근심을 풀지 못하고, 귀함은 사람들이 원하는 것인데 귀함이 천자가 되었음에도 근심을 풀지 못하였다. 이처럼 사람들이 좋아함과 아름다운 여자와 부유하고 귀함에서 근심을 풀 수 없었고, 오직 부모에게

순종하여야 근심을 풀 수 있었다.”

| 의해 |

“곤궁한 사람이 돌아갈 데가 없는 것처럼 한 것은 간절하고 근심스러운 마음을 표현한 것이다. 어떻게 근심을 풀 수 있을 것인가? 천하의 선비가 기뻐함은 누구나 바라는 것이지만, 순은 요임금의 두 딸을 아내로 삼아도 근심을 풀지 못하였다. 부자가 되는 것은 누구나 바라는 것이지만, 순은 천하를 소유하였는데도 근심을 풀지 못하였다. 귀하게 되는 것은 누구나 바라는 것이지만, 순은 천자가 되어서도 근심을 풀지 못하였다. 순이 본래 근심한 것은 부모에게 순종하지 못한 것이기 때문이다. 오직 부모에게 순종하고, 부모가 어진 도를 깨닫게 하여, 그 기뻐하는 마음을 얻은 뒤에야 곤궁한 사람의 근심을 풀 수 있으니, 순이 한결같이 원망하고 사모한 것이 이와 같다.” 맹자는 참으로 순임금의 마음을 알았다고 할 수 있다.

인 소즉모부모 지호색즉모소애 유처
1–5. 人이 少則慕父母하다가 知好色則慕少艾하고 有妻
자즉모처자 사즉모군 부득어군즉열중
子則慕妻子하고 仕則慕君하고 不得於君則熱中이니
대효 종신모부모 오십이모자 여어대순
大孝는 終身慕父母하나니 五十而慕者를 予於大舜에
견지의
見之矣로라

| 언해 |

人이 少ᄒᆞ야셔ᄂᆞᆫ 父母를 慕ᄒᆞ다가 色好홈을 알면 少艾롤 慕ᄒᆞ고 妻子를 두면 妻子를 慕ᄒᆞ고 仕ᄒᆞ면 君을 慕ᄒᆞ고 君에 得디 몯하

면 中을 熱ᄒᆞᄂᆞ니 大孝ᄂᆞᆫ 身이 終토록 父母를 慕ᄒᆞᄂᆞ니 五十이오 慕ᄒᆞᄂᆞᆫ 者를 내 大舜에 보ᄋᆞ완노라

| 직역 |

"사람이 어려서는 부모를 사모하다가, 여색을 알게 되면 소녀를 사모하고, 아내와 자식을 두면 아내와 자식을 사모하며, 벼슬을 하면 임금을 사모하고, 임금에게 신임을 얻지 못하면 속을 태운다. 큰 효는 종신토록 부모를 사모하는 것이니, 오십이 되어서도 사모한 사람을 나는 위대한 순에게서 보았다."

| 자해 |

艾 : 아름답고 좋음. • 不得 : 뜻을 잃어버림. • 熱中 : 조급하여 마음이 뜨거운 것. • 五十 : 순(舜)이 정사를 섭행할 때임.

| 의해 |

"순이 원망하고 사모함이 이와 같았으니, 어찌 인정 안에서 구할 수 있는 것이겠는가? 사람이 어릴 때에는 아직 바깥 물정에 어둡기 때문에 다만 부모가 계신 줄만을 알고 사모할 따름이지만, 차차 자라면서 자연스럽게 물정을 알게 됨으로써 여색을 좋아할 줄 알게 되면 부모를 사모하던 마음을 옮겨서 젊고 아름다운 여색을 사모한다. 아내와 자식을 두기에 이르면, 부모를 사모하던 마음을 옮겨서 아내와 자식을 사랑하고, 나아가 벼슬을 하면 부모를 사모하던 마음을 옮겨서 임금을 사모하며, 임금에게 신임을 얻지 못하면 조급한 마음을 억제하지 못하게 된다. 따라서 그 효를 다할 수 있는 사람이 적다. 오직 큰 효성이 있는 사람만이 몸이 마치도록 그 어릴 때의 마음을 잃어버리지 않고 한결같을 수 있다. 그 누가 이와 같이 할 수 있겠는가? 저 나이 오십에 이르러서도 오히려 부모를 사모하는 사람을 나는 위대한 순에게서 보았다. 이것이 몸이 마치도록 부모를 사모하여 큰 효가 되신 까닭이다."

| 요지 |

이 장의 요체는 '원망하고 사모했다'는 말에 있다. 둘째 구절은 자신을 원망하고 어버이를 원망하지 않음을 분별한 것이고, 셋째와 넷째 구절은 원망하고 사모하는 정성을 말한 것이고, 마지막 구절은 그러한 마음이 큰 효가 됨을 칭찬한 것이다.

2-1. 萬章이 問曰 詩云 娶妻如之何오 必告父母라하니 信斯言也인댄 宜莫如舜이어시니 舜之不告而娶는 何也잇고 孟子曰 告則不得娶하시리니 男女居室은 人之大倫也니 如告則廢人之大倫하여 以懟父母라 是以不告也시니라

| 언해 |

萬章이 묻ᄌᆞ와 ᄀᆞᆯ오ᄃᆡ 詩에 닐오ᄃᆡ 妻ᄅᆞᆯ 娶ᄒᆞᆷ을 엇디ᄒᆞ료 반ᄃᆞ시 父母ᄭᅴ 告ᄒᆞᆯ ᄭᅥ시라ᄒᆞ니 진실로 이 말일딘댄 맛당히 舜 ᄀᆞᄐᆞᆫ이 업거시니 舜의 告티 아니ᄒᆞ고 娶ᄒᆞ심은 엇디니 잇고 孟子ㅣ ᄀᆞᆯᄋᆞ샤ᄃᆡ 告ᄒᆞ면 娶홈을 得디 몯ᄒᆞ시리니 男女ㅣ 室에 居ᄒᆞᆷ은 人의 큰 倫이니 만일 告ᄒᆞ면 사ᄅᆞᆷ의 큰 倫을 廢ᄒᆞ야 ᄡᅥ 父母ᄭᅴ 懟ᄒᆞᆯ띠라 일로ᄡᅥ 告티 아니 ᄒᆞ시니라

| 직역 |

만장이 물었다. "『시경』에 이르기를, '아내를 취함을 어떻게 하는가. 반드시 부모에게 고해야 할 것이다'라고 하니, 진실로 이 말대로라면 마땅히 순임금 같은 이는 없을 것이니, 순이 부모에게

아뢰지 않고 아내를 취한 것은 어째서입니까?" 맹자가 말하였다. "고했다면 반드시 취하지 못하였을 것이니, 남녀가 한 집에 거처하는 것은 중요한 인륜인데, 만일 아뢰었다면 큰 인륜을 폐하여 부모를 원망하였을 것이다. 이 때문에 고하지 않은 것이다."

| 자해 |

詩 : 「제풍(齊風) · 남산(南山)」. • 信 : 진실로 • 懟 : 원망함.

| 의해 |

만장이 물었다. "「제풍(齊風)」의 시에 이르기를, '아내를 취함을 마땅히 어떻게 해야 하는가. 그 도리를 다하여야 할 것이니, 반드시 성명을 통하여 부모에게 고한 연후에 장가든다'라고 하였습니다. 진실로 이 시에 따른다면, 순이 부모에게 고하지 않고, 요임금의 두 딸에게 장가든 것은 어째서입니까?" 맹자가 말하였다. "고한 뒤에 장가드는 것이 상례이지만, 만일 부모에게 고하였다가 혹시라도 부모가 장가드는 것을 기뻐하지 않는다면, 순이 그 어버이의 마음을 차마 거스르지 못하여 장가들지 못했을 것이다. 사람이 장가들어 남녀가 같이 거하고 자녀를 낳아 종사를 잇는 것은 큰 인륜이다. 만일 고하였다가 장가들지 못하면 한갓 큰 인륜만 폐하여 부모에게 원망을 취할 따름이므로 차라리 고하지 않은 것이다. 이것은 순이 권도(權道)를 행한 것이다."

만 장 왈 순 지 불 고 이 취 즉 오 기 득 문 명 의 제
2-2. 萬章曰 舜之不告而娶 則吾旣得聞命矣어니와 帝
지 처 순 이 불 고 하 야 왈 제 역 지 고 언 즉 부 득 처
之妻舜而不告는 何也잇고 曰 帝亦知告焉 則不得妻
야
也시니라

| 언해 |

萬章이 골오딕 舜의 告티 아니ᄒᆞ고 娶ᄒᆞ심은 내 이믜 시러곰 命을 듣ᄌᆞ왓거니와 帝의 舜을 妻ᄒᆞ샤딕 告티 아니 ᄒᆞ심은 엇디니잇고 골ᄋᆞ샤딕 帝ㅣ 또 ᄒᆞᆫ 告ᄒᆞ면 妻홈을 得디 몯 홀ᄯᆞ롤 아ᄅᆞ시니라

| 직역 |

만장이 말하였다. “순이 고하지 않고 장가든 것에 관해서는 이미 가르침을 받았지만, 요임금이 순을 사위로 삼으면서 그 부모에게 알리지 않은 것은 어째서입니까?” 맹자가 말하였다. “요임금 또한 알리면 사위로 삼을 수 없다는 것을 알았기 때문이다.”

| 자해 |

妻 : 아내로 삼음. 장가드는 것.

| 의해 |

만장이 말하였다. “순이 고하지 않고 장가든 것은 제가 이미 말씀을 들었지만, 요임금이 두 딸을 순의 아내로 보낼 때 순으로 하여금 그 부모에게 고하도록 하지 않은 것은 어째서입니까?” 맹자가 말하였다. “요임금 또한 순이 부모에게 고할 수 없음을 안 것이다. 만일 고하였다가 부모가 좋아하지 않는다면, 순은 어버이의 명을 차마 어기지 못했을 것이고, 요임금 또한 억지로 하기 어려웠을 것이다. 따라서 요임금은 임금으로서 자신의 딸들을 순의 아내로 삼게 하고, 순이 부모에게 고하고 고하지 않음과 고수가 알고 알지 못함을 따지지 않은 것이다. 이것은 요임금이 순의 처지를 곡진하게 배려한 것이다. 따라서 순의 효도가 아니면 어찌 요임금에게 이와 같은 신임을 얻을 수 있었겠는가?”

만 장 왈 부 모 사 순 완 름 연 계 고 수 분 름
2-3. 萬章이 曰 父母使舜으로 完廩捐階하고 瞽瞍焚廩
사 준 정 출 종 이 엄 지 상 왈 모 개
하며 使浚井하여 出커시늘 從而揜之하고 象이 曰 謨蓋
도 군 함 아 적 우 양 부 모 창 름 부 모 간 과 짐
都君은 咸我績이니 牛羊父母요 倉廩父母요 干戈朕이
금 짐 저 짐 이 수 사 치 짐 서 상
요 琴朕이요 弤朕이요 二嫂란 使治朕棲호리라하고 象이
왕 입 순 궁 순 재 상 금 상 왈 울 도 사 군
往入舜宮한대 舜이 在牀琴이어시늘 象이 曰 鬱陶思君
이 뉵 니 순 왈 유 자 신 서 여 기 우 여 치
爾라하고 忸怩한대 舜이 曰 惟茲臣庶를 汝其于予治라
불 식 순 부 지 상 지 장 살 기 여 왈 해
하시니 不識케이다 舜이 不知象之將殺己與잇가 曰 奚
이 부 지 야 상 우 역 우 상 희 역 희
而不知也시리오 象憂亦憂하시고 象喜亦喜하시니라

| 언해 |

萬章이 ᄀᆞᆯ오ᄃᆡ 父母ㅣ 舜으로 ᄒᆞ여곰 廩을 完ᄒᆞ라 ᄒᆞ고 階ᄅᆞᆯ 捐ᄒᆞ고 瞽瞍ㅣ 廩을 焚ᄒᆞ며ᄒᆞ여곰 井을 浚ᄒᆞ라 ᄒᆞ야 出커시ᄂᆞᆯ 조차 揜ᄒᆞ고 象이 ᄀᆞᆯ오ᄃᆡ 都君을 謨ᄒᆞ야 蓋ᄒᆞ욤은 다 내 績이니 牛羊으란 父母ᄒᆞ고 倉廩으란 父母ᄒᆞ고 干戈란 朕ᄒᆞ고 琴으란 朕ᄒᆞ고 弤란 朕ᄒᆞ고 二嫂란 ᄒᆞ여곰 朕의 棲ᄅᆞᆯ 治케 호리라 ᄒᆞ고 象이 往ᄒᆞ야 舜ㅅ 宮에 入ᄒᆞᆫ대 舜이 牀에 겨샤 琴ᄒᆞ거시ᄂᆞᆯ 象이 ᄀᆞᆯ오ᄃᆡ 鬱陶히 君을 思호라 하고 忸怩ᄒᆞᆫ대 舜이 ᄀᆞᆯᄋᆞ샤ᄃᆡ 이 臣庶를 네 그 내게 治라ᄒᆞ시니 아디 몯게이다 舜이 象의 쟝ᄎᆞᆺ 己를 殺호려홈을 아디 몯ᄒᆞ시니 잇가 ᄀᆞᆯᄋᆞ샤ᄃᆡ 엇디 아디몯하시리오 象이 憂ᄒᆞ거든 ᄯᅩᄒᆞᆫ 憂ᄒᆞ시고 象이 喜ᄒᆞ야든 ᄯᅩᄒᆞᆫ 喜ᄒᆞ시니라

| 직역 |

만장이 말하였다. “부모가 순에게 창고를 수리하게 하고는 사다리

를 치운 다음 고수가 창고에 불을 지르며, 순에게 우물을 파도록 하고는 나올 무렵에 덮어버렸습니다. 이에 상이 말하기를 '도군을 꾀로 덮은 것은 모두 나의 공이니, 소와 양은 부모의 것이고, 방패와 창은 나의 것이며, 거문고는 나의 것이고, 두 형수는 나의 거처를 다스리게 하겠다'라고 하였습니다. 상이 순의 거처에 들어갔는데, 순이 평상에서 거문고를 연주하였습니다. 상이 말하기를 '울적하여 군을 생각하였습니다'라고 하였습니다. 순이 말하기를 '이 신하들을 네가 나를 대신하여 다스리라'고 하였습니다. 알지 못하겠습니다. 순은 상이 자신을 죽이려고 하였음을 알지 못한 것입니까?" 맹자가 말하였다. "어째서 알지 못하였겠는가. 상이 근심하면 또한 근심하고, 상이 기뻐하면 또한 기뻐한 것이다."

| 자해 |

完 : 다스림. • 捐 : 버림. • 階 : 사다리. • 揜 : 덮음. • 象 : 순의 배 다른 동생. • 謨 : '꾀 모(謀)' 자의 뜻. • 蓋 : 우물을 덮음. • 都君 : 순이 거처하던 곳. 삼 년 만에 도읍을 일구었기 때문에 도군이라 칭함. • 咸 : '다 개(皆)' 자의 뜻. • 績 : 공(功). • 干 : 방패. • 戈 : 창. • 琴 : 순이 타는 다섯 줄의 거문고. • 弤 : 아로새긴 활. 음은 '저'. • 二嫂 : 요임금의 두 딸로 순의 두 아내. • 棲 : 평상. • 治棲 : 상이 자신의 아내로 삼으려고 한 뜻. • 鬱陶 : 생각을 깊이 하여 기운을 펴지 못함. • 忸怩 : 부끄러워하는 빛. • 臣庶 : 백관.

| 의해 |

만장이 또 말하였다. "일찍이 듣건대, 순의 부모는 편벽되어서 동생인 상만을 사랑하고 늘 순을 죽이려고 하였습니다. 예컨대 고수는 상의 꾀에 따라서 순에게 창고에 올라가 짚을 이으라고 하고, 순이 창고 위에 올라간 후에는 사다리를 치우고 불을 질렀지만, 순이 먼저 내려와서 죽지 않았습니다. 또한 순에게 우물을 파라고 시키고서 흙으로 덮었지만, 순은 우물곁에 숨는 구멍을 파두었다가 구멍으로 나왔습니다. 이에 상은 순이 우물 속에서 죽었다고 생각하여, 부모에게 자랑하여 말하기를, '이 꾀를 내서 도

군을 우물 속에 덮은 것은 다 나의 공이다. 그러니 도군이 가진 물건은 부모가 나와 함께 나눠야 할 것이니, 소와 양과 창고는 부모가 갖고 방패와 창과 거문고와 활은 내가 가지며, 두 형수는 나를 시중들게 할 것이다'라고 하였습니다. 상이 순의 방에 들어갔을 때 순이 먼저 와 거문고를 타고 있었습니다. 이에 상이 변명하기를 '내가 형을 생각함에 울적해서 와 봤습니다'라고 하였습니다. 그러나 순이 상의 얼굴빛을 보니 스스로 부끄러워하는 빛이 있기 때문에 기뻐하면서 말하기를, '이 백관을 네가 나를 위하여 다스리라'고 하였습니다. 순의 말이 이와 같다면, 순은 상이 자기를 죽이고자 한 것을 알지 못하였습니까?" 맹자가 말하였다. "순이 어찌 알지 못하였겠는가. 다만 형제의 정은 천성에서 나오는 것이고, 성인이 아우를 사랑하는 마음이 보통 사람보다 갑절이나 되기 때문에, 상이 근심하는 것을 보면 함께 근심하시고, 상이 기뻐하는 것을 보면 함께 기뻐하여서 아름다운 일과 슬픈 일을 서로 같이 한 것이다. 따라서 상이 형을 생각한다는 말을 하였으니, 순도 기뻐하여 백관을 다스리란 말을 한 것이다. 어찌 다른 것을 염두에 두고 한 말이겠는가?"

왈 연즉순 위희자여 왈 부 석자 유궤생
2-4. 曰 然則舜은 僞喜者與잇가 曰 否라 昔者에 有饋生
어어정자산 자산 사교인 휵지지 교인
魚於鄭子産이어늘 子産이 使校人으로 畜之池한대 校人
팽지 반명왈 시사지 어어언 소즉양
이 烹之하고 反命曰 始舍之하니 圉圉焉이러니 少則洋
양언 유연이서 자산 왈 득기소재 득
洋焉하여 攸然而逝하더이다 子産이 曰 得其所哉인저 得
기소재 교인 출왈 숙위자산 지 여기
其所哉인저하여늘 校人이 出曰 孰謂子産을 智오 予旣
팽이식지 왈 득기소재 득기소재
烹而食之호니 曰 得其所哉인저 得其所哉인저라하니

고 군자 가기이기방 난망이비기도 피
故로 君子는 可欺以其方이어니와 難罔以非其道니 彼
이애형지도 내고 성신이희지 해위언
以愛兄之道로 來故로 誠信而喜之시니 奚僞焉이시리오

| 언해 |

ᄀᆞᆯ오ᄃᆡ 그러면 舜ᄋᆞᆫ 거즛 喜ᄒᆞ신 者ㅣ시니잇가 ᄀᆞᆯᄋᆞ샤ᄃᆡ 아니라 昔에 生魚ᄅᆞᆯ 鄭子産의게 饋케 ᄒᆞ리잇거ᄂᆞᆯ 子産이 校人으로 ᄒᆞ여곰 池에 畜ᄒᆞ라 ᄒᆞᆫ대 校人이 烹ᄒᆞ고 命을 反하야 ᄀᆞᆯ오ᄃᆡ 비로소 舍ᄒᆞ니 圉圉ᄒᆞ더니 이윽ᄒᆞ야ᄂᆞᆫ 洋洋ᄒᆞ야 攸然히 逝ᄒᆞ더이다 子産이 ᄀᆞᆯ오ᄃᆡ 그 所ᄅᆞᆯ 得ᄒᆞᆫ뎌 그 所를 得ᄒᆞᆫ뎌 ᄒᆞ야ᄂᆞᆯ 校人이 出ᄒᆞ야 ᄀᆞᆯ오ᄃᆡ 뉘 子産ᄋᆞᆯ 닐오ᄃᆡ 智타 ᄒᆞ더뇨 내 임의 烹ᄒᆞ야 食호니 ᄀᆞᆯ오ᄃᆡ 그 所를 得ᄒᆞᆫ뎌 그 所를 得ᄒᆞᆫ뎌 ᄒᆞ고녀ᄒᆞ니 故로 君子ᄂᆞᆫ 可히 그 方으로ᄡᅥ 欺ᄒᆞ려니와 그 道아닌 거ᄉᆞ로ᄡᅥ 罔ᄒᆞ욤은 難니ᄒᆞ뎨 兄愛ᄒᆞᄂᆞᆫ 道로ᄡᅥ 來ᄒᆞᆫ 故로 誠信으로 喜ᄒᆞ시니 엇디 거즛 ᄒᆞ시리오

| 직역 |

만장이 말하였다. "그러면 순은 거짓으로 기뻐한 것입니까?" 맹자가 말하였다. "아니다. 예전에 살아 있는 물고기를 정나라 자산에게 올린 자가 있었는데, 자산이 연못 관리인에게 못에서 기르라고 하였는데, 연못 관리인이 삶아 먹고 돌아와 말하였다. '처음에는 어릿어릿하더니 잠시 후 활기차게 유유히 갔습니다.' 자산이 말하였다. '제 갈 곳을 얻었구나. 제 갈 곳을 얻었구나.' 연못 관리인이 나가서 말하였다. '누가 자산을 일러 지혜가 있다고 하더냐! 이미 삶아서 먹었는데, 말하기를 그 제 갈 곳을 얻었구나, 그 제 갈 곳을 얻었구나 하더라.' 그러므로 군자는 도로써 속일 수는 있지만, 도가 아닌 것으로써 속이기는 어려우니 그가 형을 사랑하는 도로써 왔기 때문에 진실로 믿고서 기뻐하였으니 어찌 거짓으

로 한 것이겠는가."

| 자해 |

校人 : 연못을 관리하는 아전. • 圉圉 : 곤하여 펴지 못하는 모양. • 洋洋 : 서서히 노는 모양. • 悠然而逝 : 스스로 멀리 갈 수 있는 것. • 方 : 도(道). • 罔 : 덮어서 가림. • 欺以其方 : 이치에 있는 것으로 증명함. • 罔以非其道 : 이치에 없는 것으로 어둡게 함.

| 의해 |

만장이 물었다. "순은 이미 상이 자기를 죽이려 하는 것을 알면서도 기뻐한 것이라면 순은 거짓으로 기뻐한 것입니까?" 맹자가 말하였다. "예전에 어떤 사람이 산 물고기를 정나라 자산에게 주었는데, 자산이 연못 관리인으로 하여금 못에서 기르라고 하였다. 그런데 연못 관리인이 그 물고기를 삶아 먹고 와서는 꾸며서 말하기를 '처음 물에 놓으니 어릿어릿하다가 조금 있더니 활기차게 떠나갔습니다'라고 하였다. 그러나 그 물고기는 물에서는 살지 못하고, 연못 관리인의 입에서만 산 것인데, 자산이 기뻐하여 말하기를 '물고기가 제 자리를 얻었도다. 제자리를 얻었도다'라고 하였다. 이에 연못 관리인이 나가서 기롱하여 말하기를, '누가 자산을 지혜 있다고 말하느냐. 이미 물고기를 삶아 먹었는데 오히려 나의 말을 믿고 말하기를 '제 자리를 얻었도다. 제 자리를 얻었도다'라고 하니 밝게 일을 헤아리는 자는 마땅히 이렇지 않을 것이다'라고 하였다. 그러므로 군자가 비록 선견지명이 있다고 하더라도 이치가 있는 것으로써 속일 수 있을 것이고, 비록 감추고 속이는 뜻이 없더라도 이치가 없는 것으로써 속이지는 못할 것이다. 상이 본래 형을 사랑하는 마음은 없었지만, 아우가 형을 사랑하는 도리는 근본이 있는 것이다. 상이 말을 꾸며 말하기를 '형님을 생각하여 마음이 울적해서 왔습니다'라고 한 것은 그 도로써 속이는 것이다. 그러므로 순이 실상 마음으로 믿고 기뻐한 것이니 어

찌 거짓으로 하였겠는가."

| 요지 |

이 장은 모두 인륜의 변화를 당하여 천리의 떳떳한 뜻을 잃어버리지 않음을 말한 것이다. 앞의 두 구절은 만장이 상도로써 순을 말한 것에 대하여 권(權) 자(字)로써 분석한 것이고, 뒤의 두 구절은 만장이 순을 의심했기 때문에 성(誠) 자(字)로써 분석한 것이다. 장가가지 못하는 것은 변(變)이니, 권도로써 처신하면 인륜이 온전하고, 형을 죽이려고 꾀한 것은 변이니, 성으로써 처신하면 은혜가 온전하다. 권도가 상도에 부합되고, 성이 밝음에 부합되는 것이 성인이 된 까닭이다.

만장 문왈 상 일이살순위사 입위천자즉
3-1. 萬章이 問曰 象이 日以殺舜爲事어늘 立爲天子則
방지 하야 맹자왈 봉지야 혹왈 방언
放之는 何也잇고 孟子曰 封之也어시늘 或曰 放焉이라하니라

| 언해 |

萬章이 묻ᄌᆞ와 ᄀᆞᆯ오ᄃᆡ 象이 날로 舜殺ᄒᆞ욤으로ᄡᅥ 事ᄅᆞᆯ 삼거ᄂᆞᆯ 立ᄒᆞ야 天子ㅣ 되샤ᄂᆞᆫ 放ᄒᆞ심은 엇디잇고 孟子ㅣ ᄀᆞᆯᄋᆞ샤ᄃᆡ 封ᄒᆞ야시ᄂᆞᆯ 或이 ᄀᆞᆯ오ᄃᆡ 放ᄒᆞ다 ᄒᆞ니라

| 직역 |

만장이 물었다. "상이 날마다 순을 살해하는 것을 일삼았는데, 천자로 즉위하여 그를 추방한 것은 어째서입니까?" 맹자가 말하였다. "봉하였던 것인데, 어떤 사람들은 추방하였다고 말한다."

| 자해 |

方 : '둘 치(置)' 자와 같은 뜻으로, 한 곳에 두어서 다른 데로 가지 못하게 함.

| 의해 |

만장이 물었다. "상이 날마다 순을 죽이는 것을 일삼았으니, 아우된 자의 큰 잘못입니다. 따라서 순이 천자에 즉위하였을 때 마땅히 법으로 그 죄를 다스려서 인륜을 바르게 해야 할 것인데, 다만 내쳐둔 것은 어째서 입니까?" 맹자가 말하였다. "순이 당시 실상 그를 봉한 것인데, 어떤 사람들이 알지 못하고 그 자취에 따라 내쳤다고 한 것이다."

만 장 왈 순 유 공 공 우 유 주 방 환 도 우 숭
3-2. 萬章이 曰 舜이 流共工于幽州하시고 放驩兜于崇
산 살 삼 묘 우 삼 위 극 곤 우 우 산 사 죄
山하시고 殺三苗于三危하시고 殛鯀于羽山하사 四罪하
이 천 하 함 복 주 불 인 야 상 지 불 인 봉
신대 而天下咸服은 誅不仁也니 象이 至不仁이어늘 封
지 유 비 유 비 지 인 해 죄 언 인 인 고 여 시 호
之有庳하시니 有庳之人은 奚罪焉고 仁人도 固如是乎
재 타 인 즉 주 지 재 제 즉 봉 지 왈 인 인 지 어
잇가 在他人則誅之하고 在弟則封之온여 曰 仁人之於
제 야 부 장 노 언 불 숙 원 언 친 애 지 이 이 의
弟也에 不藏怒焉하며 不宿怨焉이요 親愛之而已矣니
친 지 욕 기 귀 야 애 지 욕 기 부 야 봉 지 유 비 부
親之란 欲其貴也요 愛之란 欲其富也니 封之有庳는 富
귀 지 야 신 위 천 자 제 위 필 부 가 위 친 애 지 호
貴之也시니 身爲天子요 弟爲匹夫면 可謂親愛之乎아

| 언해 |

萬章이 ᄀᆞᆯ오ᄃᆡ 舜이 共工을 幽州에 流ᄒᆞ시고 驩兜를 崇山에 放ᄒᆞ

시고 三苗를 三危에 殺ᄒᆞ시고 鯀을 羽山에 殛ᄒᆞ샤 四를 罪ᄒᆞ신대 天下ㅣ다 服ᄒᆞ욤은 不仁을 誅ᄒᆞ심이니 象이 지극이 仁티 아니 ᄒᆞ거늘 有庳에 封ᄒᆞ시니 有庳ㅅ 人은 므슴 罪오 仁人도 진실로 이 ᄀᆞᄐᆞᆫ이 잇가 他人에 이시면 誅ᄒᆞ고 弟에 이시면 封ᄒᆞ곤여 ᄀᆞᆯᄋᆞ샤ᄃᆡ 仁人이 弟의게 怒를 藏티 아니ᄒᆞ며 怨을 宿디 아니ᄒᆞ고 親ᄒᆞ며 愛ᄒᆞᆯᄯᆞᄅᆞᆷ이니 親ᄒᆞ야란 그 貴콰뎌ᄒᆞ고 愛ᄒᆞ야란 그 富콰 뎌ᄒᆞᄂᆞ니 有庳에 封ᄒᆞ욤은 富貴케 ᄒᆞ심이니 身이 天子ㅣ 되고 弟ㅣ 匹夫ㅣ되면 可히 親愛ᄒᆞᆫ다니ᄅᆞ랴

| 직역 |

만장이 말하였다. "순이 공공을 유주에 귀양 보내고, 환도를 숭산으로 추방하며, 삼묘를 삼위에서 죽이고, 곤을 우산에서 죽여서 네 사람을 처벌하자, 천하 사람들이 모두 복종한 것은 불인한 자를 처벌했기 때문입니다. 상이 지극히 불인하였는데도 유비에 봉하니, 유비의 백성들은 무슨 죄입니까? 인자도 진실로 이와 같습니까? 다른 사람에게 죄가 있으면 처벌하면서, 아우에게 죄가 있으면 봉하는군요." 맹자가 말하였다. "인자는 아우에게 노함을 감추지 않으며, 원망함을 묵히지 않고, 친하며 사랑할 따름이다. 친하면 귀하게 할 것이고, 사랑하면 부유하게 할 것이니, 유비에 봉함은 부유하고 귀하게 한 것이다. 자신은 천자인데 아우가 필부라면, 친하고 사랑한다고 이를 수 있겠는가."

| 자해 |

流 : 옮기는 것. • 共工 : 벼슬 이름. • 驩兜 : 사람 이름. • 三苗 : 나라 이름. • 殺 : 그 임금을 죽임. • 殛 : 벌을 줌. • 鯀 : 우(禹)임금의 아버지 이름. • 幽州 · 崇山 · 三危 · 羽山 : 땅 이름. • 藏怒 : 노함을 감추어 숨김. • 宿怨 : 원망을 남겨 둠.

| 의해 |

만장이 말하였다. "순이 천자에 즉위하여, 겉으로 공손한 척 하면

서 세상을 미혹하는 공공을 유주의 북쪽 높은 곳으로 귀양 보내고, 당파를 짓는 환도를 숭산의 남쪽으로 내치며, 강함을 믿고 항복하지 않는 삼묘의 임금을 삼위(三危)의 서쪽 끝에서 죽이고, 명을 거스르고 동족을 해치며 공을 이루지 못한 곤을 우산의 동쪽 끝에서 베었습니다. 이렇게 사흉의 죄를 다스림에 천하 사람들이 모두 순응한 것은 그들이 모두 불인하였기 때문입니다. 제가 보기에는 상의 불인함이 사흉보다 못하지 않습니다. 그런데 상을 사흉을 다스리던 형벌로써 벌주지 않고 도리어 유비 땅에 봉하였으니, 유비의 사람들은 과연 무슨 죄로 상의 포학함을 만나게 된 것입니까? 인자의 마음 쓰는 것이 진실로 이러합니까? 다른 사람이 불인할 때는 벌주어 백성의 해를 제거하고, 아우가 불인할 때는 봉토를 주어 백성에게 해를 미치는 것입니까?" 맹자가 말하였다. "아우는 본래 다른 사람과 같지 않다. 인자는 아우에게 비록 노할 만하더라도 노하지 않아 노함이 마음에 감춤이 없고, 비록 원망할 만하더라도 원망하지 않아 원망이 마음에 머무름이 없어서, 오직 친하고 사랑함이 있을 따름이다. 친하다면 반드시 귀하게 하여 친한 마음을 이루고자 하고, 사랑하면 반드시 부유하게 하여 사랑하는 마음을 이루고자 한다. 이제 순이 상을 유비에 봉한 것은 바로 부유하고 귀하게 한 것이다. 진실로 자신의 몸이 천자가 되어 지극히 부귀한데 아우는 필부로서 빈천하게 되면 친애한다고 말할 수 있겠는가? 여기서 인자의 마음 씀을 알 수 있으니, 어찌 다른 사람을 대하는 전례로써 의론할 수 있겠는가?"

감 문 혹 왈 방 자 하 위 야 왈 상 부 득 유 위 어
3-3. 敢問或曰 放者는 何謂也잇고 曰 象이 不得有爲於
기 국 천 자 사 리 치 기 국 이 납 기 공 세 언 고
其國하고 天子使吏로 治其國而納其貢稅焉하니 故로
위 지 방 기 득 포 피 민 재 수 연 욕 상 상 이 견
謂之放이니 豈得暴彼民哉리오 雖然이나 欲常常而見

지고 원원이래 불급공 이정접우유비
之故로 源源而來하니 不及貢하여 以政接于有庳라하니
차지위야
此之謂也니라

| 언해 |

敢히 묻줍노이다 或이 ᄀᆞᆯ오ᄃᆡ 放ᄐᆞᄒᆞ욤은 엇디닐옴이니잇고 ᄀᆞᆯᄋᆞ샤ᄃᆡ 象이 시러곰 그 國에 ᄒᆞ욤이 잇디못ᄒᆞ고 天子ㅣ 吏로 ᄒᆞ여곰 그 國을 治ᄒᆞ고 그 貢稅ᄅᆞᆯ 納게ᄒᆞ니 故로 放이라 니ᄅᆞ니 엇디 시러곰 뎌 民을 暴ᄒᆞ리오 비록 그러나 常常히 보고쟈ᄒᆞ신 故로 源源히 來ᄒᆞ니 貢에 及디 아니ᄒᆞ야셔 政으로뻐 有庳를 接다 ᄒᆞ니 이ᄅᆞᆯ 닐음이니라

| 직역 |

"감히 묻겠습니다. 어떤 사람이 말하기를 '추방했다'고 하는 것은 무슨 뜻입니까?" 맹자가 말하였다. "상이 그 나라에서 자신의 의지대로 하지 못하고, 천자가 아전으로 하여금 그 나라를 다스리고, 그 공세를 들이게 하였다. 따라서 '추방했다'고 이른다. 어찌 저 백성에게 포악하게 할 수 있었겠는가. 비록 그렇지만 항상 보고자 하였기 때문에 끊임없이 오게 하니, '조공할 때가 되지 않았는데 정사로써 유비의 군주를 접견하였다'는 것은 이를 두고 말한 것이다."

| 자해 |

源源 : 물이 서로 이어지는 것과 같음. • 來 : 와서 조회함.

| 의해 |

만장이 물었다. "봉한 것과 내친 것이 본래 다르고, 순이 상을 봉하였는데 어떤 사람이 내쳤다고 하는 것은 무엇 때문입니까?" 맹

자가 말하였다. "순이 상을 유비에 봉한 것은 부유하고 귀하게 하여 아우 대접을 하는 정을 드러낸 것이다. 그러나 정사를 맡기지 않고, 아전으로 하여금 그 나라를 대신 다스려서 공세를 상에게 올리게 하였다. 따라서 실상은 봉한 것이지만 정사를 하지 못하게 한 것으로써 말하면 내친 것과 같은 점이 있기 때문에, 어떤 사람은 '내쳤다'고 이르는 것이다. 상이 지극히 불인한데도 대우함이 이와 같은 것은 자신의 친하고 사랑하는 마음을 잃지 않고, 상이 또한 유비의 백성에게 포학하게 하지 못하게 한 것이니, 자네가 이른바 유비의 백성이 무슨 죄냐고 하는 의심을 풀 수 있을 것이다. 순이 아우를 사랑하는 마음이 그지없어서 항상 보고자 했고, 상은 정사에 구애됨이 없어서 끊임없이 올 수 있었다. 만일 상으로 하여금 정사를 하도록 했다면 그 자신도 끊임없이 올 수 없었고, 순 또한 항상 보지 못했을 것이다. 그러므로 옛 글에 말하기를 '조공할 때가 되지 않았는데 정사로써 유비를 접하였다'라고 한 것이다. 천자가 제후의 조공하는 날이 되면 정사로써 제후를 접견하는 것이다. 그런데 순이 제후가 조공할 때를 기다리지 않고 정사로써 유비의 임금을 접견하니, 이것은 때로 보지 않음이 없고, 일이 없어도 또한 보는 것이다. 어찌 그리 친애함을 마지 못하는가. 여기에서 성인의 지극히 인함을 볼 수 있다."

| 요지 |

이 장은 아우를 사랑하는 인(仁)이 중요함을 말한 것이다. 순이 상을 유비에 봉한 것은 진실로 아우를 친애하는 인이고, 아전으로 하여금 대신 그 나라를 다스리게 한 것도 친애하여 마지않는 인을 온전하게 한 일이다.

함구몽 문왈어 운 성덕지사 군부득이신

4-1. 咸丘蒙이 問曰 語에 云 盛德之士는 君不得而臣하

부부득이자 순 남면이립 요솔제후

며 父不得而子라 舜이 南面而立이어시늘 堯帥諸侯하여

북면이조지 고수역북면이조지 순 견고

北面而朝之하시고 瞽瞍亦北面而朝之어늘 舜이 見瞽

수 기용 유축 공자왈어사시야 천

瞍하시고 其容이 有蹙이라하여늘 孔子曰 於斯時也에 天

하태재급급호 불식 차어성연호재

下殆哉岌岌乎인져하시니 不識케이다 此語誠然乎哉잇가

맹자왈부 차비군자지언 제동야인지어야 요

孟子曰 否라 此非君子之言이라 齊東野人之語也라 堯

로이순 섭야 요전 왈 이십유팔재 방훈

老而舜이 攝也러시니 堯典에 曰 二十有八載에 放勳이

내조락 백성 여상고비삼년 사해 알밀

乃徂落이어시늘 百姓은 如喪考妣三年하고 四海는 遏密

팔음 공자왈 천무이일 민무이왕

八音이라하며 孔子曰 天無二日이요 民無二王이라하시니

순 기위천자의 우솔천하제후 이위요삼년상

舜이 旣爲天子矣요 又帥天下諸侯하여 以爲堯三年喪

시 이천자의

이면 是는 二天子矣리다

| 언해 |

咸丘蒙이 묻ᄌᆞ와 ᄀᆞᆯ오ᄃᆡ 語에 닐오ᄃᆡ 盛德엣 士ᄂᆞᆫ 君이 시러곰 臣티 몯ᄒᆞ며 父시러곰 子티 몯ᄒᆞᄂᆞᆫ디라 舜이 南面ᄒᆞ야 立ᄒᆞ얏거시늘 堯ㅣ 諸侯ᄅᆞᆯ 帥ᄒᆞ야 北面ᄒᆞ야 朝ᄒᆞ시고 瞽瞍ㅣ ᄯᅩ 北面ᄒᆞ야 朝ᄒᆞ거ᄂᆞᆯ 舜이 瞽瞍ᄅᆞᆯ 보시고 그 容이 蹙홈이 잇다 ᄒᆞ야ᄂᆞᆯ 孔子ㅣ ᄀᆞᆯᄋᆞ샤ᄃᆡ 이 時에 天下ㅣ 殆ᄒᆞ다 岌岌ᄒᆞᆫ뎌ᄒᆞ시니 아디 몯게이다 이 말ᄉᆞᆷ이 진실로 그리ᄒᆞ니 잇가 孟子ㅣ ᄀᆞᆯᄋᆞ샤ᄃᆡ 아니라 이 君子의 言이 아니라 齊ㅅ 동녁 野人의 語ㅣ라 堯ㅣ 老ᄒᆞ심에 舜이 攝ᄒᆞ더시니 堯典에 ᄀᆞᆯ오ᄃᆡ 二十이오 ᄯᅩ 八載애 放勳이 徂落커시ᄂᆞᆯ 百姓ᄋᆞᆫ 考妣ᄅᆞᆯ 喪홈 ᄀᆞᆮ티 ᄒᆞ욤을 三年ᄒᆞ고 四海ᄂᆞᆫ 八音을

遏密타 ᄒᆞ며 孔子ㅣ ᄀᆞᆯᄋᆞ샤ᄃᆡ 天에 二日이 업고 民이 二王이 업다 ᄒᆞ시니 舜이 이믜 天子되시고 ᄯᅩ 天下ㅅ 諸侯ᄅᆞᆯ 帥ᄒᆞ야 ᄡᅥ 堯ㅅ 三年喪을 ᄒᆞ면 이ᄂᆞᆫ 두 天子ㅣ 니라

| 직역 |

함구몽이 물었다. “옛 말에 이르기를 ‘성대한 덕을 가진 선비는 임금이 신하로 삼을 수 없고, 부모가 자식으로 다룰 수 없다’고 하였는데, 순이 남면하여 서 있자 요가 제후를 거느리고 북면하여 조회하고, 고수 또한 북면하여 조회하자, 순이 고수를 보고 그 얼굴을 불안하여 찌푸렸다’고 하였는데, 공자가 말하시기를, ‘이 때에 천하가 위태로웠구나’라고 하였는데, 알지 못하겠습니다. 이 말이 사실입니까?” 맹자가 말하였다. “아니다. 이것은 군자의 말이 아니라 제나라 동녘 야인의 말이다. 요임금이 연로함에 순이 섭정한 것이다. 「요전」에서 말하기를 ‘이십팔 년 만에 방훈[요]이 돌아가시자 백성들은 아버지와 어머니를 잃은 듯이 삼년상을 하였고, 천하에서는 팔음을 연주하기를 그쳤다’고 하며, 공자가 말하기를 ‘하늘에 두 해가 없고, 백성에게 두 임금이 없다’라고 하였다. 순이 이미 천자가 되고 나서도 천하의 제후를 거느리고 요의 삼년상을 행했다면 이는 천자가 둘이 되는 것이다.”

| 자해 |

咸丘蒙 : 맹자의 제자. • 語 : 옛 말. • 蹙 : 찡그려 스스로 편안하지 못한 모양. • 岌岌 : 편안하지 못한 모양. 인륜이 어그러지고 어지러워서 천하가 장차 위태로울 것이라는 뜻. • 齊東 : 제나라 동녘 시골. • 堯典 : 『서경』 「虞書」의 편명. • 徂落 : 조는 올라감, 락은 내려감의 뜻으로, 사람이 죽으면 혼은 올라가고, 넋은 내려오기 때문에 죽음을 조락이라고 함. • 遏 : 그치고 고요함. • 八音 : 금(金) · 석(石) · 사(絲) · 죽(竹) · 포(匏) · 토(土) · 혁(革) · 목(木)의 악기 소리.

| 의해 |

함구몽이 성인을 비방하는 말에 미혹되어 물었다. "옛 말에 이르기를 '훌륭한 선비는 비록 임금보다 덕이 높더라도 마땅히 그 임금을 높이되, 임금이 그를 신하로 삼지 못하고, 비록 아버지보다 덕이 높더라도 마땅히 아버지를 높이되, 아버지가 그를 아들로 하지 못한다'고 하였습니다. 순이 남면하여 섰을 때, 요는 원래 임금이었는데 천하의 제후를 거느리고 북면하여 조회하였으니, 이것은 순이 임금을 신하로 삼은 것이고, 고수는 본래 아버지인데 북면하여 조회하였으니, 이것은 순이 아버지를 신하로 삼은 것입니다. 순이 고수를 보고 스스로 편안하지 못한 표정을 지었다 하니, 공자가 느낀 것이 있어 말하기를 '이 때에 군신과 부자의 질서가 이미 어지러웠으니, 천하가 위태롭구나. 급급하구나'라고 하였습니다. 제가 들은 말은 이와 같으니, 알지 못하겠습니다. 이 말이 과연 그러합니까?" 맹자가 말하였다. "아니다. 이것은 이치에 어긋나니 군자의 말이 아니라 제나라 동쪽 야인 가운데 눈으로 예의를 보지 못하고 귀로 경전을 듣지 못한 자의 말이다. 당시에 요임금이 늙어 순이 천자의 일을 도운 것이고, 요임금이 계실 때에는 순이 아직 천자가 되지 않았다. 이른바 요임금이 늙음에 순이 섭정하였다는 것은 무엇을 증거로 하는가? 「요전」에서 말하기를, '순이 정사를 섭정한 지 이십팔 년에 방훈이 이에 돌아가셨는데, 천하의 백성들이 간절하게 슬퍼하고 사모함이 아버지와 어머니의 상사와 같이 하기를 삼년 동안 하고, 사해는 팔음을 그쳐서 음악을 연주하지 않았다'고 하였다. 여기에서 온 천하가 요임금을 천자로 삼은 것을 알 수 있다. 또한 공자가 평소 항상 말하기를, '하늘에 두 해가 함께 비치는 이치가 없고, 백성에게 두 임금이 함께 서서 다스리는 이치가 없다'고 하였다. 공자의 말을 증거로 하여 「요전」에 기록된 일을 판단해 보면, 요임금이 돌아가신 뒤에 순이 비로소 천자의 지위에 나아간 것을 알 수 있다. 만일 요임금이 돌아가시기 전에 순이 천자가 되고, 요가 돌아가신

후에 순이 천하의 제후를 거느리고 요임금을 위하여 삼년상을 입었다면, 당시에 두 천자가 있는 셈이다. 따라서 요임금이 계실 때에는 순이 천자의 지위에 나아가지 않은 것이 분명하다. 지위에 나아가지 않았는데, 무슨 근거로 요임금을 신하로 삼을 수 있었겠는가?"

4–2. 咸丘蒙이 曰 舜之不臣堯則吾旣得聞命矣이니와 詩云 普天之下 莫非王土며 率土之濱이 莫非王臣이라하니 而舜이 旣爲天子矣시니 敢問瞽瞍之非臣은 如何잇고 曰 是詩也는 非是之謂也라 勞於王事而不得養父母也하여 曰 此莫非王事어늘 我獨賢勞也라하니 故로 說詩者不以文害辭하며 不以辭害志요 以意逆志라야 是爲得之니 如以辭而已矣인댄 雲漢之詩에 曰 周餘黎民이 靡有孑遺라하니 信斯言也인댄 是는 周無遺民也니라

| 언해 |

咸丘蒙이 ᄀᆞᆯ오ᄃᆡ 舜의 堯를 臣티 아니홈은 내이 믜시러곰 命을 듣ᄌᆞ왓거니와 詩예 닐오ᄃᆡ 普天ㅅ 下ㅣ 王土ㅣ안이니 업ᄉᆞ며 率土ㅅ 濱이 王臣이 안이니 업다 ᄒᆞ니 舜이 이믜 天子ㅣ 되야 겨시니 敢히 묻줍노이다 瞽瞍의 臣아님은 엇디니잇고 ᄀᆞᆯᄋᆞ샤ᄃᆡ 이 詩ᄂᆞᆫ 이를 닐음이 아니라 王事에 勞ᄒᆞ야 시러곰 父母를 養티 몯ᄒᆞ야 ᄀᆞᆯ오ᄃᆡ 이 王事ㅣ안이니 업거ᄂᆞᆯ 내홀로 賢으로 勞ᄒᆞ노라 ᄒᆞ니

故로 詩를 說ᄒᆞ는 者ㅣ文으로ᄡᅥ 辭를 害티 말며 辭로ᄡᅥ 志를 害티 말고 意로ᄡᅥ 志를 逆ᄒᆞ야아 이 得홈이니 만일에 辭로ᄡᅥ ᄒᆞᆯᄯᆞ롬인댄 雲漢ㅅ 詩예 ᄀᆞᆯ오ᄃᆡ 周ㅅ 나ᄆᆞᆫ 黎民이 孑遺도 잇디아니타 ᄒᆞ니 진실로 이 言일땐 이는 周에 遺民이 업슴이니라

| 직역 |

함구몽이 말하였다. "순이 요를 신하로 삼지 않은 것은 제가 이미 가르침을 들었습니다. 『시경』에 이르기를, '넓은 하늘 아래 왕의 땅이 아닌 곳이 없으며, 온 땅의 사람이 왕의 신하가 아닌 이가 없다'고 하였는데, 감히 묻건대 순이 이미 천자가 되었는데 고수를 신하로 삼지 않은 것은 어째서 입니까?" 맹자가 말하였다. "이 시는 그런 뜻이 아니다. 왕의 일에 수고로워서 부모를 봉양하지 못하여 말하기를, '이것이 임금의 일이 아님이 없는데도 내가 홀로 현명함으로 수고하는구나'라고 한 것이다. 따라서 시를 말하는 자는 문장으로써 말을 해치지 말고, 말로써 뜻을 해치지 말며, 자기의 뜻으로써 작자의 뜻을 추론해야만 시를 이해할 수 있다. 만일 말로써 할 따름이라면, 「운한」의 시에서 '주나라의 남은 백성들이 남을 이가 없다'라고 하였는데, 진실로 이 말대로라면 이것은 주나라에 남은 백성이 없는 것이다."

| 자해 |

不臣堯 : 요를 신하로 삼아서 북면하여 조회하게 하지 않는 것. • 詩 : 「소아(小雅) • 북산(北山)」. • 普 : '두루 변(徧)' 자의 뜻. • 率 : 좇음. • 文 : 글자. • 辭 : 말. • 逆 : 맞음. • 雲漢 : 「대아(大雅)」의 편. • 孑 : 홀로 선 모양. • 遺 : '벗을 탈(脫)' 자의 뜻.

| 의해 |

함구몽이 아직 맹자의 말을 깨닫지 못하고 다시 물었다. "순이 요를 신하 삼지 않는 것은 제가 이미 말씀을 들었습니다. 그런데 『시경』에 이르기를, '넓은 하늘 아래 임금의 땅이 아님이 없고, 모든 땅

에 거하는 자가 임금의 신하가 아님이 없다'고 하였으니, 순이 천자가 된 다음에는 모두 순의 신하입니다. 고수가 비록 아버지이지만, 임금의 땅에 있으니 또한 임금의 신하가 될 것입니다. 감히 묻겠습니다. 고수가 신하가 아니라고 하신 것은 어째서입니까?" 맹자가 말하였다. "이 시는 천자가 그 아버지를 신하로 삼을 수 있다는 말이 아니라, 임금의 일에 수고하는 대부가 집에 돌아가서 부모를 봉양할 수 없었기에 지은 시이다. 이 시의 뜻을 말하자면, '이것이 모두 왕의 일이 아님이 없고, 왕의 신하가 된 자는 모두 수고를 함께 해야 마땅한데도 어찌하여 나를 어질다고 하여 수고롭게 하는가'라는 것이다. 따라서 임금의 신하가 아님이 없다는 것은 이 시인의 말이고, 어진 사람이 기름을 얻지 못한다고 하는 것은 이 시인의 뜻이다. 말이란 것은 뜻을 베푼 것이니, 뜻이 중요하다. 그러므로 시를 해석하는 자는 한 글자의 글로써 한 구절의 말을 해쳐서는 안 된다. 이것은 그 말의 뜻으로써 그 글이 다 할 수 있는 것이 아니고, 한 구절의 말로써 시를 지은 사람의 뜻을 해쳐서는 안 되기 때문이다. 만일 그 뜻을 헤아리지 않고 다만 그 말에만 집착할 따름이라면, 저 「운한」의 시에서 말한 바 '주나라의 남은 백성이 조금도 남은 것이 없다'는 것을 그대로 이해하여서, 주나라에 남아 있는 백성이 전혀 없는 것이 될 것이다. 뜻으로써 생각하면, 「운한」의 시에서는 가뭄을 근심했기 때문에 그 말을 심하게 했음을 알 수 있다. 어찌하여 '임금의 신하가 아님이 없다'는 말을 가지고 천자가 그 아버지를 신하로 삼았다고 의심할 수 있겠는가?"

효 자 지 지 막 대 호 존 친 존 친 지 지 막 대 호
4-3. 孝子之至는 莫大乎尊親이요 尊親之至는 莫大乎
이 천 하 양 위 천 자 부 존 지 지 야 이 천 하 양
以天下養이니 爲天子父하니 尊之至也요 以天下養하시

니 養之至也라 詩曰 永言孝思라 孝思維則이라하니 此之謂也니라

| 언해 |

孝子의 지극ᄒᆞ옴은 親을 尊ᄒᆞ옴만 크니업고 尊親ᄒᆞ옴이 지극ᄒᆞ옴은 天下로ᄡᅥ 養ᄒᆞ옴만 크니 어ᄉᆞ니 天子의 父ㅣ 되여시니 尊의 지극홈이오 天下로ᄡᅥ 養ᄒᆞ시니 養의 지극홈이라 詩에 ᄀᆞᆯ오ᄃᆡ 기리 孝ᄒᆞ며 思ᄒᆞᄂᆞᆫ디라 孝思ㅣ 則하얌 즉다 ᄒᆞ니 이ᄅᆞᆯ 닐옴이니라

| 직역 |

"효자의 지극함은 어버이를 높이는 것보다 더 큰 것이 없고, 어버이를 높이는 지극함은 천하로써 봉양함보다 더 큰 것이 없다. 고수는 천자의 아버지가 되었으니 높임이 지극하고, 천하로써 봉양하니 봉양함이 지극하다. 『시경』에 말하기를, '길이 효도하며 사모한다. 효도하며 사모함이 모범이 된다'고 한 것은 이를 두고 한 말이다."

| 자해 |

詩 : 「대아(大雅)・하무(下武)」.

| 의해 |

"또한 자네가 순이 천자가 됨으로써 지극한 효도를 이룬 것임을 아는가? 고수는 천자의 아버지가 되었으니, 마땅히 천하로써 봉양함을 누릴 것이다. 이것이 바로 순이 어버이를 지극히 높이고 봉양한 것이다. 어찌 아버지로 하여금 북면하여 조회하게 할 이치가 있겠는가? 효자는 어버이에게 마음은 비록 무궁하지만 분수는 한정이 있기 때문에 효도가 지극한 이도 있고 지극하지 못한

이도 있다. 제 몸이 빈천할 때 힘을 다하여 어버이를 섬기면 효자라고 할 수 있지만, 지극한 효는 아니다. 지극한 효는 어버이를 높이는 것보다 더 큰 것이 없다. 제 몸이 제후와 대부가 되어서 한 나라와 한 집의 봉록으로써 봉양하면 또한 어버이를 높였다고 할 수 있지만 아직 지극하다고는 할 수 없다. 어버이를 지극히 높이는 것은 천하로써 어버이를 봉양하는 것보다 더 큰 것이 없다. 순이 요의 천하를 받아 천자가 되어, 그 아버지를 높여 천자의 아버지가 되게 하였으니, 높임의 지극함이 제후나 대부가 미칠 수 있는 바가 아니다. 또한 그 아버지를 봉양함을 천하의 봉록으로써 하였으니, 봉양함의 지극함이 한 나라와 한 집에 비길 바가 아니다. 이것이 순이 지극한 효도로써 천하의 모범이 될 수 있었던 것이다. 『시경』에서 말하기를, '사람이 길이 효도하고 생각하여 잊지 않을 수 있다면 천하의 모범이 될 수 있다'고 하였다. 이것은 곧 순임금이 어버이를 높이고, 어버이를 봉양함의 지극함을 이르는 것이다. 자네는 순이 천자가 되어서 그 아버지를 신하로 삼을 수 있다고 하지만, 나는 순이 천자가 된 것은 그 아버지를 높이고 기르기 위한 것이라고 말하고 싶다."

서 왈 지재현고수 기기제률 고수역
4-4. 書에 曰 祗載見瞽瞍하사대 夔夔齊栗하신대 瞽瞍亦
윤약 시위부부득이자야
允若이라하니 是爲父不得而子也니라

| 언해 |

書애 ᄀᆞᆯ오ᄃᆡ 載를 祗ᄒᆞ야 瞽瞍ᄭᅴ 見ᄒᆞ샤ᄃᆡ 夔夔ᄒᆞ며 齊栗ᄒᆞ신대 瞽瞍ㅣ ᄯᅩ 允ᄒᆞ야 若다 ᄒᆞ니 이 父ㅣ 시러곰 子티 몯 홈이니라

| 직역 |

"『서경』에 이르기를, '순이 일을 공경하여 고수를 뵐 적에, 공경하고 두려워하였는데, 고수 또한 믿고 따랐다'고 하니, 이것은 부모가 자식을 마음대로 할 수 없다는 뜻이다."

| 자해 |

書 : 『서경』 「대우모(大禹謨)」. • 祗 : 공경함. • 齊 : 일. 음은 '재'. • 夔夔齊栗 : 공경하고, 삼가고, 두려운 모양. • 允 : 믿음. • 若 : 순함.

| 의해 |

"순이 진실로 아버지를 신하로 삼을 이치가 없지만, 이른바 아버지가 아들로 대하지 못한다는 말이 있다. 『서경』에서 말하기를, '순이 공경하여 고수를 섬기고 가서 공경하고 삼가시기를 지극히 하니, 그 정성에 감동되어서 고수 또한 믿고 순하게 좇아서 화하여 사랑하였다'고 한다. 이 말을 미루어 생각해 보면, 고수가 착하지 않은 것으로써 그 아들에게 미치지 못하고, 도리어 그 아들에게 감화되어서 착한 사람이 된 것이니, 이것이 아버지가 아들로서 대하지 못한 것이다. 어찌 자네가 말한 뜻과 같겠는가?"

| 요지 |

이 장의 첫 구절은 임금을 신하로 삼는 이치가 없음을 분변한 것이고, 가운데 두 구절은 아버지를 신하로 삼는 이치가 없음을 분변한 것이다. 끝 구절은 『서경』에서 말한 바, '그 어버이를 화하게 할 수 있게 됨'을 인용해서 아버지가 아들로 대하지 못함을 설파한 것이다.

만장 왈 요이천하여순 유저 맹자왈

5-1. 萬章이 曰 堯以天下與舜이라하니 有諸잇가 孟子曰

부 천자불능이천하여인 연즉순유천하야
否라 天子不能以天下與人이니라 然則舜有天下也는
숙여지 왈천 여지 천 여지자 순순연
孰與之잇고 曰 天이 與之시니라 天이 與之者는 諄諄然
명지호 왈부 천 불언 이행여사 시지이
命之乎잇가 曰 否라 天이 不言이라 以行與事로 示之而
이의
已矣시니라

| 언해 |

萬章이 ᄀᆞᆯ오ᄃᆡ 堯ㅣ天下로ᄡᅥ 舜을 與ᄒᆞ시다 ᄒᆞ니 인ᄂᆞ니잇가 孟子ㅣ ᄀᆞᆯᄋᆞ샤ᄃᆡ 아니라 天子ㅣ能히 天下로ᄡᅥ 人을 與티 몯 ᄒᆞᄂᆞ니라 그러면 舜이 天下를 두심은 뉘 與ᄒᆞ니잇고 ᄀᆞᆯᄋᆞ샤ᄃᆡ 天이 與ᄒᆞ시니라 天이 與ᄒᆞ욤은 諄諄히 命ᄒᆞ시니잇가 ᄀᆞᆯᄋᆞ샤ᄃᆡ 아니라 天이 言티 아닌ᄂᆞᆫ디라 行과 다ᄆᆞᆫ 事로ᄡᅥ 뵐 ᄯᆞᄅᆞᆷ이시니라

| 직역 |

만장이 말하였다. "요임금이 천하를 순에게 주었다고 하는데, 그런 일이 있었습니까?" 맹자가 말하였다. "아니다. 천자는 천하를 남에게 줄 수 없다." "그렇다면 순이 천하를 소유한 것은 누가 준 것입니까?" 맹자가 말하였다. "하늘이 주었다." "하늘이 주었다는 것은 당부하면서 주었다는 것입니까?" 맹자가 말하였다. "아니다. 하늘은 말하지 않는다. 행사로써 보여줄 따름이다."

| 자해 |

諄諄 : 자세히 말하는 모양. • 行 : 몸으로 행함. • 事 : 천하에 베풂.

| 의해 |

만장이 말하였다. "전하는 말 가운데, 요임금이 당시 순에게 천하를 주었다고 하는데, 과연 이런 일이 있었습니까?" 맹자가 말하였

다. "그런 이치는 없다. 대개 천하는 비록 천자가 거느린다고 하지만, 실상 천하 사람의 천하이다. 천자가 된 자는 천하를 자신의 사사로운 물건으로 알고 다른 사람에게 줄 수 없는 것이니, 어찌 요임금이 홀로 순에게 줄 수 있겠는가." 만장이 말하였다. "요임금이 준 것이 아니라면, 순이 필부로써 천하를 소유한 것은 과연 누가 준 것입니까?" 맹자가 말하였다. "제왕이 서로 전하는 것은 다 하늘의 역수(歷數)이니, 즉 하늘이 준 것이다. 하늘은 지극히 커서 바깥이 없고, 지극히 공변되며 사사로움이 없다. 하늘이 천하를 사람에게 주는데 요가 특별히 하늘을 따랐을 뿐이다." 만장이 말하였다. "하늘이 준 것은 과연 당부하면서 명한 것입니까? 그렇다면 무엇을 의거하여 하늘이 순에게 준 것을 알 수 있습니까?" 맹자가 말하였다. "아니다. 하늘이 어찌 말씀이 있어서 사람에게 명하겠는가? 하늘의 뜻은 알지 못하지만, 행실과 일을 가지고 볼 수 있다. 하늘은 다만 그 행함이 몸에서 나오고 일이 천하에 베풀어짐으로 인하여 가만히 도움으로써 그 사람으로 하여금 얻게 해주는 뜻을 보일 따름이다.

왈 이행여사 시지자 여지하 왈 천자능천
5-2. 曰 以行與事로 示之者는 如之何잇고 曰 天子能薦
인어천 불능사천 여지천하 제후능천인
人於天이언정 不能使天으로 與之天下며 諸侯能薦人
어천자 불능사천자 여지제후 대부능천인
於天子이언정 不能使天子로 與之諸侯며 大夫能薦人
어제후 불능사제후 여지대부 석자 요천순
於諸侯언정 不能使諸侯로 與之大夫니 昔者에 堯薦舜
어천이천 수지 폭지어민이민수지 고
於天而天이 受之하시고 暴之於民而民受之하니 故로
왈 천 불언 이행여사 시지이이의
曰 天이 不言이라 以行與事로 示之而已矣라하노라

| 언해 |

ᄀᆞᆯ오ᄃᆡ 行과 다ᄆᆞᆫ 事ㅅ로ᄡᅥ 뵈시다홈은 엇디잇고 ᄀᆞᆯᄋᆞ샤ᄃᆡ 天子ㅣ 能히 人을 天ᄭᅴ 薦ᄒᆞᆯ ᄲᅮᆫ이언뎡 能히 天으로 ᄒᆞ여곰 天下ᄅᆞᆯ 與케 몯 ᄒᆞ며 諸侯ㅣ 能히 人을 天子ᄭᅴ 薦ᄒᆞᆯ ᄲᅮᆫ이언뎡 能히 天子로 ᄒᆞ여곰 諸侯ᄅᆞᆯ 與케 몯ᄒᆞ며 태우ㅣ能히 人을 諸侯ᄭᅴ 薦ᄒᆞᆯ ᄲᅮᆫ이언뎡 能히 諸侯로 ᄒᆞ여곰 태우ᄅᆞᆯ 與케 몯ᄒᆞᄂᆞ니 녜 堯ㅣ 舜을 天ᄭᅴ 薦ᄒᆞ야시ᄂᆞᆯ 天이 受ᄒᆞ시고 民에 暴ᄒᆞ야시ᄂᆞᆯ 民이 受ᄒᆞ니 故로 ᄀᆞᆯ오ᄃᆡ 天이 言티 아닌다라 行과 다ᄆᆞᆫ 事로ᄡᅥ 示ᄒᆞ실 ᄯᆞᄅᆞᆷ이라 ᄒᆞ노라

| 직역 |

만장이 말하였다. "행사로 보여준다는 것은 어떻게 하는 것입니까?" 맹자가 말하였다. "천자는 사람을 하늘에 천거할 수 있지만 하늘로 하여금 천하를 주게 할 수 없고, 제후는 사람을 천자에게 천거할 수 있지만 천자로 하여금 제후를 주게 할 수 없으며, 대부는 사람을 제후에게 천거할 수 있지만 제후로 하여금 대부를 주게 할 수 없다. 옛날 요가 순을 하늘에게 천거하자 하늘이 받아들이고, 백성에게 보여주자 백성이 받아들였다. 따라서 말하기를, '하늘은 말하지 않는다. 행사로써 보여줄 따름이다'라고 한다."

| 자해 |

暴 : 나타냄.

| 의해 |

만장이 말하였다. "이른바 행실과 일로써 보임에 반드시 볼 자취가 있을 것입니다. 알지 못하겠습니다. 어떻게 분변할 수 있는 것입니까?" 맹자가 말하였다. "힘으로써 할 수 있는 것은 사람이고, 선택을 꼭 기대할 수 없는 것은 하늘이다. 천자가 사람을 하늘에 천거할 수 있지만 하늘로 하여금 반드시 천하를 주게 할 수는 없

고, 제후가 천자를 하늘로 삼아서 사람을 천거할 수 있지만 천자로 하여금 반드시 제후의 지위를 주게 할 수는 없으며, 대부가 제후를 하늘을 삼아서 사람을 천거할 수 있지만, 제후로 하여금 반드시 대부의 지위를 주게 할 수 없다. 천거하는 책임은 아래에 있지만, 주고 빼앗는 권세는 실상 위에 있는 것이다. 제후의 나라와 대부의 가문도 그러한데, 하물며 천자의 지위에 있어서랴. 옛날 요임금이 순의 덕이 천자가 될 만하다고 하여 하늘에게 천거하였지만, 하늘이 받아들인다는 것은 꼭 기대할 수 없었다. 그러나 순이 행하는 일이 하늘에 부합되므로 하늘이 받아들였다. 또한 순의 덕이 백성을 다스릴 만하므로 순을 백성에게 나타냈지만, 백성이 받아들인다는 것은 꼭 기대할 수 없었다. 그러나 순이 행하는 일이 백성에게 부합되므로 백성이 받아들였다. 여기서 하늘이 주는 뜻을 볼 수 있다. 그러므로 말하기를, '하늘이 말을 하지 않고 행실과 일로써 보일 따름이다'라고 하는 것이다."

왈 감 문 천 지 어 천 이 천 수 지 폭 지 어 민 이
5-3. 曰 敢問薦之於天而天이 受之하시고 暴之於民而
민 수 지 여 하 왈 사 지 주 제 이 백 신 향 지
民이 受之는 如何잇고 曰 使之主祭而百神이 享之하니
시 천 수 지 사 지 주 사 이 사 치 백 성 안 지
是는 天이 受之요 使之主事而事治하여 百姓이 安之하니
시 민 수 지 야 천 여 지 인 여 지 고 왈 천
是는 民이 受之也라 天이 與之하며 人이 與之故로 曰 天
자 불 능 이 천 하 여 인 순 상 요 이 십 유 팔 재
子不能以天下與人이라하노라 舜이 相堯二十有八載하
비 인 지 소 능 위 야 천 야 요 붕 삼 년 지 상
시니 非人之所能爲也라 天也라 堯崩커시늘 三年之喪을
필 순 피 요 지 자 어 남 하 지 남 천 하 제 후 조
畢하고 舜이 避堯之子於南河之南이어시늘 天下諸侯朝

觀者 不之堯之子而之舜하며 訟獄者 不之堯之子而之舜하며 謳歌者 不謳歌堯之子而謳歌舜하니 故로 曰天也라 夫然後에 之中國하사 踐天子位焉하시니 而居堯之宮하여 逼堯之子면 是는 簒也라 非天與也니라

|언해|

ᄀᆞᆯ오ᄃᆡ 敢히 묻ᄌᆞᆸ노이다 天ᄭᅴ 薦ᄒᆞ여시ᄂᆞᆯ 天이 受ᄒᆞ시고 民에 暴ᄒᆞ여시ᄂᆞᆯ 民이 受타 ᄒᆞ욤은 엇디잇고 ᄀᆞᆯᄋᆞ샤ᄃᆡ ᄒᆞ여곰 祭를 主ᄒᆞ욤애 百神이 享ᄒᆞ니 이ᄂᆞᆫ 天이 受ᄒᆞ심이오 ᄒᆞ여곰 事을 主ᄒᆞ욤애 事ㅣ 治ᄒᆞ야 百姓이 安ᄒᆞ니 이ᄂᆞᆫ 民이 受홈이라 天이 與ᄒᆞ며 人이 與ᄒᆞᆫ 故로 ᄀᆞᆯ오ᄃᆡ 天子ㅣ 能히 天下로ᄡᅥ 人을 與티 몯 ᄒᆞᆫ다 ᄒᆞ노라 舜이 堯를 도ᄋᆞ심을 二十이오 ᄯᅩ 八載를 ᄒᆞ시니 人의 能히 ᄒᆞᆯ빼 아니라 天이라 堯ㅣ 崩커시ᄂᆞᆯ 三年ㅅ 喪을 ᄆᆞᆮ ᄎᆞ시고 舜이 堯의 子를 南河ㅅ 南애 避ᄒᆞ얏거시ᄂᆞᆯ 天下ㅅ 諸侯ㅣ 朝覲ᄒᆞᄂᆞᆫ 者ㅣ 堯의 子의게 가디 아니ᄒᆞ고 舜의게 가며 獄을 訟ᄒᆞᄂᆞᆫ 者ㅣ 堯의 子의게 가디 아니ᄒᆞ고 舜의게 가며 謳歌ᄒᆞᄂᆞᆫ 者ㅣ 堯의 子를 謳歌티 아니ᄒᆞ고 舜을 謳歌ᄒᆞ니 故로 ᄀᆞᆯ오ᄃᆡ 天이라 그런 後에 中國애 之ᄒᆞ샤 天子ㅅ 位ᄅᆞᆯ 踐ᄒᆞ시니 堯의 宮에 居ᄒᆞ야 堯의 子를 逼ᄒᆞ면 이ᄂᆞᆫ 簒홈이라 天이 與홈이 아니니라

|직역|

만장이 말하였다. "감히 묻겠습니다. 하늘에 천거함에 하늘이 받아들이고, 백성에게 보여줌에 백성이 받아들였다는 것은 어떠한 것입니까?" 맹자가 말하였다. "순으로 하여금 제사를 주관하게 함에 온갖 신이 흠향하니, 이것은 하늘이 받아들인 것이고, 순으로

하여금 일을 주관하게 함에 일이 다스려져서 백성이 편안하니, 이것은 백성이 받아들인 것이다. 하늘이 받아들이며 사람이 받아들였기 때문에 말하기를, '천자는 천하를 남에게 주지 못한다'고 하는 것이다. 순이 요임금을 돕기를 28년 하였으니, 보통 사람이 할 수 있는 것이 아니라 하늘의 뜻이다. 요가 돌아가심에 삼년상을 마치시고 순이 요임금의 아들을 피하여 남하의 남녘으로 갔는데, 천하 제후로서 조회하는 자들이 요임금의 아들에게 가지 않고 순에게 가며, 송사하는 자들이 요임금의 아들에게 가지 않고 순에게 가며, 노래하는 자들이 요임금의 아들을 노래하지 않고 순을 노래하였다. 따라서 '하늘의 뜻이다'라고 말하는 것이다. 그런 뒤에 나라 가운데에 가서 천자의 지위에 나아갔다. 요의 궁궐에 거처하면서 요임금의 아들을 핍박했다면 이것은 찬탈이며 하늘이 준 것이 아니다."

| 자해 |

南河 : 기주(冀州)의 남쪽이며, 그 남쪽은 예주(豫州). • 訟獄 : 옥(獄)을 결단하지 못하여 송사함. • 謳 : 짧게 하는 노래. • 歌 : 길게 하는 노래.

| 의해 |

만장이 말하였다. "감히 묻겠습니다. 하늘에 천거함에 하늘이 받아들이고, 백성에게 드러냄에 백성이 받아들였다고 하니, 그 실상이 어떠합니까?" 맹자가 말하였다. "귀신이 있는 곳은 하늘이 있는 곳이다. 순으로 하여금 제사를 주관하게 하였으니, 이것은 하늘에 천거한 것이다. 정성이 이르지 않음이 없으므로 온갖 귀신이 모두 흠향하였으니, 이것은 하늘이 받아들인 것이 아니겠는가. 조정의 일은 모두 백성을 위한 것이다. 순으로 하여금 일을 주관하게 하였으니, 이것은 백성에게 드러내는 것이다. 일이 다스려지지 않음이 없으므로 백성이 편안하니, 이것은 백성이 받아들인 것이 아니겠는가. 따라서 하늘이 받아들인 것은 곧 하늘이

준 것이고, 백성이 받아들은 것은 곧 사람이 주는 것이다. 하늘과 사람이 합하여 주는 것은 모두 하늘의 뜻이니 요임금이 줄 수 없는 것이다. 그러므로 말하기를, '천자가 천하를 다른 사람에게 주지 못한다'고 하는 것이니, 순이 천하를 소유한 것은 하늘이 준 것이다. 다만 온갖 귀신이 그 제사를 흠향하고 백성이 그 다스림에 편안한 것으로써 하늘이 준 것을 볼 수 있다. 요임금이 계실 때 순이 도운 것이 28년이다. 이처럼 여러 해를 거치고, 백성에게 은택을 베푼 것이 오래 된 것을 보면, 이것은 사람이 할 수 있는 것이 아니라 모두 하늘이 백성의 마음을 굳게 맺어 놓은 일로서, 하늘이 주는 뜻을 정승이 될 때 보인 것과 같다. 요가 돌아가신 뒤에 삼년상을 마친 뒤, 순은 요의 아들을 남하(南河)의 남녘으로 피하여 선위(禪位)를 감당할 수 없는 듯이 하고, 혹시라도 천자의 자리가 아들에게 돌아갈까 기다렸다. 그런데 천하의 제후가 조회하면서 요의 아들에게로 가지 않고 순에게 와서 명을 받들고, 송사와 옥을 결단하지 못한 자가 요의 아들에게로 가지 않고 모두 순에게 와서 결단하기를 구하며, 노래하는 자가 요의 아들을 노래하지 않고 순을 노래하였다. 이것이 사람 마음의 돌아옴이니, 사람이 할 수 있는 일이 아니다. 그러므로 하늘이 주었다고 말하는 것이다. 오직 하늘이 주는 것을 순이 피하려고 해도 할 수 없는 것이니, 그런 뒤에 마지못하여 남하로부터 중국에 가서 천자의 지위를 밟았다. 이것은 비록 천하의 마음에 화답한 것이지만, 실상은 하늘의 뜻을 받들어 행한 것이다. 만일 남하에 피하지도 않고, 사람의 마음이 돌아오는 것도 기다리지 않으며, 요임금의 궁실에 거처하면서 요의 아들을 핍박했다면, 이것은 찬역하는 것이다. 어찌 순이 그렇게 하였겠는가! 이것은 하늘이 준 뜻을 임금이 된 날에 결단한 것일 뿐이다."

태서 왈 천시자아민시 천청 자아민청
5-4. 太誓에 曰 天視自我民視며 天聽이 自我民聽이라
차지위야
하니 此之謂也니라

| 언해 |

太誓애 ᄀᆞᆯ오ᄃᆡ 天의 視ᄒᆞ옴이 우리 民의 視ᄒᆞ옴으로 브테며 天의 聽ᄒᆞ옴이 우리 民의 聽ᄒᆞ옴으로 브테라 ᄒᆞ니 이ᄅᆞᆯ 닐옴이니라

| 직역 |

"「태서」에 말하기를 '하늘의 보심이 우리 백성이 보는 것으로부터 하며, 하늘의 들으심이 우리 백성이 듣는 것으로부터 한다'고 한 것은 이를 두고 한 말이다."

| 자해 |

太誓 : 『서경』 「주서(周書)」의 편명. • 自 : 좇음.

| 의해 |

"무엇 때문에 사람의 마음이 순에게 돌아감을 보고 하늘이 주었다고 하는가? 「태서」에서 말하기를, '하늘이 보고 듣는 것이 없고, 백성이 보고 듣는 것을 따른다'고 하였다. 백성의 마음이 있는 곳이 하늘의 뜻이 있는 곳이고, 백성의 마음이 돌아가는 곳이 하늘의 뜻이 돌아가는 곳이다. 이 말이 곧 내가 이른바 백성이 순에게 돌아간 것이 곧 하늘이 천하를 순에게 주었다는 것을 이르는 것이다. 순의 천하는 하늘이 준 것으로 알기 때문에 말하기를, '천자가 천하를 사람에게 주지 못한다'고 하는 것이다."

| 요지 |

이 장은 요임금이 선양하는 것이 공변됨에서 비롯된 것임을 말한 것으로, '천자가 천하를 사람에게 주지 못 한다'는 구절이 이 장의 강령이 된다.

6-1. 萬章이 問曰 人이 有言하대 至於禹而德衰하여 不傳於賢而傳於子라하니 有諸잇가 孟子曰 否라 不然也라 天이 與賢則與賢하고 天이 與子則與子니라 昔者에 舜이 薦禹於天十有七年에 舜이 崩커시늘 三年之喪을 畢하고 禹避舜之子於陽城이러시니 天下之民이 從之를 若堯崩之後에 不從堯之子而從舜也하니라 禹薦益於天七年에 禹崩커시늘 三年之喪을 畢하고 益이 避禹之子於箕山之陰이러니 朝覲訟獄者不之益 而之啓曰 吾君之子也라하며 謳歌者不謳歌益 而謳歌啓曰 吾君之子也라하니라

| 언해 |

萬章이 묻ᄌᆞ와 ᄀᆞᆯ오ᄃᆡ 人이 言을 두ᄃᆡ 禹에 니ᄅᆞ러 德이 衰ᄒᆞ야 賢에 傳티 아니ᄒᆞ고 子에 傳타 ᄒᆞ니 인ᄂᆞ니잇가 孟子ㅣ ᄀᆞᆯᄋᆞ샤ᄃᆡ 아니라 그러티 아니ᄒᆞ니라 天이 賢을 與ᄒᆞ면賢을 與ᄒᆞ고 天이 子를 與ᄒᆞ면 子를 與ᄒᆞ니라 녜 舜이 禹를 天ᄭᅴ 薦ᄒᆞ신 十이오 ᄯᅩ 七

年애 舜이 崩커시늘 三年ㅅ 喪을 뭇ᄎ시고 禹ㅣ 舜의 子를 陽城에 避ᄒ얏더시니 天下앳 民이 從홈을 堯ㅣ 崩ᄒ신 後에 堯의 子를 從티 아니코 舜을 從홈 ᄀ티 ᄒ니라 禹ㅣ 益을 天ᄭ 薦ᄒ신 七年애 禹ㅣ 崩커시늘 三年ㅅ 喪을 뭇고 益이 禹의 子를 箕山ㅅ 陰에 避ᄒ얏더니 朝覲ᄒ며 獄을 訟ᄒᄂᆞᆫ 者ㅣ 益의게 가디 아니ᄒ고 啓의게가 ᄀᆞ로ᄃᆡ 우리 君의 子ㅣ라ᄒ며 謳歌ᄒᄂᆞᆫ 者ㅣ 益을 謳歌티 아니ᄒ고 啓를 謳歌ᄒ야 ᄀᆞ로ᄃᆡ 우리 君의 子ㅣ라 ᄒ니라

| 직역 |

만장이 물었다. "사람들이 말하기를, '우임금에 이르러 덕이 쇠퇴하여 어진 이에게 전하지 않고, 아들에게 전하였다'고 하니, 그러한 일이 있었습니까?" 맹자가 말하였다. "아니다. 그렇지 않다. 하늘이 어진 이에게 줄 만하면 어진 이에게 주고, 하늘이 아들에게 줄 만하면 아들에게 주는 것이다. 옛날에 순임금이 우를 하늘에 천거한 지 17년 만에 돌아가셨다. 삼년상을 마치고 우가 순임금의 아들을 피하여 양성으로 갔는데, 천하 백성이 따르기를 요가 돌아가신 뒤 요임금의 아들을 따르지 않고 순을 따르는 것처럼 하였다. 우임금이 익을 하늘에 천거한 지 7년 만에 돌아가셨다. 삼년상을 마치고 익이 우의 아들을 피하여 기산 북녘으로 갔는데, 조회하며 옥을 송사하는 자가 익에게 가지 않고 계에게 가서 말하기를, '우리 임금의 아들이십니다'라고 하고, 노래하는 자가 익을 노래하지 않고 계를 노래하여 말하기를, '우리 임금의 아들이십니다'라고 하였다."

| 자해 |

陽城 : 숭산(崇山) 아래에 있는 깊은 골짜기. • 啓 : 우임금의 아들.

| 의해 |

만장이 말하였다. "사람들이 말하기를, '요순은 성대한 덕을 지녔

으므로 천하를 공변되게 하여 어진 이에게 전했는데, 우에 이르러서는 덕이 차차 쇠퇴하여 요순에게 미치지 못하였기 때문에 천하를 사사롭게 하여서 어진 이에게 전하지 않고 아들에게 전하였다'고 하는데, 그러한 일이 있었습니까? 하우씨의 덕이 과연 쇠퇴하여 그런 것입니까?" 맹자가 말하였다. "사람들의 말이 옳지 않다. 원래 성인이 하시는 일이 그렇지 않다. 천자가 천하를 사람에게 주지 못하는데 어찌 아들에게 줄 수 있겠는가? 모든 일이 하늘의 뜻에 있기 때문에 하늘이 어진 사람에게 주면 어진 사람에게 주고, 하늘이 아들에게 주면 아들에게 줄 뿐이다. 사사로운 뜻이 그 사이에 있는 것이 아니다. 따라서 어진 이에게 주는 것이 진실로 성대한 덕이지만, 아들에게 주는 것이 어찌 반드시 덕이 쇠퇴한 것이겠는가? 어떻게 어진 이에게 주고 아들에게 주는 것이 모두 하늘이 하는 것으로 볼 수 있는가? 백성의 마음을 보면 하늘의 뜻을 알 수 있다. 예전에 순임금이 우를 하늘에 천거하고, 정승으로 삼은 지 열일곱 해가 지났으니, 순의 마음은 어진 이에게 주고자 한 것이다. 순이 돌아가신 뒤에 삼년상을 마치고 우가 순의 아들 상균을 피하여 양성에 가서 숨었는데, 이것은 천하를 사양하고자 한 것으로 순이 남하로 피한 것과 같으며, 천하의 백성이 순의 아들을 버리고 우를 좇은 것이 요가 돌아가신 뒤에 요의 아들을 좇지 않고 순을 좇은 것과 같다. 백성의 마음이 우에게 돌아온 것이 이와 같았다. 우가 익을 하늘에 천거하고 정승으로 삼은 지 일곱 해를 지났으니, 우의 마음도 어진 이에게 주고자 한 것이다. 그러나 우가 돌아가신 뒤에 삼년상을 마치고 익이 우의 아들을 기산 북녘으로 피한 것은 우가 양성으로 피하신 것과 같이 하였지만, 조회하고 소송하는 자가 익에게 가지 않고 계에게 가서 말하기를, '우리 임금의 아들이십니다'라고 하며, 노래하는 자가 익을 노래하지 않고 계를 노래하여 말하기를, '우리 임금의 아들이십니다'라고 하니, 백성의 마음이 계에게 돌아간 것이 이와 같았다."

6-2. 丹朱之不肖에 舜之子亦不肖하며 舜之相堯와 禹之相舜也는 歷年이 多하여 施澤於民이 久하고 啓는 賢하여 能敬承繼禹之道하며 益之相禹也는 歷年이 少하여 施澤於民이 未久하니 舜禹益相去久遠과 其子之賢不肖皆天也라 非人之所能爲也니 莫之爲而爲者는 天也오 莫之致而至者는 命也니라

| 언해 |

丹朱의 肖티 아니ᄒᆞ욤애 舜의 子ㅣ ᄯᅩ 肖티 아니ᄒᆞ며 舜의 堯를 相ᄒᆞ심과 禹의 舜ᄋᆞᆯ 相ᄒᆞ심은 歷年이 多ᄒᆞ야 民에 澤ᄋᆞᆯ 施홈이 이 久ᄒᆞ고 啓ᄂᆞᆫ 賢ᄒᆞ야 能히 敬承ᄒᆞ야 禹의 道를 繼ᄒᆞ며 益의 禹를 相ᄒᆞ욤은 歷年이 少ᄒᆞ야 於民에 澤ᄋᆞᆯ 施홈이 久티 아니ᄒᆞ니 舜과 禹와 益의 서ᄅᆞ 去ᄒᆞ욤이 久遠홈과 그 子의 賢ᄒᆞ며 肖티 아니홈이 다 天이라 人의 能히 ᄒᆞᄋᆞᆯ빼 ᄋᆞᆫ이니 ᄒᆞ욤이 업시 ᄒᆞᄂᆞᆫ 者ᄂᆞᆫ 天이오 릴외옴이 업시 니르ᄂᆞᆫ 者ᄂᆞᆫ 命이니라

| 직역 |

"단주의 불초함에 순의 아들 또한 불초하고, 순이 요를 도운 것과 우가 순을 도운 것은 여러 해를 거치면서 백성에게 은택을 베푼 것이 오래되었으며, 계는 어질어서 우의 도를 공경스럽게 이을 수 있었고, 익이 우를 도운 것은 여러 해가 되지 않아서 백성에게 은택을 베푼 것이 오래지 않았다. 순과 우와 익의 오래되고 먼 것의 차이와 그 아들의 어질며 불초한 것이 모두 하늘에 달려 있으니, 사람이 할 수 있는 바가 아니다. 어찌할 수 없이 그렇게 되는

것이 하늘이고, 그렇게 하려고 하지 않아도 그렇게 되는 것이 명이다."

| 자해 |

丹朱 : 요의 아들 이름. • 舜之子 : 순의 아들. 이름은 상균(商均).

| 의해 |

"백성이 순과 우를 좇고, 익은 좇지 않은 것은 어째서인가? 요의 아들 단주가 요를 닮지 못하고, 순의 아들 상균 또한 순을 닮지 못하여 이미 백성의 마음을 얻지 못하였다. 순이 요를 도운 것과 우가 순을 도운 것이 하나는 이십팔 년이고, 하나는 십칠 년이니, 이미 여러 해가 되어 백성에게 덕택을 베푼 것이 오래되고 또한 깊어서 백성의 마음을 매이게 할 수 있었다. 이것이 바로 백성이 요와 순의 아들을 좇지 않고, 순과 우를 좇은 까닭이다. 우의 아들 계에게 이르러서는 심히 어질고 공경할 수 있어서 우의 도를 이으니, 이미 백성의 마음을 매이게 할 수 있었다. 그런데 익이 우를 도운 것은 불과 칠년이다. 여러 해가 되지 않아서 백성에게 덕택을 베푼 것이 오래 되지 않으니, 백성의 마음을 매이게 할 수 없었다. 이것이 바로 백성이 익을 좇지 않고, 우의 아들을 좇은 까닭이다. 모두 어진 이인데도 익의 도움이 오래되지 못한 것이 순과 우의 도움이 오랜 된 것과 다름이 이처럼 심하고, 모두 같은 아들인데도 우의 아들의 어짊이 요와 순의 아들의 착하지 않은 것과 다름이 이처럼 심한 것은 하늘의 뜻으로 사람이 할 수 있는 바가 아니다. 대개의 일이 사람이 일부러 짓고 하지 않아도, 주고, 빼앗고, 가고, 오게 하는 것은 창창한 사이에 가만히 정해진 것이 있는 것이니, 이것이 하늘이다. 사람에게 있어서 불러 이르지 않아도 궁하고, 통하고, 얻고, 일어나게 하는 것은 명명한 가운데 각각 부침이 있어서이니, 이것이 명이다. 백성이 어진 이를 좇거나 아들을 좇음이 모두 하늘과 명수에 달려 있다. 이처럼 이

른바 하늘이 어진 이에게 주면 어진 이에게 주게 되고, 하늘이 아들에게 주면 아들에게 주게 되는 것이다. 우가 아들에게 전한 것은 사사로운 뜻이 있어서가 아니었다."

필부이유천하자 덕필약순우이우유천자천지
6-3. 匹夫而有天下者는 德必若舜禹而又有天子薦之
자 고 중니불유천하 계세이유천하 천
者니 故로 仲尼不有天下하시니라 繼世以有天下에 天
지소폐 필약걸주자야 고 익이윤주공 불유천
之所廢는 必若桀紂者也니 故로 益伊尹周公이 不有天
하
下하시니라

| 언해 |

匹夫로 天下ᄅᆞᆯ 둔 者ᄂᆞᆫ 德이 반ᄃᆞ시 舜禹ᄀᆞᆮ고 ᄯᅩ 天子ㅣ 薦ᄒᆞ리 인ᄂᆞ니 故로 仲尼天下ᄅᆞᆯ 두디 몯ᄒᆞ시니라 世ᄅᆞᆯ 繼ᄒᆞ야 ᄡᅥ 天下ᄅᆞᆯ 둠애 天의 廢ᄒᆞᄂᆞᆫ바ᄂᆞᆫ 반ᄃᆞ시 桀과 紂ᄀᆞᆮᄐᆞᆫ 者ㅣ니 故로 益과 伊尹과 周公이 天下ᄅᆞᆯ 두디 몯ᄒᆞ시니라

| 직역 |

"필부로서 천하를 소유한 자는 반드시 덕이 순・우와 같아야 하고, 또한 천자가 천거해 주어야 한다. 따라서 공자는 천하를 소유하지 못하였다. 대를 이어서 천하를 소유함에 하늘이 폐하는 것은 반드시 걸・주와 같은 자이다. 따라서 익과 이윤과 주공은 천하를 소유하지 못하였다."

| 의해 |

"다만 우와 익의 일만 하늘에서 비롯될 뿐만이 아니다. 저 필부로

서 천하를 소유한 자의 경우에도 그 덕이 반드시 순과 우와 같고, 또한 천자인 요와 순과 같은 이가 천거한 뒤에 천하를 소유할 수 있다. 그러므로 공자가 비록 덕으로 말하자면 순과 우와 같을 뿐만이 아닌데도, 요와 순의 천거가 없었으므로 마침내 천하를 소유하지 못하였다. 따라서 공자가 천하를 소유하지 못한 것 또한 하늘의 뜻이다. 만일 덕도 있고 천거함도 있는데도 천하를 소유하지 못하는 것은 어째서인가? 하늘의 뜻이 대를 잇는 데 있기 때문이다. 대를 이어서 천하를 소유하는 자는 하늘의 마음에 돌아보는 바가 된다. 그러나 덕이 성인과 같지 못하면 하늘이 폐하는 것이 아니라 반드시 크게 악함이 걸·주와 같은 자일 경우이다. 걸과 주와 같은 포악한 지경에 이르지 않으면, 하늘도 가볍게 폐하지 않는데 하물며 어진 자에 있어서랴? 따라서 익과 이윤과 주공이 비록 순과 우의 덕이 있고 또한 천자의 천거함이 있었지만, 대를 잇는 임금의 어짊을 만나서 끝내 천하를 소유하지 못하였다. 따라서 익과 이윤과 주공이 천하를 소유하지 못한 것은 모두 하늘의 뜻이다."

6-4. 伊尹(이윤)이 相湯(상탕)하여 以王於天下(이왕어천하)러니 湯(탕)이 崩(붕)커시늘 太丁(태정)은 未立(미립)하고 外丙(외병)은 二年(이년)이요 仲壬(중임)은 四年(사년)이러니 太甲(태갑)이 顚覆湯之典刑(전복탕지전형)이어늘 伊尹(이윤)이 放之於桐三年(방지어동삼년)한대 太甲(태갑)이 悔過(회과)하여 自怨自艾(자원자애)하여 於桐(어동)에 處仁遷義三年(처인천의삼년)하여 以聽伊尹之訓己也(이청이윤지훈기야)하여 復歸于亳(부귀우박)하시니라

| 언해 |

伊尹이 湯을 相ᄒᆞ야 ᄡᅧ 天下애 王ᄒᆞ얏더니 湯이 崩커시ᄂᆞᆯ 太丁ᄋᆞᆫ 立디 몯ᄒᆞ고 外丙ᄋᆞᆫ 二年이오 仲壬ᄋᆞᆫ 四年이러니 太甲이 湯의 典刑ᄋᆞᆯ 顚覆ᄒᆞ거ᄂᆞᆯ 伊尹이 桐에 放홈을 三年ᄋᆞᆯ ᄒᆞᆫ대 太甲이 過ᄅᆞᆯ 悔ᄒᆞ야 스스로 怨ᄒᆞ며 스스로 艾ᄒᆞ야 桐에셔 仁에 處ᄒᆞ며 義에 遷홈을 三年을 ᄒᆞ야 ᄡᅧ 伊尹의 己訓홈을 聽ᄒᆞ야 亳에 다시 歸ᄒᆞ시니라

| 직역 |

"이윤이 탕을 도와서 천하에 왕 노릇을 하게 하였는데, 탕임금이 돌아가시자 태정은 즉위하지 못하고, 외병은 두 살이고, 중임은 네 살이었다. 태갑이 탕의 전형(典刑)을 뒤엎자 이윤이 그를 동 땅으로 3년간 추방하였는데, 태갑이 잘못을 뉘우쳐서 스스로 원망하며 스스로 다스려서, 동 땅에서 3년간 인의를 실천함으로서 이윤이 자신을 훈계한 것을 따르고 다시 박으로 돌아왔다."

| 자해 |

顚覆 : 무너뜨리고 어지럽게 함. • 典刑 : 떳떳한 법. • 桐 : 탕임금의 무덤이 있는 곳. • 艾 : 다스림. • 亳 : 탕임금의 도읍지.

| 의해 |

조씨(趙氏)에 의하면, 태정(太丁)은 탕임금의 태자로 즉위하기 전에 죽었고, 그의 아우 외병(外丙)과 중임(仲壬)은 각각 2년과 4년 동안 재위하였으며, 태갑(太甲)은 태정의 아들이다. 정자(程子)에 의하면, 옛 사람은 '해 세(歲)' 자를 '해 년(年)' 자로 하니, 탕이 붕할 때에 외병은 두 살이고, 중임은 네 살이며, 오직 태갑이 조금 컸기 때문에 즉위하였다고 하는데, 두 설 가운데 누가 옳은지 자세하지 않다.

"이윤이 천하를 소유하지 못한 일로 말하자면, 이윤이 탕임금을

도와서 걸을 쳐서 천하에 왕 노릇을 하게 하였으니, 그 공업이 성대하여 마땅히 천하를 소유할 만하다. 그런데 탕이 돌아가신 뒤 장자 태정은 서지 못하고 죽고, 외병은 두 살이고, 중임은 네 살이었다. 모두 어려서 세우지 못하므로 태정의 아들 태갑을 세웠는데, 태갑이 탕의 법을 무너뜨리고 어지럽게 하였다. 이에 이윤이 '상을 치루는 동안 임금이 정치에 관여하지 않는 법제'를 들어 그를 동쪽으로 내쳐서 조부인 탕임금의 능소(陵所)를 돌아보고 반성하게 하였다. 태갑은 스스로 허물을 뉘우쳐서 원망하여 지난 일을 징계하고, 아침과 저녁으로 동궁(桐宮)에서 불인·불의한 일을 버리고, 인에 처하며 의에 옮겨서 삼년 동안을 이윤의 가르침을 들었다. 그러므로 이윤이 다시 천자의 곤룡포와 면류관으로써 동궁에 가서 맞아서 박(亳)으로 돌아와 받들어 천하에서 임금 노릇을 하게 하였다. 따라서 이윤이 천하를 소유하지 못한 것은 태갑의 어진 것이 탕임금의 업을 이을 만했기 때문이다. 이윤의 일을 알면 익의 일을 더욱 잘 이해할 수 있다."

주공지불유천하 유익지어하 이윤지어은야

6-5. 周公之不有天下는 猶益之於夏와 伊尹之於殷也니라

| 언해 |

周公의 天下롤 두디 몯ᄒᆞ심은 益의 夏에와 와 伊尹의 殷에 ᄀᆞᄐᆞ니라

| 직역 |

"주공이 천하를 소유하지 못한 것은 익의 하나라에서의 경우와 이윤의 은나라에서의 경우와 같다."

| 의해 |

"주공이 천하를 소유하지 못한 것은 성왕의 어짊을 만났기 때문이다. 익의 하나라에 계가 있었고, 이윤의 은나라에 태갑이 있었던 이유와 같다. 주공의 일을 알면 익의 일을 더욱 잘 이해할 수 있다. 이로써 보면 천하를 소유하고 소유하지 못하는 것은 모두 하늘의 뜻이다. 하나라와 은나라와 주나라가 모두 그러하니, 우임금에게 의심할 것이 없다고 할 수 있다."

공 자 왈 당 우 선 하 후 은 주 계 기 의 일 야

6-6. 孔子曰 唐虞는 禪하고 夏后殷周는 繼하니 其義一也라하시니라

| 언해 |

孔子ㅣ ᄀᆞᆯᄋᆞ샤ᄃᆡ 唐과 虞ᄂᆞᆫ 禪ᄒᆞ고 夏后와 殷과 周ᄂᆞᆫ 繼ᄒᆞ니 그 義ㅣ 一이라ᄒᆞ시니라

| 직역 |

"공자가 말하기를, '당나라와 우나라는 선양하고, 하후와 은나라와 주나라는 계승하였으니, 그 뜻이 하나이다'라 하였다."

| 자해 |

禪 : 준다는 뜻.

| 의해 |

"공자가 말하기를, '당나라와 우나라는 선양하였으니 천하를 어진이에게 전한 것이고, 하후와 은나라와 주나라는 계승하였으니 천

하를 아들에게 전한 것이다. 일은 비록 같지 않지만 사사로움이 없는 것은 같으니, 모두 하늘의 명을 받들었을 따름이다'라고 하였으니 이로써 본다면, 우가 자신의 아들에게 왕위를 전해 준 것은 요와 순이 서로 선위한 것과 다름이 없다. 어찌 아들에게 전하는 것을 의심하여 덕이 쇠퇴하였다고 말할 수 있는가?"

| 요지 |

이 장은 우와 익의 일을 주제로 삼아서, 우가 아들에게 전한 것이 하늘에서 비롯된 것으로서 덕이 쇠퇴했다고 의론할 수 없음을 보여준 것이다. 요와 순이 어진 이에게 전한 것과 공자·이윤·주공이 천하를 소유하지 못하였다고 하는 것은 모두 부차적인 문제이다. 하늘이 어진 이에게 준다는 네 구절이 이 장의 큰 뜻이고, 계의 어짊이 공경할 수 있다는 구절은 이 한 장의 골자이다. '옛날에'로부터 '우리 임금의 아들'이란 구절에 이르기까지는 다만 일을 펴면서 결단하지 못한 것이고, '단주가 불초하다'는 구절은 앞장을 이어서 하늘의 뜻이 됨을 설명한 것이다.

만 장 문 왈 인 유 언 이 윤 이 할 팽 요 탕
7-1. 萬章이 問曰 人이 有言호대 伊尹이 以割烹要湯이
유 저
라하니 有諸잇가

| 언해 |

萬章이 묻ᄌᆞ와 ᄀᆞᆯ오ᄃᆡ 人이 言을 두ᄃᆡ 伊尹이 割ᄒᆞ며 烹홈오로뻐 湯을 要타 ᄒᆞ니 인ᄂᆞ니 잇가

| 직역 |

만장이 물었다. "사람들이 말하기를, '이윤이 요리하는 것으로써 탕에게 등용되기를 요구하였다'고 하는데, 그러한 일이 있었습니까?"

| 자해 |

要 : 구함.

| 의해 |

만장이 물었다. "사람들이 말하기를, '이윤이 도를 행할 마음이 급하여 임금을 만나고자 하였는데 기회가 없자 주방장이 되어 요리하는 일을 의론하다가 왕도를 말하여 탕에게 요구한 것은 탕으로 하여금 알아서 쓰도록 한 것이다'라고 하는데, 과연 이러한 일이 있었습니까?"

맹 자 왈 부 불 연 이 윤 경 어 유 신 지 야 이
7-2. 孟子曰 否라 不然하니라 伊尹이 耕於有莘之野 而
락 요 순 지 도 언 비 기 의 야 비 기 도 야 녹 지 이
樂堯舜之道焉하여 非其義也며 非其道也어든 祿之以
천 하 불 고 야 계 마 천 사 불 시 야 비 기 의
天下라도 弗顧也하며 繫馬千駟라도 弗視也하고 非其義
야 비 기 도 야 일 개 불 이 여 인 일 개 불 이
也며 非其道也어든 一介를 不以與人하며 一介를 不以
취 저 인
取諸人하니라

| 언해 |

孟子ㅣ ᄀᆞᆯᄋᆞ샤ᄃᆡ 아니라 그러티 아니 ᄒᆞ니라 伊尹이 有莘ㅅ 野에 耕ᄒᆞ야 堯舜의 道ᄅᆞᆯ 樂ᄒᆞ야 그 義아니며 그 道ㅣ 아니어든 祿호ᄃᆡ

天下로써 ᄒᆞ야도 顧티 아니하며 馬千駟ᄉᆞ롤 繫ᄒᆞ야도 視티 아니ᄒᆞ고 그 義아니며 그 道ㅣ아니어든 一介를 써 人올 與티 아니 ᄒᆞ며 一介를 써 人의게 取티 아니 ᄒᆞ니라

| 직역 |

맹자가 말하였다. "아니다. 그렇지 않다. 이윤이 유신의 들에서 밭을 갈면서 요순의 도를 즐겨서 그 의가 아니고 그 도가 아니면 천하를 봉록으로 주더라도 돌아보지 않고, 사천 필의 말을 매어 놓더라도 쳐다보지 않았다. 그 의가 아니고 그 도가 아니면 지푸라기 하나도 남에게 주지 않으며, 지푸라기 하나도 남에게서 취하지 않았다."

| 자해 |

莘 : 나라 이름. •樂堯舜之道 : 그 시를 외우고 그 글을 읽고 기뻐하며, 사모하고 사랑하며 즐김. •駟 : 말 네 필. •介 : '지푸라기 개(芥)' 자와 같음.

| 의해 |

맹자가 말하였다. "사람들의 말이 이치에 맞지 않으니, 이윤이 한 것은 그렇지 않다. 일찍이 곤궁할 때의 마음을 기르던 바와 영달한 뒤의 일을 가지고 변명할 수 있다. 이윤이 벼슬하지 않았을 때에는 몸소 유신의 들에서 밭 갈고, 시를 외우며, 서를 읽어서 요순의 도를 즐기고, 가난함을 편안히 하여, 뜻 가지기를 바르게 하였다. 따라서 성한 덕과 큰 업이 모두 이에 근본한 것이니, 의에 마땅하지 않은 것은 즐기지 않았다. 어찌 작은 것이라고 깨끗이 여기지 않은 것이 있으며, 비록 크게 천하를 봉록으로 준다고 하더라도 돌아보지 않으며, 말 사천 필을 매어 놓을 지라도 돌아보지 않았다. 의가 아니고, 도가 아니면 어찌 큰 것이라고 구차히 여기지 않았겠는가? 비록 한낱 초개처럼 작은 것이라도 남에게 주어서 은혜를 해롭게 하지 않으며, 또한 남에게 취하여 청렴함

을 해롭게 하지 않았으니, 진실로 도를 즐김에 어느 경우에든 구차하지 않음이 이와 같았다."

　　탕　　사 인 이 폐 빙 지　　　　효 효 연 왈　아 하 이 탕 지
7-3. 湯이 使人以幣聘之하신대 囂囂然曰 我何以湯之
빙 폐 위 재　　　아 기 약 처 견 모 지 중　　　유 시 이 락 요 순
聘幣爲哉리오 我豈若處畎畝之中하야 由是以樂堯舜
지 도 재
之道哉리오

| 언해 |

湯이 人을 使ᄒᆞ야 幣로ᄡᅥ 聘ᄒᆞ신대 囂囂然ᄒᆞ야 ᄀᆞᆯ오ᄃᆡ 내 엇디 湯의 聘幣로ᄡᅥ ᄒᆞ리오 내 엇디 畎畝ㅅ 가온대 處ᄒᆞ야 일로 말ᄆᆡ암아 ᄡᅥ 堯舜의 道ᄅᆞᆯ 樂 ᄒᆞ욤 ᄀᆞᆮᄐᆞ리오

| 직역 |

"탕이 사람을 시켜 폐백으로 부르니, 이윤이 덤덤하게 '내가 탕이 부르는 폐백을 무엇에 쓰겠는가? 어찌 내가 밭고랑 가운데 살면서 요순의 도를 즐기는 것만 같겠는가?'라고 하였다."

| 자해 |

聘 : 부름. • 囂囂 : 욕심이 없고 스스로 얻은 모양.

| 의해 |

"이윤이 도를 즐겨한다는 소문을 탕이 듣고 사람을 보내 폐백으로써 불렀는데, 이윤은 요순의 도가 있는 줄만 알고 탕이 있음은 알지 못하였다. 그래서 말하기를, '벼슬에 나아가고 물러남에 자신을 돌아보는 것이니, 내가 어찌 탕이 부르는 폐백으로써 하겠는

가? 어찌 홀로 밭두둑 가운데에 있으면서 요순의 도를 즐기며 스스로 얻는 것만 하겠는가?'라고 하였다. 이것은 밭두둑 가운데에서 몸을 마치고자 하는 것이 아니라, 감히 가볍게 나가서 요순의 도를 더럽힐까 염려한 것이다."

탕 삼사왕빙지 기이 번연개왈 여아처
7-4. 湯이 三使往聘之하신대 旣而오 幡然改曰 與我處
견모지중 유시이락요순지도 오기약사시군
畎畝之中하여 由是以樂堯舜之道로는 吾豈若使是君
위요순지군재 오기약사시민 위요순지민
으로 爲堯舜之君哉며 吾豈若使是民으로 爲堯舜之民
재 오기약어오신 친견지재
哉며 吾豈若於吾身에 親見之哉리오

| 언해 |

湯이 세 번 使ᄒᆞ야 가 聘ᄒᆞ신대 이윽고 幡然히 改ᄒᆞ야 ᄀᆞᆯ오ᄃᆡ 내 畎畝ㅅ 가온대 處ᄒᆞ야 일로 말ᄆᆡ암아 ᄡᅧ 堯舜ᄋᆡ 道ᄅᆞᆯ 樂ᄒᆞ욤오론 내 엇디 이 君으로 ᄒᆞ여곰 堯舜ㅅ 君이 되게 홈 ᄀᆞᆮᄐᆞ며 내 엇디 이 民으로 ᄒᆞ여곰 堯舜ㅅ 民이 되게 홈 ᄀᆞᆮᄐᆞ며 내 엇디 내 身에 親히 見홈 ᄀᆞᆮᄐᆞ리오

| 직역 |

"탕이 세 번 사람을 보내 부르니, 이윤이 이윽고 마음을 바꾸어 '내가 밭고랑 사이에 살면서 요순의 도를 즐겼지만, 이것이 어찌 내가 이 임금으로 하여금 요순과 같은 임금이 되게 하는 것만 같겠고, 어찌 내가 이 백성으로 하여금 요순의 백성이 되게 하는 것과 같겠으며, 어찌 내가 이것을 직접 보는 것만 같겠는가?'라고 하였다."

| 자해 |

幡然 : 변하여 움직이는 모양. • 於吾身親見之 : 내 몸에 친히 요순의 도가 행하는 것을 본다는 뜻.

| 의해 |

"탕이 이윤을 폐백으로써 세 번 부른 것은 반드시 그 도를 행하려고 한 것이다. 이윤이 자신의 도를 행할 만한 것을 보고, 이윽고 이전의 말을 바꾸어 말하기를, '우리가 나아가고 나아가지 않는 것이 세상에 관계가 되니, 평생을 밭 가운데에서 요순의 도만 즐기면, 다만 홀로 내 몸만 착하게 하려는 마음이다. 내가 어찌 도로써 임금으로 하여금 요순과 같은 임금이 되게 하는 것만 같겠으며, 어찌 도로써 백성으로 하여금 요순의 백성이 되게 하는 것만 같겠으며, 어찌 요순의 도를 내 자신이 직접 보는 것만 같겠는가? 탕이 나를 부르는 폐백을 끝내 사양할 수 없다'고 하였다."

천지생차민야 사선지 각후지 사선각
7-5. 天之生此民也는 使先知로 覺後知하며 使先覺으로
각후각야 여 천민지선각자야 여장이사도
覺後覺也시니 予는 天民之先覺者也로니 予將以斯道
각사민야 비여각지 이수야
로 覺斯民也니 非予覺之요 而誰也리오

| 언해 |

天이 이 民을 生ᄒᆞ심은 몬져 知ᄒᆞᆫ이로 ᄒᆞ여곰 後에 知ᄒᆞ리ᄅᆞᆯ 覺게 ᄒᆞ며 몬져 覺ᄒᆞᆫ이로 ᄒᆞ여곰 後에 覺ᄒᆞ리ᄅᆞᆯ 覺게 ᄒᆞ시니 나ᄂᆞᆫ 天民의 몬져 覺ᄒᆞᆫ 者ㅣ로니 내 쟝ᄎᆞᆺ 이 道로ᄡᅥ 이 民을 覺게 호리니 내 覺게 아니코 뉘리오

| 직역 |

"하늘이 이 백성을 내린 것은 먼저 아는 이로 하여금 뒤에 알 이를 깨우치며, 먼저 깨달은 이로 하여금 뒤에 깨달은 이를 깨우치기 위한 것이다. 나는 하늘이 낸 백성 가운데 먼저 깨달은 자이니, 내가 장차 이 도로써 이 백성을 깨우칠 것이다. 내가 깨우치지 않으면 누가 하겠는가?"

| 자해 |

知 : 일의 마땅함을 앎. • 覺 : 이치로써 그러한 바를 깨달음.

| 의해 |

"내가 부르는 데 나아가고자 하는 것은 임금을 헤아리고 백성을 헤아림이 실상 하늘을 헤아리는 것이기 때문이다. 하늘이 이 백성을 낳음에 아는 것과 깨닫는 것은 같지만, 그것을 먼저 하고 뒤에 하는 것을 같게 하기는 어렵다. 하늘이 먼저 안 자로 하여금 뒤에 아는 자를 열어주고, 먼저 깨달은 자로 하여금 뒤에 깨닫는 자를 열어주게 한 것은 모두 알고 깨닫는 데로 돌아가게 한 것이다. 어찌 하늘의 뜻을 저버리고, 백성을 깨닫게 하는 책임으로써 하늘을 받들지 않겠는가? 내가 장차 요순의 도에 있는 바로써 나아가서 임금을 도와 다스림을 이루며, 백성의 깨닫지 못한 것을 깨닫게 할 것이다. 만일 내가 깨닫게 하지 않으면, 희미한 자들이 더욱 깊어지고, 깨우친 자 또한 누구를 의지하겠는가? 누가 나를 위하여 그 책망을 받들겠는가? 내가 이제 나아가지 않을 수 없는 이유는 바로 이것이다."

사 천 하 지 민 필 부 필 부 유 불 피 요 순 지 택 자
7-6. 思天下之民이 匹夫匹婦有不被堯舜之澤者어든
약 기 퇴 이 납 지 구 중 기 자 임 이 천 하 지 중 여 차
若己推而內之溝中하니 其自任以天下之重이 如此라
고 취 탕 이 세 지 이 벌 하 구 민
故로 就湯而說之하여 以伐夏救民하니라

| 언해 |

思호ᄃᆡ 天下엣 民이 匹夫ㅣ며 匹婦ㅣ 堯舜의 澤을 被티 몯ᄒᆞᆫ 者ㅣ잇거든 己ㅣ推ᄒᆞ야 溝中에 內홈 ᄀᆞᆮ티ᄒᆞ니 그 스스로 天下ㅅ 重으로ᄡᅥ 任홈이 이러ᄐᆞᆺ ᄒᆞᆫ디라 故로 湯ᄭᅴ 就ᄒᆞ야 說ᄒᆞ야 ᄡᅥ 夏ᄅᆞᆯ 伐ᄒᆞ야 民을 救ᄒᆞ니라

| 직역 |

"이윤이 생각하기를, 천하의 일반 백성 가운데 요순의 은택을 입지 못한 자가 있으면, 마치 자신이 밀어서 개천 가운데에 들어가게 한 것처럼 하여, 그 스스로 천하의 중임을 자임함이 이와 같았다. 따라서 탕에게 나아가 설득함으로써 하나라를 쳐 백성을 구원하였다."

| 자해 |

內 : '들일 납(納)' 자와 같음. 음은 '납'.

| 의해 |

이윤의 말로써 그 마음을 추측한 것이다. "이윤이 생각하기를, '온 천하의 백성이 모두 내 백성이다. 내가 반드시 요순의 도로써 천하를 다스려 백성이 제대로 살 수 있게 하고, 성품을 회복하여 각각 제 자리를 얻게 한 뒤에야, 내 몸의 직분을 다할 것이다. 다만 보통 사람일지라도 요순의 은택을 입지 못하는 자가 있으면, 내

가 도로써 건지지 못했기 때문이니, 실상 내가 개천 가운데에 밀어 넣은 것이다'라고 하였으니, 자신의 한 몸으로써 천하의 무거움을 스스로 감당한 것이 이와 같았다. 오직 무거운 책임을 맡기면 스스로 사양하지 못한 것이다. 당시 하나라 걸이 도가 없어서 백성이 요순의 덕택을 입지 못하는 자가 많았다. 그러므로 이윤이 탕에게 나아가 달래서 도가 없는 하나라를 쳐서 죄 없는 백성을 구원하여 천하의 필부 필부로 하여금 모두 덕택을 입게 하였다. 이것이 바로 그 백성을 깨닫게 하는 뜻을 행하여, 임금으로 하여금 요순과 같은 임금이 되게 하고, 백성으로 하여금 요순의 백성이 되게 한 것이다."

오 미 문 왕 기 이 정 인 자 야 　 황 욕 기 이 정 천 하 자
7-7. 吾未聞枉己而正人者也로니 況辱己以正天下者
호 　 성 인 지 행 　 부 동 야 　 혹 원 혹 근 　 혹 거 혹 불 거
乎아 聖人之行이 不同也라 或遠或近하며 或去或不去
귀 　 결 기 신 이 이 의
나 歸는 潔其身而已矣니라

| 언해 |

내 己ᄅᆞᆯ 枉ᄒᆞ야 人ᄋᆞᆯ 正ᄒᆞᄂᆞᆫ 者ᄅᆞᆯ 듣디 몯ᄒᆞ얀노니 ᄒᆞ물며 己ᄅᆞᆯ 辱ᄒᆞ야ᄡᅧ 天下ᄅᆞᆯ 正ᄒᆞᄂᆞᆫ 者아 聖人의 行이 同티 아니 ᄒᆞᆫ디라 或遠ᄒᆞ며 或近ᄒᆞ며 或去ᄒᆞ며 或去티 아니ᄒᆞ나 歸ᄂᆞᆫ 그 身을 潔ᄒᆞᆯ ᄯᆞᄅᆞᆷ이니라

| 직역 |

"나는 자기 몸을 굽혀서 다른 사람을 바로잡았다는 자를 들어보지 못하였다. 하물며 자기 몸을 욕되게 하여서 천하를 바르게 하는 자에게 있어서랴. 성인의 행동이 일정하지 않아서, 혹 멀고, 혹

가까우며. 혹 가고, 혹 가지 않으나 귀결점은 그 자신을 깨끗이 할 따름이다."

| 자해 |

遠 : 숨고 도망함. • 近 : 벼슬하여 임금에게 가까움.

| 의해 |

"하나라를 쳐서 백성을 구원한 것은 이윤이 천하를 바르게 한 것이니, 요리 일로 탕임금에게 쓰이기를 구하였다면 자신을 심히 욕되게 한 것이다. 내 몸에 있는 것을 굽히고 남을 바르게 할 수 있다는 말을 듣지 못하였다. 하물며 낮고, 더럽고, 구차하고, 천하여 몸을 욕되게 하는 일은 실로 몸을 굽히는 것보다 심하다. 이렇게 하고서 천하를 바르게 할 수 있겠는가? 결코 이러한 이치가 없다. 이윤이 천하를 바르게 할 수 있었던 것을 보면, 그 몸을 욕되게 하지 않았음을 믿을 수 있다. 예로부터 성인이 행한 일은 똑같지 않다. 벼슬하지 않을 때에는 멀리 도망하여 숨기도 하고, 벼슬하여 임금에게 가깝기도 하며, 벼슬한 뒤에 뜻이 합하지 못하여 버리고 가기도 하고, 뜻이 합하여 떠나지 않기도 하였다. 멀리하고 떠나는 자는 진실로 몸을 깨끗하게 하는 것이지만, 가깝게 하고 떠나지 않는 자도 또한 도의 나아갈 만함이 있기 때문이지 한갓 이익 되는 것을 좇아서 몸을 더럽히는 것이 아니다. 몸이 깨끗하지 않고서 어찌 성인이 되며, 홀로 탕에게 요구하는 일로 자신을 더럽혔겠는가?"

오 문기이요순지도 요탕 미문이할팽야
7-8. 吾는 聞其以堯舜之道로 要湯이요 未聞以割烹也
이훈 왈 천주조공 자목궁 짐재자박
케라 伊訓에 曰 天誅造攻을 自牧宮은 朕載自亳이라하

니라

| 언해 |

나는 그 堯舜의 道로써 湯을 要타 홈을 듣고 割烹으로써 홈을 듣디 몯게라 伊訓에 골오디 天誅ㅣ 비로소 攻홈을 牧宮으로브터 홈은 朕이 亳으로브터 載호다 호니라

| 직역 |

"나는 이윤이 요순의 도로써 탕에게 요구했다는 말은 들었어도, 요리하는 것으로써 했다는 말은 듣지 못하였다. 「이훈」에 말하기를, '하늘의 토벌을 목궁으로부터 한 것은 내가 박으로부터 시작하였다'고 하였다."

| 자해 |

伊訓 : 『서경』의 편 이름. • 牧宮 : 걸(桀)의 궁실, 『서경』에서는 '명조(鳴條)'로 되어 있음. • 造 · 載 : 비로소.

| 의해 |

"사람들의 말처럼 이윤이 탕에게 요구하였다고 하는 것은 내가 들었다. 이윤이 신 땅에서 밭갈 때에 오직 요순의 도를 즐거워하였기 때문에 폐백으로써 불렀다고 하니, 이것은 도가 이윤에게 있으므로 탕이 구하지 않을 수 없었던 것이다. 그러므로 요순의 도로써 탕에게 요구한 것이라고 하는 것이고, 요리 일로써 요구했다는 말은 듣지 못하였다. 이윤이 요리 일로써 탕에게 요구한 일이 있었다면, 반드시 하나라를 쳐서 백성을 구원한 공을 이루지 못하였을 것이다. 그러나 하나라를 쳐서 백성을 구원한 일은 진실로 증거가 있다. 『서경』 「이훈」을 보면, '탕이 하늘의 주벌을 받들어 목궁(牧宮)에서 걸을 친 것은, 내가 탕을 도와서 그 일을

박도(亳都)로부터 말미암았다'고 하였다. 이윤의 말을 보면, 이치와 의리에 밝아서 스스로 맡은 무거움이 이와 같으니, 일찍이 소문대로 몸을 욕되게 하여 임금에게 요구하는 자라면 어찌 이처럼 할 수 있겠는가? 어찌 감히 요리 일로써 요구하였다는 말로써 성인을 모함할 수 있겠는가?"

| 요지 |

이 장은 이윤이 요리 일로써 탕에게 요구한 일이 없었음을 반복하여 변명한 것이다. 사람들의 말은 이윤이 도를 어겨서 나아감을 구하였다는 뜻이니, 맹자는 이윤의 출처가 시종 정당한 데서 나온 것을 말함으로써 이윤이 절대 도를 굽혀서 남에게 요구하지 않았음을 밝힌 것이다.

만 장 문 왈 혹 위 공 자 어 위 주 옹 저 어
8-1. 萬章이 問曰 或이 謂孔子於衛에 主癰疽하시고 於
제 주 시 인 척 환 유 저 호 맹 자 왈 부 불
齊에 主侍人瘠環이라하니 有諸乎잇가 孟子曰 否라 不
연 야 호 사 자 위 지 야
然也라 好事者爲之也니라

| 언해 |

萬章이 묻ᄌᆞ와 ᄀᆞᆯ오ᄃᆡ 或이 닐오ᄃᆡ 孔子ㅣ衛예 癰疽ᄅᆞᆯ 主ᄒᆞ시고 齊예 侍人이언 瘠環ᄋᆞᆯ 主ᄒᆞ시다 ᄒᆞ니 인ᄂᆞ니 잇가 孟子ㅣ ᄀᆞᆯᄋᆞ샤ᄃᆡ 아니라 그러티 아니ᄒᆞ니라 事ᄅᆞᆯ 好ᄒᆞᄂᆞᆫ 者ㅣ ᄒᆞ니라

| 직역 |

만장이 물었다. "어떤 사람이 말하기를, '공자가 위나라에서는 옹저를 주인으로 삼았고, 제나라에서는 내시 척환을 주인으로 삼았

다'고 하니, 그러한 일이 있었습니까?" 맹자가 말하였다. "아니다. 그렇지 않다. 일 꾸미기를 좋아하는 자가 만든 것이다."

| 자해 |

主 : 그 집에 머물면서 주인으로 삼는 것. • 癰疽 : 종기를 치료하는 의원. • 侍人 : 내관(內官)으로, 성은 척(瘠), 이름은 환(環). • 好事 : 말을 지어내기를 좋아하는 사람.

| 의해 |

만장이 물었다. "어떤 사람이 말하기를, '공자는 위나라에서 임금이 가까이 하고 친애하는 사람인 종기를 고치는 의원의 집에 머물렀고, 제나라에서는 임금이 가까이 하고 친애하는 사람인 환관 척환에게 머물렀다고 하는데, 과연 이러한 일이 있었습니까?" 맹자가 말하였다. "이 말은 이치에 맞지 않는다. 공자가 한 일은 그렇지 않다. 말을 지어 일을 내기를 좋아하는 자들이 성인의 일을 모함하여 제 몸의 사사로움을 편하게 하고자 하여 짐짓 이런 말을 한 것이다."

어위 주안수유 미자지처여자로지처 형
8-2. 於衛에 主顔讐由러시니 彌子之妻與子路之妻로 兄
제야 미자위자로왈 공자주아 위경 가득야
弟也라 彌子謂子路曰 孔子主我하시면 衛卿을 可得也
자로이고 공자왈 유명 공자진
라하여늘 子路以告한대 孔子曰 有命이라하시니 孔子進
이례 퇴이의 득지부득 왈 유명 이
以禮하시며 退以義하사 得之不得에 曰 有命이라시니 而
주옹저여시인척환 시 무의무명야
主癰疽與侍人瘠環이시면 是는 無義無命也니라

| 언해 |

衛예 顔讐由를 主ᄒᆞ엿더시니 彌子의 妻ㅣ 子路의 妻로 더브러 兄弟也ㅣ라 彌子ㅣ子路ᄃᆞ려닐어 ᄀᆞᆯ오ᄃᆡ 孔子ㅣ나를 主ᄒᆞ시면 衛卿을 可히 得ᄒᆞ리라 ᄒᆞ야ᄂᆞᆯ 子路ㅣ써 告ᄒᆞᆫ대 孔子ㅣᄀᆞᆯᄋᆞ샤ᄃᆡ 命이 인ᄂᆞ니라 ᄒᆞ시니 孔子ㅣ進ᄒᆞ샤ᄃᆡ 禮로ᄡᅥᄒᆞ시며 退ᄒᆞ샤ᄃᆡ 義로ᄡᅥ ᄒᆞ샤 得ᄒᆞ며 得디 몯홈애 ᄀᆞᆯᄋᆞ샤ᄃᆡ 命이 인ᄂᆞ니라 ᄒᆞ시니 癰疽와 다ᄆᆞᆺ 侍人 瘠環을 主ᄒᆞ시면 이ᄂᆞᆫ 義ㅣ 업ᄉᆞ며 命이 업ᄉᆞᆷ이니라

| 직역 |

"위나라에서는 안수유를 주인으로 삼았는데, 미자의 아내는 자로의 아내와 자매였다. 미자가 자로에게 말하기를 '공자가 저를 주인으로 삼으시면 위나라의 경(卿) 벼슬을 얻을 수 있습니다'라고 하자, 자로가 이 말을 아뢰었다. 공자가 말하기를, '천명에 달려 있다'고 하였다. 공자가 나아감을 예로써 하고, 물러감을 의로써 하여 얻고 못 얻는 것에 대해 말하기를 '천명에 달려 있다'고 하였으니, 옹저와 내시 척환을 주인으로 삼았다면, 이것은 의도 없고, 명이 없는 것이다."

| 자해 |

顔讐由 : 위나라의 어진 대부. 『사기』에는 안탁추(顔濁鄒)로 되어 있음. • 彌子 : 위나라 영공(靈公)의 총신(寵臣) 미자하(彌子瑕).

| 의해 |

"공자가 위나라에서 어진 대부 안수유의 집에서 머물렀다. 그 때 위나라 임금이 가까이 하고 친애하는 자인 미자하와 같은 이는 없었고, 또한 미자하의 아내는 자로의 아내와 형제였다. 미자가 자로에게 말하기를, '공자가 안수유를 버리고 저의 집에 머물면, 제가 위나라 임금에게 말씀드려서 위나라의 경 벼슬을 얻을 수 있을 것입니다'라고 하였다. 이에 자로가 공자께 고하였는데, 공

자가 말하기를, '경의 벼슬은 명에 달려 있으니, 저 사람이 할 수 있는 바가 아니다. 어찌 반드시 그 사람 집에 머물겠는가?'라고 하였다. 공자는 평소 나아가 세상에 쓰임에 반드시 자연스럽고 공손하며 예로써 하여, 나아감을 쉽게 하지 않고 물러남을 어렵게 하지 않았다. 예와 의는 자신에게 있는 것을 다하고, 벼슬을 얻고 얻지 못하는 것은 도가 장차 행하거나 폐해짐에 달려 있다고 하여, 말하기를 '명이 있다'고 하였으니, 공자의 공자 된 것이 이와 같다. 따라서 위나라에서 주인으로 삼을 만한 사람을 얻어 머물렀을 뿐만 아니라, 제나라에서도 주인으로 삼을 만한 사람을 얻어 머물렀음을 알 수 있다. 옹저와 환관 척환의 집에 머물렀다면, 마땅히 물러갈 만한데도 물러가지 않은 것으로 의가 없으며, 명의 얻지 못할 것을 얻으려고 생각한 것으로 명이 없는 것이다. 또한 평일의 언행과 어긋나는 것이다."

공 자 불 열 어 노 위 조 송 환 사 마 장 요 이 살 지
8-3. 孔子不悅於魯衛하사 遭宋桓司馬將要而殺之하여
미 복 이 과 송 시 시 공 자 당 액 주 사 성 정 자
微服而過宋하시니 是時에 孔子當阨하사대 主司城貞子
위 진 후 주 신
爲陳侯周臣하시니라

| 언해 |

孔子不ㅣ 魯와 衛예 悅티 아니ᄒᆞ샤 宋桓司馬ㅣ 장ᄎᆞᆺ 要ᄒᆞ야 殺호려홈을 遭ᄒᆞ야 微服ᄒᆞ고 宋애 過ᄒᆞ시니 이 時예 孔子ㅣ 阨애 當ᄒᆞ샤ᄃᆡ 司城이언 貞子ㅣ 陳侯周의 臣되얀ᄂᆞᆫᄃᆡ 主ᄒᆞ시니라

| 직역 |

"공자가 노나라와 위나라에 머무는 것이 유쾌하지 않았는데, 송

나라 환사마가 장차 맞이하여 살해하려고 함에 미복하고 송나라를 지나갔다. 이 때 공자가 액을 당하였지만, 진나라 임금 주의 신하가 된 사성정자를 주인으로 삼았다."

| 자해 |

不悅 : 그 나라에 거하는 것을 즐거워하지 않음. • 桓司馬 : 송나라 대부 상퇴(向魋). • 司城貞子 : 송나라의 어진 자. • 周 : 진후(陳侯)의 이름.

| 의해 |

"또한 공자는 다만 일이 없을 때에만 구차히 주인으로 삼지 않았을 뿐이 아니었다. 공자는 자신의 도가 커서 용납되지 못하여 노나라에서 뜻을 얻지 못하고, 노나라에 머물기를 즐거워하지 않아서 위나라로 갔는데 거기에서도 뜻을 얻지 못하였다. 이에 다시 송나라로 가던 중에 환사마가 장차 길에서 기다리다가 죽이려고 하자, 공자는 도를 위하고 몸을 사랑하는 마음으로 도복을 벗고 미복으로 송나라를 지나서 진나라에 이르렀다. 당시 공자는 이와 같은 액을 당하여 사람을 가려 주인으로 삼을 만할 겨를이 없을 듯하였다. 그러나 공자는 오히려 예전에 송나라에서 사성 벼슬을 하던 정자로 당시 진나라 임금 주의 신하된 자의 집을 찾아 주인으로 삼았으니, 환난 중에도 구차하게 하지 않은 것이 이와 같다. 하물며 평일에 있어서랴?"

오문관근신 이기소위주 관원신 이기
8-4. 吾聞觀近臣하대 以其所爲主요 觀遠臣하대 以其
소주 약공자주옹저여시인척환 하이위공
所主라호니 若孔子主癰疽與侍人瘠環이시면 何以爲孔
자
子리오

| 언해 |

나ᄂᆞᆫ 드러니 近臣을 觀ᄒᆞᄃᆡ 그 主ㅣ 되ᄂᆞᆫ 바로ᄡᅧ ᄒᆞ고 遠臣을 觀ᄒᆞᄃᆡ 그 主ᄒᆞᄂᆞᆫ 바로ᄡᅧ ᄒᆞᆫ다ᄒᆞ니 만일 孔子ㅣ 癰疽와 다ᄆᆞᆺ 侍人 瘠環을 主ᄒᆞ시면 엇디 ᄡᅧ 孔子ㅣ라 ᄒᆞ리오

| 직역 |

"내가 들으니, '가까이 있는 신하를 볼 때는 누구의 주인이 되는가를 보고, 멀리 있는 신하를 볼 때는 누구를 주인으로 삼는가를 본다'고 하니, 만일 공자가 옹저와 내시 척환을 주인으로 삼았다면 어떻게 공자라고 할 수 있겠는가?"

| 자해 |

近臣 : 조정에 있는 신하. • 遠臣 : 먼 지방에서 와서 벼슬하는 신하.

| 의해 |

"중요한 것으로 말하면, 사람이 간사하고 바름이 일정하지 않아서 각각 같은 종류를 좇으니, 어찌 사람 보는 법으로 증거하지 않겠는가? 내가 들으니, 가까이 있는 신하의 어질고 어질지 않음을 볼 때에는 어떠한 사람의 주인이 되는가를 보는 것이니, 먼 곳에서 온 사람이 군자인가 소인인가를 보아서 가까운 신하를 알 수 있다. 또한 멀리 있는 신하의 어질고 어질지 않음을 볼 때에는 멀리 있는 신하가 어떠한 사람을 주인으로 삼는가를 보아서 그 주인이 군자인가 소인인가를 보아서 멀리 있는 신하를 알 수 있다고 한다. 저 옹저와 척환은 제나라와 위나라의 임금의 측근이고, 공자는 제나라와 위나라의 멀리 있는 신하이다. 공자는 큰 성인이고, 옹저와 척환은 소인 중에서도 심한 자인데, 만일 그들을 주인으로 삼았다면 어찌 공자답다고 할 수 있겠는가? 따라서 공자가 결코 그들을 주인으로 삼지 않았음을 알 수 있으니, 일 꾸미기를 좋아하는 자가 어찌 모함할 수 있겠는가?"

| 요지 |

이 장은 성인이 주인으로 삼을 때 구차함이 없는 것은 '의(義)'와 '명(命)'의 두 글자를 중시하기 때문임을 밝힌 것이다. 구차하게 주인을 삼아서 벼슬에 나아가고자 하는 것은 의와 명에 편안하지 못한 것이다. 따라서 의를 지키고, 명을 편안하게 여기는 자는 결코 주인을 삼는데 구차하게 하지 않는다. 첫 대문은 성인이 구차하게 주인으로 삼는다는 의심을 해명한 것이고, 둘째 대문은 평상시의 일을 들어서 구차하게 주인으로 삼지 않고, 예로 나아가고 의로 물러감을 중시함을 밝힌 것이며, 셋째와 넷째 대문은 한 걸음 나아가서, 환란에 처했을 때에도 오히려 구차하게 주인으로 삼지 않았음을 보인 것이고, 끝 대문은 사람 보는 방법을 들어서 성인이 결코 구차하게 주인으로 삼을 이치가 없음을 보인 것이다.

만장 문왈 혹왈 백리해자륙어진양생자 오
9-1. 萬章이 問曰 或曰 百里奚自鬻於秦養牲者하여 五
양지피 식우 이요진목공 신호 맹자
羊之皮로 食牛하여 以要秦穆公이라하니 信乎잇가 孟子
왈 부 불연 호사자위지야
曰 否라 不然하니라 好事者爲之也니라

| 언해 |

萬章이 묻ᄌᆞ와 ᄀᆞᆯ오ᄃᆡ 或이 ᄀᆞᆯ오ᄃᆡ 百里奚ㅣ 於秦ㅅ 養牲ᄒᆞᄂᆞᆫ 者의게 ᄉᆞᄉᆞ로 鬻ᄒᆞ야 五羊의 皮로 牛ᄅᆞᆯ 食ᄒᆞ야 ᄡᅥ 秦穆公을 要타 ᄒᆞ니 信ᄒᆞ니잇가 孟子ㅣ ᄀᆞᆯᄋᆞ샤ᄃᆡ 아니라 그러티 아니ᄒᆞ니라 事ᄅᆞᆯ 好하ᄂᆞᆫ 者ㅣ ᄒᆞ니라

| 직역 |

만장이 물었다. "어떤 사람이 말하기를 '백리해가 진나라의 짐승

을 기르는 자에게 스스로를 팔아서 다섯 마리의 양의 가죽을 받기로 하고 소를 먹여서 진 목공에게 벼슬을 요구하였다고 하니, 믿을 만합니까?" 맹자가 말하였다. "아니다. 그렇지 않다. 일을 만들기를 좋아하는 자가 한 말이다."

| 자해 |

百里奚 : 우(虞) 나라의 어진 신하.

| 의해 |

만장이 물었다. "백리해가 임금을 섬기고자 하였는데 방법이 없자, 진나라의 짐승을 기르는 집에 스스로 팔려서 다섯 마리의 양의 가죽을 받고 소를 먹이고, 이 일을 빌어서 목공에게 벼슬을 요구하여 등용되었다고 하는데, 참으로 그러한 일이 있었습니까?" 맹자가 말하였다. "이 말은 이치에 맞지 않는다. 백리해의 일과 결코 같지 않다. 일을 좋아하는 자가 지어낸 말이다."

백리해 우인야 진인 이수극지벽 여굴산
9-2. 百里奚는 虞人也니 晉人이 以垂棘之璧과 與屈產
지승 가도어우 이벌괵 궁지기 간
之乘으로 假道於虞하여 以伐虢이어늘 宮之奇는 諫하고
백리해 불간
百里奚는 不諫하니라

| 언해 |

百里奚ᄂᆞᆫ 虞人사ᄅᆞᆷ이니 晉人이 垂棘앳 璧과 다ᄆᆞᆺ 屈애 產ᄒᆞᆫ 乘으로ᄡᅥ 虞애 道ᄅᆞᆯ 假ᄒᆞ야 ᄡᅥ 虢을 伐호려 ᄒᆞ거ᄂᆞᆯ 宮之奇ᄂᆞᆫ 諫ᄒᆞ고 百里奚ᄂᆞᆫ 諫티 아니ᄒᆞ니라

| 직역 |

"백리해는 우나라 사람이다. 진나라 사람이 수극의 구슬과 굴 땅에서 나는 말로써 우나라에 길을 빌려서 괵나라를 치려고 하였는데, 궁지기는 간하고, 백리해는 간하지 않았다."

| 자해 |

虞·虢 : 나라 이름. • 垂棘之璧 : 수극 땅에서 나는 구슬. • 屈産之乘 : 굴 땅에서 나는 좋은 말. • 乘 : 네 필의 말. • 宮之奇 : 우(虞) 나라의 어진 신하.

| 의해 |

"백리해가 소를 먹이고, 임금에게 벼슬을 요구하였다는 모함을 알고자 한다면 어찌하여 그가 나아감에 큰 절개가 있었음을 보지 않을 수 있겠는가? 일찍이 들으니, 백리해는 본래 우나라 사람으로서 벼슬하였다. 당시 진나라가 우나라와 괵나라를 병합하고자 하여, 수극 땅의 보배로운 구슬과 굴 땅의 좋은 말을 우나라에 보내, 길을 빌려서 괵나라를 치려고 하였다. 이에 우나라의 신하 궁지기가 길을 빌려줄 수 없다고 우공에게 간하였는데, 우공이 듣지 않았다. 백리해는 이 때문에 간하지 않았다."

9-3. 知虞公之不可諫而去之秦하니 年已七十矣라 曾不知以食牛로 干秦穆公之爲汚也면 可謂智乎아 不可諫而不諫하니 可謂不智乎아 知虞公之將亡而先去之하니 不可謂不智也니라 時擧於秦하여 知穆公之可與有行也而相之하니 可謂不智乎아 相秦而顯其君於天

하 가전어후세 불현이능지호 자륙이성기
下하여 可傳於後世하니 不賢而能之乎아 自鬻以成其
군 향당자호자 불위 이위현자위지호
君을 鄕黨自好者도 不爲온 而謂賢者爲之乎아

| 언해 |

虞公의 可히 諫티 몯ᄒᆞᆯ줄을 아라 去ᄒᆞ고 秦에 가니 年이 이믜 七十이라 일즉 牛食ᄒᆞᆷ으로ᄡᅥ 秦穆公을 干ᄒᆞᆷ이 汚ᄒᆞᆫ줄을 아디 몯ᄒᆞ면 可히 智라 니ᄅᆞ랴 可히 諫티 몯 ᄒᆞᆯ꺼시라 諫ᄐᆡ 아니ᄒᆞ니 可히 智티 아니타니ᄅᆞ랴 虞公의 장ᄎᆞᆺ 亡ᄒᆞᆯ줄을 아라 몬져 去ᄒᆞ니 可히 智티 아니ᄐᆞ니ᄅᆞ디 몯 ᄒᆞᆯ이니라 時에 秦에 擧ᄒᆞ야 穆公의 可히 더블어 行ᄒᆞᆷ이 이실줄을 아라 相ᄒᆞ니 可히 智티 아니타니ᄅᆞ랴 秦을 相ᄒᆞ여 그 君을 天下애 顯ᄒᆞ야 可히 後世예 傳케 ᄒᆞ니 賢티 아니ᄒᆞ고 能히 ᄒᆞ랴 ᄉᆞᄉᆞ로 鬻ᄒᆞ야 ᄡᅥ 그 君을 成ᄒᆞ욤을 鄕黨애 ᄉᆞᄉᆞ로 好ᄒᆞᄂᆞᆫ 者도 ᄒᆞ디 아니ᄒᆞ곤 不 賢者ㅣ ᄒᆞ다니ᄅᆞ라

| 직역 |

"우공에게 간하지 못할 줄을 알고 버리고 진나라에 가니, 나이가 이미 칠십이었다. 일찍이 소를 먹임으로써 진목공에게 벼슬을 구하는 것이 더러운 줄을 알지 못하였다면 지혜롭다고 이를 수 있겠는가? 간하지 못할 것이라고 하여 간하지 않았으니 지혜롭지 않다고 이르겠는가? 우공이 장차 망할 줄을 알고 먼저 갔으니 지혜롭지 않다고 이르지 못할 것이다. 그 때에 진나라에 천거되어서 목공과 함께 옳은 정치를 행할 수 있을 줄을 알고 도우니, 지혜롭지 않다고 이를 수 있겠는가? 진나라를 도와서 그 임금을 천하에 나타내서 후세에 전하게 할 수 있었느니 어질지 않고서 그렇게 할 수 있었겠는가? 스스로 팔려서 그 임금을 이루어 주는 것은 향당의 스스로를 사랑하는 자도 하지 않는데, 어진 자가 그런 짓을 한다고 이르는가?"

| 자해 |

自好 : 스스로 그 몸을 사랑하는 사람.

| 의해 |

"백리해가 간하지 않은 것은 간할 수 없었기 때문이 아니다. 우공에게 간하더라도 듣지 않을 것을 알고, 진나라로 떠난 것이다. 이 때에 그의 나이가 칠십이었다. 연륜이 이미 오래 되었는데, 소 먹이는 것으로 진목공에게 벼슬을 요구하는 것이 더러운 줄을 알지 못했다면, 지혜롭다고 이를 수 있겠는가? 백리해는 지혜롭지 않은 자가 아니다. 간해도 듣지 않을 것이라 하여 간하지 않았으니, 말하고 말하지 않음의 마땅함을 안 것이다. 우공이 장차 망할 줄을 알고 먼저 떠났으니 기미를 분명히 본 것이고, 진나라에 가서 진목공과 함께 옳은 정치를 할 수 있음을 알고 도왔으니, 임금을 분명히 가릴 줄 아는 것이다. 따라서 지혜롭지 않다고 이를 수 있겠는가? 백리해의 지혜가 이와 같았으니, 반드시 소를 먹여서 임금에게 벼슬을 요구하는 것이 더러운 일인인 줄 알았을 것이다. 백리해는 단지 지혜만 있을 뿐 아니라, 진나라를 도와서 임금을 훌륭한 명성으로 천하에 드러내고 후세에 전하였으니, 어질지 않고서 할 수 있겠는가? 어진 사람은 반드시 자기 몸을 무겁게 하니, 몸을 팔고 소를 먹여서 임금에게 벼슬을 요구하지 않는다. 이런 방법으로써 임금의 사업을 성취시키는 것은 시골에서 스스로 제 몸을 사랑할 줄 아는 사람도 하지 않는데, 어질다고 이르는 백리해로서 이 일을 하였겠는가? 사람의 말이 모함임을 알 수 있다."

| 요지 |

이 장은 백리해가 우나라를 버리고 진나라에 들어간 일에 의거하여 그의 어짊과 지혜로움을 밝히고, 따라서 그가 결코 임금에게 벼슬을 요구하지 않았음을 보인 것이다. 가운데 문단은 그 사실만 말하고, 끝 문단에서 비로소 단정적인 말로 매듭지었다.

10. 만장장구하(萬章章句下)

맹 자 왈 백 이 목 불 시 악 색 이 불 청 악 성
1-1. 孟子曰 伯夷는 目不視惡色하며 耳不聽惡聲하고
비 기 군 불 사 비 기 민 불 사 치 즉 진 난 즉 퇴
非其君不事하며 非其民不使하여 治則進하고 亂則退하
횡 정 지 소 출 횡 민 지 소 지 불 인 거 야 사 여 향
야 橫政之所出과 橫民之所止에 不忍居也하며 思與鄉
인 처 여 이 조 의 조 관 좌 어 도 탄 야 당 주 지
人處호대 如以朝衣朝冠으로 坐於塗炭也러니 當紂之
시 거 북 해 지 빈 이 대 천 하 지 청 야 고 문
時하여 居北海之濱하여 以待天下之淸也하니 故로 聞
백 이 지 풍 자 완 부 렴 나 부 유 립 지
伯夷之風者는 頑夫廉하며 懦夫有立志하니라

| 언해 |

孟子ㅣ 골ᄋᆞ샤ᄃᆡ 伯夷ᄂᆞᆫ 目애 惡色을 視티 아니ᄒᆞ며 耳에 惡聲을 聽티 아니ᄒᆞ고 그 君이 아니어든 事티 아니ᄒᆞ며 그 民이 아니어든 使티 아니ᄒᆞ야 治ᄒᆞ면 進ᄒᆞ고 亂ᄒᆞ면 退ᄒᆞ야 橫政의 出ᄒᆞᄂᆞᆫ 바와 橫民의 止ᄒᆞᄂᆞᆫ 바애 ᄎᆞᆷ아 居티 아니ᄒᆞ며 鄕人으로 더블어 處ᄒᆞᆷ을 思호ᄃᆡ 朝衣와 朝冠으로ᄡᅥ 塗炭애 坐ᄒᆞᆷ ᄀᆞᆮ티 너기더니 紂의 時를 當ᄒᆞ야 北海ㅅ 濱애 居ᄒᆞ야 ᄡᅥ 天下의 淸ᄒᆞᆷ을 待ᄒᆞ니 故로 伯夷의 風을 드른 者ᄂᆞᆫ 頑ᄒᆞᆫ 夫ㅣ廉ᄒᆞ며 懦ᄒᆞᆫ 夫ㅣ 立ᄒᆞᇙ 志를 두니라

| 직역 |

맹자가 말하였다. "백이는 눈으로 나쁜 빛을 보지 않고, 귀로 나

뿐 소리를 듣지 않으며, 그 임금이 아니면 섬기지 않고, 그 백성이 아니면 부리지 않아서, 다스려지면 나아가고 어지러우면 물러나서 그릇된 정사가 나오는 곳과 그릇된 백성이 머무는 곳에 차마 거처하지 않고, 시골 사람과 더불어 거처하는 것을 생각하기를 조회할 때의 옷과 관을 착용하고 도탄에 앉아 있는 것처럼 여겼다. 주 임금 때 북해 가에 거처하여 천하가 맑아지기를 기다렸다. 따라서 백이의 풍모에 대해 들은 자는 완악한 지아비가 청렴해지고, 나약한 지아비가 뜻을 세울 수 있었다."

| 자해 |

橫 : 법도를 좇지 않음. • 頑 : 지각이 없음. • 廉 : 분변이 있음. • 懦 : 유약함.

| 의해 |

맹자가 여러 성인에 관해 말하였다. "옛날 백이는 눈으로 예가 아닌 악한 빛은 보지 않고, 귀로 예가 아닌 악한 소리를 듣지 않으며, 섬길 만한 임금이 아니면 섬기지 않고, 부릴 만한 백성이 아니면 부리지 않아서, 세상이 다스려지면 나아가 벼슬하고, 세상이 어지러우면 물러나 숨었는데, 포악한 정사가 비롯되는 곳과 포악한 백성이 머무르는 곳에 차마 거하지 않았다. 뿐만 아니라 마음속으로 생각하기를 시골 사람과 함께 서 있는 것을 조회할 때의 복장으로 도탄에 앉아 있는 것과 같아서 자신을 더럽히는 것처럼 여겼다. 은나라 주(紂)의 때를 당하여 온 천하에 들리고 보이는 것이 모두 악하고, 임금과 백성이 모두 그릇되어 조정이나 민간에서 법도를 따르지 않았다. 백이는 이에 더럽고 흐린 세상이라고 하여, 북녘 바닷가로 피하여 천하가 맑아지기를 기다렸다. 백이가 뜻을 굽히지 않고, 몸을 욕되게 하지 않은 것이 이와 같으니, 청렴하고 뜻을 세운 사람이다. 그러므로 후세에 백이의 풍모를 들은 자가 비록 완악하고 탐하여 아는 것이 없는 지아비라도 감화되어 청렴하고 분별하게 되고, 게으르고 약하여 지킴이

없는 지아비라도 감화되어 특별히 세우는 뜻을 가질 수 있었다."

1-2. 伊尹이 曰 何事非君이며 何使非民이리오하여 治亦進하며 亂亦進하여 曰 天之生斯民也는 使先知로 覺後知하며 使先覺으로 覺後覺이시니 予는 天民之先覺者也로니 予將以此道로 覺此民也라하며 思天下之民이 匹夫匹婦有不與被堯舜之澤者어든 若己推而內之溝中하니 其自任以天下之重也니라

| 언해 |

伊尹이 ᄀᆞ로ᄃᆡ 어늬를 事ᄒᆞ면 君이 아니며 어늬를 使ᄒᆞ면 民이 아니리오 ᄒᆞ야 治ᄒᆞ야도 ᄯᅩ 進ᄒᆞ며 亂ᄒᆞ야도 ᄯᅩ 進ᄒᆞ야 ᄀᆞ로ᄃᆡ 天이 이 民을 生ᄒᆞᆷ은 몬져 知ᄒᆞᆫ이로 ᄒᆞ여곰 후에 知ᄒᆞ리를 覺게 ᄒᆞ며 몬져 覺ᄒᆞᆫ이로 ᄒᆞ여곰 후에 覺ᄒᆞ리를 覺게 ᄒᆞ시니 나는 天民의 몬져 覺ᄒᆞᆫ 者ㅣ로니 내 쟝ᄎᆞᆺ 이 道로ᄡᅥ 이 民을 覺게 호리라 ᄒᆞ며 思호ᄃᆡ 天下앳 民이 匹夫ㅣ며 匹婦ㅣ 堯舜의 澤을 與ᄒᆞ야 被치 몯ᄒᆞᆫ者ㅣ 잇거든 己ㅣ 推ᄒᆞ야 溝中에 內ᄒᆞᆷ ᄀᆞᄐᆡ ᄒᆞ니 天下의 重으로ᄡᅥ 스스로 任ᄒᆞᆷ이니라

| 직역 |

"이윤은 말하기를, '어느 임금을 섬긴들 임금이 아니며, 어느 백성을 부린들 백성이 아니겠는가'라고 하여 다스려져도 나아가며 어지러워도 나아가서, 말하기를 '하늘이 이 백성을 낸 것은 먼저 안

이로 하여금 뒤에 아는 이를 깨우치며, 먼저 깨달은 이로 하여금 뒤에 깨닫는 이를 깨우치게 한 것이다. 나는 하늘이 낸 백성 가운데 먼저 깨달은 자이니, 내가 장차 이 도로써 이 백성을 깨닫게 하리라'고 하며, 생각하기를 천하의 일반 백성들 가운데 요와 순의 은택을 입지 못하는 사람이 있으면 자기가 밀어서 개천 가운데에 빠지게 한 것처럼 여겼으니, 이것은 천하의 중요한 임무를 스스로 맡은 것이다."

| 의해 |

"옛날 이윤이 일찍이 말하기를, '임금을 이루게 할 도리가 내게 있으니 어느 임금을 섬긴들 나의 임금이 아니며, 백성을 기름지게 할 도리가 내게 있으니 어느 백성을 부린들 나의 백성이 아니겠는가!'라고 하여, 세상이 다스려져도 나아가 벼슬하고, 세상이 어지러워도 나아가 벼슬하였다. 또한 스스로 벼슬에 나아가는 뜻을 밝혀 말하기를, '하늘이 이 백성을 낸 것은 먼저 그 일을 아는 자로 하여금 뒤에 알 사람을 깨닫게 하며, 먼저 그 이치를 깨달은 자로 하여금 뒤에 깨닫는 사람을 깨닫게 하고자 하는 것이니, 내가 장차 이 도로써 뒤에 알고 깨닫는 백성을 깨닫게 하여 하늘의 부탁을 져버리지 않으리라'고 하였다. 이 말로써 그 마음을 미루어보면, 천하의 일반 백성 가운데 알지도 못하고 깨닫지도 못하여 요순시대의 생활과 성품을 회복하게 하는 은택에 참여하지 못하는 자가 있으면, 곧 자신이 밀어서 개천 가운데로 빠지게 한 것처럼 여긴 것이다. 이윤이 자신의 한 몸으로써 천하의 막중한 책임을 감당함이 이와 같았으니, 세상에 대해 가릴 바는 없었고, 자신을 책망할 바는 있었다."

유하혜 불수오군 불사소관 진불은현
1-3. 柳下惠는 不羞汚君하며 不辭小官하며 進不隱賢하
필이기도 유일이불원 액궁이불민 여
여 必以其道하며 遺佚而不怨하며 阨窮而不憫하며 與
향인처 유유연불인거야 이위이 아위아
鄕人處호대 由由然不忍去也하여 爾爲爾며 我爲我니
수단석라정어아측 이언능매아재 고 문
雖袒裼裸裎於我側인들 爾焉能浼我哉리오하니 故로 聞
류하혜지풍자 비부관 박부돈
柳下惠之風者는 鄙夫寬하며 薄夫敦하니라

| 언해 |

柳下惠ᄂᆞᆫ 汚君을 羞티 아니ᄒᆞ며 小官을 辭티 아니ᄒᆞ며 進ᄒᆞᆷ애 賢을 隱티 아니ᄒᆞ야 반ᄃᆞ시 그 道로ᄡᅥ ᄒᆞ며 遺佚ᄒᆞ야도 怨티 아니ᄒᆞ 阨窮ᄒᆞ야도 憫티 아니ᄒᆞ며 鄕人으로 더블어 處호ᄃᆡ 由由히 ᄎᆞᆷ아 去티 아니ᄒᆞ야 네 네오 내 내니 비록 내 側애셔 袒裼ᄒᆞ며 裸裎ᄒᆞᆫ ᄃᆞᆯ 네 엇디 能히 나ᄅᆞᆯ 浼ᄒᆞ리오 ᄒᆞ니 故로 柳下惠의 風을 聞者ᄒᆞᆫ 者ᄂᆞᆫ 鄙ᄒᆞᆫ 夫ㅣ 寬ᄒᆞ며 薄ᄒᆞᆫ 夫ㅣ 敦ᄒᆞ니라

| 직역 |

"유하혜는 더러운 임금을 부끄러워하지 않고, 작은 벼슬을 사양하지 않으며, 나아감에 현명함을 숨기지 않아 반드시 그 도로써 하고, 버림을 받아도 원망하지 않으며, 곤궁해도 민망하게 여기지 않고, 시골 사람과 함께 처함에 유유히 차마 떠나지 못하며, '너는 너고 나는 나이니, 비록 내 곁에서 한 어깨를 벗어 메고, 벌거벗은들 네가 어찌 나를 더럽힐 수 있겠는가'라고 하였다. 그러므로 유하혜의 풍모를 들은 자들은 비루한 사람이 너그러워지며, 야박한 사람이 두터워졌다."

| 자해 |

鄙 : 좁고 더러움. •敦 : 후함.

| 의해 |

"옛날 유하혜는 비록 더러운 임금을 만나더라도 섬겨서 부끄러워하지 않으며, 비록 작은 벼슬을 주어도 나아가 사양하지 않아서, 자신의 어짊과 능함을 숨기지 않고, 반드시 바른 도로써 하였다. 비록 세상에서 자신의 도가 버림을 받더라도 원망하지 않고, 비록 몸이 곤궁함에 처하여도 민망하게 여기지 않았다. 시골 사람과 함께 처하면서도 마음이 유유하여 스스로 즐거움을 얻어서 차마 떠나지 못하고, 말하기를 '너는 네가 되고, 나는 내가 되니, 네가 비록 내 곁에서 한 어깨를 벗어 메고 벌거벗을지라도 또한 너의 무례한 것이다. 어찌 나를 더럽힐 수 있겠는가'라고 하니, 이것이 차마 떠나지 못하는 까닭이다. 유하혜가 다른 사람과 더불어 거스르지 않음이 이와 같으니, 너그럽고 두터운 사람이다. 그러므로 후세에 유하혜의 풍모를 들은 자는 비록 비루한 지아비일지라도 감화되어 너그러운 도량을 갖게 되고, 비록 각박한 지아비라도 감화되어 돈후한 성품을 지녀서 흥기하지 않음이 없었다."

공자지거제 접석이행 거로 왈 지지

1-4. 孔子之去齊이 接淅而行하시고 去魯에 曰 遲遲라

오행야 거부모국지도야 가이속즉속 가

吾行也여하시니 去父母國之道也라 可以速則速하며 可

이구즉구 가이처즉처 가이사즉사 공자야

以久則久하며 可以處則處하여 可以仕則仕는 孔子也

시니라

| 언해 |

孔子ㅣ 齊롤 去ᄒᆞ심애 淅을 接ᄒᆞ야 行ᄒᆞ시고 魯롤 去ᄒᆞ심애 골ᄋᆞ샤ᄃᆡ 遲遲라 내 行이여 ᄒᆞ시니 父母의 國을 去ᄒᆞᄂᆞᆫ 道ㅣ라 可히 뻐 速ᄒᆞ얌즉 거든 速ᄒᆞ며 可히 뻐 久하얌 즉 거든 久ᄒᆞ며 可히 뻐 處ᄒᆞ얌즉 거든 處ᄒᆞ며 可히 뻐 仕ᄒᆞ얌즉 거든 仕홈은 孔子ㅣ 시니라

| 직역 |

"공자가 제나라를 떠날 때 담근 쌀을 건져 가고, 노나라를 떠날 때 말하기를 '더디고, 더디다. 나의 떠남이여!'라고 한 것은 부모의 나라를 떠나는 도이다. 속히 할 만하면 속히 하며, 오래할 만하면 오래하며, 숨을 만하면 숨으며, 벼슬할 만하면 벼슬한 분이 공자이다."

| 자해 |

接 : '이을 승(承)' 자와 같은 뜻. • 淅 : 쌀을 담근 물.

| 의해 |

"옛날 공자가 제나라 경공에게 도를 행하지 못하고 떠날 때, 물에 담았던 쌀을 건져 가지고 속히 떠나고, 계환자가 제나라의 여자와 풍류를 받음에 떠날 때, 자로가 재촉하였는데, 공자가 말하기를 '더디고 더디다. 나의 떠남이여'라고 하였다. 공자가 '더디고 더디다'라고 한 것은 부모의 나라를 떠나는 도리로서 다른 나라를 떠날 때와는 다른 것이다. 이것을 보면, 공자가 평생 혹 속히 떠난 것은 급박한 것이 아니라 도가 이미 행해지지 못하므로 속히 떠날 만한 것이고, 혹 머무르기를 오래 한 것은 지체한 것이 아니라 의를 소홀히 할 수 없으므로 오래 머무른 것이며, 혹 벼슬하지 않은 것은 숨는 것을 높여서가 아니라 세상이 알아주지 못하여 벼슬하지 않은 것이며, 혹 벼슬한 것은 벼슬의 지위를 영화롭게

여겨서가 아니라 진실로 자신을 쓰는 이가 있어서 벼슬한 것이다. 이것이 공자가 행한 방식이다."

맹 자 왈 백 이 성 지 청 자 야 이 윤 성 지 임 자 야
1–5. 孟子曰 伯夷는 聖之淸者也요 伊尹은 聖之任者也
유 하 혜 성 지 화 자 야 공 자 성 지 시 자 야
오 柳下惠는 聖之和者也요 孔子는 聖之時者也시니라
공 자 지 위 집 대 성 집 대 성 야 자 금 성 이 옥 진 지
孔子之謂集大成이시니 集大成也者는 金聲而玉振之
야 금 성 야 자 시 조 리 야 옥 진 지 야 자 종 조 리 야
也라 金聲也者는 始條理也요 玉振之也者는 終條理也
시 조 리 자 지 지 사 야 종 조 리 자 성 지 사 야
니 始條理者는 智之事也요 終條理者는 聖之事也니라
지 비 즉 교 야 성 비 즉 력 야 유 사 어 백 보 지 외 야
智를 譬則巧也요 聖을 譬則力也니 由射於百步之外也
기 지 이 력 야 기 중 비 이 력 야
하니 其至는 爾力也어니와 其中은 非爾力也니라

| 언해 |

孟子ㅣ ᄀᆞᆯᄋᆞ샤ᄃᆡ 伯夷ᄂᆞᆫ 聖의 淸ᄒᆞᆫ 者ㅣ오 伊尹은 聖의 任ᄒᆞᆫ 者ㅣ오 柳下惠ᄂᆞᆫ 聖의 和ᄒᆞᆫ 者ㅣ오 孔子ᄂᆞᆫ 聖의 時ᄒᆞᆫ 者ㅣ시니라 孔子ᄅᆞᆯ 닐온 集ᄒᆞ야 大成홈이시니 集ᄒᆞ야 大成ᄒᆞ욤은 金으로 聲ᄒᆞ고 玉으로 振홈이라 金으로 聲ᄒᆞ욤은 條理ᄅᆞᆯ 始홈이오 玉으로 振ᄒᆞ욤은 條理ᄅᆞᆯ 終홈이니 條理ᄅᆞᆯ 始ᄒᆞᄂᆞᆫ 者ᄂᆞᆫ 智의 事ㅣ오 條理ᄅᆞᆯ 終ᄒᆞᄂᆞᆫ 者ᄂᆞᆫ 聖의 事ㅣ니라 智ᄅᆞᆯ 譬ᄒᆞ면 巧ㅣ오 聖을 譬ᄒᆞ면 力이니 百步 밧긔셔 射홈 ᄀᆞᄐᆞ니 그 至ᄒᆞ욤은 네 力이어니와 그 中ᄒᆞ욤은 네 力이 아니니라

| 직역 |

맹자가 말하였다. "백이는 성인 가운데 청렴한 분이고, 이윤은 성인 가운데 천하의 일을 스스로 맡은 분이며, 유하혜는 성인 가운데 화합한 분이고, 공자는 성인 가운데 때에 맞게 행한 분이다. 공자를 '모아서 크게 이룬 분'이라고 이르니, 모아서 크게 이루었다는 것은 쇠로 소리 내고 옥으로 거두는 것이다. 쇠로 소리 내는 것은 조리를 시작함이고, 옥으로 거두는 것은 조리를 마침이니, 조리를 시작하는 것은 지혜로운 사람의 일이고, 조리를 마치는 것은 성인의 일이다. 지혜를 비유하면 교묘한 것이고, 성스러움을 비유하면 힘이니, 백보 밖에서 활 쏘는 것과 같다. 그것이 이르는 것은 너의 힘이지만, 적중하는 것은 너의 힘이 아니다."

| 자해 |

淸 : 잡된 바가 없음. • 任 : 천하를 자신의 책임으로 삼음. • 和 : 다른 바가 없음. • 時 : 벼슬하고, 그치고, 오래되고, 빠름이 각각 알맞음. • 成 : 음악을 한 번 마친 것. • 集大成 : 공자가 세 성인의 일을 모아서 큰 성인의 일을 함이 음악을 연주하는 자가 여러 소리의 적게 이룬 것을 모아서 크게 이룬 것처럼 하였다는 뜻. • 金 : 쇠북 • 聲 : 베풂. • 玉 : 경쇠. • 振 : 거둠. • 始 : 시작. • 終 : 마침. • 條理 : 맥락(脈絡)과 같으며, 뭇 소리를 가리켜 말함. • 智 : 앎의 미친 바. • 聖 : 덕의 나아간 바.

| 의해 |

맹자가 여러 성인을 거론한 뒤 단정하여 말하였다. "백이와 이윤과 유하혜와 공자가 행한 일이 자연히 극진함에 이름이 이와 같으니, 모두 예전의 성인이다. 그러나 내가 보니, 여러 성인이 같지 않은 점이 있다. 백이는 절개가 천하에 높아서 한 점의 더러움이 없으니 성인 가운데 맑은 자이고, 이윤은 천하의 일을 책임지고 조금이라도 남에게 미루지 않았으니 성인 가운데 맡은 자이며, 유하혜는 도량이 천하를 용납하여 조금이라도 막히고 다름이 없으니 성인 가운데 화합한 자이고, 공자 같은 이는 미루어 옮기

고, 변하고, 화합하여, 행동거지가 모두 마땅하여 원기가 자연히 운행됨과 같으니, 성인 가운데 때에 맞게 행하신 분이다. 성인 가운데 때에 맞게 행하였다는 것은 무슨 뜻인가? 공자가 성대한 덕을 혼연하게 갖추고 세 사람의 장점을 겸하여 때에 알맞게 내니, 이것이 이른바 여러 성인을 모아서 크게 이룬 것으로 한 가지라도 적게 이룬 것이 아니다. 어찌하여 모아서 크게 이루었다고 하는가? 음악에 여덟 가지의 소리가 있는데, 그 가운데 한 소리로 연주를 하면 그 소리로 시작하여 그 소리로 마치게 된다. 가령 쇠 소리로 시작하면 쇠 소리로 마치고, 돌 소리로 시작하면 돌 소리로 마치는 것이다. 이것이 이른바 적게 이룬 것이다. 모아서 크게 이루는 것은 연주를 할 때에 쇠 소리로 시작하고, 마칠 때에는 옥의 소리로 거두는 것이다. 쇠 소리로 시작하는 것은 여덟 소리를 연주할 때 반드시 먼저 쇠북을 쳐서 다른 소리를 끌어낸 연후에 여러 소리가 따라서 일어나기 때문이다. 이는 쇠북 소리로써 여러 소리의 조리를 시작하는 것이다. 옥의 소리로 거두는 것은 여러 소리가 연주되고 마칠 때에 경쇠를 쳐서 거두면 여러 소리가 뚝 그치기 때문이다. 이는 경쇠로 여러 소리의 조리를 마치는 것이다. 시작하고 마치는 사이에 여러 소리의 맥락이 관통하여 갖추지 않은 것이 없으니, 이것이 바로 음악을 모아서 크게 이루는 것이다. 여기서 조리를 시작한다는 것은 곧 공자의 앎이 다하지 않음이 없다는 것으로, 먼저 마음에 밝혀서 갈 바를 안 연후에 모든 착한 것을 한 몸에 체득한다는 뜻이다. 이것은 지혜로써 힘써 행하는 끝을 여는 것으로, 쇠 소리로써 음악 소리의 시초를 여는 일과 같다. 조리를 끝마친다는 것은 곧 공자의 덕이 온전하지 않음이 없다는 것으로, 힘써 아는 것을 행하여 그 극진한 데 나아간 경지이다. 이것은 성스러움으로써 아는 것이 지극한 공을 거둔 것으로, 옥으로써 음악의 마침을 거두는 일과 같다. 이처럼 성스러움과 지혜를 모두 갖춘 것이 공자가 모아서 크게 이루게 된 까닭이다. 세 사람은 적게 이루었을 따름이니,

어찌 덕을 공자에게 비교할 수 있겠는가? 공자가 지혜와 성스러움을 겸한 것이 이와 같으니, 성인 가운데 때에 맞게 행한 분이 되어 세 사람과 다르게 된 이유가 있다. 비유하자면 공자의 지혜는 교묘함이니, 신명이 안에 쌓여 교묘함이 가운데에 감춰진 것과 실상 같다. 또한 비유하자면 공자의 성스러움은 힘이니, 조예가 순전하고 지극하여, 강한 힘이 멀리 이르는 것과 실상 같다. 성인의 도를 힘써 행하여 이르는 것이 성스러운이고, 이르고 때에 맞게 행하는 도에 순전할 수 있는 것은 성스러움이 아니라, 지혜이다. 과녁을 백 보 밖에 세우고 활을 쏘는 경우와 같다. 이때 활을 쏘아서 화살이 과녁에 이르는 것은 쏘는 사람의 힘이지만, 화살이 과녁에 적중하는 것은 사람의 힘이 아니다. 이것은 마음이 손을 응하는 교묘함에서 얻어진 것이니, 교묘함으로써 힘을 행한 뒤에 잘 쏘는 자가 되고, 지혜로써 성스러움을 행한 뒤에 온전한 덕이 된다. 공자는 교묘함과 힘을 겸전한 분이고, 세 사람은 그 힘은 여유가 있지만 교묘함은 충분하지 못한 자이다. 이것이 바로 공자가 크게 이룬 성인이 되어 홀로 세 사람과 다르게 된 이유이다. 공자를 배우는 사람이 마땅히 지혜로 말미암아서 성스러움에 들어가야 할 것이다."

| 요지 |

이 장은 세 사람이 행한 것은 각기 한쪽에 치우치고, 공자의 도는 모든 이치를 겸하였음을 말한 것이다. 치우친 자는 시작할 때의 가리움 때문에 마칠 때 이지러지고, 온전한 자는 아는 것의 극진함 때문에 행함이 이루어질 수 있다. 세 사람은 춘하추동이 각각 그 때의 특징을 갖고 있는 것과 같고, 공자는 태화원기(太和元氣)가 네 계절에 흘러 행하는 것과 같다.

북 궁 의 문 왈 주 실 반 작 록 야 여 지 하 맹 자 왈
2-1. 北宮錡問曰 周室班爵祿也는 如之何잇고 孟子曰
기 상 불 가 득 이 문 야 제 후 오 기 해 기 야 이 개 거 기
其詳은 不可得而聞也로다 諸侯惡其害己也而皆去其
적 연 이 가 야 상 문 기 략 야
籍이어니와 然而軻也嘗聞其略也로라

| 언해 |

北宮錡 묻ᄌᆞ와 ᄀᆞᆯ오ᄃᆡ 周室의 爵과 祿을 班ᄒᆞ욤은 엇디 ᄒᆞ더니잇고 孟子ㅣ ᄀᆞᆯᄋᆞ샤ᄃᆡ 그 詳은 可히 시러곰 듣디 몯 ᄒᆞ리로다 諸侯ㅣ 그 己를 害홈을 惡ᄒᆞ야 다 그 籍을 去ᄒᆞ얏거니와 그러나 軻ㅣ 일쯕 그 略을 드런노라

| 직역 |

북궁의가 물었다. "주나라 왕실이 벼슬과 봉록을 나누는 것을 어떻게 했습니까?" 맹자가 말하였다. "그 자세한 것은 듣지 못하였다. 제후들이 그 자신에게 해가 되는 것을 꺼려서 모두 그 서적을 없애버렸지만, 그러나 내가 일찍이 대략의 내용은 들었다."

| 자해 |

北宮錡 : 위나라 사람. 북궁(北宮)은 성, 의(錡)는 이름. • 班 : '나눌 열(列)' 자와 같은 뜻.

| 의해 |

북궁의가 당시 벼슬과 봉록에 관련된 법제가 없는 것을 보고, 맹자에게 물었다. "주나라에서 처음에 임금과 신하의 벼슬과 봉록을 규정함에 있어서 높고 낮음과 후하고 박함이 어떠하였습니까?" 맹자가 말하였다. "주나라의 법제가 아주 자세하였지만, 그 자세한 것은 진실로 듣지 못하였다. 자세한 것은 서적에 실렸을 것이

니, 문적을 본다면 법제의 자세함을 상고할 수 있을 것이다. 그런데 지금 제후의 하는 바가 참람하고, 도적질을 하며, 약한 나라를 겸병하고 있다. 따라서 선왕의 벼슬과 봉록을 규정한 제도가 자기들의 하는 바에 배치된다고 생각하여 그 서적을 거의 없애버렸다. 따라서 그 자세한 것을 상고하여 알 수 없지만, 그러나 내가 일찍이 남은 편과 원로들을 통하여 그 대략은 전해들은 바가 있다."

천자일위 공 일위 후일위 백 일위 자
2-2. 天子一位요 公이 一位요 侯一位요 伯이 一位요 子
남 동일위 범오등야 군 일위 경 일위
男이 同一位니 凡五等也라 君이 一位요 卿이 一位요
대부일위 상사일위 중사일위 하사일위 범육
大夫一位요 上士一位요 中士一位요 下士一位니 凡六
등
等이라

| 언해 |

天子ㅣ ᄒᆞᆫ 位오 公이 ᄒᆞᆫ 位오 侯ㅣ ᄒᆞᆫ 位오 伯이 ᄒᆞᆫ 位오 子와 男이 ᄒᆞᆫ 가지로 ᄒᆞᆫ 位니 믈읫 다ᄉᆞᆺ 等이라 君이 ᄒᆞᆫ 位오 卿이 ᄒᆞᆫ 位오 태위 ᄒᆞᆫ 位오 上士ㅣ ᄒᆞᆫ 位오 中士ㅣ ᄒᆞᆫ 位오 下士ㅣ ᄒᆞᆫ 位니 믈읫 여ᄉᆞᆺ 等이라

| 직역 |

"천자가 한 지위이고, 공이 한 지위이며, 후가 한 지위이고, 백이 한 지위이며, 자와 남이 똑같이 한 지위이니, 모두 다섯 등급이다. 군이 한 지위이고, 경이 한 지위이며, 대부가 한 지위이고, 상사가 한 지위이며, 중사가 한 지위이고, 하사가 한 지위이니, 모두 여섯 등급이다."

| 의해 |

“벼슬의 반열을 대략 말하면, 하늘을 아버지로 하고, 땅을 어머니로 하여, 아들 된 자가 천자이다. 천자가 한 지위로서 그보다 높은 것이 없다. 그러나 천하를 한 사람이 거느리지만 한 사람이 다스리지는 못할 것이다. 이에 봉건의 법이 있었다. 천자 아래에 벼슬의 지위가 성하고 커서 사사로움이 없는 것으로 덕을 삼는 자가 공(公)이다. 밖에서 척후(斥候)하여 사람들의 임금 노릇하는 것으로 덕을 삼는 자가 후(侯)이다. 인(仁)을 본받아서 사람들의 어른 노릇할 만한 자가 백(伯)이다. 자(子)는 자(字)와 같으니, 기른다는 뜻이다. 그 덕이 사람을 기를 만한 자를 일러 ‘자’라고 한다. 남(男)은 임(任)이니, 편안하다는 뜻이다. 그 덕이 사람을 편안하게 할 만한 자를 일러 ‘남’이라고 한다. 작(爵)이 천하에 반열된 것이 다섯 등급이고, 한 나라의 높은 데에 있으면서 명을 내어 무리를 바르게 할 수 있는 자가 임금이다. 천자는 왕기(王畿)에서 임금 노릇하고, 제후는 열국에서 임금 노릇 하여 각각 한 지위가 된다. 그러나 한 나라를 한 사람이 거느릴 수는 있으나, 한 사람이 다스릴 수는 없다. 이에 벼슬을 명하는 법이 있었다. 임금의 아래에서 나가고 물러감을 알아서 도가 위로 통하는 자가 경(卿)이다. 지혜가 있어서 사람을 거느릴 만한 자가 대부(大夫)이다. 재주가 있어서 사람을 섬길 만한 자가 사(士)이니, 상사(上士)가 한 지위이고, 중사(中士)가 한 지위이고, 하사(下士)가 한 지위이다. 천자와 제후의 나라 가운데에 반열된 작위가 여섯 등급이니, 이것이 그 차례의 대략이다.”

천자지제 지방천리 공후 개방백리 백
2-3. 天子之制는 地方千里요 公侯는 皆方百里요 伯은
칠십리 자남 오십리 범사등 불능오십리
七十里요 子男은 五十里니 凡四等이라 不能五十里는

부달어천자 부어제후 왈 부용
不達於天子하여 附於諸侯하나니 曰 附庸이니라

| 언해 |

天子의 制는 싸히 方이 千里오 公과 侯는 다 方이 百里오 伯은 七十里오 子와 男은 五十里니 믈읫 네 等이라 五十里에 能티 몯ᄒᆞ니는 天子씌 達티 몯ᄒᆞ야 諸侯에 附ᄒᆞᄂᆞ니 골은 附庸이니라

| 직역 |

"천자의 제도는 땅이 사방 천리이고, 공과 후는 모두 사방 백리이며, 백은 칠십 리이고, 자와 남은 오십 리이니, 네 등급이다. 오십 리에 미치지 못하는 나라는 천자에게 직접 통하지 못하고 제후에게 부속되니, 이것을 '부용'이라고 한다."

| 자해 |

不能 : 부족함. • 庸 : 작은 나라로 천자와 직접 통하지 못하고, 큰 나라를 통해 통하므로 '부용'이라 함.

| 의해 |

"봉록의 등급에 관한 대강을 말하면, 봉록은 땅에서 나오므로 그것이 후하고 박함이 있는 것은 땅이 많고 적음에 달려 있는 것이다. 천자는 지극히 높기 때문에 부세를 왕기(王畿) 안에서 받아먹는데, 그 땅의 넓이가 사방으로 천리가 된다. 천리가 되지 못하면 제후를 대접할 수가 없기 때문이다. 공과 후는 천자보다 낮기 때문에 땅이 백리가 된다. 백리가 되지 못하면 종묘의 전적을 지킬 수가 없기 때문이다. 백은 공과 후보다 낮기 때문에 땅이 칠십 리이고, 자와 남은 백보다 낮기 때문에 땅이 오십 리이다. 이처럼 천하의 봉록은 네 등급이다. 네 등급 외에 땅이 오십 리에 달하지 못한 경우가 있다. 세금을 받는데 한정이 있어서 조회하고 회동

함에 직접 천자에게 통하지 못하고, 큰 나라의 제후에게 붙어서 백성을 다스린 공으로써 천자에게 통하는 자를 말하기를 '부용'이라고 한다. 이처럼 작이 높은 자는 봉록이 후하고, 작이 낮은 자는 봉록이 박한 것은 선왕이 천하를 공변되게 하고 사사롭게 자신을 위하지 않기 때문이다."

2–4. 天子之卿은 受地視侯하고 大夫는 受地視伯하고 元士는 受地視子男이니라 大國은 地方百里니 君은 十卿祿이요 卿祿은 四大夫요 大夫는 倍上士요 上士는 倍中士요 中士는 倍下士요 下士與庶人在官者는 同祿하니 祿足以代其耕也니라

(천자지경 수지시후 대부 수지시백 원사 수지시자남 대국 지방백리 군 십경록 경록 사대부 대부 배상사 상사 배중사 중사 배하사 하사여서인재관자 동록 녹족이대기경야)

| 언해 |

天子의 卿은 地受홈을 侯에 視ᄒᆞ고 태우ᄂᆞᆫ 地受홈을 伯에 視ᄒᆞ고 元士ᄂᆞᆫ 地受홈을 子男에 視ᄒᆞᄂᆞ니라 큰 나라ᄒᆞᆫ ᄯᅡ히 方이 百里니 君은 卿의 祿에셔 열히오 卿의 祿은 태우에셔 네히오 태우ᄂᆞᆫ 上士에셔 倍ᄒᆞ고 上士ᄂᆞᆫ 中士에셔 倍ᄒᆞ고 中士ᄂᆞᆫ 下士에서 倍ᄒᆞ고 下士와 다ᄆᆞᆺ 庶人官에 인ᄂᆞᆫ 者ᄂᆞᆫ 祿이 ᄒᆞᆫ 가지니 祿이 足히 ᄡᅧ 그 耕을 代ᄒᆞᄂᆞ니라

| 직역 |

"천자의 경은 땅을 받을 때 후에 견주고, 대부는 땅을 받을 때 백에 견주며, 원사는 땅을 받을 때 자와 남에 견주었다. 큰 나라는 땅이 사방 백리이니, 임금의 봉록은 경의 열 배이고, 경의 봉록은

대부의 네 배이며, 대부는 상사의 배이고, 상사는 중사의 배이며, 중사는 하사의 배이고, 하사와 서민으로서 관에 있는 자는 봉록이 같으니, 봉록이 그 밭가는 일을 대신 할 수 있었다."

| 자해 |

視 : '견줄 비(比)' 자와 같은 뜻. • 元士 : 상사(上士). • 十 · 四 : 십은 열 배, 사는 네 배, 큰 나라는 임금의 밭이 32,000모로서 그 수입이 2,880명을 먹일 만하고, 경의 밭은 3,200모로서 280명을 먹일 만하며, 대부의 밭은 800모로서 72명을 먹일 만하고, 상사의 밭은 400모로서 36명을 먹일 만하고, 중사의 밭은 200모로서 18명을 먹일 만하고, 하사와 서민으로서 관에 있는 자는 100모로서 5~9명까지 먹일 만하며, 서민으로서 관에 있는 것은 부(府), 사(史), 서(胥), 도(徒)임. • 祿 : 봉록. 임금 이하의 봉록은 모두 조법의 공전이니, 농부의 힘을 빌려서 밭을 갈아서 그 세금을 거두고, 밭이 없는 사와 서민으로 관에 있는 자는 다만 관에서 봉록을 받는 것을 밭에서 거두어들이는 것과 같게 하였음.

| 의해 |

"천자의 땅이 후(侯)의 나라의 열 배이다. 천자의 경(卿)은 천자의 기내에서 받아먹는 땅이 백리로서 후와 같고, 대부가 받는 땅은 칠십 리로서 백(伯)과 같으며, 원사(元士)가 받는 땅은 오십 리로서 자(子) · 남(男)과 같다. 제후는 밖에서 방어에 힘쓰고, 왕의 신하는 안에서 다스림을 도우니, 공이 근본적으로 서로 같아서 대하기를 중히 하고 부리기를 가볍게 하는 형세이다. 이것이 왕의 기내에서 봉록을 정한 대강이다. 후(侯)의 나라에서 봉록을 정한 규례의 대강은 다음과 같다. 공과 후의 나라는 큰 나라로서 그 땅이 사방 백리이니, 임금과 경과 대부와 사와 서민으로서 관직에 있는 자는 봉록을 모두 여기에서 취한다. 임금은 경의 봉록에 비하여 열 배가 된다. 경의 봉록은 임금에게 비하면 비록 십분의 일이지만, 실상 대부의 네 배이다. 대부의 봉록은 경에 비하면 비록 사분의 일이지만, 실상 상사의 배이다. 상사의 봉록은 중

사의 배이고, 중사의 녹은 하사의 배이며, 하사와 서민으로서 관직에 있는 자는 봉록이 같다. 봉록은 밭가는 일을 대신 할 따름이다. 서민으로서 관직에 있는 자는 사(士)로 임명되지 못한 자이지만, 관직에 있기 때문에 밭을 갈지 못하고 봉록으로써 밭가는 일을 대신하는 것이다. 큰 제후 나라의 봉록의 등급이 대략 이와 같다."

차국 지방칠십리 군 십경록 경록 삼
2-5. 次國은 地方七十里니 君은 十卿祿이요 卿祿은 三
대부 대부 배상사 상사 배중사 중사 배
大夫요 大夫는 倍上士요 上士는 倍中士요 中士는 倍
하사 하사여서인재관자 동록 녹족이대기경
下士요 下士與庶人在官者는 同祿하니 祿足以代其耕
야 소국 지방오십리 군 십경록 경록
也니라 小國은 地方五十里니 君은 十卿祿이요 卿祿은
이대부 대부 배상사 상사 배중사 중사
二大夫요 大夫는 倍上士요 上士는 倍中士요 中士는
배하사 하사여서인재관자 동록 녹족이대기
倍下士요 下士與庶人在官者는 同祿하니 祿足以代其
경야
耕也니라

| 언해 |

버금나라ᄒᆞᆫ ᄯᅡ히 方이 七十里니 君은 卿의 祿에셔 열히오 卿의 祿은 태우에셔 세히오 태우ᄂᆞᆫ 上士에셔 倍 ᄒᆞ고 上士ᄂᆞᆫ 中士에셔 倍ᄒᆞ고 中士ᄂᆞᆫ 下士에셔 倍ᄒᆞ고 下士와 다ᄆᆞᆺ 庶人在官에 인ᄂᆞᆫ 者ᄂᆞᆫ 祿이 ᄒᆞᆫ가지니 祿이 足히ᄡᅥ 그 耕을 代ᄒᆞᄂᆞ니라 적은 나라ᄒᆞᆫ ᄯᅡ히 方이 五十里니 君은 卿의 祿에셔 열히오 卿의 祿은 태우에셔 둘히오 태우ᄂᆞᆫ 上士에셔 倍ᄒᆞ고 上士ᄂᆞᆫ 中士에셔 倍ᄒᆞ고 中士

ᄂᆞᆫ 下士에셔 倍ᄒᆞ고 下士와 다ᄆᆞᆺ 庶人官에 인ᄂᆞᆫ 者ᄂᆞᆫ 祿이 ᄒᆞᆫ 가지니 祿이 足히 ᄡᅥ 그 耕을 代ᄒᆞᄂᆞ니라

| 직역 |

"그 다음 나라는 땅이 사방 칠십 리이니, 임금의 봉록은 경의 열 배이고, 경의 봉록은 대부의 세 배이며, 대부는 상사의 배이고, 상사는 중사의 배이며, 중사는 하사의 배이고, 하사와 서인으로서 관에 있는 자는 봉록이 같으니, 봉록이 그 밭가는 일을 대신할 수 있다. 작은 나라는 땅이 사방 오십 리이니, 임금의 봉록은 경의 열 배이고, 경의 봉록은 대부의 두 배이며, 대부는 상사의 배이고, 상사는 중사의 배이며, 중사는 하사의 배이고, 하사와 서민으로서 관에 있는 자는 봉록이 같으니, 봉록이 그 밭가는 일을 대신할 수 있었다."

| 자해 |

三 : 세 배. 버금가는 나라는 임금의 밭이 24,000모로서 2,160명을 먹일 만하고, 경의 밭은 2,400모로서 216명을 먹일 만함. • 二 : 배. 작은 나라는 임금의 밭이 16,000모로서 1,440명을 먹일 만하고, 경의 밭은 1,600모로서 144명을 먹일 만함.

| 의해 |

"백(伯)은 버금가는 나라로서 그 땅이 사방 칠십 리이다. 임금과 경과 대부와 사와 관직에 있는 서인이 모두 여기에서 봉록을 취한다. 임금의 봉록이 경의 열 배가 되는 것은 큰 나라와 같지만, 경의 봉록은 조금 감하여 대부의 세배로 하고, 대부는 상사의 배로 하며, 상사는 중사의 배로 하고, 중사는 하사의 배로 하며, 하사와 서인으로서 관직에 있는 자는 봉록이 같다. 봉록이 밭가는 일을 대신 할 수 있는 것이 큰 나라와 같으며, 감하지 않는다. 버금가는 나라의 봉록의 등급이 대략 이와 같다. 자(子)와 남(男)은 작은 나라로서 그 땅이 사방 오십 리이다. 임금과 경과 대부와 사

와 서인으로서 관직에 있는 자는 모두 여기에서 봉록을 취한다. 임금의 봉록이 경의 열 배가 되는 것은 버금가는 나라와 같지만, 경의 봉록은 감하여 대부의 두 배이고, 대부는 상사의 배이며, 상사는 중사의 배이고, 중사는 하사의 배이며, 하사와 서인으로서 관직에 있는 자는 봉록이 같다. 봉록이 그 밭가는 일을 대신한 것은 버금가는 나라와 같이 하여 감하지 않는다. 작은 나라의 봉록의 등급이 대략 이와 같다."

2-6. 耕者之所獲은 一夫百畝니 百畝之糞에 上農夫는 食九人하고 上次는 食八人하고 中은 食七人하고 中次는 食六人하고 下는 食五人이니 庶人在官者其祿이 以是爲差니라

| 언해 |

耕ᄒᆞᄂᆞᆫ 者의 獲ᄒᆞᄂᆞᆫ바ᄂᆞᆫ 一夫ㅣ百畝ㅣ니 百畝엣 糞에 上農夫ᄂᆞᆫ 九人을 먹키고 上에 次ᄂᆞᆫ 八人을 먹키고 中은 七人을 먹키고 中에 次ᄂᆞᆫ 六人을 먹키고 下ᄂᆞᆫ 五人을 먹키ᄂᆞ니 庶人官에 인ᄂᆞᆫ 者ㅣ 그 祿이 일로ᄡᅥ 차등을 ᄒᆞᄂᆞ니라

| 직역 |

"경작자가 받는 것은 한 지아비에 백 모씩이니, 백 모를 가꿈에 상농부는 아홉 사람을 먹이고, 상농부에 버금가는 사람은 여덟 사람을 먹이며, 중농부는 일곱 사람을 먹이고, 중농부에 버금가는 사람은 여섯 사람을 먹이며, 하농부는 다섯 사람을 먹이니, 서민으

로서 관에 있는 자의 경우는 그 봉록을 이에 따라 차등을 둔다."

| 자해 |

獲 : '얻을 득(得)' 자와 같은 뜻. 한 부부가 밭 백 모를 다스려 부지런한 자가 상농이 됨.

| 의해 |

"서민으로서 관직에 있는 자의 봉록이 어찌 하사처럼 차등이 없겠는가? 봉록이 밭가는 일을 대신하는 데에도 수효에 차이가 있다. 이것은 밭가는 자의 얻는 것에도 차이가 있기 때문이다. 한 지아비가 밭 백 모를 얻어서 반드시 거름을 하는데, 거름이 많고 힘이 부지런한 자는 상농부가 되니, 그 수확이 아홉 사람을 먹일 수 있고, 그 다음가는 농부의 수확은 여덟 사람을 먹일 수 있으며, 중등 농부의 수확은 일곱 사람을 먹일 수 있고, 그 다음가는 농부의 수확은 여섯 사람을 먹일 수 있으며, 가장 게으른 자는 하등 농부로서 그 수확이 다섯 사람을 먹일 수 있다. 그 수확이 점점 박할수록 그 먹이는 것이 점점 적다. 밭가는 자의 수확이 대략 다섯 등급이다. 따라서 서민으로서 관직에 있는 자 가운데도, 일이 번거롭고 간략함이 있으며, 수고롭고 편안함이 있기 때문에 봉록을 올리고 내림이 있다. 일이 번거롭고 힘이 수고로운 자는 아홉 사람 기를 것을 주고, 그 나머지는 차례로 감등하여 일이 간략하고 힘이 편안한 자라도 다섯 사람 기를 것은 모자라지 않도록 하여 한결 같이 농부가 먹이는 수효가 많고 적은 것으로써 봉록을 주는 차등을 두니, 봉록이 밭가는 일을 대신할 수 있다는 것이 이와 같다. 여기서 성인이 임금의 벼슬과 봉록을 제정함에 분수를 엄격하게 정하고, 땅을 배분함에 지극히 공변됨을 볼 수 있다. 이것이 내가 들은 대략적인 내용인데, 제후들이 그 서적을 버렸으니 어찌할 것인가?"

| 요지 |

이 장의 내용은 주나라 『예기』 「왕제(王制)」 편과 같지 않고, 자세한 것은 알 수 없으니 빼어도 좋다. 그러나 맹자 당시로 말하면, 선왕과의 거리가 그리 멀지 않고, 또는 진나라의 분서(焚書)를 거치지 않았으므로 잔편이 남아 있었다. 그러나 맹자가 작록의 제도에 관해 이미 자세한 것은 듣지 못하였다고 하고, 지금의 예서(禮書)는 모두 불타고 난 나머지를 수습한 것이며, 한나라 선비가 견강부회한 데서 비롯된 것이니, 어찌 모두 믿어서 구절대로 해석할 수 있겠는가? 따라서 그 일을 세세히 따지기는 어렵다.

3-1. 萬章이 問曰 敢問友하노이다 孟子曰 不挾長하며 不挾貴하며 不挾兄弟而友니 友也者는 友其德也니 不可以有挾也니라 孟獻子는 百乘之家也라 有友五人焉하더니 樂正裘와 牧仲요 其三人則予忘之矣로라 獻子之與此五人者로 友也에 無獻子之家者也니 此五人者亦有獻子之家면 則不與之友矣리라

| 언해 |

萬章이 묻ᄌᆞ와 ᄀᆞᆯ오ᄃᆡ 敢히 友홈을 묻ᄌᆞᆸ노이다 孟子ㅣ ᄀᆞᆯᄋᆞ샤ᄃᆡ 長을 挾디 아니ᄒᆞ며 貴를 挾디 아니ᄒᆞ며 兄弟를 挾디 아니ᄒᆞ야 友홀띠니 友ᄒᆞ욤은 그 德을 友홈이니 可히 ᄡᅧ 挾홈을 두디 몯홀 꺼시니라 孟獻子ᄂᆞᆫ 百乘ㅅ 家ㅣ라 벋 五人을 두더니 樂正裘와 牧仲이오 그 三人則 내 忘호라 獻子의 이 五人者로 더블어 友ᄒᆞ욤

애 獻子의 家ㅣ 업슨 者ㅣ니 이 五人者ㅣ 또ᄒᆞᆫ 獻子의 家를 有ᄒᆞ면 곧 더블어 友티 아니 ᄒᆞ리라

| 직역 |

만장이 물었다. "감히 벗에 대해서 묻겠습니다." 맹자가 말하였다. "나이가 많음을 내세우지 않고, 귀함을 내세우지 않으며, 형제를 내세우지 않고 벗하는 것이다. 벗이란 그 덕을 벗하는 것이니, 내세움이 있어서는 안 된다. 맹헌자는 백승의 집안이다. 벗 다섯 사람이 있었는데, 악정구와 목중이요, 나머지 세 사람은 내가 잊어버렸다. 헌자가 이 다섯 사람과 벗함에 헌자의 집안을 의식함이 없었으며, 다섯 사람 또한 헌자의 집안을 마음에 두었다면 더불어 벗하지 않았을 것이다."

| 자해 |

挾 : 믿고 내세움. • 孟獻子 : 노나라의 어진 대부인 중손멸(仲孫蔑).

| 의해 |

만장이 말하였다. "감히 벗을 사귀는 도에 대해 묻겠습니다." 맹자가 말하였다. "벗을 사귀는 도는 마음을 낮추고, 예를 공손하게 해야 한다. 절대 자신의 나이가 많음을 내세우지 않고, 자신의 귀함을 내세우지 않고, 자신의 형제가 부귀함을 내세우지 않으면서 벗해야 할 것이다. 벗이라고 하는 것은 그 사람의 덕을 벗하여 나의 덕이 나아가는 데 의지가 되게 하는 것이다. 천하에 덕보다 위에 있는 것이 없다. 만일 한 가지라도 스스로 내세우는 마음을 가지고 있으면, 뜻이 교만해질 것이고, 따라서 덕이 있는 자가 장차 나를 벗하지 않을 것이다. 따라서 내세움이 있어서는 안 된다는 것이다. 벗을 사귈 때 진실로 내세움이 있어서는 안 되지만, 귀함을 내세우지 않는 일이 더욱 어렵다. 옛날에 귀함을 내세우지 않고 벗의 도를 다 한 사람을 예로 든다면, 노나라 대부 맹헌자가

있다. 그는 백승의 가문이어서 귀하다고 할 수 있었지만, 그의 벗 다섯 사람이 있었다. 이 가운데 악정구와 목중은 모두 어진 사람이고, 나머지 세 사람도 어진 사람이지만 내가 그 성명을 잊어버렸다. 헌자가 다섯 사람과 벗함이 어찌 범상하였겠는가? 다섯 사람은 모두 덕으로써 스스로를 중요하게 여기고, 형세와 이로움에 마음을 두지 않고, 헌자의 가문을 의식하지 않았다. 이것이 헌자가 벗한 까닭이다. 가령 다섯 사람이 헌자의 가문에 마음을 두었더라면, 헌자가 천하게 여기고 더불어 벗하지 않았을 것이다. 이것이 헌자가 덕을 위하여 벗하고, 백승 가문의 귀함을 내세우지 않았던 이유이다."

비 유 백 승 지 가 위 연 야 수 소 국 지 군 역 유 지
3-2. 非惟百乘之家爲然也라 雖小國之君이라도 亦有之
비 혜 공 왈 오 어 자 사 즉 사 지 의 오 어 안 반 즉 우
하니 費惠公이 曰 吾於子思則師之矣요 吾於顔般則友
지 의 왕 순 장 식 즉 사 아 자 야
之矣요 王順長息則事我者也라하니라

| 언해 |

오직 百乘ㅅ 家ㅣ 그러ᄒᆞᆯ ᄲᅮᆫ이 아니라 비록 小國엣 君이라도 ᄯᅩᄒᆞᆫ 이시니 費惠公이 ᄀᆞᆯᄋᆞᄃᆡ 내 子思애ᄂᆞᆫ 師ᄒᆞ고 내 顔般애ᄂᆞᆫ 友ᄒᆞ고 王順과 長息이ᄂᆞᆫ 나ᄅᆞᆯ 事ᄒᆞᄂᆞᆫ 者ㅣ라 ᄒᆞ니라

| 직역 |

"단지 백승의 집안만 그러한 것이 아니라, 비록 작은 나라의 임금이라도 또한 그러한 경우가 있다. 비혜공이 말하기를 '내가 자사에 대해서는 스승으로 섬기고, 내가 안반에 대해서는 벗으로 대하고, 왕순과 장식은 나를 섬기는 자이다'라고 하였다."

| 자해 |

惠公 : 비(費) 땅의 임금. • 師 : 높임. • 友 : 공경함. • 事我者 : 부림.

| 의해 |

"오직 백승 가문의 대부만 그러할 뿐 아니라, 비록 작은 나라의 임금일지라도 귀함을 내세우지 않은 사람이 있었다. 비땅의 혜공이 말하기를 '벗을 사귀는 도가 사람에 따라 달라지는 것이다. 내가 자사와 같은 큰 어진 이를 스승으로 섬기는 것은 그 덕이 내가 본받을 만해서이고, 내가 안반과 같은 어진 이에게는 벗으로서 사귄 것은 그 덕이 나를 도와줄 만해서이며, 왕순과 장식과 같은 사람은 내가 그 재주가 부릴 만하기에 나를 섬기는 자이다. 어찌 감히 스승과 벗하는 항렬에 섞이게 하겠는가?'라고 하였다. 혜공의 말을 보면, 벗하는 것은 덕으로써 하고, 작은 나라의 귀함을 내세울 수 없음을 알 수 있다."

비유소국지군 위연야 수대국지군 역
3-3. 非惟小國之君이 爲然也라 雖大國之君이라도 亦
유지 진평공지어해당야 입운즉입 좌운즉
有之하니 晉平公之於亥唐也에 入云則入하며 坐云則
좌 식운즉식 수소식채갱 미상불포
坐하며 食云則食하여 雖疏食菜羹이라도 未嘗不飽하니
개불감불포야 연 종어차이이의 불여공천위
蓋不敢不飽也라 然이나 終於此而已矣요 弗與共天位
야 불여치천직야 불여식천록야 사지존
也하며 弗與治天職也하며 弗與食天祿也하니 士之尊
현자야 비왕공지존현야
賢者也라 非王公之尊賢也니라

| 언해 |

오직 小國엣 君이 그러ᄒᆞᆯ ᄲᅮᆫ이 아니라 비록 大國엣 君이라도 ᄯᅩ ᄒᆞᆫ이시니 晉平公이 亥唐의게 入ᄒᆞ라 니ᄅᆞ면 入ᄒᆞ며 坐ᄒᆞ라 니ᄅᆞ면 坐ᄒᆞ며 食ᄒᆞ라 니ᄅᆞ면 食ᄒᆞ야 비록 疏食와 菜羹이라도 일쯕 飽티 아니티 아니ᄒᆞ니 敢히 飽티 아니티 몯ᄒᆞ애니라 그러나 이예 終ᄒᆞᆯ ᄯᆞᄅᆞᆷ이오 더불어 天位ᄅᆞᆯ 共티 아니하며 더블어 天職을 治티 아니ᄒᆞ며 더블어 天祿을 食티 아니ᄒᆞ니 士의 賢을 尊ᄒᆞᆷ이라 王公의 賢을 尊ᄒᆞᆷ이 아니니라

| 직역 |

"단지 작은 나라의 임금만 그러한 것이 아니라, 비록 큰 나라의 임금일지라도 그러한 경우가 있다. 진나라 평공은 해당과의 관계에 있어서, 들어오라고 하면 들어오고, 앉으라고 하면 앉으며, 먹으라고 하면 먹어서 비록 거친 밥과 나물 국이라도 일찍이 배부르지 않음이 없었으니, 감히 배불리 먹지 않을 수 없기 때문이었다. 그러나 이에 그칠 따름이고, 하늘이 준 지위를 같이 하지 않고, 하늘이 준 직분을 함께 다스리지 않으며, 하늘이 준 봉록을 함께 먹지 않았으니, 이는 선비가 어진 이를 높이는 것이지, 왕공이 어진 이를 높이는 것이 아니었다."

| 자해 |

亥唐 : 진(晉) 나라의 어진 사람. • 疏食 : 거친 밥. 음은 '소사'. • 天位 · 天職 · 天祿 : 위(位)를 하늘이 준 지위, 직(職)을 하늘이 준 직분, 녹(祿)을 하늘이 준 봉록이라고 한 것은 하늘이 어진 사람을 기다려서 그로 하여금 하늘이 준 백성을 다스리게 하는 것이지, 임금이 임의로 할 수 없음을 뜻함.

| 의해 |

"오직 작은 나라의 임금만 그러할 뿐 아니라, 비록 큰 나라의 임금일지라도 자신의 귀함을 내세우지 않는 사람이 있었다. 진나라 평공은 해당의 어짊을 사모하여 그 집에 나아가서 극진한 예로

대우하고, 조심스럽게 명을 받들어 반드시 해당이 들어오라고 하면 들어가고, 앉으라고 하면 앉으며, 먹으라고 하면 먹었다. 비록 먹는 것이 지극히 박한 거친 밥과 나물국이라도 일찍이 배불리 먹지 않은 적이 없었으니, 그를 높임이 지극하다고 할 수 있을 것이다. 그러나 안타깝게도 이에 그칠 따름이었다. 하늘은 덕 있는 사람에게 벼슬의 지위를 주는 것인데, 평공은 하늘이 준 지위를 함께 하지 않았고, 하늘은 덕 있는 사람에게 직분의 일을 맡기는 것인데, 평공은 하늘이 준 직분을 함께 하지 않았으며, 하늘은 덕 있는 사람에게 봉록을 먹여 기르는 것인데, 평공은 하늘이 준 봉록을 함께 먹여 봉양하지 않았다. 이것은 선비로서 벼슬과 땅이 없는 자가 어진 이를 높이는 방법이고, 왕공으로서 임용할 권세를 갖고 있는 자가 어진 이를 높이는 방법이 아니다. 그러나 여기서 벗을 사귐에 진실로 덕 있는 이를 벗하는 데 뜻을 두고, 큰 나라의 귀함을 내세워서는 안 됨을 알 수 있다."

순 상견제 제관생우이실 역향순
3-4. 舜이 尙見帝어시늘 帝館甥于貳室하시고 亦饗舜하사
질위빈주 시 천자이우필부야 용하경상
迭爲賓主하시니 是는 天子而友匹夫也니라 用下敬上을
위지귀귀 용상경하 위지존현 귀귀존현 기
謂之貴貴요 用上敬下를 謂之尊賢이니 貴貴尊賢이 其
의일야
義一也니라

| 언해 |

舜이 尙ᄒᆞ야 帝ᄅᆞᆯ 보ᄋᆞ와시ᄂᆞᆯ 帝ㅣ 甥을 貳室에 館ᄒᆞ시고 ᄯᅩᄒᆞᆫ 舜의게 饗ᄒᆞ샤 서ᄅᆞ 賓이며 主ㅣ 되시니 이ᄂᆞᆫ 天子ㅣ오 匹夫ᄅᆞᆯ 友ᄒᆞᆷ이니라 下로ᄡᅥ 上을 敬ᄒᆞ욤을 貴ᄅᆞᆯ 貴ᄒᆞᆷ이라 니ᄅᆞ고 上으로

쎠 下롤 敬ᄒᆞ욤을 賢을 尊홈이라 니ᄅᆞᄂᆞ니 貴롤 貴ᄒᆞ며 賢을 尊홈이 그 義ㅣ ᄒᆞᆫ가지니라

| 직역 |

"순이 위에 올라가 요임금을 뵈었을 때, 요임금은 사위[순]를 부궁(副宮)에 머물게 하고 순에게 음식을 얻어먹어 번갈아 손님과 주인이 되었으니, 이는 천자로서 필부를 벗한 것이다. 아랫사람으로서 윗사람을 공경하는 것을 귀한 이를 귀하게 한다고 이르고, 윗사람으로서 아랫사람을 공경하는 것을 어진 이를 높인다고 이르니, 귀한 이를 귀하게 여기고, 어진 이를 높이는 그 뜻이 한가지이다."

| 자해 |

尙 : 오름. '위 상(上)' 자의 뜻. • 館 : 숙소. • 甥 : 사위. 요임금이 두 딸을 순의 아내로 주었기 때문에 순을 사위라고 이름. • 貳室 : 부궁(副宮). 버금가는 궁.

| 의해 |

"이 외에도 요임금이 순을 배려한 일이 있다. 옛날 순이 역산으로부터 올라와서 요임금을 뵈었는데, 요임금이 두 딸을 아내로 삼게 하여 순을 사위로 삼고, 부궁에 머물게 하였다. 또한 요임금이 사관에 나아가 순에게 음식을 먹일 때에는 순이 손님이 되고, 요가 주인이 된 것이고, 순에게서 먹을 때에는 요임금이 손님이 되고 순이 주인이 된 것처럼 하였다. 서로 손님이 되고 주인이 됨을 이와 같이 한 것은 요임금이 천자로서 필부인 순의 덕을 벗하신 것이다. 이는 참으로 귀함을 내세우지 않은 것이니, 오직 큰 나라 임금만 그러했던 것이 아니다. 옛 사람이 귀함을 내세우지 않고 덕을 벗함이 이와 같으니, 어찌 의에 합하지 않은 일을 하였겠는가? 천하의 분수와 벼슬의 지위가 있음으로써 예를 높이는 것이

고, 도와 덕이 있음으로써 인을 돕는 것이다. 아랫사람으로써 윗사람을 공경하는 것은 지위가 있기 때문이니 이른바 귀함을 귀하게 여기는 것이다. 윗사람으로써 아랫사람을 공경하는 것은 덕이 있기 때문이니, 이른바 어진 이를 높이는 것이다. 귀한 이를 마땅히 귀하게 여길 만하여 귀하게 여기는 것은 마땅한 일이고, 어진 이를 마땅히 높일 만하여 높이는 것도 마땅한 일이다. 그 의가 똑같은데 어찌하여 세상 사람들이 다만 귀함이 있는 것만을 알고, 어진 이가 있는 줄은 알지 못하는가? 이것이 참으로 벗의 도가 날로 쇠퇴하는 까닭이다."

| 요지 |

이 장은 벗이 인륜의 하나로써 어짊의 도움이 됨을 말한 것이다. 따라서 천자로서 필부를 벗하는 것이 비굴한 일이 아니며, 필부로서 천자를 벗하는 것이 참람한 일이 아니다. 이것이 요와 순이 인륜의 지극함이 된 바로서, 맹자가 말할 때마다 일컫는 까닭이다.

만 장 문 왈 감 문 교 제 하 심 야 맹 자 왈 공 야
4-1. 萬章이 問曰 敢問交際는 何心也잇고 孟子曰 恭也
왈 각 지 각 지 위 불 공 하 재 왈 존 자 사 지
니라 曰 卻之卻之가 爲不恭은 何哉잇고 曰 尊者賜之어
왈 기 소 취 지 자 의 호 불 의 호 이 후 수 지 이 시
든 曰 其所取之者義乎아 不義乎아 而後受之라 以是
위 불 공 고 불 각 야
爲不恭이니 故로 弗卻也니라

| 언해 |

萬章이 묻ᄌᆞ와 ᄀᆞᆯ오ᄃᆡ 敢히 묻ᄌᆞᆸ노이다 交際ᄒᆞ욤은 엇던 ᄆᆞ옴이니잇고 孟子ㅣ ᄀᆞᆯᄋᆞ샤ᄃᆡ 恭흠이니라 ᄀᆞᆯ오ᄃᆡ 卻ᄒᆞ욤이 恭티 아니타

흠은 엇디잇고 ᄀᆞᆯᄋᆞ샤ᄃᆡ 尊者ㅣ賜ᄒᆞ거든 ᄀᆞᆯ오ᄃᆡ 그 取ᄒᆞᆫ밧者ㅣ義인가 義아닌가 ᄒᆞᆫ 後에 受ᄒᆞᄂᆞᆫ디라 일로ᄡᅥ 恭티 아니타 ᄒᆞ니 故로 卻디 아니 ᄒᆞᄂᆞ니라

| 직역 |

만장이 물었다. "감히 묻건대 교제는 어떠한 마음으로 해야 합니까?" 맹자가 말하였다. "공경이다." 만장이 말하였다. "자꾸 물리치는 것은 공경스럽지 못하다고 하는 것은 어째서입니까?" 맹자가 말하였다. "높은 사람이 줄 때, 말하자면 받는 것이 의인가 불인인가를 생각한 뒤에 받는다면 공경스럽지 못한 것이다. 따라서 물리치지 않는 것이다."

| 자해 |

際 : 접함. 교제는 예의와 폐백으로써 서로 사귀는 것을 이름. • 卻 : 받지 않고 돌려보냄.

| 의해 |

맹자가 남의 나라에 벼슬하지 않고 그 교제를 받아들이는 것을 본 만장이 물었다. "감히 묻겠습니다. 사람이 예의와 폐백으로써 서로 교제하는 것이 이와 같은 것은 어떠한 마음입니까?" 맹자가 말하였다. "교제하는 예는 공경하는 마음을 드러내 보이는 것이다." 만장이 말하였다. "교제가 진실로 공손해야 하지만, 사양하는 것도 공손한 것이 되는데 물리치고 받지 않는 자가 있으면, 사람들이 공손하지 않다고 하는 것은 어째서입니까?" 맹자가 말하였다. "남이 주는 물건을 본래 이유 없이 물리치는 경우는 없다. 만일 높은 자가 나에게 주는 것이 있을 때 마음속으로 그 물건의 출처를 생각하여 '이 물건을 받는 것이 의에 합당한가, 의에 합당하지 않은가?'라고 하여 반드시 의에 합한 것이면 받고, 그렇지 않으면 물리쳐야 할 것이다. 그러나 높은 자가 공손한 뜻으로 나

에게 주는데 내가 그 의가 아님을 헤아려 물리치면 각박한 뜻을 면하지 못하고 그 물건을 더럽게 여기고 그 사람을 소홀히 여기는 것이다. 이처럼 공손하지 않은 것이 되기 때문에, 군자는 높은 자가 주는 것을 받을 만하면 받고, 물리치지 않는 것이다."

왈 청무이사각지 이심각지왈 기취저민지불
4-2. 曰 請無以辭卻之오 以心卻之曰 其取諸民之不
의야 이이타사 무수불가호 왈 기교야이도
義也 而以他辭로 無受不可乎잇가 曰 其交也以道요
기접야이례 사 공자 수지의
其接也以禮면 斯는 孔子도 受之矣시니라

| 언해 |

ᄀᆞᆯ오ᄃᆡ 請컨댄 辭로ᄡᅥ 卻디말오 心으로ᄡᅥ 卻ᄒᆞ야 ᄀᆞᆯ오ᄃᆡ 그 民의게 取홈이 義아니라ᄒᆞ야 他辭로ᄡᅥ 受티 마롬이 可티 아니ᄒᆞ니 잇가 ᄀᆞᆯᄋᆞ샤ᄃᆡ 그 交홈이 道로ᄡᅥ ᄒᆞ고 그 接홈이 禮로ᄡᅥ ᄒᆞ면 이ᄂᆞᆫ 孔子도 受ᄒᆞ시니라

| 직역 |

만장이 말하였다. "청하건대 말로써 물리치지 말고, 마음으로써 물리쳐 말하기를 '그 백성에게 취하는 것이 의가 아니다'라고 하여, 다른 구실로 받지 않는 것은 옳지 않습니까?" 맹자가 말하였다. "그 교제를 도로써 하고, 그 대접을 예로써 하면 이는 공자도 받았다."

| 의해 |

만장이 말하였다. "의롭지 않은 물건을 주는 것은 스스로 받지 않아야 할 것입니다. 청하건대 말로써 물리치지 말고 마음으로써

물리치면서 '이 물건은 불의로 백성에게 취한 것이다. 받을 만한 이치가 없다'고 하고, 다른 말로 핑계를 대며 받지 않는다면, 내게 있어서는 불의로 더럽힘이 없고, 저 사람에 대해서는 공손하지 않은 혐의가 없을 것이니, 내 몸도 잃지 않고, 또한 남도 잃지 않을 것이니, 옳지 않습니까?" 맹자가 말하였다. "교제하는 예에 어찌 반드시 마음으로 그 물건의 출처가 의가 아님을 헤아릴 수 있겠는가? 다만 예와 의에 맞으면 공자와 같은 이도 받았으니, 어찌 물리치겠는가?"

4–3. 萬章이 曰 今有禦人於國門之外者 其交也以道요 其餽也以禮면 斯可受禦與잇가 曰 不可하니 康誥에 曰 殺越人于貨하여 閔不畏死를 凡民이 罔不譈라하니 是는 不待教而誅者也니 (殷受夏周受殷所不辭也於今爲烈) 如之何其受之리오

| 언해 |

萬章이 ᄀᆞᆯ오ᄃᆡ 이제 人을 國門外예 禦ᄒᆞᄂᆞᆫ 者ㅣ 그 交홈이 道로
ᄡᅧ ᄒᆞ고 그 餽홈이 禮로ᄡᅧ ᄒᆞ면 이에 可히 禦ᄒᆞᆫ거ᄉᆞᆯ 受ᄒᆞ리잇가
ᄀᆞᆯᄋᆞ샤ᄃᆡ 可티 아니ᄒᆞ니 康誥애 ᄀᆞᆯ오ᄃᆡ 人을 貨애 殺ᄒᆞ야 越ᄒᆞ야
閔히 死ᄅᆞᆯ 畏티 아니 ᄒᆞᄂᆞᆫ 이ᄅᆞᆯ 믈읫 民이 譈티 아니리 업다 ᄒᆞ니
이ᄂᆞᆫ 教ᄅᆞᆯ 待티 아니 ᄒᆞ야 誅ᄒᆞᆯ 者ㅣ니 엇디 그 受ᄒᆞ리오

| 직역 |

만장이 말하였다. "가령 성문 밖에서 사람을 막고서 강도질한 자

가 교제를 도로써 하고, 주기를 예로써 하면 강도질한 것을 받을 수 있습니까?" 맹자가 말하였다. "안 된다. 「강고」에서 말하기를, '사람을 재물 때문에 죽여 엎드러뜨리고 완강하게 죽는 것을 두려워하지 않는 자를 모든 백성들이 원망하지 않는 이가 없다'고 하니, 이는 가르침을 기다리지 않고 베어야 할 자이니, 어찌 그것을 받겠는가?"

| 자해 |

禦 : 막음. • 國門之外 : 사람이 없는 곳. • 康誥 : 『서경』「주서」의 편 이름. • 越 : 전월(顚越). 엎어뜨림. • 閔 : 『서경』에는 '강할 민(暋)' 자로 되어 있고, '범민(凡民)' 두 글자는 없음. • 譈 : 원망함. • "殷受"에서부터 "爲烈"까지는 잘못 들어간 문장.

| 의해 |

만장이 말하였다. "만약 물건의 출처를 묻지 않고 다만 그 교제만 본다면, 가령 사람을 성문 밖에서 살인한 자가 있다면 불의가 심한 것인데, 그 사귐이 도로써 하고, 그 먹임이 예로써 하여 공손하다면, 그 사람을 죽이고 빼앗은 재물이라도 받을 수 있습니까?" 맹자가 말하였다. "옳지 않다. 「강고」의 말이 있으니 '그 사람을 죽이고, 그 사람의 시체를 넘어뜨리며, 그 재물을 빼앗고 완악하여 죽음을 두려워 할 줄을 알지 못하는 것을 모든 백성이 원망하지 않는 이가 없다'고 하였다. 이 말을 통해서 보면, 사람을 죽인 도적은 왕법에 용납되지 못하는 것이다. 이런 사람은 가르치고 경계함을 기다리지 않고 마땅히 벨 자이다. 어찌 그것을 받을 수 있겠는가?"

4-4. 曰 今之諸侯取之於民也 猶禦也어늘 苟善其禮際矣면 斯는 君子도 受之라하시니 敢問何說也니잇고 曰 子以爲有王者作인댄 將比今之諸侯而誅之乎아 其教之不改而後에 誅之乎아 夫謂非其有而取之者를 盜也는 充類至義之盡也라 孔子之仕於魯也에 魯人이 獵較이어늘 孔子亦獵較하시니 獵較도 猶可온 而況受其賜乎인져

| 언해 |

ᄀᆞᆯ오ᄃᆡ 이제 諸侯ㅣ 民의게 取ᄒᆞ욤이 禦함ᄀᆞᆮ거늘 진실로 그 禮와 際ᄅᆞᆯ 善이 ᄒᆞ면 이ᄂᆞᆫ 君子도 受ᄒᆞᆫ다 ᄒᆞ시니 敢히 묻ᄌᆞᆸ노이다 엇던 말ᄉᆞᆷ이니잇고 ᄀᆞᆯᄋᆞ샤ᄃᆡ 子ㅣ ᄡᅥ 호ᄃᆡ 王者ㅣ 作ᄒᆞ리 이실띤댄 쟝ᄎᆞᆺ 이젯 諸侯ᄅᆞᆯ 比ᄒᆞ야 誅ᄒᆞ랴 그 教ᄒᆞ야 改티 아니ᄒᆞᆫ 後에 誅ᄒᆞ랴 그 두디 아닐꺼ᄉᆞᆯ 取ᄒᆞ욤을 盜ㅣ라 닐옴ᄋᆞᆫ 類ᄅᆞᆯ 充ᄒᆞ야 義盡ᄒᆞ욤애 至ᄒᆞ욤이라 孔子ㅣ 魯애 仕ᄒᆞ심애 魯人이 獵에 較ᄒᆞ거늘 孔子ㅣ ᄯᅩᄒᆞᆫ 獵에 較ᄒᆞ시니 獵에 較ᄒᆞ욤도 오히려 可 ᄒᆞ곤 ᄒᆞ믈며 그 賜ᄅᆞᆯ 受홈이 ᄯᆞ녀

| 직역 |

만장이 말하였다. "지금 제후가 백성에게 취하는 것이 강도질과 같은데, '만일 그 예와 교제를 잘하면 이는 군자도 받는다'고 하시니 감히 묻건대 무슨 뜻입니까?" 맹자가 말하였다. "자네가 생각하기에, 왕자가 나온다면 장차 지금의 제후를 모조리 벨 것인가? 그 사람을 가르쳐서 고치지 않은 뒤에 베겠는가? 자기 소유가 아

닌 것을 취하는 것을 도적이라고 이르는 것은 그 종류를 확충해 나가서 뜻을 다하기에 이른 것이다. 공자가 노나라에서 벼슬할 때에 노나라 사람들이 엽각을 하자 공자도 엽각을 하였으니, 엽각도 가능하다면 하물며 그 주는 것을 받는 것에 있어서랴?"

| 자해 |

比 : '이을 연(連)' 자의 뜻. • 獵較 : 일설에는 사냥한 것을 서로 비교하여 상대의 짐승을 빼앗아서 제사한다고 하고, 혹은 사냥하여 얻은 짐승의 많고 적은 것을 비교하는 것이라고 하는데, 누가 옳은 지는 분명하지 않음.

| 의해 |

만장이 말하였다. "사람을 죽이고 빼앗은 물건을 받지 못할 것이라고 한다면, 지금의 제후가 백성에게 취한 것이 횡포하여 의가 아닌 것이 사람을 죽이고 빼앗은 것과 같습니다. 그런데 바깥으로 예에만 의거하여 교제를 잘하면 군자도 받는다고 하니, 감히 묻건대 어떠한 뜻입니까?" 맹자가 말하였다. "제후의 취함을 사람을 죽이고 빼앗는 데에 비하니, 너무 심하다. 예컨대 법을 가지고 의론한다면, 자네가 생각하기에, '지금 왕천하 하는 자가 있어서 법과 형벌을 밝혀서 바르게 한다고 하면 제후들을 모두 다 베겠는가? 아니면 먼저 가르치고 경계하여 마침내 허물을 고치지 않은 뒤에야 베겠는가? 만일 가르쳐도 고치지 않은 뒤에 베겠다고 하면 사람을 죽이고 빼앗은 자에게 가르치고 경계함을 기다리지 않고 베는 것과 다르지만, 이치로써 의론하면, 의가 진실로 조금도 구차하지 않은 것이다. 자기 것이 아닌 물건을 취하는 자를 도적과 같다고 하는 것은 불의의 종류를 미루어 의(義)의 지극히 정밀한 곳까지 이르러 말한 것이다. 자기 소유가 아닌 것을 취하는 것과 사람을 죽이고 빼앗는 것은 모두 불의이지만, 작은 것과 큰 것의 차이가 있어서 참 도적이라고 할 수 없다. 따라서 제후들이 자기 소유가 아닌 것을 취하는 것을 어찌 도적과 같다고 하겠는

가? 이것은 사람을 죽이고 빼앗은 도적과 같지 않은 것이니, 군자가 그 예로 교제하는 것을 받는 것이 무엇이 옳지 않겠는가? 예전에 공자가 노나라에서 벼슬할 때 노나라 사람의 풍속이 제사 때가 되면 매번 함께 사냥하여 새와 짐승을 비교하여 상대편의 것을 빼앗아 제사하였는데, 공자도 풍속을 좇아서 금지하지 않았다. 이 또한 물건을 취함에 예로써 하지 않는 것이지만, 공자는 오히려 따랐으니, 하물며 제후가 주는 것이 교제를 도로써 하고, 대접을 예로써 한다면 어찌 받지 않을 수 있겠는가?"

왈 연즉공자지사야 비사도여 왈 사도야
4-5. 曰 然則孔子之仕也는 非事道與잇가 曰 事道也시
사도 해렵각야 왈 공자선부정제기
니라 事道어시니 奚獵較也잇고 曰 孔子先簿正祭器하사
불이사방지식 공부정 왈 해불거야
不以四方之食으로 供簿正하시니라 曰 奚不去也니잇고
왈 위지조야 조족이행의이불행이후 거
曰 爲之兆也시니 兆足以行矣而不行而後에 去하시니
시이 미상유소종삼년엄야
是以로 未嘗有所終三年淹也시니라

| 언해 |

ᄀᆞᆯ오ᄃᆡ 그러면 孔子의 仕ᄒᆞ심ᄋᆞᆫ 道ᄅᆞᆯ 事티 아니 ᄒᆞ시니잇가 ᄀᆞᆯᄋᆞ샤ᄃᆡ 道ᄅᆞᆯ 事ᄒᆞ시니라 道ᄅᆞᆯ 事ᄒᆞ거시니 엇디 獵에 較ᄒᆞ시니 잇고 ᄀᆞᆯᄋᆞ샤ᄃᆡ 孔子ㅣ ᄆᆞᆫ져 簿로 祭器ᄅᆞᆯ 正ᄒᆞ샤 四方읫 食으로ᄡᅥ 簿正ᄒᆞ욤을 供티 아니 ᄒᆞ시니라 ᄀᆞᆯ오ᄃᆡ 엇디 去티 아니 ᄒᆞ시니 잇고 ᄀᆞᆯᄋᆞ샤ᄃᆡ 兆ᄅᆞᆯ ᄒᆞᆷ이시니 兆ㅣ 足히 ᄡᅥ 行ᄒᆞ리로ᄃᆡ 行티 몯ᄒᆞᆫ 후에 去ᄒᆞ시니 일로ᄡᅥ 일쯕 三年이 終토록 淹ᄒᆞ신 배 잇대 아니 ᄒᆞ시니라

| 직역 |

만장이 말하였다. "그렇다면 공자가 벼슬한 것은 도를 일삼은 것이 아닙니까?" 맹자가 말하였다. "도를 일삼은 것이다." 만장이 말하였다. "도를 일삼았다면 어째서 엽각을 하였습니까?" 맹자가 말하였다. "공자가 먼저 문서로 제기를 바르게 하여 사방의 음식물을 공급하지 않도록 하셨다." 만장이 말하였다. "어째서 떠나지 않았습니까?" 맹자가 말하였다. "조짐 때문이다. 조짐이 시행될 만한 것인데도 행해지지 못한 후에 떠났으니, 이 때문에 일찍이 삼 년이 되도록 머무른 곳이 없었다."

| 자해 |

事道 : 도를 행하는 것을 일삼음. • 事道奚獵較 : 만장의 물음. • 先簿正祭器 : 일설에는 먼저 문서로써 제기를 바르게 하여 일정한 수효가 있게 하고, 사방에 계속하기 어려운 물건으로 채우지 않음. • 兆 : 점칠 때의 조짐과 같음. 일의 단서.

| 의해 |

만장이 말하였다. "그렇다면 공자가 벼슬한 것이 풍속만 좇고 도로써 풍속을 바꾸게 함을 생각하지 않은 것이니, 도를 일삼지 않으신 것입니까?" 맹자가 말하였다. "도를 일삼으셨다." 만장이 말하였다. "도를 행함을 일삼았다면 사냥을 비교한 것은 도의 일이 아니니, 마땅히 변혁해야 할 것인데, 어찌하여 풍속을 좇아서 하셨습니까?" 맹자가 말하였다. "공자가 풍속을 좇는 가운데에 풍속을 변하는 도리가 있으니, 노나라 사람의 사냥을 비교하여 제사하는 것은 제사에 정한 물품이 없었기 때문이고, 정한 물품이 없는 것은 제기에 일정한 수효가 없기 때문이었다. 공자는 먼저 문서로써 제기를 바르게 하여 일정한 수효가 있게 하고, 사방에서 구하기 어려운 물건으로써 채우지 않았으니, 그릇에 일정한 수효가 있고 일정한 물품이 있으면, 그 근본이 바르게 될 것이다. 사냥한 것을 비교하더라도 쓸 곳이 없다면, 오래되면서 그 폐단이

저절로 없어질 것이다. 이것이 공자가 잠시 풍속과 같이 하고 어기지 않은 이유이다." 만장이 말하였다. "공자가 이처럼 한 것이 마지못하여 한 것이라면, 도를 행할 뜻을 이루지 못하는 것인데 어찌하여 떠나지 않았습니까?" 맹자가 말하였다. "성인이 도를 천하에 행하고자 할 때, 법을 너무 급하게 고치면 사람들로 하여금 의심하고 두려운 마음이 있게 하여서 도가 행해지기 어려울 것이다. 공자가 떠나지 않고, 그 나라에서 벼슬하여 그 풍속을 편안히 한 것은 조금이라도 도를 행하는 단서를 시험하여서 사람들에게 보여서 그들로 하여금 자신의 도가 행할 만한 것임을 알게 하고자 한 것이다. 만일 그 단서가 행할 만한데도 임금과 정승이 크게 써서 행하지 못한 연후에 뜻을 결단하여서 떠났으니, 그러므로 일찍이 삼 년을 마치도록 한 나라에 머무르지 않았다. 그 머묾을 도로써 하고, 그 떠남을 도로써 한 것이다. 공자가 벼슬한 것은 도를 일삼은 것임을 믿을 수 있다."

공자유견행가지사 유제가지사 유공
4-6. 孔子有見行可之仕하시며 有際可之仕하시며 有公
양지사 어계환자 견행가지사야 어위령공
養之仕하시니 於季桓子엔 見行可之仕也요 於衛靈公
제가지사야 어위효공 공양지사야
엔 際可之仕也요 於衛孝公엔 公養之仕也니라

| 언해 |

孔子ㅣ行ᄒᆞ욤이 可ᄒᆞᆷ을 見ᄒᆞ신 仕도 겨시며 際ᄒᆞᆷ이 可ᄒᆞᆫ 仕도 겨시며 公의 養으로 ᄒᆞ신 仕도 겨시니 季桓子앤 行ᄒᆞ욤이 可ᄒᆞᆷ을 見ᄒᆞ신 仕ㅣ오 衛靈公앤 際ᄒᆞᆷ이 可ᄒᆞᆫ 仕ㅣ오 衛孝公앤 公의 養으로 ᄒᆞ신 仕ㅣ니라

| 직역 |

"공자는 도를 행할 만한 것을 본 벼슬이 있었고, 교제가 가능한 벼슬이 있었으며, 공양의 벼슬이 있었다. 계환자에게는 도를 행할 만한 것을 본 벼슬이었고, 위령공에게는 교제가 가능한 벼슬이었으며, 위효공에게는 공양을 받는 벼슬이었다."

| 자해 |

見行可 : 그 도를 행할 만함을 본 것. • 際可 : 교제하는 데에 예로써 함. • 公養 : 임금이 어진 이를 기르는 예. • 季桓子 : 노나라 대부 계손사(季孫斯). • 衛靈公 : 위나라 임금. 이름은 원(元). • 孝公 : 『춘추』와 『사기』에 모두 보이지 않으니, 출공(出公) 첩(輒)인 듯함.

| 의해 |

"또한 공자가 도를 일삼은 마음을 단지 노나라에서 벼슬한 것으로만 볼 것이 아니다. 공자가 벼슬한 것은 일찍이 구차하지도 않고, 또한 과히 어렵지도 않았다. 그 도를 행할 만함을 보고 몸을 버려서 벼슬한 일도 있고, 그 나라 임금과 교제하는 사이에 공경을 이루고 예를 다하기 때문에 벼슬한 일도 있으며, 그 나라 임금이 어진 이를 봉양하는 법을 닦기 때문에 벼슬한 일도 있었다. 무엇으로 상고할 수 있는가? 노나라에 벼슬한 것은 계환자가 나라의 정사를 잡은 때이다. 공자가 사구 벼슬로 노나라 정승의 일을 아울러 행하였으니, 이것은 행함이 될 만한 것을 본 벼슬이다. 위령공에게는 임금의 교제가 될 만함을 본 벼슬이며, 위효공에게는 임금의 봉양함으로 인하여 한 벼슬이다. 공자가 벼슬한 경우를 대개 이 세 가지로 포괄할 수 있으니, 일찍이 무엇이 심한 것이 있으며, 또 군자가 주는 것을 받음에 무슨 의심이 있겠는가?"

| 요지 |

이 장은 교제라는 것은 제후가 선비를 먹이는 데에 있음을 말한 것이다. 앞 다섯 구절은 반복하여 교제상 받을 만한 의를 의론하

여 공자에게 절충한 것이고, 뒤의 두 구절은 공자가 벼슬한 의를 의론하여 교제상 받을 만한 의를 발명한 것이다. 이 장의 큰 뜻은 '도를 일삼는다'는 구절을 큰 강령으로 삼고, '교제'와 '도' 두 구절을 단안(斷案)으로 삼는다.

맹 자 왈 사 비 위 빈 야 이 유 시 호 위 빈 취 처 비 위

5-1. 孟子曰 仕非爲貧也 而有時乎爲貧하며 娶妻非爲

양 야 이 유 시 호 위 양

養也 而有時乎爲養이니라

| 언해 |

孟子ㅣ ᄀᆞᄅᆞ샤ᄃᆡ 仕ㅣ 貧을 爲홈이 아니로ᄃᆡ 時로 貧을 爲홈도 이시며 妻를 娶홈이 養을 爲함이 아니로ᄃᆡ 時로 養을 爲홈도 인ᄂᆞ니라

| 직역 |

맹자가 말하였다. "벼슬을 하는 것은 가난 때문이 아니지만 때로는 가난 때문인 경우가 있고, 아내를 취하는 것은 봉양을 위한 것이 아니지만 때로는 봉양을 위한 경우가 있다."

| 의해 |

맹자가 말하였다. "군자가 벼슬을 하는 것이 임금과 백성과 국가의 대사에 관계된 것이고, 한갓 가난함 때문에 봉록에 의지하려는 것이 아니지만 때로는 뜻이 어긋나고 만남이 막혀서 마지못하여 가난함 때문에 벼슬하는 경우가 있다. 이것은 마치 사람이 아내를 취하는 것이 한갓 봉양을 위한 것이 아니지만 때로는 마지못하여 봉양을 위한 경우가 있는 것과 같다."

위빈자 사존거비 사부거빈 사존거비
5-2. 爲貧者는 辭尊居卑하며 辭富居貧이니라 辭尊居卑
사부거빈 오호의호 포관격탁 공자상
하며 辭富居貧은 惡乎宜乎오 抱關擊柝이니라 孔子嘗
위위리의 왈 회계 당이이의 상위승전의
爲委吏矣사 曰 會計를 當而已矣라하시고 嘗爲乘田矣
왈 우양 줄장장이이의 위비이언고죄
사 曰 牛羊을 茁壯長而已矣라하시니라 位卑而言高罪
야 입호인지본조이도불행 치야
也요 立乎人之本朝而道不行이 恥也니라

| 언해 |

貧을 爲ᄒᆞᄂᆞᆫ 者ᄂᆞᆫ 尊을 辭ᄒᆞ고 卑예 居ᄒᆞ며 富ᄅᆞᆯ 辭ᄒᆞ고 貧에 居ᄒᆞᆯ띠니라 尊을 辭ᄒᆞ고 卑예 居ᄒᆞ며 富ᄅᆞᆯ 辭ᄒᆞ고 貧에 居ᄒᆞᆷ은 어ᄃᆡ 맛당ᄒᆞ뇨 關을 抱ᄒᆞ며 柝을 擊ᄒᆞᆷ이니라 孔子ㅣ 일쯕 委吏되샤 ᄀᆞᆯᄋᆞ샤ᄃᆡ 會計ᄅᆞᆯ 當히 ᄒᆞᆯ ᄯᆞᄅᆞᆷ이라 ᄒᆞ시고 일쯕 乘田이 되샤 ᄀᆞᆯᄋᆞ샤ᄃᆡ 牛羊을 茁히 壯長케 ᄒᆞᆯ ᄯᆞᄅᆞᆷ이라 ᄒᆞ시니라 位ㅣ 卑ᄒᆞ고 言이 高ᄒᆞᆷ이 罪오 人의 本朝애 立ᄒᆞ야 道ㅣ 行티 몯 ᄒᆞᆷ이 恥니라

| 직역 |

"가난 때문에 벼슬하는 자는 높은 자리를 사양하고 낮은 자리에 거처하며, 봉록이 많은 것을 사양하고 적은 데에 거처해야 한다. 높은 자리를 사양하고 낮은 데에 거처하며, 봉록이 많은 것을 사양하고 적은 데에 거처하는 것은 어떻게 해야 마땅한가? 관문을 안으며, 딱따기를 치는 것이다. 공자가 일찍이 위리가 되어 말하기를, '회계를 마땅히 할 따름이다'라고 하고, 일찍이 승전이 되어서 말하기를, '소와 양을 살찌고 자라게 할 따름이다'라고 하였다. 벼슬이 낮은데 말을 높게 하는 것은 죄이고, 남의 조정에 서서 도가 행해지지 못하는 것은 부끄러운 일이다."

| 자해 |

貧 : 봉록이 박함. • 富 : 봉록이 후함. • 柝 : 딱따기. 야경꾼이 치는 나무. • 委吏 : 곳간의 출납을 맡은 아전. • 乘田 : 짐승을 먹여 기르는 것을 맡은 아전. • 茁 : 살찐 모양. 음은 '줄'.

| 의해 |

"가난 때문에 벼슬하는 자가 벼슬을 구하여 봉록에 의지하더라도 어찌 자신의 거취에 대해 어둡겠는가? 마땅히 높은 벼슬을 사양하고 낮은 데에 거처하며, 후한 봉록을 사양하고 박한 데에 거처해야 할 것이다. 그러한 연후에 그 처음의 마음을 잃지 않아야 할 것이다. 높음을 사양하고 낮은 데에 거처하며, 부유함을 사양하고 가난함에 거처하는 것에 마땅함이 있다. 무엇이 마땅한 것이 되는가? 예컨대 관문을 지키는 아전이 나가고 들어오는 사람을 살피고 막으며, 딱다기를 치는 것으로 직책을 삼는 자와 같다. 이와 같은 것은 그 직책을 맡기기 쉬우니, 가난함을 위한 자가 마땅히 거처해야 할 것이다. 공자를 보지 못하였느냐? 예전에 공자가 가난 때문에 벼슬할 때 창고를 맡은 아전이 되어 말하기를, '위리의 직책은 돈과 곡식을 다루는 일이다. 다만 내고 들이는 사이의 회계를 적당하게 하여 어기지 않으면 내 직책을 다하는 것이다'라고 하였다. 또한 원유(苑囿 : 나라 동산)의 아전이 되어 짐승을 꼴 먹여 기르는 일을 담당하고 말하기를, '승전의 직책은 꼴 먹여 기르는 일이다. 다만 소와 양을 살찌고 자라게 하면 나의 직책을 다하는 것이다'라고 하였다. 공자가 지위가 낮고 가난한 것을 취한 것은 직책을 행하기 쉬워서 구차히 봉록을 먹는 데에 이르지 않기 때문이다. 이것은 가난 때문에 벼슬하는 자가 마땅히 본받아야 한다. 가난 때문에 벼슬한 자는 왜 그래야 하는가? 지위가 낮으면 맡은 바의 일을 다할 수 있지만, 만일 조정을 의론하여 지위가 높은 일을 맡으면 분수에 넘치는 죄가 있게 되기 때문이다. 따라서 다만 그 직분에 맞게 함을 취할 따름이고, 진실로 도가 상하

에 행해지지 못하면 직분을 폐한 부끄러움을 면하기 어려울 것이다. 대개 지위가 높으면 죄가 될 만하니, 낮고 가난한 것이 진실로 쉽게 직분을 맡게 할 벼슬인 줄을 알아야 할 것이며, 도를 행하지 못하는 것이 부끄러워 할 만한 것이니, 높고 부유함이 봉록을 위하여 벼슬하는 지위가 아님을 알아야 할 것이다. 이것이 가난 때문에 벼슬하는 자가 높고 부유함을 사양하고, 낮고 가난함에 거처하는 이유이다. 그렇지 않고서 도를 행할 수 있겠는가."

| 요지 |

이 장의 근본 뜻은 가난 때문에 벼슬하는 자는 마땅히 높고 부유함을 사양하고, 낮고 가난한 지위에 거처해야 한다는 것이다. 따라서 관문을 지키고, 딱다기를 치는 것을 취하여 전례를 삼고, 공자를 이끌어서 표준을 삼았다.

만 장 왈 사 지 불 탁 제 후 하 야 맹 자 왈 불 감
6-1. 萬章이 曰 士之不託諸侯는 何也잇고 孟子曰 不敢
야 제 후 실 국 이 후 탁 어 제 후 예 야 사 지 탁 어
也니라 諸侯失國而後에 託於諸侯는 禮也요 士之託於
제 후 비 례 야
諸侯는 非禮也니라

| 언해 |

萬章이 ᄀᆞᆯ오ᄃᆡ 士의 諸侯에 託디 아니 ᄒᆞ욤은 엇디잇고 孟子ㅣ ᄀᆞᆯᄋᆞ샤ᄃᆡ 敢티 몯 홈이니라 諸侯ㅣ 國을 失ᄒᆞᆫ 後에 諸侯에 託ᄒᆞ욤은 禮오 士의 諸侯에 託ᄒᆞ욤은 禮아니니라

| 직역 |

만장이 말하였다. "선비가 제후에게 의탁하지 않는 것은 어째서

입니까?" 맹자가 말하였다. "감히 못하는 것이다. 제후가 나라를 잃은 뒤에 제후에게 의탁하는 것은 예이고, 선비가 제후에게 의탁하는 것은 예가 아니다."

| 자해 |

託 : '부칠 기(寄)' 자의 뜻. 벼슬하지 않고 봉록만 먹음.

| 의해 |

옛날 맹자가 제후에게 먹을 것을 전달받아, 보내오는 것은 받고 봉록은 받지 않았기 때문에, 만장이 의심하여 말하였다. "선비가 비록 그 도를 행함을 얻지 못하더라도 제후에게 의탁해서 스스로 기르는 것이 괜찮을 듯한데, 제후에게 의탁하지 않는 것은 어째서입니까?" 맹자가 말하였다. "분수에 감히 하지 못하는 것이 있기 때문이다. 제후의 작위에 비록 다섯 등급의 차이가 있지만, 실상 모두 나라의 임금이고, 본래 작위와 땅을 갖고 있다가 불행히 나라를 잃고 망명하여 내 나라로 오면 임금이 창고에 있는 것으로 봉양해주는 사람을 일러 '기공(寄公)'이라 하니, 이것은 예에 마땅한 것이다. 선비는 제후에 비해 낮으며 천하고, 또한 본래 작위와 땅이 없으니, 어찌 스스로 제후에게 비할 수 있겠는가? 제후에게 의탁하는 것은 예에 마땅한 것이 아니기 때문에 감히 못하는 것이다."

만장 왈 군 궤지속즉수지호 왈 수지
6-2. 萬章이 曰 君이 餽之粟則受之乎잇가 曰 受之니라
수지 하의야 왈 군지어맹야 고주지
受之는 何義也잇고 曰 君之於氓也에 固周之니라

| 언해 |

萬章이 ᄀᆞᆯ오ᄃᆡ 君이 粟을 餽ᄒᆞ면 受ᄒᆞ리잇가 ᄀᆞᆯᄋᆞ샤ᄃᆡ 受ᄒᆞᆯ띠니라 受ᄒᆞ욤은 므슴 義니잇고 ᄀᆞᆯᄋᆞ샤ᄃᆡ 君이 氓의게 진실로 周ᄒᆞᄂᆞᆫ 거시니라

| 직역 |

만장이 말하였다. "임금이 곡식을 주면 그것을 받습니까?" 맹자가 말하였다. "받아야 할 것이다." 만장이 말하였다. "받는 것은 무슨 의(義)입니까?" 맹자가 말하였다. "임금은 백성에게 대하여 진실로 구제하는 것이다."

| 자해 |

周 : 구제함. 임금이 백성을 대접하는 예.

| 의해 |

만장이 말하였다. "선비는 진실로 감히 제후에게 의탁하지 못한다면, 임금이 만일 곡식으로써 먹이면 받습니까?" 맹자가 말하였다. "받아야 할 것이다." 만장이 말하였다. "먹이는 것과 의탁하는 것이 서로 같은데, 의탁하지는 않고 먹이는 것을 받는 것은 이 무슨 의(義)입니까?" 맹자가 말하였다. "임금은 백성이 궁핍하면 그것을 구제하는 것이다. 선비는 신하가 되지 않았다면 백성일 뿐이다. 임금이 백성을 대접하는 예로써 먹이면, 선비도 백성의 예로써 자처하고 받아야 할 것이니, 이것이 받을 수 있는 의가 있는 이유이다."

왈 주지즉수 사지즉불수 하야 왈 불감

6-3. 曰 周之則受하고 賜之則不受는 何也잇고 曰 不敢

야 왈 감문기불감 하야 왈 포관격탁자개
也니라 曰 敢問其不敢은 何也잇고 曰 抱關擊柝者皆
유상직 이식어상 무상직이사어상자 이
有常職하여 以食於上하나니 無常職而賜於上者를 以
위불공야
爲不恭也니라

| 언해 |

ᄀᆞᆯ오ᄃᆡ 周ᄒᆞ면 受ᄒᆞ고 賜ᄒᆞ면 受티 아니 ᄒᆞ욤은 엇디니잇고 ᄀᆞᆯᄋᆞ샤ᄃᆡ 敢티 몯 홈이니라 ᄀᆞᆯ오ᄃᆡ 敢히 묻ᄌᆞᆸ노이다 그 敢티 몯 홈은 엇디니잇고 ᄀᆞᆯᄋᆞ샤ᄃᆡ 關을 抱ᄒᆞ며 柝을 擊ᄒᆞᄂᆞᆫ 者ㅣ 다 常職이 이셔ᄡᅥ 上애 食ᄒᆞᄂᆞ니 常職이 업시셔 上애 賜ᄒᆞ이ᄂᆞᆫ 者를 ᄡᅥ 恭티 아니타 ᄒᆞᄂᆞ니라

| 직역 |

만장이 말하였다. "구제해주면 받고, 하사하면 받지 않는 것은 어째서입니까?" 맹자가 말하였다. "감히 하지 못하는 것이다." 만장이 말하였다. "감히 묻겠습니다. 그 감히 하지 못하는 것은 어째서입니까?" 맹자가 말하였다. "관문 안고, 딱따기를 치는 자들도 모두 일정한 직책이 있어서 위에서 얻어먹으니, 일정한 직책이 없이 위에서 하사받는 것을 공경스럽지 않다고 여기는 것이다."

| 자해 |

賜 : 내림. 임금이 신하를 대접하는 예.

| 의해 |

만장이 말하였다. "구제하는 것이나 하사하는 것은 모두 임금에게서 나오는 것인데, 구제하면 받고, 하사하면 받지 않는 것은 어째서입니까?" 맹자가 말하였다. "감히 하지 못하는 것이다." 만장이 말하였다. "감히 묻겠습니다. 그 감히 하지 못하는 것은 어째

서입니까?" 맹자가 말하였다. "구제하는 것은 일정한 수효가 없고, 하사하는 것은 일정한 수효가 있다. 일정한 수효가 있는 것은 떳떳한 직책이 있는 신하를 대접하는 것이다. 관문을 지키고, 딱다기를 치는 자와 같은 이도 모두 일정한 직책이 있어서 위에서 먹는 것이다. 그런데 이미 벼슬을 하여 신하가 되었지만, 이제는 벼슬하지 못하여 백성이 되어 일정한 직책이 없는 것이다. 일정한 직책이 없다면 정한 수가 없는 구제를 받을 수 있지만, 만일 일정한 직책이 없는데 일정한 봉록을 받는다면, 이것은 신하와 백성의 분수를 혼동하여 공손하지 않은 것이다. 이것은 선비로서 마땅히 자처할 바이다."

왈 군 궤지즉수지 불식 가상계호
6-4. 曰 君이 餽之則受之라하시니 不識케이다 可常繼乎
왈 목공지어자사야 기문 기궤정육
잇가 曰 繆公之於子思也에 亟問하시고 亟餽鼎肉이어시
자사불열 어졸야 표사자 출저대문지외
늘 子思不悅하사 於卒也에. 摽使者하여 出諸大門之外
북면계수재배이불수왈 금이후 지군지견마
하시고 北面稽首再拜而不受曰 今而後에 知君之犬馬
휵급 개자시 대무궤야 열현불능거
畜伋이라하시니 蓋自是로 臺無餽也하니 悅賢不能擧오
우불능양야 가위열현호
又不能養也면 可謂悅賢乎아

| 언해 |

ᄀᆞᆯ오ᄃᆡ 君이 餽ᄒᆞ면 受ᄒᆞᆯᄭᅥ시라 ᄒᆞ시니 아디몯게이다 可히 덛덛이 繼ᄒᆞ리잇가 ᄀᆞᆯ오ᄃᆡ 繆公이 子思ㅅᄭᅴᄌᆞ조 問ᄒᆞ시고 ᄌᆞ조鼎肉ᄋᆞᆯ 餽ᄒᆞ거시ᄂᆞᆯ 子思ㅣ 悅티 아니ᄒᆞ샤 ᄆᆞᄎᆞᆷ애 使者ᄅᆞᆯ 摽ᄒᆞ야 大門外예 出ᄒᆞ시고 北으로 面ᄒᆞ야 首ᄅᆞᆯ 稽ᄒᆞ고 再拜ᄒᆞ고 受티 아니ᄒᆞ야

골ᄋᆞ샤ᄃᆡ 이젠 後에 君의 犬馬로 伋올 畜ᄒᆞ시ᄂᆞᆫ 줄을 알과라 ᄒᆞ시니 일로브터 臺ㅣ 餽홈이 업ᄉᆞ니 賢올 悅호ᄃᆡ 能히 擧티 몯 ᄒᆞ고 또 能히 養티 몯 ᄒᆞ면 可히 賢올 悅ᄒᆞᆫ다니ᄅᆞ랴

| 직역 |

만장이 말하였다. "임금이 구제해주면 받을 것이라고 하시니 알지 못하겠습니다. 늘 계속할 수 있는 것입니까?" 맹자가 말하였다. "목공이 자사에게 자주 문안하고 자주 익은 고기를 먹이시거늘, 자사가 기쁘지 않아서 마침내 사자에게 손을 저어 대문 밖으로 내보내고, 북면하여 머리를 조아려 재배하고 받지 않으면서 말하기를, '지금 이후 임금이 개와 말처럼 나를 기르시는 줄을 알겠다'라고 하였다. 이로부터 하인들이 먹을 것을 가져오지 않았으니, 현자를 좋아하면서도 들어 쓰지 못하고 봉양하지 못하면 현자를 좋아한다고 이를 수 있겠는가?"

| 자해 |

亟 : 자주. 음은 '기'. • 鼎肉 : 익은 고기. • 卒 : 끝. • 摽 : '두를 휘(麾)' 자와 같음. • 伋 : 자사(子思)의 이름. • 犬馬畜伋 : 사람의 예로써 자신을 대접하지 않음. • 臺 : 사환과 같은 천한 벼슬. • 擧 : 들어 씀.

| 의해 |

만장이 말하였다. "임금이 구제해주면 선비가 진실로 받을 것이지만, 알지 못하겠습니다. 먹이는 것을 항상 계속해도 됩니까?" 맹자가 말하였다. "임금이 선비를 먹이는 것을 진실로 계속하지 않을 수 없겠지만, 그 계속하는 것이 어떠한가를 돌아보아야 할 것이다. 예전에 노나라 목공이 자사에게 사신을 보내 안부를 묻고, 자주 익은 고기를 보내주었는데, 자사는 언짢은 표정으로 고기를 가져 온 사자를 문밖으로 내보내고, 북면하여 머리를 조아려 두 번 절하고 받지 않았다. 또한 말하기를, '처음에는 임금이

사람을 대접하는 예로써 나를 대접하는가 하였는데, 지금 이후에는 임금이 개와 말처럼 나를 기르면서 공경하는 뜻이 없음을 알게 되었다'라고 하였다. 이로부터 목공이 뉘우치고 깨달아서 다시는 사신을 통해 고기를 보내 먹이지 않았다. 임금이 진실로 어진 이를 기뻐한다면 반드시 봉양할 수 있을 것이고, 들어 쓸 수 있을 것이다. 만일 들어 쓰지 못한다면 제대로 봉양하는 것이 옳다. 그런데 목공이 자사의 어짊을 기뻐하면서도 들어 쓰지 못하고, 처음에는 자주 묻고 먹이고, 나중에는 드디어 끊고 먹이지 않았으니, 이것은 정성의 뜻을 곡진히 하여 봉양하지 못한 것이다. 따라서 어찌 어진 이를 기뻐한다고 이를 수 있겠는가? 따라서 임금이 선비를 먹이는 것을 항상 계속할 수 있는 것이지만, 계속하는 것을 반드시 예로써 하는지를 보아야 할 것이다."

왈 감 문 국 군 욕 양 군 자 여 하 사 가 위 양
6-5. 曰 敢問國君이 欲養君子인댄 如何라아 斯可謂養
의 왈 이 군 명 장 지 재 배 계 수 이 수 기 후
矣리잇고 曰 以君命將之어든 再拜稽首而受하나니 其後
름 인 계 속 포 인 계 육 불 이 군 명 장 지
에 廩人이 繼粟하며 庖人이 繼肉하여 不以君命將之니
자 사 이 위 정 육 사 기 복 복 이 기 배 야 비 양 군 자 지 도
子思以爲鼎肉이 使己僕僕爾亟拜也라 非養君子之道
야
也라하시니라

| 언해 |

ᄀᆞᆯ오ᄃᆡ 敢히 묻ᄌᆞᆸ노이다 國君이 君子ᄅᆞᆯ 養코쟈 ᄒᆞᆯ띤댄 엇디 ᄒᆞ야아 이에 可히 養ᄒᆞᆫ다 니ᄅᆞ리잇고 ᄀᆞᆯᄋᆞ샤ᄃᆡ 君命으로ᄡᅥ 將ᄒᆞ야든 再拜ᄒᆞ고 首ᄅᆞᆯ 稽ᄒᆞ야 受ᄒᆞᄂᆞ니 그 後에 廩人이 粟ᄋᆞᆯ 繼ᄒᆞ며 庖人이 肉을 繼ᄒᆞ야 君命으로ᄡᅥ 將티 아니 ᄒᆞᆯ띠니 子思ㅣ ᄡᅧᄒᆞ샤ᄃᆡ

鼎肉이 己로 ᄒᆞ여곰 僕僕히 ᄌᆞ조 拜케 ᄒᆞᄂᆞ디라 君子ᄅᆞᆯ 養ᄒᆞᄂᆞᆫ 道ㅣ 아니라 ᄒᆞ시니라

| 직역 |

만장이 말하였다. "감히 묻겠습니다. 나라의 임금이 군자를 기르고자 한다면 어떻게 해야 기른다고 이를 수 있습니까?" 맹자가 말하였다. "임금의 명으로 가져오면 재배하고 머리를 조아려 받으니, 그 뒤에 창고지기는 곡식을 대주며 푸줏간 사람은 고기를 대주어서, 임금의 명으로 가져오지 않는 것이다. 자사가 생각하기를 익은 고기가 자신을 번거롭게 자주 절하게 하며, 이는 군자를 봉양하는 도가 아니라고 하였다."

| 자해 |

僕僕 : 번거롭고 외람된 모양.

| 의해 |

만장이 말하였다. "감히 묻겠습니다. 나라의 임금이 군자를 봉양하고자 한다면 어떻게 해야 이에 봉양한다고 이를 수 있겠습니까?" 맹자가 말하였다. "임금이 처음 먹일 것을 보내면, 군자는 두 번 절하고 머리를 조아려 받으니, 이것은 예로써 서로 중하게 하는 것이다. 그 뒤에는 곡식과 고기가 모자랄 듯하면 창고의 아전과 푸줏간의 사람이 계속 공급하고, 임금의 명으로써 계속 보내지 않는 것은 어진 자로 하여금 번거롭게 공경을 표시하지 않도록 배려하는 것이다. 자사가 목공에게 기뻐하지 않은 이유는 자주 임금의 명으로 익은 고기를 보내서 자신의 몸으로 하여금 황송하여 자주 절하게 하는 수고로움이 있게 하였기 때문이다. 이것은 군자를 기르는 도가 아니다. 그러므로 받지 않은 것이다."

요 지 어 순 야　사 기 자 구 남　사 지　이 녀
6-6. 堯之於舜也에 使其子九男으로 事之하며 二女로
녀 언　백 관 우 양 창 름　비　이 양 순 어 견 묘 지
女焉하시고 百官牛羊倉廩을 備하여 以養舜於畎畝之
중　후　거 이 가 저 상 위　고　왈 왕 공 지 존
中이러시니 後에 擧而加諸上位하시니 故로 曰 王公之尊
현 자 야
賢者也니라

| 언해 |

堯ㅣ 舜의게 ᄒᆞ여곰 그 子九男으로 事ᄒᆞ며 二女로 女ᄒᆞ시고 百官과 牛羊과 倉廩ᄋᆞᆯ 備ᄒᆞ야 ᄡᅧ 舜ᄋᆞᆯ 畎畝가온대 養ᄒᆞ더시니 後에 擧ᄒᆞ야 上位예 加ᄒᆞ시니 故로 ᄀᆞᆯ오ᄃᆡ 王公의 賢ᄋᆞᆯ 尊ᄒᆞᆷ이니라

| 직역 |

"요임금은 순에게 자신의 아홉 아들로 하여금 섬기게 하고, 두 딸을 시집보내며, 백관과 소와 양과 창고를 갖추어 순을 밭고랑 가운데에서 봉양하였으며, 나중에 들어서 윗자리에 앉혔다. 따라서 말하기를 '왕공이 현자를 높인 것이다'라고 한다."

| 의해 |

"그러나 나라의 임금이 어진 이를 기뻐함을 중시하는 것이 어찌 다만 봉양할 따름이겠으며, 어진 자 또한 어찌 봉양만을 위하여 즐겨서 그 나라에 오래 머물겠는가? 반드시 요임금이 순에게 자신의 아홉 아들로 하여금 섬기게 하고, 또한 두 딸을 아내로 삼게 하며, 백관과 소와 양과 창고를 갖추어 순을 밭두둑 가운데에서 기르게 하는 것처럼 해야 할 것이다. 창고의 아전이 곡식을 계속 보내고, 푸줏간의 사람이 고기를 계속 보낸 것은 말할 것도 없을 것이다. 뒤에 또한 들어서 높은 지위를 더하였으니, 어진 이를 기

빼하는 도를 다한 것이다. 그러므로 말하기를, '왕공이 어진 이를 높이는 것이다'라고 한다. 임금이 만일 이처럼 선비를 대접하지 않는다면, 선비 또한 백성이 되는 것으로 마칠 것이니, 감히 제후에게 의탁해서 그가 주는 것을 받겠는가?"

| 요지 |

이 장에서 앞 세 문단은 선비가 스스로 기다리는 바를 말한 것이고, 뒤의 세 문단은 임금이 선비를 대접하는 바를 말한 것이다. 그러나 맹자의 본뜻은 임금이 선비를 대접하는 데에 있다. 선비는 그 분수로 말하자면 백성이지만, 덕으로 말하면 어진 사람이다. 임금이 선비를 백성으로 여기면 감히 위로 임금과 같이 못하니 어찌 아래로 신하와 같으며, 임금이 어진 이로 여기면 마땅히 기르는 도만 있을 것이 아니라 더욱 들어서 쓸 도가 있어야 할 것이다. 기를 수 있다면 명분을 구제한다고 해서는 안 되고, 들어서 쓸 수 있다면 명분을 봉양한다고 해서는 안 된다. 따라서 요와 순을 모범으로 보인 것이다.

만장 왈 감문불견제후 하의야 맹자왈 재
7–1. 萬章이 曰 敢問不見諸侯는 何義也잇고 孟子曰 在
국왈 시정지신 재야왈 초망지신 개위서인
國曰 市井之臣요 在野曰 草莽之臣이라 皆謂庶人이니
서인 부전지위신 불감견어제후 예야
庶人이 不傳質爲臣하여는 不敢見於諸侯가 禮也니라

| 언해 |

萬章이 ᄀᆞᆯ오ᄃᆡ 敢히 묻ᄌᆞᆸ노이다 諸侯ᄅᆞᆯ 보디 아니ᄒᆞᆷ은 므슴 義잇고 孟子ㅣ ᄀᆞᆯᄋᆞ샤ᄃᆡ 國에 인ᄂᆞᆫ 이ᄅᆞᆯ ᄀᆞᆯ온 市井엣 臣이오 野에 인ᄂᆞᆫ 이를 ᄀᆞᆯ온 草莽엣 臣이라 다 닐온 庶人이니 庶人이 質ᄅᆞᆯ 傳ᄒᆞ

야 臣이 되디 아니 하야셔ᄂᆞᆫ 敢히 諸侯ᄅᆞᆯ 보디 몯홈이 禮니라

| 직역 |

만장이 말하였다. "감히 묻겠습니다. 제후를 만나보지 않는 것은 무슨 의(義)입니까?" 맹자가 말하였다. "나라에 있는 이를 시정지신(市井之臣)이라 하고, 초야에 있는 이를 초망지신(草莽之臣)이라 하는데, 모두 서민이라고 한다. 서민은 폐백을 올려 신하가 되지 않고서는 감히 제후를 만나지 못하는 것이 예이다."

| 자해 |

傳 : 통함. • 質 : '폐백 지(贄)' 자와 같음. 음은 '지'. 사(士)는 꿩을 가지고, 서인(庶人)은 따오기를 가지고 서로 볼 때 스스로 통함.

| 의해 |

만장이 말하였다. "선비가 도를 행하는 것으로 마음을 삼는다면 마땅히 임금을 얻는 것을 급선무로 해야 할 것입니다. 감히 묻겠습니다. 선비가 제후를 가서 보지 않는 것은 무슨 의입니까?" 맹자가 말하였다. "그 나라 땅에 사는 자는 모두 신하이다. 선비로서 나라의 도읍에 있는 자를 '시정의 신하'라 하고, 들에 있는 자를 말하기를 '초망의 신하'라 한다. 비록 이름은 신하이지만 실상은 일찍이 벼슬하지 않았으니, 모두 서민이라고 이를 수 있다. 서민은 일찍이 폐백을 전하여 신하가 되지 못하였으니, 따라서 감히 제후를 보지 못하는 것이다. 이것이 서민의 분수를 지키는 예이니, 감히 보는 예가 없다면 볼 의(義)가 없다."

만장 왈 서인 소지역즉왕역 군 욕견지
7-2. 萬章이 曰 庶人이 召之役則往役하고 君이 欲見之

소지즉불왕견지 하야 왈 왕역 의야 왕
하여 召之則不往見之는 何也잇고 曰 往役은 義也요 往
견 불의야 차군지욕견지야 하위야재 왈 위
見은 不義也니라 且君之欲見之也는 何爲也哉오 曰 爲
기다문야 위기현야 왈 위기다문야즉천자
其多聞也며 爲其賢也니이다 曰 爲其多聞也則天子도
불소사 이황제후호 위기현야 즉오미문욕견현
不召師온 而況諸侯乎아 爲其賢也 則吾未聞欲見賢
이소지야 목공 기견어자사왈 고 천승지국
而召之也케라 繆公이 亟見於子思曰 古에 千乘之國이
이우사 하여 자사불열왈 고지인 유언
以友士하니 何如하니잇고 子思不悅曰 古之人이 有言
왈 사지운호 기왈 우지운호 자사지불
曰 事之云乎언정 豈曰 友之云乎리오하시니 子思之不
열야 기불왈 이위즉자 군야 아 신야 하감
悅也는 豈不曰 以位則子는 君也요 我는 臣也니 何敢
여군우야 이덕즉자 사아자야 해가이여아우
與君友也며 以德則子는 事我者也니 奚可以與我友리
천승지군 구여지우이불가득야 이황가소여
오 千乘之君이 求與之友而不可得也온 而況可召與아

| 언해 |

萬章이 ᄀᆞᆯ오ᄃᆡ 庶人이 召ᄒᆞ야 役ᄒᆞ면 가 役ᄒᆞ고 君이 보고쟈 ᄒᆞ여 召ᄒᆞ면 가 見티 아니홈은 엇디니 잇고 ᄀᆞᆯᄋᆞ샤ᄃᆡ 가 役홈은 義오 가 見홈은 義아니니라 ᄯᅩ 君의 見코쟈 ᄒᆞ욤은 므서슬 爲ᄒᆞᄂᆞ뇨 ᄀᆞᆯ오ᄃᆡ 그 聞이 하믈 爲ᄒᆞ며 그 賢홈을 爲ᄒᆞ예니 이다 ᄀᆞᆯᄋᆞ샤ᄃᆡ 그 聞이 하믈 爲ᄒᆞ면 天子도 師를 召티 몯 ᄒᆞ곤 ᄒᆞ믈며 諸侯ㅣ ᄯᆞ녀 그 賢홈을 爲ᄒᆞ면 내 賢을 見코쟈 호ᄃᆡ 召홈을 듣디 몯게라 繆公이 ᄌᆞ조 子思ᄭᅴ 見ᄒᆞ야 ᄀᆞᆯ오ᄃᆡ 古애 千乘ㅅ 國이 ᄡᅧ 士를 友ᄒᆞ니 엇더 ᄒᆞ니잇고 子思ㅣ 悅티 아니하야 ᄀᆞᆯᄋᆞ샤ᄃᆡ 녯 사ᄅᆞᆷ이 言을 두어 ᄀᆞᆯ오ᄃᆡ 事타 니ᄅᆞᆯ ᄲᅮᆫ이언뎡 엇디 ᄀᆞᆯ오ᄃᆡ 友타 니ᄅᆞ리오 ᄒᆞ시니 子思의 悅티 아니 ᄒᆞ심은 엇디 ᄀᆞᆯ오ᄃᆡ 位로ᄡᅧ ᄒᆞ면 子ᄂᆞᆫ

君이오 나는 臣이니 엇디 敢히 君으로 더블어 友ᄒᆞ여 德으로ᄡᅧ ᄒᆞ면 子ᄂᆞᆫ 나ᄅᆞᆯ 事ᄒᆞᄂᆞᆫ 者ㅣ니 엇디 可히 ᄡᅧ 날ᄅᆞ 더블어 友ᄒᆞ리오 홈이 아니리오 千乘ㅅ 君이 더블어 友홈을 求호ᄃᆡ 可히 得디 몯ᄒᆞ곤 ᄒᆞ믈며 可히 召ᄒᆞ랴

| 직역 |

만장이 말하였다. "서민은 불러서 부역을 시키면 가서 부역을 하고, 임금이 보고자 하여 부르면 가보지 않는 것은 어째서 입니까?" 맹자가 말하였다. "가서 부역하는 것은 의이고, 가서 만나보는 것은 의가 아니다. 또한 임금이 보고자 하는 것은 무엇 때문인가?" 만장이 말하였다. "그가 들은 것이 많고 현명하기 때문입니다." 맹자가 말하였다. "그가 들은 것이 많기 때문이라면 천자도 스승을 부르지 못하는 것인데 하물며 제후에게 있어서랴. 현명하기 때문이라면 나는 현자를 보고자 하여 부른다는 말을 들어보지 못하였다. 목공이 자주 자사를 뵙고 말하기를, '예전에 천승의 나라를 가지고 선비를 벗하였으니, 어떻습니까?'라고 하였다. 자사가 기뻐하지 않으며 말하기를, '옛 사람의 말에 이르기를 섬긴다고 하였을지언정 어찌 벗한다고 하였겠습니까?'라고 하였다. 자사가 기뻐하지 않은 것은 어찌 '지위로써 하면 그대는 임금이고 나는 신하이니 어찌 감히 임금과 함께 벗할 수 있겠으며, 덕으로 보면 그대는 나를 섬기는 자이니 어찌 나와 더불어 벗할 수 있겠는가'라고 하는 것이 아니겠는가? 천승의 임금이 함께 벗하기를 구하여도 될 수 없는데 하물며 부를 수 있겠는가?"

| 자해 |

往役 : 서민의 직분. • 不往見 : 선비의 예.

| 의해 |

만장이 말하였다. "선비가 이미 서민과 같은데, 서민을 불러서 부

역을 시키면 가서 부역을 하고, 임금이 보고자 하여 부르면 가서 보지 않으니, 똑같이 서민이고 임금의 명인데, 가고 가지 않음에 다름이 있는 것은 어째서 입니까?" 맹자가 말하였다. "이것은 모두 의에 마땅한 것이다. 서민은 천하므로 귀한 이를 받드니, 당연히 불러서 부역을 시킬 수 있다. 그러므로 가서 부역하는 것은 그 분수의 마땅함을 얻어서 의가 된다. 그러나 서민은 신하가 아니므로 마땅히 임금을 보지 않아야 한다. 그러므로 가서 보면 그 분수의 마땅함을 잃어서 의가 아니므로 가서 보지 않는다. 그러나 선비의 가서 보지 않는 의를 알고자 한다면 마땅히 임금이 선비를 보고자 하는 뜻을 알아야 할 것이다. 내가 또한 자네에게 묻겠으니, 임금이 선비를 보고자 하는 것은 무엇을 위한 것인가?" 만장이 말하였다. "그 넓게 보고, 넓게 배우고, 많이 들어서 도를 체득하기 위한 것이고, 그 덕을 이루고 행실을 세우며 어진 도를 본받기 위한 것입니다. 임금은 이 때문에 보고자 한 것입니다." 맹자가 말하였다. "만일 임금이 많이 듣기 위한 것이라면 장차 의지하여 도를 상고하고, 일을 물어야 할 것이니, 마땅히 배움을 받아서 스승으로 삼아야 할 것이다. 그런데 비록 천자라도 스승을 부르지 못하는 법인데, 하물며 제후에게 있어서랴? 만일 그 어짊을 위한 것이라면 장차 의지하여 도를 일으키고 다스림을 이루기 위한 것이니, 마땅히 몸을 굽혀 나아가 보아야 할 것이다. 그런데 나는 어진 이를 보고자 하여 불러와 만난다는 말을 듣지 못하였다. 무엇으로써 임금이 선비를 부르지 못함을 볼 수 있는가? 옛날 노나라 목공이 자주 자사를 만나 말하기를, '예전에 천승의 나라 임금이 되어서 몸을 낮추어 선비를 벗하였으니, 어떻습니까? 분수를 잊어버리고 아래 사람을 사귄다고 말할 수 있겠습니까?' 라고 하였는데, 이것은 아마도 자신을 비유한 것이다. 자사가 기뻐하지 않으며 말하기를, '제가 듣기에는, 임금이 선비를 높여서 마땅히 스승의 예로써 하여 섬기었다는 일은 있지만, 어찌 대등하게 사귐으로써 벗하였다고 할 수 있겠습니까?'라고 하였다. 생각하건대 자사가 기뻐하지 않은 것은 '지위로 말하자면, 그대는 임금이고 나는 신하로서, 서로 벗하지 못할 것이니, 내가 어찌 감히 임금과 함께 벗할 수 있는가? 또한 덕으로 말하자면, 그대는 나를 섬길 사람이니, 나는 스승이 되고, 자네는 제자가 될 것이다. 제자로서 스승을 벗하지 못할 것인데, 어찌 나와 벗할 수 있겠는가?'라고 여긴 것이다. 자사의 뜻으로써 본다면, 천승 나라의 임금이 선비와 함께 벗하기를 구하여도 얻지 못하는데, 하물며 선비를 불러서 만날 수 있겠는가? 임금이 선비를 부르지 못하는 것을 안다면, 선비가 가서 만나는 것이 의가 아님이 분명하다."

제 경 공　　전　　초 우 인 이 정　　누 지　　장 살 지
7-3. 齊景公이 田할새 招虞人以旌한대 不至어늘 將殺之
지 사　　불 망 재 구 학　　용 사　　불 망 상 기 원
러니 志士는 不忘在溝壑요 勇士는 不忘喪其元이라하시
공 자　　해 취 언　　취 비 기 초 불 왕 야
니 孔子는 奚取焉고 取非其招不往也시니라

| 언해 |

齊景公이 田ᄒᆞᆯᄊᆡ 虞人을 招호ᄃᆡ 旌으로ᄡᅥ ᄒᆞᆫ대 至티 아니 ᄒᆞ거ᄂᆞᆯ 쟝ᄎᆞᆺ 殺호려 ᄒᆞ더니 志士ᄂᆞᆫ 溝壑애 이숌을 忘티 아니ᄒᆞ고 勇士ᄂᆞᆫ 그 元 喪ᄒᆞ옴을 忘티 아니ᄒᆞᆫ다 ᄒᆞ시니 孔子ᄂᆞᆫ 므서슬 取ᄒᆞ신고 그 招ㅣ 아니어든 往티 아니홈을 取ᄒᆞ시니라

| 직역 |

"제나라 경공이 사냥할 때, 깃발로 동산지기를 부르자 오지 않으니 장차 죽이려고 하였는데, 공자가 '뜻있는 선비는 도랑과 구렁에서 죽을 것을 잊지 않고, 용감한 병사는 그 머리를 잃을 것을 잊지 않는다'고 하니, 공자는 무엇을 취하였는가? 그 부름이 아니

면 가지 않는 것을 취하였다."

| 의해 |

"제나라 경공이 사냥할 때, 동산을 관리하는 사람을 깃발을 가지고 불렀더니 오지 않자 장차 죽이고자 하였다. 공자는 말하기를, '뜻있는 선비는 자신의 죽음이 도랑과 구렁에 있음을 잊지 않고, 용감한 병사는 자신의 머리가 없어지는 것을 잊지 않는다'고 하였다. 공자는 무엇을 선택한 것인가? 자기를 부르는 것이 아니면 가지 않는 쪽을 선택한 것이다."

왈 감문초우인하이 왈 이피관 서인
7-4. 曰 敢問招虞人何以니잇고 曰 以皮冠이니 庶人은
이전 사 이기 대부 이정 이대부지초
以旃이요 士는 以旂요 大夫는 以旌이니라 以大夫之招로
초우인 우인 사불감왕 이사지초 초서
招虞人이어늘 虞人이 死不敢往하니 以士之招로 招庶
인 서인 기감왕재 황호이불현인지초 초
人이면 庶人이 豈敢往哉리오 況乎以不賢人之招로 招
현인호
賢人乎아

| 언해 |

ᄀᆞᆯ오ᄃᆡ 敢히 묻ᄌᆞᆸ노이다 虞人을 招 호ᄃᆡ 므서스로ᄡᅥ ᄒᆞᄂᆞ니잇고 ᄀᆞᆯᄋᆞ샤ᄃᆡ 皮冠으로ᄡᅥ ᄒᆞᄂᆞ니 庶人ᄋᆞᆫ 旃으로ᄡᅥᄒᆞ고 士ᄂᆞᆫ 旂로ᄡᅥᄒᆞ고 태우ᄂᆞᆫ 旌으로ᄡᅥ ᄒᆞᄂᆞ니라 대부의 招로ᄡᅥ 虞人을 招ᄒᆞ거ᄂᆞᆯ 虞人이 死ᄒᆞ야도 敢히 往티 아니ᄒᆞ니 士의 招로ᄡᅥ 庶人을 招ᄒᆞ면 庶人이 엇디 敢히 往ᄒᆞ리오 ᄒᆞ믈며 賢티 아니ᄒᆞᆫ 人의 招로ᄡᅥ 賢人을 招홈이ᄯᆞ녀

| 직역 |

만장이 말하였다. "감히 묻건대 동산지기를 부를 때 무엇으로써 합니까?" 맹자가 말하였다. "가죽 갓으로써 한다. 서민은 전(旃)으로써 하고, 선비는 기(旂)로써 하며, 대부는 정(旌)으로써 한다. 대부를 부르는 것으로써 동산지기를 부르자 동산지기가 죽어도 감히 가지 않으니, 선비를 부르는 것으로써 서민을 부르면 서민이 어찌 감히 가겠는가? 하물며 현인이 아닌 사람을 부르는 것으로써 현인을 부름에 있어서랴?"

| 자해 |

皮冠 : 사냥할 때 쓰는 관. • 庶人 : 벼슬하지 않는 신하. • 旃 : 통 비단(주나라에서 숭상하는 붉은 비단)으로 만든 깃발. • 士 : 이미 벼슬한 사람. • 旂 : 용을 쌍으로 그린 깃발. • 旌 : 깃을 묶어서 깃대 머리에 꽂은 것.

| 의해 |

만장이 말하였다. "감히 묻겠습니다. 동산지기를 부를 때 무엇으로써 합니까?" 맹자가 말하였다. "사냥할 때의 가죽 갓으로써 하는 것은 어떤 일을 하고 있을 때의 물건으로 하기 때문이다. 만일 벼슬하지 않은 서민을 부를 때는 전으로써 하니, 전은 순색 바탕에 문채 없는 기로서, 서민이 문채가 없는 것과 같기 때문이다. 이미 벼슬한 사람을 부를 때는 용을 그린 기로써 하니, 용이 변화할 수 있는 것이 사(士)가 변화할 수 있는 것과 같기 때문이다. 오직 대부를 부를 때는 정으로써 한다. 정은 문채가 있는 기이니, 이것은 사로부터 대부에 이르러 변화하여 문명(文明)함을 상징한다. 이처럼 옛 사람이 남을 부를 때는 각각 그에 해당하는 의의가 있었다. 제나라 경공이 대부를 부르는 것으로써 동산지기를 부르자, 동산지기가 죽어도 감히 갈 수 없었다. 이로써 미루어 보면, 가령 선비를 부르는 것으로써 서민을 부르면 서민이 어찌 감히 그 분수를 지키지 않고 가겠는가? 귀한 이를 부르는 것으로 천한

이를 부르는 것은 다만 그 분수에 지나칠 따름이고 낫게 대접한 것은 아닌데도, 천한 이가 오히려 분수를 지키고 감히 갈 수 없었다. 하물며 불러서 와 보게 하는 것은 예로써 하지 않는 것으로, 어질지 않은 사람에게 할 수 있는 것이다. 가서 만나지 않는 것이 현명하다. 따라서 제후를 가서 만나지 않는 것이 선비의 의가 된다."

욕 견 현 인 이 불 이 기 도 유 욕 기 입 이 폐 지 문 야
7-5. 欲見賢人而不以其道면 猶欲其入而閉之門也니라
부 의 노 야 예 문 야 유 군 자 능 유 시 로 출 입
夫義는 路也요 禮는 門也니 惟君子能由是路하며 出入
시 문 야 시 운 주 도 여 지 기 직 여 시 군 자 소 리
是門也니 詩云 周道如底하니 其直如矢로다 君子所履
소 인 소 시
요 小人所視라하니라

| 언해 |

賢人을 보고쟈 호ᄃᆡ 그 道로뻐 아니ᄒᆞ면 그 入과댜호ᄃᆡ 門을 閉홈 ᄀᆞᄐᆞ니라 義ᄂᆞᆫ 路ㅣ오 禮ᄂᆞᆫ 門이니 오직 君子ㅣ 능히 이 路를 由ᄒᆞ며 이 門에 出入ᄒᆞᄂᆞ니 詩예 닐오ᄃᆡ 周道ㅣ 底ᄀᆞᄐᆞ니 그 直홈이 矢ᄀᆞᆮ도다 君子의 履하ᄂᆞᆫ배오 小人의 視ᄒᆞᄂᆞᆫ배라 ᄒᆞ니라

| 직역 |

"현인을 보고자 하면서 그 도로써 하지 않는 것은 마치 들어오길 바라면서 문을 닫는 것과 같다. 의는 길이고, 예는 문이다. 오직 군자만이 이 길을 따를 수 있고 이 문으로 출입한다. 『시경』에 이르기를, '주나라 길이 숫돌과 같으니, 그 곧음이 화살 같도다. 군자가 밟는 것이고, 소인이 우러러보는 것이다'라고 하였다."

| 자해 |

詩 : 「소아(小雅) · 대동(大東)」. • 底 : '숫돌 지(砥)' 자와 같음. 음은 '지'.

| 의해 |

"나라의 임금이 어진 이를 보고자 한다면 가까우면 나가 볼 것이고, 멀면 폐백으로써 부르되 반드시 그 도로써 해야 할 것이다. 이렇게 하지 않고 부르면 그 도가 아니니 어진 이를 어찌 볼 수 있겠는가? 이것은 마치 사람을 들어오라고 하면서 문을 닫는 것과 같으니, 선비가 반드시 가보지 않을 것이다. 임금이 선비를 쉽게 만나 볼 수 없는 것은 선비가 예와 의로써 스스로 지키기 때문이다. 의는 일을 제재(制裁)함에 마땅한 것이다. 행하고 그침과 움직이고 고요함을 모두 마땅히 이것으로써 처리하는 것이 행함에 길이 있는 것과 같다. 예는 몸을 다스리는 표준이다. 날마다 쓰는 것과 나가고 물러감을 모두 마땅히 이것으로써 범위를 삼는 것은 집에 문이 있는 것과 같다. 오직 군자가 보기를 밝게 하고, 지킴이 일정하여 한번 행하고, 한번 그침을 모두 의로써 하니 이 길로 말미암을 수 있는 것이고, 한번 나가고 한번 물러감을 모두 예로써 하니 이 문으로 나가고 들어갈 수 있는 것이다. 『시경』에 이르기를, '주나라 길의 평탄함이 숫돌과 같고, 그 곧음이 또한 화살과 같으니, 위에 있는 군자조차 밟고, 아래에 있는 소인이 보고 본받는다'라고 하였다. 이것은 바로 군자가 이 길로 행할 수 있는 증거이니, 이로써 이 문으로 나가고 들어옴을 알 수 있다. 군자가 움직임을 반드시 예와 의로써 함이 이와 같으니, 어찌 즐겨 제후를 가서 만나겠는가? 따라서 임금이 어진 이를 보고자 할 때에 부르지 못하는 것이다."

만장 왈 공자 군 명소 불사가이행
7-6. 萬章이 曰 孔子는 君이 命召어시든 不俟駕而行하시
연즉공자비여 왈 공자 당사유관직이이기관
니 然則孔子非與잇가 曰 孔子는 當仕有官職而以其官
소지야
으로 召之也니라

| 언해 |

萬章이 ᄀᆞᆯ오ᄃᆡ 孔子ᄂᆞᆫ 君이 命ᄒᆞ야 召ᄒᆞ시거든 駕ᄅᆞᆯ 俟티 아니ᄒᆞ고 行ᄒᆞ시니 그러면 孔子ㅣ 외시니잇가 ᄀᆞᆯᄋᆞ샤ᄃᆡ 孔子ᄂᆞᆫ 仕의 當ᄒᆞ샤 官職을 ᄃᆞᆺ거시ᄂᆞᆯ 그 官으로ᄡᅥ 召ᄒᆞᆷ이니라

| 직역 |

만장이 말하였다. "공자는 임금이 부르면 멍에를 기다리지 않고 갔으니, 그렇다면 공자가 잘못한 것입니까?" 맹자가 말하였다. "공자는 벼슬에 나가 관직을 갖고 있었으니, 그 관직으로써 부른 것이다."

| 의해 |

만장이 말하였다. "공자는 예와 의의 표준인데, 임금의 명령으로 부름을 받으면 수레에 멍에하기를 기다리지 않고 갔으니, 가서 만나지 않는 예와 의로써 말하자면 공자가 잘못된 것입니까?" 맹자가 말하였다. "공자가 멍에를 기다리지 않은 것은 당시 노나라에서 벼슬하고 있었고, 임금이 벼슬 이름으로 불렀던 것이다. 어찌 나가서 받들지 않을 수 있겠는가? 이것은 임금이 지위가 없는 어진 자를 불러들인 경우가 아니다. 신하가 되면 마땅히 부르는 데 갈 것이고, 선비가 되면 마땅히 부르는 데 응하지 않아야 할 것이니, 모두 예와 의에 있는 바이다. 따라서 선비가 제후를 만나보지 않는 것을 어찌 공자의 일을 전례로 의론할 수 있겠는가?"

| 요지 |

이 장은 선비로서 제후를 만나보지 않는 의를 가장 자세히 말한 것이다.

맹 자 위 만 장 왈 일 향 지 선 사 사 우 일 향 지 선 사
8. 孟子謂萬章曰 一鄉之善士아 斯友一鄉之善士하고
일 국 지 선 사 사 우 일 국 지 선 사 천 하 지 선 사 사
一國之善士아 斯友一國之善士하고 天下之善士아 斯
우 천 하 지 선 사 이 우 천 하 지 선 사 위 미 족 우
友天下之善士니라 以友天下之善士로 爲未足하여 又
상 론 고 지 인 송 기 시 독 기 서 부 지 기 인
尙論古之人하나니 頌其詩하며 讀其書호대 不知其人이
가 호 시 이 논 기 세 야 시 상 우 야
可乎아 是以로 論其世也니 是尙友也니라

| 언해 |

孟子ㅣ 萬章ᄃᆞ려닐어 ᄀᆞᆯᄋᆞ샤ᄃᆡ 一鄕엣 善士ㅣ아 이예 一鄕엣 善士ᄅᆞᆯ 友ᄒᆞ고 一國엣 善士ㅣ아 이예 一國엣 善士ᄅᆞᆯ 友ᄒᆞ고 天下엣 善士ㅣ아 이예 天下엣 善士ᄅᆞᆯ 友ᄒᆞᄂᆞ니라 天下엣 善士ᄅᆞᆯ 友ᄒᆞᆷ으로ᄡᅥ 足디 몯ᄒᆞ다ᄒᆞ야 ᄯᅩ 녯 사ᄅᆞᆷ을 尙ᄒᆞ야 論ᄒᆞᄂᆞ니 그 詩를 頌ᄒᆞ며 그 書ᄅᆞᆯ 讀호ᄃᆡ 그 人을 아디 몯ᄒᆞᆷ이 이 可ᄒᆞ랴 일로ᄡᅥ 그 世ᄅᆞᆯ 論ᄒᆞᄂᆞ니 尙ᄒᆞ야 友ᄒᆞᆷ이니라

| 직역 |

맹자가 만장에게 말하였다. "한 고을의 착한 선비라야 한 고을의 착한 선비를 벗하고, 한 나라의 착한 선비라야 한 나라의 착한 선비를 벗하며, 천하의 착한 선비라야 천하의 착한 선비를 벗한다. 천하의 착한 선비를 벗함에 만족하지 못하여 또한 옛 사람을 숭상하여 의론하니, 그 시를 외우고 그 글을 읽으면서도 그 사람을

알지 못한다면 되겠는가? 이 때문에 그 세상을 의론하니 이것이 위로 벗하는 것이다."

| 자해 |

尙 : '올라갈 상(上)'자의 뜻. • 頌 : '외울 송(誦)'자의 뜻. • 論其世 : 그 당시 행해지던 자취를 의론함.

| 의해 |

맹자가 만장에게 말하였다. "벗은 착함을 취하는 것이니, 착함을 취하는 것이 또 자신의 몸에 말미암는다. 예컨대 자신의 식견과 기량이 한 시골에 덮여서 한 시골의 착한 선비가 되어야 한 시골의 착한 선비를 벗할 수 있고, 자신의 식견과 기량이 한 나라에 덮여서 한 나라의 착한 선비가 되어야 한 나라의 착한 선비를 벗할 수 있으며, 자신의 식견과 기량이 천하에 덮여서 천하의 착한 선비가 되어야 천하의 착한 선비를 다 벗할 수 있다. 자신에게 이미 착함이 있으면 뜻이 같은 이가 서로 찾아서 서로 도를 닦아서 덕에 나아갈 것이니, 어찌 다함이 있겠는가? 천하의 착한 선비를 모두 벗함에 이르렀다면, 지위가 진실로 높은 것이다. 이미 한 세상의 선비에게 부끄러움이 없지만, 그 벗을 취하는 마음에 오히려 부족하게 느끼고 좇아 올라가서 예전 성현을 의론하니, 위로 의론함은 어떻게 해야 하는가? 옛 사람들의 시를 외우고, 옛 사람들의 글을 읽어서 옛 사람의 말과 행실을 상고하는 것이다. 그러나 겨우 말과 행실만 상고하고, 사람의 마음을 알지 못하면 위로 의론하였다고 이를 수 있겠는가? 따라서 읽고 외운 것을 가지고 그 처한 세상을 상고하는 것이다. 처한 세상이 다르면 옛 사람들이 행한 일의 자취는 또한 다르지만, 그 마음은 다르지 않을 것이다. 천년 아래로 좇아서 자신이 그 때에 나온 것처럼 하고, 천년 전을 보아 일이 자신에 있는 것처럼 한다면, 나의 마음이 곧 옛 사람의 마음이고, 옛 사람의 마음이 곧 나의 마음이 될 것이

다. 이와 같아야만 위로 벗한다고 할 수 있다. 그렇지 않다면, 비록 당나라와 우나라의 글을 읽고, 상나라와 주나라의 시를 외울지라도, 나의 몸은 다만 지금의 사람이니, 어찌 위로 벗한다고 할 수 있으며, 또한 어찌 착한 이를 벗하는 도량에 부합한다고 할 수 있겠는가? 자네는 힘써야 할 것이다."

| 요지 |

이 장은 착한 이를 벗하는 도량이 마땅히 넓어야 함을 말한 것이다. 시골과 나라로부터 천하에 미치며, 지금으로부터 예전에 미침에 착한 이가 다함이 없고, 착한 이를 벗하는 도량이 또한 마땅히 다함이 없어야 한다는 것이다. 벗함은 그 착함을 취하여 더욱 나의 착함을 나아가게 하기 위함이며, 내 자신에 근거를 두는 것은 마음에 스스로 만족하지 못함에서 비롯되기 때문이다. 따라서 이 장에서는 '만족하지 못한다'는 말이 관건이다.

제선왕 문경 맹자왈 왕 하경지문야
9-1. 齊宣王이 問卿한대 孟子曰 王은 何卿之問也시니잇
왕왈 경 부동호 왈 부동 유귀척지경
고 王曰 卿이 不同乎잇가 曰 不同하니 有貴戚之卿하며
유이성지경 왕왈 청문귀척지경 왈 군
有異姓之卿하니이다 王曰 請問貴戚之卿하노이다 曰 君
유대과즉간 반복지이불청즉역위
이 有大過則諫하고 反覆之而不聽則易位니이다

| 언해 |

齊宣王이 卿을 묻ᄌᆞ온대 孟子ㅣ ᄀᆞᆯᄋᆞ샤ᄃᆡ 王은 므슨 卿을 무ᄅᆞ시ᄂᆞ니잇고 王이 ᄀᆞᆯᄋᆞ샤ᄃᆡ 卿이 同티 아니ᄒᆞ니 잇가 ᄀᆞᆯᄋᆞ샤ᄃᆡ 同티 아니ᄒᆞ니 貴戚읫 卿도 이시며 異姓읫 卿도 인ᄂᆞ니이다 王 이 ᄀᆞᆯ

ᄋᆞ샤ᄃᆡ 請컨댄 貴戚읫 卿을 묻ᄌᆞᆸ노이다 ᄀᆞᆯᄋᆞ샤ᄃᆡ 君이 大過이시면 諫ᄒᆞ고 反覆ᄒᆞ야도 聽티 아니ᄒᆞ면 位ᄅᆞᆯ 易ᄒᆞᄂᆞ니이다

| 직역 |

제나라 선왕이 경(卿)에 대해 물었다. 맹자가 말하였다. "왕은 어떤 경을 물으십니까?" 왕이 말하였다. "경이 똑같지 않습니까?" 맹자가 말하였다. "똑같지 않으니, 귀척(貴戚)의 경도 있고 이성(異姓)의 경도 있습니다." 왕이 말하였다. "청컨대 귀척의 경에 대해 묻겠습니다." 맹자가 말하였다. "임금이 큰 허물이 있으면 간하고, 반복하여도 듣지 않으면 군주의 지위를 바꾸는 것입니다."

| 자해 |

大過 : 나라를 망하게 할 만한 잘못. • 易位 : 임금을 갈아치우고 어진 친척을 세움.

| 의해 |

제나라 선왕이 경의 벼슬에 관해 물었다. 맹자가 말하였다. "왕이 물으신 것은 과연 무슨 경입니까?" 왕이 말하였다. "경에 다른 것이 있습니까?" 맹자가 말하였다. "경의 벼슬은 같지만, 분수가 다른 바가 있습니다. 동성은 귀척의 경이고, 그렇지 않은 이성의 경이 있습니다." 왕이 말하였다. "청하건대 묻겠습니다. 귀척의 경은 그 도가 어떠합니까?" 맹자가 말하였다. "귀척의 경은 나라의 편안함과 위태로움을 함께 합니다. 임금이 큰 허물이 없으면 그만이지만, 임금에게 큰 허물이 있어서 종묘와 사직의 존망과 관계가 되면 반드시 간언합니다. 그러나 한 번 간하는 것으로써 책임을 회피하는 것이 아니라 이리 말하고 저리 말하여 임금이 듣지 않으면 종묘와 사직이 위태롭게 될 것이니, 이에 마지못하여 임금의 지위를 바꾸고 고쳐서 어진 이를 세워서 대신하게 합니다. 종묘를 위하고, 사직을 중시하기 때문에 천하의 큰 권도를 행

하지 않을 수 없기 때문입니다."

왕　　발 연 변 호 색　　　　　왈 왕　　물 이 야　　　　왕
9-2. 王이 勃然變乎色하신대 曰 王은 勿異也하소서 王이
문 신　　　신　　불 감 불 이 정 대　　　　왕　　색 정 연 후
問臣하실새 臣이 不敢不以正對호이다 王이 色定然後에
청 문 이 성 지 경　　　　왈　군　　유 과 즉 간　　　반 복 지 이
請問異姓之卿하신대 曰 君이 有過則諫하고 反覆之而
불 청 즉 거
不聽則去니이다

| 언해 |

王이 勃然히 色을 變ᄒᆞ신대 ᄀᆞᆯᄋᆞ샤ᄃᆡ 王은 異히너기디 마ᄅᆞ쇼셔 王이 臣ᄃᆞ려 무ᄅᆞ실ᄊᆡ 臣이 敢히 正으로ᄡᅥ 對티 아니티 몯 호이다. 王이 色이 定ᄒᆞ신 後에 請ᄒᆞ야 異姓읫 卿을 무르신대 ᄀᆞᆯᄋᆞ샤ᄃᆡ 君이 過ㅣ 이시면 諫ᄒᆞ고 反覆ᄒᆞ야도 聽티 아니ᄒᆞ면 去ᄒᆞᄂᆞ니이다

| 직역 |

왕이 발끈 낯빛이 바뀌자, 맹자가 말하였다. "왕께서는 이상하게 여기지 마십시오. 왕께서 저에게 물으시기에, 제가 감히 바른 것으로써 대답하지 않을 수 없었습니다." 왕이 낯빛을 안정시킨 뒤에 청하여 이성의 경에 대해 물었다. 맹자가 말하였다. "임금이 허물이 있으면 간하고, 반복하여도 듣지 않으면 떠나는 것입니다."

| 자해 |

勃然 : 낯빛이 변하는 모양.

| 의해 |

왕이 지위를 바꾼다는 말을 듣고 놀래서 낯빛을 변하니, 그 말이 너무 지나침을 의심한 것이다. 맹자가 위로하여 말하였다. "왕께서는 저의 말을 이상하게 여기시지 마십시오. 왕께서 물으시기에, 감히 바른 이치로써 대답하지 않을 수 없었습니다. 지위를 바꾸는 것은 귀척의 경이 그 도를 마땅히 이와 같이 할 것입니다." 왕이 낯빛을 안정시킨 뒤 이성의 경에 대해 묻자, 맹자가 말하였다. "이성의 경은 의로써 합한 것이니, 반드시 큰 허물이 있은 뒤에 간하는 것이 아니라, 임금의 허물이 있어서 조금이라도 도에 어긋나면 반드시 간합니다. 그러나 한 번 간하는 것으로써 책임을 회피하는 것이 아니라 반복하여 여러 번 간함에 이르러도 임금이 듣지 않으면 이것은 오히려 자신에게 화가 미칠 수 있는 조짐이 됩니다. 따라서 그러한 조짐이 있으면 도가 이미 행해질 수 없기 때문에 구차히 머무르지 않고 떠나는 것이니, 이것이 천하의 큰 법도를 지키는 방법입니다. 경의 같지 않음이 이와 같으니, 나라를 소유한 자가 스스로 허물이 없도록 힘써서 경과 함께 서로 도움을 줄 수 있어야만 합니다."

| 요지 |

이 장은 대신의 의리에 친하고 소원함이 같지 않음이 있어서, 상도를 지키고 권도를 행함에 각각 그 분수가 있음을 말한 것이다. 귀척의 경은 작은 허물을 간하지 않는 것은 아니지만, 큰 허물이 있을 때 간하여 듣지 않으면 임금의 지위를 바꿀 수 있다는 것이다. 또한 이성의 경은 큰 허물을 간하지 않는 것은 아니지만 비록 작은 허물이 있을 때라도 간하여 듣지 않으면 떠날 수 있다는 것이다.

11. 고자장구상(告子章句上)

고자왈성 유기류야 의 유배권야 이인성

1-1. 告子曰 性은 猶杞柳也오 義는 猶桮棬也니 以人性

위인의 유이기류위배권

爲仁義는 猶以杞柳爲桮棬이니라

| 언해 |

告子ㅣ 골오듸 性은 杞柳곧고 義는 桮棬곧트니 사롬의 性으로뻐 仁義롤 홈이 杞柳로뻐 桮棬을홈 곧트니라

| 직역 |

고자가 말하였다. "성은 버드나무와 같고, 의는 그릇과 같으니, 사람의 성으로 인의를 행하는 것이 버드나무로 그릇을 만드는 것과 같다."

| 자해 |

性 : 사람이 나면서 받은 하늘의 이치. • 杞柳 : 개버들과 산버들 같은 나무. • 桮棬 : 기류를 휘어 만든 술그릇.

| 의해 |

고자가 성품을 악하다고 하여 성품과 인의를 나누어 둘로 하였다. 이에 맹자에게 말했다. "지금 성품을 말하는 자가 반드시 인의를 말하는데, 내가 보기로는 사람이 나면서 성품이 있음에 그 지각과 운동하는 것이 한 덩어리 물건에 불과할 따름이니, 바탕인 버드나무와 같다. 사람이 일을 행하여야 비로소 의가 있으니,

그 거동과 베푸는 것이 모두 자연스러운 데에서 나오지 않아 버드나무로 만드는 그릇과 같다. 사람의 성품에는 근본적으로 인과 의의 이름이 없는데, 사람의 성품을 억지로 인과 의라고 하는 것은 버드나무가 근본적으로 그릇의 형태가 없는데 사람이 버드나무를 휘어 억지로 그릇을 만드는 것과 같으니, 모두 사람의 힘으로 다 그렇게 하는 것은 일반적인 것이다."

맹 자 왈　자 능 순 기 류 지 성　이 이 위 배 권 호　장 장
1-2. 孟子曰 子能順杞柳之性 而以爲桮棬乎아 將戕
적 기 류 이 후　이 위 배 권 야　여 장 장 적 기 류 이 이 위 배
賊杞柳而後에 以爲桮棬也니 如將戕賊杞柳而以爲桮
권　즉 역 장 장 적 인　이 위 인 의 여　솔 천 하 지 인
棬이면 則亦將戕賊人하여 以爲仁義與아 率天下之人
이 화 인 의 자　필 자 지 언 부
而禍仁義者는 必子之言夫인저

| 언해 |

孟子ㅣ ᄀᆞᆯᄋᆞ샤ᄃᆡ 子ㅣ 能히 杞柳의 性을 順ᄒᆞ야 ᄡᅧ 桮棬을 ᄒᆞ랴 쟝ᄎᆞᆺ 杞柳ᄅᆞᆯ 戕賊ᄒᆞᆫ 後에 ᄡᅧ 桮棬을 ᄒᆞ리니 만일 쟝ᄎᆞᆺ 杞柳ᄅᆞᆯ 戕賊ᄒᆞ야 ᄡᅧ 桮棬을 ᄒᆞ면 ᄯᅩᄒᆞᆫ 쟝ᄎᆞᆺ 사ᄅᆞᆷ을 戕賊ᄒᆞ야 ᄡᅧ 仁義ᄅᆞᆯ ᄒᆞ랴 天下읫 사ᄅᆞᆷ을 率ᄒᆞ야 仁義ᄅᆞᆯ 禍ᄒᆞᆯ 者ᄂᆞᆫ 반ᄃᆞ시 子의 言인뎌

| 직역 |

맹자가 말하였다. "그대가 버드나무의 성품을 따라서 그릇을 만들 수 있는가? 장차 버드나무를 해친 후에 그릇을 만들 수 있을 것이니, 만일 장차 버드나무를 해쳐서 그릇을 만들면 또한 장차 사람을 해쳐서 인과 의를 행하겠는가? 천하의 사람을 거느려서 인과 의에 화를 끼치는 자는 반드시 그대의 말일 것이다."

| 의해 |

맹자가 힐난하여 말하였다. "그릇은 만들기를 기다려서 되고, 인의는 내 성품을 따라서 나오는 것이니, 이것이 원래 같이 의론할 것이 아니다. 버드나무로써 의론한다면 그대가 버드나무가 생긴 대로 따라서 굽힐 수 있겠는가? 바로잡음을 더하지 않고 자연스러운 대로 그릇을 만들 수 있겠는가? 장차 버리고 꺾고 구부려서 버드나무의 본연한 것을 상하게 하고 해롭게 한 후에 그릇을 만들 것이다. 만일 버드나무를 상하게 하고 해롭게 한 후에 그릇을 만든다면 또한 장차 사람의 본연함을 해쳐 그 성품을 깎고 상하게 한 후에야 인의를 행할 것이다. 이 말이 한 번 나오면 사람들이 다 말하기를 '성품 가운데에 근본적으로 인의가 없으니, 인의를 하고자 하면 실상 성품을 해롭게 하는 것이다'라고 하여 이에 인의를 버려 하지 않을 것이니, 이에 천하의 사람을 거느려 인의를 해치게 될 것이다. 이것은 그대의 말이니 그 해를 끼침이 도움이 된다고 말할 수 있겠는가?"

| 요지 |

이 장은 고자가 성품에 근본적으로 인의가 없다고 하였기 때문에 '써 이(以)'자와 '할 위(爲)'자를 가지고 말하자, 맹자가 저 '할 위(爲)'자에 나아가서 '장적(戕賊)'이란 두 글자를 내서 획을 그으니 고자의 말이 막힌 것이다. 머리 절은 고자가 물(物)에 나아가서 성품을 의론하고, 아래 절은 맹자가 그 의론의 잘못을 물리치고, 그 해를 끼치는 것이 큼을 극진히 말하였다. 고자는 성품이 이 꿈틀거리는 물건으로 알았고, 인의는 만들어 이룬 것이라고 여겨 그 병의 뿌리가 '할 위(爲)' 한 글자에 있으니, 성품 가운데 스스로 인의가 있는 줄을 알지 못하였던 것이다. 빙그레 웃고 아무 것이나 닥치는 대로 끌어당기는 순박한 어린 아이가 어버이를 사랑할 줄 앎에서 성품 가운데 의(義)가 있음을 알 수 있을 것이니, 털끝만큼의 힘도 허비하지 않고 그렇게 되는 것이다. 맹자가 저

사람의 병통의 뿌리가 있는 곳을 보았기 때문에 '장적' 두 글자로 저 '할 위(爲)' 자를 바꾸어서 더욱 '할 위(爲)' 자의 잘못을 보인 것이니, 다만 잘못된 것만 찍어 낸 것이고, 아직 성품이 어떤 것인가에 대해서는 말하지 않았다.

고자왈 성 유단수야 결저동방즉동류 결
2-1. 告子曰 性은 猶湍水也라 決諸東方則東流하고 決
저서방즉서류 인성지무분어선불선야 유수
諸西方則西流하나니 人性之無分於善不善也는 猶水
지무분어동서야
之無分於東西也니라

| 언해 |

告子ㅣ 골오ᄃᆡ 性은 湍水ᄀᆞᄐᆞᆫ디라 東方으로 決ᄒᆞ면 東으로 流ᄒᆞ고 西方으로 決ᄒᆞ면 西로 流ᄒᆞᄂᆞ니 人性의 善과 不善에 分홈 업슴이 水ㅣ 東과 西에 分홈 업슴 ᄀᆞᄐᆞ니라

| 직역 |

고자가 말하였다. "성품은 여울물과 같다. 동쪽으로 트면 동쪽으로 흐르고, 서쪽으로 트면 서쪽으로 흐르니, 인성이 선과 불선의 분별이 없는 것은 물이 동쪽과 서쪽으로 분별이 없는 것과 같다."

| 자해 |

湍 : 물결이 여울지는 모양. 음은 '단'.

| 의해 |

고자가 말하였다. "사람의 성품은 여울물의 성질과 같다. 다만 동쪽으로 터놓으면 동쪽으로 흐르는 것이니, 동쪽으로 정해져 흐르

는 것이 아니다. 서쪽으로 터놓으면 서쪽으로 흐르는 것이니, 서쪽으로 정해진 것이 아니다. 사람의 성품도 착하거나 착하지 못한 것의 분별이 없어서 일정한 본체가 없는 것이고, 사람의 행동이 어떠하냐에 달려 있는 것이니, 물의 성품이 동쪽으로나 서쪽으로 분변이 없어서 일정한 방향이 없는 것과 같다. 또한 오직 사람이 어떻게 터놓느냐에 달려 있는 것이다."

맹 자 왈 수 신 무 분 어 동 서 무 분 어 상 하 호
2-2. 孟子曰 水信無分於東西어니와 無分於上下乎아
인 성 지 선 야 유 수 지 취 하 야 인 무 유 불 선 수 무
人性之善也는 猶水之就下也니 人無有不善하며 水無
유 불 하
有不下니라

| 언해 |

孟子ㅣ ᄀᆞᆯᄋᆞ샤ᄃᆡ 水ㅣ 진실로 東西에 分홈이 업거니와 上下에 分홈이 업ᄉᆞ냐 人性의 善ᄒᆞ욤이 水ㅣ 下에 就홈 ᄀᆞᆮᄐᆞ니 人이 善티 아니 ᄒᆞ니 잇디 아니ᄒᆞ며 水ㅣ 下티 아니ᄒᆞ리 잇디 아니ᄒᆞ니라

| 직역 |

맹자가 말하였다. "물이 진실로 동서로 나누어짐이 없지만, 상하로 나누어짐이 없느냐? 인성이 착함은 물이 아래로 나가는 것과 같으니, 사람이 착하지 않은 이가 있지 않으며, 물이 아래로 흐르지 않음이 있지 않다."

| 의해 |

맹자가 말하였다. "물이 흐르는 것이 참으로 동서의 분별이 없으나, 어찌 상하의 분별이야 없겠는가? 동쪽으로 터놓으면 동쪽으

로 흐르는 것은 반드시 동쪽의 지세가 낮은 것이고, 서쪽으로 터놓으면 서쪽으로 흐르는 것은 반드시 서쪽의 지세가 낮은 것이니, 인성이 본연히 착한 것은 물이 근본적으로 낮은 곳으로 흐르는 것과 같다. 다만 사람됨이 지혜롭거나 어리석음을 막론하고 착하지 않음이 없지만 한 번 착하지 않음이 있으면 곧 사람의 성품이 아니고, 다만 물의 속성이 동서를 막론하고 내려가지 않음이 없지만 한 번 내려가지 않으면 곧 물의 속성이 아니니, 그렇다면 성품은 진실로 일정한 본질이 있는 것이다."

금부수 박이약지 가사과상 격이행지
2-3. 今夫水를 搏而躍之면 可使過顙이며 激而行之면
가사재산 시기수지성재 기세즉연야 인
可使在山이어니와 是豈水之性哉리오 其勢則然也니 人
지가사위불선 기성 역유시야
之可使爲不善이 其性이 亦猶是也니라

| 언해 |

이제 水ᄅᆞᆯ 搏ᄒᆞ야 躍게 ᄒᆞ면 可히 ᄒᆞ여곰 顙에 過ᄒᆞ며 激ᄒᆞ야 行케 ᄒᆞ면 可히 ᄒᆞ여곰 山에 이시려니와 이 엇디 水의 性이리오 그 勢 곧 그러ᄒᆞ니 人의 可히 ᄒᆞ여곰 不善을 ᄒᆞ욤이 그 性이 ᄯᅩᄒᆞᆫ 이 ᄀᆞᄐᆞ니라

| 직역 |

"이제 물을 쳐서 튀게 하면 물로 하여금 이마를 지나가게 할 수 있으며, 격동하게 하여 행하게 하면 물로 하여금 산에 있게 할 수 있으니, 이 어찌 물의 성품이겠는가? 그 형세가 곧 그러하니 사람을 착하지 못하게 할 수 있는 것이 그 성품이 또한 이와 같다."

| 자해 |

搏 : 치는 것. • 躍 : 뛰는 것. • 顙 : 이마.

| 의해 |

"다만 물이 내려가지 않음이 없으나, 또한 내려가지 않는 것이 있는 것은 어떤 이유인가? 이제 물을 사람이 손으로 쳐서 튀게 하면 날아서 이마도 넘을 수 있을 것이고, 만일 그 하류를 막고 격동하면 산에 있게 할 수 있을 것이니, 이미 이마를 넘고 산에 있게 되는 것이 어찌 물의 본성이겠는가? 그 치고 격동하는 형세 때문에 그렇게 된 것이니, 사람이 선하지 못한 것을 행하는 것이 근본적으로 그 성품 때문이 아니라 성품이 물욕에 꼬여 그렇게 되는 것이고, 이해에 핍박을 받아 그 본질을 잃어 그렇게 된 것이 또한 물이 치고 격동하는 것으로 인하여 그렇게 되는 것과 같다. 그러나 치고 격동하는 것이 지나가면 의연히 다시 아래로 흘러가며, 사람의 성품도 이욕이 없어지면 의연히 다시 착한 데로 나아가는 것이다. 선하고 선하지 못함에 분별이 없다고 하는 것이 말이 되는 것이겠는가!"

| 요지 |

이 장 머리에 고자가 성품이 정한 데가 없어서 선과 악이 다 부리는 데로 말미암아 그러한 것이라고 한 것과, 뒤에 맹자가 성품이 정한 데가 있어서 선함은 근본적으로 그러한 것이고, 악한 것은 부려져서 그러한 것이니, 사람이 선하지 않음이 있음이 없다고 한 구절이 온 장의 요지가 된다.

고 자 왈 생 지 위 성
3-1. 告子曰 生之謂性이니라

| 언해 |

告子ㅣ ᄀᆞᆯ오ᄃᆡ 生ᄒᆞᆫ 거슬 닐온 性이니라

| 직역 |

고자가 말하였다. "타고난 그대로를 일러 성품이라 한다."

| 자해 |

生 : 사람과 사물의 알고, 깨닫고, 온전하고, 움직임을 가리켜서 말하는 것임.

| 의해 |

고자가 말하였다. "성품의 성품된 것이 다른 것이 아니라 처음 날 때부터 천지의 생기를 타서 이러한 지각이 있고, 이러한 운동이 있으니, 이것이 성품이다. 어찌 일찍이 선하거나 선하지 못한 것이 있겠는가?"

맹 자 왈 생 지 위 성 야 유 백 지 위 백 여 왈 연
3-2. 孟子曰 生之謂性也는 猶白之謂白與아 曰 然하다
백 우 지 백 야 유 백 설 지 백 백 설 지 백 유 백 옥 지
白羽之白也는 猶白雪之白이며 白雪之白이 猶白玉之
백 여 왈 연 연 즉 견 지 성 유 우 지 성 우 지 성
白與아 曰 然하다 然則犬之性이 猶牛之性이며 牛之性
유 인 지 성 여
이 猶人之性與아

| 언해 |

孟子ㅣ ᄀᆞᆯᄋᆞ샤ᄃᆡ 生ᄒᆞᆫ거슬 닐온 性이라 ᄒᆞᆷᄋᆞᆫ 白ᄒᆞᆫ거슬 닐온 白이라ᄒᆞᆷ ᄀᆞᄐᆞ냐 ᄀᆞᆯ오ᄃᆡ 그러ᄒᆞ다 白羽의 白ᄒᆞᆫ 거시 白雪의 白ᄒᆞᆫ 것 ᄀᆞᄐᆞ며 白雪의 白ᄒᆞᆫ 거시 白玉의 白ᄒᆞᆫ 것 ᄀᆞᄐᆞ냐 ᄀᆞᆯ오ᄃᆡ 그러ᄒᆞ다 그러면 犬의 性이 牛의 性 ᄀᆞᄐᆞ며 牛의 性이 人의 性ᄀᆞ타냐

| 직역 |

맹자가 말하였다. "타고난 그대로를 일러 성품이라고 하는 것은 흰 것을 일러 흰 것이라고 하는 것과 같은 것인가?" 고자가 말하였다. "그렇다." 맹자가 말하였다. "흰 깃의 흰 것이 흰 눈의 흰 것과 같으며, 흰 눈의 흰 것이 흰 옥의 흰 것과 같은가?" 고자가 말하였다. "그렇다." 맹자가 말하였다. "그러면 개의 성품이 소의 성품과 같으며, 소의 성품이 사람의 성품과 같은가?"

| 의해 |

고자가 '타고난 그대로가 성품이다'라고 하였으니, 이(理)와 기(氣)가 분명하지 못하고 사람과 사물의 구분이 없는 것이다. 맹자가 계속해서 그 사람이 말한 본래의 의도에 나아가 힐난하여 말하였다. "타고난 그대로를 곧 '성품'이라고 하는 것이 물건의 흰 것을 모두 일러 '흰 것'이라고 하는 것과 같은가?" 고자가 타고난 그대로를 성품이라고 한 것이 사람을 사물에다 섞어 한 실언인 것을 생각하지 않고 곧 대답하여 말하였다. "그렇다." 맹자가 또 물어 말하였다. "천하의 물건에 흰 것이라고 이르는 것이 많다. 이제 흰 것이면 대개 흰 것이라고 이를 것이니, 장차 흰 깃의 흰 것이 흰 눈의 흰 것과 같다고 하며, 흰 눈의 흰 것이 흰 옥의 흰 것과 같아서 다시 차별이 없다는 말이냐?" 고자가 말하였다. "그렇다. 그 흰 것은 다 같은데 어찌 흰 것이라고 이르지 않겠는가?" 고자는 자기가 흰 것을 흰 것이라고 이른 말단 주장하고, 타고난 그대로를 성품이라고 이른 말의 그릇된 것은 알지 못한 것이니, 이로부터 그 뜻이 열리게 할 수 있었던 것이다. 맹자가 그리하여 말하였다. "만일 타고난 그대로가 같으니 성품이 같다고 한다면, 개의 성품이 진실로 소의 성품과 같고, 소의 성품이 또한 사람의 성품과 같아서, 다시 차별이 없다는 말인가? 내가 알기로는 타고난 그대로는 사람과 사물이 같은데 성품은 곧 사람과 사물이 다르다고 하니, 타고난 그대로를 어찌 성품이타고 이르겠는가?"

| 요지 |

성(性)이라는 것은 사람이 하늘에서 얻은 이치이고, 생(生)이라는 것은 사람이 하늘에서 얻은 기운이니, 성은 형이상의 것이고, 기는 형이하의 것이다. 사람과 사물이 남에 이 성이 있지 않음이 없고, 또한 이 기운이 있지 않음이 없다. 그러나 기운으로써 말한다면 지각과 운동이 사람과 사물이 다르지 않은 것 같으나, 이치로써 말한다면 인(仁)·의(義)·예(禮)·지(知)가 어찌 사물에 얻어서 온전히 할 수 있는 것이겠는가? 이리하여 사람의 성품이 선하지 않음이 없어서 만물의 영장이 된 것이다. 고자가 성의 이치 됨을 알지 못하고 이른바 기가 그것에 해당하는 것으로 보았으니, 이 때문에 버드나무와 여울물로 비유하고 식색(食色)에 선함이 없고, 선하지 않음도 없다는 말을 함부로 하여 잘못되고 어지럽다. 그러나 이 장에 보이는 잘못은 근본적으로 그렇게 해서 된 것이니, 대개 한갓 지각과 운동의 준연(蠢然)한 것이 사람이 사물과 같음만 알고, 인·의·예·지의 수연(粹然)한 것이 사람이 사물과 다름을 알지 못한 것이다. 맹자가 이리하여 꺾었으니 그 뜻이 정교하다.

고자왈 식색 성야 인 내야 비외야 의
4-1. 告子曰 食色이 性也니 仁은 內也라 非外也요 義는
외야 비내야
外也라 非內也니라

| 언해 |

告子ㅣ ᄀᆞᆯ오ᄃᆡ 食이며 色이 性이니 仁ᄋᆞᆫ 內라 外아니오 義ᄂᆞᆫ 外라 內아니니라

| 직역 |

고자가 말하였다. "식이며 색이 성이니, 인은 안이라 밖이 아니고, 의는 밖이라 안이 아니다."

| 의해 |

고자가 지각과 운동을 성품으로 여겨 이에 다시 그의 의견을 개진하였다. "사람이 나서 먹는 것을 달게 여기고, 색을 기뻐하는 것이 곧 성품이다. 저 달게 여기고 기뻐하는 마음은 나에게서 나는 것이고, 달고, 기쁨에 마땅하게 할 수 있는 것은 사물에 갖추어져 있다. 내가 마음으로부터 달고 기쁜 것을 좇아 미루면 내 마음의 사랑하는 것은 '인'이라고 이른다. 사랑하는 마음은 안에서 나기 때문에, 인은 안이고 바깥이 아니다. 식과 색의 달고 기쁨을 좇아서 미룰 수 있으니, 사물의 마땅함은 모두 의라고 이른다. 사물은 밖에 있기 때문에, 의는 바깥이 되고 안이 아니다."

맹 자 왈 하 이 위 인 내 의 외 야 왈 피 장 이 아 장 지
4-2. 孟子曰 何以謂仁內義外也오 曰 彼長而我長之라
비 유 장 어 아 유 피 백 이 아 백 지 종 기 백 어 외 야 고
非有長於我니 猶彼白而我白之라 從其白於外也라 故
위 지 외 야
로 謂之外也라하노라

| 언해 |

孟子ㅣ ᄀᆞᆯᄋᆞ샤ᄃᆡ 엇디 ᄡᅥ 닐오ᄃᆡ 仁이 內오 義ㅣ 外라 ᄒᆞᄂᆞ뇨 ᄀᆞᆯ오ᄃᆡ 뎌 長이어든 내 長이라 ᄒᆞ논디라 내게 長이라홈이 잇니 아니ᄒᆞ니 뎌 白ᄒᆞ거든 내 白다홈이라 그 白을 外예 從홈 ᄀᆞᄐᆞᆫ디라 故로 外라 니ᄅᆞ노라

| 직역 |

맹자가 말하였다. "어찌 이르기를 인이 안이 되고, 의가 밖이라고 하는가?" 고자가 말하였다. "저 사람이 나이 많으면 내가 나이 많다고 하는 것이니, 내게 나이 많은 것이 있지 않다. 저것이 희면 내가 희다고 하는 것이니, 그 흰 것을 밖에서 좇는 것과 같은 것이다. 그러므로 밖이라고 이르는 것이다."

| 자해 |

長之 : 내가 그 사람을 나이 많다고 하는 것. • 白之 : 내가 그것을 희다고 하는 것.

| 의해 |

맹자가 말하였다. "인과 의는 하나이다. 어찌 인은 안이고, 의만 홀로 밖에 있다고 이르는가?" 고자가 말하였다. "내가 듣자하니, 의는 나이 많은 사람을 공경하는 것보다 더 중요한 것이 없다. 시험 삼아 나이 많은 것을 말한다면, 저 사람이 나이가 많기 때문에 내가 바야흐로 나이 많은 것으로 대접하는 것이고, 원래 먼저 나이 많은 것으로 대접할 마음이 내게 있어서 그런 것이 아니다. 그렇다면 저 물건의 빛이 흰 것을 보고서 내가 바야흐로 희다고 이르는 것이니, 이것이 그 물건의 흰 것은 밖에 있음을 따른 것이고, 먼저 저 물건을 희다고 말하고 싶은 마음이 내게 있지 않음과 같다. 그러므로 의를 바깥이라고 이르는 것이다."

왈 이어백마지백야 무이이어백인지백야
4-3. 曰 異於白馬之白也는 無以異於白人之白也어니와
불식 장마지장야 무이이어장인지장여 차위
不識케라 長馬之長也가 無以異於長人之長與아 且謂
장자의호 장지자의호
長者義乎아 長之者義乎아

| 언해 |

ᄀᆞᆯᄋᆞ샤ᄃᆡ 白馬의 白ᄒᆞᆫ 이ᄅᆞᆯ 白다 홈ᄋᆞᆫ ᄡᅧ 白人의 白ᄒᆞᆫ 이ᄅᆞᆯ 白다 홈애 다ᄅᆞᆷ이 업거니와 아디몯게라 馬의 長ᄒᆞᆫ 이ᄅᆞᆯ 長이라 홈애 다ᄅᆞᆷ이 업ᄉᆞ냐 ᄯᅩ 닐오ᄃᆡ 長者ㅣ 義가 長이라 ᄒᆞᄂᆞᆫ者ㅣ 義가

| 직역 |

맹자가 말하였다. "흰 말이 흰 것을 희다고 하는 것은 흰 사람이 흰 것을 희다고 하는 것과 다름이 없다. 알지 못하겠지만, 나이 많은 말이 나이 많은 것이 나이 많은 사람이 나이 많은 것과 다름이 없는가? 또 나이 많은 것이 의인가, 나이 많다고 여기는 것이 의인가?"

| 자해 |

異於 : 위 본문에서 '이어(異於)' 두 글자는 빠져야 함. 이씨(李氏)가 "혹 빠진 글이 있는 것 같다"고 함.

| 의해 |

맹자가 그 비유하는 말을 이어서 변론하였다. "그대가 흰 빛을 가지고 어른에게 비유하는데 그런 종류가 아니다. 대개 사람에도 흰 것이 있고, 말에게도 또한 흰 것이 있으니, 말의 흰 것을 희다고 하는 것과 사람의 흰 것을 희다고 하는 것은 흰 것을 희다고 하는 것에 불과하니, 진실로 다른 것이 없겠다. 그렇지만 만일 말이 나이 많은 것을 나이 많은 것으로 대접하는 것이 또한 사람이 나이 많은 것을 나이 많은 것으로 대접하는 것과 다름이 없다고 할 수 있겠는가? 내가 알기로는 나이 많은 말에 대해서는 입으로 말하기를, '저것은 늙고 큰 말이다'라고 할 것이며, 만일 나이 많은 것이 사람이라면 공경하는 마음이 가운데서 드러날 것이다. 그대가 흰 것을 가지고 나이 많은 것에 비유하는 것은 처음부터 끝까지 비유하지 못할 것에 비유하는 것이다. 또 다시 한마디 말

이 있으니, 그대가 저 나이 많은 것을 가지고 곧 의로 삼는가, 장차 높여서 나이 많다고 하는 공경하는 나의 마음을 의로 삼는 것인가? 만일 나이 많은 것을 의라고 한다면 공경이 사람으로 인한 것이니, 의가 밖에 있는 것이 되겠지만, 만일 나이 많은 것으로 대접하는 것을 의라고 한다면 공경이 마음 가운데에서 말미암아 나오는 것이니, 의가 어찌 밖에 있는 것이겠는가?"

왈 오제즉애지 진인지제즉불애야 시
4-4. 曰 吾弟則愛之하고 秦人之弟則不愛也하나니 是는
이아위열자야 고 위지내 장초인지장 역장
以我爲悅者也라 故로 謂之內요 長楚人之長하며 亦長
오지장 시 이장위열자야 고 위지외야
吾之長하나니 是는 以長爲悅者也라 故로 謂之外也라하노라

| 언해 |

ᄀᆞᆯ오ᄃᆡ 내 弟면 愛ᄒᆞ고 秦人의 弟면 愛티 아니 ᄒᆞᄂᆞ니 이ᄂᆞᆫ 날로ᄡᅥ 悅ᄒᆞᄂᆞᆫ 者ㅣ라 故로 內라 니ᄅᆞ고 楚人의 長을 長이라 ᄒᆞ며 ᄯᅩᄒᆞᆫ 내 長을 長이라 ᄒᆞᄂᆞ니 長으로ᄡᅥ 悅ᄒᆞᄂᆞᆫ 者ㅣ라 故로 外라 니ᄅᆞ노라

| 직역 |

고자가 말하였다. "나의 아우면 사랑하고, 진나라 사람의 아우면 사랑하지 않으니, 이는 나로써 기뻐하는 것이다. 그러므로 안이라고 이르고, 초나라 사람의 나이 많은 이를 나이 많은 이라고 하며, 또한 내 나이 많은 이를 나이 많은 이라고 하니, 이는 나이 많은 이로써 기뻐하는 것이다. 그러므로 바깥이라고 이르는 것이다."

| 의해 |

고자가 말하였다. "내가 나이 많은 것을 의라고 하는 것이 아니라, 다만 그 나이 많은 것으로 대접하는 것이 사랑하는 것과 같지 않음으로 보면, 인은 자연 안에 있고, 의는 자연 밖에 있는 것이라고 하는 것이다. 만일 나의 아우이면 내가 사랑하고, 진나라 사람의 아우이면 내가 사랑하지 않아, 사랑을 베풂이 같지 않음이 있으니, 이는 주장하는 것이 나에게 있고, 사람이 억지로 나로 하여금 사랑하게 하지 못할 것이다. 그러므로 인이 안에 있다고 이르는 것이다. 만일 나이 많은 것이라면 이와 달라서 초나라 사람의 나이 많은 이도 나이 많은 이라고 하고, 또한 나의 나이 많은 이도 나이 많은 이라고 하여 친소를 막론하고 오직 나이 많은 것만 보아서 내가 남의 나이 많은 이를 업신여기지 못하니, 이는 주장하는 것이 나에게 있지 않은 것이다. 그러므로 의를 밖이라고 이르는 것이다"라고 하였다.

그렇다면 고자의 이 말은 비록 어른을 어른으로 한 것이 의가 되는 줄은 알지만 마침내 나이 많은 이를 나이 많은 이로 하는 것이 나이 많은 이에게서 나오는 것이 아니고, 내 마음에서 나오는 것은 알지 못한 것이다.

왈 기 진 인 지 구 무 이 이 어 기 오 구 부 물 즉

4-5. 曰 耆秦人之炙가 無以異於耆吾炙하니 夫物이 則

역 유 연 자 야 연 즉 기 구 역 유 외 여

亦有然者也니 然則耆炙도 亦有外與아

| 언해 |

ᄀᆞᆯᄋᆞ샤ᄃᆡ 秦人의 炙를 耆ᄒᆞ욤이 뻐 내 炙를 耆홈과 달옴이 업ᄉᆞ니 物이 곧 ᄯᅩᄒᆞᆫ 그러홈이 인ᄂᆞ니 그러면 炙를 耆홈도 ᄯᅩᄒᆞᆫ 外인

ᄂᆞ냐

| 직역 |

맹자가 말하였다. "진나라 사람이 구이를 즐기는 것이 내가 구이를 즐기는 것과 다름이 없으니, 사물이 곧 또한 그러한 것이 있으니, 그런즉 구이를 즐겨하는 것도 또한 밖에 있는가?"

| 자해 |

耆 : '嗜'자와 같다. 나이 많은 이로 대접하고, 즐겨함이 다 마음에서 나온 것임을 말한 것임.

| 의해 |

맹자가 꺾어 말하였다. "초나라 사람이 나이 많은 이를 나이 많은 이로 대접하고, 또한 내가 나이 많은 이를 나이 많은 이로 대접하니, 나이 많은 이로 대접하는 정이 있는 것은 누구에게나 진실로 그러할 것이다. 진나라 사람이 구이를 즐겨하는 것이 또한 내가 구이를 즐기는 것과 다름이 없으니, 맛이 같은 것은 사물에게도 또한 그러하다. 이제 그대가 나이 많은 이로써 기뻐하는 것이 밖에 있다 하니, 그렇다면 사람이 구이를 즐겨하는 것도 또한 구이로써 기쁘게 하는 것이 밖에 있다는 것인가? 구이는 밖에 있지만 즐겨하는 것은 안에 있고, 나이 많은 이는 밖에 있지만 나이 많은 이로 대접하는 것은 안에 있으니, 그렇다면 의가 밖에 있지 않은 것이 분명하다. 그대가 이미 먹는 것을 달게 함에 밝았으니, 반드시 구이 즐기는 데에도 밝을 것이다. 어찌 통하지 않는가?"

| 요지 |

이 장은 주장이 '나이 많은 이로 대접한다'는 한 구절에 있으니, 의가 저 나이 많은 이에 있는 것이 아니라 내가 나이 많은 이로 대접하는 마음에 있으니, 그렇다면 의가 밖이 아님이 매우 명백

하다. 아래 두 구절은 고자가 억지로 변명하였기 때문에 그 밝은 바로써 이해시킨 것이니, 고자가 나이 많은 이를 의론한 것은 시종 사람으로서 말한 것이고, 맹자가 나이 많은 이를 의론한 것은 시종 마음으로서 말한 것이다.

맹 계 자 문 공 도 자 왈 하 이 위 의 내 야 왈 행 오 경
5-1. 孟季子問公都子曰 何以謂義內也오 曰 行吾敬
고 위 지 내 야 향 인 장 어 백 형 일 세 즉 수 경 왈
故로 謂之內也니라 鄕人이 長於伯兄一歲則誰敬고 曰
경 형 작 즉 수 선 왈 선 작 향 인 소 경 재
敬兄이니라 酌則誰先고 曰 先酌鄕人이니라 所敬은 在
차 소 장 재 피 과 재 외 비 유 내 야
此하고 所長은 在彼하니 果在外라 非由內也로다

| 언해 |

孟季子ㅣ 公都子ᄃᆞ려 무러 ᄀᆞᆯ오ᄃᆡ 엇디 ᄡᅥ 義ᄅᆞᆯ 內라 니ᄅᆞᄂᆞ뇨 ᄀᆞᆯ오ᄃᆡ 내 敬을 行ᄒᆞᄂᆞᆫ 故로 內라 닐ᄋᆞ니라 鄕人이 伯兄의게셔 長ᄒᆞᆷ이 一歲면 누ᄅᆞᆯ 敬ᄒᆞᆯ고 ᄀᆞᆯ오ᄃᆡ 兄을 敬ᄒᆞᆯ디니라 酌ᄒᆞ면 누ᄅᆞᆯ 몬져 ᄒᆞᆯ고 ᄀᆞᆯ오ᄃᆡ 몬져 鄕人의게 酌ᄒᆞᆯ띠니라 敬ᄒᆞᄂᆞᆫ바ᄂᆞᆫ 이예잇고 長ᄒᆞᄂᆞᆫ바ᄂᆞᆫ 뎌에 이시니 과연 外예 인ᄂᆞᆫ디라 內로 由ᄒᆞᆷ이 아니로다

| 직역 |

맹계자가 공도자에게 물어 말하였다. "어찌 의를 안이라고 이르는 것인가?" 공도자가 말하였다. "내가 공경을 행하기 때문에 안이라고 이르는 것이다." 맹계자가 물었다. "고을 사람이 큰 형보다 한 살이 많으면, 누구를 공경하겠는가?" 공도자가 말하였다. "형을 공경할 것이다." 맹계자가 물었다. "술을 따른다면 누구에게

먼저 따르겠는가?" 공도자가 말하였다. "먼저 고을 사람에게 술을 따를 것이다." 맹계자가 말하였다. "공경하는 바는 이 사람에게 있고, 나이 많은 것은 저 사람에게 있으니, 과연 밖에 있는 것이다. 안에서 말미암은 것이 아니다."

| 자해 |

孟季子 : 아마도 맹중자의 아우인 것 같음. • 伯 : 맏아들. • 酌 : 술잔을 주고 받는 것.

| 의해 |

맹계자가 맹자의 의가 안이라는 말을 듣고 이해하지 못하였기 때문에 공도자에게 물어 말하였다. "사람은 다 의를 밖이라고 하는데, 맹자께서 홀로 안에 있다고 하시니, 알지 못하겠다. 무엇으로써 의가 안이라고 하시는 것인가?" 공도자가 말하였다. "공경을 주장하는 것이다. 사람이 여기에 있으면 마땅히 공경할 바에 있어서 내 마음에 공경을 행하여 공경하는 것이니, 이것은 공경이 마음으로부터 나오기 때문에 안이라고 이르는 것이다." 맹계자가 알아듣지 못하고 마음으로 말하였다. "공경이 비록 안에 있으나, 그러나 내가 그 공경을 쓰는 것은 밖에 있으니, 큰 형은 내가 그 마땅히 공경할 줄을 아나 가령 고을 사람이 나의 큰 형보다 한 살이 많으면 또한 마땅히 공경할 것이다. 이러한 친소(親疎)가 다르니 그렇다면 고을 사람이 비록 어른이나 관계가 성긴 사람이 친한 사람을 넘지 못하니, 반드시 형을 공경할 것이다." 맹계자가 또 물어 말하였다. "술을 따른다면 누구에게 먼저 따르겠는가?" 공도자가 말하였다. "술은 주인이 손님보다 먼저 하지 못하는 것이니, 반드시 마땅히 고을 사람에게 먼저 따를 것이다." 맹계자가 말하였다. "이와 같으면 내 스스로 주장을 못하여 공경할 바는 큰 형에게 있지만, 술을 따라 공경을 행할 때에는 또 고을 사람인 어른에게 있으니, 이것은 오직 그 밖에 있는 것을 보아서 옮기는 것

이다. 고자가 이르기를 의가 밖에 있다고 하였으니, 의가 과연 밖에 있는 것이고, 안에 있지 않은 것이다."

공 도 자 불 능 답 이 고 맹 자 맹 자 왈 경 숙 부
5-2. 公都子不能答하야 以告孟子한대 孟子曰 敬叔父
호 경 제 호 피 장 왈 경 숙 부 왈 제 위 시
乎아 敬弟乎아하면 彼將曰 敬叔父라하리라 曰 弟爲尸
즉 수 경 피 장 왈 경 제 자 왈 오 재 기 경 숙
則誰敬고하면 彼將曰 敬弟라하리라 子曰 惡在其敬叔
부 야 피 장 왈 재 위 고 야 자 역 왈 재 위 고
父也오하면 彼將曰 在位故也라하리니 子亦曰 在位故
야 용 경 재 형 사 수 지 경 재 향 인
也라하라 庸敬은 在兄하고 斯須之敬은 在鄉人하니라

| 언해 |

公都子ㅣ 능히 答디 몯ᄒᆞ야 ᄡᅥ 孟子ㅅ긔 告ᄒᆞᆫ대 孟子ㅣ ᄀᆞᆯᄋᆞ샤ᄃᆡ 叔父ᄅᆞᆯ 敬ᄒᆞ랴 弟ᄅᆞᆯ 敬ᄒᆞ랴ᄒᆞ면 뎌 쟝ᄎᆞᆺ ᄀᆞᆯ오ᄃᆡ 叔父ᄅᆞᆯ 敬홀띠라 ᄒᆞ리라 ᄀᆞᆯ오ᄃᆡ 弟ㅣ 尸되면 누를 敬ᄒᆞ료 ᄒᆞ면 뎌 쟝ᄎᆞᆺ ᄀᆞᆯ오ᄃᆡ 弟ᄅᆞᆯ 敬홀띠라 ᄒᆞ리라 子ㅣ ᄀᆞᆯ오ᄃᆡ 어ᄃᆡ 그 叔父ᄅᆞᆯ 敬ᄒᆞ욤이 인ᄂᆞ뇨 ᄒᆞ면 뎌 쟝ᄎᆞᆺ ᄀᆞᆯ오ᄃᆡ 位예 인ᄂᆞᆫ 故ㅣ라 ᄒᆞ리니 子ㅣ ᄯᅩᄒᆞᆫ ᄀᆞᆯ오ᄃᆡ 位예 인ᄂᆞᆫ 故ㅣ라ᄒᆞ라 뎐뎐ᄒᆞᆫ 敬은 在兄의게 잇고 斯須ㅅ 敬은 鄕人의게 인ᄂᆞ니라

| 직역 |

공도자가 대답하지 못하여 맹자에게 고하니, 맹자가 말하였다. "'숙부를 공경하겠는가? 아우를 공경하겠는가?'라고 하면, 저 사람이 장차 '숙부를 공경할 것이다'라고 할 것이다. 묻기를 '아우가 시동이 되면 누구를 공경하겠는가?'라고 하면, 저 사람이 장차 '아우를 공경할 것이다'라고 할 것이다. 그대가 묻기를 '어디에 그

숙부를 공경함이 있는가?'라고 하면, 저 사람이 장차 '자리에 있기 때문이다'라고 할 것이니, 그대 또한 '자리에 있기 때문이다'라고 하여라. 일상적인 공경은 형에게 있고 잠시의 공경은 고을 사람에게 있는 것이다."

| 자해 |

尸童 : 제사에서 귀신을 형상하는 것. 비록 아들과 아우가 하더라도 공경하기를 마땅히 할아버지와 아버지와 같이 해야 함. • 在位 : 아우가 시동의 자리에 있는 것이고, 고을 사람은 손님의 지위에 있는 것. • 庸 : 일상적인 것. • 斯須 : 잠시.

| 의해 |

공도자가 대답을 이해하지 못하고 맹자께 고하니, 맹자가 변명할 것을 가르쳐 말하였다. "그대는 큰 형과 고을 사람이라고 하는 뜻을 모방하여 힐난하여 말하기를, '아우와 숙부가 다 친한 이인데 숙부를 공경하겠느냐, 아우를 공경하겠느냐?'라고 하면 아우가 비록 친하나 숙부에게 더하지는 못할 것이다. 저 사람이 장차 대답하여 말하기를, '숙부를 공경한다'고 할 것이니, 곧 형을 공경하는 것과 다름이 없다. 그대가 또 그 술을 따른 때에 누구에게 먼저 한다는 말을 가지고 힐난하여 묻기를 '아우가 이미 숙부와 똑같이 높이하지는 못하겠지만, 설령 아우가 시동이 되어서 귀신을 형상한다면 누구를 공경할까를 나는 알 수 있다. 숙부가 비록 높지만 반드시 시동보다 더할 수는 없는 것이어서 저 사람이 장차 말하기를, '아우를 공경한다'라고 할 것이니, 그렇다면 먼저 고을 사람에게 술을 따른다는 것과 다름이 없다. 그대가 이리하여 꺾어 말하기를, '이미 아우를 공경한다고 하면 숙부를 공경하는 마음이 아우에게로 옮겼으니, 어디에 그 숙부를 공경함이 있는가?'라고 하면, 저 사람이 장차 대답하여 '아우를 공경하는 것은 아우가 시동의 자리에 있는 때문이다. 숙부가 비록 높지만 선조를 위

하여 굽히지 않을 수 없다'고 할 것이다. 그대도 또한 '전에 이른 바 고을 사람에게 먼저 술을 따른다는 것도 고을 사람이 손님의 위치에 있기 때문에 한 것이다. 큰 형이 비록 친하나 주인 된 도리를 위하여 굽히지 않을 수 없다'고 하여라. 일상적인 공경이 형에게 있는 것은 또한 숙부를 공경하는 일상적인 것과 같고, 저 잠깐 공경함이 고을 사람에게 있는 것은 특별히 고을 사람이 손님이 되어서 한 것이니, 또한 아우를 잠깐 공경하는 것과 같다. 그렇다면 일상적인 공경과 잠깐의 공경이 다 내가 주장이 되니, 의가 안에 있음을 알 수 있을 것이다."

계 자 문 지 왈 경 숙 부 즉 경 경 제 즉 경
5-3. 季子聞之하고 曰 敬叔父則敬하고 敬弟則敬하니
과 재 외 비 유 내 야 공 도 자 왈 동 일 즉 음 탕 하
果在外라 非由內也로다 公都子曰 冬日則飮湯하고 夏
일 즉 음 수 연 즉 음 식 역 재 외 야
日則飮水하나니 然則飮食도 亦在外也로다

| 언해 |

季子ㅣ 聞ᄒᆞ고 ᄀᆞᆯ오ᄃᆡ 叔父ᄅᆞᆯ 敬ᄒᆞ면 敬ᄒᆞ고 弟ᄅᆞᆯ 敬ᄒᆞ면 敬ᄒᆞ니 과연 外예 인ᄂᆞᆫ디라 內로 由ᄒᆞᆷ이 아니로다 公都子ㅣ ᄀᆞᆯ오ᄃᆡ 冬日이면 湯을 飮ᄒᆞ고 夏日이면 水ᄋᆞᆯ 飮ᄒᆞᄂᆞ니 그러면 飮食ᄒᆞ욤도 ᄯᅩ ᄒᆞᆫ 外예 잇도다.

| 직역 |

계자가 듣고 말하였다. "숙부를 공경하면 공경하고, 아우를 공경하면 공경하니, 과연 밖에 있는 것이지 안으로부터 말미암은 것이 아니다." 공도자가 말하였다. "겨울이면 뜨거운 물을 마시고, 여름이면 차가운 물을 마시니, 그렇다면 음식도 또한 밖에 있는

것이로다."

| 의해 |

맹계자가 듣고 다시 그 말을 고집하여 말하였다. "숙부를 공경할 때에 이르면 숙부를 공경하니, 이는 공경이 실상 숙부에서 기인한 것이고, 나의 공경하는 바가 이에 있다는 말에서 나온 것이 아니다. 아우가 시동의 자리에 있어서 아우를 공경할 때에 이르면 아우를 공경하니, 공경함이 또 아우에서 기인하여 옮긴 것이고, 내가 어른으로 대접하는 바가 저기에 있다는 말에서 나온 것이 아니다. 그 있는 바를 가지고 그 공경을 쓰니, 의가 과연 밖에 있고, 안으로 말미암아 나온 것이 아니다." 공도자가 이에 보기 쉬운 것으로 깨우쳐 말하였다. "숙부를 공경할 때에 이르면 숙부를 공경하고, 아우를 공경할 때에 이르면 아우를 공경하는 것이 겨울에 뜨거운 물을 마실 때에 이르면 뜨거운 물을 마시고, 여름에 차가운 물을 마실 때를 이르면 차가운 물을 마시는 것과 같다. 그대가 사람에 따라 하는 공경을 밖에 있다고 하니, 그렇다면 때에 따라 음식을 먹는 것도 또한 밖에 있다는 것인가? 내가 알겠다. 숙부와 아우는 바깥에 있고, 그 공경의 마땅함을 헤아리는 것은 마음이며, 뜨거운 물과 차가운 물은 바깥에 있고, 그 음식의 마땅한 것을 헤아리는 것은 마음이니, 그렇다면 의가 안에 있고 밖에 있지 않음이 분명하다."

| 요지 |

이 장은 '내가 공경을 행한다'는 한 구절이 이미 '의가 안이다'라는 뜻을 다하였고, 아래 문장에 '때에 따라 마땅함을 헤아린다'는 내용이 또한 내가 공경을 행하는 것 밖에 있지 않으니, 바로 공경을 행하는 묘한 것이다. 공도자가 진실로 의가 마음에 근본하고 있는 것을 알았지만, 오히려 의가 때로 묘하게 쓰임을 알지 못하였기 때문에 맹계자의 논란을 당하여 대답하지 못하였다. 맹자의

일상적인 공경과 잠깐의 공경이라는 말을 얻어서 드디어 때 '시(時)' 자를 깨닫고, 겨울과 여름에 비유하였으니, 바로 공경이 옮아가는 것이 다 마음이 때에 따라 마땅함을 헤아리는 것이므로, 더욱 의가 안에 있고 밖에 있지 않음을 보겠다.

공 도 자 왈 고 자 왈 성 무 선 무 불 선 야 혹 왈
6-1. 公都子曰 告子曰 性은 無善無不善也라하고 或曰
성 가 이 위 선 가 이 위 불 선 시 고 문 무 흥 즉
性은 可以爲善이며 可以爲不善이니 是故로 文武興則
민 호 선 유 려 흥 즉 민 호 포 혹 왈 유 성 선
民이 好善하고 幽厲興則民이 好暴라하고 或曰 有性善
유 성 불 선 시 고 이 요 위 군 이 유 상 이 고
하며 有性不善하니 是故로 以堯爲君而有象하며 以瞽
수 위 부 이 유 순 이 주 위 형 지 자 차 이 위 군 이 유 미
瞍爲父而有舜하며 以紂爲兄之子요 且以爲君而有微
자 계 왕 자 비 간
子啓王子比干이라하나니

| 언해 |

公都子ㅣ ᄀᆞᆯ오ᄃᆡ 告子ㅣ ᄀᆞᆯ오ᄃᆡ 性은 善도 업ᄉᆞ며 善티 아님도 업다ᄒᆞ고 或 ᄀᆞᆯ오ᄃᆡ 性은 可히 ᄡᅥ 善을 ᄒᆞ며 可히 ᄡᅥ 不善을 ᄒᆞᄂᆞ니 이런 故로 文武ㅣ 興ᄒᆞ면 民이 善을 好ᄒᆞ고 幽厲ㅣ興ᄒᆞ면 民이 暴ᄅᆞᆯ 好ᄒᆞᆫ다ᄒᆞ고 或 ᄀᆞᆯ오ᄃᆡ 性이 善ᄒᆞ니도 이시며有 性이 善티 아닌이도 인ᄂᆞ니 이런 故로 堯로ᄡᅥ 君을 삼오ᄃᆡ 象이 이시며 瞽瞍로ᄡᅥ 父ᄅᆞᆯ 삼오ᄃᆡ 舜이 이시며 紂로ᄡᅥ 兄의 子를 삼고 ᄯᅩ ᄡᅥ 君을 삼오ᄃᆡ 微子啓와 王子比干이 잇다 ᄒᆞᄂᆞ니

| 직역 |

공도자가 말했다. "고자는 말하기를, '성품은 선함도 없으며, 선하

지 않음도 없다'고 하고, 혹은 말하기를, '성품은 선한 것을 할 수도 있고, 선하지 않음을 할 수도 있으니, 이러므로 문왕과 무왕이 흥하면 백성이 선함을 좋아하고, 유왕과 여왕이 흥하면 백성이 싸우는 것을 좋아 한다'고 하고, 혹은 말하기를, '성품이 선한 이도 있으며, 성품이 선하지 않은 이도 있으니, 이러므로 요를 임금으로 삼아도 상이 있으며, 고수를 아버지로 삼아도 순이 있으며, 주를 형의 아들로 삼고 또 임금으로 삼아도 미자계와 왕자 비간이 있다'고 합니다."

| 자해 |

性無善無不善 : 타고난 그대로를 일러 성이라고 하는 것과 식과 색을 성이라고 하는 뜻. • 性可以爲善 : 단수의 말. • 有性善有性不善 : 한유(韓愈)의 '성품에는 3품이 있다'는 말임. • 微子啓王子比干 : 모두 주(紂)의 숙부이니, 『서경』에 미자를 상왕(商王)의 원자(元子)라고 하니, 아마 여기에 혹 잘못된 글자가 있는 것 같음.

| 의해 |

공도자가 말하였다. "내가 보니 천하의 성품을 말하는 자가 하나가 아닙니다. 고자는 말하기를, '사람이 처음 나서 성품을 가짐에 지각과 운동이 다만 움직일 따름이고, 근본적으로 선함이 있는 것도 없고, 선하지 않음이 있는 것도 없으니, 전혀 선과 악으로 이름 지을 수 없다'라고 하니, 이것이 하나의 말입니다. 혹은 말하기를, '성품은 선할 수도 있고, 선하지 않을 수도 있어, 근본적으로 정한 골격이 없고 오직 익히는 바에 달려 있다. 이러므로 문왕과 무왕의 성스러운 교화가 일어나면 백성이 다 선한 일 하는 것을 기뻐할 것이니, 성품의 선한 것을 볼 수 있고, 유왕과 려왕의 포학한 정사가 일어나면 백성이 다 포학하고 어지러움을 좋아하니 성품의 선하지 않은 것을 볼 수 있다'라고 하니, 이것이 또 하나의 말입니다. 혹은 또 말하기를, '성품이 일종은 원래 선한 이도 있고, 일종은 원래 악한 이도 있어서 품수한 바가 각각 달라

서, 익히는 것으로 옮기지 못한다. 그러므로 요를 임금으로 삼고도 오만한 상(象)이 있어서 선한 자가 되지 못하였으니, 이것이 성품이 선하지 않은 자가 있는 것이 아니겠는가? 완악한 고수를 아버지를 삼고 아들 순이 있으면서도 화하여 악함이 되게 하지 못하였고, 무도한 주를 형의 아들과 또 임금으로 삼고 미자계와 왕자 비간이 있으면서도 또한 두 사람으로 하여금 불인(不仁)이 되지 못하게 하였으니, 이것이 성품이 선한 자가 있는 것이 아니겠는가?'라고 하니, 이것이 또 하나의 말입니다."

금왈 성선 연즉피개비여 맹자왈 내
6-2. 今曰 性善이라하시니 然則彼皆非與잇가 孟子曰 乃
약기정즉가이위선의 내소위선야 약부위불선
若其情則可以爲善矣니 乃所謂善也니라 若夫爲不善
비재지죄야
은 非才之罪也니라

| 언해 |

이제 ᄀᆞᆯᄋᆞ샤ᄃᆡ 性이 善타 ᄒᆞ시니 그러면 뎨 다 외니잇가 孟子ㅣ ᄀᆞᆯᄋᆞ샤ᄃᆡ 그 情인 則可히 ᄡᅧ 善을 ᄒᆞᆯ꺼시니 닐온 밧 善홈이니라 만일 不善을 홈ᄋᆞᆫ 才의 罪아니니라

| 직역 |

"이제 말씀하시기를, '성품이 선하다'라고 하시니, 그러면 저 사람들이 다 틀렸습니까?" 맹자가 말하였다. "그 정인즉 선을 할 수 있을 것이니, 이른바 선함이다. 불선을 하는 것은 재의 죄가 아니다."

| 자해 |

乃若 : 발어사(發語辭). • 情 : 성품이 동하는 것. • 才 : 재질과 같으니, 사람의 능함.

| 의해 |

"앞의 두 말을 말미암아 본다면 선과 악이 다 성품에 없는 것이라서 익힘에 달린 것이며, 뒤에 한 말을 말미암아 본다면 선과 악이 다 성품에 있는 것이라서 처음부터 정해진 것이니, 다 선하다고만 말한 것이 아닙니다. 이제 선생님께서 홀로 말씀하시기를, '성품이 선하다'고 하시니, 그렇다면 저 세 가지 말이 다 그릇된 것입니까?"

맹자가 말하였다. "내가 이른바 성품이 선하다고 하는 것이 어찌 징험한 바가 없겠는가? 성품이 마음 가운데 쌓여서 형용이 없으나, 밖에 발하여 정이 되면 보기가 쉬우니, 사람의 정이 성품 때문에 움직여서 자연히 발하여 보이는 것이니, 그렇다면 다 선을 할 수 있고, 악을 하지 않을 수 있다. 정이 선한 데에 나아가 성품이 근본적으로 선함을 알 수 있을 것이니, 여기에 의거하여 내가 이르기를 '성품이 선하다'고 하는 것이다. 정도 선하고, 성품도 선하니 마땅히 선하지 않음이 없을 것인데, 또한 불선(不善)을 행하는 자가 있는 것은 어째서인가? 혹은 재질에 허물을 돌려보내나 재질이 곧 성품의 양능(良能)이므로 성품이 이미 선하면 재질도 또한 선함을 알지 못하는 것이다. 만일 사람이 불선을 행한다면 물욕에 빠져서 그런 것이지, 재질의 죄는 아니다."

측은지심 인개유지 수오지심 인개유지
6-3. 惻隱之心을 人皆有之하며 羞惡之心을 人皆有之
공경지심 인개유지 시비지심 인개유지
하며 恭敬之心을 人皆有之하며 是非之心을 人皆有之

측은지심 인야 수오지심 의야 공경지심
하니 惻隱之心은 仁也요 羞惡之心은 義也요 恭敬之心
예야 시비지심 지야 인의예지 비유외삭아
은 禮也요 是非之心은 智也니 仁義禮智가 非由外鑠我
야 아고유지야 불사이의 고 왈 구즉득지
也라 我固有之也언마는 弗思耳矣니 故로 曰 求則得之
사즉실지 혹상배사이무산자 불능진기
하고 舍則失之라하니 或相倍蓰而無算者는 不能盡其
재자야
才者也니라

| 언해 |

惻隱ᄒᆞᄂᆞᆫ 心을 人이 다 두어시며 羞惡ᄒᆞᄂᆞᆫ 心을 人이 다 두어시며 恭敬ᄒᆞᄂᆞᆫ 心을 人이 다 두어시며 是非ᄒᆞᄂᆞᆫ 心을 人이 다 두언ᄂᆞ니 惻隱ᄒᆞᄂᆞᆫ 心은 仁이오 羞惡ᄒᆞᄂᆞᆫ 心은 義ㅣ오 恭敬ᄒᆞᄂᆞᆫ 心은 禮ㅣ오 是非ᄒᆞᄂᆞᆫ 心은 智니 仁과 義와 禮와 智ㅣ 外로 말미아마 나ᄅᆞᆯ 鑠홈이 아니라 내 본ᄃᆡ 둣건마ᄂᆞᆫ 思티 아닐 ᄯᆞᄅᆞᆷ이니 故로 ᄀᆞᆯ오ᄃᆡ 求ᄒᆞ면 得ᄒᆞ고 舍ᄒᆞ면 失ᄒᆞᆫ다 ᄒᆞ니 或 서르 倍ᄒᆞ며 蓰ᄒᆞ야 算이 업ᄉᆞᆫ 者ᄂᆞᆫ 能히 그 才ᄅᆞᆯ 盡티 몯 홈이니라

| 직역 |

"측은해 하는 마음을 사람들이 다 가졌으며, 부끄러워하는 마음을 사람들이 다 가졌으며, 공경하는 마음을 사람들이 다 가졌으며, 시비를 가리는 마음을 사람들이 다 가졌으니, 측은해 하는 마음은 인이고, 부끄러워하는 마음은 의이고, 공경하는 마음은 예이고, 시비를 가리는 마음은 지이니, 인과 의와 예와 지가 밖에서 나에게 녹아 들어온 것이 아니다. 내가 본래 가졌던 것이지만 생각하지 않을 따름이다. 그러므로 말하기를, '구하면 얻고, 놓으면 잃는다'라고 하는 것이니, 혹 서로 배가 되며 다섯 배가 되어 헤아릴 수 없게 되는 것은 그 재를 다하지 못했기 때문이다."

| 자해 |

恭 : 경(敬)이 밖에 드러난 것. • 敬 : 공(恭)이 가운데에서 주장하는 것. • 鑠 : 불로써 금속을 녹이는 것이니, 밖으로부터 안에 이르는 것. 음은 '삭'. • 算 : 헤아리는 것.

| 의해 |

"그러면 과연 어떻게 정(情)도 선하고, 재(才)도 또한 선함을 볼 수 있는가? 정이 이미 발한 것을 가지고 말한다면, 저 측은해 하는 마음은 마음의 선한 것이니 사람들이 다 가지고 있는 것이고, 부끄러워하는 마음은 마음의 선한 것이니 사람들이 다 가지고 있는 것이고, 공경하는 마음은 마음의 선한 것이니 사람들이 다 가지고 있는 것이고, 시비를 가리는 마음은 마음의 선한 것이니 사람들이 다 가지고 있는 것이다. 그러므로 말하기를, '이에 만일 그 정이라면, 선을 할 수 있다'고 하는 것이니, 만일 사람이 이 측은과 부끄러움과 공경과 시비의 마음이 없으면 어떻게 정의 선한 것을 말할 수 있겠는가? 이 측은해 하는 마음에 나아가 성품에 인(仁)이 있는 것을 증거할 것이고, 이 부끄러워하는 마음에 나가서 성품에 의(義)가 있는 것을 증거할 것이니, '인'이라 하고 '의'라 하는 것이 어찌 선하지 않음이 있겠는가? 이 공경하는 마음에 나아가서 성품의 예가 있는 것을 증거할 것이고, 이 시비를 가리는 마음에 나아가 성품에 지(智)가 있는 것을 증거할 것이니, 예(禮)라 하고 지(智)라 하는 것이 또 어찌 선하지 않음이 있겠는가? 그러므로 말하기를, '이에 이른바 선함이다'라고 하는 것이다.

만일 인과 의와 예와 지가 아니면 또 어떻게 성품의 선한 것을 말하겠는가? 그러나 이 인이라고 하고 의라고 하고 예라고 하고 지라고 하는 것이 정을 통하여 비로소 보이는 것이고, 정을 통하여 비로소 있는 것이 아니니, 밖으로부터 내 안으로 녹아서 들어온 것이 아니다. 대개 선한 것을 이어서 성품을 이루고[繼善成性], 생함과 더불어 함께 태어났으니, 내가 진실로 가진 것이지만 다만 사람이 방탕하고 게을러 스스로 생각하여 구하지 않는 것이다. 그러므로 생각하여 구하면 이 인과 의와 예와 지의 선함을 얻을 것이고, 생각하지 않고 놓으면 이 인과 의와 예와 지의 선한 것을 잃어버릴 것이다. 오직 그 놓아서 잃어버렸기 때문에 마침내 악한 데로 돌아가 착한 것과 함께 서로의 거리가 멀어져서 혹은 두 배도 되고, 혹은 다섯 배도 되어 계산할 수가 없게 되는 것이다. 생각하지 않고 구하지 않기 때문에 선한 끝을 발하는 것을 통하여 확충하여 그 재주를 다하지 못하는 것이니, 근본적으로 그러한 재질은 당초에 한량이 없어서 천하의 선한 것을 극진히 하여도 하지 못할 것이 없기 때문에 말하기를, '선하지 않은 일을 하는 것이 재(才)의 죄가 아니다'라고 하는 것이다."

시왈 천생증민 유물유칙 민지병이
6-4. 詩曰 天生蒸民하시니 有物有則이로다 民之秉夷라
호시의덕 공자왈 위차시자 기지도호
好是懿德이라하여늘 孔子曰 爲此詩者여 其知道乎인저
고 유물 필유칙 민지병이야고 호시의덕
故로 有物이면 必有則이니 民之秉夷也故로 好是懿德
이라하시니라

| 언해 |

詩예 ᄀᆞᆯᄋᆞᄃᆡ 天이 蒸民을 生ᄒᆞ시니 物이 이시면 則이 잇도다 民의 秉ᄒᆞ얀ᄂᆞᆫ 夷라 이 懿德을 好ᄒᆞᆫ다ᄒᆞ야ᄂᆞᆯ 孔子ㅣ ᄀᆞᆯᄋᆞ샤ᄃᆡ 이 詩를 ᄒᆞᆫ 者ㅣ여 그 道ᄅᆞᆯ 안뎌 故로 이 物이 이시면 반ᄃᆞ시 則이 인ᄂᆞ니 民의 秉하얀ᄂᆞᆫ 夷론 故로 이 懿德을 好ᄒᆞᄂᆞ다 ᄒᆞ시니라

| 직역 |

"『시경』에 '하늘이 뭇 백성을 내시니, 사물이 있으면 법칙이 있도다. 백성이 잡은 떳떳함이라, 이 아름다운 덕을 좋아한다'고 하였는데, 공자가 말하기를, '이 시를 지은 자여. 그 도를 아는구나. 그러므로 이 아름다운 덕을 좋아한다'고 하였다."

| 자해 |

詩 : 「대아(大雅) · 증민(烝民)」. • 蒸 : 『시경』에 '증(烝)' 자로 되어 있으니, 증은 무리임. • 物 : 일. • 則 : 법. • 夷 : 『시경』에 '이(彝)' 자로 썼으니, 떳떳한 것. • 懿 : 아름다운 것.

| 의해 |

"그러나 성품을 정에서 증거하여 성품이 근본적으로 착하다고 이르는 것이 나의 사사로운 말이 아니라, 『시경』과 공자의 말에 의거하였다. 『시경』에 말하기를, '하늘이 모든 백성을 내시니, 형기를 가진 사물이 있으면 천리의 법칙이 있다. 이것이 백성이 잡은 떳떳한 성품이니, 이 아름다운 덕을 좋아하지 않는 자가 없다' 하였다. 공자가 그 시를 읽고, 그 뜻이 합하여 이에 기려서 말하기를, '성품과 정의 도를 알기가 쉽지 않은데, 이 시를 지은 자는 그 성정(性情)의 도를 아는구나. 그러므로 하늘이 사람을 냄에 기운을 주어서 형상을 이루어 사물이 있고, 반드시 이치를 주어 성품을 이루어 법칙이 있으니, 사물만 있고 법칙을 갖추지 않은 것은 있지 않다. 사물과 법칙이 서로 원인이 되는 것이 이치의 필연이다. 하늘에 있어서는 일정한 명이 되고, 사람이 얻으면 잡은 떳떳한 성품이 되니, 오직 그 백성이 잡은 떳떳함이 되는 것이다. 마음에 가지고 있어서 선한 것을 잇는 것은 어진 것이 되기 때문에 정에 발하여서는 스스로 이 아름다운 덕을 좋아하는 것이다. 성인과 어리석은 사람이 함께 그러한 것이니, 만일 떳떳함을 잡은 성품이 한 가지가 아니면 어찌 아름다운 덕을 같이 좋아하겠는

가? 이 시를 지은 자는 참 도를 아는 자이구나'라고 하였다. 사물과 법칙이 사람마다 반드시 있는 것을 안다면, 성품의 선한 것을 알 수 있을 것이고, 덕을 좋아하는 것이 사람마다 같다는 것을 안다면 정의 선한 것을 증거 할 수 있을 것이다. 그 아름다운 덕을 좋아하지 않는 자는 스스로 떳떳한 것을 잡은 양심을 잃은 것이니, 어찌 재(才)의 죄이겠는가? 이것을 좇아서 인성(人性)의 선함을 알 수 있을 것이니, 반드시 세 말의 분분한 데에 현혹될 일이 아니다."

| 요지 |

정자가 말하였다. "성품은 곧 이치이다. 이치라면 요순 같은 성인에서 보통 사람에 이르기까지 한 가지로 똑같고, 재는 기운에 탔으니, 기운은 맑고 흐림이 있어서 그 맑은 것을 탄 자는 어진이가 되고, 그 흐린 것을 탄 자는 어리석은 이가 된다. 배워서 안다면 기운의 청탁이 없이 다 선한 데에 이르러 성품의 근본을 회복할 수 있을 것이니, 탕왕과 무왕이 몸으로 실천한 것이 이것이다. 공자가 말한 '가장 어리석은 자는 바뀌지 않는다'는 것은 스스로 해롭게 하고 스스로 버린 사람이다." 또 말하였다. "성품만 의론하고, 기운을 의론하지 않으면 갖추지 못하고, 기운만 의론하고, 성품을 의론하지 않으면 밝지 못하며, 두 가지로 하면 옳지 않다."
장자가 말하였다. "형상한 후에 기질의 성품이 있으니, 잘 돌이키면 천지의 성품이 있는 것이다. 그러므로 기질의 성품을 군자가 성품으로 하지 않음이 있다."
정자가 여기서 말한 '재(才)' 자는 맹자의 본문과 조금 다르다. 맹자는 오로지 그 성품에서 발한 것을 가리켜서 말하였기 때문에 재가 착하지 않음이 없다고 하였고, 정자는 오로지 그 기운에 탄 것을 가리켜 말하였다. 사람의 재주가 진실로 어둡고, 밝고, 강하고, 약함에 같지 않음이 있으니, 장자의 이른바 기질의 성품이 이것이다. 두 말이 비록 각각 타당한 바가 있지만, 사리로써 생각하면 정자의 말이 정밀하다. 기질이 품수한 것이 비록 착하지 않음이 있으나, 성품이 근본적으로 착한 것을 해롭게 하지 않고, 성품이 비록 근본적으로 착하나, 살피고 바로잡는 공부가 없을 수 없으니, 배우는 자가 마땅히 깊이 연구하여야 할 것이다.

맹 자 왈 부 세 자 제 다 뢰 흉 세 자 제 다 포
7–1. 孟子曰 富歲엔 子弟多賴하고 凶歲엔 子弟多暴하나
비 천 지 강 재 이 수 야 기 소 이 함 닉 기 심 자 연 야
니 非天之降才爾殊也라 其所以陷溺其心者然也니라

| 언해 |

孟子ㅣ ᄀᆞᆯᄋᆞ샤ᄃᆡ 富ᄒᆞᆫ 歲엔 子弟ㅣ 賴홈이 하고 凶ᄒᆞᆫ 歲엔 子弟ㅣ暴홈이 하ᄂᆞ니 天의 才ᄅᆞᆯ 降홈이 그러히 달옴이 아니라 그 ᄡᅥ 그 心을 陷溺ᄒᆞᆫ배 그러 ᄒᆞ니라

| 직역 |

맹자가 말하였다. "풍년이 든 해에는 자제들이 그에 의지하여 착한 일을 하는 경우가 많고, 흉년이 든 해에는 자제들이 그 때문에 포악한 일을 하는 경우가 많다. 하늘이 재주를 내린 것이 그렇게 다른 것이 아니라, 환경이 그들의 마음을 빠뜨려서 그런 것이다."

| 자해 |

富歲 : 풍년. • 賴 : 의지함.

| 의해 |

맹자가 말하였다. "내가 보니, 풍년에는 자제들이 비록 다 선한 일을 행하는 것은 아니지만, 의지하는 바가 있어서 선한 일을 하는

경우가 많고, 흉년에는 자제들이 비록 다 악한 일을 하는 데에는 이르지 않더라도, 자포자기하여 선하지 못한 일을 하는 경우가 많다. 하늘이 풍년에는 자제들에게 선한 일을 하는 재(才)를 주고 흉년에는 자제들에게 재를 주지 않아서, 재를 주는 것이 그렇게 다른 것이 아니다. 흉년에는 옷과 먹을 것이 풍족하지 못하여 배고픔과 추위에 찌들려 예의를 돌아볼 겨를이 없어서 그 본래의 마음을 잃어버리기 때문에 포악한 데에 많이 이르니, 만일 그 성품을 의론한다면 모두 선하여 그 재(才)도 같지 않음이 없다."

금 부 모 맥 파 종 이 우 지 기 지 동 수 지 시 우
7-2. 今夫麰麥을 播種而耰之호대 其地同하며 樹之時又
동 발 연 이 생 지 어 일 지 지 시 개 숙 의 수
同하면 勃然而生하여 至於日至之時하여 皆熟矣나니 雖
유 부 동 즉 지 유 비 요 우 로 지 양 인 사 지 부 제
有不同이나 則地有肥磽하며 雨露之養과 人事之不齊
야
也니라

| 언해 |

이제 麰와 麥을 種을 播ᄒᆞ고 耰호ᄃᆡ 그 地ㅣ 同ᄒᆞ며 樹ᄒᆞᄂᆞᆫ 時ㅣ ᄯᅩ 同ᄒᆞ면 勃然히 生ᄒᆞ야 日이 至ᄒᆞᆫ 時에 니ᄅᆞ러 다 熟ᄒᆞᄂᆞ니 비록 同티 아니홈이 이시나 地ㅣ 肥와 磽ㅣ 이시며 雨露의 養홈과 人事의 齊티 몯홈이니라

| 직역 |

"이제 보리의 씨를 뿌리고, 고무래로 덮되 그 땅이 같으며, 심는 때가 또한 같으면 부쩍 나서 날이 이르는 때에 이르러 다 익는다. 비록 같지 않음이 있으나, 곧 땅의 살찌고 척박함이 있으며, 비와

이슬의 배양함과 인사가 똑같지 못하기 때문이다."

| 자해 |

麰 : 대맥. • 耰 : 씨를 덮는 것. • 日至 : 성숙한 때를 당한 것. • 磽 : 척박함. 음은 '요'.

| 의해 |

"시험하여 사물의 품성을 보더라도, 보리의 종자를 뿌리고, 또 종자를 덮으니, 그 땅이 같고, 파종한 때도 또한 같으면 부쩍 나지 않는 것이 없다. 성숙할 때가 되면 먼저 나는 것도 없고 나중 나는 것도 없이 모두 일제히 성숙되니, 어찌 일찍이 같지 않은 것이 있었던가? 비록 그 사이에 수확의 많고 적음이 같지 않으나, 이것은 토지가 비옥하고 척박한 분별이 있고, 비와 이슬이 많고 적은 차이가 있고, 사람이 부지런하고 게으른 차이가 있기 때문이지, 보리에 있어서는 어찌 같지 않음이 있겠는가?"

고 범동류자거상사야 하독지어인이의지
7-4. 故로 凡同類者擧相似也니 何獨至於人而疑之리오
성인 여아동류자 고 용자 왈 부지족이위
聖人도 與我同類者시니라 故로 龍子가 曰 不知足而爲
구 아 지기불위궤야 구지상사 천하지족
屨라도 我 知其不爲蕢也라하니 屨之相似는 天下之足
동야
이 同也일새니라

| 언해 |

故로 믈읫 類ㅣ同ᄒᆞᆫ 者ㅣ 다 서르 ᄀᆞᄐᆞ니 엇디 호올로 人에 니ᄅᆞ러 疑ᄒᆞ리오 聖人도 날로 더블어 類ㅣ 同ᄒᆞᆫ 者ㅣ시니라 故로 龍子ㅣ ᄀᆞᆯ오ᄃᆡ 足을 아디 몯ᄒᆞ고 屨를 ᄒᆞ야도 내 그 蕢ㅣ되디 아닐

줄을 아노라 ᄒᆞ니 屨ㅣ 서르 ᄀᆞᄐᆞ믄 天下앳 足이 同ᄒᆞᆯ씨니라

| 직역 |

"그러므로 종류가 같은 것이 다 서로 같으니, 어찌 홀로 사람에 이르러서 의심하겠는가? 성인도 나와 함께 종류가 같은 자이다. 그러므로 용자가 말하기를, '발을 알지 못하고 신을 만들어도, 내가 삼태기가 되지 않을 줄은 안다'라고 하였으니, 신이 서로 같은 것은 천하 사람의 발이 같아서이다."

| 자해 |

蕢 : 풀로 만든 그릇. 음은 '궤'.

| 의해 |

"이 보리 같은 것으로 보면 물건의 종류가 같은 것은 그 성품이 다 서로 같은 것이다. 어찌 홀로 사람에게 이르러서는 피차 서로 같지 않다고 의심하겠는가? 비록 성인은 인류 가운데 지극하신 분이지만, 또한 같이 천지의 기운을 얻어서 형체를 이루어 나와 함께 같은 인류이다. 그렇다면 그 성품의 선함이 같지 않음이 없다.

오직 인류가 서로 같기 때문에 용자가 일찍이 말하기를, '신을 삼는 자가 사람의 발이 크고 작은 것을 알지 못하고 신을 만들면, 비록 반드시 적중하지는 못하더라도, 나는 결단코 그 형상을 잃어서 삼태기가 되는 데에까지 이르지는 않을 줄을 안다'라고 하였다. 신이 서로 같은 것은 세상 사람들의 발이 비슷하기 때문이다."

구지어미 유동기야 역아 선득아구지소
7-5. 口之於味에 有同耆也하니 易牙는 先得我口之所
기자야 여사구지어미야 기성 여인수약견마지
耆者也라 如使口之於味也에 其性이 與人殊若犬馬之
여아부동류야 즉천하하기 개종역아지어미야
與我不同類也면 則天下何耆를 皆從易牙之於味也리
지어미 천하기어역아 시 천하지구상
오 至於味하여는 天下期於易牙하나니 是는 天下之口相
사야
似也일새니라

| 언해 |

口ㅣ 味예 훈가지로 耆홈이 이시니 易牙는 내 口의 耆ㅎ는바롤 몬져 得훈 者ㅣ라 만일 ㅎ여곰 口ㅣ 味예 그 性이 人으로 더블어 달옴이 犬馬ㅣ 날로 더블어 類ㅣ 同티 아님이 곧트면 곧 天下ㅣ 므슴 耆홈을 다 易牙의 味예 從ㅎ리오 味예 至ㅎ야는 天下ㅣ 易牙의게 期ㅎ느니 이는 天下口ㅣ 서르 곧톨 씨니라

| 직역 |

"사람들의 입이 맛에 있어서 똑같이 즐기는 것이 있으니, 역아는 내 입이 즐기는 것을 먼저 얻은 자이다. 만일 입이 맛에 있어서 그 성품이 남들과 다른 것이 개나 말이 나와 종류가 같지 않은 것과 같으면, 곧 천하 사람이 어찌 즐기는 것에 있어서 다 역아의 맛을 좇겠는가? 맛에 이르러서는 천하가 역아에게 기대하니, 이는 천하 사람들의 입이 서로 같은 것이다."

| 자해 |

耆 : '즐길 기(嗜)'자와 같음. • 易牙 : 옛날에 음식 맛을 잘 알던 사람.

| 의해 |

"그러나 같은 것이 어찌 홀로 발뿐이겠는가? 사람들의 입이 음식 맛에 있어서 같이 즐기는 것이 있어서, 비록 역아가 음식 맛을 조화롭게 하기를 잘 하지만, 여러 사람이 같이 즐기는 중에 그 바른 맛을 알아서 먼저 내 입이 즐기는 것을 터득한데 불과하다. 요컨대 그가 즐기는 것이 일찍이 다른 사람과 다르지 않으니, 만약 입이 맛에 있어서 그 즐기고 좋아하는 성품이 다른 사람과 서로 다른 것이 개와 말이 우리 인류와 근본적으로 같지 않은 것과 같으면, 역아가 고른 맛은 마땅히 역아만 즐길 것이고, 반드시 여러 사람들이 다 즐기지 않을 것이다. 세상 사람들이 즐기는 것이 어찌하여 모두 역아의 맛을 좇겠는가? 맛은 온 세상 사람들이 모두 역아가 고른 것을 기대하여 여럿이 맛있다고 하니, 이것은 세상 사람들의 입이 다 서로 비슷하기 때문이다."

유이 역연 지어성 천하기어사광
7-6. 惟耳도 亦然하니 至於聲하여는 天下期於師曠하나니
시 천하지이상사야 유목 역연 지어자
是는 天下之耳相似也일새니라 惟目도 亦然하니 至於子
도 천하 막지기교야 부지자도지교자
都하여는 天下가 莫知其姣也하나 不知子都之姣者는
무목자야
無目者也니라

| 언해 |

오직 耳도 ᄯᅩᄒᆞᆫ 그러ᄒᆞ니 聲에 至ᄒᆞ야ᄂᆞᆫ 天下ㅣ 師曠의게 期ᄒᆞᄂᆞ니 이ᄂᆞᆫ 天下읫 耳 서르 ᄀᆞᄐᆞᆯ 씨니라 오직 目도 ᄯᅩᄒᆞᆫ 그러ᄒᆞ니 子都의게 至ᄒᆞ야ᄂᆞᆫ 天下ㅣ 그 姣홈을 아디 몯ᄒᆞ리 업ᄂᆞ니 子都의 姣홈을 아디 몯ᄒᆞᄂᆞᆫ 者ᄂᆞᆫ 目이 업ᄉᆞᆫ 者ㅣ니라

| 직역 |

"오직 귀도 또한 그러하니, 소리에 이르러서는 천하가 사광에게 기대하니, 이는 천하의 귀가 서로 같기 때문이다. 오직 눈도 또한 그러하니 자도에게 이르러서는 천하가 그 아름다움을 알지 못하는 이가 없으니, 자도의 아름다움을 알지 못하는 자는 눈이 없는 자이다."

| 자해 |

師曠 : 음악소리를 아는 자. • 子都 : 옛날에 아름다운 사람. • 姣 : 어여쁜 자.

| 의해 |

"또 어찌 유독 입뿐이겠는가? 귀도 또한 그러하니, 음악의 소리에 이르러서는 그 맑고 탁함과 음의 높낮이를 세상 사람들이 모두 사광이 고른 것을 기대하여 아름답다고 하여 즐겨 들으니, 이것은 세상 사람의 귀가 다 서로 비슷하기 때문이다. 또 어찌 유독 귀만 그렇겠는가? 오직 눈도 또한 그러하니, 자도 같이 잘 생긴 남자에 이르러서는 세상 사람들이 그 얼굴의 아름답고 어여쁜 것을 알지 못하는 자가 없다. 만일 자도가 어여쁜 것을 알지 못하면 분명 눈이 없는 자이니, 이것은 세상사람 가운데 눈이 있는 자는 다 서로 같기 때문이다."

고 왈 구지어미야 유동기언 이지어성야
7-7. 故로 曰 口之於味也에 有同耆焉하며 耳之於聲也
유동청언 목지어색야 유동미언 지어심
에 有同聽焉하며 目之於色也에 有同美焉하니 至於心
독무소동연호 심지소동연자 하야 위리야
하여 獨無所同然乎아 心之所同然者는 何也오 謂理也
의야 성인 선득아심지소동연이 고 이의지
義也니 聖人은 先得我心之所同然耳시니 故로 理義之

열 아 심　　유 추 환 지 열 아 구
悅我心이 猶芻豢之悅我口니라

| 언해 |

故로 ᄀᆞᆯ오ᄃᆡ 口ㅣ 味예 ᄒᆞᆫ가지로 耆흠이 이시며 耳ㅣ 聲에 ᄒᆞᆫ가지로 聽홈이 이시며 目이 色에 ᄒᆞᆫ 가지로 美홈이 이시니 心에 至ᄒᆞ야ᄂᆞᆫ 호을로 ᄒᆞᆫ가지로 그러ᄒᆞᆫ배 업ᄉᆞ랴 心의 ᄒᆞᆫ가지로 그러ᄒᆞᆫ 바ᄂᆞᆫ 엇디오 닐온 理와 義니 聖人은 내 心에 ᄒᆞᆫ가지로 그러ᄒᆞᆫ 바ᄅᆞᆯ 몬져 得ᄒᆞ시니 故로 理와 義의 내 心을 悅케 홈이 이 芻와 豢이 내 口ᄅᆞᆯ 悅케 홈 ᄀᆞᄐᆞ니라

| 직역 |

"그러므로 말하였다. 입은 맛에 있어 똑같이 즐기는 것이 있으며, 귀는 소리에 있어 똑같이 듣는 것이 있으며, 눈은 색에 있어 똑같이 아름다워 하는 것이 있으니, 마음에 이르러서는 유독 똑같이 그러한 것이 없겠는가? 마음이 똑같이 그러한 것은 어떠한 것인가? 이른바 이(理)와 의(義)이니, 성인은 내 마음이 똑같이 그러한 것을 먼저 얻으셨다. 그러므로 이(理)와 의(義)가 내 마음을 기쁘게 하는 것이 고기가 내 입을 기쁘게 하는 것과 같다."

| 자해 |

然 : 가(可)함. • 芻豢 : 풀을 먹는 것을 추라고 하니 소와 양이 이것이고, 곡식을 먹는 것을 환이라고 하니 개와 돼지를 말함. • 사물에 있는 것이 이(理)가 되고, 사물에 대처하는 것이 의(義)가 됨.

| 의해 |

오직 그 서로 같은 것이 이와 같기 때문에 말하였다. "입이 맛에 있어서 사람마다 같이 즐기는 것이 있고, 귀가 소리에 있어서 사람마다 같이 듣는 것이 있고, 눈이 빛(色)에 있어서 사람마다 같

이 아름답게 여기는 것이 있어서, 한 몸의 온갖 감각기관이 같지 않음이 없다.
마음에 이르면 한 몸의 주인이고 신명이 쓰는 것인데, 유독 그것만 같음이 없겠는가? 내가 알기로는, 사람의 마음은 반드시 똑같이 그러한 바가 있을 것이다. 마음이 똑같이 그러한 바는 무엇인가? 내 마음에 진실로 있는 바로서, 사물에 나아가서 가지고 있는 이치이며, 내 마음에 진실로 있는 바로서, 사물에 처하여 다 마땅한 의이다. 리는 곧 마음의 본체이고, 의는 곧 마음의 작용이다. 사람의 마음에 이 리와 의가 없지 않으니, 리와 의로써 그러하다고 하지 않는 자가 없다. 성인의 마음도 이 리와 의이고, 나의 마음도 또한 이 리와 의이다.
다만 성인은 이 리와 의를 먼저 알고, 먼저 깨달아 내 마음의 같이 그러한 점을 먼저 터득한 자이니, 어찌 다른 사람보다 다른 것이 있겠는가? 이 사람이 있으면 곧 이 마음이 있는 것이고, 이 마음이 있으면 이 리와 의가 있는 것이다. 내가 행하는 바가 진실로 리와 의에 합한다면 마음에 돌이켜 태연히 스스로 만족하지 않음이 없다. 리와 의가 내 마음을 기쁘게 하여, 알면 반드시 좋아하고, 좋아하면 반드시 즐거운 것이, 고기가 내 입을 기쁘게 하여, 구하면 반드시 즐기고, 즐기면 반드시 배부른 것과 같은 것이다. 만일 서로 비슷하게 그러한 가운데 그렇지 않음이 있는 것은 그 마음을 잃어서 흉년 들 때의 자제(子弟)와 같은 것이니, 어찌 하늘이 재주를 다르게 주었겠는가?"

| 요지 |

이 장은 모두 성품의 선함은 서로 같음을 밝힌 것이니, 같을 '동(同)' 자를 중요하게 보아야 한다. 그 같은 곳이 온통 마음 '심(心)'자에 있으니, 온 문장이 마음 '심(心)' 자로 주장을 함에 '재(才)'자가 '심(心)'자 밖에 나가지 않는다. 반복하여 하늘이 재주를 내려준 것이 다른 것이 아니라는 한 구절을 밝혀서, 세상에 포

악한 자가 많음을 의식하여 깨우친 것이다. 아래에 '종류가 같다', '즐기는 것이 같다', '들음이 같다', '아름다움이 같다', '그런 것이 같다'고 하는 것이 다 '다르지 않다'는 말에서 나온 것이다.

맹 자 왈 우 산 지 목 상 미 의 이 기 교 어 대 국 야
8-1. 孟子曰 牛山之木이 嘗美矣러니 以其郊於大國也
부 근 벌 지 가 이 위 미 호 시 기 일 야 지 소 식
라 斧斤이 伐之어니 可以爲美乎아 是其日夜之所息과
우 로 지 소 윤 비 무 맹 얼 지 생 언 우 양 우 종
雨露之所潤에 非無萌蘖之生焉이언마는 牛羊이 又從
이 목 지 시 이 약 피 탁 탁 야 인 견 기 탁 탁 야
而牧之라 是以로 若彼濯濯也하니 人見其濯濯也하고
이 위 미 상 유 재 언 차 기 산 지 성 야 재
以爲未嘗有材焉이라하나니 此豈山之性也哉리오

| 언해 |

孟子ㅣ ᄀᆞᆯᄋᆞ샤ᄃᆡ 牛山의 木이 일쯕 美ᄒᆞ더니 ᄡᅥ 그 大國에 郊ᄒᆞ얀ᄂᆞᆫ디라 斧斤이 伐ᄒᆞ더니 可히 ᄡᅥ 美ᄒᆞ랴 이 그 日夜에 息ᄒᆞᄂᆞᆫ 바와 雨露의 潤ᄒᆞᄂᆞᆫ바에 萌蘖의 生홈이 업디 아니 ᄒᆞ건마ᄂᆞᆫ 牛羊이 ᄯᅩ 조차 牧ᄒᆞ논디라 일로ᄡᅥ 뎌러ᄐᆞ시 濯濯ᄒᆞ니 人이 그 濯濯홈을 보고 ᄡᅥ 일쯕 材잇디아니타 ᄒᆞᄂᆞ니 이 엇디 山의 性이리오

| 직역 |

맹자가 말하였다. "우산의 나무가 일찍이 아름다웠는데, 큰 도읍의 교외에 있었기 때문에 도끼와 자귀로 베니, 아름답게 될 수 있겠는가? 이에 그 낮과 밤에 자라는 바와 비와 이슬이 윤택하게 하는 바에 싹과 곁순이 나오는 것이 없지 않지만, 소와 양을 또 좇아 기르기 때문에 저렇듯이 반질반질하다. 사람이 그 반질반질한 것을 보고 일찍이 재목이 있지 않다고 하니, 이 어찌 산의 성

품이겠는가?"

| 자해 |

牛山 : 제나라 동남에 있는 산. • 郊 : 도읍 밖 곁. • 息 : 생장하는 것. • 萌 : 싹. • 蘖 : 싹이 곁에 나는 것. • 濯濯 : 빛나고 깨끗한 모양. • 材 : 재목.

| 의해 |

맹자가 사람의 마음을 마땅히 길러야 한다고 말하였다. "사람이 처음에 온전한 바를 뒤에까지 보전하는 것이 중요하다. 산의 나무로 말한다면 곧 제나라 우산도 그 전에는 나무가 진실로 아름다웠는데, 도성과 가까웠기 때문에 온 나라 사람들이 그 가운데에서 나무하고 캐어서, 도끼와 자귀로 나무를 치는 자가 많았다. 나무가 자라는 것이 베는 것을 감당하지 못하니, 어찌 아름다울 수 있겠는가? 그 뿐 아니라, 그 낮과 밤으로 기운이 자라게 하는 것과 비와 이슬이 윤택하게 하는 것을 더하여 나무의 싹이 다시 나지 않는 것이 아니므로, 이것을 북돋아 주고 심으면 오히려 그 전의 아름다운 것을 회복할 수 있을 텐데, 소와 양을 또 놓아 먹여서 난 지 얼마 되지 않은 것을 해롭게 하는 자가 이르니, 싹과 싹이 다 다 없어져서 저렇게 산이 반질반질해진 것이다. 사람이 한갓 산이 반질반질한 상태만 보고 우산의 나무가 아름답지 않다고 하고, 일찍부터 좋은 재목이 없었다고 하니, 이는 산에 나무가 나는 것 그 자체가 본성이 됨을 알지 못한 것이다. 산에 재목이 나지 않는 것이 어찌 산의 본성이겠는가?"

수존호인자 기무인의지심재 기소이
8-2. 雖存乎人者인들 豈無仁義之心哉리오마는 其所以
방기양심자 역유부근지어목야 조조이벌지
放其良心者가 亦猶斧斤之於木也에 旦旦而伐之어니

가 이 위 미 호　기 일 야 지 소 식　평 조 지 기　기 호 오 여
可以爲美乎아 其日夜之所息과 平旦之氣에 其好惡與
인 상 근 야 자 기 희　즉 기 조 주 지 소 위 유 곡 망 지 의
人相近也者幾希어늘 則其旦晝之所爲有梏亡之矣나니
곡 지 반 복 즉 기 야 기 부 족 이 존　야 기 부 족 이 존 즉 기
梏之反覆則其夜氣不足以存이요 夜氣不足以存則其
위 금 수 불 원 의　인　견 기 금 수 야　이 이 위 미 상 유 재
違禽獸不遠矣니 人이 見其禽獸也 而以爲未嘗有才
언 자　시 기 인 지 정 야 재
焉者라하나니 是豈人之情也哉리오

| 언해 |

비록 人의게 인ᄂᆞᆫ거신ᄃᆞᆯ 엇디 仁義의 心이 업ᄉᆞ리오마ᄂᆞᆫ 그 ᄡᅥ 그 良心을 放ᄒᆞᄂᆞᆫ 배 ᄯᅩᄒᆞᆫ 斧斤이 木에 旦旦로 伐홈이 ᄀᆞᆮ거니 可히 ᄡᅥ 美ᄒᆞ랴 그 日夜에 息ᄒᆞᄂᆞᆫ바와 平旦ㅅ 氣예 그 好와 惡홈이 人으로 더블어 서르 近 홈이 幾希ᄒᆞ거ᄂᆞᆯ 곧 그 旦晝의 ᄒᆞᄂᆞᆫ 배 梏ᄒᆞ야 亡홈이 인ᄂᆞ니 梏홈을 反覆ᄒᆞ면 그 夜氣ㅣ 足히 ᄡᅥ 存히오디 몯ᄒᆞ고 夜氣ㅣ 足히 ᄡᅥ 存히오디 몯ᄒᆞ면 그 禽獸에 違홈이 遠티 아니ᄒᆞ니 人이 그 禽獸ㄴ줄을 보고 ᄡᅥ 일쯕 才잇디 아니라 ᄒᆞᄂᆞ니 이 엇디 人의 情이리오

| 직역 |

"비록 사람에게 보존되어 있는 것이라도 어찌 인의의 마음이 없겠는가마는, 그 양심을 놓아버리는 것이 또한 도끼와 자귀가 나무를 아침마다 베는 것과 같으니 아름다울 수 있겠는가? 낮과 밤에 자라난 것과 평탄한 아침의 기운에도 그 좋아하고 미워하는 것이 올바른 사람과 가까운 것이 거의 드문데, 그 아침과 낮에 하는 행동이 질곡함이 있으니, 질곡함을 반복하면 그 밤기운이 보존되지 못하고, 밤기운이 보존되지 못하면 그 금수와의 거리가 멀지 않으니, 사람이 그 금수와 같은 것을 보고 일찍이 재주가 있지 않다

고 하니, 이것이 어찌 사람의 정이겠는가?"

| 자해 |

旦 : 아침. 본래의 음은 '단'이나 조선 태조의 이름[旦]을 피하여 '조(朝)'로 읽음. • 平旦之氣 : 사물과 함께 접촉하지 않을 때의 청명한 기운. • 幾希 : 많지 않음.

| 의해 |

"다만 산에 나무가 아름다울 뿐만 아니라, 비록 사람에게도 그 처음에는 어찌 인의의 양심이 없을까마는, 그 양심을 놓아 버리는 사람은 물욕 때문에 깎이고 상하여 남은 것이 얼마 없어서 또한 도끼와 자귀로 나무를 아침마다 베는 것과 같으니, 그런데도 아름다울 수 있겠는가?

하늘이 나에게 준 것 가운데 비록 빠뜨려 없어진 것이 있을지라도, 양심을 이미 놓아 버리고 마침내 끊어지지는 않아서, 낮 사이에 바쁘게 지내고 밤 사이에 사물이 이미 물러감에 마음이 비고 고요하여 양심이 또한 반드시 나고 자라나게 된다. 평탄한 아침에 이름에 청명한 기운이 이욕에 어둡지 않아, 이 때 양심이 발하여 나타나고 선한 생각이 싹터 그 선한 것을 좋아하고 악한 것을 미워하는 것이 대략 사람의 공변된 옳음과 공변된 그름에 가깝다. 다만 이미 마음을 놓아 버린 뒤에 싹이 나고, 얼마 안 되는 적은 것에 그칠 따름이다. 이에 잘 보존하면 적음으로 말미암아 나타나서 양심을 다시 온전하게 할 수 있을 것인데, 아침과 낮에 하는 것이 다 인하지 않고, 의롭지 아니하여 질곡 되어 잃어버린다. 오늘 질곡 되고, 내일 또 질곡 되어 반복된 악순환이 그치지 않으니, 그 기운이 지극히 흐리고 어두워서 비록 밤에서 평탄한 아침에 이르더라도 또한 그 양심을 보존하여 기르지 못할 것이다.

밤기운이 그 양심을 보존하여 기르지 못하면, 비록 사람의 모습은 있으나 좋아하고 미워함이 사람에게 가깝지 못하니, 그 실상은 짐승과 다른 점이 별로 없을 것이다. 사람이 그 짐승과 같음을 보고서 타고난 재질이 아름답지 못하여 일찍부터 선한 일을 할 재주가 없다고 한다. 재주는 성품에 근본하고 성품은 발하여 정이 되니, 사람의 정이 근본적으로 선하고, 사람의 재질이 근본적으로 선한 것을 할 수 있다. 착한 일을 할 수 없는 사람은 아침과 낮에 질곡 되었기 때문이라는 것을 알지 못하는구나. 이것이 어찌 사람의 성품이 발하여 정이 된 것이 근본적으로 선함이 없기 때문이겠는가!"

고 구득기양 무물부장 구실기양 무
8-3. 故로 苟得其養이면 無物不長이요 苟失其養이면 無
물불소 공자왈 조즉존 사즉망 출입무시
物不消니라 孔子曰 操則存하고 舍則亡하여 出入無時
막지기향 유심지위여
하여 莫知其鄕은 惟心之謂與인저하시니라

| 언해 |

故로 진실로 그 養홈을 得ᄒᆞ면 物이 長티 아닐 거시업고 진실로 그 養홈을 失ᄒᆞ면 物이 消티 아닐 것이 업ᄂᆞ니라 孔子ㅣ ᄀᆞᆯᄋᆞ샤ᄃᆡ 操ᄒᆞ면 存ᄒᆞ고 舍ᄒᆞ면 亡ᄒᆞ야 出ᄒᆞ며 入홈이 時업서 그 鄕을 아디 몯 ᄒᆞ옴ᄋᆞᆫ 오직 心을 닐음인뎌 ᄒᆞ시니라

| 직역 |

"'그러므로 진실로 그 올바른 기름을 얻으면 만물이 자라지 않을 것이 없고, 진실로 그 올바른 기름을 잃으면 만물이 사라지지 않을 것이 없느니라.' 공자가 말하기를, '잡으면 있고, 놓으면 없어서, 나가며 들어감이 때가 없어서 그 향하는 곳을 알지 못하는 것은 오직 마음을 이르는 것이구나!'라고 하였다."

| 의해 |

"이로 좇아 보면, 산의 나무가 생하는 뜻이 쉬지 않고, 사람의 마음이 생하는 이치가 다함이 없으니, 생각해보건대 어떻게 기르느냐에 달려 있는 것이다. 진실로 얼마 안 되는 마음을 잘 길러서 밤기운의 청명한 것을 북돋우고, 아침과 낮에 물욕이 해롭게 하는 것을 막기를 산의 나무 싹을 소와 양에게 먹이지 않게 하는 것과 같이 한다면, 산의 나무가 날마다 불어날 것이고 내 마음의 인의가 장차 다시 그 처음을 회복할 수 있을 것이니, 어떤 물건이 자라지 않겠는가?

그 얼마 안 되는 마음을 기르지 않고, 아침과 낮에 질곡하여 산의 나무 싹이 다시 소와 양에게 먹히는 것과 같다면, 산의 나무가 진실로 마침내 없어지고, 내 마음에 인의가 다시 있지 않을 것이니, 무슨 물건인들 사라지지 않겠는가? 기르는 것의 얻고 잃음이 다르고, 물건의 사라지고 자라는 것이 또한 다르니, 그렇다면 사람의 마음이 어찌 잠깐 동안이라도 그 기르는 것을 잃겠는가?

공자가 일찍이 말하였다. "물건이 이에 있는데, 잡으면 여기에 존재하여 있고, 놓으면 문득 잃어버리니, 존재하는 것은 들어옴이고 잃어버린 것은 나가는 것이다. 다만 잡고 놓는 것에 얽매여 일정한 시간이 없고, 들어오면 안에 있고 나가면 밖에 있는 것이다. 다만 잡고 놓는 데 얽매어 향할 곳이 일정하게 없는 것은 그 오직 마음을 잃은 것이로구나." 공자의 말로 미루어 본다면 마음이 마땅히 잡아야 할 것과 놓지 못할 것이 이와 같음을 알 수 있다. 사람이 만일 항상 잡고 놓지 않을 수 있다면, 양심이 항상 있고 밤에 쉬면서 더욱 기름이 있을 것이고, 밤에 기름이 더욱 깊으면, 아침과 낮에 하는 바가 양심에 발하여 드러나지 않음이 없을 것이다."

| 요지 |

이 장은 전적으로 그 양심을 놓아버린 사람을 위하여 말한 것이

다. 머리 문단과 다음 문단은 산의 나무에 나아가서 사람의 마음이 기름을 잃은 해로움을 나타낸 것이고, 셋째 문단은 얻고 잃음이 기르고 기르지 않는 데에 매인 것을 연결시켜 말한 것이고, 끝 문단은 사람의 마음을 기르기 어려움을 끌어내어 마땅히 길러야 할 것을 보인 것이다.

맹 자 왈 무 혹 호 왕 지 부 지 야 수 유 천 하 이 생 지
9-1. 孟子曰 無或乎王之不智也로다 雖有天下易生之
물 야 일 일 폭 지 십 일 한 지 미 유 능 생 자 야 오 현
物也나 一日暴之요 十日寒之면 未有能生者也니 吾見
역 한 의 오 퇴 이 한 지 자 지 의 오 여 유 맹 언 하 재
이 亦罕矣요 吾退而寒之者至矣니 吾如有萌焉에 何哉
리오

| 언해 |

孟子ㅣ ᄀᆞᆯᄋᆞ샤ᄃᆡ 王의 智티 몯홈이 或홈이 업도다 비록 天下에 수이 生ᄒᆞᆯ 物이 이시나 一日을 暴ᄒᆞ고 十日을 寒ᄒᆞ면 能히 生ᄒᆞᆯ 者ㅣ 잇디 아니ᄒᆞ니 내 見홈이 ᄯᅩᄒᆞᆫ 드믈고 내 退커든 寒ᄒᆞᆯ者ㅣ 至ᄒᆞᄂᆞ니 내 萌이 이심애 엇디리오

| 직역 |

맹자가 말하였다. “왕이 지혜롭지 못한 것을 이상하게 여길 것이 없다. 비록 천하에 쉽게 생겨나는 식물이 있더라도, 하루 햇볕을 쪼이고 열흘을 차게 하면 생겨날 것이 있지 않다. 내가 뵙는 것이 또한 드물고, 내가 물러나면 차게 할 자들이 이르니, 내가 싹이 있더라도 어찌하겠는가?”

| 자해 |

或 : '혹(惑)' 자와 같으니, 의심하고 괴이하게 여김. • 王 : 아마도 제왕을 가리키는 듯하다. • 暴 : 따뜻하게 하는 것[曝].

| 의해 |

맹자가 말하였다. "임금의 덕은 지혜보다 더 귀한 것이 없는 것이다. 이제 제나라 왕이 그 지혜를 이루지 못한 것을 이상하게 여길 것이 없다.

저 임금의 마음은 오직 기르는 바가 어떠한가에 달려있으니, 군자와 함께 같이 거처하여 착한 것으로써 기른다면 지혜롭고, 소인과 함께 같이 거처하여 악한 것으로써 가려버리면 어리석을 것이니, 식물에 비유해보자. 비록 지극히 천하에 쉽게 생기는 식물이더라도 만일 하루만 따뜻하게 하여 양기를 발생하다가, 열흘을 차게 하여 음기로 막으면 따뜻한 때에 났던 것이 찬 기운이 깎는 것을 이기지 못하여 그 생기를 이룰 것이 있지 않을 것인데, 하물며 왕의 마음에 있어서이겠는가?

이제 내가 나가서 왕을 뵙는 때가 적어서 인과 의의 말이 얼마가 되지 못하니, 이것은 하루만 따뜻하게 한 것이고, 내가 물러 나오면 모든 간사한 것이 잡되게 나와서 차갑게 하는 자가 이르니, 열흘을 차게 할 뿐만 아니다. 비록 내가 왕을 보는 때에는 왕의 착한 마음이 또한 잠시 싹이 나다가, 모든 차가운 것이 서로 쳐서 질곡함을 반복하니, 난들 그것을 어떻게 할 것이며, 어떻게 그 지혜와 덕을 이루게 하겠는가?"

금 부 혁 지 위 수 소 수 야 부 전 심 치 지 즉 부 득 야
9-2. 今夫奕之爲數小數也나 不專心致志則不得也니
혁 추 통 국 지 선 혁 자 야 사 혁 추 회 이 인 혁
奕秋는 通國之善奕者也라 使奕秋로 誨二人奕이어든

기 일 인　　전 심 치 지　　　유 혁 추 지 위 청　　　일 인　　수
其一人은 專心致志하여 惟奕秋之爲聽하고 一人은 雖
청 지　　일 심　　이 위 유 홍 곡　　장 지　　사 원 궁 작 이 석
聽之나 一心에 以爲有鴻鵠이 將至어든 思援弓繳而射
지　　수 여 지 구 학　　　불 약 지 의　　　위 시 기 지 불 약
之하면 雖與之俱學이라도 弗若之矣나니 爲是其智弗若
여　　왈　비 연 야
與아 曰 非然也니라

| 언해 |

이제 奕의 數ㅣ로옴이 적은 數ㅣ나 心을 專하며 志ᄅᆞᆯ 致티 아니 ᄒᆞ면 得디 몯ᄒᆞᄂᆞ니 奕秋ᄂᆞᆫ 通國에 奕을 善ᄒᆞᄂᆞᆫ 者ㅣ라 奕秋로 ᄒᆞ여곰 二人을 奕을 誨ᄒᆞ거든 그 一人ᄋᆞᆫ 心을 專ᄒᆞ며 志ᄅᆞᆯ 致ᄒᆞ야 오직 奕秋ᄅᆞᆯ 聽ᄒᆞ고 一人ᄋᆞᆫ 비록 聽ᄒᆞ나 ᄒᆞᆫ ᄆᆞ음애 뻐호ᄃᆡ 鴻鵠이 쟝ᄎᆞᆺ 至ᄒᆞ거든 弓을 援ᄒᆞ야 繳ᄒᆞ야 射홈을 思ᄒᆞ면 비록 더블어 ᄒᆞᆷᄭᅴ 學ᄒᆞ야도 ᄀᆞᆮ디 몯ᄒᆞᄂᆞ니 이 그 智ᄀᆞᆮ디 몯홈을 爲ᄒᆞ야냐 ᄀᆞᆯ오ᄃᆡ 그러티 아니 ᄒᆞ니라

| 직역 |

"지금 바둑의 수가 작은 수이나, 마음을 오로지 하고 뜻을 극진히 하지 않으면 얻지 못할 것이다. 혁추는 온 나라에서 바둑을 잘 두는 자이다. 혁추로 하여금 두 사람에게 바둑을 가르치게 하는데, 그 중 한 사람은 마음을 오로지 하고 뜻을 극진히 하여 오직 혁추의 말을 듣고, 한 사람은 비록 듣기는 하지만 마음 한 구석에 기러기와 따오기가 장차 이르거든 활을 당겨 주살질을 하여 쏠 것을 생각한다면 비록 함께 배우더라도 같지 못하니, 이것은 그 지혜가 같지 못하기 때문인가? 그렇지 않다."

| 자해 |

奕 : 바둑. • 數 : 재주. • 致 : 극진한 것. • 奕秋 : 바둑을 잘 두는 자이니, 이

름은 추. • 繳 : 끈을 화살에 매고 쏘는 것. 음은 '작'.

| 의해 |

"그러나 내가 보이는 것을 드물게 하는 것은 내가 보이고자 하지 않는 것이 아니라, 차갑게 하는 자가 날마다 이르니, 과연 어찌 왕에게 나아가겠는가? 이것은 그 연고가 왕에게 있는 것이다. 바둑을 배우는 자에게 비유한다면, 바둑 두는 것은 조그만 재주인데, 배우는 자가 그 마음을 전일하게 하여 그 뜻의 향하는 바를 극진하게 하지 않으면 정통하지 못할 것이다. 혁추는 나라에서 온통 바둑을 잘 둔다고 일컬어지는 사람이다. 가령 혁추로 하여금 두 사람에게 바둑을 가르치게 한다면 그 가르치는 것은 같으나, 한 사람은 마음을 오로지 하고 지혜를 다하여 혁추가 가르치는 대로 들어서 조금이라도 딴 생각하지 않고, 한 사람은 비록 같이 듣더라도 한 편 마음으로는 기러기나 따오기가 이르면 활을 당겨 주살질을 하여 쏠 것을 생각한다면, 이것은 그 듣는 것은 혁추에게 있지만 그 마음은 기러기와 따오기에게 있는 것이다. 비록 저 한 사람과 같이 바둑을 배우지만, 저 사람이 정밀한 것과 같지 못할 줄을 안다. 천품의 지혜가 민첩하고 둔한 것이 같지 않아 저 사람만 못하냐고 한다면 그렇지도 않은 것이다. 총명은 다를 것이 없으나 기러기와 따오기가 날마다 마음을 치달리게 하여 마음이 전일한 자만 같지 못하고, 그 뜻이 극진한 자만 같지 못한 연고이다. 왕의 마음 가운데에 기러기와 따오기가 있으니, 내가 그 착한 마음의 싹을 어떻게 하겠는가? 왕이 지혜롭지 못한 것이 이상할 것이 없다."

| 요지 |

이 장은 제나라 왕이 어진 이를 쓰는 것을 전일하게 하지 않기 때문에 말한 것이다. 반복하여 비유한 것이 군자를 멀리하고 소인을 가까이함을 말하고 있으니, 어진 이를 볼 때가 적음은 바로 이

왕이 듣고 믿기를 전일하게 하지 않은 것이다. 끝 문단은 바둑 배우기를 전일하게 하지 않아 마침내 성공이 없는 자를 비유하여 예를 든 것이니, 뜻이 실상 서로 관통한다.

맹 자 왈 어 아 소 욕 야 웅 장 역 아 소 욕 야
10-1. 孟子曰 魚도 我所欲也며 熊掌도 亦我所欲也언마
이 자 불 가 득 겸 사 어 이 취 웅 장 자 야 생 역
는 二者를 不可得兼인댄 舍魚而取熊掌者也로라 生亦
아 소 욕 야 의 역 아 소 욕 야 이 자 불 가 득 겸
我所欲也며 義亦我所欲也언마는 二者를 不可得兼인댄
사 생 이 취 의 자 야
舍生而取義者也로리라

| 언해 |

孟子ㅣ ᄀᆞᆯᄋᆞ샤ᄃᆡ 魚도 내 欲ᄒᆞ는 배며 熊掌도 ᄯᅩᄒᆞᆫ 내 欲ᄒᆞᄂᆞᆫ배언ᄆᆞᄂᆞᆫ 二者를 可히 시러곰 兼티 몯ᄒᆞᆯ띤댄 魚ᄅᆞᆯ 舍ᄒᆞ고 熊掌을 取호리라 生도 ᄯᅩᄒᆞᆫ 내 欲ᄒᆞᄂᆞᆫ배며 義도 ᄯᅩᄒᆞᆫ 내 欲ᄒᆞᄂᆞᆫ배 언마ᄂᆞᆫ 二者를 可히 시러곰 兼티 몯ᄒᆞᆯ띤댄 生을 舍ᄒᆞ고 義ᄅᆞᆯ 取호리라

| 직역 |

맹자가 말하였다. "물고기도 내가 원하는 것이며, 웅장도 또한 내가 원하는 것이지만 두 가지를 겸하지 못한다면 물고기를 놓고, 웅장을 취할 것이다. 사는 것도 또한 내가 바라는 것이며, 의도 또한 내가 바라는 것이지만 두 가지를 겸하지 못한다면 사는 것을 놓고, 의를 취할 것이다."

| 의해 |

맹자가 사람의 본마음을 깨닫게 하여 말하였다. "물고기도 내가

먹고자 하는 것이고 웅장도 내가 먹고자 하는 것이지만, 가령 사세가 한정된 바가 있어서, 물고기를 얻으면 웅장을 잃고 웅장을 얻으면 물고기를 잃어서 두 가지를 겸하여 얻지 못할 경우라면, 차라리 물고기를 버리고 웅장을 취할 것이다. 어찌 즐기는 맛만 그렇겠는가? 사는 것도 내가 바라는 것이고, 의도 내가 하고자 하는 것이다. 가령 상황이 궁박한 때를 만나서 생명을 보전하면 의를 해치고, 의를 보전하면 생명을 해쳐서 두 가지를 함께 얻지 못할 경우라면 차라리 생명을 버리고 의를 취할 것이다."

생역아소욕 소욕 유심어생자 고 불
10-2. 生亦我所欲언마는 所欲이 有甚於生者라 故로 不
위구득야 사역아소오 소오유심어사자
爲苟得也하며 死亦我所惡언마는 所惡有甚於死者라
고 환유소불피야
故로 患有所不辟也니라

| 언해 |

生도 ᄯᅩ한 내 欲ᄒᆞᄂᆞᆫ배언마ᄂᆞᆫ 欲ᄒᆞᄂᆞᆫ배 生애셔 甚홈이 인ᄂᆞᆫ디라 故로 구챠히 得디 아니ᄒᆞ며 死도 ᄯᅩᄒᆞᆫ 내 惡ᄒᆞᄂᆞᆫ배언마ᄂᆞᆫ 惡ᄒᆞᄂᆞᆫ배 死애셔 甚홈이 인ᄂᆞᆫ디라 故 로 患을 辟티 아닐빼 인ᄂᆞ니라

| 직역 |

"사는 것도 또한 내가 원하는 것이지만, 바라는 것이 사는 것보다 심한 것이 있으므로 구차하게 얻으려고 하지 않는다. 죽는 것도 또한 내가 미워하는 것이지만, 미워하는 것이 죽는 것보다 심한 것이 있으므로 환난을 피하지 않는 경우가 있다."

| 의해 |

"사는 것을 버리고 의를 취하는 것은 어째서인가? 사는 것도 또한 내가 원하는 것이지만, 본연한 양심에 의를 하고자 하는 것이 사는 것보다 더욱 심함을 깨달았기 때문에 내가 구차하게 사는 것을 추구하지 않는다. 살지 않으면 반드시 죽을 것이니, 죽는 것도 또한 내가 미워하는 것이지만, 본연한 양심에 의가 아닌 것을 미워하는 것이 죽는 것보다 더욱 심함을 깨달았기 때문에 환난에 이르러 요행으로 벗어나지 않는 경우가 있다."

여 사 인 지 소 욕 　 막 심 어 생 　 즉 범 가 이 득 생 자
10-3. 如使人之所欲이 莫甚於生이면 則凡可以得生者
하 불 용 야 　 사 인 지 소 오 막 심 어 사 자 　 즉 범 가 이 피
를 何不用也며 使人之所惡莫甚於死者면 則凡可以辟
환 자 　 하 불 위 야
患者를 何不爲也리오

| 언해 |

만일 ᄒᆞ여곰 人의 欲ᄒᆞᄂᆞᆫ배 生애셔 甚ᄒᆞᆷ이 업ᄉᆞ면 곧 믈읫 可히 뻐 生을 得ᄒᆞᆯ 者를 므서슬 쓰디 아니ᄒᆞ며 ᄒᆞ여곰 人의 惡ᄒᆞᄂᆞᆫ배 死애셔 甚ᄒᆞᆷ이업ᄉᆞ면 곧 믈읫 可히 뻐 患을 辟ᄒᆞᆯ 者를 므서슬 ᄒᆞ디 아니 ᄒᆞ리오

| 직역 |

"만일 사람들이 하고자 하는 것이 사는 것보다 심한 것이 없다면, 곧 삶을 얻을 수 있는 것은 무엇인들 하지 않으며, 사람들이 미워하는 것이 죽는 것보다 심한 것이 없다면, 곧 환난을 피할만한 것을 무엇인들 하지 않겠는가?"

| 의해 |

"만일 사람이 하고자 하는 것이 사는 것보다 심한 것이 없는 것만을 알고 의를 하고자 하는 것이 있음을 알지 못한다면, 삶을 얻을 수만 있다면 장차 무슨 일을 하지 않겠는가? 그러면 어찌 기꺼이 의를 위하여 사는 것을 놓겠는가? 또 사람이 미워하는 것이 죽는 것보다 심한 것이 없는 것만을 알고, 불의가 미운 것을 알지 못한다면, 환난을 피할 경우에는 무슨 일을 하지 않겠는가? 그러면 어찌 기꺼이 의를 위하여 죽는 데로 나가겠는가?"

유시 즉생이유불용야 유시 즉가이피환
10-4. 由是라 則生而有不用也하며 由是라 則可以辟患
이유불위야 시고 소욕 유심어생자 소오
而有不爲也니라 是故로 所欲이 有甚於生者하며 所惡
유심어사자 비독현자유시심야 인개유지
有甚於死者하니 非獨賢者有是心也라 人皆有之언마는
현자 능물상이
賢者는 能勿喪耳니라

| 언해 |

이ᄅᆞᆯ 由ᄒᆞ야 ᄒᆞ논디라 곧 生ᄒᆞᆯ 꺼시라도 ᄡᅳ디 아님이 이시며 이ᄅᆞᆯ 由ᄒᆞ야 ᄒᆞ논디라 곧 可히 ᄡᅥ 患을 辟ᄒᆞᆯ 꺼시라도 ᄒᆞ디 아님이 인ᄂᆞ니라 이런 故로 欲ᄒᆞᄂᆞᆫ배 生애셔 甚ᄒᆞᆫ 者ㅣ 이시며 惡ᄒᆞᄂᆞᆫ배 死애셔 甚ᄒᆞᆫ 者ㅣ 이시니 호올로 賢者ㅣ 이 心을 둔논줄이 아니라 人이 아 ᄃᆞᆺ건마ᄂᆞᆫ 賢者ᄂᆞᆫ 能히 喪티 아닐 ᄊᆡ니라

| 직역 |

"이로 말미암아 곧 살 수 있는 것이라도 쓰지 않는 경우가 있으며, 이로 말미암아 환난을 피할 수 있는 것이라도 하지 않는 경우

가 있는 것이다. 그러므로 하고자 하는 것이 사는 것보다 심한 것이 있으며, 미워하는 것이 죽는 것보다 심한 것이 있으니, 홀로 어진 자만 이 마음을 가지고 있는 것이 아니라. 사람들이 다 가지고 있지만, 어진 자는 잃어버리지 않을 수 있을 뿐이다."

| 의해 |

"그렇기 때문에 반드시 의를 좋아하고 불의를 미워하는 양심이 있어서, 이를 따라 의를 실천하고자 하는 것이 사는 것보다 심함이 있으니, 살지라도 구차히 쓰지 않음이 있고, 이를 따라 불의를 미워하는 것이 죽는 것보다 심함이 있으니, 환난을 피할 만해도 구차히 면하려고 하지 않는다.

이렇기 때문에 하고자 하는 것이 사는 것보다 더 심한 것이 있고 미워하는 것이 죽는 것보다 더 심한 것이 있다. 이것이 이른바 수오지심(羞惡之心), 곧 부끄러워하고 미워하는 마음이니, 곧 의이다. 다만 의를 깨달은 어진 사람이라야 바야흐로 이러한 마음이 있는 것이 아니라, 사람마다 모두 있지만 단지 사람들은 이욕(利慾)에 빠져서 스스로 이 마음을 잃어버리고, 오직 어진 사람은 이욕에 끌리지 않아 스스로 잃어버리지 않는 것이다."

일단사 일두갱 득지즉생 부득즉사
10-5. 一簞食와 一豆羹을 得之則生하고 弗得則死라도
호이이여지 행도지인 불수 축이이여지 걸
嘑爾而與之면 行道之人도 弗受하며 蹴爾而與之면 乞
인 불설야 만종즉불변예의이수지 만종
人도 不屑也니라 萬鍾則不辯禮義而受之하나니 萬鍾이
어아하가언 위궁실지미 처첩지봉 소식궁
於我何加焉이리오 爲宮室之美와 妻妾之奉과 所識窮
핍자득아여
乏者得我與인저

| 언해 |

ᄒᆞᆫ 簞ㅅ 食와 ᄒᆞᆫ 豆ㅅ 羹을 得ᄒᆞ면 生ᄒᆞ고 得디 몯ᄒᆞ면 死ᄒᆞᆯ띠라도 嘑ᄒᆞ야 與ᄒᆞ면 道에 行ᄒᆞᄂᆞᆫ 人도 受티 아니ᄒᆞ며 蹴ᄒᆞ야 與ᄒᆞ면 乞ᄒᆞᄂᆞᆫ 人도 屑히 아니 너기ᄂᆞ니라 萬鍾이면 禮義ᄅᆞᆯ 辯티 아니ᄒᆞ고 受ᄒᆞᄂᆞ니 萬鍾이 내게 므스거시 더으리오 宮室의 美와 妻妾의 奉과 識ᄒᆞᄂᆞᆫ밧 窮乏ᄒᆞᆫ 者ㅣ 나ᄂᆞᆯ 得홈을 爲ᄒᆞ얀뎌

| 직역 |

"한 그릇의 밥과 한 그릇의 국을 얻으면 살고 얻지 못하면 죽을지라도, 욕하면서 주면 길 가던 사람도 받지 않으며, 발로 차서 주면 빌어먹는 사람도 달갑게 여기지 않는다. 만종이면 예의를 가리지 않고 받으니, 만종이 나에게 무엇을 더하겠는가? 궁실의 아름다움과 처첩이 받드는 것과 내가 아는 궁하고 없는 자가 나에게 얻는 것을 위한 것이로구나."

| 자해 |

豆 : 나무 그릇. • 嘑 : 꾸짖고 혀 차는 모양. • 行道之人 : 길에 다니는 범상한 사람. • 蹴 : 밟는 것. • 乞人 : 빌어먹는 사람. • 不屑 : 달갑게 여기지 않는 것.

| 의해 |

"무엇으로 사람에게 이 마음이 있는 것을 증거하겠는가? 한 대나무 그릇의 밥과 한 나무 그릇의 국은 물건의 지극히 가벼운 것이다. 그러나 주리고 군색할 때를 이르러 얻어먹으면 살고 얻어먹지 못하면 죽으니, 살고 죽는 데 관계되는 것이고, 이해의 지극히 급하고 절실한 것이다. 마땅히 의의 가부(可否)를 돌아보지 않고 구하여 얻어야 할 것이지만, 만일 꾸짖고 혀를 차며 주고 먹으라고 하면 길가는 보통 사람이라도 말할 것 없이 받지 않으려 할 것이다. 또 심하게는 그 음식을 밟았다가 주면 빌어먹는 사람이라

도 깨끗하게 여기지 않을 것이니, 이것은 그 꾸짖고 밟은 무례함을 미워하여 차라리 먹는 것을 포기하고 마는 것이다. 하물며 길 지나는 사람과 걸인이 아닌 사람에 있어서이겠는가? 이것이 부끄러워하고 미워하는 양심이니, 하고자 하고 미워하는 것이 살고 죽는 것보다 심한 것이 있기 때문에, 사람마다 이 마음이 있는 것을 알 수 있을 것이다.

그러나 대나무 그릇의 밥과 나무 그릇의 국이 생사에 매임이 되니, 이는 내게 유익한 것이라도 오히려 무례함을 미워하여 비록 죽어도 받지 않다가, 하루아침에 만종의 녹(祿)이 앞에 있으면 예의의 가부를 따지지 않고 탐내고 어두워서 받는다. 저 만종의 득실이 대나무 그릇의 밥과 나무 그릇의 국에 생사가 달려 있는 것과는 같지 않으니, 그것이 내 몸에 어찌 더 유익함이 있겠는가? 그런데도 예의를 따지지 않고 받으니, 궁실의 넓고 아름다운 것과 처첩(妻妾)이 받드는 것과 또 아는 궁곤한 사람에게 베풀어 내게 감복하게 하기 위함이다. 이것은 만종을 얻지 못하면 할 수 없기 때문에 마침내 탐내고 어두워서 받는 것일까? 이것이 이상한 일이라 할 수 있다."

향위신 사이불수 금위궁실지미 위지
10-6. 鄕爲身엔 死而不受라가 今爲宮室之美하여 爲之
향위신 사이불수 금위처첩지봉 위지
하며 鄕爲身엔 死而不受라가 今爲妻妾之奉하여 爲之하
향위신 사이불수 금위소식궁핍자 득아이위
며 鄕爲身엔 死而不受라가 今爲所識窮乏者 得我而爲
지 시역불가이이호 차지위실기본심
之하나니 是亦不可以已乎아 此之謂失其本心이니라

| 언해 |

鄕애 身을 爲홈앤 死ᄒᆞ야도 受티 아니 ᄒᆞ다가 今앤 宮室의 美홈을 爲ᄒᆞ야 ᄒᆞ며 鄕애 身을 爲홈앤 死ᄒᆞ야도 受티 아니 ᄒᆞ다가 今앤 妻妾의 奉을 爲ᄒᆞ야 ᄒᆞ며 鄕애 身을 爲홈앤 死ᄒᆞ야도 受티 아니 ᄒᆞ다가 今앤 識ᄒᆞᄂᆞᆫ밧 窮乏ᄒᆞᆫ 者ㅣ 나ᄅᆞᆯ 得홈을 爲ᄒᆞ야 ᄒᆞᄂᆞ니 이 ᄯᅩᄒᆞᆫ 可히 ᄡᅥ 마디 몯 ᄒᆞᆯ것가 이ᄅᆞᆯ 닐오 그 本心을 失홈이니라

| 직역 |

"저번에 자신의 몸을 위해서는 죽어도 받지 않다가 지금에는 궁실의 아름다움을 위하여 받으며, 저번에 자신의 몸을 위해서는 죽어도 받지 않다가 지금에는 처첩의 받듦을 위하여 받으며, 저번에 자신의 몸을 위해서는 죽어도 받지 않다가 지금에는 내가 아는 궁하여 없는 자가 나에게 얻음을 위하여 받으니, 이 또한 그만두지 못하겠는가? 이를 일러 그 본심을 잃었다고 하는 것이다."

| 의해 |

"한 사람이고 한 마음인데, 저번에 자신의 몸을 위해서는 욕하면서 주고 발로 밟아 주는 대나무 그릇과 나무 그릇은 반드시 받지 않더니, 지금에는 궁실의 아름다움을 위하여 예의가 없는 만종을 받고, 저번에 자신의 몸을 위해서는 욕하면서 주고 발로 밟아 주는 대나무 그릇과 나무 그릇은 반드시 받지 않더니, 지금에는 처첩이 받드는 것을 위하여 예의가 없는 만종을 받으며, 저번에 자신의 몸을 위해서는 욕하면서 주고 발로 밟아 주는 대나무 그릇과 나무 그릇은 반드시 받지 않더니, 지금에는 아는 궁핍한 자가 나에게 얻음을 위하여 예의가 없는 만종을 받는다. 저 한 대나무 그릇의 밥과 한 나무 그릇의 국은 생사에 매인 것이니, 이는 어쩔 수 없는 것이고, 세 가지는 생사에 관계가 없으니, 이는 하지 말아야 할 것이다. 어쩔 수 없는 것을 이미 그만 두었다면, 하지 말

아야 할 것을 홀로 그만 두지 못하겠느냐? 어쩔 수 없는데도 말았으니, 이것은 그 본심에 있는 바이고, 하지 말아야 할 것을 그만 두지 않았으니, 이것은 본심을 잃은 것이다. 본심을 잃고 사람이 될 수 있겠는가? 사람들이 두렵게 생각해야 할 점이다."

| 요지 |

이 장은 사람에게 마땅히 그 부끄러워하는 양심을 보존할 것을 보여준 것이니, '의(義)' 자로 주장을 삼았다. 끝 대문에 본심이라고 한 것은 부끄러워하는 마음이 되니, 곧 의의 단서이다. 앞의 다섯 대문은 반복하여 이 마음을 미루어 말하여 누구나 다 가지고 있는 것을 밝힌 것이고, 아래 세 대문은 근본적으로 가지고 있었지만 스스로 잃어버린 것을 경계한 것이다.

맹 자 왈 인 인 심 야 의 인 로 야 사 기 로 이
11-1. 孟子曰 仁은 人心也요 義는 人路也니라 舍其路而
불 유 방 기 심 이 불 지 구 애 재
不由하며 放其心而不知求하나니 哀哉라

| 언해 |

孟子ㅣ ᄀᆞᆯᄋᆞ샤ᄃᆡ 仁은 人의 心이오 義ᄂᆞᆫ 人의 路ㅣ니라 그 路ᄅᆞᆯ 舍ᄒᆞ고 由티 아니ᄒᆞ며 그 心을 放ᄒᆞ고 求ᄒᆞᆯ쭐ᄅᆞᆯ 아디 몯ᄒᆞᄂᆞ니 哀홉다

| 직역 |

맹자가 말하였다. "인은 사람의 마음이요, 의는 사람의 길이다. 그 길을 버리고 따르지 않으며, 그 마음을 놓고 구할 줄을 알지 못하니 슬프다."

| 자해 |

仁 : 마음의 덕. 정자의 이른바 마음이 곡식의 씨라는 것과 같으니, 인은 그 타고난 성품이다.

| 의해 |

맹자가 말하였다. "사람의 도를 세우는 것은 인과 의이다. 인은 다른 것이 아니라 사람의 마음이다. 사단과 온갖 선을 통괄하여 방촌 사이에 흘러 통하여 밝고 밝아 어둡지 않고, 낳고 또 낳아 쉬지 않아 온갖 변화에 응하여 왕성하게 작용하는 것은 인을 행하는 것이니, 인이 사람에게 간절한 것이 어떻겠는가? 의는 다른 것이 아니라 사람의 길이다. 옳고 그른 것과 되는 것과 안 되는 것을 짐작하여 행하기 시작할 때에 보여, 평평하기가 숫돌과 같고 곧기가 화살과 같아서 모든 사람들이 똑같이 따를 바가 되고, 간사하고 굽은 데로 빠지지 않게 하는 것은 의를 행하는 것이니, 의가 사람에게 간절한 것이 어떻겠는가?

저 인은 사람의 마음이니, 사람이 마땅히 잡고 놓지 말아야 할 것이며, 의는 사람의 길이니, 사람이 마땅히 따르고 놓지 말아야 할 것이다. 어찌하여 지금 세상 사람들은 어두운 데로 가고 작은 길로 따라가 그 큰 길을 놓아두고 따르지 않으며, 욕심을 따르고 이치를 잊어버리며, 본심을 잃고 구할 줄을 알지 못하여 사람 된 이치를 잃어버리니 사람이라고 이를 수가 없다. 이 또한 심히 슬프지 않을 수 있겠는가!"

인 유계견 방즉지구지 유방심이부지구
11-2. 人이 有鷄犬이 放則知求之호대 有放心而不知求
학문지도 무타 구기방심이이의
하나니 學問之道는 無他라 求其放心而已矣니라

| 언해 |

人이 鷄犬이 放ᄒᆞᆷ이 이시면 求ᄒᆞᆷ을 알오ᄃᆡ 心을 放ᄒᆞᆷ이 이쇼ᄃᆡ 求ᄒᆞᆯ쭐ᄅᆞᆯ 아디 몯ᄒᆞᄂᆞ니 學問ᄒᆞᆫ 道ᄂᆞᆫ 他ㅣ 업순디라 그 放ᄒᆞᆫ 心을 求ᄒᆞᆯ ᄯᆞᄅᆞᆷ이니라

| 직역 |

"사람이 닭과 개를 잃어버리는 일이 있으면 구할 줄을 알지만, 마음을 잃어버리는 일이 있으면 구할 줄을 알지 못한다. 학문의 도는 다른 것이 없는 것이다. 그 잃어버린 마음을 구할 따름이다."

| 의해 |

"이제 어떤 사람이 만일 닭과 개가 있어서 잃어버리면 모두 구할 줄을 알지만, 마음에 이르러서는 한 몸의 주재가 되는데도 이것은 잃어버리더라도 구할 줄을 알지 못한다. 어찌 그 닭과 개와 같이 지극히 가벼운 것은 사랑하고, 그 마음이 지극히 중요하다는 점은 잊어버리는가? 생각하지 못하는 것이 심하도다.

저 학문의 도는 한 가지뿐만 아니라서, 외우고, 익히고, 토론하고, 보고, 찾고, 함양하고, 가지고, 지키고, 행하고, 확충하고, 다스리는 것이 모두 학문이다. 이와 같이 하는 것은 다름이 아니라, 이 마음을 거두어 바깥 사물이 틈새를 내거나 끊어지게 함을 용납하지 않아 나의 잃어버린 인을 구할 따름이다. 마음이 있으면 인이 있고, 인이 있으면 의도 있는 것이니, 잃어버린 마음을 거두지 않으면 무엇이 학문의 도가 되겠는가?"

| 요지 |

이 장은 모두 인의의 마음을 사람이 마땅히 보존하고 스스로 버리지 않아야 한다는 것을 보여준 것이다. '잃어버린 마음을 구한다'는 말이 문장 전체의 주안점이 된다. 인의는 모두 이 성품의 이치로 한 마음에 통합하였으니, 잃어버린 마음을 구할 수 있으면

인에 어긋나지 않고 의는 그 가운데 있을 것이다.

맹 자 왈 금 유 무 명 지 지 굴 이 불 신 비 질 통 해 사 야
12. 孟子曰 今有無名之指 屈而不信이 非疾痛害事也
여 유 능 신 지 자 즉 불 원 진 초 지 로 위 지 지
언마는 如有能信之者면 則不遠秦楚之路하나니 爲指之
불 약 인 야 지 불 약 인 즉 지 오 지 심 불 약 인 즉 부
不若人也니라 指不若人則知惡之호대 心不若人則不
지 오 차 지 위 부 지 류 야
知惡하나니 此之謂不知類也니라

| 언해 |

孟子ㅣ ᄀᆞᆯᄋᆞ샤ᄃᆡ 今에 無名指ㅣ 屈ᄒᆞ야 信티 몯홈이 疾痛ᄒᆞ며 事애 害ᄒᆞᆫ줄이 아니언마ᄂᆞᆫ 만일에 能히 信홀 者ㅣ이시면 곧 秦楚ㅅ 路ᄅᆞᆯ 멀리 아니 너기ᄂᆞ니 指의 人ᄀᆞᆮ디 몯홈을 爲ᄒᆞ애니라 指ㅣ 人ᄀᆞᆮ디 몯ᄒᆞ면 惡홀줄을 알오ᄃᆡ 心이 人ᄀᆞᆮ디 몯하면 惡홀 줄을 아디 몯ᄒᆞᄂᆞ니 이ᄅᆞᆯ 닐온 類ᄅᆞᆯ 아디 몯홈이니라

| 직역 |

맹자가 말하였다. "지금 무명지가 구부러져서 펴지 못하는 것이 병이 되고 아프며 일에 해로운 것은 아니지만, 만일 펼 수 있는 자가 있으면 곧 진나라와 초나라 사이의 먼 길을 멀리 여기지 않으니, 손가락이 다른 사람과 같지 못하기 때문이다. 손가락이 남과 같지 못하면 미워할 줄을 알지만, 마음이 다른 사람만 같지 못하면 미워할 줄을 알지 못하니, 이를 일러 종류를 알지 못한다고 하는 것이다."

| 자해 |

信 : 펴다. 신(伸)과 같음. • 無名之指 : 넷째 손가락. • 不知類 : 가볍고 무거

움의 차등을 알지 못함.

| 의해 |

맹자가 말하였다. "지금 어떤 사람이 무명지가 구부러져서 펴지 못하는 것은 심한 병이 아니고 일에 방해되는 것이 없어서 펴도 되고 펴지 못해도 괜찮지만, 만일 어떤 사람이 굽은 것을 고쳐 펼 수 있다면 진나라와 초나라의 길을 멀다 하지 않고 갈 것이니, 이것은 어째서인가? 그 손가락의 굽은 것이 일반 사람의 펴진 것과 같지 못하기 때문이다.

손가락은 지극히 가벼운 것인데도 손가락이 다른 사람처럼 펴지지 않으면 미워할 줄을 알고 반드시 펴고야 말면서도, 마음은 지극히 중요한 것인데도 마음이 물욕에 굽어 다른 사람처럼 곧지 못하더라도 미워할 줄을 알지 못하여, 가만히 있을 때는 보존해 두고, 움직일 때는 살펴 구할 것을 생각하지 않으니, 이것이 이른바 가볍고 중요한 종류를 알지 못하는 것이다. 사람들이 어찌 돌이켜 구하지 않는가!"

| 요지 |

이 장은 또한 사람들이 마음이 있는 것을 알지 못하기 때문에 종류를 견주어 경계하고 조심하도록 한 것이니, 마음이 다른 사람과 같지 못하여 물욕에 굴하는 것을 말한 것이다.

맹자왈 공파지동재 인구욕생지 개지소이
13. 孟子曰 拱把之桐梓를 人苟欲生之인댄 皆知所以
양지자 지어신 이부지소이양지자 기
養之者로대 至於身하여는 而不知所以養之者하나니 豈
애신 불약동재재 불사심야
愛身이 不若桐梓哉리오 弗思甚也일새니라

| 언해 |

孟子ㅣ ᄀᆞᆯᄋᆞ샤ᄃᆡ 拱이며 把앳 桐과 梓ᄅᆞᆯ 人이 진실로 살오고져 ᄒᆞᆯ딘댄 다 뻐 養ᄒᆞᆯ 바ᄅᆞᆯ 알오ᄃᆡ 身애 至ᄒᆞ야ᄂᆞᆫ 뻐 養ᄒᆞᆯ바ᄅᆞᆯ 아디 몯 ᄒᆞᄂᆞ니 엇디 身을 愛홈이 桐梓만 ᄀᆞᆮ디 몯 ᄒᆞ리오 思티 아니홈이 甚ᄒᆞᆯ씨니라

| 직역 |

맹자가 말하였다. "두 줌이나 한 줌 되는 오동나무나 가래나무를 사람들이 진실로 살리고자 할 때에는 다 기르는 방법을 알지만, 몸에 이르러서는 기르는 방법을 알지 못하니, 어찌 몸을 사랑하는 것이 오동나무나 가래나무만 같지 못하는가? 생각하지 않는 것이 심하구나."

| 자해 |

拱 : 두 손으로 에워싼 것. • 把 : 한 손으로 쥔 것. • 桐梓 : 나무 이름.

| 의해 |

맹자가 말하였다. "두 줌이나 한 줌 되는 오동나무나 가래나무는 물건의 지극히 작은 것에 불과하지만, 사람들이 진실로 그 재목의 아름다운 것을 사랑하여 그것을 살게 하고자 하면, 반드시 북돋아주고 심고 물을 주어 모두 기를 줄을 안다. 내 몸으로 말하면 만물의 주재가 되어 삼강과 오륜이 매이고, 사단(四端)과 온갖 선이 갖추어졌으니, 마땅히 어떻게 길러야 하겠는가? 기를 방법을 알아서 그 몸으로 하여금 선한 데로 돌아오지 못하게 하니, 어찌 참으로 몸을 사랑하는 것이 오동나무나 가래나무만 못하다는 말인가? 이것이 마음에 가리운 것이 있어서 생각하지 못함이 심한 것이라고 생각한다면, 내 몸이 중요한 줄을 알아서 기르기를 스스로 그만둘 것이 아니다."

| 요지 |

이 문장은 사람이 몸을 마땅히 길러야 할 것을 보인 것이니, 사람이 물건을 기르는 데에는 밝고 자신의 몸을 기르는 데에는 어두운 것을 보여주었다.

맹 자 왈 인 지 어 신 야 겸 소 애 겸 소 애 즉 겸 소
14-1. 孟子曰 人之於身也에 兼所愛니 兼所愛則兼所
양 야 무 척 촌 지 부 불 애 언 즉 무 척 촌 지 부 불 양
養也라 無尺寸之膚를 不愛焉 則無尺寸之膚를 不養
야 소 이 고 기 선 불 선 자 기 유 타 재 어 기 취 지
也니 所以考其善不善者는 豈有他哉리오 於己에 取之
이 이 의
而已矣니라

| 언해 |

孟子ㅣ ᄀᆞᆯᄋᆞ샤ᄃᆡ 人이 身에 愛ᄒᆞᄂᆞ바ᄅᆞᆯ 兼ᄒᆞ얀ᄂᆞ니 愛ᄒᆞᄂᆞᆫ바ᄅᆞᆯ 兼ᄒᆞ면 養ᄒᆞᄂᆞᆫ바ᄅᆞᆯ 兼ᄒᆞ얀ᄂᆞᆫ디라 尺寸만ᄒᆞᆫ ᄉᆞᆯᄒᆞᆯ 養티 아니홈이 업ᄉᆞ면 尺寸만ᄒᆞᆫ ᄉᆞᆯᄒᆞᆯ 愛티 아니홈이 업ᄂᆞ니 ᄡᅥ 그 善과 不善을 考ᄒᆞᆯ빠ᄂᆞᆫ 엇디 他ㅣ 이시리오 己예 取ᄒᆞᆯ ᄯᆞᄅᆞᆷ이니라

| 직역 |

맹자가 말하였다. "사람이 몸에 사랑하는 것을 겸하였으니, 사랑하는 것을 겸하면 기르는 것을 겸한 것이다. 한 척이나 한 촌 만한 살을 사랑하지 않음이 없으면 한 척이나 한 촌 만한 살을 기르지 않음이 없으니, 그 잘하고 잘못하는 것을 상고하는 바는 어찌 다름이 있겠는가? 자기 몸에서 취할 따름이다."

| 의해 |

맹자가 말하였다. "사람이 그 몸에 백체(百體)를 갖추었으니, 인

정(人情)으로 말하면 모두 기를 것을 겸하여, 천한 원예사에게 맡기지 않을 것이다. 그러나 기르는 것은 그 사랑하는 것을 이룩하는 것이니, 이미 그 사랑하는 것을 겸하면 반드시 기르는 것도 겸하여 유지하고 보호할 것이다. 한 척이나 한 촌의 살이라도 스스로 사랑하지 않는 것이 없으면, 한 척이나 한 촌의 살이라도 기르고자 하지 않는 것이 없을 것이다. 그러나 사랑하지 않는 것이 없는 가운데 그 기를 것에 잘할 것과 잘못할 것을 살피고자 할 것이니, 어떤 것은 기르는 것이 그 도를 얻어서 착한 것이 되며, 어떤 것은 기르는 것이 그 도를 잃어서 착하지 못한 것이 됨이 어찌 다른 것이 있겠는가?

또한 오직 몸을 잘 길러서 그 어떤 것은 마땅히 급하게 할 것이고, 어떤 것은 마땅히 천천히 할 것인가를 살펴서, 그 급하게 할 것을 기르면 착하고, 그 천천히 할 것을 기르면 착하지 못할 것이다. 등급과 분수가 한결같이 가까이 몸에서 취하여 스스로 얻을 따름이니, 어찌 다른 데서 구하겠는가?"

체 유 귀 천 유 대 소 므 이 소 해 대 무 이
14-2. 體有貴賤하며 有大小하니 無以小害大하며 無以
천 해 귀 양 기 소 자 위 소 인 양 기 대 자 위 대 인
賤害貴니 養其小者爲小人이요 養其大者爲大人이니라

| 언해 |

體ㅣ 貴와 賤이 이시며 小와 大ㅣ 이시니 小로ᄡᅥ 大ᄅᆞᆯ 害티 말며 賤으로ᄡᅥ 貴ᄅᆞᆯ 害티 마ᄅᆞᆯ띠니 그 小ᄅᆞᆯ 養ᄒᆞᄂᆞᆫ 者ㅣ 小人이 되고 그 大ᄅᆞᆯ 養ᄒᆞᄂᆞᆫ 者ㅣ 大人이 되ᄂᆞ니라

| 직역 |

"몸에 귀하고 천함이 있으며 작고 큼이 있으니, 작은 것으로써 큰 것을 해롭게 하지 말며, 천한 것으로써 귀한 것을 해롭게 하지 말아야 한다. 그 작은 것을 기르는 자는 작은 사람이 되고, 그 큰 것을 기르는 자는 큰 사람이 될 것이다."

| 자해 |

貴賤 : 귀하고 큰 것은 심지(心志)이고, 천하고 작은 것은 구복(口腹)임.

| 의해 |

"자기의 몸에도 모든 형체가 같지 않아서 분수가 홀로 높아서 귀한 것도 있고, 오직 명령대로 좇아서 천한 것도 있으며, 각각 한 형체를 나누어 작은 것도 되고, 모든 형체를 겸하여 큰 것도 된다. 귀하고 큰 것은 마땅히 중요하게 여겨야 할 것이고, 천하고 작은 것은 마땅히 가볍게 여겨야 할 것이다. 큰 것은 작은 것을 겸할 수 있지만, 작은 것이 큰 것을 해롭게 하지 못하게 해야 한다. 귀한 것은 천한 것을 부릴 수 있지만, 천한 것이 귀한 것을 해롭게 하지 못하게 해야 한다. 몸을 기르는 자가 여기서 다만 그 작은 것만 기르고 마땅히 가볍게 할 것을 중요하게 하면, 문득 사람의 욕심을 좇아서 얕고 낮은 소인이 될 것이다. 반드시 그 큰 것을 기르고 마땅히 중요하게 할 것을 중요하게 하면, 문득 하늘의 이치를 완전히 하여 높고 밝은 대인이 될 것이다. 여기서 선하고 선하지 않음이 구별되는 것이니, 스스로 상고하지 않을 수 없을 것이다."

금 유 장 사 사 기 오 가 양 기 이 극 즉 위 천 장

14-3. 今有場師舍其梧檟하고 養其樲棘하면 則爲賤場

사언 양기일지 이실기견배이부지야 즉
師焉이니라 養其一指하고 而失其肩背而不知也면 則
위랑질인야
爲狼疾人也니라

| 언해 |

이제 場師ㅣ 그 梧와 檟롤 舍ᄒᆞ고 그 樲棘을 養ᄒᆞ면 곧 賤ᄒᆞᆫ 場師ㅣ 되ᄂᆞ니라

그 一指롤 養ᄒᆞ고 그 肩背롤 失호ᄃᆡ 아니 몯ᄒᆞ면 곧 狼疾ᄒᆞᆫ 人이 되ᄂᆞ니라

| 직역 |

"지금 원예사가 있어서 오동나무와 재나무를 놓고 메대추나무를 기르면 곧 천한 원예사가 될 것이다. 한 손가락을 기르고 어깨와 등을 잃어버리는데도 알지 못하면 곧 낭질에 걸린 사람이 된다."

| 자해 |

場師 : 장포(場圃)를 다스리는 사람. • 梧 : 오동나무. • 檟 : 재나무. • 이극(樲棘)은 메대추나무. 아름다운 재목이 아님. • 狼疾人 : 이리는 돌아보기를 잘하는 짐승이나 병들면 잘하지 못하기 때문에 어깨와 등을 잃어버림에 비유한 것.

| 의해 |

"어찌하여 지금 잘 기르지 못하고 소인이 되는 자가 많은가? 이제 나무를 기르는 원예사가 있는데, 쓸모 있는 오동나무나 재나무를 버리고, 쓸모없는 메대추나무를 기른다면, 이것은 아름답고 악한 것을 구분하지 못하여 마땅히 길러야 할 것을 잃어버린 사람이다. 그러면 천한 원예사가 되는 것이다.

사람이 만일 작은 한 손가락만 기르고, 스스로 큰 어깨와 등을 잃어버리고도 알지 못한다면, 이것은 잘 돌아보는 밝음이 없어서

낭질을 가진 사람이 되는 것이다. 나무를 기르고 손가락을 기르는 자가 막힌 것을 보면, 사람이 몸을 기름에 마땅히 그 큰 것을 길러야 함을 알 수 있을 것이다."

음 식 지 인 즉 인 천 지 의 위 기 양 소 이 실 대 야
14-4. 飮食之人을 則人賤之矣나니 爲其養小以失大也
음 식 지 인 무 유 실 야 즉 구 복 기 적 위 척 촌 지
니라 飮食之人이 無有失也면 則口腹이 豈適爲尺寸之
부 재
膚哉리오

| 언해 |

飮食ᄒᆞᄂᆞᆫ 人을 곧 人이 賤히 너기ᄂᆞ니 그 小ᄅᆞᆯ 養ᄒᆞ야 ᄡᅧ 大ᄅᆞᆯ 失홈을 爲ᄒᆞ얘니라 飮食ᄒᆞᄂᆞᆫ 人이 失홈이 잇디 아니면 곧 口腹이 엇디 다ᄆᆞᆫ 尺寸ㅅ 膚ㅣ 될 ᄲᅮᆫ이리오

| 직역 |

"음식만 밝히는 사람은 곧 사람들이 천하게 여기니, 그 작은 것을 길러서 큰 것을 잃기 때문이다. 음식만 밝히는 사람이 잃음이 있지 않으면, 곧 입과 배가 어찌 다만 한 척이나 한 촌의 살이 될 뿐이겠는가?"

| 자해 |

飮食之人 : 음식만 밝히는 사람은 오로지 입과 배만 기르는 자.

| 의해 |

"그러하므로 천하에 음식을 탐하여 먹는 사람이 배고프고 목마른 것에 부림을 당해서, 바른 맛을 가리지 않으면 사람들이 모두 가

볍고 천하게 여길 것이니, 이것은 다만 배부르고 풍족한 것을 도모하여 염치를 돌아보지 않아 기르는 것은 적고 잃어버리는 것은 커서, 천한 원예사와 낭질을 가진 사람이라는 비웃음을 벗어나지 못할 것이다.

음식만 밝히는 사람은 기르는 것이 작고, 큰 것에 대해서는 아는 바가 없다. 입과 배로 먹는 것은 사람의 생명에 관계가 되는 것인데, 어찌 다만 한 척이나 한 촌의 살만 될 뿐이겠는가? 사람들이 또한 어찌하여 천하게 여기는가? 다만 적은 것만 기르는 사람은 큰 것은 잃어버리지 않는 이가 없으니, 이것이 천하게 여기는 바이다. 그렇다면 몸을 사랑하는 자는 또한 마땅히 잘 기를 도를 생각하여 그 큰 것을 길러야 한다."

| 요지 |

이 장은 다음을 말한 것이다. 몸을 기름에 잘하고 잘못하는 것을 자신이 결단하는 것이니, 몸을 기르는 자가 작은 것으로써 큰 것을 해롭게 하지 않을 것을 경계해야 할 것이다. 그 긴요함은 잘하고 잘못하는 것을 상고한다는 구절에 있다.

15-1. 公都子問曰(공도자문왈) 鈞是人也(균시인야)로대 或爲大人(혹위대인)하며 或爲小人(혹위소인)은 何也(하야)잇고 孟子曰(맹자왈) 從其大體爲大人(종기대체위대인)이요 從其小體爲小人(종기소체위소인)이니라

| 언해 |

公都子ㅣ 묻ᄌᆞ와 ᄀᆞᆯ오ᄃᆡ ᄒᆞᆫ 가짓 이 사ᄅᆞᆷ이로ᄃᆡ 或大人이 도며 或小人이 되옴ᄋᆞᆫ 엇디 잇고 孟子ㅣ ᄀᆞᆯᄋᆞ샤ᄃᆡ 그 大體ᄅᆞᆯ 從ᄒᆞᄂᆞᆫ

이ㅣ 大人이 되고 그 小體를 從ᄒᆞᄂᆞᆫ 이 小人이 되ᄂᆞ니라

| 직역 |

공도자가 물었다. "똑같은 사람인데 어떤 사람은 대인이 되며, 어떤 사람은 소인이 되는 것은 어째서 입니까?" 맹자가 말하였다. "그 대체를 좇는 이가 대인이 되고, 그 소체를 좇는 이가 소인이 된다."

| 자해 |

鈞 : 같은 것. • 從 : 따름. • 大體 : 마음. • 小體 : 이목(耳目)과 같은 종류.

| 의해 |

공도자가 물었다. "똑같은 사람이라면 그 품수가 마땅히 같지 않음이 없을 것인데, 어떤 사람은 이름 하여 '대인'이 되고, 어떤 사람은 이름 하여 '소인'이 되는 것은 이 어떤 이유입니까?"
맹자가 말하였다. "사람의 몸에 체가 크고 작음이 갖추어져 있다. 만일 대체가 주장이 되어서 그 명령을 따르면 고명한 데로 나아가서 대인이 될 것이고, 만일 소체가 주장이 되어서 그 달려 따르는 것을 따르면 저속한 데로 흘러서 소인이 될 것이다. 따르는 것이 나뉘기 때문에 그 사람이 또한 나뉘게 된다."

왈 균 시 인 야 혹 종 기 대 체 혹 종 기 소 체
15-2. 曰 鈞是人也로대 或從其大體하며 或從其小體는
하 야 왈 이 목 지 관 불 사 이 폐 어 물 물 교
何也잇고 曰 耳目之官은 不思而蔽於物하나니 物이 交
물 즉 인 지 이 이 의 심 지 관 즉 사 사 즉 득 지 불 사
物則引之而已矣요 心之官則思라 思則得之하고 不思
즉 부 득 야 차 천 지 소 여 아 자 선 립 호 기 대 자 즉 기
則不得也니 此天之所與我者라 先立乎其大者면 則其

소 자 불 능 탈 야　　차 위 대 인 이 이 의
小者不能奪也니 此爲大人而已矣니라

| 언해 |

ᄀᆞᆯ오ᄃᆡ ᄒᆞᆫ 가짓 이 사ᄅᆞᆷ이로ᄃᆡ 或 그 大體를 從ᄒᆞ며 或 그 小體를 從홈ᄋᆞᆫ 엇디잇고 ᄀᆞᆯᄋᆞ샤ᄃᆡ 耳目의 官은 思티 몯ᄒᆞ야 物에 蔽ᄒᆞᄂᆞ니 物이 物을 交ᄒᆞ면 引홀 ᄯᆞᄅᆞᆷ이오 心의 官인 則思ᄒᆞᄂᆞᆫ디라 思ᄒᆞ면 得ᄒᆞ고 思티 아니ᄒᆞ면 得디 몯ᄒᆞᄂᆞ니 이 天이 내게 與ᄒᆞ신 배라 몬져 그 大者를 셰면 곧 그 小者ㅣ 能히 奪티 몯ᄒᆞᄂᆞ니 이 大人이 될 ᄯᆞᄅᆞᆷ이니라

| 직역 |

"똑같은 사람인데, 어떤 사람은 대체를 따르며, 어떤 사람은 소체를 따르는 것은 어째서 입니까?"
"귀와 눈이 맡은 것은 생각하지 못하여 사물에 가리우니, 사물이 사물을 사귀면 이끌릴 따름이다. 마음이 맡은 것은 생각하는 것이니, 생각하면 얻고, 생각하지 않으면 얻지 못하니, 이것이 하늘이 내게 주신 것이다. 먼저 그 큰 것을 세우면 그 작은 것이 빼앗지 못하니, 이에 대인이 될 따름이다.

| 자해 |

官 : 맡음. 귀가 맡은 것은 들음이고, 눈이 맡은 것은 보는 것이니, 각각 맡은 것이 있지만 생각하지 못하고, 마음은 생각할 수 있어서 생각으로 맡은 일을 삼음.

| 의해 |

공도자가 말하였다. "같은 사람이므로 나아가고 향하는 것이 마땅히 같지 않은 것이 없을 것인데, 혹은 대체를 따르고, 혹은 소체를 따르는 것은 어째서 입니까?"

맹자가 말하였다. "오직 대체와 소체가 맡은 바가 같지 않기 때문에, 사람들의 따르는 것도 또한 같지 않다. 소체는 무엇인가? 귀가 맡은 것은 듣는 것이고, 눈이 맡은 것은 보는 것이다. 모두 형상으로써 쓰고, 스스로 그 보고 듣는 이치는 생각하지 않으니, 이러므로 소리와 빛을 외물이 가리면 귀와 눈도 또한 사물이기 때문에, 소리와 색의 외물이 이목의 사물을 사귀면 귀는 음란한 소리를 따라서 달리며, 눈은 간사한 빛을 따라서 움직여서 이끌어간다. 이것이 귀와 눈이 소체가 되는 까닭이다.
저 마음은 지극히 허령하여 생각하는 것으로 직분을 삼는다. 사물이 다가옴에 그 직분을 다하여 생각하면 그 응접하는 이치를 얻는 것이고, 그 직분을 잃고 생각하지 않으면 그 응접하는 이치를 얻지 못하니, 생각하고 생각하지 않는 것이 얻고 잃는 것의 중요한 관계가 이와 같다. 이것이 마음이 대체가 되는 까닭이다.
소체와 대체는 모두 하늘이 나에게 주신 것이다. 진실로 마음이 대체가 되는 것을 알면, 사물과 사귀지 않을 때에 먼저 세움이 있어서 마음의 체를 길러서 안정되고 고요하여 초연히 맑고 맑아서 생각이 없어도 생각하지 않음이 없는 직분을 잃지 않아야 한다. 그래서 일이 이름에 헤아릴 수 있고, 사물이 다가옴에 생각할 수 있어, 보는 것도 반드시 마땅히 보아야 할 것을 보아서 먼 곳 보기를 분명하게 할 것이고, 듣는 것도 반드시 마땅히 들어야 할 것을 들어서 덕을 듣기를 분명하게 할 것이다. 귀와 눈의 욕구가 어찌 빼앗을 수 있겠는가?
대체를 따르기를 이와 같이 하면, 이치가 온전하지 않음이 없고 덕이 구비되지 않음이 없어서, 천지와 함께 서로 같고 성인과 함께 같이 행할 것이다. 용렬하고 범상한 모든 사람이 미칠 수 있는 것이 아니니, 이것이 대인이 되는 까닭이다."

| 요지 |

이 장은 온 장의 강령이 전적으로 대체를 따르면 대인이 된다는

구절에 있다. 화육(化育)을 찬양할 수 있고, 천지에 참여할 수 있는 사람이 곧 이것을 볼 수 있고 들을 수 있는 사람이니, 큰 품격이 전적으로 자기의 마음으로부터 나오는 것이다.

맹 자 왈 유 천 작 자 유 인 작 자 인 의 충 신 락 선
16. 孟子曰 有天爵者하며 有人爵者하니 仁義忠信樂善
불 권 차 천 작 야 공 경 대 부 차 인 작 야 고 지 인
不倦은 此天爵也요 公卿大夫는 此人爵也니라 古之人
수 기 천 작 이 인 작 종 지 금 지 인 수 기 천 작
은 脩其天爵而人爵從之러니라 今之人은 脩其天爵하여
이 요 인 작 기 득 인 작 이 기 기 천 작 즉 혹 지 심
以要人爵하고 既得人爵而棄其天爵하나니 則惑之甚
자 야 종 역 필 망 이 이 의
者也라 終亦必亡而已矣니라

| 언해 |

孟子ㅣ ᄀᆞᆯᄋᆞ샤ᄃᆡ 天爵도 이시며 人爵도 인ᄂᆞ니 仁과 義왜며 忠이며 信ᄒᆞ야 善을 樂ᄒᆞᆷ을 倦티 아니ᄒᆞᆷ은 이 天爵이오 公卿과 태우ᄂᆞᆫ 이 人爵이니라 녯 사ᄅᆞᆷ은 그 天爵을 脩ᄒᆞ욤애 人爵이 從ᄒᆞ더니라 이젯 사ᄅᆞᆷ은 그 天爵을 脩ᄒᆞ야 ᄡᅥ 人爵을 要ᄒᆞ고 이믜 人爵을 得ᄒᆞ야ᄂᆞᆫ 그 天爵을 棄ᄒᆞᄂᆞ니 곧 或ᄒᆞᆷ이 甚ᄒᆞᆫ 者ㅣ라 ᄆᆞᄎᆞᆷ애 ᄯᅩ한 반ᄃᆞ시 亡ᄒᆞᆯ ᄯᆞᄅᆞᆷ 이니라

| 직역 |

맹자가 말하였다. "하늘이 준 벼슬도 있으며, 사람이 준 벼슬도 있다. 인·의·충·신하여 선을 즐거워하는 것을 게을리 하지 않는 것은 하늘이 준 벼슬이고, 공경과 대부는 사람이 준 벼슬이다. 옛 사람들은 하늘이 준 벼슬을 닦음에 사람이 준 벼슬이 따라왔다. 지금 사람들은 하늘이 준 벼슬을 닦아서 사람이 준 벼슬을 구

하고, 이미 사람이 준 벼슬을 얻어서는 하늘이 준 벼슬을 버리니, 곧 미혹이 심한 것이다. 마침내 또한 반드시 망할 따름이다."

| 자해 |

天爵 : 덕과 의가 높아서 자연의 귀중한 것. • 要 : 구하는 것.

| 의해 |

맹자가 말하였다. "사람의 정서상 벼슬을 중요하게 여기지 않는 이가 없다. 자연의 귀함이 있어서 생과 함께 와서 하늘이 주신 바의 벼슬이 된다. 그로 하여금 그러하게 한 귀중한 것이 있으니, 세상으로 인하여 베풀어서 사람이 준 벼슬이 된다. 무엇을 하늘이 준 벼슬이라고 하는가? 마음의 덕이 사랑하는 것을 '인'이라 하고, 마음이 제재하는 것을 '의'라 하고, 인과 의가 마음에서 발하여 다하지 않은 것이 없는 것을 '충'이라 하고, 인과 의가 일에 보여 알차지 않은 것이 없는 것을 '신'이라고 한다. 이 '인'과 '의'와 '충'과 '신'의 선한 것을 즐거워하여 처음부터 끝까지 게으르지 않으면 이것이 모두 떳떳함을 잡고, 덕을 좋아하여 형세를 빌지 않고, 스스로 높아서 하늘이 준 벼슬이 되는 것이다.

무엇을 사람이 준 벼슬이라고 하는가? 공이 한 지위이고, 경이 한 지위이고, 대부가 한 지위이다. 조정으로부터 반포하여 명분이 각각 다르니, 이것은 형세를 빈 뒤에 높은 것이므로, 사람이 준 벼슬이 되는 것이다.

저 하늘이 준 벼슬은 나의 고유한 것이고, 사람이 준 벼슬과 같이 밖에서 이름을 얻는 것이 아니다. 하늘이 준 벼슬은 마땅히 닦아야 할 것이 명확하나 하늘이 준 벼슬을 닦는 자는 오직 옛 사람이다. 예전에 성할 때에는 인심이 순후(淳厚)하여 배움이 오직 자신의 몸을 위한 것이었다. 인과 의와 충과 신과 이치를 다하고, 착한 것을 즐거워하는 것을 게으르지 않게 하는 데에 나아가서 하늘이 준 벼슬을 닦는 자는 내 분수의 당연함을 다하고, 처음부터 사람이 준 벼슬을 바라지 않아도 사람이 준 벼슬이 자연 따르니, 도덕이 높음에 명예가 나타나서 공과 경과 대부의 벼슬을 얻으려고 기약하지 않아도 저절로 얻을 것이다.

지금 사람들은 예전 사람들과 달라서 부귀와 이욕의 마음이 많아서 사람이 준 벼슬이 반드시 하늘이 준 벼슬을 따라 이르는 것으로 알고, 이에 하늘이 준 벼슬을 닦는 것을 사람이 준 벼슬을 요구하는 수단으로 삼는다. 처음부터 무엇을 목적하지 않는 것이 없기 때문에 이미 사람이 준 벼슬을 얻으면 마음에 기약하던 바가 만족하여 드디어 하늘이 준 벼슬을 쓸데없는 것이라고 하고, 버리고 닦지 않아, 하늘이 준 벼슬을 닦아서 사람이 준 벼슬을 요구하는 것이 이미 하늘이 준 벼슬이 나에게 고유한 것인 줄을 알지 못하는 것이다.

그 마음이 이미 미혹한 것인데, 사람이 준 벼슬을 얻고서는 하늘이 준 벼슬을 버려서 또 사람이 준 벼슬을 얻은 근본에 어두워지니, 미혹함이 더욱 심한 것이다. 하늘이 준 벼슬을 이미 버리면 사람이 준 벼슬인들 어찌 보전할 수 있겠는가? 그 얻은 바 사람이 준 벼슬도 마침내 또한 잃어버릴 따름이다."

| 요지 |

이 장은 사람이 준 벼슬을 사모하고, 하늘이 준 벼슬을 버리는 자들을 위하여 말한 것이다. 모두 사람이 하늘이 준 벼슬을 닦게 하고자 한 것이다. 머리 구절은 벼슬에 하늘이 준 것과 사람이 준 것이라는 분별이 있음을 말한 것이고, 아래구절은 옛날과 지금 사람들이 서로 다름을 탄식한 것이다. 미혹함이 심하다고 한 것과 마침내 반드시 망한다고 한 것은 이 세상 사람들을 깨우쳐 준 말이다.

17-1. 孟子曰 欲貴者는 人之同心也니 人人이 有貴於己者언마는 弗思耳니라 人之所貴者는 非良貴也니 趙孟之所貴를 趙孟이 能賤之니라

| 언해 |

孟子ㅣ ᄀᆞᆯᄋᆞ샤ᄃᆡ 貴코쟈 홈은 人의 同ᄒᆞᆫ ᄆᆞᄋᆞᆷ이니 人人마다 己예 貴ᄒᆞᆫ 거ᄉᆞᆯ 둣건마ᄂᆞᆫ 思티 아닐 ᄲᅮᆫ이니라 人의 貴케 ᄒᆞᄂᆞᆫ 바ᄂᆞᆫ 良貴 아니니 趙孟의 貴케 ᄒᆞᆫ 바ᄅᆞᆯ 趙孟이 能히 賤케 ᄒᆞᄂᆞ니라

| 직역 |

맹자가 말하였다. "귀하고자 하는 것은 사람들의 같은 마음이니, 사람마다 몸에 귀한 것을 가지고 있지만 생각하지 않을 뿐이다. 남이 귀하게 하는 것은 본래의 귀함이 아니니, 조맹이 귀하게 한 것은 조맹이 천하게 할 수 있다."

| 자해 |

有貴於己 : 천작을 이른 것. • 人之所貴者 : 다른 사람이 작위로써 자신의 몸에 더한 후에 귀하게 되는 것. • 良 : 본연한 착함. • 趙孟 : 진나라 경.

| 의해 |

맹자가 말하였다. "사람들이 세상에 있어서 누가 낮고 천한 것을 좋아하겠는가? 그러므로 사람이 준 벼슬의 귀한 것을 사모하여 얻고자 하는 것은 사람마다 같은 마음이다. 다만 사람마다 몸에 귀한 것이 있어서 밖에 구하기를 기다리지 않고 스스로 족한 것을 특별히 돌이켜서 스스로 생각하지 못하는구나.

몸에 귀한 것이 있음을 생각하지 않고, 사람이 귀하게 하는 것을

구한다. 귀함이 몸에 있는 것은 본연한 귀함이니 이른바 본래의 귀함이고, 사람이 벼슬로써 몸에 더한 뒤에 귀한 것은 밖에서 이르는 귀함이니 본래의 귀함이 아니다. 저 조맹은 벼슬과 녹을 주고 빼앗는 권세를 가진 자이다. 조맹이 귀하게 한 것을 곧 조맹이 빼앗아서 천하게 하니, 다른 사람이 귀하게 한 것이 또한 어찌 귀할 수 있겠는가?"

시운 기취이주 기포이덕 언포호인의
17-2. 詩云 旣醉以酒요 旣飽以德이라하니 言飽乎仁義
야 소이불원인지고량지미야 령문광예시어신
也라 所以不願人之膏粱之味也며 令聞廣譽施於身이
소이불원인지문수야
라 所以不願人之文繡也니라

| 언해 |

詩예 닐오ᄃᆡ 임의 醉홈을 酒로ᄡᅧ ᄒᆞ고 임의 飽홈을 德으로ᄡᅧ ᄒᆞ다ᄒᆞ니 仁義예 飽혼디라 ᄡᅧ 人의 膏粱ᄉ 味ᄅᆞᆯ 願 티 아니ᄒᆞᄂᆞᆫ배며 令ᄒᆞᆫ 聞과 廣ᄒᆞᆫ 譽ㅣ 身에 施혼디라 ᄡᅧ 人의 文繡ᄅᆞᆯ 願티 아니ᄒᆞᄂᆞᆫ 바ᄅᆞᆯ 니ᄅᆞ니라

| 직역 |

"시에 이르기를 '이미 취함을 술로써 하고, 이미 배부름을 덕으로써 한다'라고 하였다. 인과 의에 배부르기 때문에 다른 사람의 고량진미를 원하지 않는 바이며, 착하다는 소문과 널리 명예롭게 함이 몸에 베풀어져서 다른 사람이 꾸며주기를 원하지 않는 것을 이른다."

| 자해 |

詩 : 「대아(大雅) · 기취(旣醉)」. • 飽 : 채우고 족한 것. • 膏 : 살찐 고기. • 粱 : 아름다운 곡식. • 令 : 착한 것. • 聞 : 명예. • 文繡 : 옷의 아름다운 것.

| 의해 |

"사람들이 조맹의 문에 분주한 것은 나를 고량으로 대접하고, 나를 꾸며주기를 원하는 데에 지나지 않는다. 몸의 귀한 것을 얻은 자는 남이 귀하게 한 것을 사모하지 않는 줄을 어찌 알겠는가? 본래 귀함을 어디에서 볼 수 있는가? 시에 이르기를, '이미 나를 술로써 취하게 하였고, 이미 나를 덕으로써 배부르게 하였도다'라고 하였다. 이른바 덕으로써 배부르게 한다고 하는 것은 그 인의에 배부르고 족하여 본래의 귀함이 내게 있음을 말한 것이다. 인의가 몸에 배부르면 아름다움을 좋아함이 다함이 없어서, 저절로 맛이 없는 지극한 맛이 있어서 천하의 즐거워할 것을 극진히 하니, 무엇이 이(理)와 의(義)가 마음을 기쁘게 하는 것보다 지나침이 있겠는가? 그러므로 사람이 고량의 맛을 원하지 않는 것이고, 인의에 배부르면 비록 명예를 구하지 않더라도 좋은 소문과 넓은 명예가 저절로 몸에 베풀어져서 영화로움이 다함이 없을 것이다. 저절로 문채 없는 지극한 문채가 있어서 천하에 사모할 것이 무엇이 실상 커서 소문이 넓은 것보다 지나침이 있겠는가? 그러므로 사람이 꾸며주기를 원하지 않는 것이다. 안이 무거우면 외물이 다 가볍다. 본래 귀한 것의 귀함이 이와 같으니, 세상에 귀하고자 하는 자는 생각해야 할 것이다."

| 요지 |

이 장은 사람의 귀하고자 하는 마음을 가지고 본래의 귀함에 대한 생각을 움직이게 한 것이다. 사람들이 귀하게 하는 것은 영화롭게 여길 만한 것이 없고, 본래의 귀함이 원할 만한 것임을 보인 것이다.

맹 자 왈 인 지 승 불 인 야 유 수 승 화 금 지 위 인
18-1. 孟子曰 仁之勝不仁也 猶水勝火하니 今之爲仁
자 유 이 일 배 수 구 일 거 신 지 화 야 불 식 즉 위 지 수
者는 猶以一杯水로 救一車薪之火也라 不熄則謂之水
불 승 화 차 우 여 어 불 인 지 심 자 야 역 종 필 망
不勝火라하나니 此又與於不仁之甚者也라 亦終必亡
이 이 의
而已矣니라

| 언해 |

孟子ㅣ ᄀᆞᆯᄋᆞ샤ᄃᆡ 仁의 不仁ᄋᆞᆯ 勝ᄒᆞᆷ이 水ㅣ 火ᄅᆞᆯ 勝ᄒᆞᆷ ᄀᆞᄐᆞ니 이제 仁ᄒᆞᄂᆞᆫ 者ᄂᆞᆫ 一杯水로ᄡᅥ 一車薪ㅅ 火ᄅᆞᆯ 救ᄒᆞᆷ ᄀᆞᄐᆞᆫ디라 熄디 아니ᄒᆞ면 닐오ᄃᆡ 水ㅣ 火ᄅᆞᆯ 勝티 몯ᄒᆞᆫ다ᄒᆞᄂᆞ니 이 ᄯᅩ 不仁애 與ᄒᆞᆷ이 甚ᄒᆞᆫ 者ㅣ라 ᄯᅩᄒᆞᆫ ᄆᆞᄎᆞᆷ애 반ᄃᆞ시 亡ᄒᆞᆯ ᄯᆞᄅᆞᆷ이니라

| 직역 |

맹자가 말하였다. "인이 인하지 않음을 이기는 것이 물이 불을 이기는 것과 같으니, 지금의 인한 자는 한 잔의 물로써 한 수레의 나무에 붙은 불을 끄는 것과 같다. 꺼지지 않으면 이르기를 '물이 불을 이기지 못한다'고 하니, 이 또 인하지 않음에 도움이 심한 것이다. 또한 마침내 반드시 망할 따름이다."

| 자해 |

與 : 돕는 것.

| 의해 |

맹자가 말하였다. "어진 것이 어질지 못한 것을 이기는 것이 물이 불을 이기는 것과 같다. 도심이 주재가 되면 인심이 명령을 듣는 것은 반드시 그러한 이치이다. 이른바 '어진 것이 어질지 못한 것을 이긴다'는 것은 항상 천리로써 인욕을 막는 것이다. 이제 인을

행하는 자는 한 번 생각한 작은 인으로써 사욕이라는 굳센 인하지 않음을 이기고자 하다가 급기야 이기지 못하면 인을 행함에 힘쓰지 못한 것이라고 이르지 않고, 스스로 핑계하여 말하기를, '인이 인하지 않음을 이기지 못한다'고 한다. 이것은 한 잔의 물로써 한 수레의 나무의 불을 구원하여 끄려고 생각하다가 급기야 불이 꺼지지 않으면 곧 말하기를, '물이 불을 이기지 못한다'고 하는 것과 같다. 이러한 말이 한 번 일어나면 인하지 못한 사람이 모두 믿어서 인은 이루기가 어려운 것이라고 하여, 장차 인하지 못한 버릇을 더욱 굳게 하여 천리를 없애고, 사욕을 방자하게 하는데 이르지 않는 경우가 없을 것이다. 어찌 도리어 인하지 않음을 심하게 돕는 것이 아니겠는가?

그러나 다만 사람의 인하지 않음을 도울 뿐만 아니라, 이러한 사람의 마음은 또한 게으르고, 싫어하고, 버려서 아울러 그 하던 한 잔의 물과 같은 인을 없게 할 따름이니, 인을 행함에 힘쓰지 않는 해가 이와 같다. 인을 행하는 자가 인이 인하지 않음을 이기지 못한다고 핑계할 수 있겠는가?"

| 요지 |

이 장은 사람이 인의 실천에 마땅히 힘쓸 것을 경계한 것이다. 한 잔의 물은 얼마 못되는 인을 비유한 것이고, 한 수레의 나무의 불은 자라나는 인하지 않음을 비유한 것이다. '이기지 못한다'는 것은 사람들이 스스로 돌이키지 못하고, 인에 허물을 돌려보냄을 비유한 것이다. '인하지 않음을 돕는다'는 것은 인욕이 더 성하여 마침내 멸하지 못하는 것이다. '또한 마침내 반드시 망한다'는 것은 하늘의 이치가 더욱 적어져서 마침내 보존하지 못함을 말한 것이다.

맹 자 왈 오 곡 자 종 지 미 자 야 구 위 부 숙 불
19. 孟子曰 五穀者는 種之美者也나 苟爲不熟이면 不
여 제 패 부 인 역 재 호 숙 지 이 이 의
如荑稗니 夫仁도 亦在乎熟之而已矣니라

| 언해 |

孟子ㅣ ᄀᆞᆯᄋᆞ샤ᄃᆡ 五穀ᄋᆞᆫ 種의 美ᄒᆞᆫ 거시나 진실로 熟디 몯ᄒᆞ면 荑稗만 ᄀᆞᆮ디 몯 ᄒᆞ니 仁도 ᄯᅩᄒᆞᆫ 熟홈애 이실 ᄯᆞᄅᆞᆷ이니라

| 직역 |

맹자가 말하였다. "오곡은 씨의 아름다운 것이나 진실로 익지 못하면 돌피만 같지 못하니, 인도 또한 익음에 있을 따름이다."

| 자해 |

荑稗 : 풀의 곡식 같은 것이니, 그 열매를 또한 먹을 수 있음. 음은 '제패'.

| 의해 |

맹자가 말하였다. "오곡은 하늘이 내어 사람을 기르는 것이고, 사람이 의존하여 먹는 것이니, 진실로 종자의 아름다운 것이다. 그러나 반드시 열매가 맺힌 후에야 아름다운 것이 된다. 진실로 성숙하지 못하면 도리어 돌피를 쓰는 것만 못하니, 저 오곡이 되고서 돌피만 못할 것이겠는가?

인은 만 가지 선한 것을 통할하여 지극히 순수하고 지극히 정한 것이니, 오곡의 아름다운 종자와 같지 않은가? 또한 이기고 회복하여 날마다 새롭게 하고, 공이 순전하여 간단히 없어서 사람들로 하여금 마음이 곧 인이고, 인이 곧 마음이 되게 하고, 그 지극히 순수하고 지극히 정한 이치를 온전하게 하여 익게 할 따름이니, 어찌 실천에 힘쓰지 않고, 다른 도 아래로 나아가게 하겠는가?"

| 요지 |

이 장은 사람에게 인의 실천에 힘쓰라고 권면한 것이다. 오곡 이하의 구절은 이 오곡이 마땅히 익어야 한다는 것을 빌어서 끝 구절을 이끌어 일으켜서 인을 마땅히 이룰 것을 보인 것이다.

맹 자 왈 예 지 교 인 사 필 지 어 구 학 자 역 필
20. 孟子曰 羿之教人射에 必志於彀하나니 學者도 亦必
지 어 구 대 장 회 인 필 이 규 구 학 자 역
志於彀니라 大匠이 誨人에 必以規矩하나니 學者도 亦
필 규 구
必規矩니라

| 언해 |

孟子ㅣ ᄀᆞᆯᄋᆞ샤ᄃᆡ 羿ㅣ 人ᄋᆞᆯ 射ᄅᆞᆯ 教홈애 반ᄃᆞ시 彀에 志ᄒᆞᄂᆞ니 學ᄒᆞᄂᆞᆫ 者도 ᄯᅩᄒᆞᆫ 반ᄃᆞ시 彀에 志ᄒᆞᄂᆞ니라 大匠이 人ᄋᆞᆯ 誨홈애 반ᄃᆞ시 規矩로ᄡᅥ ᄒᆞᄂᆞ니 學ᄒᆞᄂᆞᆫ 者도 ᄯᅩᄒᆞᆫ 반ᄃᆞ시 規矩로ᄡᅥ ᄒᆞᄂᆞ니라

| 직역 |

맹자가 말하였다. "예가 사람들에게 활 쏘는 것을 가르침에, 반드시 당기는 정도에 뜻을 두도록 했으니, 배우는 자도 또한 반드시 당기는 정도에 뜻을 두어야 한다. 기술자가 사람을 가르침에 반드시 걸음쇠와 자로써 하니, 배우는 자도 또한 반드시 걸음쇠와 자로써 해야 한다."

| 자해 |

羿 : 활 쏘는 자. • 志 : 기약. • 彀 : 활을 당기는 정도. • 學 : 쏘는 것을 배우는 것. • 大匠 : 공사(工師). • 規矩 : 장인(匠人)의 법(法).

| 의해 |

맹자가 말하였다. "일은 반드시 법이 있은 연후에 이룰 수 있으니, 활 쏘는 작은 재주를 보지 못하는가? 적절하게 당긴 후에 발사하는 것이 쏘는 법이다. 예가 사람들에게 활쏘기를 가르치는 것이 마땅히 마음에 얻은 교묘한 것이 있을 것인데, 이에 그 가르치는 법은 반드시 활을 적절히 당기는 것에 뜻을 두니, 쏘기를 배우는 자는 또한 활을 적절히 당기는 데 뜻을 두어야 한다. 활을 적절하게 당기는 것은 쏘는 것의 일정한 법이다. 이 법을 놓아두고서는 서로 주고받지 못할 것이다.

걸음쇠와 자로 모가 나게 하고 둥글게 하는 것은 기술자의 법이다. 기술자가 사람을 가르치는 것이 마땅히 홀로 아는 지혜가 있겠지만, 이에 그 가르치는 법은 반드시 걸음쇠와 자로써 하니, 기술을 배우는 자도 반드시 걸음쇠와 자로써 배울 것이다. 걸음쇠와 자는 기술자의 정해진 법이다. 이 법을 놓고는 서로 주고받지 못할 것이다. 작은 재주도 이러한데, 하물며 성인의 도에 있어서랴? 저 알고 행하는 것은 도에 나아가는 법이다. 순임금의 정일(精一)과 공자의 박약(博約)과 『대학』의 격물치지(格物致知)와 성의정심(誠意正心)을, 바로 고금의 스승이 되고 제자 된 자가 그것을 놓아두고 가르치며 배울 수 있겠는가?

| 요지 |

이 장은 재주에 나아가서 도를 비유한 것이다. 반드시 이룬 법을 폐기하지 못함은 가르치고 배움에서 다 중요시함을 나타낸 것이다.

12. 고자장구하(告子章句下)

임인 유문옥려자왈 예여식 숙중 왈 예중
1-1. 任人이 有問屋廬子曰 禮與食이 孰重고 曰 禮重
색여례숙중 왈 예중 왈 이례식즉기이
이니라 色與禮孰重고 曰 禮重이니라 曰 以禮食則飢而
사 불이례식즉득식 필이례호 친영즉부
死하고 不以禮食則得食이라도 必以禮乎아 親迎則不
득처 불친영즉득처 필친영호 옥려자불능
得妻하고 不親迎則得妻라도 必親迎乎아 屋廬子不能
대 명일 지추 이고맹자 맹자왈 어답시
對하여 明日에 之鄒하야 以告孟子한대 孟子曰 於答是
야 하유
也에 何有리오

| 언해 |

任ㅅ 人이 屋廬子의게 무러 ᄀᆞᆯ오ᄃᆡ 禮와 다ᄆᆞᆺ 食이 므서시 重ᄒᆞ뇨 ᄀᆞᆯ오ᄃᆡ 禮ㅣ 重ᄒᆞ니라 色과 다못 그 禮ㅣ 므서시 重ᄒᆞ뇨 ᄀᆞᆯ오ᄃᆡ 禮ㅣ 重ᄒᆞ니라 ᄀᆞᆯ오ᄃᆡ 禮로ᄡᅥ 食ᄒᆞ면 飢ᄒᆞ야 死ᄒᆞ고 禮로ᄡᅥ 아니ᄒᆞ야 食ᄒᆞ면 食ᄒᆞᆷ을 得ᄒᆞᆯ띠라도 바ᄃᆞ시 禮로ᄡᅥ ᄒᆞ랴 親迎ᄒᆞ면 妻ᄅᆞᆯ 得디몯ᄒᆞ고 親迎티 아니하면 妻ᄅᆞᆯ 得ᄒᆞᆯ 띠라도 반ᄃᆞ시 親ᄒᆞ랴 屋廬子ㅣ 能히 對티 몯ᄒᆞ야 明日에 鄒에 가 ᄡᅥ 孟子ㅅ긔 告ᄒᆞᆫ대 孟子ㅣ ᄀᆞᆯᄋᆞ샤ᄃᆡ 이ᄅᆞᆯ 答ᄒᆞ욤애 므서시 이시리오

| 직역 |

임나라 사람이 옥려자에게 물었다. "예와 먹는 것 가운데 무엇이 중요한가?" "예가 중요하다". "색과 예 가운데 무엇이 중요한가?"

"예가 중요하다." "예로써 먹으면 굶어죽고 예로써 먹지 않으면 먹을 것을 얻을지라도 반드시 예로 하겠는가? 친영하면 처를 얻지 못하고 친영하지 않으면 처를 얻을지라도 반드시 친영하겠는가?" 옥려자가 대답하지 못하여 다음날 추에 가서 맹자에게 고하니, 맹자가 말하였다. "이것을 대답하는데 무슨 어려움이 있겠는가?"

| 자해 |

任 : 나라 이름. • 屋廬子 : 맹자의 제자이니, 이름은 연(連). • 何有 : 하난지유(何難之有), 곧 '어렵지 아니함'.

| 의해 |

임나라 사람이 옥려자에게 물었다. "맛있게 먹는 것은 사람의 성품이다. 그러나 먹는 가운데에도 예가 있으니 예와 먹는 것 중 무엇이 중요한가?" 옥려자가 말하였다. "예는 음식에서 마땅한 것을 절제하는 것이니 예가 중요하다."

임나라 사람이 또 물었다. "색을 기뻐하는 것도 또한 사람의 성품이다. 그러나 색 가운데에도 예가 있으니 색과 예 중 또 무엇이 중요한가?"

옥려자가 말하였다. "예는 남녀가 사귀는 것을 분별하기 위함이니 예가 중요하다" 임나라 사람이 망령되게 논란하며 말하였다. "예는 식과 색에 비교해보면 중요하게 되지만, 가령 배고플 때에 반드시 먹이고 청하는 예로써 먹으면 굶어 죽는데 이를 것이고, 먹이고 청하는 예로써 먹지 않으면 얻어먹어서 산다고 하자. 이러한 때에 이르러도 반드시 예로써 할 것인가? 또 가령 곤궁한 때에 반드시 친영하는 예를 갖추려 하면 아내를 얻지 못하여 인륜을 폐할 것이고, 친영하는 예를 거리끼지 않으면 아내를 얻어서 인륜을 온전히 한다고 하자. 이러한 때에 이르러도 반드시 친영하는 예로써 할 것인가? 이렇게 볼 때 또한 식과 색이 어찌 예보다 가벼울 것인가?" 옥려자가 임나라 사람의 논란에 막혀 대답하지 못하고 그 이튿날 추나라에 가서 맹자에게 고하니, 맹자가 말하였다. "이것을 대답하여 스스로 그 말을 펴기에 무슨 어려움이 있겠는가?"

불 췌 기 본 이 제 기 말 　 방 촌 지 목 　 가 사 고 어 잠 루
1–2. 不揣其本而齊其末이면 方寸之木을 可使高於岑樓
금 중 어 우 자 　 기 위 일 구 금 여 일 여 우 지 위 재
니라 金重於羽者는 豈謂一鉤金與一輿羽之謂哉리오

| 언해 |

그 本을 揣티 아니ᄒᆞ고 그 末을 齊ᄒᆞ면 方寸인 木을 可히 ᄒᆞ여곰 岑樓에셔 高케 ᄒᆞᆯ 꺼시니라 金이 羽에셔 重타 ᄒᆞᆷ은 엇디 一鉤ㅅ 金과 다ᄆᆞᆺ 一輿ㅅ 羽ᄅᆞᆯ 닐옴을 닐옴 이리오

| 직역 |

"근본을 헤아리지 아니하고 끝을 가지런히 하려면, 한 치의 나무를 누각보다 높게 할 수 있을 것이다. 금이 깃털보다 무겁다고 하는 것이 어찌 한 갈고리의 금과 한 수레의 깃털을 말하는 것이겠는가?"

| 자해 |

本 : 아래 부분을 이르는 것. • 末 : 위를 이르는 것. • 方寸之木 : 지극히 낮은 것이니 음식과 색에 비유한 것. • 岑樓 : 누각의 높고 뾰족함이 산과 같아서 지극히 높은 것이니 예에 비유한 것. 음은 '잠루'. • 鉤 : 띠의 갈고리.

| 의해 |

"'예가 중요하고 식과 색이 가벼운 것이다'라고 하는 것은 큰 예로써 말하는 것인데, 임나라 사람의 말은 곧 그렇지 않다는 것이다.

비유하여 말하자면, 물건의 가볍고 무거운 것은 하늘이 정해준 바탕에 있는 높고 낮음이, 하늘이 정해준 몸체가 있는 것과 같을 것이다. 그렇지만 근본과 끝이 평평한 후에야 높고 낮음에 위치를 정할 수 있기 때문에, 만일 그 밑에 근본은 헤아리지 않고 다만 그 끝만 가지런하게 하려고 하면, 한 치의 지극히 낮은 나무를 누각 위에 더하여 누각보다도 높게 할 수 있을 것이니, 높고 낮은 것을 거꾸로 둠이 이와 같을 수 있다.
또 금의 바탕은 지극히 무거운 것이고, 깃털의 바탕은 지극히 가벼운 것이다. 그러나 금이 깃털보다 무겁다고 하는 것은 어찌 한 갈고리의 지극히 적은 금과 한 수레의 지극히 많은 깃털의 경중을 비교하여 말한 것이겠는가? 반드시 많고 적음이 맞은 후에야 무거움과 가벼움을 정할 수 있음은 이미 분명한 것이다."

취식지중자 여례지경자이비지 해시식중
1-3. 取食之重者와 與禮之輕者而比之면 奚翅食重이며
취색지중자 여례지경자이비지 해시색중
取色之重者와 與禮之輕者而比之면 奚翅色重이리오

| 언해 |

食의 重ᄒᆞᆫ 者와 다뭇 禮의 輕ᄒᆞᆫ 者ᄅᆞᆯ 取ᄒᆞ야 比ᄒᆞ면 엇디 食이 重ᄒᆞᆯ ᄲᅮᆫ이며 色의 重ᄒᆞᆫ 者와 다뭇 禮의 輕ᄒᆞᆫ 者ᄅᆞᆯ 取ᄒᆞ야 比ᄒᆞ면 엇디 色이 重ᄒᆞᆯ ᄲᅮᆫ이리오

| 직역 |

"먹는 것의 중요한 것과 예의 가벼운 것을 두고 비교하면 어찌 먹는 것이 중요할 뿐이며, 색의 중요한 것과 예의 가벼운 것을 두고 비하면 어찌 색이 중요할 뿐이겠는가?"

| 자해 |

翅 : '뿐 시(啻)'자와 통용. • 奚翅 : '어찌 다만'이라는 말과 같으니, 그 서로의 거리가 현격하여 '다만 경중의 어그러짐만 있을 뿐이 아니다'라는 뜻.

| 의해 |

"임나라 사람의 논란 같은 것은 심히 편벽된 것이다. 굶어 죽는 것은 먹는 것 가운데 중한 것이고 예로써 먹는 것은 먹는 것 가운데 가벼운 것이다. 편벽되게 그 먹는 것의 중한 것과 예의 가벼운 것을 두고 비교하면, 먹는 것은 신명(身命)에 관계가 되는 바이니, 반드시 그만두지 못할 것이다. 어찌 음식이 예보다 조금 중할 뿐이겠는가? 아내를 얻는 것은 색의 중한 것이고 친영하는 것은 예의 경한 것이다. 편벽되게 색의 중한 것과 예의 가벼운 것을 두고 비교하면 색은 큰 윤리에 관계되는 바이니, 적게 여기지 못할 것이다. 어찌 친영하는 예보다 조금 중할 뿐이겠는가? 이것은 정확히 보자면 이른바 한 치의 나무를 누각보다 높게 하며 한 갈고리의 금을 한 수레의 깃털보다 무겁게 하고자 하는 것이니, 어찌 그 평균을 얻은 것이겠는가?"

왕 응 지 왈 진 형 지 비 이 탈 지 식 즉 득 식 부 진 즉
1-7. 往應之曰 紾兄之臂而奪之食 則得食하고 不紾則
부 득 식 즉 장 진 지 호 유 동 가 장 이 루 기 처 자 즉
不得食이라도 則將紾之乎아 踰東家牆而摟其處子 則
득 처 불 루 즉 부 득 처 즉 장 루 지 호
得妻하고 不摟則不得妻라도 則將摟之乎아하라

| 언해 |

가 應ᄒᆞ야 ᄀᆞᆯ오ᄃᆡ 兄의 臂ᄅᆞᆯ 紾ᄒᆞ야 食을 奪ᄒᆞ면 食을 得ᄒᆞ고 紾티 아니ᄒᆞ면 食을 得디 몯ᄒᆞᆯᄯᅵ라도 곧 장ᄎᆞᆺ 紾ᄒᆞ랴 東家ㅅ 牆ᄋᆞᆯ

踰ᄒᆞ야 그 處子를 摟ᄒᆞ면 妻를 得ᄒᆞ고 摟티 아니ᄒᆞ면 妻를 得띠 몯홀띠라도 곧 쟝춧 摟ᄒᆞ랴 ᄒᆞ라

| 직역 |

"가서 응하여 말하기를, '형의 팔을 비틀어서 먹는 것을 빼앗으면 먹는 것을 얻고 비틀지 아니하면 먹는 것을 얻지 못할 지라도 곧 나가서 비틀 것인가? 동녘 집 담을 넘어서 그 처자를 끌어오면 아내를 얻고 끌어오지 않으면 아내를 얻지 못할 지라도 곧 나가서 끌어올 것인가?'라고 하라."

| 자해 |

紾 : 비트는 것. 음은 '진'. • 摟 : 이끄는 것. 음은 '루'. • 處子 : 처녀.

| 의해 |

"만일 각각 그 경중을 따라 이것과 저것을 아울러 들어 말하면, 자연히 예가 더욱 중한 것을 알 것이다. 네가 가서 대답하여 말하기를, '그대가 굶어 죽는 것으로써 생명을 무시한다고 하면 먹는 것이 진실로 중하나, 형을 공경하는 것이 또한 예의 중한 것이다. 형의 팔을 비틀어 먹는 것을 빼앗는 것은 곧 예에 있어 금지사항이다. 예를 범하면 곧 먹는 것을 얻어 살 것이고, 윤리를 좇으면 곧 먹는 것을 얻지 못하여 죽을 것이니, 이는 예도 중하고 먹는 것도 또한 중한 것이다. 그러면 곧 나아가 예를 범하여 형의 팔이라도 비틀 것인가? 나는 차라리 굶어 죽더라도 형의 먹는 것을 반드시 빼앗지 못할 것이니, 예가 먹는 것보다 중함이 어떠한가? 그대가 장가들지 못하는 것으로써 인륜을 폐한다 하면 색이 진실로 중하지만, 바른 예로써 서로 만나는 것이 더욱 예의 중한 것이다. 동녘 집 담을 넘어 그 처자를 끌어오는 것은 예에 있어 금지사항이다. 예를 범하면 아내를 얻고 예를 좇으면 아내를 얻지 못할 것이니, 이는 예도 중하고 색도 또한 중한 것이다. 그러면 곧

장차 예를 범하여 그 처자를 끌어올 것인가? 나는 차라리 후손이 없더라도 동녘 집 처자를 끌어오지 못할 것으로 아니, 예가 색보다 중하지 않은가?'라고 하라."

| 요지 |

이 장은 천리와 인욕을 분변(分辨)함에 마땅히 그 대체(大體)를 의논할 것이고, 한 편을 비교해서는 안 됨을 보인 것이다. 한 편을 비교하면 먹는 것과 색이 예보다 중할 때가 있고, 그 대체를 의논하면 예가 본래 식(食)과 색(色)보다 중한 것이다. '옥려자가 대답하지 못하여[屋廬子, 不能對]' 이전은 임나라 사람이 식과 색의 중한 것으로써 예의 가벼운 것을 비교하니, 예의 중함을 보지 못함이다. '그 근본을 헤아리지 아니하고[不揣其本]' 이후는 맹자가 예의 중한 것과 식과 색의 중한 것을 가지고, 중한 것을 포함하여 비교하였으니, 예가 더욱 중요한 것이 된다.

조교문왈 인개가이위요순 유저 맹
2-1. 曹交問曰 人皆可以爲堯舜이라하나니 有諸잇가 孟
자왈 연 교 문문왕 십척 탕 구척
子曰 然하다 交는 聞文王은 十尺이요 湯은 九尺이라호
금교 구척사촌이장 식속이이 하여즉
니 今交는 九尺四寸以長이로대 食粟而已로니 何如則
가
可잇고

| 언해 |

曹交ㅣ 묻ᄌᆞ와 ᄀᆞᆯ오ᄃᆡ 사ᄅᆞᆷ이 다 可히 ᄡᅥ 堯舜이 되리라 ᄒᆞᄂᆞ니 인ᄂᆞᆫ 니잇가 孟子ㅣ ᄀᆞᆯᄋᆞ샤ᄃᆡ 然ᄒᆞ다 交ᄂᆞᆫ 드로니 文王은 十尺이오 湯은 九尺이라 호니 이제 交ᄂᆞᆫ 九尺四寸이ᄡᅥ 長호ᄃᆡ 粟만 食

ᄒᆞᆯ ᄯᆞᄅᆞᆷ 이로니 엇디ᄒᆞ면 可ᄒᆞ니잇고

| 직역 |

조교가 물었다. "사람이 모두 요순이 될 수 있다고 하는데, 그런 일이 있습니까?" 맹자가 말하였다. "그러하다." "저는 들으니, '문왕은 10척이고, 탕은 9척이었다'고 합니다. 지금 저는 9척 4촌으로 키가 크지만, 곡식만 먹어댈 따름이니 어찌하면 되겠습니까?"

| 자해 |

曹交 : 조나라 임금의 아우.

| 의해 |

조교가 말했다. "요순은 옛날의 성인 임금으로, 사람이 미칠 수 있는 바가 아닙니다. 제가 들으니, 사람마다 모두 요순이 될 수 있다 하니, 이러한 이치가 있습니까?" 맹자가 말했다. "그러하다. 사람마다 실상 모두 요순이 될 수 있다."

조교가 말했다. "옛날에 요순이 될 만한 사람으로는 주문왕과 은나라 탕왕만한 사람이 없었습니다. 저는 들으니, 문왕은 키가 10척이고 은나라 탕왕은 키가 9척이었다고 하니, 모두 성인의 바탕입니다. 지금 저는 9척4촌이어서, 은나라 탕왕과 주나라 문왕처럼 커서 형체는 같으니, 요순이 될 수 있을 듯합니다. 그러나 다른 재능이 없고 다만 곡식만 먹어댈 뿐이니, 성인의 형체는 있으나 성인의 도는 얻지 못하고 있는 것입니다. 어떻게 하면 요순이 될 수 있겠습니까?"

왈 해유어시 역위지이이의 유인어차

2-2. 曰 奚有於是리오 亦爲之而已矣니라 有人於此하니

역 불 능 승 일 필 추 즉 위 무 력 인 의 금 왈 거 백 균
力不能勝一匹雛면 則爲無力人矣요 今曰 擧百鈞이면
즉 위 유 력 인 의 연 즉 거 오 확 지 임 시 역 위 오 확 이
則爲有力人矣니 然則擧烏獲之任이면 是亦爲烏獲而
이 의 부 인 기 이 불 승 위 환 재 불 위 이
已矣니 夫人은 豈以不勝爲患哉리오 弗爲耳니라

| 언해 |

ᄀᆞᆯᄋᆞ샤ᄃᆡ 엇디 이에 이시리오 ᄯᅩᄒᆞᆫ ᄒᆞᆯᄯᆞᄅᆞᆷ 이니라 人이 이에 이시니 力이 能히 ᄒᆞᆫ 匹雛ᄅᆞᆯ 勝티 몯ᄒᆞ면 곧 力이 업ᄉᆞᆫ 사ᄅᆞᆷ이 되고 이제 ᄀᆞᆯ오ᄃᆡ 百鈞을 擧ᄒᆞ노라 ᄒᆞ면 곧 力이 인ᄂᆞᆫ 사ᄅᆞᆷ이 되ᄂᆞ니 그러면 烏獲의 任을 擧ᄒᆞᆷ면 이 ᄯᅩᄒᆞᆫ 烏獲이 될 ᄯᆞᄅᆞᆷ이니 人은 엇디 勝티 몯ᄒᆞᆷ으로ᄡᅥ 患을 삼으리오 ᄒᆞ디 아닐ᄲᅮᆫ이니라

| 직역 |

맹자가 말하였다. "어찌 형체에 달려 있겠는가? 또한 하기에 달려 있을 뿐이다. 한 사람이 여기에 있는데 힘이 한 마리 새끼 오리도 이기지 못하면 곧 힘이 없는 사람이 되고, 이제 말하기를 백 균을 든다고 하면 곧 힘이 있는 사람이 된다. 그러면 오확의 짐을 들면 이 또한 오확이 될 따름이니, 사람이 어찌 이기지 못하는 것으로 근심을 삼겠는가? 하지 않을 뿐이다."

| 자해 |

匹 : 원래는 '필(鴄)' 자이니 오리임. '조(鳥)'를 생략하고 '필(匹)' 자만 씀. • 烏獲(확) : 예전에 힘이 센 사람이니, 천균을 들어 옮겼다고 함.

| 의해 |

맹자가 말하였다. "요순이 되는 것이 어찌 이 형체에 달려 있겠는가? 또한 용맹하게 나가서 하는 데 달려 있을 따름이다. 한 사람이 여기에 있다고 하자. 처음에는 힘을 쓰지 아니하여 힘이 한 마

리의 오리 새끼도 이기지 못하면 이는 힘이 없는 사람이지만, 이제 즐겨 힘을 써서 자임하여 '백 균을 든다'고 하면 이는 힘이 있는 사람이다. 이것은 사람으로서 힘이 있는지의 여부가 그 드는 짐이 어떠한가에 달려 있는 것이다. 그러므로 오확이 드는 짐을 들면 반드시 오확의 형체가 있지 않아도 또한 오확이 될 따름이니, 그 이기지 못하는 것을 근심할 것이 아니니다. 사람이 어찌 재질이 용렬하고 낮아서 요순의 일을 이기지 못한다고 근심하겠는가? 다만 자포자기하는 것을 달게 여겨서 두렵고 어려워하여 하지 않는 것이다."

서 행 후 장 자 위 지 제 질 행 선 장 자 위 지 부 제
2-3. 徐行後長者를 謂之弟요 疾行先長者를 謂之不弟
부 서 행 자 기 인 소 불 능 재 소 불 위 야 요 순 지
니 夫徐行者는 豈人所不能哉리오 所不爲也니 堯舜之
도 효 제 이 이 의
道는 孝弟而已矣니라

| 언해 |

徐히 行ᄒᆞ야 長者의게 後홈을 弟라 닐ᄋᆞ고 疾히 行ᄒᆞ야 長者의게 先홈을 不弟라 닐ᄋᆞᄂᆞ니 徐히 行홈은 엇디 人의 能티 몯 ᄒᆞᆯ 빼리오 ᄒᆞ디 아닌ᄂᆞᆫ배니 堯舜의 道는 孝弟ᄯᆞᄅᆞᆷ이니라

| 직역 |

"천천히 행하여 어른을 뒤따르는 것을 공손이라 이르고, 빨리 행하여 어른을 앞서가는 것을 공손하지 않다고 말한다. 천천히 행하는 것을 어찌 사람이 하지 못하는 것이겠는가? 하지 않는 것이니, 요순의 도는 효도와 공손일 따름이다."

| 의해 |

"또 요순이 되기가 어렵지 않으니, 어떻게 할 것인가? 천천히 가서 어른에 뒤서는 것을 공손이라 이르니, 어른과 어린이의 차서를 아는 것이다. 빨리 가서 어른보다 먼저 가는 것을 공손하지 않다고 이르니, 어른과 어린이의 차서를 알지 못하는 것이다. 천천히 가는 것이 어찌 어려워서 사람이 하지 못하는 것이겠는가? 다만 사람이 어른 섬기는 예를 소홀히 여겨 즐기지 않는 것이다. 천천히 가는 것은 공손함이니, 효성스러움도 이로부터 알 수 있다. 효도와 공손은 사람이 본래 알고 행할 수 있는 것이니, 행하면 성인의 성품을 다하는 일이 된다. 그러므로 고금의 성인이 지극한 자로는 반드시 요순을 일컬으니, 요순의 도가 또한 어찌 심히 높아서 행하기 어려운 일이겠는가? 또한 효도와 공손에서 벗어나지 않을 따름이다. 효도와 공손은 천성에 근본적으로 있는 것이고, 일상생활에서 항상 행할 것이다. 요순도 효도와 공손을 다하였을 뿐이니 어찌 더함이 있겠는가?"

자 복 요 지 복 송 요 지 언 행 요 지 행 시 요
2-4. 子服堯之服하며 誦堯之言하며 行堯之行이면 是堯
이 이 의 자 복 걸 지 복 송 걸 지 언 행 걸 지 행
而已矣요 子服桀之服하며 誦桀之言하며 行桀之行이면
시 걸 이 이 의
是桀而已矣니라

| 언해 |

子ㅣ 堯의 服을 服ᄒᆞ며 堯의 言을 誦ᄒᆞ며 堯의 行을 行ᄒᆞ면 이 堯일 ᄯᆞᄅᆞᆷ이오 子ㅣ 桀의 服을 服ᄒᆞ며 桀의 言을 誦ᄒᆞ며 桀의 行을 行ᄒᆞ면 이 桀일 ᄯᆞᄅᆞᆷ이니라

| 직역 |

"자네가 요의 옷을 입으며 요의 말을 외며 요의 행실을 행하면 요일 따름이고, 자네가 걸의 옷을 입으며 걸의 말을 외며 걸의 행실을 행하면 걸일 따름이다."

| 의해 |

"요순처럼 하기가 이미 어렵지 않으니, 행함은 나에게 있다. 그대가 과연 요임금의 옷을 입고 요임금의 말을 외고 요임금의 행동을 행하여 외모와 언어 동작에서 한결같이 효도와 공손을 따르면 요임금이 될 따름이다. 그대가 그렇지 않고 걸의 옷을 입고 걸의 말을 외고 걸의 행동을 행하여 외모와 언어 동작에서 효도와 공손을 따르지 않으면 걸이 될 따름이다. 요임금이 될 수 있으면 순임금도 될 수 있을 것이며, 요임금에서 벗어나면 걸에게로 돌아갈 것이다. 이것이 다 그대가 스스로 하기에 달려있는 것이다. 그러므로 '어찌 이 형체에 달려 있겠는가? 또한 하기에 달려있을 뿐이다'라고 하는 것이다."

> 왈 교득현어추군 가이가관 원류이수업
> 2-5. 曰 交得見於鄒君이면 可以假館이니 願留而受業
> 어문 왈 부도약대로연 기난지재 인병
> 於門하노이다 曰 夫道若大路然하니 豈難知哉리오 人病
> 불구이 자귀이구지 유여사
> 不求耳니 子歸而求之면 有餘師리라

| 언해 |

ᄀᆞᆯ오ᄃᆡ 交ㅣ 시러곰 鄒君ᄭᅴ 見ᄒᆞ면 可히ᄡᅧ 館을 假ᄒᆞ리니 願컨댄 留ᄒᆞ야 門에 業을 受호려 ᄒᆞ노이다. ᄀᆞᆯᄋᆞ샤ᄃᆡ 道ᄂᆞᆫ 大路ᄀᆞᄐᆞ니 엇디 알옴이 어려우리오 人이 求티 아니홈을 病ᄒᆞᄂᆞ니 子ㅣ 歸ᄒᆞ

야 求ᄒᆞ면 餘師ㅣ이시리라

| 직역 |

조교가 말하였다. "제가 추나라 임금을 뵈면 여관을 얻을 수 있을 것이니, 원하건대 머물러서 문하에서 수업을 하겠습니다." 맹자가 말하였다. "도는 큰 길 같으니, 어찌 알기 어렵겠는가? 사람이 구하지 않는 것이 병통일 뿐이니, 자네가 돌아가서 구하면 다른 스승이 있을 것이다."

| 의해 |

조교가 말을 듣고 기뻐하여 말하였다. "제가 추나라 임금과 이웃 나라의 의가 있으니, 추나라 임금을 뵈면 한 집을 빌릴 수 있을 것입니다. 원하건대 이에 머물러 선생님의 문하에서 수업하여 요순이 되는 가르침을 마치려 합니다."

◑ 맹자가 깨우쳐 말하였다. "그대가 집을 빌어서 수업을 받으려는 것은 요순의 도를 쉽게 알지 못할 것이라고 여겨 나를 스승으로 하여 도를 구하고자 함이다. 이는 '도'가 성품 안에 갖추어져 일상의 떳떳함에 나타남을 알지 못한 것이다. 비유하자면, 큰 길과 같아서 명백하게 드나들고 쉬워서 모든 사람이 한결같이 보는 바가 되니, 어찌 알기 어렵겠는가? 다만 사람이 스스로 도를 끊어 반드시 하고자 하는 뜻이 없어서 구하지 않는 것이 병통이다. 그대가 만일 돌아가서 부모를 섬기고 어른을 공경하는 사이에서 구하여, 내가 말한 효도와 공손의 도를 몸소 받들면 성품 가운데 온갖 이치가 다 갖추어질 것이다. 효도와 공손을 이미 다하면 모든 착한 것이 스스로 살아날 것이니, 몸이 가는 바를 따라 모두 이 도가 발현되는 것이다. 성품을 의지하여 행하면, 이것이 곧 스승이니 어디를 가든지 도가 아님이 없고 어디를 가든지 스승이 아님이 없을 것이니, 또한 다른 스승이 있지 않겠는가? 어찌 반드시 수업을 받겠는가?"

| 요지 |

이 장은 요순이 되는 것이 반드시 밖에서 구하지 아니할 것임을 보인 것이다. 위의 다섯 대문은 요순이 되는 도를 가지고 보인 것이고, 끝 대문은 마땅히 스스로 스승을 얻는 것을 가지고 보인 것이다.

공 손 추 문 왈 고 자 왈 소 반 소 인 지 시 야
3-1. 公孫丑問曰 高子曰 小弁은 小人之詩也라하더이다
맹 자 왈 하 이 언 지 왈 원
孟子曰 何以言之오 曰 怨이니이다

| 언해 |

公孫丑ㅣ 묻ᄌᆞ와 ᄀᆞᆯ오ᄃᆡ 高子ㅣ ᄀᆞᆯ오ᄃᆡ 小弁ᄋᆞᆫ 小人의 詩라 ᄒᆞ더이다. 孟子ㅣ ᄀᆞᆯᄋᆞ샤ᄃᆡ 엇디 뻐 닐ᄋᆞᄂᆞ뇨 ᄀᆞᆯ오ᄃᆡ 怨홈이니이다.

| 직역 |

공손추가 물었다. "고자가 말하기를, 「소반」은 소인의 시라고 합니다." 맹자가 말하였다. "무엇을 이르는가?" 공손추가 말하였다. "원망하였기 때문입니다".

| 자해 |

高子 : 제나라 사람. • 小弁 : 『시경』 「소아」 편의 이름. 주나라 유왕이 신후(申后)를 취하여 태자 의구(宜臼)를 낳고 또 포사(褒姒)를 얻어서 백복을 낳음에 신후를 내치고 의구를 폐하니, 의구의 스승이 「소반」의 시를 지어서 그 애통박절(哀痛迫切)한 뜻을 편 것.

| 의해 |

공손추가 물었다. "고자의 말이 「소반」의 시는 효자의 마음가짐

이 아니니, 소인의 시라 하였습니다." 맹자가 말하였다. "고자가 무엇에 의거하여 소인의 시라고 「소반」을 지목하던가?" 공손추가 말하였다. "고자가 말하기를, '시라고 하는 것은 온후하고 화평한 것이 귀중한데, 하물며 「소반」은 또 부자(父子) 사이에 관해 읊었음에랴? 이제 그 시를 읽으니, 다만 슬프고 원망함에 박절함을 볼 따름이다. 이것이 이른바 소인의 시이고, 군자가 혼후(渾厚)하게 지은 것은 아니다'라고 하였습니다."

왈 고재 고수지위시야 유인어차 월인
3-2. 曰 固哉라 高叟之爲詩也이 有人於此하니 越人이
만궁이석지 즉기담소이도지 무타 소지야
關弓而射之어든 則己談笑而道之는 無他라 疏之也요
기형 만궁이석지 즉기수체읍이도지 무타
其兄이 關弓而射之어든 則己垂涕泣而道之는 無他라
척지야 소반지원 친친야 친친 인야 고의부
戚之也니 小弁之怨은 親親也라 親親은 仁也니 固矣夫
고수지위시야
라 高叟之爲詩也여

| 언해 |

ᄀᆞᆯᄋᆞ샤ᄃᆡ 固ᄒᆞ다 高叟의 詩ᄅᆞᆯ ᄒᆞᆷ이여 人이 이에 이시니 越人이 弓ᄋᆞᆯ 關ᄒᆞ야 射ᄒᆞ거든 곧 己ㅣ 談笑ᄒᆞ고 道ᄒᆞᆷ은 他ㅣ 업ᄉᆞᆫ디라 疏ᄒᆞᆷ이오 그 兄이 弓ᄋᆞᆯ 關ᄒᆞ야 射ᄒᆞ거든 곧 己ㅣ 涕泣ᄋᆞᆯ 垂ᄒᆞ고 道ᄒᆞᆷᄋᆞᆫ 他ㅣ 업ᄉᆞᆫ디라 라 戚ᄒᆞᆷ이니 小弁의 怨ᄒᆞᆷ은 親ᄋᆞᆯ 親ᄒᆞᆷ이라 親을 親ᄒᆞᆷ은 仁이니 固ᄒᆞ다 高叟의 詩ᄅᆞᆯ ᄒᆞᆷ이여

| 직역 |

맹자가 말하였다. "고집스럽다. 고수가 시를 해석함이여! 한 사람이 여기에 있는데, 월나라 사람이 활을 당겨 쏘면 그가 웃으면서

말하는 것은 다른 까닭이 아니라 소원하기 때문이다. 그 형이 활을 당겨 쏘면 그가 눈물을 뿌리면서 말하는 것은 다른 까닭이 아니라 가깝기 때문이다. 「소반」의 원망함은 친한 이를 친하게 여기는 것이다. 친한 이를 친하게 여기는 것은 인이니, 고집스럽다. 고수가 시를 해석함이여!"

| 자해 |

關 : 당김. 음은 '만'. • 固 : 잡고 막히어 통하지 못함. • 爲 : 다스림[治]. • 越 : 오랑캐 나라 이름. • 道 : 말하다. • 親 : 가까이 하는 마음이니, 인의 표현임.

| 의해 |

맹자가 말하였다. "고집스럽다. 고수가 시를 해석함이여! 그 시를 원망한다고 말한 것은 진실로 그렇겠지만, 그 원망하는 것 때문에 드디어 '소인'이라고 하는 것은 잘못이다. 어찌하여 그런가? 「소반」의 원망은 마땅히 원망해야 할 바이기 때문이다. 비유하면 여기에 한 사람이 있어서, 월나라 사람이 활을 당겨 쏘고자 한다면 자기는 그 곁에서 말하고 웃으면서 그치기를 권하니, 이는 다른 것이 아니라 월나라 사람은 본래 나와 소원한 사이라 그렇게 하는 것이다. 웃으면서 말하는 것은 소원한 사람을 소원하게 대우하는 것이다. 이해가 달려있지 않기 때문에 말이 심히 간절하지 않은 것이다. 만일 그 형이 활을 당겨 쏘고자 하면 자기는 그 곁에서 울며 그치기를 권하니, 이는 다른 것이 아니라 형은 뿌리인 친척이기 때문이다. 울며 말하는 것은 친한 이를 친하게 여기는 것이다.

그러므로 통절하게 말하여 망녕되게 사람을 죽여서 죄에 빠질까 두려워하는 것이다. 「소반」은 아들이 변고에 처한 것이 형이 활을 당겨 사람을 쏘고자 하는 데에 비할 뿐이 아니다. 「소반」의 시는 애통하고 박절하여 그 어버이의 마음이 감동하여 깨닫기를 바란 것이다. 바로 눈물을 흘리며 말하는 뜻이니, 이에 친한 이를 친하게 여기는 정서이다. 친한 이를 친하게 여기는 것은 바로 천성의 인을 드러냄이니, 인이 어찌 소인의 도이겠는가? 고집스럽다. 고수가 시를 해석함이여!"

3-3. 曰 凱風은 何以不怨이잇고 曰 凱風은 親之過小者也요 小弁은 親之過大者也니 親之過大而不怨이면 是는 愈疏也오 親之過小而怨이면 是는 不可磯也니 愈疏도 不孝也오 不可磯도 亦不孝也니라

| 언해 |

ᄀᆞᆯ오ᄃᆡ 凱風ᄋᆞᆫ 엇디 뻐 怨티 아니 ᄒᆞ니잇고 ᄀᆞᆯᄋᆞ샤ᄃᆡ 凱風은 親의 過ㅣ 小ᄒᆞᆫ이오 小弁은 親의 過ㅣ 大ᄒᆞᆫ이니 親의 過ㅣ 大호ᄃᆡ 怨티 아니ᄒᆞ면 이ᄂᆞᆫ 더옥 疏홈이오 親의 過ㅣ 小호ᄃᆡ 怨ᄒᆞ면 이ᄂᆞᆫ 可히 磯티 몯홈이니 더옥 疏홈도 孝ㅣ아니오 可히 磯티 몯홈도 ᄯᅩᄒᆞᆫ 孝ㅣ아니니라

| 직역 |

공손추가 말하였다. "「개풍」은 어찌하여 원망하지 않았습니까?" 맹자가 말하였다. "「개풍」은 어버이의 허물이 적은 것이고, 「소반」은 어버이의 허물이 큰 것이다. 어버이의 허물이 큰데도 원망하지 않으면 더욱 소원해지고, 어버이의 허물이 적은데도 원망하면 다가가지 못한다. 더욱 소원해지는 것도 효가 아니고 다가가지 못하는 것도 또한 효가 아니다."

| 자해 |

凱風 : 『시경』「패풍(邶風)」의 편 이름. 위나라의 일곱 아들을 둔 어머니가 있어서 그 집에 편안히 있을 수 없으므로 일곱 아들이 시를 지어서 스스로 책한 것임. • 磯 : 물이 돌에 격동함. 불가기(不可磯)는 조금 격동하여 갑작스레 노여워할까 하는 것임.

| 의해 |

공손추가 말하였다. "「소반」은 진실로 다땅히 원망하여야 할 것이겠지만, 『시경』의 「개풍」에 그 어미를 만난 것이 「소반」에 그 아비를 만난 것과 같은데, 어찌하여 원망하지 않았습니까? 「개풍」의 원망이 반드시 그르지 않으면, 「소반」의 원망이 반드시 옳지 않을 것입니다."

◑ 맹자가 말하였다. "「개풍」과 「소반」을 어찌 같이 의론할 수 있겠는가? 「개풍」은 어버이의 허물이 적은 것이다. 어미가 그 집에서 편안하지 못하니, 그 절개를 잃은 허물이 다만 한 몸에 있다. 「소반」은 어버이의 허물이 큰 것이다. 참소하는 말을 믿고 덕을 폐하여 그 위태로운 화가 장차 종묘와 사직에 미칠 것이다. 어버이의 허물이 큰 것을 원망하지 않으면 이는 어버이가 이미 나를 폐하는데 참는 것이다. 부자의 정이 이미 박한데, 내가 이에 그 어버이 보기를 길 지나는 사람과 같이 하면 부자의 정이 더욱 박하지 않겠는가? 이것을 일러 더욱 소원하다고 할 것이다. 어버이의 허물이 적은데 원망하면, 이것은 어버이가 바야흐로 불행히 허물이 있는데, 내가 드디어 분연히 노함으로써 잇는 것이다. 물이 돌에 조금 부딪쳐 문득 부르짖어 일어나는 것과 같으니, 이것을 이르러 다가가지 못할 것이라고 한다. 더욱 성기면 어버이를 잊어버리는 마음이 있는 것이다. 이것이 불효이니 이는 「소반」에서 원망한 까닭이다. 다가가지 못하면 어버이에게 노한 마음을 품는 것이다. 또한 불효이니 이는 「개풍」에서 원망하지 않은 까닭이다. 그 원망하고 원망하지 않은 것이 각각 마땅한 바가 있는

데, 어찌 한 가지 예로써 말할 수 있겠는가?"

공자왈 순 기지효의 오십이모
3-4. 孔子曰 舜은 其至孝矣신저 五十而慕라하시니라

| 언해 |

孔子ㅣ ᄀᆞᆯᄋᆞ샤ᄃᆡ 舜ᄋᆞᆫ 그 지극ᄒᆞᆫ 孝ㅣ 신뎌 五十 이도록 慕타 ᄒᆞ시니라

| 직역 |

"공자 말하기를, '순은 지극한 효가 있어 오십이 되도록 사모하였다'고 하였다."

| 의해 |

"공자가 일찍이 말하였다. '순은 그 효의 지극함이 나이 오십에 그 어버이에게 사랑함을 얻지 못했어도 사모함을 잊어버리지 않았다.' 이것은 순이 그때 하늘을 부르며 부르짖어 우시고 원망하여 사모하시는 정이 이에 효도가 된 까닭이다. 어찌 「소반」에서 원망한 것을 불효라고 하겠는가? 이미 인(仁)하고 또 효도하였는데, 소인의 시라고 지목할 수 있겠는가?"

| 요지 |

이 장은 '인'·'효' 두 글자로 주장을 삼았다. 고자는 원망한데서 소인이라고 의심하였고, 맹자는 원망한 데서 '인'·'효'를 보았다. 위의 두 대문은 묻는 것을 인하여 비유를 빌어서 「소반」 시의 인을 보인 것이고, 끝의 세 대문은 의심한 것을 가지고 종류를 비유하여 「소반」 시의 효를 보인 것이다. 이것은 다 「소반」 시가 원망

으로 인을 이루어서, 진실로 원망하지 않을 수 없는 것이 순이 원모(怨慕)한 것과 같으니, 어찌 소인의 시라고 말하겠는가?

송경 장지초 맹자우어석구 왈 선생
4-1. 宋牼이 將之楚러니 孟子遇於石丘하시다 曰 先生은
장하지 왈 오문진초구병 아장현초왕 세이
將何之오 曰 吾聞秦楚構兵하니 我將見楚王하야 說而
파지 초왕 불열 아장현진왕 세이파지
罷之하대 楚王이 不悅이어든 我將見秦王하야 說而罷之
이왕 아장유소우언
호리니 二王에 我將有所遇焉이리라

| 언해 |

宋牼이 장ᄎᆞᆺ 楚에 가더니 孟子ㅣ 石丘에 遇ᄒᆞ시다 ᄀᆞᆯᄋᆞ샤ᄃᆡ 先生ᄋᆞᆫ 장ᄎᆞᆺ 어ᄃᆡ 가ᄂᆞ뇨 ᄀᆞᆯ오ᄃᆡ 내 秦楚ㅣ 兵ᄋᆞᆯ 構홈을 들오니 내 장ᄎᆞᆺ 楚王ᄋᆞᆯ 보와 說ᄒᆞ야 罷ᄒᆞᄃᆡ 楚王이 悅티 아니ᄒᆞ거든 내 장ᄎᆞᆺ 秦王ᄋᆞᆯ 보와 說ᄒᆞ야 罷호리니 二王애 내 장ᄎᆞᆺ 遇홀 빠 이시리라

| 직역 |

송경이 장차 초나라에 가려고 하였는데, 맹자가 석구에서 그를 만났다. 맹자가 말하였다. "선생은 장차 어디에 가려고 하십니까?" 송경이 말하였다. "나는 진나라와 초나라가 전쟁을 하려고 한다는 말을 들었습니다. 나는 초나라 왕을 보고 달래서 파하게 하려고 합니다. 초나라 왕이 기뻐하지 않으면 나는 장차 진나라 왕을 보고 달래서 파하게 할 것입니다. 두 왕 가운데 내가 장차 합치될 바가 있을 것입니다."

| 자해 |

宋牼 : 사람이름 송(宋)은 성이고 경(牼)은 이름. • 石丘 : 땅이름. • 先生 :

학사(學士)의 나이 많은 자. • 遇 : 합함.

| 의해 |

당시에 각국을 달래기 위하여 돌아다니며 노닐던 선비 송경이 장차 초나라로 가려고 하는데, 맹자가 마침 석구 땅에서 그를 만났다.

맹자가 물어 말하였다. "선생은 장차 어느 나라로 가시렵니까?" 송경이 말하였다. "내가 들으니, 진나라와 초나라 두 나라가 군사를 일으켜서 서로 친다고 합니다. 내가 이제 남으로 가 초나라 왕을 만나 달래어 그 군사를 헤쳐서 서쪽으로 향하여 진나라를 치지 않게 하려고 합니다. 혹 초나라 왕이 내 말을 기뻐하지 아니하거든, 내가 장차 서쪽으로 가 진나라 왕을 만나 달래어 그 군사를 헤쳐서 남으로 향하여 초나라를 치지 않게 할 것입니다. 초나라 왕과 뜻이 합하지 못하면 반드시 진나라 왕과 뜻이 합할 것이니, 두 임금 가운데 한 사람은 나와 장차 뜻이 합할 것입니다."

왈 가 야 청 무 문 기 상 원 문 기 지 세 지 장
4-2. 曰 軻也는 請無問其詳이오 願聞其指하노니 說之將
여 하 왈 아 장 언 기 불 리 야 왈 선 생 지 지 즉 대 의
如何오 曰 我將言其不利也호리라 曰 先生之志則大矣
선 생 지 호 즉 불 가
어니와 先生之號則不可하다

| 언해 |

ᄀᆞᆯᄋᆞ샤ᄃᆡ 軻ᄂᆞᆫ 請컨댄 그 詳ᄋᆞᆯ 묻디말오 願컨댄 그 指ᄅᆞᆯ 듣고쟈 ᄒᆞ노니 說홈을 낟ᄎᆞᆺ 엇디 ᄒᆞ료 ᄀᆞᆯ오ᄃᆡ 내 쟝ᄎᆞᆺ 그 利티 아니홈을 닐오리라 ᄀᆞᆯᄋᆞ샤ᄃᆡ 先生의 志ᄂᆞᆫ 크거니와 先生의 號ᄂᆞᆫ 可티 아니ᄒᆞ다

| 직역 |

맹자가 말하였다. "나는 청하건대 그 자서함을 묻지 않고, 원하건대 그 뜻을 듣고자 하니, 달래기를 장차 어찌 하려고 합니까?" 송경이 말하였다. "내가 장차 그 이롭지 아니함을 말할 것입니다." 맹자가 말하였다. "선생의 뜻은 크지만, 선생의 구호는 가능하지 않을 것입니다."

| 의해 |

맹자가 말하였다. "나는 우연히 만났으니, 청하건대 두 나라를 달래려 하는 자세한 말은 물을 것이 없고, 원하건대 두 나라를 달래려 하는 큰 뜻을 듣고자 합니다. 선생이 달래려 하는 바가 장차 어떤 것입니까?"
송경이 말하였다. "내가 장차 그 군사를 연합하고 화(禍)를 맺으면 백성이 피곤하고 재물이 궁핍한 해르움을 말하여 그 이롭지 못한 것을 알게 하여 스스로 그 군사를 그치도록 하게 할 것입니다."
이에 맹자가 말하였다. "이러한 전쟁이 요란한 때에 이르러 선생의 뜻이 군사를 혜쳐 버리고 백성을 쉬게 하여 천하를 편안하게 하는데 있으니 훌륭하다고 하겠습니다. 그러나 선생이 군사를 일으키는 것이 이롭지 않다고 하면, 그것은 이익으로 군사를 혜쳐 버리는 명목을 삼는 것이니, 불가능한 점이 있습니다."

선생 이리 세진초지왕 진초지왕 열어
4-3. 先生이 以利로 說秦楚之王이면 秦楚之王이 悅於
리 이파삼군지사 시 삼군지사락파이열
利하야 以罷三軍之師하리니 是는 三軍之師樂罷而悅
어리야 위인신자회리이사기군 위인자자회리
於利也라 爲人臣者懷利以事其君하며 爲人子者懷利

이 사 기 부　　위 인 제 자 회 리 이 사 기 형　　시　　군 신
以事其父하며 爲人弟者懷利以事其兄이면 是는 君臣
부 자 형 제 종 거 인 의　　회 리 이 상 접　　연 이 불 망 자
父子兄弟終去仁義하고 懷利以相接이니 然而不亡者
미 지 유 야　　선 생　　이 인 의　　세 진 초 지 왕　　진 초
未之有也니라 先生이 以仁義로 說秦楚之王이면 秦楚
지 왕　　열 어 인 의　　이 파 삼 군 지 사　　시　　삼 군
之王이 悅於仁義하야 而罷三軍之師하리니 是는 三軍
지 사 락 파 이 열 어 인 의 야　　위 인 신 자 회 인 의 이 사 기 군
之士樂罷而悅於仁義也라 爲人臣者懷仁義以事其君
위 인 자 자 회 인 의 이 사 기 부　　위 인 제 자 회 인 의
하며 爲人子者懷仁義以事其父하며 爲人弟者懷仁義
이 사 기 형　　시　　군 신 부 자 형 제 거 리　　회 인 의 이
以事其兄이면 是는 君臣父子兄弟去利하고 懷仁義以
상 접 야　　연 이 불 왕 자 미 지 유 야　　하 필 왈　　리
相接也니 然而不王者未之有也니 何必曰 利리오

| 언해 |

先生이 利로써 秦楚ㅅ 王을 說ᄒᆞ면 秦楚ㅅ 王이 利에 悅ᄒᆞ야 써 三軍ㅅ 師를 罷ᄒᆞ리니 이ᄂᆞᆫ 三軍ㅅ 師ㅣ 罷홈을 樂ᄒᆞ야 利예 悅홈이라 人臣이되연ᄂᆞᆫ者ㅣ 利를 懷ᄒᆞ야써 그 君을 事ᄒᆞ며 人子ㅣ 되연ᄂᆞᆫ 者ㅣ 利를 懷ᄒᆞ야써 그 父를 事ᄒᆞ며 人弟ㅣ 되연ᄂᆞᆫ 者ㅣ 利를 懷ᄒᆞ야써 그 兄을 事ᄒᆞ면 이ᄂᆞᆫ 君臣과 父子와 兄弟ㅣ ᄆᆞᄎᆞᆷ내 仁義를 去ᄒᆞ고 利를 懷ᄒᆞ야써 서ᄅᆞ 接홈이니 그러코 亡티 아닐 者ㅣ 잇디 아니ᄒᆞ니라 先生이 仁義로써 秦楚ㅅ 王을 說ᄒᆞ면 秦楚ㅅ 王이 仁義예 悅ᄒᆞ야 三軍ㅅ 師를 罷ᄒᆞ리니 이ᄂᆞᆫ 三軍ㅅ 師ㅣ 罷홈을 樂ᄒᆞ야 仁義예 悅홈이라 人臣이 되연ᄂᆞᆫ 者ㅣ 仁義를 懷ᄒᆞ야써 그 君을 事ᄒᆞ며 人子ㅣ 되연ᄂᆞᆫ 者ㅣ 仁義를 懷ᄒᆞ야써 그 父를 事ᄒᆞ며 人弟되연ᄂᆞᆫ 者ㅣ 仁義를 懷ᄒᆞ야써 그 兄을 事ᄒᆞ면 이ᄂᆞᆫ 君臣과 父子와 兄弟ㅣ 利를 去ᄒᆞ고 仁義를 懷ᄒᆞ야써 서ᄅᆞ 接홈이니 그러코 王티 아닐 者ㅣ 잇디 아니ᄒᆞ니 엇디 반ᄃᆞ시 利를 니ᄅᆞ리오

| 직역 |

"선생이 이익으로 진나라와 초나라의 왕을 달래면 진나라와 초나라의 왕이 이익을 기뻐하면서 삼군의 군사를 파할 것이니, 이는 삼군의 군사를 파하는 것을 즐겨하고 이익을 기뻐하는 것입니다. 사람의 신하 된 자가 이익을 품고서 그 임금을 섬기며, 사람의 아들 된 자가 이익을 품고서 그 아비를 섬기며, 사람의 아우 된 자가 이익을 품고서 그 형을 섬기면, 이는 군신과 부자와 형제가 마침내 인(仁)과 의(義)를 버리고 이익을 생각하여 서로 접하는 것이니, 그렇게 하고서 망하지 않은 자가 있지 않습니다. 선생이 인과 의로써 진나라와 초나라의 왕을 달래면 진나라와 초나라의 왕이 인과 의를 기뻐하면서 삼군의 군사를 파할 것이니, 이는 삼군의 군사가 파하는 것을 즐겨하고 인과 의를 기뻐하는 것입니다. 사람의 신하 된 자가 인과 의를 품고서 그 임금을 섬기며, 사람의 아들 된 자가 인과 의를 품고서 그 아비를 섬기며, 사람의 아우 된 자가 인과 의를 품고서 그 형을 섬기면, 이는 군신과 부자와 형제가 이익을 버리고 인과 의를 품고서 서로 접하는 것이니, 그렇게 하고서 왕 노릇 하지 않는 자가 있지 않을 것입니다. 어찌 반드시 이익을 일컫겠습니까?"

| 의해 |

"무엇으로써 이익을 따지는 것이 불가함을 볼 것입니까? 선생이 이익으로 진나라와 초나라의 임금을 달래어 '군사를 그치면 이롭고 군사를 일으키면 이롭지 않다'고 하면, 이로 말미암아 진나라와 초나라의 임금이 모두 이로울 수 있다는 말에 기뻐하여 삼군의 군사를 파하여 장수와 군사를 불러서 그칠 것입니다. 장교로부터 졸병에 이르기까지 삼군의 군사가 다 파하는 것을 즐거워하고 이익을 꾀하는 것을 기뻐할 것이니, '이익'이라는 이름이 한번 일어나면 사람의 마음이 다만 이익이 좋다는 것을 알 것입니다. 그러면 남의 신하 된 자가 이익을 생각하는 마음으로 그 임금을

섬길 것이니, 관망하는 바가 있어서 충성을 다하지 않을 것입니다. 남의 아들 된 자가 이익을 생각하는 마음으로 그 아비를 섬기고, 남의 아우 된 자가 이익을 생각하는 마음으로 그 형을 섬길 것이니, 바라는 바가 있어서 효도를 다하고 공경을 다하지 아니할 것입니다. 이렇게 되면 나라의 모든 군신과 부자와 형제가 마침내 인과 의를 버리고 다만 이익만 생각하여 서로 대할 것입니다. 나는 두려워하건대 이익을 보면 다투고 이익을 잃으면 원망하여 친하고 사랑하는 뜻은 없어지고 죽이고 빼앗는 화가 일어날 것이니, 그러고서도 나라를 망하게 하지 아니할 자는 있지 않습니다. 이익의 재앙이 이와 같은데, 어찌 이익으로써 명분을 삼아 달래려고 할 것입니까?

이익을 이미 명분으로 삼아서는 안 된다면, 마땅히 무엇으로 달랠 것입니까? 물론 인과 의만 있을 뿐입니다. 선생이 만일 인과 의로써 진나라와 초나라의 왕을 달래어, 백성에게 화를 끼치는 것이 인이 아니고, 제도를 지나치는 것이 의가 아니니, 전쟁이 할 수 있는 것이 아닌 줄을 알게 하면, 진나라와 초나라의 왕이 각각 떳떳한 것을 잡은 양심이 동하여 선생의 인의의 말을 기뻐하여 삼군의 군사를 파하고 그칠 것입니다. 삼군의 군사가 모두 파함을 즐겨하여 인과 의에 기뻐할 것이니, 인과 의의 이름이 한번 일어나면 사람의 마음이 다 인과 의가 좋다는 것을 알 것입니다. 그러면 남의 신하된 자가 인과 의의 마음을 품고서 그 임금을 섬길 것이니, 다만 도리에 마땅히 충성할 것을 알아서 자기 한 몸의 부귀를 꾀하지 아니할 것입니다. 남의 아들 된 자가 인과 의의 마음을 품고서 그 아비를 섬기고, 남의 아우 된 자가 인과 의의 마음을 품고서 그 형을 섬길 것이니, 다만 도리에 마땅히 효도하고 공경해야 할 것을 알아서 자기 한 몸의 이익을 도모하지 않을 것입니다. 이렇게 되면 나라의 모든 군신과 부자와 형제가 이익을 버리고 인과 의의 마음을 품고서 서로 대할 것입니다. 그렇게 되면 내가 보건대 임금은 충신을 두고 아비는 효자를 두고 형은 공경하는 아우를 두어서, 온 나라에 한결같이 임금을 높이고 윗사람을 친애하는 정성과 어버이를 사랑하고 어른을 공경하는 생각이 있을 것이니, 사람의 마음이 이미 바르면 나라의 형체가 자연 떨치게 될 것입니다. 그러고서도 천하에 왕 노릇하지 않을 자 있지 아니하니, 인과 의가 복(福)을 짓는 것이 이와 같습니다. 선생은 이러한 명분을 가지고 가야 하는데, 어찌 반드시 이익을 들먹거리는 것입니까?"

| 요지 |

이 장은 맹자가 송경이 유세하여 달래는 것을 가지고 엄하게 의와 이익의 경계를 보인 것이다. 인과 의는 맹자의 평생 큰 본령이니, 자질구레하게 책사(策士)와 더불어 진나라와 초나라의 임금 달래는 것을 의논한 것은 아니다.

맹 자 거 추 계 임 위 임 처 수 이 폐 교
5-1. 孟子居鄒하실새 季任이 爲任處守러니 以幣交한대
수 지 이 불 보 처 어 평 륙 저 자 위 상 이
受之而不報하시고 處於平陸하실새 儲子爲相이러니 以
폐 교 수 지 이 불 보
幣交한대 受之而不報하시다

| 언해 |

孟子ㅣ 鄒에 居ᄒᆞ실ᄊᆡ 季任이 任을 爲ᄒᆞ야 處守ᄒᆞ얏더니 幣로ᄡᅥ 交ᄒᆞᆫ대 受ᄒᆞ고 報디 아니 ᄒᆞ시고 平陸에 處ᄒᆞ실ᄊᆡ 儲子ㅣ 相이 되얏더니 幣로ᄡᅥ 交ᄒᆞᆫ대 受ᄒᆞ고 報티 아니 ᄒᆞ시다

| 직역 |

맹자가 추에 있을 때 계임이 임나라를 위하여 처하여 지켰는데,

폐백으로 사귀고자 하자 받고 갚지 않고, 평륙에 있을 때 저자가 정승이 되었는데, 폐백으로 사귀고자 하자 받고 갚지 않았다.

| 자해 |

季任 : 임나라 임금의 아우. • 爲任處守 : 임나라 임금이 이웃나라에 갔을 때에 계임이 그 나라를 위하여 지킨 것. • 儲子 : 제ㄴ라 정승. • 不報 : 와서 보면 마땅히 보답할 것인데 다만 폐백으로써 사귄 까닭에 보답하지 아니함.

| 의해 |

맹자가 추나라에 있을 때, 임나라 임금의 아우 계임이 임금을 위하여 그 나라를 지키고 있었는데, 폐백을 추나라에 보내어 맹자와 사귀고자 하자, 맹자가 받고 갚지 않았다. 또 제나라 평륙에 있을 때, 저자가 제나라 정승이 되었는데, 또한 폐백을 평륙에 보내어 맹자와 사귀고자 하자, 맹자가 또한 받고 갚지 않았다. 맹자가 폐백 받기를 같이 한 것이 이와 같다.

타 일 유 추 지 임 견 계 자 유 평 륙 지 제
5-2. 他日에 由鄒之任하사 見季子하시고 由平陸之齊하
불 견 저 자 옥 려 자 희 왈 연 득 간 의
사 不見儲子하신대 屋廬子喜曰 連이 得間矣와라

| 언해 |

他日애 鄒로 말믹암아 任애 가샤 季子를 보시고 平陸으로 말믹암아 齊예 가샤 儲子를 보디 아니ᄒᆞ신대 屋廬子ㅣ 喜ᄒᆞ야 ᄀᆞᆯ오ᄃᆡ 連이 間을 得ᄒᆞ과라

| 직역 |

다른 날에 추로부터 임나라에 가서 계자를 보고, 평륙으로부터 제나라에 가서 저자를 보지 않았다. 옥려자가 기뻐하여 말하였다. "내가 물어볼 틈을 얻었다."

| 자해 |

連 : 옥려자(屋廬子)의 이름. • 得間 : 틈을 얻음.

| 의해 |

다른 날에 맹자가 추나라로부터 임나라에 가서 계자를 봄으로써 그 예를 갚고, 평륙으로부터 제나라에 가서 저자를 보지 아니하여 마침내 갚지 않았다. 옥려자가 기뻐하여 말하였다. "그 폐백을 받으신 것은 다 같은데, 그 갚은 것은 다르니, 성현이 이렇게 하신 것이 반드시 의리가 있을 것이다. 내가 물어 볼 틈을 얻었다."

문 왈 부 자 지 임 견 계 자 지 제 불 견 저
5-3. 問曰 夫子之任하사 見季子하시고 之齊하사 不見儲
자 위 기 위 상 여
子하시니 爲其爲相與잇가

| 언해 |

묻ᄌᆞ와 ᄀᆞᆯ오ᄃᆡ 夫子ㅣ 任에 가샤 季子ᄅᆞᆯ 보시고 齊예 가샤 儲子ᄅᆞᆯ 보디 아니 ᄒᆞ시니 그 相이 되야심을 爲ᄒᆞ애 시니잇가

| 직역 |

옥려자가 물었다. "선생님께서 임나라에 가서 계자를 보시고 제나라에 가서는 저자를 보지 아니하시니, 그가 정승이 되었기 때

문입니까?"

| 의해 |

옥려자가 맹자에게 물어 말하였다. "계자와 저자가 같이 폐백으로써 선생님과 교제하였는데, 선생님께서 임에 가셔서는 계자를 보시고, 제에 가셔서는 저자를 보지 않으셨습니다. 아마도 저자는 다만 제나라 정승이 되었기 때문에 계자가 임금의 지위를 대신하여 지킨 것만 같지 못한 것이라서 가볍게 여기신 것입니까? 아니라면 어찌하여 교제는 같은데 갚으신 것은 다릅니까?"

왈 비 야 서 왈 향 다 의 의 불 급 물
5-4. 曰 非也라 書에 曰 享은 多儀하니 儀不及物이면
왈 불 향 유 불 역 지 우 향 위 기 불 성 향 야
曰 不享이니 惟不役志于享이라하니 爲其不成享也니라
옥 려 자 열 혹 문 지 옥 려 자 왈 계 자 부 득
屋廬子悅이어늘 或이 問之한대 屋廬子曰季子는 不得
지 추 저 자 득 지 평 륙
之鄒요 儲子는 得之平陸일새니라

| 언해 |

ᄀᆞᆯᄋᆞ샤ᄃᆡ 아니라 書애 ᄀᆞᆯ오ᄃᆡ 享은 儀ㅣ 하니 儀ㅣ 物에 及디 몯ᄒᆞ면 ᄀᆞᆯ온 享이 아니니 志ᄅᆞᆯ 享애 役디 아니 ᄒᆞᆯ씨라 ᄒᆞ니 그 享을 成티 몯 ᄒᆞᆷ을 爲ᄒᆞ야애니라 屋廬子ㅣ 悅ᄒᆞ거ᄂᆞᆯ 或이 무ᄅᆞᆫ대 屋廬子ㅣ ᄀᆞᆯ오ᄃᆡ 季子ᄂᆞᆫ 시러곰 鄒에 가디 몯 ᄒᆞᆯ ᄭᅥ시오 儲子ᄂᆞᆫ 시러곰 平陸에 갈ᄭᅥ실 ᄊᆡ니라

| 직역 |

맹자가 말하였다. "아니다. 『서』에 말하기를, '윗사람을 받드는 것은 예가 많은데, 예가 물품에 미치지 못하면 윗사람을 받드는

것이 아니니, 뜻을 윗사람을 받드는 것에 쓰지 않았기 때문이다' 라고 하였으니, 윗사람을 받드는 것을 이루지 못했기 때문이었다." 옥려자가 기뻐하자, 어떤 사람이 물으니, 옥려자가 말하였다. "계자는 추나라에 갈 수 없었고, 저자는 평륙에 갈 수 있었기 때문이다."

| 자해 |

書 : 「주서(周書) · 낙고(洛誥)」. • 享 : 윗 사람을 받드는 것. • 儀 : 예. • 物 : 폐백. • 役 : 씀.

| 의해 |

맹자가 말하였다. "내가 보지 않은 것은 저자가 정승이 되었기 때문에 보지 않은 것이 아니다. 『서경』에 말하기를, '윗사람을 받드는 것은 예의 뜻이 후한 것이 귀중하다. 만일 물품은 여유로우나 예의 뜻이 부족하면 이는 예가 물품에 미치지 못한 것이다. 그것은 받드는 것이 아니니, 오직 다만 그 물품으로만 받들고 뜻을 받드는데 쓰지 않은 까닭이다'라고 하니, 『서경』의 말이 이와 같다. 『서경』의 뜻은 대개 사람을 받드는 예는 반드시 먼저 뜻을 정성스럽게 한 후에 폐백을 갖추면 근본도 있고 문채도 있어서 바야흐로 받드는 예를 이룬다는 것이다. 만일 뜻을 받드는데 쓰지 않고 다만 물품으로 받드는 것을 삼으면, 이것은 특별히 헛된 표현이고 근본이 없는 것이니, 어찌 받드는 예를 이루겠는가? 그 받드는 예를 이루지 못한 것이다. 그러므로 '받드는 것이 아니다'라고 하니, 그대가 또한 내가 저자를 보지 않은 이유를 알 것이다." ◑ 옥려자가 맹자가 저자를 보지 않은 이유를 듣고 기뻐하자, 어떤 사람이 알지 못하고 물었다. "폐백으로써 교제한 것이 동일한데 어찌 받드는 예를 이루고 이루지 못한 구별이 있겠는가?" 옥려자가 깨우쳐 말하였다. "계자는 임나라를 위하여 지키고 있으니 추나라에 가지 못할 것이고, 저자는 제나라의 정승이 되었으니

평륙에 갈 수 있었다. 추나라에 올 수가 없어 오지 못한 것은 일의 상황이 그러했던 것이다. 그 폐백으로써 교제한 것에 대해 군자가 이미 그 뜻을 받드는 예에 쓴 줄 알았다. 그러므로 '받드는 예를 이루었다'고 한 것이다. 평륙에 올 수 있는데 오지 않은 것은 예에 소홀한 것이다. 한갓 폐백으로써 교제한 것에 대해 군자가 이미 그 뜻을 받드는 예에 쓰지 않은 줄 알았다. 그러므로 '받드는 예를 이루지 못하였다'고 한 것이다. 군자가 보는 것과 보지 않는 것이 한결 같이 예의 뜻에 가볍고 무거움을 보아서 나의 의를 행할 따름이다."

| 요지 |

이 장은 맹자가 갚고 베풂에 마땅함을 보인 것이다. 하나는 보고 하나는 보지 않은 것은 다만 처하여 지킨 상황에 있으니, 묻고 대답한 것은 다 저자를 보지 않은데 중요성을 두고 있다.

순우곤 왈 선명실자 위인야 후명실자 자
6-1. 淳于髡이 曰 先名實者는 爲人也요 後名實者는 自
위야 부자재삼경지중 명실 미가어상하이거
爲也니 夫子在三卿之中하사 名實이 未加於上下而去
지 인자 고여차호
之하시니 仁者도 固如此乎잇가

| 언해 |

淳于髡이 ᄀᆞᆯ오ᄃᆡ 名實을 先ᄒᆞᄂᆞᆫ 者ᄂᆞᆫ 人을 爲홈이오 名實을 後ᄒᆞᄂᆞᆫ 者ᄂᆞᆫ 스ᄉᆞ로 爲홈이니 夫子ㅣ 三卿ㅅ 中애 겨샤 名實이 上下의 加티 몯ᄒᆞ야셔 去ᄒᆞ시니 仁者도 진실로 이러ᄐᆞᆺ ᄒᆞ니잇가

| 직역 |

순우곤이 말하였다. "명예와 공적을 앞세우는 것은 다른 사람을 위한 것이고 명예와 공적을 뒤로 하는 것은 스스로를 위한 것입니다. 선생님께서 삼경의 가운데에 계셨는데, 명예와 공적이 상하에 더하지 못하여서 가시니, 인한 자도 진실로 이와 같습니까?"

| 자해 |

名 : 성예(聲譽). • 實 : 사공(事功).

| 의해 |

순우곤이 말하였다. "군자가 세상에 처하는 것이 나가고 처하는 두 가지 뿐입니다. 명예와 공적을 급급해 하는 자는 뜻이 세상을 다스리고 백성을 건지는데 있으니 다른 사람을 위하는 것이고, 명예와 공적을 천천히 도모할 것이라고 하는 자는 뜻이 그 몸만을 착하게 하는데 있으니, 스스로를 위하는 것입니다. 이제 선생님께서 삼경 가운데 계시니, 이는 뜻이 다른 사람을 위하는 데 있는 것이 명확합니다. 이에 위로는 임금을 이루어 준 것이 없고 아래로는 백성에게 덕택이 없어서, 명예과 공적을 위아래에 더하지 못하고 공연히 가시니, 다른 사람을 위하는 뜻을 이루지 못한 것입니다. 시대를 구제하고자 하다가 시대를 구제하지 못하니, 인한 자도 진실로 이와 같습니까?"

맹자왈 거하위 불이현사불초자 백이야
6-2. 孟子曰 居下位하야 不以賢事不肖者는 伯夷也요
오취탕 오취걸자 이윤야 불오오군 불사
五就湯하며 五就桀者는 伊尹也요 不惡汙君하며 不辭
소관자 유하혜야 삼자자부동도 기추 일야
小官者는 柳下惠也니 三子者不同道하나 其趨는 一也

니 一者(일자)는 何(하)也(야)오 曰(왈) 仁(인)也(야)라 君子(군자)는 亦仁而已矣(역인이이의)니 何(하)必同(필동)이리오

| 언해 |

孟子ㅣ ᄀᆞᆯᄋᆞ샤ᄃᆡ 下位에 居ᄒᆞ야 賢으로써 不肖를 事티 아니ᄒᆞᆫ 者ᄂᆞᆫ 伯夷오 다ᄉᆞᆺ적 湯의게 就ᄒᆞ며 다ᄉᆞᆺ적 桀의게 就ᄒᆞᆫ 者ᄂᆞᆫ 伊尹이오 汚君을 惡티 아니ᄒᆞ며 小官을 辭티 아니ᄒᆞᆫ 者ᄂᆞᆫ 柳下惠니 三子ㅣ 道ㅣ同티 아니ᄒᆞ나 그 趨ᄂᆞᆫ ᄒᆞᆫ가지니 ᄒᆞᆫ가지믄 엇디오 ᄀᆞᆯ온 仁이라 君子ᄂᆞᆫ ᄯᅩᄒᆞᆫ 仁일 ᄯᆞᄅᆞᆷ이니 엇디 ᄇᆞᆫᄃᆞ시 同ᄒᆞ리오

| 직역 |

맹자가 말하였다. "아래 자리에 거하여 어진 것으로써 불초함을 섬기지 않은 자는 백이고, 다섯 번 탕에게 나가며 다섯 번 걸에게 나간 자는 이윤이고, 더러운 임금을 미워하지 않으며 적은 벼슬을 사양하지 않은 자는 유하혜이다. 세 명은 도가 같지 않지만, 그 취향은 한 가지이니, 한 가지는 무엇인가? 말하자면 '인'이다. 군자는 또한 인일 따름이니, 어찌 반드시 같겠는가?"

| 자해 |

仁 : 사사로운 마음이 없고 천리에 합함.

| 의해 |

맹자가 말하였다. "그대는 어찌 거취의 자취로써 인을 의논하는가? 또 옛사람으로써 말하면, 자취가 스스로를 위하는데 가까운 사람이 있으니, 사(士)와 서인(庶人)의 아래 자리에 거하여 내 몸의 어진 것으로 다른 사람의 불초함을 섬기지 않고 떠나가는 것을 한결같이 한 자는 백이이다. 또 자취가 다른 사람을 위하는데

가까운 사람이 있으니, 폐백으로 맞이하는데 감동하여 탕에게 나갔다가 탕이 걸에게 나가게 하여, 이와 같이 하기를 다섯 차례를 하다가 마침내 탕에게로 돌아와서, 나가는 것을 한결같이 한 자는 이윤이다. 또 자취가 다른 사람도 위하고 자기도 위하는데 가까운 사람이 있으니, 더러운 임금을 미워하지 않고 섬기며 자그마한 벼슬을 사양하지 않고 하여, 그 자취가 떠나가고 나가는 사이에 있는 자는 유하혜이다. 이 세 사람이 혹은 떠나가고 혹은 나오고 혹은 떠나갔다가 또 나오니, 그 도는 같지 않지만 그 자취는 한 가지이다. 한 가지라고 하는 것은 무엇인가? '인'이다. 백이가 떠나간 것은 그것을 명예로 삼은 것이 아니라 천하가 도가 없어서 멀리 떠나간 것이니, 그 마음에 진실로 사사로움이 없고 그 떠나가는 것이 천리에 합한 것이다. 유하혜가 떠나가지 아니한 것은 녹(祿)을 탐한 것이 아니라, 나감에 어진 것을 숨기지 않고 반드시 그 도로써 하되 삼공(三公)으로써 그 절개와 결백을 바꾸지 않으니, 그 마음에 또한 사사로움이 있는 것이 아니라 그 떠나가고 나오는 것이 또한 천리에 합한 것이다. 이윤이 탕에게 나온 것은 탕이 맞이함에 감동하여 도로써 백성을 깨닫게 하고자 한 것이고, 걸에게 나온 것은 탕이 나가도록 해서 그렇게 한 것이니, 그가 개과천선(改過遷善)하기를 바란 것이다. 마침내 탕에게로 돌아온 것은 걸이 잘못을 뉘우치지 않고 탕에게는 나갈 만했기 때문이고, 또한 이록(利祿)을 위한 것이 아니니, 그 마음에 일찍부터 사사로움이 없었을 것이다. 그 나온 것이 또한 천리에 합한 것이다. 그렇다면 군자가 천하에 나올 만하면 나오는 것이니, 진실로 뜻이 다른 사람을 위하는데 있는 것이 아니다. 떠나갈 만하면 떠나가는 것이니, 또한 뜻이 자기를 위하는데 있는 것이 아니다. 다만 그 마음에 사사로움이 없고 일이 천리에 합함을 구할 따름이니, 떠나가고 나오는 자취가 어찌 반드시 같겠는가?"

왈 노목공지시 공의자위정 자류자사위신
6-3. 曰 魯繆公之時에 公儀子爲政하고 子柳子思爲臣
노지삭야자심 약시호현자지무익어국야
이로대 魯之削也滋甚하니 若是乎賢者之無益於國也여

| 언해 |

ᄀᆞᆯ오ᄃᆡ 魯繆公ㅅ 時예 公儀子ㅣ 政을 ᄒᆞ고 子柳와 子思ㅣ 臣이 되야쇼ᄃᆡ 魯의 削ᄒᆞ욤이 더옥 甚ᄒᆞ니 이러ᄐᆞ시 賢者의 國에 益홈이 업슴이여

| 직역 |

순우곤이 말하였다. "노나라 목공 때에 공의자가 정사를 하고 자류와 자사가 신하가 되었으나, 노나라가 땅을 빼앗긴 것이 더욱 심하니, 이와 같이 어진 자가 나라에 유익함이 없음이여!"

| 자해 |

公儀子 : 이름은 휴(休)이니, 노나라의 정승. • 子柳 : 설류(泄柳)며 노나라 사람. • 削 : 땅이 침탈됨.

| 의해 |

순우곤이 말하기를, "노나라 목공 때에 공의휴가 정사를 잡은 경이 되고, 자류와 자사 두 사람이 사부 벼슬의 신하가 되어서, 모든 어진이가 노나라에 있었으니, 마땅히 노나라가 날마다 강해져야 했습니다. 그런데 노나라가 약한 것을 구원하지 못하여 그 토지를 다른 나라에 빼앗긴 것이 날마다 더욱 심하였으니, 이같이 어진 사람이 나라에 유익함이 없음이여!"라고 하였다. 순우곤이 노나라의 어진 신하를 빌려서, 맹자가 비록 제나라를 버리지 않더라도, 반드시 제나라에 유익이 없을 것이라고 비웃은 것이다.

왈 우불용백리해이망 진목공 용지이패
6-4. 曰 虞不用百里奚而亡하고 秦穆公이 用之而霸하니
불용현즉망 삭 하가득여
不用賢則亡이니 削을 何可得與리오

| 언해 |

ᄀᆞᆯᄋᆞ샤ᄃᆡ 虞ㅣ 百里奚ᄅᆞᆯ 用티 아니ᄒᆞ야 亡ᄒᆞ고 秦穆公이 用ᄒᆞ야 霸ᄒᆞ니 賢을 用티 아니ᄒᆞ면 亡ᄒᆞᄂᆞ니 削을 엇디 可히 得ᄒᆞ리오

| 직역 |

맹자가 말하였다. "우나라가 백리해를 쓰지 않아서 망하고, 진나라 목공이 써서 패자가 되었다. 어진 이를 쓰지 않으면 망할 것이니, 땅을 빼앗기는데서 그치겠는가?"

| 의해 |

맹자가 말하였다. "그대가 백리해를 아느냐? 우나라가 진나라의 뇌물을 탐내어 백리해를 쓰지 못해서 나라가 망하는데 이르렀고, 진나라는 목공이 그를 등용하여 드디어 패업을 이루었다. 백리해가 어찌 우나라에서는 어리석고 진나라에서는 지혜가 있었겠는가? 곧 쓰고 쓰지 않았던 차이이다. 이로부터 보면 어진 이를 쓰지 않으면 나라가 망하는데 이를 것이다. 비록 땅을 빼앗기는 정도에서 그치고자 하더라도 할 수 없을 것이다. 노나라가 망하지 않고 다만 땅을 빼앗기는데 그친 것은 오히려 세 어진이가 있기 때문이다. 어찌 나라에 유익함이 없다고 말할 것인가?"

왈 석자 왕표처어기 이하서선구 면구처어
6-5. 曰 昔者예 王豹處於淇 而河西善謳하고 綿駒處於
고당 이제우선가 화주기량지처 선곡기부이변
高唐 而齊右善歌하고 華周杞梁之妻 善哭其夫而變
국속 유저내 필형제외 의기사이무기공
國俗하니 有諸內면 必形諸外하나니 爲其事而無其功
자 곤 미상도지야 시고 무현자야 유즉곤
者를 髡이 未嘗睹之也로니 是故로 無賢者也니 有則髡
필식지
必識之니이다

| 언해 |

ᄀᆞᆯ오ᄃᆡ 녜 王豹ㅣ 淇예 處ᄒᆞ욤애 河西ㅣ 謳롤 善히 ᄒᆞ고 綿駒ㅣ 高唐애 處ᄒᆞ욤애 齊右ㅣ 歌롤 善히 ᄒᆞ고 華周와 杞梁의 妻ㅣ 그 夫롤 善히 哭ᄒᆞ욤애 國俗을 變ᄒᆞ니 內예 이시면 반ᄃᆞ시 外예 形ᄒᆞᄂᆞ니 그 事롤 하고 그 功이 업ᄉᆞᆫ 者를 髡이 일쯕 보디 몯하연노니 이런 故로 賢ᄒᆞᆫ 者ㅣ 업ᄉᆞ니 이시면 髡이 반ᄃᆞ시 알리이다.

| 직역 |

순우곤이 말하였다. "옛날에 왕표가 기수 가에 거처하자 하서 지역이 노래를 잘하였고, 면구가 고당에 거처하자 제나라 동쪽 지역이 노래를 잘하였고, 화주와 기량의 처가 남편에 대한 곡을 잘하자 나라 풍속이 변하였습니다. 안에 있으면 반드시 밖에 드러나니, 일을 하고서 공이 없는 자를 제가 일찌이 보지 못하였습니다. 그러므로 드러난 자가 없으니, 있으면 제가 반드시 알 것입니다."

| 자해 |

王豹 : 위나라 사람으로 노래를 잘하였음. • 淇 : 물 이름. • 綿駒 : 제나라 사람으로 노래를 잘하는 자. • 高唐 : 제나라 서쪽의 고을. • 華周 · 杞梁 : 모두

제나라 신하로서 거땅에서 싸우다가 죽었음. 아내가 울기를 서럽게 하니, 나라 풍속이 다 변화되어 다 울기를 잘했다고 함.

| 의해 |

순우곤이 말하였다. "예전에 노래를 잘하는 왕표가 위나라 기수 땅에 거처함에 하서 지역이 다 교화되어 노래를 잘하였고, 노래를 잘하는 면구가 제나라 고당 땅에 거처함에 제나라 동쪽이 다 교화되어 노래를 잘하였고, 화주와 기량은 제나라의 두 대부로 싸우다가 죽었는데, 그 아내가 울기를 서럽게 하니, 나라 풍속이 교화되어 다 부부의 정을 도탑게 하였습니다. 한 지아비와 한 지어미의 노래와 우는 것도 오히려 풍속을 바꿀 수 있는데, 하물며 어진 자이겠습니까? 재주와 꾀가 속에 쌓이면 이름과 실상이 밖에 드러나니, 일을 함에 이미 재주가 있으면 반드시 성공하는 것을 볼 수 있을 것입니다. 재주가 있으면서도 일을 하여 볼 만한 성공이 없는 것은 제가 일찍이 보지 못하였습니다. 이런 이유로 지금 세상을 당하여 어진 자가 없으므로 공을 볼 것이 없는 것입니다. 만일 어진가자 있으면 공도 세울 수 있을 것이고 일도 이룰 수 있어서 이름과 실상이 위아래에 더하여 제가 반드시 알 것입니다. 공이 없으면서 어진 자의 이름을 얻으니, 이것은 제가 알지 못할 바입니다."

왈 공자위노사구 불용 종이제 번육
6-6. 曰 孔子爲魯司寇러시니 不用하고 從而祭에 燔肉이
부지 불탈면이행 부지자 이위위육야
不至어늘 不稅冕而行하시니 不知者는 以爲爲肉也라하
기지자 이위위무례야 내공자즉욕이미죄
고 其知者는 以爲爲無禮也라하니 乃孔子則欲以微罪
행 불욕위구거 군자지소위 중인 고불
行하사 不欲爲苟去하시니 君子之所爲를 衆人이 固不

식 야
識也니라

| 언해 |

골ᄋᆞ샤ᄃᆡ 孔子ㅣ 魯ㅅ 司寇ㅣ 되여 겨시더니 用티 아니ᄒᆞ고 조초 祭홈애 燔肉이 至티 아니 ᄒᆞ거놀 冕을 稅티 아니ᄒᆞ고 行ᄒᆞ시니 아디 몯ᄒᆞᄂᆞᆫ 者ᄂᆞᆫ ᄡᅧ 肉을 爲ᄒᆞ시다 ᄒᆞ고 그 아노라 ᄒᆞᄂᆞᆫ 者ᄂᆞᆫ ᄡᅧ 禮ㅣ 업슴을 爲ᄒᆞ시다 ᄒᆞ니 孔子ᄂᆞᆫ 則微ᄒᆞᆫ 罪로ᄡᅧ 行코져ᄒᆞ샤 苟去ᄒᆞ고져 아니ᄒᆞ시니 君子의 ᄒᆞᄂᆞᆫ바를 衆人이 진실로 아니 몯ᄒᆞᄂᆞ니라

| 직역 |

맹자가 말하였다. "공자가 노나라 사구가 되었는데, 쓰이지 아니하고 따라서 제사한 후에 제사에 쓴 고기가 이르지 아니하자 관을 벗지 않고 떠났다. 알지 못하는 자는 고기 대문이었다고 하고, 아는 자는 예가 없었기 때문이라고 하였다. 공자는 작은 허물을 탓하여 떠나고자 하고, 구차하게 가고자 하지 않았다. 군자가 하는 바를 보통사람이 진실로 알지 못하는 것이다."

| 자해 |

稅 : 벗는 것이니, '탈(脫)' 자와 같음.

| 의해 |

맹자가 말하였다. "어진 자의 공적은 보기 쉬우나 마음 쓰는 것은 또한 쉽게 엿볼 수 없을 것이다. 공자는 큰 성인이다. 노나라 사구가 되었으니, 어찌 명예와 공적이 더해지지 못하고 떠나가는 것을 원하였겠는가? 그러나 임금과 정승이 계집과 음악에 빠져 그 도를 쓰지 않는데 어떻게 하겠는가? 이 때에 공자의 마음이 이미 가기로 결단하였으나, 차마 즉시 가지 못하였다. 그 후에 나

라에 제사하는 일이 있자 공자가 노나라 임금을 따라 제사에 참여하였다. 예에 의하면 제사가 끝난 후 마땅히 대부에게 제사에 쓴 고기를 보내야 하는데, 제사에 쓴 고기가 또 이르지 아니하니, 공자가 이에 제사를 마친 후에 곧 떠나가서 제사 때에 쓰신 관도 벗을 겨를이 없었다. 그때를 당하여 공자의 뜻을 알지 못하는 자는 진실로 공자가 제사에 쓴 고기가 이르지 않았기 때문에 간 것이라 하며, 또 공자의 뜻을 안다고 하는 자는 제사에 쓴 고기를 주지 아니하여, 대부를 대접하는 예를 잃었기 때문에 공자가 예가 없는 것을 이유로 간 것이라고 하였다. 그러나 모두 공자의 마음을 깊이 알지 못하는 자이다. 공자의 마음은 곧 임금과 정승의 작은 허물을 탓하여 가고자 한 것이고, 즐겨 그 여자 악사를 받은 큰 허물을 나타내려 하지 않은 것이다. 또 아무 이유 없이 구차히 가고자 하지 않아서, 제사에 쓴 고기가 이르지 않음을 이유로 하여 간 것이다. 기미를 보아 밝게 결단하고 뜻을 충후하게 쓴 것을 어떻게 알 수 있었겠는가? 이로부터 보면 군자가 하는 일이 정이 깊고 식견이 원대하여 형상과 자취 밖에 뛰어나니, 여러 사람이 진실로 알지 못할 것이다. 자네가 어찌 가볍게 어진 사람을 헤아릴 것인가?"

| 요지 |

이 장은 마음 '심(心)'과 자취 '적(迹)' 두 글자로 말을 세운 것이다. 순우곤이 맹자를 의심한 것은 그 형적(形迹)이고, 맹자가 스스로 믿은 것은 마음이다. 이 문장 안에서 어질 '인(仁)'자가 주장이 되고, 현명할 '현(賢)'자는 어질 '인'자 가운데서 따라 나온 것이다. 그때 맹자가 제나라를 버린 이유를 밝게 말하고자 않았으니, 그 충후한 마음이 바로 공자가 제사에 쓴 고기를 핑계로 떠난 일과 더불어 같은 마음이다. 이것이 이른바 인이다.

맹자왈 오패자 삼왕지죄인야 금지제후 오
7-1. 孟子曰 五覇者는 三王之罪人也요 今之諸侯는 五
패지죄인야 금지대부 금지제후지죄인야
覇之罪人也요 今之大夫는 今之諸侯之罪人也니라

| 언해 |

孟子ㅣ ᄀᆞᆯᄋᆞ샤ᄃᆡ 五覇ᄂᆞᆫ 三王의 罪人이오 이젯 諸侯ᄂᆞᆫ 五覇의 罪人이오 이젯 태우ᄂᆞᆫ 이젯 諸侯의 罪人이니라

| 직역 |

맹자가 말하였다. "오패는 삼왕의 죄인이고, 지금의 제후는 오패의 죄인이고, 지금의 대부는 지금의 제후의 죄인이다."

| 자해 |

五覇 : 제환공(齊桓公)·진문공(晉文公)·진목공(秦穆公)·송양공(宋襄公)·초장왕(楚莊王). ∙三王 : 하우(夏禹)·은탕(殷湯)·주문왕(周文王)과 무왕(武王).

| 의해 |

맹자가 말하였다. "세상의 도가 날마다 땅에 떨어져 임금과 신하의 사이에 도가 없다. 오패 같은 자는 왕실을 높이고 나라를 안정시키는 것으로 명분을 삼으니, 삼왕에게 공이 있다고 일컬을 듯하나 실상은 삼왕의 죄인이다. 만일 삼왕으로 하여금 다시 일어나게 한다면, 반드시 용서하지 않을 것이다. 지금의 제후는 모두 오패가 하던 바를 하려고 하니, 오패의 자취를 따르는 것 같으나, 실상은 오패의 죄인이다. 만일 오패로 하여금 다시 일어나게 한다면 반드시 용서하지 않을 것이다. 지금의 대부는 나라를 부유하게 하고 군사를 강하게 하니, 제후에게 공이 있는 듯하나 실상은 지금의 제후의 죄인이다. 만일 지금의 제후들이 과연 깨달을

수 있다면 하루도 조정에 용납할 수 없게 할 것이다."

천 자 적 제 후 왈 순 수 제 후 조 어 천 자 왈 술 직
7-2. 天子適諸侯曰 巡狩요 諸侯朝於天子曰 述職이니
춘 성 경 이 보 부 족 추 성 렴 이 조 불 급 입 기 강
春省耕而補不足하며 秋省斂而助不給하노니 入其疆하
토 지 벽 전 야 치 양 로 존 현 준 걸 재 위
니 土地辟하며 田野治하며 養老尊賢하며 俊傑이 在位
즉 유 경 경 이 지 입 기 강 토 지 황 무 유 로
則有慶이니 慶以地하고 入其疆하니 土地荒蕪하며 遺老
실 현 부 극 재 위 즉 유 양 일 부 조 즉 폄 기 작
失賢하며 掊克이 在位則有讓이니 一不朝則貶其爵하고
재 부 조 즉 삭 기 지 삼 부 조 즉 육 사 이 지 시
再不朝則削其地하고 三不朝則六師로 移之하나니 是
고 천 자 토 이 불 벌 제 후 벌 이 불 토 오
故로 天子는 討而不伐하고 諸侯는 伐而不討하나니 五
패 자 누 제 후 이 벌 제 후 자 야 고 왈 오 패 자
霸者는 摟諸侯하야 以伐諸侯者也라 故로 曰 五霸者는
삼 왕 지 죄 인 야
三王之罪人也니라

| 언해 |

天子ㅣ 諸侯의게 適ᄒᆞ욤을 ᄀᆞᆯ온 巡狩ㅣ오 諸侯ㅣ 天子ᄭᅴ 朝ᄒᆞᆷ을 ᄀᆞᆯ온 述職이니 春에 耕을 省ᄒᆞ야 不足을 補ᄒᆞ며 秋에 斂을 省ᄒᆞ야 不給을 助ᄒᆞ노니 그 疆애 入ᄒᆞ니 土地ㅣ 辟ᄒᆞ며 田野ㅣ 治ᄒᆞ며 老ᄅᆞᆯ 養ᄒᆞ며 賢을 尊ᄒᆞ며 俊傑이 位예 이시면 慶이 인ᄂᆞ니 慶호ᄃᆡ 地로ᄡᅧ ᄒᆞ고 그 疆에 入ᄒᆞ니 土地ㅣ 荒蕪ᄒᆞ며 老ᄅᆞᆯ 遺ᄒᆞ며 賢을 失ᄒᆞ며 掊克이 位예 이시면 讓이 인ᄂᆞ니 ᄒᆞᆫ적 朝티 아니면 그 爵을 貶ᄒᆞ고 두적 朝티 아니면 그 地ᄅᆞᆯ 削ᄒᆞ고 세적 朝티 아니면 六師로 移ᄒᆞᄂᆞ니 이런 故로 天子ᄂᆞᆫ 討ᄒᆞ고 伐티 아니ᄒᆞ고

諸侯는 伐ᄒᆞ고 討티 몯 ᄒᆞᄂᆞ니 五霸는 諸侯를 摟ᄒᆞ야 뻐 諸侯를 伐ᄒᆞ는 者ㅣ라 故로 ᄀᆞᆯ오ᄃᆡ 五霸는 三王의 罪人이니라

| 직역 |

"천자가 제후에게 가는 것은 순수라고 하고 제후가 천자에게 조회하는 것을 술직이라고 한다. 봄에 논밭을 가는 것을 살펴 충분하지 않은 것을 보조하며, 가을에 거두는 것을 살펴 넉넉하지 못한 것을 도와준다. 그 지경에 들어가서 토지가 개간되며 밭과 들이 경작되며 늙은이를 기르며 어진 이를 높이며 뛰어난 사람이 지위에 있으면 상이 있으니, 땅으로 상을 준다. 그 지경에 들어가서 토지가 황폐하며 늙은이를 버리고 어진 이를 잃으며 착취하는 자들이 지위에 있으면 꾸짖음이 있으니, 한번 조회하지 않으면 그 벼슬을 떨어뜨리고, 두 번 조회하지 않으면 그 땅을 깎고, 세 번 조회하지 않으면 육사로 그를 옮긴다. 이런 까닭에 천자는 성토하고 정벌하지 않고, 제후는 정벌하고 성토하지 못한다. 오패는 제후를 이끌어서 제후를 치는 자이므로 말하기를, '오패는 삼왕의 죄인이다'라고 하는 것이다."

| 자해 |

辟 : '열 벽(闢)'자와 같음. • 慶 : 상주는 것이니, 그 땅을 더하여 상주는 것. • 掊克 : 모으고 거둠. • 讓 : 꾸짖음. • 討 : 명을 내어 그 죄를 치는 것이니, 방백(方伯)과 연수(連帥)로 하여금 제후를 거느리고 치게 하는 것. • 伐 : 천자의 명을 받들어 그 죄를 성명하여 치는 것. • 摟 : 이끄는 것.

| 의해 |

"무엇으로 오패가 삼왕의 죄인이라는 것을 알 수 있는가? 저 삼왕의 세상에서는 천자가 혹 오 년 혹 십이 년에 한 번 제후의 나라에 가니, 이것을 '순수'라고 하며 제후는 오 년에 한 번 천자의 조정에 조회를 하니, 이것을 '술직'이라고 한다. 때가 봄이 되면 천자가 수도 부근 백성이 밭가는 것을 살펴서 부족한 것이 있으면

보조하고, 제후도 또한 각기 그 나라 경내의 밭가는 것을 살핀다. 때가 가을이 되면 천자가 수도 부근 백성이 거두는 것을 살펴서 넉넉하지 못함이 있으면 보조하고, 제후도 또한 각각 그 나라 경내의 밭가는 것을 살핀다. '순수'라는 것은 천자가 제후 나라 지경에 들어가서 보는 것이다. 볼 때에, 그 개간하지 못하였던 토지가 다 개간되고, 이미 곡식이 익은 논밭이 다 다스려지고, 늙은 사람을 길러서 얼고 굶주림이 없고, 어진 사람을 높여서 덕 있는 것을 중히 하고, 뛰어난 사람이 벼슬에 있어서 인재를 거두어 써서 백가지 벼슬이 정돈됨을 보면, 이것은 그 나라가 다스려진 것이다. 천자가 토지를 나누고 인민에게 나누어 준 부탁을 저버림이 없는 것이니, 상을 주어서 권장하는 뜻을 보인다. 상을 주는 것은 무엇인가? 토지로 상을 주어서 그 나라 토지를 더하게 한다. 만일 그 지경에 들어가서 볼 때에, 토지가 황폐하여 개간하지도 않고 정리하지도 않았으며, 늙은 사람을 버려서 기르지 못하고, 어진 사람을 폐하여 높이지 못하며, 재물을 거두고 모으는 신하가 벼슬에 있는 것을 보면, 이것은 그 나라를 다스리지 못한 것이다. 천자의 토지를 나누고 인민에 나누어 준 부탁을 저버린 것이니, 꾸짖어서 징계를 하고 벌주는 뜻을 보인다. 제후의 술직이 일정한 기한이 있으니, 만일 한번 조회하지 않으면 그 작위를 떨어뜨려서 공은 후(候)가 되게 하고 후는 백(伯)이 되게 하고 백은 자(子)와 남(男)이 되게 하며, 두 번 조회하지 않으면 토지를 삭탈하니 100리는 70리가 되게 하고 70리는 50리가 되게 하며, 세 번 조회를 하지 않으면 패악이 이미 극진하므로 천자는 여섯 군대를 명하여 그 임금을 옮겨 버린다. 삼왕의 제도가 이와 같다. 이로써 보면 상과 벌의 권세를 천자가 가지고 천하의 제후는 감히 멋대로 명을 받들지 않는 자가 없는 것이다. 이런 까닭에 천자는 지존한 자리에 손을 잡고 앉아서 다만 명령을 내려 죄인을 치게 하고, 몸소 쳐서 지존한 위엄을 손상하지 않으며, 제후는 다만 천자의 명을 받들어 세 군대를 들어서 죄 있는 자를 치고, 감히 멋대로 군사를 일으켜서 큰 권세를 침해하지 못한다. 이것이 삼왕의 법이다. 오패와 같은 자는 천자의 명이 없이 제후를 이끌어 자기를 배반한 제후를 친다. 어디서 명이 내렸으며 어디서 명을 받들었는가? 명분은 비록 정벌한다고 하였으나 실상은 성토와 같으니, 이것은 오패가 삼왕이 정벌하고 성토하는 법을 어긴 것이며, 삼왕이 상벌하는 법을 어긴 것을 알 수 있다. 어찌 신하로서 임금이 행할 일을 분수를 어기고 하여 왕법에 죄를 얻은 것이 아니겠는가? 그러므로 '오패는 삼왕의 죄인이다'라고 한 것이다."

오패 환공 위성 규구지회 제후속생
7-3. 五覇에 桓公이 爲盛하더니 葵丘之會에 諸侯束牲
재서이불삽혈 초명왈 주불효 무역수자
載書而不歃血하고 初命曰 誅不孝하고 無易樹子하며
무이첩위처 재명왈 존현육재 이창유덕
無以妾爲妻라하고 再命曰 尊賢育才하여 以彰有德이라
삼명왈 경로자유 무망빈려 사명왈 사
하고 三命曰 敬老慈幼하며 無忘賓旅라하고 四命曰 士
무세관 관사무섭 취사필득 무전살대부
無世官하며 官事無攝하며 取士必得하며 無專殺大夫라
오명왈 무곡방 무알적 무유봉이불고
하고 五命曰 無曲防하며 無遏糴하며 無有封而不告라하
왈 범아동맹지인 기맹지후 언귀우호 금
고 曰 凡我同盟之人은 旣盟之後에 言歸于好라하니 今
지제후개범차오금 고 왈 금지제후 오패지
之諸侯皆犯此五禁하나니 故로 曰 今之諸侯는 五覇之
죄인야
罪人也니라

| 언해 |

五覇예 桓公이 盛ᄒᆞ더니 葵丘ㅅ 會예 諸侯ㅣ 牲을 束ᄒᆞ고 書ᄅᆞᆯ

載ᄒᆞ고 血을 歃디 아니ᄒᆞ고 처엄의 命ᄒᆞ야 ᄀᆞᆯ오ᄃᆡ 不孝ᄅᆞᆯ 誅ᄒᆞ며 樹ᄒᆞᆫ 子ᄅᆞᆯ 易디 말며 妾으로ᄡᅥ 妻ᄅᆞᆯ 삼디 말라ᄒᆞ고 둘째 命ᄒᆞ야 ᄀᆞᆯ오ᄃᆡ 賢을 尊ᄒᆞ며 才ᄅᆞᆯ 育ᄒᆞ야 ᄡᅥ 有德을 彰ᄒᆞ라ᄒᆞ고 셋재 命ᄒᆞ야 ᄀᆞᆯ오ᄃᆡ 老ᄅᆞᆯ 敬ᄒᆞ며 幼ᄅᆞᆯ 慈ᄒᆞ며 賓旅ᄅᆞᆯ 忘티 말라ᄒᆞ고 넷재 命ᄒᆞ야 ᄀᆞᆯ오ᄃᆡ 士ᄅᆞᆯ 世로 官티 말며 官事ᄅᆞᆯ 攝디 말며 士ᄅᆞᆯ 取홈애 반ᄃᆞ시 得ᄒᆞ며 태우ᄅᆞᆯ 專殺티 말라ᄒᆞ고 다ᄉᆞᆺ재 命ᄒᆞ야 ᄀᆞᆯ오ᄃᆡ 防을 曲히 말며 糴을 遏티 말며 封홈이 잇고 告티 아니티 말라ᄒᆞ고 ᄀᆞᆯ오ᄃᆡ 믈읫 同盟ᄒᆞᄂᆞᆫ 人은 이믜 盟ᄒᆞᆫ 後에 好애 歸홀띠라ᄒᆞ니 이젯 諸侯ㅣ 다 이 五禁을 犯ᄒᆞᄂᆞ니 故로 ᄀᆞᆯ오ᄃᆡ 이젯 諸侯ᄂᆞᆫ 五霸의 罪人也이니라

| 직역 |

"오패 가운데 환공이 강성하더니, 규구의 회맹에서 제후가 희생을 묶어 글을 싣고, 피를 찍어 입에 바르지 아니하고, 첫 번째 명하여 말하기를, '불효자를 버리며, 세운 아들을 바꾸지 말며, 첩으로 처를 삼지 말라'고 하고, 두 번째 명하여 말하기를, '어진 이를 높이며 재주 있는 이를 길러서 덕이 있는 이를 표창하라'고 하고, 세 번째 명하여 말하기를, '늙은이를 공경하며 어린이를 사랑하며 손님과 나그네를 잊지 말라'고 하고, 네 번째 명하여 말하기를, '선비를 대대로 벼슬하게 하지 말며, 벼슬 일을 겸직하지 말며, 선비를 취함에 반드시 합당하며, 대부를 마음대로 죽이지 말라'고 하고, 다섯 번째 명하여 말하기를, '제방을 굽히지 말며, 곡식의 이동을 막지 말며, 봉하고서 고하지 않는 일이 없도록 하라'고 하였다. 또 말하기를, '우리 한 가지로 맹서하는 사람은 이미 맹서한 뒤에 우호로 돌아갈 것이다'라고 하였다. 지금 제후가 다 이 다섯 가지 금한 것을 범하니, 그러므로 지금의 제후는 오패의 죄인이라고 하는 것이다."

| 자해 |

樹 : 세운 것. • 賓 : 손. • 旅 : 행려지인(行旅之人).

| 의해 |

"무엇으로 지금의 제후가 오패의 죄인이라는 것을 알 수 있는가? 오패 가운데 오직 저 환공이 가장 강성하더니, 규구 땅에서 제후를 모아서 위신(威信)으로 사람을 복종하게 하였다. 산 짐승을 묶어서 단(壇)에 진설하고, 짐승을 죽여 피를 취하여 같이 찍어서 귀신에게 질정하지 아니하고, 다만 맹서하는 글을 희생의 뿔 위에 싣고 천자가 금하는 것을 밝히니, 그 경계하여 명하는 말이 다섯 가지가 있었다. 첫 번째 명하여 말하였다. '죄는 불효보다 더 큰 것이 없으니, 불효한 자가 있으면 버리지 않을 수 없다. 세자는 나라의 근본이니, 큰 이유가 없으면 서자(庶子)를 사랑하여 이미 세웠던 세자를 가볍게 바꾸어서는 안 된다. 아내는 적가(嫡家)의 배우자이고 종묘를 받드는 자이니, 첩으로 아내를 삼아서 적서(嫡庶)의 분별을 어지럽게 해서는 안 된다. 이 세 가지는 몸을 닦고 집을 바르게 하는 중요한 것이다.' 두 번째 명하여 말하였다. '어질고 재주 있는 이는 모두 덕이 있는 자이다. 어진 자는 높여서 높은 벼슬로써 통솔하게 하고, 재주 있는 자는 길러서 모든 벼슬을 주어서 덕이 있는 선비를 표창하고 나타나게 해야 한다. 이것은 어진 이를 쓰고 다스리기를 도모하는 일이다.' 세 번째 명하여 말하였다. '내 나라의 늙은 자는 공경하고 어린 자는 사랑하며, 다른 나라의 손님과 나그네는 모두 대접하여 소홀히 잊지 말아야 한다. 이것은 멀리 있는 사람을 따르게 하고 가까이에 있는 사람을 기르는 일이다.' 네 번째 명하여 말하였다. '선비 가운데 공이 있는 자를 다만 그 봉록을 대대로 주되 그 벼슬은 대대로 주지 말 것이니, 대대로 인재가 아닐까 두려워하는 것이다. 백관이 각각 일이 나누어진 직책이 있으니, 이 벼슬로써 저 벼슬을 겸하게 하지 말 것이니, 일을 폐할까 두려워하는 것이다. 선비를 취함에 반

드시 삼가 가려서 그 사람을 얻을 것이니, 헛이름을 무릅쓰고 나올까 두려워하는 것이다. 사사로운 노여움으로 마음대로 대부를 죽여서는 안 되니, 정사는 천자에게 통일되어 있는 것이다. 이것은 하늘이 명하고 하늘이 취한 것이니, 신하를 제어하는 일이다.' 다섯 번째 명하여 말하였다. '이웃 나라의 수재와 한재는 우리나라의 수재와 한재와 같으니, 제방을 구부러지게 해서 가뭄이면 샘물을 막아 수리를 독점하고, 장마에는 물을 격동하여 이웃 나라에 수재를 끼치지 말아야 한다. 이웃 나라의 흉년은 우리나라의 흉년과 같으니, 마땅히 남은 것으로 부족한 것을 돕고 곡식의 이동을 막지 말아야 한다. 토지는 다 천자의 땅이고 인민은 다 천자의 신하이니, 나의 사사로운 은혜로 마음대로 나라와 고을을 봉하고 천자에게 고하지 않아서는 안 된다.' 또 말하기를, '이웃 나라와 화목하고 좋아하는 데로 돌아와서 다섯 가지 금한 명을 어기지 말라'고 하였다. 지금 제후는 다 이 다섯 가지 금한 것을 범하여 패자(覇者)의 법을 어기었으니, 만일 오패의 때를 당하였으면 반드시 오패의 꾸지람을 면하지 못할 것이다. 그러므로 지금의 제후는 오패의 죄인이라고 하는 것이다."

장군지악 기죄소 봉군지악 기죄대 금
7-4. 長君之惡은 其罪小하고 逢君之惡은 其罪大하니 今
지대부개봉군지악 고 왈 금지대부 금지제
之大夫皆逢君之惡하나니 故로 曰 今之大夫는 今之諸
후지죄인야
侯之罪人也니라

| 언해 |

君의 惡을 長ᄒᆞ욤은 그 罪ㅣ 小ᄒᆞ고 君의 惡을 逢ᄒᆞ욤은 그 罪ㅣ 大ᄒᆞ니 이젯 태우ㅣ 다 君의 惡을 逢ᄒᆞᄂᆞ니 故로 ᄀᆞᆯ오ᄃᆡ 이젯 태

우는 이젯 諸侯의 罪人이니라

| 직역 |

"임금의 악한 것을 자라게 하는 것은 그 죄가 작고, 임금의 악한 것을 이끌어내는 것은 그 죄가 크다. 지금 대부가 다 임금의 악한 것을 이끌어내니, 그러므로 말하기를, "지금의 대부는 지금의 제후의 죄인이다"라고 한다."

| 자해 |

長君之惡 : 임금이 허물이 있으면 간하지 못하고 또 맹종하여 그 악함을 자라게 함. • 逢君之惡 : 임금의 허물이 맹동(萌動)하지 않았는데 뜻을 먼저 인도하여 그 악함을 맞이함.

| 의해 |

"무엇으로 지금의 대부가 지금의 제후의 죄인이라는 것을 알 수 있는가? 임금의 악한 것이 이미 나타났는데 신하 된 자가 바르게 구하지 않고 다만 받들어 그 악한 것이 자라게 하는 것이 진실로 죄가 되지만, 이것은 자기의 봉록을 보전하고 일신을 영화롭게 하는데 불과할 따름이니 그 죄가 오히려 작다. 오직 임금의 악한 것을 인도하여 미리 임금의 뜻을 더듬어서 악한 것을 이루게 하는 것이 죄가 더욱 크니, 임금이 선하지 아니한 마음이 날 때에는 그 처음에는 반드시 마음에 불안함이 있어서 감히 갑자기 하지 못하는데, 신하된 자가 이에 맞이하여 인도하면 그 발로된 것이 반드시 이루어질 것이다. 그러면 임금이 말하기를 뜻이 일에 나타나지 아니하였는데도 저가 안다고 하여 그 사랑함이 반드시 깊을 것이다. 그런 까닭에 임금의 악한 것을 인도하는 자는 그 속이고 간사함이 더욱 심하고 해롭게 함이 더욱 깊다. 지금의 대부가 다 임금의 악한 것을 인도하여 그 임금을 해롭게 하여 나라를 멸망하게 하고 몸을 망하게 하는 지경에 빠지게 하니, 만일 제후가 깨달으면 어찌 형벌하고 죽이는 것을 면할 수 있겠는가? 그러므

로 지금의 대부는 지금의 제후의 죄인이라고 하는 것이다."

| 요지 |

이 장은 맹자가 왕법을 유지하려는 뜻을 보인 것이다. 머리 문단에서는 먼저 죄안(罪案)을 세우고, 아래 문단에서는 그 죄를 드러내어 왕법을 주장하였다. 오패와 제후의 죄가 흐를수록 더욱 심하니, 오패가 일어남에 삼왕이 멀어지고 지금 군신이 일어남에 삼왕이 더 멀어짐을 보겠다. 결국 지금의 제후가 어찌 감히 사특하게 악을 함이 이와 같겠는가? 곧 자라게 하는 자도 있고 인도하는 자도 있기 때문에 그런 것이다. 대의는 대부를 무겁게 비판한 것이다.

노 욕 사 신 자 위 장 군 맹 자 왈 불 교 민 이 용
8-1. 魯欲使愼子로 爲將軍이러니 孟子曰 不敎民而用
지 위 지 앙 민 앙 민 자 불 용 어 요 순 지 세 일
之를 謂之殃民이니 殃民者는 不容於堯舜之世니라 一
전 승 제 수 유 남 양 연 차 불 가 신 자 발 연
戰勝齊하야 遂有南陽이라도 然且不可하니라 愼子勃然
불 열 왈 차 즉 활 리 소 불 식 야
不悅曰 此則滑釐의 所不識也로소이다

| 언해 |

魯ㅣ 愼子로 ᄒᆞ여곰 爲將軍을 삼고져 ᄒᆞ더니 孟子ㅣ ᄀᆞᆯᄋᆞ샤ᄃᆡ 民을 敎티 아니ᄒᆞ고 用하욤을 民을 殃홈이라 닐ᄋᆞᄂᆞ니 民을 殃ᄒᆞᄂᆞᆫ 者ᄂᆞᆫ 堯舜ㅅ 世예 容티 몯ᄒᆞ니라 ᄒᆞᆫ번 戰ᄒᆞ야 齊ᄅᆞᆯ 勝ᄒᆞ야 드듸여 南陽을 둘띠라도 그러나 ᄯᅩ 可티 아니ᄒᆞ니라 愼子ㅣ 勃然히 悅티 아니ᄒᆞ야 ᄀᆞᆯ오ᄃᆡ 이ᄂᆞᆫ 滑釐의 아디 몯홀빼로소이다.

| 직역 |

노나라가 신자로 하여금 장군을 삼고자 하자, 맹자가 말하였다. "백성을 가르치지 않고 쓰는 것을 백성에게 재앙을 끼치는 것이라고 이르니, 백성에게 재앙을 끼치는 자는 요순의 세상에 용납되지 못한다. 한 번 싸워서 제나라를 이겨 드디어 남양을 소유할지라도 또한 불가할 것이다"라고 하였다. 신자가 발끈 기뻐하지 아니하여 말하였다. "그것은 내가 알지 못하는 바이다."

| 자해 |

愼子 : 노나라 신하. • 滑釐 : 신자의 이름.

| 의해 |

노나라가 신자를 장군으로 삼아 제나라를 쳐서 남양을 취하고자 하니, 이것이 비록 노나라 임금의 뜻이나 또한 신자가 인도하였던 것이다.

◑ 맹자가 그치게 하여 말하였다. "윗사람이 반드시 그 백성을 가르침이 있어야 이에 군사에 나가게 하여 분한 것을 대적하고 업신여긴 것을 막을 수 있을 것이다. 만일 평일에 백성을 예의로써 가르치지 않고 써서 싸우게 하면 백성이 용맹도 없고 방향도 알지 못할 것이니, 이것이 죽을 땅에 빠지게 하여 재앙을 끼치는 것이다. 백성에게 재앙을 끼치는 자를 백성을 사랑하는 자가 반드시 버릴 것이니, 요순의 세상에 어찌 용납할 것인가?

오늘 싸움에 비록 그대가 군사를 잘 거느리는 재주가 있어서 한 번 싸워서 제나라를 이겨 드디어 남양 땅을 얻되, 백성에게 재앙을 끼치지 않고 큰 공을 세울 수 있을지라도 이치상 오히려 옳지 아니하니 그대가 아는가?"

◑ 신자가 발끈 기뻐하지 아니하여 말하였다. "한 번 싸워서 땅을 얻으면 이것이 이미 기이한 공인데 또한 불가하다고 하였으니, 그 이유를 내가 알지 못할 바이다."

왈 오명고자 천자지지방천리 불천리
8-2. 曰 吾明告子호리라 天子之地方千里니 不千里면
부족이대제후 제후지지방백리 불백리 부족이
不足以待諸侯요 諸侯之地方百里니 不百里면 不足以
수종묘지전적
守宗廟之典籍이니라

| 언해 |

ᄀᆞᆯᄋᆞ샤ᄃᆡ 내 明히 子ᄃᆞ려 告호리라 天子의 地ㅣ 方히 ᄡᅧ 千里니 千里온 몯ᄒᆞ면 足히 ᄡᅧ 諸侯ᄅᆞᆯ 待티 몯ᄒᆞ고 諸侯의 地ㅣ 方이 百里니 百里온 몯ᄒᆞ면 足히 ᄡᅧ 宗廟의 典籍을 守티 몯 ᄒᆞᄂᆞ니라

| 직역 |

맹자가 말하였다. "내가 밝게 자네에게 고하겠다. 천자의 땅이 사방이 천리이니 천리가 못되면 충분히 제후를 대접하지 못하고, 제후의 땅이 사방이 백리이니 백리가 못되면 충분히 종묘의 전적을 지키지 못한다."

| 자해 |

待諸侯 : 제후가 조근(朝覲), 빙문(聘問)하는 예에 대답하는 것. • 宗廟之典籍 : 제사와 회동(會同)의 일정한 법제.

| 의해 |

맹자가 말하였다. "내가 밝게 자네에게 안 되는 이유를 고할 것이다. 예전 선왕이 나라를 세우고 도읍을 정함에 천자 기내의 땅이 사방 천리가 되니, 반드시 이와 같은 다음에 땅에서 생산되는 것으로 제후를 대접할 수 있었다. 진실로 천리가 안 되면 제후가 조근하고 빙문할 때에 어찌 잔치하는 예의를 갖추며 어떻게 내려주고 상주는 법을 높이겠는가? 제후를 대접하기에 부족할 것이다.

제후의 한 나라의 땅이 사방 백리가 되니, 반드시 이와 같은 다음에 땅에서 나는 바가 종묘의 전적을 지킬 수 있을 것이다. 진실로 백리가 아니면 그 제사와 회동할 때에 어떻게 희생과 음식을 받들며, 어떻게 공물과 폐백을 갖추겠는가? 종묘의 전적을 지킬 수 없을 것이다. 이 천리와 백리는 천자와 제후가 정한 법이 있는 바이다."

주공지봉어로 위방백리야 지비부족

8-3. 周公之封於魯에 爲方百里也니 地非不足이로대

이검어백리 태공지봉어제야 역위방백리야

而儉於百里하며 太公之封於齊也에 亦爲方百里也니

지비부족야 이검어백리

地非不足也로대 而儉於百里하니라

| 언해 |

周公이 魯에 封ᄒᆞ욤애 方百里롤 ᄒᆞ니 地ㅣ 不足ᄒᆞᆫ줄이 아니로ᄃᆡ 百里예 儉ᄒᆞ며 太公이 齊예 封ᄒᆞ욤애 ᄯᅩᄒᆞᆫ 方百里롤 ᄒᆞ니 地ㅣ 不足ᄒᆞᆫ줄이 아니로ᄃᆡ 百里예 儉ᄒᆞ니라

| 직역 |

"주공을 노나라에 봉함에 지방을 백리로 하니, 땅이 부족한 것이 아니지만 백리에 지나지 않게 하였다. 태공을 제나라에 봉함에 또한 지방을 백리로 하니, 땅이 부족한 것이 아니지만 백리에 지나지 않게 하였다."

| 자해 |

儉 : 그치고 지나지 아니함.

| 의해 |

"제후의 지방을 백리로 하는 제도가 이미 정해진 것이다. 이에 적게 하지도 못하며 또한 지나치게 하지도 못하니, 제나라와 노나라가 처음에 봉한 것을 보지 못하였는가? 주공의 공이 비록 크나 처음에 노나라에 봉할 때에 지방은 백리로 하였으니, 땅이 부족하여서가 아니라 백리를 넘지 않게 한 것은 노나라의 종묘를 지킬만하게 한 것이다. 태공의 공이 비록 크나 처음에 제나라에 봉할 때에 또한 지방은 백리로 하였으니, 땅이 부족해서가 아니라 백리를 넘지 않게 한 것은 제나라의 종묘를 지킬단하게 한 것이다."

금 로 방 백 리 자 오 　자 이 위 유 왕 자 작 　즉 로 재 소 손
8-4. 今魯方百里者五니 子以爲有王者作 則魯在所損
호 　재 소 익 호
乎아 在所益乎아

| 언해 |

이졔 魯ㅣ 方이 百里ㄴ 者ㅣ 五ㅣ니 子ㅣ ᄡᅧ ᄒᆞ요ᄃᆡ 王者ㅣ 作ᄒᆞ리 이시면 魯ㅣ 損ᄒᆞᆯ빠애 이시랴 益ᄒᆞᆯ 빠애 이시랴

| 직역 |

"지금 노나라가 지방 백리인 것이 다섯이니, 자네는 왕자가 일어나면 노나라에서 덜겠다고 생각하는가, 더하겠다고 생각하는가?"

| 의해 |

"오늘 노나라가 곧 예전 주공의 노나라가 아니겠는가? 땅이 사방 백리 되는 것이 이미 다섯이 되니, 그 처음 봉하던 제도에 위배된 것이 많다. 자네는 지금 세상에 문왕이나 무왕 같은 왕자가 있으

면, 노나라의 땅에서 덜겠다고 생각하는가, 더하겠다고 생각하는가? 덜 것이고 더하지 않을 것인데, 또 어찌하여 오백 리 밖에 더 구하는가?"

도 취 저 피 이 여 차 연 차 인 자 불 위 황 어
8-5. 徒取諸彼하여 以與此라도 然且仁者不爲은 況於
살 인 이 구 지 호 군 자 지 사 군 야 무 인 기 군 이 당 도
殺人以求之乎아 君子之事君也는 務引其君以當道하
지 어 인 이 이
여 志於仁而已니라

| 언해 |

ᄒᆞᆫ갓뎌에 取ᄒᆞ야 ᄡᅧ 이ᄅᆞᆯ 與ᄒᆞᆯ띠라도 그러나 ᄯᅩ 仁ᄒᆞᆫ 者ㅣ ᄒᆞ디 아니ᄒᆞ곤 ᄒᆞ믈며 人을 殺ᄒᆞ야 ᄡᅧ 求하리아 君子의 君을 事ᄒᆞ욤은 힘ᄡᅧ 그 君을 引ᄒᆞ야 ᄡᅧ 道애 當ᄒᆞ야 仁에 志ᄒᆞᆯ ᄯᆞᄅᆞᆷ이니라

| 직역 |

"한갓 저기에서 취하여 여기에 줄지라도 인한 자는 하지 아니하는데, 하물며 사람을 죽여 구함에 있어서랴? 군자가 임금을 섬기는 것은 힘써 그 임금을 인도하여 도에 합당하게 하고 인에 뜻을 두도록 할 따름이다."

| 자해 |

徒 : '빌 공(空)' 자의 뜻이니, 사람을 죽이지 아니하고 취함. • 當道 : 일이 이치에 합당함. • 志仁 : 마음이 인에 있음.

| 의해 |

"이를 따라 말하면 지금 제나라 남양 땅을 비록 군사 하나를 일으

키지 아니하며 백성 한 사람도 죽이지 아니하고 한갓 손으로 그 땅을 취하여 노나라에 주어서 조금도 상해함이 없을지라도, 사욕이 없는 인한 자는 오히려 이치상 마땅히 얻을 것이 아니라고 하여 감히 하지 아니할 것이거늘 하물며 싸우고 싸워서 사람을 죽여서 토지를 넓힘을 구함이겠는가? 또 인한 자가 차마하지 못할 것이니 이것이 나의 옳다고 여기지 않는 바이다.

법에 지나침은 도가 아니요, 백성을 앙화하게 함은 인이 아니니 이것이 어찌 다 노나라 임금의 허물이겠는가? 그대도 또한 책망을 면치 못할 것이다. 대범군자(大凡君子)의 임금을 섬김은 힘써 그 임금을 인도하여 도에 합당하게 하고 사사로이 이치에 합하게 하여 이치가 아닌 것이 그 행실에 나타나지 못하게 할 것이다. 힘써 그 임금을 인도하여서 인에 뜻을 두게 하여 생각과 생각을 이치에 합하게 하여 이치가 아닌 것은 그 마음에 맹동(萌動)할 수 없게 할 따름이니 그 가르치지 아니한 백성을 몰아서 분수 밖에 땅을 도모하면 그 마음이 어질지 않다고 이를 것이요, 일도 또한 마땅한 데서 벗어났다고 이를 것이니 어찌 군자가 임금을 섬기는 도리이겠는가?"

| 요지 |

이 장은 왕자의 제도를 밝혀서 제 나라를 치는 것을 그치게 함이니 백성을 앙화하고 제도에 지나치는 두 뜻이 있으나 중요한 것은 제도를 지나치지 못하게 하는데 있다. 위의 여덟 문단은 노나라가 제나라를 치는 것이 잘못된 것임을 자세히 말한 것이다. 끝 문단은 신자를 임금 섬기는 의로써 경계한 것이다.

맹 자 왈 금 지 사 군 자 왈 아 능 위 군 벽 토 지

9-1. 孟子曰 今之事君者 曰 我能爲君하여 辟土地하며

충부고 금지소위양신 고지소위민적야
充府庫라하나니 今之所謂良臣이요 古之所謂民賊也라
군불향도 부지어인 이구부지 시 부걸
君不鄕道하야 不志於仁이어든 而求富之하니 是는 富桀
야
也니라

| 언해 |

孟子ㅣ ᄀᆞᆯᄋᆞ샤ᄃᆡ 이제 君을 事ᄒᆞᄂᆞᆫ 者ㅣ ᄀᆞᆯ오ᄃᆡ 내 能히 君을 爲ᄒᆞ야 土地ᄅᆞᆯ 辟ᄒᆞ며 府庫ᄅᆞᆯ 充ᄒᆞ노라 ᄒᆞᄂᆞ니 이제 닐온밧 良臣이오 녜 닐온 밧 民의 賊이라 君이 道애 鄕티 아니ᄒᆞ야 仁에 志티 아니ᄒᆞ거든 富ᄒᆞ욤을 求ᄒᆞ니 이ᄂᆞᆫ 桀을 富케 홈이니라

| 직역 |

맹자가 말하였다. "지금 임금을 섬기는 자는 말하기를, '내가 임금을 위하여 토지를 개간하며 창고를 채울 수 있다'고 하니, 지금의 이른바 어진 신하이고 예전의 이른바 백성의 도적이다. 임금이 도를 향하지 아니하여 인에 뜻을 두지 않는데도 부유하게 해주기를 구하니, 이는 걸을 부유하게 하는 것이다."

| 자해 |

辟 : '벽(闢)' 자와 같으니, 개간함. • 鄕 : '향(向)' 자와 같으니 아래도 이와 같음.

| 의해 |

맹자가 말하였다. "예전의 어진 신하라 하는 자는 오직 그 임금을 인도하여 도를 향하고 어진 것에 뜻을 두게 하였다. 지금 임금을 섬기는 자는 스스로 말하여 '내가 임금을 위하여 토지를 개간하여 세금을 거두어서 창고에 채우니, 임금에게 유익함이 이와 같다'고 한다. 이러한 사람은 이 세상 임금의 이른바 어진 신하이지만, 실

상 예전 성세(盛世)의 이른바 백성의 도적이다. 임금이 행하는 일이 도를 향하지 않고 마음이 인에 뜻을 두지 않고 오직 재물 모으기를 일삼아서 걸(桀)과 다를 것이 없는데, 신하된 자가 임금을 인도하여 도에 이르고 인에 뜻을 두게 하지 못하고 그를 위하여 재물을 모아서 부유하게 하는 것을 추구하니, 이는 걸(桀)과 같은 폭군을 부유하게 하는 것이다. 걸(桀)을 부유하게 하면 임금의 악한 것이 날마다 심하여 백성은 견뎌내지 못할 것이니, 백성의 도적이 아니고 무엇이겠는가?"

아능위군 약여국 전필극 금지소
9-2. 我能爲君하여 約與國하여 戰必克이라하나니 今之所
위양신 고지소위민적야 군불향도 부지어
謂良臣이요 古之所謂民賊也라 君不鄕道하야 不志於
인 이구위지강전 시 보걸야
仁이어든 而求爲之强戰하니 是는 輔桀也니라

| 언해 |

내 能히 君을 爲ᄒᆞ야 與國을 約ᄒᆞ야 戰홈애 반ᄃᆞ시 克ᄒᆞ노라 ᄒᆞᄂᆞ니 이제 닐온밧 良臣이오 녜 닐온밧 民의 賊이라 君이 道애 鄕티 아니ᄒᆞ야 仁에 志티 아니ᄒᆞ거든 爲ᄒᆞ야 强히 戰홈을 求ᄒᆞ니 이ᄂᆞᆫ 桀을 輔홈이니라

| 직역 |

"또 '내가 임금을 위하여 동맹국과 약속하여 싸움에 반드시 이길 수 있다'고 하니, 지금의 이른바 어진 신하이고 예전의 이른바 백성의 도적이다. 임금이 도를 향하지 아니하여 인에 뜻을 두지 않는데도 임금을 위하여 힘써 싸움을 구하니, 이는 걸을 돕는 것이다."

| 자해 |

約 : 약속. • 與國 : 서로 더불어 화친한 나라.

| 의해 |

"지금 임금을 섬기는 자가 또 스스로 말하기를, '내가 임금을 위하여 동맹한 나라와 약속하여 그 군사의 힘을 합하여 싸움이 있으면 반드시 이기게 할 수 있으리니, 그 임금에게 공이 있음이 이와 같다'고 한다. 이러한 사람은 지금의 이른바 어진 신하이고, 예전의 이른바 백성의 도적이다. 임금이 도를 향하지 아니하고 인에 뜻을 두지 아니하여 오직 무력을 끝까지 일삼으니 걸(桀)과 다를 것이 없는데, 신하된 자가 인도하여 도에 이르게 하고 인에 뜻을 두게 하지 아니하고 이에 그를 위하여 힘써 싸워서 도움을 구하니, 이는 걸을 돕는 것이다. 걸을 도우면 임금의 악한 것이 날마다 더하여 백성이 살기를 꾀하지 못할 것이니, 또한 백성의 도적이 아니고 무엇이겠는가?"

유 금 지 도 　 무 변 금 지 속 　 수 여 지 천 하 　 불
9-3. 由今之道하여 無變今之俗이면 雖與之天下라도 不
능 일 조 거 야
能一朝居也니라

| 언해 |

이젯 道ᄅᆞᆯ 말ᄆᆡ암아 이젯 俗을 變티 아니ᄒᆞ면 비록 天下ᄅᆞᆯ 與ᄒᆞ야도 能히 一朝도 居티 몯 ᄒᆞ리니라

| 직역 |

"지금의 도를 따라서 지금의 풍속을 변화하지 않으면, 비록 천하

를 주어도 하루아침도 차지하지 못할 것이다."

| 의해 |

"또 지금 임금이 백성의 도적을 어진 신하라고 하는 것은 진실로 나라를 부유하게 하고 군사를 강하게 하여 천하를 취하기 때문에 그렇게 말하는 것이다. 이제 권모술수와 공리의 도를 따라서 겸병하고 치고 빼앗는 풍속을 바꾸지 않고, 오직 나라를 부유하게 하고 군사를 강하게 하는 것을 일삼아 백성의 재산을 빼앗고 백성의 생명을 죽이면, 비록 천하를 줄지라도 백성의 마음이 귀순하지 아니하여 죽이고 빼앗는 것이 날로 일어나서 하루 아침도 임금의 지위에 거처하지 못할 것이니, 하물며 천하를 어찌하겠는가? 이 나라를 부유하게 하고 군사를 강하게 한다는 신하가 다만 그 백성만 해롭게 할 뿐이다. 또 그 임금을 해롭게 하는 것인데, 임금 된 자가 마침내 이러한 신하를 쓰는 것은 어쩌자는 것인가?"

| 요지 |

이 장은 전적으로 임금의 큰 성공을 위하여 말한 것이다. 머리 두 문단은 부국강병 하는 신하를 말한 것이고, 끝 문단은 부강강병 하는 신하가 임금을 병들게 한다는 것을 말한 것이니, 다 쓰지 않아야 한다는 뜻을 보인 것이다.

백규왈 오욕이십이취일 하여 맹자
10-1. 白圭曰 吾欲二十而取一하노니 何如하니잇고 孟子
왈 자지도 맥도야 만실지국 일인 도즉가
曰 子之道는 貉道也로다 萬室之國에 一人이 陶則可
호 왈 불가 기부족용야
乎아 曰 不可하니 器不足用也니이다

| 언해 |

白圭ㅣ ᄀᆞᆯ오ᄃᆡ 내 二十에셔 一올 取코져 ᄒᆞ노니 엇더 ᄒᆞ니잇고 孟子ㅣ ᄀᆞᆯᄋᆞ샤ᄃᆡ 子의 道ᄂᆞᆫ 貉의 道ㅣ로다 萬室ㅅ 國에 一人이 陶ᄒᆞ면 可ᄒᆞ냐 ᄀᆞᆯ오ᄃᆡ 可티 아니ᄒᆞ니 器ㅣ 用홈에 足디 몯 ᄒᆞ리니이다.

| 직역 |

백규가 말하였다. "내가 이십에서 하나를 취하고자 하니 어떻습니까?" 맹자가 말하였다. "자네의 도는 맥의 도이다. 만 집의 나라에 한 사람이 질그릇을 만들면 되겠는가?" 백규가 말하였다. "가하지 아니하니, 그릇이 쓰임에 충분하지 못할 것입니다."

| 자해 |

白圭 : 이름은 단(丹). 주나라 사람. • 貉 : 북방 오랑캐 나라.

| 의해 |

백규가 말하였다. "옛날과 지금의 세금 받는 법이 다 열에 하나를 받았으나, 나는 이 법을 고쳐서 스물에 하나틀 받고자 하니, 어떠합니까?"

◑ 맹자가 말하였다. "그대가 백성에게 취하는 도는 맥의 도이니, 이러한 법은 맥에나 가서 행할 것이다.

비유하여 말하면, 저 일만 집이 사는 나라에 인구가 많은데, 다만 한 사람으로 하여금 질그릇을 구어서 쓰게 하면 되겠느냐?"

백규가 말하였다. "가하지 아니하니, 한 사람이 구워 만드는 그릇으로는 일만 집이 쓰는데 넉넉하지 못할 것입니다."

왈 부맥 오곡 불생 유서생지 무성
10-2. 曰 夫貉은 五穀이 不生하고 惟黍生之하나니 無城
곽궁실종묘제사지례 무제후폐백옹손 무백
郭宮室宗廟祭祀之禮하며 無諸侯幣帛饔飧하며 無百
관유사 고 이십 취일이족야
官有司라 故로 二十에 取一而足也니라

| 언해 |

ᄀᆞᆯᄋᆞ샤ᄃᆡ 貉은 五穀이 生티 몯ᄒᆞ고 오직 黍ㅣ 生ᄒᆞ나니 城郭과 宮室와 宗廟와 祭祀ᄒᆞᄂᆞᆫ 禮ㅣ업ᄉᆞ며 諸侯의 幣帛과 饔飧이 업ᄉᆞ며 百官有司ㅣ 업ᄉᆞᆫ디라 故로 二十에 一을 取ᄒᆞ야도 足ᄒᆞ니라

| 직역 |

맹자가 말하였다. "맥에서는 오곡이 나지 않고 오직 기장이 나니, 성곽과 궁실과 종묘와 제사하는 예가 없으며 제후의 폐백과 손님 접대가 없으며, 백관과 유사가 없기 때문에 스물에 하나를 취하여도 충분하다."

| 자해 |

북방의 땅이 차서 오곡이 나지 않고, 기장은 일찍 익는 까닭에 나는 것임. • 饔飧 : 음식으로 손님을 먹이는 예.

| 의해 |

"이것을 알면 맥의 도를 행하지 못할 것을 알 것이다. 맥은 땅이 찬 까닭에 오곡이 나지 않고 오직 기장단 나니, 물산이 한정이 있어서 세금을 많이 받을 수 없다. 또 그 풍속이 성곽과 궁실에 사는 것과 종묘 제사의 예로 그 선조를 받듦이 없으며, 제후의 폐백과 연향의 왕래가 없으며, 백관과 유사의 배치가 없다. 성곽이 없으면 건축의 비용이 없을 것이며, 궁실이 없으면 구조하는

비용이 없을 것이며, 종묘의 제사가 없으면 희생과 음식과 주례의 비용이 들지 않을 것이며, 제후의 폐백과 옹손이 없으면 조회하고 연향하고 제사하는 비용이 필요 없을 것이며, 백관과 유사가 없으면 봉록의 비용이 없을 것이다. 그러므로 백성에게 세금을 스물에 하나를 받아도 충분할 것이니, 이른바 맥의 도가 이와 같다."

금 거중국 거인륜 무군자 여지하기
10-3. 今에 居中國하여 去人倫하며 無君子면 如之何其
가야 도이과 차불가이위국 황무군자호
可也리오 陶以寡라도 且不可以爲國이온 況無君子乎아

| 언해 |

이제 中國에 居ᄒᆞ야 人倫을 去ᄒᆞ며 君子ㅣ 업ᄉᆞ면 엇디 그 可ᄒᆞ리오 陶ㅣ 뻐 寡ᄒᆞ야도 可히 뻐 國을 ᄒᆞ디 몯ᄒᆞᆯ꺼시온 ᄒᆞ믈며 君子ㅣ 업ᄉᆞᆷ가

| 직역 |

"이제 중국에 거하여 인륜을 버리며 군자가 없으면, 어찌 그것이 가하겠는가? 질그릇이 적어도 또한 나라를 다스리지 못할 것인데, 하물며 군자가 없는 경우이겠는가?"

| 의해 |

"이제 우리가 사는 곳은 중국이다. 군신, 제사 그리고 교제하는 예가 있어서 기강으로 인륜을 바르게 하니 버리지 못할 것이며, 백관과 유사의 봉록이 있어서 군자에게 맡겨 쓰니 없앨 수 없다. 이제 스물에 하나를 취하면, 반드시 군신과 제사와 교제와 인륜

을 버리고 백관과 유사의 군자를 없게 하여 중국으로 하여금 이적(夷狄)으로 들어가게 하는 것이니 어떻게 다스리겠는가?
질그릇이 적으면 다만 그릇을 쓰는데 부족한 것인데도 그 때문에 나라를 경영하지 못하는데, 하물며 큰 규모의 중국에서 백관의 군자가 인륜을 가르침이 없겠는가? 나라를 다스림에 군자가 없어서는 안 될 것이니, 봉록으로 군자 기르는 것을 폐하지 못할 것이다. 스물에 하나를 받으면 반드시 물자 쓰는 비용이 모자랄 것이니, 그 법을 행할 수 없을 것이다."

10-4. 欲輕之於堯舜之道者는 大貉에 小貉也요 欲重之於堯舜之道者는 大桀에 小桀也니라

(욕경지어요순지도자 대맥 소맥야 욕중지어요순지도자 대걸 소걸야)

| 언해 |

堯舜의 道애셔 輕케코져 ᄒᆞᄂᆞᆫ 者ᄂᆞᆫ 大貉애 小貉이요 堯舜의 道애셔 重케코져 ᄒᆞᄂᆞᆫ 者ᄂᆞᆫ 大桀에 小桀이니라

| 직역 |

"요순의 도보다 가볍게 하고자 하는 자는 대맥에 소맥이고, 요순의 도보다 무겁게 하고자 하는 자는 대걸에 소걸이다."

| 의해 |

"열에 하나로 세금을 정한 것은 요순의 적중한 도이니, 천하에 시행하여 다 준칙을 삼고 백세에 전하여 폐단이 없다. 저 맥은 이 도보다 가볍게 하는 자이다. 이제 요순이 백성에게 취한 도를 덜 것이라 하여 가볍게 하고자 하면, 저 참 맥은 큰 맥이 되고 나는

작은 맥이 될 것이다. 저 걸은 요순의 도보다 중하게 하는 자이다. 이제 요순의 백성에게 받던 도를 더할 것이라 하여 중하게 하고자 하면, 저 참 걸은 큰 걸 되고 나는 적은 걸이 될 것이다. 걸도 진실로 하지 못하는 것이고, 맥도 또한 어찌 할 수 있겠는가? 오직 요순의 적중한 도를 본보기로 삼는 것이 옳다."

| 요지 |

이 장은 요순이 백성을 다스리던 중도(中道)가 만세에 바꾸지 못할 것을 보인 것이다. 그보다 무겁게 하는 것도 진실로 옳지 않고 가볍게 하는 것도 또한 옳지 않다.

백규왈 단지치수야 유어우

11-1. 白圭曰 丹之治水也 愈於禹ᄒᆞ이다

| 언해 |

白圭ㅣ ᄀᆞᆯ오ᄃᆡ 丹의 水를 治ᄒᆞᆷ이 禹의셔 愈ᄒᆞ이다.

| 직역 |

백규가 말하였다. "제가 물을 다스린 것이 우보다 낫습니다."

| 자해 |

丹之治水 : 단(丹)이 물을 다스린 것. 당시 제후 나라에 작은 수해가 있자, 백규(白圭)가 제방을 쌓고 수해를 막아서 다른 나라로 흐르게 하였음.

| 의해 |

백규가 말하였다. "물을 다스린 것에 대해서 다 우를 칭찬하지만, 제가 물을 다스려 제방을 한번 쌓음에 범람하던 수해가 곧 없어

졌습니다. 우가 물을 다스릴 때처럼 네 가지를 타고 다니던 수고와 8년 동안의 오랜 기간이 필요 없으니, 자못 우보다 낫다고 하는 것입니다."

맹 자 왈 자 과 의 우 지 치 수 수 지 도 야 시
11-2. 孟子曰 子過矣로다 禹之治水는 水之道也니라 是
고 우 이 사 해 위 학 금 오 자 이 린 국 위
故로 禹는 以四海爲壑이어시늘 今에 吾子는 以隣國爲
학
壑이로다

| 언해 |

孟子ㅣ 골ᄋᆞ샤ᄃᆡ 子ㅣ 過ᄒᆞ도다 禹의 水를 治ᄒᆞ샤ᄆᆞᆫ 水의 道ㅣ니라 이런 故로 禹ᄂᆞᆫ 四海로ᄡᅥ 壑을 삼거시ᄂᆞᆯ 이제 吾子ᄂᆞᆫ 隣國으로ᄡᅥ 壑을 삼ᄂᆞᆺ다

| 직역 |

맹자가 말하였다. "자네가 지나치도다. 우가 물을 다스리신 것은 물의 길을 따른 것이다. 이런 까닭에 우는 네 바다로 골짜기를 삼은 것이고, 지금 자네는 이웃 나라로 골짜기를 삼는 것이다."

| 자해 |

壑 : 물을 받는 곳.

| 의해 |

맹자가 말하였다. "신성한 하우씨의 공은 만세에 미칠 자 없는데, 스스로 '낫다'고 하니, 그대의 말이 지나치다. 하우씨가 물을 다스린 것은 물의 성질을 따라 자연스럽게 행한 것이다.

오직 그 물의 길을 따라 물을 다스린 것이다. 이런 까닭에 물의 성질은 아래로 내려가니, 가장 낮은 것은 바다만한 것이 없으니, 모든 물의 돌아가는 곳이다. 하우씨가 산을 따라서 나무를 베고 하수를 통하고 내를 터 놓아서 바다로 인도하니, 이는 사해(四海)를 물 받는 골짜기로 삼은 것이다.

그러므로 구주(九州)를 똑같이 여겼고, 만세가 진실로 힘입은 것이다. 이제 자네는 제방을 쌓고 물을 격동하게 하여 이웃 나라로 흐르게 하니, 이는 이웃 나라를 물을 받는 골짜기로 삼은 것이니, 물의 성질을 거스른 것이다."

수역행 위지강수 강수자 홍수야 인인지
11-3. 水逆行을 謂之洚水니 洚水者는 洪水也라 仁人之
소오야 오자과의
所惡也니 吾子過矣로다

| 언해 |

水ㅣ 逆行홈을 洚水ㅣ라 니ᄅᆞᄂᆞ니 洚水ᄂᆞᆫ 洪水ㅣ라 仁人의 惡ᄒᆞᄂᆞᆫ배니 吾子ㅣ 過ᄒᆞ도다

| 직역 |

"물이 거슬러 가는 것을 강수라 이르니, 강수는 홍수이다. 인한 사람이 미워하는 바이니, 자네가 지나치다."

| 의해 |

"물의 성질은 따라야 할 것이고, 거슬러서는 안 된다. 거슬러서 곧 범람하여 끝이 없는 것을 강수라 이르니, 강수라는 것은 요임금 때의 이른바 홍수이다. 물이 산을 둘러싸고 언덕에 올라가서

아래 백성이 빠졌으니, 인한 사람이 미워하여 그 해로움을 없이 하고자 한다. 이제 자네는 이웃 나라를 물을 받는 골짜기로 삼으니, 물의 형세가 거슬러 가서 이웃 나라가 해를 받는 것이 요임금 때의 홍수의 해로움과 다름이 없다. 그 어질지 못함이 심한데, 이에 스스로 우보다 낫다 하니, 자네의 말이 지나치다."

| 요지 |

이 장은 물을 다스리는데 마땅히 우를 본보기로 삼아야 한다는 것을 보인 것이다. 물의 길이라고 하는 한 구절이 중요하니, 한 몸의 사사로운 뜻으로 물을 다스리지 않고 물의 길을 따라 물을 다스린 것을 말한다. 이제 백규는 물의 성질을 따르지 않고 이웃 나라에 해가 되게 하니, 인한 사람이 미워할 바이다. 무엇이 나은가?

맹자왈 군자불량 오호집
12. 孟子曰 君子不亮이면 惡乎執이리오

| 언해 |

孟子ㅣ 골ㅇ샤ᄃᆡ 君子ㅣ 亮티 아니ᄒᆞ면 어ᄃᆡ 執ᄒᆞ리오

| 직역 |

맹자가 말하였다. "군자가 믿음직스럽지 않으면 어디를 잡겠는가?"

| 자해 |

亮 : 믿는 것이니, '양(諒)' 자와 같음. • 惡乎執 : 무슨 일이든지 구차하게 잡은 바가 없음.

| 의해 |

맹자가 말하였다. "군자가 천하의 일에 환히 일정하게 본 것이 있어서 스스로 믿고 의심하지 않는 것을 믿음직스럽다고 이르고, 확연히 일정하게 지킴이 있어서 특별히 서고 변하지 않는 것을 잡는다고 이른다. 반드시 믿어서 일을 먼저 하여 주재하는 것이 있어서 잡아서 일을 당하여 성공할 수 있을 것이다. 진실로 바른 이치가 있는 바에 의심과 믿음이 서로 섞여 마음에 밝게 믿음이 있지 아니하면, 모든 일이 구차하여 잡은 바가 없어서 일이 서지 못할 것이다. 이런 까닭에 군자가 믿는 것을 귀중하게 여겨야 한다."

| 요지 |

이 문장은 군자의 '지킴이 있는 학문'을 보인 것이다. '어디를 잡겠는가?'라고 말한 것은 뒤집어 말하여 믿을 수 있음을 결단한 것이다. '잡는 것'은 믿는 가운데 있으니, 다만 '믿음직스럽다'는 것이 중요하다.

노 욕 사 악 정 자 위 정 맹 자 왈 오 문 지
13-1. 魯欲使樂正子로 爲政이리니 孟子曰 吾聞之하고
희 이 불 매
喜而不寐호라

| 언해 |

魯ㅣ 樂正子로 ᄒᆞ여곰 政을 ᄒᆞ게코져 ᄒᆞ더니 孟子ㅣ ᄀᆞᆯᄋᆞ샤ᄃᆡ 내 듣고 喜ᄒᆞ야 寐티 몯호라

| 직역 |

노나라가 악정자로 하여금 정사를 하게 하고자 하니, 맹자가 말하였다. "내가 듣고 기뻐하여 잠을 자지 못하였다."

| 의해 |

노나라가 악정자로 하여금 정사를 다스리게 한 것은 그 나라를 맡기고자 하는 것이었다. 맹자가 말하였다. "내가 듣고 매우 기뻐하여 잠을 자지 못하였다."

이렇게 말한 것은 맹자의 도를 행할 기회가 온 것을 기뻐한 것이다.

13-2. 公孫丑曰 樂正子는 强乎잇가 曰 否라 有知慮乎잇가 曰 否라 多聞識乎잇가 曰 否라 然則奚爲喜而不寐시니잇고 曰 其爲人也 好善이니라 好善이 足乎잇가 曰 好善이 優於天下온 而況魯國乎아

| 언해 |

公孫丑ㅣ ᄀᆞᆯ오ᄃᆡ 樂正子ᄂᆞᆫ 强ᄒᆞ니잇가 ᄀᆞᆯᄋᆞ샤ᄃᆡ 아니라 知慮ㅣ 인ᄂᆞ니 잇가 ᄀᆞᆯᄋᆞ샤ᄃᆡ 아니라 聞識이 多ᄒᆞ니잇가 ᄀᆞᆯᄋᆞ샤ᄃᆡ 아니라 그러면 엇디 喜ᄒᆞ여 寐티 아니 ᄒᆞ시니 잇고 ᄀᆞᆯᄋᆞ샤ᄃᆡ 그 사ᄅᆞᆷ이로옴이 善을 好ᄒᆞᄂᆞ니라 善을 好ᄒᆞ욤이 足ᄒᆞ니 잇가 ᄀᆞᆯᄋᆞ샤ᄃᆡ 善을 好ᄒᆞ욤이 天下애도 優ᄒᆞ곤 ᄒᆞ믈며 魯國이 ᄯᆞ녀

| 직역 |

공손추가 말하였다. "악정자는 강합니까?" 맹자가 말하였다. "아니다." "지려가 있습니까?" 말하였다. "아니다." "듣고 아는 것이

많습니까?" 말하였다. "아니다." "그러면 어찌 기뻐하여 잠을 자지 아니하십니까?" 말하였다. "그 사람됨이 착한 것을 좋아한다." "착한 것을 좋아하는 것으로 넉넉합니까?" 말하였다. "착한 것을 좋아하는 것이 천하에도 넉넉하니 하물며 노나라이겠는가!"

| 자해 |

優 : 넉넉함.

| 의해 |

공손추가 물었다. "정사는 중책을 맡을 수 있는 것이 귀중하니, 악정자는 강하여 힘이 있습니까?" 맹자가 말하였다. "아니다." 공손추가 또 물었다. "정사는 의심나는 것을 결단할 수 있는 것이 귀중하니, 악정자는 밝은 지혜가 있어 생각할 수 있습니까?" 맹자가 말하였다. "아니다." 공손추가 또 물었다. "정사는 전장(典章)과 법도(法度)에 익어서 사정을 알고 권변(權變)을 통달하는 것이 중요하니, 악정자는 고금의 일을 많이 듣고 마음에 압니까?" 맹자가 말하였다. "아니다. 악정자의 장점은 강하고 지혜 있고 많이 듣고 마음에 아는데 있지 않다."

공손추가 말하였다. "이 세 가지가 다 정사를 하는데 숭상하는 바인데, 악정자가 이미 이 세 가지에 부족함이 있으니, 곧 노나라에 등용되더라도 또한 효과가 없을 것입니다. 그런데 선생님께서 들으시고 어찌하여 기뻐하여 잠을 자지 않으셨습니까?"

맹자가 말하였다. "악정자가 비록 볼만한 재주는 없으나, 그 사람됨됨이가 착한 사람이다. 그러므로 한 착한 말은 듣고 한 착한 행실을 보면 마음에 진실로 좋아하여 급급히 오직 구하여 얻지 못할까 두려워 하니, 이것이 악정자의 장점이다."

공손추가 물었다. "노나라는 큰 나라인데, 착한 것을 좋아하는 한 가지 일로 다스릴 수 있습니까?"

맹자가 말하였다. "그대는 착한 것을 좋아하는 것으로써 부족하다 하지 말아라. 착한 것은 분량이 심히 크고, 착한 것을 좋아하는 쓰임이 무궁하니, 이로써 천하를 다스려도 또한 여유가 있거든 하물며 작은 노나라이겠는가?"

부구호선즉사해지내 개장경천리이래 고지
13-3. 夫苟好善則四海之內 皆將輕千里而來하여 告之
이선 부구불호선즉인장왈 이이 여기이지지의
以善하고 夫苟不好善則人將曰 訑訑를 予旣已知之矣
이이지성음안색 거인어천리지외
로라하리니 訑訑之聲音顏色이 距人於千里之外하나니
사지어천리지외 즉참첨면유지인 지의 여참첨
士止於千里之外 則讒諂面諛之人이 至矣리니 與讒諂
면유지인 거 국욕치 가득호
面諛之人으로 居면 國欲治인들 可得乎아

| 언해 |

진실로 善을 好ᄒᆞ면 四海ㅅ 內ㅣ 다 장ᄎᆞᆺ 千里ᄅᆞᆯ 輕히 너겨 來ᄒᆞ야 告호ᄃᆡ 善으로ᄡᅥ 하고 진실로 善을 好티 아니하면 人이 장ᄎᆞᆺ ᄀᆞᆯ오ᄃᆡ 訑訑히 홈을 내 이믜 아로라 ᄒᆞ리니 訑訑ᄒᆞᄂᆞᆫ 聲音과 顏色이 人을 千里ㅅ 外에 距ᄒᆞᄂᆞ니 士ㅣ 千里ㅅ 外예 止ᄒᆞ면 讒諂ᄒᆞ며 面諛ᄒᆞᄂᆞᆫ 人이 至ᄒᆞ리니 讒諂ᄒᆞ며 面諛ᄒᆞᄂᆞᆫ 人으로 더블어 居ᄒᆞ면 國이 治코져 ᄒᆞᆫᄃᆞᆯ 可히 得ᄒᆞ랴

| 직역 |

"진실로 착한 것을 좋아하면 사해의 안이 다 장차 천리를 가볍게 여겨 와서 고하는데 착한 것으로써 하고, 진실로 착한 것을 좋아하지 아니하면 사람이 장차 말하기를, '지혜가 족한 체 하는 것을 내가 이미 안다'고 한다. 그러니 지혜가 족한 체 하는 성음과 안색이 사람을 천리 밖에서 막으니, 선비가 천리 밖에 그치면 아첨하

며 얼굴빛으로 아부하는 사람이 이를 것이니, 아첨하며 얼굴빛으로 아부하는 사람과 함께 거하면 나라를 다스리고자 하더라도 할 수 있을 것인가?"

| 자해 |

輕 : 쉬움. • 訑訑 : 그 지혜를 스스로 족한 체하여 착한 말을 즐기지 않는 모양.

| 의해 |

"무엇으로써 착한 것을 좋아함이 천하에 넉넉하다 말하겠는가? 천하의 착함이 그 정사에 도움을 주는 것이 두궁하니, 다만 내가 취하지 못하는 것이 근심이다. 진실로 착한 것을 좋아하면 그 뜻과 기운이 미치는 바와 바람과 소리의 감동하는 바에 천하의 사람이 천리의 먼 것을 가벼이 여기고 와서 착한 것을 고할 것이다. 이로 말미암아 천하의 착한 것으로써 천하의 일을 다스리면 정사가 어렵지 않을 것이니, 어찌 천하를 다스리는데 넉넉하지 아니하겠는가?

진실로 착한 것을 좋아하지 않으면 사람의 착한 자가 장차 말하기를, "저 사람의 됨됨이가 지혜가 족한 체 하여 스스로 '천하의 일을 내가 다 이미 안다'고 한다. 가서 착함을 고할지라도 반드시 좋아함을 보지 못하리라"고 할 것이다. 다만 잘난 체하는 말소리와 얼굴빛이 사람을 천리 밖에서 막음을 보고, 천리를 가벼이 여기고 와서 착함으로써 고하는 자가 없어서, 착한 선비가 이미 천리 밖에 그치면 아첨하고 아부하는 사람이 이를 것이다. 아첨하고 아부하는 사람으로 더불어 거하면 듣는 바가 다 착한 말이 아니고, 행하는 바가 다 착한 정사가 아니다. 나라를 다스리고자 한들, 어찌 가능하겠는가? 이것이 정사를 하는데 착한 것을 좋아하는 것이 귀중한 이유이다. 그래서 내가 악정자가 정사를 담당하게 된 것을 기뻐하는 것이다.

| 요지 |

이 장은 천하를 돕는 것이 재주에 있지 않고 도량에 있음을 보인 것이다.

진자왈 고지군자하여즉사 맹자왈 소취삼
14-1. 陳子曰 古之君子何如則仕니잇고 孟子曰 所就三
소거삼
이요 所去三이니라

| 언해 |

陳子ㅣ ᄀᆞᆯ오ᄃᆡ 녯 君子ㅣ 엇디ᄒᆞ면 仕ᄒᆞ니잇고 孟子ㅣ ᄀᆞᆯᄋᆞ샤ᄃᆡ 就ᄒᆞᄂᆞᆫ배 三이오 去ᄒᆞᄂᆞᆫ배 三이니라

| 직역 |

진자가 말하였다. "예전의 군자가 어떠하면 벼슬을 했습니까?"
맹자가 말하였다. "나아가는 바가 셋이고 떠나가는 바가 셋이다."

| 의해 |

진자가 맹자의 벼슬하기 어려움을 본 까닭에 물어 말하였다. "벼슬하는 것은 의를 행하는 것입니다. 예전에 군자가 일찍이 벼슬하고자 않은 것은 아닙니다. 알지 못하겠습니다만, 어떠하면 벼슬을 했습니까?"
맹자가 말하였다. "때의 맞는 것이 같지 아니하고 군자가 스스로 처하는 것도 또한 다르니, 처음에 벼슬하여 나아갈 때에 그 나아가는 바가 세 가지가 있고, 벼슬을 마치지 아니하고 떠나갈 때에 그 떠나가는 바가 또한 세 가지가 있다."

영지치경이유례 언장행기언야즉취지
14-2. 迎之致敬以有禮하며 言將行其言也則就之하고
예모미쇠 언불행야즉거지
禮貌未衰나 言弗行也則去之니라

| 언해 |

迎ᄒᆞ욤애 敬을 致ᄒᆞ야 ᄡᅥ 禮를 두며 言호ᄃᆡ 쟝ᄎᆞᆺ 그 言을 行호려 ᄒᆞ면 就ᄒᆞ고 禮貌ㅣ 衰티 아니ᄒᆞ나 言이 行티 몯ᄒᆞ면 去ᄒᆞᄂᆞ니라

| 직역 |

"맞이함에 공경을 이루어 예가 있으며, 말하면 장차 그 말을 행하려 하면 나아가고, 예모가 쇠하지 않았으나 말이 행해지지 못하면 떠나갈 것이다."

| 의해 |

"어떻게 나아가고 떠나는 것의 세 가지가 있음을 볼 것인가? 만일 군자가 그 나라에 이르거든, 그 임금이 대접하여 맞이하되 이미 안으로 공경을 지극히 하고 밖으로 예가 있으며, 군자가 말하는 것을 그 임금이 또 장차 행하고자 하면, 비록 아직 실천하지는 않았더라도 신용하는 마음을 이미 결정한 것이다. 군자의 뜻이 도를 행하는데 있으니, 나아가는 것이다. 비록 예모는 쇠하지 아니하였으나 그 말이 이미 행하지 아니하면, 군자가 도를 행하려는 본 마음을 어긴 것이어서 떠나가는 것이다. 이것은 도로써 떠가고 나아가는 것이니, 군자의 떠나가고 나아감 가운데 하나이다."

기 차 수 미 행 기 언 야 영 지 치 경 이 유 례 즉 취 지
14-3. 其次는 雖未行其言也나 迎之致敬以有禮則就之
예 모 쇠 즉 거 지
하고 禮貌衰則去之니라

| 언해 |

그 次는 비록 그 言을 行티 아니ᄒᆞ나 迎ᄒᆞ욤애 敬을 致ᄒᆞ야 ᄡᅧ 禮를 두면 就ᄒᆞ고 禮貌ㅣ 衰ᄒᆞ면 去ᄒᆞᄂᆞ니라

| 직역 |

"그 다음은 비록 그 말을 행하지 아니하나 맞이함에 공경을 이루어 예가 있으면 나아가고 예모가 쇠하면 떠나가는 것이다."

| 의해 |

"그 대접의 버금은 비록 반드시 그 말을 행하지 못하더라도, 맞이하기를 공경히 하여 예가 있어서 오히려 어진 이를 높이는 뜻을 잃지 아니하면, 내가 나아가는 게 절개를 굽히고 몸을 잃는 것이 되지 아니하므로 나아가고, 예가 쇠하였는데도 떠나가지 아니하면 욕을 취하므로 곧 떠나가는 것이다. 이것은 예로써 떠나가고 나아가는 것이니, 또한 군자의 떠나가고 나아감 가운데 하나이다."

기 하 조 불 식 석 불 식 기 아 불 능 출 문 호
14-4. 其下는 朝不食하며 夕不食하여 飢餓不能出門戶
군 문 지 왈 오 대 자 불 능 행 기 도 우 불 능 종
어든 君이 聞之曰 吾大者론 不能行其道하고 又不能從
기 언 야 사 기 아 어 아 토 지 오 치 지 주 지
其言也하여 使飢餓於我土地를 吾恥之라하고 周之인댄

역 가 수 야 　　면 사 이 이 의
亦可受也어니와 免死而已矣라

| 언해 |

그 下ᄂᆞᆫ 朝애 食디 몯ᄒᆞ며 夕애 食디 몯ᄒᆞ야 飢餓ᄒᆞ야 能히 門戶애 出티 몯ᄒᆞ거든 君이 듣고 ᄀᆞᆯ오ᄃᆡ 내 大ᄒᆞ니론 能히 그 道를 行티 몯ᄒᆞ고 ᄯᅩ 能히 그 言을 從티 몯ᄒᆞ야 ᄒᆞ여곰 내 土地예셔 飢餓케 홈을 내 恥ᄒᆞ노라 ᄒᆞ고 周ᄒᆞᆯ띤댄 ᄯᅩᄒᆞᆫ 可히 受ᄒᆞᆯ꺼시어니와 死ᄅᆞᆯ 免ᄒᆞᆯ만 ᄒᆞᆯ ᄯᆞᄅᆞᆷ이니라

| 직역 |

"그 다음에는 아침에 먹지 못하며 저녁에 먹지 못하여 주리고 주리어서 문밖에 나가지 못하거든 임금이 듣고 말하기를, '내가 크게는 그 도를 행하지 못하고 또 그 말을 좇지 못하여 그로 하여금 내 토지에서 주리고 주리게 한 것을 내가 부끄러워한다'고 하고 구제해주면 또한 받을 수 있지만, 죽기를 면할 따름이다."

| 의해 |

"그 대접의 최하는 남의 나라에 붙어 있어서 말도 행하지 아니하고 맞이하는 것도 예가 없어서 어진 자로 하여금 아침에 먹을 것을 얻지 못하게 하고 저녁에 먹을 것을 얻지 못하게 하여 주리고 주리어 문 밖에 나가지 못하는데 이르면 그 곤궁함이 심한 것이다. 임금이 듣고 잘못을 뉘우쳐 말하기를, '내가 크게는 그 행하고자 하는 도를 행하지 못하고, 또 그 일로 인하여 간하고 가르치는 말을 좇지 못하고, 또 기르는 것도 이어서 하지 못하여 한갓 나의 토지에서 주리고 주리게 하여 떠나가고자 하여도 떠나가지 못하게 하니, 이것이 나의 수치이다"라고 하고, 이에 곡식을 주어 구제하면, 저 임금이 백성에게 진실로 구제하는 의가 있는 것인

데, 하물며 이러한 잘못을 뉘우치는 말이 있고, 나의 곤궁한 것도 또한 이미 극진한 것인 까닭에 또한 받을 수 있을 것이니, 그 구제하는 바를 받는 것도 또한 나아가는 것이다. 그러나 그 받는 것에도 절도가 있으니, 죽는 것만 면할 따름이다. 오래지 아니하여 마침내 또한 떠나가야 한다. 이것은 기르는 것으로써 가고 나가는 것이니, 또한 군자의 떠나가고 나아감 가운데 하나이다. 군자의 떠나가고 나아감이 각각 그 때를 따르는 것이니, 어찌 벼슬하기 어려움에 마음을 두겠는가?"

| 요지 |

이 장은 도로써 주장을 삼은 것이니, 하나는 벼슬하여 도를 행하는 것이고, 다음은 벼슬하여 도를 중시하는 것이고, 또 다음은 벼슬하여 도를 사랑하는 것이다. 도를 중시하는 자는 혹 만에 하나라도 행할 수 있는 기틀이 있고, 도를 사랑하는 자는 또 이 몸을 머무르게 하여 행할 수 있는 기교를 별도로 도모하니, 모두 세세하게 도를 실천하는 마음이다.

맹 자 왈 순 발 어 견 모 지 중 부 열 거 어 판
15-1. 孟子曰 舜은 發於畎畝之中하시고 傳說은 擧於版
축 지 간 교 격 거 어 어 염 지 중 관 이 오 거 어
築之間하고 膠鬲은 擧於魚鹽之中하고 管夷吾는 擧於
사 손 숙 오 거 어 해 백 리 해 거 어 시
士하고 孫叔敖는 擧於海하고 百里奚는 擧於市하니라

| 언해 |

孟子ㅣ ᄀᆞᆯᄋᆞ샤ᄃᆡ 舜은 畎畝ㅅ 中애셔 發ᄒᆞ시고 傳說은 版築ㅅ 間애 擧ᄒᆞ고 膠鬲은 魚鹽ㅅ 中애 擧ᄒᆞ고 管夷吾ᄂᆞᆫ 士애 擧ᄒᆞ고 孫叔敖ᄂᆞᆫ 海애 擧ᄒᆞ고 百里奚ᄂᆞᆫ 市예 擧ᄒᆞ니라

| 직역 |

맹자가 말하였다. "순은 밭두둑 가운데서 일어났고, 부열은 공사장 사이에서 등용되고, 교격은 물고기 잡고 소금 굽는 가운데에서 등용되고, 관이오는 옥관에게 갇힌 데서 등용되고, 손숙오는 바다에서 등용되고, 백리해는 시장에서 등용되었다."

| 의해 |

맹자가 말하였다. "예전의 성현을 하나하나 보니, 곤궁한 곳으로부터 통달한 자가 많다. 순 같은 이는 역산에서 밭을 갈다가 삼십에 등용되어 천자가 되셨으니, 실상은 밭두둑 가운데에서 일어난 것이다. 내려와서 왕을 보좌한 신하로 말하면, 부열 같은 이는 부암에서 천거되어 은나라의 어진 재상이 되었으나, 실상은 고종이 공사장 사이에서 등용하였다. 교격은 주나라를 도와서 왕업을 일으켰으나, 실상은 문왕이 물고기 잡고 소금 굽는 가운데서 등용하였다. 또 그 다음으로 패자를 도운 사람에 이르러서는, 관이오는 제나라 환공이 옥관에 의해 갇힌 데서 등용하여서 쓰고, 손숙오는 초나라 장왕이 바다에 가서 등용하여 쓰고, 백리해는 진나라 목공이 시장 가운데에서 등용하여 썼다. 이 몇 성현이 임금과 정승이라는 위치가 다르고, 왕도와 패도라는 방법이 다르나, 요컨대 다 처음에 빈천하다가 마침내 현달한 자이다."

고 천장강대임어시인야 필선고기심지
15-2. 故로 天將降大任於是人也신댄 必先苦其心志하
노기근골 아기체부 공핍기신 행불란
며 勞其筋骨하며 餓其體膚하며 空乏其身하여 行拂亂
기소위 소이동심인성 증익기소불능
其所爲하나니 所以動心忍性하여 曾益其所不能이니라

| 언해 |

故로 天이 장ᄎᆞᆺ 大任을 是人의게 降호려 ᄒᆞ신댄 반ᄃᆞ시 몬져 그 心志를 苦케 ᄒᆞ며 그 筋骨을 勞케 ᄒᆞ며 그 體膚를 餓케 ᄒᆞ며 그 身을 空乏케 ᄒᆞ야 行ᄒᆞ욤애 그 ᄒᆞᄂᆞᆫ 바를 拂亂케 ᄒᆞᄂᆞ니 ᄡᅧ 心을 動ᄒᆞ며 性을 忍ᄒᆞ야 그 能티 몯 ᄒᆞᄂᆞᆫ바를 曾益ᄒᆞᄂᆞᆫ 배니라

| 직역 |

"그러므로 하늘이 장차 큰 임무를 사람에게 내리려 할 때, 반드시 먼저 그 마음과 뜻을 고통스럽게 하며 그 힘줄과 뼈를 수고롭게 하며 그 몸과 살을 주리게 하며 그 몸을 비게 하고 모자라게 하여, 행함에 그 하는 바를 어그러지고 어지럽게 하니, 마음을 분발하며 성질을 참아서 그 능하지 못한 것을 보충하게 하는 것이다."

| 자해 |

大任 : 큰 일을 맡김. • 空 : 궁한 것. • 乏 : 끊어짐. • 拂 : 어그러짐. • 動心忍性 : 그 마음을 분발하고 그 성질을 굳게 참음. • 曾 : '더할 증(增)' 자와 같음.

| 의해 |

"이것이 다 하늘 뜻이다. 그러므로 하늘이 장차 임금과 정승의 큰 소임을 사람에게 내림에 반드시 먼저 궁곤한 땅에 두어서 그 마음과 뜻을 고통스럽게 하여 안으로 펴지 못하게 하고, 그 힘줄과 뼈를 수고롭게 하여 밖으로 쉬지 못하게 하고, 그 몸을 주리게 하여 음식을 양껏 채우지 못하게 하고, 그 몸을 궁핍하게 하여 재물을 쓰는데 풍족하지 못하게 하여, 몸이 행하는 바와 마음이 하고자 하는 바가 서로 어그러지고 어지러워서 뜻과 원하는 것을 이루지 못하게 한다. 하늘이 그 사람을 곤궁하게 하는 것이 이와 같이 극진한 것은 어째서인가? 바로 궁하면 근본을 돌이키고 수고로우면 생각하여, 그 인의(仁義)와 예지(禮知)의 마음을 분발하

여 편안함에 가리지 않게 하고자 함이다. 그 기품과 식색의 성품을 굳게 참아서 환락에 빠짐이 없게 한 것이니, 덕이 여기서 더욱 순전할 것이다. 세상의 어려움을 겪고 간고를 갖추어 맛보아, 알지 못하는 것과 행하지 못하는 것을 보충하니, 재주가 이에 더욱 주도면밀하게 된다. 큰 소임을 감당할 수 있는 것이 어찌 이유가 없겠는가?"

인 항 과 연 후 능 개 곤 어 심 형 어 려 이
15-3. 人恒過然後에 能改하나니 困於心하며 衡於慮而
후 작 징 어 색 발 어 성 이 후 유 입 즉 무
後에 作하며 徵於色하며 發於聲而後에 喩니라 入則無
법 가 필 사 출 즉 무 적 국 외 환 자 국 항 망 연
法家拂士하고 出則無敵國外患者는 國恒亡이니라 然
후 지 생 어 우 환 이 사 어 안 락 야
後에 知生於憂患而死於安樂也니라

| 언해 |

人ᄋᆞᆫ 덛더디 過ᅟᅵᆫ 然後에 能히 改ᄒᆞᄂᆞ니 心에 困ᄒᆞ며 慮에 衡ᄒᆞᆫ 後에 作ᄒᆞ며 色에 徵ᄒᆞ며 聲에 發ᄒᆞᆫ 後에 喩ᄒᆞᄂᆞ니라 入ᄒᆞ면 法家와 拂士ㅣ 업고 出ᄒᆞ면 敵國과 外患이 업ᄉᆞᆫ 者ᄂᆞᆫ 國이 덛더디 亡ᄒᆞᄂᆞ니라 그런 後에 憂患애 生ᄒᆞ고 安樂애 死ᄒᆞᆷ을 알띠니라

| 직역 |

"사람은 항상 잘못을 한 다음에 고칠 수 있으니, 마음에 어려우며 생각에 거슬린 후에 일어나며, 얼굴빛에 나타나며 소리에 발한 후에 깨닫는 것이다. 들어와서는 본받을 만한 집과 보필하는 선비가 없고, 나가서는 적국과 외환이 없는 자는 나라가 항상 망하는 것이다. 그런 후에 우환에 살고 안락에 죽는 것을 알 것이다."

| 자해 |

恒 : 일정한 것. • 衡 : '비낄 횡(橫)'자와 같으니 불순함. • 作 : 분연히 일어나는 것. • 徵 : 징험하는 것. • 喩 : 깨닫는 것. • 法家 : 법도가 있는 세신(世臣). • 拂 : '도울 필(弼)' 자와 같으니, 필사는 보필하는 어진 선비.

| 의해 |

"특별히 가장 지혜로운 사람만 곤궁함을 통하여 그 덕을 이루는 것이 아니라, 중등 사람의 성품도 또한 대략 허물이 있은 다음에 고칠 수 있어서 착한 데로 옮긴다. 평일에 삼가서 허물을 벗어나지 못하는 까닭에 반드시 형편이 어려워 마음에 곤하여 통하지 못하고 생각에 거슬려서 순하지 못한 다음에 분발할 수 있어서 스스로 새로워지는 것이다. 기미에 밝아서 허물을 면하지 못하기 때문에 반드시 사리가 드러나 사람의 노여워하는 빛을 징험하고 사람의 꾸짖는 소리를 드러낸 다음에 스스로 깨닫는 것이니, 이른바 항상 허물을 고칠 수 있음이 이와 같다.

특별히 중등의 사람만 그러한 것이 아니라 나라도 또한 그러함이 있으니, 임금이 그 나라를 보전하는 것에는 항상 안과 밖으로 경계하는 바가 있다. 만일 들어와 안에 있음에 법이 있는 집과 돕는 선비가 간하고 경계함이 없고, 나가 밖에 있음에 적국과 외환에 놀라고 위태로운 것이 없으면, 상하가 모두 안락함에 빠져서 군신이 교만하고 게으름에 익숙할 것이니, 나라가 망하지 않는 경우는 드물다.

통합하여 보면 그러한 후에 사람이 살고 온전함이 대체로 이 근심과 걱정하는데서 나오고, 죽고 망함이 대부분 편안하고 즐거운 데서 말미암는 다는 것을 알 것이다. 근심과 걱정하는데 처한 자는 항상 닦고 가다듬는 것을 잊지 않고, 편안하고 즐거운 데 처한 자는 또한 항상 근심하고 걱정하는 마음을 품는 것이 가능할 것이다."

| 요지 |

이 장은 곤궁함으로써 성취하는 바를 보인 것이다. 사람이 곤함으로써 스스로 이루는 것이고, 곤함으로써 스스로 막히는 것이 아니다. 머리 두 대문은 성현이 곤궁한 데서 형통함을 말하였고, 셋째 대문은 중등 사람이 곤한 데서 이룸을 말하였고, 넷째 대문은 나라와 집이 곤한 데서 보존함을 말하였다. 끝 대문은 모두 그 성공하고 실패하는 이치를 맺어, 살고 온전함이 우환에서 나온다는 것을 보였다.

맹 자 왈 교 역 다 술 의 여 불 설 지 교 회 야 자 시 역
16. 孟子曰 教亦多術矣니 予不屑之教誨也者는 是亦
교 회 지 이 이 의
教誨之而已矣니라

| 언해 |

孟子ㅣ ᄀᆞᆯᄋᆞ샤ᄃᆡ 教홈이 ᄯᅩ 術이 하니 내 屑히 너겨 教誨티 아니 홈은 이 ᄯᅩᄒᆞᆫ 教誨홀 ᄯᆞᄅᆞᆷ이니라

| 직역 |

맹자가 말하였다. "가르치는 것이 또한 방법이 많으니, 내가 달갑게 여겨 가르치지 않은 것은 또한 가르치는 것일 따름이다."

| 자해 |

多術 : 가르치는 방법이 한 가지가 아님. • 屑 : 달가움. 불설(不屑)은 그 사람을 달갑지 않다고 거절한 것이니, 이른바 '불설(不屑)의 교회(教誨)'임.

| 의해 |

맹자가 말하였다. “배우는 자의 바탕이 같지 아니하고, 군자의 가르치는 것이 또한 방법이 많다. 내가 사람이 허물이 있음에 혹 거절하고 달갑게 여겨 가르치지 않는 것은, 비록 내가 아무 말 한 바가 없고 저 사람은 아무 들은 바가 없지만, 이것은 내가 저 사람을 거절하는 것이 아니라, 실상 격동하여 뉘우치고 깨달아서 스스로 새롭게 하게 하는 것이니, 이것 또한 가르치는 것이다. 가르침이 가르치지 아니함에 있으니, 그 방법이 다양함이 이와 같다.”

| 요지 |

이 장은 사람을 가르쳐 곡진하게 이루어 주는 방법이 무궁함을 보인 것이다. 머리 구절은 머리말이고, 아래는 그 방법이 많음을 보인 것이다.

13. 진심장구상(盡心章句上)

1. 孟子曰 盡其心者는 知其性也니 知其性則知天矣니라 存其心하여 養其性은 所以事天也요 天壽不貳하여 脩身以俟之는 所以立命也니라

| 언해 |

孟子ㅣ 갈ᄋᆞ샤ᄃᆡ 그 心을 盡ᄒᆞᄂᆞᆫ 者ᄂᆞᆫ 그 性을 알ᄊᆡ니 그 性을 알면 天을 아ᄂᆞ니라 그 心을 存ᄒᆞ야 그 性을 養ᄒᆞ욤은 ᄡᅥ 天을 事ᄒᆞᄂᆞᆫ배오 天壽에 貳티 아니ᄒᆞ야 身을 脩ᄒᆞ야 ᄡᅥ 俟ᄒᆞ욤ᄂᆞᆫ ᄡᅥ 命을 立ᄒᆞᄂᆞᆫ 배니라

| 직역 |

맹자가 말하였다. "그 마음을 다 하는 자는 그 성을 알 것이니, 그 성을 알면 하늘을 안다. 그 마음을 보존하여 그 성을 기름은 하늘을 섬기는 것이다. 일찍 죽고 오래 사는 것에 대해서 의심하지 아니하여, 몸을 닦아서 기다림은 명을 세우는 것이다."

| 자해 |

心 : 사람의 신명. 여러 이치를 갖추어 만사에 응하는 것. • 性 : 곧 마음이 갖춘 바 이치. • 天 : 이치가 따라 나온 곳. • 存 : 잡고 놓지 아니함. • 養 : 따라서 해롭게 하지 않음. • 事 : 받들어 이어서 어기지 아니함. • 天壽 : 명(命)의 짧고 긴 것. • 貳 : 의심함. 불이(不貳)는 하늘 알기를 지극히 함. • 修身以俟 : 하늘을 섬겨서 몸을 마침. • 立命 : 하늘이 부여한 것을 온전히 하

여 인위적으로 해롭게 하지 아니함.

| 의해 |

맹자가 말하였다. "마음의 본체가 큰 것은 모든 이치를 갖추고 만가지 일에 응하기 때문이다. 그러나 사람이 처음 생겨날 때, 착한 것을 이어서 성품을 이루니, 성품은 내 마음의 실제적인 이치이다. 성품에 알지 못하는 것이 있다면, 마음에 가리운 바가 있기 때문일 것이니, 무엇을 다해야 하겠는가? 그런 까닭에 그 마음의 완전한 것을 다하여 본체와 작용에 빠짐이 없게 하는 자는 격물치지(格物致知)하여 활연관통(豁然貫通)할 수 있어서, 먼저 그 성품의 도리를 알 것이다. 이미 그 성품을 알면 궁리가 극진하여 스스로 근본을 묘하게 통하여 성품을 부여받은 근원을 훤히 알아서 막힘이 없을 것이다.

나의 인·의·예·지는 하늘의 원(元)·형(亨)·이(利)·정(貞)이니, 나의 성품은 모두 하늘로부터 온 것이다. 그런 까닭에 내가 성품을 알면, 자연히 하늘을 알 수 있다.

그러나 마음을 보존하고 성품을 기름이 지극하지 못하면, 지혜는 미칠 수 있겠지만 인을 지키지 못하여, 하늘을 아는 자라 하더라도 하늘을 어기는 것을 면하지 못할 것이다. 그런 까닭에 마음을 이미 다하였다면, 또 마음을 보존하는 것이 귀중하다.

그렇지만 여전히 다하지 못한 것이 있다. 마음에 털끝만큼이라도 미치지 못한 것이 있으면, 일찍 죽고 오래 사는 것에 동요되지 않을 수 없다.

반드시 마음을 다하고 성품을 기르는 공이 더욱 정교하고 더욱 밝아서, 당초에 죽고 살고 빨리 죽고 오래 사는 것을 가지고 내가 마음에 기뻐하거나 슬퍼하여 의심하지 않고, 한결같이 나의 몸만 닦아서 하늘에 있는 것만 들어야 한다.

마음을 보존하고 성품을 기르는 것을 죽기에 이른 뒤에 알면 하늘을 알고 하늘을 섬김이 이미 지극하여 하늘이 나에게 부여한 이치를 온전히 하여 돌아가지 않음이 없을 것이다."

| 요지 |

이 장은 모두 사람으로서 하늘에 합하는 학문을 말했다. 머리 구절은 그 이치에 나가는 지(智)이고, 다음 구절은 그 일은 밟아 행하는 인(仁)이고, 끝 구절은 지와 인이 각각 그 지극한 데 나감이니, 모두 이치를 궁구하고 성품을 다하여 명(命)에 이른 것이다. 마음과 성품과 하늘과 명의 네 단어의 의미가 다 한가지인데 사람이 갖추어서 마음이 된 것이니, 마음의 신령한 것이 성품이 되고 성품으로부터 나오는 것이 하늘이 되고 하늘의 일정한 것이 명이 된다. 맹자가 나온 것을 분별함은 사람으로 하여금 본래 나온 곳을 좇아서 하락처(下落處)를 찾게 한 것이다. 그러나 그 결과는 사람의 몸에 있기 때문에 끝 절에 '수신' 두 글자를 끌어낸 것이니, 마음과 성품이 공허한데 붙어 있지 아니하며 천과 명이 아득한 데 붙어 있지 아니하고 곧 사람의 몸에 있음을 보인 것이다. 또 사람의 몸이 껍데기뿐만 아니라 마음과 성품과 하늘과 명을 합한 후에야 그 몸을 이룸을 보인 것이다. 그러므로 이 문장의 결론이 몸을 닦음에 있고, 그 공부의 시작은 '존양(存養)' 두 글자에 있고, 그 관철함은 '진심(盡心)' 두 글자에 있다.

맹자왈 막비명야 순수기정 시고 지명자

2. 孟子曰 莫非命也나 順受其正이니라 是故로 知命者

불립호암장지하 진기도이사자 정명야

는 不立乎巖墻之下하나니라 盡其道而死者는 正命也요

질곡사자 비정명야

桎梏死者는 非正命也니라

| 언해 |

孟子ㅣ ᄀᆞᆯᄋᆞ샤ᄃᆡ 命이 아니니 업ᄉᆞ나 그 正을 順히 受홀띠니라 이런 故로 命을 아ᄂᆞᆫ 者ᄂᆞᆫ 巖墻ㅅ 下애 立디 아니 ᄒᆞᄂᆞ니라 그 道를 盡ᄒᆞ야 死ᄒᆞᄂᆞᆫ 者ᄂᆞᆫ 正ᄒᆞᆫ 命이오 桎梏ᄒᆞ아 死ᄒᆞᄂᆞᆫ 者ᄂᆞᆫ 正ᄒᆞᆫ 命이 아니니라

| 직역 |

맹자가 말하였다. "명이 아님이 없으나, 그 바름을 순조롭게 받아야 한다. 이런 까닭에 명을 아는 자는 높은 담장 아래에 서지 아니한다. 그 도를 다 하여 죽는 자는 올바른 명이다. 형벌을 받아 죽는 자는 바른 명이 아니다."

| 자해 |

命 : 정명(正命). • 巖墻 : 장차 무너질 담. • 桎 : 발을 잠그는 기계. • 梏 : 손은 잠그는 기계. 죄인을 구속하는 형구.

| 의해 |

맹자가 말하였다. "사람의 혹 길하고 혹 흉하며 혹 화도 있고 혹 복도 있음은 모두 자연의 기수(氣數)이니 하늘이 부여한 바가 아닌 것이 없지만, 다만 그 바른 것은 순조롭게 받아서 내가 마땅히 닦을 것만 다하여 천명이 스스로 이르는 것을 들어야 한다.

오직 마땅히 바른 명을 순조롭게 받아야 한다. 그러므로 바른 명을 아는 자는 험한 것을 즐겨 행하여 높은 담장 아래에 서지 않는다. 내 몸에 화가 돌아올 일을 하지 않으니, 이것이 이른바 순조롭게 바른 명을 받는 것이다.

그러나 과연 어떠한 것이 바른 명인가? 사람이 마음을 보존하고 성품을 길러서 내가 마땅히 나의 닦을 일을 다 해도 죽음을 면하지 못하는 것은 이루려고 하지 않아도 이루어지는 것이니, 그런 죽음이 바른 명이다.

또 어떠한 것이 바른 명이 아닌가? 악한 일을 하다가 죄를 범하여 질곡의 형벌을 당하여 죽는 것이다. 이것은 내가 스스로 취한 것이고 바른 명이 아니다. 자기의 도를 다하고 죽는 자는 높은 담장 아래에 서지 않는 자이니, 이것이 그 바른 명을 순조롭게 받는 것이다. 질곡의 형벌을 당하여 죽는 자는 높은 담장 아래에 서는 자이니, 이것은 바른 것을 순조롭게 받지 않은 것이다. 이것을 알면 명을 세운다는 말을 다한 것이다."

| 요지 |

이 장은 윗 장의 몸을 닦고 명을 기다린다는 곳의 미진한 뜻을 발명한 것이다. 머리 구절에는 군자가 바른 명을 따라야 한다는 것을 말하였고, 다음 구절에는 그것을 거듭 말한 것이다. 끝 두 구절은 명에 바른 것도 있고 바르지 않은 것도 있음을 말하여, 사람이 마땅히 알아야 한다는 것을 보였다.

맹 자 왈 구 즉 득 지 사 즉 실 지 시 구 유 익
3. 孟子曰 求則得之하고 舍則失之하나니 是求는 有益
어 득 야 구 재 아 자 야 구 지 유 도 득 지 유 명
於得也니 求在我者也일새니라 求之有道하고 得之有命
시 구 무 익 어 득 야 구 재 외 자 야
하니 是求는 無益於得也니 求在外者也일새니라

| 언해 |

孟子ㅣ ᄀᆞᆯᄋᆞ샤ᄃᆡ 求ᄒᆞ면 得ᄒᆞ고 舍ᄒᆞ면 失ᄒᆞᄂᆞ니 이 求ᄂᆞᆫ 得홈애 益홈이 인ᄂᆞ니 내게 인ᄂᆞᆫ 者를 求ᄒᆞᆯ 씨니라 求ᄒᆞ욤이 道ㅣ 잇고 得ᄒᆞ욤이 命이 이시니 이 求ᄂᆞᆫ 得홈애 益홈ᄋᆡ 업ᄉᆞ니 在外예 인ᄂᆞᆫ 者를 求ᄒᆞᆯ씨니라

| 직역 |

맹자가 말하였다. "구하면 얻고 놓으면 잃으니, 이 구함은 얻는데 유익이 있으니, 내게 있는 것을 구하기 때문이다. 구함에 도가 있고 얻음에 명이 있으니, 이 구함은 얻는데 유익함이 없으니, 밖에 있는 것을 구하기 때문이다.

| 자해 |

在我 : 인·의·예·지를 이름. •有道 : 함부로 구하지 못함. •有命 : 얻기를 기필하지 못함. •在外 : 부귀와 이달(利達)을 이름.

| 의해 |

맹자가 말하였다. "심하다! 사람이 구하는 바를 살피지 않을 수 없다. 사물이 여기에 있는데, 구하지 않으면 그만이겠지만 구하면 얻을 것이고, 놓지 않으면 그만이겠지만 놓는다면 잃어버릴 것이니, 얻고 잃어버리는 것이 구하고 구하지 않는데 매인 것이 이와 같다. 이 구하는 것이 얻는 데에 유익함은 그 구하는 바가 나에게 고유한 사물이기 때문이다. 오직 나에게 있는 까닭에 구하면 얻는 것인데도 사람이 구할 것을 알지 못함은 어째서인가? 구함에 절제하는 도가 있으니 함부로 구하지 못할 것이고, 비록 구하여도 또한 얻는 것을 기필할 수 없다. 얻는 것에 명(命)이 있으니 얻고 잃어버리는 것이 구하고 구하지 않는 데 상관이 없음이 이와 같다. 이 구함이 얻는데 유익함이 없는 것은 그 구하는 바가 나의 몸 밖의 사물이기 때문이다. 오직 몸 밖에 있기 때문에 구하여도 반드시 얻지 못할 것인데도 사람이 절실하게 구하는 것은 어째서인가?"

| 요지 |

이 장은 내가 마땅히 구할 것과 밖에서 반드시 구하지 않아야 할 것을 깊이 나타내어 사람으로 하여금 구하는 바를 살피게 하고자

하는 뜻이다. 윗 구절은 곧 내가 좋아하는 바를 좇는 뜻이고, 아래 구절은 구해서는 안 된다는 뜻이다.

맹 자 왈 만 물 개 비 어 아 의 반 신 이 성 낙 막 대
4. 孟子曰 萬物이 皆備於我矣니 反身而誠이면 樂莫大
언 강 서 이 행 구 인 막 근 언
焉이오 强恕而行이면 求仁이 莫近焉이니라

| 언해 |

孟子ㅣ ᄀᆞᆯᄋᆞ샤ᄃᆡ 萬物이 다 내게 備ᄒᆞ얀ᄂᆞ니 身애 反ᄒᆞ야 誠ᄒᆞ면 樂이 이만 크니 업고 恕를 强ᄒᆞ야 行ᄒᆞ면 仁을 求ᄒᆞᆷ이 이만 갓가오니 업ᄉᆞ니라

| 직역 |

맹자가 말하였다. "만물이 다 나에게 갖추어져 있으니, 몸에 돌이켜서 성실하면 즐거움이 이보다 큰 것이 없고, 서(恕)를 힘써 행하면 인을 구함이 이보다 가까운 것이 없다."

| 자해 |

誠 : 성실. • 强 : 힘써 하는 것. • 恕 : 내 몸을 미루어 남에게 미치는 것.

| 의해 |

맹자가 말하였다. "천하의 사물이 제각각이지만, 모두 당연한 이치가 있지 않음이 없다. 이 이치는 하늘이 내려주어 이미 나의 성품 가운데에 갖추어져 있다. 나의 성품에는 인・의・예・지가 있어서 크게는 인륜이고, 작게는 사물의 이치가 모두 이것 밖에 있지 않으니, 만물이 내게 갖추어져 있는 것이다.

몸을 돌이켜 성실한 자는 자연스런 이치를 좇아서 힘쓰지 않아도 인이 내 몸에 있다. 만일 이에 이르지 못한 자는 마땅히 몸을 미루어 사물에 미쳐서 서(恕)하여 몸의 사욕이 가리는 것을 버리고 힘써 하늘 이치의 공변된 것을 구하면, 인의 도가 이것보다 더 가까운 것이 없을 것이다. 이로부터 오래도록 힘써서 만물이 일체가 되는 인을 온전히 행하면, 나에게 갖추어 있는 것이 스스로 흠이 없을 것이다. 성품을 다 하고자 하는 자는 서로 말미암아 인을 행하여 점점 몸을 성실히 하는 즐거움에 나아가야 할 것이다."

| 요지 |

이 장은 모두 성품을 극진히 하는 학문을 가지고 사람을 권면한 것이다. 머리 구절은 이치가 사람에게 갖추어 있음을 말하였고, 아래 구절은 터득하는 묘리(妙理)와 구하는 방법을 말하였다. 나에게 갖추어진 이치가 원래 참되고 실하며 망령됨이 없어서 사물과 내가 사이가 없는 것이다. 이것이 다 나에게 갖추어졌다고 말한 것은 성(誠)의 근원과 인(仁)의 근본을 보아 얻게 한 것이다. 몸에 받아서 실상으로 하면 곧 지극한 성이고 인을 편안히 여기는 자이며, 행하되 서(恕)로써 하면 곧 성을 생각하는 것이고 인을 이롭게 여기는 자이니, 모두 남을 이루어주는 극진한 바를 말한 것이다.

맹자왈 행지이부저언 습의이부찰언 종신
5. 孟子曰 行之而不著焉하며 習矣而不察焉이라 終身
유지이부지기도자 중야
由之而不知其道者는 衆也니라

| 언해 |

孟子ㅣ ᄀᆞᆯᄋᆞ샤ᄃᆡ 行호ᄃᆡ 著티 몯ᄒᆞ며 習호ᄃᆡ 察티 몯ᄒᆞᄂᆞᆫ디라 身이 終토록 由ᄒᆞ야도 그 道를 아디 몯 ᄒᆞᆫ 者ㅣ하니라

| 직역 |

맹자가 말하였다. "행하면서도 드러내지 못하며, 익히면서도 살피지 못하기 때문에 몸을 마치도록 따르면서도 그 도를 알지 못하는 자가 많다."

| 자해 |

著 : 알기를 밝게 함. • 察 : 알기를 정하게 함.

| 의해 |

맹자가 말하였다. "날마다 쓰는 사이에 일이 있으면 이치가 있는 것인데, 사람이 모두 일을 행하면서도 오히려 그 이치의 당연한 것을 밝히지 못한다. 이치의 당연한 것이 있으면 반드시 이치의 그러한 바가 있는데, 사람이 모두 그 일을 익히면서도 오히려 그 이치의 그러한 바를 알지 못한다. 이것을 가지고 말하면 몸을 마치도록 이 도를 따르면서도 이 도를 알지 못하는 자가 많다. 이 때문에 도가 천하에 밝혀지지 못하는 것이니, 도를 아는 학문에 군자가 힘쓰지 않을 수 있겠는가?"

| 요지 |

이 장은 전적으로 도를 알지 못하는 자를 위하여 표현한 것이니, 사람들에게 알기를 밝게 하고 알기를 정밀하게 할 것을 깨우친 것이다.

맹 자 왈 인 불 가 이 무 치 무 치 ᄌᆞ 치 무 치 의
6. 孟子曰 人不可以無恥니 無恥之恥면 無恥矣니라

| 언해 |

孟子ㅣ ᄀᆞᆯᄋᆞ샤ᄃᆡ 人이 可히 ᄡᅧ 恥업디 몯 홀 꺼시니 恥업슴을 恥ᄒᆞ면 恥ㅣ업스리니라

| 직역 |

맹자가 말하였다. "사람이 부끄러움이 없어서는 안 되니, 부끄러움이 없는 것을 부끄러워하면 결국 부끄러움이 없을 것이다."

| 의해 |

맹자가 말하였다. "부끄러움은 부끄러워하는 양심이다. 내가 착한 곳으로 나가지 못한 것을 부끄러워하면 착한 곳으로 옮길 수 있을 것이다. 내가 허물을 벗어나지 못한 것을 부끄러워하면 허물이 없어질 것이다.

따라서 사람이 부끄러움이 없어서는 안 되니, 사람이 만일 부끄러워하여 뉘우치고 깨달으며 분연히 스스로 새롭게 하면 몸을 마치도록 부끄럽고 욕됨은 없을 것이다. 사람이 어찌 그 부끄러워하는 마음을 스스로 잃어버릴 수 있겠는가?"

| 요지 |

이 장은 맹자가 사람들에게 그 부끄러워하는 마음을 잃지 않도록 한 것이다. 윗 구절은 사람에게 마땅히 부끄러움이 있어야 할 것을 말한 것이고, 아래 구절은 부끄러워 할 줄 아는 것이 유익함을 말한 것이다.

맹 자 왈 치 지 어 인 대 의 위 기 변 지 교 자 무 소 용
7. 孟子曰 恥之於人에 大矣라 爲機變之巧者는 無所用
치 언 불 치 불 약 인 하 약 인 유
恥焉이니라 不恥不若人이면 何若人有티오

| 언해 |

孟子ㅣ ᄀᆞᆯᄋᆞ샤ᄃᆡ 恥ㅣ 사ᄅᆞᆷ의게 크다 機變ㅅ 巧를 ᄒᆞᄂᆞᆫ 者ᄂᆞᆫ 恥를 ᄡᅳᆯ빼 업스니라 恥티 아니홈이 사ᄅᆞᆷᄀᆞᆮ디 몯ᄒᆞ면 므서시 사ᄅᆞᆷᄀᆞᄐᆞᆷ이 이시리오

| 직역 |

맹자가 말하였다. "부끄러워하는 것이 사람에게 중대하다. 임기응변의 기교를 부리는 자는 부끄러움을 쓸 바가 없을 것이다. 부끄러워하지 않는 것이 사람 같지 못하면, 무엇이 사람 같겠는가?"

| 자해 |

恥心 : 나에게 진실로 있는 수오(羞惡)의 마음. • 機變之巧 : 기계(機械)와 변사(變詐)의 공교(工巧)함.

| 의해 |

맹자가 말하였다. "부끄러워하는 것은 양심이다. 부끄러워하는 마음이 있고 없음을 가지고 사람의 간사하고 바른 것을 분별하니, 사람에게 관계됨이 매우 크다.

그 마음을 빠지게 하는 사람은 임기응변의 교활한 짓을 하지 않음이 없다. 이것을 양심이 있는 자는 깊이 부끄러워하여 하지 않는 것인데, 간사한 사람은 오히려 꾀를 얻었다 하여 시원하게 여겨서 부끄러워 할 줄 모른다. 그렇게 되면 그 고유한 양심이 날마다 막히는데도 스스로 알지 못할 것이다.

사람이 부끄러움을 쓸 바가 없음에 이르면 부끄러워하지 않는 한 가지 일이 본마음을 다 잃어버려서 짐승으로 타락하고 다시는 성현의 도에 나가지 못할 것이다. 그렇다면, 부끄러워하는 것이 사람에게 어찌 크지 않겠는가?"

| 요지 |

이 장은 사람이 부끄러워하는 마음을 잃어버려서는 안 됨을 경계한 것이다. 위 구절은 부끄러움과의 관련이 큰 것을 말한 것이고, 아래 구절은 부끄러움이 없는 것이 추할 수 있음을 말하여 부끄러움이 큰 것임을 드러낸 것이다.

맹 자 왈 고 지 현 왕 호 선 이 망 세 고 지 현 사 하
8. 孟子曰 古之賢王이 好善而忘勢하더니 古之賢士何
독 불 연 낙 기 도 이 망 인 지 세 고 왕 공 불 치
獨不然이리오 樂其道而忘人之勢라 故로 王公이 不致
경 진 례 즉 부 득 기 견 지 견 차 유 부 득 기 이 황 득 이
敬盡禮則不得亟見之하니 見且猶不得亟온 而況得而
신 지 호
臣之乎아

| 언해 |

孟子ㅣ ᄀᆞᆯᄋᆞ샤ᄃᆡ 녜 賢ᄒᆞᆫ 王이 善을 好ᄒᆞ야 勢ᄅᆞᆯ 忘ᄒᆞ더니 녜 賢ᄒᆞᆫ 士ㅣ 엇디 호올로 그러티 아니리오 그 道ᄅᆞᆯ 樂ᄒᆞ야 人의 勢ᄅᆞᆯ 忘ᄒᆞᄂᆞᆫ디라 故로 王公이 敬을 致ᄒᆞ며 禮ᄅᆞᆯ 盡티 아니ᄒᆞ면 시러곰 ᄌᆞ로 見티 몯ᄒᆞ니 見ᄒᆞ욤도 ᄯᅩ 오히려 시러곰 ᄌᆞ로 몯ᄒᆞ곤 ᄒᆞ믈며 시러곰 臣ᄒᆞ랴

| 직역 |

맹자가 말하였다. "옛 적의 어진 임금은 선을 좋아하여 권세를 잊

었으니, 옛 적의 어진 선비가 어찌 홀로 그렇지 않았겠는가? 도를 즐거워하여 사람의 권세를 잊었기 때문에 왕공이 경을 이루며 예를 다 하지 아니하면 자주 볼 수 없었다. 보는 것도 또한 오히려 자주 못하였는데, 하물며 신하 노릇을 하게 할 수 있었겠는가?"

| 의해 |

맹자가 말하였다. "사람이 남에게 무겁게 보이는 것은 반드시 자중함이 있는 것이다. 옛 적의 어진 임금이 사람의 착한 것을 좋아하고 자기의 세력을 잊어버리는 것은 선비를 높인 것이니, 옛 적의 어진 선비가 어찌 홀로 어진 임금과 같지 못하였겠는가? 또한 도를 즐기고 사람의 권세를 잊어버렸다. 왕공이 안으로 공경을 지극하게 하지 않고 밖으로 예를 다하지 않으면, 어진 선비가 도로써 자중하고 즐기며 몸을 굽혀 구차하게 합하지 않아서 임금이 자주 보지 못하였다. 오히려 자주 보지도 못하였는데, 하물며 벼슬과 봉록으로 부려서 신하를 삼을 수 있었겠는가?"

| 요지 |

이 장은 당시에 선비의 도를 굽히는 자들 때문에 표현한 것이니, 왕공이 공경을 다하지 아니하면 보지 못하거든, 하물며 신하를 삼으라고 하겠는가? 모두 어진 선비의 스스로 무겁게 함을 말한 것이니, 바로 지금의 선비가 그렇지 못함을 개탄한 것이다.

맹 자 위 송 구 천 왈 자 호 유 호 오 어 자 유 인
9-1. 孟子謂宋句踐曰 子好遊乎아 吾語子遊호리라 人
지 지 역 효 효 인 부 지 역 효 효 왈 하 여
知之라도 亦囂囂하며 人不知라도 亦囂囂니라 曰 何如라
사 가 이 효 효 의 왈 존 덕 락 의 즉 가 이 효 효 의
야 斯可以囂囂矣잇고 曰 尊德樂義 則可以囂囂矣니라

| 언해 |

孟子ㅣ 宋句踐ᄃᆞ려닐어 ᄀᆞᆯᄋᆞ샤ᄃᆡ 子ㅣ 遊ᄒᆞ욤을 好ᄒᆞᄂᆞ냐 내 子ᄃᆞ려 遊를 語호리라 人이 知홀띠라도 ᄯᅩᄒᆞᆫ 囂囂ᄒᆞ며 人이 知티 몯 홀띠라도 ᄯᅩᄒᆞᆫ 囂囂홀띠니라 ᄀᆞᆯ오ᄃᆡ 엇디 ᄒᆞ야ᅀᅡ 이 可히 ᄡᅧ 囂囂ᄒᆞ리잇고 ᄀᆞᆯᄋᆞ샤ᄃᆡ 德을 尊ᄒᆞ며 義를 樂ᄒᆞ면 可히 ᄡᅧ 囂囂홀 이니라

| 직역 |

맹자가 송구천에게 일러 말하였다. "그대가 유세하는 것을 좋아하느냐? 내가 그대에게 유세하는 것에 대해 말해주겠다. 사람이 알아듣더라도 또한 담담하며 사람이 알아듣지 못하더라도 또한 담담해야 한다." 송구천이 말하였다. "어떠하여야 담담할 수 있습니까?" 맹자가 말하였다. "덕을 높여 의를 즐기면 담담할 수 있을 것이다."

| 자해 |

宋句踐 : 송(宋)은 성, 구천(句踐)은 이름. • 遊 : 유세함. • 囂囂 : 스스로 얻어서 욕심이 없는 모양. • 德 : 얻은 바의 착함. • 義 : 지킨 바의 바름.

| 의해 |

맹자가 송구천에게 일러 말하였다. "그대는 제후에게 유세하기를 좋아하는가? 내가 그대에게 유세의 도리를 말해주겠다. 유세하는 것은, 달래는 말을 사람이 알아들을지라도 또한 담담하여 기뻐하지 아니하고, 달래는 말을 알아듣지 못할지라도 또한 담담하여 슬퍼하지 않아서, 얻고 잃음을 다 잊어버리고 사람에게 구함이 없으면, 어디를 가든지 다 자득할 것이니, 이것이 유세하는 도리이다."

송구천이 말하였다. "담담함을 쉽게 말하지 못할 것입니다. 어떠하여야 담담하게 됩니까?"

맹자가 말하였다. "담담함이라는 것은 거짓 정(情)으로 할 것이 아니고, 내가 스스로 만족하여 남을 기다리지 않는 것이다. 얻은 바가 착한 것을 덕이라 이르니, 내가 스스로 높여 인·의·충·신을 즐기기를 게을리 하지 않는 것이고, 지킨 바의 바른 것을 의라 일컬으니, 내가 스스로 즐겨 나오고 물러가고 나가고 처하는 것을 구차하게 하지 않는 것이다. 덕을 높이면 진실로 귀한 것이 나에게 있기 때문에 스스로 무거움이 있어서 인작(人爵)의 영화(榮華)를 생각하지 않는 것이고, 의를 즐기면 지극히 바른 것이 내게 있어서 스스로 편안하여 바깥 사물이 유혹하는 것을 좇지 않을 것이다. 그러면 알게 모르게 다 담담하여 스스로 얻을 수 있어서 욕심이 없는 기상이 가릴 수 없도록 나타날 것이다."

고 사 궁불실의 달불이도 궁부실의
9-2. 故로 士는 窮不失義하며 達不離道니라 窮不失義
고 사득기언 달부이도고 민부실망언
故로 士得己焉하고 達不離道故로 民不失望焉이니라
고지인 득지 택가어민 부득지 수신현
古之人이 得志하얀 澤加於民하고 不得志하얀 修身見
어세 궁즉독선기신 달즉겸선천하
於世하니 窮則獨善其身하고 達則兼善天下니라

| 언해 |

故로 士는 窮ᄒᆞ야도 義ᄅᆞᆯ 失티 아니ᄒᆞ며 達ᄒᆞ야도 道애 離티 아니 ᄒᆞᄂᆞ니라 窮ᄒᆞ야도 義ᄅᆞᆯ 失티 아니ᄒᆞᄂᆞᆫ 故로 士ㅣ 己ᄅᆞᆯ 得ᄒᆞ고 達ᄒᆞ야도 道애 離티 아니ᄒᆞᄂᆞᆫ 故로 民이 望을 失티 아니 ᄒᆞᄂᆞ니라 녜 사ᄅᆞᆷ이 志ᄅᆞᆯ 得ᄒᆞ얀ᄂᆞᆫ 澤이 民의게 加ᄒᆞ고 志ᄅᆞᆯ 得디 몯ᄒᆞ야ᄂᆞᆫ 身을 修ᄒᆞ야 世예 見ᄒᆞ니 窮ᄒᆞ면 그 身을 호올로 善ᄒᆞ고 達ᄒᆞ면 天下ᄅᆞᆯ 兼ᄒᆞ야 善ᄒᆞ니라

| 직역 |

“그러므로 선비는 궁하여도 의를 잃지 아니하며, 영달하여도 도에서 떠나지 않는다. 궁하여도 의를 잃지 아니하기 때문에 선비가 몸소 지킨 바를 얻고, 영달하여도 도에서 떠나지 않기 때문에 백성이 바람을 잃지 않는다. 옛 사람이 뜻을 얻어서는 덕택이 백성에게 더해지고, 뜻을 얻지 못해서는 몸을 닦아서 세상에 보이니, 궁하면 그 몸을 홀로 선하게 하고 영달하면 천하를 겸하여 착하게 하였다.”

| 자해 |

得己 : 내가 몸소 지킨 바를 얻음. • 民不失望 : 사람이 본래 그 도를 일으켜 다스림을 바라더니 지금 과연 바라는 바와 같음. • 見 : 이름과 실상의 드러남. 음은 ‘현’.

| 의해 |

“오직 그 담담함이 이와 같았기 때문에 선비가 궁한 데 처함에 그가 지킨 의를 잃지 않았으니, 궁하여도 덕을 높이고 의를 즐겼고, 영달한 데 처함에 그 배운 바 도를 떠나지 않았으니, 영달하여도 덕을 높이고 의를 즐긴 것이다. 그 행하는 일에 보이는 실상이 이와 같았다.

선비는 궁하여도 의를 잃지 않기 때문에 뜻을 내리지 않고 몸을 욕되게 하지 않아 몸소 지킨 바를 얻고, 영달하여도 도를 떠나지 않기 때문에 도를 일으키고 다스리는 것을 이룰 수 있었다. 그래서 이 백성을 위로하여 이 백성이 평일에 나에게 기대하고 바라던 것을 저버리지 않게 되었다. 선비의 궁하고 영달함에 다 착한 것이 이와 같으니, 덕을 높이고 의를 즐기는 자가 아니고서 어떻게 행하는 일의 실상에 드러났겠는가?

예전 사람을 보지 못하였는가? 예전 사람이 그 뜻을 행하면 이 덕과 의를 사람에게 미루어서 공과 은택이 백성에게 더해지고,

그 뜻을 행하지 못하면 이 덕과 의를 나의 몸에 닦아서 이름과 실상이 세상에 나타났다. 뜻을 얻지 못함은 궁한 것이다. 궁하면 홀로 그 몸을 착하게 하는 것이니, 덕과 의가 내게 있는 것을 내가 스스로 높이고 즐기니, 무엇을 몸에 얻지 못하겠는가? 은택이 백성에게 더해짐은 달한 것이다. 달하면 겸하여 천하를 착하게 하는 것이니, 덕과 의가 나에게 있는 것을 천하와 더불어 한 가지로 높이고 즐기니, 어떻게 백성이 바라는 것을 잃겠는가?
예전 사람의 일을 보면 선비가 몸을 지킴을 얻을 수 있고 백성의 바람을 잃지 않는 실상을 볼 것이니, 이것이 선비가 자득하여 욕심이 없이 유세하는 도리를 다하는 것이다."

| 요지 |

안이 무거움은 덕의(德義)이고 바깥이 가벼움은 궁달(窮達)이니, 안과 밖의 가볍고 무거움을 살피는 자는 오직 그 본성의 착함을 잃지 아니하기 때문에 궁하여도 또한 착하고 영달하여도 또한 착하다. 영달하면 백성으로 하여금 다 착한데 들아오게 하고, 궁하면 이 몸이 스스로 그 착함을 잃지 않을 수 있음을 말한 것이다.

맹 자 왈 대 문 왕 이 후 흥 자 범 민 야 약 부 호 걸
10. 孟子曰 待文王而後에 興者는 凡民也니 若夫豪傑
지 사 수 무 문 왕 유 흥
之士는 雖無文王이라도 猶興이니라

| 언해 |

孟子ㅣ ᄀᆞᆯᄋᆞ샤ᄃᆡ 文王을 待ᄒᆞᆫ 後애 興ᄒᆞᄂᆞᆫ 者ᄂᆞᆫ 凡民이니 만일에 豪傑읫 士ᄂᆞᆫ 비록 文王이업ᄉᆞᆯ띠라도 오히려 興ᄒᆞᄂᆞ니라

| 직역 |

맹자가 말하였다. "문왕을 기다린 뒤에 일어나는 자는 평범한 백성이니, 만일 호걸의 선비라면 비록 문왕이 없을지라도 오히려 일어난다."

| 자해 |

興 : 감동하고 분발함. • 凡民 : 범상한 사람. • 豪傑 : 보통 사람보다 뛰어난 재주와 지혜가 있는 자.

| 의해 |

맹자가 말하였다. "사람을 만드는 교화가 문왕보다 더 성한 경우가 없으니, 문왕을 직접 본받은 사람은 감동하고 분발하여 착한 일을 하지 않는 자가 없었다. 그러나 반드시 문왕의 교화를 기다려서 점점 변화한 뒤에야 일어나는 자는 물욕에 가린 평범한 백성이다. 만일 호걸의 선비라면 우뚝 스스로 서서 재주와 지혜가 보통 사람보다 나을 것이니, 비록 문왕이 위에 있지 않아도 스스로 일어날 수 있을 것이다. 배우는 자가 평범한 백성으로서 스스로 편안하고, 호걸이 될 것을 스스로 기대하지 않겠는가?"

| 요지 |

이 장은 배우는 사람들로 하여금 평범한 백성으로서 스스로 버리지 말고, 반드시 호걸로서 스스로 기대하게 한 것이다. 평범한 백성과 호걸은 전적으로 기다림이 있고 기다림이 없는 분별에 있다. 윗 두 구절은 가볍고 아래 두 구절은 무거우니, 모두 사람에게 자립할 것을 권면한 뜻이다.

맹 자 왈 부 지 이 한 위 지 가 여 기 자 시 감 연 즉
11. 孟子曰 附之以韓魏之家라도 如其自視欿然이면 則
과 인 원 의
過人이 遠矣니라

| 언해 |

孟子ㅣ ᄀᆞᆯᄋᆞ샤ᄃᆡ 附호ᄃᆡ 韓과 魏ㅅ 家로ᄡᅥ 홀띠라도 만일에 그 스스로 視홈이 欿然ᄒᆞ면 人에 過홈이 遠ᄒᆞ니라

| 직역 |

맹자가 말하였다. "한과 위의 집을 더해줄지라도, 만일에 스스로 만족스럽지 않게 본다면 다른 사람보다 훨씬 뛰어나다."

| 자해 |

附 : 더함. • 韓魏 : 진(晉)나라의 경(卿). 부(富)한 집을 뜻함. • 欿然 : 스스로 만족하지 않는 뜻.

| 의해 |

맹자가 말하였다. "지식이 부족한 자는 늘 바깥 사물을 가지고 중요함과 가벼움을 삼아서 왕왕 부귀에 동요되어 스스로 가다듬지 못하는 경우가 많다. 여기에 한 사람이 있어서 그에게 하루아침에 한·위의 대가(大家)를 주어 갑자기 상경(上卿)이 되고 백승(百乘)을 소유하면, 사람들이 볼 때 부귀가 극진하므로 모두 기뻐하고 사모하지 않는 자가 없을 것이다. 그런데도 만일 스스로 보기를 부족하다고 하여 조금도 교만한 생각이 없으면, 이는 식견이 고명하여 내 마음에 지극한 부귀가 있음을 알아서 바깥 사물이 그 마음을 움직이지 못한 것이다. 그렇다면 참으로 시속(時俗) 밖에 뛰어난 사람이니, 보통 사람보다 훨씬 나은 것이다."

| 요지 |

이 장은 사람이 남보다 나은 지식이 있으면 부귀를 일삼지 않을 것임을 말한 것이다.

맹자왈 이일도사민 수로 불원 이생도살
12. 孟子曰 以佚道使民이면 雖勞나 不怨하고 以生道殺
민 수사 불원살자
民이면 雖死나 不怨殺者니라

| 언해 |

孟子ㅣ ᄀᆞᆯᄋᆞ샤ᄃᆡ 佚ᄒᆞᆫ 道로ᄡᅥ 民을 使ᄒᆞ면 비록 勞ᄒᆞ나 怨티 아니ᄒᆞ고 生ᄒᆞᆫ 道로ᄡᅥ 民을 殺ᄒᆞ면 비록 死ᄒᆞ나 殺ᄒᆞᄂᆞᆫ 者ᄅᆞᆯ 怨티 아니 ᄒᆞᄂᆞ니라

| 직역 |

맹자가 말하였다. "편안한 도로 백성을 부리면 비록 수고로우나 원망하지 않고, 살리는 도로 백성을 죽이면 비록 죽으나 죽이는 자를 원망하지 않는다."

| 의해 |

맹자가 말하였다. "인지상정이 편한 것을 좋아하고 수고로움을 미워하지 않음이 없으니 수고롭게 하면 마땅히 원망하겠지만, 윗사람의 마음이 본래는 백성을 편하게 하고자 하지만 부득이 그 당연히 부릴 곳에 부리면, 이것은 편하게 하는 도로써 백성을 부리는 것이면서 백성을 병들게 하는 것이 아닌 까닭에, 백성도 그 마음을 양해하여 비록 수고로우나 원망하지 않는다.

인지상정이 사는 것을 좋아하고 죽는 것을 미워하지 않음이 없으

니 죽이면 마땅히 원망할 것이겠지만, 윗사람의 마음이 본래는 백성을 살리고자 하나 부득이하여 그 당연히 죽일 일에 죽인다면, 이것은 살리는 도로써 백성을 죽이는 것이니, 비록 죽는 자라도 또한 그 마음을 양해하여 그 죽이는 것을 원망하지 않을 것이다.

수고롭게 하고 죽이는 것도 원망하지 않을 것이니, 수고로움과 죽임에 미치지 않는 바를 또 알 수 있을 것이다. 이것은 다른 것이 아니라, 임금이 사사로움이 없이 백성에게 임하면 백성도 또한 지극히 공정함으로 임금을 양해하는 것이다."

| 요지 |

이 장은 두 '도'자가 가장 중요하다. 근본을 온전히 하고 백성을 위하는 실상이 마음에서 나온 것이다. 마음은 비록 편안하고 살리는 것을 주장하나, 일은 실상 마지 못하는 데서 나왔으니, 수고롭게 하는 것은 바로 그 편안함을 이루는 바이고, 죽이는 것은 바로 살게 함을 이루는 것이다.

맹 자 왈 패 자 지 민 환 우 여 야 왕 자 지 민 호 호
13. 孟子曰 霸者之民은 驩虞如也오 王者之民은 皥皥
여 야 살 지 이 불 원 이 지 이 불 용 민 일 천 선
如也니라 殺之而不怨하며 利之而不庸이라 民日遷善
이 부 지 위 지 자 부 군 자 소 과 자 화 소 존 자 신
而不知爲之者니라 夫君子는 所過者化하며 所存者神
상 하 여 천 지 동 류 기 왈 소 보 지 재
이라 上下與天地同流하나니 豈曰 小補之哉리오

| 언해 |

孟子ㅣ ᄀᆞᆯᄋᆞ샤ᄃᆡ 霸者의 民ᄋᆞᆫ 驩虞ᄐᆞᆺᄒᆞ고 王者의 民ᄋᆞᆫ 皥皥ᄐᆞᆺ ᄒᆞ

ᄂᆞ니라 殺ᄒᆞ야도 怨티 아니 ᄒᆞ며 利ᄒᆞ야도 庸티 아니 ᄒᆞᄂᆞᆫ디라 民이 日로 善에 遷호ᄃᆡ ᄒᆞᄂᆞᆫ 者를 아디 몯ᄒᆞᄂᆞ니라 君子ᄂᆞᆫ 過ᄒᆞᆫ 배 化ᄒᆞ며 存ᄒᆞᆫ배 神ᄒᆞᆫ디라 上下ㅣ 天地로 더브러 同流ᄒᆞᄂᆞ니 엇디 小補ᄒᆞ다 니ᄅᆞ리오

| 직역 |

맹자가 말하였다. "패자의 백성은 기뻐하는 듯하고 왕자의 백성은 담담한 듯하다. 죽여도 원망하지 않으며 이롭게 하여도 공으로 여기지 아니하므로, 백성이 날로 착한 데로 옮기면서도 하는 자를 알지 못한다. 군자는 지나가는 데가 교화되며 있는 데가 신묘하기 때문에, 위와 아래가 천지로 더불어 한 가지로 흐르니, 어찌 조금 돕는다고 말하겠는가?"

| 자해 |

驩虞 : 기뻐함. 환오(歡娛)와 같음. • 皥皥 : 넓고 커서 스스로 얻은 모양. • 庸 : 공(功)과 같음. • 君子 : 성인(聖人)의 통칭.

| 의해 |

맹자가 말하였다. "왕도와 패도를 알고자 한다면, 마땅히 왕자와 패자의 백성을 보아야 할 것이다. 패자의 백성은 임금의 덕택에 감동하여 그 뜻과 기상이 기뻐하고 즐거워하는 듯하고, 왕자의 백성은 임금의 덕택을 잊어버려 그 뜻과 기상이 유쾌하고 담담한 듯하다.

무엇으로 그 담담한 것을 보는가? 형벌은 백성의 악한 것을 징계하는 것이라서 왕이 백성을 죽이지 않을 수 없으나, 백성을 위하여 잔악한 것을 제거하고 백성을 위하여 포악한 것을 버리는 것이다. 백성을 위하기 때문에 버리는 것이니, 백성이 그 죽이는 것을 잊고 스스로 윗사람을 원망하지 않는데, 이는 백성이 사는 것을 후하게 하는 것이다.

왕이 백성을 이롭게 하는 바가 없지 않지만, 백성이 이롭게 여기는 바를 가지고 이롭게 하니, 백성이 그 이익을 잊어버리고 스스로 윗사람의 공이라 여기지 않는다.
왕 노릇 하는 사람이 선으로 백성을 인도하지 않는 것이 아니지만, 하늘이 모든 백성을 냄에 떳떳한 성품이 있기 때문에 그 성품의 자연스러움을 따라 인도하기 때문에 백성이 날마다 선한 데로 옮기면서도 그 하게 한 바를 알지 못한다. 이것이 이른바 '담담한 것이 이와 같다'는 것이다.
군자의 몸이 임하는 곳과 정교(政教)가 미치는 곳과 풍성(風聲)이 덮이는 곳이 지나는 곳마다 교화되지 않음이 없다.
반드시 오래하고 깊이 다스린 후에 상대가 좇아 교화되는 것이 아니고, 마음과 생각에 두고 주장하는 바가 상대에 미치기를 뜻하지 않아도, 그 감응이 마치 그림자가 형상을 따르고 메아리가 소리를 따르는 것 같이 빠르다.
그 덕업의 성한 것이 두루 미치고 넓게 입혀 위에서 덮고 아래에서 싣는 것이 천지의 덕화와 함께 운행하니, 어찌 보잘 것 없는 은혜를 베풀어서 사람이 곤궁한 때를 타서 이름을 내는 패도의 제후가 조금 돕는 것과 같다고 하겠는가?"

| 요지 |

이 장은 모두 왕도의 큰 것을 귀중하게 여기는 뜻이다. 머리 대문은 왕도와 패도의 백성이 같지 않음을 의론하고, 가운데 대문은 왕도의 백성의 실상을 자세히 말한 것이고, 끝 대문은 왕도의 큰 것이 패자의 작은 공과 다른 것임을 나타낸 것이다. 다른 문장에서는 왕도와 패도를 성실과 거짓을 가지고 분별하였으나, 이 문장은 왕도와 패도를 크고 작음을 가지고 분별하였다.

맹 자 왈 인 언 불 여 인 성 지 입 인 심 야 선 정 불
14. 孟子曰 仁言이 不如仁聲之入人深也니라 善政이 不
여 선 교 지 득 민 야 선 정 민 외 지 선 교 민
如善教之得民也니라 善政은 民이 畏之하고 善教는 民
애 지 선 정 득 민 재 선 교 득 민 심
이 愛之하나니 善政은 得民財하고 善教는 得民心이니라

| 언해 |

孟子ㅣ ᄀᆞᆯᄋᆞ샤ᄃᆡ 仁ᄒᆞᆫ 言이 仁ᄒᆞᆫ 聲이 人의게 入홈이 深홈만 ᄀᆞᆮ디 몯 ᄒᆞ니라 善ᄒᆞᆫ 政이 善ᄒᆞᆫ 教의 民을 得홈만 ᄀᆞᆮ디 몯ᄒᆞ니라 善ᄒᆞᆫ 政은 民이 畏ᄒᆞ고 善ᄒᆞᆫ 教ᄂᆞᆫ 民이 愛ᄒᆞᄂᆞ니 善ᄒᆞᆫ 政은 民의 財ᄅᆞᆯ 得ᄒᆞ고 善ᄒᆞᆫ 教ᄂᆞᆫ 民의 心을 得ᄒᆞᄂᆞ니라

| 직역 |

맹자가 말하였다. "인한 말은 인한 음악이 사람에게 깊이 들어가는 것만 못하다. 착한 정사는 착한 가르침이 백성을 얻는 것만 못하다. 착한 정사는 백성이 두려워하고 착한 가르침은 백성이 사랑하니, 착한 정사는 백성의 재물을 얻고 착한 가르침은 백성의 마음을 얻는다."

| 의해 |

맹자가 말하였다. "다스리는 도는 진실로 겸전(兼全)하고자 하지만, 더욱 마땅히 중요한 바를 알아야 할 것이다. 군주가 '남에게 차마 못하는 마음'을 갖는 것이 이른바 인(仁)이다. 인이 언어와 명령에 나타나는 것을 '인한 말'이라고 하고 인이 백성에게 들어가 노래와 찬송이 두루 일어나는 것을 '인한 음악'이라고 한다. 두 가지가 다 사람에게 들어가지만, 인한 말은 몸에서 드러나니 반드시 사람에게 들어가는 것이 아니고 한 때에 나올 뿐이며, 인한 음악은 사람에게 전하는 것이니 이미 시험하여 얻고 평소에 나타

난 것이다. 그러므로 인한 말이 사람에게 들어가는 것은 인한 음악만큼 깊지는 않다.
인한 말과 인한 음악은 정사와 교화 두 가지를 벗어나지 않는다. 정사의 착한 것과 교화의 착한 것이 모두 백성을 얻으나, 착한 정사는 기강과 법령으로 백성을 바르게 하는 것이고, 착한 교화는 인의와 예악으로 백성을 인도하는 것이다. 따라서 착한 정사가 백성을 얻는 효험도 적지 않지만, 착한 교화를 통하여 백성을 얻는 효험만큼 크지는 못하다.
착한 정사를 통하여 베푼 것은 백성이 두려워하여 감히 범하지 못하는 것이고, 착한 교화의 감동하는 바는 백성이 모두 기뻐하고 즐거워하며 고무하고 사랑하여 차마 잊지 못하는 것이다. 착한 정사는 백성이 나를 두려워할 뿐만 아니라 취함에 도가 있고 씀씀이에 절도가 있어서 백성이 풍족하면 임금도 풍족하지 않음이 없어서 백성의 재물을 얻고, 착한 교화는 백성이 나를 사랑할 뿐만 아니라 효제(孝悌)하고 충신(忠信)하여, 집에 들어오면 그 부모를 섬기고, 밖에 나오면 그 어른을 섬겨서 혹 그 수고로움을 잊어버리고 혹 죽는 것도 잊어버려서 풍속이 순후(淳厚)하고 교화가 크게 행해져 백성의 마음을 얻는다.
두려워하는 것은 법을 조심하는 것이고, 사랑하는 것은 마음에서 나오는 것이니, 진실로 백성이 사랑하는 지경에 이르면 두려워하는 것은 말할 것도 없다. 백성의 마음은 근본이고, 백성의 재물은 말단이니, 진실로 그 마음을 얻으면 재물은 그 가운데 있다. 그러므로 '착한 정사는 착한 교화가 백성을 얻는 것만 못하다'고 하는 것이다.

| 요지 |

이 장은 모두 정치하는 자가 마땅히 숭상해야 할 바를 살필 것을 드러낸 것이다. 앞의 두 대문은 다스리는 도가 백성에게 들어가고 백성을 얻는데 얕고 깊음이 있음을 말한 것이고, 끝 대문은 백

성을 얻는 실상을 거듭 말한 것이다. 인한 말과 인한 음악의 실상이 바로 착한 정사와 착한 가르침에 있기 때문에, 하면(下面)에 다만 백성을 얻는 것만을 해석하였다.

15. 孟子曰 人之所不學而能者는 其良能也오 所不慮而知者는 其良知也니라 孩提之童이 無不知愛其親也며 及其長也하여 無不知敬其兄也니라 親親은 仁也요 敬長은 義也니 無他라 達之天下也니라

(맹자왈 인지소불학이능자 기양능야 소불려이지자 기양지야 해제지동 무부지애기친야 급기장야 무부지경기형야 친친 인야 경장 의야 무타 달지천하야)

| 언해 |

孟子ㅣ ᄀᆞᆯᄋᆞ샤ᄃᆡ 人의 學디 아니ᄒᆞ여도 能ᄒᆞᄂᆞᆫ바ᄂᆞᆫ 그 良能이오 慮티 아니하여도 知ᄒᆞᄂᆞᆫ바ᄂᆞᆫ 그 良知니라 孩提옛 童이 그 親愛ᄒᆞ욤을 아디아니리 업스며 그 長홈애 밋쳐 그 兄敬홈을 아디 아니리 업스니라 親을 親ᄒᆞ요ᄆᆞᆫ 仁이오 長을 敬ᄒᆞ욤은 義니 他ㅣ 업ᄉᆞᆫ디라 天下에 達홀 ᄲᅵ니라

| 직역 |

맹자가 말하였다. "사람이 배우지 않아도 할 수 있는 것은 양능이고, 생각하지 않아도 아는 것은 양지이다. 웃을 줄 알고 손을 잡고 다닐 만한 아이가 그 어버이를 사랑하는 것을 알지 못할 리 없으며, 그 자람에 미쳐서 그 형을 공경하는 것을 알지 못할 리 없다. 어버이를 친애하는 것은 인이고, 어른을 공경하는 것은 의이니, 다른 까닭이 아니라 천하에 통하기 때문이다."

| 자해 |

良 : 본연적으로 착한 것. • 孩提 : 2,3세 때에 웃을 줄 알고 끌고 다닐 만한 아이.

| 의해 |

맹자가 말하였다. "배워서 할 수 있는 것은 사람의 일이고, 배우지 않고서도 할 수 있는 것은 천성이다. 사람이 배우고 익히지 않고도 할 수 있는 것은 본연의 능함으로 가장 좋은 양능이다. 생각하여 아는 것은 사람의 일이고, 생각하지 않고 아는 것은 천성이다. 사람이 생각하거나 헤아리지 않고 아는 것은 그 본연의 앎으로 가장 좋은 양지이다.

배우지 않고 할 수 있으며 생각지 않고 아는 것은 어디서 볼 수 있는가? 두 세 살 된 아이가 처음으로 아는 것이 있을 적에 온갖 것을 다 알지는 못하지만, 그 부모를 사랑할 줄 모르는 일은 없다. 조금 장성하여서는 그 형을 공경할 줄 모르는 일이 없으니, 어찌하여 그런가? 저 사랑할 줄 알고 공경할 줄 아는 것을 가지고 양지가 있음을 알 수 있고, 사랑할 줄 알고 공경할 줄 아는 것을 통하여 양능이 있음을 알 수 있다.

그러나 부모를 사랑하고 어른을 공경하는 마음은 바깥에서 이르는 것이 아니다. 부모를 사랑하는 것은 곧 내 성품의 인이고, 어른을 공경하는 것은 곧 내 성품의 의이니, 부모를 사랑하고 어른을 공경하는 것을 '인'이라 하고 '의'라 하는 것은 다른 것이 아니다. 바로 사랑하고 공경하는 마음으로 천하에 통하는 것 만한 것이 없기 때문이다.

천하에 같이 웃을 줄 알고 끌고 다닐 만한 아이가 그 사랑할 줄 모르는 일이 없는 마음이 같고, 천하에 같이 자라난 아이가 그 공경할 줄 모르는 일이 없는 마음이 같으니, 이것이 바로 본연의 착한 마음을 하늘에서 얻어 드러내 보이는 지극히 참되고 간절한 것이다. 이것으로써 증명하면 인과 의가 밖에서 구할 것이 없음이 어찌 분명하지 않겠는가? 사람이 사랑하고 공경할 줄 아는 양심을 확충하면 인과 의를 이루 다 쓸 수 없을 것이다."

| 요지 |

이 장은 사람으로 하여금 스스로 그 양심을 알아서 넓혀 채워서 인과 의를 온전히 하고자 한 뜻이다. 당시에 인과 의를 말하는 자가 대부분 인과 의가 나의 성품이 되는 줄을 알지 못하였기 때문에, 맹자가 사랑하고 공경하는 양심으로써, 인과 의가 성품에 본래 있는 바이므로 밖에서 구함을 기다리지 아니할 것이니, 사람이 스스로 그 양심을 잃어버릴 수 없음을 밝힌 것이다. 머리 대문의 양지·양능이라 함은 다만 천지가 발동하는 곳을 가지고 말한 것이고, 다음 대문은 양지와 양능의 실상을 말한 것이고, 셋째 대문은 바로 그 본연한 바를 밝힌 것이다.

맹 자 왈 순 지 거 심 산 지 중 여 목 석 거 여 록 시
16. 孟子曰 舜之居深山之中에 與木石居하시며 與鹿豕
유 기 소 이 이 어 심 산 지 야 인 자 기 희 급 기 문
遊하시니 其所以異於深山之野人者幾希러시니 及其聞
일 선 언 견 일 선 행 약 결 강 하 패 연 막 지 능
一善言하시며 見一善行하산 若決江河라 沛然莫之能
어 야
禦也러시다

| 언해 |

孟子ㅣ ᄀᆞᆯᄋᆞ샤ᄃᆡ 舜이 深山ㅅ 가온ᄃᆡ 居ᄒᆞ심애 木과 石으로 더브러 居ᄒᆞ시며 鹿과 豕로 더브러 遊ᄒᆞ시니 그 ᄡᅧ 深山ㅅ 野人의게 달ᄋᆞᆫ 배 幾希ᄒᆞ더시니 그 ᄒᆞᆫ 善言을 聞ᄒᆞ시며 ᄒᆞᆫ 善行을 見ᄒᆞ심애 밋ᄎᆞ샤ᄂᆞᆫ 江河ᄅᆞᆯ 決ᄒᆞᆫ디라 沛然ᄒᆞ야 能히 禦ᄒᆞ리 업슴 ᄀᆞᆮ더시다

| 직역 |

맹자가 말하였다. "순임금이 깊은 산 가운데 거처함에 나무와 물로 더불어 거처하며 사슴과 돼지로 더불어 노니, 그 깊은 산의 들 사람과 다른 바가 거의 드물었다. 그 한 착한 말을 들으며 한 착한 행실을 봄에 미쳐서는 강과 하수를 터서 콸콸 흘러 막을 이 없는 것과 같았다."

| 자해 |

居深山 : 순(舜)이 역산(歷山)에서 밭 갈던 때를 가리킴.

| 의해 |

맹자가 말하였다. "성인을 그 자취를 가지고 보지 않고 그 마음을 가지고 보아야 할 것이다. 순임금이 신분이 미천하여 드러나지 못할 때에 깊은 산 가운데에 거처하여 나무와 돌과 더불어 살고 사슴과 돼지와 더불어 놀았으니, 깊은 산에 야인도 이러하였고 순임금도 또한 이러하였다. 그리하여 깊은 산의 야인과 다름이 없었다. 이것은 다만 하나도 서로 접한 바가 없고, 고요히 동요되지 않았음을 말한 것이다. 그 우연히 착한 말을 듣거나 우연히 착한 행실을 보면 천하의 착한 것이 내 마음의 착한 것과 접촉하여, 소리가 들어오면 마음이 통하고 사물이 오면 순하게 응하여 그 감동의 신속함이 강과 하수를 터놓은 것 같기 때문에 콸콸 내려가는 것을 막지 못한 것처럼 하였으니, 천하의 착한 것을 모아 한 사람의 착한 것을 삼은 것이다. 이렇다면 깊은 산의 야인과 매우 다른 것이니, 위대한 순임금이 그로써 크게 된 것이다."

| 요지 |

이 장은 성인의 마음이 지극히 비고 지극히 밝아서 혼연한 가운데 만 가지 이치가 다 갖추어져 있기 때문에, 한 번 감촉함이 있으면 그 응함이 매우 빨라서 통하지 않음이 없음을 말한 것이다.

맹자가 도에 나간 것이 깊지 않았다면 이처럼 형용할 수 없었을 것이다.

맹자왈 무위기소불위 무욕기소불욕 여차
17. 孟子曰 無爲其所不爲하며 無欲其所不欲이니 如此
이이의
而已矣니라

| 언해 |

孟子ㅣ ᄀᆞᆯᄋᆞ샤ᄃᆡ 그 ᄒᆞ디 아니홀빠롤 ᄒᆞ디 말며 그 欲디 아니홀빠롤 欲디 아롤띠니 이러ᄐᆞᆺ 홀 ᄯᆞᄅᆞᆷ이니라

| 직역 |

맹자가 말하였다. “하지 않아야 할 것을 하지 말며, 하고자 하지 않아야 할 것을 하고자 하지 말 것이니, 이 같이 할 따름이다.”

| 의해 |

맹자가 말하였다. “부끄러워하는 마음은 사람이 다 있으니, 불의의 일은 사람이 마땅히 해서는 안 되며, 마땅히 해서는 안 될 것을 자신이 알지 못하는 것이 아니지만, 다만 사사로운 뜻에 가려 스스로 그 마음이 어두워서 문득 스스로 어두운 것을 무릅쓰려 하는 것이다. 마땅히 해서는 안 되는 줄을 알거든 당연히 하지 말아야 할 것이니, 이렇게 끊고 끊어서 가는 곳마다 다 그렇게 하면 하는 것이 모두 의(義)라서 일마다 마음에 부족할 것이 없을 것이고, 하려는 것이 모두 의라서 생각마다 뜻에 미워할 것이 없을 것이다. 이 같이 하여 부끄러워하는 마음을 확충할 따름이니, 이것을 놓고 어찌 의론할 것이 있겠는가?”

| 요지 |

하지 아니하며 하고자 아니하는 것은 사람마다 이 마음이 다 있다. 그러나 사사로운 뜻이 한 번 싹터서 예와 의로 제어하지 못하면, 하지 아니할 바를 하며 하고자 아니할 바를 하고자 하는 자가 많다. 이 마음을 돌이키면 곧 이른바 그 부끄러워하는 마음을 넓혀 채우는 자이고, 의를 이루 다 쓰지 못한다는 것이다. 그런 까닭에 '이같이 할 따름이다'라고 하였다.

18. 孟子曰(맹자왈) 人之有德慧術知者(인지유덕혜술지자)는 恒存乎疢疾(항존호진질)이니라 獨(독)孤臣孼子(고신얼자)는 其操心也危(기조심야위)하며 其慮患也深故(기려환야심고)로 達(달)이니라

| 언해 |

孟子ㅣ ᄀᆞᆯᄋᆞ샤ᄃᆡ 人의 德의 慧와 術의 知ᄅᆞᆯ 둔ᄂᆞᆫ 者ᄂᆞᆫ 덛덛이 疢疾에 인ᄂᆞ니라 오직 孤臣과 孼子ᄂᆞᆫ 그 心을 操홈이 危ᄒᆞ며 그 患을 慮홈이 深ᄒᆞᆫ 故로 達ᄒᆞᄂᆞ니라

| 직역 |

맹자가 말하였다. "사람이 덕의 밝음과 기술의 지혜를 가진 이는 항상 재앙과 환란이 있게 된다. 오직 외로운 신하와 서자는 그 마음을 쓰는 것이 조심스러우며 그 근심을 염려하는 것이 깊은 까닭에 현달한다."

| 자해 |

德慧 : 덕의 밝음. • 術知 : 기술(術)의 지혜. • 疹疾 : 재앙과 환난과 같음. • 孤臣 : 먼 신하. • 孼子 : 서자.

| 의해 |

맹자가 말하였다. "인정이 늘 안락한데 뜻이 시원하며 곤궁한데 뜻이 거슬리고, 곤궁함이 덕을 이루는 땅인 줄을 알지 못한다. 마음에 있는 이치를 일러 '덕의 밝음'이라고 하는 것이고, 일을 처리하는 방법을 일러 '기술'이라 하니, 일을 통하여 이치를 살펴서 그 당연함을 다하는 것을 '기술의 지혜'라고 한다. 이것을 어떻게 얻을까?

사람이 덕의 밝음과 기술의 지혜를 항상 편안한 데서 얻지 않고 재앙과 환란에서 얻게 되니, 대체로 험한 일을 맛보는 것은 마음을 움직이게 하고 성품을 참게 하는 기틀이고, 마련(磨鍊)을 날마다 깊이 하는 것은 그 하지 못하는 것을 하게 하는 터전이니, 이것으로부터 덕의 밝음과 기술의 지혜가 나온다.

무엇으로써 그것을 증험하는가? 일찍이 본 적이 있는데, 똑같은 신하이지만 저 사람은 홀로 외로운 신하가 되고 똑같은 아들이지만 저 사람은 홀로 서자가 된 것은 정(情)과 의(義)가 임금과 어버이에게 막히고 사세(事勢)와 분수가 가까운 신하와 적자(嫡子)에게 제한되어 항상 재난이 있는 경우이다.

마음 가지기를 위태롭게 하여 항상 무슨 화가 이를 것 같아서 전일하고 감히 방자하지 않으며, 그 환난을 염려함이 깊어서 화가 이를까 미리 대비하여 정교하게 살피고 감히 소홀히 하지 못하여, 전일하고 정밀하기 때문에 사람의 정(情)을 두루 알 수 있고 세상의 일을 두루 맛보아 사리에 통달하여 덕의 밝음과 기술의 지혜가 온전하다. 그런 까닭에 '덕의 밝음과 기술의 지혜가 있는 자는 항상 환난에서 얻는다'고 하는 것이다. 그렇다면 환난을 당한 자가 어찌 나아가기를 생각하고 스스로 힘쓰지 않을 수 있겠는가?"

| 요지 |

이 장은 사람에게 우환에 처하는 도를 권면한 것이다. 머리 대문

은 사람이 사리에 통달하는 것이 곤란한데서 말미암음을 말한 것이고, 아래 대문은 사람이 곤란함에 처하여 통달할 수 있음을 가지고 증명한 것이다. 모두 사람으로 하여금 곤란함 때문에 스스로 막히지 말고 곤란함을 통하여 덕에 나아가게 한 것이다.

맹자왈 유사군인자 사시군즉위용열자야

19. 孟子曰 有事君人者하니 事是君則爲容悅者也니라

유안사직신자 이안사직위열자야 유천민자

有安社稷臣者하니 以安社稷爲悅者也니라 有天民者

달가행어천하이후 행지자야 유대인자

하니 達可行於天下而後에 行之者也니라 有大人者하니

정기이물정자야

正己而物正者也니라

| 언해 |

孟子ㅣ 갈ᄋᆞ샤ᄃᆡ 君을 事ᄒᆞᄂᆞᆫ 人이 이시니 이 君을 事ᄒᆞ면 容하며 悅홈을 ᄒᆞᄂᆞᆫ 者ㅣ니라 社稷을 安ᄒᆞᄂᆞᆫ 臣이 이시니 社稷을 安ᄒᆞ욤으로ᄡᅥ 悅을 삼ᄂᆞᆫ 者ㅣ니라 天民者ㅣ 이시니 達ᄒᆞ야 可히 天下애 行ᄒᆞ얌 즉 ᄒᆞᆫ 後에 行ᄒᆞᄂᆞᆫ 者ㅣ니라 大人인 者ㅣ 시니 己롤 正홈애 物이 正ᄒᆞᄂᆞᆫ 者ㅣ니라

| 직역 |

맹자가 말하였다. "임금을 섬기는 사람이 있으니, 이 임금을 섬기면 아첨하고 기쁘게 하는 자이다. 사직을 편안하게 하는 신하가 있으니, 사직을 편안하게 함으로써 기쁨을 삼는 자이다. 하늘의 백성인 자가 있으니, 영달하여 천하에 행할 수 있은 뒤에 행하는 자이다. 대인인 자가 있으니, 몸을 올바르게 하여 사물이 올바르게 되는 자이다."

| 자해 |

容 : 아첨하고 뜻을 좇아 용납함. • 悅 : 뜻을 맞추어서 기쁘게 함. • 安社稷 : 대신이 사직을 편안하게 하기를 헤아리는 것이 소인이 그 임금을 기쁘게 하듯 함. • 民 : 벼슬이 없는 사람의 칭호이니, 하늘의 이치를 온전히 다하여 하늘의 백성인 까닭에 천민이라 함. • 大人 : 덕이 훌륭하여 위와 아래가 교화되어 천하를 문명하게 하는 사람.

| 의해 |

맹자가 말하였다. "신하의 인품이 같지 않다. 임금만 섬기는 자가 있으니, 이 임금을 섬김에 어려운 일을 요구하고 착한 일을 베푸는 것을 힘쓰지 않고, 다만 아첨하고 따라서 마음에 맞게 하여 임금에게 용납되고 임금을 기쁘게 한다. 나라의 안위를 멀리 하여 돌아보지 않으니, 이 경우는 아첨하는 신하라서 말할 것이 못된다.

그 다음으로 사직을 편안히 하는 신하가 있으니, 임금을 돕고 백성을 보호하여 사직을 편안하게 하는데 계교를 극진히 쓰지 않음이 없어서 정신과 뜻이 이것으로 기뻐한다. 이 경우는 나라만 알고 집을 잊어버리는 충신인데 오히려 한 나라의 선비이다.

또 이 위로 나아가 구하면 하늘의 백성이라는 자가 있으니, 도로써 자중하여 하늘을 업신여기지 않고 그 도를 행하기 전에 반드시 통달할 것을 보아서 그 도를 천하에 행할만한 후에 행하고 기꺼이 사람을 좇아 조그맣게 쓰이지 않으니, 이 경우는 천하의 선비인데 오히려 인위적으로 하려는 뜻이 있다.

또 나아가서 구하면 대인이라는 자가 있으니, 그 덕이 이미 훌륭하고 그 교화가 스스로 신성하여, 다만 그 몸에 있는 것을 바르게 하면 위로는 임금과 아래로는 백성 사이에 있는 모든 사물이 저절로 바르게 되니, 행하는 바가 독실하고 공손하여 천하를 평화롭게 하는 것이다. 이 사람은 공이 사직에 있으나 편안함을 헤아리는 수고도 없고, 도가 천하를 건지나 행함을 기필하는 뜻도 없으니, 진실로 극진한 신하의 도가 된다."

| 요지 |

이 장은 신하의 인품이 달라 대략 4등이 있음을 말한 것이다. 아첨하고 기쁘게 하는 신하는 말할 것이 없고, 사직을 편안히 하는 것은 충성이나 오히려 일국의 선비이고, 하늘의 백성은 일국의 선비가 아니지만 오히려 인위적으로 하려는 뜻이 있으며, 뜻함도 없고 기필함도 없어서 오직 그 상대가 교화하지 않음이 없는 것은 오직 덕이 훌륭한 자라야 가능하다.

맹자왈 군자유삼락 이왕천하불여존언 부
20. 孟子曰 君子有三樂 而王天下不與存焉이니라 父
모구존 형제무고 일락야 앙불괴어천 부
母俱存하며 兄弟無故가 一樂也요 仰不愧於天하며 俯
불작어인 이락야 득천하영재이교육지 삼락야
不怍於人이 二樂也요 得天下英才而教育之가 三樂也
군자유삼락 이왕천하불여존언
니 君子有三樂 而王天下不與存焉이니라

| 언해 |

孟子ㅣ ᄀᆞᆯᄋᆞ샤ᄃᆡ 君子ㅣ 세 樂이 이쇼ᄃᆡ 天下애 王ᄒᆞ욤이 與ᄒᆞ야 存티 아니ᄒᆞ니라 父母ㅣ 다 存ᄒᆞ며 兄弟ㅣ 故ㅣ 업슴이 ᄒᆞᆫ 樂이오 仰ᄒᆞ얀 天에 愧티 아니ᄒᆞ며 俯ᄒᆞ얀 人에 怍디 아니홈이 두 樂이오 天下엣 英才ᄅᆞᆯ 得ᄒᆞ야 教育홈이 세 樂이니 君子ㅣ세 樂이 이쇼ᄃᆡ 天下애 王ᄒᆞ욤이 與ᄒᆞ야 存티 아니 ᄒᆞ니라

| 직역 |

맹자가 말하였다. "군자가 세 가지 즐거움이 있지만, 천하에서 왕 노릇하는 것은 여기에 들어 있지 않다. 부모가 다 계시며 형제에게 특별한 연고가 없는 것이 첫 번째 즐거움이고, 우러러서는 하

늘에 부끄럽지 아니하며, 굽어서는 사람에 부끄럽지 않은 것이 두 번째 즐거움이고, 천하의 영재를 얻어서 교육하는 것이 세 번째 즐거움이다. 군자가 세 즐거움이 있지만, 천하에서 왕 노릇하는 것은 여기에 들어 있지 않다."

| 의해 |

맹자가 말하였다. "사람이 모두 천하에서 왕 노릇 하는 것을 즐거워하나, 군자의 세 즐거움에 천하에서 왕 노릇하는 것은 오히려 그 속에 들어있지 않다.

무엇이 세 가지 즐거움인가? 부모가 다 살아계셔서 그 좌우에서 주선하며, 형제가 무고하여 천륜(天倫)으로 모이는 것은 누구나 지극히 원하는 바이이지만, 그렇게 되기가 어려운 것이다. 다행히 얻었다면 나의 효도하고 우애하는 마음을 다하여 유쾌하여 유한(遺恨)이 없으니, 어떤 즐거움이 이와 같겠는가? 이것이 첫째 즐거움이다.

안으로 살펴서 병통이 많으면 스스로 편안할 수가 없는데, 이제 몸의 사욕을 스스로 이기고 하늘의 이치를 이미 회복하여 하늘을 우러러 부끄럽지 않고 굽어서는 사람에 부끄럽지 아니하여 마음이 넓고 몸이 건강해서 스스로 편할 것이니, 또한 어떤 즐거움이 이와 같겠는가? 이것이 둘째 즐거움이다.

재주 있는 사람은 얻기가 어렵고 도를 행하는 것은 외롭기 쉽다. 군자가 남을 이루어주는 마음은 막혀서 스스로 이루지 못하는 경우가 많은데, 이제 천하의 영재를 얻어서 내가 즐거워하는 것을 가르치고 인도하여 기르면 이 도가 후세에 전해질 것이니, 어떤 즐거움이 이와 같겠는가? 이것이 셋째 즐거움이다.

첫째 즐거움은 어버이를 위한 것이고, 둘째 즐거움은 자신을 위한 것이고, 셋째 즐거움은 다른 사람을 위한 것이다. 이것이 모두 천성에 있는 도의의 참된 지취(志趣)이고, 인간이 얻기 어려운 것을 극진히 한 것이다. 천하에서 왕 노릇하는 즐거움이 어찌 이것들에 비길 수 있겠는가? 그런 까닭에 '군자에게 세 가지 즐거움이 있는데 천하에서 왕 노릇함은 거기에 들어 있지 않다'고 하는 것이다."

| 요지 |

이 장은 세상 사람이 한갓 세력과 분수의 즐거움만 알고 천성과 도덕의 참된 즐거움은 알지 못하기 때문에 들어서 말하였으니, 성품과 분수의 즐거움을 세력과 분수의 즐거움으로 바꿀 수 없는 것임을 보인 것이다. '거기에 들어 있지 않다'고 한 것은 천하를 가벼이 본 것이 아니고, 다만 이것을 빌어서 세 가지 즐거움을 형용할 수 없음을 나타낸 것이고, '즐거움'이라고 한 것은 이 마음에 가득하고 뜻이 만족한 것이다.

맹 자 왈 광 토 중 민 군 자 욕 지 소 락 부 존 언
21-1. 孟子曰 廣土衆民을 君子欲之나 所樂은 不存焉
중 천 하 이 립 정 사 해 지 민 군 자 락 지 소
이니라 中天下而立하야 定四海之民을 君子樂之나 所
성 부 존 언
性은 不存焉이니라

| 언해 |

孟子ㅣ ᄀᆞᆯᄋᆞ샤ᄃᆡ 土ㅣ廣ᄒᆞ며 民이 衆ᄒᆞᆷ을 君子ㅣ 欲ᄒᆞ나 樂ᄒᆞᄂᆞᆫ 바ᄂᆞᆫ 存티 아니 ᄒᆞ니라 天下애 中ᄒᆞ야 立ᄒᆞ야 四海ㅅ 民을 定ᄒᆞ욤을 君子ㅣ 樂ᄒᆞ나 性인바ᄂᆞᆫ 存티 아니 ᄒᆞ니라

| 직역 |

맹자가 말하였다. "토지가 넓으며 백성이 많은 것을 군자가 하고자 하나 즐거워하는 바는 여기에 있지 않다. 천하의 가운데 서서

사해의 백성을 안정시키는 것을 군자가 즐거워하나 본성으로 여기는 바는 여기에 있지 않다."

| 의해 |

맹자가 말하였다. "사람이 오직 안에 부족한 것이 있으면 바깥으로 옮기지 않을 수 없지만 군자는 그렇지 않다. 만일 나라 하나를 얻어 임금이 되면 토지가 넓고 인민이 많아서 덕택을 멀리 베풀 수 있을 것이라서 군자가 하고자 하나, 백성에게 인애하는 마음은 끝이 없고 백성에게 미치는 은택은 오히려 한정이 있는 까닭에 즐거워하는 바가 도에 있고 은택을 베푸는데 있지 않다.
만일 토지도 넓고 인민도 많으며 또 천하의 가운데에 자리하여 임금이 되고 스승이 되면 온 세상의 백성을 정하여 가르치고 길러서 한 사람이라도 그 덕택을 입지 않음이 없어서 내 도가 미치지 않은 곳이 없는 것을 군자는 즐거워한다. 그러나 이것도 또한 특별히 즐거움이 바깥에서 따라 온 것이기 때문에 본성으로 여기는 바는 여기에 있지 않다."

21-2. 君子所性(군자소성)은 雖大行(수대행)이나 不加焉(불가언)이며 雖窮居(수궁거)나 不損焉(불손언)이니 分定故也(분정고야)니라 君子所性(군자소성)은 仁義禮智(인의예지)가 根於心(근어심)이라 其生色也睟然見於面(기생색야수연현어면)하며 盎於背(앙어배)하며 施於四體(시어사체)하며 四體不言而喻(사체불언이유)니라

| 언해 |

君子의 性인바는 비록 키 行ᄒᆞ나 加티 아니ᄒᆞ며 비록 窮히 居ᄒᆞ

나 損티 아니 ᄒᆞᄂᆞ니 分이 定ᄒᆞᆫ 故ㅣ니라 君子의 性인바ᄂᆞᆫ 仁과 義와 禮와 智ㅣ 心에 根ᄒᆞ얀 ᄂᆞᆫ디라 그 色애 生ᄒᆞ욤이 睟然히 面에 見ᄒᆞ며 背예 盎ᄒᆞ며 四體예 施ᄒᆞ야 四體ㅣ 言티 아니 ᄒᆞ야셔 喩ᄒᆞᄂᆞ니라

| 직역 |

"군자가 본성으로 여기는 바는 비록 크게 행하더라도 더해지지 않으며 비록 궁하게 거하더라도 덜어지지 않으니, 분수가 정해진 까닭이다. 군자가 본성으로 여기는 바는 인과 의와 예와 지로서 마음에 뿌리를 두고 있기 때문에, 그 빛남이 윤택하게 얼굴에 보이며 등에 가득하게 차며 사지에 베풀어져서 사자가 말하지 않아도 깨우친다."

| 자해 |

分 : 하늘에서 나누어 얻은 것. • 仁義禮智 : 성(性)의 네 덕. • 根 : 근본. • 生 : 발현함. • 粹然 : 맑고 온화하고 윤택한 모양. • 盎 : 차고 넘침. • 施於四體 : 동작과 위의 사이에 보임. • 四體不言而喩 : 사지가 내 말을 기다리지 않고 스스로 나의 뜻을 깨달을 수 있음.

| 의해 |

"'군자가 본성으로 여기는 바가 있지 않다'는 것은 무엇인가? 군자가 본성으로 여기는 바는 비록 크게 하고자 하는 바와 즐거워하는 바를 얻어도 또한 조금도 더해지는 것이 없고, 비록 궁하게 거하여 하고자 하는 바와 즐거워하는 바를 얻지 못하여도 또한 조금도 덜어지는 것이 없으니, 이것은 하늘에서 얻은 분수가 이미 정해졌기 때문이다. 어찌 사물에 남거나 부족한 것을 덜거나 더할 수 있는 것과 같겠는가?

군자가 본성으로 여기는 바를 가지고 말하면, 인・의・예・지는 사람의 마음에 같이 갖추어진 본성품이지만, 다만 모든 사람이 물욕에 가려서 잃어버리는 것이고, 군자는 기(氣)가 청명하여 물

욕에 막히는 일이 없어서 처음 날 때의 본성인 인・의・예・지가 모두 마음에 뿌리박혀 서는 것이 견고하여 흔들거나 빼앗지 못하니, 뿌리가 이미 안으로 깊다. 영화(榮華)가 바깥으로 발하여 그 빛남이 윤택한 네 가지 덕이 얼굴에 드러나서 맑고 윤택하여 사람에게 친할 만한 것을 보이고, 가득한 네 가지 덕이 등에 채워져 사람이 본받을 만한 것을 보이며, 네 가지 덕이 사지에 베풀어지면 사지가 마음의 명을 기다리지 않고서도 스스로 깨달는다. 손모양이 공손한 것은 자기가 저더러 공손하라고 가르치지 않아도 손모양이 자연히 공손한 것이고, 발모양이 무거운 것은 자기가 저더러 무거우라고 가르치지 않아도 발도양이 자연히 무거운 것과 같다. 군자의 성품인 바가 이와 같다.

하늘에서 얻은 것이 이와 같이 심히 온전하기 때문에 어디를 가도 스스로 얻지 않음이 없을 것이니, 어찌 궁하고 달한 것을 가지고 더하고 더는 것이 있겠는가?"

| 요지 |

이 장은 안과 밖, 가벼움과 무거움의 등분을 밝힌 것이다. 도가 세상에 행해지는 것이 진실로 즐거울 수 있으나, 덕이 몸에 온전한 것이 더욱 귀중함을 말한 것이다.

맹자왈 백이피주 거북해지빈 문문왕
22-1. 孟子曰 伯夷辟紂하여 居北海之濱이러니 聞文王
작흥 왈 합귀호래 오문서백 선양로자
作興하고 曰 盍歸乎來리오 吾聞西伯은 善養老者라하고
태공 피주 거동해지빈 문문왕작흥 왈
太公이 辟紂하여 居東海之濱이러니 聞文王作興하고 曰
합귀호래 오문서백 선양로자 천하 유
盍歸乎來리오 吾聞西伯은 善養老者라하니 天下에 有

선 양 로 즉 인 인 이 위 기 귀 의
善養老 則仁人이 以爲己歸矣니라

| 언해 |

孟子ㅣ ᄀᆞᆯᄋᆞ샤ᄃᆡ 伯夷ㅣ 紂ᄅᆞᆯ 辟ᄒᆞ야 北海ㅅ 濱에 居ᄒᆞ더니 文王의 作興ᄒᆞᆷ을 듣고 ᄀᆞᆯ오ᄃᆡ 엇디 歸ᄒᆞ야 來티 아니ᄒᆞ리오 나ᄂᆞᆫ 西伯은 老者ᄅᆞᆯ 善養ᄒᆞᆫ다 드로라 ᄒᆞ고 太公이 紂ᄅᆞᆯ 辟ᄒᆞ야 東海ㅅ 濱애 居ᄒᆞ더니 文王의 作興을 듣고 ᄀᆞᆯ오ᄃᆡ 엇디 歸ᄒᆞ야 來티 아니 ᄒᆞ리오 나ᄂᆞᆫ 西伯은 老者ᄅᆞᆯ 善養ᄒᆞᆫ다 드로라 ᄒᆞ니 天下애 老ᄅᆞᆯ 善養ᄒᆞ리 이시면 仁人이 ᄡᅥ 己의 歸ᄅᆞᆯ 삼ᄂᆞ니라

| 직역 |

맹자가 말하였다. "백이가 주(紂)를 피하여 북해의 가에 거처하더니, 문왕이 일어남을 듣고 말하기를, '어찌 돌아가지 않겠는가? 나는 서백이 늙은이를 잘 기른다 함을 들었다'고 하였다. 태공이 주를 피하여 동해의 가에 은거하더니, 문왕의 일어남을 듣고 말하기를, '어찌 돌아가지 않겠는가? 나는 서백이 늙은이를 잘 기른다 함을 들었다'고 하였다. 천하에 늙은이를 잘 기르는 이가 있으면, 인한 사람이 자기가 돌아갈 데를 삼는다."

| 자해 |

己歸 : 몸의 돌아갈 바.

| 의해 |

맹자가 당시 제후들이 늙은이를 길러 줄 것을 바라서 말하였다. "임금이 정사를 함에 사람들이 자기에게 돌아오게 하고자 하지 않으니, 문왕을 보지 않았는가? 옛적에 백이가 은나라 주왕을 피하여 북해의 가에 숨어있더니, 문왕이 일어나 서백이 되었다는 소식을 듣고 이에 분연히 일어나 말하였다. '어찌 돌아가지 않겠는

가? 내가 들으니, 서백이 정사를 베풀고 인을 행하여 늙은이를 잘 기른다 하니, 내가 돌아가서 그 기르는 데 나아가리라.' 백이와 태공은 진실로 천하의 인한 사람으로서 문왕에게 돌아온 것이 이 같으니, 지금 천하의 임금이 늙은이를 잘 기르기를 문왕과 같이 할 수 있으면, 인한 사람이 다 흡족하여 몸소 돌아갈 곳으로 삼을 것이다."

오 모 지 택 수 장 하 이 상 필 부 잠 지 즉 로 자
22-2. 五畝之宅에 樹墻下以桑하야 匹婦蠶之則老者
족 이 의 백 의 오 모 계 이 모 체 구 실 기 시 노 자 족
足以衣帛矣며 五母鷄와 二母彘를 無失其時면 老者足
이 무 실 육 의 백 모 지 전 필 부 경 지 팔 구 지 가 가
以無失肉矣며 百畝之田을 匹夫耕之면 八口之家 可
이 무 기 의
以無饑矣리라

| 언해 |

五畝ㅅ 宅애 墻下애 樹호ᄃᆡ 桑으로ᄡᅥ ᄒᆞ야 匹婦ㅣ 蠶ᄒᆞ면 老者ㅣ 足히 ᄡᅥ 帛을 衣ᄒᆞ리며 五母ㅅ 鷄와 二母ㅅ 彘ᄅᆞᆯ 그 時ᄅᆞᆯ 失ᄒᆞᆷ이 업ᄉᆞ면 老者ㅣ 足히 ᄡᅥ 肉을 失ᄒᆞᆷ이 업스리며 百畝ㅅ 田을 匹夫ㅣ 耕ᄒᆞ면 八口ㅅ 집이 可히 ᄡᅥ 饑ᄒᆞᆷ이 업ᄉᆞ리라

| 직역 |

"5모의 집에 담 아래에 뽕나무를 심어 필부가 누에를 치면 늙은 자가 충분히 비단옷을 입을 것이다. 다섯 어미 닭과 두 어미 돼지를 그 때를 잃음이 없으면 늙은 자가 충분히 고기를 잃음이 없을 것이다. 100모의 밭을 필부가 갈면 여덟 식구의 집이 굶주림이 없을 수 있을 것이다."

| 의해 |

"옛적에 문왕이 기산을 다스리던 정사로써 말해보자. 농사하는 지아비에게 5모의 집을 주고 담 아래에 있는 땅에 모두 뽕나무를 심게 하여 필부로 하여금 누에를 치게 하면 비단이 나올 데가 있어서 늙은이가 비단 옷을 충분하게 입을 것이다. 어미닭 다섯 마리와 어미 돼지 두 마리를 그 새끼 치는 때를 놓치지 않으면 고기가 나올 데가 있어서 늙은이가 고기를 잃지 않고 풍족하게 먹을 것이다. 정전 100모를 주어서 필부가 경작하면 곡식이 분배되는 바가 있어서 여덟 식구의 집이 굶주리는 일이 없을 것이다."

소 위 서 백 선 양 로 자 제 기 전 리 교 지 수 휵
22-3. 所謂西伯이 善養老者는 制其田里하여 教之樹畜
도 기 처 자 사 양 기 로 오 십 비 백 불 난
하며 導其妻子하여 使養其老니 五十에 非帛不煖하며
칠 십 비 육 불 포 불 난 불 포 뉘 지 동 뇌 문 왕
七十에 非肉不飽하나니 不煖不飽를 謂之凍餒니 文王
지 민 무 동 뇌 지 로 자 차 지 위 야
之民이 無凍餒之老者는 此之謂也니라

| 언해 |

닐온 밧 西伯이 老者ᄅᆞᆯ 善養타 ᄒᆞᆷ은 그 田里ᄅᆞᆯ 制ᄒᆞ야 樹ᄒᆞ며 畜ᄒᆞᆷ을 教ᄒᆞ며 그 妻子를 導 ᄒᆞ야 ᄒᆞ여곰 그 老ᄅᆞᆯ 養케 ᄒᆞᆷ이니 五十에 帛이 아니면 煖티 아니 ᄒᆞ며 七十에 肉이 아니면 飽티 아니 ᄒᆞᄂᆞ니 煖티 아니 ᄒᆞ며 飽티 아니 ᄒᆞᆷ을 凍ᄒᆞ며 餒ᄒᆞᆷ이라 니ᄅᆞᄂᆞ니 文王의 民이 凍ᄒᆞ며 餒ᄒᆞᆫ 老者ㅣ 업다ᄒᆞᆷ이 이ᄅᆞᆯ 닐옴 이니라

| 직역 |

"이른바 서백이 늙은이를 잘 기른다고 하는 것은 그 밭과 집을 지

어서 심고 기르는 것을 가르치며 그 처자를 인도하여 그 늙은이를 기르게 하는 것이다. 오십에 비단이 아니면 덥지 아니하며 칠십에 고기가 아니면 배부르지 아니하니, 덥지 아니하며 배부르지 아니함을 얼고 주림이라고 이른다. 문왕의 백성 가운데 얼고 주린 늙은이가 없다고 한 것이 이를 이른다."

| 자해 |

田 : 100모의 밭. • 里 : 5모의 집. • 樹 : 밭 갈고 뽕나무를 심는 것. • 畜 : 닭과 돼지를 기르는 것.

| 의해 |

"문왕이 기(岐) 땅을 다스리던 정사가 이와 같았으니, 백이와 태공이 이른바 '서백이 늙은이를 잘 기른다'는 것이 어찌 집마다 주고 사람마다 준 것이겠는가? 또 백성에게 이로운 바를 가지고 이롭게 한 것이니, 100모의 밭과 5모의 집은 문왕이 백성을 위하여 구획한 것이고, 뽕나무를 심고 어미 닭과 어미 돼지를 기르는 것은 문왕이 백성을 가르쳐서 기르고 심게 한 것이다. 이로부터 그 처자를 인도하여 그 밭과 집에서 심고 길러 얻은 비단옷과 고기로 그 늙은이를 기르게 한 것이니, 이와 같이 할 따름이다.
사람이 50살이 되면 입는 것이 비단이 아니면 따뜻하지 않고, 70살이 되어서는 고기가 아니면 배부르지 않으니, 따뜻하지 않고 배부르지 않음을 얼고 주린다고 한다. 장정은 옷이 없고 먹을 것이 없는 것을 가지고 '얼고 주린다'고 하며, 늙은이는 비단이 없고 고기가 없는 것을 가지고 '얼고 주린다'고 하는 것이다. 문왕의 백성이 얼고 주린 늙은이가 없는 것, 이것이 백이와 태공의 이른바 '늙은이를 기른다'는 것이니, 이제 임금이 그것을 본받지 않을 수 있겠는가?"

| 요지 |

이 장은 당시의 임금들에게 늙은이 잘 기를 것을 격려하는 뜻이다. 인한 사람을 얻고자 하면 먼저 늙은이를 기르는 것이 중요하고, 늙은이를 잘 기르고자 하면 문왕을 스승으로 삼는 것이 중요함을 말하였다.

23. 孟子曰 易其田疇하며 薄其稅斂이면 民可使富也니라 食之以時하며 用之以禮면 財不可勝用也리라 民非水火면 不生活이로대 昏暮에 叩人之門戶하여 求水火어든 無弗與者는 至足矣일새니 聖人이 治天下에 使有菽粟을 如水火니 菽粟이 如水火면 而民이 焉有不仁者乎리오

| 언해 |

孟子ㅣ ᄀᆞᆯᄋᆞ샤ᄃᆡ 그 田疇ᄅᆞᆯ 易ᄒᆞ며 그 稅斂을 薄히 ᄒᆞ면 民을 可히 하여곰 富케 ᄒᆞᆯ이니라 食ᄒᆞ옴을 時로ᄡᅥᄒᆞ며 用ᄒᆞ옴을 禮로ᄡᅥ ᄒᆞ면 財ᄅᆞᆯ 可히 이긔여 用티 몯ᄒᆞᆯ이리라 民이 水火ㅣ 아니면 生活티 몯ᄒᆞᆯ꺼시로ᄃᆡ 昏暮애 人의 門戶를 叩ᄒᆞ야 水火를 求ᄒᆞ야든 與티 아닐 者ㅣ 업슴은 지극히 足ᄒᆞᆯᄊᆡ니 聖人이 天下ᄅᆞᆯ 治ᄒᆞ심애 ᄒᆞ여곰 菽粟둠을 水火ᄀᆞᆮ티 ᄒᆞ시ᄂᆞ니 菽粟이 水火ᄀᆞᆮᄐᆞ면 民이 엇디 仁티 아닌 者ㅣ 이시리오

| 직역 |

맹자가 말하였다. "농토를 다스리며 세금을 박하게 거두면 백성을 부유하게 할 수 있다. 먹기를 때에 맞게 하며 쓰기를 예로써 하면 재물을 이루 다 쓰지 못한다. 백성이 물과 불이 아니면 생활하지 못할 것이지만, 밤에 사람의 문을 두드려서 물과 불을 구하거든 주지 아니할 자가 없는 것은 지극히 풍족하기 때문이다. 성인이 천하를 다스림에 콩이나 조 등을 물과 불과 같게 하니, 콩이나 조 등을 물과 불 같이 쓰면 백성이 어찌 인하지 않겠는가?"

| 자해 |

易 : 다스림. • 疇 : 밭.

| 의해 |

맹자가 말하였다. "선왕이 천하 백성을 기를 때, 사람마다 입히고 먹인 것이 아니다. 다만 농사철에 시간을 빼앗지 않고 농사에만 전념하여 그 밭을 다스리게 하고, 또 10분의 1만 받아서 그 세금을 박하게 하였다. 토지에서 얻은 것은 많고 세금은 한계가 있었으니, 이 두 가지가 백성을 부유하고 풍족하게 하는 방법이었다. 이미 부유하면 또 마땅히 절약하는 것이 있었을 것이다. 아침밥과 저녁밥 같이 백성들이 먹는 것을 때에 맞게 하되 때가 아닌 것은 금지하였고, 관례와 혼인과 상사와 제사와 같은 경우 백성들의 물자 쓰기를 예로써 할 것을 가르쳐 예가 아닌 것을 금지하였다. 그렇다면 수입을 헤아려서 지출을 단행한 것이니 재물을 이루 다 쓸 수 없었을 것이다.

백성이 물과 불이 아니면 생활하지 못하니, 마땅히 매우 아껴야 할 것이다, 그렇지만 어둔 밤이라도 다른 집 문을 두드리며 물 또는 불을 구하면 주지 않는 자가 없었으니, 사람이 매우 아끼지 않는 것 같았다. 이것은 어째서인가? 지극히 풍족하였기 때문이다.

성인이 천하를 다스림에 백성에게 급한 것이 곡식임을 알고 그 근원을 열고 그 흐름을 절약하여 지극하지 않은 것이 없어서, 백성에게 곡식을 많이 보관하게 하고 물과 불을 풍족하게 하였다. 예의란 부유하고 풍족한 곳에서 나오니, 만일 곡식이 물과 불처럼 많으면 백성에게 일정한 재산이 있어서 스스로 일정한 마음이 있을 것이다. 그러고서도 어찌 방탕하고 사치하여 인하지 않은 자가 있겠는가?
백성을 한 번 풍족하게 하면 인하지 않은 자가 없는 것이 이와 같을 것이니, 백성을 기르는 정사를 말단으로 여겨서는 안 된다."

| 요지 |

이 장은 다스림을 행하는 도를 말한 것이다. 백성을 인하게 하고자 하면 먼저 백성으로 하여금 풍족하게 함이 귀중하다는 말이지, 부유하게 한 후에 가르친다는 것이 아니다. 위의 두 대문은 백성을 풍족하게 하는 정사가 백성으로 하여금 근본을 힘써서 재물의 근원을 풍족하게 하고, 검약하게 써서 재물의 흐름을 절약하게 함에 있음을 말한 것이다. 끝 대문에는 백성으로 하여금 풍족하게 하는 것이 곧 백성으로 하여금 인하게 하는 것임을 말하여 백성을 풍족하게 하는 것이 중요함을 보인 것이다.

맹 자 왈 공 자 등 동 산 이 소 로 등 태 산 이 소 천
24-1. 孟子曰 孔子登東山而小魯하시고 登太山而小天
하 고 관 어 해 자 난 위 수 유 어 성 인 지 문 자
下하시니 故로 觀於海者에 難爲水요 遊於聖人之門者
난 위 언
에 難爲言이니라

| 언해 |

孟子ㅣ ᄀᆞᆯᄋᆞ샤ᄃᆡ 孔子ㅣ 東山애 登ᄒᆞ샤 魯ᄅᆞᆯ 小히 너기시고 太

山애 登ᄒᆞ샤 天下를 小히 너기시니 故로 海예 觀ᄒᆞᆫ 者애 水되옴이 어렵고 聖人의 門에 遊ᄒᆞᆫ 者애 言되옴이 어려오니라

| 직역 |

맹자가 말하였다. "공자가 동산에 올라 노나라를 작게 여기고 태산에 올라 천하를 작게 여겼다. 그러므로 바다를 본 자에게 물이 되기 어렵고, 성인의 문하에 노닌 자에게 말이 되기 어렵다."

| 자해 |

東山 : 노나라 성 동편에 높은 산. • 太山 : 동산보다 더 높은 산.

| 의해 |

맹자가 말하였다. "사람이란 성인의 경지에 이르러 끝나는 것이고, 도는 성인이라야 극진히 하는 것이다. 크도다, 공자여! 한 나라에 있으면 한 나라에서 높았기 때문에, 동산 높은 데 올라 노나라를 작게 보았다. 온 나라가 모두 가르치고 돌아보는 곳 안에 있어서 노나라를 크게 여기지 않았다. 천하에 있으면 천하에서 높았기 때문에 태산 높은데 올라 천하를 작게 보았다. 육합(六合)이 모두 구부리고 우러러보는 가운데에 있어서 천하를 크게 여기지 않았다. 처한 바가 높으면 아래를 작게 보는 것이 이와 같다. 이런 까닭에 물은 모두 물이지만 바다를 본 자에게는 넓게 굽이치는 형세를 눈으로 본 까닭에 모든 물이 물 되기가 어렵고, 말은 모두 말이지만 성인의 문하에 노닌 자에게는 인의와 도덕의 종지를 들은 까닭에 모든 말이 다 말 되기가 어려운 것이다. 본 바가 크면 작은 경우는 볼 것이 없는 것으로 느끼는 것이 또한 분명하니, 성인의 도가 이와 같이 큰 것이다."

관수유술 필관기란 일월 유명
24－2. 觀水有術하니 必觀其瀾이니라 日月이 有明하니
용광 필조언 유수지위물야불영과 불행
容光에 必照焉이니라 流水之爲物也不盈科면 不行하나
군자지지어도야 불성장 부달
니 君子之志於道也에도 不成章이면 不達이니라

| 언해 |

水ᄅᆞᆯ 觀홈이 術이 인ᄂᆞ니 반ᄃᆞ시 그 瀾을 觀홀띠니라 日月이 明이 이시니 光을 容ᄒᆞᄂᆞᆫᄃᆡ 반ᄃᆞ시 照ᄒᆞᄂᆞ니라 流水의 物이로움이 科애 盈티 몯ᄒᆞ면 行티 몯ᄒᆞᄂᆞ니 君子의 道애 志홈애도 章이 成티 몯ᄒᆞ면 達티 몯ᄒᆞᄂᆞ니라

| 직역 |

"물을 보는 데 방법이 있으니, 반드시 그 물결을 보아야 한다. 해와 달에 밝음이 있으니, 빛을 용납하는 데는 반드시 비춘다. 흐르는 물이란 것이 웅덩이에 차지 못하면 나아가지 못하니, 군자가 도에 뜻을 두더라도 문채를 이루지 못하면 통달하지 못한다."

| 의해 |

"성인의 도가 크나 근본적으로 더욱 큰 것이 있다. 물을 보더라도 범범하게 볼 것이 아니라 보는 방법이 있으니 반드시 그 물결을 보아야 한다. 물의 근원이 깊고 먼 까닭에 물결이 쉬지 않고 급하게 흐르니, 물결을 보면 물의 근본이 있는 것을 알 것이다. 해와 달이 하늘에 걸려서 지극히 밝은 본체가 있는 까닭에 작고 좁은 틈이라도 빛을 용납하는 곳이면 반드시 비추는 법이니, 비추는 것을 보면 해와 달의 본체가 있는 것을 알 수 있다.

그렇다면 공자의 도가 시내처럼 흐르는 것은 돈화(敦化)함에서 근원하니, 곧 물이 근원으로 말미암아 통달하는 것과 같고, 광휘

가 독실한 데 뿌리 하는 것은 곧 해와 달의 밝음에서 빛이 나는 것과 같다. 그 크고 근본 있는 것이 어찌 이와 다르겠는가? 성인의 도가 크고 근본이 있음이 이와 같으니, 배우는 자가 성인을 희망하는 방법을 알아야 한다. 물이라는 것이 이 구덩이에 가득 차지 않으면 흘러서 저 구덩이로 통하지 못할 것이다. 점차적으로 나아가는 것은 물의 경우도 오히려 그러하거든 하물며 군자가 성인의 도에 뜻을 두는 경우는 말할 것도 없다. 반드시 차례를 따라 점점 나아가서 날마다 쌓고 달마다 모아서 학문을 성취하여 문장의 아름다움이 있은 후에야, 자연스레 위로 통달하여 그 극진한 곳까지 나갈 것이다. 만일 빛나는 것을 이루는 지경에 이르지 못하면, 이는 아래로 배우는 지경에 오히려 다하지 못함이 있는 것인데, 갑작스레 성인의 경지를 바란다면 다만 공중에 달린 망령된 생각일 것이다. 결국 얻지 못할 것이니, 어찌 스스로 통달할 수 있겠는가? 성인의 도에 뜻을 둔 자는 차례를 좇아 점진적으로 나아가는 공이 없어서는 안 된다."

| 요지 |

이 장은 머리 대문에서는 성인의 도가 큰 것을 형용하고, 다음 대문에서는 위대한 성인의 도에 근본이 있음을 형용한 것이다. 끝 대문에서는 성인의 도를 배우는 자가 반드시 점점 나아가야 할 것이고, 건너뛰어서는 안 됨을 말한 것이다.

맹자왈 계명이기 자자위선자 순지도야

25. 孟子曰 鷄鳴而起하여 孶孶爲善者는 舜之徒也요

계명이기 자자위리자 척지도야 욕지순여척

鷄鳴而起하여 孶孶爲利者는 蹠之徒也니 欲知舜與蹠

지 분 무 타 이 여 선 지 간 야
之分인댄 無他라 利與善之間也니라

| 언해 |

孟子ㅣ ᄀᆞᆯᄋᆞ샤ᄃᆡ 鷄ㅣ 鳴ᄒᆞ거든 起ᄒᆞ야 孶孶히 善을 ᄒᆞᄂᆞᆫ 者ᄂᆞᆫ 舜의 徒ㅣ오 鷄ㅣ 鳴ᄒᆞ거든 起ᄒᆞ야 孶孶히 利ᄅᆞᆯ ᄒᆞᄂᆞᆫ 者ᄂᆞᆫ 蹠의 徒ㅣ니 舜과 다믓 蹠의 分ᄒᆞ욤을 알오쟈 홀띤댄 他ㅣ 업슨디라 利와 아믓 善의 間이니라

| 직역 |

맹자가 말하였다. "닭이 울면 일어나서 부지런히 힘써 착한 일을 하는 자는 순임금의 무리이고, 닭이 울면 일어나서 부지런히 이로운 일을 하는 자는 도척의 무리이다. 순임금과 도척의 나뉨을 알고자 한다면 다른 것이 없고 이(利)와 선(善)의 사이이다."

| 자해 |

孶孶 : 부지런하고 힘쓰는 뜻. • 蹠 : 도척(盜蹠).

| 의해 |

맹자가 말하였다. "사람의 마음이 발동하는 것은 하늘의 선한 이치를 따르기 때문이다. 닭이 우는 때는 사물과 서로 접촉하지 않고 하루 행할 일을 처음 생각할 때이다. 이때 한 생각이 선하게 부지런히 일어나는 자는 비록 갑작스럽게 순임금의 경지에는 이르지는 못하나, 선한 곳으로 향하는 마음은 곧 순임금의 무리에 해당한다.

사람이 욕심을 따르면 곧 이욕(利慾)이다. 닭이 울 때 한 생각이 일어남에 부지런하게 이익을 따르는 사람은 비록 갑작스럽게 도척에 이르지는 않겠으나, 이익을 따르는 마음을 채우면 곧 도척의 무리가 될 것이다. 순임금은 선을 지극하게 행한 것이고, 도척

은 이익을 지극하게 채운 것이다. 서로의 거리가 비록 현저히 차이나지만 순임금의 선을 행하면 순임금이고, 도척의 이익을 행하면 도척이 되는 것은 모두 닭이 울 때 한 생각에서 비롯되는 것이다. 순임금과 도척의 차이를 알고자 하면 다른 것이 없다. 그 생각이 선하냐 이익을 추구하느냐에서 나누어지는 것이다.”

| 요지 |

순임금과 도척이 서로의 거리가 멀지만, 그 나뉨은 이(利)와 선 사이에 있을 따름이다. 어찌 삼가지 않을 수 있겠는가? 그러나 강구하기를 익히 못하고 보기를 밝게 하지 못하면, 이익으로 의로움을 삼지 않는 자가 있지 않을 것이다. 배우는 자는 마땅히 깊이 살펴야 할 것이다.

맹 자 왈 양 자 취 위 아 발 일 모 이 리 천 하 불
26. 孟子曰 楊子는 取爲我하니 拔一毛而利天下라도 不
위 야 묵 자 겸 애 마 정 방 종 이 천 하
爲也하니라 墨子는 兼愛하니 摩頂放踵이라도 利天下인
위 지 자 막 집 중 집 중 위 근 지 집 중
댄 爲之하니라 子莫은 執中하니 執中이 爲近之나 執中
무 권 유 집 일 야 소 오 집 일 자 위 기 적 도 야 거
無權이 猶執一也니라 所惡執一者는 爲其賊道也니 擧
일 이 폐 백 야
一而廢百也니라

| 언해 |

孟子ㅣ ᄀᆞᆯᄋᆞ샤ᄃᆡ 楊子ᄂᆞᆫ 我ᄅᆞᆯ 爲홈을 取ᄒᆞ니 一毛ᄅᆞᆯ 拔ᄒᆞ야 天下ᄅᆞᆯ 利케 홀ᄯᅵ라도 ᄒᆞ디 아니 ᄒᆞ니라 墨子ᄂᆞᆫ 兼ᄒᆞ야 愛ᄒᆞ니 頂을 摩ᄒᆞ야 踵애 放홀ᄯᅵ라도 이라도 天下를 利케 홀ᄯᆫᄃᆡᆫ ᄒᆞ니라 子莫은 中을 執ᄒᆞ니 中을 執홈이 近하나 中을 執ᄒᆞ고 權이 업슴이 오

히려 一올 執홈 이니라 一올 執홈을 惡ᄒᆞᄂᆞᆫ바ᄂᆞᆫ 그 道ᄅᆞᆯ 賊홈을 爲ᄒᆞ얘니 一을 擧ᄒᆞ고 百을 廢홈이니라

| 직역 |

맹자가 말하였다. "양자는 나를 위하는 것을 취하니, 한 터럭을 빼어서 천하를 이롭게 할지라도 하지 않는다. 묵자는 겸하여 사랑하니, 이마를 갈아서 발뒤축까지 이를지라도 천하를 이롭게 한다면 한다. 자막은 중(中)을 잡으니, 중을 잡는 것이 도에 가까우나, 중을 잡고 권(權)이 없는 것이 오히려 하나를 고집하는 것이다. 하나를 고집하는 것을 미워하는 것은 그 도를 해롭게 하기 때문이니, 하나를 들고 모든 것을 폐한다."

| 자해 |

楊子 : 이름은 주(朱). • 取 : 겨우 족하다는 뜻. '취위아(取爲我)'는 겨우 나를 위하는데 족하고 남을 위하는 데는 미치지 못함을 말함. • 墨子 : 이름은 적(翟). 兼愛는 사랑하지 않음이 없는 것. • 摩頂 : 이마를 뚫음. • 放 : 이르는 것. • 子莫 : 노나라의 어진 자. • 近 : 도에 가까움. • 權 : 저울추이니, 물건의 경중을 달아서 무거운 것을 취하는 것. • 賊 : 해롭게 함.

| 의해 |

맹자가 말하였다. "지금 이단의 학문이 어찌 그리 분분한가? 양주와 같은 자는 바깥을 따르는 것이 실상이 없다고 싫어하여 겨우 나를 위하는 것만 취한다. 나를 위하는 마음만 채우면 비록 한 터럭을 뽑아서 천하를 이롭게 할지라도 당연히 하지 않을 것이니, 하물며 손해가 터럭 하나보다 더한 경우이겠는가?
또 묵적이라는 자가 있으니, 자기에게 사사로이 하는 것은 쓸 데 없다고 하여 사람을 사랑하지 아니하는 일이 없다. 그 두루 사랑하는 마음을 채우면 비록 이마를 뚫어서 발꿈치에 이르러 지극히 수고롭더라도, 천하를 이롭게만 한다면 또한 돌아보고 아끼는 것이 없이 한다. 또 자막이라는 자는 양주와 묵적 두 사람이 각각

편벽된 곳이 있음을 보고, 나를 위하는 것은 양주처럼 고집하는 데는 이르지 않고 두루 사랑하는 것은 묵적처럼 광범한 데는 이르지 않아서, 양주도 아니고 묵적도 아닌 중립적인 것을 가지고 도를 삼는다. 그 중(中)을 잡는 것이 도에 가까운 듯하나, 중(中)에는 미루고 옮겨 변화하는 용(用)이 있으니, 권도가 있어야 중(中)이라 할 수 있다. 중을 잡되 권도가 없으면 일정한 곳에만 꼭 붙어서 경중(輕重)을 헤아릴 수 없으니, 또한 나만 위하는 '위아주의'와 두루 사랑하는 '겸애주의'와 함께 '하나만 잡고 변통하지 못하는 주의'가 될 것이다.

저 양주, 묵적 그리고 자막이 한 가지로 하나를 고집하는 것이 되니, 모두 경계하게 한 것이다. 하나를 잡는 것을 미워하는 것은 어째서인가? 성현의 중정(中正)한 도를 해롭게 하기 때문이다. 도는 일정한 몸체가 없어서 때를 따르든지 일을 따르든지 물건을 따르든지, 그 묘하게 쓰는 것이 가장 많은데, 다만 그 하나만 잡으면 그 나머지 백 가지 다양한 변화를 모두 저버릴 것이니 도를 매우 해칠 것이다. 그러니 어찌 참으로 미워하지 않을 수 있겠는가? 도를 호위하는데 책임이 있는 자는 분별하지 않을 수 없을 것이다."

| 요지 |

이 장은 중(中)의 이름을 도둑질하여 중(中)을 어지럽게 하는 자 때문에 표현한 것이다. 양주와 묵적이 도를 해롭게 하는 것은 보기가 쉽고, 중(中)을 도둑질하는 자가 도를 해롭게 하는 것은 알기 어렵다. 이 문장은 자막을 배격하는 의미가 강하다.

맹자왈 기자감식 갈자감음 시미득음식

27. 孟子曰 饑者甘食하고 渴者甘飮하나니 是未得飮食

지 정 야 기 갈 해 지 야 기 유 구 복 유 기 갈 지 해
之正也라 饑渴이 害之也니 豈惟口腹이 有饑渴之害리
인 심 역 개 유 해 인 능 무 이 기 갈 지 해 위 심
오 人心이 亦皆有害하니라 人能無以饑渴之害로 爲心
해 즉 불 급 인 불 위 우 의
害則不及人을 不爲憂矣리라

| 언해 |

孟子ㅣ ᄀᆞᆯᄋᆞ샤ᄃᆡ 饑ᄒᆞᆫ 者ㅣ 食을 甘ᄒᆞ고 渴ᄒᆞᆫ 者ㅣ 飮을 甘ᄒᆞᄂᆞ니 이 飮食의 正을 得디 몯 ᄒᆞᆷ이라 饑渴이 害ᄒᆞᆷ이니 엇디 오직 口腹이 饑渴의 害이시리오 人心이 ᄯᅩᄒᆞᆫ 다 害인ᄂᆞ니라 人이 能히 饑渴의 害로써 心의 害ᄅᆞᆯ 삼디 아니ᄒᆞ면 人의게 밋디 몯ᄒᆞᆷ을 憂ᄒᆞ디 아니 ᄒᆞ리라

| 직역 |

맹자가 말하였다. "주린 자가 먹기를 달게 하고 목마른 자가 마시기를 달게 하니, 이 음식의 바른 것을 얻지 못한 것이다. 주리고 목마른 것이 해롭게 한 것이니. 어찌 오직 입과 배가 주리고 목마른 해로움만 있겠는가? 사람의 마음이 또한 다 해로움이 있는 것이다. 사람이 주리고 목마름의 해로써 마음의 해를 삼지 않으면, 다른 사람에게 미치지 못할 것을 근심하지 않을 것이다."

| 의해 |

맹자가 말하였다. "세상의 주린 자는 먹을 것을 얻으면 달게 먹고, 목마른 자는 마실 것을 얻으면 달게 마시면서 비록 달지 않더라도 달다 할 것이니, 그것은 음식의 바른 맛을 얻지 못한 것이다. 저 음식을 가릴 여가가 없으면 그 바른 맛을 잃어서 해가 있는 것이니, 실상 주리고 목마른 것이 그를 핍박하였기 때문이다. 이는 주리고 목마른 것의 해로움이니, 어찌 입과 배의 경우에만 주리고 목마른 것의 해가 있어서 바른 맛을 알지 못하겠는가?

사람 마음에 바른 이치가 있는 것도 음식에 바른 맛이 있는 것과 같다. 다만 빈천한 까닭에 그 마음이 흔들리고 어지러워 부귀를 가릴 여가가 없어서 그 바른 이치를 잃은 것이다. 마음과 뜻에 해가 있는 것이 어찌 입과 배에 해가 있는 것과 다르겠는가?

빈천이 마음을 해롭게 하는 것이 주리고 목마른 것이 입과 배를 해롭게 하는 것과 다름이 없다. 빈천이란 사람 마음의 주리고 목마른 것이고, 빈천 때문에 마음이 동요되는 것은 주리고 목마른 것의 해로써 마음의 해가 되게 하는 것이다.

이에 사람이 있다고 하자. 의가 아닌 부귀에는 반드시 살피고 가려서 그 바른 것을 잃어버리지 않으면, 이 사람은 이치로써 욕심을 제어하고 도로써 뜻을 이끌어 주리고 목마른 것의 해로써 마음의 해가 되지 않게 할 수 있을 것이다. 식견이 고명하고 지킴이 견고하여 비록 학문이 차지 못하고 조예가 극진하지 못하여 남에게 미치지 못한 것이 있을지라도 근심할 것이 없을 것이다."

| 요지 |

이 장의 윗 대문은 주리고 목마른 것으로써 빈천함을 일으켜서 욕심이 마음에 누가 되는 것을 말하였고, 끝 대문은 욕심에 얽매이지 않는 자가 보통 사람보다 낫다고 말하였다. 모두 사람들에게 부귀를 살피고 빈천을 편안히 여기게 하고자 한 것이다.

28. 孟子曰(맹자왈) 柳下惠(유하혜)는 不以三公(불이삼공)으로 易其介(역기개)하니라

| 언해 |

孟子ㅣ ᄀᆞᆯᄋᆞ샤ᄃᆡ 柳下惠ᄂᆞᆫ 三公으로ᄡᅥ 그 介ᄅᆞᆯ 易디 아니 ᄒᆞ니라

| 직역 |

맹자가 말하였다. "유하혜는 삼공으로써 그 절개를 바꾸지 않았다."

| 자해 |

介 : 분별이 있음.

| 의해 |

맹자가 말하였다. "유하혜의 사람됨을 사람들은 모두 온화한 줄로만 알지만, 나로부터 본다면, 그 곧은 도를 스스로 지켜서 확연히 바꾸지 아니하여 비록 삼공의 벼슬을 주어서 그 지킨 바 절개를 바꾸고자 하여도 또한 불가능할 것이다. 그 온화하고 휩쓸리지 않음이 이와 같으니, 어찌 보통의 온화함으로 미칠 수 있는 것이겠는가?"

| 요지 |

이 장은 유하혜의 온화하고 휩쓸리지 않음을 말한 것이다. 공자가 백이와 숙제가 옛 악한 것을 생각지 않았음을 의론한 것과 뜻이 바로 서로 같으니, 다 성현이 드러난 것은 은미하게 하고 은미한 것은 드러낸 것이다.

맹 자 왈 유 위 자 비 약 굴 정 굴 정 구 인 이 불 급 천

29. 孟子曰 有爲者辟若掘井하니 掘井九軔而不及泉이

유 위 기 정 야

면 猶爲棄井也니라

| 언해 |

孟子ㅣ ᄀᆞᆯᄋᆞ샤ᄃᆡ ᄒᆞ욤이 인ᄂᆞᆫ 者ㅣ 辟컨댄 井을 掘ᄒᆞ욤 ᄀᆞᄐᆞ니 井 掘홈을 九軔을 호ᄃᆡ 泉에 及디 몯ᄒᆞ면 오히려 井을 棄홈이니라

| 직역 |

맹자가 말하였다. "훌륭한 행위가 있는 자는 비유하면 우물을 파는 것과 같으니, 우물 파기를 아홉 길을 하더라도 샘에 미치지 못하면 오히려 우물을 버리는 것이다."

| 자해 |

辟 : '비유할 비(譬)' 자와 같음. • 軔 : '길 인(仞)' 자와 같으니, 여덟 자를 '인'이라 함.

| 의해 |

맹자가 말하였다. "도는 반드시 실천을 통해 나아가고 공은 반드시 실천을 통해 효험이 있다. 실천을 그만두지 않을 수 있기 때문에 실천이 있는 자는 비유하면 우물을 파는 것과 같다. 우물을 아홉 길 깊이로 파 들어가면 이미 샘에 도달할 조짐이 있는데, 샘이 나는 데까지 미치지 않고 더 이상 파지 않으면 스스로 그 우물을 버리는 것이다. 우물을 파면 반드시 샘물이 나는 것을 추구하여야 할 것이고, 실천이 있으면 반드시 성취하기에 이를 것을 추구해야 할 것이니, 어찌 다름이 있겠는가?"

| 요지 |

이 장은 배우는 사람을 경계하신 말씀이니, 하지 않으면 모르겠지만 하면 반드시 그 성취를 구해야 할 것이다. 인(仁)이 요임금과 같지 못하며 효가 순임금과 같지 못하며 배움이 공자와 같지 못하면, 마침내 성인의 지경에 들어갈 수 없고 마침내 천도에 이르지 못하여 중간에 그만두는 것을 면하지 못할 것임을 말한 것이다.

맹 자 왈 요 순 성 지 야 탕 무 신 지 야 오 패
30. 孟子曰 堯舜은 性之也요 湯武는 身之也요 五覇는
가 지 야 구 가 이 불 귀 오 지 기 비 유 야
假之也니라 久假而不歸하니 惡知其非有也리오

| 언해 |

孟子ㅣ ᄀᆞᆯᄋᆞ샤ᄃᆡ 堯舜ᄋᆞᆫ 性ᄒᆞ신이오 湯武ᄂᆞᆫ 身ᄒᆞ신이오 五覇ᄂᆞᆫ 假ᄒᆞᆫ이니라 오래 假ᄒᆞ고 歸티 아니 ᄒᆞ니 엇디 그 有ㅣ 아닌 줄을 알리오

| 직역 |

맹자가 말하였다. "요와 순은 본성대로 한 사람이고, 탕왕과 무왕은 몸으로 한 사람이고, 오패는 빌어서 한 사람이다. 오래 빌고 돌려보내지 아니하니, 어찌 본래 가진 것이 아닌 줄을 알겠는가?"

| 자해 |

歸 : 돌이킴. • 有 : 실상이 있음.

| 의해 |

맹자가 말하였다. "요와 순은 인과 의를 나면서부터 알고 편안히 행하였으니, 이 도를 본성으로 하여 천연적으로 얻은 것이다. 탕왕과 무왕은 인과 의에 대하여 이 도를 몸소 힘써 행하여 얻었으니, 모두 실상 이 도를 가진 자들이다. 오패는 몸에 가진 것이 아니라 외면으로 인과 의의 이름을 빌어서 탐하고 욕심내는 사사로운 마음을 꾸민 것이니, 이 도를 빌린 것일 뿐, 그 실상은 없는 것이다.

저 오패가 거짓 익히기를 날마다 하여 오래도록 편안히 여겨 돌려보낼 줄을 알지 못하였으니, 근본적으로 가진 것이 아니다. 그

런데도 그 잘못을 조금도 깨닫지 못하였으니, 어찌 그 실상이 있지 않음을 알겠는가? 이래서 마침내 요순의 도에 들어가지 못하고 3왕의 죄인이 된 것이다."

| 요지 |

이 장은 제왕의 성실함을 들어서 패도를 행하는 자의 거짓됨을 분별한 것이다. 오패가 거짓된 인의로써 참된 인의를 어지럽게 한 것을 깊이 분별해야 할 것이니, 아래 대문에 오로지 오패만 말한 까닭이다.

31. 公孫丑曰 伊尹이 曰 予不狎于不順이라하고 放太甲于桐한대 民이 大悅하고 太甲이 賢커늘 又反之한대 民이 大悅하니 賢者之爲人臣也에 其君이 不賢則固可放與잇고 孟子曰 有伊尹之志則可커니와 無伊尹之志則簒也니라

| 언해 |

公孫丑ㅣ ᄀᆞᆯᄋᆞᄃᆡ 伊尹이 ᄀᆞᆯ오ᄃᆡ 予ㅣ 不順을 狎디 아니호리라 ᄒᆞ고 太甲을 桐에 放ᄒᆞᆫ대 民이 키 悅ᄒᆞ고 太甲이 賢커ᄂᆞᆯ ᄯᅩ 反ᄒᆞᆫ대 民이 키 悅ᄒᆞ니 賢者ㅣ 人臣이 되야심애 그 君이 賢티 아니ᄒᆞ면 진실로 可히 放ᄒᆞ리잇가 孟子ㅣ ᄀᆞᆯᄋᆞ샤ᄃᆡ 伊尹의 志ㅣ 이시면 可커니와 伊尹의 志ㅣ 업스면 簒홈이니라

| 직역 |

공손추가 말하였다. "이윤이 '내가 따르지 않는 것을 익히 보지 않으리라' 하고 태갑을 동에 내쳤는데 백성이 크게 기뻐하고, 태갑이 어질어지자 또 돌아오게 하였는데 백성이 크게 기뻐하였습니다. 어진 자가 다른 사람의 신하가 되어 그 임금이 어질지 않으면 진실로 내칠 수 있습니까?" 맹자가 말하였다. "이윤의 뜻이 있으면 괜찮지만 이윤의 뜻이 없으면 찬탈이다."

| 자해 |

予不狎于不順 : 『서경(書經)』 「태갑(太甲)」편에 있는 글. • 狎 : 익히 보는 것. • 不順 : 태갑의 행동이 의리를 따르지 못함.

| 의해 |

공손추가 물어 말하였다. "일찍이 들은 적이 있는데, 이윤이 '나는 새로운 임금의 행위가 의리를 따르지 못하는 것을 오래 볼 수가 없다'고 하고, 태갑을 동땅으로 내쳐 버리니 그 때에 백성이 크게 기뻐하였습니다. 태갑이 인(仁)에 처하고 의(義)에 옮겨 어진 사람이 되자, 또 돌이켜서 박땅 서울로 돌아오게 하니 그 때에 백성이 또 크게 기뻐하였습니다. 이로부터 보면 어진 자가 신하가 되어서 설혹 그 임금의 어질지 못함을 만나면, 진실로 내쳐 두어도 군신의 큰 분의(分義)를 해침은 없겠지요?"

맹자가 말하였다. "자네가 어찌 내침을 쉽게 말하는가? 그 때에 이윤의 뜻이 지공무사(至公無私)하여 조종(祖宗)과 사직을 위하는 계책으로 부득이하여 이러한 조치를 취한 것이다. 신하된 자가 이윤의 뜻이 있어서 부득이하여 이윤이 하던 일을 하여 임금의 덕을 곡진히 이루게 하는 것이 또한 변통의 도라서 오히려 가능하겠지만, 만일 이윤과 같은 뜻이 없는 상태에서 이윤이 하던 일을 본받고자 하여 내치는 조치를 맘대로 한다면, 이것은 임금의 자리를 찬탈함이니, 자네가 어찌 내치는 일을 쉽게 말할 수 있겠는가?"

| 요지 |

맹자의 이 두 말이 오직 이윤의 뜻이 청천백일 같음을 보일 뿐만 아니라, 백대(百代)에 간신(奸臣)과 난적(亂賊)이 또한 그 죄를 도망할 바 없게 한 것이다.

32. 公孫丑曰 詩曰 不素餐兮라하니 君子之不耕而食은 何也잇고 孟子曰 君子居是國也에 其君이 用之則安富尊榮하고 其子弟從之則孝弟忠信하나니 不素餐兮孰大於是리오

(공손추왈 시왈 불소찬혜 군자지불경이식 하야 맹자왈 군자거시국야 기군 용지즉안부존영 기자제종지즉효제충신 불소찬혜숙대어시)

| 언해 |

公孫丑ㅣ 골오ᄃᆡ 詩에 골오ᄃᆡ 素히 餐티 아니타 ᄒᆞ니 君子의 耕티 아니ᄒᆞ고 食홈은 엇디잇고 孟子ㅣ 골ᄋᆞ샤ᄃᆡ 君子ㅣ 이 國에 居홈애 그 君이 用ᄒᆞ면 安ᄒᆞ며 富ᄒᆞ며 尊ᄒᆞ며 榮ᄒᆞ고 그 子弟ㅣ 從ᄒᆞ면 孝ᄒᆞ며 弟ᄒᆞ며 忠ᄒᆞ며 信ᄒᆞᄂᆞ니 素히 餐티 아니홈이 뉘이에셔 크리오

| 직역 |

공손추가 말하였다. "『시』에 말하기를, '하는 일 없이 봉록을 먹지 않는다'고 하니, 군자가 밭 갈지 않고 먹는 것은 어째서입니까?" 맹자가 말하였다. "군자가 이 나라에 거함에 그 임금이 쓰면 편안하고 부유하며 높고 영화로우며, 그 자제가 따르면 효도하고 공

손하며 충성하고 믿음 있게 되니, 하는 일 없이 봉록을 먹지 않는 것이 누가 이보다 크겠는가?"

| 자해 |

詩 : 「위풍(魏風) · 벌단(伐檀)」. • 素 : 빈 것이니, 공(功)이 없이 봉록만 먹는 것을 '소찬(素餐)'이라 함.

| 의해 |

공손추가 물어 말하였다. "『시경』에 말하기를, '공이 없으면 먹지 않는다'고 하였으니, 『시』에서 군자를 찬미한 것이 이와 같습니다. 이 시를 보면 군자가 반드시 벼슬하여 공이 있어야 바야흐로 봉록을 먹을 수 있을 것이고, 만일 벼슬하지 않아서 공이 없으면 마땅히 농사를 지어 먹어야 할 것입니다. 이제 임금이 주는 음식만 받아먹고 농사를 짓지 않는 것은 어째서입니까? 일해서 먹으라는 비판이 있지 않겠습니까?"

맹자가 말하였다. "자네는 또한 군자가 나라에 세우는 공이 크게 있는 것을 전혀 알지 못한다. 군자가 이 나라에 거처하여 비록 폐백을 드려 신하는 되지 않았으나, 언어마다 모두 지극한 도이고, 행동마다 모두 지극한 가르침이다. 만일 그 나라 임금이 등용하여 그 말이 위에서 행해지면, 다스리는 효험이 다 이르러 편안하고 부유하고 높고 영화로울 것이고, 그 자제가 따르면 그 가르침이 아래에 행해져 풍속이 융성하여 효(孝) · 제(悌) · 충(忠) · 신(信)하게 되어 위로는 임금에게 공이 있고 아래로는 백성에게 공이 있는 것이 이와 같을 것이다.

그러므로 군자가 나라에 거처하여 임금의 봉록을 먹고 백성이 받드는 것을 누려도 지나친 것이 아니니, '공으로 먹지 아니하는 것'이 이것보다 위대한 것이 있겠는가? 어찌 그 농사짓지 않고 먹는다고 책망하는가?"

| 요지 |

이 장은 군자가 국가에 유익함이 있고 공이 없이 먹는 것이 아님을 보인 것이다. 공손추의 뜻은 밭 갈지 않음을 중히 여긴 것이 아니고, 다만 공이 없는 것을 중히 여긴 것이니, 전적으로 맹자의 '벼슬하지 아니하고 먹는 것' 때문에 말한 것이다. 이미 벼슬한 사람의 공은 경륜과 사업에 나타나서 보기가 쉽고, 벼슬하지 않은 사람의 공은 국세와 인심에 있어 은미하여 알기 어렵다. 맹자가 공손추에게 대답한 뜻은 다만 공이 있는 것을 중히 여긴 것이니, 또한 스스로의 뜻을 드러낸 말이다.

왕자점 문왈 사 하사 맹자왈 상지 왈
33. 王子墊이 問曰 士는 何事잇고 孟子曰 尙志니라 曰
하위상지 왈 인의이이의 살일무죄비인야 비
何謂尙志잇고 曰 仁義而已矣니 殺一無罪非仁也며 非
기유이취지비의야 거오재 인 시야 노오재
其有而取之非義也니 居惡在오 仁이 是也라 路惡在오
의시야 거인유의 대인지사비의
義是也라 居仁由義면 大人之事備矣니라

| 언해 |

王子墊이 묻ᄌᆞ와 ᄀᆞᆯ오ᄃᆡ 士ᄂᆞᆫ 므서슬 事ᄒᆞᄂᆞ니 잇고 孟子ㅣ ᄀᆞᆯᄋᆞ샤ᄃᆡ 志ᄅᆞᆯ 尙ᄒᆞᄂᆞ니라 ᄀᆞᆯ오ᄃᆡ 엇디 닐온 志ᄅᆞᆯ 尙홈이니잇고 ᄀᆞᆯᄋᆞ샤ᄃᆡ 仁義ᄯᆞᄅᆞᆷ이니 ᄒᆞᆫ 無罪ᄅᆞᆯ 殺홈이 仁이 아니며 그 두디 아닐꺼ᄉᆞᆯ 取ᄒᆞ욤이 義ㅣ 아니니 居ㅣ 어ᄃᆡ 인ᄂᆞ뇨 仁이 이라 路ㅣ 어ᄃᆡ 인ᄂᆞ뇨 義ㅣ 이라 仁에 居ᄒᆞ며 義ᄅᆞᆯ 由ᄒᆞ면 大人의 일이 備홀이니라

| 직역 |

왕자 점이 물어 말하였다. "선비는 무엇을 일삼습니까?" 맹자가 말하였다. "뜻을 숭상한다." 점이 말하였다. "무엇을 뜻을 숭상한다고 합니까?" 맹자가 말하였다. "인과 의일 따름이니, 한 죄 없는 이를 죽이는 것이 인이 아니며, 그 갖지 아니할 것을 취하는 것이 의가 아니다. 거처할 곳이 어디 있는가? 인이다. 길이 어디 있는가? 의이다. 인에 거처하며 의를 따르면 대인의 일이 갖추어진다."

| 자해 |

墊 : 제나라 왕의 아들. • 尙 : 고상한 것. • 志 : 마음이 가는 것. • 大人 : 공경대부.

| 의해 |

제나라 왕의 아들 점이 물었다. "천하의 사람이 위에는 공경대부가 있고, 아래에는 농(農) · 공(工) · (商) · 고(賈)가 있어서 모두 일삼는 바가 있습니다. 모름지기 사(士)는 과연 무슨 일을 합니까?"

맹자가 말하였다. "사는 농 · 공 · 상 · 고의 업을 즐겨하지 않고, 공경대부의 도를 행하고자 하는 자이다. 다만 그 도를 행하기 때문에 오직 그 뜻을 고상히 할 따름이니, 이것이 사가 사인 까닭이다. 밖으로는 하는 바가 없는 것 같지만, 안으로는 실상 일삼는 바가 있는 것이다."

점이 말하였다. "뜻을 고상하게 한다는 것은 무슨 의미입니까?" 맹자가 말하였다. "사가 뜻을 고상히 하는 것은 공명과 부귀의 낮은 것을 뜻하는 것이 아니라, 오직 뜻이 높고 큰 인(仁)과 의(義)에 있을 따름이다. 만일 죄 없는 사람을 죽이면 인이 아니니, 사의 뜻은 반드시 '내가 만일 벼슬에 있으면 반드시 죄 없는 사람을 죽이지 않겠다'고 한다. 마땅히 취하지 않아야 할 것을 취하는 것이 의가 아니니, 사의 뜻은 반드시 '내가 만일 벼슬에 있으면 반드시 취하지 않아야 할 것을 취하지 않겠다'고 한다. 마음이 어디에 있겠는가? 인(仁)에 있으니, 환(鰥)·과(寡)·고(孤)·독(獨)을 그가 반드시 한 몸으로 여길 것이다. 따를 길이 어디에 있겠는가? 의(義)에 있으니, 기강법도가 반드시 마땅한 것을 얻게 할 것이다. 사가 뜻을 고상하게 하는 것이 이와 같다. 저 인에 거처하는 것은 대인의 체(體)이고, 의를 좇는 것은 대인의 용(用)이다. 사가 이미 인에 거처하고 의를 따르는 데에 뜻이 있으면, 비록 벼슬을 얻지 못하여 대인이 되지 못하였으나 대인이 인으로 기르고 의로 바르게 하는 일이 이미 구비된 것이다. 그렇게 되면 사의 일이 진실로 큰데, 어찌 일하는 것이 없다고 하겠는가?"

| 요지 |

이 장은 통틀어 뜻을 고상하게 하는 것을 주장하였으니, '인의(仁義)' 두 글자는 바로 뜻에 고상한 바가 됨을 보인 것이고, '대인' 두 글자는 중함을 말한 것이다. 온 세상이 공(功)과 이(利)에 빠지되 사(士)는 홀로 인과 의로써 뜻을 삼으니, 성현의 큰 학술과 제왕의 큰 사공(事功)을 하나로써 꿴 것이다.

맹 자 왈 중 자 불 의 여 지 제 국 이 불 수 인 개 신 지
34. 孟子曰 仲子不義로 與之齊國而弗受를 人皆信之
시 사 단 사 두 갱 지 의 야 인 막 대 언 무 친 척
어니와 是舍簞食豆羹之義也라 人莫大焉이어늘 亡親戚
군 신 상 하 이 기 소 자 신 기 대 자 해 가 재
君臣上下하니 以其小者로 信其大者奚可哉리오

| 언해 |

孟子ㅣ ᄀᆞᆯᄋᆞ샤ᄃᆡ 仲子ㅣ 不義로 齊國을 與ᄒᆞ여든 受티 아니홈을

人이 다 信ᄒᆞ려니와 이 簞엣 食와 豆엣 羹을 舍ᄒᆞᄂᆞᆫ 義라 人이 이만 크니 업거ᄂᆞᆯ 親戚과 君臣과 上下ㅣ 업스니 그 小者로ᄡᅥ 그 大者ᄅᆞᆯ 信홈이 엇디 可ᄒᆞ리오

| 직역 |

맹자가 말하였다. "중자가 의 아닌 방법으로 제나라를 주어도 받지 않을 것을 사람이 다 믿겠지만, 이것은 한 그릇의 밥과 한 그릇의 국을 버리는 의이다. 사람보다 큰 것이 없는데, 친척과 군신과 상하가 없으니, 그 작은 것으로 큰 것을 믿는 일이 어찌 가능하겠는가?"

| 자해 |

仲子 : 진중자(陳仲子).

| 의해 |

맹자가 말하였다. "진중자의 사람됨이 평일에 의가 아니면 먹지 않고 의가 아니면 거하지 않는 것으로 미루어 보면, 설혹 의가 아닌 방법으로 제나라를 주어도 분명히 즐겨 받지 않을 것을 사람들이 모두 믿을 것이다. 그러나 이 받지 않는 의는 특별히 이 한 그릇의 밥과 한 그릇의 국을 받지 않는 조그마한 청렴에 그치는 것임을 알지 못한 것이다.

사람의 큰 인륜은 오직 안으로는 친척이고, 밖으로는 군신 상하의 관계이다. 사람의 죄는 친척과 군신 상하를 업신여기는 것보다 더 큰 것이 없다. 진중자는 형을 피하고 어머니를 떠나고 임금의 봉록을 먹지 않았다. 이는 친척과 군신 상하를 업신여긴 것이니, 더없이 크게 절도(節度)를 이지러지게 하고 더없이 크게 죄를 지었다. 만일 먹지 않고 거처하지 않는 자잘한 청렴을 믿어서 큰 절개라고 하여 드디어 그가 어질다고 말한다면 어찌 될 일인가? 따라서 진중자의 청렴이 비록 모든 사람에게는 믿음을 보였다 하

더라도 군자의 꾸짖음을 면할 수 없을 것이다.”

| 요지 |

증자의 일생이 청렴을 꿈꾸어 큰 인륜을 폐함에 이르러도 돌아보지 않았다. 윗 구절은 그 청렴을 채울 수 없음을 분별하고, 아래 구절은 인륜을 폐함을 물리친 것이다.

도 응 문 왈 순 위 천 자 고 요 위 사 고 수 살
35. 桃應이 問曰 舜이 爲天子요 皐陶爲士어든 瞽瞍殺
인 즉 여 지 하 맹 자 왈 집 지 이 이 의 연 즉 순 불
人則如之何잇고 孟子曰 執之而已矣니라 然則舜은 不
금 여 왈 부 순 오 득 이 금 지 부 유 소 수 지 야
禁與잇가 曰 夫舜이 惡得而禁之시리오 夫有所受之也
연 즉 순 여 지 하 왈 순 시 기 천 하 유
니라 然則舜은 如之何잇고 曰 舜이 視棄天下하시대 猶
기 폐 사 야 절 부 이 도 준 해 빈 이 처 종 신 흔
棄敝蹝也하사 竊負而逃하사 遵海濱而處하사 終身訢
연 락 이 망 천 하
然樂而忘天下하시리라

| 언해 |

桃應이 묻ᄌᆞ와 ᄀᆞᆯ오ᄃᆡ 舜이 天子ㅣ 되여 겨시고 皐陶ㅣ 士ㅣ 도엿거든 瞽瞍ㅣ 人을 殺ᄒᆞ면 엇디 ᄒᆞ리잇고 孟子ㅣ ᄀᆞᆯᄋᆞ샤ᄃᆡ 執ᄒᆞᆯ ᄯᆞᄅᆞᆷ이니라 그러면 舜ᄋᆞᆫ 禁티 아니 ᄒᆞ시리잇가 ᄀᆞᆯᄋᆞ샤ᄃᆡ 舜이 엇디 시러곰 禁ᄒᆞ시리오 受ᄒᆞᆫ배 인ᄂᆞ니라 그러면 舜은 엇디 ᄒᆞ시리잇고 ᄀᆞᆯᄋᆞ샤ᄃᆡ 舜이 天下 棄ᄒᆞᆷ을 視ᄒᆞ샤ᄃᆡ 敝ᄒᆞᆫ 蹝ᄅᆞᆯ 棄ᄒᆞᆷ ᄀᆞᆮ티 ᄒᆞ샤 竊ᄒᆞ여 負ᄒᆞ여 逃ᄒᆞ샤 海濱을 遵ᄒᆞ여 處ᄒᆞ샤 身이 終토록 訢然히 樂ᄒᆞ여 天下ᄅᆞᆯ 忘ᄒᆞ시리라

| 직역 |

도응이 물었다. "순이 천자가 되고 고요가 법관이 되었는데, 고수가 사람을 죽이면 어떻게 하였을까요?" 맹자가 말하였다. "잡을 따름이다." "그러면 순이 금하지 않겠습니까?" 맹자가 말하였다. "순이 어찌 금할 수 있겠느냐? 전해오는 법을 받은 바가 있다." "그러면 순은 어떻게 하였겠습니까?" 맹자가 말하였다. "순이 천하를 버리는 것을 떨어진 짚신 버리는 것 같이 보아 몰래 업고 도망하여 바닷가를 따라서 거처하여 몸이 마치도록 흔쾌히 즐거워하여 천하를 잊었을 것이다."

| 자해 |

桃應 : 맹자의 제자. • 蹝 : 짚신. • 遵 : 좇는 것.

| 의해 |

도응이 물었다. "천하의 일이 정상적인 데 처하기는 쉽고 변통에 처하기는 어렵습니다. 만일 순임금이 천자가 되고 고요가 법관이 되었는데, 그 때를 당하여 고수가 사람을 죽인 일이 있다면, 사람을 죽인 자는 죄가 마땅히 죽는 것은 법의 공정한 것입니다. 고수가 천자의 아비가 되니, 다른 사람과 비교하지 못할 것입니다. 이런 상황에 고요가 마땅히 어떻게 해야 할까요?"

맹자가 말하였다. "고요는 직분이 법을 지키는데 있고 고수는 사람을 죽였으니, 죄가 마땅히 죽는데 있을 것이다. 그렇다면 고요의 마음은 오직 그 법을 잡고 지킬 줄만 알 따름이다."

도응이 말하였다. "그렇다면 순은 천자인데, 고요의 법 집행을 금지하여 고수를 온전하게 하지 못할까요?"

맹자가 말하였다. "저 순이 어찌 금하겠는가? 나라 법은 법관 된 자가 마땅히 대대로 지켜 바꾸지 못하는 것이니, 고요는 전해오는 법을 받은 것이다. 비록 임금이지만 폐하지 못할 것이다."

도응이 말하였다. "형세 상 이미 불가능한 것이 있고, 그 어버이가 법망에 걸려 잡히는 것을 앉아서 보는 것은 또한 인정상 차마 못할 것입니다. 그렇다면 순이 이에 마땅히 어떻게 대처하였겠습니까?"

맹자가 말하였다. "순이 천하를 소유하는 것에 연연하여 그것을 놓을 수 없다면, 고요의 법을 폐지하지 못하여 어버이를 온전하게 할 수 없을 것이다. 내가 보건대 순의 마음이 다만 어버이가 있는 것만 알고, 천하를 떨어진 짚신처럼 가볍게 여길 것이니, 고요가 법으로 다스리기 전에 그 어버이를 가만히 업고 멀리 도망하여 바닷가를 따라 피할 것이다. 이미 어버이를 형벌에서 벗어나게 했으므로 장차 몸을 마치도록 흔쾌히 그 어버이를 봉양하는 것을 즐기고 천하를 소유하지 않았던 것처럼 잊어버릴 것이다. 고요의 법을 지키려는 마음을 펴고, 순도 또한 아들 된 도리를 폈으니, 순이 처한 바가 마땅히 이와 같을 것이다. 이에 법관으로서 법을 집행하고 아들로서 효도를 다하는 모습을 볼 것이니, 천리와 인정의 지극함이다. 이로 미루어 볼 때 천하에 또 어찌 처하기 어려운 일이 있겠는가?"

| 요지 |

순이 비록 아버지를 사랑하나 개인 사정 때문에 공법(公法)을 해롭게 못할 것이고, 고요가 비록 법을 집행하지만, 천자의 아버지를 형벌하지 못할 것이다. 그러므로 이 문답을 베풀어서 성현의 마음 씀이 극진한 바를 본 것이고, 참으로 이런 일이 있다고 한 것은 아니니, 법관 된 자가 다만 법이 있는 줄만 알고, 천하의 큰 것은 알지 못함을 말한 것이다.

맹 자 자 범 지 제 망 견 제 왕 지 자 위 연 탄
36-1. 孟子自范之齊러시니 望見齊王之子하시고 喟然嘆
왈 거 이 기 양 이 체 대 재 거 호 부 비 진 인
曰 居移氣하며 養移體하나니 大哉라 居乎여 夫非盡人
지 자 여
之子與아

| 언해 |

孟子ㅣ 范으로브터 齊예 가더시니 齊王의 子ᄅᆞᆯ ᄇᆞ라 보시고 喟然히 嘆ᄒᆞ여 ᄀᆞᆯᄋᆞ샤ᄃᆡ 居ㅣ 氣ᄅᆞᆯ 移ᄒᆞ며 養이 體ᄅᆞᆯ 移ᄒᆞᄂᆞ니 크다 居ㅣ여 다 人의 子ㅣ 아니가

| 직역 |

맹자가 범으로부터 제나라에 갔는데, 제나라 왕의 아들을 바라보고 "아!" 하고 탄식하며 말하였다. "거처가 기상을 변화시키며 봉양이 몸을 변화시키니, 크다, 거처함이여. 다 사람의 자식이 아닌가?"

| 자해 |

范 : 제나라의 고을 이름. •居 : 처한 바의 지위. •養 : 봉양함.

| 의해 |

맹자가 범 땅 고을로부터 제나라에 갔는데, 멀리서 제나라 왕의 아들을 바라보고 감동한 바가 있어서 "아!" 하고 탄식하며 말하였다.

"이제 거처하는 것이 사람의 기운을 변화시킬 수 있음을 알겠다. 거처가 높고 영화로움에 정신이 고양되지 않는 자가 있지 않다. 봉양하는 것이 사람의 몸을 변화시킬 수 있음을 알겠다. 봉양이 지극한데도 몸이 충실하지 않는 자가 있지 않다. 그렇다면 거처

가 사람의 기운과 몸에 관계되는 것이 진실로 크다. 저 임금의 아들도 대개 사람의 아들이 아니겠는가?"

맹 자 왈 왕 자 궁 실 거 마 의 복 다 여 인 동 이 왕 자
36-2. 孟子曰 王子宮室車馬衣服이 多與人同而王子
약 피 자 기 거 사 지 연 야 황 거 천 하 지 광 거 자 호 노
若彼者는 其居使之然也니 況居天下之廣居者乎아 魯
군 지 송 호 어 질 택 지 문 수 자 왈 차 비 오 군
君이 之宋하여 呼於垤澤之門이어늘 守者曰 此非吾君
야 하 기 성 지 사 아 군 야 차 무 타 거 상 사
也로대 何其聲之似我君也오하니 此는 無他라 居相似
야
也니라

| 언해 |

王子의 宮室과 車馬와 衣服이 만히 人으로 더브러 同호ᄃᆡ 王子ㅣ 뎌 ᄀᆞᄐᆞᆷ은 그 居ㅣ ᄒᆞ여곰 그러케 홈이니 ᄒᆞ몰며 天下읫 廣居에 居ᄒᆞᄂᆞᆫ 者아 魯君이 宋애 가 垤澤ㅅ 門에셔 呼ᄒᆞ거ᄂᆞᆯ 守ᄒᆞᆫ 者ㅣ ᄀᆞᆯ오ᄃᆡ 이 우리 君이 아니로ᄃᆡ 엇디 그 소ᄅᆡ 우리 君 ᄀᆞᄐᆞ뇨 ᄒᆞ니 이ᄂᆞᆫ 他ㅣ 업ᄉᆞᆫ디라 居ㅣ 서로 ᄀᆞᄐᆞᆷ이니라

| 직역 |

"왕자의 궁실과 거마와 의복이 대부분 사람으로 더불어 같지만, 왕자가 저 같은 것은 그 거처함이 그렇게 한 것이니, 하물며 천하의 넓은 거처에 거처하는 자이겠는가? 노나라 임금이 송나라에 가서 질택의 문에서 부르자, 지키는 자가 말하기를, '이는 우리 임금이 아니지만, 어찌 그 소리가 우리 임금과 같은가?'라고 하니, 이는 다름이 아니라 거처함이 서로 같기 때문이다."

| 자해 |

廣居 : 전편에 보인다. • 垤澤 : 송나라 성문의 이름.

| 의해 |

임금의 아들이 사는 궁실과 타는 거마와 입는 의복이 비록 화려하고 아름다운 것이 사람마다 같을 수는 없지만 또한 거마, 궁실 그리고 의복에 지나지 않고, 그 이바지하고 쓰는 것도 또한 대략 사람과 같다. 그 기운과 몸이 마땅히 같지 않음이 없지만, 왕자의 기운과 몸이 저렇게 다른 것은 그 거처한 바가 왕자의 위치라서 보통 사람과 같지 않아 그러한 것이다. 저 세력과 지위와 거처하는 것도 오히려 충분히 기운을 변화시켜서 천한 사람과 서로 다른 것이 이와 같은데, 하물며 천하의 넓은 거처에 거처하여 인에 거처한 자의 기상은 또한 마땅히 어떻겠는가? 그 덕이 마음을 넓히고 몸을 윤택하게 하여 나의 바른 기운을 채워서 보통 사람과 다를 것이 분명하다.

내가 이른바 '거처가 사람의 기운을 변화시킬 수 있다'는 것은 노나라 임금의 일을 보면 또 확신할 수 있을 것이다. 옛적에 노나라 임금이 송나라에 가서 '질택'이라는 성문에서 전하여 부르자, 그 문지기가 '이 문에서 부르는 자가 우리 임금은 아니지만, 어찌 그 부르는 소리가 우리 임금과 같은가?'라고 하였다. 문지기의 말로 미루어 보면, 두 임금의 소리가 서로 같은 것은 다름이 아니라 그 거처한 바의 지위가 원래 서로 같았기 때문이다. 이것이 임금의 아들이 다른 까닭이니, 넓은 거처에 힘써 거처하는 것이 옳다."

| 요지 |

이 장은 천하 사람들이 인에 거처함을 바란 것이다. 배우는 사람이 스스로 장중함을 기르지 않을 수 없음을 볼 수 있다. 맹자가 일생에 넓은 거처로 자부하더니, 왕자를 보고 감탄한 것이 이와

같다.

맹자왈 사이불애 시교지야 애이불경 수
37. 孟子曰 食而弗愛면 豕交之也요 愛而不敬이면 獸
휵지야 공경자 폐지미장자야 공경이무실
畜之也니라 恭敬者는 幣之未將者也니라 恭敬而無實
군자불가허구
이면 君子不可虛拘니라

| 언해 |

孟子ㅣ ᄀᆞᆯᄋᆞ샤ᄃᆡ 食ᄒᆞ고 愛티 아니면 豕로 交홈이오 愛ᄒᆞ고 敬티 아니면 獸로 畜홈 이니라 恭敬은 幣ㅣ 將티 몯ᄒᆞ여셔 ᄒᆞᄂᆞᆫ 者ㅣ니라 恭敬호ᄃᆡ 實이 업스면 君子ㅣ 可히 虛히 拘티 몯 ᄒᆞᆯ꺼시니라

| 직역 |

맹자가 말하였다. "먹이고 사랑하지 않으면 돼지로 사귀는 것이고, 사랑하고 공경하지 않으면 짐승으로 기르는 것이다. 공경은 아직 폐백을 받들지 않았을 때에 하는 것이다. 공경한다고 하면서 실상이 없으면, 군자가 헛되이 구애받지 않는다."

| 자해 |

交 : 대접하는 것. • 畜 : 기르는 것. 음은 '휵'. • 獸 : 개와 말의 무리. • 將 : 받드는 것. • 拘 : 머무름.

| 의해 |

맹자가 말하였다. "임금이 어진 사람을 대접하는 것은 사랑하고 또 공경할 수 있는 것이 귀중하다. 만일 먹이기만 하고 사랑하며 사모하는 마음이 없으면, 이는 돼지로써 대접하는 것이다. 혹 사

랑할지라도 높이고 공경하는 정성이 없으면, 이는 짐승으로 기르는 것이니, 어찌 어진 사람을 대접하는 도리이겠는가?
어진 사람을 대접하는 도리는 공경으로써 하는 것을 그만둘 수 없다. 그러나 이른바 공경은 폐백을 이르는 것이 아니다. 공경은 실정도 있고 문채도 있으니, 실정은 문채보다 우선하고 문채는 실정을 받드는 것이니, 공경은 폐백을 받들지 않았을 때 먼저 마음에 둔 것이다.
만일 한갓 폐백으로써 공경을 삼고 공경하는 실상이 없으면, 이것은 또한 돼지로 대접하고 짐승으로 길러서 예가 헛된 꾸밈이 될 것이다. 어찌 군자가 되어서 헛된 꾸밈에 머물 자가 있겠는가?"

| 요지 |

이 장은 맹자가 당시 임금이 어진 이를 대접하는 것을 성실하게 아니하였기 때문에 표현한 것이다. 머리 대문은 군자 대접은 공경이 귀중함을 말한 것이고, 아래 두 대문은 사람이 폐백 자체를 공경으로 여길까 두려워서 또 실질을 귀중히 여기고 헛된 것을 귀중히 여기지 말라고 말한 것이다. '경(敬)' 자는 이 장의 주된 요지이고, '실(實)' 자는 '경' 자 아래에 있으니, 다 당시 제후들을 겨냥하여 가르친 것이다.

맹 자 왈 형 색 천 성 야 유 성 인 연 후 가 이 천 형

38. 孟子曰 形色은 天性也니 惟聖人然後에 可以踐形이니라

| 언해 |

孟子ㅣ ᄀᆞᆯᄋᆞ샤ᄃᆡ 形과 色은 天性이니 오직 聖人인 然後에 可히 ᄡᅧ 形을 踐ᄒᆞᄂᆞ니라

| 직역 |

맹자가 말하였다. "형상과 빛은 천성이니, 오직 성인이 된 다음에 형상을 실천할 수 있다."

| 자해 |

踐 : '말을 실천한다[踐言]'는 '천(踐)' 자와 같음.

| 의해 |

맹자가 말하였다. "사람이 나면서 몸에 갖춘 귀와 눈, 손과 발이 반드시 같지 않지만 같이 형상이라 이르며, 형상에서 발하여 보고 듣고 가지고 행하는 것이 반드시 같지 않지만 빛이라 이른다. 이 형상과 빛에는 그 본연의 연고와 그 당연한 법칙이 있지 않음이 없으니, 이 형상과 빛은 다 천성에 있는 바이다. 그러나 모든 사람은 기품에 구속되고 습속에 익어서 인욕의 사사로움이 없을 수 없으니, 이리하여 본 것이 밝지 못하고 듣는 것이 밝지 못하고 모양이 공손하지 못하고 말이 순하지 못하다. 그 형상과 빛의 본연의 이치를 다 하지 못하여 비록 이 형상이 있으나 그 형상을 실천하지 못하는데, 오직 성인이라야 그 본성을 다하여 형상과 빛의 본연의 이치를 다 하지 못함이 없다. 이렇게 함으로써 형체는 엄숙하고 말은 조리 있고 보는 것은 명철하고 듣는 것은 헤아림이 있고 생각은 통명(通明)한 다음에 그 형상을 실질적으로 실천하여 부족함이 없을 수 있을 것이다. 이 형상을 저버리지 않고자 하는 자는 마땅히 성인을 본보기로 삼아야 한다."

| 요지 |

이 장은 사람에게 본성을 극진히 하여 몸을 이루는 학문을 보인 것이니, 밟을 천(踐) 자가 중요하다.

제 선 왙 욕 단 상 공 손 추 왈 위 기 지 상 유

39-1. 齊宣王이 欲短喪이어늘 公孫丑曰 爲朞之喪이 猶

유 어 이 호 맹 자 왈 시 유 혹 진 기 형 지 비 자 위

愈於已乎인저 孟子曰 是猶或이 紾其兄之臂어든 子謂

지 고 서 서 운 이 역 교 지 효 제 이 이 의

之姑徐徐云爾로다 亦教之孝弟而已矣니라

| 언해 |

齊宣王이 喪을 短히 ᄒᆞ고져 ᄒᆞ거늘 公孫丑ㅣ ᄀᆞᆯ오ᄃᆡ 喪을 홈이 오히려 已홈애셔 愈ᄒᆞᆫ뎌 孟子ㅣ ᄀᆞᆯᄋᆞ샤ᄃᆡ 이ᄂᆞᆫ 或이 그 兄의 臂ᄅᆞᆯ 紾ᄒᆞ거든 子ㅣ 닐오ᄃᆡ 아직 徐徐히 ᄒᆞ라홈 ᄀᆞᆮ도다 ᄯᅩᄒᆞᆫ 孝弟로 敎ᄒᆞᆯ ᄯᆞᄅᆞᆷ이니라

| 직역 |

제나라 선왕이 거상을 짧게 하고자 하자, 공손추가 말하였다. "일년의 상을 치르는 것이 오히려 그만두는 것보다 나을 것입니다." 맹자가 말하였다. "이는 누가 형의 팔을 비틀자 자네가 말하기를, '좀 천천히 하라'고 하는 것과 같다. 또한 효도와 공손을 가르칠 따름이다."

| 자해 |

已 : 그침. • 紾 : 비틈. 음은 '진'.

| 의해 |

제나라 선왕이 3년 상이 너무 길다고 하여 줄이고자 하니, 그 차마 하는 마음으로 예를 폐함이 심하다. 그런데 공손추가 그 말에 따라 "이미 3년으로 할 수 없으면, 1년의 상으로 하는 것이 오히려 상례를 그만두는 것보다 조금 낫지 않겠습니까?"라고 하였다. 맹자가 말하였다. "아들이 부모를 섬기는 것이 아우가 형을 섬기는 것과 같으니, 어버이 상을 짧게 할 수 없는 것은 형의 팔을 비틀 수 없는 것과 같다. 이제 제나라 왕이 상례를 짧게 하고자 하는데, 그대 말이 1년으로 하는 것이 오히려 그만두는 것보다 낫다 하니, 이것은 어떤 사람이 그 형의 팔을 비트는 것이 불순함이 되는데, 그대의 말이 천천히 비틀라고 하는 것과 같다. 어찌 천천히 비트는 것을 가지고 조금 낫다고 하겠는가? 효도하는 것과 공경하는 것을 가르쳐서 천리(天理)와 인정(人情)에 그렇게 해서는 안 된다는 것을 보여서 저로 하여금 스스로 형의 팔을 비틀어서는 안 된다는 것을 알게 하는 것만 같지 못하다. 이제 자네가 1년의 상을 행하고자 하는 것은 또한 형의 팔을 천천히 비틀라고 하는 것과 같다."

왕 자 유 기 모 사 자 기 부 위 지 청 수 월 지 상
39-2. 王子有其母死者어늘 其傅爲之請數月之喪이러니
공 손 추 왈 약 차 자 하 여 야 왈 시 욕 종 지 이 불 가
公孫丑曰 若此者는 何如也잇고 曰 是欲終之而不可
득 야 수 가 일 일 유 어 이 위 부 막 지 금 이 불 위
得也라 雖加一日이나 愈於已하니 謂夫莫之禁而弗爲
자 야
者也니라

| 언해 |

王子ㅣ 그 母ㅣ 死ᄒᆞᆫ 者ㅣ잇거ᄂᆞᆯ 傅ㅣ 爲ᄒᆞ여 數月ㅅ 喪을 請ᄒᆞ

더니 公孫丑ㅣ ᄀᆞᆯ오ᄃᆡ 이ᄀᆞᄐᆞᆫ 者ᄂᆞᆫ 엇더니 잇고 ᄀᆞᆯᄋᆞ샤ᄃᆡ 이 終코쟈호ᄃᆡ 可히 得디 몯ᄒᆞᄂᆞᆫ디라 비록 一日을 加ᄒᆞ나 已홈애셔 愈ᄒᆞ니 禁ᄒᆞ리업시셔 ᄒᆞ디 아니ᄒᆞᄂᆞᆫ 者를 닐옴이니라

| 직역 |

왕자 가운데 그 어머니가 죽은 자가 있었는데, 그 스승이 그를 위하여 몇 개월의 거상을 청하였다. 공손추가 말하였다. "이 같은 자는 어떻습니까?" 맹자가 말하였다. "이것은 제대로 마치고자 하지만 할 수 없는 경우이니, 비록 하루를 더하더라도 그만두는 것보다 낫다. 아까 말한 것은 금하는 사람이 없는데도 하지 않는 자를 일컫는 것이다."

| 의해 |

그때 제나라 임금의 아들 가운데 그 생모가 죽은 자가 있었는데, 적모(嫡母)에게 눌려 상례를 마치지 못하자, 그 스승이 그를 위하여 청하여 두어 달 거상을 행하였다. 공손추가 이 때문에 "두어 달은 오히려 1년도 못되니, 그 옳고 그른 것이 어떠합니까?"라고 물었다.

맹자가 말하였다. "이 왕자는 3년 상을 마치고자 하나 상황이 불가능하다. 비록 하루라도 더하면 또한 아들 된 정리를 펼 수 있으니, 오히려 그만두는 것보다는 낫다. 하물며 두어 달이겠는가? 내가 전에 자네에게 왕께 3년 상을 마치라고 가르치지 못한 것을 책망한 것은 제나라 왕은 금지하지 않는데 스스로 짧게 하여 3년의 상을 하지 않았기 때문이다. 어찌 왕자의 경우를 함께 말한 것이겠는가? 왕자는 그 정리를 분수밖에 펴고자 한 것이고, 제나라 왕은 그 정리를 예제보다 줄이고자 한 것이다. 이 두 일에 밝으면 옳고 그른 것이 반드시 구분 될 것이다."

| 요지 |

이 장은 사람의 지정(至情)에 있는 바를 말한 것이다. 머리 두 대문은 공손추의 상기(喪期)를 줄이는 것에 관한 의론을 책망한 것이고, 아래 두 대문은 공손추가 인증하는 것을 가지고 풀어 말한 것이다.

맹자왈 군자지소이교자 오 유여시우화지자
40. 孟子曰 君子之所以教者 五니 有如時雨化之者하
유성덕자 유달재자 유답문자 유사숙
며 有成德者하며 有達財者하며 有答問者하며 有私淑
예자 차오자 군자지소이교야
艾者하니 此五者는 君子之所以教也니라

| 언해 |

孟子ㅣ ᄀᆞᆯᄋᆞ샤ᄃᆡ 君子의 ᄡᅥ 教ᄒᆞᄂᆞᆫ밧 者ㅣ 다ᄉᆞ시니 時雨ㅣ 化홈 ᄀᆞᄐᆞᆫ 者도 이시며 德을 成ᄒᆞᆫ 者도 이시며 財를 達ᄒᆞᆫ 者도 이시며 問을 答ᄒᆞᄂᆞᆫ 者도 이시며 그으기 淑으로 艾ᄒᆞᄂᆞᆫ 者도 이시니 이 五者ᄂᆞᆫ 君子의 ᄡᅥ 教ᄒᆞᄂᆞᆫ 배니라

| 직역 |

맹자가 말하였다. "군자가 가르치는 방법이 다섯 가지이니, 때에 맞는 비가 변화시키는 것 같은 것도 있으며, 덕을 이루어주는 것도 있으며 재주를 통달하게 하는 것도 있으며, 묻는 것을 대답하는 것도 있으며, 개인적으로 착함으로 다스리는 것도 있으니, 이 다섯 가지는 군자가 가르치는 방법이다."

| 자해 |

時雨 : 때에 미치는 비. 때에 맞는 비에 변화한 것 같음은 공자가 안자와 증

자를 가르친 것과 같음. • 成德 : 공자가 염자와 민자를 가르친 것과 같음. • 財 : '재(材)' 자와 같으니, '달재(達財)'는 공자가 자로와 자공을 가르친 것과 같음. • 答問 : 공자와 맹자가 번지와 만장에게 한 것과 같음. • 私 : 그윽함. • 淑 : 착함. • 艾 : 다스림. '예(乂)' 자와 같음. • 私淑艾 : 사람이 혹 문하에 이르러 수업을 받지 못하고, 다만 군자의 도를 사람에게 듣고 착한 것으로써 그 몸을 다스린 것이니, 공자와 맹자가 진항(陳亢)과 이지(夷之)에게 한 것과 같음.

| 의해 |

맹자가 말하였다. "군자가 사람 가르치는 것은 혹 그 인품과 때와 처지에 따라 각각 다르다. 한 법으로 가르칠 수는 없으니, 가르치는 방법은 대략 다섯 가지가 있다.

그 사람의 천부적인 자질이 높고 도를 장차 얻을 바가 있다면, 열어주기를 때마침 오는 비가 온갖 곡식을 변화하고 길러서 부쩍 피고 무성하게 하지 않음이 없는 것과 같이 한다.

그 사람의 천부적인 자질이 착한 것이 장점이라면, 함양하고 훈도하여 그 편벽됨을 버리고 온전한 데로 들어가며, 그 병통을 버리고 아름다운 데로 들어가게 하여 그 전체를 성취하게 한다. 그 사람의 천부적인 자질이 밝고 민첩함이 재목이 된다면, 그를 위하여 열어주고 인도하고 가르쳐서 이치에 나아가지 못한 자는 이치에 나가게 하며 곡진하게 하지 못한 자는 곡진하게 하여 크게 통달하게 한다. 사람이 덕을 성취할 만하지 못하고 재주가 통달할 것이 없으면, 다만 묻는 것을 따라서 대답만 하여 그 의혹하는 것을 해석하게 한다. 그 사람이 혹 때는 같되 서로의 거리가 멀기도 하며, 혹 때가 같지 아니하여 그 태어난 것이 뒤져서, 문하에 미쳐서 수업을 받지 못하고, 다만 그 도를 사람에게 들어서 개인적으로 그 몸을 착하게 하는 것도 있으니, 이것도 또한 가르침이 미치는 방법이다.

이 다섯 가지는 그 가르치는 방법이 같지 않지만 똑같이 가르침이다. 이것이 군자가 가르치는 방법이다."

| 요지 |

이 장은 군자가 가르치는 방법이 많음을 보인 것이다. 머리 구절에서 전체를 말하고, 아래에서 그 실상을 자세히 말하였다. 다섯 구절을 비교하여 보면, 군자가 사람 가르치는 것이 중요하고, 사람이 가르침을 받을 수 있는 것은 그리 중요하지 않다.

공 손 추 왈　도 즉 고 의 미 의　의 약 사 등 천 연　사
41. 公孫丑曰 道則高矣美矣나 宜若似登天然이라 似
불 가 급 야　하 불 사 피　위 가 기 급 이 일 자 자 야　맹
不可及也니 何不使彼로 爲可幾及而日孶孶也잇고 孟
자 왈　대 장　불 위 졸 공　개 폐 승 묵　예 불 위 졸 사
子曰 大匠이 不爲拙工하여 改廢繩墨하며 羿不爲拙射
변 기 구 률　군 자 인 이 불 발　약 여 야　중
하며 變其彀率이니라 君子引而不發하여 躍如也하여 中
도 이 립　능 자 종 지
道而立이어든 能者從之니라

| 언해 |

公孫丑ㅣ ᄀᆞᆯ오ᄃᆡ 道ㅣ 곧 高ᄒᆞ고 美ᄒᆞ나 맛당이 天에 登홈 ᄀᆞᄐᆞᆫ 디라 可히 及디 몯 홀 듯ᄒᆞ니 엇디 彼로 ᄒᆞ여곰 可히 거의 及홀다 ᄒᆞ여 日로 孶孶케 아니 ᄒᆞ시ᄂᆞ니 잇고 孟子ㅣ ᄀᆞᆯᄋᆞ샤ᄃᆡ 大匠이 拙ᄒᆞᆫ 工을 爲ᄒᆞ여 繩과 墨을 改ᄒᆞ며 廢티 아니ᄒᆞ며 羿ㅣ 拙ᄒᆞᆫ 射를 爲ᄒᆞ여 그 彀의 率을 變 티 아니 ᄒᆞᄂᆞ니라 君子ㅣ 引ᄒᆞ고 發티 아니ᄒᆞ여 躍ᄃᆞᆺᄒᆞ여 中道로 立ᄒᆞ얏거든 能ᄒᆞᆫ 者ㅣ 從ᄒᆞᄂᆞ니라

| 직역 |

공손추가 말하였다. "도가 곧 높고 아름다우나, 마땅히 하늘에 오르는 것과 같아서 미치지 못할 듯 합니다. 어찌 저로 하여금 거의 미칠 듯하여 날로 부지런하게 하도록 하지 않습니까?" 맹자가 말

하였다. "큰 장인이 서툰 장인을 위하여 먹줄과 먹을 고치거나 폐하지 아니하며, 예(羿)가 서툰 활잡이를 위하여 그 당기는 정도를 바꾸지 않는다. 군자가 당기고 쏘지 아니하여, 뛰는 듯하여 중도에 서면 할 수 있는 자가 따른다."

| 자해 |

彀率 : 활을 잡아당기는 한계. • 引 : 활을 잡아당김. • 發 : 화살을 발함. • 躍如 : 뛰어나가는 것 같음.

| 의해 |

공손추가 말하였다. "군자의 도는 진실로 높고 또 아름다우니 마땅히 배우는 자가 도에 들어가야 하나, 하늘에 오르는 것이 어려운 것 같아서 바라고 미치지 못할 듯합니다. 어찌하여 저 같은 평범한 사람이라도 날마다 부지런히 하여 힘쓰게 하지 않습니까?"

맹자가 말하였다. "가르치는 것은 낮출 수 없으니, 조그마한 기예를 보지 못하였는가? 큰 장인이 사람을 가르침에 반드시 먹줄로써 가르치고 처음부터 졸렬한 장인이 무능하다 하여 그 먹줄로 가르치는 것을 그만두지는 않는다. 먹줄을 놓아두고는 장인을 가르치지 못하는 것이다. 예가 사람에게 활 쏘는 것을 가르침에 반드시 당기는 정도로 가르치고 처음부터 서툴게 쏘는 사람이 무능하다 하여 그 당기는 정도로 가르치는 것을 그만두지는 않는다. 당기는 정도를 제쳐놓고는 활 쏘는 것을 가르치지 못하는 것이다. 가르침에는 이처럼 일정한 법이 있다.

저 예가 오히려 서툰 활 쏘는 사람을 위하여 그 당기는 정도를 바꾸지 않는데, 어찌 군자를 의심하겠는가? 군자가 사람을 가르치는 것은 다만 배우는 법을 보이고 묘방을 고하지 않는 것이 바로 활 쏘는 것을 가르칠 때에 다만 활을 가득 잡아당겨서 보이고 그를 위하여 화살을 쏘지 않는 것과 같다.

군자가 가르침에 한결같이 하늘의 명과 사람 마음의 바른 것과 당연히 바꾸지 못하는 이치에 근본 하니, 지극히 고원하여 구하기가 어려운 것도 아니고, 또한 비근하여 구하기가 쉬운 것도 아니다. 지나침과 미치지 못함이 없고, 도의 가운데 선 것이라서 오직 능한 자라야 그가 이끄는 바의 끝을 좇아서 그 아직 발하지 않은 묘한 것을 구하게 되어 힘이 이르고 공이 깊어서 뛰는 듯한 것을 좇을 수 있을 것이다. 그 능하지 못한 자를 군자가 또 어떻게 하겠는가? 또한 스스로 낮추어서 그 능하지 못한 것을 좇을 수는 없다."

| 요지 |

이 장은 모두 가르침에 일정한 법이 있고, 그 가르침에 일정한 법이 있는 것은 도가 정해진 골격이 있음을 말한 것이다. 머리 대문은 공손추가 맹자로 하여금 가르침을 낮추어서 능하지 못한 사람을 좇고자 함이고, 아래 두 대문은 먼저 비유하고 뒤에 바로 말하여 가르침을 낮추지 못하는 것을 보인 것이다.

맹자왈 천하유도 이도순신 천하무도 이
42. 孟子曰 天下有道엔 以道殉身하고 天下無道엔 以
신순도 미문이도 순호인자야
身殉道하나니 未聞以道로 殉乎人者也케라

| 언해 |

孟子ㅣ ᄀᆞᆯᄋᆞ샤ᄃᆡ 天下ㅣ 道ㅣ 이숌앤 道로뻐 身을 殉ᄒᆞ고 天下ㅣ 道ㅣ 업슴앤 身으로뻐 道를 殉ᄒᆞᄂᆞ니 道로뻐 人의게 殉홈을 듣디 몯게라

| 직역 |

맹자가 말하였다. "천하에 도가 있으면 도로써 몸을 따르고, 천하에 도가 없으면 몸으로써 도를 따른다. 도로써 다른 사람을 따른다는 것은 듣지 못하였다."

| 자해 |

殉 : '순장(殉葬)'의 '순' 자와 같다. 죽음으로써 사물을 따르는 것.

| 의해 |

맹자가 말하였다. "군자의 몸이 도와 더불어 체(體)가 된다. 천하에 도가 있어 나의 몸이 나갈만하면 도로써 몸을 좇아 나타나서 임금에게 요순의 덕이 있게 하고 백성에게 요순의 은택을 입게 하는 것이 공을 알차게 베푸는 것이다. 천하에 도가 없어서 도를 행할 수 없으면, 몸으로써 도를 좇아 숨어서 도를 거두어 품고 홀로 선함은 스스로 지키는 것을 엄숙하게 하는 것이다. 나가고 물러남에 오직 도와 더불어 한다는 것이 나의 들은 바이다.
내 몸의 도를 굽혀 사람을 좇는다는 것은 듣지 못하였다. 저 나가는 곳에만 한결같이 뜻을 두어 도와 더불어 함께하지 않는 자는 부끄러울 수 있을 것이다."

| 요지 |

이 장은 맹자가 몸만 현달하고 도를 행하지 못하며, 도가 행해지지 않는데도 오히려 몸을 숨길 줄 알지 못하는 자가 있기 때문에 한 말이다.

공도자왈 등갱지재문야 약재소례이부답 하
43. 公都子曰 滕更之在門也에 若在所禮而不答은 何

야 맹자왈 협귀이문 협현이문 협장이문
也잇고 孟子曰 挾貴而問하며 挾賢而問하며 挾長而問
협유훈로이문 협고이문 개소부답야 등
하며 挾有勳勞而問하며 挾故而問이 皆所不答也니 滕
갱 유이언
更이 有二焉하니라

| 언해 |

公都子ㅣ ᄀᆞᆯ오ᄃᆡ 滕更이 門에 이실쩨 禮ᄒᆞᆯ 빠애 이실ᄯᆞᆺ ᄒᆞᄃᆡ 答디 아니 ᄒᆞ심은 엇디잇고 孟子ㅣ ᄀᆞᆯᄋᆞ샤ᄃᆡ 貴ᄅᆞᆯ 挾ᄒᆞ여 問ᄒᆞ며 賢을 挾ᄒᆞ여 問ᄒᆞ며 長을 挾ᄒᆞ여 問ᄒᆞ며 勳勞이심을 挾ᄒᆞ여 問ᄒᆞ며 故를 挾ᄒᆞ여 問ᄒᆞᆷ이 다 答디 아니 ᄒᆞᆯ 빠니 滕更이 二를 둔ᄂᆞ니라

| 직역 |

공도자가 말하였다. "등갱이 문하에 있을 때, 예우할 바가 있는 듯한데도 질문에 답하지 않으신 것은 어째서입니까?" 맹자가 말하였다. "귀함을 끼고 물으며 어짊을 끼고 물으며 나이 많음을 끼고 물으며 공로가 있음을 끼고 물으며 오랜 우호 관계를 끼고 묻는 것이 다 답하지 않을 대상이니, 등갱이 둘을 가졌다."

| 자해 |

滕更 : 등나라 임금의 아우. • 二 : 귀한 것을 끼고 어진 것을 낌.

| 의해 |

공도자가 물었다. "등갱이 나라 임금의 아우로서 와서 배울 줄을 아니, 선생님의 문하에 있음에 예로 대접해야 할 것 같은데, 매양 물어도 대답하지 않으신 것은 어째서입니까?"

◑ 맹자가 말하였다. "학문은 성실히 하는 마음이 중요하니, 끼는 것이 있어서는 안 된다. 만일 벼슬이 높은 것을 끼고 묻는다든가, 자기 재능의 어진 것을 끼고 묻는다든가, 자기 나이가 많은 것을

끼고 묻는다든가, 자기가 스승에게 공로가 있음을 끼고 묻는다든가, 자기가 스승과 오래 함께 하였다는 것을 끼고 물으면, 도를 구하는 마음이 전일하지 못한 것이다. 그런 경우는 다 대답하지 않는 것이다. 이제 등갱에게는 이 가운데 두 가지가 있으니, 내가 대답하여 무엇 하겠는가?"

| 요지 |

이 문장은 배움에 정성이 중요함을 보인 것이다. 가르침을 받는 자가 마음을 비움으로써 근본을 행하면 받을 수 있을 것이고, 끼고 있는 바가 있으면 사사로운 뜻이 먼저 마음을 가로막아 가르침이 들어갈 수 없음을 말한 것이다.

맹 자 왈 어 불 가 이 이 이 자 무 소 불 이 어 소 후 자
44. 孟子曰 於不可已而已者는 無所不已요 於所厚者
박 무 소 불 박 야 기 진 예 자 기 퇴 속
薄이면 無所不薄也니라 其進이 銳者는 其退速이니라

| 언해 |

孟子ㅣ ᄀᆞᆯᄋᆞ샤ᄃᆡ 可히 已티 몯ᄒᆞᆯᄃᆡ 已ᄒᆞᄂᆞᆫ 者ᄂᆞᆫ 已티 아닐배 업고 厚ᄒᆞᆯ밧 者에 薄ᄒᆞ면 薄디 아닐 배 업ᄂᆞ니라 그 進ᄒᆞᆷ이 銳ᄒᆞᆫ 者ᄂᆞᆫ 그 退ᄒᆞᆷ이 速ᄒᆞᄂᆞ니라

| 직역 |

맹자가 말하였다. "그만 둘 수 없는데도 그만두는 자는 그만두지 않는 것이 없고, 후할 것에 박하면 박하지 않은 것이 없다. 그 나아감이 날카로운 자는 그 물러감이 빠르다."

| 자해 |

已 : 그침.

| 의해 |

맹자가 말하였다. "대체로 사람이 마땅히 마음을 써야 할 곳에 마음을 쓰지 않을 수 없을 것이지만, 또한 마음을 너무 쓸 것도 아니다. 일을 처리하는 것으로 말하면, 윤리적으로 마땅히 해야 할 일은 그만 두어서는 안 되는데 그만둔다면, 그만두지 않는 것이 없을 것이다. 사람을 대접하는 것으로써 말하면, 친애와 정의(情誼)에 관계가 있는 것은 마땅히 후하게 해야 하는데 박하게 한다면, 가는 곳마다 박하지 않음이 없을 것이다.

학문으로 말하면 진실로 나아가지 않아서는 안 되지만, 또한 급하게 나아가서도 안 된다. 만일 함부로 건너뛸 것을 생각하고 급하게 하여 순서가 없어서 그 나아가기를 빨리하는 자는 그 기운이 쉽게 쇠하여 그 물러가는 것이 반드시 빠를 것이다. 천하의 일은 오직 옳음에만 적중할 따름이니, 미치지 못하고 너무 지나친 것은 각각 폐단이 있다."

| 요지 |

이 장은 마음 씀에 중도를 잃은 폐단을 나타낸 것이니, 일을 처리하고 사람을 대접하고 학문하는 세 가지 일을 위하여 말한 것이다.

맹 자 왈 군 자 지 어 물 야 애 지 이 불 인 어 민 야
45. 孟子曰 君子之於物也에 愛之而弗仁하고 於民也에
인 지 이 불 친 친 친 이 인 민 인 민 이 애 물
仁之而弗親하나니 親親而仁民하며 仁民而愛物이니라

| 언해 |

孟子ㅣ 갈ᄋᆞ샤ᄃᆡ 君子ㅣ 物에 愛ᄒᆞ고 仁티 아니ᄒᆞ고 民에 仁ᄒᆞ고 親티 아니 ᄒᆞᄂᆞ니 親을 親ᄒᆞ고 民을 仁ᄒᆞ며 民을 仁ᄒᆞ고 物을 愛ᄒᆞᄂᆞ니라

| 직역 |

맹자가 말하였다. "군자가 사물을 사랑하고 인애하지 않으며, 백성을 인애하고 친하지 않나니, 친한 이를 친애하고 백성을 인애하며, 백성을 인애하고 사물을 사랑하게 된다."

| 자해 |

物 : 초목과 금수. • 愛 : 취하는 것이 때가 있고, 쓰는 것이 준절(撙節)함이 있는 것.

| 의해 |

맹자가 말하였다. "천하의 이치가 근본은 하나이지만, 그 나뉨은 각각 다르다. 군자가 사물에 대하여 준절하고 사랑하여 기르기를 지극히 하지만, 취하고 쓰는 것을 그만두지 않아서 인(仁)하지 않음은 나의 인을 쓸 곳이 있기 때문이다.

백성에 대하여 더불어 모으고 싫어하는 것은 베풀지 않아서 인하지만, 은혜와 의가 두텁지 못하여 친하게 하지 않음은 나의 친함을 쓸 곳이 있기 때문이다. 그런즉 누구에게 친하게 할 것인가? 나에게 친한 이가 있으니, 그 친한 이를 친하여 인이 백성에게 미치며, 그 백성으로부터 사랑이 사물에 미친다. 백성을 대접하는 인을 사물에 베풀지 않는 것은 귀천의 분별이 있기 때문이고, 친한 이를 대접하는 친함을 백성에게 베풀지 않는 것은 친소의 분별이 있기 때문이다. 사랑하지 않는 것이 없는 가운데 그 귀천과 친소의 차등을 잃지 않는 것, 이것이 성인의 인이 만세토록 버려지지 않는 까닭이다."

| 요지 |

이 장은 군자의 은혜 베푸는 것에 차서(次序)가 있음을 보인 것이다.

맹 자 왈 지 자 무 부 지 야 당 무 지 위 급 인 자
46-1. 孟子曰 知者無不知也나 當務之爲急이요 仁者
무 불 애 야 급 친 현 지 위 무 요 순 지 지 이 불 편 물
無不愛也나 急親賢之爲務니 堯舜之知로 而不徧物은
급 선 무 야 요 순 지 인 불 편 애 인 급 친 현 야
急先務也요 堯舜之仁으로 不徧愛人은 急親賢也니라

| 언해 |

孟子ㅣ ᄀᆞᆯ아샤ᄃᆡ 知ᄒᆞᆫ 者ㅣ 知티 아니홈이 업스나 맛당이 務ᄒᆞᆯ 꺼ᄉᆞᆯ 急을 삼고 仁ᄒᆞᆫ 者ㅣ 愛티 아니홈이 업스나 親賢홈이 急히 홈을 務를 삼ᄂᆞ니 堯舜의 知로 物에 徧티 몯홈은 몬져 務ᄒᆞᆯ 꺼ᄉᆞᆯ 急히 홈이오 堯舜의 仁으로 人을 愛홈애 徧티 몯홈은 賢을 親홈을 急히 홈이니라

| 직역 |

맹자가 말하였다. "지혜로운 사람이 알지 못함이 없으나, 마땅히 힘써야 할 것을 급한 것으로 삼는다. 인한 사람이 사랑하지 않음이 없으나, 어진 이를 친함을 급히 하는 것으로 힘쓸 것을 삼는다. 요와 순의 지혜로 만물을 두루 알지 못한 것은 먼저 힘쓸 것을 급하게 했기 때문이고, 요와 순의 인으르 사람을 두루 사랑하지 못한 것은 어진 이를 친함을 급히 했기 때문이다."

| 의해 |

맹자가 말하였다. "다스리는 도는 인과 지혜보다 큰 것이 없으나,

모두 필요한 것이 있다. 지혜로운 사람은 진실로 알지 못하는 것이 없으나, 천하의 일이 많기 때문에, 만일 일마다 알고자 한다면 천하의 일이 폐기되는 것이 많을 것이다. 그러므로 오직 마땅히 힘써야 할 것이 급하니, 마땅히 힘쓸 것을 급하게 하면 큰 강령이 이미 서서 적은 것도 또한 장차 차례로 들어서 알지 못하는 일이 없을 것이니, 그 지혜가 클 것이다.

인한 사람은 진실로 사랑하지 아니함이 없으나, 천하의 사람이 많기 때문에, 만일 사람마다 사랑하고자 한다면 천하 사람 가운데 누락되는 경우가 많을 것이다.

그러므로 어진이를 가까이 하는 것을 급선무로 힘쓰는 것이다. 어진이를 급선무로 친히 한다면 어진 사람이 각각 그 직분을 다하여 정사를 닦고 일을 세워서 온 세상이 모두 그 덕택을 입어 은혜가 젖어들지 않을 곳이 없을 것이니, 그 인이 넓을 것이다.

예로부터 인과 지혜를 일컬음에 요순보다 뛰어난 사람이 없다. 그러나 요순의 지혜로도 사물을 두루 알지 못한 것은 급한 것이 오직 역상(曆象)과 수토(水土)와 돈서(惇序)와 용례(庸禮)와 천명(天命)과 천토(天討)이기 때문이었다. 먼저 힘쓸 데에 뜻을 더하니, 이것이 모든 공적이 모두 밝게 된 까닭이다.

요순의 인으로도 또한 사람을 두루 사랑하지 못한 것은 오직 순임금을 얻지 못함으로써 근심을 삼고, 우와 고요를 얻지 못함으로써 근심을 삼았기 때문이었다. 어진 이를 친함에 인을 반드시 앞세우니, 이에 인이 천하를 덮은 것이다. 인과 지혜에 각각 급선무가 있음을 마땅히 알아야 할 것이다."

불 능 삼 년 지 상 이 시 소 공 지 찰 방 반 류 철 이 문
46-2. 不能三年之喪而緦小功之察하며 放飯流歠而問
무 치 결 시 지 위 부 지 무
無齒決이 是之謂不知務라

| 언해 |

三年ㅅ 喪을 能티 몯 ᄒᆞ고 緦와 小功을 察ᄒᆞ며 放히 飯ᄒᆞ며 흘리 歠ᄒᆞ고 齒決말옴올 問홈이 이를 닐온 이 務를 아디 몯홈이니라

| 직역 |

"삼년의 상을 행할 수 없으면서 시마와 소공을 살피며, 밥을 크게 떠먹고 국을 흘리고 마시면서 이로 끊지 말라는 것에 대해 묻는 것을 힘쓸 것을 알지 못한다고 말한다."

| 자해 |

三年喪 : 상복의 중한 것. • 緦 · 小功 : 시마(緦麻)는 3월이고 소공(小功)은 5월이니, 이는 모두 상복의 경한 것. • 察 : 자세함. • 放飯 : 밥술을 크게 하여 먹는 것. • 流歠 : 흘리며 마심. 불경(不敬)의 큰 것. • 齒決 : 마른 고기를 씹어 끊음. 불경(不敬)의 작은 것. • 務 : 강구함.

| 의해 |

"급히 힘쓸 줄 아는 지혜와 어진 이를 친함을 급히 함에 힘쓰는 인은 지혜와 인의 큰 것이다. 이를 뒤집으면 급하게 할 줄을 알지 못하여 지혜와 인이 되지 못한다. 비유하자면 삼년은 부모의 거상(居喪)이라서 지극히 중한 것이고, 인척의 시마와 소공의 복은 지극히 가벼운 것이며, 밥을 크게 떠먹고 국을 흘리고 마시는 것은 실례(失禮) 가운데 큰 것이고, 마른 고기를 씹어 끊는 것은 실례 가운데 작은 것이다. 만일 삼년상을 못하면서 인척의 시마와 소공의 복은 자세히 살피며, 밥을 크게 떠먹고 국을 흘리고 마시는 것은 임의로 하고 마른 고기를 이로 끊지 않는 것을 강구한다면, 이것은 큰 것을 행하지 못하고 작은 것을 추구하는 것이다. 이 같은 부류는 바로 이른바 '힘쓸 것을 알지 못하는 것'이다. 인과 지혜에 힘쓸 바를 알지 못하는 것이 어찌 이것과 다르겠는가? 다스리는 자가 살피지 않으면 안 된다."

| 요지 |

이 장은 다스리는 것은 '힘쓸 바'[務]를 아는 것이 중요함을 보인 것이다.

14. 진심장구하(盡心章句下)

맹 자 왈 불 인 재 양 혜 왕 야 인 자 이 기 소 애
1-1. 孟子曰 不仁哉라 梁惠王也여 仁者는 以其所愛로
급 기 소 불 애 불 인 자 이 기 소 불 애 급 기 소 애
及其所不愛하고 不仁者는 以其所不愛로 及其所愛니라

| 언해 |

孟子ㅣ ᄀᆞᆯᄋᆞ샤ᄃᆡ 仁티 아니ᄒᆞ다 梁惠王이여 仁한 者ᄂᆞᆫ 그 愛하ᄂᆞᆫ 바로ᄡᅧ 그 愛티 아니ᄒᆞᄂᆞᆫ 바애 及ᄒᆞ고 仁티 아니ᄒᆞᆫ 者ᄂᆞᆫ 그 愛ᄒᆞᄂᆞᆫ바애 及ᄒᆞᄂᆞ니라

| 직역 |

맹자가 말하였다. "인하지 않다. 양혜왕이여! 인한 자는 그 사랑하는 바로써 그 사랑하지 않는 바에 미치고, 인하지 않는 자는 그 사랑하지 않는 바로써 그 사랑하는 바에 미친다."

| 의해 |

맹자가 말하였다. "임금의 덕은 어진 것보다 귀중한 것이 없는데, 인하지 않다. 양혜왕이여! 인한 자는 사람을 사랑하는 것을 주장하여, 그 사랑하는 바로써 그 사랑하지 않는 바까지 미쳐서, 사랑하지 않는 자까지라도 또한 사랑한다. 그러므로 어디를 가든지 그 은혜를 쓰지 않는 데가 없다. 인하지 않는 자는 참혹하고 각박한 데로 흘러 편벽되이 사랑하지 않으니, 어디를 가든지 그 해를 받지 않는 자가 없다. 이제 양혜왕이 참으로 그 사랑하지 않는 바

로써 사랑할 바까지 미쳤으니, 인하지 않은 것이 아니고 무엇이겠는가?"

공손추 왈 하위야 양혜왕 이토지지고
1-2. 公孫丑이 曰 何謂也잇고 梁惠王이 以土地之故로
미란기민이전지 대패 장부지 공불능승
糜爛其民而戰之하여 大敗하고 將復之호대 恐不能勝
고 구기소애자제 이순지 시지위이기소불
故로 驅其所愛子弟하여 以殉之하니 是之謂以其所不
애 급기소애야
愛로 及其所愛也니라

| 언해 |

公孫丑ㅣ ᄀᆞᆯ오ᄃᆡ 엇디 닐옴이니잇고 梁惠王이 土地의 故로ᄡᅥ 그 民을 糜爛케 ᄒᆞ여 戰ᄒᆞ여 키 敗ᄒᆞ고 장ᄎᆞᆺ 復호려호ᄃᆡ 能히 勝티 몯ᄒᆞᆯ까 恐ᄒᆞᆫ 故로 그 愛ᄒᆞᄂᆞᆫ밧 子弟를 驅ᄒᆞ여ᄡᅥ 殉ᄒᆞ니 이를 닐온 그 愛티 아니ᄒᆞᄂᆞᆫ 바로ᄡᅥ 그 愛ᄒᆞᄂᆞᆫ바애 及홈이니라

| 직역 |

공손추가 말하였다. "무엇을 이르는 것입니까?" "양혜왕이 토지 때문에 그 백성을 희생시켜 싸워서 크게 패하고, 장차 다시 싸우려 하면서 이기지 못할까 두려운 까닭에 그 사랑하는 자제를 몰아다 따라 죽게 하였다. 이를 일러 그 사랑하지 않는 바로써 그 사랑하는 바에 미친다는 것이다."

| 자해 |

糜爛 : 백성으로 하여금 싸우게 하여 그 혈육을 뭉개 버림. • 復之 : 다시 싸우게 함. • 子弟 : 태자(太子) 신(申)을 말함.

| 의해 |

공손추가 말하였다. "무엇을 일러 사랑하지 아니하는 바로써 사랑하는 바까지 미치게 한다는 것입니까?" 맹자가 말하였다. "인한 자가 마음 쓰는 것은 친한 이를 좇아 백성에게 미치고 백성을 좇아 사물에 미친다. 양혜왕은 토지를 탐하였기 때문에 그 백성의 혈육을 썩어 문드러지게 하여 싸워서 다투다가 크게 패하고 장차 다시 싸우려한 것이다. 또 백성이 명령을 듣지 아니하면 반드시 이기지 못할까 두려워하여 그 사랑하는 태자 신(申)을 몰아다가 군사를 감독하게 하여 사로잡혀 죽게 하였다. 토지, 백성 그리고 자제를 놓고 비교할 때, 토지는 사랑하지 않아도 될 것이고 백성과 자제는 마땅히 사랑해야 하는데, 토지 때문에 백성에게 미치고 백성 때문에 자제에게 미치니, 이것을 일러 그 사랑하지 않는 바로써 그 사랑하는 바에까지 미친다는 것이다. 그런 까닭에 인하지 않다고 한 것이다."

| 요지 |

이 장은 맹자가 당시 임금이 싸움을 좋아하였기 때문에 표현한 것이다. 양혜왕의 경우를 빌려 당시 세상에서 죽이는 기틀을 막으려 한 것이다.

맹 자 왈 춘 추 무 의 전 피 선 어 차 즉 유 지 의
2. 孟子曰 春秋에 無義戰하니 彼善於此則有之矣니라
정 자 상 벌 하 야 적 국 불 상 정 야
征者는 上이 伐下也니 敵國은 不相征也니라

| 언해 |

孟子ㅣ ᄀᆞᆯᄋᆞ샤ᄃᆡ 春秋에 義戰이 없스니 뎌이에셔 善ᄒᆞ니는 인ᄂᆞ

니라 征은 上이 下를 伐홈이니 敵國은 서로 征티 몯ᄒᆞᄂᆞ니라

| 직역 |

맹자가 말하였다. "『춘추』에 의로운 싸움이 없으니, 저것이 이것보다 나은 것은 있다. 정벌은 위에서 아래를 치는 것이니, 대등한 나라는 서로 정벌하지 못한다."

| 의해 |

맹자가 말하였다. "『춘추』라는 책을 보면, 그 가운데에 싸움을 기록한 것이 많다. 혹은 이름을 기록하여 폄론(貶論)하기도 하고 혹은 사람을 기록하여 책망하기도 하였는데, 그 싸움이 하나도 의리에 합당하다고 인정한 적이 없다. 다만 그 가운데에 왕실을 존숭한다는 일을 빌어서 행한 것도 있고, 왕실을 능멸하는 죄를 성토하여 친 것도 있다. 춘추시대에 '저 싸움이 이 싸움보다 조금 낫다'고 말할 것은 있으나, 통틀어 말하면 의리의 싸움은 없다.

춘추시대에 의리의 싸움이 없는 것은 어째서인가? 정벌이라는 것은 위에 있는 사람이 아래 사람을 친다는 뜻이다. 제후가 죄가 있으면 천자가 쳐서 그 죄를 바르게 하니, 제후가 천자의 명을 받들어서 치는 것, 이것이 큰 의리이다. 피차에 서로 대등한 나라는 서로 정벌하지 못하니, 만일 명의를 빌어 서로 정벌하면 이것은 왕실을 능멸하는 것이다. 춘추시대의 싸움은 모두 대등한 나라 사이에 서로 정벌하는 것이고, 천자의 명을 받들지 않았으니, 어찌 의리의 싸움이었다고 하겠는가?"

| 요지 |

이 장은 왕실을 높이는 것을 중히 한 것이다. '정벌'이라는 한 구절은 의로운 싸움이 없는 까닭에 참람하다고 말한 것이다.

맹 자 왈 진 신 서 즉 불 여 무 서 오 어 무 성 취 이 삼
3. 孟子曰 盡信書則不如無書니라 吾於武成에 取二三
책 이 이 의 인 인 무 적 어 천 하 이 지 인 벌 지
策而已矣로라 仁人은 無敵於天下니 以至仁으로 伐至
불 인 이 하 기 혈 지 류 저 야
不仁이니 而何其血之流杵也리오

| 언해 |

孟子ㅣ ᄀᆞᆯᄋᆞ샤ᄃᆡ 書를 다 信ᄒᆞ면 書ㅣ 업슴만 ᄀᆞᆮ디 몯ᄒᆞ니라 내 武成에 二三策을 取ᄒᆞᆯᄯᆞᄅᆞᆷ이로라 仁人은 天下애 敵이 업ᄉᆞ니 지극ᄒᆞᆫ 仁으로써 지극ᄒᆞᆫ 不仁을 伐ᄒᆞ거니 엇디 그 血이 杵를 流ᄒᆞ리오

| 직역 |

맹자가 말하였다. "『서경』을 다 믿으면 『서경』이 없는 것만 같지 못하다. 내가 「무성」에서 이삼책(二三策)을 취할 따름이다. 인한 사람은 천하에 대적할 이 없으니, 지극한 인으로써 지극한 불인을 쳤는데, 어찌 그 피가 방앗공이를 흐르게 하였겠는가?"

| 자해 |

武成 : 『서경(書經)』「주서(周書)」의 편 이름. 무왕이 주를 치고 돌아와 그 일을 기록한 글. • 策 : 글을 쓴 대쪽. • 杵 : 방앗공이니, 혹은 방패라고도 함.

| 의해 |

맹자가 말하였다. "일을 기록한 모든 글을 배우는 자가 마땅히 큰 뜻만 알 따름이고, 그 말을 고집하여 일일이 다 믿어서는 안 될 것이다. 글만 믿으면 혹 의리에 방해가 되어, 옛 사람의 마음을 밝히지 못하고 도리어 후세의 말거리만 더하게 할 수 있다. 이렇다면 도리어 글이 없는 편이 나을 것이다.

저 「무성」이라는 글은 성세(盛世)의 양사(良史)라서 마땅히 믿을

수 있을 것 같으나, 그 사이에 말이 의리에 어긋나지 않아서 믿을 만한 것은 다만 두세 가지이니, '받들고 포학한 것을 친다'는 말과 '정사를 발하여 어진 것을 베푼다'는 말뿐이고, 그 나머지는 믿을 수 없다.

「무성」에 '피가 흘러서 방앗공이가 떴다'고 한다. 저 인한 사람의 군사는 하늘의 명에 응하고 사람의 마음을 따라 천하에 대적할 일이 없다. 무왕이 지극히 인한 것으로써 지극히 인하지 못한 은(殷)나라 주왕(紂王)을 쳤으니, 마땅히 칼날에 피를 묻히지 않고도 선비와 백성이 돌아왔을 것이다. 어찌 은나라 군사와 싸워서 그렇게 죽이고 상하게 하여 방앗공이가 핏물에 뜨는 지경에 이르렀겠는가? 『서경』을 다 믿을 수 없음이 이와 같다.

| 요지 |

「무성」에 말하기를, 무왕이 주(紂)를 침에 주(紂)의 앞 군사가 창을 거꾸로 하여 뒤 군사를 쳐서 무너짐에 피가 흘러서 방앗공이가 떴다고 하였다. 맹자는 '이것이 믿을 수 없는 것'이라 하였다. 그런데 『서경』의 본뜻은 은나라 사람이 서로 스스로 죽였다는 것이고, 무왕이 죽였다는 것은 아니다. 맹자가 이 말을 쓴 것은 후세에 미혹되어 불인(不仁)한 마음을 자라게 할까 두려워하였기 때문이다.

맹 자 왈 유 인 왈 아 선 위 진 아 선 위 전
4-1. 孟子曰 有人이 曰 我善爲陳하며 我善爲戰이라하면
대 죄 야 국 군 호 인 천 하 무 적 언 남 면
大罪也니라 國君이 好仁이면 天下에 無敵焉이니 南面
이 정 북 적 원 동 면 이 정 서 이 원 왈 해 위
而征에 北狄이 怨하며 東面而征에 西夷怨하며 曰 奚爲
후 아
後我오하니라

| 언해 |

孟子ㅣ ᄀᆞᆯᄋᆞ샤ᄃᆡ 人이 이셔 ᄀᆞᆯ오ᄃᆡ 내 陳ᄒᆞ기를 善히ᄒᆞ며 내 戰ᄒᆞ기를 善히 ᄒᆞ노라 ᄒᆞ면 큰 罪니라 國君이 仁을 好ᄒᆞ면 天下애 敵ᄒᆞ리 업ᄂᆞ니 南으로 面ᄒᆞ여 征홈애 北狄이 怨ᄒᆞ며 東으로 面ᄒᆞ여 征홈애 西夷ㅣ 怨ᄒᆞ여 ᄀᆞᆯ오ᄃᆡ 엇디 나ᄅᆞᆯ 後에 ᄒᆞᄂᆞ뇨 ᄒᆞ니라

| 직역 |

맹자가 말하였다. "어떤 사람이 말하기를 내가 진 치기를 잘하며 내가 싸움을 잘한다고 하면 큰 죄이다. 나라 임금이 인을 좋아하면 천하에 대적할 사람 없을 것이니, 남쪽으로 향하여 정벌함에 북적이 원망하며, 동쪽으로 향하여 정벌함에 서이가 원망하여 말하기를 어찌 우리를 뒤로 미루는가 한다."

| 자해 |

陳 : 군사의 항오를 지음. • 戰 : 두 진의 군사가 서로 접하여 싸우는 것.

| 의해 |

맹자가 말하였다. "싸움과 진 치는 것은 인하지 못한 일이다. 이제 어떤 사람이 '내가 진을 잘 치며 싸움을 잘한다'고 하여 저 스스로 큰 공이 있는 듯하다. 그러나 이러한 사람은 땅을 다투어 싸워 사람을 죽여 들에 가득 메우고 성을 다투어 싸워 사람을 죽여 성에 가득하게 하니 죄가 큰 사람이다.

이제 임금이 반드시 싸우고 진 치는 것을 쓰는 것은 군사의 위엄으로써 천하를 항복받고자 함이다. 나라의 임금이 평일에 인을 좋아하면 백성의 마음을 감동하게 할 것이다. 은나라 탕왕처럼 인을 좋아하는 임금은 그가 열 한 개의 나라를 칠 때에 남쪽으로 얼굴을 향하여 치면 북적이 원망하고, 동쪽으로 얼굴을 향하여 치면 서이가 원망하여, '우리도 또한 학정에 괴로운데, 어찌하여 우리나라를 뒤에 치는가?'라고 하였다. 여기에서 보면 인한 자를

누가 대적할 자가 있겠는가?"

무 왕 지 벌 은 야 혁 거 삼 백 량 호 분 삼 천 인
4-2. 武王之伐殷也에 革車三百兩이요 虎賁이 三千人
왕 왈 무 외 영 이 야 비 적 백 성 야
이러니라 王曰 無畏하라 寧爾也라 非敵百姓也라하신대
약 붕 궐 각 계 수 정 지 위 언 정 야 각 욕 정
若崩厥角하여 稽首하니라 征之爲言은 正也니 各欲正
기 야 언 용 전
己也니 焉用戰이리오

| 언해 |

武王이 殷을 伐ᄒᆞ심애 革車ㅣ 三百兩이오 虎賁이 三千人이러니라 王이 ᄀᆞᆯᄋᆞ샤ᄃᆡ 畏티 말라 爾를 寧케 ᄒᆞ논디라 百姓을 敵홈이 아니라 ᄒᆞ신대 그 角이 崩ᄐᆞᆺᄒᆞ여 首를 稽ᄒᆞ니라 征이란 말ᄋᆞᆫ 正홈이니 각각 己ᄅᆞᆯ 正콰댜ᄒᆞ니 엇디 戰을 ᄡᅳ리오

| 직역 |

"무왕이 은나라를 칠 때에 병거가 300량이고, 날랜 용사가 3,000인이었다. 왕이 말하기를, '두려워하지 말라. 너희를 편안하게 하려는 것이지, 백성을 대적하려는 것이 아니다'라고 하자, 뿔을 내리듯 하여 머리를 조아렸다. '정(征)'이란 말은 바르게 하는 것이다. 각각 몸을 바르게 하고자 하니, 어찌 싸움을 쓰겠는가?"

| 자해 |

兩 : 수레의 수이니, 한 수레의 두 바퀴. • 三千人 : 「서서(書序)」에는 삼백이라 하였음.

| 의해 |

"또 무왕 같은 사람도 또한 인을 좋아하는 임금이었다. 은나라를 칠 때에 병거를 다만 300량을 쓰고, 활 쏘고 수레를 끄는 군사가 다만 3,000사람만 있었으니, 그 군사의 위엄을 숭상하지 않음이 이와 같았다.

그러나 무왕이 은나라에 처음 들어갈 때 은나라 사람에게 일러 '너희는 나를 두려워 하지마라. 내가 와서 포학한 사람을 제거하여 너희들을 편안하게 할 것이고, 너희 백성과 더불어 대적하려는 것이 아니다'라고 하였다. 이에 은나라 사람이 모두 뿔을 내리는 것과 같이 머리를 숙였으니, 누가 무왕과 더불어 대적하였겠는가?

임금이 인을 좋아하면 천하에 대적할 사람이 없다는 것은 어째서인가? 정(征)이라는 것은 '바르게 함'이니, 인자하고 의로운 군사를 가지고 백성을 포학하게 하는 죄를 바르게 하는 것이다. 백성이 포학한 임금에게 견디지 못하여 모두 인한 사람이 와서 자기의 나라를 바르게 하기를 바랄 것이니 어찌 대적할 자가 있겠는가?

이미 대적할 자가 없으면 싸우지 않을 것이며, 이미 싸우지 않는다면 싸움 잘하는 사람을 쓸 필요가 없다."

| 요지 |

이 장은 임금을 깨우쳐서 싸움한다는 사람에게 미혹되지 말라는 뜻이다. 머리 문단은 군사를 강하게 하는 죄가 큰 것을 말한 것이고, 아래에서 인을 좋아함에 대적이 없는 것을 자세히 말하여 밝히되 탕왕과 무왕을 이끌어서 인증을 짓고, 끝 결사(結辭)에는 '어찌 싸움을 쓰겠는가?'라고 하여 싸움하는 사람이 전혀 쓸 곳이 없음을 알게 한 것이다.

맹 자 왈 재 장 륜 여 능 여 인 규 구 불 능 사 인 교
5. 孟子曰 梓匠輪輿能與人規矩언정 不能使人巧니라

| 언해 |

孟子ㅣ 골ᄋᆞ샤ᄃᆡ 梓와 匠과 輪과 輿ㅣ 能히 人을 規矩를 與홀 ᄲᅮᆫ이언뎡 能히 人으로ᄒᆞ여곰 巧케 몯ᄒᆞᄂᆞ니라

| 직역 |

맹자가 말하였다. "목수와 수레 만드는 사람이 사람에게 걸음쇠와 자를 줄 수는 있지만, 사람으로 하여금 교묘하게 하지는 못한다."

| 자해 |

規矩 : 말로 고할 수 있는 법도. • 巧 : 교묘함. 사람에게 달려 있으니, 비록 큰 목수라도 어찌 할 수 없음.

| 의해 |

맹자가 말하였다. "군자가 사람을 가르칠 때, 전할 수 있는 것도 있고 전할 수 없는 것도 있다. 조그마한 기예를 볼지라도 목수와 수레 만드는 사람이 사람을 가르칠 때, 둥글고 모난 것을 그리는 걸음쇠와 자를 주어서 다다를 만한 일은 본보기를 보일 뿐이다. 걸음쇠와 자로 말미암아 마음에 얻고, 손에 응하는 재주가 있음에 이르러서는 가르치고자 않는 것이 아니라 가르칠 수 없으니, 또한 사람이 스스로 터득하는 데 달려 있을 따름이다."

| 요지 |

이 장은 배우는 자가 스스로 마음에 깨달음을 구할 것이고, 한갓 가르치는 자가 열어주는 것에만 의존해서는 안 됨을 권면한 것이

다. 깨닫는 것은 이 교묘함이고, 깨달을 것이 없는 것은 이 걸음쇠와 자이다. 그런 까닭에 능함과 그렇지 못함에 분별이 있는 것이다.

6. 孟子曰(맹자왈) 舜之飯糗茹草也(순지반후여초야)에 若將終身焉(약장종신언)이러시니 及(급)其爲天子也(기위천자야)하산 被袗衣鼓琴(피진의고금)하시며 二女果(이녀과)를 若固有之(약고유지)러시다

| 언해 |

孟子ㅣ ᄀᆞᆯᄋᆞ샤ᄃᆡ 舜이 糗ᄅᆞᆯ 飯ᄒᆞ시며 草ᄅᆞᆯ 茹ᄒᆞ심애 쟝ᄎᆞᆺ 身을 終ᄒᆞᆯ ᄃᆞᆺ ᄒᆞ더시니 그 天子ㅣ 되심애 밋ᄎᆞ샨 袗衣ᄅᆞᆯ 被ᄒᆞ시며 琴을 鼓ᄒᆞ시며 二女ㅣ 果ᄒᆞ옴을 본ᄃᆡ 둔ᄂᆞᆫᄃᆞᆺ ᄒᆞ더시다

| 직역 |

맹자가 말하였다. "순임금이 마른 밥을 먹고 풀을 먹음에 장차 몸을 마칠 때까지 할 듯이 하더니, 천자가 됨에 미쳐서는 그림을 그린 옷을 입으며 거문고를 두드리며 두 여자가 모심을 본래 가진 것처럼 하였다."

| 자해 |

飯 : 먹는 것. • 糗(후) : 마른 밥. • 茹 : 먹는 것. • 袗 : 그림 옷. • 二女 : 요임금의 두 딸. • 果 : 여자 시중.

| 의해 |

맹자가 말하였다. "보통 사람은 처지를 따라서 기뻐하고 슬퍼하

지 않는 자가 없지만, 순임금은 처음에 마른 밥을 먹고 풀을 먹어서 빈천한 것이 극도에 달하였으나 그 스스로 빈천한 줄을 알지 못하였다. 그 마음을 살펴보니 빈천한 것으로 몸을 마칠 것 같이 하고 부귀를 사모하지 않았다. 그 뒤에 천자가 됨에 그림을 그린 옷을 입고 거문고를 타고 요임금의 두 딸이 모셨으니 부귀가 극진하였으나, 순임금이 스스로 부귀가 됨을 알지 못하였다. 그 마음을 살펴보니 본래 부귀를 가진 것 같이하고 지위 때문에 마음이 동요되는 일이 없었다. 처지가 비록 빼어나게 남달랐지만 마음은 항상 한결같았으니, 본성으로서의 분수가 정해진 성인이 아니면 그 누가 이렇게 할 수 있었겠는가?"

| 요지 |

이 장은 모두 순임금의 마음을 말한 것이니, 비록 크게 행하였으나 더해지지 않고, 비록 궁한 데 거하였으나 덜어지지 않았음을 보인 것이다.

맹 자 왈 오 금 이 후 지 살 인 친 지 중 야 살 인 지 부
7. 孟子曰 吾今而後에 知殺人親之重也와라 殺人之父
인 역 살 기 부 살 인 지 형 인 역 살 기 형 연
면 人亦殺其父하고 殺人之兄이면 人亦殺其兄하나니 然
즉 비 자 살 지 야 일 간 이
則非自殺之也언정 一間耳니라

| 언해 |

孟子ㅣ ᄀᆞᆯᄋᆞ샤ᄃᆡ 내 이젠 後에 人의 親을 殺ᄒᆞᆷ이 重ᄒᆞᆫ 줄을 알와라 人의 父ᄅᆞᆯ 殺ᄒᆞ면 人이 ᄯᅩᄒᆞᆫ 그 父ᄅᆞᆯ 殺ᄒᆞ고 人의 兄을 殺ᄒᆞ면 人이 ᄯᅩᄒᆞᆫ 그 兄을 殺ᄒᆞᄂᆞ니 그러면 스스로 殺티 아닐띠언뎡 一間ᄲᅮᆫ이니라

| 직역 |

맹자가 말하였다. "내가 지금 이후로 다른 사람의 어버이를 죽이는 것이 중한 줄 알겠다. 다른 사람의 아버지를 죽이면 다른 사람이 또한 그 아버지를 죽이고, 다른 사람의 형을 죽이면 다른 사람이 또한 그 형을 죽일 것이다. 그러면 스스로 죽이지 않았더라도 한 사이일 뿐이다."

| 의해 |

맹자가 이유가 있어서 감동하여 말하였다. "내가 이제부터 다른 사람의 어버이를 죽이는 것이 화를 무겁게 취하는 것인 줄을 알겠다. 천도란 순환의 이치가 있어서 무슨 일이든 보복되지 않는 것은 없다. 남의 아버지를 죽이면 그 사람도 또한 나의 아버지를 죽일 것이고, 남의 형을 죽이면 그 사람도 또한 나의 형을 죽일 것이니, 자기가 그 부형을 죽이는 것이 아니지만 다만 사람 하나만 사이한 것이다. 실상은 너에게서 나온 것이 너에게로 돌아갈 것이니, 모두 스스로 죽인 셈이다. 남의 어버이를 죽이는 것이 어찌 무겁지 않겠는가?"

| 요지 |

이 장은 남의 부형을 사랑하고 공경하면 사람도 또한 그 부형을 사랑하고 공경할 것임을 깨우친 것이다.

맹 자 왈 고 지 위 관 야 장 이 어 포 금 지 위 관 야

8. 孟子曰 古之爲關也는 將以禦暴러니 今之爲關也는

장 이 위 포

將以爲暴로다

| 언해 |

孟子ㅣ ᄀᆞᆯᄋᆞ샤ᄃᆡ 녜 關을 ᄒᆞ욤은 쟝ᄎᆞᆺ ᄡᅥ 暴ᄅᆞᆯ 禦호려 ᄒᆞ더니 이제 關을 ᄒᆞ욤은 쟝ᄎᆞᆺ ᄡᅥ 暴ᄅᆞᆯ 홈이로다

| 직역 |

맹자가 말하였다. "옛적에 관문을 세운 것은 장차 사나움을 막으려 하였는데, 지금 관문을 세우는 것은 장차 사나움을 행하려 하는 것이다."

| 자해 |

禦暴 : 비정상적인 일을 살핌. • 爲暴 : 나가고 들어가는 것에 대해 세금을 받음.

| 의해 |

맹자가 말하였다. "옛적 선왕은 백성에게 있는 것을 따라 인(仁)하게 하였을 따름이었다. 그러므로 그 관문이 있었던 것은 언어가 다르고 의복이 다른 사람을 살펴서 포학한 자를 차단하는 것이니, 이것이 관문을 세운 본래의 의도이다.
지금 관문을 다스리는 것은 재화의 출입을 따라 세금을 받아 백성에게 포학하게 굴 뿐이니, 백성이 어떻게 견디겠는가? 관문은 옛날과 지금이 한가지이지만, 인한 것과 포학한 것은 이와 같이 서로 차이가 나니 개탄스럽다."

| 요지 |

이 장은 당시에 지나치게 세금을 받는 포학한 해로움을 개탄한 것이다. 비상한 일을 살피면 백성에게 해되는 것을 막아주는 것이고, 넘치게 세금을 받으면 도리어 백성을 해롭게 하는 것이다. 무한히 법을 무너뜨리는 것을 괴상하게 여겨 탄식한 것이다.

맹 자 왈 신 불 행 도 불 행 어 처 자 사 인 부 이 도 불
9. 孟子曰 身不行道면 不行於妻子요 使人不以道면 不
능 행 어 처 자
能行於妻子니라

| 언해 |

孟子ㅣ ᄀᆞᆯᄋᆞ샤ᄃᆡ 身이 道ᄅᆞᆯ 行티 아니ᄒᆞ면 妻子애 行티 아니ᄒᆞ고 人을 使호ᄃᆡ 道로ᄡᅥ 아니ᄒᆞ면 能히 妻子애 行티 몯ᄒᆞᄂᆞ니라

| 직역 |

맹자가 말하였다. "자신이 도를 행하지 않으면 처자에게도 행해지지 않고, 사람을 부리되 도로써 하지 않으면 처자에게도 행할 수 없다."

| 자해 |

不行 : 도가 행해지지 않음. • 不能行 : 영(令)이 행해지지 못함.

| 의해 |

맹자가 말하였다. "도라는 것은 이치의 당연한 것이라서 군자가 몸에 행하여 본보기를 삼을 만하고 사람에게 명령하여 따르게 할 만한 것이다. 자신이 도를 행하지 않으면 보고 본받을 것이 없어서 덕화가 처자에게도 행해지지 않을 것이다. 사람을 부림에 도로써 하지 않으면, 처사가 마땅함을 잃어서 명령이 처자에게도 행해질 수 없다. 저 처자는 지극히 가까운 사이라서 나를 우러러 하늘로 여기는 사람인데도 오히려 화합하지 못하고 행하지 못하는데 하물며 다른 사람이겠는가?"

| 요지 |

이 장은 사람이 마땅히 도를 다할 것을 보인 뜻이다. 위의 두 구절은 몸소 행함을 말한 것이고, 아래 두 구절을 명령을 내리는 것을 말한 것이다. 유독 처자를 말한 것은, 아내와 아들은 나의 뜻을 따르는 것을 주로 하니, 형세가 가장 행하기가 쉽고 명령이 가장 따르기가 쉽기 때문이다. 그러므로 한 마디의 말과 하나의 행실이라도 도에서 떠나서는 안 된다.

맹자왈 주우리자 흉년 불능살 주우덕자
10. 孟子曰 周于利者는 凶年이 不能殺하고 周于德者는
사세불능란
邪世不能亂이니라

| 언해 |

孟子ㅣ ᄀᆞᆯᄋᆞ샤ᄃᆡ 利에 周ᄒᆞᆫ 者ᄂᆞᆫ 凶年이 能히 殺티 몯ᄒᆞ고 德에 周ᄒᆞᆫ 者ᄂᆞᆫ 邪ᄒᆞᆫ 世ㅣ 能히 亂티 몯ᄒᆞᄂᆞ니라

| 직역 |

맹자가 말하였다. "이익에 풍족한 자는 흉년이 죽이지 못하고, 덕에 풍족한 자는 간사한 세상이 어지럽게 못한다."

| 자해 |

周 : 풍족한 것.

| 의해 |

맹자가 말하였다. "사람이 저축을 힘쓴 후에 넉넉히 쓸 것이 있는 법이니, 만일 재리에 풍족한 자는 스스로 넉넉하여 비록 흉년을

만나도 죽지 않을 것이다. 그러므로 농사를 잘하는 자는 흉년을 근심하지 않고 오직 저축한 것이 많지 않음을 근심한다. 덕이 풍족한 자는 스스로 비록 간사한 세상에 서 있어도 세상이 그를 어지럽게 할 수 없다. 그러므로 군자는 세상에 처하기 어려움을 근심하지 않고 덕이 충실하지 못함을 근심하여 매우 조심하여 한 가지 잘하는 것과 한 가지 재능을 믿고 스스로 풍족하게 여기지 않으니, 그 덕을 풍족하게 하는 것이다."

| 요지 |

이 장은 사람에게 덕을 저축하라고 권면한 것이다. 맹자가 전국시대에 왕도를 높이고 패도를 내치며, 인의를 밝히고 양주와 묵적을 물리친 것은 바로 간사한 세상이 어지럽게 할 수 없었던 것이다.

맹자왈 호명지인 능양천승지국 구비기인
11. 孟子曰 好名之人은 能讓千乘之國하나니 苟非其人
단사두갱 현어색
이면 簞食豆羹에 見於色하나니라

| 언해 |

孟子ㅣ ᄀᆞᆯᄋᆞ샤ᄃᆡ 名을 好ᄒᆞᄂᆞᆫ 사ᄅᆞᆷᄋᆞᆫ 能히 千乘ㅅ 國을 讓ᄒᆞᄂᆞ니 진실로 그 人이 아니면 簞읫 食와 豆읫 羹애 色애 見ᄒᆞᄂᆞ니라

| 직역 |

맹자가 말하였다. "이름을 좋아하는 사람은 천승의 나라를 사양할 수 있지만, 진실로 그 사람이 아니면 한 그릇의 밥과 한 그릇의 국에도 얼굴빛에 나타난다."

| 의해 |

맹자가 말하였다. "사양하는 것은 아름다운 덕이고, 사양할 수 있는 것은 아름다운 이름이다. 천승의 나라를 사양하는 것은 오직 어진 사람이라야 할 수 있으나 명예만 좋아하는 사람도 또한 할 수 있다. 부귀를 가볍게 여긴다는 이름을 이루지만, 진정으로 나라를 사양하는 사람이 아니면, 비록 대그릇 밥과 나무 그릇 국의 사소한 것이라도 한번 얻고 잃어버림이 있으면 도리어 그 기뻐하고 노여워하는 것이 얼굴빛에 나타나는 것을 깨닫지 못한다. 이처럼 어찌 큰 것은 할 수 있으나 작은 것은 사양하지 못하는 것인가? 저 명예가 있는 곳은 비록 큰 것이라도 억지로 사양하는 것이고, 명예가 있지 않은 곳은 비록 작은 것이라도 진정 노출되니, 사람을 판단할 때에 그 마음에 편안하게 여기는 것을 살피지 않을 수 없다."

| 요지 |

이 장은 사람 보는 법을 의론하여 세상을 속이고 이름을 도적질하는 자들 때문에 표현한 것이다. 그 병통이 전적으로 '좋을 호(好)' 자에 있으니, 이름을 좋아하면 그 마음이 이름이 있는 줄만 알기 때문에, 이름이 있는 곳은 사양하고 이름이 있지 않은 곳은 다툰다. 다투고 사양하는 것이 반드시 이에 이르는 것은 아니지만, 특별히 그 극진한 것을 들어서 형용한 것이다.

맹자왈 불신인현즉국 공허 무례의즉상하
12. 孟子曰 不信仁賢則國이 空虛하고 無禮義則上下
란 무정사즉재용 부족
亂하고 無政事則財用이 不足이니라

| 언해 |

孟子ㅣ ᄀᆞᆯᄋᆞ샤ᄃᆡ 仁賢을 信티 아니ᄒᆞ면 國이 空虛ᄒᆞ고 禮義ㅣ 업ᄉᆞ면 上下ㅣ 亂ᄒᆞ고 政事ㅣ 업ᄉᆞ면 財用이 足디 몯ᄒᆞᄂᆞ니라

| 직역 |

맹자가 말하였다. "어진 사람과 현명한 사람을 믿지 않으면 나라가 공허하고, 예와 의가 없으면 위와 아래가 어지럽고, 정사가 없으면 재물을 쓰는 것이 풍족하지 못하다."

| 자해 |

空虛 : 사람이 없는 것과 같음.

| 의해 |

맹자가 말하였다. "나라를 다스리는데 긴요한 것이 있으니 임금이 마땅히 그 소중한 것을 알아서 급히 도모하여야 한다. 나라가 의지하여 굳게 서는 바는 어진 사람과 현명한 사람이니, 어느 대에 어진 사람과 현명한 사람이 나지 않겠는가마는, 임금이 쓰는데 달려 있다. 어진 사람과 현명한 사람을 믿으면 임금이 돕는 바가 있고 백성이 비호하는 바가 있고 사직이 의탁할 바가 있고 간악한 자가 거리끼는 바가 있어서 나라의 근본이 서서 견고할 것이지만, 있어도 믿고 쓰지 아니하면 사람이 없는 것과 같다.

믿고서 나라를 유지하는 것은 예와 의이다. 예와 의가 있으면 자신으로부터 나라에 미쳐서 임금이 임금 노릇하고 신하가 신하 노릇하고 부모가가 부모 노릇하고 자식이 자식 노릇하여 상하가 질서가 있어서 나라를 다스릴 것이다. 예와 의가 없으면 명분을 분별할 수 없고 백성이 뜻을 정할 수 없어서 장차 윗사람은 잔학하고 아랫사람은 참람하여 날마다 어지러운 데로 들어갈 것이다.

나라가 믿고서 처리하는 것은 정사이다. 정사가 있으면 큰 강령과 작은 조목이 찬란하게 구비되어 백성이 풍족하고 임금이 풍족

하지 않은 것이 없겠지만, 만일 정사가 폐기되고 어지러워서 닦이지 못하면, 재물의 근원을 열지 못하고 재물의 남용을 막지 못하여 재용이 부족할 것이다. 이 세 가지는 바로 나라를 다스리는 긴요한 것이다. 어진 사람과 현명한 사람이 그 근본이므로, 그들을 믿을 수 있으면 예의도 이로부터 나올 것이니, 천하에 왕 노릇하는 도가 쉽고도 쉬울 것이다."

| 요지 |

이 장은 어진 사람과 현명한 사람은 나라의 줄기이고, 예와 의는 나라의 울타리이고, 정사는 나라의 기강이니, 다 빼놓을 수 없음을 말한 것이다.

맹 자 왈 불 인 이 득 국 자 유 지 의 불 인 이 득 천
13. 孟子曰 不仁而得國者는 有之矣어니와 不仁而得天
하 미 지 유 야
下는 未之有也니라

| 언해 |

孟子ㅣ ᄀᆞᆯᄋᆞ샤ᄃᆡ 仁티 몯ᄒᆞ고 國을 得ᄒᆞᆫ 者ᄂᆞᆫ 잇거니와 仁티 몯ᄒᆞ고 天下ᄅᆞᆯ 得ᄒᆞᆫ 이ᄂᆞᆫ 잇디 아니 ᄒᆞ니라

| 직역 |

맹자가 말하였다. "인하지 못하고 나라를 얻은 사람은 있지만, 인하지 못하고 천하를 얻은 사람은 있지 않다."

| 자해 |

得國 : 토지를 얻음. • 得天 : 인심(人心)을 얻음.

| 의해 |

맹자가 말하였다. "인하지 못한 사람이 아래로는 술법(術法)으로 백성을 어리석게 하고, 위로는 세력으로 임금을 위협한다면, 물론 나라를 얻을 수는 있을 것이다. 만일 넓은 천하의 사람과 온갖 나라의 넓은 것을 술법으로 어리석게 하고자 하면, 한 사람의 술법은 한계가 있으니, 천하의 큰 것을 이겨 제어하지는 못할 것이다. 세력으로써 제어하고자 하면, 한 사람의 세력은 한계가 있으니, 천하의 큰 것을 이겨 제어하지는 못할 것이다. 그러므로 어질지 못하고 천하를 얻는 자는 없다."

| 요지 |

이 장은 당시에 일곱 나라의 임금이 서로 삼키고 씹어서 스스로 이르기를, "힘으로 천하를 경영할 수 있다"고 했기 때문에, 맹자가 어질 '인(仁)' 자로써 깨쳐주니, 아래 두 구절에 중요성이 귀결된다.

맹 자 왈 민 위 귀 사 직 차 지 군 위 경
14-1. 孟子曰 民이 爲貴하고 社稷이 次之하고 君이 爲輕
시 고 득 호 구 민 이 위 천 자 득 호 천 자 위 제
하니라 是故로 得乎丘民이 而爲天子요 得乎天子爲諸
후 득 호 제 후 위 대 부
侯요 得乎諸侯爲大夫니라

| 언해 |

孟子ㅣ ᄀᆞᆯᄋᆞ샤ᄃᆡ 民이 貴ᄒᆞ고 社稷이 次ᄒᆞ고 君이 輕ᄒᆞ니라 이런 故로 丘民에 得ᄒᆞᆫ이 天子ㅣ되고 天子에 得ᄒᆞᆫ이 諸侯ㅣ 되고 諸侯ㅣ 得ᄒᆞᆫ이 태위 되ᄂᆞ니라

| 직역 |

맹자가 말하였다. "백성이 귀하고 사직은 그 다음이고 임금은 가볍다. 그러므로 백성에게 얻은 사람은 천자가 되고, 천자에게 얻은 사람은 제후가 되고, 제후에게 얻은 사람은 대부가 된다."

| 자해 |

社 : 토지의 신. • 稷 : 곡식의 신. 나라를 세우면 단(壇)을 세워 제사함. • 丘民 : 밭과 들에 있는 백성. 지극히 미천한 자.

| 의해 |

맹자가 말하였다. "나라가 성립되는 바탕이 세 가지가 있으니, '백성', '사직', '임금'이다. 그러나 이 세 가지에 대하여 경중을 비교하면 천하에 지극히 중요한 것은 백성이니, 사직은 그 다음이고, 임금은 실상 가장 가벼운 존재이다.

오직 백성이 귀중한 까닭에 밭과 들에 있는 지극히 미천한 백성의 마음을 얻고 천하를 얻어서 천자가 될 수 있을 것이다. 만일 천자의 마음을 얻으면 제후가 되는데 지나지 못하고, 제후의 마음을 얻으면 대부가 되는데 지나지 않을 것이다. 저 높고 귀한 사람의 마음을 얻는 것이 도리어 미천한 백성의 마음을 얻는 것만 못하다. 이 때문에 백성을 가볍게 여길 수 없다."

제 후 위 사 직 즉 변 치 희 생 기 성
14-2. 諸侯危社稷이면 則變置하나니라 犧牲이 旣成하며
자 성 기 결 제 사 이 시 연 이 한 간 수 일 즉 변 치
粢盛이 旣潔하여 祭祀以時호대 然而旱乾水溢則 變置
사 직
社稷하나니라

| 언해 |

諸侯ㅣ 社稷을 危케ᄒᆞ면 變置ᄒᆞᄂᆞ니라 犧牲이 임의 成ᄒᆞ며 粢盛이 임의 潔ᄒᆞ야 祭祀ᄅᆞᆯ 時로ᄡᅥ호ᄃᆡ 그러나 旱ᄒᆞ야 乾ᄒᆞ여 水ᄒᆞ야 溢ᄒᆞ면 社稷을 變置ᄒᆞᄂᆞ니라

| 직역 |

"제후가 사직을 위태롭게 하면 바꾸어 둔다. 희생이 이미 이루어지며 제사 음식이 이미 깨끗하게 되어 제사를 때에 맞추어 받드는데도 가물어서 마르며 물이 넘치면 사직을 바꾸어 둔다."

| 의해 |

"천자가 제후를 봉하는 것은 백성을 보전하여 사직을 주관하게 한 것이다. 만일 음탕하여 도가 없어서 백성을 보전할 수 없고 위태로운 것이 사직에 미치게 하면, 천자가 반드시 그 제후의 위치를 바꾸어서 다시 어진 자를 두어 주관하게 하니, 임금이 항상 높이 있지는 못할 것이다. 저 임금의 자리는 사직이 편안하고 위태로운 것에 달려 있다. 이것은 임금이 사직보다 가벼운 까닭이니, 백성보다 가벼운 것을 알 수 있다.

나라에 사직을 세우는 것은 백성에게 의지한다. 희생이 이미 살지고 제사 음식이 이미 깨끗하여 봄 가을의 제사를 정성으로 받들어 때를 잃지 아니하는데도 혹 한재(旱災)나 수해(水害)가 있어서 토지와 곡식의 신이 백성을 위하여 재앙을 막고 환란을 막지 못하면, 마땅히 그 사직의 단을 헐어버리고 다른 곳으로 옮겨서 고치고 새로이 하는 뜻을 보이니 사직도 항상 제사를 누릴 수 없다. 사직을 고쳐 두는 것이 백성의 이해에 달려 있다. 이것이 이른바 '사직이 백성보다 가볍다'는 것이니, 임금이 백성보다 가벼운 것은 더욱 알 수 있는 것이다."

| 요지 |

이 문장의 중요성은 '백성이 귀중하다'는 한 구절에 있다. 사직과 임금을 모두 빌어서 백성이 귀하다는 뜻을 형용하여 임금이 백성을 사랑하여 사직을 보전하고 스스로 그 높음을 믿지 말라는 것이다.

맹자왈 성인 백세지사야 백이류하혜시야
15. 孟子曰 聖人은 百世之師也니 伯夷柳下惠是也라
고 문백이지풍자 완부렴 나부유립지 문
故로 聞伯夷之風者는 頑夫廉하며 懦夫有立志하고 聞
류하혜지풍자 박부돈 비부관 분호백세
柳下惠之風者는 薄夫敦하며 鄙夫寬하나니 奮乎百世
지상 백세지하 문자막불흥기야 비성인
之上이어든 百世之下에 聞者莫不興起也하니 非聖人
이능약시호 이황어친자지자호
而能若是乎아 而況於親炙之者乎아

| 언해 |

孟子ㅣ ᄀᆞᆯᄋᆞ샤ᄃᆡ 聖人ᄋᆞᆫ 百世엣 師ㅣ니 伯夷와 柳下惠ㅣ이라 故로 伯夷의 風을 聞ᄒᆞᆫ 者ᄂᆞᆫ 頑ᄒᆞᆫ 夫ㅣ 廉ᄒᆞ며 懦ᄒᆞᆫ 夫ㅣ 立ᄒᆞᆯ 志를 두고 柳下惠의 風을 聞ᄒᆞᆫ 者ᄂᆞᆫ 薄ᄒᆞᆫ 夫ㅣ 敦ᄒᆞ며 鄙ᄒᆞᆫ 夫ㅣ 寬ᄒᆞᄂᆞ니 百世ㅅ 上애 奮ᄒᆞ여든 百世ㅅ 下에 聞ᄒᆞᆫ 者ㅣ 興起티 아니ᄒᆞ리 업스니 聖人이 아니오 能히 이 ᄀᆞᆮᄐᆞ랴 ᄒᆞᄆᆞᆯ며 親히 炙ᄒᆞᆫ 者아

| 직역 |

맹자가 말하였다. "성인은 백세의 스승이니, 백이와 유하혜가 그런 사람이다. 그러므로 백이의 풍모에 대해 들은 자는 완악한 지아비가 청렴해지고, 나약한 지아비가 뜻을 세울 수 있으며, 유하혜의 풍모를 들은 자는 박한 지아비가 도타우며 인색한 지아비가

너그러워졌다. 백세 위에서 떨쳐 일어나면 백세 아래에서 듣는 자가 흥기하지 아니할 사람 없으니, 성인이 아니고서 이와 같을 수 있겠는가? 하물며 친히 가르침을 받은 자이겠는가?"

| 자해 |

興起 : 감동하고 분발하는 것. • 親炙 : 친히 하여 가르치는 것. 곧 친히 배운다는 뜻.

| 의해 |

맹자가 말하였다. "행실이 극진한 데로 나아간 것을 성인이라 이르니, 성인이라는 자는 그때 한 세상의 스승만 될 뿐만 아니라 백세의 스승이다. 그 훌륭한 덕과 지극히 착한 것이 이미 사람의 마음을 착하게 함이 있고, 그 끼친 바람과 남은 영향이 스스로 스승됨이 있어서 장래에 극진하니, 여기에 해당하는 자를 찾으면 백이와 유하혜이다.

그러므로 백이는 갔으나 그 맑은 풍모를 들은 자는 완악한 사람이 교화되어 청렴한 사람이 되어 비록 어리석더라도 반드시 밝아지며, 나약한 사람이 교화되어 설 뜻을 두어서 비록 부드러우나 반드시 강하여 질 것이다. 유하혜는 갔으나 그 온화한 풍모를 들은 자는 박한 사람이 교화되어 돈독한 사람이 되어 모두 속이지 않는 백성이 되고, 인색한 사람이 교화되어 너그러워져서 모두 덕을 용납하는 선비가 될 것이다.

저 두 사람이 백세 위에서 떨쳐 빼어난 것이 이와 같이 멀지만, 백세 아래에서 듣는 자가 흥기하지 아니할 자 없는 것이 이와 같이 신속하다. 만일 백이의 청렴한 것이 성인의 청렴함이 아니고 오히려 잡된 것이 있고, 유하혜의 온화한 것이 성인의 온화한 것이 아니고 오히려 어그러진 것이 있으면, 사람이 없어짐에 청렴과 온화함 또한 더불어 한 가지로 없어질 것이니, 어찌 감화하기를 이와 같이 할 수 있겠는가?

저 백세 아래에서 그 풍모를 들은 자가 오히려 감동하고 교화됨이 이와 같은데, 하물며 성인과 더불어 같은 때에 나고 같은 동리에 살아서 친근하게 익힌 자라면 그 감화가 마땅히 어떻겠는가? 참으로 백세의 스승이 될 것이다."

| 요지 |

이 장은 백이와 유하혜의 성인됨을 표한 것이다. 위 두 구절은 성인이 백세에 스승됨을 말하여 백이와 유하혜에게 돌려보내고, 아래 구절은 백이와 유하혜의 풍모가 주는 영향이 오랜 것을 말하여 그 성인됨을 밝힌 것이고, 끝 구절은 다만 덧붙여서 말한 것이고, 당시와 후세로 경중을 삼은 것은 아니다.

맹 자 왈 인 야 자 인 합 이 언 지 도 야

16. 孟子曰 仁也者는 人이니 合而言之하면 道也니라

| 언해 |

孟子ㅣ ᄀᆞᆯᄋᆞ샤ᄃᆡ 仁이란거슨 人이니 合ᄒᆞ여 言ᄒᆞ면 道ㅣ니라

| 직역 |

맹자가 말하였다. "인이란 것은 사람이니, 합하여 말하면 도이다."

| 자해 |

仁 : 사람이 사람 되는 바의 이치.

| 의해 |

맹자가 말하였다. "사람이 모두 인과 도라는 이름은 알지만, 모두

내게 진실로 있는 바를 알지 못한다. 인이라는 것은 다른 것이 아니라 사람이 사람 된 바의 이치이니, 사람의 몸이 있으면 여기에 인의 이치가 있어서 근본이 두 갈래로 나가지 않는다. 그런 까닭에 인을 사람에게 합하여 말하면, 성품으로써 형상을 주재하고 형상으로써 성품을 좇아서, 문득 천연히 스스로 존재하는 법칙과 지극히 마땅하여 바꾸지 못할 행실이 되어서, 천하와 고금이 한가지로 따르는 도가 여기에 있을 것이니, 이른바 도가 아니고 무엇이겠는가? 사람을 도외시 하고서 인과 도를 구하는 것은 미혹이 큰 것이다."

| 요지 |

이 장은 도를 제 몸 밖에서 찾는 자 때문에 말한 것이다. 인(仁), 인(人), 그리고 도(道), 세 글자 가운데 사람 '인(人)' 자가 중요하니, 모두 사람의 몸에 돌이켜 도를 구하게 하고자 한 것이다.

맹 자 왈 공 자 지 거 로 왈 지 지 오 행 야 거
17. 孟子曰 孔子之去魯에 曰 遲遲라 吾行也여하시니 去
부 모 국 지 도 야 거 제 접 석 이 행 거 타 국 지 도
父母國之道也요 去齊에 接淅而行하시니 去他國之道
야
也니라

| 언해 |

孟子ㅣ 골ᄋᆞ샤ᄃᆡ 孔子ㅣ 魯애 去ᄒᆞ심애 골ᄋᆞ샤ᄃᆡ 遲遲ᄒᆞ다 내 行이여 ᄒᆞ시니 父母의 國을 去ᄒᆞᄂᆞᆫ 道ㅣ오 齊예 去ᄒᆞ심애 淅을 接ᄒᆞ여 行ᄒᆞ시니 他國을 去ᄒᆞᄂᆞᆫ 道ㅣ니라

| 직역 |

맹자가 말하였다. “공자가 노나라를 떠날 때에 말하기를, ‘더디고, 더디다. 나의 떠남이여’라고 하니, 부모의 나라를 떠나는 도이고, 제나라를 떠날 때에 담근 쌀을 건져 가지고 떠나니, 다른 나라를 떠나는 도이다.”

| 의해 |

맹자가 말하였다. “예전에 공자가 여악을 받은 것 때문에 노나라를 떠날 때, ‘더디고 더디다. 나의 떠남이여’라고 하였다. 왜 지체하였는가? 부모의 나라를 떠날 때 은혜가 의보다 무거우니, 도가 마땅히 이와 같은 것이다. 또 안영이 벼슬길을 막았기 때문에 제나라를 떠날 때, 물에 담근 쌀을 건져 가지고 떠났다. 왜 급히 갔는가? 다른 나라를 떠날 때 은혜가 의를 가리지 못하니, 도가 마땅히 이와 같은 것이다. 오래 머물고 빨리 하는 것을 조절할 수 있으면 성인이다.”

| 요지 |

이 장은 할 만한 때에 하는 것이 도가 됨을 말한 것이다. 그러므로 공자가 노나라를 떠날 때 더디 가는 것으로 도를 삼고, 제나라를 떠날 때 속히 가는 것으로 도를 삼았다. 위 구절은 그 뜻을 가지고 그 일을 기록한 것이고, 아래 구절은 그 일을 가지고 그 뜻을 해석한 것이다.

맹 자 왈 군 자 지 액 어 진 채 지 간 무 상 하 지 교 야

18. 孟子曰 君子之戹於陳蔡之間은 無上下之交也니라

| 언해 |

孟子ㅣ ᄀᆞᆯᄋᆞ샤ᄃᆡ 君子ㅣ 陳蔡ㅅ 間애 戹ᄒᆞ심은 上下의 交ᄒᆞ리 업숨이니라

| 직역 |

맹자가 말하였다. "군자가 진과 채 사이에서 어려움을 당한 것은 위와 아래에 사귄 사람이 없었기 때문이다."

| 자해 |

君子 : 공자를 가리킴. • 戹 : 재앙. '액(厄)' 자와 같음.

| 의해 |

맹자가 말하였다. "옛적에 공자가 진나라와 채나라 사이에서 양식이 떨어져서 어려움을 당한 것은 위로는 어진 이를 예우하고 선비를 찾아 내려오는 임금이 없었고, 아래로는 어진 이에게 미루고 능한 이에게 사양하는 신하가 없어서 사귈 수 없었기 때문이다. 이리하여 어려움을 면하지 못한 것이니, 이것이 모두 그때 임금 된 사람과 신하 된 사람을 책망할 것이다. 공자에게 무슨 허물이 있겠는가?"

| 요지 |

이 장에서 '액'은 기수(氣數)의 궁(窮)함이고, '상하'는 군신을 말하고, '무교(無交)'는 공자가 더불어 사귈 사람이 없었음을 말한다.

맥계왈 계대불리어구 맹자왈 무상야 사

19. 貉稽曰 稽大不理於口호이다 孟子曰 無傷也라 士

증자다구 시운 우심초초 온우군소 공

憎玆多口하니라 詩云 憂心悄悄어늘 慍于群小라하니 孔

자야 사부진궐온 역불운궐문 문왕
子也시고 肆不殄厥慍하시나 亦不隕厥問이라하니 文王
야
也시니라

| 언해 |

貉稽ㅣ ᄀᆞᆯ오ᄃᆡ 稽ㅣ 키 口에 理티 몯 호이다. 孟子ㅣ ᄀᆞᆯᄋᆞ샤ᄃᆡ 傷홈이 업ᄉᆞ니라 士ㅣ 더욱 이에 口ㅣᄒᆞ니라 詩예 닐오ᄃᆡ 憂ᄒᆞᄂᆞᆫ 心이 悄悄ᄒᆞ거ᄂᆞᆯ 群小에 慍타 ᄒᆞ니 孔子ㅣ시고 드듸여 그 慍을 殄티 몯 ᄒᆞ시나 ᄯᅩᄒᆞᆫ 그 問을 隕티 아니타 ᄒᆞ니 文王이시니라

| 직역 |

맥계가 말하였다. "제가 크게 다른 사람의 입에 순조롭지 못합니다." 맹자가 말하였다. "해로울 것이 없다. 선비는 더욱 구설수가 많다. 『시경』에 이르기를, '근심하는 마음이 초조하거늘, 여러 소인에게 노여움을 받는다'고 하니 공자이고, '드디어 그 노여움을 끊지 못하나, 또한 그 명성을 떨어뜨리지 않았다'고 하니 문왕이다."

| 자해 |

貉稽 : 사람의 성명. 맥(貉)은 성, 계(稽)는 이름. • 理 : 힘입는 것이니. '불리어구(不理於口)'는 여러 입에 꾸짖는 바가 됨. • 憎 : 마땅히 '증(增)'으로 써야 함. • 詩 : 「패풍(邶風) · 백주(柏舟)」와 「대아(大雅) · 면(緜)」. • 悄悄 : 근심하는 모양. • 慍 : 노여워하는 것. • 肆 : 말할 때 쓰는 말. • 隕 : 떨어지는 것. • 問 : 성문(聲聞).

| 의해 |

맥계가 말하였다. "모든 사람이 기르는 것을 얻으면 힘입는 것이 있는데, 저는 이제 사람이 꾸짖는 바가 되어 모든 입에 힘입는 것이 없으니, 장차 어떻게 하여야 합니까?"

◑ 맹자가 말하였다. “훼방하고 칭찬하는 것은 사람에게 말미암고, 덕을 닦음은 내 몸에 달려 있으니, 꾸짖음이 실상 행실에는 방해되지 않는다. 대체로 선비 된 자가 덕이 닦이면 비방이 일어나고 도가 높으면 훼방이 와서 더욱 모든 사람이 꾸짖게 되니, 이것이 그 일상적인 이치이다.

옛적에 있었던 훼방을 말하면, 『시경』에 ‘근심하는 마음이 초조하게 심하거늘, 오히려 모든 소인에게 날마다 노여움을 받는다’고 하였다. 이것은 공자를 위하여 말한 것은 아니지만, 공자의 일이 이에 해당할 수도 있다. 또 ‘이제 사람이 노여워하는 것을 끊지 못하나, 또한 내 몸의 명성은 떨어뜨리지 않는다’고 하였다. 이 글이 문왕을 위하여 말한 것은 아니지만, 문왕의 일이 이에 해당할 수도 있다. 선비가 미움을 받는 것이 이와 같다.

공자와 문왕이 되지 못한 것을 사람들이 근심하여야 할 것이고, 모든 소인이 노여워하는 것과 저 사람의 노여워하는 것이 끊이지 않음은 진실로 해로움이 없으니, 진실로 선비 된 자가 도를 다해야 할 것이다. 어찌 사람의 입에 힘입지 못하는 것을 병통으로 여기겠는가?”

| 요지 |

이 장은 사람이 마땅히 그 몸에 있는 것을 다해야 할 것을 말했다. 다만 한 선비 ‘사(士)’ 자가 중요한 것이니, 비록 문왕이라도 선비로서 임금된 것에 지나지 않고, 비록 공자라도 또한 선비로서 스승된 것에 지나지 않는다. 어찌 다른 사람의 입에 힘입지 못하는 것을 근심하겠는가?

맹 자 왈 현 자 이 기 소 소 사 인 소 소 금 이

20. 孟子曰 賢者는 以其昭昭로 使人昭昭어늘 今엔 以

기 혼 혼　　사 인 소 소
其昏昏으로 使人昭昭로다

| 언해 |

孟子ㅣ ᄀᆞᆯᄋᆞ샤ᄃᆡ 賢ᄒᆞᆫ 者ᄂᆞᆫ 그 昭昭로ᄡᅥ 人으로 ᄒᆞ여곰 昭昭케 ᄒᆞ거ᄂᆞᆯ 이제ᄂᆞᆫ 그 昏昏으로ᄡᅥ 人으로 ᄒᆞ여곰 昭昭ᄒᆞ라 ᄒᆞᄂᆞᆺ다

| 직역 |

맹자가 말하였다. "어진 자는 그 밝고 밝은 것으로써 사람으로 하여금 밝고 밝게 하는데, 이제는 그 어둡고 어두운 것으로써 사람으로 하여금 밝고 밝게 하려고 하는구나."

| 자해 |

昭昭 : 밝은 것. • 昏昏 : 어두운 것.

| 의해 |

맹자가 말하였다. "사람과 내가 같이 밝은 것, 이것이 덕화의 성한 것이 된다. 그러나 내 몸으로 먼저 하는 것이 귀중하다. 옛적의 어진 자는 반드시 먼저 스스로 그 덕을 밝힌 후에 미루어서 백성을 새롭게 하였다. 이는 그 밝고 밝은 것으로써 사람으로 하여금 모두 밝고 밝게 한 것이니 이는 내 몸에서 구하는 것이다. 그런데 지금 다스리는 사람들은 자기 몸에 덕은 밝히지 않고 한갓 사람들로 하여금 덕을 밝히게 하고자 한다. 이것은 그 어둡고 어두운 것으로써 사람으로 하여금 밝고 밝게 하려는 것이니, 이는 사람에게 구하는 것이다. 그 어찌 밝은 덕을 천하에 밝힐 수 있겠는가?"

| 요지 |

이 장은 다스림에 근본이 있는 것이 귀중함을 보인 것이다. 두 구

절의 억양이 고르지 않으니, 옛적을 생각하여 당시의 상황을 슬퍼한 것이다.

맹자위고자왈 산경지계간 알연용지이성로

21. 孟子謂高子曰 山徑之蹊間이 介然用之而成路하고

위간불용즉모색지의 금 모색자지심의

爲間不用則茅塞之矣나니 今에 茅塞子之心矣로다

| 언해 |

孟子ㅣ 高子ᄃᆞ려 닐어 ᄀᆞᆯᄋᆞ샤ᄃᆡ 山徑의 蹊ㅅ 間이 介然애 用ᄒᆞ면 路ㅣ 成ᄒᆞ고 져근덛 用티 아니ᄒᆞ면 茅ㅣ 塞ᄒᆞᄂᆞ니 이제 茅ㅣ 子의 心에 塞ᄒᆞ엿도다

| 직역 |

맹자가 고자에게 일러 말하였다. "산길의 사이를 잠깐 쓰면 큰 길을 이루고, 잠깐이라도 쓰지 않으면 띠 풀이 막는다. 지금 띠 풀이 그대의 마음에 막혔구나."

| 자해 |

徑 : 산길. • 蹊 : 사람이 다니는 곳. • 介然 : 잠깐 동안. 음은 '알연'. • 用 : 좇는 것. • 路 : 큰 길. • 爲間 : 잠깐 동안. • 茅塞 : 띠 풀이 나서 막는 것.

| 의해 |

맹자가 고자에게 일러 말하였다. "이(理)와 의(義)의 마음은 사람이 진실로 가진 것이라서, 비록 열리기가 쉬우나 또한 막히기도 쉽다. 비유하자면 산중에 조그마한 길이 겨우 사람이 다니는 걸음만 용납하니 큰 길이 되지 못하다가, 만일 잠깐 동안이라도 사

람들이 모두 그 길로 다니면 드디어 큰 길을 이룰 것이다. 큰 길이 되었으나 잠시라도 만일 사람이 다니지 않으면 띠 풀이 나서 막힐 것이니, 길이 통하고 막히는 것이 사람이 다니는 것에 이와 같이 관련이 있다. 그렇다면 사람 마음의 착한 뜻이 발생하는 것은 산중의 조그마한 길과 같고, 몸으로 받아서 살피고 힘써 확충하면 덕을 이루는 것은 큰 길 되는 것과 같다. 그렇지 않고 안에 난 기운과 습관에 가려 밖에 난 물욕이 끼게 되어 막히는 것은 길을 띠 풀이 막은 것과 같다. 지금 그대는 다만 공부가 끊겨 기습(氣習)과 물욕의 띠 풀과 같은 것이 그대의 마음을 막았으니, 어찌 스스로 행할 바를 생각하지 않을 수 있겠는가?"

| 요지 |

이 장은 고자를 깨우친 것이 '알연(介然)'과 '위간(爲間)' 네 글자에 있으니, '심학(心學)'은 조금도 쉬어서는 안 된다는 것을 보였다.

고 자 왈 우 지 성 상 문 왕 지 성 맹 자 왈 하
22. 高子曰 禹之聲이 尙文王之聲이로소이다 孟子曰 何
이 언 지 왈 이 추 려 왈 시 해 족 재 성 문 지 궤
以言之오 曰 以追蠡니이다 曰 是奚足哉리오 城門之軌
량 마 지 력 여
兩馬之力與아

| 언해 |

高子ㅣ ᄀᆞᆯ오ᄃᆡ 禹의 聲이 文王의 聲의셔 어으도소이다 孟子ㅣ ᄀᆞᆯᄋᆞ샤ᄃᆡ 엇디 ᄡᅥ 닐옴고 ᄀᆞᆯ오ᄃᆡ 追ㅣ蠡홈으로ᄡᅥ니이다 ᄀᆞᆯᄋᆞ샤ᄃᆡ 이 엇디 足ᄒᆞ리오 城門읫 軌ㅣ 兩馬의 力가

| 직역 |

고자가 말하였다. "우임금의 음악이 문왕의 음악을 능가합니다." 맹자가 말하였다. "무엇 때문에 그렇게 말하는가?" "종의 끈이 좀먹었기 때문입니다." 맹자가 말하였다. "어찌 충분한 증거가 되겠는가? 성문의 수레바퀴 자취가 두 말의 힘으로 그렇게 된 것인가?"

| 자해 |

尙 : 더한 것. • 聲 : 음악 소리. • 追 : 종 다는 끈. • 蠡 : 좀. 나무 먹는 벌레. • 軌 : 수레바퀴의 자취. • 兩馬 : 두 마리의 말. 수레 하나를 멍에 하는 것.

| 의해 |

고자가 말하였다. "우임금과 문왕은 모두 성인입니다. 우임금은 대하라는 음악을 지으시고 문왕은 상소(象韶)와 남약(南籥)이라는 음악을 지으셨으니, 모두 성인의 음악이지만, 비교하면 우임금의 음악 소리가 문왕의 음악 소리보다 더 좋습니다."

맹자가 말하였다. "성인의 음악은 알기가 쉽지 않은데, 자네가 우임금의 음악이 문왕의 음악보다 좋다고 하는 것은 무엇에 의거하여 말한 것인가?"

고자가 말하였다. "그 음악을 쓰는 자가 많고 적음을 가지고 그 음악의 낫고 못한 것을 알 것이니, 우임금의 종은 끈이 좀먹은 것과 같아서 끊어지고자 합니다. 이것은 분명 음악 소리가 좋아서 쓰는 자가 많기 때문에 그 끈이 해진 것이고, 문왕의 종은 끈이 그렇지 않으니, 이것으로써 우임금의 음악이 문왕의 음악보다 좋은 것을 알겠습니다."

맹자가 말하였다. "이는 종 끈을 좀먹은 것인데, 어떻게 이것을 가지고 음악의 좋고 못한 것을 알겠는가? 그 시대로써 상고하는 것이 옳다. 저 성문의 수레바퀴 자취 깊이가 성 안과 다른 것이 어찌 한 수레에 두 말의 힘이 그렇게 한 것이겠는가? 저 성문은 좁아서 다만 수레 하나만 용납하는 까닭에 모든 수레가 그 문으로 출입하여 날이 오랠수록 수레가 많이 다닌 까닭에 바퀴 자국이 특별히 깊은 것이고, 성 안 길은 넓어서 아홉 바퀴를 용납하기 때문에 수레가 이리저리 흩어져 가서 바퀴의 자취가 옅은 것이다. 그렇다면 우임금의 종 끈이 좀먹은 것은 또한 문왕의 시대보다 1,000년을 앞서서 오래도록 써서 그러한 것이다. 어찌 그 음악이 좋아서 쓰는 자가 많은 까닭이겠는가? 이것으로써 함부로 문왕의 음악보다 더 좋다고 해서는 안 된다."

| 요지 |

이 장은 고자가 종 끈으로 음악을 의론하자, 맹자가 마땅히 좀먹은 데 구애되지 말 것을 분별하고, 알기 쉬운 것으로 깨우쳐 준 것이다. '성문(城門)' 구절은 다만 우임금의 음악을 비유한 것이고, 문왕의 음악을 비유한 것은 아니다.

제 기 진 진 왈 국 인 개 이 부 자 장 부 위
23-1. 齊饑어늘 陳臻이 曰 國人이 皆以夫子로 將復爲
발 당 태 불 가 부
發棠이라하니 殆不可復로소이다

| 언해 |

齊ㅣ 饑ᄒᆞ거늘 陳臻이 ᄀᆞᆯ오ᄃᆡ 國人이 다 夫子로ᄡᅥ 쟝ᄎᆞᆺ 다시 棠을 發ᄒᆞ시리라 ᄒᆞ니 ᄌᆞᄆᆞᆺ 可히 다시 몯 ᄒᆞ시리로 소이다

| 직역 |

제나라가 굶주리자 진진이 말하였다. "나라 사람이 다 선생님이 장차 다시 당(棠) 고을의 창고를 여실 것이라고 하는데, 아마도

다시 못하실 것입니다."

| 의해 |

이전 해에 제나라에 흉년이 들자, 맹자가 제나라 왕에게 권하여 '당(棠)'이라는 고을의 창고를 열어서 가난한 백성을 구제하게 하였다. 이때에 제나라가 또 흉년이 들었다. 진진이 말하였다. "오늘 제나라의 백성이 모두 선생님께서 장차 제나라 왕에게 권하여, 이전에 당의 창고 곡식으로 가난한 백성을 구제하던 일이 다시 있기를 바라고 있습니다. 저의 생각으로는 또다시 제나라 왕에게 청하지 못할 것 같습니다."

23-2. 孟子曰(맹자왈) 是爲馮婦也(시위풍부야)로다 晉人有馮婦者善搏虎(진인유풍부자선박호)하더니 卒爲善士(졸위선사)하여 則之野(즉지야)할새 有衆(유중)이 逐虎(축호)하니 虎負嵎(호부우)어늘 莫之敢攖(막지감영)하여 望見馮婦(망견풍부)하고 趨而迎之(추이영지)한대 馮婦攘臂下車(풍부양비하거)하니 衆皆悅之(중개열지)하고 其爲士者(기위사자)는 笑之(소지)하니라

| 언해 |

孟子ㅣ ᄀᆞᆯᄋᆞ샤ᄃᆡ 이 馮婦ㅣ로다 晉人馮婦ㅣ라ᄒᆞᆫ 者ㅣ 搏虎ᄒᆞ기ᄅᆞᆯ 善히 ᄒᆞ더니 ᄆᆞᄎᆞᆷ애 善ᄒᆞᆫ 士ㅣ 되여 곧 野의 갈ᄊᆡ 衆이 虎ᄅᆞᆯ 逐ᄒᆞ니 虎ㅣ 嵎ᄅᆞᆯ 負ᄒᆞ얏거ᄂᆞᆯ 敢히 攖티 몯ᄒᆞ여 馮婦ᄅᆞᆯ ᄇᆞ라보고 趨ᄒᆞ여 迎ᄒᆞᆫ대 馮婦ㅣ 臂ᄅᆞᆯ 攘ᄒᆞ고 車의 下ᄒᆞ니 衆은 다 悅ᄒᆞ고 그 士도연ᄂᆞᆫ 者ᄂᆞᆫ 笑ᄒᆞ니라

| 직역 |

맹자가 말하였다. "그러면 풍부가 된다. 진나라 사람 풍부라는 자가 범을 잡기를 잘하더니, 마침내 착한 선비가 되어 들판에 갈 때에 무리가 범을 좇다가 범이 산모퉁이를 의지하자 감히 찌르지 못하여 풍부를 바라보고 나와 맞았는데, 풍부가 팔을 걷고 수레에서 내리니, 무리는 다 기뻐하고 선비 된 자는 비웃었다."

| 자해 |

搏 : 손으로 잡는 것. • 負 : 의지한 것. • 嵎 : 산모퉁이. • 攖 : 찌르는 것. • 笑之 : 그침을 알지 못하는 것을 비웃은 것.

| 의해 |

맹자가 말하였다. "군자가 일에 처하는 것이 마땅히 때를 보아서 움직여야 한다. 나의 오늘 처지가 합당하지 않은데도 다시 당의 창고 곡식을 발하기를 제나라 왕에게 청한다면, 이는 내가 풍부 같은 사람이 되는 것이다.

예전에 진나라 사람 '풍부'라는 자가 있었으니, 맨손으로 범을 잘 잡았다. 마침내 그전 행실을 버리고 착한 선비가 되니, 모든 선비에게 중하게 보일 수 있었다. 하루는 들에서 마침 여러 사람이 범을 쫓음에 범이 산모퉁이를 의지하니, 그 위엄에 감히 찌르지 못하다가 풍부가 오는 것을 바라보고 모두 기뻐하여 빨리 맞이하였다. 풍부가 사냥하는 것을 보고 마음에 기뻐하여 팔뚝을 뽐내며 수레에 내려서 모든 사람의 청하는 것을 좇으니, 범을 쫓던 모든 사람은 다 기뻐했지만 선비는 비웃었다. 이것은 풍부가 착한 일을 하다가 마치지 못하고, 그전 행실을 그칠 줄을 모르는 것을 비웃은 것이다. 이제 내가 다시 권하여 당의 창고를 발하면, 이것은 풍부와 같아서 모든 선비의 웃음거리가 되지 않겠는가? 진실로 그대의 말과 같이 불가능한 것이 있는 법이다."

| 요지 |

이 장은 맹자가 그칠 줄 아는 뜻을 보인 것이다. 전적으로 '다시 부(復)'자가 중요하니, 당 창고를 발하는 것이 비록 아름다운 일이나, 왕이 쓰지 않는 때에 다시 말하면 가치가 없다는 것이다.

맹 자 왈 구 지 어 미 야 목 지 어 색 야 이 지 어 성
24-1. 孟子曰 口之於味也와 目之於色也와 耳之於聲
야 비 지 어 취 야 사 지 어 안 일 야 성 야 유 명 언
也와 鼻之於臭也와 四肢於安佚也에 性也나 有命焉이
군 자 부 위 성 야
라 君子不謂性也니라

| 언해 |

孟子ㅣ ᄀᆞᆯᄋᆞ샤ᄃᆡ 口ㅣ 味에와 目이 色애와 耳ㅣ 聲에와 鼻ㅣ 臭에와 四肢ㅣ 安佚홈애 性이나 命이 인ᄂᆞᆫ디라 君子ㅣ 性이라 닐ᄋᆞ디 아니 ᄒᆞᄂᆞ니라

| 직역 |

맹자가 말하였다. "입이 맛에, 눈이 빛에, 귀가 소리에, 코가 냄새에, 사지가 안일함에 본성이나, 명(命)이 있기 때문에 군자가 본성이라고 말하지 않는다."

| 의해 |

맹자가 본성과 명의 바른 것을 보여 말하였다. "본성과 명의 이치가 천하에 밝지 못하여, 하고자 하는 바이면 사람이 모두 본성이라고 말하고 명이라고 말하지 않는다. 나의 입장에서 말해보면, 입이 맛에 즐기는 것이 있고 눈이 채색에 아름답게 여기는 것이 있고 귀가 성음에 듣는 바가 있고 코가 냄새에 좋아하는 것이 있

고 사지가 안일한 데 편히 여기는 바가 있으니 모두 기품이다. 상등의 지혜와 하등의 어리석은 사람을 막론하고 같은 것이다. 이것이 또한 본성이지만, 만일 본성의 당연한 것이라 하여 한결같이 뜻하고자 하는 대로 하면, 문득 사람에 있어서는 받은 분수가 있고 이치에 있어서는 바꾸지 못할 법칙이 있음을 알지 못하는 것이다. 대체로 하늘이 제한한 명이 있기 때문에, 하늘이 명하신 대로 듣고 정해진 분수에 편안하여야 비로소 얻을 것이다. 군자라면 얻지 못하여서는 억지로 가지려고 하지 않고, 이미 얻어서는 하고자 하지 않으니, 이 다섯 가지를 '본성에 있는 것'이라고 말하여 따르지 않는다."

인 지 어 부 자 야 의 지 어 군 신 야 예 지 어 빈 주 야
24-2. 仁之於父子也와 義之於君臣也와 禮之於賓主也
지 지 어 현 자 야 성 인 지 어 천 도 야 명 야 유 성 언
와 智之於賢者也와 聖人之於天道也에 命也나 有性焉
군 자 불 위 명 야
이라 君子는 不謂命也니라

| 언해 |

仁이 父子애와 義ㅣ 君臣에와 禮ㅣ 賓主에와 智ㅣ 賢者애와 聖人이 天道애 命이나 性이 인ᄂᆞᆫ디라 君子ㅣ 命이라 닐ᄋᆞ디 아니ᄒᆞᄂᆞ니라

| 직역 |

"인이 부자에, 의가 군신에, 예가 빈주에, 지가 현자에, 성인이 천도에 명이나, 성이 있기 때문에 군자가 명이라고 일컫지 않는다."

| 의해 |

"이치가 있는 것을 사람이 모두 '명'이라고 말하고 성이라고 말하지 않는다. 나의 입장에서 말해보면, 인이 부자에 사랑을 주장하고 의가 군신에 공경을 주장하고 예가 빈주에 공손을 주장하고 지가 어진 사람에게 분별을 주장하고 성인이 천도에 순전함을 주장하는 것이다. 이 다섯 가지에 완전히 하는 자도 있고 완전히 못하는 자도 있으며, 극진한 자도 있고 극진하지 못하는 자도 있으며, 그 품부한 기질이 후하고 박하고 맑고 흐린 것이 있으며, 그 만난 처지가 떳떳함과 변함과 순함과 거슬림이 있으니, 이것이 또한 명이다. 그런데 만일 명이 전부터 정해졌다고 하여 아무렇게나 하도록 맡겨두고 다시 마음을 극진하게 하지 않는 것은, 품부한 기질이 비록 후하고 박한 것이 있고 만난 처지가 순하고 거슬림이 있으나, 하늘이 재주를 내린 것이 처음부터 선하고 악한 것이 다른 것이 없음을 알지 못한 것이다. 사람은 하늘에서 받은 본성이 있는데, 이 마음을 다하여 이치에 부합하게 하여야 비로소 얻을 것이다. 군자는 하늘에 맡기지 않고 내 몸에서 구하니, 이것을 '명'이라고 하여 버려두지 않는다. 이것이 군자가 인욕을 막고 천리를 보존하여 본성과 명의 바른 것을 얻는 방법이다."

| 요지 |

이 두 조건이 다 본성에 있는 바이고, 하늘이 명한 것이다. 그러나 세상 사람이 위의 다섯 가지를 본성이라고 하여 얻지 못하면 반드시 구하고자 하고, 뒤의 다섯 가지를 명이라고 하여 지극하지 못하더라도 다시 힘을 쓰지 않는다. 그러므로 맹자가 각각 그 중요한 데로 나아가 말하여 이것을 펴고 저것을 꺾은 것이다. 장자(張子)가 '기르는 것은 명을 하늘에 돌리고, 도를 이루는 것은 자신에게 요구하라'고 하니, 그 말이 간략하고 극진하다.

호생불해문왈 악정자 하인야 맹자왈 선인
25. 浩生不害問曰 樂正子는 何人也잇고 孟子曰 善人
야 신인야 하위선 하위신 왈 가욕지
也며 信人也니라 何謂善이며 何謂信이잇고 曰 可欲之
위선 유저기지위신 충실지위미 충실이유
謂善이요 有諸己之謂信이요 充實之謂美요 充實而有
광휘지위대 대이화지지위성 성이불가지지지
光輝之謂大요 大而化之之謂聖이요 聖而不可知之之
위신 악정자 이지중 사지하야
謂神이니 樂正子는 二之中이요 四之下也니라

| 언해 |

浩生不害 묻ᄌᆞ와 ᄀᆞᆯ오ᄃᆡ 樂正子ᄂᆞᆫ 엇던 사ᄅᆞᆷ이니잇고 孟子ㅣ ᄀᆞᆯᄋᆞ샤ᄃᆡ 善ᄒᆞᆫ 人이며 信ᄒᆞᆫ 人이니라 엇디닐온 善이며 엇디 닐온 信이잇고 ᄀᆞᆯᄋᆞ샤ᄃᆡ 可히 欲ᄒᆞ염 즉 홈을 닐온 善이오 己예 두심을 닐온 信이오 充實홈을 닐온 美오 充實ᄒᆞ여 光輝이숌을 닐온 大오 大ᄒᆞ여 化홈을 닐온 聖이오 聖ᄒᆞ여 可히 아디 몯홈을 닐온 神이니 樂正子ᄂᆞᆫ 二의 中이오 四의 下ㅣ니라

| 직역 |

호생불해가 말하였다. "악정자는 어떤 사람입니까?" 맹자가 말하였다. "선한 사람이며 믿음직스러운 사람이다." "무엇을 선이라고 말하며, 무엇을 믿음이라고 말합니까?" "하고자 할 만한 것을 선이라고 말하고, 자기에게 있는 것을 믿음이라고 말하고, 충실함을 아름다움이라고 말하고, 충실하여 빛나는 것을 크다고 말하고, 커서 변화하는 것을 성스러움이라고 말하고, 성스러워서 알지 못하는 것을 신령함이라고 말하니, 악정자는 둘의 가운데요 넷의 아래이다."

| 자해 |

浩生不害 : 제(齊)나라 사람의 이름. 호생(浩生)은 성, 불해(不害)는 이름.

| 의해 |

호생불해가 물었다. "악정자의 조예는 과연 어떠한 인품입니까?"
맹자가 말하였다. "악정자의 사람 됨됨이를 지금 성품과 학덕으로 말하면 선한 사람이고 믿음직스러운 사람이다."
호생불해가 또 물었다. "무엇을 선이라고 말하며 무엇을 믿음이라고 말합니까?"
맹자가 말하였다. "인정(人情)이 모두 선한 것을 좋아하고 악한 것을 미워하지 않음이 없다. 그 사람 됨됨이가 마음에 보존하고 일에 처하며, 몸에 행하고 사물을 접하는 것을 모두 하늘의 이치에 합하게 하여, 사람의 마음이 하고자 할 수 있고 미워하지 않을 수 있는 데 합당하면, 선한 사람이라 할 수 있을 것이다.
선한 사람은 천생의 바탕이 옳은 데 가깝고, 그 지혜가 미쳐서 힘써 사모하지만, 반드시 오래도록 힘써 참으로 이 선한 것을 몸에 두어서 털끝만큼도 거짓된 뜻이 없은 후에야 믿음직스러운 사람이라 이를 수 있을 것이다.
사람이 선하고 믿음직스러움으로써 어질다고 하지만, 선과 믿음만으로는 극진하다고 할 수 없다. 등급을 나누어 올라가면 어찌 이에 더 나갈 것이 없겠는가? 선으로 말미암아 믿음직스러우면 그 행하는 것을 반드시 힘써야 할 것이고, 그 지키는 것을 반드시 굳게 하여야 할 것이다. 이와 같이하고 그만두지 않으면 그 가진 바의 선이 몸에 충족하여 조금도 모자람이 없어서, 비록 작은 것이라도 모두 맑고 순전하고 아름다워서 불선한 것이 섞이는 일이 없을 것이다. 이것이 이른바 '아름다움'이다.
'아름다움'은 안에 채워질 따름이고, 반드시 그 바깥에 발현될 수는 없다. 또 선이 가득하고 빛이 발양하여 그 몸에 있는 것은 얼굴에 빛나고 등에 풍만하여 사지까지 퍼지고, 사물에 있는 것은 덕이 성하고 인이 익어서 천하가 문명하여 본체와 작용이 극진하여 더할 수가 없다. 이것이 이른바 크다고 하는 것이다.
크고 변화하지 못하면, 그 큰 것이 오히려 힘쓰는 데서 나온 것이라서 그 자취를 볼 수 있는 것이 있다. 반드시 그 성한 덕이 날마다 더욱 성하고 그 익은 인의가 날마다 더욱 익으면 이전의 이른바 크다고 하던 것이 바야흐로 불같이 변화하고 얼음같이 풀려서 혼연히 자취가 없을 것이니, 사람의 힘으로 할 수 있는 바가 아니다. 이것이 이른바 '성스러움'이라는 것이다.
성스러움을 사람이 알지 못하는 것은 지극한 덕이 순전하여 천하가 그 덕이 된 바를 알지 못하고, 큰 업이 넓어서 천하가 그 업이 된 바를 알지 못하니, 일정한 방위도 없고 체질도 없어서 변화를 측량할 수 없다. 이것이 이른바 '신령함'이라는 것이다.
사람이 나아가는 것이 이와 같이 지위가 다르다. 악정자는 선한 것은 남음이 있지만 믿음은 부족하니, 선과 믿음의 두 가지 가운데 끼어서 학문의 힘이 아직 충실하지 못하여, 오히려 아름다움과 큼과 성스러움과 신령함의 네 가지 아래에 있는 것이다. 선과 믿음의 두 가지가 있다고 해서 자족하지 말고, 아름다움과 큼과 성스러움과 신령함의 네 가지로써 스스로 힘쓰면 그 조예를 측량할 수가 없을 것이니, 이것이 내가 참으로 바라는 바이다."

| 요지 |

선비의 어려운 것이 다만 제 몸의 간직하는 것이니, 몸을 간직하면 편안히 거처하고 깊이 의지하여 아름다움과 큼을 이룰 수 있을 것이다. 한갓 하고자 할 만 한 것이 선한 것만 알아서 있는 것도 같고 없는 것도 같으면, 시속(時俗)에 변화되지 않을 수 있는 자가 적을 것이다.

맹 자 왈 도 묵 필 귀 어 양 도 양 필 귀 어 유
26. 孟子曰 逃墨이면 必歸於楊이요 逃楊이면 必歸於儒
귀 사 수 지 이 이 의 금 지 여 양 묵 변 자 여 추
니 歸커든 斯受之而已矣니라 今之與楊墨辯者는 如追
방 돈 기 입 기 닙 우 종 이 초 지
放豚하니 既入其苙이어든 又從而招之로다

| 언해 |

孟子ㅣ ᄀᆞᆯ아샤ᄃᆡ 墨에 逃ᄒᆞ면 반ᄃᆞ시 楊에 歸ᄒᆞ고 楊에 逃ᄒᆞ면 반ᄃᆞ시 儒에 歸ᄒᆞᄂᆞ니 歸커든 이예 受ᄒᆞᆯ ᄯᆞᄅᆞᆷ이니라 이제 楊과 墨으로 더브러 辯ᄒᆞᄂᆞᆫ 者ᄂᆞᆫ 放ᄒᆞᆫ 豚을 追ᄒᆞᆷ ᄀᆞᄐᆞ니 이믜 그 苙에 入ᄒᆞ여든 ᄯᅩ 조초 招ᄒᆞᆷ이로다

| 직역 |

맹자가 말하였다. "묵가에서 도망하면 반드시 양주에게 돌아가고, 양주에서 도망하면 반드시 유가에게 돌아오니, 돌아오거든 이에 받을 따름이다. 지금 양주와 묵가로 더불어 변론하는 자는 놓아먹이는 돼지를 좇는 것과 같으니, 이미 그 우리에 들어갔는데도 또 좇아 묶어 놓는구나."

| 자해 |

放豚 : 놓아먹이는 돼지. • 苙 : 우리. • 招 : 얽음. 발을 옭아 맴.

| 의해 |

맹자가 말하였다. "이단의 학문이 바른 도로 돌아오면, 우리 유가의 가르침을 너그럽게 베풀어야 한다. 이제 막 양주와 묵가의 무리가 미혹하여 깨닫지 못하니, 진실로 우리 도로 돌아오기를 바라기 어렵다. 그러나 만일 묵적을 배운 자가 혹 바깥을 힘쓰는 것을 싫어하면 반드시 실지로 근사한 것을 사모하여 양주의 학문으

로 돌아가는 것은 상황이 그렇게 만든 것이다. 양주를 배운 자가 혹 너무 간단한 것을 싫어하면 반드시 중정(中正)한 도를 추구하여 우리 유가로 돌아오는 것 또한 상황이 그렇게 만든 것이다. 양주와 묵적을 배우던 자가 유가로 돌아오면, 우리 유가를 배우는 자가 받아 가르쳐서 그 이미 오랫동안 빠져있던 것을 민망하게 여기고, 일을 따라 깨우치게 하고 인도하여 의심이 없게 하여 한 가지로 유가로 돌아오게 할 따름이다. 이미 잘못한 것을 문책하지 않으면, 양주와 묵적을 배운 자가 바른 도에 돌아오는 것을 편안히 여겨 떠나지 않을 것이다.

지금 유가에 종사하는 자는 양주와 묵적을 배우던 자가 이미 돌아왔는데도, 더불어 다투고 변론하여 기왕의 잘못을 허물한다. 놓아먹이던 돼지가 이미 그 우리로 들어왔으면 달아나지 못하게 할 뿐인데, 또 좇아 그 발을 옭아매는 것이 또한 너무 심하지 않는가? 이미 유가로 돌아왔던 자가 엄한 것을 수고롭게 여겨 배반하고 갈 것을 생각할 것이며, 아직 유교로 돌아오지 않은 자도 그 엄한 것을 두려워하여 다시 오지 않을 것이다. 그렇다면 이단을 믿던 자가 우리 유가로 돌아오지 않는 것은 반드시 우리 유가의 허물일 것이다."

| 요지 |

이 장은 위 구절은 이단이 바른 도로 돌아오면 마땅히 용서하여 대접할 것을 말한 것이고, 아래 구절은 대접하는 자가 지나치게 엄하게 함을 말한 것이다. 맹자가 돌아오거든 받을 따름이라고 한 말이 한갓 양주와 묵가를 성취시키고자 하는 것이 아니라, 아울러 양주와 묵가를 거두어서 쓰고자 한 것이다.

맹 자 왈 유 포 루 지 정 속 미 지 정 역 역 지 정
27. 孟子曰 有布縷之征과 粟米之征과 力役之征하니
군 자 용 기 일 완 기 이 용 기 이 이 민 유 표
君子用其一이요 緩其二이니 用其二면 而民이 有殍하고
용 기 삼 이 부 자 리
用其三이면 而父子離니라

| 언해 |

孟子ㅣ ᄀᆞᆯᄋᆞ샤ᄃᆡ 布縷ㅅ 征과 粟米ㅅ 征과 力役ㅅ 征이 이시니 君子ㅣ 그 一을 用ᄒᆞ고 其二ᄅᆞᆯ 緩ᄒᆞᆯ띠니 그 二ᄅᆞᆯ 用ᄒᆞ면 民이 殍ㅣ 잇고 그 三을 用ᄒᆞ면 父子ㅣ 離ᄒᆞ리니라

| 직역 |

맹자가 말하였다. "베와 실의 세금과 곡식과 쌀의 세금과 노동력 제공의 세금이 있으니, 군자는 그 하나를 쓰고 그 둘을 완화해야 한다. 그 둘을 쓰면 백성이 굶어죽는 일이 있고, 그 셋을 쓰면 부모와 자식이 흩어질 것이다."

| 자해 |

征 : 세금 받는 법. 베와 실의 세금은 여름에 취하고 곡식과 쌀의 세금은 가을에 취하고 노동력 제공의 세금은 겨울에 취하여 각각 그 때에 따라 하니, 해마다 일정한 수가 있음.

| 의해 |

맹자가 말하였다. "군자가 백성에게 세금을 받는 것에 일정한 수가 있다. 임금이 스스로 짜서 입을 수 없기 때문에 베와 실의 세금이 있고, 스스로 밭을 갈아서 먹을 수 없기 때문에 곡식과 쌀의 세금이 있고, 스스로 토목의 공사를 할 수 없기 때문에 노동력 제공의 세금이 있으니, 이 세 가지 외에는 별로 세금을 받을 것이

없다. 그러나 군자가 세금 받는 것이 각각 정한 때가 있는 것이니, 일시에 모두 받는 것이 아니다. 여름에 베와 실의 세금 하나를 받는 것은 누에치기와 길쌈을 이루기 때문이니, 곡식과 쌀, 노동력 제공의 두 세금은 천천히 한다. 가을에 곡식과 쌀의 세금 하나를 받는 것은 추수가 다 되기 때문이니, 베와 실, 노동력 제공의 두 세금은 천천히 한다. 겨울에 노동력 제공의 세금 하나를 받는 것은 농사가 끝나기 때문이니, 베와 실, 곡식과 쌀의 세금은 천천히 한다. 이는 백성의 재력을 펴게 하여 곤경에 이르지 않게 하기 위한 것이다.

만일 일시에 두 가지를 받으면 백성이 명령에 복종하기에 넉넉하지 못하여 굶주려 죽을 것이고, 일시에 세 가지를 다 받으면 백성이 가정을 보존하지 못하여 부모와 자식이 사방으로 흩어질 것이니, 나라에 백성이 없으면 어떻게 나라가 되겠는가? 임금 된 자가 생각하지 않아서는 안 된다."

| 요지 |

이 장은 당시에 백성에게 취하는 것이 제한이 없기 때문에 표현한 것이니, 중요한 것은 하나를 쓰고 둘을 완화하는데 있다. 아래 두 구절은 뒤집어 말하여 마땅히 완화해야 한다는 것을 보인 것에 지나지 않는다.

맹자왈 제후지보삼 토지 인민 정사 보
28. 孟子曰 諸侯之寶三이니 土地와 人民과 政事니 寶
주옥자 앙필급신
珠玉者는 殃必及身이니라

| 언해 |

孟子ㅣ ᄀᆞᆯᄋᆞ샤ᄃᆡ 諸侯의 寶ㅣ 三이니 土地와 人民과 政事ㅣ니 珠玉을 寶ᄒᆞᄂᆞᆫ 者ᄂᆞᆫ 殃이 반ᄃᆞ시 身에 及ᄒᆞᄂᆞ니라

| 직역 |

맹자가 말하였다. "제후의 보배가 셋이니 토지와 인민과 정사이다. 주옥을 보배로 여기는 자는 재앙이 반드시 몸에 미친다."

| 의해 |

맹자가 말하였다. "제후가 보배로 여기는 것이 세 가지가 있다. 토지는 나라를 세우는 것이니, 산업과 관련이 된다. 인민은 나라를 지키기 위한 것이니, 근본을 굳게 하는 것이 된다. 정사는 나라를 정리하기 위한 것이니, 그로 말미암아 기강이 서게 된다. 이 세 가지를 마땅히 보배로 알아야 할 것이니, 이것을 알아서 지키고 잃지 아니하면 몸이 편안하고 나라도 또한 편안할 것이다. 만일 주옥을 보배로 아는 자에게는 보배가 아니라 재앙이 반드시 그 몸에 미칠 것이니, 삼가지 않을 수 있겠는가?"

| 요지 |

이 장은 임금이 마땅히 무엇이 보배인가를 알아야 함을 보인 것이다. 토지, 인민 그리고 정사는 지극히 중요하니, 마땅히 보배로 여겨야 할 것이다. 만일 주옥을 보배로 삼으면, 반드시 토지와 인민과 정사는 다스리지 않을 것이다. 그리하여 재앙이 반드시 몸에 미칠 것이라고 한 것이다.

분성괄 사어제 맹자왈 사의 분성괄

29. 盆成括이 仕於齊러니 孟子曰 死矣로다 盆成括이여

분 성 괄 견 살 문 인 문 왈 부 자 하 이 지 기 장 견
盆成括이 見殺이어늘 門人이 問曰 夫子何以知其將見
살 왈 기 위 인 야 소 유 재 미 문 군 자 지 대 도
殺이시니잇고 曰 其爲人也小有才요 未聞君子之大道
야 즉 족 이 살 기 구 이 이 의
也하니 則足以殺其軀而已矣니라

| 언해 |

盆成括이 齊예 仕ᄒᆞ더니 孟子ㅣ ᄀᆞᆯᄋᆞ샤ᄃᆡ 死ᄒᆞ리로다 盆成括이여 盆成括이 殺홈을 見ᄒᆞ여늘 門人이 묻ᄌᆞ와 ᄀᆞᆯ오ᄃᆡ 夫子ㅣ 엇디 ᄡᅥ 그 쟝ᄎᆞᆺ 殺홈을 見ᄒᆞᆯ쭈ᄅᆞᆯ 아ᄅᆞ시니 잇고 ᄀᆞᆯᄋᆞ샤ᄃᆡ 그 사ᄅᆞᆷ이로옴이 져기 才ᄅᆞᆯ 둣고 君子의 큰 道ᄅᆞᆯ 듣디 몯ᄒᆞ여시니 곧 足히ᄡᅥ 軀ᄅᆞᆯ 殺ᄒᆞᆯ ᄯᆞᄅᆞᆷ이니라

| 직역 |

분성괄이 제나라에 벼슬하였는데, 맹자가 말하였다. "죽을 것이다. 분성괄이여." 분성괄이 죽임을 당하자, 문인이 물었다. "선생님께서 어찌 그가 장차 죽임을 당할 줄을 아셨습니까?" 맹자가 말했다. "그 사람됨이 작은 재주를 가지고 군자의 큰 도를 듣지 못하였으니, 곧 충분히 그 몸을 죽일 수 있을 따름이다."

| 자해 |

盆成括 : 사람 이름. 분성(盆成)은 성, 괄(括)은 이름.

| 의해 |

분성괄이 제나라에 벼슬할 때, 맹자가 미리 헤아려 말하였다. "죽을 것이다. 분성괄이여." 분성괄이 과연 죽는 데 이르렀다. 이에 문인이 물었다. "선생님께서 어찌 분성괄이 죽을 줄 미리 아셨습니까?" 맹자가 말하였다. "사람이 재주 있는 것이 어려운 것이 아니라 도를 듣는 것이 어렵다. 도를 들으면 그 재주를 잘 이용하여

나라에도 이롭고 몸도 보존할 것이니, 항상 반드시 도를 따라야 한다. 이제 분성괄의 사람 됨됨이가 재능은 조금 있지만, 일찍이 학문한 것이 없어서 충신과 인의의 큰 도에 대해서는 아득히 듣지 못하였으니, 반드시 함부로 일을 하다가 화를 자초할 것이다. 그 재능이 자기의 몸을 죽일 따름이니, 이치상 반드시 그럴 줄을 아는 것이다. 어찌 억측으로써 알아맞히는 것이겠는가?"

| 요지 |

이 장은 사람의 재주를 믿지 못한다는 것을 보인 뜻이다. 머리 두 구절은 그 벼슬 때문에 반드시 죽을 것을 안 것이고, 아래는 그 말의 증험된 바를 밝힌 것이다.

맹 자 지 등 관 어 상 궁 유 업 구 어 유 상
30. 孟子之滕하사 館於上宮이러시니 有業屨於牖上이러
관 인 구 지 불 득 혹 문 지 왈 약 시 호 종 자 지 수
니 館人이 求之弗得하다 或이 問之曰 若是乎從者之廋
야 왈 자 이 시 위 절 구 래 여 왈 태 비 야 부 자 지
也여 曰 子以是로 爲竊屨來與아 曰 殆非也라 夫子之
설 과 야 왕 자 불 추 내 자 불 거 구 이 시 심
設科也는 往者를 不追하며 來者를 不拒하사 苟以是心
지 사 수 지 이 이 의
으로 至커든 斯受之而已矣시니라

| 언해 |

孟子ㅣ 滕에 가샤 上宮에 館ᄒᆞ얏더시니 業ᄒᆞ던 屨ㅣ 牖上의 잇더니 館ㅅ 人이 求ᄒᆞ여 得디 몯ᄒᆞ다 或이 묻ᄌᆞ와 ᄀᆞᆯ오ᄃᆡ 이러ᄐᆞᆺ ᄒᆞᆯ셔 從者의 廋홈이여 ᄀᆞᆯᄋᆞ샤ᄃᆡ 子ㅣ 일로ᄡᅥ 竊屨홈을 爲ᄒᆞ여 來ᄒᆞ다 ᄒᆞᄂᆞ냐 ᄀᆞᆯ오ᄃᆡ ᄌᆞᄆᆞᆺ 아니라 夫子의 科ᄅᆞᆯ 設ᄒᆞ심은 往ᄒᆞᄂᆞᆫ 者ᄅᆞᆯ 追티 아니ᄒᆞ며 來ᄒᆞᄂᆞᆫ 者ᄅᆞᆯ 拒티 아니ᄒᆞ샤 진실로 이 ᄆᆞ음으

로뻐 至ᄒᆞ거든 이에 受ᄒᆞᆯ ᄯᆞ롬이시니라

| 직역 |

맹자가 등나라에 가서 상궁에 묵었다. 짜던 신이 창문 위에 있었는데, 여관 사람이 구하다가 찾지 못하였다. 어떤 사람이 물었다. "이렇습니까? 따르는 사람이 감추는 것이." 맹자가 말하였다. "자네는 이것을 가지고 우리가 신을 훔치기 위하여 왔다고 하는 것인가?" 그가 말하였다. "아마 아닐 것입니다. 선생님이 과목을 베푸시는 것은 지나간 자를 추적하지 않으며 다가올 자를 막지 않아 진실로 순수한 마음으로 이르거든 이에 받을 따름이십니다."

| 자해 |

館 : 사관(舍館). • 上宮 : 별궁 이름. • 業屨 : 신을 삼다가 다른 일이 있어서 다 이루지 못한 것. • 廋 : 숨김.

| 의해 |

맹자가 등나라에 가자 등나라 임금이 상궁에 머물게 하였다. 신을 삼던 자가 그 일을 마치지 못하고 창문 위에 두었다가 잃어버렸는데, 여관을 지키는 사람이 찾아도 찾지 못하다 어떤 사람이 맹자에게 말했다. "이렇듯이 선생님을 따라온 자가 남의 물건을 숨겼습니다." 맹자가 깨우쳐 말하였다. "자네는 나를 따라온 사람이 신을 도둑질하기 위하여 등나라에 온 줄 아느냐?"
그 사람이 말하였다. "신을 도둑질하기 위하여 왔다는 것이 아닙니다. 선생님께서 과목과 조건을 베풀어서 배우는 자를 이끄는 것은 기왕의 과실이 있어도 소급하여 책망하지 않으시고, 몸을 깨끗하게 하여 오는 자가 있으면 거절하지 않고 진실로 도를 향하는 마음으로 이르면 받을 따름이라고 한 것입니다. 신을 도둑질하기 위하여 왔다고 한 것이 아닙니다." 도가 크게 공변된 맹자의 마음을 또한 어떤 사람이 양해한 것이 이와 같다.

| 요지 |

이 장은 맹자의 학문에서 과목을 베푸는 것을 중히 여긴 것이다. 어떤 사람이 비록 지극히 무식하여 마침내 신을 훔친 데 대한 의심을 풀지 못하였으나, 또한 후학을 자세히 이루어주는 큰 도의 공변된 마음을 이해했기 때문에 문인이 기록하였다.

맹 자 왈 인 개 유 소 불 인 달 지 어 기 소 인 인
31-1. 孟子曰 人皆有所不忍하니 達之於其所忍이면 仁
야 인 개 유 소 불 위 달 지 어 기 소 위 의 야 인
也요 人皆有所不爲하니 達之於其所爲면 義也니라 人
능 충 무 욕 해 인 지 심 이 인 불 가 승 용 야 인 능 충
能充無欲害人之心이면 而仁을 不可勝用也며 人能充
무 천 유 지 심 이 의 불 가 승 용 야
無穿踰之心이면 而義를 不可勝用也니라

| 언해 |

孟子ㅣ ᄀᆞᆯᄋᆞ샤ᄃᆡ 人이 다 ᄎᆞᆷ디 몯ᄒᆞᄂᆞᆫ바ᄅᆞᆯ 둔ᄂᆞ니 그 ᄎᆞᆷᄂᆞᆫ바애 達ᄒᆞ면 仁이오 人이다. ᄒᆞ디아니 ᄒᆞᄂᆞᆫ 바ᄅᆞᆯ둔ᄂᆞ니 그 ᄒᆞᄂᆞᆫ 바애 達ᄒᆞ면 義니라 人이 能히 人을 害티 말고져ᄒᆞᄂᆞᆫ ᄆᆞᄋᆞᆷ을 充ᄒᆞ면 仁을 可히 이긔여 ᄡᅳ디 몯ᄒᆞ며 人이 能히 穿踰티 말오져ᄒᆞᄂᆞᆫ ᄆᆞᄋᆞᆷ을 充ᄒᆞ면 義를 可히 이긔여 ᄡᅳ디 몯ᄒᆞ리니라

| 직역 |

맹자가 말하였다. "사람이 다 차마 못하는 바가 있으니, 그 차마 하는 바에까지 도달하면 인이다. 사람이 다 하지 않는 바가 있으니, 그 하는 바에까지 도달하면 의이다. 사람이 다른 사람을 해치지 않고자 하는 마음을 채우면 인을 이루 다 쓰지 못하며, 사람이 구멍을 뚫고 담을 넘지 않고자 하는 마음을 채우면 의를 이루 다

쓰지 못할 것이다."

| 자해 |

充 : 가득한 것. • 穿 : 구멍을 뚫는 것. • 踰 : 담을 넘는 것.

| 의해 |

맹자가 말하였다. "차마 못하는 것은 측은의 일이고, 하지 않는 것은 부끄러워하고 미워하는 일이니, 모두 성에 근본하고 정에 발하고 마음에 통괄되어 사람마다 있는 것이다. 다만 기품에 구애되고 물욕에 가리게 되면 마음이 그 바른 것을 잃어서 성과 정을 통괄하지 못한다. 그러므로 마땅히 발할 바에 발하지 않고 마땅히 발하지 않아야 할 바에 발하여, 심하면 차마 못할 것과 하지 못할 바에 이르러도 어떤 때는 혹 차마 하는 일이 있다. 지금 사람에게는 모두 차마 못하는 바가 있으니, 이 마음을 미루어서 그 차마 하는 바에까지 도달하면 또한 이것이 부끄러워하고 미워하는 의이다. 그렇게 되면 마음이 그 직분을 얻고 정이 그 바른 것을 얻어서 본성이 본성 되는 바를 얻을 것이다.

무엇이 도달하는 것인가? 사람을 해롭게 하는 것은 사람마다 차마 못하는 바이다. 사람이 사람을 해롭게 하지 않고자 하는 마음을 가득 채워서, 사람에게 해가 있는 것은 모두 차마 못하는 것을 일컬어 '차마 하는 바에까지 도달하는 것'이라고 하니, 백성에게 인하고 만물을 사랑하면 인을 이루다 쓸 수 없을 것이다. 구멍을 뚫고 담을 넘어서 절도하는 것은 사람마다 하지 않는 것이다. 사람이 구멍을 뚫고 담을 넘지 않고자 하는 마음을 가득 채워서, 구멍을 뚫고 담을 넘는 것과 같은 일은 모두 하지 않는 것을 일컬어 '차마 하는 바에까지 도달하는 것'이라고 하니, 행실을 닦고 절개를 세우면 의를 이루다 쓸 수 없을 것이다."

인 능 충 무 수 이 여 지 실 무 소 왕 이 불 위 의 야
31-2. 人能充無受爾汝之實이면 無所往而不爲義也니
사 미 가 이 언 이 언 시 이 언 첨 지 야 가 이 언 이
라 士未可以言而言이면 是는 以言餂之也요 可以言而
불 언 시 이 불 언 첨 지 야 시 개 천 유 지 류 야
不言이면 是는 以不言餂之也니 是皆穿踰之類也니라

| 언해 |

人이 能히 爾汝ᄅᆞᆯ 受티마로려ᄒᆞᄂᆞᆫ 實을 充ᄒᆞ면 往ᄒᆞᆫ 바애 義아님이 업ᄉᆞ리니라 士ㅣ 可히 뻐 言ᄒᆞ염즉디 아니호ᄃᆡ 言ᄒᆞ면 이ᄂᆞᆫ 言으로뻐 餂홈이오 可히 뻐 言ᄒᆞ염즉 호ᄃᆡ 言티 아니ᄒᆞ면 이ᄂᆞᆫ 言티 아니홈으로뻐 餂홈이니 이 다 穿踰의 類ㅣ니라

| 직역 |

"사람이 '너 따위'[爾汝]라는 지적을 받지 않으려고 하는 실상을 채울 수 있으면 가는 곳마다 의가 아님이 없을 것이다. 선비가 말하여서는 안 되는데 말하면 이는 말로써 취하는 것이고, 말하여야 하는데 말하지 않으면 이는 말하지 않음으로써 취하는 것이니, 이것이 다 구멍을 뚫고 담을 넘는 부류이다."

| 자해 |

爾汝 : 너. 사람을 가볍게 여기고 천하게 여기는 칭호. • 餂 : 더듬어 취함. 혀로 사물을 탐하여 취하는 것.

| 의해 |

"그러나 구멍을 뚫고 담을 넘는 부류가 하나가 아니니, 어떻게 한 후에 구멍을 뚫고 담을 넘지 않는 마음을 채울 수 있을까? 사람에게 '너[爾]'라 하기도 하고 '너[汝]'라고 하기도 하는 것은 가볍고 천하게 여기는 것이다. 사람이 혹 탐하고 어둡고 숨기고 참아서

달게 받으나, 그것은 실상의 마음이 아니다. 그 마음에 분하고 부끄러워하여 달갑게 받지 않는 것은 그 실상의 마음이다. 이것이 곧 구멍을 뚫고 담을 넘지 않으려는 마음이다. 사람이 달갑게 받지 않으려는 실상의 마음을 채워서 그 '너(爾)', '너(汝)'라고 하는 칭호를 얻는 도를 버리면, 이 이른바 구멍을 뚫고 담을 넘지 않으려는 마음을 채우는 것이다. 이 마음을 충단히 하여 흠이 없게 하고, 털끝만큼도 구차하거나 욕된 일을 남에게 행하지 않을 수 있으면, 어디를 가든지 의가 되지 않음이 없을 것이다.

그뿐만 아니라 선비 된 자가 사람을 응접하는 때에 만일 말해서는 안 되는 것을 억지로 말하여 사람의 마음이 움직이도록 하고 사람의 마음이 기뻐하도록 하는 것, 이것은 말로써 인정을 이끌어 취하는 것이다. 말할 만한 것을 마침내 말하지 않고 짐짓 참고 숨겨서 저 사람으로 하여금 와서 내게 묻도록 하는 것, 이것은 말하지 않는 것으로 인정을 이끌어 취하는 것이다. 속은 이와 같은 것을 겉으로는 문득 이와 같지 않게 하며, 겉은 이렇게 하면서도 속으로는 문득 이렇지 않아서, 곧은 마음으로 하지 않고 사사로운 뜻으로 하는 것이 이와 같다. 마음이 깨끗하지 못하여 항상 남이 알까 두려워하니, 비록 구멍을 뚫고 담을 넘는 일은 아니지만, 구멍을 뚫고 담을 넘는 마음이 있는 것이니, 이것 또한 구멍을 뚫고 담을 넘는 부류이다. 채우는 것이 이에 이른 후에야 참으로 하지 않는 바로 말미암아 하는 바에까지 도달하여 의를 얻을 것이다."

| 요지 |

이 장은 참 마음을 끌어내어 사람에게 보인 것이다. 머리 대문은 차마 못함과 하지 않는 마음을 넓게 논한 것이니, 미루어 밝히면 문득 이것이 인과 의이다. '통할 달(達)' 한 자가 중요하다. 다음 대문은 차마 못하는 것과 하지 않는 실상을 가르쳐서 윗 대문의 뜻을 밝힌 것이다. '채울 충(充)' 한 자가 중요하다. 끝의 두 대문

은 다 구멍을 뚫고 담을 넘는 마음이 없는 것을 채움을 밝힌 것이니, 다 윗 대문의 '달(達)' 자의 뜻을 완전하게 한 것이다.

맹 자 왈 언 근 이 지 원 자 선 언 야 수 약 이 시 박 자
32. 孟子曰 言近而指遠者는 善言也요 守約而施博者
선 도 야 군 자 지 언 야 불 하 대 이 도 존 언 군
는 善道也니 君子之言也는 不下帶而道存焉이니라 君
자 지 수 수 기 신 이 천 하 평 인 병 사 기 전 이 운
子之守는 脩其身而天下平이니라 人病은 舍其田而芸
인 지 전 소 구 어 인 자 중 이 소 이 자 임 자 경
人之田이니 所求於人者重이요 而所以自任者輕이니라

| 언해 |

孟子ㅣ ᄀᆞᆯᄋᆞ샤ᄃᆡ 言이 近호ᄃᆡ 指ㅣ 遠ᄒᆞᆫ 者ᄂᆞᆫ 善ᄒᆞᆫ 言이오 守ㅣ 約호ᄃᆡ 施ㅣ 博ᄒᆞᆫ 者ᄂᆞᆫ 善ᄒᆞᆫ 道ㅣ니 君子의 言ᄋᆞᆫ 帶예 ᄂᆞ리오디 아니ᄒᆞ여도 道ㅣ 存ᄒᆞ니라 君子의 守ᄂᆞᆫ 그 身을 脩홈애 天下ㅣ 平ᄒᆞᄂᆞ니라 人의 病ᄋᆞᆫ 그 田을 舍ᄒᆞ고 人의 田을 芸홈이니 人에 求ᄒᆞᄂᆞᆫ밧 者ㅣ 重ᄒᆞ고 ᄡᅧ 스ᄉᆞ로 任ᄒᆞᄂᆞᆫ밧 者ㅣ 輕홈이니라

| 직역 |

맹자가 말하였다. "말이 평범하면서도 뜻이 원대한 것은 선한 말이고, 지키는 것이 요약되어 있으면서도 베푸는 것이 넓은 것은 선한 도이니, 군자의 말은 띠 아래로 내려가지 않아도 도가 존재한다. 군자의 지킴은 그 몸을 닦음에 천하가 태평하다. 사람의 병통은 자기 밭을 두고 남의 밭을 가는 것이니, 남에게 구하는 것은 무겁고 스스로 맡은 것은 가볍게 하는 것이다.

| 자해 |

不下帶 : 띠보다 아래를 보지 않음. 눈앞에 항상 보는 지극히 가까운 것.

| 의해 |

맹자가 말하였다. "훈계하고 가르침을 세우는 것은 반드시 말에 의존하는 법이니, 말은 지극히 착한 것이 있다. 말이 있으면 반드시 뜻이 있어서 가깝고 먼 것이 그 의취(意趣)가 다르다. 만일 말이 지극히 절실하고 가까우면서도 그 가운데 포함된 뜻은 깊고 멀어, 너무 높아서 떳떳한데 합하지 않은 것도 아니고, 또한 한갓 가까워서 지극한 이치에 근본하지 않은 것도 아니면, 이것이 착한 말이다. 세상을 경륜하고 사물을 주재하는 것은 반드시 도에 의존하니, 도는 지극히 선한 것이 있다. 지키는 것이 있으면 반드시 베푸는 것이 있어서, 간략하고 넓은 것이 공(功)이 다르다. 만일 지키는 것이 매우 간략하면서도 그 가운데에 발한 바의 베풂이 극히 높고 넓어서, 그 지극히 긴요함을 얻어서 도가 근본이 있고, 미루는 바를 잘함에 도가 용이 있으면, 이것이 착한 도이다. 이 두 가지를 할 수 있는 자는 오직 군자일 것이다. 이런 까닭에 군자는 눈앞에 가까운 일을 평범하게 말하여 옷의 허리띠 아래에 있지 않으니, '가까우나 천명과 인심의 지극한 이치가 그 가운데에 있지 않음이 없으니, 어찌 그리 미루는 것이 먼가? 참으로 착한 말이 된다'고 할 수 있다.

군자가 지키는 바는 다만 자기의 한 몸이니, '간략하나 들어서 베풀면 미루어 준칙이 되지 않음이 없고, 움직임에 교화되지 않음이 없어서, 천하가 스스로 평온할 것이니, 어찌 그리 베푸는 것이 넓겠는가? 참으로 착한 도가 되는 것이다'라고 말할 수 있다.

몸을 다스리는 것이 밭을 다스리는 것과 같으니, 반드시 먼저 자기 몸을 다스린 후에야 남의 밭을 다스릴 수 있는 것과 같다. 지금 사람의 공통된 병통은 자기의 밭은 다스리지 않고 다른 사람의 밭을 김매고자 하는데 있다. 한갓 다른 사람이 몸을 닦는 것을 바라는 것은, 남에게 구하는 바는 중요하고 자신의 몸 닦는 것을 스스로 힘쓰지 않는 것이니, 그 자임하는 바를 가볍게 여기는 것이다. 간략한 것을 힘써 지키지 않고 넓게 베풀기를 힘쓰니, 이것은 내 한 몸이 천하의 큰 근본이 되는 것은 알지 못하기 때문이다. 천하를 어떻게 평화롭게 할 것인가? 이것은 선한 도가 반드시 군자에게로 돌아가는 것이니, 착한 말이 돌아가는 곳도 알 수 있을 것이다."

| 요지 |

이 장은 말과 도의 준칙을 보인 것이다. 반드시 멀고 넓은 데서 구할게 아니라 마땅히 가깝고 간략한 데서 구해야 한다. 말과 도의 선함을 의론하여 군자에게 돌리고, 지금 사람에게 군자의 선한 도가 없음을 말한 것이니 군자의 선한 말이 없음을 알 수 있다. 멀고 가깝고 간략하고 넓음에 억양이 있으나, 맹자가 말한 뜻은 전적으로 중요성이 '가까울 근(近)', '간략할 약(約)' 두 글자에 있다.

맹 자 왈 요 순 성 자 야 탕 무 반 지 야 동
33. 孟子曰 堯舜은 性者也요 湯武는 反之也시니라 動
용 주 선 중 례 자 성 덕 지 지 야 곡 사 이 애 비 위 생 자
容周旋이 中禮者는 盛德之至也니 哭死而哀非爲生者
야 경 덕 불 회 비 이 간 록 야 언 어 필 신 비 이 정 행
也며 經德不回는 非以干祿也며 言語必信이 非以正行
야 군 자 행 법 이 사 명 이 이 의
也니라 君子는 行法하여 以俟命而已矣니라

| 언해 |

孟子ㅣ ᄀᆞᆯᄋᆞ샤ᄃᆡ 堯舜ᄋᆞᆫ 性인 者ㅣ오 湯武ᄂᆞᆫ 反ᄒᆞ시니라 容을 動ᄒᆞ며 周旋홈이 禮예 中ᄒᆞᆫ 者ᄂᆞᆫ 盛德의 至홈이니 死ᄅᆞᆯ 哭ᄒᆞ여 哀홈이 生ᄒᆞᆫ 者ᄅᆞᆯ 爲홈이 아니며 輕ᄒᆞᆫ 德이 回티 아니홈이 ᄡᅧ 祿을 干홈이 아니며 言語ᄅᆞᆯ 반ᄃᆞ시 信홈이 ᄡᅧ 行을 正홈이 아니니

라 君子ᄂᆞᆫ 法을 行ᄒᆞ여ᄡᅥ 命을 俟ᄒᆯ ᄯᆞᄅᆞᆷ이니라

| 직역 |

맹자가 말하였다. "요임금과 순임금은 본성대로 한 분이고, 탕왕과 무왕은 돌이켰다. 용모를 움직이며 주선하는 것이 예에 맞은 것은 성한 덕의 지극함이니, 죽음을 곡하여 슬퍼하는 것이 산 사람을 위한 것이 아니며, 떳떳한 덕을 굽히지 않는 것이 그로써 봉록을 구하는 것이 아니며, 언어를 반드시 믿음직스럽게 하는 것이 그로써 행실을 바르게 하려는 것이 아니다. 군자는 법을 행하여 명을 기다릴 따름이다."

| 자해 |

性者 : 온전함을 하늘에서 얻어서 더럽히고 무너뜨린 바가 없고, 닦는 일을 빌지 않음이니 성인의 지극함. • 反之 : 닦아서 그 본성을 회복하여 성인에 이름. • 經 : 떳떳한 것. • 回 : 굽은 것. • 法 : 천리의 당연함.

| 의해 |

맹자가 말하였다. "성인의 덕이 종말은 다르지 않지만 그 처음은 다름이 있다. 예전 성인인 요와 순 같은 이는 천리의 자연스러움으로 성이 혼연히 온전하여 생각하지도 않고 힘쓰지도 않는 성인이었다. 은나라 탕과 주나라 무왕 같은 이는 닦고 힘쓰는 것으로 말미암아 성을 회복하여 성인이 되었으니, 이것이 돌이킨 것이다.

본성대로 하는 일은 어떠한가? 한 번 얼굴을 움직이고 한번 주선하여 움직이고 밟을 적에 예절에 맞지 않는 것이 없는 것은 성한 덕의 지극함이니, 성인의 몸 전체가 혼연히 온전한 하늘의 이치이다. 그런 까닭에 행하는 것이 모두 예이다. 이에 자연스레 곡진히 맞고 맞히는데 뜻이 있지 않다. 한 번 죽은 자를 보고 울어서 슬픔을 다하는 것은 성인의 정성스러운 마음이 움직여 자연히 슬

퍼져 슬픔을 기약하지 않아도 스스로 슬픈 것이지, 나에게 감사하게 하고자 하여 짐짓 슬퍼하는 것이 아니다. 날마다 쓰는 인륜의 떳떳한 덕이 모두 그 도를 다하여 속임이 없으니, 스스로 봉록을 얻는 이치가 있다. 그러나 성인이 부여받은 성이 자연히 속이지 않는 것이고, 봉록을 구하고자 하여 짐짓 속이지 않는 것이 아니다. 한 번의 언어가 반드시 신실하니, 말하면 반드시 행한다. 행한 바가 도와 의에 맞지 않은 것이 없어서, 행함에 바르지 않음이 없다. 그러나 성인이 반드시 신실한 것은 덕이 있는 말이 자연히 신실한 것이고, 행하는 것을 바르게 하고자 하는 데에 뜻이 있어서 신실한 것이 아니다. 법이 이로부터 서며 명이 이로부터 나오니, 이것이 본성의 덕이다. 요임금과 순임금이 성인이 된 것을 또한 이로써 미루어 알 수 있다.

돌이키는 일은 어떠한가? 옛적의 성현이 한 일에 모두 법이 있으니, 임금이 되면 인하고 신하가 되면 공경하고 아버지는 사랑하고 아들은 효도하는 것이 모두 이것이다. 군자가 몸으로 본받고 힘써 행하여 내가 마땅히 할 바를 극진히 한 것이고, 천명의 길한 것과 자연스레 복이 이르는 것에 맡겨서 내가 그리로 향할 것이 없고, 흉한 것과 재앙도 또한 자연히 이르게 하여 내가 그것을 피할 것이 없다. 다만 천명만 기다릴 따름이니, 비록 본성대로 하는 사람이 편안히 행하여 자연스러운 것만 못하나, 무엇을 의식하고 하는 바가 있는 것이 아니다. 그 성공하기에 미쳐서는 한 가지이다. 탕왕과 무왕이 성인이 된 것을 또한 이로써 미루어 알 수 있다."

| 요지 |

이 장은 사람에게 본성을 다하여 성인을 바라게 하고자 한 것이다. 머리 대문은 요순과 탕무에 대해서 하나는 본성대로 하고 하나는 돌이킴을 나타낸 것이다. 다음 대문은 대강 성인이 본성을 따르는 일을 말한 것이니, 곧 법에 있는 바이다. 끝 대문은 군자

가 마땅히 마음을 순전히 하고 법을 행하여 그 본성을 회복함을 보인 것이니, 바로 돌이키는 일이다.

맹 자 왈 세 대 인 즉 모 지 물 시 기 외 외 연 당
34. 孟子曰 說大人則藐之하여 勿視其巍巍然이니라 堂
고 수 인 최 제 수 척 아 득 지 불 위 야 식 전 방 장
高數仞과 榱題數尺을 我得志라도 弗爲也며 食前方丈
시 첩 수 백 인 아 득 지 불 위 야 반 락 음 주 구
과 侍妾數百人을 我得志라도 弗爲也며 般樂飮酒와 驅
빙 전 렵 후 거 천 승 아 득 지 불 위 야 재 피 자
騁田獵과 後車千乘을 我得志라도 弗爲也니 在彼者는
개 아 소 불 위 야 재 아 자 개 고 지 제 야 오 하 외 피 재
皆我所不爲也요 在我者는 皆古之制也니 吾何畏彼哉
리오

| 언해 |

孟子ㅣ ᄀᆞᆯᄋᆞ샤ᄃᆡ 大人을 說ᄒᆞᆷ애 곧 藐히 너겨 그 巍巍ᄒᆞᆷ을 視티 마를 띠니라 堂이 高ᄒᆞᆷ이 두어 仞과 榱의 題 두어 尺을 我ㅣ 志ᄅᆞᆯ 得하여도 ᄒᆞ디 아니하며 食이 前ᄋᆡ 方으로 丈과 侍ᄒᆞᆫ 妾이 두어 百人을 我ㅣ 志ᄅᆞᆯ 得ᄒᆞ여도 ᄒᆞ디 아니ᄒᆞ며 般樂ᄒᆞ여 飮酒ᄒᆞᆷ과 驅騁ᄒᆞ여 田獵ᄒᆞᆷ과 後車千乘을 我ㅣ 志ᄅᆞᆯ 得ᄒᆞ여도 ᄒᆞ디 아니 ᄒᆞᆯ 꺼시니 뎌에 인ᄂᆞᆫ 者ᄂᆞᆫ 다 내의 ᄒᆞ디 아니ᄒᆞᆯ 빼오 내게 인ᄂᆞᆫ 者ᄂᆞᆫ 다 녯 制니 내 엇디 뎌ᄅᆞᆯ 畏ᄒᆞ리오

| 직역 |

맹자가 말하였다. “대인에게 유세할 때에는 가볍게 여겨서 그 높은 것을 보지 말아야 한다. 집의 높이 두어 길과 서까래의 머리 두어 자가 되는 것을 내가 뜻을 얻어도 하지 않으며, 먹는 것이

앞에 사방으로 한 길이 되고 모신 첩이 수백 인이 되는 것을 내가 뜻을 얻어도 하지 않으며, 음악을 성대하게 하여 술을 마시는 것과 말을 몰고 달려서 사냥하는 것과 뒤 따르는 수레 천 승이 되는 것을 내가 뜻을 얻어도 하지 않을 것이다. 저에게 있는 것은 다 내가 하지 않는 것이고, 나에게 있는 것은 다 옛 제도이니, 내가 어찌 저를 두려워하겠는가?"

| 자해 |

大人 : 당시에 높고 귀한 자. • 藐 : 가볍게 여김. • 巍巍 : 부귀하여 높고 나타나는 모양. • 榱 : 서까래. • 題 : 머리. • 食前方丈 : 반찬과 먹을 것이 앞에 벌려 놓인 것이 사방으로 한 길.

| 의해 |

맹자가 말하였다. "지금 유세하는 선비가 대인에게 유세하여 한 번 가슴 속에 있는 기이한 것을 보이고자 한다면, 마땅히 그 대인을 가볍게 보고 조금도 뜻에 거리낄 것이 없는 것 같이 해야 할 것이다. 그 높은 것을 보지 말고 마음에 겁나는 것이 없은 후에야 못할 말이 없을 것이다.

가볍게 여기는 것이 짐짓 거만한 것이 아니라, 또한 그 높은 부귀라는 것이 원래 지극히 가벼운 것이다. 저 대인이 거하는 두어 길 되는 매우 높은 집과 머리가 두어 자나 되는 서까래는 집의 아름다움이 드러난 것이다. 그러나 내가 만일 뜻을 얻으면 이러한 집의 아름다움을 추구하지 않을 것이다. 앞에 먹을 것과 반찬을 진열한 것이 사방 한 길이나 되는 것과 시중드는 첩이 곁에 벌려 선 것이 수 백인이나 되는 것은 음식과 색의 성한 것이다. 그러나 내가 만일 뜻을 얻으면 이러한 음식과 색의 성한 것에 마음 쓰지 않을 것이다. 음악을 성대하게 하여 술을 마시는 것과 수레와 말을 몰아 사냥하는 것과 수레가 천승이나 뒤따르는 것은 사치스러움이 지극한 것이다. 그러나 내가 만일 뜻을 얻으면 이렇게 안일하게 노는 사치스러운 것에 마음 쓰지 않을 것이다. 저 사람이 가진 형세는 모두 내가 하지 않는 바이고, 내게 있는 것은 천하의 넓은 집에 사는 것이며, 천하의 바른 위치에 서는 것이며, 천하의 큰 길을 가는 것이니, 모두 옛 성현이 지으신 법이다.
저 사람이 그 부유함으로 하면 나는 인으로 할 것이고, 저 사람이 지위로 하면 나는 의로써 할 것이니, 내가 어찌 저를 두려워하겠는가? 이같이 한 후에야 대인에게 유세할 수 있다."

| 요지 |

이 장은 사람에게 유세하는 도를 보인 것이다. 머리 대문은 대인에게 유세하는 자가 마땅히 두려워 할 바를 갖지 않아야 한다는 것을 말했고, 아래는 두려울 바가 아닌 것을 미루어 말했다. 대인을 가벼이 보는 이유는 대인이 가진 것은 전혀 내가 하지 않는 것이기 때문이다. 긴요한 것이 옛 제도라는 구절에 있으니, 만일 내게 있는 것이 이 옛 제도가 아니면 자연히 저를 눌러 볼 수 없다.

맹 자 왈 양 심 막 선 어 과 욕 기 위 인 야 과 욕
35. 孟子曰 養心이 莫善於寡欲하니 其爲人也寡欲이면
수 유 부 존 언 자 과 의 기 위 인 야 다 욕 수 유 존
雖有不存焉者라도 寡矣요 其爲人也多欲이면 雖有存
언 자 과 의
焉者라도 寡矣니라

| 언해 |

孟子ㅣ ᄀᆞᆯᄋᆞ샤ᄃᆡ 心을 養홈이 欲을 寡히 홈만 善ᄒᆞᆫ이 업ᄉᆞ니 그 人이로옴이 欲이 寡ᄒᆞ면 비록 存티 아니홈이 이실디라도 寡ᄒᆞ고 그 人이로움이 欲이 하면 비록 存홈이 이실띠라도 寡ᄒᆞ니라

| 직역 |

맹자가 말하였다. "마음을 기르는데 욕심을 적게 하는 것보다 좋은 것이 없으니, 그 사람됨이 욕심이 적으면 비록 보존되지 않음이 있을지라도 적고, 그 사람됨이 욕심이 많으면 비록 보존됨이 있을지라도 적다."

| 자해 |

欲 : 입과 코와 귀와 눈과 사지의 하고자 함.

| 의해 |

맹자가 말하였다. "마음은 모든 이치를 갖추고 온갖 일에 응하는 근본이다. 진실로 마음을 기르지 않을 수 없을 것이니, 귀와 눈과 입과 코와 사지가 하고자 하는 것은 항상 마음에 장애가 된다. 그러므로 마음을 기르는 도는 그 욕심을 적게 하는 것보다 더 좋은 것이 없다. 청명하고 순일한 본체를 보존하고자 하면 또한 소리와 빛과 맛과 냄새가 접촉되는 것을 억제하여 방탕하지 못하게 하고 조절하여 흐르지 못하게 할 따름이다. 만일 사람이 마음을 기를 필요를 인식하여 욕심이 적으면, 외물의 움직임에 섞이지 않고 마음이 항상 맑으리니, 비록 마음을 기를 뜻을 두지 않음이 있을지라도 마음을 기르지 못하는 것이 적을 것이다. 만일 그 사람됨이 마음을 기를 필요를 몰라서 욕심이 많으면 외물에 이미 흔들려서 중심에 주장이 없을 것이니, 비록 마음 기를 뜻이 있을지라도 마음을 기르는 것이 적어서 인심과 도심이 번갈아 사라질 것이다. 마음을 기르는 자는 그것을 알아야 한다."

| 요지 |

이 장은 마음을 기르는 중요성을 보인 것이다. 『맹자』에 '기를 양(養)' 자를 세 번 말하였으니, 하나는 '기운을 기르는 것'이고, 하나는 '본성을 기르는 것'이고, 하나는 '마음을 기르는 것'이다. 합

하여 보면 기운은 몸에서 생기니 기운을 잘 기르는 것은 본성을 기르는 데 있고, 이치는 마음에 갖추었으니 본성을 잘 기르는 것은 마음을 기르는 데 있고, 마음은 욕심에 빠지니 마음을 잘 기르는 것은 욕심을 적게 하는데 있다. 적게 하고 또 적게 하여 없는 데 이르면, 마음이 있고 본성이 있어서 기운은 반드시 말할 것도 없을 것이다.

증석 기양조 이증자불인식양조 공
36. 曾晳이 嗜羊棗러니 而曾子不忍食羊棗하시니라 公
손추문왈 회자여양조숙미 맹자왈 회자재
孫丑問曰 膾炙與羊棗孰美니잇고 孟子曰 膾炙哉인져
공손추왈 연즉증자 하위식회자이불식양조
公孫丑曰 然則曾子는 何爲食膾炙而不食羊棗시니잇
왈 회자 소동야 양조 소독야 휘명불휘성
고 曰 膾炙는 所同也요 羊棗는 所獨也니 諱名不諱姓
성 소동야 명 소독야
하나니 姓은 所同也요 名은 所獨也일새니라

| 언해 |

曾晳이 羊棗ᄅᆞᆯ 즐기더니 曾子ㅣ ᄎᆞ마 羊棗ᄅᆞᆯ 食디 몯ᄒᆞ시니라 公孫丑ㅣ 묻ᄌᆞ와 ᄀᆞᆯ오ᄃᆡ 膾炙와 다ᄆᆞᆺ 羊棗ㅣ 뉘 美ᄒᆞ니잇고 孟子ㅣ ᄀᆞᆯᄋᆞ샤ᄃᆡ 膾炙ㅣㄴ저 公孫丑ㅣ ᄀᆞᆯ오ᄃᆡ 그러면 曾子ᄂᆞᆫ 엇디 膾炙ᄅᆞᆯ 食ᄒᆞ시고 羊棗ᄅᆞᆯ 食디 아니 ᄒᆞ시니 잇고 ᄀᆞᆯᄋᆞ샤ᄃᆡ 膾炙ᄂᆞᆫ 同ᄒᆞᆫ 배오 羊棗ᄂᆞᆫ 獨ᄒᆞᆫ 배니 名을 諱ᄒᆞ고 姓을 諱티 아니 ᄒᆞᄂᆞ니 姓은 同ᄒᆞᆫ 배오 名은 獨ᄒᆞᆫ 밸ᄊᆡ니라

| 직역 |

증석이 양조를 즐겼는데, 증자가 차마 양조를 먹지 못하였다. 공손추가 물었다. "회·구운 고기와 양조가 어느 것이 좋습니까?"

맹자가 말하였다. "회 · 구운 고기이다." 공손추가 말하였다. "그러면 증자는 어찌 회 · 구운 고기를 먹고 양조를 먹지 않았습니까?" 맹자가 말하였다. "회 · 구운 고기는 같이 좋아하던 것이었고, 양조는 홀로 좋아하던 것이었기 때문이다. 이름은 피하고 성은 피하지 않으니, 성은 같은 것이고, 이름은 홀로 가진 것이기 때문이다."

| 자해 |

羊棗 : 열매가 적고 검고 둥긂. • 膾 : 생육을 잘게 썬 것. • 炙 : 구운 고기.

| 의해 |

예전에 증석이 생존하였을 때 즐겨 양조를 먹었는데, 증자는 그의 아버지가 죽은 후에 양조를 차마 먹지 못하였다.

공손추가 물었다. "회 · 구운 고기와 양조 중 어떤 것이 좋습니까?" 맹자가 말하였다. "회 · 구운 고기가 더욱 좋다."

공손추가 물었다. "회 · 구운 고기가 양조보다 좋으면, 증석이 반드시 회 · 구운 고기도 즐기고 유독 양조만 즐기지 않았을 것입니다. 증자가 이미 양조를 차마 먹지 못하였으니, 또한 회와 구운 고기도 차마 먹지 못할 것이거늘, 증자가 어찌하여 회 · 구운 고기는 먹고 양조만 차마 먹지 못하였습니까?"

맹자가 말하였다. "회 · 구운 고기는 모든 사람이 같이 즐기는 것이고, 양조는 증석이 홀로 즐기던 것이다. 사람이 함께 즐기는 것은 스스로 먹어도 아버지가 즐기던 것을 깨닫지 못하여 차마 먹지 못하는 일은 없을 것이고, 아버지가 홀로 즐기던 바는 먹을 때면 반드시 아버지를 생각하여 차마 못 먹는 마음이 속에서 간절하게 움직일 것이다. 이것이 하나는 먹고 하나는 먹지 못하는 이유이다. 이래서 아버지의 이름은 피하지만 아버지의 성은 피하지 않는 것이니, 성은 여러 사람이 같이 갖고 있는 것이라서 피하지 않는 것이다."

| 요지 |

이 장은 증자의 효심을 보인 것이다. '불인(不忍)' 두 글자를 보면, 증자가 먹지 않는 뜻이 "양조는 아직도 있는데, 우리 아버지는 다시 먹지 못한다"고 한 것이니, 이것이 바로 차마 못하는 것이다. 전적으로 슬프고 비통한 뜻을 드러낸 것이다.

만 장 문 왈 공 자 재 진 왈 합 귀 호 래 오
37-1. 萬章이 問曰 孔子在陳하사 曰 盍歸乎來리오 吾
당 지 사 광 간 진 취 불 망 기 초 공 자 재 진
黨之士狂簡하여 進取호대 不忘其初라하시니 孔子在陳
하 사 로 지 광 사 맹 자 왈 공 자 부 득 중 도 이
하사 何思魯之狂士시니잇고 孟子曰 孔子不得中道而
여 지 필 야 광 견 호 광 자 진 취 견 자 유 소
與之인댄 必也狂獧乎인져 狂者는 進取요 獧者는 有所
불 위 야 공 자 기 불 욕 중 도 재 불 가 필 득
不爲也라하시니 孔子豈不欲中道哉시리오마는 不可必得
고 사 기 차 야
故로 思其次也시니라

| 언해 |

萬章이 묻ᄌᆞ와 ᄀᆞᆯ오ᄃᆡ 孔子ㅣ 陳의 겨샤 ᄀᆞᆯᄋᆞ샤ᄃᆡ 엇디 歸ᄒᆞ여 來티 아니 ᄒᆞ리오 우리 黨읫 士ㅣ 狂ᄒᆞ고 簡ᄒᆞ여 進ᄒᆞ여 取호려 호ᄃᆡ 그 初ᄅᆞᆯ 닛디 몯ᄒᆞᆫ다 ᄒᆞ시니 孔子ㅣ 陳에 겨샤 엇디 魯읫 狂ᄒᆞᆫ 士ᄅᆞᆯ 思ᄒᆞ시니잇고 孟子ㅣ ᄀᆞᆯᄋᆞ샤ᄃᆡ 孔子ㅣ ᄀᆞᆯᄋᆞ샤ᄃᆡ 中道ᄅᆞᆯ 得ᄒᆞ여 與티 몯ᄒᆞᆯ띤댄 반ᄃᆞ시 狂이며 獧인뎌 狂ᄒᆞᆫ 者ᄂᆞᆫ 進ᄒᆞ여 取호려ᄒᆞ고 獧한 者ᄂᆞᆫ ᄒᆞ디 아닐 빼 잇다 ᄒᆞ시니 孔子ㅣ 엇디 中道ᄅᆞᆯ 欲디 아니시리오마ᄂᆞᆫ 可히 반드시 得디 몯ᄒᆞᄂᆞᆫ 故로 그 次ᄅᆞᆯ 思ᄒᆞ시니라

| 직역 |

만장이 물었다. "공자가 진나라에서 말하기를, '어찌 돌아가지 않겠는가? 우리 무리의 선비가 뜻은 크지만 일에는 소략하여, 진취하려 함에 그 처음을 잊지 못한다'고 하였습니다. 공자가 진나라에서 어찌 노나라의 뜻이 큰 선비를 생각하였습니까?" 맹자가 말하였다. "공자가 말하기를, '중도를 행하는 사람을 얻어서 함께하지 못한다면, 반드시 뜻이 크며 뜻이 굳센 사람과 함께 할 것이다. 뜻이 큰 자는 진취하고 뜻이 굳센 자는 하지 않는 바가 있다'고 하였다. 공자가 어찌 중도를 행하는 사람을 바라지 않았겠는가마는 반드시 얻지 못하는 까닭에 그 버금을 생각하였다."

| 자해 |

盍 : 어찌 아니함. 음은 '합' • 狂簡 : 뜻이 크지만 일에 소략함을 이름. • 進取 : 높고 먼 것을 구하고 바라는 것. • 不忘其初 : 그 처음을 고치지 아니함. 이 말이 『논어』와 조금 다름. • 有所不爲 : 부끄러움을 알고 스스로 좋아하여 불선한 일을 하지 않는 사람.

| 의해 |

만장이 물었다. "일찍이 들으니, 공자가 진나라에 있을 때 '어찌 노나라로 돌아가지 않겠는가? 우리 무리의 문하에 이른 선비가 뜻은 크지만 일에는 소략하여 높고 먼 것을 구하고 진취하기를 바라지만, 다만 그 처음을 잊지 못하여 구습을 고치지 못한다. 이것이 내가 돌아가서 마름질하고자 하는 것이다'라고 하였다. 그렇다면 공자가 그때 진나라에서 어찌하여 그 이상의 사람을 생각하지 않고 노나라의 뜻이 큰 선비를 말하였습니까?"

◑ 맹자가 말하였다. "공자가 일찍이 '도는 중(中)으로 귀함을 삼으니, 진실로 천품이 순수하여 도의 중을 행하여 지나치고 모자람이 없는 사람을 얻어서 내가 도를 전하는 것을 깊이 원한다. 그러나 이제 이미 중도를 행하는 자를 얻을 수 없으니, 반드시 뜻이 크며 뜻이 굳센 사람과 함께 할 것이다. 뜻이 큰 자는 뜻이 낮지

않아서 도에 진취함이 있고, 뜻이 굳센 자는 굳세게 지킴이 있어서 하지 않는 바가 있다. 그 사람을 얻어서 권장하고 마름질하면 진실로 중도로 나갈 수 있을 것이다'라고 하였다. 이로부터 보면 공자가 어찌 선비 가운데 중도를 행하는 자를 얻고자 하지 않았겠는가마는, 반드시 얻지 못할 것이기 때문에 부득이하여 그 중도를 행하는 사람 다음 가는 뜻이 큰 선비를 생각한 것이다."

37－2. 敢問何如라야 斯可謂狂矣니잇고 曰 如琴張曾晳牧皮者가 孔子之所謂狂矣니라 何以謂之狂也니잇고 曰 其志嘐嘐然曰 古之人古之人이여호대 夷考其行而不掩焉者也니라 狂者를 又不可得이어든 欲得不屑不潔之士而與之하시니 是獧也니 是又其次也니라

| 언해 |

敢히 묻ᄌᆞᆸ노이다. 엇더ᄒᆞ여아 이에 可히 狂이라 닐ᄋᆞ리잇고 ᄀᆞᆯᄋᆞ샤ᄃᆡ 琴張과 曾晳과 牧皮ᄀᆞᄐᆞᆫ 者ㅣ 孔子의 닐ᄋᆞ신밧 狂이니라 엇디 ᄡᅥ 狂이라 닐ᄋᆞᄂᆞ니잇고 ᄀᆞᆯᄋᆞ샤ᄃᆡ 그 志ㅣ 嘐嘐ᄒᆞ여 ᄀᆞᆯ오ᄃᆡ 녯 사ᄅᆞᆷ이여 녯 사ᄅᆞᆷ이여호ᄃᆡ 夷히 그 行을 考ᄒᆞ면 掩티 몯ᄒᆞᄂᆞᆫ 者ㅣ니라 狂ᄒᆞᆫ 者ᄅᆞᆯ ᄯᅩ 可히 得디 몯 ᄒᆞ거든 潔티 아니타ᄒᆞ여 屑티 아니 ᄒᆞᄂᆞᆫ 士ᄅᆞᆯ 得ᄒᆞ여 與ᄒᆞ고져 ᄒᆞ시니 이 獧이니 ᄯᅩ 그 次ㅣ니라

| 직역 |

"감히 묻습니다. 어떠하여야 이에 뜻이 큰 사람이라고 일컬을 수

있습니까?" "금장, 증석 그리고 목피 같은 자가 공자가 일컬은 뜻이 큰 사람이다." "어찌하여 뜻이 큰 사람이라 일컫습니까?" "그 뜻이 커서 말하기를, '옛 사람이여, 옛 사람이여' 하지만, 공평하게 그 행실을 살펴보면 다 실천하지 못하는 자이다. 뜻이 큰 자를 또 얻을 수 없거든 깨끗하지 않는 것을 달갑게 여기지 않는 선비를 얻어서 함께 하고자 하니, 이것이 뜻이 굳센 것이니, 이것이 또 그 다음이다."

| 자해 |

琴張 : 이름은 뢰(牢), 자는 자장(子張)이니, 자상호(子桑戶)가 죽음에 금장이 그 초상에 임하여 노래함. • 曾晳 : 공자(孔子)의 제자. 이름은 점(點). 계무자(季武子)가 죽음에 그 문에 의지하여 노래함. • 木皮 : 미상. • 嘐嘐 : 뜻이 크고 말이 큰 것. • 夷 : 공평한 것. • 掩 : 덮는 것. • 狂 : 뜻이 큰 자. • 獧 : 뜻이 굳센 자. • 屑 : 달갑게 여김.

| 의해 |

만장이 물었다. "감히 묻습니다만, 그 때 노나라 선비 중에 어떤 사람을 뜻이 큰 사람이라 일컫습니까?"

맹자가 말하였다. "금장, 증석 그리고 목피 같은 세 사람은 공자의 이른바 뜻이 큰 선비이다."

만장이 물었다. "뜻이 크다는 이름이 있으면 반드시 뜻이 큰 실상이 있을 것입니다. 감히 묻습니다. 어떠한 것을 뜻이 크다고 일컫습니까?"

맹자가 말하였다. "뜻이 큰 자는 그 뜻이 큰 까닭에 그 말도 또한 커서 '예전 성현이여, 예전 성인이여' 하여, 움직이면 문득 예전 성인을 일컬어 스스로 바라지만, 그 말의 큰 것과 그 일상생활을 공평하게 살펴보면 그 말과 같지 못하니, 예전 사람을 일컫는 것은 이른바 진취함이고, 행실이 따라주지 못하는 것은 그 처음을 잊어버리지 못하는 것이다. 공자가 뜻이 큰 선비를 생각한 것은 그 뜻을 통하여 중도에 나가게 하고자 한 것이 아니겠느냐?

뜻이 큰 자를 또 많이 얻을 수 없었다. 그러므로 이에 깨끗하지 않은 것을 달갑게 여기지 않는 선비를 얻어서 그 미치지 못하는 것을 권장하여 도를 전하고자 하시니, 이것이 뜻이 굳센 자이다. 곧 공자가 말하는 '하지 않는 바가 있는 선비'이다. 뜻이 큰 자에 비하면 또 중도의 다음이니, 저 뜻이 큰 자를 생각한 것은 진실로 중도를 생각한 마음이겠지만, 뜻이 굳센 자를 생각한 것도 오히려 중도를 생각한 마음이니, 공자가 도를 위하여 헤아림이 간절하다."

공 자 왈 과 아 문 이 불 입 아 실 아 불 감 언 자
37-3. 孔子曰 過我門而不入我室이라도 我不憾焉者는
기 유 향 원 호 향 원 덕 지 적 야 왈 하 여
其惟鄕原乎인져 鄕原은 德之賊也라하시니 曰 何如라아
사 가 위 지 향 원 의 왈 하 이 시 효 효 야 언 불 고
斯可謂之鄕原矣니잇고 曰 何以是嘐嘐也하여 言不顧
행 행 불 고 언 즉 왈 고 지 인 고 지 인 행 하
行하며 行不顧言이요 則曰 古之人古之人이여하며 行何
위 우 우 량 량 생 사 세 야 위 사 세 야 선 사 가
爲踽踽涼涼이리요 生斯世也라 爲斯世也하여 善斯可
의 엄 연 미 어 세 야 자 시 향 원 야
矣라하여 閹然媚於世也者是鄕原也니라

| 언해 |

孔子ㅣ ᄀᆞᆯᄋᆞ샤ᄃᆡ 내 門에 過호ᄃᆡ 내 室에 入디 아닐띠라도 내 憾티 아니ᄒᆞᇙ 者ᄂᆞᆫ 그 오직 鄕原인뎌 鄕原ᄋᆞᆫ 德의 賊이라ᄒᆞ시니 ᄀᆞᆯ오ᄃᆡ 엇더ᄒᆞ여아 이 可히 鄕原이라 닐ᄋᆞ리잇고 ᄀᆞᆯᄋᆞ샤ᄃᆡ 엇디 뻐 이리 嘐嘐ᄒᆞ여 言이 行을 顧티 아니ᄒᆞ며 行이 言을 顧티 아니ᄒᆞ고 곧 ᄀᆞᆯ오ᄃᆡ 녯 사ᄅᆞᆷ이여 녯 사ᄅᆞᆷ이여ᄒᆞ며 行을 엇디 踽踽ᄒᆞ며 涼涼히 ᄒᆞ리오 이 世예 生ᄒᆞ연ᄂᆞᆫ디라 이 世ᄅᆞᆯ 爲ᄒᆞ여 善타케 ᄒᆞᆷ이 이 可ᄒᆞ다ᄒᆞ여 閹然히 世예 媚ᄒᆞᄂᆞᆫ 者ㅣ 鄕原이니라

| 직역 |

"공자가 말하기를, '나의 문을 지나면서 나의 집에 들어오지 않을지라도 내가 유감스러워 하지 않을 자는 그 오직 향원일 것이다. 향원은 덕의 도적이다'라고 하니, 어떠하여야 향원이라 일컬을 수 있습니까?" 맹자가 말하였다. "무엇 때문에 이리 뜻이 커서 말이 행실을 돌아보지 아니하며 행실이 말을 돌아보지 아니하고, 곧 '옛 사람이여, 옛사람이여' 하며, 행실을 어찌 외롭고 쓸쓸하게 하겠는가? 이 세상에 났으면 이 세상을 위하여 착하게 하는 것이 옳다고 하여 몰래 세상에 아첨하는 자가 바로 향원이다."

| 자해 |

原 : '삼갈 원(愿)' 자와 같음. 향리에서 삼가는 사람. • 鄕原 : 그 덕이 그럴싸하나 덕이 아니기 때문에 공자가 덕의 도적이라 함. • 踽踽 : 홀로 행하여 나가지 못하는 모양. • 凉凉 : 박함이니, 사람에게 친하고 후한 대접을 받지 못하는 것. • 掩然 : 닫고 감춤. • 媚 : 남이 기뻐함을 구함.

| 의해 |

만장이 이미 뜻이 큰 사람과 뜻이 굳센 사람에 대한 말을 듣고, 또 공자의 말에 '사람이 여기에 있다고 할 때, 그 사람이 내 문을 지나가면서 내 집에 들어오지 않을지라도 내가 전혀 감정을 두지 않을 사람은 그 오직 향원일 것이다. 향원은 덕의 도적이다'라고 한 것을 이끌어 물었다. "알지 못하겠습니다. '향원'이라 일컫는 사람은 그 실상이 어떠하여 공자로부터 미움을 받은 것이 이와 같습니까?"

◑ 맹자가 말하였다. "향원의 사람됨을 알고자 한다면, 또한 그 뜻과 행실을 좇아 보는 것이 옳다. 뜻이 큰 사람은 예전 성현을 스스로 기약하니, 그 뜻이 가상하다. 그런데 저 향원은 뜻이 큰 사람을 기롱하여, 어찌 그리 떠들썩하게 큰 말만 하는가? 말이 행실과 같지 아니하며 행실이 말과 같지 아니하고, 움직임에 문득 '예전 성현이여, 예전 성현이여라고 하는가'라고 한다. 뜻이 굳센

사람은 깨끗하지 않은 것을 달갑게 여기지 않으니, 그 행실이 가상하다. 그런데 저 향원은 뜻이 굳센 사람을 기롱하여 말하기를, '행함을 또 어찌하여 이렇게 외롭게 홀로 행하며 쓸쓸하게 전락하여 사람에게 친하고 후한 것이 없는가? 사람이 이미 이 세상에 나왔으니 마땅히 이 세상 사람이 되어야 할 것이다. 반드시 옛 것을 좋아하여 스스로 높은 체 할 것이 아니고, 이 세상 사람이 되었으니, 모두 나에게 착하다고 하게 하는 것이 가능하다. 내가 어찌 반드시 세상을 끊고 스스로 깨끗한 체 하겠는가?'라고 한다. 향원의 심지가 이와 같아서 이에 뜻이 큰 사람처럼 떠들썩하게 하지 않고 뜻이 굳센 사람처럼 외롭고 쓸쓸하게 하지 않아서, 감히 한 마디 말과 한 가지 행실이라도 사람의 마음을 거슬리지 않고 마음을 거두고 몸을 물러나, 가만히 세상 사람에게 아첨하여 용납함을 취한다. 이것이 향원의 행실이다."

만 장 왈 일 향 개 칭 원 인 언 무 소 왕 이 불
37-4. 萬章이 曰 一鄕이 皆稱原人焉이면 無所往而不
위 원 인 공 자 이 위 덕 지 적 하 재 왈 비 지 무
爲原人이어늘 孔子以爲德之賊은 何哉잇고 曰 非之無
거 야 자 지 무 자 야 동 호 류 속 합 호 오 세
擧也요 刺之無刺也하여 同乎流俗하며 合乎汙世하여
거 지 사 충 신 행 지 사 렴 결 중 개 열 지 자 이
居之似忠信하며 行之似廉潔하여 衆皆悅之어든 自以
위 시 이 불 가 여 입 요 순 지 도 고 왈 덕 지 적 야
爲是而不可與入堯舜之道니 故로 曰 德之賊也라하시
니라

| 언해 |

萬章이 ᄀᆞᆯ오ᄃᆡ 一鄕이 다 原人이라 稱ᄒᆞ면 往ᄒᆞᆫ 바애 原人이 되

디 아닐ᄃᆡ 업거ᄂᆞᆯ 孔子ㅣ ᄡᅧ 德의 賊이라 ᄒᆞ심은 엇디잇고 ᄀᆞᆯᄋᆞ샤ᄃᆡ 非호려ᄒᆞ여도 擧ᄒᆞᆯᄭᅥ시 업고 刺호려 ᄒᆞ여도 刺ᄒᆞᆯᄭᅥ시 업서 流俗에 同ᄒᆞ며 汙世예 合ᄒᆞ여 居홈애 忠信ᄒᆞᆫᄃᆞᆺᄒᆞ며 行홈애 廉潔ᄒᆞᆫᄃᆞᆺᄒᆞ여 衆이 다 悅ᄒᆞ거든 스스로 ᄡᅧ 是호라호ᄃᆡ 可히 더브러 堯舜의 道애 入디 몯ᄒᆞᄂᆞ니 故로 ᄀᆞᆯᄋᆞ샤ᄃᆡ 德의 賊이라ᄒᆞ시니라

| 직역 |

만장이 말하였다. "한 고을 사람이 다 좋은 사람이라고 말하면 가는 곳마다 좋은 사람이 되지 않음이 없을 것인데, 공자가 덕의 도적이라 한 것은 어째서입니까?" 맹자가 말하였다. "비난하려 해도 예로 들 것이 없고 비꼬려 해도 비꼴 것이 없어, 흐르는 풍속에 같이 하며 더러운 세상에 합하여, 거처함에 충성스럽고 믿음직하다고 하며 행함에 깨끗하다고 하여, 무리가 다 기뻐하면 스스로 옳다고 여기지만, 더불어 요순의 도에 들어갈 수 없기 때문에 '덕의 적이다'라고 한 것이다."

| 자해 |

流俗 : 풍속이 쇠퇴하여 물이 아래로 흐르는 것과 같음. • 汙 : 흐림.

| 의해 |

만장이 말하였다. "한 고을에 공론이 있으므로 모두 근실하고 충후한 사람이라 칭찬하면 반드시 그 사람이 몸을 세우고 몸을 행하여 어디를 가든지 근실하고 충후한 사람이 될 것이니, 근실하고 충후함이 덕에 해될 것이 없을 것 같습니다. 그런데도 공자가 덕의 적이라고 하였으니 어째서입니까?"

◑ 맹자가 말하였다. "그대가 또한 향원의 정상(情狀)을 아느냐? 그 스스로 거짓 꾸미기를 잘한다. 장차 그 과실을 들어서 그르다 하고자 하여도 사람으로 하여금 들 수 있는 것이 없게 하고, 그 과실을 자세히 지목하여 책망하고자 하여도 사람으로 하여금 책

망할 것이 없게 하여, 한결같이 다만 시속과 더불어 부침(浮沈)하여 하류의 풍속에 같이 하고, 여러 사람을 따라 휩쓸려 흐린 세상에 합하여 한 터럭도 잡고 지킴이 없어, 마음이 처한 것이 참으로 충성과 믿음이 아니면서도, 깊은 정과 후한 모양이 충성과 믿음인 듯하고, 처세하는 것이 참으로 깨끗한 것이 아니면서도 이름을 좋아하고 사양을 꾸며서 깨끗한 듯이 한다. 그러하니 이것이 바로 가만히 세상에 아첨하는 것인데, 여러 사람이 알지 못하고 모두 기뻐하여 이미 '옳다' 하니, 저도 또한 스스로 옳은 체하여 길이 뉘우치고 깨닫지 못하여 몸을 마치도록 그 희미한 것을 열고 그 가린 것을 통하게 하여 요순의 도에 들어갈 수 없을 것이다. 저 요순의 도는 대중지정(大中至正)하여 천리가 사람의 마음에 있는 것이니 덕의 지극한 것이다. 향원의 이른바 '착하게 하는 것이 옳다'는 것이 한 몸의 사사로운 마음에 나와서 덕의 그럴싸한 것을 도둑질하는 것이라서, 세속 사람으로 하여금 미혹하여 본받게 하여 유사한 것을 참 것으로 삼게 한다. 이것은 다만 자기만 해롭게 할 뿐만 아니라 또한 다른 사람까지 해롭게 하기 때문에 '덕의 도적이다'라고 한 것이다."

공자왈 오사이비자 오유 공기란묘야
37-5. 孔子曰 惡似而非者하노니 惡莠는 恐其亂苗也요
오녕 공기란의야 오리구 공기란신야 오정성
惡佞는 恐其亂義也요 惡利口는 恐其亂信也요 惡鄭聲
공기란악야 오자 공기란주야 오향원 공
은 恐其亂樂也요 惡紫는 恐其亂朱也요 惡鄉原은 恐
기란덕야 군자반경이이의 경정즉서민
其亂德也라하시니라 君子反經而已矣니 經正則庶民이
흥 서민 흥 사무사특의
興하고 庶民이 興이면 斯無邪慝矣리라

| 언해 |

孔子ㅣ ᄀᆞᆯᄋᆞ샤ᄃᆡ ᄀᆞᆮᄐᆞᄃᆡ 아닌 者ᄅᆞᆯ 惡ᄒᆞ노니 莠ᄅᆞᆯ 惡ᄒᆞ욤은 그 苗ᄅᆞᆯ 亂ᄒᆞᆯ까 恐ᄒᆞᆷ이오 佞을 惡ᄒᆞ욤은 그 義ᄅᆞᆯ 亂ᄒᆞᆯ까 恐ᄒᆞᆷ이오 利口ᄅᆞᆯ 惡ᄒᆞ욤은 그 信을 亂ᄒᆞᆯ까 恐ᄒᆞᆷ이오 鄭聲을 惡ᄒᆞ욤은 그 樂을 亂ᄒᆞᆯ까 恐ᄒᆞᆷ이오 紫ᄅᆞᆯ 惡ᄒᆞ욤은 그 朱를 亂ᄒᆞᆯ까 恐ᄒᆞᆷ이오 鄕原을 惡ᄒᆞ욤은 그 德을 亂ᄒᆞᆯ까 恐ᄒᆞᆷ이라ᄒᆞ시니라 君子ㅣ 經을 反ᄒᆞᆯ ᄯᆞᄅᆞᆷ이니 經이 正ᄒᆞ면 庶民이 興ᄒᆞ고 庶民이 興ᄒᆞ면 이에 邪慝이 업ᄉᆞ리라

| 직역 |

"공자가 말하였다. '사이비를 미워하니, 가라지를 미워하는 것은 싹을 어지럽힐까 두려워하는 것이고, 말재주를 미워하는 것은 의를 어지럽힐까 두려워하는 것이고, 말 잘하는 입을 미워하는 것은 믿음을 어지럽힐까 두려워하는 것이고, 정나라 소리를 미워하는 것은 음악을 어지럽힐까 두려워하는 것이고, 자주색을 미워하는 것은 붉은색을 어지럽힐까 두려워하는 것이고, 향원을 미워하는 것은 덕을 어지럽힐까 두려워하는 것이다.' 군자는 떳떳한 도리를 돌이킬 따름이니, 떳떳한 도리가 바르면 뭇 백성이 일어나고, 뭇 백성이 일어나면 이에 사특함이 없다."

| 자해 |

莠 : 곡식의 싹과 같은 풀. • 佞 : 재주와 지혜를 일컫는 것. 그 말이 의가 있는 것은 같으나 의가 아님. • 利口 : 말이 많고도 실상이 아닌 것. • 鄭聲 : 음란한 음악. • 樂 : 바른 음악. • 紫 : 자주 빛. 간색. • 朱 : 붉은 빛. 정색. • 反 : 회복함. • 經 : 떳떳한 것. 만세에 바꾸지 못할 떳떳한 도리. • 興 : 착한 데서 일어남. • 邪慝 : 향원과 같은 종류.

| 의해 |

"공자가 일찍이 말하였다. '천하에 참으로 옳은 자가 있으면 사람들이 모두 그 옳은 줄 알 것이고, 참으로 그른 자가 있으면 사람

들이 모두 그 그른 줄 알 것이니, 사람을 미혹하게 하지 않는다. 오직 천하에 옳은 듯하나 실상 그른 자가 가장 미운 것이 되는 것은 그 참된 것을 어지럽게 할 수 있기 때문이다. 가라지라는 풀이 곡식의 싹과 같으니 사람들이 보면 어떠한 것이 참 곡식의 싹인지 분별하지 못하기 때문에 곡식의 싹을 어지럽게 하는 것이 된다. 가라지를 미워하는 것은 곡식의 싹을 어지럽게 할까 두려워하는 것이다. 말재주 있는 사람의 말이 의에 합당한 것 같으니, 사람이 들으면 참된 의라고 하므로 의를 어지럽게 한다. 말재주를 미워하는 것은 의를 어지럽게 할까 두려워하는 것이다. 말 잘하는 입의 말이 미더운 것 같으니 사람들이 들으면 참으로 미덥다고 하므로 믿음을 어지럽게 하는 것이다. 말 잘하는 입을 미워하는 것은 믿음을 어지럽힐까 두려워하는 것이다. 정나라 소리가 아악과 같으니 사람들이 들으면 아악이라고 하므로 아악을 어지럽게 한다. 정나라 소리를 미워하는 것은 아악을 어지럽힐까 두려워하는 것이다. 자주색이 붉은색과 비슷하니 사람들이 보면 참으로 붉은색이라고 하므로 붉은색을 어지럽게 하는 것이다. 자주색을 미워하는 것은 붉은색을 어지럽게 할까 두려워하는 것이다. 향원은 충성스럽고 믿음직하며 깨끗하지 않은데도 사람들로 하여금 참으로 충성스럽고 믿음직하며 깨끗한 것을 분별하지 못하게 하므로 덕을 어지럽힌다. 향원을 미워하는 것은 덕을 어지럽힐까 두려워하는 것이다.' 공자의 이 말을 좇아 보면 향원을 미워하여 덕의 도적이라고 한 것은 덕을 어지럽히기 때문에 그렇게 말한 것이다.

그러나 향원이 덕을 어지럽게 하는 것은 떳떳한 도리가 바르지 못하고, 사람의 마음이 참으로 옳은 것에 밝지 못하기 때문이다. 군자가 세상의 도리에 책임이 있는 것은 오직 떳떳한 도를 회복하는 데에 있을 따름이다. 군신과 부자와 부부와 형제와 붕우는 요순 이래로 만세토록 바꾸지 못할 떳떳한 도리이니, 천하의 일이 이 다섯 가지에서 벗어난 것이 없다. 군자가 몸소 행하여 위에서 거느리고 또 교화와 예악을 닦고 밝혀서 아래를 인도하여 떳떳한 도리로 하여금 해와 별처럼 밝게 하여 다시 바른 곳으로 돌아오게 해야 할 것이다. 떳떳한 도리가 이미 바르면 그 다른 절목은 모두 실마리에 나아가 교화의 근본이 단정하고, 모든 백성이 보고 감동하여 착한 데에 일어나지 않음이 없을 것이니, 오직 떳떳한 도리만 따를 것이다. 모든 백성이 착한 데서 일어나니, 사람마다 그 근본을 돌이킬 줄을 알아서, 옳은 자는 그른 것을 알고 그른 자도 그 그른 것을 알 것이다. 사특한 사람이 미혹하게 하지 못하여 이단의 도가 자연히 없어지는데 이를 것이니, 여기에 이르러 요순의 도가 장차 크게 밝지 않을 것이 있겠으며, 중도의 덕을 누가 해롭게 할 수 있겠는가? 그렇지 않으면 후세에 향원의 해로움과 같은 것을 이루 다 말하지 못할 것이니, 군자가 어찌 한가하게 따질 것이 있겠는가?"

| 요지 |

이 장은 중도를 주장한 것이다. 중도는 곧 이른바 '떳떳한 도리'이다. 뜻이 큰 것과 뜻이 굳센 것은 중도는 못되나 중도에 나아갈 만하다. 그러므로 공자가 향원은 중도 같지만 실상은 중도가 아니고, 도리어 중도를 해롭게 하기 때문에 끊었으니, 향원을 끊는 것은 다만 떳떳한 도리를 회복하는데 있다. 뜻이 큰 사람과 뜻이 굳센 사람을 생각한 것은 또한 중도에 나아가게 하여 떳떳한 도리를 전하고자 한 것이다.

맹 자 왈 유 요 순 지 어 탕 오 백 유 여 세 약 우 고
38-1. 孟子曰 由堯舜至於湯이 五百有餘歲니 若禹皐
요 즉 견 이 지 지 약 탕 즉 문 이 지 지 유 탕 지
陶則見而知之하시고 若湯則聞而知之하시니라 由湯至

어문왕 오백유여세 약이윤래주즉견이지지
於文王이 五百有餘歲니 若伊尹萊朱則見而知之하고
약문왕즉문이지지
若文王則聞而知之하시니라

| 언해 |

孟子ㅣ ᄀᆞᆯᄋᆞ샤ᄃᆡ 堯舜으로 말ᄆᆡ아마 湯애 至홈이 五百이오 ᄯᅩ 餘歲니 禹와 皐陶ᄂᆞᆫ 見ᄒᆞ여 知ᄒᆞ시니라 湯으로 말ᄆᆡ아마 文王에 至홈이 五百이오 ᄯᅩ 餘歲니 伊尹과 萊朱ᄂᆞᆫ 見ᄒᆞ여 知ᄒᆞ고 文王ᄋᆞᆫ 聞ᄒᆞ여 知ᄒᆞ시니라

| 직역 |

맹자가 말하였다. "요순으로부터 탕에 이른 것이 500여 년이니, 우와 고요는 보아서 알고 탕은 들어서 알았다. 탕으로부터 문왕에 이른 것이 500여 년이니, 이윤과 내주는 보아서 알고 문왕은 들어서 알았다."

| 자해 |

萊朱 : 은나라 탕왕의 어진 신하. 혹 탕왕의 좌상인 '중훼(仲虺)'라 함.

| 의해 |

맹자가 말하였다. "성인과 성인이 서로 전하여 큰 도가 쉬지 아니한다. 일찍이 예전을 상고해 본 적이 있는데, 정밀하고 한결같이 중도를 잡으라는 전함이 요순에게서 비롯하여 요순으로부터 은나라 탕왕까지 이르니, 그 때를 셈에 500여 년이다. 하우씨와 고요 같은 사람은 친히 그 도를 보고 알았고, 은나라 탕왕 같은 사람은 그 도를 듣고 알았으니, 요순의 도를 은나라 탕왕이 전하였다. 은나라 탕왕으로부터 주나라 문왕에 이르기까지 500여 년이다. 이윤과 내주 같은 사람은 보고 그 도를 알았고, 주나라 문왕 같은

사람은 듣고 그 도를 알았으니, 은나라 탕왕의 도를 주나라 문왕이 전하였다."

유 문 왕 지 어 공 자 오 백 유 여 세 약 태 공 망 산 의
38-2. 由文王至於孔子 五百有餘歲니 若太公望散宜
생 즉 견 이 지 지 약 공 자 즉 문 이 지 지 유 공 자
生則見而知之하고 若孔子則聞而知之하시니라 由孔子
이 래 지 어 금 백 유 여 세 거 성 인 지 세 약 차 기 미 원
而來로 至於今이 百有餘歲니 去聖人之世若此其未遠
야 근 성 인 지 거 약 차 기 심 야 연 이 무 유 호 이
也며 近聖人之居若此其甚也로대 然而無有乎爾하니
즉 역 무 유 호 이
則亦無有乎爾로다

| 언해 |

文王으로 말ᄆᆡ아마 孔子에 至ᄒᆞᆷ이 五百이오 餘歲니 太公望과 散宜生ᄋᆞᆫ 見ᄒᆞ여 知ᄒᆞ고 孔子ᄂᆞᆫ 聞ᄒᆞ여 知ᄒᆞ시니라 孔子로 말ᄆᆡ아마 옴으로 今에 至ᄒᆞᆷ이 百이오 ᄯᅩ 餘歲니 聖人의 世ㅣ去ᄒᆞᆷ이 이 ᄀᆞᆮ티 그 머디 아니ᄒᆞ며 聖人의 居ㅣ近ᄒᆞᆷ이 이ᄀᆞᆮ티 그 甚ᄒᆞᄃᆡ 그러나 잇디 아니ᄒᆞ니 곧 ᄯᅩᄒᆞᆫ 잇디 아니 ᄒᆞ리로다

| 직역 |

"문왕으로부터 공자에 이른 것이 500여 년이니, 태공망과 산의생은 보아서 알고 공자는 들어서 알았다. 공자로부터 지금에 이른 것이 100여 년이니, 성인의 세상으로부터 이같이 멀지 않으며, 성인의 거처와 가까운 것이 이같이 심히 가깝다. 그러나 보고서 아는 이가 있지 않으니 곧 또한 듣고서 아는 이가 있지 않을 것이다."

| 자해 |

散宜生 : 산은 성, 의생은 이름이니, 주나라 문왕의 어진 신하.

| 의해 |

"주나라 문왕으로부터 공자에 이르기까지 500여 년이다. 태공망과 산의생 같은 이는 보고 그 도를 알았고, 공자 같은 이는 듣고 그 도를 알았으니, 주문왕의 도를 공자가 전하였다.

저 요순으로부터 공자에게 이르도록 대략 500여 년이다. 성인이 한번 나서 세상은 다르지만 마음은 같고, 역대 성인의 도가 같아서 도통이 면면히 서로 이어서 끊어지지 않았다. 실로 같은 세상에서 보고 아는 자는 먼저 알았고, 다른 세상에서 듣고 아는 자는 뒤에 알아서 의지하였다. 공자로부터 지금에 이르기까지 100여 년이다. 공자의 시대로부터 이같이 멀지 않고, 추나라로부터 노나라까지 성인이 살았던 곳과 거리가 이같이 심히 가까우니, 마땅히 보고 알아서 참을 얻을 자가 있을 것이다. 만일 지금 이미 보고 아는 자가 없으면, 이로부터 500여 년 후에 어찌 다시 누가 듣고 알 자가 있겠는가? 이 도를 전하는 것을 깊이 근심할 수 있으니, 이 도에 책임이 있는 자는 스스로 물러서는 것을 용납할 수 없다."

| 요지 |

이 장은 맹자가 도통이 전하는 과정을 차례대로 쓰고, 자임하는 뜻으로 마침으로써 몸소 도통을 공자로부터 얻었음을 밝힌 것이다. 성인의 도가 반드시 같은 때에 보고 아는 자가 있어서 앎에 도움이 되고 미루어 넓힌 후에야 후세에 들어 아는 자가 상고하고 의거할 바가 있어서 실마리를 이을 것이다. 유송(有宋) 원풍(元豊) 8년에 하남(河南) 정호(程顥) 백순(伯淳)이 죽으니, 노공(潞公) 문언박(文彦博)이 그 묘에 '명도선생(明道先生)'이라 쓰고, 그 아우 정이천이 말하였다. "주공이 몰함에 성인의 도가 행해지

지 않고 맹가가 죽음에 성인의 학이 전해지지 않았다. 도가 전해지지 않았기 때문에 백 세 동안 잘 다스림이 없고, 학문이 전해지지 않았기 때문에 천 년 동안 참 선비가 없었다. 잘 다스려지지 않을지라도 선비가 오히려 잘 다스리는 도를 밝혀서 사람에게 착함을 전하겠지만, 참된 선비가 없으면 천하가 어지러워 갈 바를 알지 못하여 인욕이 남발되고 천리가 없어질 것이다. 선생이 1,400년 뒤에 나서 전하지 않은 학문을 경서에서 얻어서 유학을 흥기하는 것으로써 자신의 책임을 삼아서, 이단을 분별하고 사설을 물리쳐서 성인의 도로 하여금 환하게 다시 세상을 밝히도록 했으니, 아마 맹자 이후에 한 사람뿐일 것이다. 그러나 배우는 사람이 도를 향할 줄 알지 못하면 누가 이 사람의 공을 알 것이며, 이른 경지를 알지 못하면 누가 '명도'라는 이 이름이 실정에 맞는 줄을 알겠는가?"

찾아보기

가

나

다

마

바

사

아

자

차

타

파

하